Das Evangelium nach Matthäus

Kapitel 16,13-28,20

Praktischer Kommentar zur Bibel

Hilfe zu Bibelstudium und Verkündigung

mit dem Bibeltext
der Schlachter-Übersetzung Version 2000 (NT)
und der Revision 1951 (AT)

Neues Testament

Band 2

VTR

Bibliografische Information der Deutschen Bibliothek
Die Deutsche Bibliothek verzeichnet diese Publikation in der
Deutschen Nationalbibliografie; detaillierte bibliografische Daten
sind im Internet über http://dnb.d-nb.de abrufbar.

Bd. 2. Matthäus 16 13-28,20
ISBN 978-3-933372-02-4

Bestell-Nr. 860.202

Titel der englischen Originalausgabe:
The Preacher's Outline & Sermon Bible®
The Gospel according to Matthew, Volume I
Edited by Leadership Ministries Worldwide, USA
© 1991, Second Edition 1996, Alpha-Omega Ministries, Inc., USA

»German Language Version«
Published with Permission of Leadership Ministries Worldwide, USA
by VTR, Gogolstr. 33, 90475 Nürnberg, Germany
info@vtr-online.de • http://www.vtr-online.de

Deutsche Ausgabe: © 2012 by VTR, Nürnberg
Satz: VTR
Printed in the UK by Lightning Source

INHALTSVERZEICHNIS

XI. DRAMATISCHE OFFENBARUNG DES MESSIAS: SEINE MESSIASWÜRDE, SEINE KIRCHE UND SEIN KREUZ, 16,13-17,27 5
  A. Die dramatische Offenbarung des Messias und seiner Kirche: Das Bekenntnis des Petrus, 16,13-20 5
  B. Der Messias sagt seinen Tod und zukünftige Herrlichkeit voraus (1. Mal): Völlige Hingabe, 16,21-28 10
  C. Die Verklärung: Stärkt zum Tragen des Kreuzes, 17,1-13 16
  D. Die machtlosen Jünger: Eine große Lehre in Glauben und Macht, 17,14-21 20
  E. Der Messias sagt seinen Tod und Auferstehung voraus (2. Mal): Von Gott ausgeliefert, 17,22-23 24
  F. Der Messias offenbart sich durch gutes Bürgerverhalten, 17,24-27 33

XII. DIE JÜNGER DES MESSIAS UND IHR VERHALTEN UNTEREINANDER, 18,1-35 36
  A. Die Bedingungen für Größe, 18,1-4 36
  B. Die Warnung davor, Kindern Anstoß zu geben, 18,5-10 39
  C. Das Gleichnis vom verlorenen Schaf: Das höchste Beispiel der Fürsorge, 18,11-14 (Lukas 15,1-7) 43
  D. Schritte zur Zurechtweisung eines sündigen Bruders, 18,15-20 46
  E. Das Gleichnis vom unbarmherzigen Knecht: Der Geist der Vergebung, 18,21-35 51

XIII. DIE LEHREN DES MESSIAS AUF DEM WEG NACH JERUSALEM, 19,1-20,34 55
  A. Die Heiligkeit der Ehe, 19,1-12 55
  B. Die Annahme von Kindern, 19,13-15 61
  C. Der reiche Jüngling: Wie ein Reicher ins Himmelreich kommt, 19,16-22 64
  D. Die Gefahr des Reichtums, 19,23-26 69
  E. Der Lohn der Gläubigen, 19,27-30 76
  F. Das Gleichnis von den Arbeitern im Weinberg: Gottes große Gnade, 20,1-16 80
  G. Der Messias sagt seinen Tod und Auferstehung voraus (3. Mal), 20,17-19 85
  H. Preis und Bedeutung von Größe, 20,20-28 89
  I. Die Heilung der zwei Blinden: Wie die Verzweifelten gerettet werden können, 20,29-34 94

XIV. DIE LETZTE WOCHE DES MESSIAS: SEIN ANSPRUCH WIRD BESTRITTEN UND ABGELEHNT, 21,1-23,39 98
  A. Der triumphale Einzug: Jesus beansprucht absichtlich, der Messias zu sein, 21,1-11 98
  B. Die Tempelreinigung: Autorität über Gottes Haus, 21,12-16 103
  C. Die Verfluchung des Feigenbaums: Die Quelle der Macht, 21,17-22 107
  D. Die Frage nach der Macht des Messias: Das Problem des hartnäckigen Unglaubens, 21,23-27 111
  E. Das Gleichnis von den zwei Söhnen: Was nötig ist, um in Gottes Reich zu kommen, 21,28-32 115
  F. Das Gleichnis von den bösen Weingärtnern: Israels Ablehnung von Jesu Messiaswürde, 21,33-46 118
  G. Das Gleichnis von der Hochzeit: Israels Ablehnung der großen Einladung Gottes, 22,1-14 126
  H. Die Frage nach Gott und dem Kaiser: Die zwei Bürgerschaften, 22,15-22 132
  I. Die Frage nach der Auferstehung: Die Auferstehung geleugnet, aber bewiesen, 22,23-33 136
  J. Die Frage nach dem größten Gebot: Eine Betrachtung der Liebe, 22,34-40 142
  K. Die Frage Jesu: Was denkt ihr vom Messias? 22,41-46 147
  L. Warnung vor falscher Frömmigkeit, 23,1-12 150
  M. Die neun Anklagen gegen falsche Fromme, 23,13-36 156
  N. Die Klage Jesu: Seien Liebe wird abgelehnt, 23,37-39 165

XV. DIE VORHERSAGE VON DER WIEDERKUNFT DES MESSIAS UND DEM ENDE DER ZEIT: DIE ENDZEITREDE AUF DEM ÖLBERG, 24,1-25,46 169
  A. Die Zeichen der Endzeit, 24,1-14 169
  B. Das schrecklichste Zeichen: Der Greuel der Verwüstung und die große Drangsal, 24,15-28 181
  C. Das Kommen des Menschensohns: Fünf Ereignisse, 24,29-31 188
  D. Die Zeit der Rückkehr des Herrn, 24,32-41 193
  E. Die Rückkehr des Herrn und die Pflicht des Gläubigen: Wachen – bereit sein – treu und weise sein, 24,42-51 ...197
  F. Das Gleichnis von den zehn Jungfrauen: Die Warnung, zu wachen, 25,1-13 201
  G. Das Gleichnis von den Talenten: Die Pflicht des Gläubigen, zu arbeiten, 25,14-30 207
  H. Das Gleichnis von den Schafen und Böcken: Das Gericht über die Heidenvölker, 25,31-46 213

XVI. VERHAFTUNG, VERHÖR UND KREUZIGUNG DES MESSIAS, 26,1-27,66 218
  A. Der Tod des Messias geplant und erklärt, 26,1-5 218
  B. Der Messias wird für den Tod gesalbt: Ein Bild opferbereiter Liebe und Glaubens, 26,6-13 222
  C. Judas verrät den Messias: Das Bild eines zerstörten Lebens, 26,14-16 226
  D. Das letzte Abendessen des Messias: Die Einsetzung des Abendmahls des Herrn, 26,17-30 229
  E. Der Messias sagt das Versagen der Jünger vorher: Anstoß und Abfall im Leben, 26,31-35 234
  F. Das Leiden des Messias in Gethsemane: Im Angesicht des Todes und der schrecklichen Prüfungen des Lebens, 26,36-46 237

G. Der Messias wird verraten, verhaftet und verlassen: Vier Bilder der Hingabe, 26,47-56 244
H. Das Verhör des Messias vor Kajaphas und dem Sanhedrin: Lehren in der Prüfung, 26,57-68 248
I. Petrus verleugnet den Messias: Blick auf das Verleugnen Christi, 26,69-75 253
J. Der Verräter des Messias, Judas, und sein Ende: Ein Bild falscher Reue und menschlicher Religion, 27,1-10 257
K. Das tragische Verhör des Messias vor Pilatus: Die Tragödie eines Unentschlossenen, 27,11-25 261
L. Leiden und Kreuzigung des Messias: Ein Bild für die Behandlung des Sohnes Gottes durch die Welt, 27,26-44 265
M. Der große Triumph des Messias: Die wunderbaren Ereignisse um das Kreuz, 27,45-56 273
N. Das Begräbnis des Messias: Reaktionen auf seinen Tod, 27,57-66 279

XVII. DIE TRIUMPHALE AUFERSTEHUNG DES MESSIAS, 28,1-20 282
  A. Die Auferstehung des Messias: Umgebende Ereignisse, 28,1-15 282
  B. Der letzte Auftrag des Messias an seine Jünger, 28,16-20 287

Matthäus 16,13-20

	XI. DIE DRAMATISCHE OFFENBARUNG DES MESSIAS: SEINE MESSIASWÜRDE, SEINE KIRCHE UND SEIN KREUZ, 16,13-17,27 **A. Die dramatische Offenbarung des Messias und seiner Kirche: Das Bekenntnis des Petrus, 16,13-20** (Mk 8,27-30; Lk 9,18-21; vgl. Joh 6,68-69)	16 Da antwortete Simon Petrus und sprach: Du bist der Christus, der Sohn des lebendigen Gottes! 17 Und Jesus antwortete und sprach zu ihm: Glückselig bist du, Simon, Jonas Sohn; denn Fleisch und Blut hat dir das nicht geoffenbart, sondern mein Vater im Himmel! 18 Und ich sage dir auch: Du bist Petrus, und auf diesen Felsen will ich meine Gemeinde bauen, und die Pforten des Totenreiches sollen sie nicht überwältigen.	b. Das wahre Bekenntnis: Persönliches Vertrauen auf Christus 4 **Das Bekenntnis wird allein von Gott offenbart** 5 **Das Bekenntnis ist die Grundlage der Kirche** a. Fakt 1: Seine Kirche b. Fakt 2: Er baut c. Fakt 3: Er schützt

1 Christus in der Gegend von Cäsarea Philippi
2 Das Bekenntnis ist nicht das Bekenntnis der Welt
  a. Die erste entscheidende Frage
  b. Die falschen Bekenntnisse
3 Das Bekenntnis erklärt Vertrauen auf Christus
  a. Die zweite entscheidende Frage V.15
	13 Als aber Jesus in die Gegend von Cäsarea Philippi gekommen war, fragte er seine Jünger und sprach: Für wen halten die Leute mich, den Sohn des Menschen?
	14 Sie sprachen: Etliche für Johannes den Täufer; andere aber für Elia; noch andere für Jeremia oder einen der Propheten.
	15 Da spricht er zu ihnen: Ihr aber, für wen haltet ihr mich?
		19 Und ich will dir die Schlüssel des Reiches der Himmel geben; und was du auf Erden binden wirst, das wird im Himmel gebunden sein; und was du auf Erden lösen wirst, das wird im Himmel gelöst sein.
		20 Da gebot er seinen Jüngern, daß sie niemand sagen sollten, daß er Jesus der Christus sei.
			6 **Das Bekenntnis gibt Gläubigen große Verantwortung für die Kirche**
			a. Verantwortungsvoll die Schlüssel zum Himmelreich benutzen
			b. Verantwortungsvoll auf der Erde binden und lösen
			
			7 **Das Bekenntnis muß verstanden sein, bevor es anderen mitgeteilt werden kann**

ABSCHNITT XI

DIE DRAMATISCHE OFFENBARUNG DES MESSIAS: SEINE MESSIASWÜRDE, SEINE KIRCHE UND SEIN KREUZ, 16,13-17,27

A. Die dramatische Offenbarung des Messias und seiner Kirche: Das Bekenntnis des Petrus, 16,13-20

(16,13-20) **Einführung**: Jesus zog sich zurück, um mit seinen Jüngern allein zu sein. Sehr bald würde er sich dem Ende gegenübersehen. Es gab noch viel zu offenbaren und zu lehren. Die Zeit war gekommen, daß sie lernen sollten, daß er *eine Kirche baute* – eine Versammlung von Menschen, die ihn als den Messias bekannten. Der vorliegende Abschnitt enthält eine der dramatischsten Offenbarungen, die es je gegeben hat. Er enthält auch eine der herausforderndsten Fragen, die je gestellt wurden. Sie ist herausfordernd, weil die Antwort darauf das ewige Schicksal eines Menschen bestimmt. Wie der Mensch die Frage beantwortet, bestimmt, ob er die Ewigkeit mit Gott im Himmel oder fern von Gott in der Hölle verbringen muß. Und man beachte: Nur eine einzige Antwort auf diese Frage enthält den Zugang zum Himmel: "Du bist der Christus, der Sohn des lebendigen Gottes!" Die Bedeutung der Frage und des Bekenntnisses ist beim kurzen Blick auf die einzelnen Punkte des Abschnittes deutlich zu erkennen.

1. Christus in der Gegend von Cäsarea Philippi (V.13).
2. Das Bekenntnis ist nicht das Bekenntnis der Welt (V.13-14).
3. Das Bekenntnis erklärt Vertrauen auf Christus (V.15-16).
4. Das Bekenntnis wird allein von Gott offenbart (V.17).
5. Das Bekenntnis ist die Grundlage der Kirche (V.18).
6. Das Bekenntnis gibt Gläubigen große Verantwortung für die Kirche (V.19).
7. Das Bekenntnis muß verstanden sein, bevor es anderen mitgeteilt werden kann (V.20).

1 (16,13) **Cäsarea Philippi**: Christus war in der Gegend von Cäsarea Philippi. (Siehe Nähere Betrachtung 1 – Mk 8,27. In dieser Anmerkung findet sich der dramatische Hintergrund für die gezielte Frage des Herrn. Jesus hatte sich vor dieser Episode und ihrer tiefgreifenden Offenbarung zurückgezogen, um allein zu beten [vgl. Lk 9,18].)

2 (16,13-14) **Falsches Bekenntnis**: Das Bekenntnis des Petrus ist nicht das Bekenntnis der Welt. Man beachte zwei wichtige Punkte.

1. Jesus hatte eine entscheidende Frage gestellt: "Für wen halten die Leute mich, den Sohn des Menschen?" Wir müssen wissen, was andere über Jesus sagen, wer er ist. Was die Menschen von Jesus denken…
   - bestimmt ihr Schicksal
   - bestimmt, wie wir sie ansprechen sollen
   - bestimmt, wie sie auf unser Zeugnis reagieren
   - bestimmt zum großen Teil die Moral und das Rechtsempfinden einer Gesellschaft

2. Im Blick auf Christus gab es falsche Bekenntnisse. Die öffentliche Meinung zeigt, daß Christus hoch geschätzt und respektiert wurde. Er wurde als einer der größten Menschen angesehen. Man sollte beachten, daß diese Meinungen nicht nur unwahr, sondern auch gefährlich waren, da sie nur halbe Wahrheiten enthielten. Das Ergebnis war tragisch: Die Menschen wurden dadurch verführt und irregeleitet.

   a. Manche Leute sagten, Jesus sei Johannes der Täufer. Diese Leute bekannten Jesus als großen Gerechten, der bereit war, um seines Glaubens willen das Martyrium zu erleiden. Herodes und andere dachten so (Mt 14,1-2). Als er von Jesu Wundern hörte, meinte Herodes, Johannes wäre entweder auferstanden oder sein Geist wohnte in dem Mann, von dem er da hörte.

Matthäus 16,13-20

Das Durchschnittsvolk sah einige Ähnlichkeit zwischen Johannes und Jesus: Beide verrichteten ein einzigartiges und großes Werk für Gott; beide waren von Gott erwählt und begabt; beide verkündeten Gottes Reich der Himmel und bereiteten die Menschen darauf vor. Daher sahen einige Leute Jesus nicht als den Messias, son-dern als seinen Vorläufer an, als sie sahen, was er tat (Mal 4,5).

b. Manche Leute sagten, Jesus sei Elia. Elia wurde als größter Prophet und Lehrer aller Zeiten angesehen und sollte außerdem der Vorläufer des kommenden Messias sein (Mal 4,5). William Barclay weist darauf hin, daß auch heute noch die Juden erwarten, daß Elia vor dem Messias zurückkehrt. Bei der Passafeier lassen sie immer einen Stuhl für ihn frei (*The Gospel of Matthew*, Bd. 2, S. 150). Elia wurde auch von Gott gebraucht, um eine Witwe und ihren Sohn durch ein Wunder zu ernähren (1Kön 17,14). Die Menschen verbanden Elias Wunder und Jesus Speisung der Menge.

c. Manche Leute sagten, Jesus sei Jeremia. Sie bekannten Jesus als Propheten, der den Menschen wichtige Dinge über Gott und den Glauben mitzuteilen hatte. Man dachte immer, Jeremia würde direkt vor dem Messias zur Erde zurückkommen und Bundeslade, Arche und Weihrauchaltar mitbringen. Er sollte diese Dinge kurz vor seinem Tod auf dem Berg Nebo versteckt haben (2Makk 2,1-12; 2Esdras 2,18).

d. Manche Leute sagten, Jesus sei einer der Propheten. Sie bekannten Jesus als großen Propheten, der für ihre Zeit gesandt war. Man nahm an, er wäre einer der großen Propheten, der auferstanden wäre oder ein Mensch, in dem der Geist eines großen Propheten lebte (vgl. 5Mo 18,15, 18).

Man sollte beachten, daß es diese falschen Bekenntnisse von Christus in jeder Generation gibt.

⇒ Manche denken, daß Jesus nur ein großer Gerechter war, der für seinen Glauben getötet wurde. Daher sei er ein Vorbild dafür, wie wir leben und für unsere Überzeugungen eintreten sollten.

⇒ Andere denken, Jesus sein nur einer der großen Lehrer und Propheten der Geschichte gewesen.

⇒ Wieder andere denken, daß Jesus nur ein großer Mensch war, der uns etwas Wichtiges über Gott und den Glauben zu sagen hatte. Daher könne er für jeden Menschen bei seiner Suche nach Gott einen großen Beitrag leisten.

⇒ Und einige denken, daß Jesus nur ein großer Mensch und Prophet war, der zu dem Volk (Juden) seiner Zeit gesandt war. Wir können von ihm lernen, wenn wir sein Leben betrachten.

"Ist dieser nicht der Zimmermann, der Sohn der Maria, der Bruder von Jakobus und Joses und Judas und Simon? Und sind nicht seine Schwestern hier bei uns? Und sie nahmen Anstoß an ihm." (Mk 6,3)

"Er war in der Welt, und die Welt ist durch ihn geworden, aber die Welt erkannte ihn nicht. Er kam in sein Eigentum, und die Seinen nahmen ihn nicht auf." (Joh 1,10-11)

"Da sprachen sie zu ihm: Wo ist dein Vater? Jesus antwortete: Ihr kennt weder mich noch meinen Vater. Wenn ihr mich kennen würdet, so würdet ihr auch meinen Vater kennen." (Joh 8,19)

"Wer ist der Lügner, wenn nicht der, welcher leugnet, daß Jesus der Christus ist? Das ist der Antichrist, der den Vater und den Sohn leugnet. Wer den Sohn leugnet, der hat auch den Vater nicht." (1Joh 2,22-23)

"Und jeder Geist, der nicht bekennt, daß Jesus Christus im Fleisch gekommen ist, der ist nicht aus Gott. Und das ist der [Geist] des Antichristen, von dem ihr gehört habt, daß er kommt; und jetzt schon ist er in der Welt." (1Joh 4,3)

Gedanke 1 Man beachte drei Dinge über die Meinung der Welt von Jesus Christus.
1) Die Welt ist sich in ihrer Meinung über Christus nicht einig. Es gibt viele verschiedene Ansichten, aber nur eine *Wahrheit*. Entweder er ist nicht, was er zu sein behauptet, oder er ist es: Gottes Sohn. Solange sich die Weltnicht an die Wahrheit hält, wird sie in einem Dschungel von Meinungen umherirren und einer Spekulation und Hypothese nach der anderen folgen.
2) In den meisten Meinungen der Welt ist Christus ein guter und großer Mensch. Diese Meinungen sind ungenau,aber sie heben Christus wenigstens über den Durchschnittsmenschen hinaus.
3) Die Meinungen der Welt sind falsch und ungenau. Dafür gibt es zwei Grundlagen.
   a) Wenn Christus nicht Gottes Sohn ist, ist er kein guter und großer Mensch. Er ist der übelste Betrüger undHochstapler der Weltgeschichte. Warum? Weil er behauptete, Gottes Sohn und der Gott der Gerechtigkeitsein und weil er seine Gefolgschaft auf diesen Anspruch hin sammelte. Wenn Jesus Christ nicht Gottes Sohn ist, lebt jeder seiner treuen Nachfolger in einer *Traumwelt falscher Hoffnungen* und versagt sich viel von den Gütern der Welt. Außerdem lehrt er andere eine Lüge. Wenn Christus nicht Gottes Sohn ist, ist er es nicht wert, daß man ihm nachfolgt.
   b) Die Schrift betont nachdrücklich: Jesus Christ ist Gottes Sohn. Er ist, der er zu sein behauptete.

3 (16,15-16) **Bekenntnis – Jesus Christus, Namen und Titel**: Das Bekenntnis des Petrus war persönliches Vertrauen auf Christus.

1. Jesus stellte eine zweite entscheidende Frage, und im Griechischen ist diese Frage sehr viel nachdrücklicher: "Ihr aber, für wen haltet ihr mich?" Die Antwort auf diese Frage ist entscheidend, sie ist ungeheuer wichtig. Sie bestimmt das ewige Schicksal eines Menschen.

2. Das wahre Bekenntnis erklärt das persönliche Vertrauen auf Christus. Man beachte die Worte des Petrus: "Du bist der Christus, der Sohn des lebendigen Gottes!" – ein einfaches und doch bedeutsames Bekenntnis, das aus persönlicher Überzeugung entsteht. Dieses Bekenntnis rettet die Seele und legt den Grundstein der Kirche. Das Leben und Überleben der einzelnen Menschenseele und der Kirche als Ganzes ruht auf dieser einfachen und doch tiefgreifenden Überzeugung.

⇒ Der *Christus*: Der Messias, der Gesalbte Gottes (siehe Nähere Betrachtung 2 – Mt 1,18).
⇒ Der *Sohn Gottes*: Aus demselben Wesen, demselben Stoff; eins mit dem Vater (siehe Anmerkung – Phil 2,6).
⇒ Der *Sohn des lebendigen Gottes*: Quelle und Wesen des Lebens; besitzt die Quelle, Energie und Macht des Lebens in sich selbst (Joh 5,26; 17,2-3; 1Thess 1,9).

Möglicherweise verstand Petrus nicht alles, was zur Gottessohnschaft Christi gehörte (Kreuz und Auferstehung hatten noch nicht stattgefunden). Doch sein Bekenntnis kam aus schlichtem Vertrauen aus einem Herzen, das fest davon überzeugt war, daß Jesus der Christus, der Sohn des lebendigen Gottes, war. Gott wünscht sich schlichtes Vertrauen – nicht mehr und nicht weniger. Petrus bekannte Schritt für Schritt: "Ich glaube, du bist…"

Matthäus 16,13-20

- der wahre Messias,
- kein einfacher Mensch,
- sondern Gottes Sohn,
- von Gott gesandt,
- um zu erfüllen, was die Propheten vorhergesagt hatten.

Gedanke 1 Die Frage ist persönlich. Sie richtet sich an jeden Menschen: "Für wen haltet ihr mich?" Jeder muß antworten und von seiner Antwort hängt sein ewiges Schicksal ab. Doch seine Antwort ist entscheidend, denn Christus ist nicht auf ein Bekenntnis *von* Christus aus. Er ist auf Glauben aus, ein Bekenntnis seiner Gottheit, Vertrauen auf seine rettende Gnade.

> "Jeder nun, der mich bekennt vor den Menschen, den will auch ich bekennen vor meinem Vater im Himmel; wer mich aber verleugnet vor den Menschen, den will auch ich verleugnen vor meinem Vater im Himmel." (Mt 10,32-33)
>
> "Denn wer sich meiner und meiner Worte schämt unter diesem ehebrecherischen und sündigen Geschlecht, dessen wird sich auch der Sohn des Menschen schämen, wenn er kommen wird in der Herrlichkeit seines Vaters mit den heiligen Engeln." (Mk 8,38)
>
> "Ich sage euch aber: Jeder, der sich zu mir bekennen wird vor den Menschen, zu dem wird sich auch der Sohn des Menschen bekennen vor den Engeln Gottes." (Lk 12,8)
>
> "Denn wenn du mit deinem Mund Jesus als den Herrn bekennst und in deinem Herzen glaubst, daß Gott ihn aus den Toten auferweckt hat, so wirst du gerettet. Denn mit dem Herzen glaubt man, um gerecht zu werden, und mit dem Mund bekennt man, um gerettet zu werden." (Röm 10,9-10)
>
> "Dieser findet zuerst seinen Bruder Simon und spricht zu ihm: Wir haben den Messias gefunden (das heißt übersetzt: den Gesalbten)." (Joh 1,41)
>
> "Philippus findet den Nathanael und spricht zu ihm: Wir haben den gefunden, von welchem Mose im Gesetz und die Propheten geschrieben haben, Jesus, den Sohn Josephs, von Nazareth." (Joh 1,45)
>
> "Nathanael antwortete und sprach zu ihm: Rabbi, du bist der Sohn Gottes, du bist der König von Israel!" (Joh 1,49)
>
> "Kommt, seht einen Menschen, der mir alles gesagt hat, was ich getan habe! Ob dieser nicht der Christus ist?" (Joh 4,29)
>
> "Und wir haben geglaubt und erkannt, daß du der Christus bist, der Sohn des lebendigen Gottes!" (Joh 6,69)
>
> "Sie spricht zu ihm: Ja, Herr! Ich glaube, daß du der Christus bist, der Sohn Gottes, der in die Welt kommen soll." (Joh 11,27)
>
> "Und Thomas antwortete und sprach zu ihm: Mein Herr und mein Gott!" (Joh 20,28)
>
> "Als sie aber auf dem Weg weiterzogen, kamen sie zu einem Wasser, und der Kämmerer sprach: Siehe, hier ist Wasser! Was hindert mich, getauft zu werden? Da sprach Philippus: Wenn du von ganzem Herzen glaubst, so ist es erlaubt! Er antwortete und sprach: Ich glaube, daß Jesus Christus der Sohn Gottes ist!" (Apg 8,36-37)

4 (16,17) **Überzeugung – Heiliger Geist, Werk**: Das Bekenntnis des Petrus wurde allein von Gott offenbart. Nur Gott kann die Seele eines Menschen überzeugen und zum persönlichen Vertrauen auf Christus als Sohn Gottes führen. Dafür gibt es zwei Gründe.

1. Der Mensch ist nur Fleisch und Blut. Kein Mensch kann einen anderen davon überzeugen, auf Christus und seine erneuernde Macht zu vertrauen. Die Überzeugung, die einen Menschen zum Vertrauen auf Christus bringt – was zur Erneuerung führt – ist das Werk von Gottes Geist (Joh 16,8-11).

2. Der natürliche Mensch kann die Dinge des Geistes Gottes nicht bekommen (1Kor 2,14). Der Mensch ist von der Erde; er ist irdisch. Christus ist aus dem Himmel und von Gott; er ist himmlisch. Gott ist Geist und die, die ihn anbeten, müssen dies *in Geist* und Wahrheit tun (Joh 4,23-24). Der Mensch kann Christus nicht durch natürliche Weisheit oder Bemühung persönlich kennenlernen. Menschlich gesehen, und das ist so klar wie nur irgend etwas, kann sich der Mensch nicht *selbst erneuern*. Wenn er wiedergeboren wird, muß er von jemand anderem als sich selbst *erneuert* werden. Er muß von Gott erneuert werden (Joh 3,3, 5-6).

⇒ Der Mensch kann sich nicht selbst *beleben*; er kann sich selbst kein geistliches Leben geben – das kann nur Gott.
⇒ Der Mensch kann sich nicht selbst *erneuern* – das kann nur Gott.
⇒ Der Mensch kann sich nicht selbst *verändern* – das kann nur Gott.
⇒ Der Mensch kann sich nicht selbst *erlösen* – das kann nur Gott.
⇒ Der Mensch kann sich nicht selbst mit ewigem Leben *erfüllen* – das kann nur Gott.

> "Die nicht aus Geblüt, noch aus dem Willen des Fleisches, noch aus dem Willen des Mannes, sondern aus Gott geboren sind." (Joh 1,13)
>
> "Was aus dem Fleisch geboren ist, das ist Fleisch, und was aus dem Geist geboren ist, das ist Geist." (Joh 3,6)
>
> "Denn aus Gnade seid ihr gerettet durch den Glauben, und das nicht aus euch – Gottes Gabe ist es; nicht aus Werken, damit niemand sich rühme." (Eph 2,8-9)
>
> "Hat er uns errettet – nicht um der Werke der Gerechtigkeit willen, die wir getan hätten, sondern aufgrund seiner Barmherzigkeit – durch das Bad der Wiedergeburt und durch die Erneuerung des Heiligen Geistes." (Tit 3,5)
>
> "Denn ihr seid wiedergeboren nicht aus vergänglichem, sondern aus unvergänglichem Samen, durch das lebendige Wort Gottes, das in Ewigkeit bleibt." (1Petr 1,23)
>
> "Jeder, der glaubt, daß Jesus der Christus ist, ist aus Gott geboren; und wer den liebt, der ihn geboren hat, der liebt auch den, der aus Ihm geboren ist." (1Joh 5,1)

Matthäus 16,13-20

<u>Gedanke 1</u> Der natürliche Mensch entfernt sich vom geistlichen…
- durch Stolz, Macht, Ruhm, Reichtum und Ehre.
- Durch die Vorurteile der Erziehung, der humanistischen Philosophie, die Beschränkungen wissenschaftlicher Methodik und die materialistischen Ergebnisse der Technologie.
- Durch den Drang zum Unglauben, den Mangel an Mut, gegen die Menge aufzutreten und das Zögern, Christus sein Selbst und seinen Besitz zu übergeben.
- Durch Fleischeslust, der Freude am Schauen, stimulierende Berührungen, sinnliche Erfahrung und Schmecken.
- Durch die Verführung des Bösen, die Begierden des menschlichen Herzens und Sünde im persönlichen Verhalten.

5 (16,18) <u>Kirche, Grundlage</u>: Das Bekenntnis des Petrus ist die Grundlage der Kirche (siehe <u>Nähere Betrachtung 1, Kirche</u> – Mt 16,18. Siehe auch Anmerkungen – Eph 2,20; 4,4-6 zur weiteren Diskussion.) Christus antwortete Petrus: "Du bist Petrus [petros], und auf diesen Felsen [petra] will ich meine Gemeinde bauen." Wie man diesen Abschnitt auch auslegen mag, eines bleibt sicher: Das war ein gewaltiges Kompliment für Petrus. Doch was meinte Jesus? Möglicherweise Folgendes: Der Fels war *Petrus selbst samt seinem Bekenntnis*, nicht einfach Petrus und nicht nur sein Bekenntnis. Der Fels war *beides*, doch in einem bestimmten Sinn.

1. Petrus selbst war auf zwei verschiedene Weisen der Fels.
   a. Petrus war der erste Mensch, der *vollständig* begriffen hatte, wer Jesus wirklich war. Er war der erste, der mit *vollem* Verständnis bekannte, daß Jesus der Christus ist, der Sohn des lebendigen Gottes. Andere hatten schon vorher ein solches Bekenntnis gemacht (Joh 1,41, 45, 49; 6,69), doch sie waren nicht lang genug bei Jesus gewesen, um *völlig* zu verstehen, was "der Sohn Gottes" wirklich bedeutete. Ihre Bekenntnisse waren irdische Bekenntnisse eines einfachen, kindlichen Glaubens gewesen. Aber jetzt verstand Petrus es besser; er begriff *völlig*, wer Jesus war. Dadurch wurde er zum ersten Menschen, zum ersten Felsen, das Fundament, *auf* dem die Kirche und alle anderen "lebenden Steine" aufgebaut werden sollten.
   Diese Bedeutung bekommt in Eph 2,20 großes Gewicht. Die Apostel und Propheten werden als Grundlage der Kirche dargestellt, auf der alle zukünftigen Gläubigen oder "lebenden Steine" aufgebaut werden (1Petr 2,5). Jesus Christus wird als der Eckstein bezeichnet. Das Bild läßt keine Fragen offen. Aus menschlicher Sicht arbeiten und bauen die Apostel und Propheten an der Kirche und von ihren Bemühungen hängt die Kirche ab. Aus Gottes Sicht erhält Christi Macht und Werk die Kirche (vgl. 1Kor 3,11; 1Petr 2,4-8; siehe Anmerkung – Mt 16,19).
   b. Petrus war derjenige, der die Grundlage für die Kirche legte. Er war der frühe Führer der Kirche, der zu Pfingsten an der Spitze stand, als dreitausend Seelen gerettet wurden (Apg 2,41), und auch in Cäsarea, als sich die Tür zum Heil auch für die Heiden öffnete (10,1f). Also war er in dem Sinne der Fels und die Grundlage, daß er der erste Mensch war, der die Türen der Kirche sowohl für Juden als auch für Heiden öffnete.

2. Das Bekenntnis des Petrus (man könnte auch sagen, Christus selbst) war der Felsen. Christus sagte: "Du bist Petrus, und auf diesen Felsen [ich selbst, die große Wahrheit deines Bekenntnisses] will ich meine Gemeinde bauen." Fraglos ist die Kirche auf Christus aufgebaut. Er ist fraglos der Erbauer der Kirche und die Kraft hinter ihrer Struktur (1Kor 3,11). Er ist es, der jeden Gläubigen, all die "lebenden Steine" nimmt und sie in das Gefüge seiner Kirche einbaut (1Petr 2,4-8). Die Kirche *ist abhängig* von Christus, nicht von Petrus oder einem anderen Menschen oder einer Gruppe von Menschen. Sie wurde zuerst von Petrus nach Pfingsten *gebaut*; doch sie wird von Christus, der einzigen Grundlage *aufrecht- und zusammengehalten*.

Man beachte die genauen Worte Christi.
⇒ Fakt 1: "Meine Gemeinde." Die Kirche gehört Christus, nicht den Menschen.
⇒ Fakt 2: "Ich will bauen." Christus baut die Kirche.
⇒ Fakt 3: "Die Pforten des Totenreiches sollen sie nicht überwältigen." Christus selbst schützt die Kirche.

> "Ein jeder nun, der diese meine Worte hört und sie tut, den will ich mit einem klugen Mann vergleichen, der sein Haus auf den Felsen baute." (Mt 7,24)
>
> "Jesus spricht zu ihnen: Habt ihr noch nie gelesen in den Schriften: Der Stein, den die Bauleute verworfen haben, der ist zum Eckstein geworden. Vom Herrn ist das geschehen, und es ist wunderbar in unseren Augen?" (Mt 21,42)
>
> "Denn einen anderen Grund kann niemand legen außer dem, der gelegt ist, welcher ist Jesus Christus." (1Kor 3,11)
>
> "Auferbaut auf der Grundlage der Apostel und Propheten, während Jesus Christus selbst der Eckstein ist." (Eph 2,20)
>
> "Da ihr zu ihm gekommen seid, zu dem lebendigen Stein, der von den Menschen zwar verworfen, bei Gott aber auserwählt und kostbar ist, so laßt auch ihr euch nun als lebendige Steine aufbauen, als ein geistliches Haus, als ein heiliges Priestertum, um geistliche Opfer darzubringen, die Gott angenehm sind durch Jesus Christus. Darum steht auch in der Schrift: Siehe, ich lege in Zion einen auserwählten, kostbaren Eckstein, und wer an ihn glaubt, soll nicht zuschanden werden." (1Petr 2,4-6)

<u>Gedanke 1</u> Die *wahre* Kirche ist allgemein. Sie besteht aus *allen*, die Jesus ernsthaft als den Christus, den Sohn des lebendigen Gottes, bekennen. Doch man beachte: Er ist der Sohn des *lebendigen* Gottes. Wenn Gott lebendig ist, dann lebt auch Christus. Er ist daher "<u>mein</u> Herr, <u>mein</u> Gott." Ein wahrer Gläubiger, d.h. ein echtes Mitglied der Kirche, wird zu einem Menschen, der sich dem Dienst für Gottes Sohn, für Gottes Herr widmet.

<u>Gedanke 2</u> Wir sollten oft zu Christus gehen und unser Vertrauen und unseren Glauben an ihn bekennen. Wir sollten das allein tun und Stärke, Hingabe, Sanftmut und Warmherzigkeit beweisen. Er wünscht sich solche starke und warmherzige Hingabe, denn wir sind die "lebendigen Steine" seiner Kirche.

<u>Gedanke 3</u> Man beachte eine oft übersehene Tatsache. Christus liebte und starb nicht nur für den einzelnen Menschen – er liebte und starb auch für die Kirche als Ganzes (allgemein). "Gleichwie auch der Christus die Gemeinde geliebt und sich selbst für sie hingegeben hat" (Eph 5,25).

Matthäus 16,13-20

> **NÄHERE BETRACHTUNG 1**
> (16,18) **Kirche** (ekklesia): Das Wort meint zu einem Treffen Zusammengerufene, eine Versammlung. Im Griechischen wird diesem Wort an sich keine besondere geistliche Bedeutung zugeordnet. Ein Beispiel bildet die Stadtversammlung in Ephesus, die "zusammengerufen" (ekklesia) wurde. Es war einfach eine offizielle Versammlung der Stadtbevölkerung (Apg 19,32, 39, 41).
> Was ist der Unterschied zwischen solchen weltlichen Versammlungen und der Kirche Gottes?
>   1. Gott ruft und sammelt seine Kirche. Seine Kirche ist die Gruppe von Menschen, die er aus der Welt "zusammengerufen" hat. Sie sind seine Menschen, von ihm geheiligt oder *abgesondert*, um die Kirche des lebendigen Gottes zu bilden.
>   2. Gott ist in der unmittelbaren Gegenwart der Gläubigen, wenn sie sich versammeln (siehe Anmerkung – 1Kor 3,16-17).
>   3. Die Versammlung Gottes trifft sich aus zwei Gründen – Anbetung und Mission. Gott ist der Gegenstand der Anbetung und seine Mission ist das Ziel der Kirche. Deshalb versammelt sich Gottes Kirche, die Ortsgemeinde, um anzubeten und ihre Kräfte zu bündeln, um die Mission Gottes voranzutreiben. Man sollte beachten, daß dies die erste Erwähnung der Kirche im Neuen Testament ist. (Siehe Anmerkungen – Mt 16,18; Eph 2,20; 4,4-6 zur weiteren Diskussion.)

[6] (16,19) **Christliche Verantwortung**: Das Bekenntnis des Petrus gab den Gläubigen große Verantwortung für die Kirche. Der Hausverwalter bekommt die Schlüssel oder die Verantwortung für das Haus. Der Verwalter trägt die Verantwortung für das Verschließen (Binden) und das Öffnen (Lösen) des Hauses. Der Schlüssel ist das Evangelium, die Botschaft vom Herrn Jesus Christus selbst. Es ist Aufgabe des Verwalters, das Evangelium zu lehren und bekanntzumachen. Dadurch öffnet er die Tür; wenn er nicht lehrt und bekanntmacht, verschließt er sie.

Man beachte: Die Schlüssel sind nicht die Schlüssel der Kirche, sondern des Himmelreiches. Der Punkt ist der Zutritt zum Himmelreich. Petrus war der erste, der Israel zu Pfingsten das Evangelium predigte und die Tür öffnete (Apg 2,38-42) und den Heiden im Haus des Kornelius auch (Apg 10,3-48).

Man beachte einen weiteren wichtigen Punkt: Petrus beanspruchte keine Macht oder Autorität über die Predigt des Evangeliums und das Öffnen der Türen für die Ungläubigen hinaus (Apg 15,7-11). Seine Briefe sagen nichts über das Handeln eines Menschen als Gottes Stellvertreter und Festlegungen, wer und wer nicht ins Himmelreich kommt. Nur Gott bestimmt, wer in seiner Gegenwart leben soll und wer nicht. Es gibt noch einen zusätzlichen Beweis: Petrus beanspruchte für sich nicht mehr als andere Menschen auch – von Gott als Apostel begabt worden zu sein (1Petr 1,1) und als Ältester (1Petr 5,1). Diese Tatsache zeigt sich deutlich in seiner Unterordnung unter Jakobus. Jakobus leitete das Jerusalemer Konzil, nicht Petrus (Apg 15,19; Gal 2,11-14).

Gedanke 1 Die Diener Gottes, Geistliche und Laien gleichermaßen, haben das Evangelium, die Schlüssel zum Himmelreich bekommen. Jeder Gläubige hat die Verantwortung bekommen, diese Schlüssel zu benutzen. Von dem Ungläubigen, der dem Evangelium feindlich gegenübersteht und den Gläubigen zu verfolgen beginnt, soll man sich abwenden (Mt 10,11-14, 23). Dem, der das Evangelium annimmt, und dem Gläubigen soll die Tür zum Himmelreich geöffnet werden.

> "So geht nun hin und macht zu Jüngern alle Völker, und tauft sie auf den Namen des Vaters und des Sohnes und des Heiligen Geistes und lehrt sie alles halten, was ich euch befohlen habe. Und siehe, ich bin bei euch alle Tage bis an das Ende der Weltzeit!" (Mt 28,19-20)
>
> "Und er sprach zu ihnen: Geht hin in alle Welt und verkündigt das Evangelium der ganzen Schöpfung!" (Mk 16,15)
>
> "Da sprach Jesus wiederum zu ihnen: Friede sei mit euch! Gleichwie mich der Vater gesandt hat, so sende ich euch." (Joh 20,21; vgl. Mt 20,28; Lk 19,10)
>
> "Sondern ihr werdet Kraft empfangen, wenn der Heilige Geist auf euch gekommen ist, und werdet meine Zeugen sein in Jerusalem und in ganz Judäa und Samaria und bis an das Ende der Erde!" (Apg 1,8)
>
> "Und was du von mir gehört hast vor vielen Zeugen, das vertraue treuen Menschen an, die fähig sein werden, auch andere zu lehren." (2Tim 2,2)
>
> "Sondern heiligt vielmehr Gott, den Herrn, in euren Herzen! Seid auch allezeit bereit zur Verantwortung gegenüber jedermann, der Rechenschaft fordert über die Hoffnung, die in euch ist, [und zwar] mit Sanftmut und Ehrerbietung." (1Petr 3,15)

[7] (16,20) **Zeugnis**: Das Bekenntnis des Petrus muß verstanden werden, bevor es anderen mitgeteilt werden kann. Es gibt verschiedene Gründe dafür, warum es den Jüngern verboten war, mitzuteilen, daß Jesus Gottes Sohn war.

1. Sie brauchten noch weitere Vorbereitung. Sie kannten noch nicht das *volle* Evangelium. Tod und Auferstehung Jesu, das Kernstück des Evangeliums, hatten noch nicht stattgefunden.
2. Die Jünger brauchten den Heiligen Geist, wenn die Botschaft Erfolg haben sollte, und der Geist war noch nicht gekommen. Pfingsten hatte noch nicht stattgefunden.
3. Das Volk mißverstand die Prophezeiungen über den Messias. Wenn die Jünger mit Macht zu predigen beginnen, könnte das Volk sich gegen die römischen Eroberer erheben (siehe Anmerkungen – Mt 1,1; Nähere Betrachtung 2 – 1,18; Nähere Betrachtung 3 – 3,11; Anmerkungen – 11,1-6; 11,2-3; Nähere Betrachtung 1 – 11,5; Nähere Betrachtung 2 – 11,6; Nähere Betrachtung 1 – 12,16; Anmerkungen – Lk 7,21-23).

Gedanke 1 Bevor der Gläubige das Evangelium erfolgreich verkündigen kann, sind zwei Dinge unerläßlich.
1) Er muß Tod und Auferstehung Jesu Christi verstehen (1Kor 15,1-4).
2) Er muß vom Geist Gottes erfüllt und bewohnt sein (Apg 1,8).

Matthäus 16,21-28

| 1 Sein Tod verlangte völlige Hingabe von ihm
a. Sein Tod war notwendig: Er "muß gehen" und leiden
  1) In Jerusalem
  2) Zu leiden
  3) Getötet zu werden
  4) Aufzuerstehen
b. Sein Tod verstört den natürlichen Menschen

c. Sein Tod zeigt den Menschen als Gottes Feind
d. Sein Tod offenbart die wahre Natur des Menschen | B. Der Messias sagt seinen Tod und zukünftige Herrlichkeit voraus (1. Mal): Völlige Hingabe, 16,21-28 (Mk 8,31-9,1; Lk 9,22-27)

21 Von da an begann Jesus seinen Jüngern zu zeigen, daß er nach Jerusalem gehen und viel leiden müsse von den Ältesten, Hohenpriestern und Schriftgelehrten, und getötet werden und am dritten Tag auferstehen müsse.
22 Da nahm Petrus ihn beiseite und fing an, ihm zu wehren und sprach: Herr, schone dich selbst! Das widerfahre dir nur nicht!
23 Er aber wandte sich um und sprach zu Petrus: Weiche von mir, Satan! Du bist mir ein Ärgernis; denn du denkst nicht göttlich, sondern menschlich!
24 Da sprach Jesus zu seinen | Jüngern: Wenn jemand mir nachkommen will, so verleugne er sich selbst und nehme sein Kreuz auf sich und folge mir nach!
25 Denn wer seine Seele retten will, der wird sie verlieren; wer aber seine Seele verliert um meinetwillen, der wird sie finden.
26 Denn was hilft es dem Menschen, wenn er die ganze Welt gewinnt, aber seine Seele verliert? Oder was kann der Mensch als Lösegeld für seine Seele geben?
27 Denn der Sohn des Menschen wird in der Herrlichkeit seines Vaters mit seinen Engeln kommen, und dann wird er einem jeden vergelten nach seinem Tun.
28 Wahrlich, ich sage euch: Es stehen einige hier, die den Tod nicht schmecken werden, bis sie den Sohn des Menschen haben kommen sehen in seinem Reich! | 2 Sein Tod verlangt völlige Hingabe vom Menschen
a. Muß folgen wollen
b. Muß sich selbst verleugnen
c. Muß Kreuz annehmen
d. Muß Jesus folgen
3 Sein Tod bietet vier Argumente für völlige Hingabe
a. Dieses Leben zu verlieren rettet den Menschen
b. Die Seele des Menschen ist mehr wert als die ganze Welt

c. Der Tag des Gerichts kommt

d. Das Versprechen – nie den Tod zu schmecken |

ABSCHNITT XI

DIE DRAMATISCHE OFFENBARUNG DES MESSIAS: SEINE MESSIASWÜRDE, SEINE KIRCHE UND SEIN KREUZ, 16,13-17,27

B. Der Messias sagt seinen Tod und zukünftige Herrlichkeit voraus (1. Mal): Völlige Hingabe, 16,21-28

(16,21-28) **Einführung**: Jesus begann nun einen neuen Abschnitt. Man beachte die Worte: "Von da an." Deutlicher als je zuvor und ohne Zurückhaltung offenbarte Christus, daß *der Sohn des lebendigen Gottes* getötet und von den Toten wieder auferweckt werden würde. Nie zuvor war etwas so Ungeheuerliches geschehen und es würde danach auch nie wieder geschehen. Hier wurde Geschichte geschrieben. "Jerusalem…die die Propheten tötet" würde das schlimmste Verbrechen begehen – Gottes eigenen Sohn zu töten (vgl. Mt 23,37).

Man beachte zwei Dinge.

1. Christus hatte schon seit einiger Zeit zu seinen Jüngern von seinem Tod und Auferstehung gesprochen, aber sie hatten ihn nicht verstanden. Für ihre Blindheit gab es hauptsächlich zwei Gründe. Erstens unterschied sich die Vorstellung eines leidenden Messias radikal von ihrem eigenen Messiasbild (siehe Anmerkungen – Mt 1,1; Nähere Betrachtung 2 – 1,18; Nähere Betrachtung 3 – 3,11; Anmerkungen – 11,1-6; 11,2-3; Nähere Betrachtung 1 – 11,5; Nähere Betrachtung 2 – 11,6; Nähere Betrachtung 1 – 12,16; Nähere Betrachtung 1 – Mk 8,27; Anmerkungen – 8,30; Lk 7,21); und zweitens war die Offenbarung hinter Bildern und Symbolen verborgen gewesen.

> "Brecht diesen Tempel ab, und in drei Tagen will ich ihn aufrichten!" (Joh 2,19)
> "Und wie Mose in der Wüste die Schlange erhöhte, so muß der Sohn des Menschen erhöht werden." (Joh 3,14)
> "Ich bin das lebendige Brot, das vom Himmel herabgekommen ist. Wenn jemand von diesem Brot ißt, so wird er leben in Ewigkeit. Das Brot aber, das ich geben werde, ist mein Fleisch, das ich geben werde für das Leben der Welt." (Joh 6,51)

Doch jetzt gab es eine bedeutende Veränderung in der Art, wie Jesus seine Jünger auf seinen Tod vorbereitete. Der Unterschied war, daß Christus nicht länger in Bildern und Symbolen sprach. Er lehrte sie nun in einfachen und direkten Worten (Mt 20,18-20; Lk 18,31-33). In der Offenbarung von Gottes Plan für die Welt war eine neue Stufe erreicht: Gottes Sohn sollte für die Sünden der Welt sterben und wieder auferstehen. Gottes Plan zur Rettung der Welt mußte durch einen leidenden Messias verwirklicht werden, nicht durch einen Eroberer. Gottes Messias würde seiner Gefolgschaft keine *materialistische* Welt übergeben. Gottes Messias würde sterben und durch den Tod Gottes Reich aufrichten, wodurch seine Gefolgschaft ewig in der Gegenwart Gottes leben könnte (siehe Nähere Betrachtung 3 – Mt 19,23-24; vgl. Joh 3,16; 5,24f).

2. Die Jünger verstanden jetzt *besser*, daß Jesus "der Messias, der Sohn des lebendigen Gottes" war (Mt 16,16). Sie hatten in ihrem Verständnis von dem, was er wirklich war, einen großen Schritt nach vorn gemacht. Nun mußten sie zwei Dinge lernen: Daß der wahre Weg in Gottes Reich durch Tod, Opfer und Selbstverleugnung führt. Der Weg des Leidens mußte nicht nur von Gottes Messias, sondern auch von dessen Nachfolgern gegangen werden (V.24-28).

Man stelle sich den Unterschied zwischen den beiden Vorstellungen vor…
- der leidenden Messias und der erobernde Messias
- der leidende Gläubige und der erobernde Gläubige

Diesen großen Unterschied zu betrachten hilft dabei, das Verhalten von Petrus zu begreifen und den Grund, warum die Jünger nur so mühsam verstanden, was Christus sagte. Tatsächlich hatten sie es bis nach der Auferstehung nicht vollständig begriffen (siehe Abrisse und Anmerkungen – Mt 17,22-23; 20,17-19; Mk 8,31-33; 9,30-32; 10,32-34).

Matthäus 16,21-28

Die Lektion Christi ist deutlich: Gottes Plan, die Welt durch den Tod, das Opfer und die Selbstverleugnung seines Sohnes zu retten, und der Weg zur Erlösung für den Menschen sind ein und dasselbe. Der Mensch muß persönliches Opfer, Selbstverleugnung und den Tod auf sich nehmen (Mt 16,24-26).

1. Sein Tod verlangte völlige Hingabe von ihm selbst (V.21-23).
2. Sein Tod verlangt völlige Hingabe vom Menschen (V.24).
3. Sein Tod bietet vier Argumente für völlige Hingabe (V25-28).

1 (16,21-23) **Jesus Christus, Tod**: Jesu Tod verlangte völlige Hingabe von ihm selbst.

1. Sein Tod war notwendig: Er "müsse nach Jerusalem gehen und viel leiden." Die Worte "muß [dei] gehen" sind stark: Christus stand unter Zwang, es war absolut unerläßlich und notwendig. Er hatte keine Wahl. Sein Tod und seine Auferstehung waren von Gott schon vor Ewigkeiten geplant und gewollt. Die Propheten hatten es vorhergesagt; er mußte den Willen Gottes erfüllen, denn Gott hatte seinen Tod angeordnet (vgl. Mt 26,54; Lk 24,26; 46).

Auch die Auferstehung Jesu Christi war notwendig. Uns ist seine Vorhersage seiner Auferstehung klar, weil wir darauf zurückschauen können, doch seinen Jüngern war sie nicht klar. Warum? Ganz einfach: Es würde eine neue Erfahrung sein. Niemand war zuvor von den Toten auferstanden, um nie wieder zu sterben. Das war noch nie dagewesen. Die Apostel glaubten möglicherweise etwas Ähnliches wie Martha – daß in der Zukunft alle Menschen auferstehen würden (Joh 11,24-26). Dieser Glaube ist Ausdruck der Hoffnung in allen Menschen, daß es in irgendeiner Form weitergehen wird. Das ist leicht zu glauben, doch es ist schwer, an eine Auferstehung jetzt zu denken, daß ein Mensch heute von den Toten aufersteht. Die tatsächlich Auferstehung eines Toten wäre unfaßbar für alle, die nicht zuvor mit der entsprechenden Lehre vertraut gemacht worden sind.

Es ist nicht bekannt, was sie dachten, was Christus mit *auferstehen müssen* meinte. Daß sie es nicht völlig verstanden, wird an der Tatsache deutlich, daß sein Tod sie am Boden zerstört zurückließ. Dennoch schienen einige seiner Jünger mehr mit einer *wirklichen körperlichen* Auferstehung anfangen zu können als andere. Dies wird dadurch deutlich, daß sie sich nach der Auferstehung sofort an seine Worte erinnerten. Johannes glaubte sofort (Joh 20,8-9). Maria Magdalena bekam gezeigt, daß Jesus auferstanden war, "wie er gesagt hat" (Mt 28,6), und sie verstand, nachdem sie ihn gesehen hatte. Doch andere brauchten länger, um zu verstehen und zu glauben (Mk 16,11; Joh 20,24-25).

> **"Brecht diesen Tempel ab, und in drei Tagen will ich ihn aufrichten!" (Joh 2,19)**
>
> **"Und wie Mose in der Wüste die Schlange erhöhte, so muß der Sohn des Menschen erhöht werden." (Joh 3,14)**
>
> **"Ich bin das lebendige Brot, das vom Himmel herabgekommen ist. Wenn jemand von diesem Brot ißt, so wird er leben in Ewigkeit. Das Brot aber, das ich geben werde, ist mein Fleisch, das ich geben werde für das Leben der Welt." (Joh 6,51)**
>
> **"Aber da mir Hilfe von Gott zuteil wurde, so stehe ich fest bis auf diesen Tag und lege Zeugnis ab vor Kleinen und Großen und lehre nichts anderes, als was die Propheten und Mose gesagt haben, daß es geschehen werde: nämlich, daß der Christus leiden müsse und daß er als der Erstling aus der Auferstehung der Toten Licht verkündigen werde dem Volk und auch den Heiden." (Apg 26,22-23)**
>
> **"Denn ich habe euch zu allererst das überliefert, was ich auch empfangen habe, nämlich daß Christus für unsere Sünden gestorben ist, nach den Schriften, und daß er begraben worden ist und daß er auferstanden ist am dritten Tag, nach den Schriften." (1Kor 15,3-4)**
>
> **"Und er [Christus] ist deshalb für alle gestorben, damit die, welche leben, nicht mehr sich selbst leben, sondern dem, der für sie gestorben und auferstanden ist." (2Kor 5,15)**
>
> **"Denn auch Christus hat einmal für Sünden gelitten, der Gerechte für die Ungerechten, damit er uns zu Gott führte; und er wurde getötet nach dem Fleisch, aber lebendig gemacht durch den Geist." (1Petr 3,18)**

Gedanke 1 Christus offenbarte seinen Tod und Auferstehung in Abschnitten – so, wie es die Jünger gerade aufnehmen und ertragen konnten. Christus lehrt uns immer stufenweise, wie wir es gerade aufnehmen können. Es liegt viel Wahrheit in dem Ausspruch, daß er uns nicht mehr auferlegt, als wir tragen können.

Gedanke 2 Man beachte, daß Jesus von seiner Auferstehung sprach, als er von seinem Tod sprach. Er ertrug das Kreuz für die Freude, die ihm in Aussicht stand (Hebr 12,2). Die Freude und Hoffnung, die Ewigkeit mit Christus und seinen Nachfolgern zu verbringen, ermutigt uns, hier auf der Erde *unser Kreuz* zu tragen (vgl. Lk 9,23).

2. Sein Tod verstört den natürlichen Menschen. Der natürliche Mensch rebelliert gegen die Vorstellung des Kreuzes. Der Natürliche Mensch will einen anderen Weh als das Kreuz. Genau das tat Petrus: Gegen den Gedanken rebellieren, daß *Gottes Sohn* sterben mußte, daß sein Blut für die Sünden der Welt vergossen werden mußte (1Petr 2,24). Petrus konnte Jesus als "den Sohn des lebendigen Gottes" annehmen, doch nicht als den leidenden Erlöser. Dieser Gedanke war für ihn widerwärtig und unannehmbar. Daher versuchte er, ihn zu verbannen. Man beachte die Worte: "Da nahm Petrus ihn beiseite" (proslabomenos). Das Griechische ist stark; es bedeutet *packen*. Petrus hielt Christus fest, er packte ihn und zog ihn für eine Aussprache beiseite.

Man beachte auch, daß Petrus "anfing, ihm zu wehren [epitiman]." Auch das ist stark. Das ist nicht einfach nur ein Wunsch, sondern ein gewaltsamer Versuch, den Gedanken des leidenden Erlösers zu eliminieren. "Das widerfahre dir nur nicht!" *Das kann und darf dir nicht passieren. Das sein ferne* ist ein vergleichbarer Ausdruck. Der Punkt ist, daß Petrus, das Kreuz verhindern wollte. Er drängte Christus, der Messias der Macht, des Ruhmes und des Aufsehens zu sein, den die Juden erwarteten (siehe Anmerkungen – Mk 8,27-9,50; 8,30; Mt 1,1; Nähere Betrachtung 2 – 1,18; Nähere Betrachtung 3 – 3,11; Anmerkungen – 11,1-6; 11,2-3; Nähere Betrachtung 1 – 11,5; Nähere Betrachtung 2 – 11,6; Nähere Betrachtung 1 – 12,16; Anmerkung – Lk 7,21-23). Petrus drängte Christus, seinen eigenen menschlichen Ideen zu folgen statt Gottes Weg zu gehen; und durch dieses Drängen versuchte er Christus mit denselben Kompromissen wie Satan – den Kompromissen von Macht, Ruhm und Aufsehen (Mt 4,1-11). Petrus war eifrig für Gott, doch er war in seinem Eifer irregeführt und ignorant. Er verstand nicht, daß Gott plante, die Welt durch den Tod seines Sohnes zu erlösen (siehe Anmerkung, Teil 3 – Mk 8,31).

Solches Verhalten ist der Weg der Welt. Das ist der natürliche, fleischliche Geist. Der Mensch rebelliert und schreckt vor dem Gedanken an einen leidenden Erlöser zurück, der für die Sünden der Welt sterben mußte – einen Erlöser, der das gleiche Opfer und die gleiche Selbstverleugnung von seinen Nachfolgern erwartet. Solch ein Gedanke ist abstoßend und unannehmbar.

Gedanke 1 Die Vorstellung des natürlichen Menschen von Gott und Gottes Plan für den Menschen zeigt sich in drei Anschauungen.

Matthäus 16,21-28

1) Manche denken, daß der Weg des Lebens die Liebe ist, deshalb zeigen sie Interesse und Fürsorge für andere. Gott wird als gebefreudiger, liebevoller und nachsichtiger *Großvatertyp* betrachtet – der nachsichtige Großvater, der sogar das schlimmste Verhalten durchgehen läßt, wieviel Leid und Zerstörung ein Mensch auch anrichtet. An das Kreuz und *Blut* Christi als Symbol des Leidens zu denken, ist widerwärtig und abstoßend. Das Kreuz wird nur als Symbol der Liebe betrachtet, es steht nicht für Sünde und Schande. Man betrachtet den Weg der Liebe als den Lebensweg, den der Mensch gehen soll.

2) Manche denken, daß Komfort und Wohlleben der Weg des Lebens ist. Gott wird wieder als nachsichtiger *Großvater* angesehen, der dem Menschen die guten Dinge des Lebens schenkt und ihm bei Schwierigkeiten hilft. Gottes Wille für den Menschen soll Komfort, Wohlleben, Leichtigkeit des Seins, Überfluß, Gesundheit und Muße sein. Das Kreuz ist wieder nur Symbol für Liebe und Fürsorge für die Welt, nicht für Leiden, Opfer und Selbstverleugnung. Die Schande und das Leiden des Kreuzes und sein Ziel, eine in Sünden verlorene und in verzweifelter Not umherirrende Welt zu versöhnen, wird übersehen.

> "Was aber unter die Dornen fiel, das sind die, welche es gehört haben; aber sie gehen hin und werden von Sorgen und Reichtum und Vergnügungen des Lebens erstickt und bringen die Frucht nicht zur Reife." (Lk 8,14)
>
> "Und will zu meiner Seele sagen: Seele, du hast einen großen Vorrat auf viele Jahre; habe nun Ruhe, iß, trink und sei guten Mutes!" (Lk 12,19)
>
> "Eine genußsüchtige [Witwe] jedoch ist lebendig tot." (1Tim 5,6)
>
> "Indem sie so den Lohn der Ungerechtigkeit empfangen. Sie halten die Schwelgerei bei Tage für ihr Vergnügen; als Schmutz- und Schandflecken tun sie groß mit ihren Betrügereien, wenn sie mit euch zusammen speisen." (2Petr 2,13)
>
> "Nun aber höre, du Üppige, die da sorglos sitzt, die in ihrem Herzen also spricht: Ich bin's und sonst niemand! Ich werde nicht als Witwe dasitzen, noch die Beraubung meiner Kinder erfahren! Dennoch wird dir beides begegnen auf einen Tag, unversehens, daß du deiner Kinder beraubt und Witwe werden wirst; mit großer Macht werden sie dich überfallen trotz der Menge deiner Zaubereien und der großen Anzahl deiner Beschwörungen." (Jes 47,8-9)

3) Manche meinen, daß Triumph, Sieg, Stellung, Autorität, Macht und Alleinherrschaft Gottes Weg sind. Dieser Ansicht folgten die meisten Juden zur Zeit Christi. Das war auch Petrus' Vorstellung vom Messias (siehe Anmerkungen – Mt 1,1; Nähere Betrachtung 2 – 1,18; Nähere Betrachtung 3 – 3,11; 11,1-6; 11,2-3; Nähere Betrachtung 1 – 11,5; Nähere Betrachtung 2 – 11,6; Nähere Betrachtung 1 – 12,16; Anmerkung – Lk 7,21-23). Die Vorstellung von Macht, Stellung und Autorität ist deutlich bei Bewegungen zu sehen, die *Selbstbild*, *Selbst-verbesserung* und *Persönlichkeitsentwicklung* betonen. Sein eigenes Selbstbild so weit wie möglich zu entwickeln und alles zu erreichen, was möglich ist, wird als Gottes Plan und Weg für den Menschen hingestellt. Der Gedanke an Leiden, Opfer und Selbstverleugnung wird dagegen abgelehnt.

> "Aber Jesus rief sie zu sich und sprach: Ihr wißt, daß die Fürsten der Völker sie unterdrücken und daß die Großen Gewalt über sie ausüben. Unter euch aber soll es nicht so sein; sondern wer unter euch groß werden will, der sei euer Diener, und wer unter euch der Erste sein will, der sei euer Knecht." (Mt 20,25-27)
>
> "Wie könnt ihr glauben, die ihr Ehre voneinander nehmt und die Ehre von dem alleinigen Gott nicht sucht?" (Joh 5,44)
>
> "Wenn aber jemand meint, etwas zu wissen, der hat noch nichts so erkannt, wie man erkennen soll." (1Kor 8,2)
>
> "Denn alles, was in der Welt ist, die Fleischeslust, die Augenlust und der Hochmut des Lebens, ist nicht aus dem Vater, sondern aus der Welt." (1Joh 2,16)
>
> "Und du erkennst nicht, daß du elend und erbärmlich bist, arm, blind und entblößt." (Offb 3,17)
>
> "Aber der Mensch bleibt nicht lange in seinem Glanz; er gleicht dem Vieh, das umgebracht wird." (Ps 49,12)
>
> "Vor dem Zusammenbruch wird man stolz, und Hochmut kommt vor dem Fall." (Spr 16,18)
>
> "Siehst du einen Mann, der sich selbst weise dünkt, so kannst du für einen Toren mehr Hoffnung haben als für ihn!" (Spr 26,12)

3. Sein Tod zeigt den Menschen als Gottes Feind. Die wörtliche Bedeutung von Satan in den Worten "Weiche von mir, Satan!" ist "Feind" (siehe Anmerkung – Offb 12,7-9). Petrus "Satan" zu nennen, ist hart, doch solche Härte war nötig. Petrus versuchte Christus mit derselben Versuchung, der er in der Wüste begegnet war (siehe Anmerkungen – Mt 4,8-10). All der weltliche Ruhm, der ihm gehören könnte, schoß ihm durch den Kopf. Wieder wurde ihm die Treue und Gefolgschaft der Menschen ohne das Kreuz vorgeschlagen. Wie muß das Christus geschmerzt haben! Diesmal kam die Versuchung von einem seiner eigenen Jünger! Wenn ein Mensch Gottes Plan für das Leben ablehnt, wird er zu Gottes Feind. Er stellt sich gegen Gottes Willen. Im Grund sagt der Mensch, daß er weiß, was das Beste ist; daß er *weiser* als Gott ist. Man denke darüber nach! Wenn ein Mensch Gottes Plan für das Leben ablehnt, sagt er im Grunde zu Gott: "Das Kreuz ist unnötig. Jesus für die Rettung der Welt sterben zu lassen, war ein nutzloser Plan. Das hat es nicht gebraucht."

Genau das tat und sagte Petrus. Er stellte sich gegen Gottes Plan für das Leben, d.h. die Rettung der Welt durch den Tod seines Sohnes. Er sagte, er sei weiser als Gott. Man beachte: Christus wandte sich abrupt zu Petrus um und brachte ihn zum Schweigen, bevor er noch irgend etwas anderes sagen konnte. Er klagte Petrus an, Satan zu sein, unter der Herrschaft Satans zu stehen, als Satan zu sprechen. Er war *wie* Satan geworden, ein Feind Gottes und von Gottes Plan für seinen Sohn und die Erlösung der Welt.

> "Und sprach: O du Sohn des Teufels, voll von aller List und aller Bosheit, du Feind aller Gerechtigkeit, wirst du nicht aufhören, die geraden Wege des Herrn zu verkehren?" (Apg 13,10)
>
> "Ihr habt den Teufel zum Vater, und was euer Vater begehrt, wollt ihr tun!" (Joh 8,44)
>
> "In denen ihr einst gelebt habt nach dem Lauf dieser Welt, gemäß dem Fürsten, der in der Luft

Matthäus 16,21-28

herrscht, dem Geist, der jetzt in den Söhnen des Ungehorsams wirkt." (Eph 2,2)

"Daran sind die Kinder Gottes und die Kinder des Teufels offenbar: Jeder, der nicht Gerechtigkeit übt, ist nicht aus Gott, ebenso wer seinen Bruder nicht liebt." (1Joh 3,10)

<u>Gedanke 1</u> Niemand sollte Gott Anweisungen geben oder ihn beraten. Wir sollen Gott nicht unsere Gedanken aufdrängen, sondern uns seinem Willen unterwerfen.

"Wer will verurteilen? Christus [ist es doch], der gestorben ist, ja mehr noch, der auch auferweckt ist, der auch zur Rechten Gottes ist, der auch für uns eintritt!" (Röm 8,34)

4. Sein Tod offenbart die wahre Natur des Menschen. Man beachte die Worte: "Du denkst nicht [ou phroneis]." Das bedeutet zu denken; zu überlegen. Petrus' Gedanken und Überlegungen stimmten nicht mit Gottes Gedanken und Überlegungen überein. Sein Geschmack lag anders als der Gottes. Petrus' Gedanken und Geschmack waren weltlich und zur eigenen Freude, nicht geistlich und zur Freude Gottes. Er benutzte Menschliche und nicht Gottes Argumente. Petrus verabscheute den Gedanken, daß Gottes Sohn sterben und sein Blut für die Sünden der Welt vergießen müßte. Seiner Meinung nach paßte so etwas nicht zu Gott.

Man beachte, wie wahr Christi Worte für Petrus sind! "Du denkst nicht göttlich, sondern menschlich!" Der Tod Christi offenbart die wahre Natur des Menschen, die statt geistlich menschlich und fleischlich denkt.

"Denn die nach dem Fleisch leben, sinnen auf das, was des Fleisches ist, die aber nach dem Geist leben, auf das, was des Geistes ist. Denn das Trachten des Fleisches ist Tod, das Trachten des Geistes aber Leben und Frieden, weil nämlich das Trachten des Fleisches Feindschaft gegen Gott ist; denn es ist dem Gesetz Gottes nicht untertan, und kann es auch nicht." (Röm 8,5-7)

"Das sage und bezeuge ich nun im Herrn, daß ihr nicht mehr so wandeln sollt, wie die übrigen Heiden wandeln in der Nichtigkeit ihres Sinnes." (Eph 4,17)

"Denn viele wandeln, wie ich euch oft gesagt habe, nun aber auch weinend sage, als Feinde des Kreuzes des Christus; ihr Ende ist das Verderben, ihr Gott ist der Bauch, sie rühmen sich ihrer Schande, und ihr Sinn ist auf das Irdische gerichtet." (Phil 3,18-19)

"Auch euch, die ihr einst entfremdet und feindlich gesinnt wart in den bösen Werken, hat er nun versöhnt in dem Leib seines Fleisches durch den Tod, um euch heilig und tadellos und unverklagbar darzustellen vor seinem Angesicht." (Kol 1,21-22)

"Den Reinen ist alles rein; den Befleckten aber und Ungläubigen ist nichts rein, sondern sowohl ihre Gesinnung als auch ihr Gewissen sind befleckt." (Tit 1,15)

"Der HERR kennt die Anschläge der Menschen, [weiß,] daß sie vergeblich sind." (Ps 94,11)

"Wasche dein Herz von deiner Bosheit, o Jerusalem, auf daß du gerettet werdest! Wie lange sollen deine heillosen Pläne in deinem Herzen bleiben?" (Jer 4,14)

<u>Gedanke 1</u> Der Mensch fühlt sich etwas menschlicher und zivilisierter, wenn er "das Blut Christi" für die Sünden der Welt leugnet. Abzulehnen, was manchmal eine "Blutreligion" genannt wird, läßt den Menschen sich annehmbarer in einer sogenannten *zivilisierten Gesellschaft* fühlen. Man muß zwei Dinge beachten.
1) Das Kreuz sollte als abstoßend angesehen werden. Es ist ein Symbol für Sünde und Schande. Am Kreuz trug Gottes *eigener Sohn* unsere Sünden und die der ganzen Welt (1Joh 2,1-2). Sünde und Schande sind immer abstoßend und daß Gottes Sohn dort hing und *für uns zur Sünde wurde*, ist abscheulich. Nichts könnte scheuß-licher sein als daß, was tatsächlich geschehen ist.
2) Das Kreuz sollte als ehrenvoll angesehen werden. Es ist ein Symbol für Leben und Vergebung der Sünden(1Petr 2,20). Durch das Kreuz versöhnt Gott die Menschen in Herrlichkeit mit sich selbst und untereinander (siehe Abriß und Anmerkungen – Eph 2,13-18). Das Kreuz bewirkt so viel Herrlichkeit, daß Paulus ausruft: "Von mir aber sei es ferne, mich zu rühmen, als nur des Kreuzes unseres Herrn Jesus Christus" (Gal 6,14).

NÄHERE BETRACHTUNG 1
(16,21) **Jesus Christus, Widerstand**: Man beachte die drei Gruppierungen von Juden, die beim Tod Jesu eine führende Rolle spielten. Aus diesen drei Gruppen bestand der Sanhedrin, das oberste jüdische Gericht. Es hatte 70 Mitglieder (vgl. die historische Basis für diese Struktur, 2Chr 19,5-11).
  1. Die Ältesten: Die älteren und am meisten respektierten Männer einer Gemeinschaft. Die Ältesten waren Richter am Zivilgericht und bei weltlichen Angelegenheiten (2Mo 3,29; 12,21; 24,9; 4Mo 11,25; 1Sam 16,4; Esra 10,14; Mt 27,12).
  2. Die Hohenpriester: Sie waren hauptsächlich die Führer der Sadduzäer. Sie hatten die höchsten Ämter der jüdischen Regierung unter römischer Oberherrschaft inne (siehe <u>Nähere Betrachtung 1</u> – Apg 23,8). Sie waren Richter bei religiösen Fragen.
  3. Die Schriftgelehrten: Das waren hauptsächlich Pharisäer, die das Volk lehrten (siehe <u>Nähere Betrachtung 1</u> – Lk 6,2).

<u>Gedanke 1</u> Man beachte die drei Gruppen, die sich gegen Jesus stellten. Das waren die Leute, die Jesus eigentlich folgen sollten, die Gott hätten kennen sollen. Sie hätten Gott gut genug kennen müssen, um seinen Sohn, den Messias, zu erkennen. Doch wie es in so vielen Generationen vorkommt, waren sie von ihrer eigenen Religion, Macht, Wohlstand, Ehre und Stellung geblendet.

NÄHERE BETRACHTUNG 2
(16,21) "**Viel**": Die Leiden Jesu werden in zwei Abschnitten detaillierter betrachtet (Mt 20,18-19; Lk 18,31-33). (Siehe auch <u>Nähere Betrachtung 1</u> – Mt 27,26-44 für eine detaillierte Beschreibung von Jesu Tod.)

---

[2] (16,24) **Jesus Christus, Tod – Kreuz – Hingabe**: Jesu Tod verlangt völlige Hingabe vom Menschen. Christus zeigt uns vier Schritte, die zur völligen Hingabe gehören (siehe Anmerkung – Mt 16,25-28. Diese Anmerkung soll zum Nachdenken über Anwendungsmöglichkeiten anregen.)
  1. Man muß Christus folgen *wollen*. Das Wort "will" (thelei) bedeutet wünschen, begehren, planen, sich entschließen,

Matthäus 16,21-28

beabsichtigen, sich festlegen. Es ist bewußtes Wollen, eine bewußte Wahl, ein fester Entschluß, Christus nachzufolgen. Wer sich mit ganzem Willen und voller Absicht dafür entscheidet, Christus nachzufolgen, muß die drei erwähnten Dinge tun. Man beachte: Die Wahl ist freiwillig; der Mensch trifft sie selbst. Der einzelne Mensch will und wählt; deshalb ist es auch der einzelne Mensch, der handeln und die drei erwähnten Dinge tun muß.

  2. Man muß sich selbst verleugnen. Das Wort "verleugnen" (aparnesastho) bedeutet ableugnen, nicht beachten, im Stich lassen, verzichten, abweisen, ausschlagen, zurückhalten, nicht anerkennen, nicht nutzen. Es bedeutet, sein eigenes Selbst und seine Interessen zu unterdrücken und nicht zu beachten. Es bedeutet ganz einfach, "nein" zu sagen. Doch man beachte: Man soll nicht zu irgendeiner Sache oder Verhaltensweise "nein" sagen, sondern zum eigenen *Selbst*. Man soll sich *selbst verleugnen* und das heißt viel mehr, als einfach negativ zu sein, d.h. etwas aufzugeben oder ohne etwas auszukommen. Es bedeutet, daß wir positiv handeln sollen, "ja" zu Christus und "nein" zum Selbst sagen sollen. Es bedeutet, Christus in unseren Herzen und Leben herrschen zu lassen, ihm völlig seinen Willen zu lassen. Wenn man natürlich Christus in seinem Leben herrschen läßt, wird sich um alles negative und positive Verhalten gekümmert (siehe Anmerkung und Nähere Betrachtung 1,2,3 – Mk 8,34). Im Griechischen ist das Wort "verleugnen" ein ingressiver Aorist, der bedeutet, daß der Mensch in einen neuen Zustand oder neue Umstände eintritt. Es bedeutet: "So beginne er sofort damit, sich selbst zu verleugnen."

  3. Man muß das Kreuz auf sich nehmen. (Siehe Anmerkung und Nähere Betrachtung 1, Selbstverleugnung – Lk 9,23 zur Diskussion.)

  4. Man muß Jesus nachfolgen. Das Wort "nachfolgen" (akoloothei) bedeutet Nachfolger oder Gefährte sein, Jünger sein. Einheit suchen und ähnlich zu werden versuchen gehört auch mit dazu. Es bedeutet, Christus nachzufolgen, wie er werden zu wollen. Auch dies ist kein passives Verhalten, sondern aktive Hingabe und Mitgehen. Es kostet Kraft und Mühe, ist Handeln und Wirken. Es bedeutet, mit Eifer und Energie hinter Christus herzugehen, darum zu kämpfen und zu versuchen, in seine Fußstapfen zu treten, koste es, was es wolle. Man beachte, daß Christi Fußstapfen zum Tod führten, bevor sie in die Herrlichkeit führten (Mt 16,21).

3 (16,25-28) **Hingabe**: Jesu Tod bietet vier Argumente für völlige Hingabe.

  1. Wer dieses Leben aufgibt, wird gerettet. Was heißt es, wenn die Schrift sagt, daß jeder sein Leben rettet, der es verliert und jeder sein Leben verliert, der es findet? Der Schlüssel liegt in den Worten "um meinetwillen." Christus sagt, daß "wer aber seine Seele verliert um meinetwillen, der wird sie finden." Wer dieses Leben aufgibt – wer alles, was er ist und hat, für Christus opfert und gibt – soll sein Leben retten. Doch wer sein Leben und alles, was er ist und hat, *behält* und davon immer mehr zu bekommen *sucht*, wird sein Leben vollständig und für ewig verlieren.

Wer "seine Seele retten will"…

- indem er körperliche Alterung und Tod vermeiden will und Christus verleugnet – der wird sein Leben ewig verlieren.
- indem er sein Leben immer komfortabler, leichter und sicherer (über das Nötige hinaus) machen will und Christus vernachlässigt, wird sein Leben ewig verlieren.
- indem er Wohlstand, Macht und Ruhm zu sammeln versucht und bei Christus Kompromisse macht, wird sein Leben ewig verlieren.
- indem er die Abenteuer, Aufregungen und Stimulierungen dieser Welt sucht und Christus ignoriert, wird sein Leben ewig verlieren.

Wie bereits oben gesagt, rettet derjenige sein Leben, und zwar für die Ewigkeit, der es für Christus verliert – für Christus alles opfert und aufgibt, was er ist und hat. Wer sein Leben und was er hat für sich behält, wird sein Leben verlieren, und zwar für die Ewigkeit. Der Ruf Christi ist genau das, was er sagt: Ein Leben der Verleugnung, das das Kreuz auf sich nimmt und seinen Spuren folgt.

> **"Gleichwie der Sohn des Menschen nicht gekommen ist, um sich dienen zu lassen, sondern um zu dienen und sein Leben zu geben als Lösegeld für viele." (Mt 20,28)**
>
> **"Denn der Sohn des Menschen ist gekommen, um zu suchen und zu retten, was verloren ist." (Lk 19,10)**
>
> **"Da sprach Jesus wiederum zu ihnen: Friede sei mit euch! Gleichwie mich der Vater gesandt hat, so sende ich euch." (Joh 20,21)**
>
> **"Wir aber, die Starken, haben die Pflicht, die Gebrechen der Schwachen zu tragen und nicht Gefallen an uns selbst zu haben." (Röm 15,1)**

  2. Die Seele des Menschen ist mehr wert als die ganze Welt. Das Wort *Seele* kann auch mit "Leben" übersetzt werden (V.25). Christus benutzt dieses Wort in zweierlei Sinn. Es gibt *zwei Ebenen*, zwei Daseinsformen, zwei Existenzen im gleichen Leben: Das Leben auf dieser Erde und das Leben, das über dieses Leben hinausgehen soll. Wenn ein Mensch (Leben) in diese Welt geboren ist, soll er ewig leben. Es hängt nur davon ab, wohin er nach dieser Welt geht: In die Gemeinschaft mit Gott oder in die Gottferne.

Keiner kann die ganze Welt gewinnen, doch was wäre, wenn er es könnte? Alle Freuden, Wohlstand, Macht und Ruhm sind nichts gegen seine Seele. Aus vier Hauptgründen ist die Seele weit mehr als die Dinge dieser Welt.

  a. Alles altert und vergeht. Man hat etwas nur für kurze Zeit.
  b. Man kann nicht alles zur gleiches Zeit benutzen. Es bleibt die meiste Zeit ungenutzt.
      ⇒ Kleider hängen im Schrank.
      ⇒ Ein Auto steht.
      ⇒ Macht wird nicht eingesetzt.
      ⇒ Popularität und Ruhm sind schnell vergangen und vergessen.
  c. Die menschliche Seele ist ewig. Die Seele stirbt nicht und hört nicht auf zu existieren. Sie soll ewig leben, entweder mit Gott oder getrennt von ihm.
  d. Die menschliche Seele ist wertvoller als die ganze Welt.

Wenn ein Mensch einmal seine Seele verloren hat, ist sie für immer verloren. Sie kann nicht zurückgekauft werden. Der Mensch muß ewig unter dem Verlust leiden. Man stelle sich das vor! Selbst wenn ein Mensch allen Reichtum der Welt hätte, könnte er doch seine Seele nicht zurückkaufen. Warum? Weil sie fort ist; sie ist für immer verschwunden. Dieser Mensch wird nie wieder auf die Erde zurückkehren, nicht einmal für einen Tag. Er ist für immer verloren.

Matthäus 16,21-28

"Denn was hilft es einem Menschen, wenn er die ganze Welt gewinnt, aber sich selbst verliert oder schädigt?" (Lk 9,25)

"Ich sage euch aber: Viele werden kommen vom Osten und vom Westen und werden im Reich der Himmel mit Abraham, Isaak und Jakob zu Tisch sitzen, aber die Kinder des Reiches werden in die äußerste Finsternis hinausgeworfen werden; dort wird Heulen und Zähneknirschen sein." (Mt 8,11-12)

"Und er sprach zu ihm: Freund, wie bist du hier hereingekommen und hast doch kein hochzeitliches Gewand [Gerechtigkeit] an? Er aber verstummte. Da sprach der König zu den Dienern: Bindet ihm Hände und Füße, führt ihn weg und werft ihn hinaus in die äußerste Finsternis! Da wird das Heulen und Zähneknirschen sein." (Mt 22,12-13)

"Nicht ihr habt mich erwählt, sondern ich habe euch erwählt und euch gesetzt, daß ihr hingeht und Frucht bringt und eure Frucht bleibt, damit der Vater euch gibt, was auch immer ihr ihn bitten werdet in meinem Namen." (Joh 15,16)

"Sondern ich bezwinge meinen Leib und behandle ihn als Sklaven, damit ich nicht anderen verkündige und selbst verwerflich werde." (1Kor 9,27)

"Habt aber acht auf euch selbst, daß eure Herzen nicht beschwert werden durch Rausch und Trunkenheit und Sorgen des Lebens, und jener Tag unversehens über euch kommt!" (Lk 21,34)

3. Der Tag des Gerichts kommt. Wenn Christus wiederkommt, wird der wahre Wert des Opfers verglichen mit Selbstzufriedenheit deutlich werden. Ein Opfer für Christus wird überschwenglich belohnt werden, wer seine eigene Zufriedenheit sucht, wird verurteilt. Der Mensch wird seinem Tun entsprechend beurteilt. Das Wort "Tun" bedeutet tun, wirken, handeln. Es meint nicht einzelne Taten, sondern fortgesetztes Verhalten. Man wird aufgrund seines ständigen Verhaltens belohnt, nicht wegen einzelner Taten.

"Und dann werde ich ihnen bezeugen: Ich habe euch nie gekannt; weicht von mir, ihr Gesetzlosen!" (Mt 7,23)

"Er aber antwortete und sprach: Wahrlich, ich sage euch: Ich kenne euch nicht!" (Mt 25,12)

"Wer mich aber verleugnet hat vor den Menschen, der wird verleugnet werden vor den Engeln Gottes." (Lk 12,9)

"Und er wird antworten: Ich sage euch: Ich weiß nicht, woher ihr seid; weicht alle von mir, ihr Übeltäter!" (Lk 13,27)

4. Es wird ein Versprechen gegeben – das Versprechen, daß der Tod nicht geschmeckt wird. Dieser Vers wird viel deutlicher, wenn man ihn mit dem Bericht des Markus vergleicht: "Und er sprach zu ihnen: Wahrlich, ich sage euch: Es sind einige unter denen, die hier stehen, die den Tod nicht schmecken werden, bis sie das Reich Gottes in Kraft haben kommen sehen!" (Mk 9,1) Jesus bezieht sich auf die Macht des Reiches; d.h. seinen Tod, Auferstehung, Pfingsten und die vielen zu seinem Königreich Bekehrten, die darauf folgten. Nach Pfingsten kam die Macht seines Königreichs – eine Macht, von der die Jünger nicht einmal träumen konnten.

Matthäus 17,1-13

	KAPITEL 17 **C. Die Verklärung: Stärkt zum Tragen des Kreuzes, 17,1-13** (Mk 9,2-13; Lk 9,28-36)		
1 Jesus auf einem hohen Berg a. Zeit: 6 Tage später b. Drei Zeugen **2 Die Macht der Herrlichkeit Gottes** a. Sein Gesicht leuchtete wie die Sonne b. Seine Kleider waren wie Licht **3 Die Macht großer Heiliger** a. Moses: Der Gesetzgeber b. Elia: Der erste große Prophet **4 Die Macht einer himmlischen Erfahrung** a. Vorgeschmack der Herrlichkeit b. Gestammelte Bitte **5 Die Macht von Gottes Gegenwart** a. Die Wolke: Die Shekina-Herrlichkeit verliehen b. Gottes Stimme: Erklärt Jesus als seinen Sohn – hört auf ihn	Und nach sechs Tagen nahm Jesus den Petrus, den Jakobus und dessen Bruder Johannes mit sich und führte sie beiseite auf einen hohen Berg. 2 Und er wurde vor ihnen verklärt, und sein Angesicht leuchtete wie die Sonne, und seine Kleider wurden weiß wie das Licht. 3 Und siehe, es erschienen ihnen Mose und Elia, die redeten mit ihm. 4 Da begann Petrus und sprach zu Jesus: Herr, es ist gut, daß wir hier sind! Wenn du willst, so laß uns hier drei Hütten bauen, dir eine und Mose eine und Elia eine. 5 Als er noch redete, siehe, da überschattete sie eine lichte Wolke, und siehe, eine Stimme aus der Wolke sprach: Dies ist mein geliebter Sohn, an dem ich Wohlgefallen habe; auf ihn sollt ihr hören!	6 Als die Jünger das hörten, fielen sie auf ihr Angesicht und fürchteten sich sehr. 7 Und Jesus trat herzu, rührte sie an und sprach: Steht auf und fürchtet euch nicht! 8 Als sie aber ihre Augen erhoben, sahen sie niemand als Jesus allein. 9 Und als sie den Berg hinabgingen, gebot ihnen Jesus und sprach: Sagt niemand von dem Gesicht, bis der Sohn des Menschen aus den Toten auferstanden ist! 10 Und seine Jünger fragten ihn und sprachen: Warum sagen denn die Schriftgelehrten, daß zuvor Elia kommen müsse? 11 Jesus aber antwortete und sprach zu ihnen: Elia kommt freilich zuvor und wird alles in den rechten Stand setzen. 12 Ich sage euch aber, daß Elia schon gekommen ist; und sie haben ihn nicht anerkannt, sondern mit ihm gemacht, was sie wollten. Ebenso wird auch der Sohn des Menschen von ihnen leiden müssen. 13 Da verstanden die Jünger, daß er zu ihnen von Johannes dem Täufer redete.	c. Die Reaktion der Jünger: Fielen auf ihr Angesicht – fürchteten sich d. Das Eingreifen des Herrn: Seine Nähe und Gegenwart e. Der Vorrang des Herrn: Sahen niemand als Jesus **6 Die Macht der Auferstehung** a. Das Mißverständnis vom Messias b. Das Mißverständnis wird korrigiert c. Der Messias muß auch leiden

ABSCHNITT XI

DIE DRAMATISCHE OFFENBARUNG DES MESSIAS: SEINE MESSIASWÜRDE, SEINE KIRCHE UND SEIN KREUZ, 16,13-17,27

C. Die Verklärung: Stärkt zum Tragen des Kreuzes, 17,1-13

(17,1-13) **Einführung**: Die Verklärung Christi ist eine außergewöhnliche Erfahrung, doch Christus und die Jünger brauchten *außergewöhnliche Kraft* für die Zukunft. Die Zukunft hielt für beide das Kreuz bereit.

Christus hatte gerade die letzte Stufe bei der Ausbildung der Jünger begonnen (siehe Abriß und Anmerkungen – Mt 16,21-28). Es wär höchst wichtig, daß sie Gottes Plan für die Welt begriffen: Er war der Messias und er sollte die Welt durch den Tod retten, nicht durch irdische Macht und Eroberungen (siehe Anmerkungen – Mt 1,1; Nähere Betrachtung 2 – 1,18; Nähere Betrachtung 3 – 3,11; Anmerkungen – 11,1-6; 11,2-3; Nähere Betrachtung 1 – 11,5; Nähere Betrachtung 2 – 11,6; Nähere Betrachtung 1 – 12,16; Anmerkung – Lk 7,21-23). Er mußte das Kreuz für die Sünden der Welt tragen (1Petr 2,24), doch auch sie mußten das Kreuz tragen, wenn sie ihm nachfolgen wollten. Er hatte ihnen nun einige Tage schon diese Botschaft eingehämmert. Bald würde er sich de Kreuz gegenübersehen und sie würden vollständig verstehen, was er mit "das Kreuz auf sich nehmen" meinte (siehe Abriß und Anmerkungen – Mt 16,24-28). Sie brauchten alle zusätzliche und besondere Kraft, um sich dem zu stellen, was auf sie zukam.

Die Verklärung war Gottes Antwort auf ihr Bedürfnis. Gott benutzte fünf Dinge, um Christus und die Jünger zu stärken. Die gleichen fünf Dinge sind bei den großen Nöten anwendbar, denen wir uns gegenübersehen. Gott wird uns auf dieselbe Art stärken.

1. Jesus auf einem hohen Berg (V.1).
2. Die Macht der Herrlichkeit Gottes (V.2).
3. Die Macht großer Heiliger (V.3).
4. Die Macht einer himmlischen Erfahrung (V.4).
5. Die Macht von Gottes Gegenwart (V.5-8).
6. Die Macht der Auferstehung (V.9-13).

1 (17,1) **Hingabe**: Jesus war auf einem hohen Berg. Man beachte, daß er sechs Tage vor diesem Ereignis seine Jünger intensiv auf seinen bevorstehenden Tod und die Auferstehung vorbereitet hatte. Christus mußte mit Gott ganz allein sein. Er nahm die drei Jünger Petrus, Jakobus und Johannes mit und stieg auf einen hohen Berg. Die Wahl des Ortes ist wichtig. Es war "ein hoher Berg," ein einsamer Platz, wo niemand sie unterbrechen würde. Er war zweckdienlich, passend für das Alleinsein mit Gott. Hauptsächlich vier Dinge trieben Christus zum Alleinsein mit Gott. Die gleichen Dinge sollten auch uns dazu bringen, gewisse Zeit mit Gott allein zu sein:

⇒ Druck (vom bevorstehenden Kreuz)
⇒ eine folgenschwere Entscheidung (das Kreuz zu tragen)
⇒ intensives Training
⇒ das Bedürfnis nach erneuerter Kraft

Matthäus 17,1-13

> **NÄHERE BETRACHTUNG 1**
> (17,1) **Petrus, Jakobus und Johannes**: Siehe Nähere Betrachtung 1 – Mk 9,2 für die Gründe, weshalb diese drei ausgewählt wurden.

2 (17,2) **Gottes Herrlichkeit**: Die Macht von Gottes Herrlichkeit. Das Wort "verklärt" (metamorphothe) bedeutet eine Veränderung in eine andere Form; eine Umwandlung; ein veränderter Gesichtsausdruck; eine vollständige Veränderung. Lukas sagt: "Das Aussehen seines Angesichts [wurde] anders" (Lk 9,29). Man beachte, wie die Evangelisten das Ereignis beschrieben.

> "Sein Angesicht leuchtete wie die Sonne, und seine Kleider wurden weiß wie das Licht." (Mt 17,2)
> "Und seine Kleider wurden glänzend, sehr weiß wie Schnee, wie sie kein Bleicher auf Erden weiß machen kann." (Mk 9,3)
> "Und während er betete, wurde das Aussehen seines Angesichts anders und sein Gewand strahlend weiß." (Lk 9,29)

Offensichtlich durfte *die Herrlichkeit* seiner göttlichen Natur durch seinen Körper hindurchscheinen. "Die Herrlichkeit, die [er bei Gott] hatte, ehe die Welt war," schien durch seinen Körper und seine Kleider hindurch (Joh 17,5). Petrus sagte: "Wir waren Augenzeugen seiner Majestät." In der Vision Christi des Johannes in der Offenbarung beschrieb er die Herrlichkeit Christi wie die Sonne in ihrer Kraft (Offb 1,16).

Die Schrift sagt:

> "Gott ist Licht." (1Joh 1,5)
> "[Gott]…der in einem unzugänglichen Licht wohnt, den kein Mensch gesehen hat noch sehen kann." (1Tim 6,16)
> "[Gott], der in Licht sich hüllt wie in ein Gewand." (Ps 104,2)

Gedanke 1 Gläubige erfahren ein Stück der Herrlichkeit des Herrn.

> "Wir alle aber, indem wir mit unverhülltem Angesicht die Herrlichkeit des Herrn erblicken wie in einem Spiegel, werden verwandelt in dasselbe Bild von Herrlichkeit zu Herrlichkeit, nämlich vom Geist des Herrn." (2Kor 3,18)

Natürlich hängt unser Erleben der Herrlichkeit Gottes sehr davon ab, daß wir tun, was Christus tat: Sich zu Gott für eine Zeit intensiven Gebets und Hingabe zurückziehen. Wir sollen nach dem Bild Christi verwandelt werden, in all seine charakterliche Perfektion. Doch wir müssen lernen, daß diese Verwandlung nur durch den Gottes Geist kommt und nur, wenn wir sein Angesicht im Gebet und voll Vertrauen suchen.

> "Und paßt euch nicht diesem Weltlauf an, sondern laßt euch in eurem Wesen verändern durch die Erneuerung eures Sinnes, damit ihr prüfen könnt, was der gute und wohlgefällige und vollkommene Wille Gottes ist." (Röm 12,2)

3 (17,3) **Moses – Elia**: Die Macht großer Heiliger. Warum erschienen Moses und Elia mit Jesus? Dafür scheint es zwei Gründe zu geben.

1. Um Jesu Tod zu diskutieren (Lk 17,31). Jesus mußte gestärkt werden, um das Gewicht und den Druck des Kreuzes ertragen zu können (siehe Anmerkung – Mk 9,2-13. Vgl. Die Erfahrung im Garten Gethesemane und sein Schrei am Kreuz, Lk 22,39-46; siehe Anmerkung – Mt 27,46-49.)
2. Um zu zeigen, daß Jesus der wahre Messias war, der Sohn Gottes, der über dem Gesetz und den Propheten stand. Moses vertrat das Gesetz und Elia, der als größter Prophet galt, vertrat die Propheten. Diese zwei Männer ehrten und dienten Christus. Dadurch versinnbildlichten sie, daß das Gesetz und die Propheten in Christus erfüllt wurden.

⇒ Christus war derjenige, von dem Gesetz und Propheten sprachen.
⇒ Christus war derjenige, auf den Gesetz und Propheten hinwiesen. Der alte Bund wurde in Christus erfüllt und von ihm abgelöst, der den neuen Bund aufrichten sollte (siehe Anmerkung – Mk 9,2-4. Vgl. Abriß und Anmerkungen – 2Kor 3,6-18; Mt 9,16-17.)

Gedanke 1 Christus würde bald seine priesterlichen und prophetischen Pflichten erfüllen. Moses und Elia übertrugen ihm symbolisch die alten prophetischen und priesterlichen Pflichten.

> "Er nahm aber die Zwölf zu sich und sprach zu ihnen: Siehe, wir ziehen hinauf nach Jerusalem, und es wird alles erfüllt werden, was durch die Propheten über den Sohn des Menschen geschrieben ist." (Lk 18,31)
> "Wegen dieser Errettung haben die Propheten gesucht und nachgeforscht, die von der euch zuteil gewordenen Gnade geweissagt haben. Sie haben nachgeforscht, auf welche und was für eine Zeit der Geist des Christus in ihnen hindeutete, der die für Christus bestimmten Leiden und die darauf folgenden Herrlichkeiten zuvor bezeugte." (1Petr 1,10-11)

Gedanke 2 Hierin läßt sich etwas Wichtiges sehen. Gläubige, die bereits gestorben sind, sind so *lebendig*, wenn nicht noch lebendiger, wie wir. Sie leben in einer anderen Dimension als unsere physische Welt, in einer ewigen Welt, die vollkommen und frei von Sünde, Leid und Tod ist. Was für eine herrliche Hoffnung!

> "Wir sind aber getrost und wünschen vielmehr, aus dem Leib auszuwandern und heimzukehren zu dem Herrn." (2Kor 5,8)
> "Denn ich werde von beidem bedrängt: Mich verlangt danach, aufzubrechen und bei Christus zu sein, was auch viel besser wäre." (Phil 1,23)

Matthäus 17,1-13

4 (17,4) **Geistliche Erfahrungen – Herrlichkeit**: Die Macht einer himmlischen Erfahrung. Die drei Jünger bekamen einen Vorgeschmack der *Herrlichkeit*. Sie standen in der Gegenwart Gottes und erfuhren etwas von der Freude, Frieden, Sicherheit, Erfüllung und Vollkommenheit des Himmels. Sie wollten diesen heiligen Ort nicht mehr verlassen.
Man beachte, was Petrus tat.

1. Er wollte drei Hütten (skenas) für Jesus und die beiden Propheten bauen. Dadurch hoffte er, die Dauer des Besuchs der himmlischen Gäste und der herrlichen Erfahrung zu verlängern. Die Hütten bestanden aus Zweigen und Gras und waren leicht zu bauen, wie auch Reisende sie oft für eine Übernachtung unterwegs bauten.
2. Er sagte: "Wenn du willst." Selbst in einem großartigen Moment wie diesem würde Petrus nicht gegen den Willen seines Herrn handeln. Man stelle sich so viel Treue und Ergebenheit vor!

> **Gedanke 1** Es muß dringend etwas gelernt werden: Gott weiß genau, wie die Bedürfnisse jedes Gläubigen zu erfüllen sind. Er weiß, was für eine Erfahrung es braucht und er wird alles Nötige tun, um unser Bedürfnis zu erfüllen – wenn wir ihn wirklich suchen.
> Wir dürfen jedoch eins nicht vergessen: Unsere Erfahrungen müssen mit Gottes Wort übereinstimmen. Gott wird nicht gegen sein Wort handeln, um Wachstum und Erfahrungen zu geben. Was an Erfahrungen von Gott kommt, steht im Einklang mit seinem Wort. Tatsächlich kommen geistliche Erfahrungen und Wachstum normalerweise aus dem Lesen und Lernen von Gottes Wort.
>
> **Gedanke 2** Eine große geistliche Erfahrung ist immer eine herrliche Zeit. Nichts läßt sich mit einer Zeit der tiefen Gemeinschaft mit Christus vergleichen und da ist immer der Wunsch, in seiner Gegenwart bleiben zu können.
> Doch das ist nicht unsere Berufung, nicht jetzt. Wir sind jetzt berufen, das Kreuz und seine Botschaft zu tragen, nicht in großen geistlichen Erfahrungen zu schwelgen. Gelegentlich muß unser Geist geistlich erneuert werden, doch das geschieht immer zu einem bestimmten Zweck: Um uns zu stärken, damit wir hinausgehen und unseren Herrn noch besser bezeugen können.
>
> > "[Ist nicht deine Aufgabe,] daß du dem Hungrigen dein Brot brichst und arme Verfolgte in dein Haus führst, daß, wenn du einen Nackten siehst, du ihn bekleidest und deinem Fleische dich nicht entziehst?" (Jes 58,7)
> > "In allem habe ich euch gezeigt, daß man so arbeiten und sich der Schwachen annehmen muß, eingedenk der Worte des Herrn Jesus, der selbst gesagt hat: Geben ist glückseliger als Nehmen!" (Apg 20,35)
> > "Wir aber, die Starken, haben die Pflicht, die Gebrechen der Schwachen zu tragen und nicht Gefallen an uns selbst zu haben." (Röm 15,1)
> > "Einer trage des anderen Lasten, und so sollt ihr das Gesetz des Christus erfüllen!" (Gal 6,2)
> > "Gedenkt der Gefangenen, als wärt ihr Mitgefangene, und derer, die mißhandelt werden, als solche, die selbst auch noch im Leibe leben." (Hebr 13,3)
> > "Eine reine und makellose Frömmigkeit vor Gott, dem Vater, ist es, Waisen und Witwen in ihrer Bedrängnis zu besuchen und sich von der Welt unbefleckt zu bewahren." (Jak 1,27)
> > "Endlich aber seid alle gleichgesinnt, mitfühlend, voll brüderlicher Liebe, barmherzig, gütig!" (1Petr 3,8)

5 (17,5-8) **Geistliche Erfahrung – Himmel**: Die Macht der Gegenwart Gottes. Die Wolke bedeckte auch die Jünger. Das und die Stimme Gottes erschreckte sie, so daß sie sofort niederfielen und nicht aufblicken konnten. Als sterbliche Menschen waren sie vor Angst und Schrecken gelähmt. Man beachte vier Dinge.

1. Die Wolke war "eine lichte Wolke." Das war die Shekina-Herrlichkeit, die Wolke, die für Gottes Gegenwart stand. Diese Wolke führte Israel aus Ägypten und ruhte auf der Stiftshütte (2Mo 40,34-38) und auf dem Gnadenthron im Allerheiligsten. Gott wohnt in unzugänglichem Licht, das kein Mensch ansehen kann. Die Shekina-Herrlichkeit ist ein so herrliches und strahlendes Licht, daß die Sonne nicht gebraucht wird. Dieses Licht verbreitet Glanz (vgl. Offb 21,11;23). Petrus nennt es später "die hocherhabene Herrlichkeit" (2Petr 1,17).

> "[Gott,] der allein Unsterblichkeit hat, der in einem unzugänglichen Licht wohnt, den kein Mensch gesehen hat noch sehen kann." (1Tim 6,16).

Die "lichte Wolke," die Christus überschattete, stand im Kontrast zu der dunklen und drohenden Wolke, die die Übergabe des alten Bundes, d.h. des Gesetztes, an Moses überschattet hatte (2Mo 19,18; 20,21). Hier muß man einen Punkt betrachten.
⇒ Das Gesetz (alter Bund) war dunkel und drohend (siehe <u>Nähere Betrachtung 2</u> – Gal 3,10).
⇒ Der neue Bund (die Liebe Christi) ist licht und wurde zum Segen und zur Rettung gegeben, nicht zur Drohung und Verurteilung (Hebr 12,18-24. Vgl. Hebr 8,6-13.)

2. Die Stimme sagt auf Griechisch eigentlich: "Dies ist mein Sohn, der Geliebte." Man beachte die zwei betonten Tatsachen: Christus ist Gottes Sohn und er ist der Geliebte. Der Gedanke dahinter ist, daß Christus der "eingeborene Sohn" ist, der für die Welt gegeben werden sollte (Joh 3,16).
3. Man beachte, daß die Jünger ein klares und intensives Gefühl für die Gegenwart Gottes bekamen. Sie fielen flach vor dem Herrn auf ihre Gesichter.
4. Der Herr stand allein da. Die Vertreter des alten Testamentes und Bundes (Gesetzes) waren verschwunden. Die Knechtschaft, Dunkelheit und Schrecken des Gesetzes waren vorbei. Christus stand nun an der Stelle des Gesetzes (siehe Anmerkung – Mt 5,17-18). Der neue Bund sollte bald wirksam werden; der neue Bund des Lichtes, der Liebe und der Freiheit ersetzte nun den alten Bund der Dunkelheit, der Furcht und der Knechtschaft.

Die Erfahrung der Jünger kann auf die Zukunft des Gläubigen angewandt werden, auf sein Erscheinen vor Gott am *großen Tag der Erlösung*. Eigentlich erlebten Petrus, Jakobus und Johannes genau das. Sie fanden sich in Gottes Gegenwart wieder. Die Erfahrung des Gläubigen, wenn er Christus von Angesicht zu Angesicht gegenübersteht, wird der Erfahrung der Jünger zweifelsohne sehr ähnlich sein.
1. Der Gläubige wird die Shekina-Herrlichkeit erleben und sie voll auf Christus ruhen sehen.
2. Der Gläubige wird die Stimme Gottes hören, der Christus als seinen Sohn bekanntmacht, seinem Erlösungswerk voll zustimmt und Freude ausdrückt, daß auf ihn gehört wurde und auch in Ewigkeit gehört wird.
3. Der Gläubige wird niederfallen, sich vor Christus in Ehrfurcht, Anbetung und Verehrung niederwerfen.

Matthäus 17,1-13

4. Der Gläubige wird die Vermittlung des Herrn erfahren. Er wird spüren, wie die Hand des Herrn ihn berührt und aufrichtet und er wird in der Gerechtigkeit und Vollkommenheit des Herrn stehen und ewig in Herrlichkeit leben.

   <u>Gedanke 1</u> Wie oft würde Gott ein klares, intensives Gefühl für seine Gegenwart geben – wenn wir uns nur für lange Zeiten in Gebet und Nachdenken zu ihm zurückziehen würden! Wieviel Kraft gäbe es in unserem Leben und Dienst, wenn wir oft längere Zeiten mit Gott allein verbringen würden!

5. Der Gläubige wird den Vorrang des Herrn in alle Ewigkeit bezeugen und erfahren.

   <u>Gedanke 1</u> Die Botschaft Gottes war, ist und wird immer sein:
   - Dies ist mein geliebter Sohn,
   - an dem ich Wohlgefallen habe;
   - auf ihn sollt ihr hören!

6 (17,9-13) <u>Jesus Christus, Auferstehung</u>: Die Macht der Auferstehung. Die Auferstehung beweist zweierlei.
   ⇒ Erstens beweist die Auferstehung, das Jesus Christus definitiv Gottes Sohn ist.
   ⇒ Zweitens beweist die Auferstehung, daß die Verklärung wirklich geschehen ist – daß sie tatsächlich ein Vorgeschmack der Überlegenheit des neuen Bundes und bis zu einem gewissen Maße der Erfahrung des Gläubigen vom Himmel ist.

Jesus erlaubte den drei Jüngern nicht, ihre Erfahrung anderen mitzuteilen, weil sie nicht verstanden werden konnte. Ohne die Auferstehung war sie einfach zu unglaublich, um sie zu begreifen. Dieses Gebot zu schweigen verblüffte die Jünger, denn die Schriftgelehrten hatten immer gesagt, daß Elia kommen und den Messias ankündigen sollte (vgl. Mal 4,5). Sie hatten gerade Elia und Christus zusammen gesehen. Wann würde Elia anfangen, Jesus als Messias zu verkündigen? Und wenn er die Botschaft verbreitete, warum sollten sie dann über Jesu Messiaswürde schweigen? Sollten sie ihn nicht auch als Messias verkündigen? Jesus sagte ihnen, daß Johannes der Täufer der vorhergesagte Prophet wie Elia war, der kommen sollte. Die Menschen hatten ihn getötet und auch der Messias sollte von den Händen der Menschen leiden.

   <u>Gedanke 1</u> Jesus Christus ist der Messias, der Sohn Gottes. Glaube an ihn ist absolut notwendig.

   > "Darum habe ich euch gesagt, daß ihr in euren Sünden sterben werdet; denn wenn ihr nicht glaubt, daß ich es bin, so werdet ihr in euren Sünden sterben." (Joh 8,24)
   > "Die Frau spricht zu ihm: Ich weiß, daß der Messias kommt, welcher Christus genannt wird; wenn dieser kommt, wird er uns alles verkündigen. Jesus spricht zu ihr: Ich bin's, der mit dir redet!" (Joh 4,25-26)
   > "Und wir haben geglaubt und erkannt, daß du der Christus bist, der Sohn des lebendigen Gottes!" (Joh 6,69; vgl. Joh 11,25-27)
   > "Saulus [der Apostel Paulus] aber wurde noch mehr gestärkt und beunruhigte die Juden, die in Damaskus wohnten, indem er bewies, daß dieser der Christus ist." (Apg 9,22; vgl. Apg 17,2-3)
   > "Jeder, der glaubt, daß Jesus der Christus ist, ist aus Gott geboren; und wer den liebt, der ihn geboren hat, der liebt auch den, der aus Ihm geboren ist." (1Joh 5,1)

Matthäus 17,14-21

	D. Die machtlosen Jünger: Eine große Lehre in Glauben und Macht, 17,14-21 (Mk 9,14-29; Lk 9,37-42)	gen? Bringt ihn her zu mir! 18 Und Jesus bedrohte den Dämon, und er fuhr von ihm aus, und der Knabe war gesund von jener Stunde an. 19 Da traten die Jünger allein zu Jesus und sprachen: Warum konnten wir ihn nicht austreiben? 20 Jesus aber sprach zu ihnen: Um eures Unglaubens willen! Denn wahrlich, ich sage euch: Wenn ihr Glauben hättet wie ein Senfkorn, so würdet ihr zu diesem Berg sprechen: Hebe dich weg von hier dorthin! Und er würde sich hinwegheben, und nichts würde euch unmöglich sein. 21 Aber diese Art fährt nicht aus außer durch Gebet und Fasten.	b. Seine Geduld hat Grenzen c. Seine Macht brach Satans Macht
1 **Jesus nach der Verklärung** a. Kam zur Volksmenge b. Wurde von einem verzweifelten Mann angesprochen	14 Und als sie zur Volksmenge kamen, trat ein Mensch zu ihm, fiel vor ihm auf die Knie 15 und sprach: Herr, erbarme dich über meinen Sohn, denn er ist mondsüchtig und leidet schwer; er fällt nämlich oft ins Feuer und oft ins Wasser! 16 Und ich habe ihn zu deinen Jüngern gebracht, aber sie konnten ihn nicht heilen. 17 Da antwortete Jesus und sprach: O du ungläubiges und verkehrtes Geschlecht! Wie lange soll ich bei euch sein? Wie lange soll ich euch ertra-		4 **Der Grund der Machtlosigkeit: Unglaube**
2 **Das Drama der Machtlosigkeit** a. Ein dringendes Bedürfnis unerfüllt b. Schlimme Enttäuschung c. Eine peinliche Situation			5 **Die Verheißung der großen Macht des Glaubens**
3 **Der Tadel der Machtlosigkeit** a. Er wird nicht immer da sein			6 **Zwei Wege für großen Glauben und Macht** a. Gebet b. Fasten

ABSCHNITT XI

DIE DRAMATISCHE OFFENBARUNG DES MESSIAS: SEINE MESSIASWÜRDE, SEINE KIRCHE UND DEIN KREUZ, 16,13-17,27

D. Die machtlosen Jünger: Eine große Lehre in Glauben und Macht, 17,14-21

(17,14-21) **Einführung**: Dies ist eine hervorragende Studie über *Macht und Glauben*. Die Punkte sprechen für sich.
1. Jesus nach der Verklärung (V.14).
2. Das Drama der Machtlosigkeit (V.15-16).
3. Der Tadel der Machtlosigkeit (V.17-18).
4. Der Grund der Machtlosigkeit: Unglaube (V.19-20).
5. Die Verheißung der großen Macht des Glaubens (V.20).
6. Zwei Wege für großen Glauben und Macht (V.20-21).

1 (17,14) **Hingabe – Gebet**: Jesus nach der Verklärung. Welch ein Gegensatz – die himmlische Herrlichkeit und die Erfahrung der Verklärung auf dem Berg verglichen mit irdischen Problemen und dem finsteren Tal am nächsten Tag (Lk 9,37)! Was für eine Lehre für uns alle! Die Herrlichkeit in der Anbetung hat den Zweck, hinauszugehen und der bedürftigen Menge gegenüberzutreten. Wir bleiben nicht oben auf dem Berg, wir gehen hinunter ins Tal, wo die Menschen sind.

Keine Erfahrung mit Christus lehrt uns die Notwendigkeit von sowohl Anbetung als auch Dienst stärker als diese Erfahrung.
⇒ Die Verklärung ist in sich selbst *abgeschlossen*, doch sie ist auch ein *Mittel* zum Dienst.
⇒ Die Verklärung ruft uns zum mönchischen Leben, doch sie bereitet uns auch darauf vor, hinauszugehen und die Bedürfnisse einer vergänglichen Welt zu erfüllen.
⇒ Der Berg des Gebets ruft uns zur Erneuerung, stärkt uns aber auch für unsere Arbeit in einer durcheinandergebrachten Welt.
⇒ Gott möchte uns *täglich* zur Stärkung unserer Seelen begegnen, doch er möchte uns auch aussenden, damit wir die Bedürfnisse einer Welt erfüllen, die danach schreit.
⇒ Gott möchte unsere persönliche Aufmerksamkeit und Gemeinschaft, doch er möchte uns auch aussenden, damit wir Aufmerksamkeit und göttliche Gemeinschaft in eine verlorene Welt hineinbringen.

2 (17,15-16) **Machtlosigkeit – Unglaube**: Das Drama der Machtlosigkeit (siehe Nähere Betrachtung 1 – Mt 17,16). Die Krankheit des Sohnes scheint sowohl körperlich als auch geistlich gewesen zu sein. Die Beschreibung der Krankheit im Markusevangelium weist auf eine heute als Epilepsie bekannte Krankheit und auf dämonische Besessenheit hin (Mt 17,15; Mk 9,17-18; Lk 9,39). Die dämonische Besessenheit im Besonderen scheint den Zustand noch verschlimmert zu haben, möglicherweise durch Hervorrufen von Selbstmordneigungen (Mt 17,15; Mk 9,22). In allen Evangelien scheint dies das besondere Werk böser Geister zu sein: Bestehende Zustände zu *verschlimmern und zu verschärfen*. Die große Tragödie dieses Ereignisses war Unglaube und Machtlosigkeit. Diese Tragödie quält so viele Diener Gottes. Doch man beachte: Sie quält uns nur, weil "wir nicht bitten" (Jak 4,2). Wir versäumen, auf den Berg der Verklärung zu gehen und Erneuerung durch Gottes Gegenwart zu erfahren. Unsere Machtlosigkeit mündet zu oft in drei Dingen.
1. So viele *dringende Bedürfnisse* bleiben unerfüllt.
2. So viele schlimme Enttäuschungen werden erfahren.
3. So viele *peinliche Situationen* entstehen.

> "Ruft er mich an, so will ich ihn erhören; ich bin bei ihm in der Not, ich will ihn herausreißen und zu Ehren bringen." (Ps 91,15)

> "Dann wirst du rufen, und der HERR wird antworten; du wirst schreien, und er wird sagen: Hier bin ich! Wenn du das Joch aus deiner Mitte hinweg tust, das Fingerzeigen und das unheilvolle Reden lässest." (Jes 58,9)

> "Rufe zu mir, so will ich dir antworten und dir große und unbegreifliche Dinge kundtun, die du nicht wußtest." (Jer 33,3)

Matthäus 17,14-21

<u>Gedanke 1</u> Man beachte zwei Dinge.
1) Der Vater suchte Hilfe und bat für sein Kind.
2) Christi Herz war voll Mitleid und Wärme für das Kind. Es hatte nur eine Sache gefehlt – jemand mit Glauben und Macht, der in die Bresche springt. Es gab einfach keinen.

Wie viele Kinder haben dringende körperliche und geistliche Bedürfnisse? Wie viele stecken in der Sündenfalle? Wo sind die Eltern, die in ihrer Besorgnis Jesus suchen, nicht halbherzig und lasch, sondern ernsthaft? Wo sind die Eltern, die ihn beständig suchen, bis er antwortet? Wie in unserem Fall ist Jesus bereit, das Bedürfnis unserer Kinder zu erfüllen, doch wo sind die Eltern, die Jesus mit der gleichen Intensität wie dieser Vater suchen? Und wo sind die Diener Gottes, die Eltern zum Vertrauen auf Christus führen können?

NÄHERE BETRACHTUNG 1
(17,16) <u>Machtlosigkeit</u>: Warum sind Menschen machtlos? (Siehe <u>Nähere Betrachtung 3</u> – Mk 9,18 zur Diskussion.)

---

3 (17,17-18) <u>Machtlosigkeit – Unglaube</u>: Der Tadel der Machtlosigkeit. Christus tadelt Machtlosigkeit. Wer machtlos ist, macht ihn traurig und sorgenvoll. Was kann er tun, um Glauben und Macht zu wecken? Er tut alles, was er kann: Er warnt, doch er bietet auch Hoffnung.
1. Er warnt, daß er nicht immer da sein wird (1Mo 6,3. Siehe Anmerkung – Mt 12,14-16.)
2. Er warnt, daß seine Geduld Grenzen hat (vgl. Spr 29,1. Siehe Anmerkung – Mt 12,31-32.)
3. Er versichert, daß seine Macht die Macht Satans bricht. Man beachte, daß es Christi Wort ist, das die Macht des Teufels bricht. Satan kann vor Gottes Wort nicht bestehen. Christus hat die Mächte und Gewalten unter Satans Herrschaft vernichtet (Kol 2,15).

<u>Gedanke 1</u> Ein *ungläubiger* Mensch…
- kann den Segen nicht empfangen, den er *hätte bekommen können.*
- kann nicht tun, was er *hätte tun können.*

Man beachte den Ton und den Schmerz in Christi Herz und in seinen Worten. Er wünscht sich, daß wir bekommen können, was wir haben sollten, und daß wir tun können, was wir tun sollten. Er sehnt sich danach, daß wir Leben im Überfluß mit Macht und Erfüllung haben sollen (Joh 10,10).

<u>Gedanke 2</u> Man darf einen entscheidenden Punkt nicht vergessen: Je länger es Christus mit unserem *ungläubigen* und *machtlosen* Verhalten aushalten muß, desto unzufriedener ist er mit uns. Wir müssen lernen, und zwar schnell. Er wird nicht immer bei uns sein und seine Geduld hat Grenzen.

<u>Gedanke 3</u> Man beachte, wie die herrliche Botschaft des Evangeliums in dieser Episode verkündet und dargestellt wird. Wenn Macht und Glaube der Menschen versagen, wenn jede andere Hoffnung und Hilfe versagt, können wir zu Christus kommen und wissen, daß er uns anhören und helfen wird. Er wird Mitleid haben und unser Bedürfnis mit seiner Macht erfüllen – wie dringend es auch ist.

NÄHERE BETRACHTUNG 2
(17,17) <u>Verkehrt</u> (diastrepho): verdreht, entstellt; abgewandt oder weggewandt; zerrissen; verdorben (vgl. Apg 20,30; Phil 2,15)

Damit ihr unsträflich und lauter seid, untadelige Kinder Gottes inmitten eines verdrehten und verkehrten Geschlechts, unter welchem ihr leuchtet als Lichter in der Welt." (Phil 2,15)

"Und aus eurer eigenen Mitte werden Männer aufstehen, die verkehrte Dinge reden, um die Jünger wegzuziehen in ihre Gefolgschaft." (Apg 20,30)

"Unnütze Streitgespräche von Menschen, die eine verdorbene Gesinnung haben und der Wahrheit beraubt sind und meinen, die Gottseligkeit sei ein Mittel zur Bereicherung – von solchen halte dich fern!" (1Tim 6,5)

"Die Redlichen leitet ihre Unschuld; aber ihre Verkehrtheit richtet die Abtrünnigen zugrunde." (Spr 11,3)

"Nach dem Maße seiner Klugheit wird ein Mann gelobt; wer aber verkehrten Herzens ist, fällt der Verachtung anheim." (Spr 12,8)

"Eine heilsame Zunge ist ein Baum des Lebens; aber Verkehrtheit in ihr verwundet den Geist." (Spr 15,4)

"Ein Armer, der in seiner Unschuld wandelt, ist besser als ein Reicher, der krumme Wege geht." (Spr 28,6)

---

4 (17,19-20) <u>Unglaube – Machtlosigkeit</u>: Der Grund der Machtlosigkeit war Unglaube. Was ist Unglaube? Warum wird Glaube schwächer und verwandelt sich in Unglauben? Die Jünger hatten schon früher außergewöhnliche Macht verheißen bekommen und auch erhalten, und sie hatten erfolgreich gewirkt (Mt 10,1; Lk 10,17). Doch nun schien die Macht verschwunden zu sein und sie konnten nichts tun. "Warum?" fragten sie.

Jesus antwortet mit einer Spitze: "Wegen eures <u>Unglaubens</u>." Unglaube besteht aus vier Dingen, oder als Frage: "Was ist Unglaube?"

1. Unglaube ist Zweifel an Christus, dem Gegenstand des Glaubens. Es bedeutet, die Macht Christi in Frage zu stellen. Ist er wirklich stark genug, zu tun, was nötig ist: Erretten, erlösen, heilen und helfen; böse Herrschaften zu entfernen, festverwurzelte Bosheit, zerstörerische Gier und Kriegsdrohung?
2. Unglaube ist Zweifel an der Macht des Herrn *in* einem selbst. Es bedeutet, zu fragen, ob man nahe genug bei Christus ist, daß er hört und antwortet oder genug Kraft gibt, um das Bedürfnis zu erfüllen.
3. Unglaube ist Zweifel am eigenen Glauben. Es bedeutet, die Stärke der eigenen Abhängigkeit und des eigenen Vertrauens auf Christus zu hinterfragen.
4. Unglaube ist Zweifel, ob das Benötigte Gottes Wille ist. Es bedeutet, zu fragen, ob man nach so etwas streben darf oder ob Gott alles Nötige tun wird.

Matthäus 17,14-21

"Und er sprach zu ihnen: Was seid ihr so furchtsam? Wie, habt ihr keinen Glauben?" (Mk 4,40)

"Danach offenbarte er sich den Elfen selbst, als sie zu Tisch saßen, und tadelte ihren Unglauben und die Härte ihres Herzens, daß sie denen, die ihn auferstanden gesehen hatten, nicht geglaubt hatten." (Mk 16,14)

"Und er sprach zu ihnen: O ihr Toren! Wie langsam ist euer Herz zu glauben an alles, was die Propheten geredet haben!" (Lk 24,25)

"Wer an ihn glaubt, wird nicht gerichtet; wer aber nicht glaubt, der ist schon gerichtet, weil er nicht an den Namen des eingeborenen Sohnes Gottes geglaubt hat." (Joh 3,18)

"Wer an den Sohn glaubt, der hat ewiges Leben; wer aber dem Sohn nicht glaubt, der wird das Leben nicht sehen, sondern der Zorn Gottes bleibt auf ihm." (Joh 3,36)

"Darum habe ich euch gesagt, daß ihr in euren Sünden sterben werdet; denn wenn ihr nicht glaubt, daß ich es bin, so werdet ihr in euren Sünden sterben." (Joh 8,24)

"Und wenn jener kommt, wird er die Welt überführen von Sünde und von Gerechtigkeit und vom Gericht; von Sünde, weil sie nicht an mich glauben." (Joh 16,8-9)

"Habt acht, ihr Brüder, daß nicht in einem von euch ein böses, ungläubiges Herz sei, das im Begriff ist, von dem lebendigen Gott abzufallen!" (Hebr 3,12)

"So wollen wir denn eifrig bestrebt sein, in jene Ruhe einzugehen, damit nicht jemand als ein gleiches Beispiel des Unglaubens zu Fall kommt." (Hebr 4,11)

Die Antwort auf Unglauben ist, so sehr nach Gott zu hungern und zu dürsten, daß wir einen Großteil unserer Zeit in Gottes Gegenwart verbringen – so viel Zeit, daß wir sogar das Essen auslassen. Wir können darauf verzichten, um Gott zu begegnen (siehe Anmerkung – Mt 6,16-18).

"Demnach kommt der Glaube aus der Verkündigung [Gebet], die Verkündigung aber durch Gottes Wort." (Röm 10,17)

"Und er sprach zu ihnen: Was seid ihr so furchtsam? Wie, habt ihr keinen Glauben?" (Mk 4,40)

"Ohne Glauben aber ist es unmöglich, ihm wohlzugefallen; denn wer zu Gott kommt, muß glauben, daß er ist, und daß er die belohnen wird, welche ihn suchen." (Hebr 11,6)

"Bist du der Christus? Sage es uns! Er aber sprach zu ihnen: Wenn ich es euch sagte, so würdet ihr es nicht glauben." (Lk 22,67)

"Wahrlich, wahrlich, ich sage dir: Wir reden, was wir wissen, und wir bezeugen, was wir gesehen haben; und doch nehmt ihr unser Zeugnis nicht an." (Joh 3,11)

"Da umringten ihn die Juden und sprachen zu ihm: Wie lange hältst du unsere Seele im Zweifel? Bist du der Christus, so sage es uns frei heraus! Jesus antwortete ihnen: Ich habe es euch gesagt, und ihr glaubt nicht. Die Werke, die ich tue im Namen meines Vaters, diese geben Zeugnis von mir." (Joh 10,24-25)

"Obwohl er aber so viele Zeichen vor ihnen getan hatte, glaubten sie nicht an ihn." (Joh 12,37)

"Wer hat dem geglaubt, was uns verkündigt ward, und der Arm des HERRN, wem ward er geoffenbart?" (Jes 53,1)

<u>Gedanke 1</u> Wenn es nicht gut läuft und wir in Leben, Ehe oder Dienst nicht erfolgreich sind, müssen wir zweierlei beachten.

1) Es führt dazu, daß man sich gegenseitig die Schuld gibt:
   ⇒ Ehepartner geben einander die Schuld
   ⇒ Kollegen geben einander die Schuld
   ⇒ Gemeinden geben den Pfarrern die Schuld
   ⇒ Pfarrer geben den Gemeinden die Schuld
2) Der Fehler liegt üblicherweise bei einem selbst (natürlich nicht immer, aber meistens), und der Grund ist unser Unglaube. Wir vertrauen und suchen Gott nicht, wie wir sollten, nicht ernsthaft.

<u>Gedanke 2</u> Etwas ärgert Gott ungemein: Von ihm gegebenen Gaben oder Macht zu mißtrauen. So viele verwechseln persönliche Gaben und Kraft mit Gottes Kraft und Gaben. Seine Macht und Gaben zu leugnen ist nicht Demut, es ist Mißtrauen. Seine macht und Gaben sollen vollständig genutzt werden.

5 (17,20) <u>Glaube – Macht</u>: Die Verheißung der großen Macht des Glaubens. Die Juden verstanden, was Jesus mit "Berge versetzen" meinte. Der Ausdruck war eine jüdische Redewendung für "Schwierigkeiten ausräumen" (vgl. Sach 4,7; 1Kor 13,2). Die größten Schwierigkeiten im Leben können durch den Glauben ausgeräumt werden. Gebet und Glaube können alles für Gott tun. Sie können alle Arten von Bergen versetzen: Furcht, Enttäuschung, Depression, Verzweiflung, Krankheit, Versuchung, Schuld, Schwäche, Einsamkeit, Verfolgung, Herzeleid. Solche Berge stehen drohend als Hindernisse auf dem Weg des Menschen. Sie können das Leben wirklich niederdrücken. Wie kann man sie überwinden? Durch Glauben und Gebet – Beten und an Gott glauben, bis hin zum Fasten (siehe <u>Nähere Betrachtung 3</u> – Mt 17,20).

<u>Gedanke 1</u> Jeder Gläubige kann der Welt zwei Kräfte und zwei Gaben anbieten. Er hat seine eigene Kraft und Gaben (Talente) und Gottes Kraft und Gaben. (Vgl. Röm 12,6f; 1Kor 12,4-11; Eph 4,11)
1) Gottes Kraft und Gaben stehen himmelhoch über unserer Kraft und Gaben.
2) Wir sind berufen, zu lernen, Gottes Kraft und Gaben einzusetzen.

<u>Gedanke 2</u> Ein *aktiver* Glaube kann Berge versetzen (siehe Anmerkung und <u>Nähere Betrachtung 1</u> – Hebr 11,6).

NÄHERE BETRACHTUNG 3
(17,20) <u>Glaube – Macht – Senfkorn</u>: Was meint Christus mit "Glauben wie ein Senfkorn"? Das Senfkorn war für seine Kleinheit bekannt, als kleinster Samen; doch es wuchs zu einem der größten Büsche (siehe Anmerkung – Mt 13,32). Man stelle sich ein Senfkorn un der Hand eines Menschen vor. Es ist *wirklich* und es ist *klein*. Man stelle sich die Möglichkeiten für *Wachstum und Verwendung* vor. So ist es mit dem Glauben: Glaube ist "wie ein Senfkorn." Er ist wirklich und klein, doch er enthält enorme Kraft für Wachstum, Verwendung und Dienst.

Matthäus 17,14-21

> "Und alles, was ihr gläubig erbittet im Gebet, das werdet ihr empfangen!" (Mt 21,22)
> "Jesus aber sprach zu ihm: Wenn du glauben kannst – alles ist möglich dem, der glaubt!" (Mk 9,23)

6 (17,20-21) **Glaube – Macht**: Zwei Wege für großen Glauben und Macht.
  1. Der erste Weg, um großen Glauben und Macht zu bekommen, ist das Gebet (siehe Anmerkung, Gebet – Mt 7,7-11; vgl. Eph 6,18).
  2. Der zweite Weg, um großen Glauben und Macht zu bekommen, ist das Fasten (siehe Anmerkung, Fasten – Mt 6,16-18).

NÄHERE BETRACHTUNG 4
(17,20-21) **Glauben**: Siehe Anmerkungen und Nähere Betrachtung 1 – Hebr 11,6; vgl. Mk 11,23; Hebr 10,38; Joh 2,23-24.

NÄHERE BETRACHTUNG 5
(17,20-21) **Macht**: Vgl. 2Tim 1,7; Eph 3,20.

Matthäus 17,22-23

	E. Der Messias sagt seinen Tod und Auferstehung voraus (2. Mal): Von Gott ausgeliefert, 17,22-23 (Mk 9,30-32; Lk 9,43-45)
1 Er sagte seinen Verrat voraus	22 Als sie nun ihren Weg durch Galiläa nahmen, sprach Jesus zu ihnen: Der Sohn des Menschen wird in die Hände der Menschen ausgeliefert werden,
2 Er sagte den Schuldigen voraus	
3 Er sagte seinen Tod voraus	23 und sie werden ihn töten, und am dritten Tag wird er auferstehen. Und sie wurden sehr betrübt.
4 Er sagte seine Auferstehung voraus	

ABSCHNITT XI

DIE DRAMATISCHE OFFENBARUNG DES MESSIAS: SEINE MESSIASWÜRDE, SEINE KIRCHE UND SEIN KREUZ, 16,13-17,27

E.   Der Messias sagt seinen Tod und Auferstehung voraus (2. Mal): Von Gott ausgeliefert, 17,22-23

(17,22-23) <u>Einführung</u>: Tod und Auferstehung Jesu Christi können gar nicht stark genug betont werden. Sie sind von enormer Bedeutung: Das Schicksal eines Menschen hängt von seiner Reaktion auf Tod und Auferstehung Jesu Christi ab. Sei Tod und seine Auferstehung sind die Angelpunkte menschlicher Geschichte, der Mittelpunkt in Gottes Plan für die Ewigkeit. Die Geschichte dreht sich um Tod und Auferstehung von Gottes liebem Sohn. Gott wendet für die Ehre seines lieben Sohnes alles zum Guten. Sogar das Böse und die Verwüstung des Menschen werden zum Guten für Christus und die, für die er starb und auferstand, umgewandelt.

Alles, was die Schrift über Tod und Auferstehung Jesu Christi sagt, ist an alle Generationen gerichtet. (Siehe Abriß und Anmerkungen – Mt 16,21-23; 20,17-19; Mk 8,31-33; 9,30-32; 10,32-34.)
1. Er sagte seinen Verrat voraus (V.22).
2. Er sagte den Schuldigen voraus (V.22).
3. Er sagte seinen Tod voraus (V.23).
4. Er sagte seine Auferstehung voraus (V.23).

[1] (17,22) **Jesus Christus, Tod**: Christus sagte seinen Verrat voraus. Man beachte zwei Dinge.

1. Der Ausdruck "ihren Weg durch Galiläa nahmen" (anastrephomenon) bedeutet Hin- und Herwandern. Der Punkt dahinter ist, daß Jesus seinen Jüngern die Tatsache einhämmerte, daß er getötet werden und wieder auferstehen würde, während sie in ganz Galiläa umherwanderten.

Jesus war einige Wochen im äußersten Norden des Landes gewesen (siehe Anmerkungen – Mt 15,21-22; 15,29; 16,13). Zu einem bestimmten Zeitpunkte wandte er sich nach Galiläa zurück, aber in aller Stille (Mk 9,30). Offensichtlich bewegte er sich eher verstohlen, damit er die Jünger über seinen bevorstehenden Tod und die Auferstehung belehren konnte (siehe Anmerkungen – Mt 15,21-22; 15,29; 16,21-28). Interessanterweise nehmen die Engel bei der Verkündigung der Auferstehung hierauf Bezug: "Denkt daran, wie er zu euch redete, als er noch in Galiläa war, und sagte: Der Sohn des Menschen muß in die Hände sündiger Menschen ausgeliefert und gekreuzigt werden und am dritten Tag auferstehen" (Lk 24,6-7).

Jesus mußte immer wieder über seinen Tod und Auferstehung reden, weil es so schwer zu verstehen war. Aus drei Gründen begriffen die Jünger diese Tatsache nur schwer.
   a. Tod und Auferstehung des Messias waren eine neue Erfahrung, ein neues Ereignis. Es sollte Geschichte gemacht werden. Die Rede von einem buchstäblichen Tod und einer ebensolchen Auferstehung mußte in symbolischer und geistlicher Sprache verstanden werden (siehe Anmerkung – Mt 18,1-2). (Viele lieben es, diese Ereignisse zu vergeistigen – obwohl sie tatsächlich stattfanden und von den Jüngern eifrig verkündigt wurden.) (Vgl. 1Kor 15,3-8. Siehe Anmerkungen – Mk 9,32; 9,34.)
   b. Tod und Auferstehung des Messias wurden als unmöglich angesehen. Wie könnte Gott sterben? Die meisten Menschen glauben, daß Gott unsterblich ist. Natürlich hatten die Jünger noch nicht gesehen, was Tod wirklich ist – im Grunde genommen Trennung von Gott (siehe <u>Nähere Betrachtung 1</u> – Hebr 9,27). Sie mußten lernen, daß Gott sich mit geistlichem und ewigem Leben (und Tod) befaßte, nicht nur mit körperlichem und zeitlichem Leben (und Tod) auf dieser Welt.
   c. Tod und Auferstehung des Messias standen all ihren Hoffnungen und Erwartungen entgegen. Das war völlig anders als alles, was die Jünger je gehört hatten oder gelehrt worden waren. Der Messias wurde als Messias der Macht und souveränen Herrschaft betrachtet, nicht als Messias, der zur Erlösung der Menschen leiden und sterben muß. (Siehe Anmerkungen – Mt 1,1; <u>Nähere Betrachtung 2</u> – 1,18; <u>Nähere Betrachtung 3</u> – 3,11; Anmerkungen – 11,1-6; 11,2-3; <u>Nähere Betrachtung 1</u> – 11,5; <u>Nähere Betrachtung 2</u> – 11,6; <u>Nähere Betrachtung 1</u> – 12,16; Anmerkungen – 22,42; Lk 7,21-23.)

2. Das Wort "ausgeliefert" (paradidosthai) bedeutet, daß sein Tod angeordnet war. Christus sagte, daß er zum Sterben *ausgeliefert* werden würde – es war angeordnet, d.h. im Rat und Plan Gottes festgelegt. Christus wurde von drei Personen zum Sterben ausgeliefert.
   a. Gott lieferte Christus dem Verrat aus.

> "Denn so sehr hat Gott die Welt geliebt, daß er seinen eingeborenen Sohn gab, damit jeder, der an ihn glaubt, nicht verloren geht, sondern ewiges Leben hat." (Joh 3,16)
> "Diesen, der nach Gottes festgesetztem Ratschluß und Vorsehung dahingegeben worden

Matthäus 17,22-23

war, habt ihr genommen und durch die Hände der Gesetzlosen ans Kreuz geheftet und getötet." (Apg 2,23)

"Er, der sogar seinen eigenen Sohn nicht verschont hat, sondern ihn für uns alle dahingegeben hat, wie sollte er uns mit ihm nicht auch alles schenken?" (Röm 8,32)

"Denn er hat den, der von keiner Sünde wußte, für uns zur Sünde gemacht, damit wir in ihm Gerechtigkeit Gottes würden." (2Kor 5,21)

"Gott aber sei Dank für seine unaussprechliche Gabe!" (2Kor 9,15)

b. Christus lieferte sich selbst dem Kreuz aus.

"Der sich selbst für unsere Sünden gegeben hat, damit er uns herausrette aus der gegenwärtigen bösen Weltzeit, nach dem Willen unseres Gottes und Vaters." (Gal 1,4)

"Und wandelt in der Liebe, gleichwie auch der Christus uns geliebt und sich selbst für uns gegeben hat als Gabe und Opfer für Gott, zu einem lieblichen Geruch…Ihr Männer, liebt eure Frauen, gleichwie auch der Christus die Gemeinde geliebt und sich selbst für sie hingegeben hat." (Eph 5,2;25)

"Der sich selbst für uns dahingegeben hat, um uns von aller Gesetzlosigkeit zu erlösen und für sich selbst ein auserwähltes Volk zum Eigentum zu reinigen, das eifrig ist im Tun von guten Werken." (Tit 2,14)

"Daran haben wir die Liebe erkannt, daß Er sein Leben für uns eingesetzt hat; auch wir sind schuldig, für die Brüder das Leben einzusetzen." (1Joh 3,16)

c. Judas verriet Christus und lieferte ihn zur Kreuzigung aus (siehe Anmerkungen – Mt 26,21-25; 27,3-5; Mk 14,10-11; Lk 22,4-6; Joh 13,18; 13,21-26).

"Und während sie aßen, sprach er: Wahrlich, ich sage euch: Einer von euch wird mich verraten!" (Mt 26,21)

"Da ging Judas Ischariot, einer von den Zwölfen, hin zu den Hohenpriestern, um ihn an sie zu verraten." (Mk 14,10)

"Ich rede nicht von euch allen; ich weiß, welche ich erwählt habe. Doch muß die Schrift erfüllt werden: Der mit mir das Brot ißt, hat seine Ferse gegen mich erhoben." (Joh 13,18)

2 (17,22) **Jesus Christus, Tod**: Christus sagte den Schuldigen voraus. Jesus hatte bereits die Menschen benannt, die ihn töten würden (siehe Nähere Betrachtung 1 – Mt 16,21). Der Verräter würde *Judas* sein, der ihn für die *Ältesten, Hohenpriester* und *Schriftgelehrten* identifizierte, die ihn ihrerseits an die *Heiden* oder Römer zur Hinrichtung auslieferten (Mt 20,19).

In seiner Pfingstpredigt klagte Petrus die Juden an: "Diesen, der nach Gottes festgesetztem Ratschluß und Vorsehung dahingegeben worden war, habt ihr genommen und durch die Hände der Gesetzlosen ans Kreuz geheftet und getötet" (Apg 2,23).

Gedanke 1 Menschen töteten Jesus – Menschen, die ihn ganz verzweifelt brauchten.
1) Die Menschen, die seinen Tod planten und verursachten, waren die Juden. Sie waren nach Rasse und Gottes Erwählung sein Volk. Sie erwarteten sogar den Messias, aber sie erkannten ihn nicht (Joh 1,11). Sie wollten keinen Messias, wie er es zu sein beanspruchte. Sie wollten einen Messias der Macht, des Ruhmes und des Reichtums, der Israel die Herrlichkeit der Weltregierung oder des Gottesstaates bringen würde (siehe Anmerkungen – Mt 1,1; Nähere Betrachtung 2 – 1,18; Nähere Betrachtung 3 – 3,11; Anmerkungen – 11,1-6; 11,2-3; Nähere Betrachtung 1 – 11,5; Nähere Betrachtung 2 – 11,6; Nähere Betrachtung 1 – 12,16; Anmerkung – Lk 7,21-23).
2) Die Menschen, die ihn töteten, waren die Römer. Sie waren diejenigen, für die er die Tür des Heils öffnen sollte. Die Erlösung war ihnen verschlossen gewesen. In ihm jedoch konnten sie gerettet werden und ewig leben. Sie hätten dankbar sein und ihn mit offenen Armen empfangen sollen, doch auch sie lehnten seinen Anspruch ab. Sie machten ihm den Prozeß und richteten ihn hin – allein aus politischen Gründen.

"Denn so sehr hat Gott die Welt geliebt, daß er seinen eingeborenen Sohn gab, damit jeder, der an ihn glaubt, nicht verloren geht, sondern ewiges Leben hat. Denn Gott hat seinen Sohn nicht in die Welt gesandt, damit er die Welt richte, sondern damit die Welt durch ihn gerettet werde. Wer an ihn glaubt, wird nicht gerichtet; wer aber nicht glaubt, der ist schon gerichtet, weil er nicht an den Namen des eingeborenen Sohnes Gottes geglaubt hat. Darin aber besteht das Gericht, daß das Licht in die Welt gekommen ist, und die Menschen liebten die Finsternis mehr als das Licht; denn ihre Werke waren böse." (Joh 3,16-19)

3 (17,23) **Jesus Christus, Tod**: Christus sagte seinen Tod voraus. Jesus Christus wurde aus zwei einfachen Gründen getötet.

1. Die Frommen lieferten ihn an die Heiden aus, weil er eine Bedrohung für sie darstellte (siehe Anmerkungen und Nähere Betrachtung 1 – Mt 12,10; vgl. 12,1-8. Das sind wichtige Anmerkungen für das Verständnis, weshalb die Frommen Jesus töteten.) Drei Abschnitte sollen das verdeutlichen.

"Da hoben die Juden wiederum Steine auf, um ihn zu steinigen. Jesus antwortete ihnen: Viele gute Werke habe ich euch gezeigt von meinem Vater; um welches dieser Werke willen wollt ihr mich steinigen? Die Juden antworteten ihm und sprachen: Nicht wegen eines guten Werkes wollen wir dich steinigen, sondern wegen Gotteslästerung, und zwar weil du, der du ein Mensch bist, dich selbst zu Gott machst!" (Joh 10,31-33)

"Ihr Männer von Israel, hört diese Worte: Jesus von Nazareth, einen Mann, der von Gott euch gegenüber beglaubigt wurde durch Kräfte und Wunder und Zeichen, die Gott durch ihn in eurer Mitte tat, wie ihr auch selbst wißt; diesen, der nach Gottes festgesetztem Ratschluß und Vorsehung dahingegeben worden war, habt ihr genommen und durch die Hände der Gesetzlosen ans Kreuz geheftet und getötet." (Apg 2,22-23)

"Diese [die Juden] haben auch den Herrn Jesus und ihre eigenen Propheten getötet und haben uns verfolgt." (1Thess 2,14-15)

Matthäus 17,22-23

2. Gott lieferte ihn aus, damit er für die Sünden und das Leben der Welt sterben sollte. Die meisten Abschnitte im Neuen Testament, in denen es um Christi Tod geht, folgen (siehe **JESUS CHRISTUS**, Tod – Hauptthemenindex, für zusätzliche Informationen zum Tod Christi).

"Denn gleichwie Jona drei Tage und drei Nächte im Bauch des Riesenfisches war, so wird der Sohn des Menschen drei Tage und drei Nächte im Schoß der Erde sein." (Mt 12,40)

"Das böse und ehebrecherische Geschlecht fordert ein Zeichen, aber es wird ihm kein Zeichen gegeben werden als nur das Zeichen des Propheten Jona!...Von da an begann Jesus seinen Jüngern zu zeigen, daß er nach Jerusalem gehen und viel leiden müsse von den Ältesten, Hohenpriestern und Schriftgelehrten, und getötet werden und am dritten Tag auferstehen müsse." (Mt 16,4;21; vgl. Lk 11,30; Lk 9,22)

"Ich sage euch aber, daß Elia schon gekommen ist; und sie haben ihn nicht anerkannt, sondern mit ihm gemacht, was sie wollten. Ebenso wird auch der Sohn des Menschen von ihnen leiden müssen. Da verstanden die Jünger, daß er zu ihnen von Johannes dem Täufer redete." (Mt 17,12-13)

"Als sie nun ihren Weg durch Galiläa nahmen, sprach Jesus zu ihnen: Der Sohn des Menschen wird in die Hände der Menschen ausgeliefert werden." (Mt 17,22)

"Und als Jesus nach Jerusalem hinaufzog, nahm er die zwölf Jünger auf dem Weg beiseite und sprach zu ihnen: Siehe, wir ziehen hinauf nach Jerusalem, und der Sohn des Menschen wird den Hohenpriestern und Schriftgelehrten ausgeliefert werden, und sie werden ihn zum Tode verurteilen und werden ihn den Heiden ausliefern, damit diese ihn verspotten und geißeln und kreuzigen; und am dritten Tag wird er auferstehen." (Mt 20,17-19)

"Gleichwie der Sohn des Menschen nicht gekommen ist, um sich dienen zu lassen, sondern um zu dienen und sein Leben zu geben als Lösegeld für viele." (Mt 20,28; vgl. Mk 10,32;34)

"Zuletzt sandte er [Gott] seinen Sohn zu ihnen und sprach: Sie werden sich vor meinem Sohn scheuen! Als aber die Weingärtner den Sohn sahen, sprachen sie untereinander: Das ist der Erbe! Kommt, laßt uns ihn töten und sein Erbgut in Besitz nehmen! Und sie ergriffen ihn, stießen ihn zum Weinberg hinaus und töteten ihn." (Mt 21,37-39)

"Ihr wißt, daß in zwei Tagen das Passah ist; dann wird der Sohn des Menschen ausgeliefert, damit er gekreuzigt werde." (Mt 26,2)

"Der Sohn des Menschen geht zwar dahin, wie von ihm geschrieben steht; aber wehe jenem Menschen, durch den der Sohn des Menschen verraten wird! Es wäre für jenen Menschen besser, wenn er nicht geboren wäre." (Mt 26,24)

"Denn das ist mein Blut, das des neuen Bundes, das für viele vergossen wird zur Vergebung der Sünden." (Mt 26,28)

"Mein Vater! Ist es möglich, so gehe dieser Kelch an mir vorüber; doch nicht wie ich will, sondern wie du willst!" (Mt 26,39)

"Mein Vater, wenn dieser Kelch nicht an mir vorübergehen kann, ohne daß ich ihn trinke, so geschehe dein Wille!" (Mt 26,42)

"Oder meinst du, ich könnte nicht jetzt meinen Vater bitten, und er würde mir mehr als zwölf Legionen Engel schicken? Wie würden dann aber die Schriften erfüllt, daß es so kommen muß?" (Mt 26,53-54; vgl. Mk 14,24;36;39)

"Und er fing an, sie zu lehren, der Sohn des Menschen müsse viel leiden und von den Ältesten und Hohenpriestern und Schriftgelehrten verworfen und getötet werden und nach drei Tagen wieder auferstehen." (Mk 8,31)

"Denn er lehrte seine Jünger und sprach zu ihnen: Der Sohn des Menschen wird in die Hände der Menschen ausgeliefert; und sie werden ihn töten, und nachdem er getötet worden ist, wird er am dritten Tag auferstehen." (Mk 9,31)

"Siehe, wir ziehen hinauf nach Jerusalem, und der Sohn des Menschen wird den Hohenpriestern und den Schriftgelehrten ausgeliefert werden; und sie werden ihn zum Tode verurteilen und ihn den Heiden ausliefern; und sie werden ihn verspotten und geißeln und anspucken und ihn töten; und am dritten Tag wird er wieder auferstehen." (Mk 10,33-34; vgl. Mt 20,18;19; Lk 18,31-33)

"Indem er sprach: Der Sohn des Menschen muß viel leiden und verworfen werden von den Ältesten und Hohenpriestern und Schriftgelehrten und getötet werden und am dritten Tag auferstehen." (Lk 9,22)

"Es geschah aber, als sich die Tage seines Heimgangs erfüllten und er sein Angesicht nach Jerusalem richtete, um dorthin zu reisen." (Lk 9,51)

"Aber ich muß mich taufen lassen mit einer Taufe, und wie drängt es mich, bis sie vollbracht ist!" (Lk 12,50; vgl. Lk 22,15)

"Zuvor aber muß er viel leiden und verworfen werden von diesem Geschlecht." (Lk 17,25)

"Mich hat herzlich verlangt, dieses Passah mit euch zu essen, ehe ich leide...Und er nahm das Brot, dankte, brach es, gab es ihnen und sprach: Das ist mein Leib, der für euch gegeben wird; das tut zu meinem Gedächtnis! Desgleichen auch den Kelch nach dem Mahl und sprach: Dieser Kelch ist der neue Bund in meinem Blut, das für euch vergossen wird." (Lk 22,15;19-20)

"Auch dies muß noch an mir erfüllt werden, was geschrieben steht: Und er ist unter die Gesetzlosen gerechnet worden. Denn was von mir [geschrieben steht], das geht in Erfüllung!" (Lk 22,37)

"Vater, wenn du willst, so nimm diesen Kelch von mir! Doch nicht mein, sondern dein Wille geschehe!" (Lk 22,42)

"Siehe, das Lamm Gottes, das die Sünde der Welt hinwegnimmt!" (Joh 1,29)

"Und wie Mose in der Wüste die Schlange erhöhte, so muß der Sohn des Menschen erhöht werden, damit jeder, der an ihn glaubt, nicht verloren geht, sondern ewiges Leben hat. Denn so sehr hat Gott die Welt geliebt, daß er seinen eingeborenen Sohn gab, damit jeder, der an ihn glaubt, nicht verloren geht, sondern ewiges Leben hat. Denn Gott hat seinen Sohn nicht in die Welt gesandt, damit er die Welt richte, sondern damit die Welt durch ihn gerettet werde." (Joh 3,14-17)

"Ich bin das lebendige Brot, das vom Himmel herabgekommen ist. Wenn jemand von diesem Brot ißt, so wird er leben in Ewigkeit. Das Brot aber, das ich geben werde, ist mein Fleisch, das ich geben werde für das Leben der Welt." (Joh 6,51)

Matthäus 17,22-23

"Ich bin der gute Hirte; der gute Hirte läßt sein Leben für die Schafe...Und ich lasse mein Leben für die Schafe...weil ich mein Leben lasse, damit ich es wieder nehme. Niemand nimmt es von mir, sondern ich lasse es von mir aus. Ich habe Macht, es zu lassen, und habe Macht, es wieder zu nehmen. Diesen Auftrag habe ich von meinem Vater empfangen...und ich gebe ihnen ewiges Leben, und sie werden in Ewigkeit nicht verlorengehen, und niemand wird sie aus meiner Hand reißen. Mein Vater, der sie mir gegeben hat, ist größer als alle, und niemand kann sie aus der Hand meines Vaters reißen. Ich und der Vater sind eins. Da hoben die Juden wiederum Steine auf, um ihn zu steinigen." (Joh 10,11;15;17-18;28-31)

"Ihr wißt nichts und bedenkt nicht, daß es für uns besser ist, daß ein Mensch für das Volk stirbt, als daß das ganze Volk verdirbt! Dies redete er aber nicht aus sich selbst; sondern weil er in jenem Jahr Hoherpriester war, weissagte er; denn Jesus sollte für das Volk sterben, und nicht für das Volk allein, sondern auch, um die zerstreuten Kinder Gottes in Eins zusammenzubringen." (Joh 11,50-52)

"Wahrlich, wahrlich, ich sage euch: Wenn das Weizenkorn nicht in die Erde fällt und stirbt, so bleibt es allein; wenn es aber stirbt, so bringt es viel Frucht...Jetzt ergeht ein Gericht über diese Welt. Nun wird der Fürst dieser Welt hinausgeworfen werden; und ich, wenn ich von der Erde erhöht bin, werde alle zu mir ziehen. Das sagte er aber, um anzudeuten, durch welchen Tod er sterben würde." (Joh 12,24;31-33)

"Der mit mir das Brot ißt, hat seine Ferse gegen mich erhoben. Jetzt sage ich es euch, ehe es geschieht, damit ihr glaubt, wenn es geschehen ist, daß ich es bin...Wahrlich, wahrlich, ich sage euch: Einer unter euch wird mich verraten!" (Joh 13,18-19;21; vgl. Mt 26,21; Mk 14,18; Lk 22,21)

"Euer Herz erschrecke nicht! Glaubt an Gott und glaubt an mich! Im Haus meines Vaters sind viele Wohnungen; wenn nicht, so hätte ich es euch gesagt. Ich gehe hin, um euch eine Stätte zu bereiten. Und wenn ich hingehe und euch eine Stätte bereite, so komme ich wieder und werde euch zu mir nehmen, damit auch ihr seid, wo ich bin." (Joh 14,1-3)

"Noch eine kleine Weile, und die Welt sieht mich nicht mehr." (Joh 14,19)

"Ihr habt gehört, daß ich euch sagte: Ich gehe hin, und ich komme zu euch! Wenn ihr mich lieb hättet, so würdet ihr euch freuen, daß ich gesagt habe: Ich gehe zum Vater; denn mein Vater ist größer als ich. Und nun habe ich es euch gesagt, ehe es geschieht, damit ihr glaubt, wenn es geschieht. Ich werde nicht mehr viel mit euch reden; denn es kommt der Fürst dieser Welt, und in mir hat er nichts. Damit aber die Welt erkennt, daß ich den Vater liebe und so tue, wie mir der Vater befohlen hat: Steht auf und laßt uns von hier fortgehen!" (Joh 14,28-31)

"Größere Liebe hat niemand als die, daß einer sein Leben läßt für seine Freunde." (Joh 15,13)

"Ihr werdet weinen und wehklagen, aber die Welt wird sich freuen; und ihr werdet trauern, doch eure Traurigkeit soll in Freude verwandelt werden." (Joh 16,20)

"Soll ich den Kelch nicht trinken, den mir der Vater gegeben hat?" (Joh 18,11)

"Jesus antwortete: Du hättest gar keine Macht über mich, wenn sie dir nicht von oben her gegeben wäre; darum hat der, welcher mich dir ausgeliefert hat, größere Schuld!" (Joh 19,11)

"Und nun, ihr Brüder, ich weiß, daß ihr in Unwissenheit gehandelt habt, wie auch eure Obersten; Gott aber hat das, was er durch den Mund aller seiner Propheten zuvor verkündigte, daß nämlich der Christus leiden müsse, auf diese Weise erfüllt. So tut nun Buße und bekehrt euch, daß eure Sünden ausgetilgt werden, damit Zeiten der Erquickung vom Angesicht des Herrn kommen und er den sende, der euch zuvor verkündigt wurde, Jesus Christus, den der Himmel aufnehmen muß bis zu den Zeiten der Wiederherstellung alles dessen, wovon Gott durch den Mund aller seiner heiligen Propheten von alters her geredet hat." (Apg 3,17-21)

"Der Gott unserer Väter hat Jesus auferweckt, den ihr umgebracht habt, indem ihr ihn ans Holz gehängt habt. Diesen hat Gott zum Fürsten und Retter zu seiner Rechten erhöht, um Israel Buße und Vergebung der Sünden zu gewähren." (Apg 5,30-31)

"Die Gemeinde Gottes...die er durch sein eigenes Blut erworben hat!" (Apg 20,28)

"Aber da mir Hilfe von Gott zuteil wurde, so stehe ich fest bis auf diesen Tag und lege Zeugnis ab vor Kleinen und Großen und lehre nichts anderes, als was die Propheten und Mose gesagt haben, daß es geschehen werde: nämlich, daß der Christus leiden müsse und daß er als der Erstling aus der Auferstehung der Toten Licht verkündigen werde dem Volk und auch den Heiden." (Apg 26,22-23)

"Denn Christus ist, als wir noch kraftlos waren, zur bestimmten Zeit für Gottlose gestorben. Nun stirbt kaum jemand für einen Gerechten; für einen Wohltäter entschließt sich vielleicht jemand zu sterben. Gott aber beweist seine Liebe zu uns dadurch, daß Christus für uns gestorben ist, als wir noch Sünder waren. Wieviel mehr nun werden wir, nachdem wir jetzt durch sein Blut gerechtfertigt worden sind, durch ihn vor dem Zorn errettet werden! Denn wenn wir mit Gott versöhnt worden sind durch den Tod seines Sohnes, als wir noch Feinde waren, wieviel mehr werden wir als Versöhnte gerettet werden durch sein Leben! Aber nicht nur das, sondern wir rühmen uns auch Gottes durch unseren Herrn Jesus Christus, durch den wir jetzt die Versöhnung empfangen haben." (Röm 5,6-11)

"Oder wißt ihr nicht, daß wir alle, die wir in Christus Jesus getauft sind, in seinen Tod getauft sind? Wir sind also mit ihm begraben worden durch die Taufe in den Tod, damit, gleichwie Christus durch die Herrlichkeit des Vaters aus den Toten auferweckt worden ist, so auch wir in einem neuen Leben wandeln. Denn wenn wir mit ihm einsgemacht und ihm gleich geworden sind in seinem Tod, so werden wir ihm auch in der Auferstehung gleich sein." (Röm 6,3-5)

"Da wir wissen, daß Christus, aus den Toten auferweckt, nicht mehr stirbt; der Tod herrscht nicht mehr über ihn. Denn was er gestorben ist, das ist er der Sünde gestorben, ein für allemal." (Röm 6,9-10)

"Das tat Gott, indem er seinen Sohn sandte in der Ähnlichkeit des sündigen Fleisches und um der Sünde willen und die Sünde im Fleisch verdammte." (Röm 8,3)

"Er, der sogar seinen eigenen Sohn nicht verschont hat, sondern ihn für uns alle dahingegeben hat, wie sollte er uns mit ihm nicht auch alles schenken?" (Röm 8,32)

"Wer will verurteilen? Christus [ist es doch], der gestorben ist, ja mehr noch, der auch auferweckt ist, der auch zur Rechten Gottes ist, der auch für uns eintritt! Wer will uns scheiden von der Liebe des Christus? Drangsal oder Angst oder Verfolgung oder Hunger oder Blöße oder Gefahr oder Schwert?" (Röm 8,34-35)

Matthäus 17,22-23

"Aber in dem allem überwinden wir weit durch den, der uns geliebt hat. Denn ich bin gewiß, daß weder Tod noch Leben, weder Engel noch Fürstentümer noch Gewalten, weder Gegenwärtiges noch Zukünftiges, weder Hohes noch Tiefes, noch irgend ein anderes Geschöpf uns zu scheiden vermag von der Liebe Gottes, die in Christus Jesus ist, unserem Herrn." (Röm 8,37-39)

"Denn dazu ist Christus auch gestorben und auferstanden und wieder lebendig geworden, daß er sowohl über Tote als auch über Lebende Herr sei." (Röm 14,9)

"Denn Christus hat mich nicht gesandt zu taufen, sondern das Evangelium zu verkündigen, [und zwar] nicht in Redeweisheit, damit nicht das Kreuz des Christus entkräftet wird. Denn das Wort vom Kreuz ist eine Torheit denen, die verloren gehen; uns aber, die wir gerettet werden, ist es eine Kraft Gottes." (1Kor 1,17-18)

"Denn ich hatte mir vorgenommen, unter euch nichts anderes zu wissen als nur Jesus Christus, und zwar als Gekreuzigten." (1Kor 2,2)

"Denn unser Passahlamm ist ja für uns geschlachtet worden: Christus." (1Kor 5,7)

"Denn ihr seid teuer erkauft; darum verherrlicht Gott in eurem Leib und in eurem Geist, die Gott gehören!" (1Kor 6,20)

"Und so wird wegen deiner Erkenntnis der schwache Bruder verderben, um dessen willen Christus gestorben ist." (1Kor 8,11)

"Denn ich habe euch zu allererst das überliefert, was ich auch empfangen habe, nämlich daß Christus für unsere Sünden gestorben ist, nach den Schriften, und daß er begraben worden ist und daß er auferstanden ist am dritten Tag, nach den Schriften." (1Kor 15,3-4)

"Wir tragen allezeit das Sterben des Herrn Jesus am Leib umher, damit auch das Leben Jesu an unserem Leib offenbar wird. Denn wir, die wir leben, werden beständig dem Tod preisgegeben um Jesu willen, damit auch das Leben Jesu offenbar wird an unserem sterblichen Fleisch." (2Kor 4,10-11)

"Denn die Liebe des Christus drängt uns, da wir von diesem überzeugt sind: Wenn einer für alle gestorben ist, so sind sie alle gestorben; und er ist deshalb für alle gestorben, damit die, welche leben, nicht mehr sich selbst leben, sondern dem, der für sie gestorben und auferstanden ist." (2Kor 5,14-15)

"Weil nämlich Gott in Christus war und die Welt mit sich selbst versöhnte, indem er ihnen ihre Sünden nicht anrechnete und das Wort der Versöhnung in uns legte. So sind wir nun Botschafter für Christus, und zwar so, daß Gott selbst durch uns ermahnt; so bitten wir nun stellvertretend für Christus: Laßt euch versöhnen mit Gott! Denn er hat den, der von keiner Sünde wußte, für uns zur Sünde gemacht, damit wir in ihm Gerechtigkeit Gottes würden." (2Kor 5,19-21)

"Denn ihr erkennt die Gnade unseres Herrn Jesus Christus, daß er, obwohl er reich war, um euretwillen arm wurde, damit ihr durch seine Armut reich würdet." (2Kor 8,9)

"[Christus,] der sich selbst für unsere Sünden gegeben hat, damit er uns herausrette aus der gegenwärtigen bösen Weltzeit, nach dem Willen unseres Gottes und Vaters." (Gal 1,4)

"Ich bin mit Christus gekreuzigt, und doch lebe ich; aber nicht mehr ich, sondern Christus lebt in mir. Was ich aber jetzt im Fleisch lebe, das lebe ich im Glauben an den Sohn Gottes, der mich geliebt und sich selbst für mich hingegeben hat." (Gal 2,20)

"Christus hat uns losgekauft von dem Fluch des Gesetzes, indem er ein Fluch für uns wurde (denn es steht geschrieben: Verflucht ist jeder, der am Holz hängt)." (Gal 3,13)

"Als aber die Zeit erfüllt war, sandte Gott seinen Sohn, geboren von einer Frau und unter das Gesetz getan, damit er die, welche unter dem Gesetz waren, loskaufte, damit wir die Sohnschaft empfingen." (Gal 4,4-5)

"Zum Lob der Herrlichkeit seiner Gnade, mit der er uns begnadigt hat in dem Geliebten. In ihm haben wir die Erlösung durch sein Blut, die Vergebung der Sünden nach dem Reichtum seiner Gnade." (Eph 1,6-7)

"Nun aber, in Christus Jesus, seid ihr, die ihr einst fern wart, nahe gebracht worden durch das Blut des Christus. Denn er ist unser Friede, der aus beiden eins gemacht und die Scheidewand des Zaunes abgebrochen hat." (Eph 2,13-14)

"Und um die beiden in einem Leib mit Gott zu versöhnen durch das Kreuz, nachdem er durch dasselbe die Feindschaft getötet hatte." (Eph 2,16)

"Denn durch ihn haben wir beide den Zutritt zu dem Vater in einem Geist." (Eph 2,18)

"Und wandelt in der Liebe, gleichwie auch der Christus uns geliebt und sich selbst für uns gegeben hat als Gabe und Opfer für Gott, zu einem lieblichen Geruch." (Eph 5,2)

"Gleichwie auch der Christus die Gemeinde geliebt und sich selbst für sie hingegeben hat." (Eph 5,25)

"Der, als er in der Gestalt Gottes war, es nicht wie einen Raub festhielt, Gott gleich zu sein; sondern er entäußerte sich selbst, nahm die Gestalt eines Knechtes an und wurde wie die Menschen; und in seiner äußeren Erscheinung als ein Mensch erfunden, erniedrigte er sich selbst und wurde gehorsam bis zum Tod, ja bis zum Tod am Kreuz." (Phil 2,6-8)

"In dem wir die Erlösung haben durch sein Blut, die Vergebung der Sünden." (Kol 1,14)

"Und durch ihn alles mit sich selbst zu versöhnen, indem er Frieden machte durch das Blut seines Kreuzes – durch ihn, sowohl das, was auf der Erde ist, als auch das, was im Himmel ist. Auch euch, die ihr einst entfremdet und feindlich gesinnt wart in den bösen Werken, hat er nun versöhnt in dem Leib seines Fleisches durch den Tod, um euch heilig und tadellos und unverklagbar darzustellen vor seinem Angesicht." (Kol 1,20-22)

"Dadurch, daß er [Christus] die gegen uns gerichtete Schuldschrift auslöschte, die durch Satzungen uns entgegenstand, und sie aus dem Weg schaffte, indem er sie ans Kreuz heftete. Als er so die Herrschaften und Gewalten entwaffnet hatte, stellte er sie öffentlich an den Pranger und triumphierte über sie an demselben." (Kol 2,14-15)

"Den er aus den Toten auferweckt hat, Jesus, der uns errettet vor dem zukünftigen Zorn." (1Thess 1,10)

"Denn wenn wir glauben, daß Jesus gestorben und auferstanden ist, so wird Gott auch die Entschlafenen durch Jesus mit ihm führen." (1Thess 4,14)

"Denn Gott hat uns nicht zum Zorngericht bestimmt, sondern zum Besitz des Heils durch unseren

Matthäus 17,22-23

Herrn Jesus Christus, der für uns gestorben ist, damit wir, ob wir wachen oder schlafen, zugleich mit ihm leben sollen." (1Thess 5,9-10)

"Glaubwürdig ist das Wort und aller Annahme wert, daß Christus Jesus in die Welt gekommen ist, um Sünder zu retten, von denen ich der größte bin. Aber darum ist mir Erbarmung widerfahren, damit an mir zuerst Jesus Christus alle Langmut erzeige, zum Vorbild für die, die künftig an ihn glauben sollen zum ewigen Leben." (1Tim 1,15-16)

"Denn dies ist gut und angenehm vor Gott, unserem Retter, welcher will, daß alle Menschen gerettet werden und zur Erkenntnis der Wahrheit kommen. Denn es ist ein Gott und ein Mittler zwischen Gott und den Menschen, der Mensch Christus Jesus, der sich selbst als Lösegeld für alle gegeben hat. [Das ist] das Zeugnis zur rechten Zeit." (1Tim 2,3-6)

"Er [Gott] hat uns ja errettet und berufen mit einem heiligen Ruf, nicht aufgrund unserer Werke, sondern aufgrund seines eigenen Vorsatzes und der Gnade, die uns in Christus Jesus vor ewigen Zeiten gegeben wurde, die jetzt aber geoffenbart worden ist durch die Erscheinung unseres Retters Jesus Christus, der dem Tod die Macht genommen hat und Leben und Unvergänglichkeit ans Licht gebracht hat durch das Evangelium." (2Tim 1,9-10)

"Denn die Gnade Gottes ist erschienen, die heilbringend ist für alle Menschen; sie nimmt uns in Zucht, damit wir die Gottlosigkeit und die weltlichen Begierden verleugnen und besonnen und gerecht und gottselig leben in der jetzigen Weltzeit, während wir warten auf die glückselige Hoffnung und die Erscheinung der Herrlichkeit unseres großen Gottes und Retters Jesus Christus, der sich selbst für uns dahingegeben hat, um uns von aller Gesetzlosigkeit zu erlösen und für sich selbst ein auserwähltes Volk zum Eigentum zu reinigen, das eifrig ist im Tun von guten Werken." (Tit 2,11-14)

"Als aber die Freundlichkeit und Menschenliebe Gottes, unseres Retters, erschien, hat er uns errettet – nicht um der Werke der Gerechtigkeit willen, die wir getan hätten, sondern aufgrund seiner Barmherzigkeit – durch das Bad der Wiedergeburt und durch die Erneuerung des Heiligen Geistes, den er reichlich über uns ausgegossen hat durch Jesus Christus, unseren Retter, damit wir, durch seine Gnade gerechtfertigt, der Hoffnung gemäß Erben des ewigen Lebens würden." (Tit 3,4-7)

"Hat er in diesen letzten Tagen zu uns geredet durch den Sohn. Ihn hat er eingesetzt zum Erben über alles, durch ihn hat er auch die Weltzeiten geschaffen; dieser ist die Ausstrahlung seiner Herrlichkeit und der Ausdruck seines Wesens und trägt alle Dinge durch das Wort seiner Kraft; er hat sich, nachdem er die Reinigung von unseren Sünden durch sich selbst vollbracht hat, zur Rechten der Majestät in der Höhe gesetzt." (Hebr 1,2-3)

"Wir sehen aber Jesus, der für kurze Zeit niedriger gewesen ist als die Engel wegen des Todesleidens, mit Herrlichkeit und Ehre gekrönt; er sollte ja durch Gottes Gnade für alle den Tod schmecken. Denn es war dem angemessen, um dessentwillen alle Dinge sind und durch den alle Dinge sind, da er viele Söhne zur Herrlichkeit führte, den Urheber ihres Heils durch Leiden zu vollenden." (Hebr 2,9-10)

"Da nun die Kinder an Fleisch und Blut Anteil haben, ist er in ähnlicher Weise dessen teilhaftig geworden, damit er durch den Tod den außer Wirksamkeit setzte, der die Macht des Todes hatte, nämlich den Teufel, und alle diejenigen befreite, die durch Todesfurcht ihr ganzes Leben hindurch in Knechtschaft gehalten wurden. Denn er nimmt sich ja nicht der Engel an, sondern des Samens Abrahams nimmt er sich an. Daher mußte er in jeder Hinsicht den Brüdern ähnlich werden, damit er ein barmherziger und treuer Hoherpriester im Dienst vor Gott würde, um die Sünden des Volkes zu sühnen; denn worin er selbst gelitten hat, als er versucht wurde, kann er denen helfen, die versucht werden." (Hebr 2,14-18)

"Und er hat in den Tagen seines Fleisches sowohl Bitten als auch Flehen mit lautem Rufen und Tränen dem dargebracht, der ihn aus dem Tod erretten konnte, und ist auch erhört worden um seiner Gottesfurcht willen. Und obwohl er Sohn war, hat er doch an dem, was er litt, den Gehorsam gelernt; und nachdem er zur Vollendung gelangt ist, ist er allen, die ihm gehorchen, der Urheber ewigen Heils geworden." (Hebr 5,7-9)

"Daher kann er auch diejenigen vollkommen erretten, die durch ihn zu Gott kommen, da er immerdar lebt, um für sie einzutreten. Denn ein solcher Hoherpriester tat uns not, der heilig, unschuldig, unbefleckt, von den Sündern abgesondert und höher als der Himmel ist, der es nicht wie die Hohenpriester täglich nötig hat, zuerst für die eigenen Sünden Opfer darzubringen, danach für die des Volkes; denn dieses [letztere] hat er ein für allemal getan, indem er sich selbst als Opfer darbrachte." (Hebr 7,25-27)

"Auch nicht mit dem Blut von Böcken und Kälbern, sondern mit seinem eigenen Blut ein für allemal in das Heiligtum eingegangen und hat eine ewige Erlösung bewirkt. Denn wenn das Blut von Stieren und Böcken und die Besprengung mit der Asche der jungen Kuh die Verunreinigten heiligt zur Reinheit des Fleisches, wieviel mehr wird das Blut des Christus, der sich selbst durch den ewigen Geist als ein makelloses Opfer Gott dargebracht hat, euer Gewissen reinigen von toten Werken, damit ihr dem lebendigen Gott dienen könnt. Darum ist er auch der Mittler eines neuen Bundes, damit – da sein Tod geschehen ist zur Erlösung von den unter dem ersten Bund begangenen Übertretungen – die Berufenen das verheißene ewige Erbe empfangen. Denn wo ein Testament ist, da muß notwendig der Tod dessen eintreten, der das Testament gemacht hat; denn ein Testament tritt auf den Todesfall hin in Kraft, da es keine Gültigkeit hat, solange derjenige lebt, der das Testament gemacht hat." (Hebr 9,12-17)

"Auch nicht, um sich selbst öfters als Opfer darzubringen, gleichwie der Hohepriester jedes Jahr ins Heiligtum hineingeht mit fremdem Blut, denn sonst hätte er ja vielmals leiden müssen von Grundlegung der Welt an. Nun aber ist er einmal erschienen in der Vollendung der Weltzeiten zur Aufhebung der Sünde durch das Opfer seiner selbst. Und so gewiß es den Menschen bestimmt ist, einmal zu sterben, danach aber das Gericht, so wird der Christus, nachdem er sich einmal zum Opfer dargebracht hat, um die Sünden vieler auf sich zu nehmen, zum zweitenmal denen erscheinen, die auf ihn warten, nicht wegen der Sünde, sondern zum Heil." (Hebr 9,25-28)

"Denn sonst hätte er ja vielmals leiden müssen von Grundlegung der Welt an. Nun aber ist er einmal erschienen in der Vollendung der Weltzeiten zur Aufhebung der Sünde durch das Opfer seiner selbst." (Hebr 9,26)

Matthäus 17,22-23

"Aufgrund dieses Willens sind wir ein für allemal geheiligt durch die Opferung des Leibes Jesu Christi." (Hebr 10,10)

"Er aber hat sich, nachdem er ein einziges Opfer für die Sünden dargebracht hat, das ewiglich gilt, zur Rechten Gottes gesetzt." (Hebr 10,12)

"Denn mit einem einzigen Opfer hat er die für immer vollendet, welche geheiligt werden. Das bezeugt uns aber auch der Heilige Geist; denn nachdem zuvor gesagt worden ist: Das ist der Bund, den ich mit ihnen schließen will nach diesen Tagen, spricht der Herr: Ich will meine Gesetze in ihre Herzen geben und sie in ihre Sinne schreiben, sagt er auch: Ihrer Sünden und ihrer Gesetzlosigkeiten will ich nicht mehr gedenken. Wo aber Vergebung für diese ist, da gibt es kein Opfer mehr für Sünde. Da wir nun, ihr Brüder, kraft des Blutes Jesu Freimütigkeit haben zum Eingang in das Heiligtum, den er uns eingeweiht hat als neuen und lebendigen Weg durch den Vorhang hindurch, das heißt, durch sein Fleisch." (Hebr 10,14-20)

"Im Aufblick auf Jesus, den Anfänger und Vollender des Glaubens, der um der vor ihm liegenden Freude willen das Kreuz erduldete und dabei die Schande für nichts achtete, und der sich zur Rechten des Thrones Gottes gesetzt hat." (Hebr 12,2)

"Und zu Jesus, dem Mittler des neuen Bundes, und zu dem Blut der Besprengung, das besseres redet als [das Blut] Abels." (Hebr 12,24)

"Denn die Leiber der Tiere, deren Blut für die Sünde durch den Hohenpriester in das Heiligtum getragen wird, werden außerhalb des Lagers verbrannt. Darum hat auch Jesus, um das Volk durch sein eigenes Blut zu heiligen, außerhalb des Tores gelitten." (Hebr 13,11-12)

"Die auserwählt sind gemäß der Vorsehung Gottes, des Vaters, in der Heiligung des Geistes, zum Gehorsam und zur Besprengung mit dem Blut Jesu Christi." (1Petr 1,2)

"Denn ihr wißt ja, daß ihr nicht mit vergänglichen Dingen, mit Silber oder Gold, losgekauft worden seid aus eurem nichtigen, von den Vätern überlieferten Wandel, sondern mit dem kostbaren Blut des Christus, als eines fehlerlosen und unbefleckten Lammes. Er war zuvor ersehen vor Grundlegung der Welt, aber wurde geoffenbart in den letzten Zeiten um euretwillen, die ihr durch ihn an Gott glaubt, der ihn aus den Toten auferweckt und ihm Herrlichkeit gegeben hat, damit euer Glaube und eure Hoffnung auf Gott gerichtet seien." (1Petr 1,18-21)

"Denn dazu seid ihr berufen, weil auch Christus für uns gelitten und uns ein Vorbild hinterlassen hat, damit ihr seinen Fußstapfen nachfolgt." (1Petr 2,21)

"Er hat unsere Sünden selbst an seinem Leib getragen auf dem Holz, damit wir, den Sünden gestorben, der Gerechtigkeit leben mögen; durch seine Wunden seid ihr heil geworden." (1Petr 2,24)

"Denn auch Christus hat einmal für Sünden gelitten, der Gerechte für die Ungerechten, damit er uns zu Gott führte; und er wurde getötet nach dem Fleisch, aber lebendig gemacht durch den Geist." (1Petr 3,18)

"Da nun Christus für uns im Fleisch gelitten hat, so wappnet auch ihr euch mit derselben Gesinnung." (1Petr 4,1)

"Und das Blut Jesu Christi, seines Sohnes, reinigt uns von aller Sünde." (1Joh 1,7)

"und er ist das Sühnopfer für unsere Sünden, aber nicht nur für die unseren, sondern auch für die der ganzen Welt." (1Joh 2,2)

"Daran haben wir die Liebe erkannt, daß Er sein Leben für uns eingesetzt hat." (1Joh 3,16)

"Darin besteht die Liebe – nicht daß wir Gott geliebt haben, sondern daß er uns geliebt hat und seinen Sohn gesandt hat als Sühnopfer für unsere Sünden." (1Joh 4,10)

"Ihm, der uns geliebt hat und uns von unseren Sünden gewaschen hat durch sein Blut, und der uns zu Königen und Priestern gemacht hat für seinen Gott und Vater." (Offb 1,5-6)

"Und sie sangen ein neues Lied, indem sie sprachen: Du bist würdig, das Buch zu nehmen und seine Siegel zu brechen; denn du bist geschlachtet worden und hast uns für Gott erkauft mit deinem Blut aus allen Stämmen und Sprachen und Völkern und Nationen, und hast uns zu Königen und Priestern gemacht für unseren Gott, und wir werden herrschen auf Erden...die sprachen mit lauter Stimme: Würdig ist das Lamm, das geschlachtet worden ist, zu empfangen Macht und Reichtum und Weisheit und Stärke und Ehre und Herrlichkeit und Lob!" (Offb 5,9-10;12)

"Und alle, die auf der Erde wohnen, werden es anbeten, deren Namen nicht geschrieben stehen im Buch des Lebens des Lammes, das geschlachtet worden ist, von Grundlegung der Welt an." (Offb 13,8)

[4] (17,23) **Jesus Christus, Auferstehung**: Christus sagte seine Auferstehung voraus. Christus wurde von Gott aus verschiedenen Gründen auferweckt (siehe Abriß und Anmerkungen – Apg 2,29-31; Kol 3,1-4).

1. Er wurde auferweckt, um mit Gott zu regieren.
2. Er wurde auferweckt, um seine Seele aus der Hölle zu retten.
3. Er wurde auferweckt, um seinen Körper vor der Verwesung zu retten.
4. Er wurde auferweckt, um sieben wundervolle Dinge für uns zu tun (siehe Anmerkung – Kol 3,1-4 zur Diskussion).

(Siehe **JESUS CHRISTUS**, Auferstehung – Hauptthemenindex, für zusätzliche Informationen zur Auferstehung Christi.)

Es folgen die meisten Abschnitte des Neuen Testamentes, die sich mit der Auferstehung beschäftigen. Am besten und ertragreichsten ist es, wenn man jeden Abschnitt einem Thema zuordnet: Zweck, Ergebnisse, Bedeutung, Wichtigkeit, Macht, Effekt, Ziel, Vorhersage/Prophetie, Beweis, Notwendigkeit, Zeichen, Tatsache usw.

"Denn gleichwie Jona drei Tage und drei Nächte im Bauch des Riesenfisches war, so wird der Sohn des Menschen drei Tage und drei Nächte im Schoß der Erde sein." (Mt 12,40)

"Von da an begann Jesus seinen Jüngern zu zeigen, daß er nach Jerusalem gehen...und getötet werden und am dritten Tag auferstehen müsse." (Mt 16,21; vgl. Mt 17,23; Lk 9,22;31; 24,7)

"Und [sie] werden ihn den Heiden ausliefern, damit diese ihn verspotten und geißeln und kreuzigen; und am dritten Tag wird er auferstehen." (Mt 20,19; vgl. Mk 10,34)

"Aber nachdem ich auferstanden bin, will ich euch nach Galiläa vorangehen." (Mt 26,32; vgl. Mk 14,28)

"Als sie aber vom Berg herabgingen, gebot er ihnen, niemand zu erzählen, was sie gesehen hatten,

Matthäus 17,22-23

bis der Sohn des Menschen aus den Toten auferstanden sei. Und sie behielten das Wort bei sich und besprachen sich untereinander, was das Auferstehen aus den Toten bedeute." (Mk 9,9-10)

"Und sie werden ihn geißeln und töten, und am dritten Tag wird er wieder auferstehen." (Lk 18,33)

"So steht es geschrieben, und so mußte der Christus leiden und am dritten Tag aus den Toten auferstehen." (Lk 24,46)

"Jesus antwortete und sprach zu ihnen: Brecht diesen Tempel ab, und in drei Tagen will ich ihn aufrichten…Er aber redete von dem Tempel seines Leibes." (Joh 2,19;21; vgl. Mk 14,58)

"Noch eine kurze Zeit, und ihr werdet mich nicht sehen, und wiederum eine kurze Zeit, und ihr werdet mich sehen; denn ich gehe zum Vater." (Joh 16,16)

"Ihnen [den Aposteln] erwies er sich auch nach seinem Leiden als lebendig durch viele sichere Kennzeichen, indem er ihnen während vierzig Tagen erschien und über das Reich Gottes redete." (Apg 1,3)

"Einer von diesen muß mit uns Zeuge seiner Auferstehung werden." (Apg 1,22)

"Ihn hat Gott auferweckt, indem er die Wehen des Todes auflöste, weil es ja unmöglich war, daß Er von ihm festgehalten würde. David nämlich sagt von ihm: Ich sah den Herrn allezeit vor mir, denn er ist zu meiner Rechten, daß ich nicht wanke. Darum freute sich mein Herz, und meine Zunge frohlockte, überdies wird auch mein Fleisch auf Hoffnung ruhen; denn du wirst meine Seele nicht dem Totenreich preisgeben und nicht zulassen, daß dein Heiliger die Verwesung sehe. Du hast mir kundgetan die Wege des Lebens; du wirst mich mit Freude erfüllen vor deinem Angesicht!" (Apg 2,24-28)

"Diesen Jesus hat Gott auferweckt; dafür sind wir alle Zeugen. Nachdem er nun zur Rechten Gottes erhöht worden ist und die Verheißung des Heiligen Geistes vom Vater empfangen hat, hat er dies ausgegossen, was ihr jetzt seht und hört…So soll nun das ganze Haus Israel mit Gewißheit erkennen, daß Gott Ihn sowohl zum Herrn als auch zum Christus gemacht hat, eben diesen Jesus, den ihr gekreuzigt habt…Da sprach Petrus zu ihnen: Tut Buße, und jeder von euch lasse sich taufen auf den Namen Jesu Christi zur Vergebung der Sünden; so werdet ihr die Gabe des Heiligen Geistes empfangen." (Apg 2,32-33;36;38)

"Den Fürsten des Lebens aber habt ihr getötet! Ihn hat Gott aus den Toten auferweckt; dafür sind wir Zeugen." (Apg 3,15)

"So sei euch allen und dem ganzen Volk Israel kundgetan, daß durch den Namen Jesu Christi, des Nazareners, den ihr gekreuzigt habt, den Gott auferweckt hat aus den Toten, daß dieser durch Ihn gesund vor euch steht." (Apg 4,10)

"Und mit großer Kraft legten die Apostel Zeugnis ab von der Auferstehung des Herrn Jesus, und große Gnade war auf ihnen allen." (Apg 4,33)

"Der Gott unserer Väter hat Jesus auferweckt, den ihr umgebracht habt, indem ihr ihn ans Holz gehängt habt. Diesen hat Gott zum Fürsten und Retter zu seiner Rechten erhöht, um Israel Buße und Vergebung der Sünden zu gewähren. Und wir sind seine Zeugen, was diese Tatsachen betrifft, und auch der Heilige Geist, welchen Gott denen gegeben hat, die ihm gehorchen." (Apg 5,30-32)

"Diesen hat Gott auferweckt am dritten Tag und hat ihn offenbar werden lassen, nicht dem ganzen Volk, sondern uns, den von Gott vorher erwählten Zeugen, die wir mit ihm gegessen und getrunken haben nach seiner Auferstehung aus den Toten." (Apg 10,40-41)

"Gott aber hat ihn aus den Toten auferweckt. Und er ist mehrere Tage hindurch denen erschienen, die mit ihm aus Galiläa nach Jerusalem hinaufgezogen waren, welche seine Zeugen sind vor dem Volk. Und wir verkündigen euch das Evangelium, daß Gott die den Vätern zuteil gewordene Verheißung erfüllt hat an uns, ihren Kindern, indem er Jesus auferweckte, wie auch im zweiten Psalm geschrieben steht: Du bist mein Sohn, heute habe ich dich gezeugt. Daß er ihn aber aus den Toten auferweckte, so daß er nicht mehr zur Verwesung zurückkehren sollte, hat er so ausgesprochen: Ich will euch die zuverlässigen, heiligen Gnadengüter Davids geben. Darum spricht er auch an einer anderen Stelle: Du wirst nicht zulassen, daß dein Heiliger die Verwesung sieht. Denn David ist entschlafen, nachdem er seinem Geschlecht nach dem Willen Gottes gedient hat; und er ist zu seinen Vätern versammelt worden und hat die Verwesung gesehen. Der aber, den Gott auferweckte, hat die Verwesung nicht gesehen." (Apg 13,30-37)

"Paulus aber ging nach seiner Gewohnheit zu ihnen hinein und redete an drei Sabbaten mit ihnen aufgrund der Schriften, indem er erläuterte und darlegte, daß der Christus leiden und aus den Toten auferstehen mußte, und [sprach:] Dieser Jesus, den ich euch verkündige, ist der Christus…weil er einen Tag festgesetzt hat, an dem er den Erdkreis in Gerechtigkeit richten wird durch einen Mann, den er dazu bestimmt hat und den er für alle beglaubigte, indem er ihn aus den Toten auferweckt hat." (Apg 17,2-3;31)

"Aber da mir Hilfe von Gott zuteil wurde, so stehe ich fest bis auf diesen Tag und lege Zeugnis ab vor Kleinen und Großen und lehre nichts anderes, als was die Propheten und Mose gesagt haben, daß es geschehen werde: nämlich, daß der Christus leiden müsse und daß er als der Erstling aus der Auferstehung der Toten Licht verkündigen werde dem Volk und auch den Heiden. Als er aber dies zu seiner Verteidigung vorbrachte, sprach Festus mit lauter Stimme: Paulus, du bist von Sinnen! Das viele Studieren bringt dich um den Verstand! Er aber sprach: Hochedler Festus, ich bin nicht von Sinnen, sondern ich rede wahre und wohlüberlegte Worte!" (Apg 26,22-25)

"Und erwiesen ist als Sohn Gottes in Kraft nach dem Geist der Heiligkeit durch die Auferstehung aus den Toten, Jesus Christus, unseren Herrn." (Röm 1,4)

"…sondern auch um unsertwillen, denen es angerechnet werden soll, wenn wir an den glauben, der unseren Herrn Jesus aus den Toten auferweckt hat, ihn, der um unserer Übertretungen willen dahingegeben und zu unserer Rechtfertigung auferweckt worden ist." (Röm 4,24-25)

"Denn wenn wir mit Gott versöhnt worden sind durch den Tod seines Sohnes, als wir noch Feinde waren, wieviel mehr werden wir als Versöhnte gerettet werden durch sein Leben!" (Röm 5,10)

"Gleichwie Christus durch die Herrlichkeit des Vaters aus den Toten auferweckt worden ist, so auch wir in einem neuen Leben wandeln. Denn wenn wir mit ihm einsgemacht und ihm gleich geworden sind in seinem Tod, so werden wir ihm auch in der Auferstehung gleich sein…da wir wissen, daß

Matthäus 17,22-23

Christus, aus den Toten auferweckt, nicht mehr stirbt; der Tod herrscht nicht mehr über ihn. Denn was er gestorben ist, das ist er der Sünde gestorben, ein für allemal; was er aber lebt, das lebt er für Gott." (Röm 6,4-5;9-10)

"Wenn aber der Geist dessen, der Jesus aus den Toten auferweckt hat, in euch wohnt, so wird derselbe, der Christus aus den Toten auferweckt hat, auch eure sterblichen Leiber lebendig machen durch seinen Geist, der in euch wohnt." (Röm 8,11)

"Wer will verurteilen? Christus [ist es doch], der gestorben ist, ja mehr noch, der auch auferweckt ist, der auch zur Rechten Gottes ist, der auch für uns eintritt!" (Röm 8,34)

"Denn wenn du mit deinem Mund Jesus als den Herrn bekennst und in deinem Herzen glaubst, daß Gott ihn aus den Toten auferweckt hat, so wirst du gerettet." (Röm 10,9)

"Gott aber hat den Herrn auferweckt und wird auch uns auferwecken durch seine Kraft." (1Kor 6,14)

"Denn ich habe euch zu allererst das überliefert, was ich auch empfangen habe, nämlich daß Christus für unsere Sünden gestorben ist, nach den Schriften, und daß er begraben worden ist und daß er auferstanden ist am dritten Tag, nach den Schriften." (1Kor 15,3-4)

"Nun aber ist Christus aus den Toten auferstanden; er ist der Erstling der Entschlafenen geworden. Denn weil der Tod durch einen Menschen kam, so kommt auch die Auferstehung der Toten durch einen Menschen; denn gleichwie in Adam alle sterben, so werden auch in Christus alle lebendig gemacht werden. Ein jeder aber in seiner Ordnung: Als Erstling Christus; danach die, welche Christus angehören, bei seiner Wiederkunft." (1Kor 15,20-23)

"Wir tragen allezeit das Sterben des Herrn Jesus am Leib umher, damit auch das Leben Jesu an unserem Leib offenbar wird. Denn wir, die wir leben, werden beständig dem Tod preisgegeben um Jesu willen, damit auch das Leben Jesu offenbar wird an unserem sterblichen Fleisch." (2Kor 4,10-11)

"Da wir wissen, daß der, welcher den Herrn Jesus auferweckt hat, auch uns durch Jesus auferwecken und zusammen mit euch vor sich stellen wird." (2Kor 4,14)

"Und er ist deshalb für alle gestorben, damit die, welche leben, nicht mehr sich selbst leben, sondern dem, der für sie gestorben und auferstanden ist." (2Kor 5,15)

"Denn wenn er auch aus Schwachheit gekreuzigt wurde, so lebt er doch aus der Kraft Gottes." (2Kor 13,4)

"Paulus, Apostel nicht von Menschen, auch nicht durch einen Menschen, sondern durch Jesus Christus und Gott, den Vater, der ihn auferweckt hat aus den Toten." (Gal 1,1)

"Die hat er wirksam gemacht in Christus, als er ihn aus den Toten auferweckte und ihn zu seiner Rechten setzte in den himmlischen [Bereichen]." (Eph 1,20)

"Um Ihn zu erkennen und die Kraft seiner Auferstehung." (Phil 3,10)

"[Er ist] der Erstgeborene aus den Toten, damit er in allem der Erste sei." (Kol 1,18)

"Da ihr mit ihm begraben seid in der Taufe. In ihm seid ihr auch mitauferstanden durch den Glauben an die Kraftwirkung Gottes, der ihn aus den Toten auferweckt hat." (Kol 2,12)

"und seinen Sohn aus dem Himmel zu erwarten, den er aus den Toten auferweckt hat, Jesus, der uns errettet vor dem zukünftigen Zorn." (1Thess 1,10)

"Denn wenn wir glauben, daß Jesus gestorben und auferstanden ist, so wird Gott auch die Entschlafenen durch Jesus mit ihm führen." (1Thess 4,14)

"Halte im Gedächtnis Jesus Christus, aus dem Samen Davids, der aus den Toten auferstanden ist nach meinem Evangelium." (2Tim 2,8)

"Daher kann er auch diejenigen vollkommen erretten, die durch ihn zu Gott kommen, da er immerdar lebt, um für sie einzutreten." (Hebr 7,25)

"Denn nicht in ein mit Händen gemachtes Heiligtum, in eine Nachbildung des wahrhaftigen, ist der Christus eingegangen, sondern in den Himmel selbst, um jetzt für uns zu erscheinen vor dem Angesicht Gottes." (Hebr 9,24)

"Nun aber ist er einmal erschienen in der Vollendung der Weltzeiten zur Aufhebung der Sünde durch das Opfer seiner selbst. Und so gewiß es den Menschen bestimmt ist, einmal zu sterben, danach aber das Gericht, so wird der Christus, nachdem er sich einmal zum Opfer dargebracht hat, um die Sünden vieler auf sich zu nehmen, zum zweitenmal denen erscheinen, die auf ihn warten, nicht wegen der Sünde, sondern zum Heil." (Hebr 9,26-28)

"Er aber hat sich, nachdem er ein einziges Opfer für die Sünden dargebracht hat, das ewiglich gilt, zur Rechten Gottes gesetzt." (Hebr 10,12)

"Er zählte darauf, daß Gott imstande ist, auch aus den Toten aufzuerwecken, weshalb er ihn auch als ein Gleichnis wieder erhielt." (Hebr 11,19)

"Der Gott des Friedens aber, der den großen Hirten der Schafe, unseren Herrn Jesus, aus den Toten heraufgeführt hat mit dem Blut eines ewigen Bundes." (Hebr 13,20)

"Gelobt sei der Gott und Vater unseres Herrn Jesus Christus, der uns aufgrund seiner großen Barmherzigkeit wiedergeboren hat zu einer lebendigen Hoffnung durch die Auferstehung Jesu Christi aus den Toten, zu einem unvergänglichen und unbefleckten und unverwelklichen Erbe, das im Himmel aufbewahrt wird für uns." (1Petr 1,3-4)

"Die ihr durch ihn an Gott glaubt, der ihn aus den Toten auferweckt und ihm Herrlichkeit gegeben hat." (1Petr 1,21)

"Denn auch Christus hat einmal für Sünden gelitten, der Gerechte für die Ungerechten, damit er uns zu Gott führte; und er wurde getötet nach dem Fleisch, aber lebendig gemacht durch den Geist." (1Petr 3,18)

"Als Gegenbild davon rettet nun auch uns die Taufe, die nicht ein Abtun der Unreinheit des Fleisches ist, sondern das Zeugnis eines guten Gewissens vor Gott durch die Auferstehung Jesu Christi, welcher seit seiner Himmelfahrt zur Rechten Gottes ist; und Engel und Gewalten und Mächte sind ihm unterworfen." (1Petr 3,21-22)

"Und von Jesus Christus, dem treuen Zeugen, dem Erstgeborenen aus den Toten...und ich war tot, und siehe, ich lebe von Ewigkeit zu Ewigkeit, Amen! Und ich habe die Schlüssel des Totenreiches und des Todes." (Offb 1,5;18)

Matthäus 17,24-27

	F. Der Messias offenbart sich durch gutes Bürgerverhalten, 17,24-27 (vgl. Mk 12,13-17)	ihren Söhnen oder von den Fremden? 26 Petrus sagte zu ihm: Von den Fremden. Da sprach Jesus zu ihm: So sind also die Söhne frei! 27 Damit wir ihnen aber keinen Anstoß geben, geh hin an den See, wirf die Angel aus und nimm den ersten Fisch, den du heraufziehst, und wenn du sein Maul öffnest, wirst du einen Stater finden; den nimm und gib ihn für mich und dich.	a. Er ist Sohn eines Königs: Gott b. Er ist aus einem anderen Königreich: Himmel c. Er ist frei vom irdischen Königreich
1 Jesus wurde von Steuereinnehmern besucht a. Sie fragten Petrus statt Jesus b. Sie fragten, als ob Jesus Steuern hinterziehen würde **2 Jesus bewies gutes Bürgerverhalten: Bezahlte Steuern** **3 Jesu einzigartige Aussage über seine eigene Bürgerschaft**	24 Als sie aber nach Kapernaum kamen, traten die Einnehmer der Tempelsteuer zu Petrus und sprachen: Zahlt euer Meister nicht auch die zwei Drachmen? 25 Er antwortete: Doch! Und als er ins Haus trat, kam ihm Jesus zuvor und sprach: Was meinst du, Simon, von wem nehmen die Könige der Erde den Zoll oder die Steuer, von		**4 Jesus setzt Standards für Bürgerverhalten: Anderen keinen Anstoß geben** **5 Jesus bewies seine Bürgerschaft und Messiaswürde: Bezahlte die Steuer durch ein Wunder**

ABSCHNITT XI

DIE DRAMATISCHE OFFENBARUNG DES MESSIAS: SEINE MESSIASWÜRDE, SEINE KIRCHE UND SEIN KREUZ, 16,13-17,27

F. Der Messias offenbart sich durch gutes Bürgerverhalten, 17,24-27

(17,24-27) **Einführung**: Jesus hatte seine Jünger jetzt schon einige Zeit intensiv gelehrt. Er hatte sich dabei auf seinen Tod und Auferstehung konzentriert (siehe Anmerkung – Mt 16,21-28; 17,1-13; 17,22-23). In diesem Abschnitt beweist Jesus, was für ein fähiger Lehrer er wirklich war. Er konnte den Besuch des Steuereinnehmers nehmen und sowohl weiterhin die Messiaswürde beanspruchen, als auch die Bedeutung guten Bürgerverhaltens lehren. Er ist Gottes Sohn und jeder Gläubige hat die Verantwortung, ein guter Bürger zu sein.

1. Jesus wurde von Steuereinnehmern besucht (V.24).
2. Jesus bewies gutes Bürgerverhalten: Bezahlte Steuern (V.25).
3. Jesu einzigartige Aussage über seine eigene Bürgerschaft (V.25-26).
4. Jesus setzt Standard für Bürgerverhalten: Anderen keinen Anstoß geben (V.27).
5. Jesus bewies seine Bürgerschaft und Messiaswürde: Bezahlte die Steuer durch ein Wunder (V.27).

1 (17,24) **Steuer, Tempel**: Jesus wurde von einem Steuereinnehmer besucht. Vielleicht war er mit seinen Zahlungen in Rückstand gekommen, weil er so lange fort gewesen war. Die Steuereinnehmer wandten sich an Petrus, da es Jesu Gewohnheit war, bei Petrus zu wohnen, wenn er in Kapernaum war, oder vielleicht weil sie sich vor Jesus fürchteten.

Die fragliche Steuer ist die Tempelsteuer. Der Tempel war, wie alle großen Gebäude, extrem teuer in der Unterhaltung. Die Zeit zerstört die Ausstattung, sogar Steine und Mörtel. Das alles muß ersetzt werden. Dazu kamen noch der Unterhalt der Priester, Unterbringung, Verpflegung und Kleidung, sowie die Versorgung mit Tiere, Räucherwerk, Wein, Mehl und Öl für die täglichen Opfer – und die Liste ließe sich beliebig fortsetzen. Der Unterhalt des Tempels war so kostspielig, daß jeder männliche Jude, der älter als zwanzig Jahre war, eine Steuer bezahlen mußte. Es war eine kleine Steuer (ein halber Schekel) für jeden Mann, das entspricht zwei Tagelöhnen, doch sie mußte bezahlt werden. Sie wurde jährlich von den Steuereinnehmern eingesammelt, die ihre *Steuerbüros* an strategischen Punkten im ganzen Land hatten. (Vgl. 2Mo 30,13-16.)

2 (17,25) **Bürgerverhalten – Steuer**: Jesus bewies gutes Bürgerverhalten. Er bezahlte die Steuer. Das war seine Gewohnheit und Petrus wußte das. Deshalb konnte er auch antworten: "Ja, der Meister bezahlt Steuern."

Man beachte einen Punkt, der besonders die betrifft, die sagen, sie würden nicht in die Kirche gehen, weil sie voller Heuchler wäre. Zur Zeit Christ war der Tempel *eine Räuberhöhle* und der größte Teil der Gottesdienste darin war heuchlerisch und verdorben; trotzdem wurde er von Christus unterstützt (Mt 21,13; Mk 11,17). Warum? Es gibt wenigstens drei Gründe.
1. Trotz aller Verunreinigungen war der Tempel immer noch Gottes Haus und das Haus des Gebets.
2. Christus profitierte vom Tempel. Wenn er in den Tempel ging, war sein Geist bei Gott, so daß er anbeten und dienen konnte, trotz der Heuchelei und Verdorbenheit so vieler.
3. Der Tempel war der Ort, an dem man Gottes Volk erwartete. Die Welt erwartete von Gottes Volk, zu den Gebetszeiten im Tempel zu sein und nirgendwo anders. Christus konnte nirgendwo anders hingehen, "damit er ihnen aber keinen Anstoß gab" (V27). (Siehe Abriß und Anmerkungen – Mt 22,15-22; Mk 12,13-17; Lk 20,19-26 zur weiteren Diskussion.)

> "Indem wir unsere eigene Versammlung nicht verlassen, wie es einige zu tun pflegen, sondern einander ermahnen, und das um so mehr, als ihr den Tag herannahen seht!" (Hebr 10,25)

3 (17,25-26) **Jesus Christus, Gottheit**: Jesus machte eine einzigartige Aussage mit Hilfe eines Bildes. Das Bild ist kurz und kräftig. Jesus stellte Petrus eine einfache Frage: "Von wem nehmen die Könige der Erde den Zoll oder die Steuer, von ihren Söhnen oder von den Fremden?" Die Antwort ist offensichtlich: "Von den Fremden." Und Jesus machte die großartige Aussage: "So sind also die Söhne frei!"

Die Steuer war die Tempelsteuer. Der Tempel gehörte Gott und Jesus war der Sohn Gottes. Als Sohn Gottes war er von der Steuer befreit. Er schuldete niemandem Steuern.

Christus versuchte nicht, sich vor der Steuer zu drücken. Er wollte eine einzigartige Aussage machen, eine dreifache Aussage.
1. Er war der Sohn eines Königs, der Sohn Gottes selbst. (Siehe Anmerkungen – Joh 1,1-2; 1,34. Vgl. Nähere Betrachtung 1 – Joh 1,39; Anmerkung – 3,16-18; Nähere Betrachtung 1 – 5,25; Anmerkungen 6,38-40;44;57; Nähere Betrachtung 1 – 8,32; Anmerkungen – 9,35; 10,32-33;36-38; 1Joh 5,5;9-12.)
2. Er gehörte zu einem anderen Königreich – dem Reich der Himmel (siehe Anmerkung und Nähere Betrachtung 1 – Joh 3,31; Anmerkungen – 6,33; 6,38; 6,41-51; Nähere Betrachtung 2 – 8,23; 16,28).

Matthäus 17,24-27

3. Er war frei vom irdischen Königreich. Er war nicht verpflichtet, Steuern zu bezahlen. Wenn er sie bezahlte, dann war es freiwillig.

Es liegt mehr in der Tatsache, daß Christus frei vom irdischen Königreich ist, als auf den ersten Blick sichtbar ist. Er ist frei davon, weil er von Gott ist. Er hat im Himmel Bürgerrecht, deshalb ist er der Erde nicht verpflichtet. Weder die Welt noch die Menschen verdienen Gottes Aufmerksamkeit. Der Mensch hat sein Recht auf Gottes Aufmerksamkeit durch die Sünde verwirkt – durch seine Degeneration, Verderbtheit, Schlechtigkeit, Rebellion und Verräterei – was sich alles tagtäglich in menschlichen Taten erweist, von selbstsüchtigen Gedanken bis hin zu Mord. Was immer Gott für den Menschen und die Welt tut, ist reine Gnade und Barmherzigkeit; weil er der Menschen und die Welt liebt. Er tut es nicht, weil er verpflichtet wäre, dem Menschen bei der Erfüllung seiner Bedürfnisse zu dienen.

Das oben Gesagte gilt jedoch nicht für den Gläubigen. Wenn der Gläubige Christus als seinem Erlöser vertraut, erhält er eine göttliche Natur aus Gott. Er wird ein neuer Mensch und Bürger des Himmels, obwohl er noch von der Erde ist. Er ist eine neue Schöpfung, aus dem Himmel geboren, doch er ist immer noch Fleisch – immer noch von der Erde (2Petr 1,1; siehe Nähere Betrachtung 3 – Eph 4,24; Anmerkung – Phil 3,20). Daher ist er nicht nur verpflichtet, ein guter Bürger des Himmels zu sein, sondern auch ein guter Bürger der Erde. Gott erwartet, daß er ein reines Leben für den Himmel führt und gleichzeitig für die Erde lebt, indem er die gute Nachricht von der Erlösung dem Rest der Welt überbringt.

Gedanke 1 Die drei Aussagen Christi springen ins Auge (siehe Punkte im Abriß). In einem besonderen Sinne gelten diese Aussagen für den Gläubigen.
1) So wie Christus der Sohn des Königs Gott ist, wurde der Gläubige vom König adoptiert (siehe Nähere Betrachtung 2 – Gal 4,5-6).
2) So wie Christus zu einem anderen Königreich und einer anderen Welt gehört – dem Himmel – so erhält der Gläubige Bürgerrecht im Himmel (Phil 3,20; 1Petr 1,4; vgl. Lk 22,30).
3) So wie Christus vom irdischen Königreich frei ist, ist auch der Gläubige davon frei. Doch man erinnere sich: Er ist nur in einem besonderen Sinne frei (Röm 6,18;22; 8,2; Gal 5,1). Er ist frei von der Sünde, Knechtschaft und Tod dieser Welt, aber nicht von der Verantwortung für diese Welt. Auch wenn er gerettet und Bürger des Himmels ist, ist er doch auch noch ein Bürger dieser Erde. Er hat von beiden das Bürgerrecht und ist deshalb verpflichtet, sich um die Erde zu kümmern (vgl. Mt 22,15-22; Mk 12,13-18; Lk 20,19-26. Siehe Abriß und Anmerkungen – Röm 13,1-7; 1Tim 2,1-4; Tit 3,1-2; 1Petr 2,13-17. Vgl. 1Kor 9,19; 1Petr 2,16.)

> "Da spricht er zu ihnen: So gebt dem Kaiser, was des Kaisers ist, und Gott, was Gottes ist!" (Mt 22,21)
> "Jedermann ordne sich den Obrigkeiten unter, die über ihn gesetzt sind; denn es gibt keine Obrigkeit, die nicht von Gott wäre; die bestehenden Obrigkeiten aber sind von Gott eingesetzt." (Röm 13,1)
> "Erinnere sie, daß sie sich den Regierenden und Obrigkeiten unterordnen und gehorsam sind, zu jedem guten Werk bereit." (Tit 3,1)
> "Ordnet euch deshalb aller menschlichen Ordnung unter um des Herrn willen, es sei dem König als dem Oberhaupt oder den Statthaltern als seinen Gesandten zur Bestrafung der Übeltäter und zum Lob derer, die Gutes tun." (1Petr 2,13-14)

4 (17,27) **Bürgerverhalten**: Jesus setzte Standards für das Verhalten als Bürger – anderen keinen Anstoß zu geben. Man beachte das Wort Anstoß geben (skandalizo, Verb; oder skandalon, Substantiv). Wenn es als Verb gebraucht wird, bedeutet es, jemandem eine Falle oder einen Stolperstein auf den Weg zu legen, jemanden stolpern oder stürzen lassen. Wenn es als Substantiv gebraucht wird, bedeutet es etwas, das einen anderen stolpern, wanken, fallen oder ausrutschen läßt. Es ist alles, was bei anderen Vorurteile hervorruft; was für andere ein Hindernis oder eine Hürde ist; was andere am Wegrand hinfallen läßt. Man muß dabei beachten, daß ein Stolperstein manchmal gut ist und daß die, die stolpern, im Unrecht sind. Zum Beispiel wird Christus "Stein des Anstoßes" genannt (Röm 9,33) und sein Kreuz ein "Ärgernis", d.h. für einige ist es ein Stolperstein (Gal 5,11).

Christus sagte, daß er kein schlechtes Beispiel geben dürfe, indem er keine Steuern bezahlt. Er war dazu nicht verpflichtet, doch wenn er sie nicht bezahlte, würde schlechtes Verhalten unter den Bürgern provozieren. Daher verzichtete er lieber auf seine Freiheit, anstatt anderen ein Anstoß zu sein. Er durfte anderen kein Anstoß sein, sie nicht ausrutschen, stolpern oder fallen lassen – unter keinen Umständen.

Man beachte zwei Dinge.
1. Christus *tat nie* etwas, was andere dazu anregte, ihre Pflichten gegenüber anderen (einzelnen, Gruppen oder der Regierung) zu vernachlässigen oder gering zu schätzen. Im Gegenteil. Er forderte andere immer dazu auf, diese Pflichten zu erfüllen, solange es legitime Pflichten waren.
2. Christus tat nie etwas, was für andere ein Anstoß gewesen wäre. Selbst wenn er die Erlaubnis oder das Recht dazu hatte, tat er es nicht, wenn ein anderer dadurch Anstoß genommen hätte oder verletzt worden wäre.

Gedanke 1 Viele Dinge mögen für uns in Ordnung sein, doch für andere können sie zum Anstoß werden. In solchen Fälle ist Verzicht das Gebot unseres Herrn.

> "Darum laßt uns nicht mehr einander richten, sondern das richtet vielmehr, daß dem Bruder weder ein Anstoß noch ein Ärgernis in den Weg gestellt wird! Ich weiß und bin überzeugt in dem Herrn Jesus, daß nichts an und für sich unrein ist; sondern es ist nur für den unrein, der etwas für unrein hält. Wenn aber dein Bruder um einer Speise [Tat] willen betrübt wird, so wandelst du nicht mehr nach der Liebe. Verdirb mit deiner Speise nicht denjenigen, für den Christus gestorben ist! So soll nun euer Bestes nicht verlästert werden." (Röm 14,13-16)
> "Wir aber, die Starken, haben die Pflicht, die Gebrechen der Schwachen zu tragen und nicht Gefallen an uns selbst zu haben. Denn jeder von uns soll seinem Nächsten gefallen zum Guten, zur Erbauung. Denn auch der Christus hatte nicht an sich selbst Gefallen, sondern wie geschrieben steht: Die Schmähungen derer, die dich geschmäht haben, sind auf mich gefallen." (Röm 15,1-3)

Matthäus 17,24-27

5 (17,27) **Bürgerschaft**: Jesus bewies seine Bürgerschaft und Messiaswürde. Er bezahlte die Steuer durch ein Wunder. Dieses Wunder bestätigte die drei Aussagen, die Christus gerade gemacht hatte. Sein Wissen (Allwissenheit), daß im Maul des Fisches eine Münze war, bewies Petrus, daß Jesus...
- aus königlichem Blut war, der Sohn Gottes.
- aus einem Königreich war, das über dieser Erde und ihren Meeren steht.
- frei von der Erde und ihren Beschränkungen und Verpflichtungen war. Wie könnte Christus seine Messiaswürde und Gottheit besser beweisen?

Warum bezahlte Jesus Christus Steuern, wenn er wirklich vom Himmel war? Warum unterwarf er sich dem religiösen und dem Zivilrecht, wenn er doch nicht zu dieser Erde gehörte?

Dafür scheint es mehrere Gründe zu geben.

1. Christus war unter das Gesetz getan (geboren) (Gal 4,4). Er war genau das, was Petrus von ihm bekannt hatte: "der Christus, der Sohn des lebendigen Gottes" (Mt 16,16). Dennoch hatte er absichtlich seine Herrlichkeit aufgegeben und sich so weit gedemütigt, daß er Mensch wurde. Er war der Gott-Mensch. Als Gott war er der Erde nicht verpflichtet, aber als Mensch unterwarf er sich freiwillig den Gesetzen der Menschen. Die Jünger sollten das wissen. Was er und der Vater für den Menschen taten, kam nicht aus einer Verpflichtung heraus, sondern aus Liebe und Fürsorge.

2. Christus wollte die Sühne ankündigen, die er bald für den Menschen leisten sollte. Die Tempelsteuer wurde "Sühnung der Seelen" genannt (2Mo 30,15. Vgl. 2Mo 30,13-16.) Sühne meint *eine Bedeckung* für die Sünde eines Menschen, eine Bedeckung, die Versöhnung zwischen Gott und Mensch möglich macht. Die Steuer wurde als Sühne für die Sünden eines Menschen bezahlt. Sie sollte im Glauben bezahlt werden, daß die Sünden bedeckt und vergeben würden und daß der Mensch mit Gott versöhnt und von ihm neu angenommen würde. Sie war von Gott als Erneuerung der Bestimmung des Lebens gedacht.

Christus war "in der Ähnlichkeit des sündigen Fleisches" gemacht (Röm 8,3) und er wurde für uns zur Sünde (2Kor 5,21). Doch Christus hatte keine Sünde. Er hatte keine Sünde, die gesühnt werden müßte. Deshalb mußte er den Jüngern erklären, daß er frei von der Steuer war, weil er wirklich Gottes Sohn und wahrhaftig sündlos war. Daß er die Steuer zahlte, geschah absolut freiwillig. Und so kündigt es die *freiwillige Sühne* an, die er für den Menschen leisten würde.

3. Christus wollte betonen, daß er der Sohn Gottes war. Er hätte die Steuer unkommentiert bezahlen können, doch dadurch, daß er erklärte, von der Steuer frei zu sein, weil er Gottes Sohn war, schärfte er seinen Jüngern noch einmal ein, wer er war.

4. Christus wollte den Menschen ein Beispiel geben. Jeder sollte "alle Gerechtigkeit erfüllen" (Mt 3,15). Da Christus sich als guter Bürger erwies, müssen das auch alle tun, die ihm folgen.

5. Christus hielt sowohl den Tempel als auch die Regierung hoch in Ehren (siehe Abriß und Anmerkungen – Röm 13,1-7). Auf der Erde hatte er vom Tempel profitiert: Er hatte dort angebetet und gedient und Vorteile vom Tempel gehabt. Deshalb gab er jetzt ein Beispiel, wie der Mensch einen Teil seines Einkommens zur Unterstützung an den Tempel (die Kirche) zurückgeben sollte.

6. Christus wollte niemandem Anstoß geben. Wenn er sich geweigert hätte, die Steuer zu bezahlen, hätten einige Anstoß genommen. Sie würden denken, daß er nicht sein Teil tragen wolle und er wäre für sie zum Stolperstein geworden. Er hätte ein Beispiel der Rebellion und Gesetzlosigkeit abgegeben. Wenn er Regierung und Tempel nicht unterstützte und jeder seinem Beispiel folgte, würden alle Tempel und Regierungen der Welt zusammenbrechen und vergehen. Daher bewies Christus aus gutem Grund gutes Bürgerverhalten.

Gedanke 1 Was läßt uns auf Christus hören und so handeln, wie er es lehrt? Die Tatsache, daß er seine Messiaswürde bewies und daß er wirklich der Sohn des lebendigen Gottes ist. Wegen dem, was er ist, vertrauen wir ihm und tun unser Bestes, um gute Bürger zu sein.

> "Ein neues Gebot gebe ich euch, daß ihr einander lieben sollt, damit, wie ich euch geliebt habe, auch ihr einander liebt. Daran wird jedermann erkennen, daß ihr meine Jünger seid, wenn ihr Liebe untereinander habt." (Joh 13,34-35)
>
> "Denn das ganze Gesetz wird in einem Wort erfüllt, in dem: Du sollst deinen Nächsten lieben wie dich selbst." (Gal 5,14)
>
> "Wenn ihr das königliche Gesetz erfüllt nach dem Schriftwort: Du sollst deinen Nächsten lieben wie dich selbst!, so tut ihr recht." (Jak 2,8)
>
> "Und das ist sein Gebot, daß wir glauben an den Namen seines Sohnes Jesus Christus und einander lieben, nach dem Gebot, das er uns gegeben hat." (1Joh 3,23)

Matthäus 18,1-4

		KAPITEL 18 XII. DIE JÜNGER DES MESSIAS UND IHR VERHALTEN UNTEREINANDER, 18,1-35 A. Die Bedingungen für Größe, 18,1-4 (Mk 9,33-37; Lk 9,46-48)	te im Reich der Himmel? 2 Und Jesus rief ein Kind herbei, stellte es mitten unter sie 3 und sprach: Wahrlich, ich sage euch: Wenn ihr nicht umkehrt und werdet wie die Kinder, so werdet ihr nicht in das Reich der Himmel kommen! 4 Wer nun sich selbst erniedrigt wie dieses Kind, der ist der Größte im Reich der Himmel.	b. Es gibt Stufen der Größe c. Jesus gab ein lebendes Beispiel: Ein Kind 2 **Bedingung 1: Bekehrung** a. Wie: Umkehren und wie ein Kind werden b. Warum: Nicht-Bekehrung bringt Ablehnung 3 **Bedingung 2: Demut** a. Wie: Wie ein Kind leben b. Ergebnis: Ist der Größte im Himmel
1	**Zwei Annahmen** a. Man ist groß, wenn man im Reich ist		Zu jener Stunde traten die Jünger zu Jesus und sprachen: Wer ist wohl der Größ-	

ABSCHNITT XII

DIE JÜNGER DES MESSIAS UND IHR VERHALTEN UNTEREINANDER, 18,1-35

A. Die Bedingungen für Größe, 18,1-4

(18,1-4) **Einführung – Größe**: Die Jünger diskutierten darüber, wer im Himmelreich an der höchsten Stelle wäre. Dieser Streit brach mehrere Male aus (siehe Abrisse und Anmerkungen – Mt 20,20-28; Mk 9,33-37; Lk 22,24-30). Sie strebten nach Anerkennung und Ehre in einem irdischen Königreich. Jesus mußte ihr Denken in die richtigen Bahnen lenken. Das Streben der Jünger nach Stellung und Macht sollte uns nicht überraschen, da alle Menschen die gleichen Bedürfnisse haben, wie zum Beispiel...

- Anerkennung
- Stellung
- Prestige
- Geld
- Autorität
- Wertschätzung
- Herausforderung
- körperliche Befriedigung

An diesen Bedürfnissen ist nichts Falsches. Es sind menschliche und legitime Bedürfnisse und sie müssen erfüllt werden. Doch die Herzen der Menschen werden von *Selbstsucht* erfüllt und streben nach immer mehr, bis zum Begehren und Verzehren und Horten. Sie werden stolz, lüstern, weltlich, ehrgeizig, neidisch und verletzend bis hin zu zerstörerisch und mörderisch.

Christus hat vor, das Leben der Menschen zu verändern und ihre Vorstellung von Größe zurechtzurücken.
1. Zwei Annahmen (V.1-2).
2. Bedingung 1: Bekehrung (V.3).
3. Bedingung 2: Demut (V.4).

1 (18,1-2) **Kinder – Jesus Christus, Wesen – Größe**: Man beachte die zwei Annahmen in der Frage der Jünger. Erstens ist ein Mensch groß, wenn er im Himmelreich ist, Zweitens gibt es Stufen der Größe.

Christus wies diese Annahmen nicht zurück. Im Gegenteil, er lehrte sie beide: Ein Mensch ist groß, wenn er im Himmelreich ist. Alles und jeder im Himmel ist groß, sogar vollkommen. Wie Christus sagt, kann ein Mensch *der Größte* im Himmelreich sein (V4. Siehe die Schrift und Anmerkungen – Mt 13,8;23; 25,20-30; Lk 12,41-48; 16,10-12; 19,15-23). Die Frage ist nicht, "wer wohl der Größte ist," sondern, wie man in Gottes Reich *groß* wird. Wie kann man Gott beweisen, daß man vertrauenswürdig und verantwortungsvoll ist? Wie zeigt ein Mensch Gott, daß man ihm vertrauen und sich auf ihn verlassen kann und daß er mit Verantwortung im Himmelreich betraut werden sollte (siehe Anmerkungen – Mt 25,20; Lk 19,15; 22,28-29)?

Man beachte verschiedene Dinge bei der Frage der Jünger.
1. Man beachte, was sie meinten. Mit "der Größte im Reich der Himmel" meinten sie nicht den Größten nach Eigenschaften oder Charakter, sondern nach Ruf und Stellung. Sie dachten in Begriffen von Macht, Ruhm, Reichtum, Stellung und Ruf (siehe Anmerkungen – Mt 1,1; <u>Nähere Betrachtung 2</u> – 1,18; <u>Nähere Betrachtung 3</u> – 3,11; Anmerkungen – 11,1-6; 11,2-3; <u>Nähere Betrachtung 1</u> – 11,5; <u>Nähere Betrachtung 2</u> – 11,6; <u>Nähere Betrachtung 1</u> – 12,16; Anmerkung – Lk 7,21-23 für eine Beschreibung ihrer Vorstellung vom Messias).
2. Man beachte, warum sie fragten.
   a. Sie fühlten, daß Christus sein Reich aufrichten würde, daß er dabei war, seinen Thron zu besteigen. Sie freuten sich darauf, Staatsmänner in seinem Reich zu werden.
   b. Sie hatten gesehen, daß drei von ihnen besonders geehrt wurden (Petrus, Jakobus und Johannes – Mt 17,1-13), und daß einer von ihnen noch extra hervorgehoben wurde (Petrus, Mt 16,17-19). Wer waren die kommenden Führer im Reich des Herrn? Offensichtlich waren sie von Neid, Eifersucht, Ehrgeiz und Rivalität ergriffen.
   c. Sie hatten gerade darüber diskutiert, wer der Größte sein sollte. Markus berichtet, daß der Streit begonnen hatte, kurz nachdem Christus seine Lehren über seinen Tod und Auferstehung verstärkt hatte (Mk 9,33-34; vgl. 9,30-37). Sie verstanden ihn falsch, indem sie sein Wort vergeistigten, anstatt es für bare Münze zu nehmen (siehe Anmerkung – Mt 17,22). Anscheinend verbanden sie den Gedanken der *Auferstehung von den Toten* mit der Errichtung seines Reiches und begannen, um die Spitzenpositionen zu streiten.
3. Man beachte: Sie verstanden noch nicht, was das Reich der Himmel ist. Sie sahen es immer noch als irdisches, vergängliches und nicht als geistliches, ewiges Reich an. Es ist interessant, was Christus in V.3 sagt. Er sprach zu seinen Jüngern und er *sagte tatsächlich*, daß sie nicht ins Himmelreich kämen, wenn sie nicht wie die Kinder würden.

Christ gab ein lebendes Beispiel von Größe. Er "rief ein Kind herbei." Das Kind war kein Kleinkind mehr, denn es wurde persönlich zu Christus *gerufen*. Man beachte, wie es sofort mehrere Charakterzüge von Kindern aufzeigte. Es *vertraute* Christus genug, um zu reagieren (Vertrauen) und tat, was Christus wollte (Unterordnung, Demut und Gehorsam).

Das sagt auch etwas über den Charakter und das Wesen Christi aus. Er bewies dem Kind genügend Wärme und Offenheit, so daß es sich nicht scheute zu reagieren und zu einer Gruppe Erwachsener zu kommen, die da im ernsthaften Gespräch saßen.

Matthäus 18,1-4

Gedanke 1 Das Denken des Durchschnittsmenschen dreht sich um Erscheinung, Image, Selbstachtung, Besitz, Privilegien, Stellung und Ehre und er verbringt viel Zeit damit, über diese Dinge nachzudenken. Er stellt sich vor, im Mittelpunkt der Aufmerksamkeit zu sein, der *Held* in diesem Spiel, die Hauptattraktion der am meisten Geehrte und Geschätzte. Solche Gedanken und Ansprüche möchte Christus verändern. Unser Denken soll sich um Christus, andere Menschen und wahrhaftige Dinge drehen, nicht um uns selbst (Röm 12,2; 2Kor 10,5; Phil 4,8).

Gedanke 2 Wir denken oft in Begriffen von *irdischer und fleischlicher Größe*. Wenn wir gefragt werden, wer die *größten* Menschen einer Stadt oder eines Landes sind, dann zählen wir die Berühmten, Angesehenen, Reichen, Mächtigen und Gelehrten auf. Wir denken gering, wenn überhaupt, von den Dienenden.

2 (18,3) **Größe – Bekehrung**: Die erste Bedingung für Größe ist Bekehrung. Das Wort "Bekehrung" (straphete) bedeutet sich wenden, sich umdrehen, bekehrt werden, sich von einem Ding weg einem anderen zuwenden (1Thess 1,9 "wie ihr euch von den Götzen zu Gott bekehrt habt"). (Vgl. Buße zum gleichen Gedanken.)

Die Bedeutung hier ist, daß die Jünger sich *wenden* müssen; sie müssen sich vollständig umwenden. Christus warnte sie: "Wenn ihr nicht umkehrt." Umkehren wovon? Sie hatten viele Sünden, Sünden, die beim Menschen alltäglich sind, wenn sie ihr Leben im Egoismus verbringen.

Man beachte daß sie egoistisches Verlangen zeigten nach…
- Stellung
- Macht
- Ansehen
- Ruhm
- Reichtum
- fleischlicher Anregung

Man beachte, daß sie einen Geist hatten voller…
- Stolz
- Habsucht
- Ehrgeiz
- Eifersucht
- Weltlichkeit
- Neid
- Rivalität

Bekehrung ist eines der großen Themen in der Bibel. Der Grund wird von Christus verdeutlicht: "Wenn ihr nicht umkehrt…so werdet ihr nicht in das Reich der Himmel kommen!" (V.3). Ob ein Mensch bekehrt ist oder nicht, bestimmt sein ewiges Schicksal.

1. Wie wird ein Mensch bekehrt? Wenn er umkehrt und wie ein Kind wird. Was bedeutet es, "wie ein Kind zu werden"? Als Christus das Kind zu sich *rief*, zeigte es genau das, was Christus meinte.
    a. Das Kind *vertraute Christus*. Es reagierte auf seinen Ruf. Es fühlte die Offenheit, Wärme, Sanftheit, Fürsorge und Liebe Christi; deshalb konnte es reagieren und seinem Ruf vertrauen.
    b. Das Kind *unterwarf* sich Christus. Es war bereit, aufzugeben, was es gerade tat und zu Christus zu gehen, aufzugeben, was gerade seine Gedanken und sein Verhalten beanspruchte.
    c. Das Kind war Christus *gehorsam*. Es gehorchte und tat genau das, was Christus wollte, und das war möglicherweise nicht einfach. Da standen oder saßen wenigstens dreizehn erwachsene Männer und das Kind sollte in diesen Kreis hereinkommen. Man beachte, daß es trotz der Schwierigkeit gehorchte, einfach weil Christus es rief.
    d. Das Kind war *demütig* gegenüber Christus. Alle aufgeführten Merkmale zeigen Demut. Dennoch wird eine Sache oft von den Erwachsenen übersehen und mißbraucht. Kinder spielen sich nicht selbst nach vorn. Ruhm, Ansehen, Macht, Reichtum und Stellung sind ihnen egal. Sie wollen nicht mitten unter die Erwachsenen gestellt werden, sie sind lieber im Hintergrund, weg von den starrenden Augen. So etwas ist ihnen peinlich und macht sie beschämt. Sie wollen lieber in ihrer eigenen Welt bleiben. Sie sind von Natur aus demütig und wissen wenig, wenn überhaupt etwas, von dem Wettstreit in der Welt um sie herum; d.h. sie wissen wenig davon, bis sie von Erwachsenen hineingebracht werden.
2. Warum muß sich ein Mensch bekehren? Weil Nicht-Bekehrung zu Ablehnung und Verlust der Größe führt. Man beachte, wie ernst die Warnung ist: "Wenn ihr nicht umkehrt…so werdet ihr nicht in das Reich der Himmel kommen!" Und Christus sprach zu den Jüngern "Wenn sie nicht umkehren und werden wie die Kinder, so werden sie nicht in das Reich der Himmel kommen."

Wenn die Jünger gewarnt wurden, wie sehr werden dann wir und alle anderen gewarnt! Dadurch wird die absolute Notwendigkeit der Bekehrung betont.

> "Und sprach: Wahrlich, ich sage euch: Wenn ihr nicht umkehrt und werdet wie die Kinder, so werdet ihr nicht in das Reich der Himmel kommen!" (Mt 18,3)
>
> "So tut nun Buße und bekehrt euch, daß eure Sünden ausgetilgt werden, damit Zeiten der Erquickung vom Angesicht des Herrn kommen." (Apg 3,19)
>
> "Brüder, wenn jemand unter euch von der Wahrheit abirrt, und es führt ihn einer zur Umkehr, so soll er wissen: Wer einen Sünder von seinem Irrweg zur Umkehr führt, der wird eine Seele vom Tod erretten und eine Menge Sünden zudecken." (Jak 5,19-20)
>
> "Das Gesetz des HERRN ist vollkommen und erquickt die Seele; das Zeugnis des HERRN ist zuverlässig und macht die Einfältigen weise." (Ps 19,7)
>
> "Gib mir wieder die Freude an deinem Heil, und ein williger Geist unterstütze mich! Ich will die Abtrünnigen deine Wege lehren, daß sich die Sünder zu dir bekehren." (Ps 51,12-13)
>
> "Der Gottlose verlasse seinen Weg und der Übeltäter seine Gedanken und kehre um zum HERRN, so wird er sich seiner erbarmen, und zu unserm Gott; denn er vergibt viel." (Jes 55,7)
>
> "Wenn aber der Gottlose abläßt von allen seinen Sünden, die er begangen hat, und alle meine Satzungen beobachtet und tut, was recht und billig ist, so soll er gewiß leben." (Hes 18,21)

Gedanke 1 Man beachte, daß die Merkmale, die ein Kind besitzt, unabdingbar für Erlösung und Bekehrung sind: Vertrauen, Unterwerfung, Gehorsam und Demut.

Gedanke 2 Christus ist auf die völlige Umkehr eines Menschen aus, eine vollständige und gründliche Umkehr: Eine Umkehr von Herz, Leben und Denken. Unser Denken macht uns zu dem, was wir sind. Und wie sehr ist es auf das Selbst gerichtet, stellt es uns selbst in den Mittelpunkt der Aufmerksamkeit.

Matthäus 18,1-4

> "O HERR, mein Herz ist nicht hoffärtig, und meine Blicke sind nicht stolz, und ich gehe nicht mit Dingen um, die mir zu groß und zu wunderbar sind. Nein! Ich habe meine Seele beruhigt und gestillt. Wie ein entwöhntes Kind bei seiner Mutter, wie ein entwöhntes Kind ist meine Seele stille in mir." (Ps 131,1-2)

> "So tue nun Buße über diese deine Bosheit und bitte Gott, ob dir die Tücke deines Herzens vielleicht vergeben werden mag." (Apg 8,22)

> "So daß wir Vernunftschlüsse zerstören und jede Höhe, die sich gegen die Erkenntnis Gottes erhebt, und jeden Gedanken gefangennehmen zum Gehorsam gegen Christus." (2Kor 10,5)

3 (18,4) **Demut**: Die zweite Bedingung für Größe ist Demut.

1. Wie wird man demütig? Indem man wie ein Kind lebt. Das Kind demütigte sich und kam zu Christus. Christus sagte es so.
    a. Das Kind gab auf, was es gerade tat. Was auch immer seine Gedanken und seine Zeit beanspruchte, es verließ es. Es demütigte sich, um zu Christus zu kommen.
    b. Das Kind gehorchte Christus. Es ging zu ihm. Gehorsam fordert immer Demut, daß man sich selbst (Gedanken, Energie, Zeit, Mühen) demütigt, um zu tun, was ein anderer will.
    c. Das Kind überwand seine Gefühle, um zu Christus zu kommen. Da Christus von zwölf Männern umgeben war, mußte es Unsicherheit, Furcht oder Besorgnis fühlen; doch es demütigte sich und ging trotz allem zu Christus. Demut war schon immer einer der *unbedeutendsten* Wesenszüge des Menschen, doch sie entscheidet, ob man in den Himmel kommt oder nicht. Sie ist von entscheidender Bedeutung.
2. Das Ergebnis von Demut ist Größe. Die Größten im Himmelreich werden Menschen sein, die sich bekehrt haben und als demütigste von allen lebten. 1Kor 13 sagt genau das aus, was Christus hier zeigt.

> "Die Liebe ist langmütig und gütig, die Liebe beneidet nicht, die Liebe prahlt nicht, sie bläht sich nicht auf; sie ist nicht unanständig, sie sucht nicht das Ihre, sie läßt sich nicht erbittern, sie rechnet das Böse nicht zu; sie freut sich nicht an der Ungerechtigkeit, sie freut sich aber an der Wahrheit; sie erträgt alles, sie glaubt alles, sie hofft alles, sie erduldet alles…Nun aber bleiben Glaube, Hoffnung, Liebe, diese drei; die größte aber von diesen ist die Liebe." (1Kor 13,4-7;13)

Gedanke 1 Die Menschen fürchten die Demut. Sie meinen, daß *Demut* ein Zeichen von Schwäche und Feigheit ist. Sie fürchten, daß Demut sie zur Zielscheibe von Spott und Verachtung macht. Sie fürchten, daß sie wegen der Demut übergangen werden, doch das Gegenteil davon ist wahr. Demut führt den Menschen zu Christus und zur Bekehrung. Sie läßt den Menschen sein volles Potential erkennen. Sie führt den Menschen zur Selbsteinschätzung und zur Arbeit an sich selbst. Sie läßt den Menschen alles werden, was er kann und will. Sie führt auch zu besseren und gesünderen Beziehungen und zu einer stärkeren und produktiveren Gesellschaft und Welt.

Wenn Menschen andere in Betracht ziehen (sich selbst demütigen), finden sie Freunde und beeinflussen Menschen. Alles und jeder, der etwas damit zu tun hat, wird gestärkt und aufgebaut.

> "Wer nun sich selbst erniedrigt wie dieses Kind, der ist der Größte im Reich der Himmel." (Mt 18,4)

> "Ihr aber sollt nicht so sein; sondern der Größte unter euch soll sein wie der Jüngste, und der Führende wie der Dienende." (Lk 22,26)

> "Denn ich sage kraft der Gnade, die mir gegeben ist, einem jeden unter euch, daß er nicht höher von sich denke, als sich zu denken gebührt, sondern daß er auf Bescheidenheit bedacht sei, wie Gott einem jeden das Maß des Glaubens zugeteilt hat." (Röm 12,3)

> "Tut nichts aus Selbstsucht oder nichtigem Ehrgeiz, sondern in Demut achte einer den anderen höher als sich selbst. Jeder schaue nicht auf das Seine, sondern jeder auf das des anderen." (Phil 2,3-4)

> "Demütigt euch vor dem Herrn, so wird er euch erhöhen." (Jak 4,10)

> "Ebenso ihr Jüngeren, ordnet euch den Ältesten unter; ihr alle sollt euch gegenseitig unterordnen und mit Demut bekleiden! Denn Gott widersteht den Hochmütigen, den Demütigen aber gibt er Gnade." (1Petr 5,5)

Matthäus 18,5-10

	B. Die Warnung davor, Kindern Anstoß zu geben, 18,5-10 (Mk 9,42-48)		
1 Das Kind vertritt Christus	5 Und wer ein solches Kind in meinem Namen aufnimmt, der nimmt mich auf.	zur Sünde wird, so haue sie ab und wirf sie von dir! Es ist besser für dich, daß du lahm oder verstümmelt in das Leben eingehst, als daß du zwei Hände oder zwei Füße hast und in das ewige Feuer geworfen wirst.	c. Der Umgang mit der Sünde des Stolpersteins 1) Die sündige Hand abhauen 2) Den sündigen Fuß abhauen 3) Das sündige Auge ausreißen
2 Sünde 1: Anstoß zur Sünde geben a. Ein Kind, das glaubt b. Die schlimmste vorstellbare Sünde	6 Wer aber einem von diesen Kleinen, die an mich glauben, Anstoß zur Sünde gibt, für den wäre es besser, daß ein Mühlstein an seinen Hals gehängt und er in die Tiefe des Meeres versenkt würde.	9 Und wenn dein Auge für dich ein Anstoß zur Sünde wird, so reiß es aus und wirf es von dir! Es ist besser für dich, daß du einäugig in das Leben eingehst, als daß du zwei Augen hast und in die Hölle des Feuers geworfen wirst.	d. Dem Gericht zu entgehen ist jeden Preis wert 1) Ewiges Feuer 2) Höllenfeuer
3 Sünde 2: Ein Stolperstein sein a. Die Selbstverständlichkeit der Sünde in einer sündigen Welt b. Die Warnung für den Sünder	7 Wehe der Welt wegen der Anstöße zur Sünde! Denn es ist zwar notwendig, daß die Anstöße zur Sünde kommen, aber wehe jenem Menschen, durch den der Anstoß zur Sünde kommt! 8 Wenn aber deine Hand oder dein Fuß für dich ein Anstoß	10 Seht zu, daß ihr keinen dieser Kleinen verachtet! Denn ich sage euch: Ihre Engel im Himmel schauen allezeit das Angesicht meines Vaters im Himmel.	4 Sünde 3: Ein Kind verachten a. Warnung: Seht zu b. Grund: Kinder haben direkten Zugang zu Gott

ABSCHNITT XII

DIE JÜNGER DES MESSIAS UND IHR VERHALTEN UNTEREINANDER, 18,1-35

B. Die Warnung davor, Kindern Anstoß zu geben, 18,5-10

(18,5-10) <u>Einführung – Christen – Verantwortung</u>: Christus benutzte *das Kind* (vgl. Mt 18,1-4) als Gegenstand einer Lektion über die große Verantwortung des Wachens übereinander, die Gläubige haben. Die Juden benutzten das Wort *Kind* in zweierlei Sinn. Es bezog sich entweder auf ein kleines Kind oder auf den Jünger eines Lehrers, einen Anfänger im Glauben. In diesem Abschnitt benutzte Jesus das Wort *Kind* für drei Menschen (siehe Anmerkung und <u>Nähere Betrachtung 1,2</u> – Mk 9,42).
1. Es bedeutet ein kleines Kind.
2. Es bedeutet einen Anfänger im Glauben, jemanden, der sich gerade bekehrt hat und ein neugeborenes Kind Gottes geworden ist. Dieser Mensch ist ein neuer Christ, er weiß daher wenig über den Herrn und wie er leben soll. Daher ist er leicht zu beeindrucken und kann einfach verwirrt und irregeführt werden.
3. Es bedeutet jeden Gläubigen, der einen kindlichen Geist und Charakter hat. Dieser kindliche Geist ist das, worüber Christus gerade gesprochen hat (Mt 18,3-4). Diesen Geist wünscht und erwartet er bei allen seinen Nachfolgern.

Christus liebt die Kinder sehr, alle, die den kindlichen Geist und Charakter haben. Er nennt seine Nachfolger "diese Kleinen" (18,6; 10,42). Die Tiefe seiner Liebe zeigt sich deutlich in diesem Abschnitt, der allen Menschen schwere Verantwortung auferlegt – eine Verantwortung, die unmißverständlich klar und dringend notwendig ist. Christus warnt dreimal sehr ernst davor, einem Kind Anstoß zu geben und er benennt die drei schlimmen Sünden gegen ein Kind, "diese Kleinen, die an mich glauben" (V.6).
1. Das Kind vertritt Christus (V.5).
2. Sünde 1: Anstoß zu Sünde geben (V.6).
3. Sünde 2: Ein Stolperstein sein (V.7-9).
4. Sünde 3: Ein Kind verachten (V.10).

1 (18,5) **Kinder**: Das Kind vertritt Christus. Das Wort für "aufnehmen" (dechetai) bedeutet, ein Kind in jeder nur möglichen Weise aufnehmen.
   ⇒ Es bedeutet, das Kind als *Person* aufzunehmen: Mit Sanftheit, Wärme, Fürsorge, Zuneigung und Liebe – wie niedrig oder unbedeutend oder arm es auch ist. Christus stellt *das Kind* dem *Größten* gegenüber, demjenigen, über den die Jünger gerade gestritten hatten (siehe Anmerkungen – Mt 18,1-4; 18,1-2).
   ⇒ Es bedeutet, das Kind in *körperlicher* oder *materieller* Not aufzunehmen: Es zu speisen, zu kleiden, aufzunehmen, zu besuchen und ihm zu helfen (Mt 25,35f; Jak 1,27).
   ⇒ Es bedeutet, das Kind *geistlich* aufzunehmen: Ihm wachsen zu helfen, es aufzubauen, zu ermutigen und zu motivieren, Christus nachzufolgen und seinen Glauben zu teilen.

Man beachte zwei Gründe, aus denen wir ein Kind aufnehmen sollen.
1. Das Kind vertritt Christus. Ein Kind aufzunehmen heißt, Christus aufzunehmen. Was für das Kind getan wird, wird für Christus getan.
2. Christus liebte jedes Kind, jedes einzelne. Er sagte: "ein solches Kind," d.h. das einzelne Kind ist ihm wichtig. Christus will nicht, daß dieses Kind…
   • außen vor gelassen wird, sich als Unperson, ungeliebt und nicht angenommen fühlen muß.
   • in körperlicher oder materieller Not leben und sich ganz allein irgendwie durchschlagen muß.
   • Alleingelassen wird und nicht weiß, wie es Christus folgen und geistlich wachsen soll.

Christus sagt deutlich: "Ein solches Kind" aufzunehmen und ihm zu helfen ist, als würde man ihn aufnehmen und ihm helfen (vgl. Mt 25,35f).

Gedanke 1 Anderen Menschen und ihren Bedürfnissen gegenüber offen und freundlich zu sein ist für Christus von besonderer Bedeutung (siehe Abriß und Anmerkungen – Mt 10,40-42).

Matthäus 18,5-10

Gedanke 2 Diese Lektion ist unglaublich. Sie verhallt so oft ungehört bei den Menschen: Anderen zu dienen ist viel wichtiger, als "der Größte" in einem irdischen Königreich zu sein (siehe Anmerkungen – Mt 18,1-4; 18,1-2). Der Punkt ist: *Einen anderen aufzunehmen heißt, Christus aufzunehmen, und Christus aufzunehmen ist viel wichtiger, als der größte zu sein.*

2 (18,6) **Sünde, andere zu verführen**: Die erste Warnung ist, einem Kind keinen Anstoß zur Sünde zu geben. Ein Kind, einen Nachfolger Christi zu verführen, ist die schlimmste aller Sünden. Es gibt nichts Schlimmeres, als einen anderen zur Sünde zu verführen. Tatsächlich wäre es besser, sich einen Mühlstein umzuhängen und sich in das tiefste Meer zu stürzen, als einen anderen zu verführen. Das klingt sehr, sehr hart. Das ist es auch. Doch man beachte: Christus sagte, was er meinte und er meinte, was er sagte. Woher wissen wir das? Von drei Tatsachen.

1. Der "Mühlstein" (mulos), von dem Christus sprach, war der große Mühlstein, der zum Mahlen von einem Ochsen oder Esel bewegt wurde. Es war nicht der kleine Handmühlstein, den die Frauen benutzten, um das Korn portionsweise nach Bedarf zu mahlen. Allein die Tatsache, daß Christus den großen Mühlstein als Bild für seinen Standpunkt auswählt, zeigt, wie groß diese Sünde ist. Der Mensch würde vom größten und schrecklichsten Gewicht am Meeresboden festgehalten. Ein Kind zur Sünde zu verführen ist die schlimmste vorstellbare Sünde; deshalb muß sie auch mit der schlimmsten vorstellbaren Strafe geahndet werden.

2. Ertränken war eine Form der Hinrichtung, die die Römer benutzten, aber nie die Juden. Die Juden sahen das Ertrinken als Symbol der *äußersten Zerstörung und Vertilgung*. Sie fürchteten sich davor. Sogar die Römer hatten es für die schlimmsten Verbrecher vorbehalten.

3. Christus *erhöhte die Furcht* seiner Zuhörer. Er beschwor das Bild eines riesigen Steins herauf, der um den Hals des Sünders hing, so daß der Körper nie mehr an die Oberfläche kommen und für ein Begräbnis geborgen werden konnte. Und er erhöhte die Furcht noch weiter. Er benutzte den großen Mühlstein, nicht den kleinen. Warum? Warum erfüllte er die Herzen seiner Zuhörer mit Furcht? Die Antwort ist einfach: Einen anderen zu verführen ist eine schreckliche Sünde und der Sünder muß wissen, welches Schicksal ihn erwartet.

Es gibt verschiedene Wege, andere zur Sünde zu verführen.

⇒ Sie zur Sünde führen und sie das Sündigen lehren: "Komm schon, das erfährt keiner. Das tut dir nicht weh."
⇒ Durch Vorbildwirkung; durch das, was wir tun. Das Vorbild ist kein direktes Angebot, also ist es uns nicht unbedingt bewußt, daß *das Kind* uns sieht oder beobachtet. Trotzdem sieht es uns und lernt aus dem, was wir tun: "Wenn es für den in Ordnung ist, dann muß das auch für mich sein." "Wenn der so etwas tun kann und es ihm trotzdem gut geht, dann kann ich das auch."
⇒ Durch Übersehen oder falsche Wiedergabe; durch Schönreden; durch Betrachten mancher Sünden als *kleine Sünden*: "Ach, das ist schon in Ordnung, Das ist nicht so schlimm, Das tut keinem weh. Achte nicht darauf, vergiß es einfach."
⇒ Durch Lachen und Witzeln oder den Versuch eines Menschen, das Richtige zu tun, zu verspotten: "Sei doch kein Spielverderber. Du führst dich auf wie ein Fanatiker. Ach, du und deine Religion!"
⇒ Durch Anschauen, Berühren und Probieren von Dingen, die in der Gesellschaft zwar anerkannt, für Gott jedoch Sünde sind. Sie sind schlecht, formen Abhängigkeiten und stimulieren, wo sie nicht sollen: "He, schau dir das an." "Hier, probier mal." "Mann! Was für ein Hammer!"
⇒ Ein *Kind* oder einen Gläubigen verfolgen oder bedrohen. Die Drohung kann alles umfassen: Von Benachteiligung, Arbeitsplatzverlust, aufgekündigter Freundschaft und entzogener Anerkennung bis hin zu Mißhandlung, Inhaftierung und Tod.

Gedanke 1 Der wahre Gläubige, wie jung oder unreif er als Christ auch ist, hat "mit uns den kostbaren Glauben bewahrt." Vor Gott haben alle Gläubigen die gleiche Stellung. Natürlich heißt das nicht, daß sie Führungsaufgaben übernehmen sollen, wenn sie noch jung im Glauben sind (1Tim 3,6;10). Es heißt einfach, daß man sie nicht ignorieren soll, weil sie noch nicht so viel zur Errichtung von Gottes Reich beitragen können, sondern daß man sich um sie kümmert und sie lehrt, damit sie sich in Christus entwickeln können.

Gedanke 2 Es gibt auch Dinge, die unschuldig aussehen, für andere jedoch ein Anstoß sein können (1Kor 8,10-11). Der reife Gläubige soll seine Freiheit nicht gegen einen jungen Gläubigen mißbrauchen (siehe Abriß und Anmerkungen – Röm 14,1-23).

3 (18,7-9) **Stolperstein – sündige Welt**: Die zweite Warnung ist, kein Stolperstein zu sein. Man beachte die Punkte der Schrift.

1. Die Selbstverständlichkeit der Sünde in einer sündigen Welt. Diese Welt ist sündig, voll von schlechtem Verhalten. Niemand kann in die Welt hinausgehen, ohne einer Versuchung nach der anderen und einem Anreiz nach dem anderen zu begegnen, hinzuschauen, zu berühren und zu probieren – das *gute Leben* körperlicher Befriedigung, irdischen Komforts und persönlicher Erfüllung zu erfahren. Wir werden jeden Augenblick davon versucht, überredet und beeinflußt. Es gibt keinen Ausweg (vgl. Röm 3,9-18).

> "Wir wissen, daß...die ganze Welt sich in der Gewalt des Bösen befindet." (1Joh 5,19)
> "Denn alle haben gesündigt und verfehlen die Herrlichkeit Gottes." (Röm 3,23)

2. Die Warnung für den Sünder. Jeder ist für seine Sünden persönlich verantwortlich. Die Tatsache einer sündigen Welt verringert nicht die Verantwortung des einzelnen Menschen. Er kann weder der Welt, noch der Gesellschaft, noch anderen die Schuld geben, denn der Mensch...

- hat einen freien Willen.
- hat Kenntnis vom Guten.
- hat den Drang zum Guten (wenigstens anfänglich).
- hat üblicherweise Vorbilder im Guten.
- kann das Gute wählen.
- kann daran arbeiten, seine Schwäche zu überwinden und stärker zu werden.

Vor allem hat der Mensch Gott, der ihm einen Weg aus der Versuchung anbietet (1Kor 10,13). Der Sünder ist persönlich verantwortlich. Jede Sünde wird zum Stolperstein für andere! Wer sündigt, wird zum Stein des Anstoßes, über den andere fallen können!

Matthäus 18,5-10

3. Man kann mit der Sünde umgehen, Stein des Anstoßes zu sein. Wieder zeigt die Härte der Sprache die Schwere der Sünde. Es gibt keine größere Sünde, als Stein des Anstoßes für eins von Gottes lieben Kindern zu sein.

   a. Christus sagt: "Hau die Hand ab, die Anstoß zur Sünde wird": Zwinge die Hand weg, zieh sie zurück, stoße sie zur Seite. Laß die sündige Hand keinen Teil an dir haben. Leugne die Gegenwart und Existenz der Hand.

   > "Darum geht aus von ihnen und sondert euch ab, spricht der Herr, und rührt nichts Unreines an; und ich will euch aufnehmen, und ich will euch ein Vater sein, und ihr sollt mir Söhne und Töchter sein, spricht der Herr, der Allmächtige." (2Kor 6,17-18)

   b. Christus sagt: "Hau den Fuß ab, der Anstoß zur Sünde wird": Nimm ihn weg, entferne ihn von der Sünde. Mach den Fuß nutzlos und der Körper wird unbeweglich. Entferne den Fuß und der Körper kann nicht zur Sünde gehen. Bringe den Fuß weit genug weg, damit du Zeit hast, an die Folgen zu denken. Leugne die Gegenwart und Existenz des Fußes.

   > "Seht nun darauf, wie ihr vorsichtig wandelt, nicht als Unweise, sondern als Weise." (Eph 5,15)
   > "Wie ihr nun den Christus Jesus, den Herrn, angenommen habt, so wandelt auch in ihm." (Kol 2,6)
   > "Wer sagt, daß er in ihm bleibt, der ist verpflichtet, auch selbst so zu wandeln, wie jener gewandelt ist." (1Joh 2,6)

   c. Christus sagt: "Reiß das Auge aus": Wende dich von dem Anblick ab; laß es; schau nicht hin. Stelle sicher, daß du nicht auf die Sünde sehen kannst. Leugne die Gegenwart und Existenz des Auges.

   > "Wer eine Frau ansieht, um sie zu begehren, der hat in seinem Herzen schon Ehebruch mit ihr begangen." (Mt 5,28)
   > "Denn alles, was in der Welt ist, die Fleischeslust, die Augenlust und der Hochmut des Lebens, ist nicht aus dem Vater, sondern aus der Welt." (1Joh 2,16)
   > "Wer mit den Augen zwinkert, verursacht Leid." (Spr 10,10)
   > "Das Auge sieht sich nicht satt, und das Ohr hört nie genug." (Pred 1,8)
   > "Und er sieht nie Reichtum genug." (Pred 4,8)

Man beachte: Die *Hand berührt* die Sünde, der *Fuß trägt* hin zur Sünde oder dem Ort, wo die Sünde stattfindet und das *Auge schaut* auf die Sünde und führt zum Begehren der Sünde. Der Ausweg ist Selbstverleugnung (siehe Anmerkungen und Nähere Betrachtung 1 – Lk 9,23; siehe Abriß – Röm 6,11-13) und Nahen zu Gott (siehe Abriß – Jak 4,7-10).

4. Dem Gericht zu entgehen, ist jeden Preis wert. Der schrecklichste vorstellbare Tod ist der Tod im Feuer. Man stelle sich vor, für immer in ewigem Feuer zu brennen. Es gibt keine schrecklichere Strafe als die, die Christus beschreibt. Wie schrecklich muß eine Ewigkeit fern von Gott sein!. Der Schrecken der Hölle betont wieder die Schwere der Sünde in Gottes Augen.

> "Er sprach aber zu den Jüngern: Es ist unvermeidlich, daß Anstöße zur Sünde kommen; wehe aber dem, durch welchen sie kommen! Es wäre für ihn besser, wenn ein Mühlstein um seinen Hals gelegt und er ins Meer geworfen würde, als daß er einem dieser Kleinen einen Anstoß zur Sünde gibt." (Lk 17,1-2)
> "Darum laßt uns nicht mehr einander richten, sondern das richtet vielmehr, daß dem Bruder weder ein Anstoß noch ein Ärgernis in den Weg gestellt wird!" (Röm 14,13)
> "Wenn aber dein Bruder um einer Speise willen betrübt wird, so wandelst du nicht mehr nach der Liebe. Verdirb mit deiner Speise nicht denjenigen, für den Christus gestorben ist!" (Röm 14,15)
> "Es ist gut, wenn du kein Fleisch ißt und keinen Wein trinkst, noch sonst etwas tust, woran dein Bruder Anstoß oder Ärgernis nehmen oder schwach werden könnte." (Röm 14,21)
> "Gebt weder den Juden noch den Griechen noch der Gemeinde Gottes einen Anstoß." (1Kor 10,32)
> "Wir geben niemand irgend einen Anstoß, damit der Dienst nicht verlästert wird." (2Kor 6,3)
> "Wer seinen Bruder liebt, der bleibt im Licht, und nichts Anstößiges ist in ihm." (1Joh 2,10)

Gedanke 1 Die Welt ist voll von Menschen, die Steine des Anstoßes sind. Diese Menschen sind…

- schlechte Vorbilder
- Versucher
- falsche Leiter
- Verführer
- Betrüger
- Verfolger

Gedanke 2 Man beachte einige logische Dinge.
1) *Ein gerechter Gott* weiß, ohne sich zu irren, wer für *ein Kind* ein Stein des Anstoßes ist.
2) *Ein gerechter Gott* weiß, wer schuld ist, daß *ein Kind* stolpert.
3) *Ein gerechter Gott* weiß genau, wer die kostbare Seele eines Kindes ruiniert und verhindert, daß es gerettet wird.
4) *Ein gerechter Gott* rechnet mit dem Menschen ab, der *ein Kind* zum Stolpern bringt – hart und ewig. Er ist gerecht; deshalb muß er streng sein, damit die Strafe der Sünde entspricht.

Gedanke 3 Man beachte eine entscheidende Tatsache: Die Hand, der Fuß und das Auge sind Hand, Fuß und Auge des Sünders. Er sündigt selbst, so wie er andere zur Sünde verführt. Er schädigt und zerstört sein eigenes Leben so wie auch das Leben des Kindes. Er verdammt sich genauso in die Hölle wie das Kind.

Gedanke 4 Die Sprache ist stark, sehr bildhaft und streng in ihrer Absicht. Doch es braucht Ehrlichkeit und Nachdenken, wenn man Christi Absicht verstehen will. Was auf der Erde ist schrecklicher, als ein Kind zur Sünde zu verführen und Stein des Anstoßes für seine Erlösung zu sein, wodurch es zu dem verurteilt wird, was Christus "Hölle des Feuers" und "ewiges Feuer" nennt. Wenn Gott das *Kind* wirklich liebt, wie Christus sagt, und wenn *die Hölle des Feuers* wirklich existiert, dann braucht es starke und strenge Sprache, um die Welt aufzuwecken, damit sie die Wahrheit sieht.

Matthäus 18,5-10

NÄHERE BETRACHTUNG 1
(18,8) <u>Hölle des Feuers – ewiges Feuer</u> (to pur to aionion): Die Worte *ewiges Feuer* werden hier zum ersten Mal gebraucht. Sie weisen auf ein fürchterliches Schicksal hin, eine schreckliche und grauenvolle Ewigkeit. Ewig bedeutet Andauern ohne Ende. Die Tatsache, daß der unvergebene Sünder solch eine große Strafe erleiden muß sollte alle Sünder davon abbringen, anderen Anstoß zu geben. Sie sollte sie dazu anhalten, Pflastersteine auf dem Weg zu Gott zu werden (siehe <u>Nähere Betrachtung 2</u> – Mt 5,22; <u>Nähere Betrachtung 3</u> – Lk 16,23; <u>Nähere Betrachtung 4</u> – 16,24).

"Er hat die Wurfschaufel in seiner Hand und wird seine Tenne gründlich reinigen und seinen Weizen in die Scheune sammeln; die Spreu aber wird er verbrennen mit unauslöschlichem Feuer." (Mt 3,12)

"Und werden sie in den Feuerofen werfen; dort wird das Heulen und das Zähneknirschen sein." (Mt 13,42)

"Wenn aber deine Hand oder dein Fuß für dich ein Anstoß zur Sünde wird, so haue sie ab und wirf sie von dir! Es ist besser für dich, daß du lahm oder verstümmelt in das Leben eingehst, als daß du zwei Hände oder zwei Füße hast und in das ewige Feuer geworfen wirst." (Mt 18,8)

"Dann wird er auch denen zur Linken sagen: Geht hinweg von mir, ihr Verfluchten, in das ewige Feuer, das dem Teufel und seinen Engeln bereitet ist!" (Mt 25,41)

"Den Feiglingen aber und Ungläubigen und mit Greueln Befleckten und Mördern und Unzüchtigen und Zauberern und Götzendienern und allen Lügnern wird ihr Teil sein in dem See, der von Feuer und Schwefel brennt; das ist der zweite Tod." (Offb 21,8)

"Die Sünder zu Zion sind erschrocken, Zittern hat die Heuchler ergriffen: Wer von uns kann bei einem verzehrenden Feuer wohnen, wer von uns kann bei der ewigen Glut bleiben?" (Jes 33,14)

"Und man wird hinausgehen und die Leichname der Leute anschauen, die von mir abgefallen sind; denn ihr Wurm wird nicht sterben und ihr Feuer nicht erlöschen; und sie werden ein Abscheu sein für alles Fleisch." (Jes 66,24)

4 (18,10) <u>Sünde gegen Kinder – Verachtung</u>: Die dritte Warnung ist, Kinder nicht zu verachten. Kinder oder Gläubige können auf verschiedene Weise verachtet werden.

1. Das Kind wird als unwichtig betrachtet. Es ist nicht so kompetent wie andere, deshalb wird es vernachlässigt, ignoriert oder auf die Seite geschoben. Das Ergebnis ist, daß sein Wachstum und seine Möglichkeiten in Leben und Dienst ungenutzt bleiben, abgewürgt werden und verkümmern.

2. In Gegenwart des Kindes werden unpassende Dinge getan; die Gegenwart des Kindes wird nicht ernst genommen und weiterhin *schmutzige* Sprache und Witze, *Notlügen* und andere gesellschaftlich akzeptierte, aber trotzdem sündige Verhaltensweisen gebraucht.

3. Der Verstand oder der Körper des Kindes werden zu schlechtem Verhalten und Sünde verdreht. Das reicht von sündigem Ehrgeiz und Selbstsucht bis hin zum Mißbrauch durch sexuelle Abwege und Mord.

"Seht, ihr Verächter, und verwundert euch und werdet zunichte, denn ich tue ein Werk in euren Tagen, ein Werk, das ihr nicht glauben werdet, wenn es euch jemand erzählt!" (Apg 13,41)

"Oder verachtest du den Reichtum seiner Güte, Geduld und Langmut, und erkennst nicht, daß dich Gottes Güte zur Buße leitet?" (Röm 2,4)

"Das aber sollst du wissen, daß in den letzten Tagen schlimme Zeiten eintreten werden. Denn die Menschen werden selbstsüchtig sein, geldgierig, prahlerisch, überheblich, Lästerer, den Eltern ungehorsam, undankbar, unheilig, lieblos, unversöhnlich, verleumderisch, unbeherrscht, gewalttätig, dem Guten feind." (2Tim 3,1-3)

"Wenn jemand das Gesetz Moses verwirft, muß er ohne Erbarmen sterben auf die Aussage von zwei oder drei Zeugen hin; wieviel schlimmerer Strafe, meint ihr, wird derjenige schuldig erachtet werden, der den Sohn Gottes mit Füßen getreten und das Blut des Bundes, durch das er geheiligt wurde, für gemein geachtet und den Geist der Gnade geschmäht hat?" (Hebr 10,28-29)

"So weiß der Herr die Gottesfürchtigen aus der Versuchung zu erretten, die Ungerechten aber zur Bestrafung aufzubewahren für den Tag des Gerichts. Das gilt besonders für die, welche dem Fleisch nachlaufen aus Begierde nach Befleckung und die Herrschergewalt verachten. Verwegen und frech, wie sie sind, fürchten sie sich nicht, die Mächte zu lästern." (2Petr 2,9-10)

Gedanke 1 Kinder haben bei Gott eine besonders bevorzugte Stellung. Die Tatsache, daß ihre Schutzengel "<u>allezeit</u>" Gottes Angesicht schauen, beweist das. Es gibt keinen größeren Vorzug, als immer vor Gott zu sein und "sein Angesicht zu schauen." Kinder sind Gott sehr, sehr wertvoll. Allein aus diesem Grunde sollten wir alles tun, um uns und die Welt vom Bösen zu befreien.

NÄHERE BETRACHTUNG 2
(18,10) <u>Engel</u>: Siehe <u>Nähere Betrachtung 1</u> – Hebr 1,4-14. Wir dürfen nicht vergessen, woher Christus kam (ek, aus) der geistlichen Welt, der himmlischen Dimension, um uns den Himmel zu offenbaren. Er lehrte die Existenz der Engel, d.h. der himmlischen Boten. Hier lehrt er uns, daß Kinder "Schutzengel" haben, die direkten Zugang zu Gott besitzen. Das ist eine Warnung für den Sünder: Jede Sünde und jeder Anstoß für seine Kinder (Gläubige, V.6) kommt vor ihn, also bleibt keine Sünde ungestraft. Es ist auch eine Ermutigung für jedes seiner Kinder: Das Kind wird gerächt und darf sich darauf verlassen, daß Gott es rächt.

"Sind sie nicht alle dienstbare Geister, ausgesandt zum Dienst um derer willen, welche das Heil erben sollen?" (Hebr 1,14)

"Ich sage euch, so wird auch Freude sein im Himmel über einen Sünder, der Buße tut, mehr als über neunundneunzig Gerechte, die der Buße nicht bedürfen...Ich sage euch, so ist auch Freude vor den Engeln Gottes über einen Sünder, der Buße tut." (Lk 15,7;10)

"Der Engel des HERRN lagert sich um die her, so ihn fürchten, und errettet sie." (Ps 34,7)

"Denn er hat seine Engel für dich aufgeboten, daß sie dich behüten auf allen deinen Wegen." (Ps 91,11)

Matthäus 18,11-14

	C. Das Gleichnis vom verlorenen Schaf: Das höchste Beispiel der Fürsorge, 18,11-14 (Lk 15,1-7)		

1 Jesus kam, die Verlorenen zu retten
2 Jesus sucht jeden, der verloren ist
  a. Das Schaf verirrte sich
  b. Das Schaf wurde gesucht: vom Hirten
	11 Denn der Sohn des Menschen ist gekommen, um das Verlorene zu retten.
	12 Was meint ihr? Wenn ein Mensch hundert Schafe hat, und es verirrt sich eines von ihnen, läßt er nicht die neun-
		undneunzig auf den Bergen, geht hin und sucht das verirrte?
		13 Und wenn es geschieht, daß er es findet, wahrlich, ich sage euch: Er freut sich darüber mehr als über die neunundneunzig, die nicht verirrt waren.
		14 So ist es auch nicht der Wille eures Vaters im Himmel, daß eines dieser Kleinen verloren geht.
			c. Das Schaf wurde gesucht: Auf den Bergen
			3 Jesus kann oder kann nicht das Verlorene finden
			4 Jesus vergibt und freut sich über das Wiedergefundene
			5 Gott will, daß keiner verloren geht

ABSCHNITT XII

DIE JÜNGER DES MESSIAS UND IHR VERHALTEN UNTEREINANDER, 18,1-35

C. Das Gleichnis vom verlorenen Schaf: Das höchste Beispiel der Fürsorge, 18,11-14 (Lukas 15,1-7)

(18,11-14) **Einführung**: Das ist eines der berühmtesten Gleichnisse Jesu – Das Gleichnis vom "verlorenen Schaf" oder das Gleichnis vom "suchenden Hirten." Es enthält eine gewaltige Botschaft für Gläubige und Ungläubige gleichermaßen und Jesus wendet es auf beide an. Zwei Dinge beweisen das.

1. Die Worte "diese Kleinen" beziehen sich auf wahre Christen und das Wort "verloren" auf die, die verloren gehen (siehe Anmerkung – Mt 18,5-10).
2. Bei dieser besonderen Gelegenheit sprach Jesus zu seinen Jüngern (Mt 18,1). Bei Lukas sagt Jesus das gleiche Gleichnis einem anderen Publikum und richtete es mehr an die Verlorenen.

Manche Gläubige sind schwach, sie sind nicht im Herrn gewachsen; andere kühlen ab und streunen umher; wieder andere fallen in Sünde und Schande zurück. Manche sind dem Herrn gegenüber störrisch und manche werden aus Verletzungen und Vernachlässigung heraus egoistisch. Andere lassen zu, daß Verletzungen und Vernachlässigung zu Bitterkeit und Feindseligkeit anderen gegenüber werden und sündigen im Zorn. Es gibt unzählige Gründe für die Sünde, doch die Gläubigen sündigen und manche sündigen schwer.

Wer streunt oder verloren ist, ist immer bei uns. Wir müssen uns daran erinnern…

> "Denn der Sohn des Menschen ist gekommen, um das Verlorene zu retten." (Mt 18,11)
> "So ist es auch nicht der Wille eures Vaters im Himmel, daß eines dieser Kleinen verloren geht." (Mt 18,14)

1. Jesus kam, die Verlorenen zu retten (V.11).
2. Jesus sucht jeden, der verloren ist (V.12).
3. Jesus kann oder kann nicht das Verlorene finden (V.13).
4. Jesus vergibt und freut sich über das Wiedergefundene (V.13).
5. Gott will, daß keiner verloren geht (V.14).

1 (18,11) **Jesus Christus, Erlöser – verlorener Mensch**: Jesus kam, die Verlorenen zu retten. Das ist die große Aussage des Messias über seine Aufgabe; deshalb kam er auf die Erde. Er kam, um die Verlorenen zu retten. In dieser Aussage steckt eine ganze Welt an Bedeutungen.

1. Sie bedeutet, daß Christus bereitwillig und absichtlich die Herrlichkeit des Himmels und seine Gottgleichheit *verließ* und "entäußerte sich selbst" von dieser Herrlichkeit und Gleichheit (siehe Anmerkungen – Phil 2,6; 2,7).
2. Sie bedeutet, daß sowohl die Welt als Ganzes als auch der einzelne Mensch auf Abwege geraten sind. Jeder Mensch ist von Gott abgewichen, ist verloren und irrt in einer Wildnis der Sünde umher; jeder ist dazu verurteilt, in dieser Wildnis unterzugehen, wenn er nicht von Christus gefunden und gerettet wird. Jeder muß gerettet werden (Röm 3,10-18;23; 10,13; Joh 3,16; Apg 10,43; 1Joh 5,1).
3. Sie bedeutet, daß *Gott den Menschen verloren hat*. Gott verlor die Anbetung, den Dienst und das Leben des Menschen. Nicht nur, daß der Mensch *abgewichen ist* und *nicht nach Gott sucht* und vom Weg abgekommen ist – er ist nutzlos geworden, *verloren für Gott* (Röm 3,11-12). Während der Mensch *in der Wildnis* verloren ist, hat Gott keine Hoffnung auf Gemeinschaft mit dem Menschen. Seine Anbetung, sein Dienst und sein Leben sind für Gott verloren, solange der Mensch verloren bleibt. Man muß die Worte "das Verlorene" beachten. Im Griechischen sind sie ein neutrales Partizip. Das heißt, daß der verlorene Mensch sowohl männlich (Maskulinum) als auch weiblich (Femininum) ist. "Das Verlorene [Neutrum]," das gesucht wird, umfaßt Männer und Frauen gleichermaßen. Die Absicht hier ist, die Größe von Jesu Liebe zu zeigen: Er liebt alle Verlorenen, Männer und Frauen. Niemand steht außerhalb seiner Liebe und Suche. Er liebt und sucht alle.

> **Gedanke 1** Man beachte eine überzeugende Wahrheit: Nicht nur, daß der Mensch verloren ist, Gott hat den Menschen verloren und der Mensch hat Gott verloren. Beide verlieren und leiden, wenn ein Mensch sich dafür entscheidet, in die Wildnis von Welt und Sünde zu gehen. Der Mensch kann so viel gewinnen, wenn er Gott folgt (Joh 5,24; Gal 5,22-23), und Gott kann so viel gewinnen, wenn ein Mensch sich für die Nachfolge entscheidet (ewige Anbetung und Dienst).

2 (18,12) **Suche Jesu Christi – Hirte**: Jesus sucht jedes einzelne verlorene Schaf. Christus macht hier drei bedeutende Aussagen.

1. Das Schaf kam vom Weg ab (siehe Nähere Betrachtung 1 – Mt 18,12).
2. Das Schaf wurde vom Hirten gesucht. Man beachte mehrere Dinge.

Matthäus 18,11-14

a. Der Hirte kümmert sich in besonderer Weise um die ganze Herde, die Neunundneunzig. Während er das verlorene Schaf sucht, führt er die Herde *auf die Berge oder Hügel*, wo gute und sichere Weide mit viel saftigem Gras ist. Er sieht darauf, daß sie in Sicherheit sind (Joh 10,27-29).
b. Der Hirte kümmert sich um das Einzelne, wie groß die Herde auch ist. Er liebt jedes Einzelne. Er will keines verlieren.
c. Der Hirte übernimmt die Suche. Er schickt dem verlorenen Schaf niemand anderes hinterher. Er wartet auch nicht, bis das Schaf zurückkommt und, was am interessantesten ist, die Sorge für die Neunundneunzig hält ihn nicht davon ab, dem einen Verlorenen nachzugehen. Daß das Schaf verloren ist, ist für ihn so wichtig, daß er es persönlich suchen geht – koste es, was es wolle.
d. Der Hirte hat Geduld und Ausdauer. Er sucht das Schaf, bis er es gefunden hat oder weiß, daß es keine Hoffnung mehr für das Schaf gibt.
e. Der Hirte sucht jeden Weg, Grat und Spalt ab; er setzt alles ein, was er hat, um das verlorene Schaf zu finden.
   ⇒ Der Hirte vertraut darauf, daß Härte, Gefahr, Prüfungen und Leiden der Wildnis sowie Herz, Gewissen und Erinnerung das Schaf dazu bewegen, umzukehren und einen Ausweg zu suchen.
   ⇒ Der Hirte vertraut bei der Suche nach dem Schaf auf sein eigenes Wissen über Schafe und die Wildnis. Er kennt jeden Grat und Spalt da draußen. Es ist nur die Frage, ob er das Schaf rechtzeitig findet. Ist das Schaf zu weit auf einen Grat hinausgegangen, ist es zu tief in eine Spalte gekrochen, um gefunden zu werden? Ist das Schaf gar schon an den Entbehrungen in der Wildnis gestorben oder von Feinden getötet worden?
   ⇒ Der Hirte vertraut besonders auf seine Stimme, daß sie Ohr und Herz des verlorenen Schafes erreicht. Er ruft immer wieder und vertraut darauf, daß das Schaf ihn hört. Ob es ihn hört oder nicht, hängt von zwei Dingen ab. (1) Wie weit ist das Schaf in die Wildnis gegangen? Kann es den Hirten hören? (2) Hat das Schaf noch genug Kraft, um zu antworten (reagieren), wenn es den Hirten hört? Ist es von der Wildnis schon so geschwächt und ausgelaugt, daß es nicht mehr antworten kann? Oder ist es verletzt oder im Sterben, so daß es dem Hirten nicht antworten kann?

> "Was meint ihr? Wenn ein Mensch hundert Schafe hat, und es verirrt sich eines von ihnen, läßt er nicht die neunundneunzig auf den Bergen, geht hin und sucht das verirrte?" (Mt 18,12)
> "Denn der Sohn des Menschen ist gekommen, um zu suchen und zu retten, was verloren ist." (Lk 19,10)
> "Jesus hörte, daß sie ihn ausgestoßen hatten, und als er ihn fand, sprach er zu ihm: Glaubst du an den Sohn Gottes?" (Joh 9,35)

3. Das Schaf wurde auf den Bergen gesucht (siehe Anmerkung 3 – Lk 15,4 für die Gründe, aus denen ein Schaf sich verirrt. Die Gründe werden hier einfach aufgezählt.)
   ⇒ Das Schaf wird von etwas "draußen in der Wildnis" angezogen, weg von Herde und Hirte.
   ⇒ Das Schaf hat kein Ziel und achtet nicht darauf, was geschieht.
   ⇒ Das Schaf weigert sich, auf die Warnungen des Hirten zu hören und dem Beispiel der anderen Schafe zu folgen.
   ⇒ Das Schaf ist nicht fest genug mit dem Hirten und den anderen Schafen verbunden.

Gedanke 1 Der Hirte kennt "das verlorene Schaf." Er muß sich um eine große Herde kümmern, doch er kennt jedes einzelne Tier. Als "das verlorene Schaf" verloren ging, wußte es der Hirte. Er vermißte das Schaf und ging ihm nach.
Gedanke 2 Wenn ein Kind verloren geht, läßt eine Familie alles stehen und liegen und sucht das Kind. Wie groß die Familie auch ist, das Kind wird gesucht.

NÄHERE BETRACHTUNG 1
(18,12) **Welt – Wildnis**: Siehe Anmerkung 4 – Lk 15,4 für eine Beschreibung der Wildnis.

---

3 (18,13) **Verloren – Ungerettet**: Jesus kann oder kann nicht das verlorene Schaf finden. Ein Schaf zu finden ist eine unsichere Sache. Es hängt von so vielem ab...
- Wie weit weg hat sich das Schaf verlaufen? Kann es die Stimme des Hirten hören oder ist es zu weit weg?
- Will das Schaf antworten, wenn es die Stimme des Hirten hört?
- Geht das verlorene Schaf *immer weiter*, immer tiefer in die Wildnis hinein?
- War das Schaf so achtlos und leichtsinnig, daß es sich durch den Sturz in eine tiefe Spalte verletzt hat?
- Ist der Verstand des Schafes so vernebelt, daß es die Stimme und die Anwesenheit des Hirten nicht wahrnimmt?
- Weiß das Schaf, daß es sich verlaufen hat? Wenn dem so ist, wie sehr ist es davon betroffen?
- Ist das Schaf betroffen genug, daß es selbst anfängt, einen Ausweg aus der Wildnis zu suchen?
- Hat der Hirte noch Geduld? Hat er aufgegeben? Ist so viel Zei vergangen, daß er weiß, daß es keine Hoffnung mehr gibt?

Gedanke 1 Ein Mensch kann Gottes Geist so lange widerstehen und so weit in die Wildnis der Welt wandern, daß er nie mehr gefunden werden kann (siehe Gedanke 1 – Mt 12,14-16).

> "Da sprach der HERR: Mein Geist soll den Menschen nicht ewig darum strafen." (1Mo 6,3)
> "Ein Mann, der allen Warnungen trotzt, geht plötzlich unheilbar zugrunde." (Spr 29,1)

4 (18,13) **Freude – Errettung**: Jesus vergibt und freut sich über das wiedergefundene Schaf. Die große Freude kommt nicht daher, daß das verlorene Schaf mehr wert ist als die anderen. Die sicheren Schafe erfüllen den Hirten immer mit Freude und Frieden, doch es ist ein besonderer Augenblick der Freude und des Feierns, wenn ein verlorenes Schaf gefunden wird. Dafür gibt es wenigstens zwei Gründe.

1. Das verlorene Schaf war fast *für immer verloren* für das Leben der Herde, vergessen und ausgeschlossen. Alles, was das verlorene Schaf darstellte und beitragen konnte, wäre beinahe für immer verloren gegangen. Wenn es den Klauen von Gefahr und Tod entrissen wird, muß es große Freude geben.

Matthäus 18,11-14

2. Das verlorene Schaf hatte den Hirten viel gekostet: Gedanken, Mühe, Kraft, Zeit und Leiden. Wenn die Prüfung vorbei ist und die Aufgabe erfolgreich gelöst wurde, ist die Freude groß. Der Lohn war die Mühe wohl wert.

Man beachte die große Anziehungskraft für das verlorene Schaf, zum Hirten zurückzukehren…

- kein Groll
- keine Verachtung
- keine Belehrung
- kein Tadel
- keine Drohung
- keine Strafe
- nur Liebe
- nur Fürsorge
- nur Suche

"Und wenn er nach Hause kommt, ruft er die Freunde und Nachbarn zusammen und spricht zu ihnen: Freut euch mit mir; denn ich habe mein Schaf gefunden, das verloren war! Ich sage euch, so wird auch Freude sein im Himmel über einen Sünder, der Buße tut, mehr als über neunundneunzig Gerechte, die der Buße nicht bedürfen." (Lk 15,6-7)

"Und wer erntet, der empfängt Lohn und sammelt Frucht zum ewigen Leben, damit sich der Sämann und der Schnitter miteinander freuen." (Joh 4,36)

"Denn wer ist unsere Hoffnung oder Freude oder Krone des Ruhms? Seid nicht auch ihr es vor unserem Herrn Jesus Christus bei seiner Wiederkunft? Ja, ihr seid unsere Ehre und Freude!" (1Thess 2,19-20)

"Im Aufblick auf Jesus, den Anfänger und Vollender des Glaubens, der um der vor ihm liegenden Freude willen das Kreuz erduldete und dabei die Schande für nichts achtete, und der sich zur Rechten des Thrones Gottes gesetzt hat." (Hebr 12,2)

"Wer weinend dahingeht und den auszustreuenden Samen trägt, wird mit Freuden kommen und seine Garben bringen." (Ps 126,6)

5 (18,14) **Gottes Wille – Erlösung**: Gott will nicht, daß auch nur ein Schaf verloren geht. In V10 hatte Jesus "mein Vater" gesagt, doch jetzt wechselt er zu "euer Vater." Das ist bedeutsam: Wenn der Erlöser jeden von uns *findet*, werden wir Mitglieder der Familie *unseres Vaters*. Als Familienmitglieder erwartet er unsere Hilfe bei der Suche nach verlorenen Schafen und der Sorge für die Herde. Familienmitglied zu sein bringt die Verantwortung, Verlorene zu suchen und bei der Sorge für den Rest der Familie zu helfen.

Man beachte zwei Dinge.

1. Der Vater will nicht, daß irgend jemand verloren geht.

"Welcher will, daß alle Menschen gerettet werden und zur Erkenntnis der Wahrheit kommen." (1Tim 2,4)

"Der Herr zögert nicht die Verheißung hinaus, wie etliche es für ein Hinauszögern halten, sondern er ist langmütig gegen uns, weil er nicht will, daß jemand verloren gehe, sondern daß jedermann Raum zur Buße habe." (2Petr 3,9)

2. Christus starb auch für den schwachen und den verlorengegangenen Bruder.

"Wenn aber dein Bruder um einer Speise willen betrübt wird, so wandelst du nicht mehr nach der Liebe. Verdirb mit deiner Speise nicht denjenigen, für den Christus gestorben ist!" (Röm 14,15)

"Und so wird wegen deiner Erkenntnis der schwache Bruder verderben, um dessen willen Christus gestorben ist." (1Kor 8,11)

Gedanke 1 Das ist entscheidend: Gott kümmert sich um jeden Einzelnen. Was für ein Gegensatz zu unserer Unbetroffenheit, wenn einer oder zwei vom Weg abkommen. Welche Lehre für uns! Die Sorge Gottes für eine einzelne Seele!

Matthäus 18,15-20

		D. Schritte zur Zurechtweisung eines sündigen Bruders, 18,15-20 (Lk 17,3-4)	Gemeinde nicht, so sei er für dich wie ein Heide und ein Zöllner. 18 Wahrlich, ich sage euch: Was ihr auf Erden binden werdet, das wird im Himmel gebunden sein, und was ihr auf Erden lösen werdet, das wird im Himmel gelöst sein. 19 Weiter sage ich euch: Wenn zwei von euch auf Erden übereinkommen über irgend eine Sache, für die sie bitten wollen, so soll sie ihnen zuteil werden von meinem Vater im Himmel. 20 Denn wo zwei oder drei in meinem Namen versammelt sind, da bin ich in ihrer Mitte.		strafen a. Irdische Strafe b. Himmlische Unterstützung durch Gott
1	Schritt 1: Versöhnung suchen a. Allein zum Bruder gehen b. Mit Zeugen zum Bruder gehen c. Vor die Gemeinde gehen		15 Wenn aber dein Bruder an dir gesündigt hat, so geh hin und weise ihn zurecht unter vier Augen. Hört er auf dich, so hast du deinen Bruder gewonnen. 16 Hört er aber nicht, so nimm noch einen oder zwei mit dir, damit jede Sache auf der Aussage von zwei oder drei Zeugen beruht. 17 Hört er aber auf diese nicht, so sage es der Gemeinde. Hört er aber auch auf die	3	Schritt 3: Der wichtigste Schritt – alles im Gebet vorbringen a. Übereinkunft suchen b. Gottes Wille und Zustimmung suchen c. Einheit in seinem Namen suchen d. Ergebnis: Seine Gegenwart
2	Schritt 2: Den Bruder				

ABSCHNITT XII

DIE JÜNGER DES MESSIAS UND IHR VERHALTEN UNTEREINANDER, 18,1-35

D. Schritte zur Zurechtweisung eines sündigen Bruders, 18,15-20

(18,15-20) <u>Einführung – Spaltung – Kirchendisziplin</u>: Sünde gegen einen Bruder ist eine sehr ernsthafte Angelegenheit für Gott. Sie ist so ernsthaft, daß der sündige Bruder schwer bestraft werden soll, wenn er sich weigert, die Sache in Ordnung zu bringen (V.17). Jedoch muß man zwei wichtige Punkte beachten, wenn man sich mit Disziplin beschäftigt.

1. Der sündige Bruder *ist ein Bruder*, ein *wahrer* Gläubiger. Er sündigt gegen einen anderen Bruder. Zwischen zwei wahren Gläubigen, die *zur Kirche gehören*, entsteht ein Bruch.
2. Die Übertretung ist persönliche Sünde; d.h. der Schaden wird einem anderen Menschen zugefügt. Ein Mitchrist wird verletzt und geschädigt.

Gott hat eine große Sorge: Er möchte, daß wieder Frieden herrscht. Er möchte Frieden zwischen den Brüdern und Frieden in der Kirche. Die Störung, die zwei sündige Brüder verursachen, ist so schlimm, daß Gott sehr bestimmte Verhaltensregeln vorschreibt, nach denen die Sache zu behandeln ist; und wenn der sündige Bruder es ablehnt, sich zu versöhnen und das Unrecht wieder in Ordnung zu bringen, soll nach Gottes Willen die Störung nicht mehr geduldet werden.

1. Schritt 1: Versöhnung suchen (V.15-16).
2. Schritt 2: Den Bruder strafen (V.17-18).
3. Schritt 3: Der wichtigste Schritt – alles im Gebet vorbringen (V.19-20).

[1] (18,15-16) <u>Sünde gegen Gläubige – Versöhnung</u>: Der erste Schritt bei der Zurechtweisung eines sündigen Bruders ist, der Versuch der Versöhnung (siehe <u>Nähere Betrachtung 1</u> – Mt 18,15). Man beachte: Wenn ein Bruder uns aufstört oder Anstoß gibt, sollen wir nicht warten, bis der *sündige Bruder* zu uns kommt. Wir sollen sofort auf ihn zugehen. Man muß drei festgelegte Schritte gehen.

1. Allein zu dem Bruder gehen und "ihn zurechtweisen." Das scheint darauf hinzudeuten, daß er möglicherweise nicht weiß, daß er falsch gehandelt und uns Anstoß gegeben hat. Wenn wir nicht zu ihm gehen, wird er es nicht erfahren und nicht die Chance haben, sein Verhalten zu ändern. Wenn er weiß, daß er uns Anstoß gegeben hat und wir gehen nicht zu ihm, dann bleibt der Bruch bestehen und die Sündenschuld bleibt. Die Spaltung samt ihren schädigenden Auswirkungen wächst und vertieft sich noch.

Etwas anderes kann geschehen: Unser eigenes Herz und Verstand kann zu brüten anfangen, vergiftet werden, ablehnend und sogar bitter, voller Groll und Rachegedanken werden. Wir müssen dringend alles uns Mögliche tun, um die Angelegenheit zu klären.
   a. Wir sollen allein zu ihm gehen. Wir sollen niemand anderes in die Sache hineinziehen und auch nicht öffentlich tadeln. Das vertieft und verhärtet die Gefühle und die Spaltung nur und verursacht Bitterkeit und Feindschaft.
   b. Die Worte "unter vier Augen" weisen darauf hin, wie wir zu ihm gehen sollen:
   ⇒ demütig; unser eigenes Herz prüfend (ob wir etwas getan haben, das anstößiges Verhalten provoziert – im Wissen, daß wir selbst viel zu leicht anderen Anstoß geben können).
   ⇒ freundlich und sanft sprechen.
   ⇒ unseren Wunsch zum Ausdruck bringen, daß wir die Sache verstehen und zurechtrücken wollen, damit wir uns versöhnen können.

> "So laß deine Gabe dort vor dem Altar und geh zuvor hin und versöhne dich mit deinem Bruder, und dann komm und opfere deine Gabe." (Mt 5,24)
>
> "Tut nichts aus Selbstsucht oder nichtigem Ehrgeiz, sondern in Demut achte einer den anderen höher als sich selbst." (Phil 2,3)
>
> "Bringe dies in Erinnerung und bezeuge ernstlich vor dem Herrn, daß man nicht um Worte streiten soll, was zu nichts nütze ist als zur Verwirrung der Zuhörer." (2Tim 2,14)
>
> "Ein Knecht des Herrn aber soll nicht streiten, sondern milde sein gegen jedermann, fähig zu lehren, standhaft im Ertragen von Bosheiten." (2Tim 2,24)

<u>Gedanke 1</u> Wenn ein Bruder gegen uns sündigt, ist unsere Reaktion für Christus entscheidend. Vier Reaktionen sind typisch menschlich, davor sollen wir uns sorgfältig in acht nehmen.

Matthäus 18,15-20

1) *Eine selbstsüchtige Reaktion*: Sich kindlich, unschuldig oder als Märtyrer geben; über dem uns zugefügten Bösen brüten und grübeln; von dem erlebten Unrecht verzehrt werden; die persönliche Verletzung nachtragen, bis die Angelegenheit unsere Herzen und Sinne vergiftet hat. Das ist typisch menschlich, dazu neigen wir alle.
2) *Eine absondernde Reaktion*: Den Bruder meiden; sich scheuen, vielleicht sogar fürchten, mit ihm zusammen zu sein; Unmut zeigen oder es ihm durch Ignorieren oder Vernachlässigen heimzuzahlen.
3) *Eine schwatzhafte Reaktion*: Selbstrechtfertigendes und verteidigendes Reden; ein Hang dazu, Verletzungen und zugefügtes Leid herumzuerzählen, sich vor guten Freunden als schuldlos hinstellen. Das Problem dabei ist, daß Christus sagt, wir sollen zuerst zu dem Sünder gehen. Wenn er auf unsere Bemühungen nicht reagiert, sollen wir liebevollen und klugen Rat suchen.
4) *Eine rachsüchtige Reaktion*: Sich in die Spaltung verwickeln und sich selbst Unrecht tun; uns mit unserer Reaktion auf das Niveau des Sünders begeben; uns an dem Sünder rächen.

Gedanke 2 Wenn ein Bruder gegen uns sündigt, ist die wichtigste Reaktion (nach dem Gebet natürlich), allein zu ihm zu gehen. In dieser Anweisung liegt viel Weisheit, die beide Brüder lehrt, das Fleisch zurückzuhalten und dem Geist den Vorrang zu lassen.
1) Weisheit für den *verletzten Bruder*. Die menschliche Natur neigt dazu, zu grübeln, zu reagieren, das Böse weiterzuerzählen und Vergeltung zu suchen – durch einfachen Rückzug oder Angriff. Christus fordert, daß wir den Drang des Fleisches nach Rache besiegen und die Lage durch den Geist beherrschen. Wir sollen still sein und beten. Dann sollen wir zu dem Bruder gehen, die Sache ausdiskutieren und Versöhnung suchen. Einfach gesagt, wir sollen geistlich gesinnt sein.
2) Weisheit für den *sündigen Bruder*. Die menschliche Natur kann unrecht nur schwer zugeben. Ein demütiger, liebevoller und besorgter Besuch zur Versöhnung ist *eine Ermutigung* für einen Bruder, zu bekennen, sich zu entschuldigen und versöhnt zu werden.

Gedanke 3 Man beachte, wie klug die Anweisungen unseres Herrn sind. Man bedenke die gewaltigen Lehren und Gewinne für drei Brüder, die sich zusammensetzen und Versöhnung suchen – die Früchte des Geistes selbst…
- Liebe
- Langmut
- Glauben
- Freude
- Freundlichkeit
- Sanftmut
- Friede
- Güte
- Selbstbeherrschung

Gedanke 4 Wie anders wäre doch die Welt, wenn alle diesen einen Schritt beherzigen würden: Andere zwischenmenschliche Beziehungen: Persönlich, national und international; bessere körperliche und seelische Gesundheit (Geschwüre, Blutdruck, Herzanfälle usw.).

2. Mit Zeugen zu dem Bruder gehen. Manche christlichen Brüder sind störrisch, andere sind unreif, wieder andere sind von selbstsüchtigen und sündigen Motiven und Verhaltensweisen beherrscht. Deshalb kann es sein, daß ein sündiger Bruder sein Unrecht nicht zugeben und sich versöhnen will. In solchen Fällen sollen wir einen oder zwei liebevolle und kluge Brüder mit zu dem Sünder nehmen. Dadurch geschehen mehrere Dinge.
   a. Es zeigt dem Bruder, daß große Besorgnis besteht; eine Anzahl Leute sorgt sich und will helfen.
   b. Es zeigt auch, daß die Sünde mehr als einem oder zwei Leuten bekannt ist. Es wissen einige davon.
   c. Es stellt objektive und kluge Beratung für beide Seiten bereit. Daraus können leichter Versöhnung und Einigung entstehen.
   d. Es hilft, Vorurteile, selbstsüchtige Reaktionen und Parteilichkeit zu vermeiden.

Gedanke 1 Diesen Schritt sollte man nicht gehen, bis man mit dem Bruder allein geredet hat. Wir sollen nicht über das Unrecht eines Bruders mit anderen reden – nicht immer – nicht, bis wir persönlich in der Liebe Christi bei ihm waren.
Man *muß* diesen Schritt jedoch gehen, wenn er auf seiner Abspaltung beharrt. Doch es muß immer mit einem Geist der Demut, Liebe, Fürsorge und persönlichen Unwürdigkeit geschehen.

Gedanke 2 Manchmal neigt man dazu, aufzugeben, wenn der sündige Bruder die Versöhnung ablehnt – ihn der kommenden Strafe, wie sie auch ausfällt, zu überlassen. Christus sagt uns jedoch: "Bleib dran, geh ihm nach, gib nicht auf." Man beachte: Das ist die Forderung Christi während der ganzen Prozedur. Christus gibt den sündigen Bruder nicht auf. Deshalb soll auch die Kirche nicht aufgeben (siehe Nähere Betrachtung 2 – Mt 18,17). Die Spaltungen in der Gemeinde von Galata und ihr persönlicher Angriff auf Paulus sind hierfür hervorragende Beispiele. Paulus kümmerte sich immer um die so Unvollkommenen und Versagenden (vgl. Gal 4,19f).

3. Vor die Gemeinde gehen (siehe Nähere Betrachtung 2 – Mt 18,17 zur Diskussion).

NÄHERE BETRACHTUNG 1
(18,15) **Sünde gegen Gläubige – Versöhnung**: Wie kann ein Christ gegen einen anderen sündigen? Es gibt viele Möglichkeiten.
1. Durch sein Verhalten und die christliche Freiheit: Tun, was erlaubt ist, aber von einem schwächeren Bruder mißverstanden und als anstößig empfunden wird. (Vgl. Röm 14,1-23; 1Kor 8,12.)
   - ⇒ sein Gewissen verletzen
   - ⇒ Stein des Anstoßes sein
   - ⇒ seinen Geist betrüben
   - ⇒ ein schlechtes Vorbild sein
2. Durch offene Konfrontation.
   - ⇒ beleidigend
   - ⇒ herabsetzend
   - ⇒ bitter
   - ⇒ beschimpfend
   - ⇒ streitlustig
   - ⇒ verärgert
   - ⇒ demütigend
   - ⇒ respektlos
   - ⇒ feindselig
3. Durch Niedermachen hinter dem Rücken.
   - ⇒ reden
   - ⇒ schwatzen
   - ⇒ kritisieren
   - ⇒ lügen
   - ⇒ flüstern
   - ⇒ Gerüchte verbreiten

Matthäus 18,15-20

4.	Durch Übergriffe auf seine Rechte oder sein Eigentum.				
	⇒ Betrug	⇒	Diebstahl	⇒	Neid
	⇒ Verführung	⇒	Lüge	⇒	Übergehen

2 (18,17-18) **Kirchendisziplin**: Der zweite Schritt bei der Zurechtweisung eines sündigen Bruders ist, den Bruder zu strafen. Christus diskutiert zwei Punkte bei der eigentlichen Bestrafung eines sündigen Bruders.

1. Irdische Strafe. Wenn sich der sündige Bruder auch nach den Vorhaltungen von zwei oder drei Gläubigen nicht versöhnen will, soll die Angelegenheit vor die Gemeinde gebracht werden. Warum sagt Christus, daß persönliche Sünden vor die Gemeinde gebracht und öffentlich gemacht werden sollen?

   a. Der sündige Bruder hat bereits zwei demütige und liebevolle Versöhnungsangebote zurückgewiesen: Das erste Angebot des Betroffenen und das zweite Angebot von einem oder zwei liebevollen und klugen Zeugen.

   b. Die Ablehnung der Versöhnung durch den sündigen Bruder ist eine ernste Gefahr und Bedrohung. Wenn der Bruch weiter besteht, wird sich die Spaltung vertiefen und in und außerhalb der Gemeinde noch mehr Schaden anrichten. Andere, Gerettete und Verlorene, werden betroffen sein. Das Zeugnis der Gemeinde und der Betroffenen wird geschwächt und das Interesse der fast Geretteten schwindet und vergeht vielleicht sogar. Das ist Wasser auf die Mühlen der Fleischlichen und der Verlorenen. Ein Bruder, der gegen einen anderen sündigt und Spaltung in der Kirche hervorruft (und sich nicht versöhnen lassen will), begeht eine schwere Sünde, die viele Leben betrifft. Daher muß die Angelegenheit Schritt für Schritt angegangen werden. Sie kann nicht ignoriert und unerledigt bleiben.

   Das Verhalten eines Menschen vor die Gemeinde zu bringen, ob das die Gemeinde als Ganzes oder ein Ausschuß ist, ist eine sehr ernste Sache. Es ist so ernst, wie man es sich nur vorstellen kann. Doch man muß im Gedächtnis behalten, worauf Christus aus ist: Christus will nicht, daß Sünde, Spaltung und Zerstörung um sich greifen und Leben und Zeugnis anderer zerstören.

   c. Christus will, daß sich beide Brüder miteinander und mit Gott versöhnen und er will den sündigen Bruder zurück in die Gemeinschaft und Fürsorge der Gemeinde bringen.

   d. Christus will nicht, daß Sünde, Spaltung und Zerstörung sich ausbreiten und das Interesse der *fast Geretteten* zerstören, wodurch sie vielleicht für immer verloren gehen.

   e. Christus will der Welt keinen Grund zum Reden geben, wodurch sie Gerüchte verbreiten könnte, die dem Ruf und der Arbeit seiner Kirche schaden können.

   f. Christus will, daß die zwei Brüder und ihre Freunde und Mitchristen ein starkes Zeugnis geben, kein gespaltenes. Er will nicht, daß auch nur einer verloren geht. Er will, daß die Welt gerettet wird, jeder Einzelne darin (2Petr 3,9) und zwei Dinge sind entscheidend für eine Gemeinde, die die größtmögliche Anzahl von Menschen erreichen will:
   ⇒ Liebe – brüderliche Liebe im Herrn (Joh 13,33-34).
   ⇒ Ein starkes Zeugnis der Brüder von der Gemeinde.

   g. Christus will Differenzen und Spaltungen in seinem Volk ausräumen und das nicht durch die fleischlichen oder gottlosen Philosophien und Argumente der Welt. Das Gesetz räumt nichts aus, es schafft nur mehr Ärger, tiefere Gefühle und Risse. In Gottes Volk sollen Beziehungen und Unterschiede zwischen den beiden Betroffenen *allein* ausdiskutiert werden. Wenn das nichts nützt, sollen ein oder zwei kluge und liebevolle Menschen dazugeholt werden. Wenn auch das nichts nützt, nur dann soll die Angelegenheit den Verantwortlichen in der Gemeinde vorgetragen werden. So wünscht sich unser Herr den Ablauf (Mt 18,15-17. Siehe Abriß und Anmerkungen – 1Kor 6,1-8.)

   h. Christus will, daß jedes Gemeindeglied an der Kirche baut und arbeitet, nicht sie einreißt. Die Gemeinde ist für Anbetung, Dienst und Zeugnis gedacht. Harmonie, Frieden, Liebe und Absicht bauen die Gemeinde auf; Sünde und Spaltung zerstören sie. Allein aus diesem Grund darf es in der Gemeinde keine Spaltung geben. Man muß damit umgehen, wenn die Gemeinde die Gemeinde bleiben und für den Herrn da sein soll.

Das oben Gesagte kann nur wiederholt werden. Das Verhalten eines Menschen vor die Gemeinde zu bringen, ist eine sehr ernste Angelegenheit. Sie ist so ernst, wie man sich nur irgendwie vorstellen kann. Verschiedene Tatsachen machen sie so ausnehmend ernst.

   a. Es geht um das Leben eines Menschen. Der Mensch kann Schaden erleiden, für immer vom Herrn und von Gottes Volk abgebracht werden.

   b. Öffentliches Besprechen von persönlichem Verhalten ist sehr, sehr heikel. Es kann leicht Gefühle aufwühlen und noch mehr Spaltung hervorrufen. Es kann sogar einige der geistlich Gesinnten von der Gemeinde wegbringen.

   c. Die fleischliche Natur des Menschen liebt Reden über persönliches Verhalten und *saftige Neuigkeiten*. Das ist der Stoff, aus dem Gerüchte sind. Es regt Zunge und Phantasie der meisten Menschen an. Wenige sind geistlich frei von dem Drang, über Fehler anderer und Gerüchte zu reden. Das Wesen des Menschen freut sich, die Fehler anderer zu kennen und mit guten Freunden zu bereden. Warum? Das Niedermachen anderer erhebt das selbst und bietet eine Rechtfertigung (Entschuldigung) für sündiges Verhalten und fleischliche Gewohnheiten. Und die meisten schwelgen im Fleisch, nicht in Gottes Geist. Das gilt sogar für viele bekennende Gläubige.

   d. Wenige können Geheimnisse behalten. Wenige können schweigen. Sogar die Vertrauenswürdigsten, Liebevollsten und Weisesten können nichts für sich behalten. Wer etwas für sich behalten kann, ist seltener als ein wertvoller Edelstein, den man nur einmal im Leben findet. Wenn deshalb eine Sache besprochen wird, muß man immer bedenken, daß sie sich verbreiten wird. Und mit welchem Ergebnis? Auch das muß immer bedacht werden, wenn man überlegt, das Verhalten und Probleme mit einem anderen mit jemandem zu besprechen, ob das nun ein einzelner ist oder die Gemeinde als Ganzes.

   e. Die Welt – die Öffentlichkeit und die Verlorenen innerhalb und außerhalb der örtlichen Gemeinschaft – werden erfahren, wenn persönliches Verhalten vor die Gemeinde kommt. Auch hier muß man die Wirkung auf die Gedanken, Gespräche, Haltungen und Offenheit des Herzens der Welt für das Evangelium sorgfältig bedenken, bevor man Dinge vor die Gemeinde bringt, die persönliches Verhalten betreffen.

Wann sollte nun eine persönliche Angelegenheit vor die Gemeinde gebracht werden? (Vielleicht sollte man besser fragen, wann etwas Persönliches, das einen Bruder betrifft, überhaupt mit einem anderen besprochen werden sollte?)

   a. Wenn wir *absolut sicher* sind, daß Gott nicht will, daß wir die Verletzung nicht länger als Lektion für uns ertragen sollen. Wenn wir uns absolut sicher sind, müssen wir nicht mehr...

Matthäus 18,15-20

- mehr Vertrauen lernen
- mehr Geduld lernen
- mehr Ausdauer lernen
- mehr Demut lernen
- mehr Liebe lernen
- mehr Erfahrung sammeln
- mehr Hoffnung lernen
- mehr Ähnlichkeit mit seinem Vorbild (oder Leiden) lernen
- mehr über die Herrlichkeit lernen

b. Wenn wir *absolut sicher* sind, daß der Geist Gottes uns führt, die Sache anderen mitzuteilen.
c. Wenn wir *bereit sind, zuzugeben*, daß wir auch Fehler, Sünden und die Möglichkeiten zum Versagen haben(Röm 14,4; 1Kor 10,12).
d. Wenn wir vom Geist des Gebetes, der Sanftmut, Warmherzigkeit, Liebe und Demut ergriffen sind.
e. Wenn wir den Geist haben, "die Lasten des anderen zu tragen" (Gal 6,1-3).
f. Wenn wir *absolut sicher* sind, daß wir alle von Christus vorgeschrieben Schritte gegangen sind (Mt 18,15-17).

2. Die himmlische Unterstützung für die Strafe. Man beachte, daß die Strafe des Himmels für den sündigen Bruder die gleiche ist, wie sie von der Gemeinde auf der Erde kommt. Was heißt das? Eins ist sicher – es kann nicht heißen, daß irgend ein Mensch oder irgend eine Kirche die Macht hat, Sünden zu vergeben oder nicht. Kein Mensch und keine Kirche hat die Macht, jemanden zu verurteilen oder freizusprechen.

Wahrscheinlich bedeutet es Folgendes: Wenn ein Bruder sich für die Sünde entscheidet und sich weigert, auf die Versuche der Gemeinde zur Versöhnung einzugehen, dann ist er für die Gemeinde verloren. Es gibt keine Beziehung zwischen ihm und der Gemeinde. Sie konnte ihn nicht erreichen; also ist er *an die Erde gebunden* und muß als Außenstehender behandelt werden. So wird er auch im Himmel – von Gott selbst – als gebunden von der Sünde wie ein Außenstehender ansehen, wenn die Gemeinde ihn so bindet (betrachtet). Wenn er jedoch von der Gemeinde erreicht und von der Bindung an die Sünde "gelöst" wird, wird er auch im Himmel als gelöst betrachtet. Gott wird ihn wieder als erlösten Bruder, als Zugehörigen annehmen.

Gedanke 1 In der abschließenden Betrachtung muß man Spaltungen und denen, die sie verursachen, gegenübertreten und damit umgehen. "Kein Haus, das mit sich selbst uneins ist, kann bestehen" (Mt 12,25).

Christus besteht darauf, daß ein sündiger Bruder bestraft und als Außenstehender behandelt wird. (Doch wir müssen *immer* daran denken: Dies darf nur geschehen, wenn man wenigstens dreimal versucht hat, sich zu versöhnen.) Warum müssen Spaltungen und ihre Verursacher so behandelt werden?

1) Spaltungen bedrohen das Überleben. Eine Körperschaft oder Organisation, auch die Kirche selbst, kann nur bestehen, wenn sie einig ist und in Frieden und Harmonie arbeitet.
2) Spaltungen bedrohen Reinheit und Charakter. Die Kirche wird als verdorben und schwach angesehen, wenn sie Groll und Spaltung zuläßt.
3) Spaltungen bedrohen Ordnung, Zeugnis und Dienst. Spaltungen können jede Absicht, jeden Dienst, jedes Zeugnis scheitern lassen. Unordnung garantiert Versagen und Scheitern.

Gedanke 2 Dieser Abschnitt ist wunderbar: Christus selbst, unser wunderbarer Herr, gibt uns genaue Anweisungen (Schritte), wie wir mit sündigen Brüdern umgehen sollen. Wie sehr müssen wir seinen Anweisungen folgen!

Gedanke 3 Einen sündigen Bruder zu bestrafen ist notwendig, um die Gemeinde und alles, wofür sie steht, zu bewahren.

NÄHERE BETRACHTUNG 2

(18,17) **Kirchendisziplin**: Bevor diese Anmerkung gelesen wird, muß man auch den Abriß und die vorhergehenden Anmerkungen zu dieser Schriftstelle lesen, um ein vollständiges Bild zu bekommen (Mt 18,15-20).

Wer einen persönlichen Streit mit einem anderen Bruder hat, muß bestraft werden, wenn dreierlei vorliegt.
⇒ Wenn er in offener Auflehnung gegen den Herrn beharrt.
⇒ Wenn er in irdischer Selbstsucht, Gier und Weltlichkeit begriffen bleibt.
⇒ Wenn er sich auch nach drei Versuchen zur Versöhnung, wie Christus sie vorgeschrieben hat, nicht mit seinem Bruder versöhnen will.

Worin besteht die Strafe? Der sündige Bruder soll so behandelt werden, wie er sich verhält: Als Außenstehender – als Heide und Zöllner. Die Heiden oder Zöllner und Sünder waren die Menschen, um die sich Christus kümmerte. Sie standen außerhalb der Herde, doch sie konnten erreicht werden. Der sündige Bruder handelt wie ein Außenstehender: Er will nicht auf die demütigen und liebevollen Versuche zur Versöhnung hören. Deshalb soll man ihn links liegen lassen, bis er bereit ist, zu hören und sich zu versöhnen. Er lehnt die Versöhnung ab und lebt wie ein Außenstehender, wie die Verlorenen. Also kann ihn die Gemeinde auch nicht anders behandeln.

1. Der sündige Bruder hat sich selbst dafür entschieden, die Versöhnung abzulehnen. Er hatte dreimal Gelegenheit, den Weg der Versöhnung zu gehen. Er ist für seine Entscheidung selbst verantwortlich.
2. Die Gemeinde ging ihrem lieben Bruder immer wieder nach. Sie versuchte alles Mögliche, damit er die Spaltung beendet und sich versöhnt.
3. Das Leben, das der Bruder selbst gewählt hat, ist seine Strafe. Er hat selbst entschieden, ein Außenstehender zu sein und sich nicht mit seinem Bruder und der Gemeinde zu versöhnen. Er hat sich selbst entschieden, in der Welt der "Zöllner und Sünder" zu leben, anstatt unter Gottes Volk und in seiner Versöhnung zu sein.
4. Die Strafe für den Bruder erlaubt es der Gemeinde, sich weiterhin um ihn zu kümmern. *Zöllner und Sünder* sind genau die Menschen, zu denen Christus ging und zu denen auch die Gemeinde gehen soll. Die Strafe für den Bruder heißt: "So sei er für dich wie ein Heide und ein Zöllner." Offenbar sagt Christus Folgendes: Die Gemeinde soll sich weiter um ihn kümmern, *wie sie es für richtig hält*, so wie sie sich um alle Außenstehenden kümmert. Doch die Versuche, doch eine Versöhnung zu erreichen, werden sehr wahrscheinlich viel seltener werden. Das Herz des lieben Bruders wird viel weniger Gelegenheit haben, von der tiefen Liebe und Fürsorge der anderen berührt zu werden.

> **"Wer aber einem dieser Kleinen, die an mich glauben, Anstoß zur Sünde gibt, für den wäre es besser, daß ein Mühlstein um seinen Hals gelegt und er ins Meer geworfen würde." (Mk 9,42)**
>
> **"Darum laßt uns nicht mehr einander richten, sondern das richtet vielmehr, daß dem Bruder weder ein Anstoß noch ein Ärgernis in den Weg gestellt wird!" (Röm 14,13)**
>
> **"Wenn aber dein Bruder um einer Speise willen betrübt wird, so wandelst du nicht mehr nach der Liebe. Verdirb mit deiner Speise nicht denjenigen, für den Christus gestorben ist!" (Röm 14,15)**

Matthäus 18,15-20

> "Es ist gut, wenn du kein Fleisch ißt und keinen Wein trinkst, noch sonst etwas tust, woran dein Bruder Anstoß oder Ärgernis nehmen oder schwach werden könnte." (Röm 14,21)
> "Wir geben niemand irgend einen Anstoß." (2Kor 6,3)
> "Wer seinen Bruder liebt, der bleibt im Licht, und nichts Anstößiges ist in ihm." (1Joh 2,10)

3 (18,19-20) **Gebet**: Der dritte Schritt bei der Zurechtweisung eines sündigen Bruders ist der wichtigste Schritt – das Ganze im Gebet vorzubringen. Die Worte "Weiter sage ich euch" betonen die Bedeutung dieses Schrittes. Die Angelegenheit muß *im Gebet vorgebracht werden*, doch wie wir beten, ist entscheidend.

1. Wir müssen bei der Zurechtweisung eines Bruders Einverständnis suchen (V.19). Jemanden zurechtzuweisen birgt große Verantwortung. Sie soll nicht einem allein auferlegt werden. Es sollen immer wenigstens zwei Menschen damit befaßt sein.

2. Wir müssen nach Gottes Willen und Einverständnis fragen, ob die Zurechtweisung seinem Willen entspricht (V.19). Es sollte keine Zurechtweisung ausgesprochen werden, die nicht Gottes Wille ist und nicht in Übereinstimmung mit seinem Wort geschieht. Jede Zurechtweisung eines sündigen Bruders muß in Gottes Liebe, Barmherzigkeit und Mitgefühl geschehen.

3. Wir müssen Einheit "in Jesu Namen" haben, keine menschliche Übereinkunft, kein Befolgen menschlicher Gedanken und Regeln zur Bestrafung. Die Einigung muß "in seinem Namen" geschehen, von seinem Geist herbeigeführt sein und in Übereinstimmung mit dem ganzen Wort Gottes stehen (nicht nur mit einem Abschnitt, der ohne Rücksicht auf den vollständigen Willen Gottes in einer Angelegenheit aus dem Zusammenhang gerissen wird) (V.19).

Wenn wir diesen Schritten wirklich folgen, verspricht uns der Herr seine Gegenwart bei der Entscheidung und der Zurechtweisung eines sündigen Bruders.

> "Bittet, so wird euch gegeben; sucht, so werdet ihr finden; klopft an, so wird euch aufgetan!" (Mt 7,7)
> "Und alles, was ihr gläubig erbittet im Gebet, das werdet ihr empfangen!" (Mt 21,22)
> "Mit allem Gebet und Flehen aber betet jederzeit im Geist, und wacht zu diesem Zweck in aller Ausdauer und Fürbitte für alle Heiligen." (Eph 6,18)
> "Fraget nach dem HERRN und nach seiner Macht, suchet sein Angesicht allezeit." (1Chr 16,11)

NÄHERE BETRACHTUNG 3

(18,19-20) **Gebet**: Dieser Abschnitt zeigt uns die Macht des Gebets in Einheit – selbst wenn es nur zwei Beter sind.

1. Christus sagt: "So soll sie [die erbetene Sache] ihnen zuteil werden von meinem Vater im Himmel." (V.19).

2. Christus sagt auch: "Da bin ich in ihrer Mitte" (V20). Man beachte: Christus sagte nicht: "Ich werde da sein." Er ist schon da. Das ist eine besondere Gegenwart, die wirkliche, eigentliche Gegenwart Christi. Sie entspricht der Shekina-Herrlichkeit, der besonderen Gegenwart Gottes, die in der Stiftshütte und im Tempel wohnte. Es ist ein tiefes Gefühl, eine intensive Wahrnehmung, ein Bewußtsein, daß Gottes Geist mit unserem Geist spricht. Gott zeigt dem Gläubigen seine Gegenwart in ganz besonderer Weise (siehe Anmerkung – Joh 14,21-22; 2Kor 3,17-18).

Es sind jedoch zwei Dinge unerläßlich, um die Macht des einigen Gebets zu erfahren.

1. "Wenn zwei von euch auf Erden <u>übereinkommen</u> [sumphonesosin]": Das Wort *übereinkommen* bedeutet, im vollständigem Einklang sein; wie in einem Akkord zusammen harmonieren; zusammen klingen; jeder nach seiner Weise zusammen handeln. Es ist das genaue Gegenteil von abschweifenden Gedanken, halbherziger Beschäftigung, getrennten Zielen, fehlerhaftem und zusammenhanglosem Verständnis, unabgestimmtem Geist und unvollständigem und stückweisem Wissen.

2. Wenn "zwei oder drei <u>in meinem Namen</u> versammelt sind [eis to emon unoma]": Wörtlich heißt das "in meinen Namen hinein." Der Gedanke dahinter ist eine enge und intime Einheit mit Christus. Es bedeutet, "hineinzukommen" in den Geist Christi; sich nach der Einheit mit ihm und dem Handeln zu seiner Ehre zu sehnen. Es ist eine Tiefe der *geistlichen Einheit*, die nur wenige haben. Man beachte: Sie kommt nicht allein aus dem persönlichen Gebet, sondern aus der Gebetsgemeinschaft mit anderen.

Das sagt etwas von entscheidender Bedeutung aus. Wir sollten nie versuchen, einen Bruder zurechtzuweisen, wenn wir nicht zuvor tiefe geistliche Einheit mit Christus haben – eine so tiefe Einheit, daß wir nur zu seiner Ehre handeln können. Um *einen Bruder zu gewinnen*, müssen wir von allen fleischlichen Dingen frei sein. Wir dürfen nur zu Gottes Ehre handeln.

Matthäus 18,21-35

	E. Das Gleichnis vom unbarmherzigen Knecht: Der Geist der Vergebung, 18,21-35		
1 **Geist und Praxis der Vergebung**	21 Da trat Petrus zu ihm und sprach: Herr, wie oft soll ich meinem Bruder vergeben, der gegen mich sündigt? Bis siebenmal?	hinausging, fand er einen Mitknecht, der war ihm hundert Denare schuldig; den ergriff er, würgte ihn und sprach: Bezahle mir, was du schuldig bist!	**der nicht vergibt** a. Trifft einen Mitknecht, der ihm etwas schuldet: Eine vergleichsweise geringe Summe
a. Petrus fragte nach Vergebung für einen Bruder:Hat Vergebung Grenzen?		29 Da warf sich ihm sein Mitknecht zu Füßen, bat ihn und sprach: Habe Geduld mit mir, so will ich dir alles bezahlen!	b. Reagiert heftig c. Lehnt die Bitte um Gnade ab: Will nicht vergeben
b. Jesu Antwort: Vergebung ist unbeschränkt	22 Jesus antwortete ihm: Ich sage dir, nicht bis siebenmal, sondern bis siebzigmalsiebenmal!		
c. Jesus verdeutlicht: Wie das Reich der Himmel	23 Darum gleicht das Reich der Himmel einem König, der mit seinen Knechten abrech-nen wollte.	30 Er aber wollte nicht, sondern ging hin und warf ihn ins Gefängnis, bis er bezahlt hätte, was er schuldig war.	d. Handelt materialistisch und selbstsüchtig – nach Recht und Gesetz
2 **Gottes Geist der Vergebung: Wie ein König, der mit seinen Knechten "abrechnet"**	24 Und als er anfing abzurechnen, wurde einer vor ihn gebracht, der war zehntausend Talente schuldig.	31 Als aber seine Mitknechte sahen, was geschehen war, wurden sie sehr betrübt, kamen und berichteten ihrem Herrn den ganzen Vorfall.	e. Betrübt die anderen Knechte: Sie bringen alles vor den Herrn
a. Alle müssen abrechnen b. Einer wird zu ihm gebracht c. Der Knecht hat eine große Schuld	25 Weil er aber nicht bezahlen konnte, befahl sein Herr, ihn und seine Frau und seine Kinder und alles, was er hatte, zu verkaufen und so zu bezahlen.	32 Da ließ sein Herr ihn kommen und sprach zu ihm: Du böser Knecht! Jene ganze Schuld habe ich dir erlassen, weil du mich batest;	4 **Der große Tag der Abrechnung** a.Zwei Grundlagen für das Gericht 1)Gottes Vergebung: Angeboten in Christus
d. Der Knecht ist bankrott 1) Er soll verkauft werden 2) Er soll alles verlieren		33 solltest denn nicht auch du dich über deinen Mitknecht erbarmen, wie ich mich über dich erbarmt habe?	2)Die Bosheit des Knechtes: Hat kein Mitleid und Erbarmen
e. Der Knecht steht ihm gegenüber f. Bittet um Gnade 1) Huldigt dem König 2) Verpflichtet sich	26 Da warf sich der Knecht nieder, huldigte ihm und sprach: Herr, habe Geduld mit mir, so will ich dir alles bezahlen!	34 Und voll Zorn übergab ihn sein Herr den Folterknechten, bis er alles bezahlt hätte, was er ihm schuldig war.	b.Das Gericht 1)Der Zorn des Herrn 2)Das Gericht des Herrn: Der Mensch bekommt alles, "…was er ihm schuldig war"
g. Erfährt Erbarmen von einem liebevollen König: Wird freigesprochen und vergeben	27 Da erbarmte sich der Herr über diesen Knecht, gab ihn frei und erließ ihm die Schuld.	35 So wird auch mein himmlischer Vater euch behandeln, wenn ihr nicht ein jeder seinem Bruder von Herzen seine Verfehlungen vergebt.	5 **Die Lehre: Wer nicht vergibt, wird gerichtet**
3 **Der Geist des Knechtes,**	28 Als aber dieser Knecht		

ABSCHNITT XII

DIE JÜNGER DES MESSIAS UND IHR VERHALTEN UNTEREINANDER, 18,1-35

E. Das Gleichnis vom unbarmherzigen Knecht: Der Geist der Vergebung, 18,21-35

(18,21-35) **Einführung**: Wie oft sollen wir einem anderen vergeben? Erwartet Gott von uns, daß wir immer wieder vergeben – wie oft und wie schlimm uns auch Unrecht geschieht? Christus beantwortet in diesem Abschnitt diese und viele andere Fragen.
1. Geist und Praxis der Vergebung (V.21-22).
2. Gottes geist der Vergebung: Wie ein König, der mit seinen Knechten "abrechnet" (V.23-27).
3. Der Geist des Knechtes, der nicht vergibt (V.28-31).
4. Der *große Tag* der Abrechnung (V.32-34).
5. Die Lehre: Wer nicht vergibt, wird gerichtet (V.35).

1 (18,21-22) **Vergebung**: Geist und Praxis der Vergebung. Man achte genau auf das, was zwischen Petrus und Jesus geschah.

1. Petrus fragte nach Vergebung für einen Bruder. Hat die Vergebung Grenzen? Petrus beschäftigte sich mit der Vergebung für einen Mitchristen, einen anderen Jünger (siehe Anmerkungen – Mt 18,5-10; 18,5). Christus stellt die Diskussion in den Zusammenhang des "Reiches der Himmel," d.h. der christlichen Gemeinschaft oder Kirche (siehe Nähere Betrachtung 3 – Mt 19,23-24). Petrus war bei seiner Vorstellung von Vergebung sehr großzügig. Jemandem siebenmal zu vergeben, wenn einem Unrecht geschehen ist, ist sehr viel großzügiger, als die meisten es handhaben.
2. Jesus antwortete, daß die Vergebung unbeschränkt ist (siehe Nähere Betrachtung 1 – Mt 18,22).
3. Jesus verdeutlichte den Geist der Vergebung, indem er sich auf das Himmelreich bezog. Im Himmelreich, so, wie es jetzt existiert, befinden sich einige Menschen, die nur dem Bekenntnis nach Diener Gottes sind. Der Knecht in diesem Gleichnis bekannte Glauben an Gott, doch es war ein falsches Bekenntnis. Er ist in der Gemeinde und im Gottesvolk. Im Augenblick größter Not ist Gott ihm begegnet und hat ihm Barmherzigkeit und Vergebung angeboten, doch er hat persönlich nichts über Gottes Mitleid und Vergebung gelernt (siehe Anmerkung – Mt 18,35).

NÄHERE BETRACHTUNG 1
(18,22) **Vergebung – Beziehung – Brüder – Einheit**: Siebzigmal siebenmal ergibt vierhundertneunzig, doch darauf kommt es Jesus nicht an. Die Frage ist, wie oft wir einem Bruder vergeben sollen.
⇒ Petrus: "Bis siebenmal?"
⇒ Jesus: "Nein. Bis siebzigmalsiebenmal."

Jesus meinte hier immer wieder siebzigmalsiebenmal – bis in alle Ewigkeit. Vergebung ist eine Herzenssache, nicht etwas Verstandesmäßiges. Der Verstand führt nur Buch über das erlittene Unrecht. Ein Geist der Vergebung zählt und be-

Matthäus 18,21-35

schränkt nicht, wie oft er vergibt. Ein Geist der Vergebung erträgt Unrecht und Verletzungen immer wieder. Warum? Aus mehreren Gründen kennt ein Geist der Vergebung keine Grenzen und kein Maß für die Vergebung.

1. Vergebung ist eine Sache des Geistes, ein geistliches Merkmal. Alle geistlichen Dinge und Wirklichkeiten – wie Liebe, Barmherzigkeit, Gnade, Freude und Vergebung – können nicht bemessen oder beschränkt werden. Sie sind ihrem Wesen nach geistlich und nicht körperlich. Sie sind grenzenlos, damit sie auch grenzenlos erfahren und weitergegeben werden können. Wir sollen bei jeder Gelegenheit liebe geben und erfahren. Wir sollen bei jeder Gelegenheit Vergebung gewähren und erfahren. Vergebung ist eine Wirklichkeit des Geistes, der deshalb ein Geist des Lebens sein muß. Der Geist der Vergebung soll siebzigmalsiebenmal vergeben – *unendlich lange*.

2. Ohne einen Geist der Vergebung sind gute zwischenmenschliche Beziehungen nicht möglich. Es passiert allen, daß sie anderen Anstoß geben. Wir sind alle Sünder und wir geben alle Anstoß – viel zu oft. Niemand ist perfekt oder wenigstens annähernd so, wie er sein sollte. Wenn wir Buch führen würden, hätten wir kaum noch Zeit für anderes. Um Beziehungen gesund zu erhalten, müssen wir wenigstens viererlei wissen.

   a. Versagen, Sündigen, Scheitern und Anstoß geben ist uns allen gemein. Wir geben Anstoß, indem wir nicht...
   - lächeln
   - grüßen
   - lieben
   - freundlich sind
   - glauben
   - erkennen
   - reden
   - anerkennen
   - fröhlich sind
   - gütig sind
   - demütig sind
   - beherrscht sind
   - die richtigen Worte finden
   - selbstlos sind
   - zu provozieren sind
   - ausgeglichen sind
   - langmütig sind
   - siegreich sind

   b. Meist geben wir anderen unbewußt Anstoß. Jeder von uns gibt anderen Anstoß, doch oft bemerken wir es nicht. Es gibt unzählige Gründe, aus denen wir anderen gegenüber versagen, doch allgemeine Gründe sind schwere Gedanken und Herzen, belastetes Denken und Probleme und Prüfungen, die uns ganz in Anspruch nehmen. Das nicht zu vergessen wird uns helfen, anderen zu vergeben, wenn sie uns gegenüber sündigen.

   c. Wir geben anderen genauso viel Anstoß wie sie uns. Wir sind so menschlich wie all anderen auch und wir brauchen Vergebung genauso wie sie. Daran zu denken wird wie alles andere sein Teil dazu beitragen, unsere Beziehungen gesund zu erhalten.

   d. Die allgemeine Reaktion auf Unrecht ist Vergeltung: Durch Zurückziehen, Rache oder Selbstmitleid und Verweigerung der Vergebung. Viele schwelgen in der Aufmerksamkeit, die sie als Opfer von Unrecht erhalten, anstatt die Sache in Ruhe und mit einem Geist der Versöhnung zu bereinigen.

3. Ein Geist, der nicht vergibt, zeigt, daß der Mensch im Grunde genommen ein schlechtes Wesen hat und egoistisch und geistlich unreif ist. Nicht zu vergeben enthüllt, daß der Mensch nicht wächst, um Christus und seinem Wesen von Verständnis, Mitgefühl und Liebe ähnlich zu werden. Ein Geist der Vergebung versteht das Wesen des Menschen (sündig und anstößig) und Gottes Wesen (geistlich und voll Vergebung, siehe Punkt 1 oben).

4. Frieden und Gesundheit können nur durch einen Geist der Vergebung bewahrt werden. Wer nicht vergibt, verursacht mindestens genau so viel an Spaltung und Störungen wie der Sünder. Wer nicht vergibt, begibt sich auf das Niveau des Sünders hinab und ist tatsächlich selbst zum Sünder geworden. Man bedenke: Solange man nicht vergibt, gibt es keinen Frieden. Es bleibt bei Störungen, Konflikten und Spaltungen. Nicht zu vergeben beeinflußt auch Gefühle, Geist und Körper eines Menschen. Das Fehlen von Frieden und einer guten Beziehung zu Gott und den Menschen stört die normalen Funktionen von Körper, Geist und Gemüt. Geschwüre, hoher Blutdruck, unruhige Gedanken, Schwermütigkeit und vieles andere – all das kann oft aus einem Geist entstehen, der nicht vergibt.

> "Vor allem aber habt innige Liebe untereinander; denn die Liebe wird eine Menge von Sünden zudecken." (1Petr 4,8)

> "Frieden hinterlasse ich euch; meinen Frieden gebe ich euch. Nicht wie die Welt gibt, gebe ich euch; euer Herz erschrecke nicht und verzage nicht!" (Joh 14,27)

2 (18,23-27) **Vergebung**: Gottes Geist der Vergebung. Er ist wie ein König, der mit seinen Knechten abrechnet. Das Gleichnis ist einfach und dennoch sehr bildhaft und bedeutungsschwer. Gott ist der König, doch er ist ein sehr ungewöhnlicher König. Er ist ein König, der gerecht regiert, wie Könige es eigentlich tun sollten. Doch er ist mehr. Er liebt, hat Mitgefühl und vergibt und er tut sogar noch mehr. Er ist so voller Liebe und Mitgefühl, daß er sogar unvorstellbar große Schulden vergibt.

Der König rechnet mit seinen Knechten ab. Er rechnet zu unterschiedlichen Zeiten ab. Abrechnung ist bei einer Bekehrung gefragt und zu den Gelegenheiten, zu denen Gott uns unser Leben einschätzen läßt. Man beachte, wie die sieben von Christus vorgegebenen Schritte auf jede dieser Gelegenheiten passen.

1. Alle müssen Rechenschaft ablegen (V.24). Das Wort "abrechnen" (sunairein) bedeutet Rechenschaft abzulegen; eine Rechnung zu machen; Rechnungen auszugleichen. Das gleiche Wort wird in V.24 mit "abrechnen" übersetzt. Der König begann mit der Überprüfung des Gebietes und der Rechnungsbücher: Einnahmen, Ausgaben und Gewinne. Der König war sehr daran interessiert, was seine Knechte an Gaben eingenommen und was für den Dienst ausgegeben worden war.

2. Wir alle werden durch den Geist, Gottes Wort oder christliches Zeugnis vor den König gebracht (V.24).

3. Wir müssen alle die große Schuld von Sünde und schuldig gebliebenem Dienst einsehen, die Gott von uns erwarten kann (V.24. Vgl. Ps 19,12; 40,12.) Die Schuld des Knechtes war riesig. Sie ging in die Millionen. Wahrscheinlich waren es sämtliche Einkünfte eines Gebietes in dieser Zeit. Der Knecht war der Verwalter des Gebietes und damit verantwortlich für alles. Der Punkt ist, daß Gott uns unser Leben gegeben hat und wir Aufseher darüber sein sollen. Sündigen heißt, das Leben schlecht verwalten und Verluste machen; deshalb bringt uns die Sünde in Gottes Schuld. Die Schuld ist unendlich, mehr, als wir je zurückzahlen können.

4. Wir alle sind vor Gott bankrott (zahlungsunfähig) (V.25). Sünde macht einen Menschen bankrott und bringt ihn in Gottes Schuld. Wir sind durch die Sünde so sehr verschuldet, daß nichts die Schulden abzahlen kann.

⇒ Kein Silber und Gold oder sonstiger Reichtum kann unsere Schuld bezahlen.
⇒ Kein Bruder oder anderes Familienmitglied kann unsere Schuld bezahlen.

> "Sie verlassen sich auf ihr Vermögen und prahlen mit ihrem großen Reichtum. Und doch kann kein Bruder den andern erlösen; er vermag Gott das Lösegeld nicht zu geben!" (Ps 49,6-7)

⇒ Gute Werke können unsere Schuld nicht bezahlen.

Matthäus 18,21-35

> "Hat er uns errettet – nicht um der Werke der Gerechtigkeit willen, die wir getan hätten, sondern aufgrund seiner Barmherzigkeit – durch das Bad der Wiedergeburt und durch die Erneuerung des Heiligen Geistes, den er reichlich über uns ausgegossen hat durch Jesus Christus, unseren Retter." (Tit 3,5-6)

⇒ Opfer und Spenden können unsere Schuld nicht bezahlen.

> "Samuel aber sprach: Hat der HERR Wohlgefallen an Opfern und Brandopfern gleichwie am Gehorsam gegen die Stimme des HERRN? Siehe, Gehorsam ist besser denn Opfer und Aufmerken besser als das Fett von Widdern!" (1Sam 15,22)

Man beachte, daß die Schulden dieses Mannes auch seine Familie betrafen. Sein Verlust und die Sklaverei waren auch für sie Verlust und Sklaverei. Die Sünde eines Menschen betrifft auch immer seine Familie (siehe Anmerkung – Röm 1,24; Anmerkung und Nähere Betrachtung 1 – Eph 1,7. Vgl. Röm 7,14-20.)

5. Wir sehen uns dem Urteil eines gerechten Gottes gegenüber (V.25).
6. Wir bitten um Barmherzigkeit (V.26). Unsre einzige Hoffnung ist, daß Gott uns genug liebt, daß er uns voll Mitgefühl und Barmherzigkeit vergibt.

> "Gott aber, der reich ist an Erbarmen, hat um seiner großen Liebe willen, mit der er uns geliebt hat, auch uns, die wir tot waren durch die Sünden, mit dem Christus lebendig gemacht – aus Gnade seid ihr gerettet!" (Eph 2,4-5)

7. Wir hören von der Liebe und Vergebung eines liebenden Gottes (V.27).

Gedanke 1 Einige der Dinge, die uns zu Gott bringen, uns unser Leben einschätzen und damit abrechnen lassen, sind Prüfungen, Schwierigkeiten, Krankheit, Predigten oder Zeugnisse, Tragödien, Eltern, Freunde oder besondere Tage und Gelegenheiten (wie Neujahr).

Gedanke 2 Man beachte, daß der falsche Knecht nicht um Gnade bat, bis er vor den König gebracht wurde. Wir sind in Bezug auf die Sünde oft nachlässig, bis wir zur Abrechnung aufgerufen werden. Wir würden sicher weniger Prüfungen, Leiden und Versuchungen begegnen, wenn wir uns sofort von der Sünde abwenden würden.

3 (18,28-31) **Nicht vergeben**: Der Geist des Knechtes, der nicht vergeben wollte. Die Schritte, die der Knecht ging, sind genau die Schritte, die ein Geist geht, der nicht vergibt.

1. Er traf einen Menschen, der ihm etwas schuldete, d.h. der ihm in irgend einer Weise *Unrecht getan hatte* (V.28). Im Vergleich war diese Schuld (Unrecht) sehr gering. Es war nicht einmal ein Millionstel von dem, was der unbarmherzige Knecht schuldig war. Das Verhältnis war mehr als 1 zu 1,250,000 – ein gewaltiger Unterschied (A. Lukyn Williams. *St. Matthew*. "The Pulpit Commentary," Bd. 15, Hrsg. HDM Spense and Joseph S. Exell. Grand Rapids, MI: Eerdmans, 1950, S.215). Das belegt den gewaltigen Unterschied zwischen unserer Sünde gegen den Bruder und der Sünde des Bruders gegen uns. Wenn wir uns das vor Augen führen, ist ein unbarmherziger Geist einem Bruder gegenüber unentschuldbar. Wir können alles vergeben.
2. Er reagierte hart (V.28). Er griff den Schuldner an; d.h. er übte seine Macht über ihn aus und versuchte, die Schuldsumme aus ihm herauszuquetschen. Er wurde zornig und bewies Bosheit. Diese Verhalten war unnötig; dafür gab es keine Entschuldigung. Man denke an die Barmherzigkeit, die er vom König bekommen hatte. Der König hatte keine Anklage gegen ihn erhoben, er hatte ihm sogar die Schuld vergeben. Wir müssen uns an die Liebe und Vergebung Gottes erinnern! Gottes Liebe und Vergebung müssen für alle unsere Beziehungen bestimmend werden.
3. Er wies die Bitte um Gnade zurück und wollte nicht vergeben (V.29).
4. Er handelte selbstsüchtig und weltlich, nach Recht und Gesetz (V.30). Der Mann schuldete dem Knecht tatsächlich etwas. Die Schuld hatte vor dem Gesetz Bestand. Der Knecht hatte alles Recht, Bezahlung zu fordern und sogar zu erzwingen. So ist das Gesetz, doch man erinnere sich an die Absicht Christi. Der König, Gott, handelt an uns nicht nach Recht und Gesetz. Er ist mitfühlend und barmherzig und vergibt uns, er tilgt alle unsere Schulden.

Die Frage ist, wie oft wir unserem Bruder vergeben sollen. Christus sagte: "Siebzigmalsiebenmal." "Habt Mitgefühl und seid barmherzig, erzwingt euer Recht nicht. Bietet nicht das Gesetz gegen einen Menschen auf. Trampelt nicht auf ihm herum. Seid nicht grausam, freßt ihn nicht auf, macht seinen Geist nicht fertig. Liebt ihn und vergebt ihm, 'gleichwie auch Gott euch vergeben hat in Christus'" (Eph 4,32).

Gedanke 1 Man beachte, warum der Knecht vor Gericht Recht forderte: Geld. Er war materialistisch und weltlich gesinnt. Die Schuld bestand, sie war echt. Das Geld machte ihn selbstsüchtig. Wie oft zerstören Geld, Materialismus und Weltlichkeit einen Menschen!

Gedanke 2 Man beachte noch etwas: Er hatte gerade selbst eine furchtbare Erfahrung gemacht – eine Erfahrung, die ihn zutiefst verunsichert hatte. Solch eine Erfahrung mußte ihn beeinflussen. Er würde danach darauf sehen wollen, daß er genug hat, um für sich und seine Familie zu sorgen. Menschlich gesehen hatte er alles Recht der Welt, ausstehende Zahlungen einzutreiben. Im Lichte seiner Erfahrung konnte ihm niemand dieses Recht absprechen. Doch es gab etwas zu beanstanden. Etwas fehlte in seinem Herzen und Leben. Er war hart, nicht weichherzig. Er beanspruchte und verstand nicht. Er war korrekt, nicht barmherzig. Er forderte Recht und liebte nicht; er war das genaue Gegenteil Gottes. Gott ist liebevoll, mitfühlend, barmherzig und voller Vergebung; und Gott will, daß seine Diener sind wie er selbst.

5. Er betrübte andere (V.31). Man beachte die Worte "wurden sie sehr betrübt." Die wahren Diener Gottes werden immer betrübt, wenn sie sehen, wie andere mißhandelt beschimpft und niedergetrampelt werden. Grausame und gemeine Behandlung stört Gottes Leute. Leiden, Schmerzen, Verletzungen und Tod schneiden Gottes Volk ins Herz.
   a. Sie fühlen mit den Betroffenen mit: Ihr Leid, ihre Schmerzen und Verletzungen.
   b. Sie fühlen mit den korrekten, aber sündige Menschen mit: Sündig in seiner Unbarmherzigkeit. Seine korrekte Gerechtigkeit verursacht immer mehr Störungen, Ärger und Unterdrückung. Gottes Volk ging den einzige Ausweg; sie taten das einzige, was sie tun konnten. Sie brachten die Sache vor Gott. Sie konnten nicht still bleiben und zusehen, wie Rechthaberei und Unterdrückung einen Menschen zerstörten.

Matthäus 18,21-35

4 (18,32-34) **Tod – Gericht – Bosheit**: Der große Tag der Abrechnung. Dieser Tag kommt für jeden Menschen. Es ist sowohl der Ruf in den Tod als auch der Ruf vor das Gericht Gottes. Jeder Mensch muß dem Tod und dem Tag des Gerichts begegnen (Hebr 9,26).

Man beachte die zwei Grundlagen für das Gericht.
1. Die erste Grundlage ist Gottes Vergebung. Sie steht in Christus bereit und ist immer verfügbar. Christus "ist das Sühnopfer für unsere Sünden, aber nicht nur für die unseren, sondern auch für die der ganzen Welt" (1Joh 2,2).

> "Denn so sehr hat Gott die Welt geliebt, daß er seinen eingeborenen Sohn gab, damit jeder, der an ihn glaubt, nicht verloren geht, sondern ewiges Leben hat...Wer an ihn glaubt, wird nicht gerichtet; wer aber nicht glaubt, der ist schon gerichtet, weil er nicht an den Namen des eingeborenen Sohnes Gottes geglaubt hat." (Joh 3,16;18)

2. Die zweite Grundlage ist die Bosheit des Menschen. Es ist wichtig zu verstehen, was Bosheit und Sünde sind. Bosheit und Sünde sind hauptsächlich "Verfehlen der Herrlichkeit Gottes," Verfehlen dessen, was Gott ist. Das wird durch dieses boshaften Knecht (Gemeindeglied) verdeutlicht. Er war korrekt und gesetzestreu. Er war ein Spitzenpolitiker, der direkt dem König unterstand. Er war angesehen und geehrt, ein hervorragender Bürger, doch er war nicht wie Gott. Er hatte kein Mitgefühl, Barmherzigkeit, Liebe und Vergebung im Umgang mit anderen. Zwei große Gebote muß ein Knecht des Königs befolgen. Dieser Knecht versuchte, das erste zu befolgen: "Du sollst den Herrn, deinen Gott, lieben…", doch er ignorierte das zweite: "Du sollst deinen Nächsten lieben wie dich selbst" (Mt 22,39).

Sehr vereinfacht gesagt, glaubt ein boshafter Mensch nicht ernsthaft an Gott und versucht nicht ernsthaft, wie Gott zu leben (Hebr 11,6). Er glaubt nicht daran, daß es Gott gibt, nicht bis zu dem Punkt, an dem dieser Glaube sein Leben verändert. In seinem Leben gibt es weder Mitleid noch Barmherzigkeit und Vergebung. Deshalb wird er das Gericht des Königs erfahren und verurteilt werden.

> "Oder verachtest du den Reichtum seiner Güte, Geduld und Langmut, und erkennst nicht, daß dich Gottes Güte zur Buße leitet?" (Röm 2,4)

Man beachte das Gericht und das Urteil über den Menschen.
1. Der Mensch wird den Zorn Gottes erleben. Zwei Dinge sind für Gott besonders abscheulich und erregen seinen Zorn: Wenn man nicht an ihn glaubt und wenn man für andere kein Mitgefühl, keine Barmherzigkeit, Liebe und Vergebung hat.

> "Denn wenn wir mutwillig sündigen, nachdem wir die Erkenntnis der Wahrheit empfangen haben, so bleibt für die Sünden kein Opfer mehr übrig, sondern nur ein schreckliches Erwarten des Gerichts und ein Zorneseifer des Feuers, der die Widerspenstigen verzehren wird." (Hebr 10,26-27)
>
> "Aber der HERR ist Gott in Wahrheit; er ist ein lebendiger Gott und ein ewiger König. Vor seinem Zorn erbebt die Erde, und die Völker vermögen seinen Grimm nicht zu ertragen." (Jer 10,10)

2. Der Mensch wird Gerechtigkeit erfahren. Man beachte zwei entscheidende Dinge zu dem geübten Recht.
   a. Der unbarmherzige Knecht bekam volle Gerechtigkeit. Er bekam genau das, was ihm zustand. Er mußte *zahlen*; er wurde nur für das bestraft, was er schuldete – nicht mehr und nicht weniger. Er bekam genau die Strafe, die er verdiente.
   b. Der König, Gott, war vollkommen gerecht. Er übte nur vollkommene Gerechtigkeit. Er übte nur aus, was der Knecht selbst gewählt hatte: Verdiente Rückzahlung fälliger Schulden.

> "Wie es denn gerecht ist vor Gott, denen, die euch bedrängen, mit Bedrängnis zu vergelten." (2Thess 1,6)
>
> "Denn wenn das durch Engel gesprochene Wort zuverlässig war und jede Übertretung und jeder Ungehorsam den gerechten Lohn empfing, wie wollen wir entfliehen, wenn wir eine so große Errettung mißachten? Diese wurde zuerst durch den Herrn verkündigt und ist uns dann von denen, die ihn gehört haben, bestätigt worden." (Hebr 2,2-3)
>
> "So soll auch mein Auge ihrer nicht schonen, und ich will kein Mitleid haben, sondern ihren Wandel auf ihren Kopf vergelten." (Hes 9,10)
>
> "Denen aber, deren Herz ihren Greueln und Scheusalen nachwandelt, will ich ihren Wandel auf ihren Kopf vergelten, spricht Gott, der HERR." (Hes 11,21)

5 (18,35) **Gericht**: Das ist die Lehre – Wer nicht vergibt, wird gerichtet. Diese Lehre ist deutlich und entscheidend. Sie ist entscheidend, weil sie unser ewiges Schicksal bestimmt. Wir müssen nicht nur vergeben, wir müssen unser Leben in Barmherzigkeit und Vergebung leben. Wir müssen uns Liebe, Vergebung, Mitgefühl und Barmherzigkeit für andere zu eigen machen. Wenn wir nicht *aus ganzem Herzen* vergeben, wird Gott uns auch nicht vergeben. Man beachte drei Dinge.
1. Vergebung kommt aus dem Herzen, dem von Christus gegebenen neuen Wesen.
2. Christus sagt "mein Vater," *nicht* "euer Vater." Gott war nicht der Vater des Knechtes. Der Knecht war kein echter Nachfolger Gottes. Er behauptete es nur.
3. Wer anderen nicht vergibt, kennt die Vergebung Gottes nicht. Ein Geist der Vergebung ist so wichtig, daß Christus immer wieder davon sprach.

> "Glückselig sind die Barmherzigen, denn sie werden Barmherzigkeit erlangen!" (Mt 5,7)
>
> "Ich aber sage euch: Liebt eure Feinde, segnet, die euch fluchen, tut wohl denen, die euch hassen, und bittet für die, welche euch beleidigen und verfolgen…Darum sollt ihr vollkommen sein, gleichwie euer Vater im Himmel vollkommen ist!" (Mt 5,44;48; vgl. Lk 6,35-36)
>
> "Und vergib uns unsere Schulden, wie auch wir vergeben unseren Schuldnern…Denn wenn ihr den Menschen ihre Verfehlungen vergebt, so wird euer himmlischer Vater euch auch vergeben. Wenn ihr aber den Menschen ihre Verfehlungen nicht vergebt, so wird euch euer Vater eure Verfehlungen auch nicht vergeben." (Mt 6,12;14-15)
>
> "Denn das Gericht wird unbarmherzig ergehen über den, der keine Barmherzigkeit geübt hat; die Barmherzigkeit aber triumphiert über das Gericht." (Jak 2,13)

Matthäus 19,1-12

		KAPITEL 19 **XIII. DIE LEHREN DES MESSIAS AUF DEM WEG NACH JERUSALEM 19,1-20,34** **A. Die Heiligkeit der Ehe, 19,1-12** (vgl. Mt 5,31-32; Mk 10,1-12; Lk 16,18; 1Kor 7,10-16) Und es geschah, als Jesus diese Worte beendet hatte, verließ er Galiläa und kam in das Gebiet von Judäa jenseits des Jordan. 2 Und es folgte ihm eine große Volksmenge nach, und er heilte sie dort. 3 Da traten die Pharisäer zu ihm, versuchten ihn und fragten ihn: Ist es einem Mann erlaubt, aus irgend einem Grund seine Frau zu entlassen? 4 Er aber antwortete und sprach zu ihnen: Habt ihr nicht gelesen, daß der Schöpfer sie am Anfang als Mann und Frau erschuf 5 und sprach: Darum wird ein Mann Vater und Mutter verlassen und seiner Frau anhangen; und die zwei werden ein Fleisch sein? 6 So sind sie nicht mehr zwei, sondern ein Fleisch. Was nun Gott zusammenge-	fügt hat, das soll der Mensch nicht scheiden! 7 Da sprachen sie zu ihm: Warum hat denn Mose befohlen, ihr einen Scheidebrief zu geben und sie so zu entlassen? 8 Er sprach zu ihnen: Mose hat euch wegen der Härtigkeit eures Herzens erlaubt, eure Frauen zu entlassen; von Anfang an aber ist es nicht so gewesen. 9 Ich sage euch aber: Wer seine Frau entläßt, es sei denn wegen Unzucht, und eine andere heiratet, der bricht die Ehe; und wer eine Geschiedene heiratet, der bricht die Ehe. 10 Da sprechen seine Jünger zu ihm: Wenn ein Mann solche Pflichten gegen seine Frau hat, so ist es nicht gut, zu heiraten! 11 Er aber sprach zu ihnen: Nicht alle fassen dieses Wort, sondern nur die, denen es gegeben ist. 12 Denn es gibt Verschnittene, die von Mutterleib so geboren sind; und es gibt Verschnittene, die von Menschen verschnitten sind; und es gibt Verschnittene, die sich selbst verschnitten haben um des Reiches der Himmel willen. Wer es fassen kann, der fasse es!	b. Der Mensch soll den Ehekörper nicht scheiden **5 Das Ideal der beständigen Ehe** a. Die Frage nach erlaubter Scheidung b. Die Scheidung war nur ein Zugeständnis c. Grund: Harte Herzen[DS4] d. Scheidung war nie Gottes Absicht **6 Nur ein Scheidungsgrund: Unzucht** **7 Die Ehe braucht übernatürliche Kraft** a. Jünger hinterfragen die harte bindende Regel b. Christi Antwort: Nur Gläubige fassen diese Wahrheit **8 Das höchste Ideal der Ehe: Völlige Hingabe an Gottes Reich**
1	**Zwei gegensätzliche Haltungen zu Jesus** a. Jesus verließ Galiläa und ging über den Jordan b. Haltung 1: Die Menge sucht Hilfe c. Haltung 2: Die Frommen fragen und versuchen ihn – fragten ihn zur Ehe			
2	**Die Erschaffung als Mann und Frau**			
3	**Die Bildung einer neuen Familie**			
4	**Die Bildung eines neuen Körpers** a. Gott macht aus zwei Körpern einen			

ABSCHNITT XIII

DIE LEHREN DES MESSIAS AUF DEM WEG NACH JERUSALEM, 19,1-20,34

A. Die Heiligkeit der Ehe, 19,1-12

(19,1-12) <u>Einführung – Ehe – Scheidung</u>: Die Fragen zu Ehe und Scheidung sind immer brennende Fragen. Sie werden in stark christlich beeinflußten Gesellschaften äußerst kontrovers diskutiert. Die Meinungen und auch die Auslegungen gehen auseinander. Es gibt immer eine enge Ansicht, die besagt, daß Gott keine Scheidung erlaubt, was für Grausamkeiten und Gemeinheiten auch vorfallen. Und es gibt immer die freiere Ansicht, nach der eine Scheidung erlaubt ist, wenn der Bruch zwischen den Partnern nicht zu heilen ist und mehr Schaden als Gutes entsteht.

⇒ Die erste Ansicht besagt, daß Christus vollständige Vorschriften für Ehe und Scheidung gab; die zweite besagt, daß er Richtlinien gab.
⇒ Die erste Ansicht behandelt die Scheidung manchmal wie eine Todsünde; bei der zweite entsteht manchmal der Eindruck, daß es sich um ein Hintertürchen handelt, um zu tun, was einem gefällt (von kleineren Selbstsüchteleien bis hin zu Ausschweifungen).

Zur Zeit Christi vertraten die Shammai-Schule (konservativ) und die Hillel-Schule (liberal) diese Ansichten. (Siehe <u>Nähere Betrachtung 1 – Mt 19,1-12</u>.) Wie in jeder Generation gab es auch hier in beiden Schulen Menschen, die mit keinem etwas zu tun haben wollten, der anderer Meinung war. Für das Miteinander war die Meinung eines Menschen ausschlaggebend.

Wegen dieser starken Überzeugung meinten die Frommen (Pharisäer), sie könnten Jesus eine Falle stellen und ihn diskreditieren. Was er auch sagt, eine ganze Menge Menschen würde anderer Meinung sein und ihn in seinem Dienst daraufhin nicht mehr unterstützen. Sein Ansehen wäre beschädigt und sein Werk zerstört.

Man beachte mehrere Dinge.
1. Man zögert immer, anderer Meinung zu sein als eine große Menge. Man denke z.B. nur an Sklaverei, Rauchen, reichliches Essen, gemischtes Baden, Spielen, Kartenspiele, Filme, Fernsehen und Scheidung.
2. Es ist falsch, sich dem Thema Ehe und Scheidung nicht zu stellen, wie anders die gesellschaftliche Meinung und gängige Praxis auch ist. Warum?
   a. Es gibt immer viele Geschiedene. Manche davon brauchen dringenst Hilfe. Ihr Glaube, Hoffnung, Sicherheit, Kinder, ihr ganzes Leben ist stark betroffen. Wenn Gottes Volk, die Gläubigen, ihnen nicht ihre Herzen öffnen, verpassen sie eine große Gelegenheit, sie zu erreichen und ihnen beim Wachsen in Christus zu helfen.
   b. Es gibt immer viele Ehen (vielleicht sogar die meisten), in denen es ernsthafte Schwierigkeiten gibt. Härte und Grausamkeit, von einfacher Abwendung bis zu körperlicher Mißhandlung, zerren immer mehr am Eheversprechen. Manchmal liegt es an einem allein, manchmal sind beide schuld. In beiden Fällen besteht große Not. Auch hier muß Gottes Volk eingreifen und helfen, oder eine große Gelegenheit für Christus geht verloren.

Matthäus 19,1-12

Man beachte, was Christus tat: Er sagte seine Meinung zum Thema und lehrte darüber, und das Thema war zu seiner Zeit genau so umstritten wie in nachfolgenden Generationen. (Siehe auch Abrisse und Anmerkungen – Mt 5,31-32; 1Kor 7,1-7; 7,8-16.)

1. Zwei gegensätzliche Haltungen zu Jesus (V.1-3).
2. Die Erschaffung als Mann und Frau (V.4).
3. Die Bildung einer neuen Familie (V.5).
4. Die Bildung eines neuen Körpers (V.5-6).
5. Das Ideal der beständigen Ehe (V.7-8).
6. Nur ein Scheidungsgrund: Unzucht (V.9).
7. Die Ehe braucht übernatürliche Kraft (V.10-11).
8. Das höchste Ideal der Ehe: Völlige Hingabe an Gottes Reich (V.12).

NÄHERE BETRACHTUNG 1

(19,1-12) **Ehe – Scheidung – Shammai – Hillel**: Die Pharisäer kamen zu Jesus, versuchten ihn und fragten: "Ist es einem Mann erlaubt, aus irgend einem Grund seine Frau zu entlassen?"

Diese Frage hat einen Hintergrund. Die gesellschaftliche Moral war zur Zeit Jesu sehr lax. Die Ehe wurde nur als Stück Papier angesehen: Wenn es klappte, gut; wenn nicht, ist es auch nicht schlimm. Man konnte sich immer scheiden (siehe Anmerkung – Mt 5,31).

Es gab zwei Haltungen oder geistige Schulen zum Thema Scheidung. Moses hatte gesagt, daß sich jeder Mann von seiner Frau scheiden könne, wenn "sie nicht Gnade vor seinen Augen [findet], weil er etwas Schändliches an ihr gefunden hat" (5Mo 24,1).

1. Die Shammai-Schule sagte, daß sich die Worte *etwas Schändliches* allein auf Ehebruch beziehen. Eine Frau konnte so verdorben und schlecht wie Isebel sein, doch wenn sie keinen Ehebruch beging, durfte man sich nicht von ihr scheiden.

2. Die Hillel-Schule sagte, daß die Worte *etwas Schändliches* alles bedeuteten, was dem Mann nicht gefiel. Man sollte nicht vergessen, daß Frauen als *Eigentum* des Mannes angesehen wurden. Sie hatten keinerlei Rechte außer denen, die ihnen ein Mann zu geben geruhte. Das war natürlich die Ansicht der Gesellschaft, denn diese Ansicht ließ der menschlichen Natur freien Lauf. Frauen wurden mißbraucht, benutzt und weggeworfen, verletzt und vernachlässigt. Sie waren nichts als bewegliches Eigentum des Mannes und oft wurde ihr Wert sogar noch niedriger angesetzt als der von Eigentum an Tieren und Gerät. Deshalb war die Scheidung zur Zeit Christi gang und gäbe.

Die Pharisäer wollte Jesus in den Streit zwischen den Konservativen (Shammai) und Liberalen (Hillel) hineinziehen. Sie fragten Jesus nur, ob er der Ansicht der Hillel-Schule zustimmt: "Ist es einem Mann erlaubt, aus irgend einem Grund seine Frau zu entlassen?" (V.3). Welchen Standpunkt er auch verträte, er würde eine große Anzahl Menschen verärgern und aufstören und in eine niedrige Streiterei verwickelt werden.

---

1 (19,1-3) **Scheidung**: Es gibt zwei Haltungen zu Jesus und zwischen beiden besteht ein scharfer Gegensatz. Christus befand sich auf seinem letzten Weg nach Jerusalem, wo er getötet werden sollte. Er würde nicht nach Galiläa zurückkehren, bis er auferstanden war (Mt 28,7).

Diese zwei Haltungen zu Christus existieren in jeder Generation: Menschen, die ernsthaft die Hilfe Christi suchen und Menschen, die ihn immer wieder fragen und versuchen und aus dem Fleisch und der Welt auch noch das letzte herausholen wollen. Sie fragen und fragen und schaffen damit Unsicherheit und Zweifel, was richtig und was falsch ist. Sie leben, wie sie wollen.

Man beachte die Frage, die sie stellen: "Ist es einem Mann erlaubt, aus irgend einem Grund seine Frau zu entlassen?" Das Fleisch sagt, Scheidung ist erlaubt – wenn es Unzufriedenheit, Mißfallen und Abscheu gibt – wie leichtfertig auch damit umgegangen wird. Doch ist das wirklich so? Das ist die Frage, die Christus beantwortet.

2 (19,4) **Ehe – Scheidung**: Christus betont die Erschaffung als Mann und Frau: "Habt ihr nicht gelesen, daß der Schöpfer sie [Adam und Eva] am Anfang als Mann und Frau erschuf?" (V4) Er erschuf keine Männer und Frauen, wie er es bei den Tieren tat, sondern er erschuf einen Mann und eine Frau. Sie waren füreinander gemacht. Sie waren für niemand sonst geschaffen, weil es niemand sonst gab.

> **Gedanke 1** Die Schöpfung ist die Grundlage für die Ehe: Ein Mann für eine Frau; eine Frau für einen Mann. Es gab niemand anderes außer Adam und Eva. Bei der Erschaffung der anderen Tiere war das nicht so. Sie wurden *en masse* erschaffen, eine große Anzahl entstand gleichzeitig. Außerdem ist da noch die Tatsache, daß Mann und Frau als geistliche Wesen geschaffen wurden für einen höheren Zweck. Da es sonst keinen wie sie gab, teilten sie ihre Aufgabe in ständiger Gemeinschaft mit Gott.

3 (19,5) **Ehe – Scheidung**: Christus sprach von der Bildung einer neuen Familie: "Darum wird ein Mann Vater und Mutter verlassen und seiner Frau anhangen" (V.5). Ein Mann wird seiner Frau anhangen und eine neue Familie gründen, die sich von der Familie seiner Eltern unterscheidet. Er sagt *ein Mann*, nicht Männer, und *seine Frau*, nicht Frauen. Man beachte, daß ein Mann seinen Vater und seine Mutter verläßt. Die Einheit von Ehemann und Ehefrau gewinnt Oberhand über die Einheit von Eltern und Kind. Die Einheit des *Anhangens* ist von Gott geschaffen und eingesetzt. Deshalb ist die Ehe eine göttliche Einrichtung. So wie sich Eltern und Kinder nicht voneinander trennen sollen, sollen sich auch Ehepartner nicht voneinander trennen.

> **Gedanke 1** Vater, Mutter und Kind bilden eine Einheit, eine Familie. Christus sagt jedoch, daß Vater und Mutter da sind, wenn das Kind weggeht. Und das Kind (Mann) geht weg, um "seiner Frau anzuhangen." In dieser Aussage findet sich nicht der kleinste Hinweis auf eine Absonderung. Es ist unmißverständlich eine Aussage über Gottes Zweck für Vater, Mutter und Kind. Die Struktur der Familie ist das Mittel, durch das der Mensch Gottes Willen auf der Erde verwirklichen soll. Scheidung, die Zerstörung der Familienstruktur, ist nicht die Absicht Gottes. Die Familienstruktur – Vater, Mutter und Kind – ist Gottes Absicht.

> **Gedanke 2** Man beachte: Christus sagte, daß die Beziehung zwischen Vater und Mutter enger und inniger, länger und fester sein soll als die zwischen Eltern und Kind. Es kommt der Tag, an dem das Kind (Mann) die Eltern verläßt und

Matthäus 19,1-12

sie miteinander *ganz allein* sind. Dies sagt viel für Ehemann und Ehefrau aus. Sie dürfen ihr gemeinsames Leben nicht vernachlässigen, denn es kommt der Tag, an dem sie allein sein werden und nur noch *einander* zur Gesellschaft haben.

4 (19,5-6) **Ehe – Scheidung**: Christus sprach von der Bildung eines neuen Körpers: "Darum wird ein Mann...seiner Frau anhangen; und die zwei werden ein Fleisch sein" (V.5). Sie verschmelzen zu einer Person. Man und Frau hangen einander an: "So sind sie nicht mehr zwei, sondern ein Fleisch." Was macht sie zu einem Fleisch? *Anhangen*. Sie sind ein Körper, ein Fleisch, eine Person. Sie sind nicht mit zwei, drei oder vier anderen Personen verbunden, sondern sie hangen nur einer anderen Person an.

Christus sagt auch, daß eine von ihm geschlossenen Ehe nicht von irgend einem Menschen zerstört werden soll. "Darum wird ein Mann...seiner Frau anhangen...So [anhangen] sind sie nicht mehr zwei, sondern ein Fleisch [von Gott zusammengefügt]. Was nun Gott zusammengefügt hat, das soll der Mensch nicht scheiden!" (V.5-6).

Die Punkte sind deutlich.
   a. Die einander anhangenden Ehepartner sind von Gott zusammengefügt.
   b. Niemand dar trennen, was Gott zusammenfügt. Weder der Mann noch die Frau noch irgend ein anderer Mensch darf zwischen die beiden treten und sie trennen.

> "Da sprach der Mensch: Das ist nun einmal Bein von meinem Bein und Fleisch von meinem Fleisch! Die soll Männin heißen; denn sie ist dem Mann entnommen! Darum wird der Mensch seinen Vater und seine Mutter verlassen und seinem Weibe anhangen, daß sie zu einem Fleische werden." (1Mo 2,23-24)
>
> "Dein Born sei gesegnet, und freue dich des Weibes deiner Jugend!" (Spr 5,18)
>
> "Genieße das Leben mit dem Weibe, das du liebst, alle Tage des eitlen Lebens, welches er dir unter der Sonne gibt in dieser vergänglichen Zeit; denn das ist dein Teil am Leben und an der Mühe, womit du dich abmühst unter der Sonne." (Pred 9,9)
>
> "Ihr Männer, liebt eure Frauen, gleichwie auch der Christus die Gemeinde geliebt und sich selbst für sie hingegeben hat." (Eph 5,25)
>
> "Ihr Männer gleichermaßen, lebt mit eurer Frau als dem schwächeren Gefäß mit Einsicht zusammen, und erweist ihr Achtung als solche, die gemeinsame Erben der Gnade des Lebens sind, damit eure Gebete nicht verhindert werden." (1Petr 3,7)

Gedanke 1 Man beachte etwas entscheidend Wichtiges. Mit *Anhangen* meint Christus nicht, was sich gemeinhin darunter vorgestellt wird: Anhangen heiß nicht, eine Frau durch öffentliche Zeremonie, Aufnahme oder sexuelle Vereinigung an sich zu binden.

Man beachte die Worte...
- "anhangen"
- "ein Fleisch"
- "was nun Gott zusammengefügt hat"

Ehepartner, die durch *einander Anhangen* Christus *gehorsam* sind – mit ihrem ganzen Leben und Wesen, nicht nur körperlich, sondern auch geistlich – werden ein Fleisch. Sie werden von Gott zusammengefügt. Eine öffentliche Zeremonie bindet Menschen nicht aneinander, auch Sex oder eine gemeinsame Wohnung nicht. Nur Gott kann ein Paar *geistlich* zusammenfügen und er tut das, weil ihm das Paar gehorsam ist. Er belohnt und segnet Gehorsam, nicht ungehorsam.

Gedanke 2 Man beachte, wie die Macht Gottes ein Paar erfüllt, das ihm gehorsam ist. Er läßt sie einander so stark anhangen, daß sie wie eine einzige Person sind.

Gedanke 3 Man beachte einen wichtigen Punkt: "Sie sind nun nicht mehr zwei, sondern ein Fleisch." "Denn niemand hat je sein eigenes Fleisch gehaßt, sondern er nährt und pflegt es" – er schneidet es nicht weg (Eph 5,29).

NÄHERE BETRACHTUNG 2

(19,5) **Anhangen** (kollao; proskollao): fest zusammengefügt sein; aneinander kleben; aneinandergekittet sein; die engste mögliche Bindung haben; zusammengebunden sein; so vollkommen verbunden sein, daß zwei zu einem werden. Anhangen meint daher eine geistliche Einheit. Diese Einheit ist stärker und größer als die Verbindung zwischen Eltern und Kind. Sie bedeutet mehr als Zusammenleben, mehr als Sex und die Zeugung von Nachkommen. Das tun Tiere. Diese Einheit kann allein von Gott geschaffen werden (V.11). Diese geistliche Einheit hebt den Menschen über das Niveau der Tierwelt hinaus. Sie ist eine geistliche Fülle, ein geistliches Zusammenleben: Eine Bestimmung, eine Weihe, eine Vollkommenheit, eine Befriedigung, die einen Menschen zum alleinigen Eigentum Gottes und des Ehepartners macht. Wie bereits gesagt, kann eine solche Einheit, ein solches Anhangen, allein von Gott gegeben werden. Wenn Ehepartner bereit sind und sich unterordnen, kann Gott ihrem Leben dieses Anhangen schenken. "Ordnet euch einander unter in der Furcht Gottes" (Eph 5,21; siehe Abrisse und Anmerkungen – Eph 5,22-33).

Es gibt drei Einheiten in einer echten Ehe, d.h. einer Ehe, die wirklich von Gott *zusammengefügt* wurde und in der die Partner *wirklich einander anhangen* (Mt 19,6).

1. Die körperliche Einheit: Das Teilhaben am Körper des anderen (1Kor 7,2-5). Doch man beachte: Körperliche Einheit kann ihre totale Erfüllung nicht erreichen, wenn sie nicht im Bewußtsein von Gottes warmer und sanfter Gnade erfahren wird (Eph 5,25-33).

2. Die geistige Einheit: Das Teilhaben an Leben, Träumen und Hoffnungen des anderen und die gemeinsame Arbeit zur Verwirklichung dieser Träume und Hoffnungen. Man muß jedoch beachten, daß sich auch diese Einheit ausschließlich in der körperlichen und materiellen Welt befindet.

3. Die geistliche Einheit: Das Teilhaben und Verschmelzen und Formen der Seele des anderen (siehe Eph 5,25-33). Das kann nur von Gott bewirkt werden. Deshalb muß eine Verbindung zu Gott bestehen, damit der Geist *genährt* und *gehegt* wird.

Matthäus 19,1-12

> Und hier liegt der Punkt: Es ist das Größte auf der Welt, Gott persönlich zu kennen und vollkommen sicher zu sein, daß wir jetzt und für immer leben werden – die Fülle des Lebens mit aller menschenmöglicher Liebe, Bedeutung, Sinn und Ziel zu haben. Doch ein Mann und eine Frau können die Fülle des Lebens nicht aus sich selbst bekommen. Sie können nur ihren Geist nähren und sich körperlich und geistig verbinden. Um geistlich verbunden zu werden, muß das Paar an Gott und seiner rettenden Gnade gemeinsam teilhaben. Wenn ein Paar jeden Tag mit Gott verbringt, arbeitet er übernatürlich an ihrem Geist, *verschmilzt* ihr Wesen und *formt* sie zu dem, was er *ein Fleisch* nennt. Sie werden tatsächlich wie *eine Person*. Das bedeutet "Gott hat zusammengefügt." Das griechische Wort für "zusammengefügt" (sunzeugen) bedeutet eigentlich *unter ein Joch gespannt*. Durch Gottes Zusammenspannen, Zusammenfügen, Zusammenbinden des Paares zu einer geistlichen Einheit werden sie zu einer Person.
>
> Ein geistlich vereintes Paar tut zwei sehr praktische Dinge.
> 1. Das Paar "ordnet sich einander unter in der Furcht Gottes" (Eph 5,21). Sie ordnen sich unter, geben nach, geben sich hin, opfern und geben sich für den anderen auf, während sie jeden Tag in der Furcht (Vertrauen) Gottes leben. Jeden Tag wollen sie den anderen nähren und pflegen, so wie der Herr die Kirche nährt und pflegt (Eph 5,29). Sie arbeiten daran, Teil des anderen zu werden – so bestimmt, daß sie Teil des Körpers, des Fleisches und der Glieder des anderen werden wollen (Eph 5,30). Sie streben danach, als "ein Fleisch" zusammengefügt zu werden, welches Opfer und welche Hingabe auch von ihnen gefordert wird. Das Verbinden übernimmt Gott. Er nimmt sich Absichten und Verhalten, solches Verschmelzen des eigenen Wesens und bringt es in das Fleisch des anderen ein – so sehr, daß die zwei tatsächlich wie eins werden, nicht nur körperlich und geistig, sondern auch geistlich.
> 2. Das Paar teilt Gottes Gegenwart und seine rettende Gnade. Dafür bekommen sie von Gott geistliche Versicherung und Stärke, die sie in ihrem Leben miteinander teilen. Sie teilen das Wissen und das Vertrauen...
>   - daß Gott sich jetzt und für immer um sie kümmern und für sie sorgen wird.
>   - daß Gott sie durch die kräftezehrenden Prüfungen des Lebens tragen wird, denen jeder Mensch so oft begegnet.
>   - daß Gott sie auf ihrem gemeinsamen Lebensweg mit allem Nötigen versorgen wird.
>   - Daß Gott ihnen vollen Zugang in das ewige Reich des Herrn Jesus Christus gewähren wird – in alle Ewigkeit.
>
> Wieder ist das der Punkt: Gott nimmt das absichtliche Teilen geistlicher Dinge und formt Mann und Frau geistlich zu *einem Fleisch* – so sehr, daß sie tatsächlich eins werden. Das ist die Bedeutung von Anhangen: Ein Mann und eine Frau, die geistlich von Gott zu einer Person geformt werden. Einander in Gottes Geist anhangen, das ist die wahre Ehe – die herrliche Gabe Gottes.

5 (19,7-8) **Ehe – Scheidung**: Das Ideal der beständigen Ehe. Die Pharisäer dachten, sie hätten Jesus in der Falle. Jesus hatte vier Gründe genannt, warum Scheidung nicht erlaubt sein soll. Er stellte sich gegen Moses. In ihren Augen gestattete das Gebot des Moses die Scheidung (V.7). Jesus sagt drei Dinge über das Ideal der Ehe.

"Mose hat euch wegen der Härtigkeit [Sündlichkeit] eures Herzens erlaubt [ein Zugeständnis gemacht], eure Frauen zu entlassen; von Anfang an [Adam und Eva] aber ist es nicht so gewesen [beabsichtigt, von Gott gewollt]." (V.8)

1. Moses machte ein Zugeständnis.
2. Der Grund: Das harte, sündige Herz des Menschen.
3. Scheidung war nie Gottes Wille und Absicht.

Gedanke 1 Man beachte drei wichtige Tatsachen.
1) Gottes Wille für die Ehe war Bestand. Unter Moses wurde die Scheidung gestatte, doch sie war nicht Gottes Wille. Sie war Sünde, das Verfehlen von Gottes Willen und Zweck.
2) Der Grund für die Scheidung wird mit *Härte des Herzens* angegeben – eine sehr schwere Anklage.
3) Die Einheit der Ehe kommt aus keinem Naturgesetz, sondern wurde von Gott gegeben. Die Ehe ist kein Gesetz der Natur, das dem Menschen innewohnt. Sie funktioniert nicht naturgegeben, weil zwei Menschen sich einigen, zusammenzuleben und eine rechtsgültige Urkunde zu unterschreiben. Eine wahre Einheit oder Ehe, die von Gott zusammengefügt ist, ist ein Segen, eine Gabe Gottes. Sie entsteht, weil ein Paar Gott gehorsam ist. Sie leben in und für den anderen *unter Gott* (geben Gott in allen Dingen die Ehre), wie er es will ("Anhangen"). Deshalb segnet sie Gott, indem er sie in der engsten geistlichen Verbindung zusammenfügt.

Man kann es nur wiederholen: Die Ehe ist kein Naturgesetz; sie ist kein Gesetz der Welt, sondern ein geistliches Gesetz, das nur funktioniert, wenn die Partner im Geist wandeln.

NÄHERE BETRACHTUNG 3
(19,7) **Alttestamentlicher Bezug**: Vgl. 5Mo 24,1-4.

NÄHERE BETRACHTUNG 4
(19,8) **Härte des Herzens – Ehe**: Viele leben in und außerhalb der Ehe zusammen, ohne von Gott zusammengefügt worden zu sein. Wie Jesus es sagte: "Nicht alle fassen dieses Wort" (siehe Nähere Betrachtung 6 – Mt 19,11). Die Welt ist verdorben; alle sind vergänglich, selbstsüchtig und sündig. Viele werden hartherzig und wegen dieser Hartherzigkeit *verlangen* viele entweder still oder mit lauten Worten die Scheidung. Und manche scheiden sich.

Was verhärtet die Herzen?
1. Viele haben Gott nicht in ihre Leben und Ehen gelassen (Joh 1,12; Offb 3,20); deshalb sind ihnen Gott und seine Macht fremd und unbekannt (Eph 3,20).
2. Viele *hangen einander* nicht an (siehe Nähere Betrachtung 2 – Mt 19,5). Ein oder beide Herzen sind hart gegen den anderen. Stolz, Verletzungen und eine Hürde nach der anderen sind zwischen ihnen gewachsen. Deshalb ziehen sich einer oder beide zurück, haben wenig mit dem anderen zu tun und meiden tägliche Kontakte und Beziehungen so gut es geht.
3. Viele denken, Anhangen hat nur mit Sex zu tun. Viele versagen bei dem Gedanken, daß Sex das Einzige ist, was eine Ehe zusammenhält. Natürlich ist Sex wichtig, wie jedes glücklich verheiratete Paar weiß. Doch wenn der Reiz des Neu-

Matthäus 19,1-12

en vergeht und sich das Leben in wohlgeordneten Bahnen zu bewegen beginnt, braucht es mehr als körperliches Anhangen um Herzenshärte und Hürden zu vermeiden. Dieser einzigartige Wesenszug ist Gott, nicht der Sex (Mt 19,11; siehe Abrisse und Nähere Betrachtung 2 – Mt 19,5; Anmerkungen – Eph 5,22-24; 5,25-33).

4. Viele leben nur nach humanistischen Gedanken. Sie haben nicht mehr, als Tiere haben: Sie leben zusammen, ve-rei-nigen sich körperlich, zeugen Nachkommen, schützen und versorgen einander. Doch das ist alles. Sie haben kein geistliches Leben; Gott ist nicht in ihr Leben und ihre Ehe gekommen. Sie haben *harte Herzen* oder *kein Herz* für Gott. Deshalb leben sie auf keinem höheren Niveau als manche Tiere, und wieder andere haben nicht einmal die Rangordnung und den Respekt füreinander, den manche Tiere in ihren Gruppen haben.

Wie vermeiden wir Herzenshärte und Scheidung? Dafür gibt es vier grundlegend wichtige Dinge.

1. "Ihr Frauen, ordnet euch euren eigenen Männern unter wie dem Herrn; denn der Mann ist das Haupt der Frau, wie auch der Christus das Haupt der Gemeinde ist; und er ist der Retter des Leibes. Wie nun die Gemeinde sich dem Christus unterordnet, so auch die Frauen ihren eigenen Männern in allem" (Eph 5,22-24).

2. "Ihr Männer, liebt eure Frauen, gleichwie auch der Christus die Gemeinde geliebt und sich selbst für sie hingegeben hat…Ebenso sind die Männer verpflichtet, ihre eigenen Frauen zu lieben wie ihre eigenen Leiber; wer seine Frau liebt, der liebt sich selbst. Denn niemand hat je sein eigenes Fleisch gehaßt, sondern er nährt und pflegt es, gleichwie der Herr die Gemeinde" (Eph 5,25;28-29).

3. "Doch auch ihr, ein jeder von euch liebe seine Frau so wie sich selbst; die Frau aber begegne dem Mann mit Ehrfurcht" (Eph 5,33).

4. "Seid aber gegeneinander freundlich und barmherzig und vergebt einander, gleichwie auch Gott euch vergeben hat in Christus" (Eph 4,32).

6 (19,9) **Ehe – Scheidung**: Es gibt nur einen Scheidungsgrund – Unzucht. Christus sagt: "Wer seine Frau entläßt, es sei denn wegen Unzucht, und eine andere heiratet, der bricht die Ehe…" (V.9).
- Es gibt einen deutlichen Scheidungsgrund: Ehebruch.
- Wiederheirat ist Ehebruch.

Bevor Christus in dei Welt kam, wurde Ehebruch mit dem Tod bestraft. Seit Christi Kommen hat sich die Strafe geändert. Die Scheidung selbst ist die Strafe, nicht der Tod. (Diese Änderung des Gesetzes ist in vergangenen Gesellschaften eingeschlagen wie eine Bombe! Und wie sehr wäre sie sogar heute in manchen Teilen der Welt notwendig! Die Reaktion auf die Sünde ist Mitleid, nicht Zorn.)

Man beachte die Bedeutung und die hohe Wertschätzung, die Christus dem Sex in der Ehe beimißt. Er ist eine so intime, bedeutungsvolle und wichtige Erfahrung, daß bei seiner Verletzung die Scheidung erlaubt ist. Man beachte jedoch, daß Christus nicht sagte, daß es die Scheidung geben müsse. Sie ist nur *erlaubt*. Wenn das Paar in ihm gelebt hat und von ihm gesegnet wurde und der betrogene Partner die Untreue nicht verkraften kann, dann kann es eine Scheidung geben. Doch wenn der betrogene Partner vergeben kann – wenn er oder sie seine Gefühle genug beherrschen kann und so vom Geist der Vergebung erfüllt ist, um vergeben zu können – dann sollte der Partner auch vergeben.

"Darum wird der Mensch seinen Vater und seine Mutter verlassen und seinem Weibe anhangen, daß sie zu einem Fleische werden." (1Mo 2,24)

"Ihr habt gehört, daß zu den Alten gesagt ist: Du sollst nicht ehebrechen! Ich aber sage euch: Wer eine Frau ansieht, um sie zu begehren, der hat in seinem Herzen schon Ehebruch mit ihr begangen." (Mt 5,27-28)

"Ich aber sage euch: Wer sich von seiner Frau scheidet, ausgenommen wegen Unzucht, der macht, daß sie die Ehe bricht. Und wer eine Geschiedene heiratet, der bricht die Ehe." (Mt 5,32)

"Was nun Gott zusammengefügt hat, das soll der Mensch nicht scheiden!" (Mk 10,9)

"Denn die verheiratete Frau ist durchs Gesetz an ihren Mann gebunden, solange er lebt; wenn aber der Mann stirbt, so ist sie von dem Gesetz des Mannes befreit. So wird sie nun bei Lebzeiten des Mannes eine Ehebrecherin genannt, wenn sie einem anderen Mann zu eigen wird; stirbt aber der Mann, so ist sie vom Gesetz frei, so daß sie keine Ehebrecherin ist, wenn sie einem anderen Mann zu eigen wird." (Röm 7,2-3)

"Wißt ihr denn nicht, daß Ungerechte das Reich Gottes nicht erben werden? Irrt euch nicht: Weder Unzüchtige noch Götzendiener, weder Ehebrecher noch Weichlinge, noch Knabenschänder." (1Kor 6,9)

"Den Verheirateten aber gebiete nicht ich, sondern der Herr, daß eine Frau sich nicht scheiden soll von dem Mann." (1Kor 7,10)

"Indem sie so den Lohn der Ungerechtigkeit empfangen. Sie halten die Schwelgerei bei Tage für ihr Vergnügen; als Schmutz- und Schandflecken tun sie groß mit ihren Betrügereien, wenn sie mit euch zusammen speisen." (2Petr 2,13)

NÄHERE BETRACHTUNG 5

(19,9) **Unzucht – Ehebruch**: Besonders der Christ muß an dieser Stelle über die Bedeutung des Ehebruchs nachdenken. Ehebruch ist Abwendung vom Ehepartner hin zu einem anderen. Viele denken nicht einmal daran, sich von ihrem Partner weg- und einem dritten zuzuwenden, doch sie wenden sich bereitwillig sich selbst und anderen Dingen zu. Wie Gott vom Volk Israel sagte: "Und obschon sie sah, daß ich die Abtrünnige, Israel, um all ihrer Ehebrecherei willen verstoßen und ihr den Scheidebrief gegeben hatte…" (Jer 3,8). Viele tun, was Israel tat. Sie wollten sich Gott nicht unterwerfen. Sie leben in Sünde und wenden sich jeden Tag mehr von ihrem Parnter und in vielen Fällen von ihren Kindern ab.

- hässlich und gemein sein
- nörglerisch und seelisch grausam
- gedankenlos sein und sie vernachlässigen
- körperlich grausam und lebensbedrohend sein
- absichtlich verschlossen sein und sich zurückziehen

Matthäus 19,1-12

> Leider ist es die Wahrheit, daß viele auf diese Art selbstsüchtig leben.
> ⇒ Manche sind grausam, andere sadistisch.
> ⇒ Manche kritisieren, andere sind sarkastisch und wieder andere sogar *dämonisch und höllisch*.
> ⇒ Manche verübe seelische, andere körperliche Grausamkeiten bis hin zum Mord an Partner und Kindern – das Unfaßbare.
>
> Die Echtheit einer Ehe ist allein Gott bekannt. Ehemann und -frau können mit ihrer Persönlichkeit eine Fassade für die Welt aufbauen. Doch im Herzen kann solche Härte gegen den Partner sein, solch ein Widerwille gegen wahres Anhangen, daß Gott die beiden einfach nicht zu einem Fleisch zusammenfügen kann. Sehr einfach gesagt zerstört Härte die Ehe. Sie zerstört die Ehe, indem sie einem Menschen dazu bringt, sich von seinem Partner abzuwenden. Wenn die Partner nicht einander zugewandt sind, dann sind sie getrennt und hangen einander nicht an. Es gibt kein Anhangen, wen nicht *zwei* Menschen zusammen sind, und wie bereits gesagt wurde, ist Anhangen eine Gabe und Segen Gottes. Anhangen ist nur möglich, wenn beide Gott gestatten, "sie zusammenzufügen."

7 (19,10-11) **Ehe**: Die Ehe braucht übernatürliche Kraft. Die Jünger waren schockiert, als Jesus sagte, daß die Scheidung nicht Gottes Wille ist: "Von Anfang an [von Adam und Eva her] aber ist es nicht so gewesen," d.h. nicht von Gott beabsichtigt (V.8). Daher riefen die Jünger aus: "So ist es nicht gut, zu heiraten!" – man könnte in eine böse Klemme geraten. "Er aber sprach zu ihnen: Nicht alle fassen dieses Wort, sondern nur die, denen es gegeben ist" (V.11); d.h. nur gottgegebene Kraft kann eine Ehe zu dem machen, was sie sein soll, so daß kein Partner ausbrechen will. Gott muß in der Mitte einer Ehe sein. Gott muß beide zusammenfügen. (Siehe Abriß und Anmerkungen – Eph 5,22-24; 5,25-33.)

Gedanke 1 Die Menschen wehren sich gegen Christi Strenge in Ehefragen. Die Jünger rebellierten so sehr, daß sie sagten, es sei besser, nicht zu heiraten. Doch man beachte: Wie viele andere auch hatten sie noch nicht begriffen, was Christus sagte. Die Ehe soll eine von Gott zusammengefügte geistliche Einheit sein. Sie ist eine kostbare Einheit, sanft, warm, unterstützend, sinnvoll und bedeutsam – von der man selten hört und wie sie sogar bei Gläubigen selten erfahren wird.

Gedanke 2 Wie viele können wirklich *anhangen*, sich vollständig unterordnen (100%, nicht 50-50). Wie viele können den anderen wirklich so wie sich selbst lieben? Nicht jeder kann dieses Wort fassen. Nur wer sich *unter Gottes Herrschaft* dem anderen unterordnet, kann die echte Ehe bekommen, eine echte Bindung von Gott. Es hat nicht mit Nichtheirat zu tun, sondern mit Gehorsam Gott gegenüber und Leben nach seinem Willen.

Gedanke 3 In der Ehe wird der *Tod des Selbst* verlangt, damit man einander *anhangen* und *ein Fleisch* sein kann. Doch es gibt auch den Segen des *neuen Lebens*, Die Herrlichkeit und das Glück zweier Menschen, die als *ein Fleisch* leben und für das ganze Leben zusammengefügt sind.

> **NÄHERE BETRACHTUNG 6**
> (19,11) **Ehe, Grundlagen**: "Nicht alle fassen dieses Wort." Welches Wort?
> 1. Das Wort, daß Mann und Frau "einander anhangen" sollen. Sie sollen (1) vollkommen vereint sein als *ein Fleisch*: "So sind sie nicht mehr zwei, sondern ein Fleisch" (V.5-6).
> 2. Das Wort, daß es Gott und Gott allein ist, der Mann und Frau *zusammenfügen* kann (V6; vgl. Nähere Betrachtung 2 – Mt 19,5). Diese beiden Dinge, Anhangen und Gott selbst, sind die Grundlagen einer wahren Ehe. Es leben viele zusammen, die sich weigern, *einander anzuhangen* und von Gott zusammengefügt zu werden. Sie wollen nicht anhangen und sie wollen auch nicht von Gott zu *einem Fleisch* geformt werden. Sie wollen nicht von Gott zusammengefügt werden.
> (Man beachte: Mann und Frau können selbst nur körperlich einander anhangen und zusammengefügt werden. Für eine rein körperliche Vereinigung braucht es Gott nicht. Wenn ein Ehepaar aber mehr als eine körperliche Bindung will, dann muß es sich an Gott wenden. Er allein kann ein Paar geistlich "zusammenfügen.")

8 (19,12) **Ehe – Verschnittene**: Das höchste Ideal in der Ehe – völlige Hingabe an Gottes Reich. Es ist das allerhöchste Ideal für einen Menschen, sich ganz auf Gott und sein Reich zu konzentrieren (vgl. 1Kor 7,1f). Das ist für Verheiratete und Ledige gleich. Christus wertete die Ehe nicht ab und er sagte auch nicht, daß das Ledigsein besser als die Ehe ist. Er beantwortete nur die Frage der Jünger: "Ja, manche Menschen haben sich entschieden, nicht zu heiraten und Verschnittene zu sein. Manche werden als Eunuchen geboren, andere werden in der Sklaverei dazu gemacht und wieder andere entscheiden sich, allein für das Himmelreich zu leben." Dann wiederholte er, was er bereits in V.11 gesagt hatte: "Wer es fassen kann [verschnitten zu sein], der fasse es!" Christus sprach zuerst zu den Verheirateten; dann bei der Beantwortung der Frage der Jünger zu den Ledigen:
⇒ Den Verheirateten sagte er, daß für eine echte Ehe, für Anhangen und mit dem Partner zusammengefügt sein Gott in das Leben eines Menschen kommen muß (siehe Nähere Betrachtung 6 – Mt 19,11).
⇒ Den Ledigen sagte er, daß es Gott braucht, um wie ein Verschnittener zu sein, um sein ganzes Leben dem Himmelreich zu widmen (V.12).

Gedanke 1 Manche können besser für Gott leben, wenn sie nicht heiraten. Sie sollten sich deshalb verpflichten, allein zu bleiben (siehe Anmerkung – 1Kor 7,1).

Gedanke 2 Manche entscheiden sich dafür, nicht zu heiraten, um für ein sinnliches und freizügiges Leben frei zu sein. Christus beschäftigt sich in anderen Abschnitten mit sexuellen Sünden. Er macht sie hier nicht verzeihlich, indem er das Ledigendasein lobt. Das Leben als Lediger soll nur dem Zweck dienen, Gott besser dienen zu können und soll allein aus diesem Grund gewählt werden.

Matthäus 19,13-15

	B. Die Annahme von Kindern 19,13-15 (Mk 10,13-16; Lk 18,15-17)

1 Kinder wurden zu Jesus gebracht, daß er sie anrührt und für sie betet
2 Eltern sorgten und glaubten: Brachten ihre Kinder
3 Die Jünger tadelten die Eltern: Jesus zu beschäftigt
4 Jesus tadelte die, die Kinder geringschätzten
  a. Nahm die Kinder an
  b. Sagte, das Himmelreich gehört den Kindern
  c. Rührte die Kinder an
	13 Da wurden Kinder zu ihm gebracht, damit er die Hände auf sie lege und bete. Die Jünger aber tadelten sie.
	14 Aber Jesus sprach: Laßt die Kinder und wehrt ihnen nicht, zu mir zu kommen; denn solcher ist das Reich der Himmel!
	15 Und nachdem er ihnen die Hände aufgelegt hatte, zog er von dort weg.

ABSCHNITT XIII

DIE LEHREN DES MESSIAS AUF DEM WEG NACH JERUSALEM, 19,1-20,34

B. Die Annahme von Kindern, 19,13-15

(19,13-15) **Einführung**: Kinder sind Gott sehr wertvoll. Zur Zeit Jesu wurden Kinder als unwichtig angesehen. Jesus bekämpfte hier diese Ansicht. Kinder sind Gott genauso wichtig wie andere Menschen und sie sollen nicht gering geschätzt oder davon abgehalten werden, zu Gott zu kommen. Sie sollen mit offenen Armen empfangen werden.
1. Kinder wurden zu Jesus gebracht, daß er sie anrührt und für sie betet (V.13).
2. Eltern sorgten und glaubten: Sie brachten ihre Kinder zu Jesus (V.13).
3. Die Jünger tadelten die Eltern: Sie meinten, daß Jesus zu beschäftigt und Kinder zu unwichtig wären (V.13).
4. Jesus tadelte die, die Kinder geringschätzten (V.14-15).

[1] (19,13) **Kinder – Eltern**: Kinder wurden zu Jesus gebracht, daß er sie anrührt und für sie betet. Man beachte viererlei zu den kleinen Kindern.
1. Die Kinder waren so klein, daß sie zu Jesus gebracht werden mußten. Lukas nennt sie *kleine Kinder* (Lk 18,15).
2. Sie wurden zu Jesus gebracht, damit er sie anrühren und für sie beten sollte. Deshalb wurden sie gebracht. Das Handauflegen war ein Zeichen besonderen Segens und Widmung (1Mo 48,14; 4Mo 27,23). Es zeigte Glauben an Gott, seine Liebe und Macht, zu segnen. Deshalb hatte das Handauflegen bei besonderen Gelegenheiten für Gottes Volk immer eine spezielle Bedeutung.
3. Die Kinder wurden trotz drohendem Widerstand gebracht. In diesem besonderen Moment erfuhr Jesus viel Widerstand von religiösen und politischen Führern. Sie wollten Jesus töten (Mt 12,14; siehe Anmerkung – Mt 12,7; Anmerkung und Nähere Betrachtung 1 – 12,10). Die Eltern wußten das, trotzdem wollten sie, daß er ihre Kinder segnet. Sein Segen war für die Eltern so wichtig, daß sie ihre Kinder trotz der Gefahr brachten.

> "Und damit ihre Kinder, die es noch nicht wissen, es auch hören und lernen, auf daß sie den HERRN, euren Gott, fürchten alle Tage, die ihr in dem Lande lebet, in das ihr über den Jordan ziehet, um es einzunehmen." (5Mo 31,13)

4. Die Kinder waren zu klein, um zu verstehen, was da geschah. Sie wußten nicht, wie wichtig der Segen Christi für sie war, doch ihr Alter machte keinen Unterschied. Sie wurden trotzdem zu ihm gebracht.

> "Und ihr Väter, reizt eure Kinder nicht zum Zorn, sondern zieht sie auf in der Zucht und Ermahnung des Herrn." (Eph 6,4)
> "Und du sollst sie deinen Kindern fleißig einschärfen und davon reden, wenn du in deinem Hause sitzest oder auf dem Wege gehst, wenn du dich niederlegst und wenn du aufstehst." (5Mo 6,7)
> "Gewöhnt man einen Knaben an den Weg, den er gehen soll, so läßt er nicht davon, wenn er alt wird!" (Spr 22,6)

Gedanke 1 Man denke an die Kinder, die nicht zu Christus gebracht werden. Das Ergebnis ist erschütternd: Sie lernen Christus und das Leben und die Sicherheit, die er dem menschlichen Herzen bringt, nie kennen.

Gedanke 2 Kinder zu Christus zu bringen, birgt ungezählte Vorteile. Einige der größten folgen.
1) Ein Kind, das zu Christus gebracht wird, wächst in der Liebe auf: Es lernt, daß es von Gott und von allen, die Gott vertrauen, geliebt wird. Es reift in dem Wissen heran, daß es auch die lieben soll, die Unrecht tun, wie schlimm es auch ist. Es lernt, daß es die Saat der Liebe auf der Erde ausstreuen soll.
2) Ein Kind, das zu Christus gebracht wird, lernt beim Aufwachsen, was Macht und Sieg sind: Daß Gott seinen Nachfolgern durch alles hindurchhelfen wird; daß eine übernatürliche Kraft zur Hilfe bereitsteht, die dann eingreift, wenn Mutter und Vater und alle anderen lieben Menschen alles getan haben, was sie tun können.
3) Ein Kind, das zu Christus gebracht wird, wächst in Glauben und Hoffnung auf: Es lernt, daß es Gott immer vertrauen und auf ihn hoffen kann, was auch geschieht, wie groß die Prüfung auch ist. Gott gibt ihm besondere Kraft, die es durch die Prüfungen des Lebens trägt (wie schmerzlich diese auch sein mögen). Gott hat einen besonderen Ort vorbereitet, der Himmel genannt wird, wo er das Kind und alle seine Lieben hinbringen wird, wenn sie dem Tod gegenüberstehen.
4) Ein Kind, das zu Christus gebracht wird, lernt beim Aufwachsen die Wahrheit des Lebens und Ausdauer (Dienst): Daß Gott ihm den Vorzug des Lebens in einer wunderbaren Welt gegeben hat, daß das Böse in dieser

Matthäus 19,13-15

Welt durch böse und schlechte Menschen verursacht wird, daß es trotz dieses Bösen in Ehrfurcht vor dem Leben und der wunderbaren Erde dienen soll, auf die Gott es gestellt hat. Es soll fleißig arbeiten und den größtmöglichen Beitrag leisten.

5) Ein Kind, das zu Christus gebracht wird, lernt beim Aufwachsen Vertrauen und Ausdauer: Daß das Leben voller Versuchungen und Fallen ist, die ihm leicht die Freude nehmen und sein Leben und die Erfüllung seiner Aufgaben zerstören können; daß der Ausweg aus diesen Versuchungen und Fallen ist, Christus nachzufolgen und in seinem Dienst und bei seinen Aufgaben auszuhalten.

6) Ein Kind, das zu Christus gebracht wird, lernt beim Aufwachsen den Frieden: Daß es trotz der Turbulenzen dieser Welt einen inneren Frieden gibt, daß Frieden heißt, Christus zu kennen und ihm zu vertrauen.

2 (19,13) **Eltern – Kinder**: Die Eltern sorgten für ihre Kinder und vertrauten darauf, daß Jesus ihnen helfen könnte. Deshalb brachten sie ihre Kinder zu ihm. Man beachte drei Dinge zu den Eltern.

1. Die Eltern sorgten sich um ihre Kinder und wollten nur das Beste für sie. Jesus Christus behauptete, der Messias zu sein, Gottes eigener Sohn; also wollten sie, daß er ihre Kinder segnet, nicht irgend ein normaler religiöser Führer.

2. Die Eltern glaubten an Jesus, seine Liebe und seine Macht zu segnen. Sie glaubten, daß Jesu Segen etwas für die Kinder bedeutet – sehr viel sogar. Sie glaubten auch, daß er genug Sorge und Liebe für sie übrig hat, um sie zu segnen.

3. Die Sorge der Eltern für ihre Kinder war stark und beständig. Trotz starken Widerstands seitens der Frommen und dem öffentlichen Tadel der Jünger brachten sie ihre Kinder zu Jesus (siehe Anmerkung – Mt 12,7; Anmerkung und Nähere Betrachtung 1 – 12,10). Sie kehrten nicht wieder um. Sie wollten unbedingt, daß Jesus ihre Kinder segnet.

Gedanke 1 Leben wird von Gott geschenkt, also gehören Kinder Gott. In einem ganz besonderen Sinn sind Kinder *anvertrautes Gut*, das Gott für kurze Zeit der Fürsorge der Eltern übergibt. Eltern sind *Treuhänder* von Gottes Eigentum, von den kleinen Leben, die Gott geschenkt hat. Eltern haben die Verantwortung, genug zu sorgen, um auf Gottes Kraft und Segen für ihre Kinder zu vertrauen.

Gedanke 2 Kinder sollten Gott als "lebendiges Opfer" in seine Fürsorge und für seine Zwecke übergeben werden.

> "Ich ermahne euch nun, ihr Brüder, angesichts der Barmherzigkeit Gottes, daß ihr eure Leiber darbringt als ein lebendiges, heiliges, Gott wohlgefälliges Opfer: das sei euer vernünftiger Gottesdienst! Und paßt euch nicht diesem Weltlauf an, sondern laßt euch in eurem Wesen verändern durch die Erneuerung eures Sinnes, damit ihr prüfen könnt, was der gute und wohlgefällige und vollkommene Wille Gottes ist." (Röm 12,1-2)

Gedanke 3 Die meisten Eltern haben *die echte Liebe der Eltern* für ihre Kinder. Das größte Geschenk der Liebe, das sie machen können, ist, ihre Kinder zu Christus zu bringen. Sie sollten auch versuchen, andere Kinder zu Christus zu bringen.

Gedanke 4 Aus mehreren Gründen bringen Eltern ihre Kinder nicht zu Christus.
1) Manche Eltern (in zivilisierten und unzivilisierten Ländern gleichermaßen) wissen nichts vom einzigen lebendigen und wahren Gott. Deshalb sind sie blind; sie wissen nicht Bescheid. Die Christen haben darin versagt, der ganzen Welt das Evangelium zu bringen.
2) Manche Eltern haben von der Wahrheit gehört, Christus aber abgelehnt. Sie sind Agnostiker oder Atheisten, oder aber sie lieben die Welt und ihre Dinge mehr als die Nachricht vom lebendigen Gott, der ewiges Leben gibt. Sie kümmern sich um nichts weiter als Bequemlichkeit für das Ich und die schönen Dinge des Lebens.
3) Manche Eltern glauben zumindestens mit dem Verstand, doch sie sind selbstzufrieden und lethargisch. Ihnen fehlt der innere Antrieb und so machen sie sich nicht die Mühe, zu Christus zu kommen und ihre Kinder zu ihm zu bringen.
4) Manche Eltern glauben, doch sie sind leider in ihrem Glaubensleben unreif und unbeständig. Sie vernachlässigen ihr eigenes christliches Leben und den Gottesdienst; sie sind schwach und gehen durch immer neue Höhen und Tiefen. Ihre Kinder lernen dadurch, das Christus eigentlich nicht so sehr wichtig ist.
5) Manche Eltern sind liberal. Sie wollen das Denken ihrer Kinder nicht geistlich beeinflussen und formen. Sie wollen, daß ihre Kinder selbst entscheiden. Sie sind bereit, ihnen beizubringen, was sie essen können und welche Bücher sie lesen sollten, was ihnen hilft, für ihren Körper zu sorgen, doch sie überlassen die Sorge um das Geistliche den Kindern, wenn sie erwachsen sind.

Gedanke 5 Eltern, die ihre Kinder nicht zu Christus bringen, unterliegen zwei großen Irrtümern.
1) Alle Eltern, die ihre Kinder nicht zu Christus bringen, folgen einer falschen Auffassung vom Leben und der Wirklichkeit.

> "Ohne Glauben aber ist es unmöglich, ihm wohlzugefallen; denn wer zu Gott kommt, muß glauben, daß er ist, und daß er die belohnen wird, welche ihn suchen." (Hebr 11,6)
> "Jesus spricht zu ihm: Ich bin der Weg und die Wahrheit und das Leben; niemand kommt zum Vater als nur durch mich!" (Joh 14,6)
> "Denn es ist ein Gott und ein Mittler zwischen Gott und den Menschen, der Mensch Christus Jesus." (1Tim 2,5)

2) Der Verstand eines Kindes wird durch die geformt, mit denen es zusammen ist. Sein Verstand wird entweder durch Lockerheit und Unmoral oder durch Beherrschung und Moral geformt. Wenn der Verstand des Kindes nicht durch *fromme Eltern* beeinflußt wird, wird er durch die Welt mit ihrer Selbstsucht und Verdorbenheit beeinflußt.

3 (19,13) **Eltern – Jünger**: Die Jünger tadelten die Eltern. Man beachte mehrere Dinge zu den Jüngern.

1. Die Jünger dachten, sie würden Christi Absichten kennen. Sie waren gute Leute und führend unter den Nachfolgern Christi. Aber bei dieser Gelegenheit kannten sie die Absichten Christi nicht. Sie verstanden die Wege Gottes nicht vollständig, doch sie handelten, als ob sie das täten. Sie bestimmten, wer zu Christus kommen dürfte, um von ihm gesegnet zu werden, und wer nicht.

2. Die Jünger tadelten die Eltern, weil sie ihre Kinder zu Jesus brachten. Dafür gibt es mehrere mögliche Gründe.

Matthäus 19,13-15

   a. Der anmaßende Stolz der Eltern auf ihre Kinder. Die Jünger dachten vielleicht, daß die Eltern nur mit ihren Kindern vor Jesus angeben wollten.
   b. Ein Mißverständnis über die Bedeutung von Kindern. Die Jünger haben vielleicht gedacht, daß die Kinder nicht wichtig genug wären, um die Aufmerksamkeit eines so bedeutenden Menschen wie Jesus zu verdienen. Er war viel zu beschäftigt und seine Arbeit war viel zu wichtig, als daß ihn Leute unterbrechen dürften, die ihn nun wirklich nicht brauchten.
   c. Eine unreife Ansicht vom Segen und der Macht Gottes. Indem sie die Eltern tadelten, bewiesen die Jünger, daß sie dessen schuldig waren. Für sie waren Segen und Gebet für kleine Kinder nicht wichtig genug, um Jesu Aufmerksamkeit zu verdienen. Sie konnten nicht verstehen, wie Kleinkinder, die nicht einmal alt genug waren, um zu glauben, irgend etwas Gutes aus dem Segen Jesu ziehen könnten.

Gedanke 1 Es gibt zwei Haltungen gegenüber Kindern, die entscheidende Fehler sind, und die manchmal von Eltern und Gesellschaft eingenommen werden.
1) Die Haltung, daß Kinder nicht so wichtig sind wie Erwachsene. Deshalb werden sie oft vernachlässigt, ignoriert, übergangen oder ohne große Aufmerksamkeit und Bildung abgeschoben. Das führt natürlich zu einer schwachen und *niedergedrückten* Persönlichkeit, das Kind wird schüchtern und fühlt sich minderwertig. Zu sagen, daß Kinder so wichtig wie Erwachsene sind, heißt jedoch nicht, ihnen die gleiche Rechte wie Erwachsenen einzuräumen. Das würde das Kind nur verwöhnen und verziehen. Doch es heißt, daß man Kinder als *echte Personen* mit Bedürfnissen und Rechten behandeln soll – den Bedürfnissen und Rechten eines Kindes, nicht eines Erwachsenen.
2) Die Haltung, daß man Kinder nicht einschränken soll, damit sie ihre eigenen Wünsche und Bedürfnisse, ihren eigene Willen und ihre Persönlichkeit entwickeln können. Man meint, daß den Kindern so wenig wie möglich Beschränkungen auferlegt werden sollten. Sie sollen haben, was sie wollen, und sollen nichts entbehren. Eine solche Haltung führt natürlich zu einer verwöhnten, verzogenen und selbstsüchtigen Persönlichkeit. (Siehe Anmerkung – Eph 6,4.)

Gedanke 2 Kinderfragen nach Jesus werden oft ignoriert oder schnell und gedankenlos beantwortet. Kinder werden als zu jung und zu unwichtig eingeschätzt, als daß sie viel von unserer Zeit verdient hätten. Niemand sollte davon abgehalten werden, zu Christus zu kommen, wer es auch ist.

Gedanke 3 Zu viele *wichtige Menschen* sind für die kleinen und unbedeutenden Menschen nicht zu erreichen. Die Zeit des *wichtigen* Menschen wir als zu wertvoll angesehen. Darin liegt eine gewisse Wahrheit. Viele weniger wichtige Menschen könnten die Zeit der Wichtigeren so in Anspruch nehmen, daß keine Zeit mehr für die eigentliche Aufgabe der Wichtigen bliebe. Doch die Forderung der Wichtigen, in Ruhe gelassen zu werden, ist oft selbstsüchtig und sündig.

4 (19,14-15) **Kinder**: Jesus tadelte die, die die Kinder aufhielten und geringschätzten. Man beachte mehrere Dinge zu Jesus.
   1. Jesus tadelte die, die die Kinder aufhielten und geringschätzten. Er nannte diese Verhalten falsch. Wir sollen kleine Kinder nicht davon abhalten, zu ihm zu kommen. Wir sollen sie im Gegenteil sogar zu ihm bringen. Er ist Gott und als Gott ist er frei, zu tun, was er will. Deshalb ist er derjenige, der bestimmt, wen er segnet. Kein Mensch entscheidet für ihn. Kinder sollen nicht daran gehindert werden, zu ihm zu kommen, auch wenn sie noch sehr klein sind und ihnen das Verständnis fehlt. Es soll ihnen kein Hindernis in den Weg gelegt werden.
   2. Jesus rief die Kinder zu sich und nahm sie an. Sie waren ihm willkommen, auch wenn sie noch so klein waren, daß sie gebracht werden mußten. Kinder können zu klein sein, um zu verstehen, doch Christus ist groß genug, um sie zu segnen und darauf zu sehen, daß dieser Segen in alle Ewigkeit bestehen bleibt. Schließlich ist er Gott und als Gott ist er allmächtig und kann seine Macht ausüben, wie er will. Er wird Kinder niemals ablehnen.
   3. Jesus sagte, daß das Himmelreich den Kindern gehört. Damit sagte er zwei Dinge.
      a. Kinder sind Bürger seines Reiches, wenigstens so lange, bis sie reif genug sind, um sich persönlich für oder gegen ihn zu entscheiden. Diese Zeit wird üblicherweise als *Mündigkeit* bezeichnet.
      b. Kinder zeigen uns die Wesenszüge, die man braucht, um ins Himmelreich zu kommen (siehe Abriß und Anmerkungen – Mt 18,3. Dieser Abschnitt hilft sehr beim Verständnis dessen, was Christus sagte.)
   4. Jesus rührte die Kinder an. Er ließ sich von den Einwänden nicht beeinflussen. Er ging hin und segnete die Kinder. Die große Wahrheit hierin wird von uns oft übersehen. Es ist nicht so sehr, daß wir kommen und Gott anrühren, sondern daß er kommt und uns anrührt. Es ist nicht so sehr, daß wir Gott ergreifen, sondern daß wir von ihm ergriffen werden (Phil 3,12-13).

> **"Allen denen aber, die ihn aufnahmen, gab er Vollmacht, Gottes Kinder zu werden, denen, die an seinen Namen glauben; die nicht aus Geblüt, noch aus dem Willen des Fleisches, noch aus dem Willen des Mannes, sondern aus Gott geboren sind." (Joh 1,12-13)**

Gottes Segen hängt nicht so sehr davon ab, wie vernünftig wir sind und wie gut wir seinen Willen und seine Absichten erfassen können. Gott kann entscheiden, anzurühren und zu segnen, wen er will und er beweist in aller Deutlichkeit, daß er die Kinder, die zu ihm gebracht werden, anrühren und segnen will.

> **"Aber Jesus sprach: Laßt die Kinder und wehrt ihnen nicht, zu mir zu kommen; denn solcher ist das Reich der Himmel!" (Mt 19,14)**
> **"Wie Pfeile in der Hand eines Starken, so sind die jungen Söhne. Wohl dem Mann, der seinen Köcher mit ihnen gefüllt hat! Die werden nicht zuschanden, wenn sie mit den Feinden reden im Tor." (Ps 127,4-5)**
> **"Dein Weib ist wie ein fruchtbarer Weinstock im Innern deines Hauses, deine Kinder wie junge Ölbäume rings um deinen Tisch." (Ps 128,3)**
> **"Kindeskinder sind eine Krone der Alten, und der Kinder Ehre sind ihre Väter." (Spr 17,6)**

Gedanke 1 Jesus hat niemanden abgewiesen. Wir sollen…
- nicht zu wichtig sein, um Menschen zu sehen
- nicht zu beschäftigt oder zu müde sein, um Menschen zu sehen
- niemanden als zu jung oder zu alt betrachten, um ihn zu sehen
- für Menschen nicht unerreichbar sein

Matthäus 19,16-22

	C. Der reiche Jüngling: Wie ein Reicher ins Himmelreich kommt, 19,16-22 (Mk 10,17-22; Lk 18,18-23; vgl. Lk 10,25-37)	nicht stehlen! Du sollst nicht falsches Zeugnis reden! 19 Ehre deinen Vater und deine Mutter! und: Du sollst deinen Nächsten lieben wie dich selbst!	a. Die Gebote zum Umgang mit dem Nächstens: Besonders wichtig für die Herrscher und Reichen der Welt
1 Schritt 1: Ewiges Leben suchen a. Zu Christus kommen b. Das Bedürfnis bekennen	16 Und siehe, einer trat herzu und fragte ihn: Guter Meister, was soll ich Gutes tun, um das ewige Leben zu erlangen?	20 Der Jüngling spricht zu ihm: Das habe ich alles gehalten von meiner Jugend an; was fehlt mir noch? 21 Jesus sprach zu ihm: Willst du vollkommen sein, so geh hin, verkaufe, was du hast, und gib es den Armen, so wirst du einen Schatz im Himmel haben; und komm, folge mir nach! 22 Als aber der Jüngling das Wort hörte, ging er betrübt davon; denn er hatte viele Güter.	b. Die falsche Auffassung von Gottes Gesetz: Ein tragisches Gefühl der Selbstgerechtigkeit
2 Schritt 2: Wissen, daß nur Gott gut ist a. Die falsche Vorstellung vom Menschen: Der Mensch ist *gut* b. Die richtige Vorstellung: Nur Gott ist gut	17 Er aber sprach zu ihm: Was nennst du mich gut? Niemand ist gut als Gott allein! Willst du aber in das Leben eingehen, so halte die Gebote!		4 Schritt 4: Alles, was man ist und hat, für Christus geben a. Ergebnis: Wir bekommen den Himmel und Schätze im Himmel b. Ablehnung 1) Unglaube, V.17 2) Selbstgerechter Stolz, V.20 3) Weltliebe, V.21
3 Schritt 3: Die Gebote halten	18 Er sagt zu ihm: Welche? Jesus aber sprach: Das: Du sollst nicht töten! Du sollst nicht ehebrechen! Du sollst		

ABSCHNITT XIII

DIE LEHREN DES MESSIAS AUF DEM WEG NACH JERUSALEM, 19,1-20,34

C. Der reiche Jüngling: Wie ein Reicher ins Himmelreich kommt, 19,16-22

(19,16-22) **Einführung**: Die Haltung des Herrn diesem jungen Mann gegenüber sorgt oft für Verwirrung. Dafür gibt es drei Gründe.
1. Der junge Mann nannte Christus "guter Meister," doch Christus stritt ab, gut zu sein. Wie kann er, der doch behauptet, Gott zu sein, ableugnen, daß er gut ist?
2. Der junge Mann fragte, wie er ewiges Leben bekommen könnte. Christus sagte nichts über den Glauben, sondern wies den jungen Mann an, bestimmte Gebote zu halten.
3. Der dritte Grund für die Verwirrung schockiert. Christus wies den jungen Mann an, alles zu verkaufen, was er hat, und es den Armen zu geben, um ewiges Leben zu bekommen. Es stellt sich sofort die Frage, ob Christus wirklich will, daß man alles, was man ist und hat, hingeben muß, um gerettet zu werden.

Diese drei Tatsachen geben Rätsel auf. Wenn wir jedoch den Abschnitt durcharbeiten und verstehen, was da geschah, dann löst sich das Rätsel von selbst. Christus führte den jungen Mann durch die Schritte, die man gehen muß, um ewiges Leben zu bekommen.
1. Schritt 1: Ewiges Leben suchen (V.16).
2. Schritt 2: Wissen, daß nur Gott gut ist (V.17).
3. Schritt 3: Die Gebote halten (V.18-20).
4. Schritt 4: Alles, was man ist und hat, für Christus geben (V.21-22).

> **NÄHERE BETRACHTUNG 1**
> (19,16-22) **Junge Menschen**: Dieser Mann ist als "reicher Jüngling" bekannt. Er wurde nach dem Bild, das sich aus den drei synoptischen Evangelien ergibt, so genannt.
> ⇒ Er war reich (Mt 19,22; Mk 10,22; Lk 18,23).
> ⇒ Er war jung (Mt 19,20).
> ⇒ Er war ein Oberster (Lk 18,18).
> Unter der Jugend seiner Zeit war er eine Ausnahme. Er war gewissenhaft, verantwortungsvoll und verläßlich – so sehr, daß er bereits eine verantwortungsvolle Position bekommen hatte und Oberster geworden war.

1 (19,16) **Ewiges Leben**: Der erste Schritt zum Eintritt in Gottes Reich ist, ewiges Leben zu suchen. Der reiche Jüngling zeigte uns, wie wir das ewige Leben suchen sollten. Er tat genau das, was wir auch tun müssen, wenn wir etwas haben wollen: Es suchen. Wir sollen das ewige Leben so wie der reiche Jüngling suchen. Doch wir müssen bei der Suche einen entscheidenden Schritt gehen: Wir müssen zur richtigen Quelle gehen. Genau das tat der reiche Jüngling: (a) Er ging zu Christus, der Quelle des ewigen Lebens; und (b) er fragte, d.h. bekannte sein Bedürfnis.

Man beachte zwei Dinge zur Suche des reichen Jünglings nach dem ewigen Leben.
1. Er glaubte, daß es ewiges Leben gab, daß so etwas existierte. Er glaubte, daß es ein Leben in einer anderen Welt gab und er war ernsthaft und fest (vielleicht sogar verzweifelt) entschlossen, es zu bekommen. Er "lief herzu, fiel…auf die Knie" vor Jesus (Mk 10,17).
2. Er tat etwas Seltenes. Er bekannte offen, daß er eifrig nach dem ewigen Leben suchte. Nur wenige Reiche würden so wie er dieses Bekenntnis ablegen und wenige Junge würden es in diesem Abschnitt ihres Lebens überhaupt als wichtig ansehen. Ihm fehlte etwas, er wußte es und bekannte es offen. Er suchte nach innerem Frieden und dem Gefühl der Vollständigkeit, nach einer Befriedigung, die ihm sein Reichtum und seine Stellung nicht geben konnten.

Gedanke 1 Man beachte: Man kann sich das ewige Leben nicht sichern, man bekommt es. Und…
1) Man bekommt das ewige Leben nicht, bis man es sucht.

Matthäus 19,16-22

"Damit sie den Herrn suchen sollten, ob sie ihn wohl umhertastend wahrnehmen und finden möchten; und doch ist er ja jedem einzelnen von uns nicht ferne." (Apg 17,27)

"Fraget nach dem HERRN und nach seiner Macht, suchet sein Angesicht allezeit." (1Chr 16,11)

"Der HERR ist nahe denen, die zerbrochenen Herzens sind, und hilft denen, deren Geist zerschlagen ist." (Ps 34,18)

"Sei mir gnädig, o Gott, sei mir gnädig; denn bei dir birgt sich meine Seele, und unter dem Schatten deiner Flügel nehme ich Zuflucht, bis das Unglück vorüber ist." (Ps 57,1)

"Fragt nach dem HERRN und nach seiner Macht, suchet sein Angesicht allezeit!" (Ps 105,4)

"Der HERR ist nahe allen, die ihn anrufen, allen, die ihn in Wahrheit anrufen." (Ps 145,18)

"Suchet den HERRN, solange er zu finden ist, rufet ihn an, während er nahe ist!" (Jes 55,6)

2) Man bekommt ewiges Leben nicht, bis man zu Christus geht, der Quelle des Lebens.

"Kommt her zu mir alle, die ihr mühselig und beladen seid, so will ich euch erquicken!" (Mt 11,28)

"Und der Geist und die Braut sprechen: Komm! Und wer es hört, der spreche: Komm! Und wen dürstet, der komme; und wer will, der nehme das Wasser des Lebens umsonst!" (Offb 22,17)

"Kommt doch, wir wollen miteinander rechten, spricht der HERR: Wenn eure Sünden wie Scharlach sind, sollen sie weiß werden wie der Schnee; wenn sie rot sind wie Purpur, sollen sie wie Wolle werden." (Jes 1,18)

"Wohlan, ihr Durstigen alle, kommt her zum Wasser; und die ihr kein Geld habt, kommt her, kaufet Getreide, kommt her und kaufet ohne Geld und umsonst Wein und Milch!" (Jes 55,1)

3) Man bekommt ewiges Leben nicht, bis man sein Bedürfnis bekennt.

"Jeder nun, der mich bekennt vor den Menschen, den will auch ich bekennen vor meinem Vater im Himmel." (Mt 10,32)

"Ich sage euch aber: Jeder, der sich zu mir bekennen wird vor den Menschen, zu dem wird sich auch der Sohn des Menschen bekennen vor den Engeln Gottes." (Lk 12,8)

"Denn wenn du mit deinem Mund Jesus als den Herrn bekennst und in deinem Herzen glaubst, daß Gott ihn aus den Toten auferweckt hat, so wirst du gerettet." (Röm 10,9)

"Wer den Sohn leugnet, der hat auch den Vater nicht." (1Joh 2,23)

"Wer nun bekennt, daß Jesus der Sohn Gottes ist, in dem bleibt Gott und er in Gott." (1Joh 4,15)

NÄHERE BETRACHTUNG 2
(19,16) **Ewiges Leben**: Man beachte die verschiedenen Worte, die abwechselnd in diesem Abschnitt gebraucht werden. (Siehe auch Nähere Betrachtung 3 – Mt 19,23-24; Nähere Betrachtung 1 – Joh 17,2-3; vgl. Nähere Betrachtung 2 – Joh 1,4; Nähere Betrachtung 1 – 10,10.)
⇒ Ewiges Leben: "Um das ewige Leben zu erlangen" (V.16).
⇒ Leben: "Willst du aber in das Leben eingehen" (V.17).
⇒ Himmel: "So wirst du einen Schatz im Himmel haben" (V.21).

Die Art, in der Christus die Themen ewiges Leben, Leben und Himmel behandelte, ist bedeutsam. Er sagt dreierlei aus.

1. Er unterschied zwischen Leben und Existieren. Ewiges Leben zu bekommen ist ins Leben einzugehen; wirklich zu leben, wie man leben sollte; zu leben, wie Gott es gewollt hat; voller Liebe, Freude und Frieden zu leben (Gal 5,22-23). Er sagte aus, was die Schrift immer wieder verkündigt – daß der Mensch ohne Christus kein Leben hat. Er lebt nicht, er existiert nur. Er ist im Zustand des Todes (immer sterbend) und getrennt von Gott, der Quelle des wahren Lebens (Eph 2,1; 1Joh 5,12).

2. Er lehrte ein ewiges Dasein. Der Mensch hört nicht auf zu sein, er besteht weiter fort. Die Frage ist nur, ob er lebend, im ewigen Leben, oder tot, ewig von Gott getrennt, weiter existiert. Ewiges Leben zu bekommen heißt, daß man "ins Leben eingeht," eine Fortsetzung des Lebens. Zu bleiben, wie man ist, heißt, daß man nur weiter existiert, im Zustand des Todes, d.h. ohne Gott in dieser Welt und ohne ewiges Leben (siehe Nähere Betrachtung 1 – Hebr 9,27).

3. Er lehrte, daß der Himmel eine andere Welt ist – eine echte Welt in einer anderen Daseinsform, einer ewigen Daseinsform. Sie ist völlig anders als die körperliche und zeitliche Daseinsform dieser Welt. Man beachte: Es wird einen "Schatz im Himmel" für die Nachfolge Christi geben, einen ewigen Schatz.

---

2 (19,17) **Falsche Menschenbilder**: Der zweite Schritt zum Eintritt in Gottes Reich ist, zu wissen, daß nur Gott gut ist. Der reiche Jüngling versagte an einer entscheidenden Stelle: Er lebte selbstgerecht. Er wußte nicht, daß Gott und Gott allein gut war. Das sagte Christus zu ihm. Der reiche Jüngling hatte eine falsche Ansicht über das Wesen des Menschen und sah Christus nur als Menschen an. Für ihn konnte auch der Mensch gut sein.

1. Er nannte Jesus "guter Meister." Mit "Meister" meinte er "guter Lehrer, guter Rabbi," er erkannte an, daß Jesus ein ehrenwerter und hoch zu schätzender Mensch war. Doch er sah Jesus nur als hochangesehenen Lehrer. Er betrachtete ihn nicht als den Sohn Gottes. Er nahm Jesus nur als Menschen wahr, nicht als Gott. Er dachte, Jesus wäre nur ein Mensch, der außergewöhnliche moralische Qualitäten erworben hatte und dadurch zum "guten Meister" geworden war, der die Wahrheiten über Gott und das Leben lehren konnte.

2. Er fragte: "Was soll ich Gutes tun?" Er hatte eine Religion der Werke, nicht des Glaubens. Er dachte, er könne sich das ewige Leben sichern, wenn er gut wäre. Wenn er irgend ein großes Gebot hielte und ein anständiges Leben lebte, wäre er für Gott annehmbar. Er glaubte, daß seine guten Taten den Ausschlag geben würden, daß Gott ihn annimmt.

Christus mußte diese zwei Irrtümer korrigieren. Er versuchte es, in dem er eine spitze Frage stellte: "Was nennst du mich gut? Niemand ist gut als Gott allein!" Er sagte dem Jüngling: "Nur Gott ist gut. Kein Mensch ist gut, nicht im Vergleich mit Gott, und er ist nicht einmal gut genug, um gerecht vor Gott zu stehen. Wenn ich nur ein Mensch wäre, ein guter Lehrer, dann wäre ich nicht gut und hätte die Worte des ewigen Lebens nicht. Doch wenn ich Gott bin, dann kannst du mich gut nennen und ich habe die Worte des ewigen Lebens."

Matthäus 19,16-22

Man beachte zwei Dinge.
1. Christus sagte dem jungen Mann, wie man ins Leben eingehen soll, d.h. wie man ewiges Leben bekommt. Damit beanspruchte Christus, Gott zu sein.
2. Christus korrigierte den jungen Mann. Er sprach diese Worte mit Nachdruck: "Was nennst du mich gut? Niemand ist gut als Gott allein!" Christus wollte nicht, daß der junge Mann ihn nur als Mensch betrachtete, was für einen hervorragenden Lehrer er auch in ihm sah. Er war Gott, Gottes eigener Sohn, und er wollte Sohn Gottes genannt werden. Daher wollte Christus den jungen Mann dahin führen, ihn als Gott anzuerkennen. Nur so konnte der junge Mann ewiges Leben bekommen.

"Denn so sehr hat Gott die Welt geliebt, daß er seinen eingeborenen Sohn gab, damit jeder, der an ihn glaubt, nicht verloren geht, sondern ewiges Leben hat." (Joh 3,16)

"Jesus spricht zu ihm: Ich bin der Weg und die Wahrheit und das Leben; niemand kommt zum Vater als nur durch mich! Wenn ihr mich erkannt hättet, so hättet ihr auch meinen Vater erkannt; und von nun an erkennt ihr ihn und habt ihn gesehen." (Joh 14,6-7)

"Denn wenn du mit deinem Mund Jesus als den Herrn bekennst und in deinem Herzen glaubst, daß Gott ihn aus den Toten auferweckt hat, so wirst du gerettet. Denn mit dem Herzen glaubt man, um gerecht zu werden, und mit dem Mund bekennt man, um gerettet zu werden." (Röm 10,9-10)

"Denn: Jeder, der den Namen des Herrn anruft, wird gerettet werden." (Röm 10,13)

"Denn es ist ein Gott und ein Mittler zwischen Gott und den Menschen, der Mensch Christus Jesus." (1Tim 2,5)

Gedanke 1 Das große falsche Menschenbild ist, daß der Mensch gut ist – daß der innerste Kern und das eigentliche Wesen des Menschen gut ist – daß der Mensch…
- gut genug sein kann, um sich Gottes Wohlgefallen zu sichern.
- genug gute Werke tun kann, um für Gott annehmbar zu sein.

Der Standpunkt der Selbstgerechtigkeit enthält mindestens zwei grundlegende Fehler.
1) Selbstgerechtigkeit erniedrigt Gott, macht ihn unvollkommen. Sie meint, daß Gott Unvollkommenes annehmen wird. Sie stellt den Menschen fast so hoch wie Gott. Wenn wir tatsächlich, theoretisch und mathematisch, besser werden und mehr Tugend erwerben können, dann können wir uns auch zur Vollkommenheit hocharbeiten. Das heißt, wir können so hoch wie Gott werden, selbst wie Götter werden. Natürlich ist solch ein Standpunkt töricht. Er hält der Realität nicht stand, der Existenz des Bösen des Todes und der Notwendigkeit, in eine neue Kreatur verwandelt zu werden, die ewig und vollkommen leben kann.
2) Selbstgerechtigkeit beschmutzt Gottes Umgebung mit Schlechtigkeit und Unvollkommenheit. Wieviel Gutes wir auch tun, wir können nicht selbst vollkommen werden. Das Böse liegt in unserer Herkunft und unseren Wurzeln. Wenn Gott uns als schlecht und böse annimmt, würden wir unvollkommen vor ihm stehen, den Grund vor ihm und die Atmosphäre um ihn verschmutzen. Der Himmel würde befleckt und unvollkommen. Der Himmel wäre nicht länger der Himmel, nicht länger vollkommen und frei von Sünde.

Es muß eine vollständige, gründliche Veränderung unseres Wesens geben – eine Umwandlung, eine Neugeburt – bevor wir in Gottes Gegenwart kommen können. Realistisch gesehen kann nichts und niemand einen Menschen so verwandeln, daß sein Körper vollkommen und seine Taten ausschließlich gut werden. Niemand hat die Macht und wird sie auch nie haben, seinen Körper und sein Verhalten für die Ewigkeit zu vervollkommnen. In unserem gegenwärtigen Körper verfehlen wir die Herrlichkeit Gottes und sterben (Röm 3,23; 5,12; 6,23).

Wenn wir umgestaltet werden, dann muß Gott selbst das tun und er muß es aus reiner und vollkommener Liebe tun. Er muß uns so sehr lieben, daß er uns verwandelt. Und die wunderbare Nachricht ist, daß er uns tatsächlich so sehr liebt. Er liebt uns so sehr…
- daß er seinen eigenen Sohn die Strafe für unsere Sünden bezahlen ließ, den Tod (1Petr 2,24. Das heißt natürlich, daß wir nicht sterben müssen, wenn die Strafe bezahlt ist.)
- daß er seinen einzigen Sohn gab, um uns seine große Liebe zu zeigen und uns zum Glauben an seine Liebe zu führen (Joh 5,24. Das heißt natürlich, daß Gott uns annehmen und verwandeln wird, wenn wir glauben.)

Gedanke 2 Nur Gott ist vollkommen gut. Er ist die Quelle das Urbild, das Ideal aller Güte. Alle Güte muß an ihm gemessen werden.

Das Problem des reichen Jünglings war, daß er nicht gründlich genug nachgedacht hatte. Sein Denken war oberflächlich. Wie hätte er jemals genug ansammeln können, um für Gott annehmbar zu werden? Ist Gott so niedrig? Und wenn Gott unvollkommen ist, wie kann er dann Gott sein?

Gedanke 3 Selbstgerechtigkeit (wenn man denkt, man kann gut genug sein und genug Gutes tun, um von Gott angenommen zu werden) begeht einen schrecklichen Fehler. Sie macht Gottes Liebe unvollkommen. Wie?

Wer selbstgerecht ist, verwässert Gottes Liebe, macht sie unvollkommen und verweigert Gott das Recht, seine Liebe vollkommen auszudrücken.

⇒ Vollkommene Liebe muß sich vollkommen ausdrücken: Sie muß sich von der Höhe ihrer Vollkommenheit in die tiefste Unvollkommenheit herabbeugen und sich selbst für diese Unvollkommenheit geben. Vollkommene Liebe umfaßt alles von der höchsten Höhe bis zur tiefsten Tiefe. Und die tiefste Tiefe ist der Mensch, ein Wesen, das (von allen Dingen) sich gegen Gott selbst auflehnt und sein Leben selbst bestimmt, als es an Gott auszurichten. (Man stelle sich diese schreckliche Szene vor: Der Mensch, ein Geschöpf, rebelliert gegen den Gott des Universums, den Schöpfer und Herrn aller Dinge.)

Genau das tat Gott für den Menschen. Er beugte sich aus der höchsten Höhe herab und gab seinen einzigen Sohn, das höchste und vollkommenste Wesen, für den Menschen, der in seiner Rebellion gegen Gott die tiefste Tiefe erreicht hatte (Joh 3,16; 2Kor 5,21; 1Petr 2,24).

Gedanke 4 Der reiche Jüngling versagte an zwei Stellen.
1) Er konnte die Wahrheit über die Natur des Menschen und den Weg einer unvollkommenen Welt nicht einsehen (Röm 3,10-20).
2) Er konnte nicht verstehen, daß Christus mehr als ein großer und guter Mensch war (siehe Anmerkung – Mt 19,17).

Matthäus 19,16-22

3 (19,18-20) **Gesetz – Gebote – Brüderlichkeit**: Der dritte Schritt zum Eintritt in Gottes Reich ist, die Gebote zu halten. Zuerst hatte Christus den jungen Mann dazu geführt, ihm als Gott zu vertrauen, dann mußte er ihn anleiten, seinen Nächsten zu lieben. Auch das war eine entscheidende Schwäche des Mannes. Wegen seiner niedrigen Vorstellung von Gott und seinem falschen Menschenbild behauptete er, daß er seinen Nächsten geliebt hätte, daß er die Gebote für den Umgang mit dem Nächsten gehalten hätte. Doch Christus bewies ihm, daß er seinen Nächsten nicht geliebt hatte, nicht so, wie er sollte. Er hatte die Gebote nur oberflächlich gehalten. Er hatte sie nicht in seinem Geist gehalten. Seine Nächstenliebe kam nicht aus dem Herzen. Wenn sie von dort käme, hätte er seinem Nächsten viel mehr geholfen (vgl. V.21-22).

Christus sagte dem jungen Mann ganz einfach: "Halte die Gebote!" Der junge Mann fragte: "Welche?" Dadurch verriet er, daß er die falsche Vorstellung von Gottes Gesetz hatte. Er meinte, einige Gebote wären wichtiger als andere und er wollte wissen, welche ihm zum Leben verhelfen würden.

Christus berührte das eigentliche Problem des Mannes. Da er seinen Nächsten nicht wie sich selbst liebte, zitierte Christus die fünf der zehn Gebote, die sich mit den Pflichten dem Nächsten gegenüber beschäftigten (2Mo 20,12-16).

1. Mord: Betrifft das Leben des Nächsten.
2. Ehebruch: Betrifft die Reinheit und Unbeflecktheit des Nächsten. Ehebruch bewirkt zweierlei.
   ⇒ Ehebruch heißt, den Körper des Nächsten für uns selbst zu nehmen und unseren Körper einem anderen zu geben.
   ⇒ Ehebruch heißt, unserem Nächsten den Körper seines Partners zu entziehen und unserem Partner unseren Körper zu entziehen.
3. Diebstahl: Betrifft das Eigentum des Nächsten.
4. Falsches Zeugnis: Betrifft Ruf, Ansehen und Wahrheitsverständnis des Nächsten.
5. Die Eltern ehren: Betrifft unsere Pflicht den Allernächsten gegenüber, die wir haben, unsere eigene Familie.

Man beachte: Christus faßte alle fünf Gebote zusammen, indem er sagte: "Du sollst deinen Nächsten lieben wie dich selbst!" (3Mo 19,18). Das nannte Jakobus das "königliche Gesetz" (Jak 2,8). Wer seinen Nächsten liebt, hat zu allen die besten Beziehungen und erfährt Freude, Liebe und Frieden – Leben im Überfluß. Er wird erfahren, was Christus sagt: Er wird "in das Leben eingehen."

Der Mann nachte die grandiose Behauptung, daß er alle diese fünf Gebote gehalten hätte. Natürlich hatte er sie, wie es in der Natur des Menschen liegt, nicht gehalten – nicht vollkommen, nicht in Gottes Augen, nicht in dem Geist, in dem Gott sie gehalten haben wollte. Er war anderen gegenüber nicht großzügig, er gab und half nicht, wie er sollte. Christus wollte ihm das zeigen.

Im Kern hatte Christus dem reichen Jüngling gesagt: Halte die Gebote.
1. Halte die Gebote, die deinen Nächsten betreffen: Die die Reichen und Obersten dieser Welt besonders brauchen – die Gebote, die von den Reichen und Obersten der Welt so oft mißverstanden und vernachlässigt werden.
2. Der reiche Jüngling jedoch mißverstand Gottes Gesetz: Er hatte das tragische Gefühl der Selbstgerechtigkeit
   a. Er dachte, einige Gebote wären wichtiger als andere.
   b. Er dachte, daß der Mensch die Gebote halten und sich ein Guthaben aufbauen könnte, um sich so Gottes Annahme zu sichern.

> "Jeder, der glaubt, daß Jesus der Christus ist, ist aus Gott geboren; und wer den liebt, der ihn geboren hat, der liebt auch den, der aus Ihm geboren ist. Daran erkennen wir, daß wir die Kinder Gottes lieben, wenn wir Gott lieben und seine Gebote halten." (1Joh 5,1-2)

<u>Gedanke 1</u> Man beachte zwei äußerst wichtige Dinge.
1) Das erste, was Jesus dem jungen Mann sagte, war Gottes Gebot.

> "Und das ist sein Gebot, daß wir glauben an den Namen seines Sohnes Jesus Christus und einander lieben, nach dem Gebot, das er uns gegeben hat." (1Joh 3,23)

2) Christus faßte das Gesetz in zwei Geboten zusammen. Das erste hat mit unserer Liebe zu Gott zu tun und faßt die ersten fünf Gebote zusammen und mit dem zweiten faßte er die anderen Gebote zusammen, die er hier für den jungen Mann zitierte.

> "Du sollst deinen Nächsten lieben wie dich selbst." (Mt 22,39)

<u>Gedanke 2</u> Man beachte, daß die Reichen, Mächtigen, Berühmten und Weisen genau die Gebote brauchten, die Christus hier zitierte. Diese Gebote werden so oft von den Karrieremenschen vernachlässigt, ignoriert und abgeleugnet. Tatsächlich trampelt der Karrieremensch manchmal auf seinem Nächsten herum, um zu bekommen, was er will.

4 (19,21-22) **Selbstverleugnung**: Der vierte Schritt zum Eintritt in Gottes Reich ist, alles, was man hat und ist, für Christus zu geben. Christus wußte genau, was der junge Mann brauchte. Seine Ablehnung Christi bewies das. Er sammelte Reichtümer, anstatt sie zu verteilen. Gott hatte ihm gegeben, damit er anderen geben könnte (Eph 4,28), doch er liebte und half seinem Nächsten keinesfalls so, wie er es sollte.

Der junge Mann brauchte genau das, was Christus sagte: "Willst du vollkommen sein [d.h. wirklich die Gebote halten und ins Himmelreich kommen], dann zeige öffentlich und über allen Zweifel erhaben, daß du deinen Nächsten liebst: So geh hin, verkaufe, <u>was</u> du hast, und gib es den Armen…und komm, <u>folge</u> mir nach!"

Wir vergessen und vernachlässigen bei unserem Kampf zum Schutz der herrlichen Wahrheit von der Rettung des Menschen allein aus Gnaden oft eine weitere große Wahrheit: Christus nachfolgen heißt dem Nächsten dienen. Christus nachfolgen bedeutet völlige Selbstverleugnung, dessen, was wir sind genauso wie dessen, was wir haben (siehe Anmerkung und <u>Nähere Betrachtung 1</u> – Lk 9,23). Wenn wir unseren Nächsten wie uns selbst lieben, beweisen wir, daß wir Gott wirklich lieben. Wenn wir unseren Nächsten nicht lieben und ihm nicht dienen (über das Selbst hinaus), lieben wir Gott nicht.

Wenn wir uns selbst verleugnen, indem wir alles, was wir haben und sind, hingeben (1Joh 4,20), dann und nur dann bekommen wir den Himmel und seine Schätze. Selbstverleugnung, alles zu geben, was man hat und ist, ist ein hartes Wort, doch Christus verlangt es. Unsere Versuche, sie abzumildern, heben seine Forderung nicht auf (siehe Anmerkung und <u>Nähere Betrachtung 1</u> – Lk 9,23; <u>Nähere Betrachtung 1</u> – Röm 3,3).

Der junge Mann lehnte Christus aus drei Gründen ab.

Matthäus 19,16-22

1. Unglaube: er war nicht bereit, sein ganzes Leben Christus anzuvertrauen. Es mangelte ihm an dem Glauben, daß in Jesus Christus wirklich Gottes einziger Sohn vor ihm stand.
2. Selbstgerechtigkeit und Stolz: Seine Vorstellung von Religion war die Einhaltung von Geboten und das Gutestun, um sich Gottes Annahme zu sichern. Er meinte, er hätte die Kraft und Tugend, Gott dazu zu bringen, ihn mit Wohlgefallen anzunehmen.
3. Weltliebe: Er war reich und wollte die Bequemlichkeiten und Besitztümer nicht aufgeben, die er erworben hatte. Er beging den gleichen tödlichen Fehler, den so viele mit Geld, Macht und Ruhm begehen.
    a. Er liebte die Dinge der Welt mehr als Menschen. Er gab Sammeln, Extravaganz und einem Leben in Luxus und Bequemlichkeit den Vorzug vor der Hilfe für die Bedürftigen: Die Hungrigen, Durstigen, Armen, Kranken, Leidenden, Waisen, Witwen, Witwer, Leeren, Einsamen und Verlorenen.
    b. Er liebte die Dinge der Welt mehr als die Hoffnung auf ewiges Leben.
    c. Er liebte irdische Stellung, Anerkennung, Wertschätzung und Macht mehr als Christus.

"Da begann Petrus und sprach zu ihm: Siehe, wir haben alles verlassen und sind dir nachgefolgt!" (Mk 10,28)

"Er sprach aber zu allen: Wenn jemand mir nachkommen will, so verleugne er sich selbst und nehme sein Kreuz auf sich täglich und folge mir nach." (Lk 9,23)

"Wenn jemand zu mir kommt und haßt nicht seinen Vater und seine Mutter, seine Frau und Kinder, Brüder und Schwestern, dazu aber auch sein eigenes Leben, so kann er nicht mein Jünger sein. Und wer nicht sein Kreuz trägt und mir nachkommt, der kann nicht mein Jünger sein." (Lk 14,26-27)

"So kann auch keiner von euch mein Jünger sein, der nicht allem entsagt, was er hat." (Lk 14,33)

Matthäus 19,23-26

1 Die Tatsache: Reichtum entfernt vom Reich der Himmel a. Schafft großes "Ich," V.16,20 b. Läßt sammeln, V.21 c. Bindet an die Welt, V.22 2 Bild für die große Schwie-	D. Die Gefahr des Reichtums, 19,23-26 (Mk 10,23-27; Lk 18, 24-27) 23 Da sprach Jesus zu seinen Jüngern: Wahrlich, ich sage euch: Ein Reicher hat es schwer, in das Reich der Himmel hineinzukommen! 24 Und wiederum sage ich euch: Es ist leichter, daß ein Kamel durch ein Nadelöhr	geht, als daß ein Reicher in das Reich Gottes hineinkommt! 25 Als seine Jünger das hörten, entsetzten sie sich sehr und sprachen: Wer kann denn dann gerettet werden? 26 Jesus aber sah sie an und sprach zu ihnen: Bei den Menschen ist dies unmöglich; aber bei Gott sind alle Dinge möglich.	rigkeit: Ein Kamel geht leichter durch ein Nadelöhr als ein Reicher in Gottes Reich 3 Der Schock: Wer wird gerettet, wenn Reichtum nicht Gottes Segen für Gerechtigkeit ist? 4 Die einzige Hoffnung a. Von den Menschen abwenden b. Zu Gott und seiner Macht hinwenden

ABSCHNITT XIII

DIE LEHREN DES MESSIAS AUF DEM WEG NACH JERUSALEM, 19,1-20,34

D.   Die Gefahr des Reichtums, 19,23-26

(19,23-26) <u>Einführung</u>: Die Worte "da sprach Jesus" verbinden diesen Abschnitt mit der Geschichte des reichen Jünglings. Anhand der Ablehnung des reichen Jünglings *warnte* Jesus die Menschen vor den Gefahren des Reichtums. Reichtum steckt voller Gefahren und Fallen...

- für den, der reich werden will
- für den, der schon reich ist

Es gibt viele Gefahren und sie fesseln und versklaven – so sehr, daß Christus die erschreckende Behauptung aufstellte, daß es für einen Reichen äußerst schwer sei, gerettet zu werden.

Die Worte sind stark und der Gedanke ist erschreckend. Doch Christus liebt und sorgt sich um alle Menschen, die Reichen eingeschlossen, also muß er die Wahrheit sagen. Es ist für einen Reichen äußerst schwer, in den Himmel zu kommen. Die Reichen stehen echten und schrecklichen Gefahren gegenüber, also muß auch die Warnung echt und wahrheitsgetreu sein.

1. Die Tatsache: Reichtum entfernt vom Reich der Himmel (V.23).
2. Das Bild für die große Schwierigkeit: Ein Kamel geht leichter durch ein Nadelöhr als ein Reicher in Gottes Reich (V.24).
3. Der Schock: Wer wird gerettet, wenn Reichtum nicht Gottes Segen für Gerechtigkeit ist (V.25)?
4. Die einzige Hoffnung (V.26).

1 (19,23) **Reichtum – Materialismus – Stolz – Weltlichkeit**: Reichtum entfernt einen Menschen vom Reich der Himmel. Es ist für einen Reichen schwer, in den Himmel zu kommen. Christus erklärte das wegen der Dinge, die den reichen Jüngling *wegzogen*. Reichtum zieht einen Menschen vom Himmel weg. Wenn wir Reichtum sehen oder besitzen, verspüren wir eine Verlockung, Anziehung, Macht, einen Drang, eine Kraft, die uns anzieht. Diese Anziehungskraft kann so stark sein, daß sie jeden reichen Menschen versklavt und verurteilt, der sich nicht abwendet und zu Gott kommt.

1. *Reichtum schafft ein großes "Ich"* (vgl. V.16, 20). Reiche sind meist angesehen, geehrt und werden beneidet. Reichtum bringt Bequemlichkeit, Besitztümer, Stellung, Macht und Anerkennung. Er schmeichelt dem *Ego* und macht den Menschen in dieser Welt selbstgenügsam und unabhängig. Daher fühlen sich die Reichen auch selbstgenügsam und unabhängig, sie leben, als ob sie nichts bräuchten und in einer solchen Atmosphäre und Gedankenwelt wird Gott vergessen. Man vergißt, daß es Dinge gibt, die man nicht kaufen kann, und Situationen, in denen Geld gar nichts nützt. Frieden, Liebe, Freude – alles, was für den Geist des Menschen wirklich zählt – kann man nicht kaufen. Geld kann einen Menschen auch nicht vor Schwierigkeiten, Katastrophen, Krankheiten, Unfällen oder dem Tod retten – den Prüfungen, die ganz sicher auf jeden zukommen.

2. *Reichtum bringt einen Menschen zum Ansammeln* (vgl. V.21). Die Bibel bietet Richtlinien für den Umgang mit Geld für alle Menschen, auch für die Armen:

> "...sondern bemühe sich vielmehr, mit den Händen etwas Gutes zu erarbeiten, damit er dem Bedürftigen etwas zu geben habe." (Eph 4,28)
> "Du sollst deinen Nächsten lieben wie dich selbst!" (Mt 19,19; 22,39)

Die Welt erstickt in dringenden Bedürfnissen. Menschen verhungern, sind krank und obdachlos, haben keine Kleider und müssen zu Millionen leiden; und Abermillionen sind in dieser Welt geistlich verloren und ohne Gott, sie müssen sterben, ohne ihn zu kennen. Wenn wir uns hinsetzen und die Welt in ihrer Not objektiv betrachten, fragen wir uns: "Wie kann ein Mensch in dieser Welt aufhäufen und nicht alles bis zum letzten Pfennig geben, um zu helfen? Warum wollen die Menschen mehr haben, als sie für sich und ihre Familien brauchen?"

Wenn Gott die Reichen ansieht, stellt er die gleichen Fragen. Seine Fragen müssen sogar noch schärfer und nachdrücklicher sein. Genau das sagte Christus dem reichen Jüngling:

> "Geh hin, verkaufe, was du hast, und gib es den Armen, so wirst du einen Schatz im Himmel haben; und komm, folge mir nach!" (Mt 19,21)

3. *Reichtum kann einen Menschen selbstsüchtig machen.* Aus irgend einem unerklärlichen Grund wollen wir immer mehr haben, je mehr wir schon besitzen. Wenn wir von den Dingen dieser Welt probiert haben und bequem geworden sind, neigen wir dazu, um den Bestand unseres Besitzes zu bangen. Wir ringen darum, unseren Besitz zu behalten und noch zu vermehren. Natürlich sind einige auch bereit zu geben – doch nur bis zu einem bestimmten Betrag, der ihr Gesamtvermögen, Status oder Bequemlichkeitsgrad und Besitzverhältnis nicht angreift. Wenige geben alles, was sie sind und haben, für Christus, um die Bedürfnisse dieser Welt zu stillen.

Wie Christus es sagte: "Es ist sehr, sehr schwer für die Reichen [die im Vergleich zu den meisten auf der Welt alles haben], in den Himmel zu kommen." Wenn wir kein Mitleid haben und uns um unsere Brüder (Nächsten) kümmern, wenn sie in Not sind, wie können wir dann erwarten, daß Gott Mitleid hat und sich um uns kümmert, wenn wir das dringende Bedürfnis nach

Matthäus 19,23-26

dem Himmel verspüren? Es ist töricht zu denken, daß ein liebevoller und gerechter Gott unser Bedürfnis nach Leben erfüllen wird, wenn wir die Bedürfnisse unseres Nächsten nicht erfüllen wollen. Die Reichen (alle unter uns, die im Vergleich zum Rest der Welt alles haben) haben die Möglichkeiten, Hilfe zu leisten und der Welt das Evangelium zu bringen, wenn sie nur wollen.

4. *Reichtum bindet einen Menschen an die Welt* (vgl. V.22). Reichtum ermöglicht es dem Menschen, Dinge zu kaufen, die...

- Bequemlichkeit verschaffen
- seinem Geschmack entsprechen
- seinem Ego schmeicheln
- seine Erfahrung vergrößern
- seinen Geist herausfordern
- sein Fleisch anregen
- sein Selbstbild erweitern

Wenn ein Mensch sein Leben an den Dingen der Welt ausrichtet, hat die Welt seine Aufmerksamkeit, nicht Gott. Er neigt dazu, sich der Vermehrung und dem Schutz seines Besitzes zu widmen. Viel zu oft hat er wenig, wenn überhaupt etwas Zeit, um über himmlische Dinge nachzudenken. Reichtum und die Dinge, die man dafür kaufen kann, nehmen den Reichen üblicherweise ganz gefangen.

NÄHERE BETRACHTUNG 1

(19,23) <u>Schwer</u> (duskolos): Das Wort bedeutet kaum oder unter großen Schwierigkeiten. Es ist für einen Reichen sehr, sehr schwierig, in den Himmel zu kommen. Warum? Einfach ausgedrückt ist es für einen Reichen schwer, alles, was er hat, zu geben, um den Bedürftigen zu helfen – alles zu geben, was so erfreulich, bequem, schmeichelhaft für das Ego und lohnend war an Besitz, Stellung und Selbstachtung.

NÄHERE BETRACHTUNG 2

(19,23) <u>Reich</u>: Wer sind die Reichen? Man muß jedem einzelnen diese Frage im Licht der großen und dringenden Bedürfnisse der Welt ernsthaft stellen. Wir alle müssen das, was wir haben, mit dem vergleichen, was die große Mehrheit in der Welt hat. Die Reichen sind Menschen, die über die Bedürfnisse ihrer Familie hinaus etwas beiseite legen können (und Bedürfnis meint *echtes* Bedürfnis). Genau das sagen Christus und die Bibel immer wieder (vgl. auch Mk 12,41-44; Lk 21,1-4; Apg 4,34-35).

Wenn wir zusammenfassen: Wer ist also reich? Die Reichen sind alle die unter uns, die mehr haben, als sie brauchen. Christus fordert von uns, daß wir alles geben, was wir *sind und haben*, um die Bedürfnisse derer in Not zu erfüllen, und daß wir nichts zurückhalten. Es wird uns Christen oft zum Vorwurf gemacht, daß wir nicht glauben, nicht bis dahin, daß wir dem Opferbeispiel Christi folgen. Der Beweis unseres Unglaubens ist, daß Christus darauf besteht, daß wir alles geben, was wir haben, um die Hungrigen zu speisen und die dringenden Bedürfnisse der Welt zu erfüllen, und wir tun es doch nicht. Von Gandhi, dem großen Führer der Unabhängigkeitsbewegung Indiens, wird gesagt, daß er aus genau diesem Grund nie Christ geworden ist. Wie viele andere haben Christus wegen unserer Heuchelei abgelehnt?

> "Geh hin, verkaufe, was du hast, und gib es den Armen, so wirst du einen Schatz im Himmel haben; und komm, folge mir nach!" (Mt 19,21)
>
> "Und ein jeder, der Häuser oder Brüder oder Schwestern oder Vater oder Mutter oder Frau oder Kinder oder Äcker verlassen hat um meines Namens willen, der wird es hundertfältig empfangen und das ewige Leben erben." (Mt 19,29)
>
> "Denn wo euer Schatz ist, da wird auch euer Herz sein." (Mt 6,21)
>
> "Du sollst deinen Nächsten lieben wie dich selbst." (Mt 22,39)
>
> "Trachtet vielmehr nach dem Reich Gottes, so wird euch dies alles hinzugefügt werden! Fürchte dich nicht, du kleine Herde; denn es hat eurem Vater gefallen, euch das Reich zu geben. Verkauft eure Habe und gebt Almosen! Macht euch Beutel, die nicht veralten, einen Schatz, der nicht vergeht, im Himmel, wo kein Dieb hinkommt und keine Motte ihr Zerstörungswerk treibt. Denn wo euer Schatz ist, da wird auch euer Herz sein." (Lk 12,31-34)
>
> "Zachäus aber trat hin und sprach zum Herrn: Siehe, Herr, die Hälfte meiner Güter gebe ich den Armen, und wenn ich jemand betrogen habe, so gebe ich es vierfältig zurück!" (Lk 19,8)
>
> "Daran wird jedermann erkennen, daß ihr meine Jünger seid, wenn ihr Liebe untereinander habt." (Joh 13,35)
>
> "Wenn ihr meine Gebote haltet, so bleibt ihr in meiner Liebe, gleichwie ich die Gebote meines Vaters gehalten habe und in seiner Liebe geblieben bin." (Joh 15,10)
>
> "Die Liebe sei ungeheuchelt! Haßt das Böse, haltet fest am Guten!" (Röm 12,9)
>
> "So wie auch ich in allen Stücken allen zu Gefallen lebe und nicht meinen Nutzen suche, sondern den der vielen, damit sie gerettet werden." (1Kor 10,33)
>
> "Denn ihr erkennt die Gnade unseres Herrn Jesus Christus, daß er, obwohl er reich war, um euretwillen arm wurde, damit ihr durch seine Armut reich würdet." (2Kor 8,9)
>
> "Wer gestohlen hat, der stehle nicht mehr, sondern bemühe sich vielmehr, mit den Händen etwas Gutes zu erarbeiten, damit er dem Bedürftigen etwas zu geben habe." (Eph 4,28)
>
> "Euch aber lasse der Herr wachsen und überströmend werden in der Liebe zueinander und zu allen, gleichwie auch wir sie zu euch haben." (1Thess 3,12)
>
> "Euer Lebenswandel sei frei von Geldliebe! Begnügt euch mit dem, was vorhanden ist; denn er selbst hat gesagt: Ich will dich nicht verlassen noch versäumen!" (Hebr 13,5)

NÄHERE BETRACHTUNG 3

(19,23-24) <u>Reich der Himmel</u>: Das Reich der Himmel ist ohne jeden Zweifel das gleiche, wie Gottes Reich, ewiges Leben und Errettung. Reich der Himmel und Gottes Reich können ausgetauscht werden, wenn Jesus sagt: "Ein Reicher hat es schwer, in das Reich der Himmel hineinzukommen" (Mt 19,23) oder "Reich Gottes" (Mt 19,24). Ewiges Leben (Mt 19,26) und Errettung (Mt 19,25) gehören in dieselbe Auffassung. Ewigkeit und Errettung, das Reich der Himmel und das Reich

Matthäus 19,23-26

Gottes ist das Thema, das in Mt 19,16-30 behandelt wird. Ewiges Leben zu bekommen, gerettet zu werden oder in das Reich Gottes oder der Himmel zu kommen ist für einen Reichen schwieriger, als es für ein Kamel ist, durch ein Nadelöhr zu kommen.

Das Reich der Himmel und Gottes offenbart sich in der Geschichte in vier verschiedenen Stufen.

1. Das geistliche Reich, das nahe ist; es ist jetzt gegenwärtig (Mt 4,17; 12,28).
    a. Das gegenwärtige Reich bezieht sich auf Gottes Herrschaft und Autorität im Leben der Gläubigen.

    > "Erleuchtete Augen eures Verständnisses, damit ihr wißt, was die Hoffnung seiner Berufung und was der Reichtum der Herrlichkeit seines Erbes in den Heiligen ist, was auch die überwältigende Größe seiner Kraftwirkung in uns ist, die wir glauben, gemäß der Wirksamkeit der Macht seiner Stärke. Die hat er wirksam gemacht in Christus, als er ihn aus den Toten auferweckte und ihn zu seiner Rechten setzte in den himmlischen [Bereichen], hoch über jedes Fürstentum und jede Gewalt, Macht und Herrschaft und jeden Namen, der genannt wird nicht allein in dieser Weltzeit, sondern auch in der zukünftigen; und er hat alles unter seine Füße getan und ihn als Haupt über alles der Gemeinde gegeben, die sein Leib ist, die Fülle dessen, der alles in allen erfüllt." (Eph 1,18-23)

    > "Denn diese Gesinnung sei in euch, die auch in Christus Jesus war, der, als er in der Gestalt Gottes war, es nicht wie einen Raub festhielt, Gott gleich zu sein; sondern er entäußerte sich selbst, nahm die Gestalt eines Knechtes an und wurde wie die Menschen; und in seiner äußeren Erscheinung als ein Mensch erfunden, erniedrigte er sich selbst und wurde gehorsam bis zum Tod, ja bis zum Tod am Kreuz. Darum hat ihn Gott auch über alle Maßen erhöht und ihm einen Namen verliehen, der über allen Namen ist, damit in dem Namen Jesu sich alle Knie derer beugen, die im Himmel und auf Erden und unter der Erde sind, und alle Zungen bekennen, daß Jesus Christus der Herr ist, zur Ehre Gottes, des Vaters." (Phil 2,5-11)

    > "Er hat uns errettet aus der Herrschaft der Finsternis und hat uns versetzt in das Reich des Sohnes seiner Liebe." (Kol 1,13)

    b. Das gegenwärtige Reich wird der Welt und den Menschen in der Person Jesu Christi angeboten.
    c. Man muß das gegenwärtige Reich wie ein Kind annehmen.

    > "Da das Jesus sah, wurde er unwillig und sprach zu ihnen: Laßt die Kinder zu mir kommen und wehrt ihnen nicht; denn solcher ist das Reich Gottes!" (Mk 10,14)

    d. Das gegenwärtige Reich wird nur durch die Wiedergeburt erfahren.

    > "Jesus antwortete und sprach zu ihm: Wahrlich, wahrlich, ich sage dir: Wenn jemand nicht von neuem geboren wird, so kann er das Reich Gottes nicht sehen!" (Joh 3,3).

    e. Das gegenwärtige Reich wird jetzt betreten und muß jetzt angenommen werden.

    > "Wer von diesen beiden hat den Willen des Vaters getan? Sie sprachen zu ihm: Der erste. Da spricht Jesus zu ihnen: Wahrlich, ich sage euch: Die Zöllner und die Huren kommen eher in das Reich Gottes als ihr!" (Mt 21,31)

    > "Wahrlich, ich sage euch: Wer das Reich Gottes nicht annimmt wie ein Kind, wird nicht hineinkommen!" (Mk 10,15)

    f. Das gegenwärtige Reich ist ein geistlicher, lebensverändernder Segen.

    > "Denn das Reich Gottes ist nicht Essen und Trinken, sondern Gerechtigkeit, Friede und Freude im Heiligen Geist." (Röm 14,17).

    g. Das gegenwärtige Reich soll das erste sein, wonach die Gläubigen trachten.

    > "Trachtet vielmehr zuerst nach dem Reich Gottes und nach seiner Gerechtigkeit, so wird euch dies alles hinzugefügt werden!" (Mt 6,33)

2. Das bekennende Reich, das auch in dieser Zeit gegenwärtig ist. Es bezieht sich auf die Christenheit jeder Generation. Es beschreibt, wie das Reich der Himmel oder die bekennende Christenheit aussieht und was die bekennende Christenheit zwischen Christi erstem und zweitem Kommen sein wird. Dieser unvollkommene Zustand wird "die Geheimnisse des Reiches der Himmel" genannt (Mt 13,1-52, bes. 11).

    > "Ein anderes Gleichnis legte er ihnen vor und sprach: Das Reich der Himmel gleicht einem Menschen, der guten Samen [gute Menschen] auf seinen Acker säte. Während aber die Leute schliefen, kam sein Feind und säte Unkraut [böse Menschen] mitten unter den Weizen und ging davon." (Mt 13,24-25)

3. Das tausendjährige Reich, das Zukunft ist. Es ist die eigentliche Herrschaft Christi oder der Regierung Christi, die tausend Jahre auf dieser Erde sein wird.
    a. Das tausendjährige Reich wurde von Daniel vorhergesagt.

    > "Aber in den Tagen jener Könige wird der Gott des Himmels ein Reich aufrichten, das ewiglich nie untergehen wird; und sein Reich wird auf kein anderes Volk übergehen; es wird alle jene Königreiche zermalmen und ihnen ein Ende machen; es selbst aber wird ewiglich bestehen." (Dan 2,44)

Matthäus 19,23-26

"Aber die Heiligen des Höchsten werden die Königsherrschaft empfangen, und sie werden die Königsherrschaft immerfort behalten, bis in alle Ewigkeit...bis der Hochbetagte kam und den Heiligen des Allerhöchsten das Gericht übergab und die Zeit eintrat, da die Heiligen das Reich in Besitz nahmen...Aber die Herrschaft, die Gewalt und die Macht über die Königreiche unter dem ganzen Himmel wird dem heiligen Volk des Allerhöchsten gegeben werden; sein Reich ist ein ewiges Reich, und alle Mächte werden ihm dienen und gehorchen!" (Dan 7,18;22;27)

b. Das tausendjährige Reich wurde David verheißen.

"Wenn deine Tage erfüllt sind und du bei deinen Vätern liegst, so will ich deinen Samen nach dir erwecken, der aus deinem Leibe kommen wird, und will sein Königtum befestigen...sondern dein Haus und dein Königreich sollen ewig vor dir beständig sein; dein Thron soll auf ewig bestehen." (2Sam 7,12;16)

"Ich habe mit meinem Auserwählten einen Bund geschlossen, habe meinem Knecht David geschworen: Auf ewig will ich deinen Samen bestätigen und für alle Geschlechter bauen deinen Thron!" (Ps 89,3-4)

"An jenem Tage wird der HERR die Einwohner Jerusalems beschirmen, so daß an jenem Tage der Schwächste unter ihnen sein wird wie David, und das Haus David wie Gott, wie der Engel des HERRN vor ihnen her." (Sach 12,8)

c. Das tausendjährige Reich wurde von Johannes beschrieben.

"Und ich sah Throne, und sie setzten sich darauf, und das Gericht wurde ihnen übergeben; und [ich sah] die Seelen derer, die enthauptet worden waren um des Zeugnisses Jesu und um des Wortes Gottes willen, und die das Tier nicht angebetet hatten noch sein Bild, und das Malzeichen weder auf ihre Stirn noch auf ihre Hand angenommen hatten; und sie wurden lebendig und regierten die tausend Jahre mit dem Christus. Die übrigen der Toten aber wurden nicht wieder lebendig, bis die tausend Jahre vollendet waren. Dies ist die erste Auferstehung. Glückselig und heilig ist, wer Anteil hat an der ersten Auferstehung! Über diese hat der zweite Tod keine Macht, sondern sie werden Priester Gottes und des Christus sein und mit ihm regieren tausend Jahre." (Offb 20,4-6)

4. Das vollkommene Reich des neuen Himmels und der neuen Erde, das Zukunft ist.
   a. Das ewige Reich ist die ewige Herrschaft Gottes in einem vollkommenen Universum.

"Euer Herz erschrecke nicht! Glaubt an Gott und glaubt an mich! Im Haus meines Vaters sind viele Wohnungen; wenn nicht, so hätte ich es euch gesagt. Ich gehe hin, um euch eine Stätte zu bereiten. Und wenn ich hingehe und euch eine Stätte bereite, so komme ich wieder und werde euch zu mir nehmen, damit auch ihr seid, wo ich bin." (Joh 14,1-3)

"Danach das Ende, wenn er das Reich Gott, dem Vater, übergeben wird, wenn er jede Herrschaft, Gewalt und Macht beseitigt hat." (1Kor 15,24)

"Es wird aber der Tag des Herrn kommen wie ein Dieb in der Nacht; dann werden die Himmel mit Krachen vergehen, die Elemente aber vor Hitze sich auflösen und die Erde und die Werke darauf verbrennen. Da nun dies alles derart aufgelöst wird, wie sehr solltet ihr euch auszeichnen durch heiligen Wandel und Gottseligkeit, indem ihr das Kommen des Tages Gottes erwartet und ihm entgegeneilt, an welchem die Himmel in Glut sich auflösen und die Elemente vor Hitze zerschmelzen werden! Wir erwarten aber nach seiner Verheißung neue Himmel und eine neue Erde, in denen Gerechtigkeit wohnt." (2Petr 3,10-13)

"Und ich sah einen neuen Himmel und eine neue Erde; denn der erste Himmel und die erste Erde waren vergangen, und das Meer ist nicht mehr." (Offb 21,1).

b. Das ewige Reich ist die vollkommene Daseinsform des Gläubigen in der Zukunft.

"Das aber sage ich, Brüder, daß Fleisch und Blut das Reich Gottes nicht erben können; auch erbt das Verwesliche nicht die Unverweslichkeit." (1Kor 15,50)

"Und Gott wird abwischen alle Tränen von ihren Augen, und der Tod wird nicht mehr sein, weder Leid noch Geschrei noch Schmerz wird mehr sein; denn das Erste ist vergangen. Und der auf dem Thron saß, sprach: Siehe, ich mache alles neu! Und er sprach zu mir: Schreibe; denn diese Worte sind wahrhaftig und gewiß!" (Offb 21,4-5)

c. Das ewige Reich ist ein wirklicher Ort, den die Gläubigen irgendwann in der Zukunft betreten sollen.

"Ich sage euch aber: Viele werden kommen vom Osten und vom Westen und werden im Reich der Himmel mit Abraham, Isaak und Jakob zu Tisch sitzen." (Mt 8,11)

d. Das ewige Reich ist eine Gabe Gottes, die in der Zukunft gegeben wird.

"Fürchte dich nicht, du kleine Herde; denn es hat eurem Vater gefallen, euch das Reich zu geben." (Lk 12,32)

[?] (19,24) **Reichtum – Kamel – Nadelöhr**: Es ist für einen Reichen äußerst schwer, in Gottes Reich zu kommen. Es ist so schwer, daß Jesus sagt: "Es ist leichter, daß ein Kamel durch ein Nadelöhr geht, als daß ein Reicher in das Reich Gottes hineinkommt!"

Matthäus 19,23-26

Man hat versucht, Jesu Worte abzumildern, indem man verschiedene Deutungen für *Kamel* und *Nadelöhr* suchte. Zum Beispiel sagten manche, das "Nadelöhr" wäre ein kleines Tor in der Stadtmauer von Jerusalem gewesen, das sich direkt neben einem großen Tor befunden hätte. Man nimmt an, daß das große Tor in der Nacht zum Schutz vor Feinden und Plünderern geschlossen wurde und daß das kleine Tor von der Öffentlichkeit benutzt wurde. Es wird behauptet, daß dieses kleine Tor "Nadelöhr" genannt wurde, weil es so klein war, daß selbst eine einzelner Mensch Schwierigkeiten hatte, hindurchzukommen.

Andere meinten, das griechische Wort, das Christus benutzt hatte, hieße kam<u>i</u>los (Schiffstau), nicht kam<u>e</u>los (Kamel). Man beachte: Der einzige Unterschied zwischen beiden Worten ist, daß der Buchstabe <u>i</u> im Wort für Kamel (kam<u>e</u>los) ein <u>e</u> ist (kam<u>e</u>los).

Bei diesen Deutungen muß man dreierlei beachten.

1. Es steht außer Frage, daß Jesus eine real existierende *Nadel* meinte. Er sagt dies auch in V.26: "Bei den Menschen ist dies unmöglich." Er benutzt die sprichwörtliche Umschreibung *für eine Unmöglichkeit*. In den meisten Ländern gibt es Sprichwörter, die die Unmöglichkeit mancher Dinge ausdrücken. Das Kamel war das größte Tier, das die Juden kannten, also benutzte Christus entweder ein bekanntes Sprichwort oder er prägte eins. Das ist auch der Punkt bei Christi Gleichnisreden: Er benutzte die bekanntesten und allgemeinsten Dinge, um auszudrücken, was e meinte.

2. Versuche, den Standpunkt des Herrn abzumildern, sind genau das: Abmilderungsversuche. Doch nichts kann durch V.26 abgemildert werden: "Bei den Menschen ist dies unmöglich." Niemand, nicht einmal der Reiche selbst, kann einen Reichen retten. Die Gefahren des Reichtums sind echt und schrecklich. Reichtum verstrickt und versklavt einen Menschen so sehr daß es für einen Reichen äußerst schwierig ist, loszulassen und seinen Reichtum für die dringenden Bedürfnisse der Welt hinzugeben. Er kann sich einfach mit der Tatsache nicht anfreunden, daß anfangen soll, "mit den Händen etwas Gutes zu erarbeiten, damit er dem Bedürftigen etwas zu geben habe" (Eph 4,28). Wenn man reich ist, ist es schwer, sich nicht mit Luxus zu umgeben und große Vermögen anzusammeln. Reichhaltige und raffinierte Mahlzeiten, schöne, gut gefüllte Schränke, ein großes und schönes Haus, Anerkennung und Aufmerksamkeit, Macht und Stellung – so viel loszulassen ist schwer. Das Ego sträubt sich dagegen.

3. Mit den abgemilderten Deutungen umzugehen, ist genauso schwer, wie die wörtliche Deutung zu benutzen. Was wird abgemildert, wenn ein Kamel versucht, sich durch eine nur für Menschen vorgesehene Tür zu zwängen? Es wäre unmöglich. Und was wird abgemildert, wenn man versucht, ein Schiffstau durch ein Nadelöhr zu fädeln? Das ist auch unmöglich.

<u>Gedanke 1</u> In dem Bild, das Christus benutzt, wird ein Reicher mit einem Kamel verglichen.

1) Ein Kamel ist *zu groß*, um durch ein Nadelöhr zu kommen; ein Reicher ist zu groß, um durch die Himmelstür zu passen.

>"Den Reichen in der jetzigen Weltzeit gebiete, nicht <u>hochmütig</u> zu sein, auch nicht ihre Hoffnung auf die Unbeständigkeit des Reichtums zu setzen, sondern auf den lebendigen Gott, der uns alles reichlich zum Genuß darreicht." (1Tim 6,17)

2) Ein Kamel *denkt überhaupt nicht daran*, durch ein Nadelöhr zu gehen; ein Reicher denkt selten, wenn überhaupt, daran, in den Himmel zu kommen.

>"Und will zu meiner Seele sagen: Seele, du hast einen großen Vorrat auf viele Jahre; habe nun Ruhe, iß, trink und sei guten Mutes! Aber Gott sprach zu ihm: Du Narr! In dieser Nacht wird man deine Seele von dir fordern; und wem wird gehören, was du bereitet hast?" (Lk 12,19-20)
>
>"Das Gut des Reichen ist seine feste Burg und wie eine hohe Mauer in seiner Einbildung." (Spr 18,11)
>
>"Und deine Rinder und Schafe, Silber und Gold, und alles, was du hast, sich mehren, dein Herz sich alsdann nicht erhebe und du vergessest des HERRN, deines Gottes, der dich aus Ägyptenland, aus dem Diensthause, geführt hat." (5Mo 8,13-14)

3) Ein Kamel ist *nicht dafür geschaffen*, durch ein Nadelöhr zu gehen; der Mensch ist nicht für den Reichtum geschaffen, nicht geschaffen, um von den *Dingen* und *Besitztümern* dieser Welt besessen und versklavt zu werden.

>"Aber die Sorgen dieser Weltzeit und der Betrug des Reichtums und die Begierden nach anderen Dingen dringen ein und ersticken das Wort, und es wird unfruchtbar." (Mk 4,19)
>
>"Denn die, welche reich werden wollen, fallen in Versuchung und Fallstricke und viele törichte und schädliche Begierden, welche die Menschen in Untergang und Verderben stürzen." (1Tim 6,9)

4) Ein Kamel *arbeitet* für seinen Herrn; ein Mensch soll für seinen Herrn (Gott) arbeiten.

>"Niemand kann zwei Herren dienen, denn entweder wird er den einen hassen und den anderen lieben, oder er wird dem einen anhangen und den anderen verachten. Ihr könnt nicht Gott dienen und dem Mammon!" (Mt 6,24)
>
>"Ihr Knechte, gehorcht euren leiblichen Herren in allen Dingen, nicht mit Augendienerei, um den Menschen zu gefallen, sondern in Einfalt des Herzens, als solche, die Gott fürchten. Und alles, was ihr tut, das tut von Herzen, als für den Herrn und nicht für Menschen, da ihr wißt, daß ihr von dem Herrn zum Lohn das Erbe empfangen werdet; denn ihr dient dem Herrn Christus!" (Kol 3,22-24)

3 (19,25) **Reichtum – Errettung**: Die Jünger waren zutiefst geschockt und erschrocken. Christus sagte hier etwas, was von dem, was sie und jeder andere immer gedacht hatten, völlig entgegenstand. Sie wurden gelehrt (wie auch nachfolgende Generationen, sogar in der Gemeinde)…

- daß Wohlergehen (Wohlstand, Komfort und Besitztümer) Gottes Segen ist.
- daß ein Mensch bekommt und besitzt, weil Gott ihn segnet.
- daß Wohlergehen der Lohn für Gerechtigkeit und Gehorsam ist.
- daß Gott die Menschen mit den Dingern dieser Welt segnet, wenn sie gerecht und gehorsam sind.

Matthäus 19,23-26

Christus sagt jedoch das ganze Gegenteil: Daß der, dem es wohlgeht, sehr wahrscheinlich nicht in den Himmel kommen wird; daß Wohlstand eine derart große Gefahr für einen Menschen darstellt, daß seine ewige Verurteilung fast sicher war. Die Jünger wußten, daß Gott nie einen Menschen in eine so gefährliche und prekäre Lage bringen würde. Sie wußten, daß Christus den stärksten und beliebtesten Glauben der Welt angriff: Sei gut (gerecht) und Gott wird dich segnen (und Segen wird immer als materieller Segen verstanden. Siehe Anmerkung – Eph 1,3 zur weiteren Diskussion.)

Sie waren zutiefst geschockt und erschrocken: Wer konnte dann gerettet werden? Die große Mehrheit der Menschen bedrohte ihr eigenes ewiges Schicksal. Sie verurteilten sich selbst. Wenn Wohlergehen nicht der Lohn (Zeichen) für Gerechtigkeit ist und die Reichen vom Himmel ausgeschlossen sind, heißt das, daß auch die Armen ausgeschlossen sind, denn sie träumen die meiste Zeit davon, reich zu werden, und versuchen, den Traum zu verwirklichen!

Die Vorstellung, daß Wohlergehen der Lohn für Gerechtigkeit ist und Gott die Menschen mit den Dingen dieser Welt segnet, wenn sie gerecht und gehorsam sind, ist so weit verbreitet, daß an dieser Stelle etwas dazu gesagt werden muß.

1. Gott kümmert sich um geistlichen Segen, nicht um materiellen. Gott verspricht dem Menschen die Notwendigkeiten des Lebens (Nahrung, Kleidung, Obdach) wenn er zuerst nach Gott sucht (Mt 6,33; vgl. Mt 6,25-34). Gott kann, wenn er will, jeden von uns mit allem und mit so viel segnen, wie er es für seine besonderen Zwecke für richtig hält, für den Zweck, zu haben, "damit er dem Bedürftigen etwas zu geben habe." Doch wenn es einem Menschen gutgeht, heißt das nicht, daß er gerecht ist, und wenn jemand gerecht ist, heißt das nicht, daß er mit materiellen Dingen gesegnet wird. Gerechtigkeit und Wohlstand haben nichts miteinander zu tun. Im Gegenteil: "Ein Reicher hat es schwer, in das Reich der Himmel hineinzukommen!"

2. Reichtum ist selten gut. Wie Christus in diesem Abschnitt verdeutlicht, birgt Reichtum viele Gefahren, die es einem Reichen äußerst schwer machen, in den Himmel zu kommen. Dennoch richtet die ganze Welt, Arme und Reiche gleichermaßen, ihr Hauptaugenmerk darauf, immer mehr anzuhäufen.

3. Reichtum wird vom Menschen selbst angehäuft, durch seine eigene Kraft und Bemühungen. Der Mensch bildet Wohlstand, indem er davon träumt, wie er ihn erlangt (eine Vision, Aussicht) und die Initiative ergreift, um ihn zu bekommen (handeln und planen). Der Mensch kann darauf vertrauen, daß Gott ihm bei der Bildung des Wohlstands helfen wird, doch der Mensch kann auch nichts mit Gott zu tun haben und seinen Wohlstand selbst sammeln. Es gibt das Bewußtsein, daß die Kraft und der Verstand eines Menschen von Gott kommen, doch das hat nichts mit einer aktiven oder persönlichen Beziehung zu Gott zu tun. Die meisten Reichen haben ihr Leben selbst in der Hand und sichern sich ihren Wohlstand auf Erden *ohne Gott* (Mt 6,21).

Andererseits kann ein Mensch darauf vertrauen, daß Gott ihn segnet, damit er anderen helfen kann, und Gott kann sich dafür entscheiden, ihn zu segnen. Doch Gott entscheidet sich dafür, damit er anderen hilft und nicht ansammelt und im Luxus lebt (extravagant und teuer). Christus lehrt hier eigentlich, daß die Reichen *genauso opferbereit leben sollen* wie die Armen. (Siehe Nähere Betrachtung 1,2 – Mt 19,23; Mk 12,42. Siehe Abriß – Lk 21,1-4.)

> **Gedanke 1** Eins wird üblicherweise vergessen: Der Mensch ist nicht für die Dinge gemacht (Geld, Reichtum, Besitz), sondern die Dinge für den Menschen. Dennoch läßt der Mensch sich von den Dingen versklaven und giert nach immer mehr.
>
> Reichtum (Geld, Besitz, Dinge) ist nur eine Ware – ein Mittel, ein Werkzeug – um dem Menschen zu helfen, seinen Zweck zu erfüllen und seinem Dienst auf der Erde nachzugehen. Wenigstens sollte Reichtum das sein. Doch die meisten Menschen werden zum Werkzeug und der Ware des Geldes. Die wenigsten Menschen wissen, warum Gott sie auf die Erde geschickt hat.
>
> **"Besser ist's, beim HERRN Schutz zu suchen, als sich auf Fürsten zu verlassen!" (Ps 118,9)**
> **"So lasset nun ab von dem Menschen, der nur Hauch in seiner Nase hat, denn wofür ist er zu achten?" (Jes 2,22)**
> **"So spricht der HERR: Verflucht ist der Mann, der auf Menschen vertraut und Fleisch für seinen Arm hält und dessen Herz vom HERRN weicht!" (Jer 17,5)**

4 (19,26) **Reichtum – Errettung – Umkehr**: Es gibt eine Hoffnung für den Reichen – Gott.

1. Der Reiche muß sich von den Menschen abwenden. Keiner kann einen Reichen oder irgend einen anderen retten.
   a. Niemand hat die Macht oder das Wissen, die Macht des *Begehrens* zu brechen, die einen Reichen gefangen hält. Jeder Mensch verspürt den natürlichen Drang, sich immer mehr Komfort, Erleichterung und Besitz zu sammeln. Niemand hat die Macht, diesen *natürlichen Drang* zu brechen. Die Verstrickungen gefallen zu sehr und nehmen gefangen.
   b. Niemand kann die Seele eines Menschen neu erschaffen und verändern, damit sie sucht, "was droben ist" und "trachtet nach dem, was droben ist, nicht nach dem, was auf Erden ist" (Kol 3,1-2). Keine Philosophie, keine Psychologie, Medizin, Ausbildung, Politik oder soziale Bewegung kann die Seele eines Menschen verändern.

> **"Ein Reicher hat es schwer, in das Reich der Himmel hineinzukommen!...Wer kann denn dann gerettet werden [weil auch die Armen träumen und begehren]?...Bei den Menschen ist dies [Errettung] unmöglich." (V.23-26)**

2. Der Reiche muß sich Gott und seiner Macht zuwenden. Gott ist seine einzige Hoffnung. Nur Gott kann die sklavische Bindung des Reichen an diese Welt brechen – nur Gott kann den Reichen bekehren und verändern, von der Gefahr und dem Urteil des Reichtums retten.

Wie? Ganz einfach. Was Christus dem reichen Jüngling sagte, gilt für alle Reichen: "...so geh hin, verkaufe, was du hast, und gib es den Armen, so wirst du einen Schatz im Himmel haben; und komm, folge mir nach!" (Mt 19,21)

Dieses Wort ist hart, für jeden von uns schwer zu tun – so schwer, daß wir uns aus seiner strikten Forderung herauswinden, sie abschwächen und wegerklären wollen. *Doch es bleibt bei dem, was Christus sagte. Die Jünger hatten vollkommen begriffen* (V.25-27).

In einfachen Worten: Um das ewige Leben zu bekommen, müssen wir *alles geben, was wir haben und sind*. Natürlich ist das für einen Reichen noch schwerer, denn "er hat viele Güter" (V.22).

Vier praktische Schritte helfen dem Reichen dabei gerettet zu werden.

1. Er muß sofort auf seine innere Stimme achten, das Drängen seines Gewissens, sein Leben und seinen Besitz Gott zu

Matthäus 19,23-26

übergeben. Er muß sofort zu Gott kommen und sich nie mehr abwenden.

2. Er muß täglich in Gottes Wort nach Anweisungen suchen, mit Gott reden und ihm vertrauen, sein Herz von der Verführung und der Gier nach Besitz freizuhalten.

3. Er muß seinen Reichtum nutzen, um die dringenden Bedürfnisse der anderen zu erfüllen. Er muß *erkennen, wissen und zugeben*, daß die große Mehrheit der Welt hungert, verletzt ist und Hilfe braucht – sogar sehr dringend – und daß Gott von ihm erwartet, daß er seinen ganzen Besitz einsetzt, um diese Bedürfnisse zu stillen. Er darf inmitten solcher Not nicht aufhäufen und im Luxus leben.

4. Er muß ein starkes Begehren nach dem Himmel entwickeln und wissen, daß sein Aufenthalt auf der Erde nur sehr kurz ist, wie die Lilie auf dem Feld.

> **"Denn bei Gott ist kein Ding unmöglich." (Lk 1,37)**
>
> **"Ich erkenne, daß du alles kannst und kein Plan dir unausführbar ist." (Hiob 42,2)**
>
> **"Den Reichen in der jetzigen Weltzeit gebiete, nicht hochmütig zu sein, auch nicht ihre Hoffnung auf die Unbeständigkeit des Reichtums zu setzen, sondern auf den lebendigen Gott, der uns alles reichlich zum Genuß darreicht. Sie sollen Gutes tun, reich werden an guten Werken, freigebig sein, bereit, mit anderen zu teilen, damit sie das ewige Leben ergreifen und so für sich selbst eine gute Grundlage für die Zukunft sammeln." (1Tim 6,17-19)**
>
> **"Denn einen anderen Grund kann niemand legen außer dem, der gelegt ist, welcher ist Jesus Christus." (1Kor 3,11)**
>
> **"Durch Glauben weigerte sich Mose, als er groß geworden war, ein Sohn der Tochter des Pharao zu heißen. Er zog es vor, mit dem Volk Gottes Drangsal zu erleiden, als den vergänglichen Genuß der Sünde zu haben, da er die Schmach des Christus für größeren Reichtum hielt als die Schätze Ägyptens; denn er sah die Belohnung an." (Hebr 11,24-26)**

NÄHERE BETRACHTUNG 4

(19,26) **Reiche**: Einige Reiche wandten sich Christus zu. Sie sind hervorragende Beispiele für die anderen Reichen, sich auch Gott zuzuwenden (siehe auch Abriß – Lk 8,2-3).

⇒ Jakobus und Johannes (Mk 1,20; vgl. Anmerkung – Mk 10,36-37).
⇒ Matthäus (siehe Anmerkung und <u>Nähere Betrachtung 1</u> – Mt 9,9-13).
⇒ Zachäus (Lk 19,1-10).
⇒ Joseph von Arimathia (Mt 27,57).
⇒ Nikodemus (Joh 20,39 vgl. 3,1f. Er wurde möglicherweise gerettet.)
⇒ Lydia (Apg 16,14-15).
⇒ Manahen, ein Pflegebruder von Herodes, der wahrscheinlich begütert war (Apg 13,1).
⇒ Einige Frauen, die Jesus unterstützten (siehe Abriß und Anmerkungen – Lk 8,2-3).

Matthäus 19,27-30

	E. Der Lohn der Gläubigen, 19,27-30 (Mk 10,28-31; Lk 18,28-30)	ner Herrlichkeit sitzen wird, auch auf zwölf Thronen sitzen und die zwölf Stämme Israels richten.	c. Wen richten: Die zwölf Stämme Israels

1 Die zwei Bedingungen für Lohn
  a. Muß alles aufgeben
  b. Muß Christus folgen
2 Der Lohn der Apostel: Sollen mit Christus herrschen
  a. Wann: In der neuen Zeit
  b. Zweck: Richten – herrschen, regieren, weisen
	27 Da antwortete Petrus und sprach zu ihm: Siehe, wir haben alles verlassen und sind dir nachgefolgt; was wird uns dafür zuteil? 28 Jesus aber sprach zu ihnen: Wahrlich, ich sage euch: Ihr, die ihr mir nachgefolgt seid, werdet in der Wiedergeburt, wenn der Sohn des Menschen auf dem Thron sei-	29 Und ein jeder, der Häuser oder Brüder oder Schwestern oder Vater oder Mutter oder Frau oder Kinder oder Äcker verlassen hat um meines Namens willen, der wird es hundertfältig empfangen und das ewige Leben erben. 30 Aber viele von den Ersten werden Letzte, und Letzte werden Erste sein.	3 Der Lohn des Gläubigen: Soll großen Lohn haben
			  a. Grund: Verließ alles – höhere Gefolgschaft
			  b. Gegenwärtiger Lohn: Hundertfach
			  c. Zukünftiger Lohn: Ewiges Leben
			4 Die schockierende Überraschung: Strenges Gericht – vollkommene Gerechtigkeit

ABSCHNITT XIII

DIE LEHREN DES MESSIAS AUF DEM WEG NACH JERUSALEM, 19,1-20,34

E. Der Lohn der Gläubigen, 19,27-30

(19,27-30) **Einführung**: Die Frage des Petrus wird oft mißverstanden. Petrus schacherte nicht, er brauchte eine Versicherung. Er wollte sichergehen, daß er und die anderen Jünger *wirklich gerettet* waren. Jeder hätte eine Versicherung gebraucht, nach dem, was Jesus gerade gesagt hatte: "Willst du vollkommen sein, so geh hin, verkaufe, was du hast, und gib es den Armen, so wirst du einen Schatz im Himmel haben; und komm, folge mir nach!" (Mt 19,21).

Wenige verkaufen alles und geben es weg (V.21) und wenige, reich oder arm, haben ihre Träume und den Drang nach mehr Besitz unter Kontrolle (siehe Anmerkung – Mk 10,25). Die Jünger wußten das, wie alle ehrlichen Menschen. Sie wußten auch, was für große Anforderungen Christus an die stellte, die ihm wirklich nachfolgen wollten. Anders als die meisten von uns mit ihren Versuchen, seine Worte abzuschwächen, verstanden sie vollkommen, was er sagte. Seine drastischen Worte schockierten. Sie konnten nicht sehen, wie irgend jemand noch gerettet werden konnte und die Antwort, die ihnen Christus auf ihre Frage nach der Errettung gab, gab ihnen keine *persönliche* Versicherung: "Bei den Menschen ist dies unmöglich; aber bei Gott sind alle Dinge möglich" (V.26).

Die Jünger brauchten dringend eine Versicherung. Hatten sie genug getan, genug aufgegeben? Sie dachten es und waren sich dessen fast sicher, doch stimmte es? Petrus sagte irgendwie demütig: "Herr, siehe [schau her], wir haben alles verlassen und sind dir nachgefolgt. Wir haben alles für dich aufgegeben. Was wird uns dafür zuteil? Werden wir das ewige Leben bekommen…?" Christus benutzte die Frage des Petrus, um eine wunderbare Wahrheit zu lehren. Alle, die ihm folgten, konnten beruhigt sein – sie würden enormen Lohn empfangen.

Man beachte die Versicherung des Herrn: "Wahrlich, ich sage <u>euch</u>: Ihr…werdet…auf dem Thron [meiner] Herrlichkeit sitzen…Und ein jeder, der [alles] verlassen hat…der wird…das ewige Leben erben" (V.28-29).
1. Die zwei Bedingungen für Lohn (V.27).
2. Der Lohn der Apostel: Sollen mit Christus herrschen (V.28).
3. Der Lohn des Gläubigen: Soll großen Lohn haben (V.29).
4. Die schockierende Überraschung: Strenges Gericht über die Gläubigen – vollkommene Gerechtigkeit (V.30).

1 (19,27) <u>Lohn – Gläubige – Selbstverleugnung</u>: Die zwei Bedingungen für Lohn.

1. Man muß alles verlassen. Was heißt das? Petrus und einige der anderen Jünger hatten Familie und sie kümmerten sich bereitwillig um sie (Mt 8,14). *Alles verlassen* heißt daher nicht durchbrennen und sich aus den täglichen Pflichten der Familie gegenüber stehen. *Alles verlassen* heißt alles aufgeben und loslassen – alles vorbehaltlos aufgeben. Es heißt, daß man sich um seine Familie kümmert, ja, doch darüber hinaus nutzt man, was man hat, um die Bedürfnisse einer verzweifelten Welt zu stillen. Es heißt, daß man Christus und seinen Dienst über alles, sogar über Familie und Freunde, stellt. Es heißt, daß man *alles sündige Verhalten aufgibt*, wie schlechte Angewohnheiten, schlechte Gesellschaft, krumme Wege, schmutzige Witze und Fluchworte. Es heißt, nicht zuzulassen, daß irgend etwas den Dienst für Christus beeinträchtigt. Es heißt, daß man die *Nachfolge Christi* an die erste Stelle stellt. Wenn wir ihn über alles stellen, entdecken wir eine wunderbare Wahrheit: Das Leben wird ausgeglichen. Alles, die Familie eingeschlossen, rückt an die richtige Stelle und das Leben wird zu einer Bereicherung (sogar, wenn man von seiner Familie abgelehnt wird).

2. Man muß Christus nachfolgen (siehe Anmerkung und <u>Nähere Betrachtung 1</u> – Lk 9,23). Wer Christus wirklich nachfolgt, verspürt kein Bedauern und muß nicht klagen. Er ist wirklich eine neue Schöpfung: "Das Alte ist vergangen, siehe, es ist alles neu geworden" (2Kor 5,17). Er ist zufrieden und erfüllt (Kol 2,10).

> **"Da begann Petrus und sprach zu ihm: Siehe, wir haben alles verlassen und sind dir nachgefolgt!" (Mk 10,28)**
>
> **"Danach ging er hinaus und sah einen Zöllner namens Levi an der Zollstätte sitzen und sprach zu ihm: Folge mir nach!" (Lk 5,27)**
>
> **"Er sprach aber zu allen: Wenn jemand mir nachkommen will, so verleugne er sich selbst und nehme sein Kreuz auf sich täglich und folge mir nach. Denn wer seine Seele retten will, der wird sie verlieren; wer aber seine Seele verliert um meinetwillen, der wird sie retten." (Lk 9,23-24)**
>
> **"So kann auch keiner von euch mein Jünger sein, der nicht allem entsagt, was er hat." (Lk 14,33)**
>
> **"Er aber sprach zu ihnen: Wahrlich, ich sage euch: Es ist niemand, der Haus oder Eltern oder Brüder oder Frau oder Kinder verlassen hat um des Reiches Gottes willen, der es nicht vielfältig wieder empfinge in dieser Zeit und in der zukünftigen Weltzeit das ewige Leben!" (Lk 18,29-30)**
>
> **"Ja, wahrlich, ich achte alles für Schaden gegenüber der alles übertreffenden Erkenntnis des Christus Jesus, meines Herrn, um dessentwillen ich alles eingebüßt habe, und ich achte es für Dreck, damit ich Christus gewinne." (Phil 3,8)**

Matthäus 19,27-30

Gedanke 1 Wir stehen zwei großen Gefahren gegenüber, die unseren Lohn schmälern können.
1) Nicht alles für Christus aufzugeben: An einigen Dingen wie Verhaltensweisen, Gewohnheiten, Beziehungen oder Besitz festzuhalten.
2) Übergeistlichkeit: Wenn man alles für Christus verlassen hat, besteht immer die Gefahr, zu denken, man hätte mehr als andere aufgegeben und geopfert. Bestimmte Dinge bieten sich für geistlichen Stolz an…
   - Leiden
   - Dienst und Wirken
   - Geld und Spenden
   - geistliche Gaben und Talente
   - geistliche Ämter
   - Rettung aus der Sünde

Gedanke 2 Manche versuchen, mit Gott zu handeln. Das darf nicht sein. Wir sollen hingehen und alles verlassen, Christus vertrauen und ihm folgen (2Kor 6,17-18; 1Joh 2,15-16).

2 (19,28) **Lohn – Apostel – Wiedergeburt**: Die Apostel sollten einen wunderbaren Lohn erhalten. Sie sollten hoch geehrt werden – als Mitregenten mit Christus selbst. Man beachte, daß Christus ihnen dreierlei sagte. (Siehe Nähere Betrachtung 1 – Mt 19,28 zur Diskussion dieser drei Punkte.)
⇒ Wann sie mit ihm regieren würden.
⇒ Warum sie mit ihm regieren würden.
⇒ Wen sie in ihrer Regierung richten und weisen würden.

Das Wort "Wiedergeburt" (paliggenesia) bedeutet Neuschaffung, Wiederherstellung, Erneuerung, Neugeburt. Es wird im Neuen Testament noch einmal verwendet und bezieht sich auf die Wiedergeburt eines einzelnen Menschen (Tit 3,5). Hier wird es von Christus benutzt, um die "Wiederherstellung" aller Dinge auszudrücken (Apg 3,21), eine kommende Zeit, in der er die Dinge unter seiner persönlichen Herrschaft neu ordnen wird (vgl. Röm 8,19-23; Jes 11,6-9). Dieser Tag wird oft Tag der Erlösung oder Gottes Reich genannt. (Siehe Anmerkung und Nähere Betrachtung 1 – Eph 1,7; Nähere Betrachtung 3 – Mt 19,23-24.)

Man beachte mehrere Dinge.

1. Die "Wiederherstellung" findet in der Zukunft statt. Christus sagte nicht "ihr, die ihr mir nachgefolgt seid in der Wiedergeburt," sondern "ihr, die ihr mir nachgefolgt seid, werdet in der Wiedergeburt, wenn der Sohn des Menschen…" Das Komma steht nach "mir nachgefolgt seid." Die Zeit ist, "wenn der Sohn des Menschen auf dem Thron seiner Herrlichkeit sitzen wird" – ein Zeitabschnitt in der Zukunft.

2. Christus sagte, daß dei Apostel mit zwölf Thronen belohnt würden und jeder einen der zwölf Stämme Israels richten sollte. Wann sollten sie richten? "In der Wiedergeburt," wenn die Dinge unter Christi Herrschaft neu geordnet würden. Doch wann soll diese Neuordnung der Dinge kommen? Zwei Antworten sind möglich: Entweder während des tausendjährigen Reichs Christi (siehe Nähere Betrachtung 3 – Mt 19,23-24; Nähere Betrachtung 2 – Offb 20,4-6) oder im neuen Himmel und der neuen Erde (Offb 21,1f; vgl. 1Kor 15,23-28).

In drei Abschnitten beschäftigt sich Christus mit der hier vorausgesagten Wiedergeburt.

"Ihr, die ihr mir nachgefolgt seid, werdet in der Wiedergeburt, wenn der Sohn des Menschen auf dem Thron sei ner Herrlichkeit sitzen wird, auch auf zwölf Thronen sitzen und die zwölf Stämme Israels richten." (Mt 19,28)

Die Bitte der Mutter des Jakobus und Johannes: "Sprich, daß diese meine beiden Söhne einer zu deiner Rechten, der andere zur Linken sitzen sollen in deinem Reich!…Und er spricht zu ihnen: Ihr werdet zwar meinen Kelch trinken und getauft werden mit der Taufe, womit ich getauft werde. Aber das Sitzen zu meiner Rechten und zu meiner Linken zu verleihen, steht nicht mir zu, sondern es wird denen zuteil, denen es von meinem Vater bereitet ist." (Mt 20,21, 23)

"Ihr aber seid die, welche bei mir ausgeharrt haben in meinen Anfechtungen. Und ich verordne euch, wie mir mein Vater das Reich verordnet hat, daß ihr an meinem Tisch in meinem Reich essen und trinken und auf Thronen sitzen sollt, um die zwölf Stämme Israels zu richten." (Lk 22,28-30)

Die Erfüllung dieser Verheißung scheint die messianische Herrschaft oder das tausendjährige Reich Christi auf der Erde zu sein. So scheint sich Christi Verheißung an Israel zu erfüllen.

"Und ich werde deine Richter wieder machen, wie sie ursprünglich waren, und deine Ratsherren wie am Anfang; darnach wirst du genannt werden die gerechte Stadt, die fromme Stadt." (Jes 1,26)

3. Man sollte jedoch beachten, daß einige große Schwierigkeiten damit haben, zu sagen, daß es *immer einen Unterschied zwischen Juden und Heiden geben wird*. Sie sagen, daß Christus kam, um allen Menschen Frieden zu bringen, sie miteinander zu versöhnen und alles Trennende zwischen ihnen zu beseitigen. Sie sagen, daß große Gewicht der Schrift steht gegen einen fortdauernden Unterschied zwischen Juden und Heiden. Diese Auslegung sagt ganz einfach: Wenn Christus wiederkommt, war es das. Dann ist das Ende der Zeit gekommen. Wenn er wiederkommt, richtet er seine *ewige* Herrschaft auf und regiert für immer. Deshalb bezieht sich die Herrschaft der Apostel auf die Kirche, d.h. das geistliche Israel oder das wahre Israel Gottes (Gal 6,15-16; vgl. Röm 2,28-29).

4. Christus sagte, er würde den Aposteln eine *besondere Ehre* verleihen. Warum? Sie hatte Christus vom allerkleinsten Anfang der Christenheit an geglaubt und waren ihm gefolgt. Sie hielten an diesem Glauben fest und blieben in den unglaublichsten Wechselfällen standhaft. Man stelle sich das vor!

⇒ Man stelle sich vor, vor einem Menschen zu stehen, der wie alle anderen aussieht, eben ein Mensch, und zu glauben, daß er wirklich der *Sohn Gottes* ist.
⇒ Man stelle sich vor, an Christus festzuhalten und ihm zu folgen, wenn sich alle anderen von ihm abgewendet haben (vgl. Joh 6,67).
⇒ Man stelle sich vor, dem auferstandenen Herrn sofort zu folgen und sofort dafür verantwortlich zu sein, der Welt die Botschaft zu bringen. (Kein Wunder, daß Gott für den Heiligen Geist planen mußte, der die Jünger zu Pfingsten erfüllte und heute in uns lebt. Siehe Anmerkungen – 1Kor 3,16; 6,19-20.)
⇒ Man stelle sich vor, immer weiterzumachen, zu versuchen, gehorsam zu sein und trotz unglaublicher Schwierigkeiten immer mehr zu erreichen und ständig der Feindschaft seiner Mitbürger, der Judaisten oder Frommen gegenüberzustehen.
⇒ Man stelle sich vor, unglaublichen Bedrohungen und Verfolgungen gegenüberzustehen und sie zu ertragen, die von einer ehrlosen Regierung und einer von Menschen verdorbenen Religion ausgehen, die sich heftig gegen alle wendet, die anderer Meinung sind.

Matthäus 19,27-30

Die Apostel hatten nicht nur mehr Verantwortung und mehr zu ertragen, als die meisten von uns erfahren werden, sie hatten auch mehr Verantwortung und mehr zu ertragen, als wir uns je vorstellen können (vgl. 1Kor 4,9-13; 2Kor 11,24-28).

Gedanke 1 Es gibt zwei Wiedergeburten.
1) Die Wiedergeburt eines Menschenlebens: Wiedergeburt und Neuschaffung des Wesens und Lebens eines Menschen (siehe <u>Nähere Betrachtung 1</u> – Joh 3,1-15).
2) Die Wiedergeburt des Universums: Die Neuschaffung von Himmel und Erde (Röm 8,21-23; 2Petr 3,10-13; 21,1).

NÄHERE BETRACHTUNG 1
(19,28) **Richten (Krino) – ewiges Leben**: Richten, regieren, anweisen; Angelegenheiten bearbeiten, beaufsichtigen, überwachen. Hier wird die Übertragung von Verantwortung, Pflichten und zu erledigender Arbeit gelehrt. Es soll *gerichtet* werden, d.h. regiert, angewiesen, überwacht und überblickt in Ewigkeit. Christus sagte den Aposteln, daß sie Israel regieren und beaufsichtigen würden. Paulus sagte, daß die Gläubigen die Welt und die Engel regieren und beaufsichtigen würden (1Kor 6,2-3). All diese Wirksamkeit und Verantwortung steht natürlich unter der Leitung Christi.

Aus irgend einem unbekannten Grund stellen wir uns das *ewige Leben* oft als träumerischen oder halb bewußten Zustand vor. Wir stellen uns vor, daß wir auf einer watteweichen Wolke in ewigem Müßiggang herumschweben. Es ist schwer zu verstehen, warum der Mensch die einfache Aussage Christi nicht akzeptieren kann, daß das Leben ewig sein soll. Ewiges Leben ist Leben, das nicht aufhört. Es gibt jedoch einen grundlegenden Unterschied: Das Leben wird vollkommen werden – in Leib, Seele und Geist. Es wird in einem neuen (vervollkommneten) Himmel und einer neuen Erde gelebt – Es wird vor Christus und in Verantwortung gegenüber Christus gelebt, in allem, was ihm verliehen ist (Joh 3,16; 5,24; Röm 8,19-23; 2Petr 3,9-18; 1Joh 5,11-13; Offb 21,1).

---

3 (19,29) **Lohn**: Die Apostel erhalten nicht als Einzige einen Lohn. Jeder wahre Nachfolger *Christi* soll großen Lohn erhalten. Christus sagt in diesem Vers dreierlei über den Lohn des Gläubigen.

1. Der Grund für den Lohn: Der Gläubige soll belohnt werden, weil er alles verlassen hat, weil er Jesus Christus über alles andere gestellt hat (siehe Anmerkung – Mt 19,27, die zwei Grundlagen für Lohn).

Man beachte, daß Christus die beiden Dinge nennt, die einem Menschen am nächsten stehen: Seine Familie und sein Besitz (Ehre und Land). Es ist am schwierigsten, Christus diese Dinge hinzugeben. Hobbys, Angewohnheiten, Freuden, Freunde – all das kann schneller aufgegeben (Christus unterworfen) werden als Familie oder Besitz. Man beachte auch, daß Christus die Liste mit materiellem Besitz beginnt und beendet. Sie können sehr gefangennehmen, für manche sogar mehr als die eigene Familie!

2. Der gegenwärtige Lohn: Hundertfach. Das Markusevangelium verdeutlicht, daß Christus von einem gegenwärtigen Lohn sprach (Mk 10,21). Kein wahrer Nachfolger Christi hat je etwas oder jemanden aufgegeben und ist von Christus arm und allein gelassen worden. Christus lohnt es seinem wahren Nachfolger vielfach. Man beachte: Der Lohn ist sowohl menschlich als auch materiell.

    a. Der menschliche Lohn ist echte Gemeinschaft mit wahren Gläubigen. Christus weiß, wenn sich die, die er so sehr liebt, gegen einen seiner Nachfolger wenden. Christus weiß, wann er jemanden in das Leben seiner Leute schicken muß, wann er das dringende Bedürfnis nach wahrer Freundschaft unter seinen Nachfolgern erfüllen muß. Und er erfüllt das Bedürfnis überreich.

> "Was wir gesehen und gehört haben, das verkündigen wir euch, damit auch ihr Gemeinschaft mit uns habt; und unsere Gemeinschaft ist mit dem Vater und mit seinem Sohn Jesus Christus." (1Joh 1,3)
> "Wenn wir aber im Licht wandeln, wie er im Licht ist, so haben wir Gemeinschaft miteinander, und das Blut Jesu Christi, seines Sohnes, reinigt uns von aller Sünde." (1Joh 1,7)
> "Und sie blieben beständig in der Lehre der Apostel und in der Gemeinschaft und im Brotbrechen und in den Gebeten." (Apg 2,42)
> "Denn wo zwei oder drei in meinem Namen versammelt sind, da bin ich in ihrer Mitte." (Mt 18,20)
> "So sind auch wir, die vielen, ein Leib in Christus, und als einzelne untereinander Glieder." (Röm 12,5)
> "Ich bin verbunden mit allen, die dich fürchten, und die deine Befehle befolgen." (Ps 119,63)
> "Da besprachen sich auch die Gottesfürchtigen miteinander, und der HERR merkte darauf und hörte es, und ein Gedenkbuch ward vor ihm geschrieben für die, welche den HERRN fürchten und seinen Namen hochachten." (Mal 3,16)

    b. Der materielle Lohn ist die Erfüllung von Bedürfnissen und was Gott will, daß wir übrig haben, damit wir helfen können, die Bedürfnisse anderer zu erfüllen.

Christus vermittelt hier die Vorstellung von vollkommener materieller Fürsorge und Sicherheit. Der eigentliche Grund für unser Horten und unser Verlangen nach immer mehr ist eine tiefsitzende Unsicherheit. Verlangen, Geiz, Furcht und Unsicherheit sind äußerst ungesund und bringen aus dem Gleichgewicht. Wenn wir alles aufgeben und Christus wirklich nachfolgen, gibt er uns den größtmöglichen Frieden und die größtmögliche Sicherheit: Sich und seine Macht, für unsere Bedürfnisse zu sorgen. Wir müssen uns nie wieder Sorgen machen (siehe Anmerkungen – Mt 6,25-34; Lk 16,10-12. Vgl. Mk 10,29-30; Lk 18,28-30; Eph 4,28.) In Christus gibt es viel mehr Glück, Freude, Friede, Sicherheit, Versicherung, Vertrauen, Befriedigung, Vollkommenheit und Erfüllung, als es irgend ein weltlicher Besitz oder Gemeinschaft oder Freundschaft bieten kann.

> "Trachtet vielmehr zuerst nach dem Reich Gottes und nach seiner Gerechtigkeit, so wird euch dies alles hinzugefügt werden!" (Mt 6,33; vgl. Mt 6,25-34)
> "Der Dieb kommt nur, um zu stehlen, zu töten und zu verderben; ich bin gekommen, damit sie Leben haben und es im Überfluß haben." (Joh 10,10)
> "Gott aber ist mächtig, euch jede Gnade im Überfluß zu spenden, so daß ihr in allem allezeit alle Genüge habt und überreich seid zu jedem guten Werk." (2Kor 9,8)
> "Dem aber, der weit über die Maßen mehr zu tun vermag, als wir bitten oder verstehen, gemäß der Kraft, die in uns wirkt." (Eph 3,20)

Matthäus 19,27-30

"Mein Gott aber wird in Christus Jesus allen euren Mangel ausfüllen nach seinem Reichtum in Herrlichkeit!" (Phil 4,19)

"Denn auf diese Weise wird euch der Eingang in das ewige Reich unseres Herrn und Retters Jesus Christus reichlich gewährt werden." (2Petr 1,11)

"Du bereitest vor mir einen Tisch angesichts meiner Feinde; du hast mein Haupt mit Öl gesalbt, mein Becher fließt über." (Ps 23,5; vgl. Ps 36,8)

"Gepriesen sei der Herr! Tag für Tag trägt er unsere Last, der Gott unsres Heils!" (Ps 68,19)

"Und er wird deiner Saat, mit der du den Acker bestellst, Regen spenden, daß das Getreide, der Ertrag deines Ackers, saftig und nahrhaft wird; dein Vieh wird zu jener Zeit auf weiter Aue weiden." (Jes 30,23)

"Und ihr sollt genug zu essen haben und satt werden und den Namen des HERRN, eures Gottes, loben, der wunderbar an euch gehandelt hat, und mein Volk soll nicht zuschanden werden ewiglich!" (Joel 2,26)

"Bringet aber den Zehnten ganz in das Kornhaus, auf daß Speise in meinem Hause sei, und prüfet mich doch dadurch, spricht der HERR der Heerscharen, ob ich euch nicht des Himmels Fenster auftun und euch Segen in überreicher Fülle herabschütten werde!" (Mal 3,10)

3. Der zukünftige Lohn ist das ewige Leben (siehe Nähere Betrachtung 1 – Joh 17,2-3; vgl. Nähere Betrachtung 2 – Joh 1,4; Anmerkung und Nähere Betrachtung 1 – Mt 19,28. Vgl. Röm 8,16-18.)

"Da blickte ihn Jesus an und gewann ihn lieb und sprach zu ihm: Eines fehlt dir! Geh hin, verkaufe alles, was du hast, und gib es den Armen, so wirst du einen Schatz im Himmel haben; und komm, nimm das Kreuz auf dich und folge mir nach!" (Mk 10,21)

"Damit jeder, der an ihn glaubt, nicht verloren geht, sondern ewiges Leben hat." (Joh 3,15)

"Wer an den Sohn glaubt, der hat ewiges Leben; wer aber dem Sohn nicht glaubt, der wird das Leben nicht sehen, sondern der Zorn Gottes bleibt auf ihm." (Joh 3,36)

"Und wer erntet, der empfängt Lohn und sammelt Frucht zum ewigen Leben, damit sich der Sämann und der Schnitter miteinander freuen." (Joh 4,36)

"Wahrlich, wahrlich, ich sage euch: Wer mein Wort hört und dem glaubt, der mich gesandt hat, der hat ewiges Leben und kommt nicht ins Gericht, sondern er ist vom Tod zum Leben hindurchgedrungen." (Joh 5,24)

"Das ist aber das ewige Leben, daß sie dich, den allein wahren Gott, und den du gesandt hast, Jesus Christus, erkennen." (Joh 17,3)

"Denn wer auf sein Fleisch sät, der wird vom Fleisch Verderben ernten; wer aber auf den Geist sät, der wird vom Geist ewiges Leben ernten." (Gal 6,8)

Gedanke 1 Christus verspricht seinen Nachfolgern, sie jetzt schon zu belohnen: Mit einer unglaublichen christlichen Gesellschaft, Gemeinschaft und Sicherheit. Er gründete die Kirche, um dieses Versprechen zu erfüllen. Die Kirche hat eine hohe Berufung. Man stelle sich vor, daß die Ortsgemeinde und ihre wahren Gläubigen sich untereinander so nahe wie in einer Familie sind. Die Kirche soll für den Fremden, Einsamen und Schüchternen kostbare Gemeinschaft bieten. Sie soll das Bedürfnis erfüllen, wo die Familie versagt.

Eine zielgerichtete Frage: Wie viele Kirchen bieten echte Gemeinschaft an (siehe Nähere Betrachtung 3 – Apg 2,42)? Wie oft muß sich Gott von Ortsgemeinden ab- und anderen zuwenden, um das Bedürfnis eines seiner Jünger zu erfüllen?

4 (19,30) **Lohn – Gericht**: Die Worte des Herrn sind deutlich. Die Gläubigen werden streng gerichtet – die Ausübung vollkommener Gerechtigkeit. Unser menschliches Urteil ist oft ungenau. *Viele Menschen* werden umgekehrt werden: Viele, die wir geachtet und hoch geehrt haben, werden, werden nach ganz hinten gestellt und viele, die wir als niedrig und schwach angesehen haben, werden an erster Stelle stehen. Nur Gott kennt das wahre Wesen seiner Diener. Wir beurteilen und belohnen...

- nach sichtbaren Werken
- nach Freundlichkeit
- nach Einfluß oder Wertschätzung
- nach sichtbarer Moral
- nach Jahren als Christ
- nach Können und Geschicklichkeit
- nach Alter und längerem Dienst
- nach Ansehen
- nach Stellung

Gott sieht jedoch in die Herzen seiner Nachfolger, in jedes einzelne Herz und er wird die Fehlurteile unserer lieben Brüder und Schwestern in Christus zurechtrücken. Christus läßt keinen Zweifel daran: Der Niedrigste auf der Erde wird im Himmel zum Größten erhoben werden. Das mag eine schockierende Überraschung sein, doch das Gericht, die gerechte Ausrichtung und Stellung der Gläubigen, muß kommen (siehe Nähere Betrachtung 1 – 2Kor 5,10; Anmerkung – 1Joh 3,1-2).

"Denn wir alle müssen vor dem Richterstuhl des Christus offenbar werden, damit jeder das empfängt, was er durch den Leib gewirkt hat, es sei gut oder böse." (2Kor 5,10)

"So wird das Werk eines jeden offenbar werden; der Tag wird es zeigen, weil es durchs Feuer geoffenbart wird. Und welcher Art das Werk eines jeden ist, wird das Feuer erproben. Wenn jemandes Werk, das er darauf gebaut hat, bleibt, so wird er Lohn empfangen; wird aber jemandes Werk verbrennen, so wird er Schaden erleiden, er selbst aber wird gerettet werden, doch so wie durchs Feuer hindurch." (1Kor 3,13-15)

"Er hat Gewaltige von den Thronen gestoßen und Niedrige erhöht." (Lk 1,52)

"Wehe euch, die ihr satt seid; denn ihr werdet hungern! Wehe euch, die ihr jetzt lacht, denn ihr werdet trauern und weinen!" (Lk 6,25)

"Sohn, bedenke, daß du dein Gutes empfangen hast in deinem Leben und Lazarus gleichermaßen das Böse; nun wird er getröstet, du aber wirst gepeinigt." (Lk 16,25)

Matthäus 20,1-16

	KAPITEL 20 **F. Das Gleichnis von den Arbeitern im Weinberg: Gottes große Gnade, 20, 1-16**		

1 Gottes Gnade gibt dem Menschen Arbeit – einen Weinberg zu bestellen
 2 Gottes Gnade sucht und ruft Menschen zur Arbeit
  a. Der erste Ruf: An die Eifrigen und Willigen
    1) Gnadenbeweis: Voller Lohn versprochen
    2) In den Weinberg geschickt
  b. Der Ruf an die Verspäteten: Die Faulen – Trägen – Egoisten – Selbstgefälligen
    1) Gnadenbeweis: Aufforderung und Versprechen gerechten Lohns
    2) Einige reagierten
  c. Der fortwährende Ruf: An alle – beständige Gnade
 	
  d. Der letzte Ruf: In der elften Stunde – an die Faulen
    1) Er tadelt hart
 	
    2) Sie entschuldigen sich
 	
    3) Er beweist Gnade: Aufforderung und Versprechen gerechten Lohns
	Denn das Reich der Himmel gleicht einem Hausherrn, der am Morgen früh ausging, um Arbeiter in seinen Weinberg einzustellen.
	2 Und nachdem er mit den Arbeitern um einen Denar für den Tag übereingekommen war, sandte er sie in seinen Weinberg.
	3 Als er um die dritte Stunde ausging, sah er andere auf dem Markt untätig stehen
	4 und sprach zu diesen: Geht auch ihr in den Weinberg, und was recht ist, will ich euch geben!
	5 Und sie gingen hin. Wiederum ging er aus um die sechste und um die neunte Stunde und tat dasselbe.
	6 Als er aber um die elfte Stunde ausging, fand er andere untätig dastehen und sprach zu ihnen: Warum steht ihr hier den ganzen Tag untätig?
	7 Sie sprachen zu ihm: Es hat uns niemand eingestellt! Er spricht zu ihnen: Geht auch ihr in den Weinberg, und was recht ist, das werdet ihr empfangen!
	8 Als es aber Abend geworden war, sprach der Herr des
		Weinbergs zu seinem Verwalter: Rufe die Arbeiter und bezahle ihnen den Lohn, indem du bei den Letzten anfängst, bis zu den Ersten.
		9 Und es kamen die, welche um die elfte Stunde [eingestellt worden waren], und empfingen jeder einen Denar.
		10 Als aber die Ersten kamen, meinten sie, sie würden mehr empfangen; da empfingen auch sie jeder einen Denar.
		11 Und als sie ihn empfangen hatten, murrten sie gegen den Hausherrn
		12 und sprachen: Diese Letzten haben nur eine Stunde gearbeitet, und du hast sie uns gleich gemacht, die wir die Last und Hitze des Tages getragen haben!
		13 Er aber antwortete und sprach zu einem unter ihnen: Freund, ich tue dir nicht unrecht. Bist du nicht um einen Denar mit mir übereingekommen?
		14 Nimm das Deine und gehe hin! Ich will aber diesem Letzten so viel geben wie dir.
		15 Oder habe ich nicht Macht, mit dem Meinen zu tun, was ich will? Blickst du darum neidisch, weil ich gütig bin?
		16 So werden die Letzten die Ersten und die Ersten die Letzten sein. Denn viele sind berufen, aber wenige auserwählt.
			3 Gottes Gnade zahlt den versprochenen Lohn: Zur vereinbarten Zeit, am Ende des Tages
			  a. Durch den Verwalter bezahlt
			  b. Aus einem Herzen voll Sorge und Gnade bezahlt
			    1) Sorge und Gnade für die Verspäteten: Voller Lohn
			    2) Sorge und Gnade für die Eifrigen: Voller Lohn
			
			  c. Lohn nicht für Arbeit und Mühe: Verdeutlicht durch die eifrigen Arbeiter, die über den gleichen Lohn murrten
			
			    1) Lohn ist gnädig und gerecht: Voller Lohn wie versprochen
			
			    2) Lohn basiert auf Gottes Sorge für alle: Für die Letzten wie für die Ersten
			
			  d. Lohn nicht, wie der Mensch es sieht (böse, neidische Blicke): Lohn, wie Gott will – Er ist gut
			4 Gottes Gerechtigkeit beweist sich, indem er bezahlt, was er versprochen hat

ABSCHNITT XIII

DIE LEHREN DES MESSIAS AUF DEM WEG NACH JERUSALEM, 19,1-20,34

F.   Das Gleichnis von den Arbeitern im Weinberg: Gottes große Gnade, 20,1-16

(20,1-16) **Einführung**: Dies ist eins der bedeutungsvollsten Gleichnisse in der Schrift, doch wird die Bedeutung manchmal nicht erkannt. Christus setzte seine Ausführungen über Erlösung (Mt 19,25) und ewiges Leben fort (Mt 19,29). (Siehe Anmerkung – Mt 19,27-30.) Jetzt wollte er *die wunderbare Gnade Gottes* in der Erlösung und der Gabe des ewigen Lebens zeigen. Das tat er mit einem Gleichnis – einem Gleichnis, das wie nur wenige andere Lektionen Gottes wunderbare Gnade beweist.
    1.   Gottes Gnade gibt dem Menschen Arbeit – einen Weinberg zu bestellen (V.1).
    2.   Gottes Gnade sucht und ruft Menschen zur Arbeit (V.1-7).
    3.   Gottes Gnade zahlt den versprochenen Lohn: Zur vereinbarten Zeit, am Ende des Tages (V.8-15).
    4.   Gottes Gerechtigkeit beweist sich, indem er bezahlt, was er versprochen hat (V.16).

1 (20,1) **Arbeit – Mühe – Gnade – Zweck**: Gottes Gnade gibt dem Menschen Arbeit, einen Weinberg zu bestellen. Zwei wichtige Tatsachen werden betont.
    1.   Gott gibt dem Menschen Arbeit und gibt ihm den Weinberg zur Bestellung. Gott ist der große Hausherr. Der Weinberg kann entweder für die Welt oder die Kirche stehen. Die Welt, die Kirche und der Mensch selbst sind aus Gottes Gnade. Gottes Gnade hat den Menschen erschaffen. Gottes Gnade stellt den Weinberg (die Welt und die Kirche) für den Menschen bereit, damit er darin arbeitet. Ohne Gott gäbe es nichts (Röm 11,36; Kol 1,16f).
    2.   Gott sucht die Menschen und ruft sie zur Arbeit. Die Arbeiter kommen nicht von selbst zu ihm. Gott geht dem Menschen aus Gnade, wunderbarer Gnade nach (Lk 19,10; Joh 3,16; 15,16). Jeder Schritt, der zu einem Ruf durch Gott gehört, ist Gnade: Der Ruf selbst, die Aufforderung, sich an die Arbeit zu machen, das Versprechen des Lohns (Belohnung), die Annahme der Reaktionen und die Aussendung in den Weinberg. Gott mußte nicht rufen und keinen der beschriebenen Schritte gehen. Jeder Schritt ist ein wunderbarer Beweis von Gottes Gnade und Fürsorge.
    Man beachte noch etwas: Die Seele des Menschen dient etwas. Sie dient entweder dem Selbst und der Sünde oder Gott und der Gerechtigkeit. Der Mensch arbeitet entweder für die Welt und ihr Ende oder für den Himmel und sein Ende (Röm 6,16-22). Aus diesem Grund ruft Gott unaufhörlich (siehe obigen Abriß und Anmerkungen zu jedem Ruf).

    "Da sprach er zu seinen Jüngern: Die Ernte ist groß, aber es sind wenig Arbeiter. Darum bittet den Herrn der Ernte, daß er Arbeiter in seine Ernte aussende!" (Mt 9,37-38)
    "Sagt ihr nicht: Es sind noch vier Monate, dann kommt die Ernte? Siehe, ich sage euch: Hebt eure

Matthäus 20,1-16

Augen auf und seht die Felder an; sie sind schon weiß zur Ernte. Und wer erntet, der empfängt Lohn und sammelt Frucht zum ewigen Leben, damit sich der Sämann und der Schnitter miteinander freuen." (Joh 4,35-36)

"Der Herr aber sprach: Wer ist wohl der treue und kluge Haushalter, den der Herr über seine Dienerschaft setzen wird, damit er ihnen zur rechten Zeit die verordnete Speise gibt? Glückselig ist jener Knecht, den sein Herr, wenn er kommt, bei solchem Tun finden wird!" (Lk 12,42-43)

"Er sprach nun: Ein Edelmann zog in ein fernes Land, um sich die Königswürde zu holen und dann wiederzukommen. Da rief er zehn seiner Knechte und gab ihnen zehn Pfunde und sprach zu ihnen: Handelt damit, bis ich wiederkomme!" (Lk 19,12-13)

NÄHERE BETRACHTUNG 1
(20,1) **Reich der Himmel**: Siehe Nähere Betrachtung 3 – Mt 19,23-24.

---

2 (20,2) **Ruf – Zweck – Lohn**: Der erste Ruf ist der erste Ruf Gottes an einen Menschen. Er wird an den Menschen gerichtet, wenn er besonders willig und bereit ist, Gott zu dienen. Mit diesem ersten Ruf beginnt Gott, zum Herzen eines Menschen zu sprechen. Das Herz fühlt einen Zug, Drang, Ruf, Gedanken und Bewegung, sich Gott zuzuwenden und auf ihn zu hören.

Man beachte zweierlei.
1. Der Hausherr versprach den Arbeitern vollen Lohn. Wenn die Arbeitswilligen ihm glaubten, würden sie in den Weinberg gehen und arbeiten. Wenn sie ihm nicht glaubten, würden sie nicht gehen. Ihr Glaube ging der Arbeit voraus. Er versprach, sie glaubten und arbeiteten.

Gottes Ruf ergeht aus Gnade, nicht wegen Werken. Daß Christus hier von Arbeit und Lohn spricht, soll in keiner Weise heißen, daß man sich die Erlösung verdient, daß sie aus Werken kommt. Wir werden aus Gottes Gnade durch den Glauben gerettet (Röm 4,3-5; Eph 2,8-10).

2. Die Arbeitszeit betrug einen Tag, der für die Lebenszeit steht. Wenn der Tag (Leben) endet, wird der Hausherr sein Versprechen an die bereitwilligen Arbeiter einlösen. Sie werden genau das als Lohn erhalten, was er ihnen versprochen hatte und der Lohn wird für immer ihnen gehören. Der Tag ist nur eine kurze Zeit im Vergleich damit, daß ihre Bedürfnisse erfüllt würden. Sie konnten jede Prüfung (Mühsal oder Hitze, V.12) einen Tag lang aushalten, denn er würde bald enden.

Zwei Dinge ermutigten sie, bei der Arbeit zu bleiben: Sie mußten nur kurze Zeit arbeiten, nur einen Tag, und der Hausherr war bei ihnen. Er ermutigte sie immer wieder, war mit ihnen zusammen und erinnerte sie an sein Versprechen.

"Darum geht hin an die Kreuzungen der Straßen und ladet zur Hochzeit ein, so viele ihr findet!" (Mt 22,9)

"Welcher will, daß alle Menschen gerettet werden und zur Erkenntnis der Wahrheit kommen." (1Tim 2,4)

"Siehe, ich habe dir heute vorgelegt das Leben und das Gute, den Tod und das Böse." (5Mo 30,15)

NÄHERE BETRACHTUNG 2
(20,3-4) **Ruf – Zweck**: Der Ruf an die Verspäteten ist ein späterer Ruf an einen Menschen. In jeder Stadt gibt es Arbeitslose. Wer unter uns mit dem Arbeitsmarkt zu tun hat, weiß, daß ein Unternehmer im Laufe des Tages oft feststellt, daß er noch mehr Arbeiter braucht. Also kommt er und sucht nach weiteren Arbeitern. Und jedes Mal, wenn er kommt, ist das sozusagen ein Gnadenbeweis – er erfüllt das Bedürfnis von noch mehr Menschen.

Wer Arbeiter einstellen will, trifft auf alle möglichen Reaktionen.
1. Die *bereitwilligen und eifrigen* Arbeiter. Sie sind immer schon früh unterwegs und suchen Arbeit, weil sie sie brauchen. Sie erkennen ihr Bedürfnis und fühlen sich verantwortlich dafür, alles zu tun, um es zu erfüllen. Oft sind das Menschen, die Sinn, Ziel und Bedeutung genausosehr suchen wie rein materielle Versorgung.
2. Diejenigen, die Christus *die Faulen* nennt. Sie haben wenig Interesse an Arbeit, wenn überhaupt. Sie sind nur da, weil sie dort Menschen treffen und die Zeit in Gesellschaft verbringen können.
3. Die *Egoisten* oder *Spaßarbeiter*. Sie fragen jeden Arbeitgeber, was es denn für Arbeit gäbe. Wenn die Arbeit schwierig oder unangenehm klingt, lehnen sie ab und warten auf etwas Besseres, was mehr Spaß macht. Wenn jedoch die Zeit voranschreitet, ohne daß etwas Befriedigenderes aufgetaucht ist, sind auch sie bereit, mit dem ersten Arbeitgeber zu gehen.
4. Die *trägen Arbeiter*. Sie sind einfach nur faul und haben an einer Vollzeitbeschäftigung kein Interesse. Sie hängen lieber herum, ohne jede Verpflichtung, als Kraft und Mühe auf Arbeit zu verwenden. Sie haben lieber weniger zum Leben, als den ganzen Tag zu arbeiten. Deshalb kommen sie nur, wenn sie mal ein bißchen Arbeit brauchen.
5. Die *selbstgefälligen Arbeiter*, die Bummler. Sie schlafen lange, tun nichts schnell und kommen immer spät zum Arbeitsmarkt. Es stört sie nicht, wenn sie die gute Arbeit verpassen, wenn sie nur genug haben, um ihren täglichen Bedarf zu decken.
6. Die *Schwächlinge und Versager*. Sie nehmen eine Arbeit an, die ihnen gefällt, doch dann stellen sie fest, daß die Arbeit schwierig und hart ist. Also verschwinden sie einfach und kommen zurück auf den Arbeitsmarkt, um sich nach etwas Leichterem umzusehen.

Die Parallelen zu Gottes Ruf an die Verspäteten ist leicht zu sehen. Man beachte zu diesem Ruf zweierlei, das ihn vom ersten Ruf unterscheidet.
1. Der Ruf zur Arbeit ist nachdrücklicher: "Geht auch ihr." Er muß nachdrücklicher sein. All diese Leute haben den ersten Ruf bereits abgelehnt oder waren nicht da, um ihn zu hören. Etwas vom Tag (ihrem Leben) ist bereits vergangen und kann nicht zurückgeholt werden. Um die meisten dieser Zuspätkommer aufzurütteln, braucht man mehr Nachdruck und Überzeugungskraft.
2. Es wird Lohn (Belohnung) versprochen, doch die Summe wird nicht genannt. Der Herr sagte nur: "Und was recht ist, will ich euch geben!" Ein Zuspätkommer, der erst später im Leben auf Gott hört, muß einfach darauf vertrauen, daß Gott fair und gerecht ist. Er bekommt nur das Versprechen *gerechten Lohns*.

Matthäus 20,1-16

> "Wir hören nämlich, daß etliche von euch unordentlich wandeln und nicht arbeiten, sondern unnütze Dinge treiben." (2Thess 3,11)
>
> "Damit ihr ja nicht träge werdet, sondern Nachfolger derer, die durch Glauben und Geduld die Verheißungen erben." (Hebr 6,12)
>
> "Wer nachlässig ist in seinem Geschäft, der ist ein Bruder des Zerstörers." (Spr 18,9)
>
> "Ich ging vorüber an dem Acker des Faulen und an dem Weinberge des Unverständigen und siehe, er ging ganz in Disteln auf, und Nesseln überwucherten ihn, und seine Mauer war eingestürzt." (Spr 24,30-31)

NÄHERE BETRACHTUNG 3

(20,5) **Ruf – Zweck**: Der fortwährende Ruf ist die gelegentliche Bewegung Gottes im Herzen des Menschen. Es gibt nichts Traurigeres als einen Arbeitslosen, d.h. einen Menschen, der Gott nicht in der Welt und in der Kirche dient. Gott kümmert sich und Gott hat für jeden Menschen reichlich zu tun. Deshalb versucht er immer wieder, das Herz des Menschen zu erreichen, indem er ihn zu jeder möglichen Stunde ruft. Man beachte dreierlei zum fortwährenden Ruf Gottes.

1. Nur Gottes großes Mitleid mit uns bringt ihn dazu, uns immer wieder zu rufen.
2. Der Ruf Gottes hat Grenzen; er kommt nur von Zeit zu Zeit. Im Gleichnis sind bis zu diesem Zeitpunkt nur vier Rufe ergangen. Es gibt nur noch einen weiteren Ruf, nur fünf Rufe an einem Tag und in einem Leben. Gottes Bewegung, sein Geist, ist nicht immer bei uns (1Mo 6,3). Wir wissen das aus Erfahrung. Wenn dieses *Dasein* in unserem Herzen oder Verstand beginnt (durch Lesen, Hören der Botschaft oder was auch immer) und wir ignorieren es und entscheiden uns nicht sofort, wird es immer schwächer und verschwindet schließlich ganz. Es verläßt uns und wir leben so weiter wie bisher.
3. Die Rufe Gottes werden mit jeder Ablehnung eines Rufs immer schwächer und leiser.
   ⇒ Unser Gewissen wird härter und unser Verstand läßt sich schwerer beeinflussen.
   ⇒ Unser Herz wird unsensibler, unser Ego konzentriert sich mehr auf sich selbst.
   ⇒ Unsere Gedanken werden weltlicher, unser Leben wird mehr belastet.
   ⇒ Unser Wille wird träger (Spr 29,1).

> "Gefällt es euch aber nicht, dem HERRN zu dienen, so erwählet euch heute, welchem ihr dienen wollt: den Göttern, denen eure Väter jenseits des Stromes gedient haben, oder den Göttern der Amoriter, in deren Land ihr wohnt; ich aber und mein Haus, wir wollen dem HERRN dienen!" (Jos 24,15)
>
> "Da trat Elia zu allem Volk und sprach: Wie lange hinket ihr nach beiden Seiten? Ist der HERR Gott, so folget ihm nach, ist es aber Baal, so folget ihm! Und das Volk antwortete ihm nichts." (1Kön 18,21)
>
> "Und doch habe ich alle meine Knechte, die Propheten, frühe und fleißig zu euch gesandt und euch sagen lassen: Kehret doch um, ein jeder von seinem bösen Wege, und bessert eure Taten und folgt nicht andern Göttern nach, um ihnen zu dienen, so sollt ihr in dem Lande bleiben, das ich euch und euren Vätern gegeben habe! Aber ihr habt eure Ohren nicht geneigt und nicht auf mich gehört." (Jer 35,15)
>
> "Sprich zu ihnen: So wahr ich lebe, spricht Gott, der HERR, ich habe kein Gefallen am Tode des Gottlosen, sondern daran, daß der Gottlose sich abwende von seinem Wege und lebe! Wendet euch ab, wendet euch ab von euren bösen Wegen! Warum wollt ihr sterben, Haus Israel?" (Hes 33,11)
>
> "Kommt, wir wollen wieder umkehren zum HERRN! Er hat uns zerrissen, er wird uns auch heilen; er hat uns verwundet, er wird uns auch verbinden." (Hos 6,1)

NÄHERE BETRACHTUNG 4

(20,5) **Jüdische Zeit**: Ein jüdischer Tag begann um 6 Uhr morgens und endete um 18 Uhr. Der erste Ruf erging vor 6 Uhr, dem Arbeitsbeginn. Der Ruf an die Verspäteten erging um 9 Uhr, wenn ein Viertel des Tages (des Lebens) bereits vorbei war. Die sechste Sunde war um 12 Uhr mittags, die neunte 15 Uhr und die elfte Stunde 17 Uhr.

NÄHERE BETRACHTUNG 5

(20:6-7) **Ruf – Zweck – Entscheidung**: Der letzte Ruf ist der letzte Ruf Gottes an einen Menschen – der Ruf der elften Stunde. Man beachte, was mit Menschen geschieht, die bis zur elften Stunde warten.

1. Gott tadelt sie viel strenger als alle anderen: Warum steht ihr hier *den ganzen Tag* untätig? Für solches Verhalten gibt es keine Entschuldigung.
2. Sie entschuldigen sich: Es hat uns niemand eingestellt. Dem ist nicht so, sie lügen und verführen sich selbst.
3. Gott ist trotz ihrer falschen Entschuldigung gnädig: Er fordert sie nachdrücklich auf und verspricht ihnen gerechten Lohn.

Doch man muß beachten, daß nicht gesagt wird, wie viele reagierten. Man denke nur einmal nach. Wie viele würden auf eine Arbeitszeit von gerade einer Stunde reagieren? Wie viele würden vertrauen, nachdem sie an einem einzigen Tag vier andere Angebote abgelehnt hatten? Realistisch gesehen, nicht viele.

Drei sehr praktische Dinge sprechen gegen den Menschen, der bis zur elften Stunde wartet, bevor er auf Gottes Ruf hört.

1. Man weiß nicht oft, wann die elfte Stunde ist. Wenige wissen, wann sie sterben müssen, und noch weniger, wann Gott zum letzten Mal rufen wird.
2. In der elften Stunde bleibt dem Menschen nur wenig Zeit zum Arbeiten. Wer eine Gelegenheit verpaßt hat, neigt dazu, sich selbst anzuklagen und Vorwürfe zu machen. Er fühlt sich unwürdig. Es ist unwahrscheinlich, daß er Gottes Ruf hört, um ihn anzunehmen.
3. In der elften Stunde ist der Mensch, der einen Ruf nach dem anderen abgelehnt hat, sehr hart geworden. Es ist nur noch wenig Weiches und Empfindsames übrig, das auf Gottes Ruf reagieren könnte – wie stark er auch ist.

Matthäus 20,1-16

> "Und er sandte seine Knechte aus, um die Geladenen zur Hochzeit zu rufen; aber sie wollten nicht kommen." (Mt 22,3)
> "Und doch wollt ihr nicht zu mir kommen, um das Leben zu empfangen." (Joh 5,40)
> "In bezug auf Israel aber spricht er: Den ganzen Tag habe ich meine Hände ausgestreckt nach einem ungehorsamen und widerspenstigen Volk!" (Röm 10,21)
> "Und nun, weil ihr alle diese Freveltaten verübt habt, spricht der HERR, und ich frühe und fleißig zu euch geredet habe, ihr aber nicht hören wolltet, weil ich euch gerufen, ihr aber nicht geantwortet habt." (Jer 7,13)
> "Mein Gott wird sie verwerfen; denn sie haben ihm nicht gehorcht; darum müssen sie umherirren unter den Heiden." (Hos 9,17)

3 (20,8-15) **Lohn – Gnade – Tod**: Gottes Gnade zahlt denen, die für ihn gearbeitet haben, den versprochenen Lohn. Er wird zur vereinbarten Zeit zahlen. Wann ist diese Zeit? Am Abend, beim Tod, wenn alle Arbeit endet. Das ist die Bedeutung vom *Abend*, von *der vereinbarten Zeit*. Für den Diener Gottes gibt es zwei *Abende*, zwei vereinbarte Zeiten.

Erstens, der Abend oder der Tod, wenn der Arbeiter aus diesem Leben in Gottes Gegenwart kommt. Er bekommt seinen Lohn des ewigen Lebens. Gott stellt ihn in die Gegenwart des Herrn und der Gläubige wird nach dem Bild Christi umgewandelt (siehe Anmerkung – 1Joh 3,2). Das ist der Lohn, von dem in diesem Gleichnis gesprochen wird.

Zweitens, der Abend oder die vereinbarte Zeit des Gerichts, wenn das Tun des Arbeiters beurteilt wird (siehe Nähere Betrachtung 1 – 2Kor 5,10). Von diesem Abend des Gerichts wird in diesem Gleichnis *nicht* gesprochen.

1. Der Verwalter ist Christus, Gottes Sohn, dem Gott alle Gewalt übergeben hat (Joh 5,22; 2Kor 5,10).
2. Gott bezahlt jeden aus einem Herzen voller Fürsorge und Gnade. Es ist äußerst wichtig, das zu verstehen: Gott ist Liebe und er kümmert sich. Er kümmert sich um alle Arbeiter, wie alt sie auch sind und wie lange sie ihm gedient haben. Er kümmert sich und er will, daß die Arbeiter genug haben, um ihre Bedürfnisse zu erfüllen. Dafür war ein Tagelohn (der Lohn des ewigen Lebens) notwendig. Er würde keinen Arbeiter gehen lassen, der nicht wenigstens so viel bekommen hat. Deshalb bezahlt er *sogar den Zuspätkommern* den vollen Lohn (ewiges Leben).

Man beachte noch einen Punkt: Wenn wir vom ewigen Leben und Vollkommenheit sprechen, d.h. der Verwandlung nach dem Wesen und Vorbild Christi, dann bevorzugt Gott niemanden. Wir sollen alle wie Christus werden und ein vollkommenes Wesen erhalten.

Drei sehr praktische Dinge sprechen gegen den Menschen, der bis zur elften Stunde wartet, bevor er auf Gottes Ruf hört.
⇒ Wir werden unterschiedliche Verantwortung und anscheinend auch unterschiedliche Grade der Herrlichkeit haben, doch wir werden alle ein vollkommenes Wesen bekommen.
⇒ Wir werden alle vor dem Richterstuhl Christi stehen. Wir werden aufgrund unseres guten oder schlechten Dienstes auf der Erde im Himmel verschiedene Aufgaben bekommen, doch wir werden mit dem, was wir tun, vollkommen glücklich und zufrieden sein.
⇒ Wir werden alle nach unserer Treue auf der Erde beurteilt werden. Manche werden zu großen Gefäßen und manche zu kleineren Gefäßen, doch wir werden alle vollkommen und bis zum Rand gefüllt sein (2Tim 2,20-21).
⇒ Wir werden alle über die uns anvertrauten Gaben Rechenschaft ablegen müssen. Wir werden alle entsprechend belohnt, doch wir werden alle vollkommene Erfüllung haben.
⇒ Wir werden uns alle vor Christus für die Frucht verantworten müssen, die wir auf der Erde gebracht haben, doch wir werden alle vollkommen zufrieden sein und Frucht tragen.

> "…Geh hinaus an die Landstraßen und Zäune und nötige sie hereinzukommen, damit mein Haus voll werde!" (Lk 14,23)
> "…Viele werden kommen vom Osten und vom Westen und werden im Reich der Himmel mit Abraham, Isaak und Jakob zu Tisch sitzen." (Mt 8,11)

3. Gottes Bezahlung (Lohn) beruht nicht auf Werken und Energie. Sie beruht auf Gottes Gnade und Gerechtigkeit und seiner Fürsorge für alle.
    a. Man beachte, daß Gott gnädig, gerecht und fürsorglich ist. Gottes Gnade und Fürsorge annullieren oder heben seine Gerechtigkeit nicht auf. Gott ist nicht ungerecht (vgl. Röm 4, 5-6).
        ⇒ Wenn Gott einem Menschen Arbeit gibt, der dringend welche braucht, dann ist das ein Beweis von Gnade und Fürsorge. Das war bei dem ersten Ruf an den eifrigen Arbeiter der Fall. Aus der Not eines Menschen keinen Vorteil zu ziehen ist ein Gnadenbeweis. Vollen Lohn anzubieten und zu zahlen und sich die Not nicht zunutze zu machen, ist nicht ungerecht, sondern das genaue Gegenteil. Es ist ein Beweis von Gerechtigkeit, Gnade und Fürsorge.
        ⇒ Ebenso ist es ein Beweis von Gnade und Fürsorge, wenn Gott einem Menschen mehr zahlt, als er verdient hat, weil Gott sich darum kümmert, daß der Mensch genug zum Leben hat. Es ist nicht ungerecht gegen den ersten Arbeiter. Es ist einfach ein Gnadenbeweis, der Gott als besonders fürsorglich offenbart.
        ⇒ Wenn Gott uns gibt, was er versprochen hat, ist er nicht ungerecht, wenn er auch einem anderen etwas gibt. Er ist uns gegenüber nicht einmal ungerecht, wenn er dem anderen eine gewaltige Gabe gibt. Er ist gerecht und besonders fürsorglich und gnädig, indem er sein Wort hält und uns *und dem anderen gibt*.
    b. Man beachte, daß die Beschwerde der ersten Arbeiter einige veranlaßt, das Gleichnis auf die Beziehung zwischen Gott, den Juden und den Heiden anzuwenden. Die ersten Arbeiter, die für die Juden stehen, beschweren sich, weil Gott den Heiden die gleiche Bezahlung gibt (Lohn und Platz in seinem Reich). In fast jedem Kommentar wird diese Auslegung vertreten, wenn der Leser sie weiterverfolgen will.
4. Gottes Bezahlung (Lohn) ist nicht so, wie der Mensch sie sieht, sondern wie Gott sie will und kennt. Unsere Augen sind böse, weil wir in einer bösen Welt leben. Deshalb urteilen und verstehen wir aus einer unvollkommenen und selbstsüchtigen Haltung heraus. Gott ist gut; er kümmert sich und ist voller Gnade und Barmherzigkeit. Deshalb gibt er das ewige Leben allen, die kommen, wann immer sie kommen, ob beim ersten Ruf oder in der elften Stunde.

> "Vielmehr glauben wir, daß wir durch die Gnade des Herrn Jesus Christus gerettet werden, auf gleiche Weise wie jene." (Apg 15,11)
> "So daß sie gerechtfertigt werden ohne Verdienst durch seine Gnade aufgrund der Erlösung, die in Christus Jesus ist." (Röm 3,24)

Matthäus 20,1-16

"Denn aus Gnade seid ihr gerettet durch den Glauben, und das nicht aus euch – Gottes Gabe ist es; nicht aus Werken, damit niemand sich rühme." (Eph 2,8-9)

"Denn die Gnade Gottes ist erschienen, die heilbringend ist für alle Menschen." (Tit 2,11)

"Damit wir, durch seine Gnade gerechtfertigt, der Hoffnung gemäß Erben des ewigen Lebens würden." (Tit 3,7)

4 (20,16) **Gerechtigkeit – Lohn**: Dies ist der Grund, aus dem Christus das Gleichnis erzählte – "So werden die Letzten die Ersten und die Ersten die Letzten sein." (vgl. Mt 19,30; 20,16). Man erinnere sich, daß die Jünger eine Versicherung ihrer Erlösung brauchten. Christus gab ihnen diese Versicherung und versprach ihnen als Lohn, daß sie ewig leben und mit ihm herrschen würden (vgl. Mt 19,27-30. Siehe Anmerkung – Mt 19,27-30.) Doch Christus wollte sie wissen lassen, daß sie andere nicht richten können, da sie nicht sicher wissen können, wie es in einem Menschen aussieht. Sie wußten nicht, wer reich belohnt werden sollte und wer nicht.

Wer hätte zum Beispiel gedacht, daß die bereitwilligen und eifrigen Arbeiter, die sofort auf den Ruf des Herrn reagierten, so eifersüchtig und mißgünstig sein würden? Um seine Diener davor zu bewahren, sich gegenseitig zu beurteilen und Vorzüge zu geben, schließt Christus sein Ausführungen über das ewige Leben und die Erlösung mit zwei Warnungen ab.

1. Die Letzten werden die Ersten sein; d.h. viele der Letzten (der Zuspätkommer) werden uns überflügeln, wenn wir nicht eifrig und unermüdlich Gott dienen. Wir können Christus schon viele Jahre vor anderen bekennen und ihm dienen, dennoch können wir möglicherweise...

- Christus nicht so beständig täglich verehren wie die später Gekommenen.
- nicht so eifrig in der Erkenntnis Christi wachsen wie die später Gekommenen.
- nicht so oft die Schrift studieren und beten wie die später Gekommenen.
- unsere Gaben nicht so treu nutzen wie die später Gekommenen.
- nicht so furchtlos bekennen wie die später gekommenen.
- nicht so bereitwillig und opferbereit alles geben, was wir haben und sind, wie die später Gekommenen.
- nicht so demütig lieben wie die später Gekommenen.
- nicht so freundlich reagieren wie die später Gekommenen.
- nicht so selbstlos leben wie die später gekommenen.
- nicht so liebevoll berichten wie die später Gekommenen.
- nicht so geduldig ausharren wie die später Gekommenen.
- nicht so hoffnungsvoll auf Christi Rückkehr warten wie die später Gekommenen.

Man beachte: Christus scheint von den Ausführungen über die Gabe des ewigen Lebens zu einer Warnung an seinen Diener zu wechseln, daß es eine Beurteilung der Taten geben wird – eine Beurteilung, die den Grad der Herrlichkeit, die Stellung und die Verantwortung bestimmt (Siehe Nähere Betrachtung 1, Richterstuhl Christi – 2Kor 5,10).

"Er hat Gewaltige von den Thronen gestoßen und Niedrige erhöht." (Lk 1,52)

"Wehe euch, die ihr satt seid; denn ihr werdet hungern! Wehe euch, die ihr jetzt lacht, denn ihr werdet trauern und weinen!" (Lk 6,25)

"Abraham aber sprach: Sohn, bedenke, daß du dein Gutes empfangen hast in deinem Leben und Lazarus gleichermaßen das Böse; nun wird er getröstet, du aber wirst gepeinigt." (Lk 16,25)

"Sondern Gott ist Richter, der den einen erniedrigt, den andern erhöht." (Ps 75,7)

"Der HERR richtet die Gedemütigten wieder auf, er erniedrigt die Gottlosen bis zur Erde." (Ps 147,6)

2. Viele sind berufen, aber wenige sind auserwählt. Der Arbeiter darf die anderen nicht richten (wie es die Willigen und Eifrigen taten), denn er hat genug zu tun, um sich seiner eigenen Berufung und Erwählung sicher zu werden (2Petr 1,10). Gottes Diener muß *an seiner eigenen Erlösung arbeiten*. Nach außen mag es den Anschein haben, daß ein Mensch ein echter Diener ist, doch innerlich kann er völlig unverändert sein. Man beachte, daß Christus sagt: "Viele sind berufen, aber wenige auserwählt." Viele sind unecht, *nicht bereit, alles zu geben*, was sie haben und sind. Sie sind wie der reiche Jüngling, nicht bereit. Der Preis der Nachfolge ist zu groß. Seien wir ehrlich: Wie viele folgen Christus so nach, wie er es in diesen Ausführungen fordert? (Mt 19,21; 29-30; 16. Siehe Anmerkung und Nähere Betrachtung 1 – Lk 9,23.)

"Da begann Petrus und sprach zu ihm: Siehe, wir haben alles verlassen und sind dir nachgefolgt!" (Mk 10,28)

"Danach ging er hinaus und sah einen Zöllner namens Levi an der Zollstätte sitzen und sprach zu ihm: Folge mir nach!" (Lk 5,27)

"So kann auch keiner von euch mein Jünger sein, der nicht allem entsagt, was er hat." (Lk 14,33)

NÄHERE BETRACHTUNG 6

(20,16) **Gerechtigkeit**: Diese Fußnote steht an letzter Stelle, weil sie sich mit etwas Anderem beschäftigt als der obige Abriß. *Ist Gott ungerecht in seinem Umgang mit Menschen?* Diese Anklage wird von den willigen und eifrigen Arbeitern gegen Gott erhoben (V.10-15). Die Menschen fragen und klagen Gott oft an, ungerecht zu sein. Eine solche unselige Anklage entsteht durch religiöse und theologische Diskussionen, falschen Glauben und Unglauben. Die Anklage wird auch in einer Krise gegen Gott erhoben, wenn wir fragen: "Wie kann Gott das tun oder zulassen?"

Das Neue Testament beschäftigt sich an drei Stellen mit der Frage, ob Gott ungerecht ist (siehe Anmerkung, Punkte 3 und 4 – Mt 20,8-15; siehe auch Anmerkungen – Röm 3,5-8; Röm 9,14-33).

Matthäus 20,17-19

	G. Der Messias sagt seinen Tod und Auferstehung voraus (3. Mal), 20, 17-19 (Mk 10,32-34; Lk 18,31-34)

1 **Jesus nahm die Jünger beiseite**
  a. Auf dem Weg
  b. Vorbereitung auf den Tod
2 **Er wird verraten und zum Gericht ausgeliefert**
  a. Der Verräter wird nicht namentlich genannt
  b. Die Ankläger: Die Juden oder die Frommen
3 **Er wird zur Hinrichtung ausgeliefert**
  a. An die Heiden
  b. Zur Kreuzigung
4 **Er wird von den Toten auferstehen**
	17 Und als Jesus nach Jerusalem hinaufzog, nahm er die zwölf Jünger auf dem Weg beiseite und sprach zu ihnen:
	18 Siehe, wir ziehen hinauf nach Jerusalem, und der Sohn des Menschen wird den Hohenpriestern und Schriftgelehrten ausgeliefert werden, und sie werden ihn zum Tode verurteilen
	19 und werden ihn den Heiden ausliefern, damit diese ihn verspotten und geißeln und kreuzigen; und am dritten Tag wird er auferstehen.

ABSCHNITT XIII

DIE LEHREN DES MESSIAS AUF DEM WEG NACH JERUSALEM, 19,1-20,34

G. Der Messias sagt seinen Tod und Auferstehung voraus (3. Mal), 20,17-19

(20,17-19) **Einführung**: Zum dritten Mal betont Matthäus hier den Tod und die Auferstehung Jesu Christi. Christus hatte seine Jüngern immer wieder vorgewarnt, daß er sterben und am dritten Tag auferstehen müsse (siehe Abriß und Anmerkungen – Mt 16,21-23; 17,22-23; Mk 8,31-33; 9,30-32; 10,32-34. Diese Abschnitte sollten gemeinsam mit dem vorliegenden betrachtet werden. Matthäus 17,22-23 enthält die meisten, wenn nicht alle Abschnitte des Neuen Testamentes zu Tod und Auferstehung Christi. Die Verweisstellen enthalten eine Fülle an Material.)

Jesus Christus mußte seinen Jüngern drei Tatsachen vermitteln.
1. Jesus nahm seine Jünger beiseite (V.17)
2. Er wird verraten und *zum Gericht* ausgeliefert werden (V.18).
3. Er wird zur *Hinrichtung* ausgeliefert werden (V.19).
4. Er wird von den Toten auferstehen (V.19).

1 (20,17) **Tod Jesu Christi**: Jesus nahm die Jünger beiseite, um mit ihnen ganz allein zu sein. Das Wort "nahm" (parelaben) bedeutet, daß er seinen Jünger "weg zu sich selbst" nahm. In diesen Worten liegt eine große Bedeutung.
1. Zärtlichkeit, Wärme und Vertrautheit. Er brauchte und wollte sie nahe bei sich haben, an seiner Seite. Er mußte ihre Gegenwart fühlen und erkennen, besonders, daß sie bei ihm waren, als er *nach Jerusalem hinaufzog*, um sich dem Tod zu stellen. Auch sie brauchten seine Gegenwart, sie brauchten ihn an ihrer Seite und mußten fühlen, was er fühlte. Die Erinnerung daran würde ihnen helfen, die Prüfungen zu überstehen, die vor ihnen lagen.
2. Enormer Druck und Spannung (siehe auch Anmerkung – 20,19). Die ganze Atmosphäre um sie herum war voller Spannung. Über dem Haupt des Herrn schien ein schweres Gewicht zu schweben. Er schien tief in Gedanken versunken zu sein – die Sorte Gedanken, die den Schritt beschleunigt, die Muskeln anspannt und das Gesicht verzerrt. Der Druck und die Spannung können nicht übertrieben werden. Markus drückte es sehr gut aus: "Sie waren aber auf dem Weg und zogen hinauf nach Jerusalem, und Jesus ging ihnen voran [ging an der Spitze], und sie entsetzten sich [waren verwirrt, bestürzt] und folgten ihm mit Bangen [von Unruhe ergriffen]" (Mk 10,32).
Zwei Ereignisse zeigen, wie viel Druck sich zu dieser Zeit aufgebaut haben muß:
⇒ Die Erfahrung im Garten Gethsemane, als der Druck so stark wurde, daß Christus Blutstropfen schwitzte (Lk 22,44)
⇒ Die Erfahrung am Kreuz, wo Christus für die Sünden der Welt litt und das äußerste Ausmaß an Schmerzen ertrug, die Herz, Verstand und Körper aushalten können (1Petr 2,24; vgl. Mt 27,46; 2Kor 5,21)
3. Absicht und Ermutigung. Das zeigt sich an zwei Dingen.
  a. Jesus ging absichtlich "hinauf nach Jerusalem." Er mußte das nicht tun. Er war wahrer Mensch und als solcher konnte er wählen, was er tun wollte (Hebr 2,16-18; 4,15). Er wußte, was ihm bevorstand, doch er drückte sich nicht vor Gottes Absicht.
  b. Jesus nahm die Jünger absichtlich beiseite, um sie auf seinen kommenden Tod vorzubereiten. Sie mußten sich dem schockierendsten Ereignis ihres Lebens stellen – einem so schockierenden Ereignis, daß es ihr Leben zerstören und Gottes Plan verhindern könnte. Christus mußte sie vorbereiten, damit sie den Schock seines Todes verkraften konnten (siehe Anmerkung – Mt 16,21-28).

Aus wenigstens zwei Gründen konnte Jesus seinen Tod am Kreuz nicht öffentlich vorhersagen.
1. Viele wären von seiner Nachfolge abgeschreckt worden. Sie hätten sich vor den Römern gefürchtet, die Christus hinrichten sollten. Der Eifer der Menge wäre abgekühlt und sie hätten ihn verlassen. Die Jünger wären davon gewaltig entmutigt worden und genau das brauchten sie in diesem Moment nicht. Sie brauchten Ermutigung und Vorbereitung, um sich dem kreuz zu stellen.
2. Manche wären dazu verleitet worden, Christus zu verteidigen, hätten vielleicht den ersten Schlag geführt. Manche der Jünger, vielleicht alle, könnten vom Schwung einer solchen fehlgeleiteten Reaktion mitgerissen werden.

Matthäus 20,17-19

Gedanke 1 Christus möchte uns alle "weg zu sich selbst" ziehen.
1) Er möchte viele Augenblicke der Zärtlichkeit und Wärme mit uns teilen (Offb 3,20; vgl. Ps 145,18; Lk 18,1; 1Joh 1,3).
2) Er möchte uns in Zeiten von Druck und Spannung nahe zu sich ziehen (Phil 4,6-7; Hebr 4,15-16; Ps 34,18).
3) Er möchte uns mit Absicht und zur Ermutigung nahe zu sich ziehen (Jes 43,10; Mt 11,28-30; Jak 4,8-10). Er möchte uns dagegen wappnen, uns vor Gottes Absicht zu *drücken* und uns immer besser darauf vorbereiten, seinen Tod zu verkündigen. Er möchte uns gegen den Schock von Ablehnung, Verspottung, Beschimpfung und sogar Verfolgung wappnen, wenn wir Gottes Absicht erfüllen.

Gedanke 2 Es gibt eine Zeit für den Dienst an der Menge und eine Zeit, in der man ihr nicht dient. Die Menge war noch nicht bereit, vom Tod Christi zu hören. Man muß es den Menschen nach und nach beibringen. Nicht alle haben den gleichen Grad geistlicher Reife und geistlichen Wachstums erreicht.
1) Manche sind neu in Christus. Sie sind in den Grundlagen noch nicht gefestigt. Sie sind noch nicht bereit für das *Schwarzbrot* des Wortes (1Petr 2,2-3).
2) Manche leben fleischlich. Sie sind nicht geistlich gesinnt. Sie haben weder das Interesse, noch würden sie verstehen (1Kor 3,1-2; Hebr 5,11-14).
3) Manche sind nicht erneuert. Sie sind in der Kirche, doch sie folgen Christus nicht nach. Sie sind an Christus nicht interessiert und würden von seinem Kreuz abgestoßen.

2 (20,18) **Tod Jesu Christi**: Christus wird verraten und zum Gericht ausgeliefert werden.

1. Der Verräter wird nicht namentlich genannt. Man beachte jedoch die Worte: "Wird ausgeliefert werden" (paradothesetai). Sie bedeuten soviel wie *wird übergeben werden*. Das gleich griechische Wort wird auch im nächsten Vers mit *ausgeliefert* übersetzt. Wer übergab Jesus dem Gericht und der Hinrichtung? Jesus nennt keinen Namen. Die Schrift lehrt uns, daß drei Menschen Jesus zur Kreuzigung auslieferten (siehe Anmerkung – Mt 17,22 zur Diskussion).
2. Die Ankläger Jesu werden genannt. Es waren die Juden, insbesondere die Führer des Volkes, die Hohenpriester, Schriftgelehrten und Ältesten (siehe Nähere Betrachtung 1,2 – Mt 16,21; Anmerkung – 1Thess 2,15-16). Doch men beachte: Sie waren nur die Ankläger, nicht die Henker. Es war ihnen vom Gesetz verboten, jemanden hinzurichten (Joh 18,31). Sie mußten ihn für die Hinrichtung an die Heiden übergeben. Diese Tatsache hat Zeichencharakter:
   a. Juden und Heiden (die Welt) sind gleichermaßen schuld am Tod von Gottes Sohn.
   b. Christus sollte bei seinem Tod die Sünden von Juden und Heiden gleichermaßen tragen. Er sollte beide versöhnen, d.h. die ganze Welt mit Gott versöhnen. (Siehe Abriß und Anmerkungen – Eph 2,14-18.)

"Denn so sehr hat Gott die Welt geliebt, daß er seinen eingeborenen Sohn gab, damit jeder, der an ihn glaubt, nicht verloren geht, sondern ewiges Leben hat." (Joh 3,16)
"Und um die beiden in einem Leib mit Gott zu versöhnen durch das Kreuz, nachdem er durch dasselbe die Feindschaft getötet hatte." (Eph 2,16)
"Und durch ihn alles mit sich selbst zu versöhnen, indem er Frieden machte durch das Blut seines Kreuzes – durch ihn, sowohl das, was auf der Erde ist, als auch das, was im Himmel ist." (Kol 1,20)
"Und er ist das Sühnopfer für unsere Sünden, aber nicht nur für die unseren, sondern auch für die der ganzen Welt." (1Joh 2,2)

Gedanke 1 Es gibt eine Wahrheit, an die selten gedacht wird: Wir sollen *oft über den Tod nachdenken*, so wie Christus von seinem Tod förmlich besessen war. Aus drei Gründen sollen wir den Gedanken nicht meiden oder ableugnen.
1) Der Tod ist ebenso wie das Leben eine ewige Angelegenheit (2Kor 10,5).
2) Der Tod muß nicht länger gefürchtet werden (Hebr 2,14-15; 2Tim 1,7).
3) Wir sollen leben – in täglichem Sterben, in ständiger Selbstverleugnung (siehe Anmerkung und Nähere Betrachtung 1 – Lk 9,23; vgl. Röm 8,36; Tit 3,12-15).

NÄHERE BETRACHTUNG 1
(20,18) **Tod Jesu Christi**: Das Leiden erreichte seinen Höhepunkt im Leiden Jesu Christi. Er litt bis zum Äußersten, im absoluten Sinne. Und doch befindet sich inmitten dieses schrecklichen Leidens etwas sehr Kostbares – ein Gedanke, eine Wahrheit, die uns sehr, sehr wertvoll sein sollten, nämlich dieses: *Jesu Tod war seinem eigenen Herzen teuer* – teuer trotz der schrecklichen Leiden, die er erdulden mußte. Auf eine den Menschen unbekannte und für immer unverständliche Weise richtete Jesus seinen Blick und sein Herz auf das Kreuz. Er wurde davon besessen und verzehrt. Warum? Weil das Kreuz in alle Ewigkeit der Brennpunkt von Gottes Absichten war.

1. Das Kreuz war seinem Herzen teuer, weil es der Wille seines Vaters war. Durch den Tod konnte er seinem Vater gefallen und dem Vater zu gefallen war sein Hauptziel im Leben (siehe Anmerkung – Eph 5,2).
2. Das Kreuz war seinem Herzen teuer, weil er dadurch viele Brüder gewinnen konnte (siehe Anmerkung – Röm 8,29).
3. Das Kreuz war seinem Herzen teuer, weil er durch den Tod zum *Urheber* des Heils für den Menschen wurde (Hebr 2,9-10).
4. Das Kreuz war seinem Herzen teuer, weil er durch den Tod die Macht des Bösen über den Menschen, d.h. den Tod brechen konnte (Hebr 2,14-15).
5. Das Kreuz war seinem Herzen teuer, weil er durch das Kreuz alle Menschen versöhnen konnte, mit Gott und untereinander (siehe Abriß und Anmerkungen – Eph 2,13-18).
6. Das Kreuz war seinem Herzen teuer, weil er durch den Tod in seine frühere Herrlichkeit zurückkehren würde, die er vor der Erschaffung der Welt beim Vater gehabt hatte (Joh 17,1-5).

---

3 (20,19) **Tod Jesu Christi**: Christus sollte den Heiden zur Folter und Hinrichtung ausgeliefert werden. Man beachte die drei erwähnten Foltermethoden.
⇒ Spott: Lächerlich machen, schmähen, beleidigen, demütigen, trotzen, verhöhnen.
⇒ Geißelung: Mit einem Stock oder einer Peitsche schlagen, die mit Metall- oder Knochenstückchen beschwert

Matthäus 20,17-19

war. Es wurden neununddreißig oder vierzig Hiebe ausgeteilt. Der Zweck der Geißelung war, schlimme Schmerzen hervorzurufen.
⇒ Kreuzigung (siehe Nähere Betrachtung 1 – Mt 27,26-44 zum schrecklichen Leiden am Kreuz).

Jesus trug die Sünden der Menschheit und litt bis zum Äußersten. Er litt im absoluten Sinne.
1. Geistig: Während er gefoltert wurde, dachte er daran, warum er litt. Er dachte an die Sünde der Menschheit und das Problem, vor das diese Sünde Gott gestellt hatte. Man stelle sich die ganze Sünde der ganzen Welt vor, die in ihrer ganzen Schwere und Schrecklichkeit auf seinem Denken lastete. Er litt geistig bis zum Äußersten.

"Denn er hat den, der von keiner Sünde wußte, für uns zur Sünde gemacht, damit wir in ihm Gerechtigkeit Gottes würden." (2Kor 5,21)
"Und er ist das Sühnopfer für unsere Sünden, aber nicht nur für die unseren, sondern auch für die der ganzen Welt." (1Joh 2,2)

2. Geistlich: Sein Herz wurde gebrochen. Die, die er so sehr liebte, begingen eine so furchtbare Sünde, daß man sie sich nicht einmal vorzustellen wagt. Sie lehnten sich so sehr gegen Gott auf, daß sie seinen eigenen Sohn töteten.
Zusätzlich, was noch schrecklicher war, würde sich sogar sein eigener Vater, Gott selbst, von ihm abwenden. Gott würde sich von seinem eigenen Sohn lossagen (siehe Anmerkungen – Mt 27,46-49; Mk 15,34). Er begann, das Urteil, die Verdammung und die Strafe zu tragen, die der Mensch verdient hat – Er litt geistlich im absoluten Sinne. Der heilige Zorn Gottes auf die Sünde würde sich auf ihn entladen.

"Wir gingen alle in die Irre wie Schafe, ein jeder wandte sich auf seinen Weg; aber der HERR warf unser aller Schuld auf ihn." (Jes 53,6)
"Und um die neunte Stunde rief Jesus mit lauter Stimme und sprach: Eloi, Eloi, lama sabachthani? Das heißt übersetzt: Mein Gott, mein Gott, warum hast du mich verlassen?" (Mk 15,34)
"Und er war in ringendem Kampf und betete inbrünstiger; sein Schweiß wurde aber wie Blutstropfen, die auf die Erde fielen." (Lk 22,44)
"Denn es war dem angemessen, um dessentwillen alle Dinge sind und durch den alle Dinge sind, da er viele Söhne zur Herrlichkeit führte, den Urheber ihres Heils durch Leiden zu vollenden." (Hebr 2,10)
"Und obwohl er Sohn war, hat er doch an dem, was er litt, den Gehorsam gelernt." (Hebr 5,8)
"Darum hat auch Jesus, um das Volk durch sein eigenes Blut zu heiligen, außerhalb des Tores gelitten." (Hebr 13,12)
"Er hat unsere Sünden selbst an seinem Leib getragen auf dem Holz, damit wir, den Sünden gestorben, der Gerechtigkeit leben mögen; durch seine Wunden seid ihr heil geworden." (1Petr 2,24)
"Denn auch Christus hat einmal für Sünden gelitten, der Gerechte für die Ungerechten, damit er uns zu Gott führte; und er wurde getötet nach dem Fleisch, aber lebendig gemacht durch den Geist." (1Petr 3,18)

3. Körperlich: Sein Leiden war wegen des geistlichen und geistigen Drucks um so größer, den er zur gleichen Zeit ertragen mußte. Es ist auch wahr, daß ein Verfolger sein Opfer um so mehr quält, je mehr er im Herzen darüber spottet (vgl. die Dornenkrone, das Purpurgewand und der ausufernde Spott der Soldaten). Die Tatsache, daß Christus der Sohn Gottes zu sein beanspruchte, stachelte die Verfolger zu noch mehr Häme und Quälerei auf. (Vgl. Mt 27,1f.)

"Meinen Rücken bot ich denen dar, die mich schlugen, und meine Wangen denen, die mich rauften; mein Angesicht verbarg ich nicht vor Schmach und Speichel." (Jes 50,6)
"Wird man ihn aber fragen: Was sind das für Wunden in deinen Händen? so wird er antworten: Die hat man mir geschlagen im Hause meiner Lieben!" (Sach 13,6)
"Und flochten eine Krone aus Dornen, setzten sie auf sein Haupt, gaben ihm ein Rohr in die rechte Hand und beugten vor ihm die Knie, verspotteten ihn und sprachen: Sei gegrüßt, König der Juden!" (Mt 27,29)
"Nachdem sie ihn nun gekreuzigt hatten, teilten sie seine Kleider unter sich und warfen das Los, damit erfüllt würde, was durch den Propheten gesagt ist: Sie haben meine Kleider unter sich geteilt, und über mein Gewand haben sie das Los geworfen." (Mt 27,35)
"Aber die Vorübergehenden lästerten ihn, schüttelten den Kopf." (Mt 27,39)
"Und die Vorübergehenden lästerten ihn, schüttelten den Kopf und sprachen: Ha, der du den Tempel zerstörst und in drei Tagen aufbaust." (Mk 15,29)

Gedanke 1 Jesus litt bis zum Äußersten und er tat es *für uns*. Das sollte uns das Herz brechen, doch das tut es nur selten. Warum? Weil nur wenige sich die Zeit nehmen, über seinen Tod nachzudenken – und von denen, die es tun, investieren nur wenige annähernd die Zeit, die damit verbracht werden sollte.

4 (20,19) **Auferstehung Jesu Christi**: Christus sollte von den Toten auferstehen. Die Auferstehung im gleichen Atemzug wie den Tod zu behandeln, bewirkt dreierlei.
1. Die Vorhersage der Auferstehung rief sie den Jüngern wieder ins Gedächtnis. Sie mußten sich immer an die Auferstehung erinnern. Der Tod Christi war nicht der Schlußpunkt.

"Halte im Gedächtnis Jesus Christus, aus dem Samen Davids, der aus den Toten auferstanden ist nach meinem Evangelium." (2Tim 2,8)

2. Die Vorhersage der Auferstehung ließ die Macht Gottes ahnen. Nach der Auferstehung des Herrn würden sich die Jünger erinnern und die herrliche Wahrheit von der Macht Gottes würde für immer in ihren Herzen und Gedanken sein.
   a. Gottes Macht ist siegreich.

"Tod, wo ist dein Stachel? Totenreich, wo ist dein Sieg?...Gott aber sei Dank, der uns den Sieg gibt durch unseren Herrn Jesus Christus!" (1Kor 15,55;57)

Matthäus 20,17-19

    b.   Die Macht Gottes triumphiert.

"Als er so die Herrschaften und Gewalten entwaffnet hatte, stellte er sie öffentlich an den Pranger und triumphierte über sie an demselben." (Kol 2,15)

    c.   Die Macht Gottes erobert.

"Aber in dem allem überwinden wir weit durch den, der uns geliebt hat. Denn ich bin gewiß, daß weder Tod noch Leben, weder Engel noch Fürstentümer noch Gewalten, weder Gegenwärtiges noch Zukünftiges, weder Hohes noch Tiefes, noch irgend ein anderes Geschöpf uns zu scheiden vermag von der Liebe Gottes, die in Christus Jesus ist, unserem Herrn." (Röm 8,37-39)

"Da nun die Kinder an Fleisch und Blut Anteil haben, ist er in ähnlicher Weise dessen teilhaftig geworden, damit er durch den Tod den außer Wirksamkeit setzte, der die Macht des Todes hatte, nämlich den Teufel." (Hebr 2,14)

3.   Die Vorhersage der Auferstehung ließ die Veränderungen ahnen, die Gottes Macht in ihrem Leben bewirken würde.
    a.   Die Macht, zu ermutigen und zu motivieren.

"Erleuchtete Augen eures Verständnisses, damit ihr wißt, was die Hoffnung seiner Berufung und was der Reichtum der Herrlichkeit seines Erbes in den Heiligen ist, was auch die überwältigende Größe seiner Kraftwirkung in uns ist, die wir glauben, gemäß der Wirksamkeit der Macht seiner Stärke." (Eph 1,18-19)

"Denn Gott hat uns nicht einen Geist der Furchtsamkeit gegeben, sondern der Kraft und der Liebe und der Besonnenheit." (2Tim 1,7)

    b.   Die Macht, zu versichern und Vertrauen aufzubauen.

"Und nach acht Tagen waren seine Jünger wiederum drinnen und Thomas bei ihnen. Da kommt Jesus, als die Türen verschlossen waren, und tritt in ihre Mitte und spricht: Friede sei mit euch! Dann spricht er zu Thomas: Reiche deinen Finger her und sieh meine Hände, und reiche deine Hand her und lege sie in meine Seite, und sei nicht ungläubig, sondern gläubig!" (Joh 20,26-27)

    c.   Die Macht, Mut und Kühnheit zu verleihen.

"Als sie aber freigelassen waren, kamen sie zu den Ihren und verkündeten alles, was die Hohenpriester und die Ältesten zu ihnen gesagt hatten. Und als sie es hörten, erhoben sie einmütig ihre Stimme zu Gott und sprachen: Herr, du bist der Gott, der den Himmel und die Erde und das Meer gemacht hat und alles, was darinnen ist." (Apg 4,23-24)

"So schäme dich nun nicht des Zeugnisses unseres Herrn, auch nicht meiner, der ich sein Gefangener bin; sondern leide mit [uns] für das Evangelium in der Kraft Gottes. Er hat uns ja errettet und berufen mit einem heiligen Ruf, nicht aufgrund unserer Werke, sondern aufgrund seines eigenen Vorsatzes und der Gnade, die uns in Christus Jesus vor ewigen Zeiten gegeben wurde." (2Tim 1,8-9)

Matthäus 20,20-28

	H. Preis und Bedeutung von Größe, 20,20-28 (Mk 10,35-45; vgl. Lk 22,24-27)	mit der Taufe, womit ich getauft werde. Aber das Sitzen zu meiner Rechten und zu meiner Linken zu verleihen, steht nicht mir zu, sondern es wird denen zuteil, denen es von meinem Vater bereitet ist.	e. Der Preis unverbrüchliche Treue: Zu Christus
1 Die Sünde falschen Ehrgeizes – persönliche Größe suchen a. Ist Selbstsucht b. Ist Verführung und benutzt Menschen c. Mißbraucht Einfluß, Stellung und Macht d. Kommt von Stolz und Geringschätzung e. Mißversteht wahre Größe	20 Da trat die Mutter der Söhne des Zebedäus zu ihm und warf sich vor ihm nieder, um etwas von ihm zu erbitten. 21 Er aber sprach zu ihr: Was willst du? Sie sagt zu ihm: Sprich, daß diese meine beiden Söhne einer zu deiner Rechten, der andere zur Linken sitzen sollen in deinem Reich!	24 Und als die Zehn es hörten, wurden sie unwillig über die beiden Brüder. 25 Aber Jesus rief sie zu sich und sprach: Ihr wißt, daß die Fürsten der Völker sie unterdrücken und daß die Großen Gewalt über sie ausüben.	**3 Was Größe ist** a. Ewige Größe ist von Gott b. Größe ist nicht Herrschaft über Menschen 1) Das Mißverständnis der Jünger 2) Die Merkmale der Welt
2 Was Größe verlangt: Ist man bereit, den Preis zu zahlen? a. Der Preis des Nachdenkens: Größe verstehen b. Der Preis des Leidens: Der Kelch c. Der Preis des Todes: Die Taufe d. Der Preis der Entscheidung: "Wir können es"	22 Aber Jesus antwortete und sprach: Ihr wißt nicht, um was ihr bittet! Könnt ihr den Kelch trinken, den ich trinke, und getauft werden mit der Taufe, womit ich getauft werde? Sie sprechen zu ihm: Wir können es! 23 Und er spricht zu ihnen: Ihr werdet zwar meinen Kelch trinken und getauft werden	26 Unter euch aber soll es nicht so sein; sondern wer unter euch groß werden will, der sei euer Diener, 27 und wer unter euch der Erste sein will, der sei euer Knecht, 28 gleichwie der Sohn des Menschen nicht gekommen ist, um sich dienen zu lassen, sondern um zu dienen und sein Leben zu geben als Lösegeld für viele.	c. Größe dient anderen 1) Die Großen: Sind Diener 2) Die Größten: Sind Knechte d. Christus zeigt wahre Größe

ABSCHNITT XIII

DIE LEHREN DES MESSIAS AUF DEM WEG NACH JERUSALEM, 19,1-20,34

H. Preis und Bedeutung von Größe, 20,20-28

(20,20-28) <u>Einführung</u>: Jesus war auf dem Weg nach Jerusalem. Es war ein bedeutsamer Besuch in der Hauptstadt. Bei diesem Besuch sollte der Höhepunkt stattfinden, der Höhepunkt seines Todes und seiner Auferstehung. Er hatte diese Tatsache gerade eben erst noch einmal mitgeteilt (V.17-19). Seit Monaten hatten Tod und Auferstehung seine Aufmerksamkeit und seine Botschaften an die Jünger beherrscht (Mt 16,13-20; 16,21-28; 17,1-13; 17,22; 17,24-27; 20,17). Für die Jünger stand außer Frage, daß dieser Besuch in Jerusalem das bedeutende Ereignis war, auf das sie so lange gewartet hatten. Jesus war dabei, Israel zu befreien und seine Herrschaft auf der Erde aufzurichten.

Heutzutage wissen wir, was Christus mit Tod und Auferstehung meinte. Er mußte für unsere Sünden sterben und er mußte auferstehen, um uns neues Leben zu geben. Doch die Jünger wußten das nicht. Christus war noch nicht gestorben und auferstanden. Für sie sprach er über ein irdisches und materielles Königreich. Wenn er dabei war, seine Herrschaft aufzurichten, dann war dies der Moment, sich das Versprechen von Macht und Stellung in seinem Reich zu sichern. Dies war der Moment, sich Posten mit Autorität und Herrschaft zu sichern. (Siehe Anmerkungen – Mt 1,1; <u>Nähere Betrachtung 2</u> – 1,18; <u>Nähere Betrachtung 3</u> – 3,11; Anmerkungen – 11,1-6; 11,2-3; <u>Nähere Betrachtung 1</u> – 11,5; <u>Nähere Betrachtung 2</u> – 11,6; <u>Nähere Betrachtung 1</u> – 12,16; Anmerkung – Lk 7,21-23.)

Genau das taten Jakobus und Johannes. Sie wollten sich versichern, daß sie in Christi Regierung Schlüsselpositionen bekamen. (Siehe Abriß und Anmerkungen – Mt 18,1-4; Lk 22,24-30.)

1. Die Sünde falschen Ehrgeizes – persönliche Größe suchen (V.20-21).
2. Was Größe verlangt: Ist man bereit, den Preis zu zahlen (V.22-23)?
3. Was Größe ist (V.23-28).

[1] (20,20-21) <u>Falscher Ehrgeiz – Größe</u>: Man beachte die Sünden von falschem Ehrgeiz und der Suche nach persönlicher Größe. Sie sind fünffach.

1. Falscher Ehrgeiz ist Selbstsucht. Jakobus und Johannes waren nur wegen der Ehre an Stellungen interessiert, nicht wegen des Dienens. Sie dachten an Pomp und Zeremonien, Stellung und Ansehen, Macht und Autorität, nicht an Dienst an den Menschen.

2. Falscher Ehrgeiz ist Verführung und benutzt Menschen. Man beachte, wie verführerisch Jakobus und Johannes und ihre Mutter zu Jesus kamen. Die Söhne hatten ihre Mutter überredet, ihren Einfluß auf Jesus zu benutzen. Sie war das Werkzeug ihres Ehrgeizes. Sie hofften, wenn sie sie vorschickten, würde Christus denken, die Bitte käme von der Mutter, nicht von den Söhnen. Er hatte sie bereits wegen persönlichen Ehrgeizes getadelt (siehe Abriß und Anmerkungen – Mt 18,1-4). Ehrgeiz bringt uns oft dazu, andere Menschen zu benutzen. Zu oft stellen wir das Begehren von Dingen, Stellungen, Macht und Einfluß über die Menschen. Manche verführen und benutzen andere sogar, um ihre Ziele zu erreichen.

3. Falscher Ehrgeiz mißbraucht Einfluß, Stellung und Macht. Jakobus und Johannes bildeten mit Petrus den inneren Kreis um Christus. Er gab ihnen die Gelegenheit, bei verschiedenen Ereignissen Zeuge zu sein, die die anderen nicht sehen durften. Sie fühlten sich bevorzugt und über die anderen Jünger gestellt (siehe Nähere Betrachtung 1 – Mk 9,2). Das wurde besonders deutlich, als die beiden die Stellung ihrer Familie benutzten, um Jesus zu beeinflussen (siehe Nähere Betrachtung 1 – Mt 20,20-21).

4. Falscher Ehrgeiz entsteht aus Stolz. Sie fühlten sich mehr geehrt, mehr bevorzugt, als etwas ganz Besonderes und sie zeigten ihre Einbildung. Sie erwarteten, daß ihre Bitte ohne Abstriche erfüllt würde. Daß sie mit ihrer Mutter da knieten (wahrscheinlich hinter ihrer Mutter) zeigt das. Stolz enthält immer Geringschätzung für andere. Wenn man sich mehr geehrt und bevorzugt fühlt, erhebt man sich über andere und behandelt sie als minderwertig.

Matthäus 20,20-28

5. Falscher Ehrgeiz mißversteht die Tatsachen. Jakobus und Johannes verstanden Tod und Auferstehung Jesu nicht. Sie mißdeuteten sie. Sie begingen den gleichen Fehler, den der Mensch so oft begeht: Sie vergeistigten Gottes Wort.

Als Christus sagte, daß er sterben müsse, dachten sie wahrscheinlich, er spräche von dem Kampf, der stattfinden würde, wenn er die römische Herrschaft umstürzte. Als Christus sagte, daß er auferstehen würde, dachten sie wahrscheinlich, er spräche von der Machtübernahme des Reiches Gottes. Sie dachten nur in Begriffen irdischer oder zeitlicher Macht. Sie lagen weit neben dem Kern der Sache – weit neben dem buchstäblichen Tod und der buchstäblichen Auferstehung des Sohnes Gottes, um den Menschen geistlich und in Ewigkeit zu retten. Der Kern der Sache ist folgendes: Falscher Ehrgeiz richtet die Aufmerksamkeit darauf, Dinge jetzt zu sichern, nicht in der Ewigkeit. Er deutet das Leben und seine Werte nur in Begriffen irdischer Macht, Stellung, Ansehens und Reichtums. Er begreift nicht, daß dies so sehr kurz ist und keinen Bestand hat. Er mißversteht die Tatsachen vollständig.

Gedanke 1 Es gibt guten, gesunden Ehrgeiz und es gibt schlechten, ungesunden Ehrgeiz. Guter Ehrgeiz gibt dem Leben Sinn, Ziel und Bedeutung; Er baut Schwung, Initiative, Selbstbewußtsein und noch viel mehr auf. All diese Eigenschaften sind gesund und jeder Mensch braucht sie. Wir müssen uns alle wertschätzen, doch wahre innere Gesundheit kommt nur vom Dienst an anderen, nicht von Stellung und Macht. Das fehlte Jakobus und Johannes.

Schlechter Ehrgeiz ist falscher Ehrgeiz. Er verführt auf jede nur denkbare Art. Er kann zu Erhöhung und Macht führen, doch er zerstört und verdirbt. Er frißt sowohl Geist als auch Körper eines Menschen auf und verzehrt und mißbraucht andere Menschen. Sünde zerstört und verdirbt, also ist falscher Ehrgeiz Sünde.

Gedanke 2 An hohen Stellungen mit Verantwortung und Autorität ist nichts Falsches. Führung und Organisation, Regierung und Gesetz, Lehrer und Lernende, Eltern und Kinder – all das ist unabdingbar. Wer jedoch eine solche Stellung hat, sollte nicht über andere herrschen, sondern ihnen dienen. Wir sollen danach streben, den Menschen zu dienen, nicht, über sie zu herrschen. Unser Ehrgeiz sollte sich nicht auf die Führung, sondern auf den Dienst richten. Das war der Fehler von Jakobus und Johannes. Es ist auch oft der unsrige. Es gibt einen gewaltigen Unterschied zwischen Führen und Dienen.

Gedanke 3 Es gibt in dieser Episode auch etwas Lobenswertes bei Jakobus und Johannes zu erwähnen: Ihr fester Glaube an Jesus und sein Reich. Ihr Ehrgeiz war fehlgeleitet, doch bei Jesus selbst lagen sie richtig. Er war der wahre Messias, der gekommen war, um über die Taten und Leben der Menschen zu herrschen. Sie irrten sich über seine Art. Er würde es geistlich tun, nicht militärisch.

Gedanke 4 Jakobus und Johannes hatten alles für Christus verlassen (Mt 19,27-29). Sie waren drei Jahre lang mit ihm durchs Land gezogen und hatten mit ihm gelitten. Nun dachten sie, ihre Prüfungen wären bald vorbei. Christus war dabei, die Dinge zu verändern und sie über das Leiden zu erheben, und er würde ihr Vertrauen belohnen. Sie irrten sich sehr. Wie so viele von uns verstanden sie falsch, was Nachfolge Christi wirklich bedeutete. Christus beseitigt unsere Prüfungen nicht; er trägt uns hindurch. Er nimmt das Leiden nicht weg; er erlöst uns dadurch. Unsere Ruhe von der Arbeit und unsere Krone bekommen wir in der nächsten Welt, nicht in dieser.

NÄHERE BETRACHTUNG 1
(20,20-21) **Salome**: Die Mutter von Jakobus und Johannes hieß Salome (Mt 27,56; vgl. Mk 15,40; 16,1). Eine interessante Tatsache ist, daß Salome möglicherweise die Schwester von Maria, der Mutter Jesu, war, was heißt, daß Jakobus und Johannes Jesu Cousins ersten Grades waren. Das zeigt sich in den Kreuzigungsberichten von Markus und Johannes. Markus sagt, daß Salome mit Maria, der Mutter Jesu, beim Kreuz war (Mk 15,40). Johannes sagt einfach: "Jesu Mutter, die Schwester seiner Mutter…" (Joh 19,25).

---

2 (20,22-23) **Größe**: Was verlangt Größe und ist man bereit, den Preis zu zahlen? Christus sagte Jakobus und Johannes, wie man Größe erlangt; Größe in seinem Reich verlangt fünf Dinge.

1. Der Preis des Nachdenkens über Leiden und Tod. Man muß verstehen, daß Größe das Leiden von Disziplin und Gehorsam und den Tod von Selbst, Bequemlichkeit, Nachlässigkeit und Extravaganz beinhaltet. Man muß darüber nachdenken, betrachten und verstehen, wonach man sucht. Nachdenken braucht Zeit; es braucht Konzentration, Kraft und Bemühung. Es bedeutet viele lange und ermüdende Stunden und Tage der Konzentration auf Lernen und Begreifen. Es bedeutet, zu wissen und zu verstehen, worum man bittet. Es bedeutet, zu wissen, wo man im Leben ist, war und hingehen soll.

2. Der Preis des Kelchs des Leidens. Das bedeutet die Bereitschaft, dem Selbst jeden Tag zu sterben und sein Leben hinzugeben, um im Dienst Christi alles zu ertragen, was ertragen werden muß (siehe Nähere Betrachtung 2, Kelch – Mt 20,22-23; Anmerkung und Nähere Betrachtung 1 – Lk 9,23).

3. Den Preis der Taufe in den Tod. Das bedeutet, jeden Preis zu zahlen, um den von Gott vorgegebenen Zweck zu erfüllen – und wenn das den Tod bedeutet (siehe Nähere Betrachtung 2, Taufe – Mt 20,22-23).

4. Der Preis der Entscheidung. Jakobus und Johannes antworteten Christus: "Wir können es." Größe bedeutet, die Herausforderung anzunehmen, weil man den Herr liebt und bereit ist, an seinem Leiden und Tod teilzuhaben, was es auch kostet.

5. Der Preis unverbrüchlicher Treue zu Christus. Größe erträgt und ist beständig, wieviel Leiden oder Selbstverleugnung auch gefordert werden. Jakobus und Johannes tranken beide den Kelch und wurden mit der Taufe Christi getauft (siehe Nähere Betrachtung 3,4 – Mt 20,23).

> "So kann auch keiner von euch mein Jünger sein, der nicht allem entsagt, was er hat." (Lk 14,33)
>
> "Er sprach aber zu allen: Wenn jemand mir nachkommen will, so verleugne er sich selbst und nehme sein Kreuz auf sich täglich und folge mir nach. Denn wer seine Seele retten will, der wird sie verlieren; wer aber seine Seele verliert um meinetwillen, der wird sie retten." (Lk 9,23-24)
>
> "Wenn jemand zu mir kommt und haßt nicht seinen Vater und seine Mutter, seine Frau und Kinder, Brüder und Schwestern, dazu aber auch sein eigenes Leben, so kann er nicht mein Jünger sein. Und wer nicht sein Kreuz trägt und mir nachkommt, der kann nicht mein Jünger sein." (Lk 14,26-27)
>
> "Denn wenn ihr nach dem Fleisch lebt, so müßt ihr sterben; wenn ihr aber durch den Geist die Taten des Leibes tötet, so werdet ihr leben." (Röm 8,13)
>
> "Die aber dem Christus angehören, die haben das Fleisch gekreuzigt samt den Leidenschaften und Begierden." (Gal 5,24)

Matthäus 20,20-28

"Ja, wahrlich, ich achte alles für Schaden gegenüber der alles übertreffenden Erkenntnis des Christus Jesus, meines Herrn, um dessentwillen ich alles eingebüßt habe, und ich achte es für Dreck, damit ich Christus gewinne." (Phil 3,8)

Gedanke 1 Christus nimmt kein Blatt vor den Mund. Wenn wir groß sein wollen, müssen wir einen Preis bezahlen, einen nicht geringen Preis. Wenn wir die Krone haben wollen, die er gibt, müssen wir einen bitteren Kelch trinken und in einer Taufe untergetaucht werden (siehe Anmerkung – Mt 20,22).

Gedanke 2 Wenn wir "ja" zu Christus sagen, muß es ehrlich sein. Wir brauchen die eiserne Entschlossenheit, ihm zu folgen. Wir müssen mit Jakobus und Johannes sagen können: "Wir können es" – was der Kelch und die Taufe auch sind. Wir dürfen jedoch nie vergessen, daß wir nur durch die Macht seiner Auferstehung *dazu fähig sind*.

Gedanke 3 Man beachte, daß Christus Jakobus und Johannes nicht abschrieb, weil sie falsch lagen und eine schlimme Sünde begangen hatten. Er gab sie nicht auf und ließ sie nicht als nutzlos fallen. Er brachte sie nur zurecht, lehrte sie die Wahrheit und hatte weiter Verwendung für sie. Man beachte noch etwas: Christus vertraute ihnen. Er kannte das Innerste ihrer Herzen, wußte, daß sie es überwinden würden und schlußendlich gesehen, jeden Preis für ihn bezahlen würden.

Hierin liegt eine gewaltige Lehre. Christus glaubt an uns und betrachtet uns als vertrauenswürdig (1Tim 1,12; vgl. Röm 8,28f). Auch wenn wir versagen und anfangen, uns selbst zu hassen und zu verabscheuen, liebt er uns und sorgt sich um uns, möchte uns zurechtbringen, lehren und uns auf den Weg der Nützlichkeit zurückführen.

NÄHERE BETRACHTUNG 2
(20,22-23) **Kelch – Taufe**: Es gibt einen Unterschied dazwischen, den Kelch des Leidens zu trinken und mit Leiden getauft zu werden. Der Kelch bezieht sich eher auf das, was ein Mensch in sich aufnimmt und innerlich erträgt. Es ist eher inneres Leiden. Die Taufe bezieht sich auf das, was einem Menschen von außen auferlegt wird. Es ist mehr äußerliches Leiden.

Der Kelch bedeutet, die Bitterkeit und das Leid von Prüfungen, Leiden, Verletzungen, Trauer, gebrochenen Herzen, Schmerz, Enttäuschung und Tränen zu trinken (vgl. Christi Erfahrung im Garten Gethsemane, Mt 26,36-46; sein Leiden, Mt 20,19; 27,46-49; und die Erfahrung des Johannes auf Patmos, Offb 1,9; vgl. Einführung – Datum). Der Kelch wird mit Leiden und Gottes Zorn in Verbindung gebracht (vgl. Ps 11,6; Jes 51,17; Hes 23,33).

Die Taufe des Leidens bedeutet, in die Stromschnellen von Anfechtung, Ablehnung, Beschimpfung, Lächerlichkeit, Widerstand, Verfolgung und Martyrium zu geraten.

Der Christ, der wirklich für Christus lebt und ihn bezeugt, wird seinen Kelch trinken und mit seiner Taufe getauft werden. Man denke einen Moment darüber nach. Christus verlangt alles, was wir *sind* und *haben*, um den Menschen zu helfen und die Botschaft der Erlösung in eine verlorene Welt zu tragen. Man stelle sich vor, was es uns kostet, wenn wir es ernst nehmen und alles geben, was wir *sind* und *haben*. Man stelle sich vor, wie verschieden von der Welt wir wären. Man stelle sich die Reaktion der Welt auf uns vor. Aus diesem Grund stießen Christus und die Apostel so oft auf so großen Widerstand. Sie gaben alles, was sie *waren* und *hatten*, um so anders zu leben. Sie lebten für Gott anstatt für sich selbst und die Welt, deshalb konnte die Welt sie nicht verstehen. Manche ignorierten sie, andere lachten sie aus, beschimpften, verfolgten und töteten sie sogar. Sie mußten den Kelch und die Taufe von Leiden und Opfer des Herrn ertragen, so wie alle, die ihm ernsthaft nachfolgen. (Siehe Abrisse und Anmerkungen – Mt 10,16-23; 10,24-33; 10,34-42; 19,23-26; 19,27-30. Vgl. Mt 10,22; Phil 1,29; 2Tim 3,12; 1Petr 2,21; 4,1-5; 5,10; Mt 19,29; Röm 8,16-17.)

NÄHERE BETRACHTUNG 3
(20,23) **Jakobus**: Wurde von Herodes getötet. Er war der erste Apostel, der den Kelch des Martyriums trinken mußte.

NÄHERE BETRACHTUNG 4
(20,23) **Johannes**: Wurde etwa hundert Jahre alt und starb im Bett, soweit wir wissen. Er trank den Kelch und wurde mit Leiden jedoch in einer äußerst quälenden Weise getauft:
⇒ Er war Zeuge beim Leiden und Sterben Christi.
⇒ Er überlebte die Ermordung und den Tod aller anderen Apostel.
⇒ Er lebte ein langes Leben der Verbannung im Exil auf Patmos (siehe Einführung, Offenbarung – Datum).

---

3 (20,23-28) **Größe**: Was ist wahr Größe? Sie besteht aus viererlei.

1. Ewige Größe kommt von Gott. Es gibt keine Größe, außer sie ist von Gott, keine andere Größe bringt ewige Ehre und Stellung. Die Größe der Menschen ist oberflächlich; sie vergeht. Man beachte zweierlei, was Christus hier zu sagen scheint.

    a. Christus sagte, daß jemand zu seiner Rechten und zu seiner Linken sitzen wird. Gott ist darauf vorbereitet, jemandem diese Ehre zu verleihen. Das scheint auf Grade der Herrlichkeit im Himmel hinzuweisen (vgl. V.26-27).

    b. Christus sagte, daß Gott allein das Recht vergibt, mit Christus zu regieren (d.h. seine absolute Gerechtigkeit). Er unterschied auch zwischen *den Großen*, die sich nur dem Dienst widmen, und den *Größten*, die sich als *Knechte* hingeben (V.26; vgl. V.27).

> "Was ich euch im Finstern sage, das redet im Licht, und was ihr ins Ohr hört, das verkündigt auf den Dächern!" (Mt 10,27)
>
> "Wenn jemand mir dienen will, so folge er mir nach; und wo ich bin, da soll auch mein Diener sein; und wenn jemand mir dient, so wird ihn mein Vater ehren." (Joh 12,26)
>
> "Wenn nun ich, der Herr und Meister, euch die Füße gewaschen habe, so sollt ihr auch einander die Füße waschen." (Joh 13,14)
>
> "Wiederum spricht er, zum zweiten Mal: Simon, [Sohn des] Jonas, liebst du mich? Er antwortete ihm: Ja, Herr, du weißt, daß ich dich lieb habe. Er spricht zu ihm: Hüte meine Schafe!" (Joh 21,16)

Matthäus 20,20-28

"Denn ihr seid teuer erkauft [mit Christi Blut]; darum verherrlicht Gott in eurem Leib und in eurem Geist, die Gott gehören!" (1Kor 6,20)

"Denn der im Herrn berufene Sklave ist ein Freigelassener des Herrn; ebenso ist auch der berufene Freie ein Sklave des Christus." (1Kor 7,22)

"Da ihr wißt, daß ihr von dem Herrn zum Lohn das Erbe empfangen werdet; denn ihr dient dem Herrn Christus!" (Kol 3,24)

2. Größe heißt nicht Herrschaft über andere Menschen. Die Jünger dachten immer noch, das Reich des Messias wäre die Wiederherstellung Israels als irdische Nation und Macht. Die zehn anderen Jünger waren verärgert, weil sie die besten Stellungen selbst wollten. Wenn sie nicht dieselben Gedanken gehabt hätten, hätte sie solch ein schlechtes und selbstsüchtiges Verhalten besorgt gemacht, nicht verärgert. Die Welt hat zwei Ansichten über Größe.
   a. Die äußere Sicht wird an Macht, Ruhm, Ansehen, Einfluß, Autorität, Herrschaft und Stellung gemessen.
   b. Die innere Sicht wird an Reichtum, Gebäuden, Fahrzeugen, Maschinen und der Fähigkeit, zu arbeiten und Ziele zu erreichen, gemessen. Die Welt strebt nach diesen Dingen; Einzelne und Völker gleichermaßen. Tatsächlich sind die meisten Menschen bis zu einem gewissen Grad in *weltlicher Größe* gefangen, sie streben nach Anerkennung, Stellung, Einfluß, Ruhm und Reichtum. Nur wenige sind frei von *weltlicher Größe*.

"Wer Zank liebt, der liebt Entzweiung, und wer sein Tor zu hoch baut, läuft Gefahr, daß es zusammenbricht." (Spr 17,19)

"Viel Honig essen ist nicht gut; aber etwas Schweres erforschen ist eine Ehre." (Spr 25,27)

"Wer sich aber selbst erhöht, der wird erniedrigt werden; und wer sich selbst erniedrigt, der wird erhöht werden." (Mt 23,12)

"Wie könnt ihr glauben, die ihr Ehre voneinander nehmt und die Ehre von dem alleinigen Gott nicht sucht?" (Joh 5,44)

3. Größe dient anderen. Die Großen sind die, die dienen. Die Größten unter ihnen sind die, die wie Knechte sind (siehe Anmerkung – Röm 1,1). Man beachte die zwei Worte *Größter* (protos) und *Diener* (doulos, Knecht). Christus macht einen bedeutenden Unterschied zwischen dem, was er in V.26 und V.27 sagt. Der Unterschied ist auffallend und herausfordernd. Da steht...
   - der *Große* (V.26) gegen den *Größten* (V.27).
   - der *Diener* (V.26) gegen den *Knecht* (V.27).

Man kann den Unterschied auch auf andere Weise sehen...
   - die *Großen* sind die, die *dienen*.
   - die *Größten* sind die, die wie *Knechte* sind.

Christus sagte folgendes: Unter seinen Jünger ist der groß, der dient, aber der Größte ist der Knecht. Die Vorstellung des Menschen, der dient, geht von gelegentlichem Dienst aus, wogegen der Knecht dem Herrn jeden Augenblick seines Lebens widmet und immer dienstbereit ist, ungeachtet der Stunde oder des Rufes oder der Schwierigkeit.

Der Gedanke, daß es Abstufungen im Dienst gibt, steht fraglos dahinter. Nicht jeder Gläubige dient mit demselben Eifer oder derselben Hingabe. Die Vorstellung von *Abstufungen im Lohn* für den Dienst wird von unserem Herrn immer wieder vermittelt (siehe Anmerkung, Lohn – Lk 16,10-12 für eine vollständige Aufzählung).

"Und wer einem dieser Geringen auch nur einen Becher mit kaltem Wasser zu trinken gibt, weil er ein Jünger ist, wahrlich, ich sage euch, der wird seinen Lohn nicht verlieren!" (Mt 10,42)

"So ist es auch nicht der Wille eures Vaters im Himmel, daß eines dieser Kleinen verloren geht." (Mt 18,14)

"Ihr aber sollt nicht so sein; sondern der Größte unter euch soll sein wie der Jüngste, und der Führende wie der Dienende." (Lk 22,26)

"Wenn nun ich, der Herr und Meister, euch die Füße gewaschen habe, so sollt auch ihr einander die Füße waschen." (Joh 13,14)

"Dient mit gutem Willen dem Herrn und nicht den Menschen." (Eph 6,7)

"Darum, weil wir ein unerschütterliches Reich empfangen, laßt uns die Gnade festhalten, durch die wir Gott auf wohlgefällige Weise dienen können mit Scheu und Furcht!" (Hebr 12,28)

"Der Lohn der Demut und der Furcht des HERRN ist Reichtum, Ehre und Leben." (Spr 22,4)

"Es ist dir gesagt, Mensch, was gut ist und was der HERR von dir fordert: was anders als Recht tun, Liebe üben und demütig wandeln mit deinem Gott?" (Mi 6,8)

4. Christus demonstrierte wahre Größe durch drei große Taten.
   a. Das Kommen auf die Erde: "Der Sohn des Menschen ist gekommen." Gottes Sohn ist Mensch geworden. Die meisten Menschen sehen die Menschheit als Krone der Schöpfung an. Doch im Vergleich mit den Ausmaßen desUniversums, der geistlichen Welt und insbesondere vor Gott ist der Mensch nichts – nicht für einen ehrlichen und denkenden Menschen. Er ist nur ein Sandkorn am Strand oder ein Wassertropfen im Ozean. Meistens lebt er nur siebzig Jahre, *wenn er es schafft*.
   Ehrlich gesagt ist es für Gott unvorstellbar, Mitglied einer so niedrigen Rasse von Lebewesen zu werden. Das ist das größte Ausmaß an Demut.
   b. Der Dienst: "Gleichwie [er] nicht gekommen ist, um sich dienen zu lassen, sondern um zu dienen." Zudem wurde er von den Menschen, zu denen er kam, wie der Allerniedrigste behandelt. Unglaublich, aber wahr! Sie gaben ihm keinen Platz, um seinen Kopf hinzulegen (Mt 8,20; Lk 9,58) und nur drei Jahre, nachdem er öffentlich verkündethatte, daß er gekommen war, um sie zu retten, töteten sie ihn. Man beachte nun: Jesus ist der König der Königeund der Herr der Herren, dennoch sicherte er sich sein Reich, indem er ein Knecht und Diener für alle wurde. Er
   herrschte nicht über die Menschen. Er diente ihnen, und weil er ein Diener aller wurde, hat Gott ihn nun hoch erhöht (Phil 2,8)
   c. Das Geben seines Lebens "als Lösegeld für viele" (siehe Anmerkung – Mt 20,28).

Matthäus 20,20-28

NÄHERE BETRACHTUNG 5

(20,28) <u>Lösegeld für viele</u> (lutron anti pollon): Ein Lösegeld als Austausch (anti) für viele; Lösegeld für viele; Lösegeld, anstelle vieler.

Lösegeld hat im Alten Testament die Bedeutung von freigeben. Es bedeutet, ein Leben freizugeben oder Lösegeld für ein Leben freizugeben (2Mo 21,30). Es bedeutet Freigabe, Lösegeldsumme, Preis zur Rettung von etwas, zum Beispiel…

- ist es der Preis, der zum Loskauf eines Sklaven gezahlt wurde (3Mo 19,20).
- ist es die Freikaufsumme für ein Stück Land (3Mo 25,24).
- ist es die Summe, mit der ein Gefangener ausgelöst wurde (Jes 45,13).

Das griechische Wort für Lösegeld (anti) ist bedeutsam. Es steht außer Frage, daß die Vorstellung eines *Austauschs* dahintersteht. Christus gab sein Leben im *Austausch*, d.h. anstatt oder als Ersatz für viele. (Siehe <u>Nähere Betrachtung, Rechtfertigung</u> – Röm 4,22; Anmerkung – 5,1.)

Das Wort wird noch zweimal im Neuen Testament verwendet (Mk 10,45; 1Tim 2,6). In 1Tim 2,6 lauten die Worte "ein ersatzweises Lösegeld für alle" (antilutron huper panton). *Huper* ist die Präposition, die den Gedanken des Austauschs vermittelt. Es ist ein Austausch für alle. Man beachte jedoch zweierlei.

1. Nicht alle bekommen das Angebot. Paulus sagte: "[Christus], der sich selbst als Lösegeld für alle gegeben hat" (1Tim 2,6). Johannes sagte: "Und er ist das Sühnopfer für…die [Sünden] der ganzen Welt" (1Joh 2,2). Das ist er auch – potentiell. Christus hat das Bedürfnis erfüllt und das Lösegeld für jeden Mann und jede Frau bezahlt, doch jeder muß das Angebot für sich selbst annehmen. Christus hat alles bereit gemacht, doch jeder kann das Angebot der Auslösung ablehnen. Einige tun das. Deshalb sagt die Schrift, daß Christus sowohl "für alle," als auch "für viele" starb. Er starb für *alle*, indem er für alle die *Voraussetzung* zur Erlösung schuf, doch er starb für *viele*, weil nur einige das Angebot annehmen.

2. In dem Wort Lösegeld schwingt auch der Gedanke an Opfer mit. Tatsächlich ist *Lösegeld* genau das. Es ist der Austausch, das Opfer, das Aufgeben von etwas für etwas anderes. Etwas wird gegen etwas anderes ausgetauscht und geopfert. Genau das tat Christus für uns. Er opferte und gab sich selbst als Lösegeld für uns auf (Eph 1,7; 1Joh 2,1-2). (Vgl. Die Opfer im Alten Testament; sie waren Vorbild für das, was Christus für uns tun sollte.)

"Ihm, der uns geliebt hat und uns von unseren Sünden gewaschen [erlöst] hat durch sein Blut." (Offb 1,5)

"Denn ihr wißt ja, daß ihr nicht mit vergänglichen Dingen, mit Silber oder Gold, losgekauft worden seid aus eurem nichtigen, von den Vätern überlieferten Wandel, sondern mit dem kostbaren Blut des Christus, als eines fehlerlosen und unbefleckten Lammes." (1Petr 1,18-19)

"Christus hat uns losgekauft von dem Fluch des Gesetzes, indem er ein Fluch für uns wurde." (Gal 3,13)

"Und er ist deshalb für alle gestorben, damit die, welche leben, nicht mehr sich selbst leben, sondern dem, der für [huper] sie gestorben und auferstanden ist." (2Kor 5,15)

"Denn er hat den, der von keiner Sünde wußte, für [huper] uns zur Sünde gemacht, damit wir in ihm Gerechtigkeit Gottes würden." (2Kor 5,21)

"Der es nicht wie die Hohenpriester täglich nötig hat, zuerst für die eigenen Sünden Opfer darzubringen, danach für [huper] die des Volkes; denn dieses [letztere] hat er ein für allemal getan, indem er sich selbst als Opfer darbrachte." (Hebr 7,27)

"Denn wenn das Blut von Stieren und Böcken und die Besprengung mit der Asche der jungen Kuh die Verunreinigten heiligt zur Reinheit des Fleisches, wieviel mehr wird das Blut des Christus, der sich selbst durch den ewigen Geist als ein makelloses Opfer Gott dargebracht hat, euer Gewissen reinigen von toten Werken, damit ihr dem lebendigen Gott dienen könnt." (Hebr 9,13-14)

"Auch nicht, um sich selbst öfters als Opfer darzubringen, gleichwie der Hohepriester jedes Jahr ins Heiligtum hineingeht mit fremdem Blut, denn sonst hätte er ja vielmals leiden müssen von Grundlegung der Welt an. Nun aber ist er einmal erschienen in der Vollendung der Weltzeiten zur Aufhebung der Sünde durch das Opfer seiner selbst." (Hebr 9,25-26)

"Aufgrund dieses Willens sind wir ein für allemal geheiligt durch die Opferung des Leibes Jesu Christi." (Hebr 10,10)

"Er aber hat sich, nachdem er ein einziges Opfer für die Sünden dargebracht hat, das ewiglich gilt, zur Rechten Gottes gesetzt…Denn mit einem einzigen Opfer hat er die für immer vollendet, welche geheiligt werden." (Hebr 10,12;14)

"Er hat unsere Sünden selbst an seinem Leib getragen auf dem Holz, damit wir, den Sünden gestorben, der Gerechtigkeit leben mögen." (1Petr 2,24; vgl. 1Kor 5,7; Eph 5,2)

Matthäus 20,29-34

	I. Die Heilung der zwei Blinden: Wie die Verzweifelten gerettet werden können, 20,29-34 (Mk 10,46-52; vgl. Lk 18,35-43)	31 Aber das Volk gebot ihnen, sie sollten schweigen. Sie aber riefen nur noch mehr und sprachen: Herr, du Sohn Davids, erbarme dich über uns!	a. Trotz Widerstand
1 Jesus verließ Jericho a. Die Menge folgte ihm b. Zwei Blinde saßen am Weg 2 Schritt 1: Ergriffen die Chance, als Jesus kam 3 Schritt 2: Baten um Erbarmen 4 Schritt 3: Waren beständig im Bitten	29 Und als sie von Jericho auszogen, folgte ihm eine große Volksmenge nach. 30 Und siehe, zwei Blinde saßen am Weg. Als sie hörten, daß Jesus vorüberziehe, riefen sie und sprachen: Herr, du Sohn Davids, erbarme dich über uns!	32 Und Jesus stand still, rief sie und sprach: Was wollt ihr, daß ich euch tun soll? 33 Sie sagten zu ihm: Herr, daß unsere Augen geöffnet werden! 34 Da erbarmte sich Jesus über sie und rührte ihre Augen an, und sogleich wurden ihre Augen wieder sehend, und sie folgten ihm nach.	b. Bis Jesus reagiert 5 Schritt 4: Erbaten große Dinge von Christus 6 Schritt 5: Bekamen Mitleid von Jesus und wurden von ihm angerührt 7 Schritt 6: Folgten Jesus

ABSCHNITT XIII

DIE LEHREN DES MESSIAS AUF DEM WEG NACH JERUSALEM, 19,1-20,34

I. Die Heilung der zwei Blinden: Wie die Verzweifelten gerettet werden können, 20,29-34

(20,29-34) **Einführung**: Wie leben in einer verzweifelten Welt voller verzweifelter Menschen. Viele leiden wegen Einsamkeit, Leere, Krankheit, Tod, Unfällen, Problemen, Konflikten, Schwierigkeiten, Armut, Hunger, Sinnlosigkeit, Ziellosigkeit, Bedeutungslosigkeit, Hoffnungslosigkeit und Hilflosigkeit. Die zwei Blinden, zeigen, wie den Verzweifelten geholfen werden kann und sie gerettet werden.
1. Jesus verließ Jericho (V.29-30).
2. Schritt 1: Ergriffen die Chance, als Jesus kam (V.30).
3. Schritt 2: Baten um Erbarmen (V.30).
4. Schritt 3: Waren beständig im Bitten (V.31-32).
5. Schritt 4: Erbaten große Dinge von Christus (V.33).
6. Schritt 5: Bekamen Mitleid von Jesus und wurden von ihm angerührt (V.34).
7. Schritt 6: Folgten Jesus (V.34).

1 (20,29-30) **Menge – Jesus Christus**: Als Jesus Jericho verließ, war auch eine große Schar Pilger unterwegs nach Jerusalem, um dort das Passafest zu feiern. Der berühmte jüdische Historiker Josephus schätzte, daß dieses Fest jährlich zwei bis drei Millionen Besucher zählte. Zu diesem Zeitpunkt ist wohl eine riesige Menge Christus gefolgt.

Es gab mehrere Gründe, warum solche Menschenmassen Christus während seines Wirkens nachfolgten.
1. Manche folgten Christus, weil sie ein dringendes Bedürfnis hatten. Sie glaubten fest, daß er ihnen helfen könnte.
2. Manche folgten Christus, weil dabei etwas für sie abfiel. Ihm zu folgen erfüllte bis zu einem gewissen Grad ihre materiellen und physischen Wünsche (Joh 6,26).
3. Manche folgten Christus aus Neugierde.
4. Manche folgten Christus, weil sie dachten, er wäre der Weg nach Utopia, zur persönlichen und nationalen Erfüllung. Sie dachten, daß er vielleicht der Messias wäre, der Israel befreien und die Bedürfnisse seiner Menschen für immer erfüllen würde (siehe Nähere Betrachtung 2 – Mt 1,18).
5. Manche folgten Christus, weil sie wirklich glaubten, daß er der wahre Messias war und Worte des ewigen Lebens hatte. Sie wollten seine echten Jünger sein (Joh 6,67-68; vgl. Joh 1,29;34;40-41;45; 49; Mt 16,16).

Als Jesus aus der Stadt kam, saßen zwei Blinde am Wegesrand. Über diese zwei Männer gibt es drei Dinge zu sagen.
⇒ Sie waren verzweifelt. Sie waren beide blind, auf dieselbe Weise körperlich behindert.
⇒ Sie waren zusammen. Sie waren Kameraden und hatten Gemeinschaft miteinander. Sie saßen und redeten miteinander und wie diese Episode zeigt, handelten sie auch gemeinsam.
⇒ Sie saßen da, wo Christus vorbeikam. Man kann es Zufall oder Schicksal oder wie auch immer nennen; doch Tatsache ist, daß sie genau dort waren, wo Christus vorbeikam.

Gedanke 1 Die beiden litten gemeinsam und handelten gemeinsam. Wir können großen Vorteil daraus ziehen, wenn wir mit Menschen zusammen sind, die das Gleiche erlebt haben, nicht, um über unser gemeinsames Schicksal zu jammern, sondern um uns gegenseitig zu ermutigen.

Man beachte noch etwas: Christus ermutigt uns zum gemeinsamen Gebet. Jede Freundschaft unter Christen sollte das gemeinsame Gebet einschließen. Diese beiden Männer kamen gemeinsam zu Christus und sie konnten nicht einmal sehen. Christus sollte einen bedeutenden Teil unserer Gemeinschaft darstellen (Mt 18,20).

Gedanke 2 Man beachte zwei Dinge.
1) Die Bedürftigen und Verzweifelten müssen dorthin gehen, wo Christus ist. Sie müssen sich dort hinbegeben, wo sie wissen, daß sie Christus hören können.
2) Die Bedürftigen und Verzweifelten können große Hoffnungen hegen, doch es gibt eine Bedingung. Sie müssen dort sein, wo sie Christus hören können. Wenn diese beiden woanders gewesen wären, hätten sie Christus verpaßt. Es ist entscheidend, herauszufinden, wo Christus zu hören ist.

2 (20,30) **Errettung – Bedürfnis**: Erstens können die Verzweifelten gerettet werden, wenn sie die Chance ergreifen, wenn Christus vorbeikommt, doch es ist äußerst wichtig, daß sie wachsam und aufmerksam sind. Diese beiden Männer waren wachsam und aufmerksam. Sie hörten das Geräusch der Füße und die Unterhaltung, als die Menge vorbeiging. Das Geräusch der wandernden Menge machte sie aufmerksam und die mitgehörten Gespräche verrieten ihnen genau, was hier los war.

Matthäus 20,29-34

Gedanke 1 Die Verzweifelten können herausfinden, wo Jesus ist, wenn sie darauf achten, wo Gottes Leute hingehen und wenn sie darauf hören, wo Gottes Leute sagen, daß er ist. Die Füße und Stimmen der Nachfolger Christi werden die Verzweifelten zu ihm führen.

Gedanke 2 Eins ist für die Verzweifelten von entscheidender Bedeutung: Die Gelegenheit zu ergreifen. Sie dürfen sie nicht vorübergehen lassen. Wenn wir sehen oder hören, wo Jesus ist, müssen wir zu ihm gehen. Wenn wir nicht dorthin gehen, wo er ist, steigt die Wahrscheinlichkeit, daß wir unsere einzige Gelegenheit verpassen. Aus drei Gründen schwinden unsere Chancen.
1) Wir werden hart, träge, unempfindlich, unbetroffen und passiv; wir beginnen, die Gegebenheiten so hinzunehmen, wie sie sind.
2) Es wird nie eine passendere Zeit geben. Absichten sind gut, doch eine sofortige Entscheidung tut not. Paulus predigte und viele hörten zu. Einige sagten: "Wir wollen dich darüber nochmals hören!" (Apg 17,32). Doch das taten sie nie.
3) Möglicherweise kreuzt Christus nie wieder unseren Weg. Und wenn er es tut, kommt er vielleicht nicht mit solcher Kraft zurück.

"Damit sie den Herrn suchen sollten, ob sie ihn wohl umhertastend wahrnehmen und finden möchten; und doch ist er ja jedem einzelnen von uns nicht ferne." (Apg 17,27)
"Fragt nach dem HERRN und nach seiner Macht, suchet sein Angesicht allezeit!" (Ps 105,4)
"Suchet den HERRN, alle ihr Demütigen im Lande, die ihr sein Recht übet! Suchet Gerechtigkeit, befleißiget euch der Demut; vielleicht werdet ihr Bergung finden am Tage des Zornes des HERRN!" (Zef 2,3)
"Suchet den HERRN, solange er zu finden ist, rufet ihn an, während er nahe ist!" (Jes 55,6)

3 (20,30) **Errettung – Barmherzigkeit**: Zweitens können die Verzweifelten dadurch gerettet werden, daß sie um Erbarmen bitten. Zur Bitte der beiden Blinden um Barmherzigkeit muß man dreierlei beachten.
1. Sie hatten nur unvollkommenes Wissen von Christus. Sie waren blind, deshalb konnten sie nicht herumreisen und von ihm lernen. Ihr Wissen über ihn basierte auf dem, was sie *über* ihn gehört hatten.
2. Sie glaubten, was sie gehört hatten: Daß er der Messias, der verheißene Sohn Davids war. Sie glaubten an seine Macht, ihnen zu helfen und sie zu retten.
3. Sie rafften sich auf und baten um Erbarmen. Man stelle sich die Hindernisse vor: Eine große Menge, laute Geräusche. Sie waren blind und hatten nur eine geringe Chance, zu ihm zu kommen und von ihm angehört zu werden. Doch zwei Dinge machten den Unterschied aus. Sie waren verzweifelt und sie glaubten. Also rafften sie sich auf und riefen. *Sie handelten aus dem Wissen und dem Glauben heraus*, den sie hatten.

Zu ihrer Bitte um Erbarmen sind zwei wichtige Tatsachen zu bemerken.
⇒ Sie baten selbst um Erbarmen. Sie baten niemand anderen, für sie zu Christus zu gehen.
⇒ Sie baten nur um Erbarmen. Sie baten um nichts anderes. Sie waren arme Bettler, doch sie baten nicht um Obdach oder Kleider oder auch nur Essen. Sie baten, daß ihr grundlegendstes Bedürfnis erfüllt würde – Barmherzigkeit.

"Und seine Barmherzigkeit währt von Geschlecht zu Geschlecht über die, welche ihn fürchten." (Lk 1,50)
"Und der Zöllner stand von ferne, wagte nicht einmal seine Augen zum Himmel zu erheben, sondern schlug an seine Brust und sprach: O Gott, sei mir Sünder gnädig! Ich sage euch: Dieser ging gerechtfertigt in sein Haus hinab." (Lk 18,13-14)
"Gott aber, der reich ist an Erbarmen, hat um seiner großen Liebe willen, mit der er uns geliebt hat, auch uns, die wir tot waren durch die Sünden, mit dem Christus lebendig gemacht – aus Gnade seid ihr gerettet!" (Eph 2,4-5)
"Sei mir gnädig, o HERR, denn ich verschmachte; heile mich, o HERR, denn meine Gebeine sind erschrocken, und meine Seele ist sehr erschrocken; und du, HERR, wie lange?" (Ps 6,2-3)
"O HERR, höre meine Stimme; sei mir gnädig und antworte mir, wenn ich rufe!" (Ps 27,7)
"O Gott, sei mir gnädig nach deiner Güte, tilge meine Übertretungen nach deiner großen Barmherzigkeit!" (Ps 51,1)
"HERR, laß uns deine Gnade schauen und schenke uns dein Heil!" (Ps 85,7)
"Laß mir deine Barmherzigkeit widerfahren, daß ich lebe! Denn dein Gesetz ist meine Lust." (Ps 119,77)
"Zerreißet eure Herzen und nicht eure Kleider und kehret zurück zu dem HERRN, eurem Gott; denn er ist gnädig und barmherzig, langmütig und von großer Gnade und läßt sich des Übels gereuen." (Joel 2,13)
"Freue dich nicht über mich, meine Feindin, denn ob ich auch gefallen bin, so stehe ich wieder auf; ob ich auch in der Finsternis sitze, so ist doch der HERR mein Licht!" (Mi 7,8)

NÄHERE BETRACHTUNG 1
(20,30) **Sohn Davids**: Siehe Anmerkungen – Mt 1,1; Nähere Betrachtung 2 – 1,18; Nähere Betrachtung 3 – 3,11; Anmerkungen – 11,1-6; 11,2-3; Nähere Betrachtung 1 – 11,5; Nähere Betrachtung 2 – 11,6; Nähere Betrachtung 1 – 12,16; Anmerkung – Lk 7,21-23.

---

4 (20,31-32) **Errettung – Beständigkeit**: Drittens können die Verzweifelten gerettet werden, wenn sie in ihrer Bitte um Erbarmen beständig sind.
1. Die Verzweifelten müssen auch trotz Widerstands beständig sein. Wer Christus wirklich will, muß beständig sein; er muß gegen alle Hindernisse ankämpfen, bis Christus reagiert.

Diese zwei Männer lehren uns Beständigkeit. Die Menge tadelte sie und versuchte sie davon abzuhalten, zu Christus durchzudringen, doch sie ließen sich nicht aufhalten. Man beachte die Schrift: "Sie aber riefen nur noch mehr." Eifer und Empfindungen durchströmten sie. Es war ihnen todernst; nichts würde sie aufhalten. Sie waren verzweifelt – diese Gelegenheit könnte nie wiederkommen – also kämpften sie, rangen und drängelten sich durch die Menge und schrien dabei aus vollem Halse:

Matthäus 20,29-34

"Herr, du Sohn Davids, erbarme dich über uns!"

Gedanke 1 Man beachte zweierlei.
1) Wenn wir nach Christus suchen, begegnen wir vielen Hindernissen – inneren und äußeren. Manchmal stehen wir uns selbst im Weg, manchmal andere, manchmal Umstände. Die Hindernisse sind immer da.
2) Man muß gegen Hindernisse kämpfen und sie überwinden. Wir sollen nicht wegen ihnen aufgeben, sondern anihnen Ausdauer, Erfahrung (siegreiches Leben) und Hoffnung lernen. Prüfungen sollen unseren Glauben schärfen, erhöhen und wachsen lassen. Deshalb sollen wir nicht nur "uns der Hoffnung auf die Herrlichkeit Gottes [rühmen]…sondern wir rühmen uns auch in den Drangsalen" (Röm 5,2-3).

2. Die Verzweifelten sollen beständig sein, bis Jesus reagiert. Beständigkeit gewinnt immer die Aufmerksamkeit des Herrn (siehe Abriß und Anmerkungen – Mt 7,7-11. Vgl. Lk 18,1.) Man beachte die Frage, die Jesus stellte. Er wußte bereits, was die Blinden wollten. Er hatte wahrscheinlich auch ihr Rufen gehört, doch er wollte, daß sie Beständigkeit erfuhren. Warum? Warum lehrt uns Christus Beständigkeit und Beharrlichkeit, statt unsere Bedürfnisse sofort zu erfüllen? Dafür gibt es wenigstens fünf Gründe.

⇒ Beständigkeit schärft unseren Glauben und läßt ihn wachsen. Sie lehrt Ausdauer, Erfahrung (siegreiches Leben) und Hoffnung (Röm 5,2-4).
⇒ Beständigkeit schärft unseren Verstand und läßt uns seiner besser bewußt werden. Sie gibt uns mehr Zeit zum Nachdenken, Betrachten und Suchen nach der Wahrheit über uns und unsere Bedürfnisse. Sie konzentriert auf wahre Bedürfnisse.
⇒ Beständigkeit lehrt uns beten und immer mehr nach Gott suchen. Sie schafft größeres Bewußtsein für unsere Hilflosigkeit und unser Bedürfnis nach seiner Gegenwart und Hilfe. Sie macht mehr Gemeinschaft und tiefere Verständigung mit ihm notwendig.
⇒ Beständigkeit gibt uns einen größeren Teil an seinem Wirken und seiner Anbetung. Sie schafft in uns das Gefühl, einen größeren Anteil zu haben. Das ist kein Bedürfnis Gottes, sondern von uns. Ihm zu dienen ist ein großer Vorzug, den er uns verleiht.
⇒ Beständigkeit gibt mehr Zeit, um eine größere Anzahl Menschen mit Gottes Macht zu erreichen. Beständigkeit ist ein größeres Zeugnis für Gott. Wenn Gott antwortet und handelt, sind mehr Menschen aufgescheucht, um ihn beim Wirken zu beobachten.

> "Bittet, so wird euch gegeben; sucht, so werdet ihr finden; klopft an, so wird euch aufgetan!" (Mt 7,7)
> "Wenn du aber daselbst den HERRN, deinen Gott, suchen wirst, so wirst du ihn finden, ja wenn du ihn von ganzem Herzen und von ganzer Seele suchen wirst." (5Mo 4,29)
> "Suchet mich, so werdet ihr leben!" (Am 5,4)

Gedanke 1 Das ist eine wichtige Lektion für die Kirche. Oft werden die Armen und Bedürftigsten von der Kirche zurückgestoßen, ignoriert, vernachlässigt, getadelt und nicht gewollt. Sie werden als faul oder antriebslos oder unfähig, viel beizutragen, angesehen. Die Kirche argumentiert, daß die Armen und Bedürftigen sich unwohl fühlen würden und sowieso nicht zur Gemeinschaft gehören wollten.
Unser Herr lehnte niemanden ab. Er hat nie gewollt, daß sich die Kirche nur um die Bedürfnisse einer bestimmten Klasse kümmert. Was ist überhaupt *Klasse*? Eine bestimmte *Menge* Geld? Eine bestimmte *Menge* Kleider? Anzüge? Schuhe? Uhren? Häuser einer bestimmten *Größe*? Autos? Büro? Schreibtisch? Stuhl? Ist es die Figur? Die Frisur? Ein bestimmter Platz in der Stadt? Oder in der Vorstadt? Neben einem Golfplatz? Am See? Wie verrückt können wir denn noch sein? Wie lange können wir herumalbern, während um uns herum vor Verzweiflung schreit? Gibt es irgendwo irgend jemanden, der denkt und sieht und fühlt, wie Gott denkt und sieht und fühlt? Wo ist der Mensch, der für Gott in die Bresche springt und den Verlorenen und Armen dieser Welt hilft?

5 (20,33) **Gebet**: Viertens können die Verzweifelten gerettet werden, wenn sie große Dinge von Christus erbitten. Man beachte, welche große Bitte sie an Christus richteten.
1. Sie waren bitter arme Bettler. An ihnen gab es nichts Anziehendes.
2. Die Gesellschaft lehnte sie ab. Sogar die Menge um Jesus stieß sie weg und versuchte, sie in ihrer Suche nach Gott zum Schweigen zu bringen.
3. Sie waren Christus nie gefolgt. Sie hatten ihn nicht ein einziges Mal predigen gehört. Sie wußten nur wenig über ihn.
4. Sie hatten eine unglaubliche Bitte vorzubringen: Daß Christus ihre Blindheit heilen sollte.

> "Und alles, was ihr gläubig erbittet im Gebet, das werdet ihr empfangen!" (Mt 21,22)
> "Und alles, was ihr bitten werdet in meinem Namen, das will ich tun, damit der Vater verherrlicht wird in dem Sohn." (Joh 14,13)
> "Wenn ihr in mir bleibt und meine Worte in euch bleiben, so werdet ihr bitten, was ihr wollt, und es wird euch zuteil werden." (Joh 15,7)
> "Bis jetzt habt ihr nichts in meinem Namen gebeten; bittet, so werdet ihr empfangen, damit eure Freude völlig wird!" (Joh 16,24)
> "Und das ist die Freimütigkeit, die wir ihm gegenüber haben, daß er uns hört, wenn wir seinem Willen gemäß um etwas bitten. Und wenn wir wissen, daß er uns hört, um was wir auch bitten, so wissen wir, daß wir das Erbetene haben, das wir von ihm erbeten haben." (1Joh 5,14-15)
> "Und es soll geschehen, ehe sie rufen, will ich antworten, wenn sie noch reden, will ich sie erhören!" (Jes 65,24)
> "Rufe zu mir, so will ich dir antworten und dir große und unbegreifliche Dinge kundtun, die du nicht wußtest." (Jer 33,3)

Gedanke 1 Viele kommen nur zu Christus, wenn sie körperliche Probleme haben (Blindheit). Ihr wahres Problem ist jedoch geistliche Blindheit. Sie sind geistlich blind und wissen es nicht (Joh 9,41).

Gedanke 2 Hierin liegt die Lehre für uns, bei unseren Bitten konkret zu sein. Zuerst baten die Blinden um Erbarmen, ohne zu verdeutlichen, warum sie es brauchten. Christus bat sie, genauer zu werden: "Was wollt ihr, daß ich euch tun soll?"

Matthäus 20,29-34

6 (20,34) **Entscheidung**: Fünftens können die Verzweifelten gerettet werden, wenn sie Jesu Mitleid bekommen und von ihm angerührt werden. Man beachte, was geschieht.
1. Jesus hatte Mitleid. Kaum hatten sie gebeten, war Jesu Mitleid erregt. Er fühlte mit ihnen und sorgte sich um sie.
2. Jesus berührte ihre Augen. Er tat mehr, als Mitleid und Gefühle auszudrücken. Er streckte die Hand aus und berührte sie. Er ließ sie seine Berührung und Fürsorge spüren. Er gab sich ihnen selbst. Welch eine Lehre für den Dienst!
3. Jesus heilte sie. Sie erfuhren *sofort* die Liebe und Macht Gottes. Sie wurden geheilt.

"Daher kann er auch diejenigen vollkommen erretten, die durch ihn zu Gott kommen, da er immerdar lebt, um für sie einzutreten." (Hebr 7,25)

"Ohne Glauben aber ist es unmöglich, ihm wohlzugefallen; denn wer zu Gott kommt, muß glauben, daß er ist, und daß er die belohnen wird, welche ihn suchen." (Hebr 11,6)

"Befiehl dem HERRN deinen Weg und vertraue auf ihn, so wird er handeln." (Ps 37,5)

"Vertraue auf den HERRN von ganzem Herzen und verlaß dich nicht auf deinen Verstand." (Spr 3,5)

"Vertrauet auf den HERRN immerdar; ja, auf Gott, den HERRN, den Fels der Ewigkeiten!" (Jes 26,4)

Gedanke 1 Das Gebet und das Rufen der Männer wurde beantwortet, ihr Bedürfnis wurde aus zwei Gründen erfüllt.
1) Sie glaubten an Christus, den Messias, und seine Macht, ihr Bedürfnis zu erfüllen.
2) Sie blieben in diesem Glauben beständig. Sie waren keine Feiglinge. Sie ließen sich nicht durch andere Menschen oder durch Umstände von ihrer Suche nach Jesus abbringen.

7 (20,34) **Jüngerschaft**: Sechstens können die Verzweifelten gerettet werden, wenn sie Jesus nachfolgen. Man beachte die einfachen Worte: "Und sie folgten ihm nach." Er hatte ihnen Barmherzigkeit erwiesen und sie wurden seine Jünger. Jünger zu sein bedeutet zweierlei.
1. Sie folgten ihm, um von ihm zu lernen.

"Er sprach aber zu allen: Wenn jemand mir nachkommen will, so verleugne er sich selbst und nehme sein Kreuz auf sich täglich und folge mir nach." (Lk 9,23)

"Meine Schafe hören meine Stimme, und ich kenne sie, und sie folgen mir nach." (Joh 10,27)

"Wenn jemand mir dienen will, so folge er mir nach; und wo ich bin, da soll auch mein Diener sein; und wenn jemand mir dient, so wird ihn mein Vater ehren." (Joh 12,26)

"Werdet nun Gottes Nachahmer als geliebte Kinder." (Eph 5,1)

"Wie ihr nun den Christus Jesus, den Herrn, angenommen habt, so wandelt auch in ihm." (Kol 2,6)

"Denn dazu seid ihr berufen, weil auch Christus für uns gelitten und uns ein Vorbild hinterlassen hat, damit ihr seinen Fußstapfen nachfolgt." (1Petr 2,21)

"Wer sagt, daß er in ihm bleibt, der ist verpflichtet, auch selbst so zu wandeln, wie jener gewandelt ist." (1Joh 2,6)

2. Sie folgten ihm, um für ihn und seine Macht Zeugen zu sein.

"So soll euer Licht leuchten vor den Leuten, daß sie eure guten Werke sehen und euren Vater im Himmel preisen." (Mt 5,16)

"Damit ihr einmütig, mit einem Mund den Gott und Vater unseres Herrn Jesus Christus lobt." (Röm 15,6)

"Denn ihr seid teuer erkauft; darum verherrlicht Gott in eurem Leib und in eurem Geist, die Gott gehören!" (1Kor 6,20)

"Damit der Name unseres Herrn Jesus Christus in euch verherrlicht werde und ihr in ihm, gemäß der Gnade unseres Gottes und des Herrn Jesus Christus." (2Thess 1,12)

"Durch ihn laßt uns nun Gott beständig ein Opfer des Lobes darbringen, das ist die Frucht der Lippen, die seinen Namen bekennen!" (Hebr 13,15)

"Ihr aber seid ein auserwähltes Geschlecht, ein königliches Priestertum, ein heiliges Volk, ein Volk des Eigentums, damit ihr die Tugenden dessen verkündet, der euch aus der Finsternis berufen hat zu seinem wunderbaren Licht." (1Petr 2,9)

"Singet dem HERRN, der zu Zion wohnt, verkündiget unter den Völkern seine Taten!" (Ps 9,11)

"Es sollen dir danken die Völker, o Gott, dir danken alle Völker." (Ps 67,3)

Gedanke 1 Dies ist eine Lektion in Dankbarkeit. Die Männer drückten ihre Dankbarkeit auf die größtmögliche Weise aus. Sie wurden Zeugen seiner Großzügigkeit, Liebe, Barmherzigkeit und Macht. Viele zeigen nie irgendwelche Dankbarkeit. Zu viele bekommen, was sie wollen und vergessen sehr bald, daß es von Gott kam.

Matthäus 21,1-11

		KAPITEL 21 XIV. DIE LETZTE WO-CHE DES MESSIAS: SEIN ANSPRUCH WIRD BESTRITTEN UND ABGELEHNT, 21,1-23,39 A. Der triumphale Einzug: Jesus beansprucht absichtlich, der Messias zu sein 21,1-11 (Mk 11,1-11; Lk 19, 28-40; Joh 12,12-19) Als sie sich nun Jerusalem näherten und nach Bethphage an den Ölberg kamen, sandte Jesus zwei Jünger 2 und sprach zu ihnen: Geht in das Dorf, das vor euch liegt, und sogleich werdet ihr eine Eselin angebunden finden und ein Füllen bei ihr, die bindet los und führt sie zu mir! 3 Und wenn euch jemand etwas sagt, so sprecht: Der Herr braucht sie!, dann wird er sie sogleich senden. 4 Das ist aber alles geschehen, damit erfüllt würde, was durch den Propheten ge-	sagt ist, der spricht: 5 Sagt der Tochter Zion: Siehe, dein König kommt zu dir sanftmütig und reitend auf einer Eselin und einem Füllen, dem Jungen des Lasttiers. 6 Die Jünger aber gingen hin und taten, wie Jesus ihnen befohlen hatte, 7 und brachten die Eselin und das Füllen und legten ihre Kleider auf sie und setzten ihn darauf. 8 Aber die meisten aus der Menge breiteten ihre Kleider aus auf dem Weg; andere hieben Zweige von den Bäumen und streuten sie auf den Weg. 9 Und das Volk, das vorausging, und die, welche nachfolgten, riefen und sprachen: Hosianna dem Sohn Davids! Gelobt sei, der da kommt im Namen des Herrn! Hosianna in der Höhe! 10 Und als er in Jerusalem einzog, kam die ganze Stadt in Bewegung und sprach: Wer ist dieser? 11 Die Menge aber sagte: Das ist Jesus, der Prophet von Nazareth in Galiläa!	Ein Bild aus Sach 9,9 1) Er warnt Jerusalem 2) Der König kommt 3) Er kommt bescheiden 4) Er kommt auf einem Füllen **3 Er nahm absichtlich die Huldigung der Jünger an** a. Taten, wie er gesagt hatte b. Nahmen ihre Kleider als Sattel **4 Er nahm absichtlich die Huldigung der Menge an** a. Viele empfingen ihn wie einen König: Breiteten Kleider und Zweige vor ihm aus b. Viele empfingen ihn als Messias: Hosianna 1) Als Sohn Davids 2) Als Herr 3) Als der Höchste **5 Schluß: Die Frage der Menschen in Jerusalem** a. Frage: Wer ist dieser? b. Antwort: Jesus, der Prophet von Nazareth
1 Jesu letzte Woche begann in Jerusalem a. Im Vorort: Bethphage b. Schickte zwei Jünger mit besonderem Auftrag los **2 Er erfüllte absichtlich Prophezeiungen** a. Der besondere Auftrag der Jünger: eine Eselin und ihr Füllen herbringen b. Absicht: Absichtliche Erfüllung der Prophezeiung –				

ABSCHNITT XIV

DIE LETZTE WOCHE DES MESSIAS: SEIN ANSPRUCH WIRD BESTRITTEN UND ABGELEHNT, 21,1-23,39

A. Der triumphale Einzug: Jesus beansprucht absichtlich, der Messias zu sein, 21,1-11

(21,1-11) **Jesus Christus, letzte Woche**: Jesus begann die letzte Woche seines Lebens. Er hatte die vergangene Nacht (den Sabbatabend) in Bethanien mit Lazarus, Maria und Martha verbracht (Joh 12,1f). Er wollte nun mit voller Absicht zeigen, daß er der Messias war, der verheißene Retter der Welt. Er machte über jeden Zweifel erhaben deutlich, daß er die Prophezeiungen erfüllte, daß er der war, auf den alle gerechten Menschen gewartet hatten.
1. Jesu letzte Woche begann in Jerusalem (V.1).
2. Er erfüllte absichtlich Prophezeiungen (V.2-5).
3. Er nahm absichtlich die Huldigung der Jünger an (V.6-7).
4. Er nahm absichtlich die Huldigung der Menge an (V.8-9).
5. Schluß: Die Frage der Menschen in Jerusalem (V.10-11).

NÄHERE BETRACHTUNG 1
(21,1-11) **Karwoche – Palmsonntag**: Die letzte Woche im Leben unseres Herrn ist seit frühester Zeit als Karwoche bekannt. Der triumphale Einzug war das erste Ereignis dieser Woche, es fand am ersten Tag statt. Es wurde und wird immer noch Palmsonntag genannt.

---

1 (21,1) **Jesus Christus, Armut**: Jesu letzte Woche begann in Jerusalem. Man beachte die Niedrigkeit Jesu. Er mußte bei Freunden unterkommen. Bis zum Ende hatte "der Sohn des Menschen nichts, wo er sein Haupt hinlegen kann" (Mt 8,20; Lk 9,58).

Außerdem "näherte er sich Jerusalem" zu Fuß. Er hatte kein Pferd, keinen Esel, kein Kamel – kein Transportmittel. Er hatte nur, was Gott ihm gegeben hatte, als er in die Welt kam, seine Füße, die ihn trugen, wohin er wollte. Wie sehr muß es Gott ins Herz schneiden, daß wir uns um materielle Bequemlichkeit und Erleichterung sorgen! Jesus hatte seinen Blick immer auf Rettung und Hilfe für die Welt gerichtet. Bis zum Ende verfolgte er sein Ziel unbeeinträchtigt und von der Welt unerschüttert. Welche Lektion für uns!
1. Christus begann seine letzte Woche in Bethphage (siehe Nähere Betrachtung 2 – Mt 21,1).
2. Christus schickte zwei Jünger mit einem besonderen Auftrag los.

NÄHERE BETRACHTUNG 2
(21,1) **Bethphage**: Der Name des Ortes bedeutet "Haus der Feigen." Es war ein Vorort von Jerusalem, der in Richtung Ölberg lag. Man beachte, daß Jesus zu Fuß in Bethphage ankam, was heißt, daß er keine anderen Reisemöglichkeiten als das Wandern hatte.

Matthäus 21,1-11

2 (21,2-5) <u>Prophezeiung</u>: Der Herr erfüllte die Prophezeiungen mit Absicht.

1. Christus schickte zwei Jünger in den Ort, um eine Eselin und ihr Füllen herzubringen. Er lieh sich die zwei Tiere von einem anderen Menschen, wahrscheinlich einem Jünger. Eins der drei folgenden Dinge bewog den Mann dazu, die Tiere zu verleihen.
   a. Der Mann war ein Jünger, der es *dem Herrn* erlauben würde, seine Tiere zu leihen. Die Betonung "der Herr braucht sie" weist stark darauf hin, daß diese Tatsache wenigstens teilweise hier eine Rolle spielt. Der Herr (o kurios) wäre einem Ungläubigen gegenüber ein sehr starker Ausdruck. Er war gleichwertig mit Jahwe.
   b. Der Herr hatte mit dem Besitzer abgesprochen, die Tiere zu leihen. Das war natürlich möglich, doch die Möglichkeit, daß man den Jüngern deswegen Fragen stellen würde, macht es eher unwahrscheinlich.
   c. Der Herr bewies seine göttliche Allwissenheit, um seinen Anspruch auf die Messiaswürde weiter zu unterstreichen. Als Gott wußte er genau, wo die Tiere waren, kannte die Frage wegen der Leihe und die Tatsache, daß der Besitzer sie ihm leihen würde. Das konnte leicht hier eine Rolle spielen.

Es ist wichtig, die Stärke und Autorität Christi während dieser ganzen Geschehnisse zu beachten. Er nahm die Würde als Messias an, als Herr Gott (Jahwe) aller Menschen, ihres Willens und ihres Eigentums, auch ihrer Tiere.

<u>Gedanke 1</u> Jeder Auftrag des Herrn – jede Aufgabe, wie klein sie auch ist – ist wichtig. Die Tiere holen gehen war eine kleine Aufgabe, doch sie war bei der Ausrufung Christi zum König von entscheidender Bedeutung. Keine Aufgabe sollte im Dienst für unseren Herrn als zu unbedeutend angesehen werden.

<u>Gedanke 2</u> Man beachte zweierlei.
1) Jesus ermutigt und tröstet uns mit der Gegenwart anderer. Er schickt uns selten allein.
2) Wie oft hat Christus einen Auftrag zu erledigen und keiner war da, um ihn zu übernehmen, besonders bei kleinen und unbedeutenden Aufträgen wie diesem?

<u>Gedanke 3</u> Das Füllen war geliehen. Wieder besaß Jesus nichts von den Gütern dieser Welt. Um die Schrift zu erfüllen, nach der der Messias auf einem Füllen in die Stadt einreiten sollte, mußte Jesus sich das Füllen leihen. Wie materialistisch wir doch sind, weil wir denken, wir müssen Dinge besitzen, um zu leben! Wir meinen sogar, daß wir *nicht effektiv dienen können* ohne die neuesten *materiellen Dinge* der Welt (Maschinen, Ausrüstung, Methoden). Wie anders ist doch Christus!

"Denn ihr erkennt die Gnade unseres Herrn Jesus Christus, daß er, obwohl er reich war, um euretwillen arm wurde, damit ihr durch seine Armut reich würdet." (2Kor 8,9)

<u>Gedanke 4</u> Man beachte eine wichtige Tatsache: Als es um die Verkündigung seiner Messiaswürde ging, ließ sich Christus durch nichts aufhalten. Es war äußerst wichtig, daß die Menschen erfuhren, daß er der Messias war. Er besaß keinen Esel, um die Prophezeiung zu erfüllen, also suchte er sich einen. Solche Entschiedenheit und unerschütterliche Absicht sollten auch uns bei der Verkündigung ergreifen, daß er der Messias ist.

2. Christus hatte einen Grund, für seinen Einzug in Jerusalem solche detaillierten Vorbereitungen zu treffen. Er erfüllte absichtlich die Prophezeiung von Sach 9,9. Die Prophezeiung sagte vier Dinge voraus.
   a. "Sagt der Tochter Zion [d.h. Jerusalem]": Jerusalem sollte es erfahren, eine dreifache Warnung bekommen. Warum muß sie gewarnt werden? Weil das, was sie erwartete, nicht geschehen würde, nicht, wie sie es annahm.
   b. "Siehe, dein König kommt zu dir": Die erste Warnung. Jerusalems König kam, wie es erwartet wurde. Mit dieserErwartung hatten die Leute recht. Doch Erwartungen bergen die Gefahr, so sehr von den eigenen Vorstellungengefangen zu werden, daß man verpaßt, was wirklich geschieht. Leidenschaftliche Erwartung kann das Ereignisverpassen, wenn es ein wenig anders eintritt, als es erwartet wurde. "Dein König kommt zu dir," doch er kommtetwas anders als erwartet.
   c. "Dein König kommt…sanftmütig": Die zweite Warnung. Der Messias kam sanftmütig, nicht als Herrscher. Er kam, um die Herzen und Leben der Menschen zu gewinnen, geistlich und ewig, nicht körperlich und materiell (siehe Anmerkungen – Mk 11,1-11; Eph 1,3; vgl. Mt 11,29).
   d. "Dein König kommt…reitend auf einer Eselin und einem Füllen": Die dritte Warnung. Der Messias kam nicht alsEroberer auf einem weißen Pferd, sondern als Friedenskönig auf einem Esel. Er kam, um die Welt durch Frieden zu retten, um sie mit dem Gott der Liebe zu versöhnen, nicht mit dem Gott des Hasses, der Rache und des Krieges. Er würde niemanden töten und keine Herrschaft umstürzen (Römer und Heiden). Er kam, um die Herzen und Leben der Menschen durch die herrliche Botschaft (Evangelium) zu gewinnen, daß Gott liebt und versöhnt (siehe Abriß und Anmerkungen – Eph 2,13-18).

Man beachte die Prophezeiung und die sorgfältige Vorbereitung Christi, um sie zu erfüllen. Das ist bedeutsam, denn es heißt, daß Christus seine Messiaswürde inszenierte – sie so eindeutig inszenierte, daß die Menschen gar nicht anders als begreifen konnten, daß er Gottes Messias war. Das war Gottes schon Generationen vor Christus vorhergesagter Wille. Gott wollte, daß sein Sohn seine Messiaswürde so eindeutig verkündete, daß die Menschen nicht mißverstehen konnten, was er tat.

<u>Gedanke 1</u> Jesus beanspruchte, der Messias zu sein, Gottes eigener Sohn. Die große Sorgfalt, mit der er die Prophezeiung erfüllte, beweist eindeutig, was er beanspruchte. Er erfüllte absichtlich Gottes Willen. Er tat genau das, was Gott schon vor Jahrhunderten vorhergesagt hatte, daß er tun sollte (Sach 9,9). Er erhob den Anspruch, Gottes Messias zu sein, auf dramatische Weise. Er malte ein so deutliches Bild, daß die Menschen eindeutig sehen mußten, was er beanspruchte. Wir müssen nun eine absichtliche Entscheidung treffen. Entweder wir nehmen seinen Anspruch an oder nicht. So wie er *absichtlich* die Prophezeiung erfüllte, *nehmen wir absichtlich seinen Anspruch an oder lehnen ihn absichtlich ab*.

"Wegen der herzlichen Barmherzigkeit unseres Gottes, in welcher uns besucht hat der Aufgang aus der Höhe, um denen zu scheinen, die in Finsternis und Todesschatten sitzen, um unsere Füße auf den Weg des Friedens zu richten!" (Lk 1,78-79)

"Und plötzlich war bei dem Engel die Menge der himmlischen Heerscharen, die lobten Gott und sprachen: Herrlichkeit [ist] bei Gott in der Höhe und Friede auf Erden, [und] unter den Menschen [Gottes] Wohlgefallen!" (Lk 2,13-14)

Matthäus 21,1-11

"Frieden hinterlasse ich euch; meinen Frieden gebe ich euch. Nicht wie die Welt gibt, gebe ich euch; euer Herz erschrecke nicht und verzage nicht!" (Joh 14,27)

"Dies habe ich zu euch geredet, damit ihr in mir Frieden habt. In der Welt habt ihr Drangsal; aber seid getrost, ich habe die Welt überwunden!" (Joh 16,33)

"Das Wort, das er den Kindern Israels gesandt hat, indem er Frieden verkünden ließ durch Jesus Christus – welcher Herr über alle ist." (Apg 10,36)

"Da wir nun aus Glauben gerechtfertigt sind, so haben wir Frieden mit Gott durch unseren Herrn Jesus Christus." (Röm 5,1)

"Denn das Reich Gottes ist nicht Essen und Trinken, sondern Gerechtigkeit, Friede und Freude im Heiligen Geist." (Röm 14,17)

"Denn er ist unser Friede, der aus beiden eins gemacht und die Scheidewand des Zaunes abgebrochen hat." (Eph 2,14)

"Und durch ihn alles mit sich selbst zu versöhnen, indem er Frieden machte durch das Blut seines Kreuzes – durch ihn, sowohl das, was auf der Erde ist, als auch das, was im Himmel ist." (Kol 1,20)

"Der HERR wird seinem Volke Kraft verleihen, der HERR wird sein Volk segnen mit Frieden!" (Ps 29,11)

Gedanke 2 Man beachte zwei sehr bedeutsame Dinge.
1) Christus kam nicht, um Gericht zu halten, sondern um die Menschen geistlich durch die Vergebung der Sünden zu retten. Er kam nicht als Richter, um die Menschen zu verurteilen, weil sie Gott ignoriert, vernachlässigt, abgelehnt und mißverstanden hatten, sondern er kam als Friedensbote, um sie durch das Kreuz mit Gott zuversöhnen (siehe Abriß und Anmerkungen – Eph 2,13-18; Kol 1,20).
2) Christus kommt als Richter wieder, um an allen Menschen, Geretteten und Ungeretteten, Gerechtigkeit zu üben (Nähere Betrachtung 1 – Hebr 9,27; vgl. Mt 25,31-46; 2Kor 5,10).

NÄHERE BETRACHTUNG 3
(21,5) **Esel – Füllen**: Siehe Nähere Betrachtung 4 – Mk 11,7.

---

3 (21,6-7) **Huldigung – Gehorsam**: Christus nahm die Huldigung der Jünger absichtlich an. Die Jünger huldigten ihm (Verehrung, Anerkennung). Sie taten genau das, was er wollte, trotz der Unsicherheit der Sache. Sie hatten kein Geld, um ein Tier zu kaufen oder zu mieten und man würde sie fragen, was sie mit den Tieren wollten. Trotzdem gehorchten sie – ohne Fragen, ohne Zweifel.

Man beachte den anderen Teil der Huldigung: Ihr Herr hatte keinen Sattel. Sie sorgten sich um ihn und seine Bequemlichkeit, also nahmen sie ihre eigenen Übergewänder und legten sie über die Tiere. Auch dies war eine Handlung der Huldigung (Verehrung und Anerkennung). Die beiden Männer hatten in der Nachfolge Christi in Armut gelebt, deshalb hatten sie wenig Kleider. Es kostete sie etwas, ihre Kleider für solch einen Akt der Demut zu benutzen. Die Kleider würden beschmutzt sein und riechen, doch sie sorgten sich und verehrten den Herrn mit dieser Tat.

Der Punkt ist, daß Christus nun unmißverständlich die Rechte und die Würde eines Königs beanspruchte. Er wusch jetzt keine Füße; er nahm jetzt absichtlich ihre Huldigung und Ehrerbietung entgegen.

Doch men beachte etwas von entscheidender Bedeutung. Obwohl er Rechte und Würde eines Königs beanspruchte, tat er das auf die demütigste Art, die seine Zeit kannte: Er betrat die Stadt als Friedenskönig. Das Sinnbild hierfür war der Ritt auf dem Eselsfüllen, nicht auf dem Hengst des Eroberers. Er wies alle Vorstellungen eines irdischen und materiellen Königreichs von sich. Er war gekommen, Jerusalem und die Welt durch den Frieden zu retten, nicht durch den Krieg.

Gedanke 1 Diese Episode enthält drei deutliche Lehren.
1) Wir sollen den Herrn verehren, indem wir seine Gebote befolgen. Sie können manchmal schwer zu verstehen und etwas peinlich sein, doch wir sollen wie die beiden Jünger vertrauen und gehorchen – nicht zweifeln und nicht fragen.

"Wer meine Gebote festhält und sie befolgt, der ist es, der mich liebt; wer aber mich liebt, der wird von meinem Vater geliebt werden, und ich werde ihn lieben und mich ihm offenbaren." (Joh 14,21)

"Wenn ihr meine Gebote haltet, so bleibt ihr in meiner Liebe, gleichwie ich die Gebote meines Vaters gehalten habe und in seiner Liebe geblieben bin…Ihr seid meine Freunde, wenn ihr alles tut, was ich euch gebiete." (Joh 15,10;14)

"Und was immer wir bitten, das empfangen wir von ihm, weil wir seine Gebote halten und tun, was vor ihm wohlgefällig ist." (1Joh 3,22)

"Samuel aber sprach: Hat der HERR Wohlgefallen an Opfern und Brandopfern gleichwie am Gehorsam gegen die Stimme des HERRN? Siehe, Gehorsam ist besser denn Opfer und Aufmerken besser als das Fett von Widdern!" (1Sam 15,22)

2) Wir sollen dem Herrn huldigen, indem wir ihm das Beste geben, was wir haben. Er ist alles wert und verdient alles, also sollen wir tun, was die Jünger taten: Ihm alles geben – auch unsere besten Kleider, wenn das nötig ist.

"Jesus sprach zu ihm: Willst du vollkommen sein, so geh hin, verkaufe, was du hast, und gib es den Armen, so wirst du einen Schatz im Himmel haben; und komm, folge mir nach!" (Mt 19,21)

"Da begann Petrus und sprach zu ihm: Siehe, wir haben alles verlassen und sind dir nachgefolgt!" (Mk 10,28)

"Danach ging er hinaus und sah einen Zöllner namens Levi an der Zollstätte sitzen und sprach zu ihm: Folge mir nach! Und er verließ alles, stand auf und folgte ihm nach." (Lk 5,27-28)

"So kann auch keiner von euch mein Jünger sein, der nicht allem entsagt, was er hat." (Lk 14,33)

Matthäus 21,1-11

> "Ja, wahrlich, ich achte alles für Schaden gegenüber der alles übertreffenden Erkenntnis des Christus Jesus, meines Herrn, um dessentwillen ich alles eingebüßt habe, und ich achte es für Dreck, damit ich Christus gewinne." (Phil 3,8)

3) Wir verehren und huldigen Christus, wenn wir unser letztes Hemd geben. Das ist der ehrenvollste Dienst und bringt großen Lohn.

> "Kommt her, ihr Gesegneten meines Vaters, und erbt das Reich, das euch bereitet ist...Denn ich bin...ohne Kleidung gewesen, und ihr habt mich bekleidet." (Mt 25,34-36. Vgl. 25,31-46)

Doch man beachte: Es ist ein Unterschied, ob man alte, unbrauchbare Kleider gibt oder sein letztes Hemd. Die Jünger gaben für den Dienst alles hin, was sie hatten. Sie gaben die Kleider, die sie gerade trugen (vgl. das Scherflein der Witwe, Lk 21,1-4).

4 (21,8-9) **Huldigung – Messias**: Christus nahm absichtlich die Huldigung der Menge an. Und man beachte: Es waren "die meisten aus der Menge" (V.8). Anscheinend geschah folgendes: Die Menge begann schon am frühen Morgen, sich zu sammeln. Aufgeregt warteten sie auf ihn, der Lazarus von den Toten auferweckt hatte. Johannes berichtet uns das. Er berichtet, daß es tatsächlich so viele waren, daß die Pharisäer sagten: "Siehe, alle Welt läuft ihm nach!" (Joh 12,17-19) Da war die Schar der Jünger, die ihn bereits begleiteten und die Pilger, die sich ihm auf ihrem Weg zum Passafest angeschlossen hatten. Da waren auch die Einwohner von Bethanien und Bethphage, die von seiner Anwesenheit und seinen Wundern gehört hatten und die, die bereits in Jerusalem waren, Einwohner und Pilger, die herbeiströmten, um ihn zu sehen.

Wir bekommen die Vorstellung einer riesigen Menschenmenge von Tausenden vermittelt, die die Straßenränder säumte, als Christus auf den Esel gehoben wurde, um seinen triumphalen Einzug in Jerusalem zu beginnen. Mehrere Tatsachen weisen auf diese Schlußfolgerung hin.

1. Jedes Jahr versammelten sich in Jerusalem zwei Millionen Pilger oder mehr zum Passafest (siehe Nähere Betrachtung 1 – Mt 26,2). Tausende und Abertausende davon waren orthodoxe Gläubige, die an den jüdischen Messias glaubten.
2. Die Neuigkeiten, die in der Stadt und der Umgebung die Runde machten, betrafen die Wunder, die Christus getan hatte, eine schon seit einigen Tagen anhaltende Serie von Wundern, die die Auferweckung des Lazarus mit einschloß (Joh 11,1f; 11,55-56). Die Atmosphäre war spannungsgeladen wegen, der aufregenden Nachricht, daß Jesus der verheißene Messias Gottes war. Eine Menschenmenge hatte gehört, daß er in Bethanien und Bethphage war (Mk 14,1-9). Wie bereits gesagt waren da die Menge, die von Jerusalem kam, um ihn zu empfangen (Joh 12,17-19), die Menge, die bereits mit ihm reiste (Mt 21,29) und die Einwohner von Bethanien und Bethphage, die sich um ihn zu sammeln begannen (Mk 14,1-9; Joh 12,1f). Der ganze Eindruck des Bildes weist auf Abertausende, die ihn suchten und heranströmten, um ihn zu begrüßen, als sie hörten, daß er kam. (Man beachte die Worte des Matthäus: "Das Volk, das vorausging, und die, welche nachfolgten" V.9.)

Die Menschenmenge tat zweierlei.
1. Sie empfingen ihn als König. Dies zeigt sich in zwei Dingen, die immer getan wurden, wenn der König in eine Stadt einzog. Sie zogen ihre Übergewänder aus und hieben Zweige von den Bäumen und legten beides vor ihn auf den Weg. Sie wollten ihn ehren und ihm wie einem König huldigen. Sie wollten ihm zeigen, daß sie ihn als den verheißenen König Israels empfingen.
2. Sie empfingen ihn als Messias. Dies zeigt sich in dem, was sie von Christus ausriefen.
   ⇒ Sie riefen: "Hosianna," was bedeutet hilf doch oder rette, wir bitten dich.
   ⇒ Sie nannten ihn "Sohn Davids," was der Titel des Messias war (siehe Anmerkungen – Mt 1,1; Nähere Betrachtung 2 – 1,18; Nähere Betrachtung 3 – 3,11; Anmerkungen – 11,1-6; 11,2-3; Nähere Betrachtung 1 – 11,5; Nähere Betrachtung 2 – 11,6; Nähere Betrachtung 1 – 12,16; Anmerkung – Lk 7,21-23).
   ⇒ Sie riefen: "Gelobt sei, der da kommt im Namen des Herrn!" Das bedeutet, gelobt sei der, der von Gott gesandt wurde, um sein Volk zu retten; gelobt sei der, der mit der Autorität Gottes kommt.
   ⇒ Sie riefen: "Hosianna in der Höhe!" Das bedeutet: "Gott rette uns, wir bitten dich. Du, der du in der Höhe bist, rette uns durch den, den du gesandt hast."

Gedanke 1 An dieser Stelle gibt es mehrere entscheidende Lektionen.
1) Wir müssen Christus als unseren König verkündigen. Er soll der König unserer Herzen und Leben sein, über uns herrschen. Doch man beachte die entscheidende Frage: Was meinen wir mit König? Die Menschen zur Zeit Christi waren bereit, ihn als irdischen König anzunehmen; d.h. sie wollten alle Autorität und Macht annehmen, die er zu ihren Gunsten ausüben würde. Der Gedanke an geistliche Herrschaft über ihr Leben lag ihnen fern. Sie wollten irdische und materielle Vorteile. Wie so viele von uns! Wir wollen seine königliche Macht, wenn wir etwas brauchen (körperlich oder materiell), aber mit seiner Königsherrschaft über unser Leben wollen wir nichts zu tun haben.
2) Wir müssen Christus als Gottes wahren Messias empfangen, , den, der gekommen ist, um un wirklich zu retten. Doch wieder ist entscheidend, was wir mit *retten* meinen. Wir sollten keine irdische Fürsorge und Rettung annehmen, wenn wir nicht zuerst bereit sind, seine geistliche Fürsorge und Rettung anzunehmen (Erlösung und Wiedergeburt, die Hingabe von allem, was wir haben und sind).
3) Jeder sollte rufen: "Hosianna, rette uns, ich bitte dich, o Herr."

> "Seht, jetzt ist die angenehme Zeit, jetzt ist der Tag des Heils!" (2Kor 6,2)

4) Wir müssen zwei Dinge bekennen.
   ⇒ Christus ist *der Gesegnete*, der im Namen des Herrn kommt.
   ⇒ "Hosianna in der Höhe": Errettung ist "in der Höhe", in Christus, den Gott gesandt hat.

> "Nathanael antwortete und sprach zu ihm: Rabbi, du bist der Sohn Gottes, du bist der König von Israel!" (Joh 1,49)
>
> "Denn so sehr hat Gott die Welt geliebt, daß er seinen eingeborenen Sohn gab, damit jeder, der an ihn glaubt, nicht verloren geht, sondern ewiges Leben hat." (Joh 3,16)

Matthäus 21,1-11

"Da sprach Pilatus zu ihm: So bist du also ein König? Jesus antwortete: Du sagst es; ich bin ein König. Ich bin dazu geboren und dazu in die Welt gekommen, daß ich der Wahrheit Zeugnis gebe; jeder, der aus der Wahrheit ist, hört meine Stimme." (Joh 18,37)

"Denn es heißt: Ich habe dich zur angenehmen Zeit erhört und dir am Tag des Heils geholfen. Seht, jetzt ist die angenehme Zeit, jetzt ist der Tag des Heils!" (2Kor 6,2)

"Welche zu seiner Zeit zeigen wird der Hochgelobte und allein Gewaltige, der König der Könige und der Herr der Herrschenden." (1Tim 6,15)

"Denn die Gnade Gottes ist erschienen, die heilbringend ist für alle Menschen; sie nimmt uns in Zucht, damit wir die Gottlosigkeit und die weltlichen Begierden verleugnen und besonnen und gerecht und gottselig leben in der jetzigen Weltzeit." (Tit 2,11-12)

5) Wir müssen alles vor Christus hinlegen, was wir haben und sind, nicht nur unsere Kleider.

5 (21,10-11) **Reaktion auf Jesus Christus**: Die Frage der Menschen in Jerusalem. Die ganze Stadt war bewegt (eseisthe), d.h. aufgerüttelt. Johannes berichtete: "Alle Welt läuft ihm nach" (Joh 12,19).
- ⇒ Die Römer meinten, ein Aufstand wäre in Vorbereitung.
- ⇒ Die Herodianer, die regierende jüdische Partei, fürchtete, sie würden gestürzt und würden ihre Macht verlieren.
- ⇒ Die Pharisäer wurden in neue Abgründe von Neid und Bosheit gestürzt.
- ⇒ Die einfachen Menschen waren überzeugt, daß mit Jesus von Nazareth der Tag ihrer Befreiung endlich gekommen war.

NÄHERE BETRACHTUNG 4
(21,11) **Prophet**: Das war eindeutig ein Bezug auf den Messias, den von Gott Gesandten (vgl. Joh 1,21; 6,14; 9,17).

Matthäus 21,12-16

	B. Die Tempelreinigung: Autorität über Gottes Haus, 21,12-16 (Mk 11,15-19; Lk 19, 45-46; vgl. Joh 2,13-16)	14 Und es kamen Blinde und Lahme im Tempel zu ihm, und er heilte sie.	**3 Der Tempel (Kirche) soll für den Gottesdienst da sein**
1 Der Tempel (Kirche) soll kein Ort sein, wo Menschen ausgebeutet werden	12 Und Jesus ging in den Tempel Gottes hinein und trieb alle hinaus, die im Tempel verkauften und kauften, und stieß die Tische der Wechsler um und die Stühle der Taubenverkäufer.	15 Als aber die Hohenpriester und die Schriftgelehrten die Wunder sahen, die er tat, und die Kinder, die im Tempel riefen und sprachen: Hosianna dem Sohn Davids!, da wurden sie entrüstet	**4 Der Tempel (Kirche) soll ein Ort für Wunder sein** **5 Der Tempel (Kirche) soll ein Ort für das Lob Christi sein** a. Kinder lobten ihn b. Manche hatten Einwände
2 Der Tempel (Kirche) soll ein Ort des Gebets sein	13 Und er sprach zu ihnen: Es steht geschrieben: Mein Haus soll ein Bethaus genannt werden! Ihr aber habt eine Räuberhöhle daraus gemacht!	16 und sprachen zu ihm: Hörst du, was diese sagen? Jesus aber sprach zu ihnen: Ja! Habt ihr noch nie gelesen: Aus dem Mund der Unmündigen und Säuglinge hast du ein Lob bereitet?	c. Christus bestand darauf

ABSCHNITT XIV

DIE LETZTE WOCHE DES MESSIAS: SEIN ANSPRUCH WIRD BESTRITTEN UND ABGELEHNT, 21,1-23,39

B.   Die Tempelreinigung: Autorität über Gottes Haus, 21,12-16

(21,12-16) **Einführung**: Die Tempelreinigung fand am Montag statt, dem Tag nach dem triumphalen Einzug in Jerusalem. Markus berichtete uns das.

> "Und Jesus zog ein in Jerusalem und in den Tempel. Und nachdem er alles betrachtet hatte, ging er, da die Stunde schon vorgerückt war, mit den Zwölfen hinaus nach Bethanien." (Mk 11,11)

Die Szenerie war folgende: Abertausende hatten bei Jesu triumphalem Einzug die Straße gesäumt. Als er unter den Willkommensrufen der Menge entlangritt, kam er direkt bis zu den Stufen zum Tempel. Er betrat den Tempel, wie Markus berichtete, "und nachdem er alles betrachtet hatte," wußte er, was hier vor sich ging. Er stand an der Seite und beobachtete all die Verdorbenheit. Nach einiger Zeit ging er müde und mit gebrochenem Herzen zurück nach Bethanien, um dort die Sonntagnacht zu verbringen. Am Montagmorgen kehrte er zurück in den Tempel, um ihn von allem zu reinigen, was seine Heiligkeit entweihte.

Vier Dinge müssen zum Tempel während der letzten Woche im Leben unseres Herrn beachtet werden.

1.   Jesus beendete seine Wirksamkeit im Tempel, dem Haus des Gebets seines Vaters, wo Gottes Gegenwart in ganz besonderer Weise wohnte. Er war dabei, sein Leben zu vollenden, einen herrlichen Dienst, der den Willen Gottes vollkommen erfüllt. Am vorangegangenen Abend, als er im Tempel abseits stand und alles beobachtete, was dort geschah, war er sehr nachdenklich: Er dachte an seinen Vater, an sein Leben, das nun vollendet wurde, an das große Opfer, das er für die Sünden des Menschen bringen würde, an die Verdorbenheit, die im Tempel um ihn herum herrschte, an die Gottesdienste, die hier eigentlich stattfinden sollten und noch an vieles mehr. Sein Herz wurde so nahe zu Gott gezogen, dennoch war es gebrochen und er weinte innerlich. Direkt vor ihm entfaltete sich ein Bild der schrecklichen Sünde, für die er sterben würde. Der Tempel selbst, der Ort, an dem die Menschen die Möglichkeit haben sollten, Gott näherzukommen, war von den Menschen verdorben worden. Er war alles andere als ein Haus des Gebets. Er war ein Handelsplatz, für die Gier des Menschen.

2.   Jesus offenbarte mit der Tempelreinigung, wer er war. Er verkündigte allen Generationen, daß er das Recht hatte zu bestimmen, wie der Tempel benutzt werden sollte, und ihn von aller Verdorbenheit zu reinigen. Als Gottes Sohn war der Tempel sein Haus, der Ort, an dem die Anbetung Gottes besonders bekannt sollte.

3.   Jesus offenbarte, wie die Menschen den Tempel Gottes benutzen und behandeln sollten.

4.   Jesus begann und beendete seine Wirksamkeit mit einer Tempelreinigung. Die zwei Reinigungen waren separate Ereignisse, die den Beginn und das Ende seiner Wirksamkeit bezeichneten. Dadurch wurde die Bedeutung des Tempels als Gottes Haus für Gebet und Gottesdienst bewiesen.

Als unser Herr nach Jerusalem kam, ging er nicht zum Königspalast, auch nicht an den Hof der Machthaber, sondern in den Tempel, das Haus Gottes. Sein Reich war nicht von dieser Welt, nicht körperlich, sondern vom Himmel und geistlich. Seine Autorität und Herrschaft waren in Gottes Tempel und in den Herzen der Menschen. Deshalb ging er in den Tempel Gottes, um ihn zu reinigen und die Menschen zu lehren, wie er zu benutzen war und immer noch ist.

1.   Der Tempel soll kein Ort sein, wo Menschen ausgebeutet werden (V12).
2.   Der Tempel soll ein Ort des Gebets sein (V13).
3.   Der Tempel soll für den Gottesdienst da sein (V14).
4.   Der Tempel soll ein Ort für Wunder sein (V15).
5.   Der Tempel soll ein Ort für das Lob Christi sein (V15-16).

NÄHERE BETRACHTUNG 1

(21,12-16) **Tempel**: Man muß den Plan des Tempels kennen, um die Ereignisse in dieser Episode zu verstehen. Der Tempel befand sich auf dem Berg Zion und scheint eine Fläche von 1500 m² bedeckt zu haben. Er bestand aus zwei Teilen, dem Tempel selbst und dem Vorhof. Das Griechische kennt zwei verschiedene Worte, um zu verdeutlichen, was gemeint ist.

1.   *Der Tempel* (naos) war ein kleines, verziertes Gebäude, das sich in der Mitte des Tempelbezirks befand. Es wurde Heiligtum oder Allerheiligstes genannt. Nur der Hohepriester durfte es betreten und das auch nur einmal im Jahr, am Versöhnungstag.

Matthäus 21,12-16

> 2. *Der Vorhof* (hieron) bestand aus vier Vorhöfen, die den Tempel umgaben und in ihrer Bedeutung für das jüdische Denken abnahmen. Es ist wichtig, daran zu denken, daß hohe Mauern jeden Vorhof von den anderen abgrenzten.
>   a. Zuerst der innere Vorhof der Priester. Er durfte nur von Priestern betreten werden. Hier standen die großen Geräte für den Gottesdienst: Der Brandopferaltar, das Eherne Meer, der siebenarmige Leuchter, der Weihrauch-Altar und der Tisch der Schaubrote.
>   b. Als nächstes der Vorhof der Israeliten. In diesem großen Hof trafen sich jüdische Gläubige zum gemeinsamen Gottesdienst an den großen Festtagen. Hier übergaben die Gläubigen auch ihre Opfer an die Priester.
>   c. Als drittes der Vorhof der Frauen. Frauen durften außer zum Gottesdienst nicht weiter als bis in diesen Vorhof gehen. Allerdings durften sie den Vorhof der Israeliten betreten, wenn sie opfern oder an einem großen Festtag am gemeinsamen Gottesdienst teilnehmen wollten.
>   d. Der Vorhof der Heiden war der letzte Vorhof. Er umfaßte alle anderen Vorhöfe in einem riesigen Areal. Hier beteten die Heiden an, die sich zum Judentum bekehrt hatten.
>
> Zum Vorhof der Heiden müssen drei Dinge beachtet werden.
> 1. Er war am weitesten vom Zentrum der Anbetung entfernt, dem Allerheiligsten, das Gottes Gegenwart versinnbildlich-te (siehe Anmerkung – Eph 2,14).
> 2. Eine hohe Mauer trennte den Vorhof der Heiden von den anderen Vorhöfen und versperrte den Heiden jeden Weg näher zu Gott hin. Tatsächlich hingen überall Tafeln, auf denen den Heiden unter Androhung des Todes verboten wurde, ihren Vorhof zu verlassen.
> 3. Im Vorhof der Heiden fand auch der ganze Handel statt. In seinen Mauern wurde ein regelrechter Markt abgehalten. Wie kommt ein Markt in den Tempel Gottes? Ganz einfach, aus Gier. Die Gläubigen brauchten Tiere, (Stiere, Schafe, Tauben), Weihrauch, Mehl, Wein, Öl, Salz und andere Dinge für ihre Opfer und Verrichtungen. Pilger aus anderen Ländern mußten Geld tauschen. An irgendeinem Punkt in der Geschichte des Tempels hatten die Priester beschlossen, sich selbst die Vorteile des Handel zu sichern, anstatt den Händlern außerhalb der Mauern den ganzen Gewinn zu überlassen. Also bauten sie im Vorhof der Heiden Stände auf, die sie an Händler von *außen* vermieteten. Dies waren oft Familienmitglieder. Der Eigentümer der Stände und Handelsplätze war der Hohepriester oder Hannas. Der Hof war von Ständen erfüllt, wo die Gläubigen alles finden konnte, was sie brauchten. Die Atmosphäre war voll von Handel und Getümmel, nicht von Gebet und Gottesdienst.
>
> Wenn wir uns an die Abertausende erinnern, die zu den großen Festen kamen, können wir uns das lauteste Getümmel vorstellen und würden immer noch der Wahrheit hinterherhinken. Wer kann sich tausende Tiere mit ihren typischen Geräuschen, Gerüchen und Hinterlassenschaften im Tempel Gottes vorstellen? Und wozu? Was bringt Menschen dazu, das Zentrum der Anbetung Gottes so zu schänden? Wie bereits gesagt wurde, das Geld und die Gier des Menschen. Kein Wunder, daß Christus tat, was er tat. Er konnte nicht anders, denn er war der Sohn Gottes, der Messias, der in die Welt gesandt wurde, um die wahre Anbetung Gottes anzukündigen. Und im Vorhof der Heiden gab es keine Hoffnung auf Anbetung. Gebet und Gottesdienst waren unmöglich.

1 (21,12) **Tempel – Kirche**: Der Tempel oder die Kirche soll kein Ort sein, wo Menschen ausgebeutet werden. Man beachte, was Jesus tat, um dies zu zeigen.

1. Er ging in den Tempel (Vorhof der Heiden) wo Gottes Gegenwart sein sollte und wo er und andere in Ruhe und Besinnung anbeten können sollten. Doch er fand das genaue Gegenteil vor: Getümmel, Kauf und Verkauf.
2. Er reagierte mit der Macht und dem reinigenden Gericht Gottes – der Art Macht und Gericht, die Menschen vor Gott zittern läßt (Phil 2,9-11).
3. Er rannte durch den Tempel und tat dreierlei: (a) Er jagte *alle* hinaus, die kauften und verkauften; (b) Er warf die Tische der Geldwechsler um; und (c) er warf die Stühle der Taubenhändler hinaus.

> **"Und sprach zu den Taubenverkäufern: Schafft das weg von hier! Macht nicht das Haus meines Vaters zu einem Kaufhaus!" (Joh 2,16)**
>
> **"Habt ihr denn keine Häuser, wo ihr essen und trinken könnt [Geschäfte zum Kaufen und Verkaufen]? Oder verachtet ihr die Gemeinde Gottes und beschämt die, welche nichts haben? Was soll ich euch sagen? Soll ich euch loben? Dafür lobe ich nicht!" (1Kor 11,22)**
>
> **"Beobachtet meine Sabbattage und verehret mein Heiligtum! Ich bin der HERR." (3Mo 19,30)**
>
> **"Bewahre deinen Fuß, wenn du zum Hause Gottes gehst! Sich herzunahen, um zu hören, ist besser, als wenn die Toren Opfer bringen; denn sie haben keine Erkenntnis des Bösen, das sie tun." (Pred 5,1)**
>
> **"Denn die Kinder Juda haben getan, was in meinen Augen böse ist, spricht der HERR; sie haben ihre Greuel in das Haus gesetzt, das nach meinem Namen genannt ist, und es dadurch verunreinigt." (Jer 7,30)**
>
> **"Ihre Propheten [des Tempels, der Kirche] sind leichtfertige, unzuverlässige Menschen; ihre Priester entweihen das Heiligtum, mißbrauchen das Gesetz." (Zef 3,4)**

<u>Gedanke 1</u> Wir haben hier eine ernste Warnung. Der Tempel wurde durch Geld verdorben, das kann der Kirche auch geschehen. Menschen, die zum Gottesdienst kamen, wurden übervorteilt, sie wurden für materiellen Gewinn benutzt. Man beachte etwas, das wirklich zur Kirche sprechen sollte. Den Menschen wurden Dinge verkauft, die sie für den Gottesdienst brauchten. Es waren nicht nur Dinge, die ihnen bei der Anbetung und im geistlichen Wachstum helfen konnten, sondern entscheidende Dinge. Ohne sie konnten die Menschen nicht anbeten.

Man denke nun einen Moment nach. Wenn diese Dinge für Gottesdienst und geistliches Wachstum notwendig waren, was war dann falsch daran, sie zu verkaufen? V12 verrät es uns: "Jesus...trieb alle hinaus, die im Tempel verkauften und kauften." Kauf und Verkauf der Dinge für Gottesdienst und Wachstum waren notwendig und gut, doch *nicht im* Tempel. Das sollte außerhalb der Tempelmauern, des Tempelbezirks geschehen. Tempel und Kirche sind keine Orte für Handel und Geschäfte.

<u>Gedanke 2</u> Der Wunsch der Menschen nach Anbetung und geistlichem Wachstum soll nicht für materiellen Gewinn ausgenutzt werden, weder innerhalb noch außerhalb der Kirche. Die Kirchenleitungen tragen die Verantwortung dafür, die Gläubigen davon abzuhalten, den für den Dienst Gottes abgesonderten heiligen Grund und Boden zu mißbrauchen.

Matthäus 21,12-16

<u>Gedanke 3</u> Legitime Dinge, wie der Kauf und Verkauf von Dingen, die uns im Wachstum helfen, können falsch gebraucht werden. Es ist entscheidend, *wo* etwas geschieht. Kaufen und Verkaufen sollte nicht in Gottes Kirche stattfinden. Der Punkt ist: Wenn ein Mensch in einer Kirche ist, sollte sich sein Geist mit der Anbetung beschäftigen.

<u>Gedanke 4</u> Jesu Zorn kann schrecklich sein. Man beachte, was in ihm solchen schrecklichen Zorn erregte.
1) Die, die Gottes Tempel (Kirche) schändeten.
2) Die, die andere ausbeuteten.
3) Die, die es anderen unmöglich machten, Gott wirklich anzubeten.

<u>Gedanke 5</u> Man beachte, was mit dem geschieht, der Gottes Tempel schändet und andere ausbeutet: er wird "hinausgetrieben."

2 (21,13) <u>Tempel – Kirche</u>: Jesus erklärte den Tempel zum Haus des Gebets. Dabei zitierte er zwei Stellen aus dem Alten Testament.

"Denn mein Haus soll ein Bethaus heißen für alle Völker." (Jes 56,7)
"Ist denn dieses Haus, das nach meinem Namen genannt ist, in euren Augen zu einer Räuberhöhle geworden?" (Jer 7,11)

Christus machte zwei Aussagen.
1. Der Tempel sollte ein Haus des Gebets *für alle Völker* sein. Das schloß die Heiden ebenso wie die Juden mit ein. Alle Völker sollten die Möglichkeit haben, in Ruhe und Frieden in Gottes Tempel anzubeten. Niemand sollte ausgeschlossen, abgesondert oder entmutigt werden, Gott in seinem Tempel zu verehren. Alle sollten willkommen sein.
Man beachte noch etwas. Der Tempel (Kirche) wurde Bethaus genannt, nicht Opferhaus, Lehrhaus, Prophetenhaus oder Predigthaus. Alles, was im Haus Gottes Geschah, sollte zum Gebet hinführen, der *Verehrung und Gemeinschaft* des Vaters.
2. Der Tempel sollte nicht als Handelsplatz benutzt werden. Er sollte kein Ort für Kauf, Verkauf, Handel, Vermarktung, Diebstahl und Betrug sein. Er sollte nicht entweiht werden. Der Tempel war Gottes Haus, Gottes Bethaus. Er sollte ein heiliger Ort sein, von Gott selbst gereinigt und geläutert. Er sollte ein Ort der Stille und des Nachdenkens sein, ein für die Anbetung abgesonderter Ort, kein Ort zum Kaufen, Verkaufen und Gewinn machen.

"Nur Güte und Gnade werden mir folgen mein Leben lang, und ich werde bleiben im Hause des HERRN immerdar." (Ps 23,6)
"Denn ein Tag in deinen Vorhöfen ist besser als sonst tausend; ich will lieber an der Schwelle stehen in meines Gottes Haus, als wohnen in der Gottlosen Hütten!" (Ps 84,10)
"Ich freue mich an denen, die zu mir sagen: Lasset uns zum Hause des HERRN gehen!" (Ps 122,1)

<u>Gedanke 1</u> Der Tempel oder die Kirche ist ein Stück Land oder ein Gebäude, das für die Verehrung Gottes abgesondert wurde. Das ist der große Unterschied zu allen anderen Ländereien und Gebäuden. Er ist für den alleinigen Zweck der Verehrung Gottes ausgesucht worden. Er sollte daher auch für diesen Zweck gebraucht werden. Da er für Gott und seine Verehrung abgesondert worden ist, erwartet Gott, daß er ihm gehört und nur für diesen Zweck verwendet wird.

<u>Gedanke 2</u> Die Kirche ist von vielen Geschäften umgeben, wo jede Art von Dienstleistung, Kauf und Verkauf eingeschlossen, zu finden sein kann. Die Kirche soll ein Haus des Gebets sein, keine Markthalle, kein Ort, an dem Gewinn gemacht wird. Sie soll nicht entweiht werden, weder im Kleinen noch im Großen, indem sie eine "Räuberhöhle" wird.

<u>Gedanke 3</u> Man soll seine Gedanken auf Gott richten, wenn man den heiligen Boden von Gottes Tempel betritt. Solange man sich auf dem Boden von Gottes Tempel befindet, soll man beten und an seinen Herrn denken. Nichts soll die Gedanken ablenken, bis man Gottes Eigentum wieder verläßt. Man denke darüber nach! Wie verehrt würden Gottes Tempel, unsere Kirchen, sein, wenn wir sie Gottes ursprünglicher Absicht wieder zuführen würden? Wie weit sind wir schon von echten Zentren der Verehrung, vom Haus des Gebets weggekommen?

3 (21,14) <u>Kirche – Dienst</u>: Der Tempel oder die Kirche soll ein Ort des Wirkens sein. Jesus wirkte im Tempel und zeigte damit, daß er für alle Menschen ein Ort des Wirkens sein sollte.
Als de Tempel von seiner Verdorbenheit gereinigt war, geschahen dort zwei wunderbare Dinge.
1. Die Gläubigen, die Bedürftigen (durch Blinde und Lahme vertreten), konnten zu Christus kommen, um anzubeten und in aller Ruhe ihre Bedürfnisse erfüllt zu bekommen.
2. Christus konnte seinen rechtmäßigen Platz im Tempel einnehmen. Er konnte der Mittelpunkt werden, die Gläubigen empfangen und den Bedürftigen dienen.

<u>Gedanke 1</u> Menschen werden von der Kirche ferngehalten, wenn in ihren Mauern Verdorbenheit herrscht. Das muß nicht nur Kauf und Verkauf sein; das kann auch Spaltung, Groll, Beschwerden, Klatsch und eine Menge anderer Sünden sein. Doch nichts wird die Menschen schneller von der Kirche vertreiben als die Sünde in der Kirche.
Wenn diese Sünde beseitigt und die Kirche gereinigt wird, kann und wird Christus seinen rechtmäßigen Platz in der Kirche wieder einnehmen. Dann können die Menschen kommen und Hilfe erfahren. Sie können anbeten und ihre Bedürfnisse erfüllt bekommen.

<u>Gedanke 2</u> Die Bedürftigen werden von der Gesellschaft oft ausgestoßen, behindert und als unwillkommen behandelt. Das soll in der Kirche nicht so sein. Die Kirche soll alle mit offenen Armen und reinem Herzen empfangen, wie bedürftig und arm sie auch sind. Tatsächlich soll die Kirche das Zentrum für Anbetung und Dienst sein.

4 (21,15) <u>Tempel, Zweck</u>: Der Tempel soll ein Ort für Wunder sein. Der Ausdruck "Wunder" (Ta Thaumasia) bedeutet Wundertaten, wunderbare Dinge, wunderbare Werke. Er bezieht sich auf alles, was Christus im Tempel tat. Das Wort wird hier zum einzigen Mal im Neuen Testament verwendet. Welch eine schöne Beschreibung dessen, was die Kirche sein soll: Ein Ort, wo wunderbare Dinge für Gott geschehen.

"Dem aber, der weit über die Maßen mehr zu tun vermag, als wir bitten oder verstehen, gemäß der Kraft, die in uns wirkt." (Eph 3,20)

Matthäus 21,12-16

5 (21,15-16) **Tempel – Kirche**: Der Tempel solle in Ort für das Lob Christi sein. Man beachte die drei Dinge, die in dieser Szene geschahen.

1. Kinder waren im Tempel (Vorhof der Heiden) und riefen: "Hosianna dem Sohn Davids." Anscheinend waren diese Kinder am Tag zuvor mit ihren Eltern am triumphalen Einzug teilgenommen und beobachteten jetzt Christi Wirken an den Blinden und Lahmen. Sie nahmen den Ruf wieder auf, den sie am Tag zuvor gehört oder selbst mit ihren Eltern gerufen hatten. Der Ruf verkündete natürlich, daß Jesus der Messias war. Es ist sehr unwahrscheinlich, daß die Kinder spielten, wie einige vorschlagen. Zwei Tatsachen deuten darauf hin, daß die Kinder ernst meinten, was sie sagten: Christi Reinigung des Tempels von Trubel und Lärm und die äußerste Ernsthaftigkeit und Heiligkeit seines Dienstes an den Menschen, die zu ihm kamen. Man kann sich nur schwer vorstellen, daß Christus in den ernsten Augenblicken seines Dienstes zu viel Lärm um sich herum zuließ und er hätte sicher nicht erlaubt, daß seine Begegnungen durch den Lärm spielender Kinder gestört wurden. Wenn es ihnen nicht mit ihrer Anbetung und ihrem Lob ernst gewesen wäre, hätte er sie mit den anderen fortgeschickt. Und es ist besonders schwer vorzustellen, daß Christus nach dem, was gerade geschehen war, wieder Lärm und Trubel zugelassen hätte.

2. Die Frommen (Hohepriester und Schriftgelehrte) sind verärgert und erheben Einwände gegen das, was sie sehen und hören. Die "Wunder," die im Tempel geschahen, gefielen ihnen ebensowenig wie das Lob Jesu im Tempel. Sie hatten aus wenigstens drei Gründen Einwände.

   a. Verärgerung. Ihre eigenen Einrichtungen und Umgangsweisen wurden unterbrochen und, ihrer Meinung nach, als "nicht gut" oder "weniger gut" als das, was sie sein sollten, abgestempelt.

   b. Es gefiel ihnen nicht, daß Jesus als Messias Gottes bezeichnet wurde.

   c. Ihnen gefiel das unpassende Verhalten nicht, das hier auftrat: Erfüllung der Bedürfnisse einfacher Menschen, Heilung von Blinden und Lahmen (V14) und Lehre (vgl. Mk 11,18; Lk 19,47).

Man beachte, daß sich in der heutigen Kirche Menschen oft aus genau diesen Gründen gestört fühlen.

3. Christus besteht darauf, gelobt zu werden. Er antwortet auf die Einwände nur: "Gott selbst benutzt die Münder dieser Kinder und bringt das Lob hervor, das ihr hört. Und es ist vollkommenes Lob, weil es von Gott selbst hervorgebracht wird und seinem Sohn gilt. Die Kirche soll ein Ort für das Lob des Sohnes Gottes sein."

Gedanke 1 Wir müssen uns selbst prüfen. Wird Christus wirklich in unserer Gemeinde gelobt? Wirklich als Messias, als Sohn Gottes anerkannt und verkündigt?

Gedanke 2 Kinder sollten ermutigt werden, Gott zu loben.
1) Man beachte, daß die Kinder aufpaßten, als Christus heilte und lehrte (Mk 11,18; Lk 19,47). Sie wurden von ihm angenommen und fühlten sich wohl bei ihm.
2) Man beachte, wie sich Christus gegen die Leitung (Priester) für die Kinder einsetzte.

Gedanke 3 Die Kinder folgten dem Beispiel ihrer Eltern. Sie hatten am Tag zuvor mit ihren Eltern Christi Lob gesehen und daran teilgenommen. Nun loben sie ihn selbst, als sie seine Lehre und sein Wirken miterleben.

Gedanke 4 Manche Leiter in der heutigen Kirche erheben die gleichen drei traurigen Einwände.
1) Sie sind dagegen, die alte Weise zu ändern, besonders, wenn es ihre Stellung, ihr Ansehen und ihre Autorität betrifft.
2) Sie sind dagegen, Christus als Messias, als Sohn Gottes zu verkündigen. Manche erkennen ihn als großen Lehrer und nur als solchen an. Sie leugnen, daß er der Retter der Welt ist, der für die Sünden der Menschen starb.
3) Sie sind gegen öffentliches Lob Gottes und gegen einen Dienst, der den Bedürftigen innerhalb der Kirchenmauern hilft.

Gedanke 5 Man beachte noch etwas. Christus sagte, daß Gott selbst die Kinder dazu gebracht habe, ihn und seinen Dienst in der Kirche zu loben. Wenn eine Gemeinde aufhört, ihn zu loben, ist es wahrscheinlich, daß Gott eine andere aufrichtet, die ihre Stimme zum Lob seines Sohnes und seines Wirkens erhebt.

NÄHERE BETRACHTUNG 2
(21;16) **Alttestamentlicher Bezug**: vgl. Ps 8,2.

Matthäus 21,17-22

	C. Die Verfluchung des Feigenbaums: Die Quelle der Macht, 21,17-22 (Mk 11,12-14, 20-26)	genbaum. 20 Und als die Jünger es sahen, verwunderten sie sich und sprachen: Wie ist der Feigenbaum so plötzlich verdorrt?	liche Welt 3 Jesu große Quelle der Macht: Glaube, kein Zweifel a. Die Macht Christi erregte Verwunderung und Fragen
1 **Jesus wohnte in Bethanien** a. Er kam nach Jerusalem zurück b. Er hatte Hunger 2 **Jesu große Macht über die körperliche Welt** a. Seine Erwartung: Früchte^{DS3} b. Seine Enttäuschung: Keine Frucht c. Der Beweis seiner absoluten Macht über die körper-	17 Und er verließ sie, ging zur Stadt hinaus nach Bethanien und übernachtete dort. 18 Als er aber früh am Morgen in die Stadt zurückkehrte, hatte er Hunger. 19 Und als er einen einzelnen Feigenbaum am Weg sah, ging er zu ihm hin und fand nichts daran als nur Blätter. Da sprach er zu ihm: Nun komme von dir keine Frucht mehr in Ewigkeit! Und auf der Stelle verdorrte der Fei-	21 Jesus aber antwortete und sprach zu ihnen: Wahrlich, ich sage euch: Wenn ihr Glauben habt und nicht zweifelt, so werdet ihr nicht nur tun, was mit dem Feigenbaum geschah, sondern auch, wenn ihr zu diesem Berg sagt: Hebe dich und wirf dich ins Meer!, so wird es geschehen. 22 Und alles, was ihr gläubig erbittet im Gebet, das werdet ihr empfangen!	b. Die große Quelle der Macht 1) Glaube 2) Keinerlei Zweifel 3) Gottes Autorität: Denen gegeben, die das Wort sprechen 4 **Jesu Verheißung der Macht an die Jünger: Durch Gebet und Glauben**

ABSCHNITT XIV

DIE LETZTE WOCHE DES MESSIAS: SEIN ANSPRUCH BESTRITTEN UND ABGELEHNT, 21,1-23,39

C. Die Verfluchung des Feigenbaums: Die Quelle der Macht, 21,17-22

(21,17-22) **Einführung – Macht – Gericht**: Jesus zerstörte den Feigenbaum. Warum? Einige sagen, daß solch eine Zerstörung dem Charakter Christi zuwiderläuft. Er hätte nie einen Baum zerstört, der keine Früchte trug.

Warum zerstörte Jesus den Baum?

⇒ Aus dem gleichen Grund, aus dem er zornig durch den Tempel lief und alle hinausjagte, die kauften und verkauften (Mt 21,12-16).
⇒ Aus dem gleichen Grund, aus dem er die Pharisäer als Heuchler geißelte (Mt 23,13-39).
⇒ Aus dem gleichen Grund, aus dem er die bösen Geister in eine Herde Schweine fahren ließ, die daran zugrunde ging (Mt 8,28-34).
⇒ Aus dem gleiche Grund, aus dem er auf die Jünger ärgerlich wurde, weil sie die Kinder nicht zu ihm lassen wollten (siehe Nähere Betrachtung 4 – Mk 10,14).
⇒ Aus dem gleichen Grund, aus dem er absichtlich unbedingte Treue forderte, auch gegen persönliche oder familiäre Bedürfnisse (Mt 8,18-22; 10,34-39).

Warum handelte Jesus bei der Zerstörung des Baumes mit solcher Gewalt? Aus dem gleichen Grund, aus dem er auch bei allen oben genannten Ereignissen mit solcher Gewalt handelte. Jesus handelte immer, um die Menschen entweder zu lehren oder sie zu retten und ihnen zu helfen. Mit der Zerstörung des Feigenbaums erteilte er den Menschen eine dringend notwendige Lehre.

Die Lehre: Der Messias hat die absolute Macht über die gesamte körperliche Welt. Unfruchtbare Menschen (versinnbildlicht durch den Feigenbaum) haben diese Macht nicht. Im Gegenteil, er hat allein diese gewaltige Macht. Er allein hat die Macht zu richten und Fruchtbarkeit und Unfruchtbarkeit, Leben und Tod, Rettung und Verurteilung festzulegen. Er allein opferte sein Leben; niemand nahm es ihm (Joh 10,11;15-18, bes. 18).

Man erinnere sich, daß dies Jesu letzte Woche war. Es war Dienstag, nur drei Tage, bevor er von unfruchtbaren Menschen getötet wurde. Jesus mußte alles tun, was er konnte, um seine Jünger auf seinen schnell kommenden Tod und all das vorzubereiten, was sie in den kommenden Jahren ertragen mußten. Ihm blieben nur noch zwei Tage, also mußte er ihnen alles einhämmern, was er konnte. Er hatte Hunger und er sah einen Feigenbaum voller Blätter. Er ging hin, um sich ein paar Feigen zu pflücken, doch er fand keine. Er sah eine Lehre in diesem Ereignis – eine Lehre, die auf einzigartige weise dazu benutzt werden konnte, die Jünger zu lehren und vorzubereiten.

Mit der Zerstörung des Baumes bewies Jesus den Jüngern (auf unmißverständliche Weise), daß er die absolute Macht über die gesamte körperliche Welt besaß, sogar die Macht, vor dem Tod zu bewahren. Er starb nicht aus Schwäche, nicht, weil er nicht der Messias war, nicht, weil die Menschen gegen ihn intrigierten. Die Menschen können ihn als unfruchtbar und nicht wert, zu leben, einschätzen, doch er starb nicht wegen ihnen. Er starb, weil der Tod des Sohnes Gottes der Weg zur Erlösung war (Joh 3,16; 2Kor 5,19-20; 1Petr 2,24). Er wurde nicht von unfruchtbaren Menschen oder Ereignissen gerichtet, er richtete sie vielmehr am Kreuz (1Petr 2,24; vgl. Eph 2,13-22).

Sehr einfach ausgedrückt bewies Jesus, daß er wirklich Gottes Sohn war und Allmacht hatte, in einer Weise, die wir nie vergessen können. Er hatte die Macht, sich selbst zu retten und die unfruchtbaren Menschen zu zerstören, die ihm ans Leben wollten. Doch das konnte er natürlich nicht – nicht damals. Damals war er in die Welt gesandt worden, um für die Menschen zu sterben und sei zu retten, die eingeschlossen, die ihn als unfruchtbar und nicht wert, zu leben, verurteilt hatten. Es kommt jedoch der Tag, an dem er die Unfruchtbaren richten wird, wie er den Feigenbaum gerichtet hat. Doch dieser Tag ist noch Zukunft, gegenwärtig sollte er die Menschen retten.

Man beachte: Christus zog aus seiner Handlung die Lehre von der *Macht durch Gebet und Glauben* (V20-22).
1. Jesus wohnte in Bethanien (V17-18).
2. Jesu große Macht über die körperliche Welt (V19).
3. Jesu große Quelle der Macht: Glaube, kein Zweifel (V20-21).
4. Jesu Verheißung der Macht an die Jünger (V22).

Matthäus 21,17-22

Gedanke 1 Trotz der Gefahr für sein Leben kehrte Jesus nach Jerusalem zurück. Er kam zurück, weil es Gottes Wille war. Er ließ sich nicht davon abhalten, Gottes Wille zu tun. So sollte es auch bei uns sein. Wir sollten uns weder durch Widerstand noch durch Drohungen davon abhalten lassen, Gottes Willen zu tun. Man beachte, daß Paulus wie Christus sich nicht vor Gottes Willen drückte und nach Jerusalem ging, obwohl dort Gefangenschaft und Verhöre auf ihn warteten (Apg 21,13-15).

1 (21,17-18) **Bethanien**: Jesus wohnte in Bethanien, einem Vorort von Jerusalem. Er lag ungefähr drei Kilometer östlich der großen Stadt. Bethanien war die Heimat von Lazarus, Maria und Martha. Jesus wohnte bei der Familie, wenn er in Jerusalem und Umgebung wirkte. Wir müssen uns daran erinnern, daß Jesus anscheinend kein eigenes Zuhause hatte, was teilweise der Tatsache geschuldet war, daß seine eigene Familie nicht an ihn glaubte (Joh 7,1-5, bes. 5). Er hatte selbst gesagt: "Die Füchse haben Gruben, und die Vögel des Himmels haben Nester; aber der Sohn des Menschen hat nichts, wo er sein Haupt hinlegen kann" (Mt 8,20). Sein einziges Obdach waren die Häuser anderer, wie Maria und Martha (Joh 11,1f; vgl. Lk 11,1f; Lk 10,38-42; 19,29f; Joh 12,1f).

NÄHERE BETRACHTUNG 1
(21;18) **Früh am Morgen** (proias): Bedeutet früher Morgen, sehr zeitig, die vierte oder letzte Wache der vorangegangenen Nacht (Mk 1,35). Jesus begann die Ereignisse vom Dienstag so früh, daß es die ersten Morgenstunden oder nach jüdischer Zeit die letzten Stunden des vorangegangenen Tages waren.

---

2 (21,19) **Jesus Christus, Macht**: Jesus hatte große Macht über die körperliche Welt. Er bewies seine Macht in drei Handlungen. Diese drei Handlungen lassen sich auf das Menschenleben anwenden.
1. Seine Erwartung: Früchte. Der Baum sah gesund aus und stand in vollem Laub. Er wollte essen und er hatte das Recht, auf so einem *ausgewachsen* aussehenden Obstbaum Früchte zu erwarten. Er versprach Früchte.
2. Seine Enttäuschung: keine Frucht. Der Baum hatte Leben; er lebte. Er hatte die Kraft, eine reiche Belaubung hervorzubringen und er versprach Frucht, doch er hatte keine. Es war sein ureigenster Zweck, Frucht zu tragen, doch er tat es nicht. Er versagte in drei Punkten.
    a. Er machte leere Versprechen.
    b. Er erfüllte seinen Zweck nicht.
    c. Er verführte, anstatt zu dienen.
3. Der Beweis seiner absoluten Macht über die körperliche Welt. Christus bewies, daß er das Recht und die Macht hat, so Gerechtigkeit zu üben, wie er will. Er kann erretten oder zerstören. Seine Jünger mußten diese Lektion frisch im Gedächtnis haben. Seine Allmacht, die enorme Macht, die ihnen zur Verfügung stand, würde sie beim Erleben seines Todes und in den Prüfungen, die noch auf sie warteten, ermutigen. (Siehe Anmerkung – Mt 21,17-22.)

Gedanke 1 Der Feigenbaum ist ein deutliches Bild für Heuchelei, falsches Bekenntnis (siehe Nähere Betrachtung 2 – Mt 21,19).

Gedanke 2 Wenn ein Baum lebt, erwartet man, daß er Früchte trägt. Das ist sein Zweck im Leben. Wenn er keine Frucht hat, ist er nutzlos und zu nichts anderem gut, als daß man ihn fällt und verbrennt (vgl. Lk 13,7). Man beachte noch etwas: Je mehr Leben ein Baum hat, desto voller erscheint er und desto mehr Frucht erwartet man von ihm. Wenn wir uns den Anschein der Gerechtigkeit geben, erwartet Gott Gerechtigkeit von uns.

Gedanke 3 Besonders bei zwei Gelegenheiten schaut Christus bei einem Menschen nach Frucht.
1) Zeiten tiefer Empfindsamkeit, die durch die großen Prüfungen und Chancen des Lebens entstehen. In solchen Zeiten denkt ein Mensch über Gott, sein Bedürfnis nach Gott und seine Verpflichtung, sein Leben zum Guten zuverwenden, nach (z.B. Nahrung, Kleidung und Gaben für andere). Christus erwartet, daß wir in solchen Zeiten besonders Frucht tragen: Uns in den Prüfungen an ihn wenden und bei großen Gelegenheiten helfen und Zeugnis ablegen.
2) Beim Jüngsten Gericht. Am Ende der Welt kommt ein Tag, an dem Christus alle Menschen richtet, Gläubige und Ungläubige. Dann wird Frucht erwartet (siehe Nähere Betrachtung 1 – 2Kor 5,10; vgl. Gal 5,22-23).

Gedanke 4 Christus hat die absolute Macht über das Universum. Er starb nicht von der Hand der Menschen. Er starb absichtlich für die Sünden der Welt, wie Gott es wollte. Er hatte die Macht, dem Tod zu entgehen, doch er entschied sich dafür, sein Leben für die Menschen zu opfern (Röm 5,8).

Gedanke 5 Es steht außer Frage, daß die Verfluchung des Feigenbaums beweist, daß die gewaltige Macht Christi drei Dinge tun kann. (1) Sie beweist die Macht Christi, seine Jünger aus großen Prüfungen zu retten. (2) Sie beweist die Macht Christi, zu bestimmen, wann seine Jünger die Welt verlassen sollen (vgl. 2Tim 4,6-8). (3) Sie beweist die Macht Christi, zu richten und zu verurteilen. Der große Tag seines Zorns ist noch nicht gekommen (Offb 6,17), doch er wird erscheinen. Wenn der Tag kommt, wird seine absolute Macht alle Unfruchtbarkeit der Menschen richten. (Vgl. Das Gleichnis vom Feigenbaum, Lk 13,6-9.)

Gedanke 6 Manche Dinge verurteilen uns: Heuchelei, falsches Bekenntnis, Nutzlosigkeit, Zwecklosigkeit, keine Frucht. Für all das steht der verfluchte Feigenbaum.

NÄHERE BETRACHTUNG 2
(21,19) **Der verfluchte Feigenbaum**: Manche meinen, der Feigenbaum stände für Israel. Der Feigenbaum war voller Blätter, anscheinend fruchtbar, doch er hatte keine Früchte. So erschien auch Israel als vollbelaubt, d.h. fromm. Das Volk versprach geistliche Frucht, doch es trug sie nicht. Sein Glaube war öde, gesetzlich und voller fruchtloser Zeremonien. Deshalb war der Baum ein Zeichen von Gottes Enttäuschung und stand für das Gericht und die Strafe, die Israel treffen würde.

Wir müssen jedoch beachten, daß Christus diese Lehre nicht zieht. Man kann aus dem Ereignis viele Lehren ziehen, die Erfahrung Israels eingeschlossen, doch die Anwendung Christi ist ganz klar Macht, die aus Gebet und Glauben kommt (V20-22).

Matthäus 21,17-22

> **NÄHERE BETRACHTUNG 3**
> (21,19) <u>Feigenbaum</u>: Manche meinen, daß spätreifende Früchte bis zum nächsten Frühling auf dem Baum blieben. Wenn dann der Saft in den Baum zurückkehrte und die neuen Blätter wuchsen, reiften die Früchte aus. Bei einem Baum im vollen Laub könnte man daher einige frühe Früchte erwarten. Was auch der Fall ist, eins wissen wir: Es ist bei einem Feigenbaum unüblich, daß die Früchte vor den Blättern *erscheinen*. Wenn daher der Baum das volle Blattwerk ausgebildet hat, kann man erwarten, daß die ersten Früchte reif oder fast reif sind. Vielleicht sind einige Früchte schon so schmackhaft, daß sie für einen hungrigen Reisenden eßbar sind.
>
> Man erinnere sich auch daran, daß das Wort *Bethphage* "Haus der Feigen" bedeutet. Es ist möglich, daß die neuesten Zuchtmethoden eine frühreifende Art hervorgebracht hatten. Wer weiß? Früh-, mittel- und spätreifende Sorten sind heutzutage ganz normal. Es gibt sichere Hinweise darauf, daß die Völker der Antike in einigen Bereichen erstaunlich weit fortgeschritten waren.

3 (21,20-21) **Macht – Glauben**: Dieser Beweis der großen Macht Jesu bewirkte genau das, was er wollte. Er brachte die Jünger zum Staunen und Fragen. Voll Verwunderung fragten sie: "Wie konnte der Feigenbaum sofort verdorren?" (Eine bessere Lesart des Griechischen.)

Jesus hatte sie genau dort, wo er sie haben wollte: Sie fragten nach seiner großen Macht. Er wollte sie lehren, daß er absolute Macht über die körperliche Welt besaß und daß die gleiche Macht ihnen zukünftig in ihrem Dienst für ihn auch zur Verfügung stand. Er hatte seine absolute Macht bewiesen; nun fragten sie nach der Quelle dieser Macht.

Man beachte, wie Jesus über die Quelle seiner Macht sprach. Er sagte in Kürze: "Dies ist die Quelle meiner Macht und dieselbe Machtquelle steht euch auch zur Verfügung." Er erklärte die Quelle seiner Macht in der *zweiten Person*, die sie auf alle Jünger anwendbar machte. Er beantwortete ihre Frage zu seiner Macht, doch er tat es auf eine Weise, daß sie wußten, daß ihnen die gleiche Macht zur Verfügung stand.

Was ist die Quelle der großen Macht Christi? Oder, so können wir auch fragen, was ist die Quelle der großen Macht für den Jünger Christi? Sie ist dreierlei. (Alle Anmerkungen, auf die sich im Folgenden bezogen wird, bieten eine ausgezeichnete Betrachtung über den Glauben. Siehe auch den vollständigen Abriß und Anmerkungen – Mt 17,14-21.)

1. Glauben (siehe Anmerkungen – Mk 11,22-23; Hebr 11,1; Anmerkung und <u>Nähere Betrachtung 1</u> – 11,6).
2. Überhaupt kein Zweifel. Das bedeutet, niemals darüber nachzudenken, ob etwas möglich ist oder nicht. Es bedeutet, nicht zu zögern, zu überlegen, zu fragen, zu bedenken, sich keinerlei Gedanken zu machen. Realistisch gesehen kann nur Gott allein wissen, ob etwas geschieht oder nicht – so genau, daß ihm kein Zweifel daran je in den Sinn kommt. Christus ist darauf aus, daß wir im Glauben und Vertrauen wachsen. Er möchte, daß wir glauben, daß durch Christus, der uns stärkt, alles möglich ist (Phil 4,13). (Siehe Abrisse und Anmerkungen – Mt 17,15-16; 17,17-18; 17,19-20; Mk 9,18.)
3. Gottes Autorität: Denen gegeben, die das Wort sprechen. Man beachte den Ausdruck "wenn ihr…sagt" (siehe Anmerkung – Mt 17,20). Die Macht Christi kam aus der Autorität Gottes. Er mußte nur *sagen*, d.h. das Wort sprechen, und es geschah. Darauf will er hinaus. Wenn wir glauben und nicht zweifeln, dann stehen wir in der Autorität Gottes. Wir können *sagen*, d.h. das Wort sprechen, und es wird geschehen.

> **"Da traten die Jünger allein zu Jesus und sprachen: Warum konnten wir ihn nicht austreiben? Jesus aber sprach zu ihnen: Um eures Unglaubens willen! Denn wahrlich, ich sage euch: Wenn ihr Glauben hättet wie ein Senfkorn, so würdet ihr zu diesem Berg sprechen: Hebe dich weg von hier dorthin! Und er würde sich hinwegheben, und nichts würde euch unmöglich sein." (Mt 17,19-20)**
>
> **"Und alles, was ihr gläubig erbittet im Gebet, das werdet ihr empfangen!" (Mt 21,22)**
>
> **"Denn wahrlich, ich sage euch: Wenn jemand zu diesem Berg spricht: Hebe dich und wirf dich ins Meer! und in seinem Herzen nicht zweifelt, sondern glaubt, daß das, was er sagt, geschieht, so wird ihm zuteil werden, was immer er sagt. Darum sage ich euch: Alles, was ihr auch immer im Gebet erbittet, glaubt, daß ihr es empfangt, so wird es euch zuteil werden!" (Mk 11,23-24)**
>
> **"Wenn ihr in mir bleibt und meine Worte in euch bleiben, so werdet ihr bitten, was ihr wollt, und es wird euch zuteil werden." (Joh 15,7)**
>
> **"Es ist aber der Glaube ein Beharren auf dem, was man hofft, eine Überzeugung von Tatsachen, die man nicht sieht." (Hebr 11,1)**
>
> **"Ohne Glauben aber ist es unmöglich, ihm wohlzugefallen; denn wer zu Gott kommt, muß glauben, daß er ist, und daß er die belohnen wird, welche ihn suchen." (Hebr 11,6)**
>
> **"So ist es auch mit dem Glauben: Wenn er keine Werke hat, so ist er in sich selbst tot." (Jak 2,17)**

4 (21,22) <u>Gebet</u>: Jesus verspricht uns Macht durch Gebet und Glauben. Christus zielt auf zwei wichtige Punkte ab.

1. Sein Versprechen ist umfassend: "Alles." Es schließt alles ein, weit über den Bereich dessen hinaus, was wir erbitten oder sogar erträumen können (Eph 3,20).
2. Sein Versprechen hat eine Bedingung: "Gläubig im Gebet." Wir müssen *beten und glauben*, um zu empfangen.
    a. Das Gebet muß beständig sein. Wer von Gott Antworten bekommt, kennt Gott persönlich. Er steht in ständiger, ungebrochener Gemeinschaft mit Gott und teilt sich ihm mit. Man kann nicht ab und an zu Gott kommen und Antworten erwarten. Das meint Christus nicht.

> **"Diese alle blieben beständig und einmütig im Gebet und Flehen." (Apg 1,14)**
> **"Seid beharrlich im Gebet!" (Röm 12,12)**
> **"Damit ihr euch dem Fasten und dem Gebet widmen könnt." (1Kor 7,5. Der ganze Vers zeichnet ein deutliches Bild.)**
> **"Mit allem Gebet und Flehen aber betet jederzeit im Geist, und wacht zu diesem Zweck in aller Ausdauer und Fürbitte für alle Heiligen." (Eph 6,18)**
> **"Seid ausdauernd im Gebet und wacht darin mit Danksagung." (Kol 4,2)**

   b. Der Glaube ist selbstverständlich entscheidend. Markus drückt es gut aus: "Wenn jemand…spricht…und in seinem Herzen nicht zweifelt, sondern glaubt, daß das, was er sagt, geschieht, so wird ihm zuteil werden, was immer er sagt" (Mk 11,23). (Siehe Anmerkung – Hebr 11,1.)

Matthäus 21,17-22

Gedanke 1 Siehe Anmerkung – Mt 21,22. Siehe Abriß und Anmerkungen – Mt 7,7-11.

Gedanke 2 Gottes übernatürliche Macht steht uns zur Verfügung, aber nur bedingt. Wir besitzen selbst keine übernatürliche Macht. Gottes Macht kommt nur durch Gebet und Glauben.

Gedanke 3 Gebet ist das Mittel, Glaube die Energie. Man braucht beides, um das gewünschte Ziel zu erreichen.

Gedanke 4 Der Glaube regt Gebet und Gemeinschaft mit Gott an. Wer wirklich *glaubt*, echten Glauben an Gott besitzt, fühlt sich gedrängt, zu beten und mit Gott Gemeinschaft zu haben.

Gedanke 5 Dieses große Versprechen sollte uns dazu bewegen, zu beten und an Gott zu glauben, immer wieder zu bitten.

Matthäus 21,23-27

	D. Die Frage nach der Macht Macht des Messias: Das Problem des hartnäckigen Unglaubens, 21,23-27 (Mk 11,27-33; Lk 20,1-8)	25 Woher war die Taufe des Johannes? Vom Himmel oder von Menschen? Da überlegten sie bei sich selbst und sprachen: Wenn wir sagen: Vom Himmel, so wird er uns fragen: Warum habt ihr ihm dann nicht geglaubt?	b. Die Frage: War das Wirken des Johannes vom Himmel oder von Menschen?
1 Der hartnäckige Unglaube der Führung	23 Und als er in den Tempel kam, traten die Hohenpriester und die Ältesten des Volkes zu ihm, während er lehrte, und sprachen: In welcher Vollmacht tust du dies, und wer hat dir diese Vollmacht gegeben?		5 Unglaube verursacht dreifache Sünde und Schuld
2 Unglaube behandelt Christus mit Verachtung: Sie störten Lehre und Anbetung des Volkes			a. Bewußte Verleugnung durch Menschen
3 Unglaube stellt die Autorität Christi in Frage		26 Wenn wir aber sagen: Von Menschen, so müssen wir die Volksmenge fürchten, denn alle halten Johannes für einen Propheten.	b. Bewußte Feigheit durch Menschen
4 Unglaube muß sich der persönlichen Befragung durch Christus stellen	24 Und Jesus antwortete und sprach zu ihnen: Auch ich will euch ein Wort fragen; wenn ihr mir darauf antwortet, will ich euch auch sagen, in welcher Vollmacht ich dies tue.	27 Und sie antworteten Jesus und sprachen: Wir wissen es nicht! Da sprach er zu ihnen: So sage ich euch auch nicht, in welcher Vollmacht ich dies tue.	c. Bewußte Ignoranz oder Eigennutz von Menschen
a. Muß sein Recht zu fragen anerkennen			6 Unglaube resultiert im Schweigen Christi: Er will sich nicht offenbaren

ABSCHNITT XIV

DIE LETZTE WOCHE DES MESSIAS: SEIN ANSPRUCH BESTRITTEN UND ABGELEHNT, 21,1-23,39

D. Die Frage nach der Macht des Messias: Das Problem des hartnäckigen Unglaubens, 21,23-27

(21,23-27) **Einführung – Widerstand gegen Jesus Christus**: Von diesem Abschnitt an bis zum Ende des 23. Kapitels beschäftigt sich Jesus mit seinen Gegnern, selbstgerechten Frommen und der weltlichen Führung (die Ältesten). Die Ereignisse in diesem Abschnitt scheinen ebenso wie die Endzeitrede auf dem Ölberg (Mt 24-25) scheinen am Dienstag stattgefunden zu haben (vgl. Mt 22,23; 25,1; 26,1-2). Ein rascher Überblick über diesen Abschnitt öffnet uns die Augen für das große Problem und die Tragödie von Selbstgerechtigkeit und Unglaube. Christus griff Unglaube und Selbstgerechtigkeit mit äußerster Heftigkeit an. Er *attackierte sie fortwährend* und ließ keinen Zweifel daran, daß ein Mensch, der selbstgerecht bleibt, des Reiches Gottes unwürdig ist, auch wenn er zu den Frommen gehört. Hartnäckiger Unglaube wird verurteilt.
1. Der hartnäckige Unglauben der Führung (V23).
2. Unglaube behandelt Christus mit Verachtung (V23).
3. Unglaube stellt die Autorität Christi in Frage (V23).
4. Unglaube muß sich der persönlichen Befragung durch Christus stellen (V24-25).
5. Unglaube verursacht dreifache Sünde und Schuld (V25-27).
6. Unglaube resultiert im Schweigen Christi: Er will sich nicht offenbaren (V27).

1 (21,23) **Hartnäckiger Unglaube – Sanhedrin**: Der hartnäckige Unglaube der Führung. In diesem Ereignis wird das letzte Wirken des Herrn im Tempel fortgesetzt. Pilger aus aller Welt befanden sich in Jerusalem. Viele hatten sich im Tempel um Christus versammelt. Sie hörten ihm zu, wie er lehrte. Matthäus sagte: "Die Hohenpriester und Ältesten" wurden sehr ärgerlich und traten Christus entgegen. Von Markus und Lukas erfahren wir, daß auch die Schriftgelehrten anwesend waren. Das deutet darauf hin, daß dies eine offizielle Abordnung war, die die Führung der Juden, den Sanhedrin, vertrat (siehe Anmerkungen – Mt 26,57; 26,59). Alle, was bereits geschehen war, hatte natürlich für die Führung eine Krise heraufbeschworen: Der triumphale Einzug, Christi Annahme der Huldigung des Volkes, die Tempelreinigung, die Unterbrechung der profitablen Verbindung zwischen Priestern und Kaufleuten, die Heilung der Blinden und Lahmen, die Anbetung der Kinder. Alles, was Christus tat, machte sie einfach nur wütend, brachte sie zur Weißglut. Es ließ in ihnen die Frage aufkeimen: "Was denkt dieser Jesus von Nazareth, wer er ist?" (Mt 21,10-11).

Doch man beachte: Die Frage bringt Geringschätzung zum Ausdruck, nicht Suche. Die Frage war ein Versuch, in Mißkredit zu bringen, nicht, die Wahrheit zu erfahren. Die Frage kam auf, weil ihre Stellung, ihr Ansehen und ihr Profit gestört wurden, nicht, weil sie wirklich wissen wollten, ob er der Messias ist. Ihr Denken war gegenüber seinem Anspruch verschlossen. Sie hatten viele Beweise und Ansprüche seiner Messiaswürde, doch sie ignorierten und verleugneten seinen göttlichen Auftrag willentlich. Sie hatten unzählige Gelegenheiten gehabt, die Wahrheit zu erfahren, doch sie hatten sich durch nichts verändern lassen (siehe Anmerkung – Joh 3,2). Sie waren von hartnäckigem Unglauben gepackt (siehe Anmerkungen – Mt 12,1-8; Anmerkung und Nähere Betrachtung 1 – 12,10; Anmerkung – 15,1-20; Nähere Betrachtung 2 – 15,6-9. Diese Anmerkungen liefern Hintergrundinformationen zum Widerstand gegen Christus.)

Gedanke 1 Siehe Anmerkungen – Mt 21,23. Vgl. Nähere Betrachtung 4 – Mt 12,24; Anmerkung – 12,31-32.

Gedanke 2 Solche Dinge geschehen oft mit einem Menschen, der Stellung, Ansehen und Reichtum hat und noch mehr Gewinn haben will.
1) Er fürchtet die Wahrheit, damit sie nicht bedroht, was er besitzt.
2) Er ist gezwungen, in Unglauben und Verleugnung zu beharren. Er fürchtet sich, sich dem Thema ehrlich zu stellen, weil er dann zugeben muß, daß er sich geirrt hat. Das wäre zu peinlich und demütigend und würde für mehr Spott sorgen, als er zu ertragen bereit ist.

2 (21,23) **Unglaube**: Unglaube behandelt Christus mit Verachtung. Christus lehrte und die Menschen beteten an. Doch die Ungläubigen platzen mit äußerster Unverschämtheit einfach herein und unterbrachen seine Lehre und die Anbetung der Menschen.

Gedanke 1 Unglaube behandelt Christus mit Verachtung. Unglaube achtet nicht auf das, was Christus sagt und tut. Man stelle sich vor, wie schlimm die Verachtung ist. Christus, der Sohn Gottes...

Matthäus 21,23-27

- verließ die Herrlichkeit des Himmels und kam auf die Erde.
- hat gesprochen und die Wahrheit über Gott, den Menschen und die Welt offenbart.
- hat Erlösung und ewiges Leben für den Menschen sichergestellt.

Und trotz allem, was Christus getan hat, wird er von den Menschen verleugnet. Er zieht ein paar Jahre menschlicher Wertschätzung und Zufriedenheit dem Glauben und der Hoffnung auf Leben, das immer weitergeht, vor. Wenn wir von Verachtung sprechen – es gibt keine größere Verachtung, als Gottes Sohn zu verleugnen. Unglaube behandelt Christus eindeutig mit Verachtung.

Gedanke 2 Unglaube unterbricht immer. Gott möchte, daß der Geist des Glaubens ungehindert fließen kann. Wenn ein Ungläubiger anwesend ist, unterbricht er den Geist des Glaubens. Er kann nicht mehr ungehindert fließen. Je mehr Unglaube da ist, desto mehr wird der freie Fluß behindert. Unglaube behindert, hemmt, unterbricht und stört den Glauben.

> "Aber die Vorübergehenden lästerten ihn, schüttelten den Kopf und sprachen: Der du den Tempel zerstörst und in drei Tagen aufbaust, rette dich selbst! Wenn du Gottes Sohn bist, so steige vom Kreuz herab!" (Mt 27,39-40)
>
> "Gleicherweise spotteten aber auch die Hohenpriester untereinander samt den Schriftgelehrten und sprachen: Andere hat er gerettet, sich selbst kann er nicht retten! Der Christus, der König Israels, steige nun vom Kreuz herab, damit wir sehen und glauben! Auch die, welche mit ihm gekreuzigt wurden, schmähten ihn." (Mk 15,31-32)
>
> "Und das Volk stand da und sah zu. Und es spotteten auch die Obersten mit ihnen und sprachen: Andere hat er gerettet; er rette nun sich selbst, wenn er der Christus ist, der Auserwählte Gottes!" (Lk 23,35)
>
> "Und die Schriftgelehrten und Pharisäer fingen an, sich Gedanken zu machen, und sprachen: Wer ist dieser, der solche Lästerungen ausspricht? Wer kann Sünden vergeben als nur Gott allein?" (Lk 5,21)
>
> "Darum suchten die Juden nun noch mehr, ihn zu töten, weil er nicht nur den Sabbat brach, sondern auch Gott seinen eigenen Vater nannte, womit er sich selbst Gott gleich machte." (Joh 5,18)
>
> "Bist du größer als unser Vater Abraham, der gestorben ist? Und die Propheten sind auch gestorben. Was machst du aus dir selbst?" (Joh 8,53)
>
> "Die Juden antworteten ihm und sprachen: Nicht wegen eines guten Werkes wollen wir dich steinigen, sondern wegen Gotteslästerung, und zwar weil du, der du ein Mensch bist, dich selbst zu Gott machst!" (Joh 10,33)

3 (21,23) **Unglaube**: Unglaube zielt auf den Kern des Wesens Christi; er stellt seine Autorität in Frage, wer er wirklich ist.

Der Sanhedrin (Hohepriester, Älteste und Schriftgelehrte) war die Führung des Volkes und die Hohenpriester waren die Wächter und Herrscher über den Tempel. Sie wollten wissen, wer Christus das Recht gab, zu tun, was er tat. Er mischte sich in ihre Führung ein und dazu hatte er kein Recht.

Sie stellten ihm zwei Fragen: "In welcher Vollmacht tust du dies, und wer hat dir diese Vollmacht gegeben?" Sie stellten die Autorität für seine Werke (erste Frage) und für seine Person (zweite Frage) in Frage. Unglaube stellt immer sowohl Werke als auch Person in Frage: *In welcher* Vollmacht "tust du dies" und "wer hat dir" dies Vollmacht gegeben. Christus kann eine von drei möglichen Antworten geben: Durch seine eigene Vollmacht, die Vollmacht Gottes oder die Vollmacht eines Bevollmächtigten des Tempels. Die Fragesteller wußten, daß kein Bevollmächtigter des Tempels ihn autorisiert hatte, zu tun, was er tat; sie hofften deshalb, ihn durch diese Frage in Mißkredit zu bringen.

Wenn er sagte, daß seine Vollmacht von Gott käme, könnten sie ein Zeichen vom Himmel fordern und ihn der Gotteslästerung anklagen (siehe Anmerkung – Mt 12,38-40; vgl. Mt 26,65). Wenn er sagte, seine Vollmacht käme aus ihm selbst, dann würden sich die Menschen vermutlich von ihm abwenden.

Gedanke 1 Unglaube zielt auf den Kern des Wesens Christi. Man kann sagen, daß man an Christus glaubt, und durch nichts beweisen, daß man ihm sein Leben übergeben hat. Solcher Glaube ist nicht biblisch, nicht das, was die Bibel mit Glauben meint. Solcher Glaube ist nur die verstandesgemäße Anerkennung einer historischen Persönlichkeit. Glaube ohne die Hingabe des Lebens ist nicht mehr als gedankenlose, verstandesgemäße Anerkennung. Wer wirklich weiß, daß Jesus Gottes Sohn ist, übergibt ihm sein Leben. Unglaube stellt in Frage und leugnet, daß Christus wirklich der Sohn Gottes ist, was er auch denkt oder behauptet.

Gedanke 2 Unglaube stellt immer die Echtheit und die Werke eines Menschen in Frage. Ungläubige warten immer auf die Chance, ihren Standpunkt zu rechtfertigen, wenn der Gläubige sündigt. Deshalb sollte jeder Gläubige wissen, in wessen Vollmacht er handelt. Handelt er wegen sich selbst oder wegen Gott? Geistlicher und Gemeinde müssen sich gleichermaßen sicher sein, daß ihr Verhalten und ihr Handeln von Gott und nicht aus dem Selbst kommt. Wer ein Leben in Gerechtigkeit lebt, handelt in Gottes Vollmacht. Gerechtigkeit ist das Einzige, was den Unglauben zum Schweigen bringen kann.

4 (21,24-25) **Unglaube**: Unglaube muß sich der persönlichen Befragung durch Christus stellen. Christus hat das gleiche Recht, die Ungläubigen zu befragen, wie die Ungläubigen ihn. Er stellte nur eine Frage: "Woher war die Taufe des Johannes? Vom Himmel oder von Menschen?"

Wenn die Taufe des Johannes vom Himmel war, dann war Christus Gottes Sohn. Warum? Weil Johannes es bezeugt hat: "Siehe, das Lamm Gottes, das die Sünde der Welt hinwegnimmt...Und ich habe es gesehen und bezeuge, daß dieser der Sohn Gottes ist" (Joh 1,2; 34).

Wenn die Taufe des Johannes von Menschen war, wie erklären wir uns dann die vielen veränderten Leben und die Wunder? Diese eine Frage verdeutlicht die Absurdität und Sünde des Unglaubens, nicht nur zur Zeit Jesu, sondern auch heute. (Siehe Abriß und Anmerkungen – Mt 3,1-17; Lk 7,29-31.)

Gedanke 1 Ist die Taufe des Johannes vom Himmel oder von Menschen? Die gleiche Frage ist auch auf unsere Zeit anwendbar. Sie erzwingt Bekenntnis oder Verleugnung und die Verleugnung ist vollkommen absurd und lächerlich.

Matthäus 21,23-27

Wie erklärt man sich ohne Christus die vielen veränderten Leben und die vielen Wunder in der Welt und der Geschichte? Es gibt überwältigend viele Zeugen.

Gedanke 2 Man denke einen Moment nach. War die Taufe des Johannes wirklich von ihm selbst, seinem Denken entsprungen? Wie können so viele die ganze Geschichte hindurch aus sich selbst wirken? Man stelle sich vor – der Ungläubige muß unglaubliche Dinge sagen:
1) Daß jeder Gläubige, der jemals gewirkt hat, sich sein Wirken selbst ausgedacht hat.
2) Daß jeder Gläubige, der jemals gewirkt hat, sich in Christus getäuscht hat (ihn persönlich als Sohn Gottes zu kennen und von ihm berufen und begabt zu sein).

> "Und alles Volk, das ihn [Johannes] hörte, und die Zöllner gaben Gott recht, indem sie sich taufen ließen mit der Taufe des Johannes." (Lk 7,29)
>
> "Jesus antwortete ihnen: Ich habe es euch gesagt, und ihr glaubt nicht. Die Werke, die ich tue im Namen meines Vaters, diese geben Zeugnis von mir." (Joh 10,25)
>
> "Wieso sagt ihr dann zu dem, den der Vater geheiligt und in die Welt gesandt hat: Du lästerst!, weil ich gesagt habe: Ich bin Gottes Sohn? Wenn ich nicht die Werke meines Vaters tue, so glaubt mir nicht! Tue ich sie aber, so glaubt, wenn ihr auch mir nicht glaubt, doch den Werken, damit ihr erkennt und glaubt, daß der Vater in mir ist und ich in ihm." (Joh 10,36-38)
>
> "Und viele kamen zu ihm und sprachen: Johannes hat zwar kein Zeichen getan; aber alles, was Johannes von diesem gesagt hat, ist wahr. Und es glaubten dort viele an ihn." (Joh 10,41-42)
>
> "Glaubst du nicht, daß ich im Vater bin und der Vater in mir ist? Die Worte, die ich zu euch rede, rede ich nicht aus mir selbst, sondern der Vater, der in mir wohnt, der tut die Werke." (Joh 14,10)

5 (21,25-27) **Unglaube**: Unglaube verursacht dreifache Sünde und Schuld. Die Worte "da überlegten sie bei sich selbst" (par eantois) bedeuten, daß sie ihre Antwort untereinander absprachen. Sie überlegten nicht nur in (en) sich selbst, jeder für sich. Das war ein planmäßiger Angriff auf Christus, eine bewußte Ablehnung Christi.

Die Fragesteller erkannten ihre Zwangslage sofort. Wenn sie antworteten, daß die Taufe des Johannes von Gott war, würde Christus sie fragen, warum sie dem Zeugnis des Johannes vom Messias nicht glaubten. Wenn sie antworteten, daß die Taufe des Johannes von Menschen war, würden sie das Volk gegen sich aufbringen, das fest daran glaubte, daß Johannes ein wahrer Prophet Gottes gewesen war.

Man beachte, wie sie untereinander zu Rate gingen. Sie wollten nicht die Wahrheit herausfinden, sondern ihr Gesicht wahren und ihre Position, ihr Ansehen und ihre Sicherheit nicht gefährden. Sie begingen eine dreifache Sünde.

1. Sie verleugneten Christus bewußt. Wenn sie Johannes als von Gott anerkannten, wären sie gezwungen, auch Christus anzuerkennen und dazu waren sie nicht bereit. Sie fürchteten den Verlust von allem, was sie hatten (Stellung, Macht, Reichtum, Ansehen, Wertschätzung, Sicherheit).

> "Wenn wir erdulden, so werden wir mitherrschen; wenn wir verleugnen, so wird er uns auch verleugnen." (2Tim 2,12)
>
> "Es gab aber auch falsche Propheten unter dem Volk, wie auch unter euch falsche Lehrer sein werden, die heimlich verderbliche Sekten einführen, indem sie sogar den Herrn, der sie erkauft hat, verleugnen; und sie werden ein schnelles Verderben über sich selbst bringen." (2Petr 2,1)
>
> "Wer ist der Lügner, wenn nicht der, welcher leugnet, daß Jesus der Christus ist? Das ist der Antichrist, der den Vater und den Sohn leugnet." (1Joh 2,22)

2. Sie fürchteten die Menschen; sie waren bewußt feige. Sie fürchteten die Reaktion der Menschen (Beschimpfungen, Spott, Verfolgung).

> "Denn wer sich meiner und meiner Worte schämt unter diesem ehebrecherischen und sündigen Geschlecht, dessen wird sich auch der Sohn des Menschen schämen, wenn er kommen wird in der Herrlichkeit seines Vaters mit den heiligen Engeln." (Mk 8,38)

3. Sie wählten den Eigennutz, sie waren bewußt ignorant. Sie fürchteten, beschämt und verspottet zu werden. Christus zu bekennen würde bedeuten, daß sie die ganze Zeit über im Irrtum gewesen waren. Es würde bedeuten, sich selbst völlig zu verleugnen und dies öffentlich zu tun. Die meisten Menschen…
- handeln eher aus Eigennutz als nach ihren Prinzipien.
- stellen sich lieber auf die sichere Seite, als für die Wahrheit einzustehen.
- sagen lieber "Ich weiß nicht," als die Wahrheit zu sagen.

> "Jesus antwortete ihnen: Ich habe es euch gesagt, und ihr glaubt nicht. Die Werke, die ich tue im Namen meines Vaters, diese geben Zeugnis von mir." (Joh 10,25)
>
> "Wieso sagt ihr dann zu dem, den der Vater geheiligt und in die Welt gesandt hat: Du lästerst!, weil ich gesagt habe: Ich bin Gottes Sohn? Wenn ich nicht die Werke meines Vaters tue, so glaubt mir nicht! Tue ich sie aber, so glaubt, wenn ihr auch mir nicht glaubt, doch den Werken, damit ihr erkennt und glaubt, daß der Vater in mir ist und ich in ihm." (Joh 10,36-38)
>
> "Glaubst du nicht, daß ich im Vater bin und der Vater in mir ist? Die Worte, die ich zu euch rede, rede ich nicht aus mir selbst, sondern der Vater, der in mir wohnt, der tut die Werke." (Joh 14,10)

Gedanke 1 Jeder denkende Mensch hat die Pflicht, herauszufinden, ob Christus echt ist oder nicht. Es ist für einen denkenden Menschen unannehmbar, zu sagen: "Ich weiß nicht." Ein *denkender Mensch* muß es wissen, denn er hat die Fähigkeit dazu. Er soll denken, Falsch und Richtig unterscheiden. Wenn er das nicht tut, verurteilt er sich selbst.

Gedanke 2 Zwei Dinge sind absurd.
1) Es ist absurd, eine Wahrheit erst anzuerkennen und dann abzulehnen. Der Ungläubige kann nicht anerkennen, daß

Matthäus 21,23-27

Johannes und Christus *von Gott sind* und sie dann nicht bekennen. Zu sagen, daß sie *von Gott* sind und sie dann zu verleugnen, ist der Gipfel der Absurdität.

2) Es ist absurd, Christus nicht zu bekennen. Leugnen ist der Gipfel der Absurdität. Die Beweise sind überwältigend.

Gedanke 3 Es hat wenigstens zwei Gründe, wenn ein Mensch die Wahrheit ablehnt und ihr widersteht.
1) Sünde: der Mensch liebt die Sünde zu sehr, um sie aufzugeben. Seine Sünde kann in Dingen wie dem Fleisch, Stolz, Ruhm, Macht, Reichtum, Eigenwille, Stellung und Besitz bestehen. Er ist zu besessen, um sich Christus zuzuwenden.
2) Furcht: Menschen fürchten zweierlei.
   a) Sie fürchten Gott. Wenn sie Christus bekennen, fürchten sie, daß Gott Forderungen stellt und daß sie etwas aufgeben müssen. Sie fürchten den Verlust dessen, was sie haben und was sie erfreut: Stellung, Reichtum, Freuden.
   b) Sie fürchten die Menschen. Wenn sie Christus bekennen, fürchten sie Spott, Peinlichkeit, Verfolgung, Schande, Ablehnung, Übergangenwerden. Das und noch viel mehr bringt Menschen dazu, die dreifache Sünde des Unglaubens zu begehen.

6 (21,27) **Entscheidung – Unglaube**: Unglaube resultiert im Schweigen Christi. Die Fragesteller sagten: "Wir wissen es nicht." Sie logen. Sie wußten ganz genau, daß die Taufe des Johannes von Gott war. Sie waren nur nicht bereit, den Verlust ihrer Stellung, ihres Lebensunterhaltes und ihrer Sicherheit zu riskieren. Sie liebten die Welt mehr als Gott und die Hoffnung, die er ihnen anbot. Deshalb leugneten sie, handelten feige und wählten den Weg des Eigennutzes.

Gedanke 1 Der Kern der Sache ist dies: Diese Ungläubigen würden sich nicht von der Wahrheit überzeugen lassen. Nicht, daß man sie nicht überzeugen *könnte*, sondern sie *wollten nicht*. Solch hartnäckiger Unglaube sieht selten, wenn überhaupt, die Wahrheit Christi. Selbst wenn Christus ihnen die Wahrheit offen gezeigt hätte, hätten sie sie abgelehnt.

> "Er aber sprach zu ihm: Wenn sie auf Mose und die Propheten nicht hören, so würden sie sich auch nicht überzeugen lassen, wenn einer aus den Toten auferstände." (Lk 16,31)

Gedanke 2 Wenn auf die Sünden des Unglaubens hingewiesen wird, lassen sich Menschen oft provozieren und handeln rachsüchtig. Sie handeln boshaft, oft legal und innerhalb der gesellschaftlichen Regeln. Manchmal versuchen sie, zu verurteilen und in Mißkredit zu bringen, manchmal versuchen sie, zu verfolgen.

Gedanke 3 Das Gericht Christi steht gegen den hartnäckigen Unglauben. Welches Gericht? Das Gericht des Schweigens; Christus belohnt den Unglauben, indem er sich dem Ungläubigen nicht offenbart. Unglaube wird verurteilt.

> "Er aber sprach zu ihm: Wenn sie auf Mose und die Propheten nicht hören, so würden sie sich auch nicht überzeugen lassen, wenn einer aus den Toten auferstände." (Lk 16,31)
> "Und doch wollt ihr nicht zu mir kommen, um das Leben zu empfangen." (Joh 5,40)
> "Und er [Gott] sandte seine Knechte aus, um die Geladenen zur Hochzeit zu rufen; aber sie wollten nicht kommen." (Mt 22,3)
> "Und nun, weil ihr alle diese Freveltaten verübt habt, spricht der HERR, und ich frühe und fleißig zu euch geredet habe, ihr aber nicht hören wolltet, weil ich euch gerufen, ihr aber nicht geantwortet habt…Und ich will auch euch von meinem Angesicht verwerfen." (Jer 7,13;15)
> "Ich nehme heute Himmel und Erde wider euch zu Zeugen: Ich habe euch Leben und Tod, Segen und Fluch vorgelegt; so erwähle nun das Leben, auf daß du lebest, du und dein Same, indem du den HERRN, deinen Gott, liebst, seiner Stimme gehorchst und ihm anhangst; denn das ist dein Leben und bedeutet Verlängerung deiner Tage." (5Mo 30,19-20)
> "Denn es heißt: Ich habe dich zur angenehmen Zeit erhört und dir am Tag des Heils geholfen. Seht, jetzt ist die angenehme Zeit, jetzt ist der Tag des Heils!" (2Kor 6,2)

Matthäus 21,28-32

| 1 Das Gleichnis: Ein Mann und zwei Söhne
a. Befiehlt dem ersten Sohn, in seinem Weinberg zu arbeiten
  1) Sagte: "Ich will nicht!"
  2) Bereute später und ging
b. Befiehlt dem zweiten Sohn
  1) Sagte: "Ja, Herr!" | **E. Das Gleichnis von den zwei Söhnen: Was nötig ist, um in Gottes Reich zu kommen, 21,28-32**
28 Was meint ihr aber? Ein Mensch hatte zwei Söhne. Und er ging zu dem ersten und sprach: Sohn, mache dich auf und arbeite heute in meinem Weinberg!
29 Der aber antwortete und sprach: Ich will nicht! Danach aber reute es ihn, und er ging.
30 Und er ging zu dem zweiten und sagte dasselbe. Da antwortete dieser und sprach: | Ja, Herr! und ging nicht.
31 Wer von diesen beiden hat den Willen des Vaters getan? Sie sprachen zu ihm: Der erste. Da spricht Jesus zu ihnen: Wahrlich, ich sage euch: Die Zöllner und die Huren kommen eher in das Reich Gottes als ihr!
32 Denn Johannes ist zu euch gekommen mit dem Weg der Gerechtigkeit, und ihr habt ihm nicht geglaubt. Die Zöllner und die Huren aber glaubten ihm; und obwohl ihr es saht, reute es euch nicht nachträglich, so daß ihr ihm geglaubt hättet. | 2) Ging nicht
c. Der erste Sohn tat den Willen seines Vaters
2 **Der Punkt: Sünder kommen eher ins Reich als die Frommen (Selbstgerechte und die, die falsch bekennen)**
3 **Der Grund: Die Frommen glaubten Johannes nicht – daß Jesus der Sohn Gottes ist**
a. Johannes hatte recht
b. Sünder glaubten Johannes
c. Problem der Frommen: Sehen veränderte Leben, bereuen und glauben trotzdem nicht |

ABSCHNITT XIV

DIE LETZTE WOCHE DES MESSIAS: SEIN ANSPRUCH BESTRITTEN UND ABGELEHNT, 21,1-23,39

E. Das Gleichnis von den zwei Söhnen: Was nötig ist, um in Gottes Reich zu kommen, 21,28-32

(21,28-32) **Einführung**: Die Worte "Was meint ihr aber?" machen dieses Gleichnis an den führenden Juden fest, die Christus eben entgegengetreten waren und versucht hatten, ihn in Mißkredit zu bringen. Der Herr wollte ihnen eine entscheidende Botschaft übermitteln, die ihr ewiges Schicksal bestimmen würde.

Was ist nötig, um in Gottes Reich zu kommen? Nicht nur Bekenntnis und Gerechtigkeit, sondern auch Buße und Glaube.
1. Das Gleichnis: Ein Mann und zwei Söhne (V28-31).
2. Der Punkt: Sünder kommen eher ins Reich als die Frommen (Selbstgerechte und die, die falsch bekennen) (V31).
3. Der Grund: Die Frommen glaubten der Botschaft des Johannes nicht – daß Jesus der Christus, der Sohn Gottes ist (V32).

1 (21,28-31) **Gleichnis – Arbeit – Dienst**: Das Gleichnis ist einfach und deutlich. Es handelt von einem Mann, der zwei Söhne hatte. Man beachte mehrere Tatsachen.
1. Der Befehl "mache dich auf und arbeite" ist ein emphatischer Imperativ. Der Vater meinte, was er sagte: "Du gehst! Du arbeitest!" Der Vater hat keine Alternative im Sinn, keine andere Wahlmöglichkeit. Die Söhne sollten arbeiten und ihrem Vater dienen.
2. Man beachte das Wort "heute." Heute ist der Tag zum Gehen. Heute ist der Tag zum Arbeiten, nicht morgen. Morgen kann es zu spät sein. Die Ernte verrottet auf dem Feld. Die Nacht kommt, in der niemand arbeiten kann (Joh 9,4). Die Söhne konnten auch sterben (Hebr 9,27). Sie sollten heute gehen, solange sie die Möglichkeit hatten, ihrem Vater zu helfen.

> **"Seht, jetzt ist die angenehme Zeit, jetzt ist der Tag des Heils!" (2Kor 6,2)**
> **"Wenn ihr heute seine Stimme hört, so verstocket eure Herzen nicht." (Ps 95,8)**

3. Der erste Sohn sagte: "Ich will nicht." Das war respektlose Auflehnung. Es war die Ablehnung eines Sohnes, der seinen eigenen Weg im Leben gehen wollte, der es haßte, wenn man ihm sagte, was er tun sollte. Er war selbstsüchtig, weltlich, fleischlich, materialistisch und stolz. Er wollte rücksichtslos seinen eigenen Weg gehen und sein eigenes Ding durchziehen. Man beachte jedoch, daß der erste Sohn *bereute und ging*. Das Wort *bereuen* bedeutet, zu wechseln, sich umzuwenden. (Siehe Anmerkung und Nähere Betrachtung 1, Bereuen – Apg 17,29-30.) Der erste Sohn änderte sich und wandte sich von seinem selbstgewählten Leben in Rebellion und Weltlichkeit ab – wandte sich zurück zu seinem Vater und ging zur Arbeit in seinen Weinberg. Er tat genau das, was sein Vater ihm befohlen hatte.

4. Der zweite Sohn sagte: "Ja, Herr!" Man beachte: Seine Antwort zeigt an, daß er sofort losgeht und eifrig für seinen Vater arbeitet. Er sagte: Ich gehe *für dich* arbeiten. Doch er versagte; er ging *nicht*, um für seinen Vater zu arbeiten. Er ging zur Arbeit, aber nicht für seinen Vater. Er war genau wie der erste Sohn: Selbstsüchtig, geringschätzig dem Vater und seinen Bedürfnissen gegenüber. Er machte mit seinem eigenen Leben weiter, lebte und arbeitete für *sich selbst*. Der einzige Unterschied zwischen den beiden Söhnen ist, daß der zweite Sohn Respekt und Arbeit für den Vater *ausdrückte*, doch *nie* in den Weinberg des Vaters ging. Er tat nie die Arbeit seines Vaters. (Das bedeutet, daß das, was er Tag für Tag tat, seine eigene Arbeit, sein eigenes Werk war. Er lebte und arbeitete, wie er wollte und ließ seinen Vater ganz außer acht. Wie wir sehen werden, war dieses Leben religiös und von moralischer Strenge geprägt.)

5. Christus fragte die umstehenden Frommen, welcher der beiden Söhne den Willen des Vaters tat. Die Frommen hatten die Absicht des Gleichnisses noch nicht begriffen, also gaben sie die offensichtliche Antwort: Der erste Sohn tat den Willen des Vaters.

Es ist interessant, daß sie Christus sofort antworteten. Das bewies, wie sehr Selbstgerechtigkeit und Religiosität einen Menschen blenden und ihm ein falsches Gefühl der Sicherheit vermitteln können. Wer ernsthaft religiös und moralisch einwandfrei lebt, Geistlicher oder Laie, versteht nur schwer, warum er für Gott nicht annehmbar ist und nicht in Gottes Reich kommen kann.

2 (21,31) **Erlösung – Selbstgerechtigkeit – Arbeit**: Jesus erklärte die Absicht des Gleichnisses. Sünder kommen eher als Fromme (Selbstgerechte und Menschen, die nur bekennen) in das Reich. Man beachte, was Jesus tat.
1. Jesus identifizierte den Mann und die beiden Söhne im Gleichnis.
   a. Der Mann, der den Weinberg besaß, war Gott. Er besitzt das Reich (siehe Nähere Betrachtung 3 – Mt 19,23-24).
   b. Der erste Sohn steht für die nicht religiösen und weltlichen Menschen dieser Welt. Sie heucheln keine Religion und wissen nicht, daß sie verloren sind. Sie wollen ihren eigenen Weg gehen und mit Gott nichts zu tun haben.

Matthäus 21,28-32

Die Zöllner oder Steuereinnehmer standen für die Abgelehnten und weltlich Gesinnten, die sich mehr für Geld und die Dinge dieser Welt interessieren als für Gott. Die Huren standen für die Unmoralischen und Sinnlichen, die sich mehr für ihr Vergnügen interessieren als für Gott.

    c. Der zweite Sohn steht für die Frommen dieser Welt (die Selbstgerechten und falschen Bekenner). Diese sind entweder seit frühester Kindheit in der Kirche aufgewachsen oder später im Leben dazugekommen. Sie meinten, daß Religion und Gerechtigkeit die Art sind, auf die man leben soll.

2. Jesus identifizierte den Weinberg und die Arbeit, die zu tun war. Der Weinberg ist Gottes Reich und die Arbeit ist "In das Reich Gottes kommen" – Gott in seinem Reich dienen (siehe <u>Nähere Betrachtung 3</u> – Mt 19,23-24). Man beachte zweierlei:
   a. Beide Söhne (alle Menschen) bekamen den gleichen Befehl und die gleiche Verpflichtung: "Mache dich auf und arbeite heute in meinem Weinberg!"
   b. Gott respektiert beide Söhne. Er zwingt keinen der beiden zur Arbeit, weder den rebellierenden Sohn noch den, der sich verpflichtet und sich dann vor der Arbeit in Gottes Weinberg drückt. Der Wille der Söhne wird geachtet. Sie können gehen und arbeiten, wo immer sie wollen.
3. Jesus betont deutlich die Aussage des Gleichnisses.
   a. Er sagt mit Betonung: "Wahrlich, ich sage euch." Wahrlich bedeutet sicher, echt, seid aufmerksam. Das Wort "ich" meint den Messias, den Sohn Gottes. Der Messias offenbart eine entscheidende Wahrheit.
   b. Er sagt in unmißverständlichen Worten: Sünder "kommen eher in das Reich Gottes als ihr," eher als die Selbstgerechten, falschen Frommen und falschen Bekenner. Es ist wichtig, genau auf die Worte des Herrn zu achten. Er sagte "eher…als ihr." Er verschloß den Frommen nicht die Himmelstür. Sie konnten nur nicht so eintreten, wie sie gerade waren. Wie Christus im nächsten Vers sagte, fehlte ihnen etwas und das mußten sie tun, um in Gottes Reich zu kommen.
4. Jesus schockierte seine Zuhörer. Er erklärte, daß der Mensch eine falsche Vorstellung von Religion hat. Religion und Gerechtigkeit sind nicht genug, um in Gottes Reich zu kommen. Es braucht mehr. Religion ist nicht genug (Anbetungsgottesdienste, Zeremonien, Rituale, Bekenntnisse und Verordnungen). Gerechtigkeit ist nicht genug (Moral, Tugend, Gesetz, Regeln und Vorschriften, gute Werke und Hingabe). Christus erklärte den Frommen und Gerechten auf schockierende Weise: "Sünder kommen *eher* in das Reich Gottes *als ihr*! Was *ihr* habt, ist nicht genug. Es braucht mehr. Es braucht etwas anderes."

> **"Denn ich sage euch: Wenn eure Gerechtigkeit die der Schriftgelehrten und Pharisäer nicht weit übertrifft, so werdet ihr gar nicht in das Reich der Himmel eingehen!" (Mt 5,20)**
>
> **"Denn weil sie die Gerechtigkeit Gottes nicht erkennen und ihre eigene Gerechtigkeit aufzurichten trachten, haben sie sich der Gerechtigkeit Gottes nicht unterworfen." (Röm 10,3)**
>
> **"Werdet doch wirklich nüchtern und sündigt nicht! Denn etliche haben keine Erkenntnis Gottes; das sage ich euch zur Beschämung." (1Kor 15,34)**

3 (21,32) **Errettung – Ablehnung**: Es wird deutlich gesagt, warum Sünder in Gottes Reich kommen und Frommen nicht: Die Frommen glaubten der Botschaft des Johannes nicht, daß Jesus der Messias, der Sohn Gottes, ist. Man beachte, daß Christus dreierlei sagte.

1. Johannes war gerecht. Johannes kam mit "dem Weg der Gerechtigkeit," der Gerechtigkeit, von der die Frommen sagen, daß sie nötig ist, um für Gott zu leben. Johannes war gottgefällig und lebte so, wie die Frommen sagten, daß er leben sollte, trotzdem glaubten sie ihm nicht; d.h. sie glaubten seinem Wirken und Zeugnis nicht – daß Jesus der Messias, der Sohn Gottes war.

Christus sagte zu den umstehenden Frommen: "Ihr widersprecht euch. Johannes kam mit 'dem Weg der Gerechtigkeit' zu euch, die ihr bekennt. Er war gottgefällig und trotzdem habt ihr sein Wirken und Zeugnis nicht angenommen":

> **"Siehe, das Lamm Gottes, das die Sünde der Welt hinwegnimmt!" (Joh 1,29 vgl. Joh 1,29-36)**
>
> **"Und ich habe es gesehen und bezeuge, daß dieser der Sohn Gottes ist." (Joh 1,34)**
>
> **"Die Pharisäer aber und die Gesetzesgelehrten verwarfen den Rat Gottes, sich selbst zum Schaden, indem sie sich nicht von ihm [Johannes] taufen ließen." (Lk 7,30)**

<u>Gedanke 1</u> Die große Tragödie der Frommen ist, daß sie für sich bleiben. Sie lehnen den Rat Gottes ab; sie gehen nicht in seinen Weinberg, um dort zu arbeiten.

2. Sünder glaubten dem Zeugnis des Johannes: "Die Zöllner und die Huren aber glaubten ihm." Der erste Sohn tat genau das, was Johannes sagte, daß er tun sollte: Er bereute sein loses Leben und glaubte, daß Jesus der Sohn Gottes war (siehe Anmerkung – Mt 21,31).
3. Die Frommen sahen die Beweise, doch sie lehnten sie ab. Sie sahen die Beweise der Gerechtigkeit des Johannes und der veränderten Leben der Sünder ("und obwohl ihr es saht"). Doch sie verleugneten immer noch die Tatsachen. Man beachte: Der Fromme begeht zwei grobe Fehler, die in diesem Abschnitt deutlich werden.
   a. Der Fromme lebt ein streng religiöses Leben, doch er bereut kein Versagen. Er sagt Gott, er wird *gehen und in seinem Weinberg arbeiten*, d.h., *seinem Reich*, doch er geht nicht in *Gottes* Weinberg. Man beachte jedoch: Er arbeitet. Er ist sogar sehr eifrig bei der Arbeit, doch er arbeitet im Weinberg seiner eigenen *Religion* und Gerechtigkeit und Regeln. Er kommt nie in Gottes Weinberg (Reich), um dem Vater zu dienen.
   Jesus sagte uns, was geschah. Die Frommen lehnten das Schriftzeugnis ab, das mit dem Dienst und Zeugnis des Johannes begann. Diese Zeugnis besagt, daß der einzige Weg in Gottes Weinberg über den Glauben an Christus führt und daß der einzige Weg, Gott entsprechend zu dienen, in der innewohnenden Kraft Christi ist (Joh 14,6; 1Tim 2,5).

> **"Ich bin der Weinstock, ihr seid die Reben. Wer in mir bleibt und ich in ihm, der bringt viel Frucht; denn getrennt von mir könnt ihr nichts tun." (Joh 15,5)**
>
> **"Dem aber, der weit über die Maßen mehr zu tun vermag, als wir bitten oder verstehen, gemäß der Kraft, die in uns wirkt." (Eph 3,20)**

    b. Der Fromme glaubt dem persönlichen Zeugnis des Johannes nicht: daß Jesus der Messias ist, Gottes Sohn. Der Fromme nimmt Jesus meistens als einen großen Lehrer an, aber nicht als Lamm Gottes, das sich für die Sünde der Welt opfert (1Petr 2,24).

Matthäus 21,28-32

"Niemand nimmt es von mir, sondern ich lasse es von mir aus. Ich habe Macht, es zu lassen, und habe Macht, es wieder zu nehmen. Diesen Auftrag habe ich von meinem Vater empfangen." (Joh 10,18)

"Er hat unsere Sünden selbst an seinem Leib getragen auf dem Holz, damit wir, den Sünden gestorben, der Gerechtigkeit leben mögen; durch seine Wunden seid ihr heil geworden." (1Petr 2,24)

"Denn auch Christus hat einmal für Sünden gelitten, der Gerechte für die Ungerechten, damit er uns zu Gott führte; und er wurde getötet nach dem Fleisch, aber lebendig gemacht durch den Geist." (1Petr 3,18)

Gedanke 1 Das Zeugnis des Johannes ist die Norm, an der Jesus die Frommen mißt. Es reicht nicht, religiös und gerecht zu sein, d.h. ein guter, tugendhafter, vorbildlicher Bürger zu sein. Man muß mehr tun.
1) Er muß bereuen, nicht in *Gottes* Weinberg oder Reich gegangen zu sein. Der Fromme schuf seinen eigenen Weinberg von Religion und Gerechtigkeit, doch sein Weinberg war nicht Gottes Weinberg. Gottes Weinberg ist der Weinberg des Glaubens.
2) Er muß an Gottes Sohn, Jesus Christus, glauben. Er muß in den Weinberg des Glaubens gehen und darin arbeiten.

"Denn aus Gnade seid ihr gerettet durch den Glauben, und das nicht aus euch – Gottes Gabe ist es; nicht aus Werken, damit niemand sich rühme. Denn wir sind sein Werk, erschaffen in Christus Jesus zu guten Werken, die Gott zuvor bereitet hat, damit wir in ihnen wandeln sollen." (Eph 2,8-10)

Matthäus 21,33-46

	F. Das Gleichnis von den bösen Weingärtnern: Israels Ablehnung von Jesu Messiaswürde, 21,33-46 (Mk 12,1-12; Lk 20,9-19; vgl. Jes 5,1-7)	39 Und sie ergriffen ihn, stießen ihn zum Weinberg hinaus und töteten ihn. 40 Wenn nun der Herr des Weinbergs kommt, was wird er mit diesen Weingärtnern tun?	5) Sie töteten den Sohn f. Gott wird die Weingärtner richten 1) Gott kommt
1 Das Gleichnis: Die Geschichte Israels aus Gottes Sicht a. Gott pflanzte einen Weinberg (das Volk Israel)	33 Hört ein anderes Gleichnis: Es war ein Hausherr, der pflanzte einen Weinberg, zog einen Zaun darum, grub eine Kelter darin, baute einen Wachtturm, verpachtete ihn	41 Sie sprachen zu ihm: Er wird die Übeltäter auf üble Weise umbringen und den Weinberg anderen Weingärtnern verpachten, welche ihm die Früchte zu ihrer Zeit abliefern werden.	2) Gott wird die Übeltäter zerstören 3) Gott wird seinen Weinberg anderen geben (den Heiden, V43)
b. Gott gab seinen Weinberg den Weingärtnern c. Gott sandte Boten nach den Früchten 1) Frucht wurde erwartet	an Weingärtner und reiste außer Landes. 34 Als nun die Zeit der Früchte nahte, sandte er seine Knechte zu den Weingärtnern, um seine Früchte in Empfang zu nehmen.	42 Jesus spricht zu ihnen: Habt ihr noch nie gelesen in den Schriften: Der Stein, den die Bauleute verworfen haben, der ist zum Eckstein geworden. Vom Herrn ist das geschehen, und es ist wunderbar in unseren Augen?	**2 Die drei Ansprüche Jesu** a. Er ist der Eckstein 1) Er wird zuerst abgelehnt 2) Doch er wird zum Eckstein
2) Die Gärtner rebellierten und lehnten Gottes Boten ab d. Gott zeigte Geduld – er sandte weiter Boten e. Gott sandte schließlich seinen Sohn 1) Christus beanspruchte, Gottes Sohn zu sein 2) Sie sahen Gottes Sohn 3) Sie planten seinen Tod 4) Sie planten, sein Erbe zu besitzen	35 Aber die Weingärtner ergriffen seine Knechte und schlugen den einen, den anderen töteten sie, den dritten steinigten sie. 36 Da sandte er wieder andere Knechte, mehr als zuvor; und sie behandelten sie ebenso. 37 Zuletzt sandte er seinen Sohn zu ihnen und sprach: Sie werden sich vor meinem Sohn scheuen! 38 Als aber die Weingärtner den Sohn sahen, sprachen sie untereinander: Das ist der Erbe! Kommt, laßt uns ihn töten und sein Erbgut in Besitz nehmen!	43 Darum sage ich euch: Das Reich Gottes wird von euch genommen und einem Volk gegeben werden, das dessen Früchte bringt. 44 Und wer auf diesen Stein fällt, der wird zerschmettert werden; auf wen er aber fällt, den wird er zermalmen. 45 Und als die Hohenpriester und die Pharisäer seine Gleichnisse hörten, erkannten sie, daß er von ihnen redete. 46 Und sie suchten ihn zu ergreifen, fürchteten aber die Volksmenge, weil sie ihn für einen Propheten hielt.	b. Gott wird sein Reich von Israel nehmen und einem anderen Volk geben c. Manche sind verurteilt 1) Wer über den Stein fällt 2) Wer dem Stein entgegentritt **3 Das Ergebnis des Gleichnisses** a. Die Frommen sahen, daß Christus von ihnen sprach b. Die Frommen reagierten, statt zu bereuen c. Das Volk sah Christus als Propheten an, nicht als den Messias

ABSCHNITT XIV

DIE LETZTE WOCHE DES MESSIAS: SEIN ANSPRUCH BESTRITTEN UND ABGELEHNT, 21,1-23,39

F. Das Gleichnis von den bösen Weingärtnern: Israels Ablehnung von Jesu Messiaswürde, 21,33-46

(21,33-46) **Einführung**: Dies ist eins der interessantesten Gleichnisse, die Christus je erzählt hat. Es ist interessant, weil es gleichermaßen rück- und vorausschauend ist. Christus behandelte die Geschichte Israels aus Gottes Sicht, wie sie sich Gott darstellt (V33-36). Dann offenbarte oder prophezeite er, was mit Israel geschehen würde: Sie lehnten Gottes eigenen Sohn ab (V37-39, 42) und wegen ihrer Ablehnung und Grausamkeit wird Gott sie ablehnen und sein Reich einem anderen Volk geben (V43).

Was in diesem Abschnitt gesagt wird, läßt sich auf alle Völker anwenden. Gott hat den Weinberg der Kirche und der Welt uns anvertraut (Mt 28,19-20), dem neuen Volk, der neuen Schöpfung Gottes (siehe Anmerkungen – Eph 2,11-18; Punkt 4, 2,14-15; 4,17-19). Jeder der behandelten Punkte in der Geschichte Israels sollte daher eine laute und deutliche Botschaft an unser Herz sein.

Dieser Abschnitt enthält drei Hauptpunkte.
1. Das Gleichnis: Israels Geschichte aus Gottes Sicht (V33-41).
2. Die drei Ansprüche Jesu (V42-44).
3. Das Ergebnis des Gleichnisses (V45-46).

1 (21,33-41) **Israel**: Die Geschichte Israels aus Gottes Sicht. Gott ist der Hausherr. Der Weinberg ist das wahre Israel, das Volk Gottes. Die Weingärtner sind die religiösen Führer Israels, die Knechte sind die Propheten und der Sohn ist Jesus Christus, der Messias (vgl. Jes 5,1-7). (Die Unterpunkte dieses Punktes sind so wichtig, daß sie in eigenen Anmerkungen diskutiert werden. Siehe Nähere Betrachtung 1,2,3,4,5,6 – Mt 21,33-41.)

NÄHERE BETRACHTUNG 1
(21,33) **Gott – Sorge – Maßnahmen – Welt – Kirche – Israel**: Gott pflanzte einen Weinberg. Den Weinberg kann man auf verschiedene Weise betrachten.
1. Der Weinberg ist Israel, d.h. das wahre Israel, ein Volk für Gott (Jes 5,7).

Matthäus 21,33-46

2. Der Weinberg ist das Reich Gottes, nach dem Israel suchen sollte. Das ist wahrscheinlich das beste Verständnis dessen, was Christus meinte und was tatsächlich im Umgang Gottes mit den Menschen geschieht. Er vertraut sein Reich oder seine Kirche (Weinberg) uns an und erwartet, daß wir es bebauen (vgl. V43. Siehe <u>Nähere Betrachtung 3</u> – Mt 19,23-24.)

3. Der Weinberg kann sich auch auf die Erde selbst beziehen, der Israel dienen sollte (siehe <u>Nähere Betrachtung 1</u> – Joh 4,22).

Man beachte die drei wunderbaren Dinge, die Gott für seinen Weinberg tat. Er stellte alle nur denkbaren Dinge bereit, die gebraucht würden, um für den Weinberg und die Weingärtner zu sorgen. Es war für alles gesorgt, was Wachstum und Fruchtbarkeit fördern würde. Die Weingärtner hatten für mangelnden Ertrag keine Entschuldigung.

1. Gott "zog einen Zaun darum." Das war eine Mauer, die um den Weinberg gebaut wurde, um Tiere von den Trauben fernzuhalten. Der Zaun oder die Mauer *stellten* Wachstum und Fruchtbarkeit *sicher*.

> **"Nicht ihr habt mich erwählt, sondern ich habe euch erwählt und euch gesetzt, daß ihr hingeht und Frucht bringt und eure Frucht bleibt, damit der Vater euch gibt, was auch immer ihr ihn bitten werdet in meinem Namen." (Joh 15,16)**
>
> **"Erfüllt mit Früchten der Gerechtigkeit, die durch Jesus Christus [gewirkt werden] zur Ehre und zum Lob Gottes." (Phil 1,11)**
>
> **"Damit ihr des Herrn würdig wandelt und ihm in allem wohlgefällig seid: in jedem guten Werk fruchtbar und in der Erkenntnis Gottes wachsend, mit aller Kraft gestärkt gemäß der Macht seiner Herrlichkeit zu aller Standhaftigkeit und Langmut, mit Freuden." (Kol 1,10-11)**

2. Gott grub eine Kelter. Das war eine Mulde oder ein Bottich, in dem der Wein ausgepreßt wurde. Manchmal wurde die Mulde in den Felsen gehauen, manchmal aus Holz gebaut. Die Kelter steht für die Ausrüstung, die Gott bereitstellt, damit seine Arbeit getan werden kann.

> **"Dem einen gab er fünf Talente, dem andern zwei, dem dritten eins, einem jeden nach seiner Kraft, und reiste sogleich ab." (Mt 25,15)**
>
> **"Sondern ihr werdet Kraft empfangen, wenn der Heilige Geist auf euch gekommen ist, und werdet meine Zeugen sein in Jerusalem und in ganz Judäa und Samaria und bis an das Ende der Erde!" (Apg 1,8)**
>
> **"Wir haben aber verschiedene Gnadengaben gemäß der uns verliehenen Gnade." (Röm 12,6)**
>
> **"Es bestehen aber Unterschiede in den Gnadengaben, doch es ist derselbe Geist." (1Kor 12,4)**

3. Gott baute einen Wachtturm. Dieser Wachtturm schützte den Weinberg vor Dieben. Er steht für die Versicherung und Sicherheit der Fürsorge Gottes, die er seinen Weingärtnern gibt (vgl. Mt 6,25-34).

> **"Darum sollt ihr nicht sorgen und sagen: Was werden wir essen? oder: Was werden wir trinken? oder: Womit werden wir uns kleiden? Denn nach allen diesen Dingen trachten die Heiden, aber euer himmlischer Vater weiß, daß ihr das alles benötigt." (Mt 6,31-32)**
>
> **"Aber auch die Haare eures Hauptes sind alle gezählt. Darum fürchtet euch nicht! Ihr seid mehr wert als viele Sperlinge." (Lk 12,7)**
>
> **"Alle eure Sorge werft auf ihn; denn er sorgt für euch." (1Petr 5,7)**
>
> **"Mein Gott aber wird in Christus Jesus allen euren Mangel ausfüllen nach seinem Reichtum in Herrlichkeit!" (Phil 4,19)**

NÄHERE BETRACHTUNG 2

(21,33) **Arbeit – Verantwortung – Dienst**: Gott vertraute seinen Weinberg den Weingärtnern an. Die Weingärtner waren das Volk Israel, insbesondere dessen Führer (religiös und weltlich). Jeder war verantwortlich dafür, sich um das Volk zu kümmern, sich um alle anderen zu sorgen und so zur Versorgung und zum Wohlergehen aller beizutragen. (Vgl. Die Kirche als Ganzes und die Verantwortung jedes einzelnen Mitglieds, im Weinberg zu arbeiten, 1Kor 12,12f.)

Man beachte zweierlei.

1. Gott vertrau den Menschen. Man denke darüber nach, was für ein herrlicher Vorzug es ist, das Vertrauen Gottes zu haben! Man stelle sich vor, wie teuer der Weinberg für Gott ist und denke dann darüber nach, daß er seine Pflege uns anvertraut hat und nicht den Engeln oder irgend einem anderen höheren Wesen. Es ist wunderbar und seltsam, daß Gott uns seinen wertvollen Weinberg anvertraut!

2. Gott läßt dem Menschen freie Hand. Er ließ die Weingärtner für den Weinberg sorgen, wie sie es wollten. Sie sollten ihren Willen und ihre Kraft darauf verwenden, sich um den Weinberg zu kümmern. Sie hatten den herrlichen Vorzug der Freiheit, der Freiheit, ihre eigene Erfindungsgabe und ihre eigenen Ideen zu verwenden, ohne daß ihnen jemand über die Schulter schaut und ein bestimmtes Benehmen erzwingt.

> **"Und Gott schuf den Menschen ihm zum Bilde, zum Bilde Gottes schuf er ihn; männlich und weiblich schuf er sie. Und Gott segnete sie und sprach zu ihnen: Seid fruchtbar und mehret euch und füllet die Erde und machet sie euch untertan und herrschet über die Fische im Meer und über die Vögel des Himmels und über alles Lebendige, was auf Erden kriecht!" (1Mo 1,27-28)**
>
> **"Du lässest ihn herrschen über die Werke deiner Hände; alles hast du unter seine Füße gelegt." (Ps 8,6) "**
>
> **Denn es ist wie bei einem Menschen, der außer Landes reisen wollte, seine Knechte rief und ihnen seine Güter übergab." (Mt 25,14)**
>
> **"Im übrigen wird von einem Verwalter nur verlangt, daß er treu erfunden wird." (1Kor 4,2)**
>
> **"O Timotheus, bewahre das anvertraute Gut, meide das unheilige, nichtige Geschwätz und die Widersprüche der fälschlich sogenannten Erkenntnis!" (1Tim 6,20)**
>
> **"Da rief er zehn seiner Knechte und gab ihnen zehn Pfunde und sprach zu ihnen: Handelt damit, bis ich wiederkomme!" (Lk 19,13)**

Matthäus 21,33-46

NÄHERE BETRACHTUNG 3
(21,34-35) **Mensch – Rebellion – Ablehnung – Verfolgung**: Gott sandte Boten aus, um die Früchte seines Weinbergs zu holen. Dies waren die Propheten und die guten und gottgefälligen Führer in der Geschichte Israels (Richter, Könige, Priester).
  Man beachte dreierlei.
  1. Es wurde Frucht erwartet. Jeder Weingärtner, d.h. jeder Mensch war verantwortlich für den Weinberg, von jedem wurden Arbeit und Resultate erwartet.
  2. Es kam der Tag der Abrechnung. Es wurde von jedem erwartet, daß er seine Schulden bezahlte und seinen Beitrag zu dem wunderbaren Vorzug leistete, in diesem schönen Weinberg zu leben und seine Vorteile zu genießen. (Gottes Reich, die Welt, die Kirche – wie man diesen Abschnitt auch auslegt – sind alle wunderbare Weinberge und wir sind verantwortlich dafür, so viel Frucht beizutragen, wie wir können.)

> "Und er sagte dieses Gleichnis: Es hatte jemand einen Feigenbaum, der war in seinem Weinberg gepflanzt; und er kam und suchte Frucht darauf und fand keine." (Lk 13,6)
> "Jede Rebe an mir, die keine Frucht bringt, nimmt er weg; jede aber, die Frucht bringt, reinigt er, damit sie mehr Frucht bringt." (Joh 15,2)
> "Ich bin der Weinstock, ihr seid die Reben. Wer in mir bleibt und ich in ihm, der bringt viel Frucht; denn getrennt von mir könnt ihr nichts tun. Wenn jemand nicht in mir bleibt, so wird er weggeworfen wie die Rebe und verdorrt; und solche sammelt man und wirft sie ins Feuer, und sie brennen." (Joh 15,5-6)

  3. Die Weingärtner rebellierten und wollten dem Herrn nichts bezahlen. Ihr Aufstand führte sogar zur Verfolgung und Ermordung der Diener Gottes.
      a. Der Mensch lehnt sich bewußt gegen Gott auf. Er möchte selbst über den Weinberg herrschen. Er möchte der König im Reich, der Herrscher der Erde und sogar das Haupt der Kirche sein. Er will, daß alles läuft, wie er es, will, er will herrschen, wie es ihm gefällt. Er will keine Macht über sich, er will leben, wie er will und tun, was ihm gefällt. Er will die Frucht für sich selbst haben.
      b. Der Mensch will seinen eigenen Willen so sehr, daß er die wahren Diener Gottes verspottet, verleumdet, verfolgt und sogar ermordet.

> "Welchen Propheten haben eure Väter nicht verfolgt? Und sie haben die getötet, die vorher Kunde gaben von dem Kommen des Gerechten, dessen Verräter und Mörder ihr nun geworden seid." (Apg 7,52. Vgl. Mt 23,34-37; Hebr 11,36-38.)

      c. Der Diener Gottes muß wissen, daß er zum Leiden berufen ist (siehe Nähere Betrachtung 4 – Mt 21,36. Vgl. Anmerkung und Nähere Betrachtung 2 – Mt 20,22-23).

NÄHERE BETRACHTUNG 4
(21,36) **Verfolgung**: Gott zeigte Geduld – er sandte weitere Boten. In der ganzen Geschichte Israels liebte Gott und bewies seine liebende Fürsorge, indem er nicht reagierte und das Volk verwarf. Gott hat uns eine Chance nach der anderen gegeben. Er schickt uns immer wieder Boten über den Weg. Er liebt uns und sehnt sich danach, daß wir unsere Schulden bezahlen. Er möchte, daß wir Früchte tragen und leben, wie wir sollen.
  Tragischerweise machen die meisten Weingärtner weiter wie bisher: Sie rebellieren und fordern alle Rechte am Weinberg und an ihren eigenen Leben. Deshalb wenden sie sich weiterhin gegen die Boten Gottes.

  Gedanke 1 Wie viele Gläubige, Geistliche und Laien, werden von der Welt mißhandelt!

> "Denn euch wurde, was Christus betrifft, die Gnade verliehen, nicht nur an ihn zu glauben, sondern auch um seinetwillen zu leiden." (Phil 1,29)
> "Und alle, die gottselig leben wollen in Christus Jesus, werden Verfolgung erleiden." (2Tim 3,12)
> "Geliebte, laßt euch durch die unter euch entstandene Feuersglut, die zur Prüfung über euch gekommen ist, nicht befremden, so als widerführe euch etwas Fremdartiges; sondern in dem Maß, wie ihr Anteil habt an den Leiden des Christus, freut euch, damit ihr euch auch bei der Offenbarung seiner Herrlichkeit jubelnd freuen könnt." (1Petr 4,12-13; vgl. 1Petr 2,21; 4,5-6; Mt 19,29; Röm 8,16-17).

NÄHERE BETRACHTUNG 5
(21,37-39) **Die Gottheit Jesu Christi – Tod**: Gott sandte schließlich seinen Sohn. Er wollte selbst mit den Menschen sprechen. Vielleicht würden sie auf seine Stimme hören und seine Rechte achten. Er ließ sich herab und bat seinen Sohn, die Herrlichkeit der Ewigkeit zu verlassen und sein Wort auf die Erde zu bringen, mit den Menschen von Angesicht zu Angesicht zu sprechen.
  Man beachte fünf Tatsachen.
  1. Christus beanspruchte, Gottes Sohn zu sein. Er war anders als die Knechte, die zuvor gekommen waren. Er war mehr als ein weiterer Diener; er war Gottes eigener Sohn. Es steht außer Frage, daß Christus hier einen einzigartigen Anspruch erhob.
  2. Die Weingärtner sahen Gottes Sohn. Es gab alle nur möglichen Beweise: Alttestamentliche Prophezeiungen, das Zeugnis von Johannes dem Täufer, Jesu eigener Anspruch und die Wunder, die Zeichen der Zeit (Gal 4,4), das Gefühl, daß er der verheißene Messias war, sogar bei denen, die sich gegen ihn stellten (siehe Anmerkung – Joh 3,1-2; vgl. Joh 11,47-52). Das ist die traurige Anklage gegen die Juden. Tief in sich fühlten sie, daß Jesus wirklich der Messias war, doch Sünde und Gier nach Stellung, Ansehen, Macht und Sicherheit hielt sie davon ab, ihn anzuerkennen. Ihr Unglaube war bewußt und hartnäckig (siehe Abriß und Anmerkungen – Mt 21,23-27).

Matthäus 21,33-46

3. Die Weingärtner planten seinen Tod (vgl. Mt 12,14; Joh 11,53).
4. Die Weingärtner planten, sein Erbe in Besitz zu nehmen. Der Mensch will das Reich, das Volk, Eigentum, Macht, Herrschaft, Stellung, Ansehen, Ruhm, Anerkennung und Reichtum besitzen. Was immer das Besitztum ist, der Mensch will es für sich und er wird leugnen, betrügen lügen, verführen, stehlen und sogar morden, um es zu bekommen. (Siehe Anmerkungen – Mt 12,1-8; Anmerkung und Nähere Betrachtung 1 – 12,10; Anmerkung – 15,1-20; Nähere Betrachtung 2 – 15,6-9.)
5. Die Weingärtner ermordeten den Sohn. Sie begingen das schlimmste Verbrechen der Menschheitsgeschichte. Sie töteten Gottes eigenen Sohn. Man beachte, daß Christi Tod bereits vorausgesagt war. Er sagte selbst seinen Tod voraus und dieser Tod war ein Akt des Willens von ihm. Er wußte, daß der Tod auf ihn wartete und hätte fliehen können, doch er entschied sich, zu sterben. Es war in "Gottes festgesetztem Ratschluß" (Apg 2,23).

> "Denn so sehr hat Gott die Welt geliebt, daß er seinen eingeborenen Sohn gab, damit jeder, der an ihn glaubt, nicht verloren geht, sondern ewiges Leben hat." (Joh 3,16)
>
> "Gott aber beweist seine Liebe zu uns dadurch, daß Christus für uns gestorben ist, als wir noch Sünder waren." (Röm 5,8)
>
> "Gott aber, der reich ist an Erbarmen, hat um seiner großen Liebe willen, mit der er uns geliebt hat, auch uns, die wir tot waren durch die Sünden, mit dem Christus lebendig gemacht – aus Gnade seid ihr gerettet!" (Eph 2,4-5)

NÄHERE BETRACHTUNG 6
(21,40-41) **Gericht – Kirche**: Gott wird die Weingärtner richten. Hierin liegen drei wichtige Punkte.
1. Christus sagte, daß der Herr des Weinbergs kommt. Er kommt, um den Tod seines einzigen Sohnes zu rächen.
2. Gott kommt, um die Übeltäter zu zerstören. Die Zerstörung wird jämmerlich (kakos) und schrecklich sein. Man beachte: Sowohl die Anführer als auch das Volk sagten, daß Gerechtigkeit geübt werden würde. Die Natur des Menschen läßt ihn erwarten, daß Unrecht bestraft wird.
3. Gott wird seinen Weinberg anderen anvertrauen. Auch dies wurde von der Menge gesagt. Sogar der Mensch weiß, daß ein Weinberg nicht unbebaut bleibt. Jemand wird ihn pflegen. Gott wird ein neues Volk erheben, das sich darum kümmert (die Kirche, die neue Schöpfung Gottes. Siehe Nähere Betrachtung 8 – Mt 21,43; Anmerkungen – Eph 2,11-18; Punkt 4, 2,14-15; 4,17-19.)

> "Es ist aber auch schon die Axt an die Wurzel der Bäume gelegt. Jeder Baum nun, der keine gute Frucht bringt, wird abgehauen und ins Feuer geworfen!" (Mt 3,10)
>
> "Wenn jemand nicht in mir bleibt, so wird er weggeworfen wie die Rebe und verdorrt; und solche sammelt man und wirft sie ins Feuer, und sie brennen." (Joh 15,6)
>
> "Dasjenige aber, das Dornen und Disteln trägt, ist untauglich und dem Fluch nahe; es wird am Ende verbrannt." (Hebr 6,8)

2 (21,42-44) **Jesus Christus, Eckstein**: Christus erhob in diesen Versen drei verblüffende Ansprüche, die sowohl die Weltgeschichte als auch das persönliche Schicksal jedes einzelnen, der jemals in der Welt gelebt hat, beeinflussen.
1. Er ist der Eckstein. (Sieh Nähere Betrachtung 7 – Mt 21,42 zur Diskussion.)
2. Gott wird sich von Israel weg einem anderen Volk zuwenden. (Siehe Nähere Betrachtung 8 – Mt 21,43 zur Diskussion.)
3. Wer Christus ablehnt, wird zerschmettert werden.

NÄHERE BETRACHTUNG 7
(21,42) **Jesus Christus, Eckstein**: Christus ist der Eckstein (siehe Anmerkung – Lk 2,34). Dies ist ein Zitat aus Ps 118,22-23, das als messianische Prophezeiung anerkannt war. Der Messias sollte der Eckstein sein, mit dem der Bau des Reiches Gottes begann und der alle anderen späteren Steine oder Führer stützen sollte. Die religiösen Führer um Christus wußten, daß er sich auf den Messias bezog (Jes 28,16; Dan 2,34; Sach 3,9).

Doch man beachte die Prophezeiung: Der Stein wird zuerst abgelehnt werden. Er wird als unpassend, nutzlos für den Bau betrachtet, also wollen die Bauleute nicht, daß er in das Gebäude kommt. Er wird weggeworfen und als unerwünscht behandelt.

Der große Architekt setzt sich jedoch über die Bauleute hinweg. Er holt den Stein aus dem Friedhof der abgelehnten Steine und erhebt ihn in den Rang des Ecksteins, der alle anderen Steine stützt und das Gebäude des Reiches Gottes zusammenhält (vgl. Phil 2,9-11. Siehe Anmerkungen – Eph 2,20.)

Das Symbol des Ecksteins sagt wenigstens zwei bedeutsame Dinge aus.
1. Der Eckstein wird als erster Stein gelegt. Alle anderen Steine kommen danach. Er ist der zeitlich *herausragende* Stein. So ist es auch mit Christus. Er ist der *Erste* von Gottes neuer Bewegung.

⇒ Christus ist der *Urheber* des Heils. Alle anderen sind Teammitglieder, die ihm folgen.

> "Denn es war dem angemessen, um dessentwillen alle Dinge sind und durch den alle Dinge sind, da er viele Söhne zur Herrlichkeit führte, den Urheber ihres Heils durch Leiden zu vollenden." (Hebr 2,10)

⇒ Christus ist der Urheber des ewigen Heils, unseres Glaubens. Alle anderen lesen die Geschichte.

> "Und nachdem er zur Vollendung gelangt ist, ist er allen, die ihm gehorchen, der Urheber ewigen Heils geworden." (Hebr 5,9)
>
> "Im Aufblick auf Jesus, den Anfänger und Vollender des Glaubens, der um der vor ihm liegenden Freude willen das Kreuz erduldete und dabei die Schande für nichts achtete, und der sich zur Rechten des Thrones Gottes gesetzt hat." (Hebr 12,2)

Matthäus 21,33-46

⇒ Christus ist der *Anfang und das Ende*. Alle anderen kommen nach ihm und sind zwischen ihm.

> "Ich bin das A und das O, der Anfang und das Ende, spricht der Herr, der ist und der war und der kommt, der Allmächtige." (Offb 1,8; vgl. 21,6; 22,13)

⇒ Christus ist der *Vorläufer* in die Gegenwart Gottes. Alle anderen kommen nach ihm in Gottes Gegenwart.

> "Diese [Hoffnung] halten wir fest als einen sicheren und festen Anker der Seele, der auch hineinreicht ins Innere, hinter den Vorhang, wohin Jesus als Vorläufer für uns eingegangen ist, der Hoherpriester in Ewigkeit geworden ist nach der Ordnung Melchisedeks." (Hebr 6,19-20).

2. Der Eckstein ist der Stützstein. Alle anderen Steine liegen darauf und werden von ihm aufrechtgehalten. Sie alle ruhen darauf. Er ist in Stellung und Macht der hervorragende Stein. So ist es mit Christus. Er ist die Unterstützung und Kraft, die Grundlage von Gottes neuer Bewegung.

⇒ Christus ist *der Eckstein*, das einzig wahre Fundament, worauf der Mensch bauen kann. Alle, die nicht auf ihn gebaut sind, werden einstürzen.

> "Denn einen anderen Grund kann niemand legen außer dem, der gelegt ist, welcher ist Jesus Christus." (1Kor 3,11)

⇒ Christus ist *der Eckstein*, auf dem alle anderen passend zusammengesetzt werden. Alle, die passend zusammengesetzt werden wollen, müssen auf ihn gebaut werden.

> "Auferbaut auf der Grundlage der Apostel und Propheten, während Jesus Christus selbst der Eckstein ist, in dem der ganze Bau, zusammengefügt, wächst zu einem heiligen Tempel im Herrn, in dem auch ihr miterbaut werdet zu einer Wohnung Gottes im Geist." (Eph 2,20-22)

⇒ Christus ist *der lebendige Stein*, auf den alle anderen gebaut sind. Auf ihm werden wir zu einem geistlichen Haus zusammengefügt. Alle anderen müssen auf ihn gebaut sein, wenn sie wollen, daß sie leben und daß Gott ihr geistliches Opfer annimmt.

> "Da ihr zu ihm gekommen seid, zu dem lebendigen Stein, der von den Menschen zwar verworfen, bei Gott aber auserwählt und kostbar ist, so laßt auch ihr euch nun als lebendige Steine aufbauen, als ein geistliches Haus, als ein heiliges Priestertum, um geistliche Opfer darzubringen, die Gott angenehm sind durch Jesus Christus." (1Petr 2,4-5)

NÄHERE BETRACHTUNG 8
(21,43) <u>Israel – Heiden – Kirche – neue Schöpfung</u>: Gott wird sein Reich wegnehmen und es einem anderen Volk geben. Christus machte eine Prophezeiung, die die Weltgeschichte dramatisch beeinflußt: Sein Weinberg oder Reich wird von Israel weggenommen und einem anderen Volk gegeben werden.

An dieser Stelle muß man mehrere wichtige Tatsachen verstehen, um die Bedeutung der Prophezeiung des Herrn zu begreifen.

1. Israel war das Volk, das Gott auserwählt hatte, sein Zeuge vor der Welt zu sein (siehe <u>Nähere Betrachtung 1</u> – Joh 4,22).
   a. Israel trug Gottes Namen in der Welt.

   > "Gott ist in Juda bekannt, in Israel ist sein Name groß; in Salem [Jerusalem] ist sein Gezelt und seine Wohnung in Zion." (Ps 76,1-2)

   b. Israel bekam die Weissagungen Gottes, d.h. Gottes Wort, Gottes Offenbarung für die Welt.

   > "Was hat nun der Jude für einen Vorzug…Denn vor allem sind ihnen die Aussprüche Gottes anvertraut worden." (Röm 3,1-2)

   c. Israel war in geistlichen Dingen besonders bevorzugt.

   > "Die Israeliten sind, denen die Sohnschaft und die Herrlichkeit und die Bündnisse gehören und die Gesetzgebung und der Gottesdienst und die Verheißungen; ihnen gehören auch die Väter an, und von ihnen stammt dem Fleisch nach der Christus, der über alle ist, hochgelobter Gott, in Ewigkeit. Amen!" (Röm 9,4-5. Siehe Anmerkungen – Röm 9,3-5 zur Diskussion ihrer besonderen Vorzüge.)

   d. Israel erhielt den großartigen Heilsplan.

   > "Ihr betet an, was ihr nicht kennt; wir beten an, was wir kennen, denn das Heil kommt von den Juden." (Joh 4,22)

   e. Israel hatte den großartigen Vorzug, Gottes Zeuge auf der Erde zu sein.

   > "Ihr seid meine Zeugen, spricht der HERR, und mein Knecht, den ich erwählt habe, damit ihr erkennet und mir glaubet und einsehet, daß ich es bin; vor mir ist kein Gott gemacht worden und nach mir wird keiner vorhanden sein." (Jes 43,10)

Matthäus 21,33-46

2. Israel versagte bei seinem gottgegebenen Auftrag jämmerlich. Deshalb nahm Gott dem Volk sein Reich. Wie Christus in dem Gleichnis verdeutlicht, ergriffen die Israeliten "seine [Gottes] Knechte und schlugen den einen, den anderen töteten sie, den dritten steinigten sie" (V35-36). Und dann begingen sie das widerwärtigste Verbrechen der Geschichte: Sie lehnten Gottes eigenen Sohn ab und töteten ihn (V39). In seiner ganzen Geschichte war Israel unfruchtbar, von einigen rühmlichen Ausnahmen abgesehen. Sie lehnten sich gegen Gottes Herrschaft über ihr Leben auf und auf dem Gipfel der Rebellion lehnten sie das Evangelium Christi ab und stellten sich dagegen. Daher gingen sie der Bevorzugung durch Gott verlustig. Gottes Reich wurde ihnen genommen und einem anderen Volk gegeben.

    a. Gott wandte sich von Israel ab, weil sie seinen Sohn getötet hatten.

        "Und sie ergriffen ihn [Gottes Sohn], stießen ihn zum Weinberg hinaus und töteten ihn…[Gott wird] den Weinberg anderen Weingärtnern verpachten, welche ihm die Früchte zu ihrer Zeit abliefern werden." (Mt 21,39;41)

    b. Gott wandte sich von Israel ab, weil sie unfruchtbar waren.

        "Darum sage ich euch: Das Reich Gottes wird von euch genommen und einem Volk gegeben werden, das dessen Früchte bringt." (Mt 21,43)

    c. Gott wandte sich von Israel ab, weil sie Gerechtigkeit aus dem Gesetz und nicht aus dem Glauben suchten.

        "Daß aber Israel, das nach dem Gesetz der Gerechtigkeit strebte, das Gesetz der Gerechtigkeit nicht erreicht hat. Warum? Weil es nicht aus Glauben geschah, sondern aus Werken des Gesetzes. Denn sie haben sich gestoßen an dem Stein des Anstoßes, wie geschrieben steht: Siehe, ich lege in Zion einen Stein des Anstoßes und einen Fels des Ärgernisses; und jeder, der an ihn glaubt, wird nicht zuschanden werden!" (Röm 9,31-33)

    d. Gott wandte sich von Israel ab, weil sie sich nicht Gottes Gerechtigkeit unterwerfen wollten.

        "Denn ich gebe ihnen [Israel] das Zeugnis, daß sie Eifer für Gott haben, aber nicht nach der rechten Erkenntnis. Denn weil sie die Gerechtigkeit Gottes nicht erkennen und ihre eigene Gerechtigkeit aufzurichten trachten, haben sie sich der Gerechtigkeit Gottes nicht unterworfen." (Röm 10,2-3)

    e. Gott wandte sich von Israel ab, weil sie dem Evangelium nicht gehorchten.

        "Aber nicht alle haben dem Evangelium gehorcht; denn Jesaja spricht: Herr, wer hat unserer Verkündigung geglaubt?" (Röm 10,16)

    f. Gott wandte sich von Israel ab, weil es ein ungehorsames und starrsinniges Volk war.

        "In bezug auf Israel aber spricht er: Den ganzen Tag habe ich meine Hände ausgestreckt nach einem ungehorsamen und widerspenstigen Volk!" (Röm 10,21)

    g. Gott wandte sich von Israel wegen Unglaubens ab.

        "Ganz recht! Um ihres Unglaubens willen sind sie ausgebrochen worden; du aber stehst durch den Glauben. Sei nicht hochmütig, sondern fürchte dich! Denn wenn Gott die natürlichen Zweige nicht verschont hat, könnte es sonst geschehen, daß er auch dich nicht verschont. So sieh nun die Güte und die Strenge Gottes; die Strenge gegen die, welche gefallen sind; die Güte aber gegen dich, sofern du bei der Güte bleibst, sonst wirst auch du abgehauen werden!" (Röm 11,20-22)

3. Israel war als Volk niemals gerettet. Nicht alle Einwohner glaubten an Gott. Als Gott Israel als sein Volk auserwählte, meinte er keine *nationale Errettung*. Gott wußte, daß nicht alle Einwohner Israels glauben würden. Von keiner Nation glauben alle Einwohner. Gott meinte ganz einfach, daß Israel als Volk der *hauptsächlichste Empfänger und Bote* seines Reiches und Evangeliums war (siehe oben die besonderen Vorzüge Israels – Punkt 1). Errettung war nie eine nationale Angelegenheit, keine Angelegenheit von Rasse oder Erbe. Es war immer eine Angelegenheit persönlichen Glaubens. Es gab keinen Zeitpunkt in Israels Geschichte, zu dem jeder Jude den Verheißungen Gottes glaubte.

"Nicht aber, daß das Wort Gottes nun hinfällig wäre! Denn nicht alle, die von Israel abstammen, sind Israel; auch sind nicht alle, weil sie Abrahams Same sind, Kinder, sondern in Isaak soll dir ein Same berufen werden. Das heißt: Nicht die Kinder des Fleisches sind Kinder Gottes, sondern die Kinder der Verheißung werden als Same gerechnet." (Röm 9,6-8)

"Jesaja aber ruft über Israel aus: Wenn die Zahl der Kinder Israels wäre wie der Sand am Meer, so wird doch nur der Überrest gerettet werden…Und, wie Jesaja vorhergesagt hat: Hätte der Herr der Heerscharen uns nicht einen Samen übrigbleiben lassen, so wären wir wie Sodom geworden und Gomorra gleichgemacht!" (Röm 9,27;29)

"Denn nicht der ist ein Jude, der es äußerlich ist; auch ist nicht das die Beschneidung, die äußerlich am Fleisch geschieht; sondern der ist ein Jude, der es innerlich ist, und [seine] Beschneidung [geschieht] am Herzen, im Geist, nicht dem Buchstaben nach. Seine Anerkennung kommt nicht von Menschen, sondern von Gott." (Röm 2,28-29)

"Denn nicht durch das Gesetz erhielt Abraham und sein Same die Verheißung, daß er Erbe der Welt solle, sondern durch die Gerechtigkeit des Glaubens." (Röm 4,13)

"Denn was sagt die Schrift? Abraham aber glaubte Gott, und das wurde ihm zur Gerechtigkeit

Matthäus 21,33-46

angerechnet. Wer aber Werke verrichtet, dem wird der Lohn nicht aufgrund von Gnade angerechnet, sondern aufgrund der Verpflichtung; wer dagegen keine Werke verrichtet, sondern an den glaubt, der den Gottlosen rechtfertigt, dem wird sein Glaube als Gerechtigkeit angerechnet. Ebenso preist auch David den Menschen glückselig, dem Gott ohne Werke Gerechtigkeit anrechnet: Glückselig sind die, deren Gesetzlosigkeiten vergeben und deren Sünden zugedeckt sind; glückselig ist der Mann, dem der Herr die Sünde nicht anrechnet!" (Röm 4,3-8)

4. Es gab jedoch in Israel immer einen Überrest, eine kleine Zahl wahrer Gläubiger (siehe Abriß und Anmerkungen – Röm 11,1-10; vgl. 9,27-29).

"Jesaja aber ruft über Israel aus: Wenn die Zahl der Kinder Israels wäre wie der Sand am Meer, so wird doch nur der Überrest gerettet werden…Und, wie Jesaja vorhergesagt hat: Hätte der Herr der Heerscharen uns nicht einen Samen übrigbleiben lassen, so wären wir wie Sodom geworden und Gomorra gleichgemacht!" (Röm 9,27;29)

"Ich frage nun: Hat etwa Gott sein Volk verstoßen? Das sei ferne! Denn auch ich bin ein Israelit, aus dem Samen Abrahams, aus dem Stamm Benjamin. Gott hat sein Volk nicht verstoßen, das er zuvor ersehen hat! Oder wißt ihr nicht, was die Schrift bei Elia sagt, wie er vor Gott gegen Israel auftritt und spricht: Herr, sie haben deine Propheten getötet und deine Altäre zerstört, und ich bin allein übriggeblieben, und sie trachten mir nach dem Leben! Aber was sagt ihm der göttliche Ausspruch? Ich habe mir siebentausend Männer übrigbleiben lassen, die kein Knie gebeugt haben vor Baal. So ist nun auch in der jetzigen Zeit ein Überrest vorhanden aufgrund der Gnadenwahl." (Röm 11,1-5)

5. Gott wandte sich einem anderen Volk zu und gab ihm sein Reich.

"Darum sage ich euch: Das Reich Gottes wird von euch genommen und einem Volk gegeben werden, das dessen Früchte bringt." (Mt 21,43)

"Wie er auch durch Hosea spricht: Ich will das mein Volk nennen, was nicht mein Volk war, und Geliebte, die nicht die Geliebte war. Und es soll geschehen, an dem Ort, wo zu ihnen gesagt wurde: Ihr seid nicht mein Volk!, da sollen sie Söhne des lebendigen Gottes genannt werden." (Röm 9,25-26)

"Was wollen wir nun sagen? Daß Heiden, die nicht nach Gerechtigkeit strebten, Gerechtigkeit erlangt haben, und zwar eine Gerechtigkeit, die aus dem Glauben kommt, daß aber Israel, das nach dem Gesetz der Gerechtigkeit strebte, das Gesetz der Gerechtigkeit nicht erreicht hat. Warum? Weil es nicht aus Glauben geschah, sondern aus Werken des Gesetzes. Denn sie haben sich gestoßen an dem Stein des Anstoßes, wie geschrieben steht: Siehe, ich lege in Zion einen Stein des Anstoßes und einen Fels des Ärgernisses; und jeder, der an ihn glaubt, wird nicht zuschanden werden!" (Röm 9,30-33)

"Jesaja aber wagt sogar zu sagen: Ich bin von denen gefunden worden, die mich nicht suchten, bin denen offenbar geworden, die nicht nach mir fragten." (Röm 10,20)

"Denn gleichwie auch ihr einst Gott nicht geglaubt habt, nun aber Barmherzigkeit erfahren habt um ihres Unglaubens willen." (Röm 11,30)

6. Gottes neues Volk sollte eine neue Schöpfung sein, d.h. es sollte kein bereits bestehendes Volk sein. So wie Gott Israel als neues Volk durch einem Mann geschaffen hat, nämlich Abraham, wollte er ein anderes neues Volk durch einen Mann erschaffen, nämlich Jesus Christus.

Zu Gottes neuem Volk müssen zwei Dinge beachtet werden.
    a. Das Land oder Erbe diese neuen Volkes ist nicht von der Erde, sondern vom Himmel. Das Erbe gehört zur geistlichen Daseinsform, es ist himmlisch und ewig. Es gehört nicht zur körperlichen Daseinsform, es ist nicht weltlich und zeitlich.
    b. Die Bürger dieses neuen Volkes sind Menschen aus allen irdischen Völkern, die wirklich an den Herrn Jesus Christus glauben. Wenn aus irgend einem Volk der Erde ein Mensch an Christus glaubt, wird er von Gott geistlich wiedergeboren (Joh 3,3-17; 1Petr 1,23; 1Joh 5,1;4-5). Der Mensch wird zu einem neuen Geschöpf und zu einem neuen Menschen (2Kor 5,17; Eph 4,24; Kol 3,10).

Alle Gläubigen zusammen bilden…
- die Bürger des neuen Volkes (Eph 2,19; 1Petr 2,9).
- die Familie und den Haushalt Gottes (Eph 2,19; 5,1;8; vgl. Röm 8,16-17).
- einen neuen Leib von Gläubigen (1Kor 12,12-14; Eph 2,16).
- einen heiligen Tempel (Eph 2,21-22).
- eine neue Rasse (Eph 4,17).
- ein geistliches Haus (1Petr 2,5).
- eine heilige Priesterschaft (1Petr 2,5).
- ein auserwähltes Geschlecht (1Petr 2,9).
- eine königliche Priesterschaft (1Petr 2,9).
- ein besonderes Volk (1Petr 2,9).
- Gottes Volk (1Petr 2,10).
- Fremde und Pilger auf der Erde (1Petr 2,11).

7. Gott wird Israel wiederherstellen, d.h. er wird Israel gegenüber barmherzig sein und sie gottgefällig machen. Warum? Damit er sich über alle erbarmen kann, über Heiden und Juden gleichermaßen (Röm 11,32). (Siehe Abriß und Anmerkungen – Röm 11,25-36. Vgl. Röm 1,11-16. Gottes historischer Umgang mit Heiden und Juden wird im Detail in Röm 9-11 behandelt. Siehe auch Abriß und Anmerkungen – Offb 11,3-13 zur weiteren Diskussion.)

Matthäus 21,33-46

> **NÄHERE BETRACHTUNG 9**
> (21,44) <u>Gericht – Stolperstein – zerschmetternder Stein</u>: Christus sagt, daß zwei Arten von Menschen verurteilt sind.
> 1. Wer über Christus, den Eckstein Gottes stolpert, ist verurteilt. Viele von denen, die damals um Christus herumstanden, stolperten und auch heute stolpern viele. Viele können nicht glauben, daß Gott tatsächlich seinen Sohn in die Welt gesandt hat. Der Gedanke, daß Gott sich so sehr demütigen würde, übersteigt ihren Verstand, also wollen sie es nicht glauben. Die Vorstellung, daß Christus ein großer Lehrer war, erscheint ihnen annehmbar, doch ihn als mehr als nur einen Menschen, als Sohn Gottes, der für die Sünden der Welt starb, anzuerkennen, ist zu hoch für sie. Deshalb stolpern sie über den Eckstein, das Fundament, das Gott für die Errettung des Menschen gelegt hat. Sie stolpern und fallen über das, was er ist, und werden zerschmettert (siehe Anmerkung – Lk 2,34).
> 2. Wer sich Christus als dem Eckstein entgegenstellt, ist verurteilt. Manche stellen sich aktiv gegen Christus und sein Reich. Sie sagen und lehren, daß er nicht wirklich Gottes Sohn ist. Weder er noch irgend ein anderes menschliches Wesen kann jemals der Sohn Gottes sein. Ein guter Mensch, ja, doch niemals der Sohn Gottes, der zur rechten Hand Gottes erhöht ist. Christus sagt, daß der Sohn (er selbst) die zerschmettern wird, die sich gegen ihn stellen, die andere irreführen und versuchen, den Glauben an ihn und sein Reich auszumerzen. Ein strenges Gericht und heilige Vergeltung wird alle Ungerechtigkeiten und Sünden der Menschen zurechtrücken.

> **NÄHERE BETRACHTUNG 10**
> (21,44) <u>Der Name Jesu Christi – Titel</u>: In der Schrift finden sich vier Bilder von Christus als dem Stein. Jedes davon zeigt, wie das Kommen Christi auf die Welt wirkt (siehe Anmerkung – Lk 2,34).
> 1. Christus ist der Eckstein, der Grundstein. Er ist die Grundlage, auf die der Mensch sein Leben bauen muß. Es gibt kein anderes Fundament, auf das der Mensch bauen und sicher sein kann. Dazu ist Christus Eckstein und Fundament der Kirche (siehe <u>Nähere Betrachtung 7</u> – Mt 21,42. Vgl. 1Kor 3,11; Eph 2,20-22; 1Petr 2,4-5.)
> 2. Christus ist der Stolperstein und Stein des Anstoßes. Manche können die Tatsache nicht verstehen, daß Jesus der Sohn Gottes ist. Andere werden von seinem Kreuz und Blut abgestoßen. Sie stolpern und nehmen Anstoß an seiner Göttlichkeit und seinem Tod für die Sünde. Israel stolperte zuerst und große Mengen sind seitdem auch gestolpert (siehe <u>Nähere Betrachtung 9</u> – Mt 21,44. Vgl. Jes 8,14-15; Röm 9,32-33; 1Kor 1,23; 1Petr 2,8.)
> 3. Christus ist der zerschmetternde Stein der Zerstörung (Mt 21,44; Dan 2,34). Christus herrscht jetzt zur rechten Hand Gottes. Bei so viel Bosheit und Zerstörung in der Welt mag es zwar den Anschein haben, als ob er nicht herrsche, doch er tut es. Er wartet nur, bis noch mehr Menschen glauben, damit keiner verloren geht. Doch der Tag der Erlösung für den Gläubigen und der Zerstörung für den Ungläubigen kommt. Christus wird für alle, die sich ihm *entgegenstellen*, zum zerschmetternden Stein der Zerstörung werden. Er wird alle zermalmen und zerschmettern, die ihm Widerstand leisten. Das bezieht sich anscheinend sowohl auf einzelne Menschen als auch auf Weltmächte, die sich gegen ihn stellen (<u>Nähere Betrachtung 9</u> – Mt 21,44. Vgl. Dan 2,34; Offb 16,13; 19,17.)
> 4. Christus ist der lebendige Stein (1Petr 2,4-5). Er wurde von den Menschen verworfen, doch vom großen Baumeister, Gott selbst, auserwählt und als der wertvollste Stein betrachtet. Alle Menschen, die zu ihm kommen, werden auf ihn gebaut und zu einem geistlichen Haus gemacht, in dem geistliche Opfer dargebracht werden (siehe <u>Nähere Betrachtung 7</u> – Mt 21,42).

[3] (21,45-46) **Die Reaktion auf Jesus Christus**: Das Ergebnis des Gleichnisses war dreifach.

1. Die Frommen merkten, daß Christus direkt zu ihnen sprach, doch ihr Gewissen war durch hartnäckigen Unglauben abgestumpft (1Tim 4,2). Sie waren für seine Warnungen unempfänglich (Mt 21,41-44).

2. Die Frommen reagierten, anstatt Buße zu tun. Sie hätten auf die Warnung des Herrn hören sollen, doch das taten sie nicht. Sie wandten sich gegen ihn, wollten ihn zerstören und seinen Anspruch ersticken.

3. Das Volk sah Christus nur als Prophet (als großen Lehrer) und nicht als den Messias an. Auch das ist traurig, doch Gott konnte ihren Respekt benutzen, um Christus bis zum festgesetzten Zeitpunkt seines Todes zu schützen.

Matthäus 22,1-14

	KAPITEL 22		
1 Jesus erzählte noch ein Gleichnis a. Vom Reich der Himmel b. Von der Hochzeit, die Gott für seinen Sohn ausrichtet **2 Gottes Einladung an Israel** a. Gott lud Israel ein, doch sie lehnten ab b. Gott bewies große Barmherzigkeit 1) Sprach eine zweite Einladung aus 2) Hatte überreichlich vorbereitet c. Gottes zweite Einladung wurde abgelehnt 1) Von einem Bauern 2) Von einem Händler 3) Von den Religiösen und Weltlichen: Leugneten, spotteten, beschimpften und verfolgten d. Gott richtete Israel für die Ablehnung seiner Einladung	**G. Das Gleichnis von der Hochzeit: Israels Ablehnung der großen Einladung Gottes, 22,1-14** (Lk 14,15-24) Da begann Jesus und redete wieder in Gleichnissen zu ihnen und sprach: 2 Das Reich der Himmel gleicht einem König, der seinem Sohn Hochzeit machte. 3 Und er sandte seine Knechte aus, um die Geladenen zur Hochzeit zu rufen; aber sie wollten nicht kommen. 4 Da sandte er nochmals andere Knechte und sprach: Sagt den Geladenen: Siehe, meine Mahlzeit habe ich bereitet; meine Ochsen und das Mastvieh sind geschlachtet, und alles ist bereit; kommt zur Hochzeit! 5 Sie aber achteten nicht darauf, sondern gingen hin, der eine auf seinen Acker, der andere in seinem Gewerbe; 6 die übrigen aber ergriffen seine Knechte, mißhandelten und töteten sie. 7 Als das der König hörte, wurde er zornig, sandte seine Heere aus und brachte diese	Mörder um und zündete ihre Stadt an. 8 Dann sprach er zu seinen Knechten: Die Hochzeit ist zwar bereit, aber die Geladenen waren nicht würdig. 9 Darum geht hin an die Kreuzungen der Straßen und ladet zur Hochzeit ein, so viele ihr findet! 10 Und jene Knechte gingen hinaus auf die Straßen und brachten alle zusammen, so viele sie fanden, Böse und Gute, und der Hochzeitssaal wurde voll von Gästen. 11 Als aber der König hineinging, um die Gäste zu besehen, sah er dort einen Menschen, der kein hochzeitliches Gewand anhatte; 12 und er sprach zu ihm: Freund, wie bist du hier hereingekommen und hast doch kein hochzeitliches Gewand an? Er aber verstummte. 13 Da sprach der König zu den Dienern: Bindet ihm Hände und Füße, führt ihn weg und werft ihn hinaus in die äußerste Finsternis! Da wird das Heulen und Zähneknirschen sein. 14 Denn viele sind berufen, aber wenige sind auserwählt!	1) Zerstörte die Spötter und Mörder 2) Lehnte die Ablehnenden ab **3 Gottes Einladung an alle** a. Gott lud dann alle ein 1) Die auf den Straßen 2) Gute und Böse gleichermaßen b. Gottes Einladung wurde angenommen **4 Gottes Begegnung mit den Gästen** a. Gott kam, um die Gäste anzusehen 1) Sah einen Mann ohne Festgewand 2) Stellte nur eine Frage 3) Der Mann verstummte b. Gott richtete den Mann ohne Festgewand 1) Wurde gebunden 2) Wurde weggebracht 3) Wurde in die Finsternis geworfen c. Gott beruft viele, aber wenige sind auserwählt

ABSCHNITT XIV

DIE LETZTE WOCHE DES MESSIAS: SEIN ANSPRUCH BESTRITTEN UND ABGELEHNT, 21,1-23,39

G. Das Gleichnis von der Hochzeit: Israels Ablehnung der großen Einladung Gottes, 22,1-14

(22,1-14) **Einführung – Großes Hochzeitsfest des Herrn**: Zu diesem Gleichnis müssen mehrere Dinge beachtet werden.

1. Es sollte mit dem Gleichnis in Lk 14,15-24 verglichen werden. Es gibt viele Gemeinsamkeiten, doch beide unterscheiden sich. Bei Matthäus handelt das Gleichnis von einer großen Hochzeit, bei Lukas von einem großen Abendessen. Das Gleichnis des Lukas wird zu einem viel früheren Zeitpunkt erzählt. Das Gleichnis des Matthäus wird in der letzten Lebenswoche Christi erzählt. Jedes Gleichnis hat einen anderen Zweck und wurde an einem anderen Ort erzählt. Auch manche Details unterscheiden sich.

Es ist wichtig, beide Gleichnisse nicht miteinander zu verwechseln. Jedes hat seine eigenen Lehren und Wahrheiten. Christus muß seine Gleichnisse und Lehren oft wiederholt haben, denn aale Prüfungen sind allen Menschen gemeinsam (1Kor 10,13). Alle Menschen brauchten dieselben Lehren und dieselbe Wahrheit. Christus veränderte nur Details, um die Gleichnisse an ein anderes Publikum und seine Bedürfnisse anzupassen.

2. Dieses Gleichnis von der großen Hochzeit beschäftigt sich mit dem *Reich der Himmel* (V2). Das ist wichtig, denn obwohl es erzählt, wie Gott an Israel handelte und sich von Israel abwandte, ist sein Hauptpunkt, wie Gott an seinem neuen Volk, der Kirche, handelt (das neue Volk. Siehe Nähere Betrachtung 8 – Mt 21,43; bes. Punkt 6.)

3. Die Bedeutung der verschiedenen Punkte des Gleichnisses ist klar.
   ⇒ Der König ist Gott.
   ⇒ Der Sohn ist Christus. Man beachte, daß er wieder beansprucht, Gottes Sohn zu sein, von den Dienern des Königs verschieden. Das ist ein entscheidender Punkt. Es gibt keinen Zweifel über Christi Verständnis, wer er ist (siehe Nähere Betrachtung 5 – Mt 21,37-39).
   ⇒ Die große Hochzeit ist der herrliche Tag der Erlösung. An diesem Tag wird die Kirche Christus zum ersten Mal sehen und für immer mit ihm zusammensein (vgl. 1Thess 4,13-18).
   ⇒ Die zur Hochzeit "Geladenen" sind das Volk Israel. Sie waren seit dem allerersten Anfang mit Abraham von Gott berufen. Dieser Punkt kann jedoch auf jeden von uns angewandt werden – Bauer, Händler, Religiöser, Weltlicher – jeder von uns, der spottet, schimpft, verfolgt und leugnet, daß Christus der Sohn Gottes ist.
   ⇒ Die "auf den Straßen" sind die Heiden, Menschen aus allen anderen Völkern, die gerne Gottes herrliche Einladung zur Hochzeit seines lieben Sohnes annehmen.
   ⇒ Das hochzeitliche Gewand ist die Gerechtigkeit. Kein Gast wird zur Hochzeit zugelassen, wenn er nicht passend gekleidet ist und das einzige passende Gewand ist die Gerechtigkeit des Herrn Jesus Christus.

Das Gleichnis hat sowohl eine historische als auch eine persönliche Bedeutung. Das heißt, daß seine Punkte auch auf uns zutreffen können. Ein schneller Überblick über die Haupt- und Unterpunkte wird das beweisen.

1. Jesus erzählte noch ein Gleichnis (V1-2).
2. Gottes Einladung an Israel (V3-7).

Matthäus 22,1-14

3. Gottes Einladung an alle (V8-10).
4. Gottes Begegnung mit den Gästen (V11-14).

1 (22,1-2) **Die Hochzeit**: Jesus erzählte noch ein Gleichnis über das Reich der Himmel. Gott hat für seinen Sohn und dessen wahre Nachfolger ein großes Hochzeitsfest vorbereitet. Die enge Beziehung zwischen Christus und seiner Gemeinde wird oft mit einer Ehe verglichen (vgl. Mt 9,15; Joh 3,29; 2Kor 11,2; Eph 5,23-32).

> "Laßt uns fröhlich sein und jubeln und ihm die Ehre geben! Denn die Hochzeit des Lammes ist gekommen, und seine Frau hat sich bereit gemacht." (Offb 19,7)
>
> "Und es kam zu mir einer von den sieben Engeln, welche die sieben Schalen hatten, die mit den sieben letzten Plagen gefüllt waren, und redete mit mir und sprach: Komm, ich will dir die Frau, die Braut des Lammes zeigen!" (Offb 21,9)

Der Bund des Glaubens ist wie ein Ehebund. Wenn ein Mensch glaubt, verspricht Christus ihm eine ewige Beziehung mit sich. Die Beziehung oder Bindung ist ein für allemal und für immer.

2 (22,3-7) **Israel – Einladung**: Gottes Einladung an Israel ist sowohl historisch als auch prophetisch. Das wird deutlich, wenn wir die verschiedenen Ereignisse betrachten, die Christus in V3-7 behandelt. Die verschiedenen Einladungen, die der König verschickte, entsprachen dem jüdischen Brauch. Der König kündigte das kommende Ereignis an und schickte dann Erinnerungen, wenn der Tag gekommen war (vgl. Est 5,8 mit 6,14). Man beachte vier Punkte.

1. Gott lud Israel ein, doch sie lehnten ab.
    a. Das Wort "die Geladenen" bezieht sich darauf, daß Israel *bereits* eingeladen war. Vom allerersten Anfang an, von Abraham (1Mo 12,1f), hatte Gott Israel zum großen Fest seines Sohnes eingeladen.
    b. Die mit der speziellen Einladung "ausgesandten" Knechte waren die Zeitgenossen Christi. In Bezug auf die Zeit behandelt das Gleichnis Gottes Handeln an Israel während des Lebens Christi. Die Knechte wären daher Johannes der Täufer, die zwölf Apostel (Mt 10,5f) und die Siebzig, die in jede Stadt gesandt wurden, um die Menschen auf das Kommen Christi vorzubereiten (Lk 10,1f).
    c. "Sie [Israel] wollten nicht kommen." Mit wenigen und einfachen Worten wird eine traurige Tatsache berichtet. Das war die erste Einladung des Königs und sie wollten sie nicht annehmen. Warum will jemand nicht die erste Einladung eines Königs zur Hochzeit seines einzigen Sohnes annehmen? (Vgl. Lk 13,34-35.) Man kann…
        - zu beschäftigt sein.
        - die Einladung beiseite legen, um sie später anzunehmen.
        - mit etwas anderem beschäftigt sein.
        - sich nicht genug um den König kümmern.
        - ein anderes Fest vorziehen.
        - persönliche Abneigung zeigen wollen.
        - nicht glauben und vertrauen, daß der König wirklich ein Fest gibt.
        - nicht an den Sohn glauben.
        - den Sohn nicht mögen.

> "Denn ich gebe ihnen das Zeugnis, daß sie Eifer für Gott haben, aber nicht nach der rechten Erkenntnis. Denn weil sie die Gerechtigkeit Gottes nicht erkennen und ihre eigene Gerechtigkeit aufzurichten trachten, haben sie sich der Gerechtigkeit Gottes nicht unterworfen." (Röm 10,2-3)
>
> "In bezug auf Israel aber spricht er: Den ganzen Tag habe ich meine Hände ausgestreckt nach einem ungehorsamen und widerspenstigen Volk!" (Röm 10,21)
>
> "Aber mein Volk hat meiner Stimme nicht gehorcht, und Israel wollte nichts von mir." (Ps 81,11)
>
> "Und nun, weil ihr alle diese Freveltaten verübt habt, spricht der HERR, und ich frühe und fleißig zu euch geredet habe, ihr aber nicht hören wolltet, weil ich euch gerufen, ihr aber nicht geantwortet habt." (Jer 7,13)

2. Gott bewies große Barmherzigkeit. Er war mit aller nur vorstellbaren Respektlosigkeit und Undankbarkeit abgewiesen und abgelehnt worden. Trotzdem reagierte er nicht – obwohl die Menschen die Einladung des Königs auf diese Weise mißachtet hatten. Er handelte aus Gnade und Barmherzigkeit und lud die Menschen weiter ein, an der Hochzeit seines einzigen Sohnes teilzunehmen.
    a. Gott lud zum zweiten Mal ein. Die Boten mit dieser Einladung waren die Zeugen, die sofort nach der Auferstehung des Herrn und dem Kommen des heiligen Geistes losgingen.
    Man beachte, daß es jetzt hieß, das Mahl wäre fertig: "Alles ist bereit." Das große Opfer, das zur Vorbereitung des Mahles nötig war, hatte stattgefunden. Sie sollten jetzt sofort zu dem Fest kommen, das der eigentlichen Hochzeit *vorausging*. Immer noch war jeder eingeladen (2Kor 5,11;20; 2Kor 6,1).
    b. Gott hatte überreichlich vorbereitet.
        ⇒ Alle Abneigungen und Streitigkeiten sollten beiseitegelegt werden. Der Tag der Hochzeit des einzigen Sohnes des Königs war gekommen.
        ⇒ Es war Zeit zur Freude: Der einzige Sohn des Königs würde heiraten. Das Fest sollte das größte Fest werde, was es je gegeben hatte. Es sollte der freudigste aller Anlässe werden.
        ⇒ Es war Zeit zu feiern.

Gedanke 1 Die Tatsache, daß Gott immer wieder ruft, offenbart, wie *bereit* sein Herz ist, uns aufzunehmen. Er wünscht sich, daß wir auf die Teilnahme an der Hochzeit seines Sohnes vorbereitet sind.

3. Gottes Einladung wurde abgelehnt. Die Menschen behandelten sie leichtfertig. Das Wort für "nicht darauf achten" (amelesantes) bedeutet sich wenig, wenn überhaupt, kümmern; gedankenlos sein. Im Griechischen ist dies ein Aorist: Sie achteten nicht darauf. Sie waren in ihrer Entscheidung bestimmt, nicht zur Hochzeit zu gehen. Sie waren ihm gegenüber gedankenlos und nachlässig. Sie waren zu beschäftigt, um sich mit der Einladung des Königs abzugeben, zu beschäftigt mit der Welt und ihrem Lebensunterhalt und dem Zusammenraffen von immer mehr für Komfort und Vergnügen (vgl. Jak 4,13).

Matthäus 22,1-14

    a. Manche waren schwer beschäftigte Bauern. Man mußte sich um den Hof und die Ernte kümmern. Man beachte die Worte "sein Acker" (ton idion agron). Es war sein *eigener* Hof, sein Eigentum. Der Gedanke scheint hier der an selbstsüchtiges Vergnügen zu sein. Der Mann erfreute sich selbstsüchtig an seinem Eigentum. Er war von den Besitztümern dieser Welt *völlig in Anspruch genommen*.

> "Denn was hilft es dem Menschen, wenn er die ganze Welt gewinnt, aber seine Seele verliert? Oder was kann der Mensch als Lösegeld für seine Seele geben?" (Mt 16,26)
>
> "Was aber unter die Dornen fiel, das sind die, welche es gehört haben; aber sie gehen hin und werden von Sorgen und Reichtum und Vergnügungen des Lebens erstickt und bringen die Frucht nicht zur Reife." (Lk 8,14)
>
> "Und ihr sollt auch nicht danach trachten, was ihr essen oder was ihr trinken sollt; und beunruhigt euch nicht!" (Lk 12,29)
>
> "Ja, nur ein wandelnder Schatten ist jedermann; wahrlich, sie machen sich viel vergebliche Unruhe; sie sammeln und wissen nicht, wer es kriegen wird." (Ps 39,6)
>
> "Da wandte ich mich, mein Herz verzweifeln zu lassen an all der Mühe, womit ich mich abgemüht hatte unter der Sonne." (Pred 2,20)

    b. Einige waren schwer beschäftigte Händler (Stadtbewohner). Sie beschäftigten sich mit Handel und Geschäften. Sie waren von den Geschäften dieser Welt völlig in Anspruch genommen.

> "Wohlan nun, die ihr sagt: Heute oder morgen wollen wir in die und die Stadt reisen und dort ein Jahr zubringen, Handel treiben und Gewinn machen." (Jak 4,13)
>
> "Wer Kriegsdienst tut, verstrickt sich nicht in Geschäfte des Lebensunterhalts, damit er dem gefällt, der ihn in Dienst gestellt hat." (2Tim 2,4)
>
> "Und sie fingen alle einstimmig an, sich zu entschuldigen. Der erste sprach zu ihm: Ich habe einen Acker gekauft und muß unbedingt hinausgehen und ihn ansehen; ich bitte dich, entschuldige mich! Und ein anderer sprach: Ich habe fünf Joch Ochsen gekauft und gehe hin, um sie zu erproben; ich bitte dich, entschuldige mich!" (Lk 14,18-19)

    c. Manche waren weltlich gesinnt und religiös. Sie waren so sehr von der Welt gefesselt, daß sie mit dem König nichts zu tun haben wollten. Er störte ihre Interessen und Leben. Er bedrohte ihre Stellung, ihr Ansehen, Reichtum und Sicherheit. Deshalb wurden sie ihm gegenüber feindselig. Tatsächlich wollten sie ihn stürzen und sein Reich an sich reißen. Sie verfolgten und töteten seine Diener, jeden, der sie an ihre Verpflichtung erinnerte, zur Hochzeit des Königs zu gehen (vgl. Apg 4,3; 5,40; 7,58; 9,2; 12,2f; 14,19; 16,23; 2Kor 11,23-25).

Gedanke 1 Die Menschen lehnen Gottes Einladung immer ab. Warum? *Nicht, weil* sie *müssen*, sondern weil sie es *wollen*.

> "Und doch wollt ihr nicht zu mir kommen, um das Leben zu empfangen." (Joh 5,40)

Gedanke 2 Wie widersinnig! Wenn jemand mit offenen Armen empfangen werden sollte, dann der Bote, der die Einladung zur Hochzeit des Königssohnes überbringt. Doch viel zu oft trifft das Gegenteil zu. Der Bote des Königs ist oft unwillkommen, wird verspottet, kritisiert, mißhandelt, beschimpft, verflucht, verfolgt, zum Gegenstand von Gerüchten gemacht und manchmal sogar ermordet.

> "Wenn wir gelästert werden, spenden wir Trost; zum Kehricht der Welt sind wir geworden, zum Abschaum aller bis jetzt." (1Kor 4,13)

    4. Gott richtete Israel für die Ablehnung seiner Einladung. Manche verstehen diesen Vers als Bezug auf die Zerstörung Jerusalems im Jahre 70 n.Chr. durch Titus. Vielleicht kann man diese Anwendung machen, doch das würde bedeuten, daß der Tod, um den es sich handelt, nur körperlicher Tod und Zerstörung ist. Eine solche Deutung bleibt weit hinter dem zurück, was Christus meinte. Er bezog sich hauptsächlich auf das ewige Gericht, das in der Zukunft stattfinden wird. Über die Ablehnenden wird der äußerste Zorn ergehen (1Thess 2,15-16). Dies ist ein Gleichnis, also ist der Bezug auf Armeen und die verbrannte Stadt symbolische Sprache. Israel hatte den Vorzug, zu Gottes großem Hochzeitsfest für seinen Sohn eingeladen zu sein, doch das Volk mißbrauchte dieses Vorrecht, indem es die Einladung ablehnte und die Boten des Königs tötete. Deshalb hat es sein Zeugnis als Volk Gottes verloren und wird in Ewigkeit so gerichtet werden wie alle, die Gottes Einladung ablehnen.

Man beachte die Worte: "Die Geladenen waren nicht würdig." Sie waren nicht würdig, am Fest und an der Hochzeit teilzunehmen. Deshalb sollen sie auch nicht teilnehmen.

Gedanke 1 Man beachte die zwei Sünden, die Gottes Gericht auf uns herabbringen.
1) Gottes Diener zu verspotten und zu beschimpfen. Man beachte, daß Gott "diese Mörder umbrachte" (V7), die Menschen, die seine Boten verfolgt hatten.
2) Gottes Einladung abzulehnen. Man beachte die Worte "nicht würdig." Was sie unwürdig machte, war die Ablehnung der freundlichen Einladung Gottes. Die Ablehnung der Einladung brachte das Gericht, nicht die Tat Gottes. Wenn wir Gott ablehnen, werden wir durch unsere Ablehnung verurteilt. Ablehnung bedeutet Verurteilung.

> "Wer an ihn glaubt, wird nicht gerichtet; wer aber nicht glaubt, der ist schon gerichtet, weil er nicht an den Namen des eingeborenen Sohnes Gottes geglaubt hat." (Joh 3,18)
>
> "Schon ist aber die Axt an die Wurzel der Bäume gelegt. Ein jeder Baum nun, der keine gute Frucht bringt, wird abgehauen und ins Feuer geworfen!" (Lk 3,9)
>
> "Euch aber, die ihr bedrängt werdet, mit Ruhe gemeinsam mit uns, bei der Offenbarung des Herrn Jesus vom Himmel her mit den Engeln seiner Macht, in flammendem Feuer, wenn er Vergeltung üben wird an denen, die Gott nicht anerkennen, und an denen, die dem Evangelium unseres Herrn Jesus Christus nicht gehorsam sind. Diese werden Strafe erleiden, ewiges Verderben, von dem Angesicht des Herrn und von der Herrlichkeit seiner Kraft." (2Thess 1,7-9)

3 (22,8-10) **Einladung – Heiden – Mensch**: Gottes Einladung ergeht nun an alle. Das ist die Bedeutung des Wortes "Straßen." Gottes Diener sollen hinaus auf die Straßen der Welt gehen und alle zum Hochzeitsfest seines Sohnes einladen.

Matthäus 22,1-14

Man beachte mehrere Dinge.

1. Gottes Diener sollen so viele einladen, wie sie finden können. Die Einladung erstreckt sich nicht mehr nur auf wenige. Sie ergeht allgemein: An Juden und Heiden, Reiche und Arme, Hohe und Niedrige, Freie und Sklaven, Ehrbare und Unmoralische, Religiöse und Nichtreligiöse. Man beachte eine wichtige Tatsache. Wenn überhaupt, dann erwarten nur wenige auf der Straße eine Einladung zur Hochzeit eines Königs.

> "Da tat Petrus den Mund auf und sprach: Nun erfahre ich in Wahrheit, daß Gott die Person nicht ansieht, sondern daß in jedem Volk derjenige ihm angenehm ist, der ihn fürchtet und Gerechtigkeit übt!" (Apg 10,34-35)
>
> "Es ist ja kein Unterschied zwischen Juden und Griechen: alle haben denselben Herrn, der reich ist für alle, die ihn anrufen." (Röm 10,12)
>
> "Welcher will, daß alle Menschen gerettet werden und zur Erkenntnis der Wahrheit kommen." (1Tim 2,4)

2. Gottes Diener sollen Gute und Böse einladen, d.h. Menschen, die nachdenken und sittlich leben (z.B. Kornelius, Apg 10,1f; die gottesfürchtigen Griechen, Apg 17,4), und unmoralische und nicht religiöse Menschen (1Kor 6,9-11). Es kann auch bedeuten, daß manche der Bösen die Einladung sofort annehmen, sich aber nicht entsprechend kleiden (V11-14). Die sichtbare Kirche enthält sowohl Gute als auch Böse (vgl. Mt 13,1f).

> "Geht aber hin und lernt, was das heißt: Ich will Barmherzigkeit und nicht Opfer. Denn ich bin nicht gekommen, Gerechte zu berufen, sondern Sünder zur Buße." (Mt 9,13)
>
> "Denn der Sohn des Menschen ist gekommen, um zu suchen und zu retten, was verloren ist." (Lk 19,10)

3. Gottes Diener sollen den Hochzeitssaal mit Gästen *von den Straßen* füllen. Gott versichert seinem Sohn: Er wird Hochzeitsgäste haben; doch man beachte, nur so viele, wie zu "finden" sind (V9) und nur so viele, wie sie "fanden" (V10).

> "Kommt her zu mir alle, die ihr mühselig und beladen seid, so will ich euch erquicken!" (Mt 11,28)
>
> "Und der Geist und die Braut sprechen: Komm! Und wer es hört, der spreche: Komm! Und wen dürstet, der komme; und wer will, der nehme das Wasser des Lebens umsonst!" (Offb 22,17)
>
> "Wohlan, ihr Durstigen alle, kommt her zum Wasser; und die ihr kein Geld habt, kommt her, kaufet Getreide, kommt her und kaufet ohne Geld und umsonst Wein und Milch!" (Jes 55,1)

4 (22,11-14) **Gericht – Hochzeitsfest**: Gottes Begegnung mit den Gästen war folgenschwer. Man beachte jedoch die Betonung im Gleichnis. Sie lag nicht auf der Freude und Festlichkeit der Hochzeit, sondern auf dem unpassend gekleideten Gast. Ein Mann wollte ohne angemessene Kleidung an der Hochzeit teilnehmen. Er war nicht in die Gerechtigkeit Jesu Christi gekleidet.

Christus sagte drei Dinge.

1. Gott betrat den Festsaal, um sich die Gäste anzusehen. Beim Eintreten sah er sofort den Mann, der kein Festgewand anhatte. Das Wort "sehen" (theasasthai) bedeutet aufmerksam betrachten, sorgfältig beschauen, genau ansehen, betrachten und inspizieren. Die Betonung liegt auf dem Sehenden. Er nimmt wahr und inspiziert. Der Gedanke dahinter ist, daß Gott den Festsaal *mit der Absicht* betritt, die Gäste zu betrachten und zu inspizieren. Er wollte sicherstellen, daß alles und jeder für das große Fest seines Sohnes bereit war. Niemand darf durch unpassende Kleidung von seinem Sohn ablenken. (Siehe Anmerkungen und <u>Nähere Betrachtung 2</u> – <u>Gerechtigkeit</u>, Röm 13,14; Anmerkung – 2Kor 5,21. Siehe <u>Nähere Betrachtung 2</u>, <u>Rechtfertigung</u> – Röm 4,22; Anmerkung – 5,1.)

   a. Die Gäste wußten nicht, daß der Mann keine angemessene Kleidung trug, doch der König wußte es. Der Mann betrog die anderen Gäste, doch der König kannte die Art Kleidung, die er für alle Gäste vorgeschrieben hatte. Und man beachte: Der Mann war dem König gegenüber respektlos und unehrerbietig, indem er dessen Wunsch nach angemessener Kleidung nicht erfüllte.

   b. Er stellte nur eine Frage und er stellte sie, bevor das Fest begann: "Freund, wie bist du hier hereingekommen und hast doch kein hochzeitliches Gewand an?" Er konnte nicht zulassen, daß ein Schandfleck von dem freudigen Ereignis ablenkt. Er mußte sich darum kümmern. Der Mann war eingeladen und hatte die Verantwortung, ein *angemessenes* und *sauberes* Gewand zu tragen (vgl. Eph 4,24f; vgl. Eph 4,1; Phil 1,27).

   > "Denn ich sage euch: Wenn eure Gerechtigkeit die der Schriftgelehrten und Pharisäer nicht weit übertrifft, so werdet ihr gar nicht in das Reich der Himmel eingehen!" (Mt 5,20)
   >
   > "Und den neuen Menschen angezogen habt, der nach Gott geschaffen ist in wahrhafter Gerechtigkeit und Heiligkeit." (Eph 4,24)
   >
   > "Erfüllt mit Früchten der Gerechtigkeit, die durch Jesus Christus [gewirkt werden] zur Ehre und zum Lob Gottes." (Phil 1,11)
   >
   > "Und den neuen angezogen habt, der erneuert wird zur Erkenntnis, nach dem Ebenbild dessen, der ihn geschaffen hat." (Kol 3,10)

   c. Der Mann verstummte (ephimothe). Das Wort bedeutet geknebelt, stumm, zum Schweigen gebracht, mit gebundener Zunge, mit geschlossenem Mund. Er hatte keine Entschuldigung. Er hatte sich der Respektlosigkeit und Unehrerbietigkeit schuldig gemacht, indem er ein für einen königlichen Anlaß unpassendes Gewand trug. Das Gewand war unrein.

2. Gott richtete den unpassend gekleideten Mann. Man beachte, daß Gott seine Diener zusammenrief. Die Diener (diakonois) waren nicht die, die die Einladungen überbracht hatten. Sie waren nicht die Jünger (V3,4) und Prediger (V8,10) des Herrn. Sie waren die Engel, die den Himmel bewachen und der Gottheit dienen (vgl. Mt 13,41-43, 49-50). Dreierlei wurde getan.

   a. Der Mann wurde an Händen und Füßen gebunden. Hände und Füße sind üblicherweise die Körperteile, mit denen man sündigt. Mit gebundenen Händen ist Widerstand unmöglich. Mit gebundenen Füßen ist Flucht unmöglich. Was immer der König sagt, es wird am großen Festtag getan. Niemand kann widerstehen oder fliehen.

   b. Der Mann wurde aus der Gegenwart des Königs, seines Sohnes und der anderen Gäste weggebracht. Er durfte an der Freude und den Gaben des Anlasses nicht teilhaben.

Matthäus 22,1-14

    c.   Er wurde in die äußerste Finsternis geworfen, weit weg von allen anderen. Ihm wurde nicht nur die Teilnahme am Fest, sondern auch der Anblick des Festes verweigert. Von all dem Licht und Glanz des Hochzeitsfestes konnte er in der *äußersten* Finsternis nicht einmal einen Schimmer erhaschen.

3.   Gott beruft viele, aber wenige sind auserwählt. Christus hatte das bereits gesagt (Mt 20,16). Im Zusammenhang dieses Gleichnisses gab es mehrere Berufungen Gottes zur Hochzeit seines Sohnes.
    a.   Gottes Ruf an die Juden, auf den nur wenige reagierten.
    b.   Gottes Ruf an die Heiden, dem nur wenige folgen.
    c.   Gottes Ruf an alle, die hereinkommen, doch nur wenige tragen ein Festgewand. Das einzige Gewand, das sie haben, ist Heuchelei und falsches Bekenntnis.

Was Christus sagt, wird deutlich, wenn wir die Kirche und alle, die darin sind, betrachten...

- Die in der Kirche, die sich mehr um die Dinge und den Besitz dieser Welt als um Christus kümmern.

> "Und ihr sollt auch nicht danach trachten, was ihr essen oder was ihr trinken sollt; und beunruhigt euch nicht! Denn nach all diesem trachten die Heiden der Welt; euer Vater aber weiß, daß ihr diese Dinge benötigt." (Lk 12,29-30)
>
> "Denn wir haben nichts in die Welt gebracht, und es ist klar, daß wir auch nichts hinausbringen können. Wenn wir aber Nahrung und Kleidung haben, soll uns das genügen! Denn die, welche reich werden wollen, fallen in Versuchung und Fallstricke und viele törichte und schädliche Begierden, welche die Menschen in Untergang und Verderben stürzen. Denn die Geldgier ist eine Wurzel alles Bösen; etliche, die sich ihr hingegeben haben, sind vom Glauben abgeirrt und haben sich selbst viel Schmerzen verursacht...Den Reichen in der jetzigen Weltzeit gebiete, nicht hochmütig zu sein, auch nicht ihre Hoffnung auf die Unbeständigkeit des Reichtums zu setzen, sondern auf den lebendigen Gott, der uns alles reichlich zum Genuß darreicht. Sie sollen Gutes tun, reich werden an guten Werken, freigebig sein, bereit, mit anderen zu teilen." (1Tim 6,7-10;17-18)

- Die in der Kirch, die sich nicht selbst verleugnen und nicht alles opfern, was sie haben und sind, um Christus nachzufolgen (siehe Anmerkung und Nähere Betrachtung 1 – Lk 9,23).

> "Er sprach aber zu allen: Wenn jemand mir nachkommen will, so verleugne er sich selbst und nehme sein Kreuz auf sich täglich und folge mir nach." (Lk 9,23)

- Die in der Kirche, die noch an die Welt angepaßt sind.

> "Und paßt euch nicht diesem Weltlauf an, sondern laßt euch in eurem Wesen verändern durch die Erneuerung eures Sinnes, damit ihr prüfen könnt, was der gute und wohlgefällige und vollkommene Wille Gottes ist." (Röm 12,2)

- Die in der Kirche, die beim Reden gedankenlos sind.

> "Auch nicht Schändlichkeit und albernes Geschwätz oder Witzeleien, die sich nicht gehören, sondern vielmehr Danksagung." (Eph 5,4)
>
> "Die unheiligen, nichtigen Schwätzereien aber meide; denn sie fördern nur noch mehr die Gottlosigkeit, und ihr Wort frißt um sich wie ein Krebsgeschwür. Zu ihnen gehören Hymenäus und Philetus, die von der Wahrheit abgeirrt sind, indem sie behaupten, die Auferstehung sei schon geschehen, und so den Glauben etlicher Leute umstürzen." (2Tim 2,16-18)
>
> "Denn wir alle verfehlen uns vielfach; wenn jemand sich im Wort nicht verfehlt, so ist er ein vollkommener Mann, fähig, auch den ganzen Leib im Zaum zu halten...So ist auch die Zunge ein kleines Glied und rühmt sich doch großer Dinge. Siehe, ein kleines Feuer – welch großen Wald zündet es an! Auch die Zunge ist ein Feuer, eine Welt der Ungerechtigkeit. So nimmt die Zunge ihren Platz ein unter unseren Gliedern; sie befleckt den ganzen Leib und steckt den Umkreis des Lebens in Brand und wird selbst von der Hölle in Brand gesteckt. Denn jede Art der wilden Tiere und Vögel, der Reptilien und Meerestiere wird bezwungen und ist bezwungen worden von der menschlichen Natur; die Zunge aber kann kein Mensch bezwingen, das unruhige Übel voll tödlichen Giftes! Mit ihr loben wir Gott, den Vater, und mit ihr verfluchen wir die Menschen, die nach dem Bild Gottes gemacht sind." (Jak 3,2;5-9)

- Die in der Kirche, die einen anderen Geist als den der Liebe beweisen.

> "Kinder, nur noch eine kleine Weile bin ich bei euch. Ihr werdet mich suchen, und wie ich zu den Juden sagte: Wohin ich gehe, dorthin könnt ihr nicht kommen!, so sage ich es jetzt auch zu euch. Ein neues Gebot gebe ich euch, daß ihr einander lieben sollt, damit, wie ich euch geliebt habe, auch ihr einander liebt." (Joh 13,33-34)

- Die in der Kirche, die für das Fleisch statt für Christus leben.

> "Habt nicht lieb die Welt, noch was in der Welt ist! Wenn jemand die Welt lieb hat, so ist die Liebe des Vaters nicht in ihm. Denn alles, was in der Welt ist, die Fleischeslust, die Augenlust und der Hochmut des Lebens, ist nicht aus dem Vater, sondern aus der Welt." (1Joh 2,15-16)

- Die in der Kirche, die nicht beständig Gott dienen, täglich oder wöchentlich.

> "Indem wir unsere eigene Versammlung nicht verlassen, wie es einige zu tun pflegen, sondern einander ermahnen, und das um so mehr, als ihr den Tag herannahen seht!" (Hebr 10,25)

- Die in der Kirche, die Christus bekennen, aber ein heuchlerisches Leben führen.

Matthäus 22,1-14

> "Wenn du nun Almosen gibst, sollst du nicht vor dir her posaunen lassen, wie es die Heuchler in den Synagogen und auf den Gassen tun, um von den Leuten gepriesen zu werden. Wahrlich, ich sage euch: Sie haben ihren Lohn dahin." (Mt 6,2)

Die Warnung Christi ist deutlich und sollte uns zum Nachdenken bringen.

> "Denn viele sind berufen, aber wenige sind auserwählt!" (Mt 22,14; 20,16)
> "Denn viele, sage ich euch, werden einzugehen suchen und es nicht können." (Lk 13,24)
> "Denn die Pforte ist eng und der Weg ist schmal, der zum Leben führt; und wenige sind es, die ihn finden." (Mt 7,14)
> "Nicht jeder, der zu mir sagt: Herr, Herr! wird in das Reich der Himmel eingehen, sondern wer den Willen meines Vaters im Himmel tut." (Mt 7,21)

Gedanke 1 Der Herr geht unter den Gemeinden umher. Er weiß, wie sehr oder wie wenig wir arbeiten, schaffen, aushalten und lieben (Offb 2,1-2).

Gedanke 2 Man beachte, daß Gott besonders den Heuchler sieht. Der Heuchler sticht Gott wie ein Krebsgeschwür ins Auge und Gott ist gezwungen, ihn so zu behandeln, wie ein Arzt ein Krebsgeschwür behandelt.

Gedanke 3 Der große Festtag ist zuallererst ein großer Tag der Musterung. Bevor uns Gott Christus vorstellt, sondert er alle aus, die nicht das Gewand der Gerechtigkeit tragen (siehe Abriß und Anmerkungen – 1Kor 3,10-17).

Gedanke 4 Dem Mann fehlte das Festgewand der Gerechtigkeit. Er besaß weder die Gerechtigkeit Christi, noch lebte er gerecht (siehe Anmerkung – Mt 5,6).
1) Der Mann hatte nicht darauf vertraut, daß ihn die Gerechtigkeit Christi für Gott annehmbar macht. (Siehe Anmerkung, Rechtfertigung – Röm 5,1 zur weiteren Diskussion.)

> "Denn weil sie die Gerechtigkeit Gottes nicht erkennen und ihre eigene Gerechtigkeit aufzurichten trachten, haben sie sich der Gerechtigkeit Gottes nicht unterworfen. Denn Christus ist das Ende des Gesetzes zur Gerechtigkeit für jeden, der glaubt." (Röm 10,3-4)
> "Denn er hat den, der von keiner Sünde wußte, für uns zur Sünde gemacht, damit wir in ihm Gerechtigkeit Gottes würden." (2Kor 5,21)

2) Der Mann hatte kein Leben in Moral und Selbstverleugnung geführt (siehe Anmerkung – Lk 9,23). Er war nicht, was er zu sein vorgab.

> "Er sprach aber zu allen: Wenn jemand mir nachkommen will, so verleugne er sich selbst und nehme sein Kreuz auf sich täglich und folge mir nach." (Lk 9,23)

NÄHERE BETRACHTUNG 1
(22,13) **Äußerste Finsternis**: Siehe Anmerkung – Mt 8,12 zur Diskussion.

NÄHERE BETRACHTUNG 2
(22,13) **Heulen**: Siehe Anmerkung – Mt 8,12 zur Diskussion.

NÄHERE BETRACHTUNG 3
(22,13) **Zähneknirschen**: Siehe Anmerkung – Mt 8,12 zur Diskussion.

Matthäus 22,15-22

		H. Die Frage nach Gott und dem Kaiser: Die zwei Bürgerschaften, 22,15-22 (Mk 12,13-17; Lk 20, 20-26)	Kaiser die Steuer zu geben, oder nicht? 18 Da aber Jesus ihre Bosheit erkannte, sprach er: Ihr Heuchler, was versucht ihr mich?	c. Kleingeistiger, hartnäckiger Unglaube: Führt zur Ablehnung der Wahrheit und Selbstverurteilung
1	Die falsche Vorstellung von Bürgerschaft a. Religion hat Vorrang: Die Pharisäer b. Der Staat hat Vorrang: Die Herodianer	15 Da gingen die Pharisäer und hielten Rat, wie sie ihn in der Rede fangen könnten. 16 Und sie sandten ihre Jünger samt den Herodianern zu ihm, die sprachen: Meister, wir wissen, daß du wahrhaftig bist und den Weg Gottes in Wahrheit lehrst und auf niemand Rücksicht nimmst; denn du siehst die Person der Menschen nicht an. 17 Darum sage uns, was meinst du: Ist es erlaubt, dem	19 Zeigt mir die Steuermünze! Da reichten sie ihm einen Denar. 20 Und er spricht zu ihnen: Wessen ist dieses Bild und die Aufschrift? 21 Sie sprachen zu ihm: Des Kaisers. Da spricht er zu ihnen: So gebt dem Kaiser, was des Kaisers ist, und Gott, was Gottes ist! 22 Als sie das hörten, verwunderten sie sich, und sie ließen ihn und gingen davon.	3 Die Wahrheit über die Bürgerschaft: Es gibt zwei Bürgerschaften a. Christus durchschaut falsche Vorstellungen und böse Absichten b. Etwas gehört dem Kaiser: Irdische Bürgerschaft c. Etwas gehört Gott: Himmlische Bürgerschaft
2	Die Sünden aus falschen Vorstellungen von Bürgerschaft a. Selbstsüchtiger Ehrgeiz: Führt zu Kompromissen b. Verführung: Führt zu falscher Schmeichelei und Zerstörung			

ABSCHNITT XIV
DIE LETZTE WOCHE DES MESSIAS: SEIN ANSPRUCH BESTRITTEN UND ABGELEHNT, 21,1-23,39

H. Die Frage nach Gott und dem Kaiser: Die zwei Bürgerschaften, 22,15-22

(22,15-22) **Einführung**: Dies ist die zweite Herausforderung, der zweite Angriff der Führung auf Christus. Die Worte "hielten Rat" deuten an, daß die Führung der Juden, der Sanhedrin, ein offizielles Treffen abhielt. Sie planten ihren Umgang mit diesem Mann, der behauptete, der Messias zu sein. Sie fürchteten Christus, weil er die Treue der Menschen in so großem Ausmaß besaß.

Sie planten, ihm eine Frage über die Bürgerschaft eines Menschen zu stellen. Die Frage war dazu gedacht, "wie sie ihn in der Rede fangen könnten" (V15), d.h. es sollte Christus unmöglich sein, eine Antwort zu geben, ohne sich entweder beim Volk oder bei den römischen Behörden mißliebig zu machen. Wenn er sich beim Volk mißliebig machte, würde es ihn verlassen, wenn er sich bei den Römern mißliebig machte, würden sie ihn verhaften.

Christus *ist* der Messias, der Sohn Gottes, deshalb durchschaute er ihren Plan. Er benutzte die Gelegenheit, um die Wahrheit über die Bürgerschaft zu verkünden, eine Wahrheit, die für die damaligen Menschen erschütternd und verblüffend zugleich war – erschütternd, weil die Juden glaubten, daß die Treue eines Bürgers allein Gott gehörte und der Rest der Welt glaubte, daß die Treue dem Herrscher über das jeweilige Gebiet zustand.

Christus verblüffte die Welt, indem er erklärte, daß es eine irdische, körperliche Bürgerschaft gebe, der einige Dinge zuständen, und daß es eine geistliche, himmlische Bürgerschaft gebe, der einige Dinge zuständen.
1. Die falschen Vorstellungen von Bürgerschaft (V15-16).
    a. Religion hat Vorrang: Die Pharisäer.
    b. Der Staat hat Vorrang: Die Herodianer.
2. Die Sünden aus falschen Vorstellungen von Bürgerschaft (V16-17).
    a. Selbstsüchtiger Ehrgeiz: Führt zu Kompromissen.
    b. Verführung: Führt zu falscher Schmeichelei und Zerstörung.
    c. Kleingeistiger, hartnäckiger Unglaube: Führt zur Ablehnung der Wahrheit und Selbstverurteilung.
3. Die Wahrheit über die Bürgerschaft: Es gibt zwei Bürgerschaften (V18-22).
    a. Christus durchschaut falsche Vorstellungen und böse Absichten.
    b. Etwas gehört dem Kaiser: Irdische Bürgerschaft.
    c. Etwas gehört Gott: Himmlische Bürgerschaft.

[1] (22,15-16) **Bürgerschaft**: Die zwei falschen Vorstellungen von Bürgerschaft zeigen sich bei den Pharisäern und Herodianern. Man darf jedoch nicht vergessen, daß die Welt bis zu dieser Episode nicht wußte, daß die zwei Vorstellungen falsch waren.

1. Die erste falsche Vorstellung ist die, daß *die Religion Vorrang hat*. Das ist die Ansicht der Pharisäer (siehe Nähere Betrachtung 3 – Apg 23,8). Sie glaubten fest an die himmlische Welt, so fest, daß sie meinten, daß Treue und Gehorsam Gott und Gott allein gehörten. Tatsächlich gehörte alles auf der Erde Gott. Der Staat und alle andere Herrschaft und Autorität sollten der geistlichen Führung unterstehen. Daher wehrten sie sich heftig gegen Steuerzahlungen an einen fremden König. Das war eine Verletzung der Rechte Gottes.

2. Die zweite falsche Vorstellung ist die, daß *der Staat Vorrang hat*. Das ist die Ansicht der Herodianer (siehe Nähere Betrachtung 2 – Mt 22,16 zur Diskussion).

Man stelle sich die Szene in ihrer Seltsamkeit vor. Die Pharisäer meinten, daß die Religion über dem Staat stünde und verachteten die römische Macht und ihre Steuern. Die Herodianer meinten, daß der Staat über der Religion stünde und daß folgerichtig die Steuern eher an den Kaiser als an Gott zu entrichten wären. Herodianer und Pharisäer waren erbitterte Feinde. Sie zusammen zu finden war tatsächlich seltsam, doch ihr Haß auf Jesus brachte sie gegen den einen zusammen, den sie als gemeinsamen Feind ansahen. (Siehe Anmerkungen – Mk 3,6; Nähere Betrachtung 3 – Apg 23,8.)

> **Gedanke 1** Trotz seiner Lehre hat die Welt immer noch die gleiche Vorstellung von Bürgerschaft wie zur Zeit Christi. Der größte Teil der Welt besteht aus Humanisten und Antiklerikalen, d.h. weltlich gesinnten Bürgern und ungläubigen Politikern. Sie sind der Meinung, daß der Staat Vorrang hat. Andererseits gibt es einige, für die die Religion Vorrang hat und deshalb über dem Staat stehen sollte. In einer gebildeten, industrialisierten Gesellschaft ist der Standpunkt der religiösen Überlegenheit jedoch schwer durchzusetzen. Zum großen Teil ist er nur theoretisch durchsetzbar.

Matthäus 22,15-22

"Denn alles Fleisch ist wie Gras und alle Herrlichkeit des Menschen wie des Grases Blume. Das Gras ist verdorrt und seine Blume abgefallen." (1Petr 1,24)

"Denn bei seinem Tod nimmt er das alles nicht mit, seine Ehre fährt ihm nicht nach!" (Ps 49,17)

"Darum verlangt auch das Totenreich große Opfer und hat seinen Rachen über die Maßen weit aufgesperrt, und es fährt hinunter ihr Adel und ihre Menge samt all ihrem Getümmel und wer in ihr frohlockt!" (Jes 5,14)

"Höret das Wort des HERRN, ihr, die ihr vor seinem Wort erzittert: Es höhnen eure Brüder, die euch hassen und euch verstoßen um meines Namens willen: Wird der HERR bald zu Ehren kommen, daß wir eure Freude sehen? Aber sie werden sich schämen müssen!" (Jes 66,5)

"Du aber, Menschensohn, siehe, an dem Tage, da ich ihnen ihren Ruhm, den Gegenstand ihrer Freude, die Lust ihrer Augen, das Verlangen ihrer Seelen, ihre Söhne und ihre Töchter hinwegnehme." (Hes 24,25)

"Je mehr ihrer wurden, desto mehr sündigten sie wider mich; darum will ich ihre Ehre in Schande verwandeln." (Hos 4,7)

NÄHERE BETRACHTUNG 1
(22,15) **Pharisäer**: Siehe Nähere Betrachtung 3 – Apg 23,8.

NÄHERE BETRACHTUNG 2
(22,16) **Herodianer**: Die Herodianer waren keine religiöse Partei, sondern die politische Partei von Herodes, dem König von Galiläa. Sie unterstützten Rom und gingen einen Kompromiß nach dem anderen ein, um ihre Macht und ihren Einfluß zu sichern. Sie waren bis zu dem Punkt kompromißbereit, daß sie sogar heidnische Tempel bis zu einem gewissen Grad zuließen. Religiös gesehen waren sie meist Sadduzäer, deren Treue zuerst dem Staat gehörte (siehe Nähere Betrachtung 2 – Apg 23,8). Deshalb stellten sie sich gegen alle messianischen Ansprüche, weil sie Unruhe im Volk verursachten. Sie waren der Meinung, daß man Steuern eher an den Kaiser als an Gott zahlen muß.

---

2 (22,16-17) **Bürgerschaft**: Es gibt Sünden, die oft von denen begangen werden, die falsche Vorstellungen von Bürgerschaft haben. Einige dieser Sünden sind in der Intrige der Pharisäer und Herodianer gegen Christus zu finden.

1. *Selbstsüchtiger Ehrgeiz*, der oft zu Kompromissen und Intrigen führt. Nichts hätte überraschender sein können als eine Zusammenarbeit von Pharisäern und Herodianern. Ihre Ansichten waren diametral entgegengesetzt. Die Pharisäer sahen die Herodianer als nicht besser an als die zur Hölle verdammten Heiden, und doch arbeiteten sie mit ihnen Hand in Hand gegen Christus. Was brachte sie zusammen? Selbstsüchtiger Ehrgeiz. Sie fürchteten den Verlust ihrer Stellung, ihres Einflusses, ihrer Macht, ihres Reichtums und ihrer Sicherheit (siehe Anmerkungen – Mt 12,1-8; Anmerkung und Nähere Betrachtung 1 – 12,10; Anmerkung – 15,1-20; Nähere Betrachtung 2 – 15,6-9. Diese Anmerkungen sind eine große Hilfe beim Verständnis dessen, warum die Führung Christus so sehr fürchtete.) Wer für diese Welt lebt, wird sich mit fast jeden zusammentun, um seine Sicherheit zu schützen. Der Grad oder die seltsame Erscheinung des Kompromisses fällt dabei selten ins Gewicht.

Hier zeigt sich auch der Abgrund der Sünde des selbstsüchtigen Ehrgeizes. Die hauptsächlichen Intriganten gehörten zur religiösen Führung; und sie waren nicht nur bereit, Böses zu planen, sondern sie versuchten, einen Menschen, Christus selbst, zum Tode verurteilen zu lassen. In diesem Abschnitt zeigt sich deutlich, wie böse Regierung und Religion in ihrem Ehrgeiz sein können.

2. *Verführung*, die üblicherweise zu Schmeicheleien und Zerstörung führt. Die Verführung zeigt sich an zwei Dingen.
   a. Verführung ist darin zu erkennen, daß die Pharisäer nicht selbst zu Christus gingen. Sie schickten "ihre Jünger samt den Herodianern." Die Jünger waren Schüler oder Studenten, die eigentlich selbst die Antwort auf so eine Frage suchten. Die Herodianer waren dabei, damit es den Anschein hatte, als hätten die Jünger sie zuerst gefragt, wären mit ihrer Antwort aber nicht zufrieden gewesen. Es würde scheinen, als wollten die Jünger der Pharisäer wissen, was Christus, der beanspruchte, der Messias zu sein, antworten würde. So würde Christus denken, daß die Frage die berechtigte Frage eines Studenten wäre und keinen Plan dahinter vermuten, ihm eine Falle zu stellen.
   b. In den Schmeicheleien, die benutzt wurden, um sich Christus zu nähern, ist die niedrigste Sorte der Verführung erkennbar.
      ⇒ " Meister...
      ⇒ "wir wissen, daß du wahrhaftig bist...
      ⇒ "und den Weg Gottes in Wahrheit lehrst...
      ⇒ "und auf niemand Rücksicht nimmst...
      ⇒ "...denn du siehst die Person der Menschen nicht an."

Man beachte, daß alles, was über Christus gesagt wurde, der Wahrheit entsprach.
⇒ Er war ein Meister: Ein Rabbi, ein Lehrer. Er war noch mehr: Er war Herr und Meister des Universums.
⇒ Er war wahrhaftig: Ein Lehrer von Gott. (Man vergleiche ihre heuchlerische Annäherung mit der Ernsthaftigkeit von Nikodemus, Joh 3,2.)
⇒ Er lehrte den Weg Gottes: Wie man leben und sich verhalten soll, wenn man Gott gefallen will.
⇒ Er nahm keine Rücksicht darauf, was die Menschen von ihm sagten: Es beeinflußte ihn und sein Handeln nicht.
⇒ Er sah die Person des Menschen nicht an: zeigte keine Parteilichkeit oder Bevorzugung.

Das Problem ist, daß sie nicht meinten, was sie da bekannten, nicht in ihren Herzen. Was sie über ihn sagten, entsprang einer bösen Absicht. Sie wollten ihn benutzen, um ihre selbstsüchtigen Ziele zu erreichen. Schlußendlich waren sie erfolgreich; sie konnten tun, was sie geplant hatten und ihn zerstören lassen. Wie immer zerstört die Verführung das, was wahrhaftig, stark und liebenswert ist.

"Denn deine Missetat lehrt deinen Mund, und du wählst die Sprache der Schlauen." (Hiob 15,5)

"Denn in ihrem Munde ist nichts Zuverlässiges; ihr Herz ist ein Abgrund, ihr Rachen ein offenes Grab, glatte Zungen haben sie." (Ps 5,9)

"Kein Mensch kann bestehen durch Gottlosigkeit; die Wurzel der Gerechten aber wird nicht wanken." (Spr 12,3)

Matthäus 22,15-22

"Wer seinem Nächsten schmeichelt, stellt seinen Füßen ein Netz." (Spr 29,5)

3. *Kleingeistigkeit und hartnäckiger Unglaube*, die zur Ablehnung der Wahrheit und zur Selbstverurteilung führen. Die Christus gestellte Frage war einfach: "Ist es erlaubt, dem Kaiser die Steuer zu geben, oder nicht?"
⇒ Die Pharisäer, Juden von strenger Frömmigkeit, würden "Nein" schreien.
⇒ Die Herodianer (und die, die sich durch die römische Regierung Reichtum und Stellung sichern) würden "Ja" sagen.

Die Fragesteller dachten, daß sie Christus in der Falle hätten. Wenn er sagte: "Nein, dem Kaiser muß man keine Steuern zahlen," dann würden ihn die Behörden verhaften und beiseite schaffen. Das Volk würde dann wissen, daß sein Anspruch auf die Messiaswürde falsch war.

Wenn er sagte: "Ja, man muß dem Kaiser Steuern zahlen," würde er die Souveränität Gottes leugnen, und die Menschen, die sich gegen die römische Herrschaft und ihre Steuern wehrten, würden sich gegen ihn erheben. Sowohl Pharisäer als auch Herodianer waren kleingeistig. Sie sahen nichts außer sich selbst und die Bedrohung ihrer Stellung und ihres Reichtums. Sie waren von hartnäckigem Unglauben erfüllt. Daher lehnten sie die Wahrheit ab und als Ergebnis dieser ganzen Ablehnung verurteilten sie sich selbst (vgl. Joh 3,18-21).

Gedanke 1 Selbstsüchtiger Ehrgeiz kann das Herz derer durchdringen, die zum Dienst berufen sind und viel zu oft tut er das auch. Die Regierungssäle und die Heiligkeit des Glaubens bilden keine Ausnahme. Wer ein Mensch auch ist, er kann sich nach Stellung, Einfluß, Macht, Reichtum und Sicherheit sehnen und davon verdorben werden.

Gedanke 2 Zu viele sind zu jedem möglichen Kompromiß bereit, um ihre irdischen Besitztümer zu behalten.

Gedanke 3 Wer die Dinge dieser Welt liebt, wird sich von Jesus abwenden, und wer sich von Jesus und seinem Anspruch bedroht fühlt, wird gegen ihn reagieren (1Joh 2,15-16).

Gedanke 4 Man beachte den Ruf, den Jesus sogar bei seinen Feinden hatte. Er war wahrhaftig, lehrte den Weg Gottes, verleugnete sich selbst, war mutig und anderen gegenüber vollkommen unparteiisch. Die Wahrheit über Jesus wissen und bekennen ist nicht genug. Die, die sich gegen Christus stellten, wußten die Wahrheit. Sie waren nur nicht bereit, sich der Wahrheit zu unterwerfen.

Gedanke 5 Hartnäckiger Unglaube, Stolz und Überheblichkeit führen dazu, daß uns der Herr verurteilt. (Siehe Nähere Betrachtung 4 – Mt 12,24; Anmerkung – 12,31-32 zur Diskussion ihres hartnäckigen Unglaubens.)

NÄHERE BETRACHTUNG 3
(22,17) **Tribut – Steuer**: Die Steuer, um die es ging, war die Kopfsteuer. Jeder zwischen zwölf oder vierzehn bis fünfundsechzig Jahren mußte diese Steuer bezahlen. Sie betrug zur Zeit Jesu einen Taglohn (siehe Nähere Betrachtung 1 – Röm 13,6).

---

3 (22,18-22) **Bürgerschaft**: Die Wahrheit über die Bürgerschaft. Man hat zwei Bürgerschaften. Man ist Bürger dieser Welt, das ist eindeutig. Deshalb schuldet man irdischen Mächten, was ihnen zusteht. Doch man ist auch Bürger des Himmels, der geistlichen Welt, deshalb schuldet man Gott, was ihm zusteht.

Man beachte dreierlei.
1. Christus durchschaute die falschen Vorstellungen dieser Menschen. Er war der Sohn Gottes, daher wußte er natürlich, daß sie eine falsche Vorstellung von Bürgerschaft hatten. Außerdem sah er als Sohn Gottes ihre böse Absicht.

Christus war stark und spitz: "Ihr Heuchler, was versucht ihr mich?" Er kannte ihre Herzen…
- ihren selbstsüchtigen Ehrgeiz mit allen Arten von Kompromissen und Intrigen.
- ihre Verführung mit all der Schmeichelei und dem zerstörerischen Gift ihrer Zungen.
- ihre Kleingeistigkeit und ihren hartnäckigen Unglauben, der sie dazu brachte, ihn abzulehnen und sich selbst zu verurteilen.

Man beachte die Worte "ihre Bosheit" und "Ihr Heuchler" (V18). Sie waren böse und sie waren Heuchler. Sie täuschten etwas vor, was nicht so war.
⇒ Sie täuschten vor, etwas zu sein, was sie nicht waren.
⇒ Sie täuschten vor, nach der Wahrheit zu suchen, obwohl es ihnen gar nicht darum ging.
⇒ Sie täuschten vor, ihn zu ehren, obwohl sie das gar nicht taten.

2. Es gibt etwas, das dem Kaiser gehört: Eine irdische Bürgerschaft. Christus behandelte die Pharisäer und ihre falsche Vorstellung von Bürgerschaft kurz und glänzend. "Zeigt mir die Steuermünze…Wessen ist dieses Bild und die Aufschrift?" fragte er einfach.

Man beachte zweierlei.
   a. Er zwang die Pharisäer (Religion hat Vorrang), zuzugeben, daß manches einer irdischen Macht gehört. Das Bild war das des Kaisers, die Aufschrift auch und die Münze war von der Regierung des Kaisers geprägt worden. Deshalb gehörte die Münze dem Kaiser, wenn er sagte, sie würde ihm zustehen. Der Punkt war deutlich: Da die Frommen als Bürger *benutzten, was dem Kaiser gehörte und von ihm zur Verfügung gestellt wurde*, schuldeten sie ihm, was ihm zustand. Christus sagte treffend: "So gebt dem Kaiser, was des Kaisers ist."
   b. Er offenbarte eine für die Gläubigen aller Zeiten wichtige Wahrheit: Sie *haben eine doppelte Bürgerschaft*. Sie sind Bürger des Himmels, ja, aber auch Bürger der Welt. Sie sind der Regierung verpflichtet, unter der sie leben. Sie profitieren von der Regierung wie *die weltlich Gesinnten*: z.B. Straßen, Kanalisation, Wasser, Schutz, öffentliche Verkehrsmittel und so weiter. Deshalb sollen Gläubige ihren schuldigen Anteil bezahlen. (Siehe Anmerkung – Röm 13,1-7. In dieser Anmerkung wird die Bürgerschaft gründlich diskutiert.)

> **"Jedermann ordne sich den Obrigkeiten unter, die über ihn gesetzt sind; denn es gibt keine Obrigkeit, die nicht von Gott wäre; die bestehenden Obrigkeiten aber sind von Gott eingesetzt." (Röm 13,1)**

> **"Damit wir ihnen aber keinen Anstoß geben, geh hin an den See, wirf die Angel aus und nimm den ersten Fisch, den du heraufziehst, und wenn du sein Maul öffnest, wirst du einen Stater finden; den nimm und gib ihn für mich und dich." (Mt 17,27)**

Matthäus 22,15-22

> "Erinnere sie, daß sie sich den Regierenden und Obrigkeiten unterordnen und gehorsam sind, zu jedem guten Werk bereit." (Tit 3,1)
>
> "Ordnet euch deshalb aller menschlichen Ordnung unter um des Herrn willen, es sei dem König als dem Oberhaupt oder den Statthaltern als seinen Gesandten zur Bestrafung der Übeltäter und zum Lob derer, die Gutes tun. Denn das ist der Wille Gottes, daß ihr durch Gutestun die Unwissenheit der unverständigen Menschen zum Schweigen bringt." (1Petr 2,13-15; vgl. 1Petr 2,17)
>
> "Und ein jeder, der nicht mit Fleiß das Gesetz deines Gottes und das Gesetz des Königs tun wird, über den soll gewissenhaft Gericht gehalten werden, es sei zum Tode oder zur Verbannung, zur Geldbuße oder zum Gefängnis." (Esra 7,26)
>
> "Bewahre mein königliches Wort wie einen göttlichen Schwur!" (Pred 8,2)

3. Es gibt etwas, das Gott gehört: Eine himmlische Bürgerschaft. Christus glänzte genauso bei der Behandlung der Herodianer und ihrer falsche Vorstellung von Bürgerschaft, wie er es bei den Pharisäern getan hatte. Die Herodianer stellten nicht nur den Staat über die Religion, sie waren auch weltlich gesinnt und leugneten viel Übernatürliches, das Leben nach dem Tod und die geistliche Daseinsform eingeschlossen.

Man beachte zweierlei.

    a. Christus erklärte den Herodianern eindeutig: Es gibt eine geistliche Welt. Gott ist, er existiert und es gibt Dinge, die ihm gehören. "So gebt...Gott, was Gottes ist!" Wieder ist der Punkt deutlich. Da die Herodianer (der Staat hat Vorrang) als Bürger der Welt und des Lebens selbst benutzten, was Gott gehörte und von ihm zur Verfügung gestellt wurde, schuldeten sie ihm, was ihm zustand.

    b. Christus offenbarte eine für alle Menschen wichtige Wahrheit. Sie gehören genauso Gott wie der Welt, sind sowohl geistliche wie körperliche Wesen. Deshalb haben sie die Verantwortung, als Bürger Gottes wie als Bürger der Welt zu leben. Alle Menschen haben viel von Gott bekommen:

⇒ Leben, das geschaffen wurde, um ewig mit Gott zu existieren, daher schuldet der Mensch Gott sein Leben.

⇒ Einen Geist, der "wiedergeboren" werden und ein selbstverleugnendes Leben in Liebe, Freude und Frieden zum Nutzen aller Menschen überall leben kann (Gal 5,22-23).

⇒ Einen Geist und Körper, die fähig sind, sich an der ästhetischen Schönheit der Erde zu freuen, Vernunft zu lernen und zum Dienst und zur Verbesserung der Menschheit beizutragen.

Alle Menschen bekommen diese und noch viele andere Vorteile von Gott. Deshalb sollen sie Gott ihren schuldigen Anteil bezahlen.

> "Trachtet vielmehr zuerst nach dem Reich Gottes und nach seiner Gerechtigkeit, so wird euch dies alles hinzugefügt werden!" (Mt 6,33)
>
> "Er sprach aber zu allen: Wenn jemand mir nachkommen will, so verleugne er sich selbst und nehme sein Kreuz auf sich täglich und folge mir nach." (Lk 9,23)
>
> "Ich ermahne euch nun, ihr Brüder, angesichts der Barmherzigkeit Gottes, daß ihr eure Leiber darbringt als ein lebendiges, heiliges, Gott wohlgefälliges Opfer: das sei euer vernünftiger Gottesdienst! Und paßt euch nicht diesem Weltlauf an, sondern laßt euch in eurem Wesen verändern durch die Erneuerung eures Sinnes, damit ihr prüfen könnt, was der gute und wohlgefällige und vollkommene Wille Gottes ist." (Röm 12,1-2)
>
> "Oder wißt ihr nicht, daß euer Leib ein Tempel des in euch wohnenden Heiligen Geistes ist, den ihr von Gott empfangen habt, und daß ihr nicht euch selbst gehört? Denn ihr seid teuer erkauft; darum verherrlicht Gott in eurem Leib und in eurem Geist, die Gott gehören!" (1Kor 6,19-20)
>
> "Und ihr sollt dem HERRN, eurem Gott, dienen, so wird er dein Brot und dein Wasser segnen; und ich will die Krankheit aus deiner Mitte tun." (2Mo 23,25)
>
> "Sondern du sollst des HERRN, deines Gottes, gedenken; denn er ist es, der dir Kraft gibt, solchen Reichtum zu erwerben; auf daß er seinen Bund aufrechterhalte, den er deinen Vätern geschworen hat, wie es heute geschieht." (5Mo 8,18)
>
> "Werdet ihr nun meinen Geboten fleißig gehorchen, die ich euch heute gebiete, daß ihr den HERRN, euren Gott, liebet und ihm mit ganzem Herzen und mit ganzer Seele dienet, so will ich eurem Lande Regen geben zu seiner Zeit, Frühregen und Spätregen, daß du dein Korn, deinen Most und dein Öl einsammeln kannst. Und ich will deinem Vieh auf deinem Felde Gras geben, daß ihr esset und satt werdet." (5Mo 11,13-15)

<u>Gedanke 1</u> Siehe Anmerkungen – Röm 13,1-7; 13,8-10; 1Petr 2,13-17. Diese Anmerkungen regen zum Nachdenken über die Anwendung an. Zu einer vollständigen Betrachtung der Bürgerschaft siehe auch Hauptthemenindex.

<u>Gedanke 2</u> Die Wahrheit, die Christus in diesem Abschnitt behandelt, ist genau das, was er sagt: Es gibt zwei Bürgerschaften – eine himmlische und eine irdische. Man soll in beiden ein guter Bürger sein.

> "Fürchtet Gott, ehrt den König!" (1Petr 2,17)

Matthäus 22,23-33

	I. Die Frage nach der Auferstehung: Die Auferstehung geleugnet, aber bewiesen, 22,23-33 (Mk 12,18-27; Lk 20,27-38)	auch die Frau. 28 Wem von den Sieben wird sie nun in der Auferstehung als Frau angehören? Denn alle haben sie zur Frau gehabt.	die Absurdität der Auferstehung zeigen: Wessen Frau ist sie in der Ewigkeit?
1 Die Sadduzäer versuchten, Christus in Mißkredit zu bringen	23 An jenem Tag traten Sadduzäer zu ihm, die sagen, es gebe keine Auferstehung, und sie fragten ihn	29 Aber Jesus antwortete und sprach zu ihnen: Ihr irrt, weil ihr weder die Schriften noch die Kraft Gottes kennt.	**3 Die Auferstehung aus zwei Gründen geleugnet** a. Kannten die Schrift nicht b. Kannten die Macht Gottes nicht
2 Die Auferstehung wurde verspottet und geleugnet a. Moses' Gesetz: Die Levirats- oder Schwagerehe 1) Um die Familie zu erhalten 2) Um den Besitz zu schützen b. Die logische Situation: Eine kinderlose Witwe heiratet sieben Brüder	24 und sprachen: Meister, Mose hat gesagt: Wenn jemand ohne Kinder stirbt, so soll sein Bruder dessen Frau zur Ehe nehmen und seinem Bruder Nachkommen erwecken. 25 Nun waren bei uns sieben Brüder. Der erste heiratete und starb; und weil er keine Nachkommen hatte, hinterließ er seine Frau seinem Bruder. 26 Gleicherweise auch der andere und der dritte, bis zum siebten.	30 Denn in der Auferstehung heiraten sie nicht, noch werden sie verheiratet, sondern sie sind wie die Engel Gottes im Himmel. 31 Was aber die Auferstehung der Toten betrifft, habt ihr nicht gelesen, was euch von Gott gesagt ist, der spricht: 32 Ich bin der Gott Abrahams und der Gott Isaaks und der Gott Jakobs? Gott ist aber nicht ein Gott der Toten, sondern der Lebendigen.	**4 Die Auferstehung übersteigt irdische Beziehungen** a. Übersteigt die Ehe b. Macht den Engeln und Gott gleich **5 Die Auferstehung hat vier grundlegende Beweise** a. Gott hat sie in seinem Wort offenbart b. Gott ist, Gott existiert c. Gott ist der Gott Abrahams, Isaaks und Jakobs d. Gott ist kein Gott der Toten, sondern der Lebenden
c. Die logische Frage soll	27 Zuletzt, nach allen, starb	33 Und als die Menge dies hörte, erstaunte sie über seine Lehre.	**6 Die Auferstehung erregt Staunen**

ABSCHNITT XIV

DIE LETZTE WOCHE DES MESSIAS: SEIN ANSPRUCH BESTRITTEN UND ABGELEHNT, 21,1-23,39

I. Die Frage nach der Auferstehung: Die Auferstehung geleugnet, aber bewiesen, 22,23-33

(22,23-33) **Einführung**: Es war immer noch Dienstag in der letzten Woche des Herrn. (Man beachte die Aussage "an jenem Tag.") An diesem Tag stürmten die Herausforderungen seiner Autorität heftig auf ihn ein.

Zuerst hatten die Hohenpriester und Führer des Volkes (Ältesten) seine Autorität herausgefordert (siehe Abriß und Anmerkungen – Mt 21,23-27). Christus war ihnen frontal entgegengetreten und hatte sie geschlagen. Dabei waren seine Gedanken auf seinen Tod und die Ablehnung Israels gerichtet. Allein der Gedanke, daß Israel, auf das Gott solches vertrauen gesetzt hatte, ihn im Stich ließ, indem es seinen Sohn tötete, mußte Christus das Herz zerreißen (siehe Abriß und Anmerkungen – Mt 21,33-46; 22,1-14).

Dann hatten die Pharisäer und Herodianer (die politische Partei des Herodes) versucht, Christus in Mißkredit zu bringen, indem sie ihn entweder gegen die Regierung oder gegen das Volk ausspielten (siehe Abrisse und Anmerkungen – Mt 22,15-22). Wieder hatte Christus seine Gegner in der Konfrontation geschlagen, doch wieder war es ein schwerer, ermüdender, harter und bedrückender Kampf gewesen.

Nun wurde der Herr zum dritten Mal herausgefordert und wieder war es eine andere Gruppe, die versuchte, ihn in Mißkredit zu bringen und mit Argumenten zu schlagen. Seine Herausforderer waren die Sadduzäer, die religiösen und politischen Liberalen dieser Zeit. Wie Matthäus feststellt, "sagen [sie], es gebe keine Auferstehung" (V23). Lukas fügte hinzu: "Die Sadduzäer sagen nämlich, es gebe keine Auferstehung, auch weder Engel noch Geist" (siehe Nähere Betrachtung 3 – Mt 16,12; Nähere Betrachtung 2 – Apg 23,8). Ihr liberaler Standpunkt war Ursache für zweierlei.

1. Ihr Anstoß am Geistlichen und Übernatürlichen. Sie verspotteten und verachteten beides. Nach ihrem Verständnis fehlte es der Lehre Christi an philosophischer Analyse und natürlichen oder wissenschaftlichen Beweisen, deshalb war sie die Lehre eines unlogischen und nachdenkenden Menschen.
2. Sie fühlten sich bedroht und wandten sich gegen Christus. De Menschen scharten sich um Christus und nahmen seine Lehre begierig in sich auf. Das bedeutete, daß die Sadduzäer ihren Einfluß auf das Volk verloren, ihre Stellung und ihr Reichtum standen auf dem Spiel. Daher fühlten sie sich gedrängt, ihn vor den Menschen anzugreifen und in Mißkredit zu bringen.

Sie benutzen ihre liberale Vorstellung – ihr Leugnen des Geistes und der geistlichen Welt, des Lebens nach dem Tod und der Auferstehung – um Christus anzugreifen.
1. Die Sadduzäer versuchten, Christus in Mißkredit zu bringen (V23).
2. Die Auferstehung wurde verspottet und geleugnet (V23-28).
3. Die Auferstehung wurde aus zwei Gründen geleugnet (V29).
4. Die Auferstehung übersteigt irdische Beziehungen (V30).
5. Die Auferstehung hat vier grundlegende Beweise (V31-32).
6. Die Auferstehung erregt Staunen (V33).

1 (22,23) **Sadduzäer**: Diese Sekte war bereits bei zwei anderen Gelegenheiten in Erscheinung getreten. Sie hatten sich schon gegen Johannes den Täufer (Mt 3,7f) und Christus gewandt (Mt 16,1-12. Siehe Nähere Betrachtung 3 – Mt 16,12; Nähere Betrachtung 2 – Apg 23,8.)

2 (22,23-28) **Auferstehung – Sadduzäer**: Die Sadduzäer leugneten und verspotteten die Auferstehung. Durch die Jahrhunderte hindurch sind liberal gesinnte Menschen ihren Fußstapfen gefolgt (vgl. 1Kor 15,12-58; 2Petr 3,3-18). Man beachte die Argumentation der Sadduzäer.

Matthäus 22,23-33

1. Sie benutzten das Gesetz des Moses über die Leviratsehe als Grundlage (5Mo 25,5-6). Wenn ein Mann ohne Sohn starb, sagte dieses Gesetz, daß sein Bruder die Frau heiraten und mit ihr einen Sohn zeugen sollte. Nach dem Gesetz war der Sohn dann der Erstgeborene des Verstorbenen. Das stellte zweierlei sicher: (a) Der Name der Familie wurde fortgeführt und (b) der Besitz blieb in der Familie. Dieses Gesetz war erlassen worden, um das Volk Israel zu sichern und vergrößern zu helfen (vgl. Rut 4,5).
2. Die Sadduzäer schlugen dann vor, daß folgende logische Situation entstehen konnte. Man beachte die Worte: "Nun waren bei uns sieben Brüder." Der erste Bruder heiratete, starb aber kinderlos. Jeder der anderen Brüder befolgte das Gesetz, starb aber kinderlos. Schließlich starb auch die Frau.
3. Nun wurde die logische Frage gestellt, die nach der Vorstellung der Sadduzäer die Absurdität der Auferstehung offensichtlich machte. Sie fragten: "Wem von den Sieben wird sie nun in der Auferstehung als Frau angehören?" Man beachte drei Dinge, wenn man die Verse 23-28 mehrmals liest.
   a. Die Situation war logisch, doch der Geist der Frage war kalt, harsch, egoistisch, ungläubig, bedauernswert und rebellisch. Der Geist der Ungläubigen beschuldigt und verurteilt sich oft selbst.
   b. Die Sadduzäer hielten ihr Argument für unwiderlegbar. Sie glaubten, es würde verdeutlichen, wie närrisch die Vorstellung von einer anderen Welt für den denkenden Menschen ist.
   c. Die Sadduzäer dachten, daß die geistliche Welt genau wie die körperliche Welt wäre, daß sie nur eine Fortsetzung dieser Welt wäre, sowohl in *ihrer Natur als auch in ihren Beziehungen*.

Als dieser Punkt fertig behandelt war, zeigte sich deutlich ein Bild dessen, was die Schrift über den natürlichen Menschen sagt.

"Der natürliche Mensch aber nimmt nicht an, was vom Geist Gottes ist; denn es ist ihm eine Torheit, und er kann es nicht erkennen, weil es geistlich beurteilt werden muß." (1Kor 2,14)

Gedanke 1 Jede Generation hat ihre Sadduzäer, die liberal denken und die Vorstellung der Auferstehung und der geistlichen Welt verspotten. Gott weiß das. Er hat immer gewußt, daß viele darüber lachen und spotten würden, deshalb hat er das Thema in wenigstens zwei ausführlichen Abschnitten der Schrift behandelt (1Kor 15,12-58; 2Petr 3,3-18).

"Wenn aber Christus verkündigt wird, daß er aus den Toten auferstanden ist, wieso sagen denn etliche unter euch, es gebe keine Auferstehung der Toten?" (1Kor 15,12)
"Dabei sollt ihr vor allem das erkennen, daß am Ende der Tage Spötter kommen werden, die nach ihren eigenen Begierden wandeln und sagen: Wo ist die Verheißung seiner Wiederkunft? Denn seitdem die Väter entschlafen sind, bleibt alles so, wie es von Anfang der Schöpfung an gewesen ist!" (2Petr 3,3-4)

Gedanke 2 Die heutigen Argumente gegen die Auferstehung und die Existenz einer geistlichen Welt entstehen aus…
- logischem und rationalem Denken
- philosophischen Standpunkten
- natürlichen und wissenschaftlichen Hypothesen
- humanistischen Ansichten
- der Unwilligkeit, den eigenen Lebensstil zu ändern
- Furcht vor Spott und Ablehnung durch die eigene Umgebung
- der Unwilligkeit, zuzugeben, daß der frühere Standpunkt falsch war

Gedanke 3 Der meiste Unglaube an die geistliche Welt entsteht nicht aus Nachdenken, sondern aus einer weltlichen Einstellung. Wenige befassen sich intensiv mit sowohl natürlichen als auch geistlichen Standpunkten. Die meisten lieben die Welt und die Dinge der Welt so sehr, daß sie die Beschränkungen abschütteln möchten, die ihnen die geistliche Welt auferlegt.

3 (22,29) **Auferstehung – geistliche Welt – Schrift – Macht Gottes**: Christus sagte den Sadduzäern und allen anderen liberal Denkenden: "Ihr irrt euch. Ihr leugnet die Auferstehung aus zwei irrigen Gründen."
1. "Ihr kennt die Schriften nicht." Die Schrift ist klar und deutlich. Sie läßt keinen Zweifel daran, daß es eine geistliche Welt gibt – daß die Auferstehung in die geistliche Welt oder geistliche Daseinsform kommen wird.

"Ich weiß, daß mein Erlöser lebt, und er wird zuletzt über dem Staube stehen. Und nachdem diese meine Hülle zerbrochen ist, alsdann werde ich, von meinem Fleische los, Gott schauen. Den werde ich mir ansehen, meine Augen werden ihn schauen, ohne [Ihm] fremd zu sein. Es schmachten meine Nieren in mir!" (Hiob 19,25-27)
"Aber deine Toten werden leben, und mein Leichnam wird auferstehen! Wachet auf und jubelt, ihr Bewohner des Staubes! Denn dein Tau ist ein Morgentau, und die Erde wird die Toten wiedergeben." (Jes 26,19)
"Und viele von denen, die im Erdenstaube schlafen, werden aufwachen; die einen zu ewigem Leben, die andern zu ewiger Schmach und Schande." (Dan 12,2)
"Wahrlich, wahrlich, ich sage euch: Die Stunde kommt und ist schon da, wo die Toten die Stimme des Sohnes Gottes hören werden, und die sie hören, werden leben." (Joh 5,25)
"Verwundert euch nicht darüber! Denn es kommt die Stunde, in der alle, die in den Gräbern sind, seine Stimme hören werden, und sie werden hervorgehen: die das Gute getan haben, zur Auferstehung des Lebens; die aber das Böse getan haben, zur Auferstehung des Gerichts." (Joh 5,28-29)
"Das ist aber der Wille dessen, der mich gesandt hat, daß jeder, der den Sohn sieht und an ihn glaubt, ewiges Leben hat; und ich werde ihn auferwecken am letzten Tag." (Joh 6,40)
"Jesus spricht zu ihr: Ich bin die Auferstehung und das Leben. Wer an mich glaubt, wird leben, auch wenn er stirbt." (Joh 11,25)
"Und ich habe die Hoffnung zu Gott, auf die auch sie selbst warten, daß es eine künftige Auferstehung der Toten geben wird, sowohl der Gerechten als der Ungerechten." (Apg 24,15)
"Wenn aber der Geist dessen, der Jesus aus den Toten auferweckt hat, in euch wohnt, so wird derselbe, der Christus aus den Toten auferweckt hat, auch eure sterblichen Leiber lebendig machen durch seinen Geist, der in euch wohnt." (Röm 8,11)

Matthäus 22,23-33

"Denn gleichwie in Adam alle sterben, so werden auch in Christus alle lebendig gemacht werden." (1Kor 15,22)

"Da wir wissen, daß der, welcher den Herrn Jesus auferweckt hat, auch uns durch Jesus auferwecken und zusammen mit euch vor sich stellen wird." (2Kor 4,14)

"Denn der Herr selbst wird, wenn der Befehl ergeht und die Stimme des Erzengels und die Posaune Gottes erschallt, vom Himmel herabkommen, und die Toten in Christus werden zuerst auferstehen." (1Thess 4,16)

"Aber Gott wird meine Seele aus der Gewalt des Totenreiches erlösen; denn er wird mich annehmen!" (Ps 49,15; vgl. Ps 71,20; Hos 13,14)

<u>Gedanke 1</u> Aus drei Gründen kann ein Mensch die Schrift nicht kennen.
1) Er hat die Schrift ganz einfach nicht *studiert*, nicht *wirklich*.
2) Er glaubt der Schrift nicht. Er lehnt die Schrift als Gottes Wort ab.
3) Er nimmt die Schrift nicht für das, was sie aussagt. Er vergeistigt oder allegorisiert sie.

2. "Ihr kennt die Kraft Gottes nicht." Aus drei Gründen kennt ein Mensch die Kraft Gottes nicht.
   a. Er weiß nichts von Gott. Er kennt ihn nicht und denkt selten, wenn überhaupt, über Gott und seine Macht nach.
   b. Er glaubt nicht an Gott oder seine Macht. Er will Gottes ewige Macht und Gottheit, die sich in der Schöpfung zeigt, nicht anerkennen und *schafft* seine eigenen Götter (geistige und körperliche Bilder). (Vgl. Röm 1,20-32.) Er will das Bild der Natur nicht anerkennen, das die Auferstehung verdeutlicht:

   > "Du Gedankenloser, was du säst, wird nicht lebendig, wenn es nicht stirbt! Und was du säst, das ist ja nicht der Leib, der werden soll, sondern ein bloßes Korn, etwa vom Weizen, oder von einer anderen Saat. Gott aber gibt ihm einen Leib, wie Er es gewollt hat, und zwar jedem Samen seinen besonderen Leib." (1Kor 15,36-38)

   c. Er glaubt, doch sein Glaube an Gott und seine Macht ist schwach. Er kann sich nicht viel über die körperliche Welt und die Gültigkeit ihrer Naturgesetze hinaus vorstellen.

<u>Gedanke 1</u> Die Vorstellung einer geistlichen Welt verwirrt den natürlichen Menschen. Man stelle sich das vor! Während wir hier umgeben von allem, was wir sehen, dasitzen…
- gibt es eine andere Welt, eine geistliche Welt, eine unsichtbare geistliche Daseinsform, die tatsächlich existiert.
- gibt es einen Geist, das wahre Leben in uns, das dazu bestimmt ist, ewig zu existieren.
- gibt es eine Auferstehung all der Toten, die schon seit Ewigkeiten in ihren Gräbern liegen. Gott wird alle Teile dieser Körper wieder *zusammenrufen*, wie weit verstreut sie auch sein mögen, und sie werden zu neuem Leben und Wirken vervollkommnet und verherrlicht werden. Wie kann er so etwas tun? Durch das Wort seiner Macht *als Gott*.

<u>Gedanke 2</u> Wenn wir wirklich über die Tatsache der Auferstehung nachdenken, muß jeder zwei Bekenntnisse machen, der Gläubige und der Ungläubige gleichermaßen.
1) Der natürliche Mensch, d.h. der Mensch in sich und seiner Welt, *kann nichts* von einer geistlichen Welt *wissen*. Er ist an die körperliche und materielle Welt gebunden, zu der er gehört. Er kann nur denke, raten und annehmen, daß eine geistliche Welt existiert, und über Details wie die Auferstehung spekulieren. Während der Mensch in dieser Welt lebt, kann er die geistliche Welt nicht mit seinem Körper durchdringen, um ihre Existenz wissenschaftlich zu beweisen.
2) Nur Gott kann die Wirklichkeit der geistlichen Daseinsform und die Tatsache, daß die Auferstehung stattfinden wird, offenbaren. Das kann nur durch die Macht Gottes erfahren werden. Kein Mensch hat die Macht, das herbeizuführen. Wenn eine Auferstehung stattfinden soll, muß Gottes Macht sie bewirken.

<u>Gedanke 3</u> Durch ihr unvergängliches Wesen ersetzt die geistliche Welt die körperliche und sterbende Welt und wird viel wichtiger als sie. Deshalb muß der Mensch ihr den Vorzug geben. Doch gegen diese Forderung rebelliert der Mensch. Deshalb…
- stellt eine wissenschaftliche Gesellschaft in Frage, was sie nicht beweisen kann.
- stellt eine materialistische Gesellschaft in Frage, was sie nicht benutzen kann, um ihre Gier nach mehr zu befriedigen.
- stellt eine unmoralische Gesellschaft in Frage, wovon sie eine Korrektur ihres Verhaltens befürchtet.
- stellt eine weltliche Gesellschaft in Frage, wovon sie Beschränkungen ihres Vergnügens befürchtet.
- stellt eine Machtgesellschaft in Frage, wovon sie eine Lockerung ihres Zugriffs und einen Schwund ihrer Autorität befürchtet.

4 (22,30) <u>**Auferstehung – geistliche Daseinsform**</u>: Christus sagte, daß die Auferstehung irdische Beziehungen übersteigt. Die Sadduzäer kannten weder die Schriften noch die Kraft Gottes. Als sie an die Auferstehung in eine andere Welt dachten, sahen sie eine einfache Fortsetzung des Lebens, wie es bisher war. Sie stellten sich den Himmel nur als Fortsetzung dieser Welt vor. Sehr einfach gesagt, konnten sie nicht begreifen, daß sich die Lebensqualität ändern und der Mensch eine völlig neue Umwelt erhalten würde, in der er dann lebt.

Christus sagte zweierlei.
1. Zukünftiges Leben und Beziehungen übersteigen irdische Beziehungen – sogar den Ehebund. Die starke Einheit im Bund der Ehe wird nicht weniger, sie wird größer und stärker.
2. Zukünftiges Leben und Beziehungen werden denen der Engel und Gottes vergleichbar sein. Das bedeutet wenigstens zweierlei. (Man beachte: Christus hatte soeben die Existenz von Engeln zugegeben und damit den falschen Glauben der liberalen Sadduzäer widerlegt.)
   a. Himmlisches Leben und Beziehungen werden vollkommen sein. Unsere Beziehungen werden im Himmel nicht verschwinden. Sie werden so verändert, daß Sünde und Selbstsucht unsere Liebe und unser Leben nicht mehr berühren. Unsere Liebe wird vervollkommnet, deshalb werden wir jeden vollkommen lieben. Eine Ehefrau auf dieser Erde wird nicht mehr so geliebt wie auf der Erde – unvollkommen. Sie wird mehr und vollkommen geliebt.

Matthäus 22,23-33

Jeder wird jeden vollkommen lieben. Gott wird alle Beziehungen vervollkommnen, wie die Beziehung zwischen Gott und den Engeln vollkommen ist.

    b. Himmlisches Leben und Beziehungen sind ewig. Für sie gibt es kein Ende. Mann und Frau werden immer den anderen zum Lieben haben. Keiner wird vor dem anderen aufhören zu existieren (sterben) (wie es jetzt ist). Jeder wird immer jeden zum Lieben haben. Gott wird die kurze Zeit, die wir jetzt miteinander haben, in eine ewige Beziehung verwandeln. Wir werden uns ewig an der Gegenwart des anderen freuen, so wie die Engel und Gott sich einer ewigen Beziehung erfreuen.

Gedanke 1 Beim Nachdenken über den Himmel und das ewige Leben muß man immer zwei Warnungen beachten.
1) Man kann den Himmel *materialisieren* und das ewige Leben *vermenschlichen*, d.h. wir können den Himmel nur als *verherrlichte* Welt und das ewige Leben nur als körperliches Leben und etwas mehr begreifen. Das war der Fehler der Sadduzäer und ist oft das Bild, das sich liberale Denker vorstellen, wenn sie von der Auferstehung hören.
2) Man kann den Himmel *idealisieren* und das ewige Leben *allegorisieren*. Wir können uns den Himmel als etwas mehr als ein ideales Land vorstellen, das wir suchen und worauf wir unser Leben ausrichten sollen. Und wir können uns das ewige Leben als etwas mehr als einen utopischen Zustand vorstellen, einen utopischen Traum oft von unbestimmter Qualität oder als Herumschweben frei von Prüfungen und Problemen.

Beim Nachdenken über den Himmel und das ewige Leben müssen wir immer die Lehren der Schrift und Gottes Offenbarung im Gedächtnis behalten. Die Schrift lehrt uns, daß das Wesen der Dinge verändert wird.
1. Der Himmel ist eine geistliche Daseinsform, eine reale Welt, und die Schrift erklärt, daß Erde und Himmel eines Tages in diese geistliche Daseinsform umgewandelt werden sollen. Es wird einen neuen Himmel und eine neue Erde, einen vollkommenen und ewigen Himmel und eine ebensolche Erde geben (2Petr 3,3-13; Offb 21,1, 5).
2. Das ewige Leben ist Leben, das für immer in der geistlichen Daseinsform andauert. Die Schrift sagt:

"So ist es auch mit der Auferstehung der Toten: Es wird gesät verweslich und wird auferstehen unverweslich; es wird gesät in Unehre und wird auferstehen in Herrlichkeit; es wird gesät in Schwachheit und wird auferstehen in Kraft; es wird gesät ein natürlicher Leib, und es wird auferstehen ein geistlicher Leib. Es gibt einen natürlichen Leib, und es gibt einen geistlichen Leib."
(1Kor 15,42-44. Vgl. 1Thess 5,13-18.)

"Und wie wir das Bild des Irdischen getragen haben, so werden wir auch das Bild des Himmlischen tragen. Das aber sage ich, Brüder, daß Fleisch und Blut das Reich Gottes nicht erben können; auch erbt das Verwesliche nicht die Unverweslichkeit. Siehe, ich sage euch ein Geheimnis: Wir werden nicht alle entschlafen, wir werden aber alle verwandelt werden, plötzlich, in einem Augenblick, zur Zeit der letzten Posaune; denn die Posaune wird erschallen, und die Toten werden auferstehen unverweslich, und wir werden verwandelt werden. Denn dieses Verwesliche muß Unverweslichkeit anziehen, und dieses Sterbliche muß Unsterblichkeit anziehen. Wenn aber dieses Verwesliche Unverweslichkeit anziehen und dieses Sterbliche Unsterblichkeit anziehen wird, dann wird das Wort erfüllt werden, das geschrieben steht: Der Tod ist verschlungen in Sieg!" (1Kor 15,49-55)

(Siehe Anmerkungen und Nähere Betrachtung 1 – Mt 19,28; Nähere Betrachtung 1 – Joh 17,2-3; Nähere Betrachtung 1 – 2Tim 4,18. Vgl. Joh 1,4.)

5 (22,31-32) **Auferstehung**: Jesus sagte, daß es für die Auferstehung vier grundlegende Beweise gibt.

1. Gott hat die Wahrheit der Auferstehung in seinem Wort offenbart (vgl. Hiob 19,26; Hes 37,1f; Dan 12,2). Die Sadduzäer sahen nur die ersten fünf Bücher Mose als Gottes Wort an (siehe Nähere Betrachtung 2 – Apg 23,8). Daher benutzte Christus diesen Teil der Schrift, um die Auferstehung zu beweisen.

Man beachte drei Tatsachen zu dem, was Christus sagte: "Habt ihr nicht gelesen, was euch von Gott gesagt ist" (V31).
    a. Christus sagte, daß Gott zum Menschen gesprochen hat; Gott hat dem Menschen die Wahrheit in der Schrift offenbart.
    b. Christus sagte, daß die Schrift Gottes Wort *ist*.
    c. Christus fragte, warum sie nicht gelesen hatten, was Gott gesagt hat. "Habt ihr nicht gelesen" deutet an, daß sie keine Entschuldigung hatten. Sie hätten lesen und verstehen sollen; deshalb hätten sie die Wahrheit der Auferstehung (und alle anderen Wahrheiten) kennen müssen, wie Gott sie offenbart hat.

2. Gott ist; Gott existiert. Die Tatsache, daß *Gott ist*, beweist die Auferstehung. Das Griechische (ego eimi) bedeutet den einen Ewigen, selbst Existierenden (siehe Nähere Betrachtung 1 – Joh 6,20; 18,4-6).

"Ich bin der Gott…" (Mt 22,32)
"Wer zu Gott kommt, muß glauben, daß er ist." (Hebr 11,6)

Da Gott ist, ist er allmächtig – eine ewige und vollkommene Macht. Gott kann alles tun und er kann es ewig und vollkommen tun. Er kann die Teile eines verwesten Körpers wieder zusammenrufen und ihn in der geistlichen Welt zum ewigen und vollkommenen Leben erwecken.

Man muß sorgfältig beachten: Das Argument für *Gottes Dasein* (Leben) ist unwiderlegbar. Man beachte sorgfältig den großen Abschnitt im Epheserbrief, der sich mit den geistlichen Segnungen beschäftigt, die uns in Christus gehören: "In welchem wir auch ein Erbteil erlangt haben…damit wir zum Lob seiner Herrlichkeit dienten" (Eph 1,11-12)

Die Auferstehung ist eine Tatsache. Alle Menschen aller Zeiten werden sie erleben, weil *Gott ist*. Gott hat uns ein Erbteil gegeben, damit wir *zum Lob seiner Herrlichkeit dienten*, d.h. ewig mit ihm lebten. Wir werden eine Wesensveränderung erleben, eine Veränderung zu Vollkommenheit und Beständigkeit hin. Aus diesem Grund müssen wir sorgfältig auf die Worte der Schrift achten: " Ohne Glauben aber ist es unmöglich, ihm wohlzugefallen; denn wer zu Gott kommt, muß glauben, daß er [Gott] ist, und daß er die belohnen wird, welche ihn suchen." (Hebr 11,6).

Wir müssen glauben, daß Gott ist und daß er die belohnt, die ihn suchen, d.h. daß er alle belohnt, die danach suchen, ewig mit ihm zu leben.

"Damit ich zur Auferstehung der Toten gelange." (Phil 3,11)

Matthäus 22,23-33

3. Gott ist der Gott Abrahams, Isaaks und Jakobs. Christus meint an dieser Stelle wenigstens zweierlei.
   a. Gottes Beziehungen sind aktiv, nicht inaktiv. Gott sagt "ich bin der Gott von," nicht "ich war der Gott von…" Seine Beziehungen zu seinem Volk sind dauerhaft. Sie bleiben erhalten. Gott ist ewig, deshalb schafft und erhält er ewige, aktive Beziehungen. Gottes Volk tritt in den geistlichen Bereich seiner Gegenwart und in eine aktive Beziehung zu ihm ein. Die Auferstehung ist eine Tatsache.
   b. Gottes Beziehungen sind gut und lohnend. Den Erzvätern wurde persönlicher Lohn verheißen (vgl. Hebr. 11,13-6). Wenn unsere Beziehung zu Gott gut und lohnend ist, muß es die Auferstehung geben. Tot und verwest zu bleiben ist weder gut noch lohnend. Abraham, Isaak und Jakob hatten eine gute und lohnende Beziehung zu Gott. Sie sind lebendig, lebendiger als auf der Erde, denn sie sind jetzt vollkommen und ewig. Sie sind bei Gott. Und dort sollen wir auch einmal sein. Die Auferstehung ist eine Tatsache.
4. Gott ist kein Gott der Toten, sondern der Lebenden. Gott ist der Gott Abrahams, Isaaks und Jakobs, nicht der Gott verwester Leichen. Als Moses diese Worte schrieb, waren die Erzväter schon seit vielen Jahren tot. Wenn sie tot waren, dann war Gott nicht ihr Gott. Doch da er ihr Gott war, lebten sie in seiner Gegenwart und in einer ewigen und vollkommenen Beziehung zu ihm. Es wird eine Auferstehung geben.

"**Denn keiner von uns lebt sich selbst und keiner stirbt sich selbst. Denn leben wir, so leben wir dem Herrn, und sterben wir, so sterben wir dem Herrn; ob wir nun leben oder sterben, wir gehören dem Herrn. Denn dazu ist Christus auch gestorben und auferstanden und wieder lebendig geworden, daß er sowohl über Tote als auch über Lebende Herr sei." (Röm 14,7-9)**

Christus macht eine sehr deutliche Aussage: *Da Gott ist*, ist er kein Gott der Toten, sondern der Lebenden.

"**Warum wird es bei euch für unglaublich gehalten, daß Gott Tote auferweckt?" (Apg 26,8)**
"**Daß es eine künftige Auferstehung der Toten geben wird, sowohl der Gerechten als der Ungerechten." (Apg 24,15)**

Man beachte, was die Schrift über die Auferstehung sagt (siehe Anmerkungen – Mt 17,23; Apg 2,29-31; Kol 3,1-4. Siehe Verwandte Themen, Allgemeiner Themenindex.)
1. Man beachte die betonten Aussagen Christi:

"**Und sie [die in den Gräbern sind] werden hervorgehen: die das Gute getan haben, zur Auferstehung des Lebens; die aber das Böse getan haben, zur Auferstehung des Gerichts." (Joh 5,29)**
" **Das ist aber der Wille des Vaters, der mich gesandt hat, daß ich nichts verliere von allem, was er mir gegeben hat, sondern daß ich es auferwecke am letzten Tag. Das ist aber der Wille dessen, der mich gesandt hat, daß jeder, der den Sohn sieht und an ihn glaubt, ewiges Leben hat; und ich werde ihn auferwecken am letzten Tag…Niemand kann zu mir kommen, es sei denn, daß ihn der Vater zieht, der mich gesandt hat; und ich werde ihn auferwecken am letzten Tag…Wer mein Fleisch ißt und mein Blut trinkt, der hat ewiges Leben, und ich werde ihn auferwecken am letzten Tag." (Joh 6,39-40;44;54)**
"**Jesus spricht zu ihr: Ich bin die Auferstehung und das Leben. Wer an mich glaubt, wird leben, auch wenn er stirbt; und jeder, der lebt und an mich glaubt, wird in Ewigkeit nicht sterben. Glaubst du das?" (Joh 11,25-26)**

2. Man beachte das persönliche Zeugnis des Paulus.

"**Da aber Paulus wußte, daß der eine Teil aus Sadduzäern, der andere aus Pharisäern bestand, rief er in die Ratsversammlung hinein: Ihr Männer und Brüder, ich bin ein Pharisäer und der Sohn eines Pharisäers; wegen der Hoffnung und der Auferstehung der Toten werde ich gerichtet!" (Apg 23,6)**
"**Das bekenne ich dir aber, daß ich nach dem Weg, den sie eine Sekte nennen, dem Gott der Väter auf diese Weise diene, daß ich an alles glaube, was im Gesetz und in den Propheten geschrieben steht; und ich habe die Hoffnung zu Gott, auf die auch sie selbst warten, daß es eine künftige Auferstehung der Toten geben wird, sowohl der Gerechten als der Ungerechten…Wegen der Auferstehung der Toten werde ich heute von euch gerichtet!" (Apg 24,14-1521)**

3. Man beachte die außer Frage stehende Lehre der Schrift.

"**Denn wenn wir mit ihm einsgemacht und ihm gleich geworden sind in seinem Tod, so werden wir ihm auch in der Auferstehung gleich sein." (Röm 6,5)**
"**Wenn aber der Geist dessen, der Jesus aus den Toten auferweckt hat, in euch wohnt, so wird derselbe, der Christus aus den Toten auferweckt hat, auch eure sterblichen Leiber lebendig machen durch seinen Geist, der in euch wohnt." (Röm 8,11)**
"**Gott aber hat den Herrn auferweckt und wird auch uns auferwecken durch seine Kraft." (1Kor 6,14)**
"**Wenn aber Christus verkündigt wird, daß er aus den Toten auferstanden ist, wieso sagen denn etliche unter euch, es gebe keine Auferstehung der Toten? Wenn es wirklich keine Auferstehung der Toten gibt, so ist auch Christus nicht auferstanden! Wenn aber Christus nicht auferstanden ist, so ist unsere Verkündigung vergeblich, und vergeblich auch euer Glaube!" (1Kor 15,12-14; vgl. 1Kor 15,12-58)**
"**Da wir wissen, daß der, welcher den Herrn Jesus auferweckt hat, auch uns durch Jesus auferwecken und zusammen mit euch vor sich stellen wird." (2Kor 4,14)**
"**Damit ich zur Auferstehung der Toten gelange." (Phil 3,11)**
"**Denn der Herr selbst wird, wenn der Befehl ergeht und die Stimme des Erzengels und die Posaune Gottes erschallt, vom Himmel herabkommen, und die Toten in Christus werden zuerst auferstehen. Danach werden wir, die wir leben und übrigbleiben, zugleich mit ihnen entrückt werden in Wolken, zur Begegnung mit dem Herrn, in die Luft, und so werden wir bei dem Herrn sein allezeit. So tröstet nun einander mit diesen Worten!" (1Thess 4,16-18)**

Matthäus 22,23-33

"…andere aber ließen sich martern und nahmen die Befreiung nicht an, um eine bessere Auferstehung zu erlangen." (Hebr 11,35)

"…Dies ist die erste Auferstehung. Glückselig und heilig ist, wer Anteil hat an der ersten Auferstehung! Über diese hat der zweite Tod keine Macht, sondern sie werden Priester Gottes und des Christus sein und mit ihm regieren tausend Jahre." (Offb 20,5-6)

4. Man beachte die Reaktion der Menschen auf die Auferstehung (vgl. 2Petr 3,3-18).

"Während sie aber zum Volk redeten, kamen die Priester und der Hauptmann des Tempels und die Sadduzäer auf sie zu. Sie waren aufgebracht darüber, daß sie das Volk lehrten und in Jesus die Auferstehung aus den Toten verkündigten." (Apg 4,1-2)

"Aber etliche der epikureischen und der stoischen Philosophen maßen sich mit ihm; und manche sprachen: Was will dieser Schwätzer wohl sagen? Andere aber: Er scheint ein Verkündiger fremder Götter zu sein! – denn er verkündigte ihnen das Evangelium von Jesus und der Auferstehung." (Apg 17,18)

"Wenn aber Christus verkündigt wird, daß er aus den Toten auferstanden ist, wieso sagen denn etliche unter euch, es gebe keine Auferstehung der Toten?" (1Kor 15,12)

"Aber was mir Gewinn war, das habe ich um des Christus willen für Schaden geachtet…damit ich zur Auferstehung der Toten gelange." (Phil 3,7;11)

[6] (22,33) **Auferstehung**: Die herrliche Hoffnung der Auferstehung sorgte nicht nur zur Zeit Christi für Erstaunen, sondern auch heute.
1. Der Gläubige staunt darüber, daß Gott ihn so sehr liebt.
2. Der Ungläubige staunt über eine Vorstellung wie die Auferstehung, daß man so etwas überhaupt glauben kann.

Matthäus 22,34-40

	J. Die Frage nach dem größten Gebot: Eine Betrachtung der Liebe, 22,34-40 (Mk 12,28-34; vgl. Lk 10,25-37)	größte Gebot im Gesetz? 37 Und Jesus sprach zu ihm: Du sollst den Herrn, deinen Gott, lieben mit deinem ganzen Herzen und mit deiner ganzen Seele und mit deinem ganzen Denken.	größte Gebot 2 **Erstens: Gott lieben** a. Wie den eigenen Gott b. Mit dem ganzen Wesen: Herz, Seele und Denken
1 **Die Pharisäer planten** a. Sie versammelten sich	34 Als nun die Pharisäer hörten, daß er den Sadduzäern den Mund gestopft hatte, versammelten sie sich;	38 Das ist das erste und größte Gebot. 39 Und das zweite ist ihm zu vergleichen: Du sollst deinen Nächsten lieben wie dich selbst.	c. Liebe ist die Hauptpflicht des Menschen 3 **Zweitens: Den Nächsten lieben** a. Sich selbst lieben
b. Ein Gesetzeslehrer sollte Christus versuchen	35 und einer von ihnen, ein Gesetzesgelehrter, stellte ihm eine Frage, um ihn zu versuchen, und sprach:	40 An diesen zwei Geboten hängen das ganze Gesetz und die Propheten.	b. Den Nächsten wie sich selbst lieben 4 **Schluß: Liebe umfaßt alle Gebote**
c. Die Frage: Was ist das	36 Meister, welches ist das		

ABSCHNITT XIV

DIE LETZTE WOCHE DES MESSIAS: SEIN ANSPRUCH BESTRITTEN UND ABGELEHNT, 21,1-23,39

J. Die Frage nach dem größten Gebot: Eine Betrachtung der Liebe, 22,34-40

(22,34-40) **Einführung – Herausforderungen an Jesus Christus**: Jesus war gerade der dritten Gruppe seiner Herausforderer begegnet, den Sadduzäern. Er hatte sie geschlagen und *zum Schweigen gebracht*. Die Pharisäer, die Strenggläubigen dieser Zeit, hörten davon, daß Christus wiederum seine Herausforderer überwunden hatte. In ihrem Denken hatte sich die Bedrohung, die er für ihre Sicherheit darstellte, noch vergrößert. Alle drei Versuche, ihn in Mißkredit zu bringen, waren fehlgeschlagen. Sie fühlten, daß sie ihn irgendwie vor dem Volk in Verruf bringen mußten, um seinen Einfluß auf die Menschen zu brechen. Es bestand sehr wohl die Möglichkeit, daß die Menge ihre Verkündigung, daß er der Messias war, so weit treiben würde, daß es zu einem Aufstand gegen die römische Regierung kam. Die Verantwortung dafür würde natürlich auf sie als die Führer der Juden zurückfallen, was zu ihrer Ablösung als Sanhedrin, dem Verlust ihrer Stellung, ihrer Autorität, Wertschätzung und ihres Lebensunterhaltes führen würde.

Sie versammelten sich, um neue Pläne zu schmieden. Diesmal wählten sie eine andere Vorgehensweise. Sie hatten Christus während der letzten Stunden immer als Gruppe herausgefordert; nun wählten sie aus ihrer Mitte den Klügsten und im Gesetz Versiertesten aus, einen Gesetzeslehrer oder Schriftgelehrten.

Mit diesem Gesetzeslehrer war jedoch etwas, von dem die anderen nichts wußten. Anscheinend war sein Herz von Christus berührt worden. Es gibt zwei Hinweise darauf. Erstens berichtet uns Markus, daß dieser Mann anwesend war, als Christus mit den Sadduzäern seinen "Wortwechsel" hatte (Mk 12,28), und er bemerkt hatte, "daß er [Christus] ihnen gut geantwortet hatte." Zweitens sagte Christus am Schluß seines eigenen Gesprächs mit ihm: "Du bist nicht fern vom Reich Gottes!" (Mk 12,34). Das weist darauf hin, daß der Gesetzeslehrer gründlich über Christus nachgedacht hatte und dabei war, überzeugt zu werden.

Etwas an Christus brachte in diesem Mann eine Saite zum Klingen. Sein Herz wurde tief berührt und erregt. Ja, er war von der Führung vorgeschickt worden, um Christus zu versuchen, aber persönlich hatten der Geist, die Weisheit, die Selbstbeherrschung, die Vollmacht – etwas an Christus, als er den Sadduzäern antwortete – sein Herz zum Staunen gebracht und den Wunsch geweckt, mehr von Christus zu erfahren.

Christus benutzte die Gelegenheit, um den Menschen die größte *Fürsorge* und *Pflicht* des menschlichen Lebens zu lehren: Die Liebe. Liebe sorgt für jedes Bedürfnis vor, das der Mensch hat, daher ist die Liebe die größte Pflicht des Menschen.

1. Die Pharisäer planten (V34-36).
2. Erstens: Gott lieben (V37-38).
3. Zweitens: Den Nächsten lieben (V39).
4. Schluß: Liebe umfaßt alle Gebote (V40).

|1| (22,34-36) **Fromme**: Die Pharisäer schmiedeten Pläne gegen Jesus. Das Wort "*sie*" scheint darauf hinzudeuten, daß sich die Pharisäer und Sadduzäer trafen, als die Pharisäer hörten, daß Christus sie geschlagen, ihnen *den Mund gestopft* hatte. Sie trafen sich im Rat (Sanhedrin), um ihren nächsten Schritt festzulegen (siehe Anmerkung – Mt 22,34-40).

NÄHERE BETRACHTUNG 1

(22,35) **Gesetzeslehrer** (nomikos): Ein Beruf der Laien, die die praktischen Fragen des jüdischen Gesetzes studierten, lehrten, auslegten und behandelten. Sie waren ein besonderer Zweig des gemeinhin Schriftgelehrter genannten Berufs (vgl. Mk 12,28). Sie wirkten sowohl bei Gericht als auch in der Synagoge (vgl. Lk 7,30; 10,25; 11,45;46;52; 14,3; Tit 3,13). Sie beschäftigten sich anscheinend mehr mit dem Studium und der Auslegung des Gesetzes.

NÄHERE BETRACHTUNG 2

(22,36) **Gebot**: Man beachte die Frage: "Welches ist das größte Gebot im Gesetz?" Über die Jahre hinweg hatten jüdische Lehrer sechshundert Gebote aufgestellt. Niemand konnte sie alle halten, deshalb wurde diese Frage oft gestellt und diskutiert: Welches Gebot oder welche Gebote müssen unbedingt befolgt werden? Welche sind wichtig und welche nicht? Kann es vergeben werden, wenn einige Gebote nicht gehalten werden? Welche Gebote wiegen schwer, welche sind leicht? Wenn man die größten der Gebote hält, kann dann vergeben werden, wenn man andere bricht (vgl. Mt 19,16f)?

Man beachte zwei Dinge zu der Tendenz, einige Gebote Gottes für wichtig und andere für unwichtig zu halten.
1. Das war die Sünde, gegen die sich Jakobus wandte.

   "Denn wer das ganze Gesetz hält, sich aber in einem verfehlt, der ist in allem schuldig geworden." (Jak 2,10)

Matthäus 22,34-40

2. Christus lehrte, daß manche Gebote umfassend und breiter gefaßt sind als andere.

> "Wehe euch, ihr Schriftgelehrten und Pharisäer, ihr Heuchler, daß ihr die Minze und den Anis und den Kümmel verzehntet und das Wichtigere im Gesetz vernachlässigt, nämlich das Gericht und das Erbarmen und den Glauben! Dieses sollte man tun und jenes nicht lassen." (Mt 23,23)

Die Pharisäer versuchten, das Volk gegen Jesus aufzubringen. Es gab unterschiedliche Meinungen darüber, was das größte Gebot war. Manche glaubten, es hätte mit der Beschneidung zu tun, andere dachten an Opfer und wieder andere an den Sabbat. De Pharisäer hofften, daß Christus mit seiner Antwort die Menschen verstören würde, die anderer Meinung waren. Er sollte dadurch ihre Gefolgschaft verlieren. Es war sehr gut möglich, daß die Meinung eines Menschen das Gewicht anderer sehr wichtiger Gebote verringert erscheinen lassen würde.

Gedanke 1 Alle Gebote Gottes sind wichtig – gleich wichtig. Eins ist das erste und *gewichtigere* nur deshalb, weil es alle anderen Gebote einschließt. Das bedeutet mehrere Dinge.

1) Wir können an höhere und niedrigere Gebote denken – wenn wir die höheren Gebote halten, müssen wir den niedrigeren nicht so viel Aufmerksamkeit schenken. Wir mögen denken, daß es entschuldigt wird, wenn wir die niedrigeren Gebote brechen, doch solche Überlegungen sind falsch.

> "Denn wer das ganze Gesetz hält, sich aber in einem verfehlt, der ist in allem schuldig geworden." (Jak 2,10)

2) Daß wir die Bedeutung einiger Gebote leugnen können, macht sie nicht unwichtig. Unser Unglaube und unser Leugnen machen die Gebote nicht nichtig, kein einziges. Sie verurteilen uns immer noch. Jedes Gebot ahndet seine Verletzung durch uns mit der Macht, in der es erlassen wurde. Es verurteilt uns – wie wenig Wert wir ihm auch zumessen.

Das ist ein allgemeiner Irrtum des Menschen: Unglaube macht etwas unwirksam und nichtig. Man denkt:" Wenn ich etwas leugne, ignoriere, ablehne, aus meinen Gedanken verbanne, dann ist es nicht da und wird nicht geschehen." Viele behandeln Gottes Wort und einige Gebot auf diese Weise, besonders, wenn sie sinnliches oder erregendes Vergnügen wollen. Zu viele passen ihren Glauben, ihre Prinzipien, ihre Überzeugung und die Gebote, die sie befolgen, ihrem Verhalten an. Sie wollen tun, was ihnen gefällt, also passen sie alles ihren Wünschen an, ihre Prinzipien eingeschlossen. Sie befolgen nur die Gebote, die ihnen erlauben, ihre Begierden zu erfüllen und weil sie einige Standards befolgen, fühlen sie sich annehmbar und sicher.

Gedanke 2 Dieser Abschnitt ist lohnend für Anwälte und andere Berufstätige, besonders, wenn sie so offen und ehrlich sind, wie dieser Mann gewesen zu sein scheint. Ein Gedanke am Rande – am Tag des Gerichts wird es interessant sein, zu sehen, ob dieser Gesetzeslehrer zu den Bekehrten von Apg 6,9 gehört.

[2] (22,37-38) **Gebot**: Erstens: Gott lieben. Welches ist das größte Gebot im Gesetz? (Vgl. 5Mo 6,5.) Die Antwort Christi war stark, sie öffnet den Menschen die Augen, die durch von Menschen erdachte Religionen erfüllt sind.

1. Gott lieben: "Du sollst den Herrn, deinen Gott, lieben." Liebe Gott als *deinen* ganz persönlichen Gott. Das Wort *deinen* bezeichnet eine persönliche Beziehung, keine entfernte Beziehung. Gott ist nicht unpersönlich, irgendwo weit weg im Weltall, fern und distanziert. Gott ist persönlich, nahe, und wir sollen uns auf einer persönlichen Grundlage mit ihm einlassen. Man beachte noch etwas: Das Gebot lautet "Du sollst den Herrn, deine Gott, lieben." Gott zu *lieben* ist lebendig und aktiv, nicht tot und inaktiv. Wir sollen deshalb eine lebendige und aktive persönliche Beziehung zu Gott haben.

2. Gott mit dem ganzen Wesen lieben. Christus unterteilt das Wesen in drei Teile: Herz, Seele und Denken (siehe Nähere Betrachtung 4,5,6 – Mt 22,37).

3. Die Liebe ist die erste Pflicht des Menschen. Der Mensch ist dafür verantwortlich, eine liebevolle Beziehung zu Gott zu unterhalten. Praktisch gesehen beinhaltete die Liebe zu Gott dieselben Faktoren wie die Liebe zu einem anderen Menschen (siehe Abrisse und Anmerkungen – Eph 5,22-33).

   a. Eine liebevolle Beziehung beinhaltet *Hingabe und Treue*. Wahre Liebe gestattet keine Flirts mit anderen. Wahre Liebe begehrt nicht, sie kümmert sich nicht um ein fleischliches Verständnis von Liebe, das sinnliche Beziehungen und Fleischeslust mit anderen zuläßt.
   Wahre Liebe ist Hingabe und Treue zueinander. Das ist bedeutsam. Das erste Gebot handelt von *Hingabe Treue*. Gott trifft das fleischliche Verhalten des Menschen im Kern, seine Neigung, Liebe so zu definieren, daß er seine Gelüste befriedigen kann. Gott sagt unwiderruflich: "Du sollst keine andern Götter neben mir haben!" (2Mo 20,3). Gott fordert unsere ganze Hingabe und Treue.

   b. Eine liebevolle Beziehung beinhaltet *Vertrauen und Respekt* gegenüber dem geliebten Menschen. Das bedeutet, den Menschen für das zu lieben, was er ist. So ist es, wenn wir Gott lieben. Wir lieben Gott, weil er ist, der er ist. Wir lieben ihn, weil…
      - er der Schöpfer und Erhalter des Lebens ist.
      - er der Retter und Erlöser unserer Seelen ist.
      - er der Herr und Besitzer unseres Lebens ist.

   c. Eine liebevolle Beziehung beinhaltet *Hingabe und Unterwerfung* des Selbst. Man spürt den Drang, sich dem anderen hinzugeben und zu unterwerfen, nicht zu nehmen und zu erobern. So sollen wir Gott lieben, uns ihm hingeben und unterwerfen.

   d. Eine liebevolle Beziehung beinhaltet *Wissen und Mitteilen*. Es besteht der Wunsch, zu wissen, mitzuteilen, zu lernen, zu wachsen und zusammen zu dienen und zu arbeiten. Wir sollen Gott kennen und uns ihm mitteilen, lernen, wachsen und mit ihm zusammen arbeiten und dienen.

Gedanke 1 Die Bedeutung einer persönlichen Beziehung zu Gott kann nicht überschätzt werden.
1) Sie ist das größte Gebot, die Summe und der Inhalt aller Gebote.
2) Gott will, daß er geliebt wird. Das ist sein erstes Gebot und die Liebe soll persönlich und aktiv sein.
3) Das Gebot der Liebe wurde von Christus, Gottes eigenem Sohn, gegeben.

Matthäus 22,34-40

Gedanke 2 Eine persönliche Beziehung kann nur durch Kommunikation aufrechterhalten werden: Wir müssen mit Gott reden und ihm erlauben, durch das Gebet, sein Wort und die Gegenwart seines heiligen Geistes zu uns zu sprechen.

Gedanke 3 Herz, Seele und Denken eines Menschen sind auf etwas gerichtet: Das Selbst, Besitz, die Welt, das Fleisch, Macht, Ruhm, einen Menschen. Gott will, daß wir unser ganzes Wesen auf ihn richten.

NÄHERE BETRACHTUNG 3
(22,37) **Liebe**: Vgl. 5Mo 6,5. Siehe Anmerkung – Joh 21,15-17.

NÄHERE BETRACHTUNG 4
(22,37) **Herz**: Der *Sitz* der Zuneigung und des Willens (Treue) eines Menschen. Das Herz bindet und richtet unseren Willen und unsere Treue aus. Das Herz läßt uns entweder Gutes oder Schlechtes geben. Das Herz läßt uns uns entweder dem Guten oder dem Bösen hingeben. Deshalb sagte Christus, wir sollen Gott "mit unserem ganzen Herzen" lieben. Wir sollen unser Herz, unsere Zuneigung und unseren Willen (Treue) auf Gott ausrichten. Wir sollen Gott über alles lieben.

> "Denn wo euer Schatz [Gegenstand der Liebe] ist, da wird auch euer Herz sein." (Mt 6,21)
> "…Denn wovon das Herz voll ist, davon redet der Mund. Der gute Mensch bringt aus dem guten Schatz des Herzens das Gute hervor, und der böse Mensch bringt aus seinem bösen Schatz Böses hervor." (Mt 12,34-35; vgl. Mt 15,18-19)

NÄHERE BETRACHTUNG 5
(22,37) **Seele** (psuche): Der Sitz des Atems und Lebens oder Bewußtseins eines Menschen. Die Seele ist das Leben eines Menschen, sein Bewußtsein, sein Atem, sein Kern, sein Wesen. Die Seele ist das *animalische Leben* eines Menschen. Sie ist der Atem und das Bewußtsein, das den Menschen und andere Tiere von der Pflanzenwelt unterscheidet. Die Pflanzenwelt lebt und der Mensch und die Tiere leben, doch in ihrem Leben gibt es einen Unterschied. Menschen und Tiere sind *atmende* und *bewußte* Wesen. Ihr Atem und Bewußtsein ist der Kern ihres Wesens. Sie sind lebendige Seelen. Das wird in 1Mo 1,20 durch das Hebräische deutlich: "Das Wasser soll wimmeln von einer Fülle lebendiger Wesen [nephesh]." Die "lebendigen Wesen," die Gott geschaffen hatte, unterschieden sich von den Pflanzen, die er kurz zuvor gemacht hatte. Die "lebendigen Wesen" waren Geschöpfe (Fische), die atmeten und Bewußtsein hatten.

Christus sagte, wir sollen Gott "mit unserer ganzen Seele" lieben, d.h. mit unserem ganzen Leben, unserem Atem und Bewußtsein. Wir sollen Gott mit allem Atem, Bewußtsein, Leben und Wachheit lieben, das wir haben.

NÄHERE BETRACHTUNG 6
(22,37) **Denken**: Der Sitz von Verstand und Überlegung. Gott hat den Menschen mit intellektuellen Fähigkeiten ausgestattet. Der Mensch denkt, überlegt und versteht. Christus sagt, daß unser Verstand und unsere Gedanken auf Gott gerichtet sein sollen. Wir sollen Gott "mit unserem ganzen Denken" lieben.

> "Und paßt euch nicht diesem Weltlauf an, sondern laßt euch in eurem Wesen verändern durch die Erneuerung eures Sinnes, damit ihr prüfen könnt, was der gute und wohlgefällige und vollkommene Wille Gottes ist." (Röm 12,2)
> "Und den neuen Menschen angezogen habt, der nach Gott geschaffen ist in wahrhafter Gerechtigkeit und Heiligkeit." (Eph 4,24)
> "Im übrigen, meine Brüder, was wahrhaftig, was ehrbar, was gerecht, was rein, was liebenswert, was wohllautend, was irgend eine Tugend oder etwas Lobenswertes ist, darauf seid bedacht!" (Phil 4,8)
> "Und den neuen [Menschen] angezogen habt, der erneuert wird zur Erkenntnis, nach dem Ebenbild dessen, der ihn geschaffen hat." (Kol 3,10)
> "So daß wir Vernunftschlüsse zerstören und jede Höhe, die sich gegen die Erkenntnis Gottes erhebt, und jeden Gedanken gefangennehmen zum Gehorsam gegen Christus." (2Kor 10,5)

---

3 (22,39) **Liebe – Brüderlichkeit – Nächster**: Christus gab ein zweites Gebot: "Du sollst deinen Nächsten lieben wie dich selbst." (Vgl. 3Mo 19,18.) Der Gesetzeslehrer hatte nicht nach dem zweiten großen Gebot gefragt doch das erste Gebot ist abstrakt. Es kann nicht allein betrachtet oder verstanden werden. Es muß einen *Beweis, eine Handlung, eine Tat* geben, damit Liebe gesehen und verstanden werden kann. Ein Liebesbekenntnis ohne Beweis ist leer. Es ist nur ein Bekenntnis. Liebe wird nicht erkannt, wenn man sie nicht sieht.

An dieser Stelle müssen einige wichtige Dinge über die Liebe gesagt werden.

1. Liebe ist eine aktive Erfahrung, nicht inaktiv und schlafend. Darauf will Christus hinaus. Liebe zu Gott *handelt*. Liebe handelt, indem sie sich zeigt und beweist. Es ist falsch und närrisch, wenn ein Mensch sagt: "Ich liebe Gott," und dann nichts für Gott tut, schläft und inaktiv ist. Wenn er Gott wirklich liebt, wird er für ihn *etwas tun*. Jeder, der liebt, tut etwas für den, den er liebt.

2. Was Gott zuallererst von uns will, ist *Liebe* zu unserem Nächsten, nicht das Verrichten *frommer Werke*. *Fromme Werke* zu verrichten ist gut, doch das will Gott nicht zuerst von uns. Er will, daß wir die Liebe zum Nächsten zum obersten Prinzip unseres Lebens machen. Das Verrichten *frommer Werke* ist nur die Beschäftigung mit Ritualen, Bräuchen, Verordnungen und Gesetzen. Solche Dinge sind leblos, gefühllos und teilnahmslos. Sie sind immateriell. Es hilft ihnen nicht weiter, sie zu beachten, es hilft nur uns. Sie sorgen dafür, daß wir uns gut und fromm fühlen, was für unser Wachstum gut ist, doch *fromme Werke* zeigen nicht unsere Liebe zu Gott. Unsere Liebe zu Gott wird allein durch unsere Liebe zum Nächsten bewiesen. Man kann sagen, daß man Gott liebt, doch wenn man seinen Nächsten haßt und ihn unfreundlich und mit Verachtung behandelt, weiß jeder, daß die Frömmigkeit nur ein Lippenbekenntnis ist.

> "Ein neues Gebot gebe ich euch, daß ihr einander lieben sollt, damit, wie ich euch geliebt habe,

Matthäus 22,34-40

auch ihr einander liebt. Daran wird jedermann erkennen, daß ihr meine Jünger seid, wenn ihr Liebe untereinander habt." (Joh 13,34-35)

"Wenn jemand sagt: Ich liebe Gott, und haßt doch seinen Bruder, so ist er ein Lügner; denn wer seinen Bruder nicht liebt, den er sieht, wie kann der Gott lieben, den er nicht sieht? Und dieses Gebot haben wir von ihm, daß, wer Gott liebt, auch seinen Bruder lieben soll." (1Joh 4,20-21)

3. Das große Gebot, Gott zu lieben, geht in ein anderes großes Gebot über – unseren Nächsten wie uns selbst zu lieben. Die Tatsache ist unabwendbar.

"Gott aber beweist seine Liebe zu uns dadurch, daß Christus für uns gestorben ist, als wir noch Sünder waren." (Röm 5,8)

Wenn ein Mensch die Liebe Gottes zu ihm wirklich begreift, kann er nicht anders, als Gott zu lieben und die Liebe Gottes mit seinen Nächsten zu teilen. Die Liebe Christi zu uns, sein Opfertod, treibt uns dazu, alle Menschen zu lieben.

"Wir lieben ihn, weil er uns zuerst geliebt hat…Und dieses Gebot haben wir von ihm, daß, wer Gott liebt, auch seinen Bruder lieben soll." (1Joh 4,19;21)

"Denn die Liebe des Christus drängt uns, da wir von diesem überzeugt sind: Wenn einer für alle gestorben ist, so sind sie alle gestorben; und er ist deshalb für alle gestorben, damit die, welche leben, nicht mehr sich selbst leben, sondern dem, der für sie gestorben und auferstanden ist." (2Kor 5,14-15)

4. Wir sollen uns selbst lieben.
   a. Es gibt eine schlechte Selbstliebe, die meint, daß sich die Welt nur um einen selbst drehen sollte. Diese Selbstliebe…
      - will im Mittelpunkt der Aufmerksamkeit stehen.
      - drängt sich selbst in den Vordergrund.
      - besteht auf der Durchsetzung des eigenen Willens.
      - fordert Aufmerksamkeit und schwelgt darin.
      - zeigt sich eingebildet und ignoriert andere.
   b. Es gibt jedoch eine göttliche Selbstliebe, die natürlich ist und Gott gefällt. Diese Liebe hat ein starkes Selbstbild, Selbstvertrauen und Selbstsicherheit. Diese Liebe kann sogar Krankheiten wie Geschwüre, Spannungen und hohen Blutdruck vermeiden helfen. Die göttliche Selbstliebe kommt aus dem Wissen um dreierlei.
      ⇒ Daß man tatsächlich ein Geschöpf Gottes ist: Das höchstmögliche Geschöpf.
      ⇒ Daß man tatsächlich von Gott geliebt wird: Die größtmögliche Liebe.
      ⇒ Daß man tatsächlich der Verwalter der Gaben Gottes ist: Die größtmöglichen Gaben.
   c. Die drei Merkmale der göttlichen Selbstliebe sind deutlich zu sehen.
      ⇒ Sie schätzt andere höher als das eigene Ich. Sie schätzt das eigene Ich so hoch wie möglich als Gottes herrliche Schöpfung, doch sie schätzt andere noch höher.

   "Tut nichts aus Selbstsucht oder nichtigem Ehrgeiz, sondern in Demut achte einer den anderen höher als sich selbst." (Phil 2,3)

      ⇒ Sie schaut auf das der anderen. Sie schaut auf das Ihre als Verwalter der Gaben Gottes, doch sie schaut auch auf das der anderen.

   "Jeder schaue nicht auf das Seine, sondern jeder auf das des anderen." (Phil 2,4)

      ⇒ Sie ist vor anderen demütig.

   "Der Größte aber unter euch soll euer Diener sein. Wer sich aber selbst erhöht, der wird erniedrigt werden; und wer sich selbst erniedrigt, der wird erhöht werden." (Mt 23,11-12)
   "…Ihr alle sollt euch gegenseitig unterordnen und mit Demut bekleiden! Denn Gott widersteht den Hochmütigen, den Demütigen aber gibt er Gnade." (1Petr 5,5)

5. Wir sollen unseren Nächsten wie uns selbst lieben. Man beachte drei sehr spezifische Dinge zu diesem zweiten großen Gebot.
   a. Unseren Nächsten zu lieben ist ein Befehl, keine Möglichkeit. Wenn das Gebot nicht befolgt wird, ist Gott verstimmt und wir sind schuldig, weil wir sein Gesetz gebrochen haben.
   b. Unseren Nächsten zu lieben wirft die Frage auf: Wer ist unser Nächster? Christus beantwortete die Frage selbst im Gleichnis vom barmherzigen Samariter.
      ⇒ Ein guter Nächster *erweist jedem Barmherzigkeit, der sie braucht* – auch wenn der Bedürftige von der Gesellschaft verachtet wird (Lk 10,25-37, bes. 36-37).
   Deshalb ist jeder auf der Welt unser Nächster, ungeachtet seines sozialen Status, seiner Umstände und seiner Verfassung. Jeder ist so hoch zu schätzen und soll Hilfe bekommen, wer er auch ist. Niemand darf verletzt oder gekränkt werden. Jeder ist höher als man selbst zu schätzen (Phil 2,3)
   c. Unseren Nächsten zu lieben ist sein sehr praktisches Gebot. Es umfaßt einige praktische Dinge, die in der Schrift aufgeführt werden.
      ⇒ Liebe ist langmütig (hat Geduld, hält lange aus).
      ⇒ Liebe ist freundlich.
      ⇒ Liebe ist nicht neidisch (ist nicht eifersüchtig).
      ⇒ Liebe brüstet sich nicht (prahlt nicht, rühmt sich nicht).
      ⇒ Liebe ist nicht aufgeblasen (eitel, arrogant, stolz).
      ⇒ Liebe verhält sich nicht unpassend (unverschämt, unziemlich, ungezogen anstößig).
      ⇒ Liebe sucht nicht das Ihre (ist nicht selbstsüchtig, besteht nicht auf ihren Rechten und ihrem Willen).
      ⇒ Liebe läßt sich nicht leicht reizen (ist nicht empfindlich, zornig, nachtragend, voller Groll).

Matthäus 22,34-40

⇒ Liebe rechnet das Böse nicht zu (brütet nicht über bösen Gedanken, zählt widerfahrene Kränkungen nicht).
⇒ Liebe freut sich nicht über die Ungerechtigkeit (Böses, Sünde, Ungerechtigkeit, Kränkung), sondern über die Wahrheit (Recht und Gerechtigkeit).
⇒ Liebe erträgt alles.
⇒ Liebe glaubt alles (hat Glauben an alles, ist bereit, von jedem das Beste anzunehmen).
⇒ Liebe hofft alles (hält die Hoffnung auf alles unter allen Umständen aufrecht).
⇒ Liebe erträgt alles (ohne müde zu werden, gibt Kraft zum Durchhalten).

Gedanke 1 *Fromme Werke* können einen Menschen gefangennehmen. Man kann sich so in Religion, Bauwerke, Rituale, Zeremonien, Regeln und Vorschriften vertiefen, daß man die Menschen ignoriert und vernachlässigt, besonders die Armen und Niedergeschlagenen.

Gedanke 2 Die Kirche und *fromme Werke* sind das Bild der Religion unter den Menschen. Deshalb fühlt man sich *gut* und *fromm*, wenn man in die Kirche geht und *fromme Werke* verrichtet.

Gedanke 3 Man liebt Gott, wenn man seinen Nächsten liebt. Tatsächlich liebt man Gott nur, wenn man seinen Nächsten wirklich liebt (1Joh 4,20-21; vgl. Joh 13,34-35).

NÄHERE BETRACHTUNG 7
(22,39) **Liebe**: Vgl. 3Mo 19,18. Siehe Anmerkung – 1Kor 13,4-7.

---

4 (22,40) **Liebe**: Christus sagt, daß die Liebe alle Gebote umfaßt. Tatsächlich ist der Ausdruck "das ganze Gesetz und die Propheten" ein oft benutzter Ausdruck, der sich auf die ganze Schrift bezieht. Christus sagt hier eigentlich, daß die ganze Schrift an der Liebe zu Gott und zum Nächsten hängt. Er zeichnet ein Bild durch den Gebrauch des Wortes "hängt." Er sagt damit, daß die Liebe zu Gott ein *Aufhänger* und die Liebe zum Nächsten ein *Aufhänger ist*. An diesen zwei Aufhängern hängt alles, was Gott jemals gesagt hat, ob das ein Gebot oder eine Offenbarung der Wahrheit oder die Anwendung von Ritualen und Zeremonien ist. Summe und Kern all dessen, was Gott gesagt und getan hat, ist die Liebe. Und Summe und Kern all dessen, was Gott vom Menschen verlangt, ist die Liebe: Die Liebe zu Gott und die Liebe zum Nächsten.

> "So ist nun die Liebe die Erfüllung des Gesetzes." (Röm 13,10)
> "Das Endziel des Gebotes aber ist Liebe aus reinem Herzen." (1Tim 1,5)
> "Alles nun, was ihr wollt, daß die Leute euch tun sollen, das tut auch ihr ihnen ebenso; denn dies ist das Gesetz und die Propheten." (Mt 7,12)

Matthäus 22,41-46

	K. Die Frage Jesu: Was denkt ihr vom Messias? 22,41-46 (Mk 12,35-37; Lk 20,39-44)	nennt ihn denn David im Geist Herr, indem er spricht: 44 Der HERR hat zu meinem Herrn gesagt: Setze dich zu meiner Rechten, bis ich deine Feinde hinlege als Schemel deiner Füße?	4 Anspruch der Schrift: Ist Herr – Herr Davids a. Tatsache: David nannte ihn Herr – *im Geist* 1) Ist zu Gott erhöht 2) Feinde werden ihm unterworfen
1 Jesus befragte die Menschen	41 Als nun die Pharisäer versammelt waren, fragte sie Jesus	45 Wenn also David ihn Herr nennt, wie ist er denn sein Sohn?	b. Frage: Wie kann er Davids Herr und Sohn sein?
2 Die entscheidende Frage: Was denkt ihr vom Messias?	42 und sprach: Was denkt ihr von dem Christus? Wessen Sohn ist er? Sie sagten zu ihm: Davids.	46 Und niemand konnte ihm ein Wort erwidern. Auch getraute sich von jenem Tag an niemand mehr, ihn zu fragen.	5 Schluß: Die Frage brachte die Kritiker Jesu zum Schweigen
3 Menschliche Vorstellung: Ist Sohn eines Menschen – Davids	43 Er spricht zu ihnen: Wie		

ABSCHNITT XIV

DIE LETZTE WOCHE DES MESSIAS: SEIN ANSPRUCH BESTRITTEN UND ABGELEHNT, 21,1-23,39

K. Die Frage Jesu: Was denkt ihr vom Messias? 22,41-46

(22,41-46) **Einführung**: Es war immer noch Dienstag in der letzten Woche des Herrn auf der Erde. Er war gerade viermal von vier verschiedenen Gegnern herausgefordert worden. Er war jeder Gruppe und jedem Fragesteller auf einzigartige Weise begegnet. Er hatte die Fragen beantwortet und umgedreht, um eine dringend benötigte Wahrheit zu lehren (vgl. 21,23f; 22,15f; 22,23f; 22,34f). Christus hatte die zum Schweigen gebracht, die sich gegen seinen Anspruch, der Messias zu sein, wandten.

Nun war er an der Reihe; er befragte seine Widersacher. Doch Christus stand ihnen nicht als Gegner gegenüber. Er fragte sie wie Menschen, die im Irrtum sind und die Wahrheit wissen müssen. Er streckte sich hoffnungsvoll nach ihnen aus. Er hoffte, daß einige die Wahrheit, daß er der Messias ist, erkennen und ihn als den Sohn Gottes annehmen würden. Der Geist seiner Frage zeigt sich in seiner Diskussion mit ihnen. Man beachte die Frage, die er stellte: Es ist die alles entscheidende Frage, die er jedem Menschen stellt: "Was denkt ihr von dem Christus, dem Messias?"

1. Jesus befragte die Menschen (V41).
2. Die entscheidende Frage: Was denkt ihr vom Messias (V41-42)?
3. Menschliche Vorstellung: Ist Sohn eines Menschen – Davids (V42).
4. Anspruch der Schrift: Ist Herr – Herr Davids (V43-45).
5. Schluß: Die Frage brachte die Kritiker Jesu zum Schweigen (V46).

1 (22,41) **Die Fragen Jesu Christi**: Jesus fragte die Menschen immer wieder. Dafür gibt es gute Gründe, die in seinem Umgang mit diesen Menschen deutlich werden.

1. Christus ist langmütig und sanft. Diese Menschen hatten Christus immer wieder herausgefordert und versucht, ihn vor der Menge zu beschämen und in Mißkredit zu bringen, doch er hatte nicht ein einziges Mal böse reagiert. Er beantwortete ihre Fragen ehrlich und auf eine Weise, daß er neue Wahrheiten offenbarte, die sie dringend erfahren mußten. Er fragte sie, weil er geduldig und langmütig war. Er wollte ihnen eine weitere Wahrheit eröffnen. Er wünschte sich, daß sie seine Messiaswürde anerkennen und sich ihr unterwerfen würden.

2. Christus fragte immer wieder, um die Menschen *mit* der Wahrheit zu erreichen. Bei diesen Menschen machte er einen letzten, verzweifelten Versuch, eine letzte Anstrengung. Sie hatten immer wieder abgelehnt, bis nur noch wenig Hoffnung vorhanden war. Doch Christus hoffte noch, wandte sich immer noch an sie. Er fragte sie, um sie zu der Erkenntnis zu führen, daß er der Messias ist, der Herr, der Sohn Gottes selbst.

Wenn wir die Fragen des Herrn betrachten, müssen wir noch eine andere entscheidende Tatsache in Betracht ziehen. Es gibt einen Zeitpunkt, an dem seine Fragen enden, wenn er weiß, daß es keine Hoffnung und keine Chance gibt, daß ein Mensch Buße tut und glaubt. Dann spricht er das Urteil. Diese Frage Christi war seine letzte Frage; nachdem er sie gestellt hatte, sprach er sein Urteil. Christus hatte mit diesen Menschen die Wahrheit immer wieder diskutiert, sie immer wieder gefragt, doch nachdem sie immer wieder abgelehnt hatten und sich tiefer in ihren Unglauben zurückgezogen hatten, beendete er die Diskussion und sprach das Urteil (vgl. Mt 23,1-39).

> **Gedanke 1** Die meisten Menschen fragen sich zu irgend einer Zeit, wer Christus ist. Gott benutzt Dinge wie Predigten, Lehre, Ereignisse, Umstände, Situationen und Tragödien, um uns zum Nachdenken über Christus, wer er ist, anzuregen. Er versucht, uns in eine Diskussion mit ihm zu verwickeln, damit wir vielleicht zum Glauben geführt werden.

> **Gedanke 2** Man kann in seinem Unglauben hartnäckig werden, immer wieder ablehnen, bis man so hart geworden ist, daß man nicht mehr glauben kann. Diese Menschen (Führer) beweisen einen solchen hartnäckigen Unglauben (vgl. 1Mo 6,3; Spr 29,1).

2 (22,41-42) **Messias**: Jesus stellte die entscheidende Frage. "Was denkt ihr von dem Messias?" Das ist die entscheidende Frage für alle Menschen. Dazu muß man zweierlei beachten.

1. Das Griechische benutzt den bestimmten Artikel "der Messias" (tou Christou). Jesus versuchte, diese Menschen zum Nachdenken über den Messias zu bringen. Er fragte sie nicht, was sie von ihm selbst dachten, sondern was sie von *dem Messias* dachten. Das Schicksal eines Menschen wird dadurch bestimmt, was er von dem Messias denkt.

2. Jesus stellte eine spezielle Frage über den Messias: "Wessen Sohn ist er?" Man denke über den Messias nach. Woher kommt er? Wer bringt ihn auf die Welt? In praktischen Alltagsbegriffen fragte Christus dreierlei.

   a. Woher kommt deine Erlösung? Der Messias soll die Menschen von allem Bösen und aller Versklavung der Welt erlösen. Woher wird solch ein Erlöser kommen?

   b. Woher kommt dein Herr – der, dem du folgst? Der Messias soll der Herr sein, der über alle Leben herrscht und bestimmt, vollkommene Gerechtigkeit und Fürsorge übt. Woher kommt er – von irdischen Eltern oder von Gott?

Matthäus 22,41-46

    c. Woher kommt dein Utopia – der, der die vollkommene Welt und alles, was gut und nützlich ist, herbeiführt? Woher kommt der, der der Erde Utopia, Gottes Reich, bringen wird? Wird er vom Himmel oder von der Erde kommen?

Gedanke 1 Es reicht nicht, zu fragen: "Was denkt ihr von dem Messias?" Natürlich muß die Frage gestellt werden, doch für sich genommen kann sie keinen zur Wahrheit führen. Das zeigt sich deutlich in der Erfahrung dieser Frommen. Christus stellte ihnen die entscheidende Frage, doch sie fanden nicht zur Wahrheit. Vor der Beantwortung der Frage ist zweierlei notwendig.
1) Man muß nachdenken. Man muß bereit sein, die Frage des Messias durchzudenken und durchzustudieren.
2) Man muß ehrlich sein. Man muß Vorurteile und Voraussetzungen ablegen. Man muß das Thema des Messias mit der Bereitschaft angehen, die Wahrheit zu erkennen und zuzugeben.

Gedanke 2 Jeder von uns muß sich drei entscheidende Fragen stellen.
1) Woher kommt meine Erlösung? Von einem Menschen wie mir oder von Gott?
2) Woher kommt mein Herr – der, dem ich folgen will, solange ich existiere? Von einem Menschen wie mir oder von Gott?
3) Woher kommt mein Utopia – der, der die vollkommene Welt und alles, was gut und nützlich ist, herbeiführt? Von einem Menschen wie mir oder von Gott?

Gedanke 3 Seien wir ehrlich: Gibt es irgendwo Eltern, die einen Sohn zur Welt bringen können, der...
- uns erlösen kann?
- ein wirklicher Herr für uns sein kann?
- eine Welt herbeiführen kann, in der es nichts als Gutes und Nützliches für alle gibt?

3 (22,42) **Messias**: Die Pharisäer beantworteten Jesu Frage mit der allgemeinen Vorstellung des Menschen – der Messias ist der Sohn eines Menschen, der Sohn Davids.
    Zu ihrer Antwort muß man zweierlei beachten.
1. Der allgemeine Titel des Messias war "Sohn Davids." Das Alte Testament sagt ausdrücklich, daß der Messias aus der Linie Davids stammen sollte. Wegen solcher Schriftstellen war der Messias als "Sohn Davids" bekannt. (Siehe Anmerkung – Lk 3,24-31 zu den davidischen Verheißungen und ihren Erfüllungen.)

> **"Einmal habe ich bei meiner Heiligkeit geschworen; sollte ich David belügen? Sein Same soll ewig bleiben und sein Thron wie die Sonne vor mir." (Ps 89,35-36)**
>
> **"Denn uns ist ein Kind geboren, ein Sohn ist uns gegeben; und die Herrschaft kommt auf seine Schulter; und man nennt ihn: Wunderbar, Rat, starker Gott, Ewigvater, Friedefürst. Der Mehrung der Herrschaft und des Friedens wird kein Ende sein auf dem Throne Davids und in seinem Königreich, daß er es gründe und mit Recht und Gerechtigkeit befestige von nun an bis in Ewigkeit. Der Eifer des HERRN der Heerscharen wird solches tun!" (Jes 9,6-7)**
>
> **"Und es wird ein Sproß aus dem Stumpfe Isais hervorgehen und ein Schoß aus seinen Wurzeln hervorbrechen; auf demselben wird ruhen der Geist des HERRN, der Geist der Weisheit und des Verstandes, der Geist des Rats und der Stärke, der Geist der Erkenntnis und der Furcht des HERRN. Und sein Wohlgefallen wird er haben an der Furcht des HERRN; er wird nicht nach dem Augenschein richten, noch nach dem Hörensagen strafen, sondern er wird die Armen mit Gerechtigkeit richten und den Elenden im Lande ein unparteiisches Urteil sprechen; er wird die Welt mit dem Stabe seines Mundes schlagen und den Gottlosen mit dem Odem seiner Lippen töten. Gerechtigkeit wird der Gurt seiner Lenden und Wahrheit der Gurt seiner Hüften sein." (Jes 11,1-5)**

Der Messias sollte vier bestimmte Dinge tun. (Siehe Anmerkungen – Mt 1,1; <u>Nähere Betrachtung 2</u> – 1,18; <u>Nähere Betrachtung 3</u> – 3,11; Anmerkungen – 11,1-6; 11,2-3; <u>Nähere Betrachtung 1</u> – 11,5; <u>Nähere Betrachtung 2</u> – 11,6; <u>Nähere Betrachtung 1</u> – 12,16; Anmerkungen – 22,42; Lk 7,21-23. Diese Anmerkungen sind wichtig für die vollständige Vorstellung vom Messias.)
    a. Er sollte Israel von aller Sklaverei befreien. Die Sklaverei sollte abgeschafft und alle Menschen unter Gottes Herrschaft befreit werden.
    b. Er sollte alle Feinde besiegen und Israel sollte zum Mittelpunkt seiner Herrschaft werden. Das hieß natürlich, daß Israel die führende Macht in der Welt sein sollte.
    c. Er sollte der Erde Frieden bringen. Alle Völker sollten Gott unter der vom Messias errichteten Herrschaft dienen.
    d. Er sollte reichlich für alle sorgen. Der Messias sollte darauf sehen, daß alle Menschen von Gottes Herrschaft und Fürsorge profitierten.
2. Die allgemeine Vorstellung von der Herkunft des Messias war, daß er von einem Menschen abstammte. Der Gedanke war für die Menschen einfach unannehmbar, daß er göttlicher Herkunft sein könnte, von Gott selbst.

Gedanke 1 Man beachte zwei treffende Dinge zur allgemeinen Vorstellung des Menschen vom Messias.
1) Der Mensch denkt von Erlösung und Überfluß in Begriffen der Macht.
    ⇒ Nationale Macht   ⇒ politische Macht
    ⇒ militärische Macht   ⇒ institutionelle Macht
    ⇒ persönliche Macht   ⇒ monetäre Macht

2) Der Mensch denkt, daß Erlösung und Überfluß von menschlichen Fähigkeiten und Ruhm kommen, von...
- einem nationalen Führer
- einem politischen Führer
- einem militärischen Führer
- einem institutionellen Führer
- einem Wirtschaftsführer

4 (22,43-45) **Messias**: Jesus wies dann auf die Ansprüche der Schrift hin – der Messias ist der Herr, der Herr Davids. Die Schrift sagt, daß der Messias der Sohn Davids ist, doch sie sagt auch, daß er der *Herr* Davids ist.
    Die Schrift ist in ihrer Aussage stark.
1. David nannte den Messias *im Geist* Herr, d.h. David sprach aus, was ihm der heilige Geist eingab. Gott führte ihn (vgl. 2Petr 1,21 und 1Kor 12,3).

Matthäus 22,41-46

2. David sagte, "der HERR [Jahwe] hat zu meinem Herrn [dem Messias] gesagt." David nannte den Messias ohne jeden Zweifel "mein Herr."

3. David sagte, daß *mein* Herr zur rechten Hand Gottes sitzt. Der Messias ist der *Herr*, den er ist von Gott *erhöht*.

> "Die hat er wirksam gemacht in Christus, als er ihn aus den Toten auferweckte und ihn zu seiner Rechten setzte in den himmlischen [Bereichen]." (Eph 1,20)
>
> "Darum hat ihn Gott auch über alle Maßen erhöht und ihm einen Namen verliehen, der über allen Namen ist." (Phil 2,9)
>
> "Die Hauptsache aber bei dem, was wir sagen, ist: Wir haben einen solchen Hohenpriester, der sich gesetzt hat zur Rechten des Thrones der Majestät im Himmel." (Hebr 8,1)

4. David sagte, daß "seine Feinde als Schemel seiner Füße" hingelegt werden sollen. Der Messias ist der Herr, denn alle seine Feinde sollen ihm unterworfen werden.

> "Damit in dem Namen Jesu sich alle Knie derer beugen, die im Himmel und auf Erden und unter der Erde sind, und alle Zungen bekennen, daß Jesus Christus der Herr ist, zur Ehre Gottes, des Vaters." (Phil 2,10-11)

Nachdem er die Schrift zitiert hatte, stellte Christus die zielgerichtete Frage: Wie kann der Messias sowohl Davids Herr als auch Davids Sohn sein? Er tat mit dieser Frage wenigstens zwei Dinge.

1. Jesus sagte Folgendes: Die Vorstellung des Menschen vom Messias als einfacher Mensch ist unzulänglich – völlig unzulänglich. Es reicht nicht, in Begriffen irdischer Macht, nationaler, politischer, militärische und institutioneller Führerschaft zu denken. Ein einfacher Mensch kann dieser Erde keine vollkommene Erlösung, Führerschaft und Utopia bringen. Der Messias ist nicht nur ein Mensch, er ist der Herr vom Himmel.

2. Jesus beanspruchte, der Sohn Gottes zu sein. Die Vorstellung des Menschen muß *über* das rein Menschliche und Körperliche *hinausgehen*. Die Vorstellung des Menschen muß *aufwärts ausgedehnt* werden bis in Gottes Herz hinein. Gott liebt diese Erde, deshalb sandte er ihr seinen Sohn und opferte ihn, um die Erde und alle darauf zu retten (Joh 3,16).

> "Denn so sehr hat Gott die Welt geliebt, daß er seinen eingeborenen Sohn gab, damit jeder, der an ihn glaubt, nicht verloren geht, sondern ewiges Leben hat." (Joh 3,16)
>
> "Da antwortete Simon Petrus und sprach: Du bist der Christus, der Sohn des lebendigen Gottes!" (Mt 16,16)
>
> "Die Frau spricht zu ihm: Ich weiß, daß der Messias kommt, welcher Christus genannt wird; wenn dieser kommt, wird er uns alles verkündigen. Jesus spricht zu ihr: Ich bin's, der mit dir redet!" (Joh 4,25-26)
>
> "Da sprach Jesus zu den Zwölfen: Wollt ihr nicht auch weggehen? Da antwortete ihm Simon Petrus: Herr, zu wem sollen wir gehen? Du hast Worte ewigen Lebens; und wir haben geglaubt und erkannt, daß du der Christus bist, der Sohn des lebendigen Gottes!" (Joh 6,67-69)
>
> "Darum habe ich euch gesagt, daß ihr in euren Sünden sterben werdet; denn wenn ihr nicht glaubt, daß ich es bin, so werdet ihr in euren Sünden sterben." (Joh 8,24)
>
> "Darum sprach Jesus zu ihnen: Wenn ihr den Sohn des Menschen erhöht haben werdet, dann werdet ihr erkennen, daß ich es bin; und ich tue nichts von mir selbst aus, sondern wie mich mein Vater gelehrt hat, so rede ich." (Joh 8,28)
>
> "Jesus spricht zu ihr: Ich bin die Auferstehung und das Leben. Wer an mich glaubt, wird leben, auch wenn er stirbt; und jeder, der lebt und an mich glaubt, wird in Ewigkeit nicht sterben. Glaubst du das? Sie spricht zu ihm: Ja, Herr! Ich glaube, daß du der Christus bist, der Sohn Gottes, der in die Welt kommen soll." (Joh 11,25-27)
>
> "Paulus aber ging nach seiner Gewohnheit zu ihnen hinein und redete an drei Sabbaten mit ihnen aufgrund der Schriften, indem er erläuterte und darlegte, daß der Christus leiden und aus den Toten auferstehen mußte, und [sprach:] Dieser Jesus, den ich euch verkündige, ist der Christus!" (Apg 17,2-3)
>
> "Jeder, der glaubt, daß Jesus der Christus ist, ist aus Gott geboren; und wer den liebt, der ihn geboren hat, der liebt auch den, der aus Ihm geboren ist." (1Joh 5,1)

Gedanke 1 Christi Betonung der Inspiration der Schrift war sehr wichtig. Er verkündigte unmißverständlich die Autorität des Alten Testamentes. Wir sollten die Aufmerksamkeit und Ehrerbietung beachten, die Christus der Schrift erwies – eine treffende Lehre für uns.

Gedanke 2 Der Messias ist der Sohn Davids. Er ist ein Mensch, doch er ist noch mehr: Er ist sowohl Gottes Sohn, der Herr vom Himmel, als auch ein Mensch.

Gedanke 3 Die Vorstellung des Menschen von einem irdischen Erlöser oder Messias ist närrisch. *Außer Gott* gibt es keine Möglichkeit, einer vergänglichen Welt vollkommenen Frieden und ein vollkommenes Utopia zu bringen. Wenn irgend etwas beständig sein soll, dann muß die Beständigkeit von dem kommen, der beständig ist. (Siehe Anmerkungen – Joh 8,21-22; Röm 10,6-7. Diese Anmerkungen diskutieren die praktischen und geistlichen Bedürfnisse des Menschen nach dem Messias und/oder Utopia.)

NÄHERE BETRACHTUNG 1
(22,43) **Alttestamentlicher Bezug**: Vgl. Ps 110,1.

---

5 (22,46) **Die Reaktion auf Jesus Christus**: Jesu Frage brachte seine Kritiker zum Schweigen. Wer ein wirklich ehrliches Herz und einen zum Nachdenken und lernen bereiten Geist hat, muß die Wahrheit bekennen. Wenn eins von beiden fehlt, wird sich der Mensch von Christus abwenden und schweigen. Er wird im Glauben schweigen und im Unglauben handeln.

Matthäus 23,1-12

	KAPITEL 23 **L. Warnung vor falscher Frömmigkeit 23,1-12** (Mk 12,38-40; Lk 20, 45-47)		
1 Jesus sprach zur Menge und zu den Jüngern	Da redete Jesus zu der Volksmenge und zu seinen Jüngern	wändern groß, 6 und sie lieben den obersten Platz bei den Mahlzeiten und die ersten Sitze in den Synagogen 7 und die Begrüßungen auf den Märkten und wenn sie von den Leuten Rabbi, Rabbi genannt werden.	nung: Kleider b. Frömmigkeit der Stellung: Plätze, die ehren und erhöhen c. Frömmigkeit der Titel: Titel, die ehren und erhöhen
2 Falsche Frömmigkeit behauptet, in der Wahrheit zu „sitzen", dem Stuhl Moses	2 und sprach: Die Schriftgelehrten und Pharisäer haben sich auf Moses Stuhl gesetzt.		
3 Falsche Frömmigkeit ist heuchlerische Frömmigkeit a. Es ist gut, ihre Predigt zu befolgen b. Es ist nicht gut, ihrer Praxis zu folgen	3 Alles nun, was sie euch sagen, daß ihr halten sollt, das haltet und tut; aber nach ihren Werken tut nicht, denn sie sagen es wohl, tun es aber nicht.	8 Ihr aber sollt euch nicht Rabbi nennen lassen, denn einer ist euer Meister, der Christus; ihr aber seid alle Brüder. 9 Nennt auch niemand auf Erden euren Vater; denn einer ist euer Vater, der im Himmel ist.	**6 Gegen falsche Frömmigkeit muß man sich wappnen** a. Weil Stellung und Beziehungen schon festgelegt sind 1) Gott ist euer Vater
4 Falsche Frömmigkeit erlegt schwere Lasten auf a. Führer erlegten anderen schwere Lasten auf b. Erlegten sich selbst keine schweren Lasten auf	4 Sie binden nämlich schwere und kaum erträgliche Bürden und legen sie den Menschen auf die Schultern; sie aber wollen sie nicht mit einem Finger anrühren.	10 Auch sollt ihr euch nicht Meister nennen lassen; denn einer ist euer Meister, der Christus. 11 Der Größte aber unter euch soll euer Diener sein.	2) Christus ist euer Meister 3) Ihr seid Brüder b. Weil Größe am Dienst gemessen wird
5 Falsche Frömmigkeit prahlt und zeigt sich a. Frömmigkeit der Erschei-	5 Alle ihre Werke tun sie aber, um von den Leuten gesehen zu werden. Sie machen ihre Gebetsriemen breit und die Säume an ihren Ge-	12 Wer sich aber selbst erhöht, der wird erniedrigt werden; und wer sich selbst erniedrigt, der wird erhöht werden.	c. Weil das Gericht kommt

ABSCHNITT XIV

DIE LETZTE WOCHE DES MESSIAS: SEIN ANSPRUCH BESTRITTEN UND ABGELEHNT, 21,1-23,39

L. Warnung vor falscher Frömmigkeit, 23,1-12

(23,1-12) **Einführung**: Um zu verstehen, was in diesem Abschnitt geschieht, ist es hilfreich, sich an die Geschehnisse zu erinnern, die dazu führten. Es war immer noch Dienstag in der letzten Woche Jesu auf der Erde. Am Sonntag, gerade zwei Tage zuvor, war er von Abertausenden in die Stadt eskortiert worden, die ihn als den Messias ausriefen. Am Montag hatte er die Geldwechsler und Händler aus dem Tempel vertrieben. Nach diesen zwei dramatischen Ereignissen hatte er sich das Recht und die Vollmacht genommen, im Tempel zu lehren und zu heilen. Natürlich war die Führung, sowohl die religiöse als auch die weltliche, von den Ereignissen aufgestört und verärgert. Genauer gesagt fühlten sich die Führer des Volkes von Christus bedroht. Sie fürchteten, die Menschen würden sich um ihn als den Messias scharen und einen Aufstand gegen die Römer wagen. Das hätte die Römer zwangsläufig dazu gebracht, nach Jerusalem zu marschieren und die Führung dafür verantwortlich zu machen, daß sie keine Ordnung gehalten hätten. Nach der Niederschlagung des Aufstandes hätten die Römer dann die bisherige jüdische Führung abgesetzt. Nach der Meinung der Führer bedrohte Christus ihre Stellung, Macht, Reichtum und Sicherheit (siehe Anmerkungen – Mt 12,1-8; Anmerkung und Nähere Betrachtung 1 – 12,10; Anmerkung – 15,1-20; Nähere Betrachtung 2 – 15,6-9; Nähere Betrachtung 3 – 16,12). Sie waren gezwungen, Jesus vor dem Volk in Mißkredit zu bringen.

Sie schickten eine Gruppe nach der anderen, um Christus herauszufordern und ihm Fallen zu stellen. Jedesmal antwortete er glänzend und erteilte eine dringend benötigte Lektion nicht nur den Umstehenden, sondern allen Menschen aller Generationen. Schließlich waren die Führer verblüfft und zum Schweigen gebracht. Doch Christus gab seine Versuche nicht auf, sie zu erreichen. Er versuchte noch einmal, sie zur Wahrheit zu führen: Der Messias ist nicht nur ein Mensch, er ist auch der Herr, der Sohn Gottes selbst (vgl. Mt 22,41-46). Das Ergebnis? Wieder wollten die Führer ihr Herz und ihr Denken nicht öffnen. Sie verschlossen sich weiterhin hartnäckig der Wahrheit. Sie lehnten Christus ab und gingen weg. Sie begannen den letzten Plan – keine neue Herausforderung Christi in der Diskussion, sondern seinen Tod.

Beider Betrachtung des aktuellen Abschnitts ist es hilfreich, immer an die Hauptgründe zu denken, aus denen sich die Führung so heftig gegen Jesus wehrte: Sie fürchtete den Verlust von allem, was sie in dieser Welt besaß und was ihr teuer war: Stellung, Macht, Lebensunterhalt, Reichtum und Sicherheit. Für sie war Christus, so lange er lebte, eine Bedrohung für sie und das Volk (siehe Anmerkungen – Mt 12,1-8; Anmerkung und Nähere Betrachtung 1 – 12,10).

Das Traurige daran war, daß sie eigentlich die gottgefälligen Lehrer und Führer sein sollten, Gottes Stellvertreter und Boten für das Volk. Dennoch waren sie so weit von Gott entfernt, daß sie seinen eigenen Sohn nicht erkannten. Trotz einer Bitte nach der anderen und einem Beweis nach dem anderen von Christus selbst wollten sie immer noch nicht glauben und ihm nachfolgen. Sie wollten bewußt in ihrem Unglauben hartnäckig bleiben und dem Weg der Welt folgen, indem sie planten, ihn zu töten.

Dies ist der Hintergrund des aktuellen Kapitels – der schwerste Angriff Christi auf ein Volk. Das wahre Wesen dieser Frommen, der Pharisäer und Schriftgelehrten, zeigt sich deutlich, als Christus Punkt für Punkt die Heuchelei ihrer Frömmigkeit und ihres Lebens offenlegt. In diesem besonderen Abschnitt warnte Christus vor ihrer Frömmigkeit – einer Frömmigkeit, die als Symbol für die falschen Religionen der Welt steht. (Siehe auch Abriß, Anmerkung und Nähere Betrachtung 1 – Röm 2,17-29.)

1. Jesus sprach zu der Menge und den Jüngern (V1).
2. Falsche Frömmigkeit behauptet, in der Wahrheit zu „sitzen", dem Stuhl Moses (V2).
3. Falsche Frömmigkeit ist heuchlerische Frömmigkeit (V3).
4. Falsche Frömmigkeit erlegt schwere Lasten auf (V4).
5. Falsche Frömmigkeit prahlt und zeigt sich (V5-7).
6. Gegen falsche Frömmigkeit muß man sich wappnen (V8-12).

Matthäus 23,1-12

1 (23,1) **Falsche Frömmigkeit – Schrift**: In diesem speziellen Abschnitt sprach Jesus zu der Menge und den Jüngern, nicht zu den Frommen, nicht zu den Pharisäern und Schriftgelehrten. Aus wenigstens vier Gründen warnte Christus zu diesem Zeitpunkt die Menge und die Jünger. Aus den gleichen Gründen ist dieser Abschnitt auch sehr gut auf jede Generation anwendbar.

1. Jeder muß wissen, was falsche und richtige Frömmigkeit ist. Von Menschen gemachte Religionen enthalten immer etwas Wahrheit und etwas Irrtum. Und unglücklicherweise fügen die Menschen sogar zum wahren Glauben, Gottes offenbartem Glauben hinzu oder nehmen davon weg. Das war den Pharisäern und Schriftgelehrten passiert, den Frommen zur Zeit Jesu. Sie hielten sich eisern an Gottes Wort, das Alte Testament, doch sie fügten zur Schrift hinzu. Deshalb mußte Christus lehren, was im bestehenden Glauben falsch und was richtig war (vgl. V2-3).

2. Für jeden müssen Sünde und Heuchelei im Glauben bloßgestellt werden. Wenn Menschen zu Gottes offenbarter Wahrheit hinzufügen oder davon wegnehmen, verursacht und schafft das Sünde und Heuchelei im Glauben. Wenn Menschen Regeln und Gesetze zur Schrift *hinzufügen*, wird Selbstdisziplin gefordert und Supergeistlichkeit entsteht. Wenn Menschen bestimmte Abschnitte der Schrift leugnen oder *wegnehmen*, verursacht das die Erhöhung des Menschen und seiner Vernunft, werden der Mensch und seine Fähigkeiten *vergöttert*. Wieder ist das Ergebnis Stolz und Eitelkeit.

3. Jeder muß davor gewarnt werden, Irrtümern im Glauben zu folgen. Nur fromm zu sein reicht nicht (vgl. Mt 5,20). Man muß der Wahrheit folgen. Wer der falschen Frömmigkeit folgt, wird verurteilt (V8-12).

4. Die falschen Vorstellungen eines jeden von Christus müssen korrigiert werden. Die falsche Lehre und die Angriffe der Frommen hatten das Volk beeinflußt. Unglaube und falsche Vorstellungen vom Messias waren im Schwange. Christus mußte die Wahrheit verkünden (V7-10).

Gedanke 1 Die Warnung vor falscher Frömmigkeit war hauptsächlich an das Volk und die Jünger gerichtet, weil es für sie immer noch mehr Hoffnung gibt. Für einen Führer, der Irrtümer lehrt, ist es immer schwerer, Buße zu tun und sich zu ändern.
1) Er fürchtet Beschämung, wenn er zugibt, daß er im Irrtum war und Irrtümer gelehrt hat.
2) Er fürchtet den Spott und die Ablehnung seiner Umgebung.
3) Er fürchtet den Verlust von Stellung, Macht und Sicherheit.

2 (23,2) **Falsche Frömmigkeit – Diener – Lehre**: Falsche Frömmigkeit behauptet, in der Wahrheit zu „sitzen", d.h. dem Stuhl Moses. Moses war der große Lehrer und Ausleger von Gottes Gesetz und Wort. Christus sagte, daß die Schriftgelehrten und Pharisäer "auf dem Stuhl Moses sitzen." Sie waren wie Moses für Lehre und Auslegung des Wortes Gottes verantwortlich. Die Anwendung ist deutlich: Alle Religionen, falsche und wahre, "sitzen auf dem Stuhl Moses" – alle Religionen sind dafür verantwortlich, die Wahrheit von Gottes Wort zu lehren. Wie wir sehen werden, müssen alle Lehrer Rechenschaft ablegen, wie sie "auf dem Stuhl Moses" gesessen haben, wie sie in ihrer Stellung als Lehrer un Ausleger des Wortes Gottes *sitzen*.

> "Was nennt ihr mich aber Herr, Herr und tut nicht, was ich sage?" (Lk 6,46)
>
> "Darum bist du nicht zu entschuldigen, o Mensch, wer du auch seist, der du richtest! Denn indem du den anderen richtest, verurteilst du dich selbst; denn du verübst ja dasselbe, was du richtest!" (Röm 2,1)
>
> "Du rühmst dich des Gesetzes und verunehrst doch Gott durch Übertretung des Gesetzes? Denn der Name Gottes wird um euretwillen gelästert unter den Heiden, wie geschrieben steht." (Röm 2,23-24)

Gedanke 1 Die Stellung der Religion in der Welt ist von Gott *festgesetzt* und *angeordnet* worden. Daß schlechte Menschen die Führungspositionen innehaben, heißt weder, daß alle Religion schlecht ist, noch, daß die Religion für unwirksam erklärt oder ignoriert werden soll. Heuchler in der Kirche, sogar in leitenden Ämtern, bedeuten nicht, daß die Kirche schlecht ist und gemieden und vernachlässigt werden kann. Wir sollen *die Geister prüfen*, zwischen richtig und falsch unterscheiden und Gott weiterhin anbeten und die aufbauen, die der Wahrheit folgen.

Gedanke 2 Es ist für einen falschen Lehrer schrecklich, "auf dem Stuhl Moses zu sitzen." Wer Irrtümer lehrt, den erwartet das allerstrengste Gericht (vgl. Mt 23,12; 23,13-36, bes. 14;15;33).

> "Ihr Schlangen! Ihr Otterngezücht! Wie wollt ihr dem Gericht der Hölle entgehen?" (Mt 23,33)

3 (23,3) **Falsche Frömmigkeit**: Falsche Frömmigkeit ist heuchlerische Frömmigkeit (V3). Man muß jedoch eine Tatsache beachten: Nicht alle Frömmigkeit ist falsch, auch wenn sie von einem falschen Lehrer gelehrt wird. Christus sagt: "Gehorcht und folgt der Wahrheit dessen, was sie sagen, soweit es Gottes Wort ist (V2); aber richtet euch nicht nach ihren Werken." Man beachte mehrere Dinge.

1. Jesus verurteilt falsche Frömmigkeit und Lehrer, aber nicht die Wahrheit. Falsche Lehrer können etwas Wahrheit lehren und tun es auch. Man soll der Wahrheit gehorchen, wer immer sie lehrt. Die Wahrheit und unsere Pflicht, ihr zu gehorchen, werden nicht außer Kraft gesetzt, nur weil ein heuchlerischer Lehrer sie lehrt.

2. Jesus sagt, daß die Lehre der Wahrheit nicht heißt, daß ein Mensch für Gott annehmbar ist. Für Gott annehmbar zu sein hängt von einer einzigen Sache ab: Die Wahrheit leben. Man kann die Wahrheit lehren und trotzdem für Gott nicht annehmbar sein. Man ist nicht annehmbar, weil man heuchelt und dem Herrn nicht gehorcht. Man lebt nicht die Wahrheit. Man ist nicht annehmbar, nur weil man die Wahrheit verkündet und bekennt – auch wenn man ein Lehrer ist. Man ist annehmbar, weil man Tag für Tag in der Wahrheit lebt.

> "Nun also, du lehrst andere, dich selbst aber lehrst du nicht? Du verkündigst, man solle nicht stehlen, und stiehlst selber? Du sagst, man solle nicht ehebrechen, und brichst selbst die Ehe? Du verabscheust die Götzen und begehst dabei Tempelraub? Du rühmst dich des Gesetzes und verunehrst doch Gott durch Übertretung des Gesetzes?" (Röm 2,21-23)

3. Wir müssen das Amt vom Amtsinhaber, den Dienst vom Diener, die Kirche vom Volk, die Wahrheit von der Lehre und die Theorie von der Praxis trennen. Die Geister müssen geprüft werden.

Matthäus 23,1-12

"Geliebte, glaubt nicht jedem Geist, sondern prüft die Geister, ob sie aus Gott sind! Denn es sind viele falsche Propheten hinausgegangen in die Welt." (1Joh 4,1)

4. Jesus sagt, daß die Ansprüche der Religion und der Menschen uns nicht führen dürfen. Die Lehre, Moral und Disziplin von Religion und Menschen können empfehlenswert sein; andererseits können sowohl Religion als auch Menschen falsch sein.

"Sie geben vor, Gott zu kennen, aber mit den Werken verleugnen sie ihn. Sie sind verabscheuungswürdig und ungehorsam und zu jedem guten Werk untüchtig." (Tit 1,16)

"Meine Kinder, laßt uns nicht mit Worten lieben noch mit der Zunge, sondern in Tat und Wahrheit!" (1Joh 3,18)

Gedanke 1 Predigt und Praxis müssen immer getrennt werden. Es gibt immer gewisse Unterschiede. Jeder ist menschlich und jeder macht Fehler, aber Gottes Wort ist vollkommen.

4 (23,4) **Falsche Frömmigkeit**: Falsche Frömmigkeit erlegt schwere Lasten auf. Jesus sagte, daß falsche Frömmigkeit und Lehrer den Menschen schwere Lasten auferlegen.

Auf vier Arten werden den Menschen schwere Lasten auferlegt.
1. Gottes Wort und Gesetz können den Menschen auf so strikte und strenge weise aufgebürdet werden, daß die Barmherzigkeit fehlt.
2. Religion und Menschen können Gottes Wort Regeln, Vorschriften, Rituale, Traditionen und Gebräuche hinzufügen. Diese Hinzufügungen neigen dazu, wichtiger als die Wahrheit zu werden.
3. Religion und Menschen können Gottes Wort leugnen und davon wegnehmen, wodurch andere Menschen umherstolpern, während sie in sich selbst und anderen unvollkommenen und zerbrechlichen Menschen nach der Wahrheit suchen.
4. Religion und Menschen können angemaßte Macht ausüben und die Menschen beherrschen, indem sie darauf bestehen, daß Traditionen, Rituale und andere von Menschen gemachte Belastungen eingehalten werden.

Bei der Diskussion von Regeln und Vorschriften sind viele bereit, die Regeln den anderen aufzuerlegen, aber nicht sich selbst. Solche Heuchelei hat zwei besondere Fehler.
1. Manche Lehrer und Laien machen keinen Finger krumm, um die Last selbst auf sich zu nehmen. Sie sind streng darin, anderen Lasten aufzuerlegen, doch lax darin, die Last selbst zu tragen. Sie lassen sich nicht selbst an solche Regeln binden, wenigstens nicht streng, doch sie predigen und lehren andere die Regeln und binden sie daran, sie zu halten. Die Schultern der anderen werden tief gebeugt, doch sie rühren keinen Finger, um die Last der Regel oder Beschränkung selbst zu tragen.
2. Manche Lehrer und Laien machen keinen Finger krumm, um den Schwachen und schwer Beladenen die Last zu erleichtern. Das ist eine andere mögliche Auslegung dessen, was Christus sagte. Manche zeigen keinerlei Barmherzigkeit, sie wollen denen nicht helfen, die bei ihrer Last Hilfe brauchen. Manche Lehrer sind so streng und anmaßend, daß sie wenig von der Liebe und Barmherzigkeit Gottes wissen. Sie wissen wenig von christlicher Freiheit (vgl. Apg 15,28. Siehe Abriß und Anmerkungen – Röm 14,1-23.)

"Nun aber, da ihr Gott erkannt habt, ja vielmehr von Gott erkannt seid, wieso wendet ihr euch wiederum den schwachen und armseligen Grundsätzen zu, denen ihr von neuem dienen wollt?" (Gal 4,9)

"So besteht nun in der Freiheit, zu der uns Christus befreit hat, und laßt euch nicht wieder in ein Joch der Knechtschaft spannen!" (Gal 5,1)

"Wenn ihr nun mit dem Christus den Grundsätzen der Welt gestorben seid, weshalb laßt ihr euch Satzungen auferlegen, als ob ihr noch in der Welt lebtet?" (Kol 2,20)

Gedanke 1 Im Aufbürden von Lasten liegt die Möglichkeit fürchterlichen Stolzes. Das Recht, Lasten aufzuerlegen, setzt einen Menschen als *Herrn* über andere. Natürlich hat Autorität ihren Platz in der Verkündigung und Ausübung von Gottes Wort, doch nicht, um von Menschen gemachte Regeln (gesetzlicher Konservatismus) und menschliche Denkweisen (Liberalismus) aufzuerlegen. Beide beugen den Menschen tief. Beide zwingen den Menschen, sich Gottes Wohlwollen durch das Einhalten von Regeln aus eigener Kraft zu sichern. Wenn überhaupt, wissen beide wenig von der Barmherzigkeit und Beherrschung des Geistes Gottes. Gottes Wort reicht für Glauben und Alltag völlig aus. Gottes Wort ist alles, was der Mensch braucht, um sein Leben zu führen und zu beherrschen. Wir müssen nichts zu Gottes Wort hinzufügen oder davon wegnehmen.

5 (23,5-7) **Falsche Frömmigkeit – Stolz**: Falsche Frömmigkeit prahlt und zeigt sich. Christus zählt drei Dinge auf, die diese Lehrer taten, um von den Menschen gesehen zu werden.
1. Sie veränderten ihre Erscheinung und ihre Kleider, um die Aufmerksamkeit auf sich zu lenken.
   a. Sie trugen Gebetsriemen. Das waren kleine Lederschachteln, in denen sich ein Pergamentstreifen mit vier Schriftstellen befand, nämlich 2Mo 13,1-10; 13,11-16; 5Mo 6,4-9 und 5Mo 11,13-21.
   Der Gebrauch von Gebetsriemen scheint auf ein wörtliches Verständnis von 2Mo 13,9 und Spr 7,3 zurückzugehen. Die wahre Bedeutung der beiden Abschnitte scheint zu sein, daß wir Gottes Wort so deutlich in unserem Gedächtnis haben sollen, wie wir es vor Augen haben.
   Der große Fehler der Frommen war, daß sie diese Abschnitte wörtlich verstanden und sie vergrößerten die kleinen Lederschachteln, um darauf aufmerksam zu machen, wie fromm sie waren.
   b. Sie verbreiterten auch die Säume ihrer Gewänder, d.h. sie trugen Quasten daran. Gott hatte die Juden angewiesen, an den Säumen ihrer Übergewänder Fransen oder Quasten zu tragen. Wenn man sie sah, sollte man sich daran erinnern, Gottes Gebote zu halten. Wieder machten die Frommen den Fehler, sich durch ihre Erscheinung von den anderen zu unterscheiden: Sie machten die Quasten groß und lenkten so die Aufmerksamkeit darauf, daß sie frömmer als andere waren.

Gedanke 1 Man kann Kleidung tragen, die den Körper zur Schau stellt, die eigentlich die Aufmerksamkeit auf bestimmte Körperteile lenkt. Man kann sehr enge, sehr tief ausgeschnittene, sehr kurze und sehr dünne Kleider tragen. Mann kann wenig Kleidung tragen, oder Kleidung, die nicht genug vom Körper bedeckt.

Jesus sagte, daß man sich hüten sollte, Kleider zu tragen, die Aufmerksamkeit erregen. Die Frommen taten es, um gerecht zu erscheinen. Andere tun es, um weltlich (anziehend) zu erscheinen.

Matthäus 23,1-12

"Gebt auch nicht eure Glieder der Sünde hin als Waffen der Ungerechtigkeit, sondern gebt euch selbst Gott hin als solche, die lebendig geworden sind aus den Toten, und eure Glieder Gott als Waffen der Gerechtigkeit!" (Röm 6,13)

"Ebenso [will ich] auch, daß sich die Frauen in ehrbarem Anstand mit Schamhaftigkeit und Zucht schmücken, nicht mit Haarflechten oder Gold oder Perlen oder aufwendiger Kleidung, sondern durch gute Werke, wie es sich für Frauen geziemt, die sich zur Gottesfurcht bekennen." (1Tim 2,9-10)

"Euer Schmuck soll nicht der äußerliche sein, Haarflechten und Anlegen von Goldgeschmeide oder Kleidung, sondern der verborgene Mensch des Herzens in dem unvergänglichen Schmuck eines sanften und stillen Geistes, der vor Gott sehr kostbar ist." (1Petr 3,3-4)

2. Sie liebten Ehrenplätze und Stellen, die Anerkennung einbrachten. Es gibt Menschen, die lieben exklusive Wohngegenden und Clubs und handverlesene Gästelisten. Sie lieben es, geschätzt zu werden (3Joh 9). Man beachte, was verurteilt wird: Nicht das Innehaben der Ehrenplätze, sondern sie zu *lieben*. Einer muß den ersten Platz einnehmen und die Stellen mit hoher Verantwortung ausfüllen. Doch sie zu *lieben*, wegen dieser Stellungen stolz zu werden, ist falsch.

"Wie könnt ihr glauben, die ihr Ehre voneinander nehmt und die Ehre von dem alleinigen Gott nicht sucht?" (Joh 5,44)

"Aber der Mensch bleibt nicht lange in seinem Glanz; er gleicht dem Vieh, das umgebracht wird." (Ps 49,12)

3. Sie liebten Titel, die sie ehrten und erhöhten. Der Titel war schlicht "Rabbi," was Lehrer oder Meister bedeutete. Dahinter steht dieselbe Idee, wie bei dem modernen *Herr Doktor* oder *Euer Ehren*. Durch diesen Titel wurde die Aufmerksamkeit auf einen Menschen gelenkt, der Gottes Bote sein sollte: "Hier ist er, das ist er." Er ehrte den Menschen, nicht den Herrn.

"Wer sich aber selbst erhöht, der wird erniedrigt werden; und wer sich selbst erniedrigt, der wird erhöht werden." (Mt 23,12)

"Denn bei seinem Tod nimmt er das alles nicht mit, seine Ehre fährt ihm nicht nach!" (Ps 49,17)

<u>Gedanke 1</u> Zu oft verändern Menschen ihre Kleidung und streben nach Ehrenplätzen und Titeln, um Aufmerksamkeit auf sich und ihre Fähigkeiten zu ziehen. Sie werden geehrt und nicht der Herr (vgl. Mt 6,1-7; 16-18).

<u>Gedanke 2</u> Es ist nichts Falsches daran, ein heiliges und gottgefälliges Leben zu führen, fromm zu sein. Doch es ist falsch, die Aufmerksamkeit auf sich selbst statt auf den Herrn zu lenken. Wir sollten unser Äußeres nicht *übertreiben* oder *verändern* (Erscheinung, Stellung, Titel), um auf uns aufmerksam zu machen. Wir sollen immer demütig unter den Menschen leben und sie durch unser Leben auf Christus aufmerksam machen.

<u>Gedanke 3</u> Gott bevorzugt keinen Menschen. Warum sollten wir als bevorzugt erscheinen wollen? Warum sollten wir nach *Erscheinung, Stellung* und *Ehre* streben, die uns als etwas Besonderes darstellt?

<u>Gedanke 4</u> Wenn irgend jemand demütig leben und andere auf Gott hinweisen sollte, dann der, der Gottes Diener ist. Er sollte vor allen anderen nicht die Erscheinung, Stellungen Titel und Ehren lieben, die auf ihn anstatt auf seinen Herrn aufmerksam machen.

6 (23,8-12) **Falsche Frömmigkeit**: Man soll sich gegen falsche Frömmigkeit wappnen. Aus drei Gründen sollen wir uns vor falscher Frömmigkeit hüten.

1. Im Reich Gottes sind alle Beziehungen und Stellungen bereits festgelegt. Keine Stellung und keine Beziehung muß noch festgesetzt werden. Alle sind schon bestimmt.
    a. Gott ist der Vater unseres Glaubens, der wahren Religion. Kein irdischer Gründer oder Lehrer ist *Vater*. Deshalb soll kein Mensch so genannt werden. Nur Gott soll als *Vater* verkündigt werden.

"Ein Gott und Vater aller, über allen und durch alle und in euch allen." (Eph 4,6)

"Jede gute Gabe und jedes vollkommene Geschenk kommt von oben herab, von dem Vater der Lichter, bei dem keine Veränderung ist, noch ein Schatten infolge von Wechsel." (Jak 1,17)

   b. Christus ist unser Meister. Nur einer ist Meister, nämlich Christus. Wir sollen uns nicht Meister (kathegetes, Führer, Wegweiser, V10, vgl. Röm 2,19-20) nennen lassen. Wir sind Diener des Meisters. Man beachte, daß Jesus beansprucht, der Messias zu sein.
   c. Gläubige sind Brüder. Keiner ist über den anderen erhöht. Alle sind vor Gott und voreinander gleich. Jeder soll dem anderen dienen und ihm helfen.

2. Größe wird am Dienst gemessen, nicht an der irdischen Ehre. (Siehe Abriß und Anmerkungen – Mt 20,20-28. Das ist eine gute Betrachtung zum "Preis der Größe.") Wenn eine Religion von Menschen erdacht oder beeinflußt wird, konzentriert sie sich auf Rituale, Zeremonien, Regeln und Vorschriften sowie auf Ehre, Anerkennung, Stellung und Einfluß.

"Unter euch aber soll es nicht so sein; sondern wer unter euch groß werden will, der sei euer Diener, und wer unter euch der Erste sein will, der sei euer Knecht." (Mt 20,26-27)

"Ihr aber sollt nicht so sein; sondern der Größte unter euch soll sein wie der Jüngste, und der Führende wie der Dienende." (Lk 22,26)

"Denn ich sage kraft der Gnade, die mir gegeben ist, einem jeden unter euch, daß er nicht höher von sich denke, als sich zu denken gebührt, sondern daß er auf Bescheidenheit bedacht sei, wie Gott einem jeden das Maß des Glaubens zugeteilt hat." (Röm 12,3)

"Ebenso ihr Jüngeren, ordnet euch den Ältesten unter; ihr alle sollt euch gegenseitig unterordnen und mit Demut bekleiden! Denn Gott widersteht den Hochmütigen, den Demütigen aber gibt er Gnade." (1Petr 5,5)

Matthäus 23,1-12

3. Das Gericht kommt. Was man tut, bestimmt das Schicksal: Man erhöht sich oder erniedrigt sich. Noch einmal: Jemand muß die Führungsposition ausfüllen, doch wenn man sich um der Ehre dieser Stellung willen vordrängt und nicht um des Dienstes willen, dann wird man von Gott gerichtet. Das ist die Regel: Wir sind zum Dienen berufen, nicht zum Herrschen.

"Wer nun eines von diesen kleinsten Geboten auflöst und die Leute so lehrt, der wird der Kleinste heißen im Reich der Himmel; wer sie aber tut und lehrt, der wird groß heißen im Reich der Himmel." (Mt 5,19)

"Er hat Gewaltige von den Thronen gestoßen und Niedrige erhöht." (Lk 1,52)

"Siehe an jeden Stolzen, erniedrige ihn und reiß die Gottlosen herunter!" (Hiob 40,12)

"Sie verlassen sich auf ihr Vermögen und prahlen mit ihrem großen Reichtum. Und doch kann kein Bruder den andern erlösen; er vermag Gott das Lösegeld nicht zu geben!" (Ps 49,6-7)

"Der Hochmut des Menschen erniedrigt ihn; aber ein Demütiger bekommt Ehre." (Spr 29,23)

"Denn es kommt ein Tag vom HERRN der Heerscharen über alles Stolze und Hohe und über alles Erhabene, daß es erniedrigt werde." (Jes 2,12)

"Denn siehe, der Tag kommt, brennend wie ein Ofen! Da werden alle Übermütigen und alle, die gottlos handeln, wie Stoppeln sein, und der zukünftige Tag wird sie anzünden, spricht der HERR der Heerscharen, daß ihnen weder Wurzel noch Zweig übrigbleibt." (Mal 4,1)

Gedanke 1 Eine Sache kann vom christlichen Glauben gesagt werden: Er ist ein Glaube des *Einsseins* (Eph 4,1-6, Bes. 4-6; 1Kor 12,4-13). Stolz, Spaltungen und Streben nach Stellung, Ehre und Titel haben hier keinen Platz.

Matthäus 23,13-36

M. Die neun Anklagen gegen falsche Fromme, 23,13-36 (Lk 11,39-50)

1 Falsche Fromme schließen die Himmelstür für Suchende
a. Gehen selbst nicht hinein
b. Lassen Suchende nicht hineingehen

13 Aber wehe euch, ihr Schriftgelehrten und Pharisäer, ihr Heuchler, daß ihr das Reich der Himmel vor den Menschen zuschließt! Ihr selbst geht nicht hinein, und die hinein wollen, die laßt ihr nicht hinein.

2 Falsche Fromme benutzen den Glauben für Gier, bes. Diebstahl an Witwen
a. Heuchelei: Benutzen Glauben und Gebet
b. Urteil: Ein schwereres Gericht

14 Wehe euch, ihr Schriftgelehrten und Pharisäer, ihr Heuchler, daß ihr die Häuser der Witwen freßt und zum Schein lange betet. Darum werdet ihr ein schwereres Gericht empfangen!

3 Falsche Fromme verdoppeln als Missionare die Verdorbenheit neuer GläubigerDS4

15 Wehe euch, ihr Schriftgelehrten und Pharisäer, ihr Heuchler, daß ihr Meer und Land durchzieht, um einen einzigen Proselyten zu machen, und wenn er es geworden ist, macht ihr ein Kind der Hölle aus ihm, zweimal mehr, als ihr es seid!

4 Falsche Fromme führen andere irre: Sind blinde Führer bei Eiden und Gelübden
a. Ihre Blindheit: Stellen das Zweitrangige über das Erstrangige (zwei Beispiele)
  1) Stellen das Tempelgold über den Tempel
  2) Stellen die Gabe über den Altar

16 Wehe euch, ihr blinden Führer, die ihr sagt: Wer beim Tempel schwört, das gilt nichts; wer aber beim Gold des Tempels schwört, der ist gebunden.
17 Ihr Narren und Blinde, was ist denn größer, das Gold oder der Tempel, der das Gold heiligt?
18 Und: Wer beim Brandopferaltar schwört, das gilt nichts; wer aber beim Opfer schwört, das darauf liegt, der ist gebunden.

b. Ihre Narrheit: Versuchen, Verantwortung und Verpflichtung zu entkommen, V17,19
c. Die nackten Tatsachen
  1) Gott hört alle Eide und Gelübde – keine Ausflüchte
  2) Alle Gelübde und Eide sind bindend und zählen bei Gott

19 Ihr Narren und Blinden! Was ist denn größer, das Opfer oder der Brandopferaltar, der das Opfer heiligt?
20 Darum, wer beim Altar schwört, der schwört bei ihm und bei allem, was darauf ist.
21 Und wer beim Tempel schwört, der schwört bei ihm und bei dem, der darin wohnt.
22 Und wer beim Himmel schwört, der schwört bei dem Thron Gottes und bei dem, der darauf sitzt.

5 Falsche Fromme betonen leichtere Gebote und lassen die wichtigeren weg
a. Betonen leichtere Pflichten und *lassen* wichtigere Pflichten *weg*

23 Wehe euch, ihr Schriftgelehrten und Pharisäer, ihr Heuchler, daß ihr die Minze und den Anis und den Kümmel verzehntet und das Wichtigere im Gesetz vernachlässigt, nämlich das Gericht und das Erbarmen und den Glauben! Dieses sollte man tun und jenes nicht lassen
24 Ihr blinden Führer, die ihr die Mücke aussiebt, das Kamel aber verschluckt!
25 Wehe euch, ihr Schriftgelehrten und Pharisäer, ihr Heuchler, daß ihr das Äußere des Bechers und der Schüssel reinigt, inwendig aber sind sie voller Raub und Unmäßigkeit!
26 Du blinder Pharisäer, reinige zuerst das Inwendige des Bechers und der Schüssel, damit auch ihr Äußeres rein werde!
27 Wehe euch, ihr Schriftgelehrten und Pharisäer, ihr Heuchler, daß ihr getünchten Gräbern gleicht, die äußerlich zwar schön scheinen, inwendig aber voller Totengebeine und aller Unreinheit sind!
28 So erscheint auch ihr äußerlich vor den Menschen als gerecht, inwendig aber seid ihr voller Heuchelei und Gesetzlosigkeit.
29 Wehe euch, ihr Schriftgelehrten und Pharisäer, ihr Heuchler, daß ihr die Gräber der Propheten baut und die Denkmäler der Gerechten schmückt
30 und sagt: Hätten wir in den Tagen unserer Väter gelebt, wir hätten uns nicht mit ihnen des Blutes der Propheten schuldig gemacht.
31 So gebt ihr ja euch selbst das Zeugnis, daß ihr Söhne der Prophetenmörder seid.
32 Ja, macht ihr nur das Maß eurer Väter voll!
33 Ihr Schlangen! Ihr Otterngezücht! Wie wollt ihr dem Gericht der Hölle entgehen?
34 Siehe, darum sende ich zu euch Propheten und Weise und Schriftgelehrte; und etliche von ihnen werdet ihr töten und kreuzigen, und etliche werdet ihr in euren Synagogen geißeln und sie verfolgen von einer Stadt zur anderen,
35 damit über euch alles gerechte Blut kommt, das auf Erden vergossen worden ist, vom Blut Abels, des Gerechten, bis auf das Blut Zacharias, des Sohnes Barachias, den ihr zwischen dem Tempel und dem Altar getötet habt.
36 Wahrlich, ich sage euch: Dies alles wird über dieses Geschlecht kommen!

b. Vermeiden geringere Sünden, begehen die schwereren Sünden

6 Falsche Fromme sind blind für echte Reinheit
a. Erscheinen äußerlich rein
b. Sind innerlich voll Raub und Unmäßigkeit (Schwelgerei)
c. Bedürfnis: Erst das Innere reinigen, dann ist auch das Äußere rein

7 Falsche Fromme verstekken inneren Verfall
a. Bild: Sind weiß wie Gräber
  1) Außen: Scheinen sauber und schön
  2) Innen: Voll von Tod und Unreinheit
b. Ihr Fehler
  1) Außen: Scheinen gerecht
  2) Innen: Voll Heuchelei und Gesetzlosigkeit

8 Falsche Fromme prahlen mit gottgefälligem Erbe
a. Ehren die Reste der Vergangenheit
b. Verurteilen früheren Mißbrauch
c. Prahlen, daß sie besser sind: Hätten solche Sünden nicht begangen
d. Zeugen gegen sich selbst (durch Ablehnung Christi)
  1) Erweisen sich als Söhne von Mördern
  2) Machen das Maß der Väter voll
e. Ergebnis: Sind Schlangen, Ottern geworden – zur Hölle verurteilt

9 Falsche Fromme schänden viele von Gottes heutigen Boten
a. Ihre Schändung: Verfolgen und töten

b. Ihr Gericht
1) Auf sie kommt das Blut aller Gerechten, das in der Geschichte vergossen wurde

2) Alles kommt über diese Generation

Matthäus 23,13-36

ABSCHNITT XIV

DIE LETZTE WOCHE DES MESSIAS: SEIN ANSPRUCH BESTRITTEN UND ABGELEHNT, 21,1-23,39

M. Die neun Anklagen gegen falsche Fromme, 23,13-36

(23,13-36) **Einführung – Falsche Frömmigkeit**: Das ist möglicherweise die strengste und ungebremsteste Anklage der Geschichte. Sie ist zweifelsohne die tragischste, denn sie dreht sich um die Seelen der Menschen und wird vom Richter der ganzen Welt, dem Herrn selbst, ausgesprochen. Doch sie war verdient und steht als dramatische Warnung für die Menschen aller Generationen, insbesondere der Frommen, da.

Vier Dinge müssen betrachtet werden, bevor man sich diesem Abschnitt zuwendet.
1. Die Sünde der Frommen (Pharisäer) war groß: Es war Heuchelei.
   a. Sie bekannten sich zum Glauben, doch sie folgten Gott nicht wirklich nach. Sie gingen nicht selbst ins Reich der Himmel und durch ihre Lehre und ihr Leben führten sie andere in die Irre und ließen sie nicht ins Himmelreich.
   b. Sie benutzten den Glauben für ihre eigenen Zwecke, für Karriere und Wohlstand (vgl. V14-15).
2. Christus war zornig und traurig. Er sprach ein hartes Urteil, doch er war auch voll Mitleid und hatte ein gebrochenes Herz. Zwei Tatsachen zeigen das.
   a. Das griechische Wort *Wehe* schließt sowohl Zorn als auch Mitleid mit ein (siehe Nähere Betrachtung 1 – Mt 23,13).
   b. Jesus klagte über Jerusalem (V37-39).
3. Christus griff und klagte die Frommen an, doch er warnte sie auch. Ihre Sünde war groß und schrecklich, doch sie konnte vergeben werden. Sie schlossen sich und anderen die Himmelstür zu und waren nahe daran, nie in das Himmelreich hineinkommen zu können. Doch es war nicht hoffnungslos, noch nicht. Die, die Christi Warnung *hören*, können unter der Schwere der Anklage zittern und sich fürchten, Buße tun und sich mit einem gläubigen Herzen Gott zuwenden.
4. Manche Schriftgelehrte und Pharisäer taten Buße, nahmen Christus an und folgten ihm nach (vgl. Lk 13,31; Apg 6,7; 15,5; 18,8;17).

Christus klagte die Frommen seiner Zeit an. Er behandelte sie offen und ehrlich. Er deckte die Wahrheit ihrer menschlichen Herzen auf: Sie waren voll Heuchelei. Danach blieb nichts mehr verborgen, alles kam ans Licht. Sie mußten sich selbst anschauen und die Verdorbenheit ihrer Herzen erkennen; sie mußten Buße tun, glauben und Christus nachfolgen oder zum "Gericht der Hölle" verurteilt werden (V33).

Christus klagte die Frommen offen wegen neun Dingen an.
1. Falsche Fromme schließen die Himmelstür für Suchende (V13).
2. Falsche Fromme benutzen den Glauben für Gier, bes. Diebstahl an Witwen (V14).
3. Falsche Fromme verdoppeln als Missionare die Verdorbenheit neuer Gläubiger (V15).
4. Falsche Fromme führen andere irre: Sind blinde Führer bei Eiden und Gelübden (V16-22).
5. Falsche Fromme betonen leichtere Gebote und lassen die wichtigeren weg (V23-24).
6. Falsche Fromme sind blind für echte Reinheit (V25-26).
7. Falsche Fromme verstecken inneren Verfall (V27-28).
8. Falsche Fromme prahlen mit gottgefälligem Erbe (V29-33).
9. Falsche Fromme schänden viele von Gottes heutigen Boten (V34-36).

1 (23,13) **Fromme – Falsche Lehrer**: Falsche Fromme schließen die Himmelstür für Suchende. Der Ausdruck "vor den Menschen" (emprosthen) bedeutet *im Angesicht*. Dahinter steht das Bild von Menschen, die vor der Tür warten und dringend hineingehen wollen, doch die falschen Frommen schlagen ihnen die Himmelstür *vor der Nase* zu.

Christus sagte an dieser Stelle zwei Dinge.
1. Die falschen Frommen gingen nicht selbst in den Himmel. Das taten sie aus drei Gründen nicht. (Die Gründe sind in vorhergehenden Schriftstellen aufgeführt.)
   a. Sie lehnten Gott als Messias ab, als Herr vom Himmel, als Sohn Gottes selbst (vgl. Mt 22,41-45; Joh 10,31-39).
   b. Sie zogen ihre eigenen Vorstellungen von Religion der Vorstellung Gottes vor. Sie bevorzugten eine Religion, die die Fähigkeit des Menschen zum Tun frommer Dinge ehrte, statt einer Religion, die Gottes Barmherzigkeit für den Menschen ehrte (siehe Abriß und Anmerkungen – Mt 23,1-12).
   c. Sie stellten die Welt über Gottes Forderung der Selbstverleugnung. Sie wählten Dinge der Welt wie Stellung, Ehre, Anerkennung, Wertschätzung, Reichtum, Macht, Autorität und Sicherheit (siehe Anmerkungen – Mt 12,1-8; Anmerkung und Nähere Betrachtung 1 – 12,10).
2. Die falschen Frommen gingen nicht nur selbst nicht in den Himmel, sie ließen auch *Suchende* nicht hinein. Sie schlossen die Tür vor ihnen, indem sie sie in die Irre führten und sich damit zu einer Ewigkeit fern von Gott verurteilten
   a. Sie wollten Jesus Christus in Mißkredit bringen, indem sie leugneten, daß er Gottes Sohn war, der im menschlichen Fleisch erschienen war (Mt 21,23-22,46).
   b. Sie verdrehten die Schrift und legten sie falsch aus (vgl. Mt 22,41-46).

> "Aber Jesus antwortete und sprach zu ihnen: Ihr irrt, weil ihr weder die Schriften noch die Kraft Gottes kennt." (Mt 22,29)
>
> "Denn wir sind nicht wie so viele, die das Wort Gottes verfälschen, sondern aus Lauterkeit, aus Gott reden wir vor dem Angesicht Gottes in Christus." (2Kor 2,17)
>
> "Sondern wir lehnen die schändlichen Heimlichkeiten ab; wir gehen nicht mit Hinterlist um und fälschen auch nicht das Wort Gottes; sondern indem wir die Wahrheit bekannt machen, empfehlen wir uns jedem menschlichen Gewissen vor den Augen Gottes." (2Kor 4,2)
>
> "So wie auch in allen Briefen, wo er [Paulus] von diesen Dingen spricht. In ihnen ist manches schwer zu verstehen, was die Ungelehrten und Ungefestigten verdrehen, wie auch die übrigen Schriften, zu ihrem eigenen Verderben." (2Petr 3,16)

   c. Sie verspotteten und bedrohten jeden, der Christus bekannte (Joh 9,22;34).

> "Wehe euch Gesetzesgelehrten, denn ihr habt den Schlüssel der Erkenntnis weggenommen!

Matthäus 23,13-36

Ihr selbst seid nicht hineingegangen, und die, welche hineingehen wollten, habt ihr daran gehindert!" (Lk 11,52)

"Denn des Priesters Lippen sollen die Erkenntnis bewahren, und aus seinem Munde soll man das Gesetz erfragen; denn er ist ein Bote des HERRN der Heerscharen. Ihr aber seid vom Wege abgewichen, ihr seid schuld, daß viele am Gesetz Anstoß genommen haben, ihr habt den Bund mit Levi mißbraucht, spricht der HERR der Heerscharen." (Mal 2,7-8)

Gedanke 1 Die Felder sind weiß zur Ernte. Viele wollen in den Himmel kommen, doch oft wird ihnen die Tür vor der Nase zugeschlagen. Von wem? Von den falschen Frommen.

1) Falsche Fromme leugnen Christus: Sie lehren und predigen nicht, daß Jesus der wahre Erlöser der Menschen ist, der Sohn Gottes. Daher erfährt der Suchende nichts von der Erlösung Christi. Er erfährt nicht, daß Christus für seine Sünden starb und daß er ihm vertrauen und alles geben soll, was er hat und ist.

"Es gab aber auch falsche Propheten unter dem Volk, wie auch unter euch falsche Lehrer sein werden, die heimlich verderbliche Sekten einführen, indem sie sogar den Herrn, der sie erkauft hat, verleugnen; und sie werden ein schnelles Verderben über sich selbst bringen." (2Petr 2,1)

"Wer ist der Lügner, wenn nicht der, welcher leugnet, daß Jesus der Christus ist? Das ist der Antichrist, der den Vater und den Sohn leugnet." (1Joh 2,22)

2) Falsche Fromme haben ihre eigenen Vorstellungen von Religion und wie man mit Gott ins Reine kommt. Sie lehren ihre eigenen Gedanken über Religion und Gerechtigkeit. Daher erfährt der Suchende nichts von Gottes wahrer Gerechtigkeit und Religion.

"Denn ich sage euch: Wenn eure Gerechtigkeit die der Schriftgelehrten und Pharisäer nicht weit übertrifft, so werdet ihr gar nicht in das Reich der Himmel eingehen!" (Mt 5,20)

"Weil aus Werken des Gesetzes kein Fleisch vor ihm gerechtfertigt werden kann; denn durch das Gesetz kommt Erkenntnis der Sünde." (Röm 3,20)

"Denn weil sie die Gerechtigkeit Gottes nicht erkennen und ihre eigene Gerechtigkeit aufzurichten trachten, haben sie sich der Gerechtigkeit Gottes nicht unterworfen. Denn Christus ist das Ende des Gesetzes zur Gerechtigkeit für jeden, der glaubt." (Röm 10,3-4)

3) Falsche Fromme stellen oft die Welt über Selbstverleugnung. Sie wählen Stellungen, Plätze, Ehre und Sicherheit statt Opfer und wahrem Dienst.

"Denn ihr wißt ja, daß ihr nicht mit vergänglichen Dingen, mit Silber oder Gold, losgekauft worden seid aus eurem nichtigen, von den Vätern überlieferten Wandel, sondern mit dem kostbaren Blut des Christus, als eines fehlerlosen und unbefleckten Lammes." (1Petr 1,18-19)

Gedanke 2 Viele Fromme führen Menschen in die Irre. Sie ziehen ihre eigene Vorstellung von Religion der Vorstellung Gottes vor. Sie bevorzugen ihre eigene Vorstellung, die das Selbst erhöht und die eigenen Fähigkeiten ehrt.

Gedanke 3 Man muß sich gegen seine eigenen Vorstellungen und Vorurteile wappnen. Persönliche Vorstellungen und Vorurteile dürfen nicht ersetzen, was Gott als Wahrheit offenbart hat. Persönliche Vorstellungen und Vorurteile schließen die Himmelstür für jeden, der sie annimmt und daran glaubt.

NÄHERE BETRACHTUNG 1
(23,13) **Wehe** (ouai): Bedeutet sowohl Zorn als auch Trauer, Ärger und Mitleid. Es gibt kein einzelnes deutsches Wort, das seine Bedeutung vollkommen erfaßt. Es ist eine bekümmerte Anklage, trauriger Zorn, mitleidiger Ärger. Es ist eine göttliche Drohung.

NÄHERE BETRACHTUNG 2
(23,13) **Heuchler** (hupokrites): Wer vortäuscht, etwas vorspielt, etwas zu sein vorgibt, was er nicht ist. Zuerst bedeutete das Wort einfach jemanden, der antwortet. Dann erwarb es die Bedeutung des Spielens, wie Schauspieler, die Dialoge einer Szene spielten. Schließlich wurde das Wort im schlimmstmöglichen Sinn benutzt: Vorspielen, vortäuschen; Masken tragen, um das wahre Ich zu verbergen, etwas zu sein vorgeben, was man nicht ist, anderen etwas vormachen.

Die Frommen, Pharisäer und Schriftgelehrte, waren Heuchler.
⇒ Sie taten, als würden sie Gott glauben und lieben, doch sie nahmen Gottes Sohn nicht an.
⇒ Sie taten, als würden sie Gott suchen, doch sie suchten Bestätigung, Wertschätzung, Ehre, Stellung, Macht und Sicherheit (siehe Anmerkungen – Mt 12,1-8; Anmerkung und Nähere Betrachtung 1 – 12,10).
⇒ Sie taten, als würden sie sich mit den Dingen Gottes befassen, doch in Wahrheit kümmerten sie sich um die Dinge der Welt.
⇒ Sie taten demütig und hilfreich, doch tatsächlich waren sie stolz, neidisch, besitzergreifend, selbstsüchtig und gierig.
⇒ Sie beanspruchten, Diener in Gottes Religion zu sein, doch sie dienten einer menschlichen Religion, die die Fähigkeit des Menschen ehrte, *gut zu sein* und genug Gutes zu tun, um für Gott annehmbar zu werden.
⇒ Sie bekannten Gottes Wort, doch sie nahmen davon weg und fügten hinzu.

Was Christus über die Heuchler sagte, ist sehr ernst. Seine Worte sind eine Warnung an alle Betrüger und Anspruchsteller.
⇒ Heuchler werden ein schwereres Gericht empfangen (V14).
⇒ Heuchler sind Kinder der Hölle (V15).
⇒ Heuchler sind närrisch und blind (V17, 19).
⇒ Heuchler sind blinde Führer (V24).
⇒ Heuchler sind voll Raub und Unmäßigkeit (V25).
⇒ Heuchler sind voll Unreinheit (V27).

Matthäus 23,13-36

⇒ Heuchler sind Schlangen und Otterngezücht (V33).
⇒ Heuchler entkommen dem Gericht der Hölle nicht (V33).

NÄHERE BETRACHTUNG 3
(23,13) **Reich der Himmel**: Siehe Nähere Betrachtung 3 – Mt 19,23-24.

2 (23,14) **Witwen – Fromme**: Falsche Fromme benutzen den Glauben als Deckmantel für Gier und Habsucht, besonders für Diebstahl an Witwen. Das ist eine schwere und weit verbreitete Sünde. Manche Menschen – Prediger, Führer und Heuchler – die die Aufmerksamkeit und das Wohlwollen anderer, besonders Witwen, hofieren, um an ihr Geld zu kommen. Sie streben nach großen Spenden, Investitionen, Stiftungen, Krediten und Schenkungen *um sich oder ihre Einrichtung voranzubringen*. Das ist eine große Tragödie: Diese falschen und heuchlerischen Herzen benutzen den Glauben als Deckmantel, um sich und ihre falschen Vorstellungen voranzubringen. Ihr Ruf an die Menschen ist zu einer *institutionellen Religion*, nicht zur Ehre Gottes. Natürlich erliegen eitle Menschen solchen Aufrufen, doch die Witwen sind ganz besonders denen ausgesetzt, die so gottergeben scheinen.

Man beachte: Christus sagte, daß sie ein schwereres Gericht empfangen werden. Manche Sünden sind schrecklicher als andere. Den Glauben für selbstsüchtige Zwecke zu benutzen ist eine davon. Diese Sünde empfängt ein schwereres Gericht. Noch etwas muß an dieser Stelle beachtet werden: Witwen haben einen ganz besonderen Platz in Gottes Herz. Er hat sein Volk schon immer angewiesen, in besonderer Weise für die Witwen zu sorgen.

> **"Der da Recht schafft dem Waislein und der Witwe und die Fremdlinge lieb hat, daß er ihnen Speise und Kleider gebe." (5Mo 10,18)**
> **"Verflucht sei, wer das Recht des Fremdlings, des Waisleins und der Witwe beugt!" (5Mo 27,19)**
> **"Er ist ein Vater der Waisen, ein Anwalt der Witwen, Gott, der in seinem Heiligtum wohnt." (Ps 68,5)**
> **"Lernet Gutes tun, erforschet das Recht, bestrafet den Gewalttätigen, schaffet den Waislein Recht, führet die Sache der Witwe!" (Jes 1,17)**
> **"Es war aber eine Witwe in jener Stadt; die kam zu ihm und sprach: Schaffe mir Recht gegenüber meinem Widersacher! Und er wollte lange nicht; danach aber sprach er bei sich selbst: Wenn ich auch Gott nicht fürchte und mich vor keinem Menschen scheue, so will ich dennoch, weil mir diese Witwe Mühe macht, ihr Recht schaffen, damit sie nicht unaufhörlich kommt und mich plagt. Und der Herr sprach: Hört, was der ungerechte Richter sagt! Gott aber, wird er nicht seinen Auserwählten Recht schaffen, die Tag und Nacht zu ihm rufen, wenn er auch lange zuwartet mit ihnen?" (Lk 18,3-7)**

Gedanke 1 Diebstahl an Witwen (und Witwern) ist eine der schwersten Sünde, die begangen werden kann. Sie wird "ein schwereres Gericht" empfangen und doch wird sie jeden Tag begangen, sogar von frommen Menschen. Es geschieht folgendermaßen: Ein Mensch plant etwas – die Verbreitung seiner Gedanken in den Medien oder eine Finanzspritze für den Ausbau seiner Einrichtung oder persönliche Bereicherung. Deshalb beginnt er, Menschen mit Geld zu hofieren, besonders Witwen. Er möchte, daß sie ihm Spenden oder Investitionen übergeben oder ihn zum Verwalter ihres Vermögens machen. Die Sünde ist zweifach.
1) Das erstrebte Geld dient nicht der Ehre Gottes, sondern dem eigenen Fortkommen oder dem der eigenen Einrichtung.
2) Der Glaube wird als Deckmantel benutzt – fromme Menschen, Organisationen, Einrichtungen – um an das Geld zu kommen.

Gedanke 2 Jeder Mensch in jeder Generation muß diese Frage mit offenem Herzen stellen: Können die *gottgefällige Sorge* für die Verlorenen und Verhungernden in der Welt und die riesigen, prächtigen Gebäude, Häuser und Bankkonten der Christen vom gleichen Gott sein?
Fakt ist: Die Motive eines Menschen müssen rein sein. Er darf nur nach der Ehre Gottes und der Stärkung und Rettung der Menschen streben. Zwei besondere Dinge müssen getan werden.
1) Nach wieviel Geld man auch strebt, besonders von Witwen, man muß es sorgfältig für Gott und Menschen in Not verwenden, nicht für sich selbst oder institutionelle Religion.
2) *Jeder einzelne Gläubige* muß sich vollkommen selbst verleugnen. Er muß immer wieder geben und er muß arbeiten, um genug zu haben, daß er anderen geben kann (Eph 4,28). Er muß immer opferbereit sein. Er darf nichts ansammeln. Ansammeln geschieht nur zu einem Zweck: Daß man *reich* genannt wird und *materielle Sicherheit* hat. Der Fehler dabei ist, daß wahre Sicherheit allein von Gott kommen kann (Mt 6,25-34; 1Joh 5,11-15).

3 (23,15) **Evangelisation – Proselyten**: Falsche Fromme verdoppeln als Missionare die Verdorbenheit neuer Gläubiger. Man beachte, daß Christus zwei wichtige Dinge sagte.
1. Falsche Fromme streben nach Bekehrungen.
2. Falsche Fromme sind eifrig beim Evangelisieren; sie ziehen durch die ganze Welt, um einen einzigen Menschen zu bekehren.

Doch mit dem Eifer dieser falschen Frommen gab es sehr ernsthafte Probleme.
1. Sie waren Missionare eines falschen Glaubens. Sie wollten die Menschen nicht für Gott, sondern für eine menschliche Religion gewinnen (siehe Nähere Betrachtung 2 – Mt 23,13). Sie brachten die Menschen nicht in eine persönliche Beziehung zu Gott, sondern zu ihren eigenen Vorstellungen von Religion.
2. Sie verdoppelten das Gericht dieser Bekehrten. Sie wandten sich vorrangig an die gottesfürchtigen und frommen Menschen, die bereits Interesse am Glauben (Judentum) bekundet hatten. Manche dieser Menschen waren von dem, was das Judentum ihnen bot, so angetan, daß sie, wenn sie sich bekehrten, zu besonders eifrigen Verfechtern ihres neuen Glaubens wurden. Sie waren so verblendet, daß sie zu Fanatikern wurden, frömmer als viele Juden selbst. So zogen die Bekehrten durch die falschen Lehrer das Gericht auf sich herab.

Gedanke 1 Eine der stärksten Lektionen, die uns die Pharisäer und Schriftgelehrten erteilen, ist Missionseifer.
1) Sie waren bereit zu gehen. Sie, die sich an eine falsche Religion hielten, waren gern bereit. Warum sind wir, die wir die Wahrheit kennen, so unwillig? Wo ist unser Eifer, Menschen zu gewinnen?

Matthäus 23,13-36

2) Sie waren bereit, überall hinzugehen. Sie zogen um die Welt, nur um einen Menschen zu bekehren. Wo ist unsere Bereitschaft, als Missionare zu gehen? Als Zeugen? Wo ist unsere Bereitschaft, auch nur um die Ecke zu gehen?

> "Denn der Sohn des Menschen ist gekommen, um zu suchen und zu retten, was verloren ist." (Lk 19,10)
>
> "Da sprach Jesus wiederum zu ihnen: Friede sei mit euch! Gleichwie mich der Vater gesandt hat, so sende ich euch." (Joh 20,21)
>
> "Sondern ihr werdet Kraft empfangen, wenn der Heilige Geist auf euch gekommen ist, und werdet meine Zeugen sein in Jerusalem und in ganz Judäa und Samaria und bis an das Ende der Erde!" (Apg 1,8)
>
> "Und er sprach zu ihnen: Geht hin in alle Welt und verkündigt das Evangelium der ganzen Schöpfung!" (Mk 16,15)

Gedanke 2 Die Pharisäer sollten uns dazu bringen, unsere Herzen und unseren Glauben zu prüfen und zu bewerten. Lehren wir die Wahrheit? Fügen wir zu Gottes Offenbarung, seinem Wort, hinzu oder nehmen wir davon weg? Tun wir eigentlich, wozu Gott uns berufen hat: Als Diener und Boten Gottes leben und arbeiten und nicht als Herren der Religion und Erlöser der Welt?

NÄHERE BETRACHTUNG 4
(23,15) **Proselyt** (proselutos): Ein Fremder, ein Gast (2Mo 12,48-49; 22,21; 23,9; 5Mo 10,19). Jemand, der sich der Religion schon angenähert hat, d.h. ihre Glaubensinhalte übernommen hat.

Es gab viele Proselyten zum Judentum. Besonders zwei Dinge zogen die Heiden an.
1. Die Vorstellung eines einzigen Gottes (Monotheismus). Die Vorstellung von vielen Göttern war in der Welt weit verbreitet. Denkende Menschen hatten oft Schwierigkeiten mit der Vorstellung einer Vielzahl von Göttern (Polytheismus). Die verdorbene Verehrung und die spalterischen Forderungen, auf denen viele Götter beharrten, machten keinen Sinn. Sie ließen die menschliche Seele leer zurück.

Das Judentum verehrte nur einen Gott und er wurde als im absoluten Sinn ethisch verkündigt. Gottes Gebote paßten auf das, wonach die menschliche Seele schrie, deshalb wandten sich viele dem Judentum zu.

2. Die Auffassung von Ethik. In der Antike waren Ungerechtigkeit und Unmoral, alle Arten sexueller Perversionen, gang und gäbe. Schwache Frauen und Männer wurden mißbraucht und benutzt, wie die Starken es wollten. Der jüdische Gedanke von Reinheit und Gerechtigkeit sprach viele an. Besonders Frauen, die nur als Besitz zum Vergnügen des Mannes behandelt wurden, wurden von Judentum und seiner Ethik angezogen.

Man muß jedoch noch etwas zu den heidnischen Anbetern beachten. Nicht alle waren vollständig Bekehrte oder Proselyten. Sie gingen überall dort zur Synagoge, wo Juden lebten un sich trafen, doch sie waren nicht beschnitten und nahmen auch nicht an allen Zeremonien und Bräuchen teil. Sie waren als *fromme* und *gottesfürchtige* Bekehrte oder Proselyten bekannt (Apg 10,2; 17,4).

---

4 (23,16-22) **Falsche Fromme**: Falsche Fromme führen andere in die Irre, sie sind blinde Führer bei Eiden und Gelübden.

Man beachte: Christus sagte, daß sie blinde Führer waren und Menschen irreführten. Wie? Sie stellten das Zweitrangige über das Erstrangige. Sie machten das am wenigsten Wichtige bedeutungsvoller als das Grundlegende. Christus verdeutlichte das an zwei Beispielen.
1. Sie stellten das Tempelgold über den Tempel selbst. Wer beim Tempel schwor, war nicht verpflichtet, den Schwur zu halten und trug auch keine Verantwortung dafür. Doch wenn er beim Tempelgold schwor, war er an seinen Eid gebunden.
2. Sie stellten die Gabe über den Altar, auf dem die Gabe lag. Beim Altar zu schwören oder ein Gelübde zu tun war nicht bindend, bindend war der Schwur oder das Gelübde auf die Gabe.

Christus wandte sich an dieser Stelle mit starken Worten gegen die Frommen. Sie waren "Narren und Blinde." Mit diesen Worten meinte Christus zweierlei.
1. Was sie sagten und taten, war absurd und irrational. Der gesund Menschenverstand sollte jedem sagen, daß der Tempel größer ist als das, was darin ist und daß der Altar größer ist als die Gabe, die darauf gelegt wird.
2. Was sie sagten und taten, war voll Narrheit und Sünde. Sie versuchten nur, sich aus Verpflichtungen und Verantwortung für Schwüre herauszuwinden. Sie wollten das Recht haben, Versprechen und Schwüre zu machen, sie aber später nicht einzuhalten, wenn es ihnen dann besser paßte.

Christus stellte die nackten Tatsachen hinsichtlich Gelübden und Eiden dar.
1. Gott hört alle Schwüre und Gelübde. Aus Gelübden oder geschworenen Dingen kommt man nicht wieder heraus.
   ⇒ Gott ist der, dem die Gaben auf dem Altar geopfert werden (angenommen) (V20).
   ⇒ Gott wohnt im Tempel (V21).
   ⇒ Gott sitzt auf seinem Thron im Himmel (V22).
2. Bei Gott sind alle Schwüre und Gelübde bindend und zählen.

> "Wiederum habt ihr gehört, daß zu den Alten gesagt ist: Du sollst nicht falsch schwören; du sollst aber dem Herrn deine Schwüre halten. Ich aber sage euch, daß ihr überhaupt nicht schwören sollt, weder bei dem Himmel, denn er ist Gottes Thron, noch bei der Erde, denn sie ist der Schemel seiner Füße, noch bei Jerusalem, denn sie ist die Stadt des großen Königs. Auch bei deinem Haupt sollst du nicht schwören, denn du vermagst kein einziges Haar weiß oder schwarz zu machen. Es sei aber eure Rede: Ja, ja! Nein, nein! Was darüber ist, das ist vom Bösen." (Mt 5,33-37)

Gedanke 1 In dem, was die Frommen sagten und taten, lassen sich wenigstens vier Sünden erkennen.
1) Die Sünde, das Zweitrangige über das Erstrangige zu stellen.
2) Die Sünde, sich aus Verpflichtungen zu stehlen.
3) Die Sünde der Habgier. Indem sie das Gold über den Tempel stellten, lenkten sie die Gedanken der Menschen auf das Gold, den Reichtum und die Gaben anstatt auf Gott, der im Tempel wohnte.
4) Die Sünde der Selbstgerechtigkeit. Indem sie die Gabe über den Altar stellten, sagten sie im Grunde genommen, daß die Gabe des Menschen wichtiger wäre als Gottes Altar, der die Gabe heiligte. Die Gabe ehrte den Altar statt

Matthäus 23,13-36

der Altar die Gabe. Das war natürlich lächerlich, denn Gott stand symbolisch hinter dem Altar. Und keine Gabe kann jemals größer sein als Gott.

Gedanke 2 Die gleichen Sünden werden auch heute begangen.
1) Rituale, Zeremonien, Programme – manchmal wird die Verpflichtung an praktisch jeden Abschnitt kirchlichen Lebens über Gott gestellt. Verpflichtung an alle Abschnitte kirchlichen Lebens wird sogar als Verpflichtung Gott gegenüber gewertet.
2) Die Gabe wird über den Altar gestellt. Das Gelübde, zu geben und zu opfern steht oft über dem Altar (Hingabe Gott). Verwaltung des Geldes (Gabe und Gold) wird sogar mit der Verantwortung vor Gott für das Leben gleichgestellt.
3) Das Motiv ist oft, die Einrichtung zu stärken, nicht die Menschen, indem ihr Leben auf Gott ausgerichtet wird.

NÄHERE BETRACHTUNG 5
(23,16-22) **Eid – Schwur – Fluch**: Eine Betrachtung des Eides kann so erweitert werden, daß auch negative Eide und Schwüre oder was gemeinhin *Fluchen* genannt wird, mit eingeschlossen sind. Sie kann aufgrund der Definition erweitert werden. Der Eid ist ein Aufruf, daß etwas beschworen oder verflucht wird. (Siehe auch Abriß und Anmerkungen – Mt 5,33-37 zur weiteren Diskussion.)
⇒ Manchmal wird Gott aufgerufen, etwas zu tun (zu verfluchen); manchmal wird der Aufruf (Fluch) nur von dem Menschen ausgesprochen.
⇒ Manchmal schwört ein Mensch Gott einen Eid (Gelübde); manchmal schwört er einen Eid gegen etwas (Fluch).
⇒ Manchmal flucht ein Mensch mit niedrigen oder widerlichen Worten; manchmal benutzt er Worte, die gesellschaftlich eher anerkannt sind, wie *Quatsch, Verdammich, Verflucht* usw....

Wenigstens drei Dinge stimmen nicht bei Eiden, Flüchen und Schwüren.
1. Eide verraten einen schwachen Charakter und Mangel an Vertrauenswürdigkeit. Ein Eid wird notwendig, wenn Wort und Charakter eines Menschen bisweilen fragwürdig und verdächtig sind. Deshalb meint er, daß er sein Wort mit einem Eid bekräftigen muß. Ein vertrauenswürdiger Mensch muß nur "ja" oder "nein" sagen. Er wird zu seinem Wort stehen (Mt 5,37).
2. Alle Eide, Schwüre und Flüche kommen aus dem gleichen Geist des Gefühls. Daß einige Worte in der Gesellschaft eher akzeptiert werden als andere, heißt noch lange nicht, daß sie Gott auch eher akzeptiert. Die Gefühle des Herzens lasen den Mund sprechen. Gott richtet das Herz, nicht die Weichheit, Härte, Schönheit oder Widerwärtigkeit der Worte. Gott verurteilt, was innen ist: Unwahrhaftigkeit, Vertrauensunwürdigkeit oder Bereitschaft zum Fluchen aus dem selbstsüchtigen Wunsch heraus, *dazuzugehören*.
3. Alle Schwüre und Flüche machen einen Menschen zu seinem *eigenen* Gott. Sie stellen den Menschen an die Stelle Gottes. Sie beanspruchen das *Recht*, das Privileg, zu handeln und etwas zu verfluchen. Niemand hat dieses Recht. Nur Gott hat das Recht und die Macht, gegen etwas zu reden und zu handeln, einen Menschen zu verfluchen und zu verurteilen.

---

5 (23,23-24) **Falsche Fromme**: Die falschen Frommen betonen die weniger wichtigen Gebote und lassen die wichtigeren weg. Christus sagte zweierlei.
1. Die Frommen betonen die geringeren Pflichten und lassen die gewichtigeren weg. Sie suchen sich aus, was sie wollen und wozu sie bereit sind, und lassen den Rest unter den Tisch fallen. Sie betonen *äußerliche* Pflichten wie den Zehnten, Bräuche, Rituale, Zeremonien und Werke; sie verkleinern die Veränderung und die *inneren* Pflichten des Herzens. Christus erwähnt drei Pflichten des menschlichen Herzens, die weggelassen werden.
   a. Gerechtigkeit: Unseren Nächsten so zu behandeln, wie wir sollen; nichts sagen und tun, was andere verletzt; alle Menschen ehren und respektieren; sich nie der Ungerechtigkeit schuldig machen.
   b. Barmherzigkeit: Allen Fürsorge, Freundlichkeit und Sanftheit beweisen, die schwach, bedürftig und schlecht dran sind; nicht hart, distanziert, fordernd oder gar grausam sein.
   c. Glaube: Glaube an Gott und Vertrauen darauf, daß er seine Verheißungen erfüllt.

Christus sagte, daß dies die gewichtigeren Themen des Gesetzes sind: Gerechtigkeit, Barmherzigkeit und Glaube. Doch die falschen Frommen verkleinern diese Themen oder lassen sie weg. Sie betonen und sprechen über die geringeren oder äußerlichen Dinge der Religion, wie den Zehnten. Äußerliche Dinge wie Gebräuche, Rituale und Werke haben einfach nicht das Gewicht, das die inneren Dinge des Herzens besitzen. Warum? Wenn das Herz gerecht ist, beeinflußt es das äußerliche Verhalten. Das gesamte Verhalten ändert sich, nicht nur einige Bereiche, die ausgewählt wurden, um zu beweisen, wie fromm ein Mensch ist. Man beachte, was Christus sagt: Betont die gewichtigen Dinge, laßt die anderen aber nicht ungetan liegen. Tut die geringeren Dinge, ja, aber konzentriert euch auf die gewichtigeren Themen.
2. Fromme meiden die geringeren Sünden, begehen aber die schwereren. Sie sieben die Mücken aus und verschlucken die Kamele. Das war zu Christi Zeit eine witzige Redensart. Vor dem Trinken wurde Wein sorgfältig durch ein Leinentuch gegossen, um Mücken und andere Unreinheiten herauszufiltern. Das geschah, um die Reinheitsgebote nicht zu verletzen (3Mo 11,20-23; 17,10-14).
Die falschen Frommen strengten sich bei der Einhaltung der geringeren Dinge des Glaubens an, bei der Einhaltung der schwereren jedoch versagten sie. Sie sündigten nicht, weil sie sich bei den geringeren anstrengten; sie sündigten, weil sie die schwereren wegließen.

> "So spricht der HERR der Heerscharen: Übet treulich Recht und erweiset jeder seinem Bruder Gnade und Erbarmen; bedrücket Witwen und Waisen nicht, auch nicht den Fremdling und den Armen, und denke keiner etwas Arges in seinem Herzen wider seinen Bruder!" (Sach 7,9-10)

> "Jesus sprach zu ihm: Willst du vollkommen sein, so geh hin, verkaufe, was du hast, und gib es den Armen, so wirst du einen Schatz im Himmel haben; und komm, folge mir nach!" (Mt 19,21)

> "Und das zweite ist ihm zu vergleichen: Du sollst deinen Nächsten lieben wie dich selbst." (Mt 22,39)

> "Die Liebe sei ungeheuchelt! Haßt das Böse, haltet fest am Guten!" (Röm 12,9)

Matthäus 23,13-36

"Seid niemand etwas schuldig, außer daß ihr einander liebt; denn wer den anderen liebt, hat das Gesetz erfüllt." (Röm 13,8)

Gedanke 1 Viele haben eine Art Religion, doch wenige widmen den gewichtigeren Themen der Gottgefälligkeit viel Aufmerksamkeit. Wie viele kommen regelmäßig zur Kirche, spenden Geld, beten und nehmen am kirchlichen Leben teil und...
- sie arbeiten nicht ehrlich für ihren Arbeitgeber (Gerechtigkeit)?
- demütigen sich nicht selbst und sind den Schwachen und weniger Disziplinierten gegenüber barmherzig?
- opfern nicht, indem sie den Schwachen und weniger Glücklichen gegenüber barmherzig sind?
- sind anderen gegenüber nicht verantwortungsvoll und liebevoll, nicht einmal ihrer eigenen Familie gegenüber (Gerechtigkeit und Barmherzigkeit)?

"Dabei haben sie eine äußere Form von Gottseligkeit, deren Kraft aber verleugnen sie. Von solchen wende dich ab!" (2Tim 3,5)

Gedanke 2 Man denke darüber nach. Wie leicht es ist, äußerlich fromm zu erscheinen und wie schwer es ist, innerlich gottgefällig zu sein. Doch Christus fordert die innere Gottgefälligkeit. Wir sollen alle Menschen mit reiner Gerechtigkeit und Barmherzigkeit behandeln und in allen Dingen Gott glauben.

Gedanke 3 Einer der großen Fehler der falschen Frommen ist, daß sie die falschen Dinge betonen. Sie betonen die geringeren Dinge und lassen die wichtigeren Dinge weg. Was sie betonen, ist wichtig und sollte getan werden, doch es ist nicht die Hauptsache.

Gedanke 4 Die falschen Frommen versagen an beiden Enden der Sünde. Sie sündigen durch Unterlassung und Verübung. Sie *unterlassen* die gewichtigeren Dinge und *verüben* die schwereren Sünden.

Gedanke 5 Christus nannte die falschen Frommen "blinde Führer." Man beachte dreierlei.
1) Manche sind blind gegenüber dem, was Christus sagt. Sie *wissen nicht*, daß sie die geringeren Dinge betonen. Die geringeren Dinge sind alles, was sie je erfahren und gelernt haben. Deshalb sind sie in ihnen verstrickt und wissen nur sehr wenig von den wichtigen Dingen des Glaubens.
2) Manche *wissen*, daß sie die geringeren Dinge betonen und bleiben bewußt bei ihrem Irrtum, wollen sich nicht ändern, weil sie Spott und Verlust von Stellung, Sicherheit und allem, was ihnen in dieser Welt lieb ist, fürchten.
3) Fromme sind Führer, die die geringeren Dinge des Glaubens lehren und die wichtigeren weglassen.

NÄHERE BETRACHTUNG 6
(23,23) **Zehnt – Minze – Anis – Kümmel**: Der Zehnte war im jüdischen Glauben immer besonders wichtig. Er wurde zum Unterhalt des Tempels und zur Versorgung der Priester verwendet, die Gott und dem Volk dienten.

"Du sollst allen Ertrag deiner Saat verzehnten, was von deinem Acker kommt, Jahr für Jahr. Und du sollst vor dem HERRN, deinem Gott, und an dem Orte, welchen er erwählt, daß sein Name daselbst wohne, essen den Zehnten deines Korns, deines Mosts, deines Öls und die Erstgeburt von deinen Rindern und Schafen, damit du lernest den HERRN, deinen Gott, fürchten dein Leben lang." (5Mo 14,22-23)

"Alle Zehnten des Landes, sowohl von der Saat des Landes als auch von den Früchten der Bäume, gehören dem HERRN und sollen dem HERRN heilig sein." (3Mo 27,30)

Man beachte, daß der Zehnte von Korn, Most und Öl gegeben werden sollte. Die Pharisäer dehnten ihn auf alle Früchte aus, die kleinsten Topf- und Gartenpflanzen wie Minze, Anis und Kümmel eingeschlossen. Solche Pflanzen wurden nur in geringen Mengen zum Gebrauch in der Familie und nie in großem Stil angebaut. Sie wurden alle in der Küche benutzt. Dill und Kümmel wurden auch als Heilkräuter verwendet. Die Frommen schlossen sogar die Blätter und Stiele der Pflanzen in den Zehnten mit ein. Man stelle sich die Strenge vor, die eine bestimmte Anzahl Blätter und ein Stück Stengel verzehntet. Doch man beachte etwas: Christus sagt, daß ein solch strenger Geist auch unser Leben beherrschen soll. Wir sollen den Zehnten nie vergessen (siehe Anmerkung – Mt 23,23-24).

---

6 (23,25-26) **Falsche Fromme – Herz – Reinheit**: Falsche Fromme sind blind für wahre Reinheit. Christus zeigte mit einem Bild, wie blind die Frommen sein können. Sie sind wie Becher und Schüsseln, die von außen abgewaschen wurden, innen jedoch schmutzig geblieben sind.

Christus machte drei Aussagen zu diesem Bild.

1. Das Äußere von Becher und Schüssel der Frommen erschien sauber. Sie beschäftigten sich mit dem Äußeren, denn das wurde gesehen. Also wuschen und reinigten sie es. Der Punkt ist gut gewählt. Sie wappneten sich gegen skandalöse Sünden, die ihr Ansehen und ihren Ruf in der Nachbarschaft und beim Volk ruinieren würden. In der Öffentlichkeit gingen sie aufrecht, so wie es die Öffentlichkeit von ihnen erwartete. Ihre Sorge war, was die Leute denken würden, nicht, was Gott denkt.

2. Das Innere von Becher und Schüssel der Frommen war schmutzig. Das Innere war für die Menschen nicht zu sehen, deshalb widmeten sie ihm wenig oder keine Aufmerksamkeit. Sie nahmen, was sie wollten und lebten, wie es ihnen gefiel. Sie waren voll von Raub und Unmäßigkeit, d.h. Gier und Selbstsucht, Diebstahl und Schwelgerei, Begehren und Konsum, Nehmen und selten Teilen, Bekommen und selten Geben. Das befindet sich im Innern der Frommen: Selbstsucht und Gier nach Anhängern, Sicherheit, Stellung, Einfluß, Aufmerksamkeit, Anerkennung und Ansehen. Die frommen würden nie eine schwere, sichtbare Sünde begehen, Doch im Innern ließen sie selbstsüchtige Gier und ausschweifende Begierden zu und lebten egoistisch und schwelgerisch.

3. Die Frommen mußten das Innere ihres Herzens reinigen. Wenn das Innere einmal sauber war, würde das Äußere automatisch sauber werden. Wenn ihr Geist rein war, würde auch ihr Verhalten rein sein. Ein reines Herz führt zu einem reinen Leben. Christus lehrt uns, daß das Innere eines Menschen sein Verhalten bestimmt. Das Herz bestimmt, was ein Mensch tut.

"Mehr als alles andere behüte dein Herz; denn von ihm geht das Leben aus." (Spr 4,23)

Matthäus 23,13-36

"Der gute Mensch bringt aus dem guten Schatz des Herzens das Gute hervor, und der böse Mensch bringt aus seinem bösen Schatz Böses hervor." (Mt 12,35)

"Denn aus dem Herzen kommen böse Gedanken, Mord, Ehebruch, Unzucht, Diebstahl, falsche Zeugnisse, Lästerungen. Das ist's, was den Menschen verunreinigt! Aber mit ungewaschenen Händen essen, das verunreinigt den Menschen nicht." (Mt 15,19-20)

Man beachte: Christus nannte die falschen Frommen *blind*. Die falschen Frommen wissen nicht, daß das Innere eines Menschen gereinigt werden kann. Sie wissen nicht, daß ein gereinigtes Herz das Verhalten verändert.

<u>**Gedanke 1**</u> Der Ansatz des Menschen und der Gesellschaft ist, daß Äußere eines Menschen zu verändern, damit sich das Innere verändert. Verändere seine Umgebung, Lage, Umstände, Bildung, Heim, Ernährung, Beruf, Glaube, Philosophie und Selbstbild und er wird *gut* werden.

Christi Standpunkt ist, daß all das oben Genannte vom Herzen des Menschen bestimmt wird. Eine schlechte Umgebung kommt vom Bösen im Herzen des Menschen. Schlechte Bildung geht auf böswilliges Versagen im Herzen zurück. Man kann das beste Umfeld und die beste Ausbildung haben und immer noch böse sein. Nicht Umfeld und Ausbildung verändern das Böse im Menschen. Gott ist es. Laß Gott das Herz verändern, dann wird der Mensch auch äußerlich rein. Er wird gerecht und barmherzig allen Menschen gegenüber leben und alles tun, was er kann, um eine gute Umgebung und Ausbildungsmöglichkeiten für alle zu schaffen.

[7] (23,27-28) <u>**Falsche Fromme – Geistlicher Tod**</u>: Falsche Fromme verstecken inneren Verfall. Wieder benutzte Christus ein Bild, um seinen Standpunkt zu verdeutlichen. Er sagte, daß die Frommen wie Gräber wären, die frisch gereinigt und weiß getüncht worden waren. Äußerlich erscheinen sie weiß und sauber, doch ihr Inneres ist mit Totengebeinen angefüllt.

Das Bild der frisch getünchten Gräber stammte aus der Umgebung zur Zeit Jesu. Gräber, die Wegesränder und Landschaft sprenkelten, waren ein gewohnter Anblick. Da das jüdische Gesetz sagte, daß jeder, der einen Toten berührte, unrein würde (4Mo 19,16), mußten die Gräber deutlich gekennzeichnet und gepflegt werden, nicht nur, um Respekt vor der Familie und dem Toten zu zeigen, sondern auch, um Reisende davor zu bewahren, *rituell* unrein zu werden.

Es gab eine besondere Zeit im Jahr, in der die Gefahr der Berührung eines Grabes zu einer ernsten Bedrohung wurde. Das war während des Passafestes, wenn Abertausende Pilger die Straßen und die Umgebung Jerusalems überschwemmten. Eine der Vorbereitungen für das Fest war die Reinigung und Übertünchung der Gräber, um sie deutlich sichtbar zu machen. Wahrscheinlich waren es diese neu geweißten, in der Sonne glänzenden Gräber in der Landschaft, die Jesus für sein Bild benutzte

Das große Übel mit dem falschen Frommen ist, daß er äußerlich gerecht erscheint, innerlich aber voll von Heuchelei und Übertretungen ist.

Die Gegenüberstellung des Herrn von äußerer Erscheinung und innerer Wahrheit regt zum Nachdenken an.

⇒ Äußerlich mögen wir regelmäßig zur Kirche gehen, doch was ist die innere Wahrheit in der Woche?
⇒ Äußerlich mögen wir uns zum Glauben bekennen, doch wa ist die innere Wahrheit auf dem Markt?
⇒ Äußerlich mögen wir als Familie vor dem Essen beten, doch was ist die innere Wahrheit den Hungrigen der Welt gegenüber?
⇒ Äußerlich mögen wir mit Gerechtigkeit und Barmherzigkeit übereinstimmen, doch was ist die innere Wahrheit im Umgang mit Geld?
⇒ Äußerlich mögen wir den Kopf für ein Dankgebet beugen, doch was ist die innere Wahrheit anderen Sündern gegenüber?
⇒ Äußerlich mögen wir in unserem Umfeld als demütig erscheinen, doch was ist die innere Wahrheit den Obdachlosen und Ausgestoßenen gegenüber?

Etwas wird oft vergessen. Christus predigte gegen die äußerlichen Sünden der Leidenschaft, die von der Gesellschaft oft als Todsünden angesehen werden, doch er verurteilte die inneren Sünden des Geistes viel schwerer, so wie Stolz und Gier. Sünder und Huren kommen schneller in den Himmel als *Fromme*, die ihr Leben nicht Jesus Christus übergeben. Genau das sagte Jesus Christus (Mt 21,31-32). Die Vorstellung der Welt ist, daß ein Mensch für Gott annehmbar ist, wenn er keine schweren Sünden begeht. Was er in seinem Herzen und unter Ausschluß der Öffentlichkeit ist, kümmert nicht. Er ist ein annehmbares Mitglied der Gesellschaft, wenn er…

- respektabel ist
- erfolgreich ist
- reich ist
- Geld hat
- gut aussieht
- berühmt ist
- Macht hat
- mit Gewinn arbeitet

Man beachte: Christus sagte, daß der falsche Fromme "inwendig aber voller Totengebeinen" ist. Das bezieht sich mit aller Wahrscheinlichkeit auf geistlichen Tod. Der falsche Fromme geht in den Augen der Menschen *annehmbar* durchs Leben, doch für Gott ist er geistlich tot. Er handelt nach eine von Menschen gemachten Ethik und Religion, nicht nach der wahren Ethik und Religion, die von Gott in Christus offenbart wurde.

"So erscheint auch ihr äußerlich vor den Menschen als gerecht, inwendig aber seid ihr voller Heuchelei und Gesetzlosigkeit." (Mt 23,28)

"Wehe euch, ihr Schriftgelehrten und Pharisäer, ihr Heuchler, daß ihr wie die verborgenen Gräber seid, über welche die Leute dahingehen, ohne es zu wissen!" (Lk 11,44)

"Vor allem hütet euch vor dem Sauerteig der Pharisäer, welcher die Heuchelei ist! Nichts aber ist verdeckt, das nicht aufgedeckt werden wird, und nichts verborgen, das nicht bekannt werden wird." (Lk 12,1-2)

"Denn was heimlich von ihnen getan wird, ist schändlich auch nur zu sagen." (Eph 5,12)

"Der Geist aber sagt ausdrücklich, daß in späteren Zeiten etliche vom Glauben abfallen und sich verführerischen Geistern und Lehren der Dämonen zuwenden werden durch die Verstellungskunst von Leuten, die Betrug lehren, die in ihrem eigenen Gewissen gebrandmarkt sind." (1Tim 4,1-2)

"Sie geben vor, Gott zu kennen, aber mit den Werken verleugnen sie ihn. Sie sind verabscheuungswürdig und ungehorsam und zu jedem guten Werk untüchtig." (Tit 1,16)

<u>**Gedanke 1**</u> Falsche Frömmigkeit ist das schönste und tödlichste Grab der Menschen. Sie führt zum ewigen Tod des menschlichen Geistes. Sie macht ihn für die Gefahr des ewigen Todes unempfänglich, indem sie ihm ein Gefühl…

Matthäus 23,13-36

- des Vertrauens durch die Frömmigkeit vermittelt.
- der Sicherheit durch die Frömmigkeit vermittelt.
- der Annehmbarkeit durch die Frömmigkeit vermittelt.
- des Stolzes durch die Frömmigkeit vermittelt.
- der Gerechtigkeit durch die Frömmigkeit vermittelt.

Gedanke 2 Andere mögen die Wahrheit nicht kennen – die Wahrheit der verschlossenen Türen und der Dunkelheit – der sündigen Geheimnisse des Herzens. Wir mögen vor anderen respektabel erscheinen. Das Herz kann voller Geheimnisse und Sünden sein; das Leben kann tadellos erscheinen. Doch Gott kennt alle Geheimnisse und er weiß, was das Herz erfüllt.

Der Punkt ist deutlich: Gott wird die Geheimnisse der Menschen richten. Dann wird das sündige Herz in die Hölle kommen und keinen Trost in der Erinnerung daran finden, daß es vor den Menschen respektabel erschien (Röm 2,16; Lk 16,23).

8 (23,29-33) **Falsche Fromme – Erbe – Wurzeln**: Falsche Fromme prahlen mit ihrem gottgefälligen Erbe. Christus sagte zu diesem Punkt vier wichtige Dinge.

1. Falsche Fromme ehren die Überbleibsel der Vergangenheit. Sie erweisen den Propheten von früher großen Respekt. Sie bauen, schmücken, renovieren und kümmern sich um die Gräber der großen Menschen der Vergangenheit. Doch man beachte: Christus sagte, daß sie die Gräber und das Andenken ehren, nicht die Lehren und das gottgefällige Leben dieser Menschen.

2. Falsche Fromme verurteilen früheren Mißbrauch. Ihre Vorfahren hatten viele der Propheten abgelehnt, beschimpft und getötet. Die falschen Frommen verurteilten ein solches Verhalten. Sie predigten und lehrten gegen Mord.

3. Falsche Fromme behaupten stolz, daß sie besser als die Frommen früherer Zeiten wären. Sie fühlen sich über solche Sünden erhaben. Sie hätten niemals die Propheten Gottes abgelehnt und beschimpft. Sie glauben, daß sie die Prediger der Vergangenheit gerne angehört und getan hätten, was diese wollten.

4. Falsche Fromme zeugen gegen sich selbst. Sie verehren die Propheten von früher, doch die gegenwärtigen Propheten lehnen sie ab. Sie ehren Abraham, Moses, Jeremia und Sacharja, doch sie lehnen Gottes eigenen Sohn ab. Dadurch beweisen sie, daß sie dasselbe wie ihre Vorfahren sind: Mörder. Sie sind Kinder ihrer Väter und treten mit ihrer Ablehnung der Boten Gottes in deren Fußstapfen. Wie der Vater, so der Sohn.

Man beachte, was Christus sagte: Sie machten das Maß des Mordes ihrer Väter voll. Christus sagte damit wahrscheinlich, daß sein Tod der letzte Tropfen war. Das Maß war schon fast *voll*; es konnte keinen Tropfen mehr fassen. Es gab für sie keine Chance mehr, sich zu Gott zu wenden, nachdem sie *den Propheten*, Christus selbst, getötet hatten (siehe Abriß und Anmerkungen – Mt 22,1-14).

"Aber aufgrund deines verstockten und unbußfertigen Herzens häufst du dir selbst Zorn auf für den Tag des Zorns und der Offenbarung des gerechten Gerichtes Gottes, der jedem vergelten wird nach seinen Werken." (Röm 2,5-6)

"Und ich sah die Toten, Kleine und Große, vor Gott stehen, und es wurden Bücher geöffnet, und ein anderes Buch wurde geöffnet, das ist das Buch des Lebens; und die Toten wurden gerichtet gemäß ihren Werken, entsprechend dem, was in den Büchern geschrieben stand." (Offb 20,12; vgl. Offb 22,12)

"Dein, o Herr, ist aber auch die Gnade; denn du bezahlst einem jeden nach seinem Tun!" (Ps 62,12)

"Wenn du sagen wolltest: Siehe, wir haben das nicht gewußt! wird nicht der, welcher die Herzen prüft, es merken, und der deine Seele beobachtet, es wahrnehmen und dem Menschen vergelten nach seinem Tun?" (Spr 24,12)

"Ich, der HERR, erforsche das Herz und prüfe die Nieren, um einem jeden zu vergelten nach seinen Wegen, nach der Frucht seiner Taten." (Jer 17,10)

Gedanke 1 Es ist leicht, die großen Menschen der Vergangenheit zu ehren. Sie sind nicht da, um die Wahrheit zu verkünden und zu fordern, daß wir der Wahrheit folgen sollen. Kein Toter kann uns mit seinen Warnungen aufstören.

Gedanke 2 Jede Generation erliegt *diesem einen* großen Betrug: Da sie gebildeter und technisch fortgeschrittener ist, denkt sie, daß sie stärker und besser dran als die vorhergehenden Generationen ist. Sie denkt...
- wenn sie die Chancen der Vergangenheit gehabt hätte, hätte sie mehr damit angefangen.
- wenn sie den Versuchungen der Vergangenheit begegnet wäre, hätte sie ihnen besser widerstanden.

9 (23,34-36) **Falsche Fromme**: Falsche Fromme schänden viele von Gottes heutigen Propheten. Christus sagte, daß er Boten mit der Botschaft Gottes aussenden werde, daß die falschen Frommen sie jedoch schlagen (geißeln), verfolgen und töten werden. Sie würden Gottes Boten von einer Stadt zur nächsten hetzen.

Man beachte: Christus sagte noch etwas mit schrecklichen Folgen für die falschen Frommen. Aller Mißbrauch und alles in der menschlichen Geschichte vergossene Blut der Gerechten würde den falschen Frommen angerechnet werden. Warum? Weil sie von allen Menschen die beste Gelegenheit hatten.

"Die Israeliten...denen die Sohnschaft und die Herrlichkeit und die Bündnisse gehören und die Gesetzgebung und der Gottesdienst und die Verheißungen." (Röm 9,4)

Gedanke 1 Jeder muß sich dieser einen Frage stellen: Wie wird das Urteil lauten, wenn ich gestorben bin? Welches Erbe werde ich hinterlassen? Habe ich Gott behindert oder ihm geholfen?

"Und ich sah die Toten, Kleine und Große, vor Gott stehen, und es wurden Bücher geöffnet, und ein anderes Buch wurde geöffnet, das ist das Buch des Lebens; und die Toten wurden gerichtet gemäß ihren Werken, entsprechend dem, was in den Büchern geschrieben stand." (Offb 20,12)

NÄHERE BETRACHTUNG 7
(23,34) **Propheten**: Siehe Nähere Betrachtung 1 – 1Kor 14,3; Anmerkung – Eph 4,11.

Matthäus 23,13-36

NÄHERE BETRACHTUNG 8
(23,34) **Weise**: Die weisen Diener Gottes, die vom Heiligen Geist besonders mit göttlicher Weisheit begabt wurden.

NÄHERE BETRACHTUNG 9
(23,34) **Schriftgelehrte**: Nicht die jüdischen Schriftgelehrten, sondern vom heiligen Geist begabte Lehrer des Neuen Testamentes, des großen Bundes Christi, des Sohnes Gottes.

NÄHERE BETRACHTUNG 10
(23,35) **Abel**: Vgl. 1Mo 4,8-10; Hebr 12,24.

NÄHERE BETRACHTUNG 11
(23,35) **Zacharias**: Es gibt einige Zweifel zu seiner Identität. Es ist wahrscheinlich nicht der Prophet Zacharias, sondern der Zacharias, der im Hof des Tempels gesteinigt und getötet wurde (2Chr 24,20-21). Sein Vater, der im Alten Testament Jojada und im Neuen Testament Barachia genannt wird, war wahrscheinlich unter beiden Namen bekannt. Es war bei den Juden üblich, zwei Namen zu haben. Die größte Unterstützung dieser Erklärung kommt aus der jüdischen Bibel. Ihre Bücher sind anders angeordnet als in der christlichen Bibel. 2Chr ist das letzte Buch der jüdischen Bibel. Jesus sagt ganz einfach (bezogen auf den Aufbau der jüdischen Bibel), daß die falschen Frommen die Schuld an allem gerechten Blut tragen, das in der Geschichte vergossen wurde, vom ersten Mord, Abel, bis hin zum letzten, Zacharias.

NÄHERE BETRACHTUNG 12
(23,36) **Dieses Geschlecht**: "Dies alles" wird in einem schrecklichen Gericht auf Christi Generation zurückfallen. Sie waren besonders schuldig, weil sie diese einmalige Gelegenheit hatten: Sie hatten Gottes Sohn sichtbar unter sich (Joh 20,29). Heißt das nun, daß sie wegen ihrer besonderen Vorzüge in der Ewigkeit auch besonders gerichtet werden (Röm 9,1-5)? Oder bezieht sich Jesus hier auf die Zerstörung Jerusalems und Israels als Volk im Jahre 70 n.Chr. durch Titus? Beide Ansichten werden von verschiedenen Kommentatoren vertreten.

Matthäus 23,37-39

	N. Die Klage Jesu: Seine Liebe wird abgelehnt, 23,37-39 (Lk 13,34-35)

1 Die vergangene Sünde Jerusalems: Verfolgte Gottes Boten
2 Die große Liebe Christi für Jerusalem
  a. Geduldig: "Wie oft"
  b. Sorgte und schützte: "Sammeln"
3 Die große Sünde Jerusalems: Lehnte den Messias ab
4 Das furchtbare Gericht über Jerusalem
  a. Wüst und verlassen
  c. Blind für den Messias
5 Die herrliche Vorhersage: Jerusalem und Israel verkündigen den Messias
	37 Jerusalem, Jerusalem, die du die Propheten tötest und steinigst, die zu dir gesandt sind! Wie oft habe ich deine Kinder sammeln wollen, wie eine Henne ihre Küken unter die Flügel sammelt, aber ihr habt nicht gewollt!
	38 Siehe, euer Haus wird euch verwüstet gelassen werden;
	39 denn ich sage euch: Ihr werdet mich von jetzt an nicht mehr sehen, bis ihr sprechen werdet: Gelobt sei, der da kommt im Namen des Herrn!

ABSCHNITT XIV

DIE LETZTE WOCHE DES MESSIAS: SEIN ANSPRUCH BESTRITTEN UND ABGELEHNT, 21,1-23,39

N. Die Klage Jesu: Seien Liebe wird abgelehnt, 23,37-39

(23,37-39) **Einführung – Jerusalem – Israel**: In diesem Abschnitt zeigt sich Gottes große Liebe für Jerusalem und Israel. Es ist Christi Klage über Jerusalem, die Stadt Gottes, und Israel, da Volk Gottes. Gottes Liebe, die sich vollkommen darin erwies, daß er seinen einzigen Sohn gab, wurde abgelehnt. Christus seufzte und weinte aus tiefstem Herzen. Er stöhnte auf:

> "**Jerusalem, Jerusalem…Wie oft habe ich deine Kinder sammeln wollen, wie eine Henne ihre Küken unter die Flügel sammelt.**" (V37).

Kein Mensch kann je die Tiefe des Gefühls und des gebrochenen Herzens des Herrn erfassen. Warum? Weil Christus wußte, daß Gottes liebevolles Bitten vergeblich war. Das Volk, das auserwählt war, Gottes Zeuge auf der Erde zu sein, d.h. Jerusalem, "hat schwer gesündigt" (Klgl 1,8). Sie hatten Gottes einzigen Sohn abgelehnt, ihren Messias und Erlöser.

Dennoch ist Gottes große Liebe für Jerusalem nicht das einzige, was sich in den Worten des Herrn zeigt. Gottes Gerechtigkeit zeigt sich im Tadel Jerusalem.

> "**Die du die Propheten tötest und steinigst, die zu dir gesandt sind…Siehe, euer Haus wird euch verwüstet gelassen werden; denn ich sage euch: Ihr werdet mich von jetzt an nicht mehr sehen.**" (V37-39)

Kein Mensch kann je die Größe der über die Jahrhunderte hinweg aufgehäuften Sünde der Stadt erfassen (Röm 2,5). Das Maß war voll. Die Zeit war gekommen…

> "**[Gott,] der jedem vergelten wird nach seinen Werken…denen aber, die selbstsüchtig und der Wahrheit ungehorsam sind, dagegen der Ungerechtigkeit gehorchen, Grimm und Zorn! Drangsal und Angst über jede Menschenseele, die das Böse vollbringt, zuerst über den Juden, dann auch über den Griechen.**" (Röm 2,6-9)

In diesem Abschnitt zeigt sich der Platz Jerusalems im Herzen Gottes, aber auch sein schreckliches Gericht. Alle, die seinen Sohn ablehnen, werden gerichtet und verurteilt – wer sie auch sind, Juden oder Heiden. Der Abschnitt paßt auf jeden von uns (V10-11 zu Röm 2,6-9 hinzufügen, siehe Abriß und Anmerkungen – Röm 11,11-16; 11,17-24 zur weiteren Diskussion).

1. Die vergangene Sünde Jerusalems: Verfolgte Gottes Boten (V37).
2. Die große Liebe Christi für Jerusalem (V37).
3. Die große Sünde Jerusalems: Lehnte den Messias ab (V37).
4. Das furchtbare Gericht über Jerusalem (V38-39).
5. Die herrliche Vorhersage: Jerusalem und Israel verkündigen den Messias (V39).

1 (23,37) **Sünde der Juden**: Es ist Jerusalems große Sünde, daß sie Gottes Boten verfolgten. Sie verspotteten, beschimpften und töteten Gottes Boten. Christus sprach hier natürlich zu allen ungläubigen Israeliten, doch er nahm Jerusalem als Beispiel, weil es die Hauptstadt war, wo der Sanhedrin (das jüdische Führungsgremium) tagte. Einige Beispiele für Israels Ablehnung und Verfolgung der Boten Gottes:

- Die Gefangennahme von Hanani (2Chr 16,7-10, bes. 10).
- Die Steinigung von Zacharias (Sacharja) (2Chr 24,20-21; Mt 23,35).
- Der Haß gegen Michajah und seine Gefangennahme (1Kön 22,7-27, bes. 27).
- Jeremia wird in eine Grube geworfen (Jer 38,6).
- Der Versuch, Amos zum Schweigen zu bringen (Am 7,11-13).

Einige Beispiele der Verfolgung Christi durch den Sanhedrin:

- Die Ausgabe von Vollmachten zur Festnahme der ersten Gläubigen (Apg 9,2).
- Die Verfolgung der ersten Gläubigen (Apg 8,1).

Matthäus 23,37-39

- Die Steinigung von Stephanus (Apg 7,57-60).

Verspottung und Verfolgung von Gottes Boten waren durch die Jahrhunderte so weit verbreitet, daß Christus an anderer Stelle sagte: "Es geht nicht an, daß ein Prophet außerhalb Jerusalems umkomme" (Lk 13,33).

Gottes Boten stehen seinem Herzen besonders nahe und er schützt sie auf spezielle Weise. Einen seiner Diener zu verspotten und zu beschimpfen ist ein sehr ernstes Vergehen. Jerusalem und das Volk Israel hatten viele Sünden begangen doch diese Sünde bringt *das schwerste Gericht*. Mit diesem Gedanken hängt folgende Tatsache zusammen: Gott richtete die Generation der Wüstenwanderer deshalb so hart, weil sie gegen ihn murrten.

Die Schrift sagt:

"Wer bist du, daß du den Hausknecht eines anderen richtest? Er steht oder fällt seinem Herrn. Er wird aber aufgerichtet werden; denn Gott vermag ihn aufzurichten." (Röm 14,4)

<u>Gedanke 1</u> Der echte Bote Gottes wird oft verspottet, beschimpft und verfolgt. Dazu muß man zwei Tatsachen beachten.
1) Der Grund der Verfolgung: Gott möchte eine ungerechte Welt zurechtbringen, ein selbstgerechtes Herz verändern, einen begehrlichen Verstand reinigen, ein selbstsüchtiges Leben opfern. Die Menschen widerstreben Gottes Korrektur und seiner Forderung nach Veränderung und Reinheit. Sie widerstreben dem Opfer des Selbst – aus ihrem Wesen heraus. Deshalb wenden sie sich oft gegen den Boten, der *wirklich* Gottes Wort verkündigt.
2) Die Anführer der Verfolgung sind oft falsche Fromme, die in der Welt und ihren institutionellen Religionen verstrickt sind. Sie fühlen sich durch eine Botschaft bedroht, die verkündet, daß es eine *Wahrheit* außer dem Menschen gibt. Diese positive Botschaft gefährdet ihr humanistisches Denken und bedroht sie mit dem Verlust von Sicherheit, Lebensunterhalt, Ansehen und allem, was diese Welt bietet.

2 (23,37) **Die Liebe Jesu Christi**: In diesem Abschnitt wird die große Liebe Christi verdeutlicht (siehe Anmerkung – Mt 23,37-39) – seine Geduld und sein sehnlicher Wunsch, die Menschen zu schützen und für sie zu sorgen.
1. Seine Geduld zeigt sich in den Worten "Wie oft habe ich…wollen." Er hatte persönlich die Menschen retten wollen, er hat es oft gewollt. Er sehnte sich nach ihrer Erlösung, nicht nach ihrer Verurteilung (vgl. Joh 3,17). Jerusalem hatte viele seiner Boten beschimpft und sogar getötet, doch Gott hatte sich nicht von ihnen abgewandt. Er sandte immer neue Boten und schließlich sogar seinen Sohn. Immer wieder wandte er sich durch Menschen an das Volk und immer wieder lehnte Jerusalem seine Boten ab, beschimpfte sie und tötete manche sogar. Die Geduld mit der Sünde des Menschen Gottes hielt in dem Wissen an, daß einige gerettet würden (siehe Abriß – Röm 9,22-24; vgl. 2Petr 3,8-9).
2. Seine Fürsorge und sein Schutz zeigen sich in dem Wort "Sammeln." Das Bild der Henne, die ihre Küken unter ihren Flügeln sammelt, strahlt Fürsorge und Schutz aus. Es ist Christi ureigenste Absicht, die Menschen zu sammeln und sie davor zu bewahren, umherzuwandern und den Gefahren der Welt ganz allein begegnen zu müssen.

"Er wird dich mit seinem Fittich decken, und unter seinen Flügeln wirst du dich bergen; seine Treue ist Schirm und Schild." (Ps 91,4)

<u>Gedanke 1</u> Christus möchte uns *oft* um sich sammeln. Jedesmal, wenn wir das Evangelium hören und in unseren Herzen einen Drang verspüren, uns ihm zu nähern, wendet er sich an uns, um uns um sich zu sammeln.

"Und ich, wenn ich von der Erde erhöht bin, werde alle zu mir ziehen." (Joh 12,32)
"In bezug auf Israel aber spricht er: Den ganzen Tag habe ich meine Hände ausgestreckt nach einem ungehorsamen und widerspenstigen Volk!" (Röm 10,21)
"So sind wir nun Botschafter für Christus, und zwar so, daß Gott selbst durch uns ermahnt; so bitten wir nun stellvertretend für Christus: Laßt euch versöhnen mit Gott!" (2Kor 5,20)
"Siehe, ich stehe vor der Tür und klopfe an. Wenn jemand meine Stimme hört und die Tür öffnet, so werde ich zu ihm hineingehen und das Mahl mit ihm essen und er mit mir." (Offb 3,20)
"Von ferne her ist der HERR mir erschienen: Mit ewiger Liebe habe ich dich geliebt; darum habe ich dir meine Gnade so lange bewahrt!" (Jer 31,3)

NÄHERE BETRACHTUNG 1
(23,37) **Die Gottheit Jesu Christi**: Die Worte "Wie oft habe ich deine Kinder sammeln wollen" weisen auf die Geschichte Israels hin. Christus sagte, daß er bei Gott war. Er hatte in der ganzen Geschichte des Volkes über Israel gewacht und wollte sie unter seinem Schutz und seiner Fürsorge sammeln.

---

3 (23,37) **Die Sünde der Juden**: Die *große* Sünde Jerusalems war, daß das Volk Gottes einzigen Sohn ablehnte. Man beachte die Worte "ihr habt nicht gewollt." Er hätte sie gerettet, aber sie wollten nicht. Sie hörten und sahen Christus, sie konnten ihn sogar berühren (1Joh 1,1), doch sie lehnten ihn ab und diese Ablehnung erfolgte *bewußt*.
⇒ Sie lehnten die Liebe Gottes ab, die ihnen in Christus gezeigt wurde. Gott bewies seine Liebe, indem er seinen einzigen Sohn gab.
⇒ Sie lehnten Gottes Forderungen ab. Gott wollte, daß sie für ihn lebten. Wie? Indem sie an Gottes Sohn glaubten und jeden Tag heilig lebten. Dann sollten sie hingehen und die Botschaft von der Erlösung in Gottes Sohn verkündigen.
⇒ Sie lehnten Gottes Gerechtigkeit (Glaube an Christus) ab und vertrauten auf ihre eigene Gerechtigkeit (siehe <u>Nähere Betrachtung 2</u> – Röm 4,22).

<u>Gedanke 1</u> Die Menschen lehnen Christus aus den gleichen Gründen ab.
1) Sie lehnen die Offenbarung Gottes für die Menschen ab.

"Denn so sehr hat Gott die Welt geliebt, daß er seinen eingeborenen Sohn gab, damit jeder, der an ihn glaubt, nicht verloren geht, sondern ewiges Leben hat." (Joh 3,16)
"Gott aber beweist seine Liebe zu uns dadurch, daß Christus für uns gestorben ist, als wir noch Sünder waren." (Röm 5,8)

Matthäus 23,37-39

2) Sie lehnen Christi Anspruch ab, Gottes Offenbarung, der Sohn Gottes zu sein.

> "Jesus hörte, daß sie ihn ausgestoßen hatten, und als er ihn fand, sprach er zu ihm: Glaubst du an den Sohn Gottes? Er antwortete und sprach: Wer ist es, Herr, damit ich an ihn glaube? Jesus aber sprach zu ihm: Du hast ihn gesehen, und der mit dir redet, der ist es!" (Joh 9,35-37)
>
> "Die Juden antworteten ihm und sprachen: Nicht wegen eines guten Werkes wollen wir dich steinigen, sondern wegen Gotteslästerung, und zwar weil du, der du ein Mensch bist, dich selbst zu Gott machst!" (Joh 10,33)
>
> "Wieso sagt ihr dann zu dem, den der Vater geheiligt und in die Welt gesandt hat: Du lästerst!, weil ich gesagt habe: Ich bin Gottes Sohn?" (Joh 10,36)
>
> "Jesus aber rief und sprach: Wer an mich glaubt, der glaubt nicht an mich, sondern an den, der mich gesandt hat. Und wer mich sieht, der sieht den, der mich gesandt hat." (Joh 12,44-45)
>
> "Jesus spricht zu ihm: So lange Zeit bin ich bei euch, und du hast mich noch nicht erkannt, Philippus? Wer mich gesehen hat, der hat den Vater gesehen. Wie kannst du da sagen: Zeige uns den Vater?" (Joh 14,9)

3) Sie lehnen Gottes Gerechtigkeit ab und vertrauen ihrer eigenen Gerechtigkeit.

> "Denn weil sie die Gerechtigkeit Gottes nicht erkennen und ihre eigene Gerechtigkeit aufzurichten trachten, haben sie sich der Gerechtigkeit Gottes nicht unterworfen. Denn Christus ist das Ende des Gesetzes zur Gerechtigkeit für jeden, der glaubt." (Röm 10,3-4)
>
> "Ein Geschlecht, das rein ist in seinen eigenen Augen und doch von seinem Kot nicht gewaschen ist." (Spr 30,12)

4 (23,38-39) **Gericht – Gericht Jesu**: Das furchtbare Gericht über Jerusalem war dreifach.

1. Ihr Haus sollte ihnen von Gott verwüstet gelassen werden. Das Wort "Haus" bezieht sich auf den Tempel, ihre nationale Identität und ihr leben. Sie wollten alles beherrschen, mit ihrem Leben und Besitz tun, was sie wollten. Christus sagte, daß Gott ihren Wunsch erfüllen würde. Gottes Gegenwart würde den Tempel, ihr Volk und ihr Leben verlassen, er würde ihnen alles in die Hand geben (siehe <u>Nähere Betrachtung 2</u> – Mt 23,38).
2. Ihr Haus sollte verwüstet werden. Es sollte zerstört werden. Das bezieht sich sowohl auf das irdische Gericht (das Fehlen von Gottes Gegenwart), als Jerusalem im Jahre 70 n.Chr. von Titus zerstört wurde, als auch auf das ewige Gericht (Hebr 9,27). Man sollte jedoch beachten, daß in vielen alten Handschriften das Wort "verwüstet" fehlt.
3. Danach würden sie Christus nicht sehen können. Das bedeutete zweierlei.
   a. Sie würden ihn bald nicht mehr sehen können. Er verließ die Welt, indem er starb und in Gottes Gegenwart aufstieg. Bis zu seiner Wiederkunft würden sie ihn nicht mehr sehen.
   b. Sie würden in ihrem blinden und hartnäckigen Unglauben beharren. Sie würden sich nicht Christus als dem Messias, dem Sohn Gottes, unterwerfen. Deshalb würden sie als Teil von Gottes Gericht geblendet sein (Röm 11,7-10;25).

Gedanke 1 Dieselben drei Gerichte treffen auf jeden Menschen und jedes Volk zu, das in hartnäckigem Unglauben beharrt.

1) Gott wird sie verlassen.

> "Darum hat sie auch Gott dahingegeben in die Begierden ihrer Herzen, zur Unreinheit, so daß sie ihre eigenen Leiber untereinander entehren." (Röm 1,24)
>
> "Darum hat sie Gott auch dahingegeben in entehrende Leidenschaften; denn ihre Frauen haben den natürlichen Verkehr vertauscht mit dem widernatürlichen; gleicherweise haben auch die Männer den natürlichen Verkehr mit der Frau verlassen und sind gegeneinander entbrannt in ihrer Begierde und haben Mann mit Mann Schande getrieben und den verdienten Lohn ihrer Verirrung an sich selbst empfangen. Und gleichwie sie Gott nicht der Anerkennung würdigten, hat Gott auch sie dahingegeben in unwürdige Gesinnung, zu verüben, was sich nicht geziemt." (Röm 1,26-28)

2) Gott wird sie zerstören.

> "Schon ist aber die Axt an die Wurzel der Bäume gelegt. Ein jeder Baum nun, der keine gute Frucht bringt, wird abgehauen und ins Feuer geworfen!" (Lk 3,9)
>
> "Euch aber, die ihr bedrängt werdet, mit Ruhe gemeinsam mit uns, bei der Offenbarung des Herrn Jesus vom Himmel her mit den Engeln seiner Macht, in flammendem Feuer, wenn er Vergeltung üben wird an denen, die Gott nicht anerkennen, und an denen, die dem Evangelium unseres Herrn Jesus Christus nicht gehorsam sind. Diese werden Strafe erleiden, ewiges Verderben, von dem Angesicht des Herrn und von der Herrlichkeit seiner Kraft." (2Thess 1,7-9)
>
> "So weiß der Herr die Gottesfürchtigen aus der Versuchung zu erretten, die Ungerechten aber zur Bestrafung aufzubewahren für den Tag des Gerichts." (2Petr 2,9)
>
> "Die jetzigen Himmel aber und die Erde werden durch sein Wort aufgespart und für das Feuer bewahrt bis zum Tag des Gerichts und des Verderbens der gottlosen Menschen." (2Petr 3,7)
>
> "Von diesen hat aber auch Henoch, der siebte nach Adam, geweissagt, indem er sprach: Siehe, der Herr ist gekommen mit seinen heiligen Zehntausenden, um Gericht zu halten über alle und alle Gottlosen unter ihnen zu strafen wegen all ihrer gottlosen Taten, womit sie sich vergangen haben, und wegen all der harten Dinge, die gottlose Sünder gegen ihn geredet haben." (Jud 14-15)

3) Sie werden Christus nicht sehen können.

> "Dann wird er auch denen zur Linken sagen: Geht hinweg von mir, ihr Verfluchten, in das ewige Feuer, das dem Teufel und seinen Engeln bereitet ist!" (Mt 25,41)

Matthäus 23,37-39

"Und er wird antworten: Ich sage euch: Ich weiß nicht, woher ihr seid; weicht alle von mir, ihr Übeltäter!" (Lk 13,27)

"Denn der Lohn der Sünde ist der Tod; aber die Gnadengabe Gottes ist das ewige Leben in Christus Jesus, unserem Herrn." (Röm 6,23)

"Und so gewiß es den Menschen bestimmt ist, einmal zu sterben, danach aber das Gericht [Trennung von Gott]." (Hebr 9,27)

NÄHERE BETRACHTUNG 2
(23,38) **Verwüstet** (eremos): verwüsten und zur Wüste machen; im Stich lassen. Ohne die Gegenwart Gottes sind Orte und Menschen wie eine Wüste, verlassen und ganz allein. Sie sind dem Verfall überlassen.

---

5 (23,39) **Wiederherstellung der Juden**: Jesus macht die herrliche Vorhersage, daß Jerusalem und Israel den Messias verkündigen werden. Israel wird nicht immer für Jesus als den wahren Messias blind sein; Israel wird Jesus als Messias bekennen und verkündigen.

Man beachte zweierlei.

1. Die Worte "bis ihr sprechen werdet" weisen in die Zukunft. Israel wird nicht für immer geblendet sein. Israel wird Jesus als Messias bekennen. Der Tag wird kommen.
2. Die Worte "Gelobt sei, der da kommt" weisen auf Jesu Wiederkunft hin. Israel wird Jesus als Messias verkündigen, wenn er in seiner Herrlichkeit "im Namen des Herrn" (Jehovah) wiederkommt (vgl. Phil 2,9-11). (Siehe Abriß und Anmerkungen – Röm 11,25-36. Vgl. Abriß und Anmerkungen – Röm 9,1-11,36.)

"Denn ich will nicht, meine Brüder, daß euch dieses Geheimnis unbekannt bleibt, damit ihr euch nicht selbst für klug haltet – daß Israel zum Teil Verstockung widerfahren ist, bis die Vollzahl der Heiden eingegangen ist, und so ganz Israel gerettet wird, wie geschrieben steht: Aus Zion wird der Erlöser kommen und die Gottlosigkeiten von Jakob abwenden, und das ist mein Bund mit ihnen, wenn ich ihre Sünden wegnehmen werde." (Röm 11,25-27)

"Denn die Kinder Israel werden viele Tage ohne König bleiben und ohne Fürsten, auch ohne Opfer, ohne Bildsäule, ohne priesterliches Schulterkleid und ohne Hausgötzen. Darnach werden die Kinder Israel umkehren und den HERRN, ihren Gott, und David, ihren König, suchen und werden sich bebend zu dem HERRN und zu seiner Güte flüchten am Ende der Tage." (Hos 3,4-5)

"Aber über das Haus David und über die Einwohner von Jerusalem will ich ausgießen den Geist der Gnade und des Gebets, und sie werden auf mich sehen, den sie durchstochen haben, und sie werden um ihn klagen, wie man klagt um ein einziges Kind, und sie werden bitterlich über ihn weinen, wie man bitterlich weint über einen Erstgeborenen." (Sach 12,10)

Gedanke 1 Einer der herrlichsten Augenblicke im Leben ist es, wenn ein Mensch sich zu Christus bekehrt und ihn als den Messias bekennt. Solch eine *Bekehrung* sollte jeder Mensch erfahren. Israel wird sie eines Tages erleben.

Matthäus 24,1-14

KAPITEL 24

XV. DIE VORHERSAGE VON DER WIEDERKUNFT DES MESSIAS UND DEM ENDE DER ZEIT: DIE ENDZEITREDE AUF DEM ÖLBERG, 24,1-25,46

A. Die Zeichen der Endzeit, 24,1-14
(Mk 13,1-13; Lk 21,5-11)

1 Was zu den großen Vorhersagen führte a. Die Jünger bewunderten die Pracht des Tempels und zeigten sie Jesus b. Jesus nutze die Gelegenheit, um Interesse an Prophetie zu wecken: Sagte die völlige Zerstörung des Tempels voraus c. Jünger waren verstört: Stellten zwei Fragen 1) Wann wird der Tempel zerstört 2) Welche Zeichen gehen Christi Wiederkunft und dem Weltende voraus d. Jesu Warnung: Wappnen gegen Verführung 2 Zeichen 1: Falsche Messiasse	Und Jesus trat hinaus und ging vom Tempel hinweg. Und seine Jünger traten herzu, um ihm die Gebäude des Tempels zu zeigen. 2 Jesus aber sprach zu ihnen: Seht ihr nicht dies alles? Wahrlich, ich sage euch: Hier wird kein Stein auf dem anderen bleiben, der nicht abgebrochen wird! 3 Als er aber auf dem Ölberg saß, traten die Jünger allein zu ihm und sprachen: Sage uns, wann wird dies geschehen, und was wird das Zeichen deiner Wiederkunft und des Endes der Weltzeit sein? 4 Und Jesus antwortete und sprach zu ihnen: Habt acht, daß euch niemand verführt! 5 Denn viele werden unter meinem Namen kommen und sagen: Ich bin der Christus! Und sie werden viele verführen. 6 Ihr werdet aber von Kriegen und Kriegsgerüchten hören; habt acht, erschreckt nicht; denn dies alles muß geschehen; aber es ist noch nicht das Ende. 7 Denn ein Volk wird sich gegen das andere erheben und ein Königreich gegen das andere; und es werden hier und dort Hungersnöte, Seuchen und Erdbeben geschehen. 8 Dies alles ist der Anfang der Wehen. 9 Dann wird man euch der Drangsal preisgeben und euch töten; und ihr werdet gehaßt sein von allen Völkern um meines Namens willen. 10 Und dann werden viele Anstoß nehmen, einander verraten und einander hassen. 11 Und es werden viele falsche Propheten auftreten und werden viele verführen. 12 Und weil die Gesetzlosigkeit überhand nimmt, wird die Liebe in vielen erkalten. 13 Wer aber ausharrt bis ans Ende, der wird gerettet werden. 14 Und dieses Evangelium vom Reich wird in der ganzen Welt verkündigt werden, zum Zeugnis für alle Heiden, und dann wird das Ende kommen.	3 Zeichen 2: Weltweite Gewalt 4 Zeichen 3: Naturkatastrophen (Man beachte: Diese Zeichen sind die beginnenden Wehen) 5 Zeichen 4: Schwere religiöse Verfolgung 6 Zeichen 5: Schlimmer Abfall – Verrat und Spaltung 7 Zeichen 6: Viele falsche Propheten kommen – bieten falsche Hoffnung 8 Zeichen 7: Großer Abfall – Sünde nimmt zu und Liebe erkaltet 9 Zeichen 8: Manche harren aus und werden gerettet 10 Zeichen 9: Weltevangelisation

ABSCHNITT XV

DIE VORHERSAGE VON DER WIEDERKUNFT DES MESSIAS UND DEM ENDE DER ZEIT: DIE ENDZEITREDE AUF DEM ÖLBERG, 24,1-25,46

A. Die Zeichen der Endzeit, 24,1-14

(24,1-25,46) ABSCHNITTSÜBERBLICK: Endzeit: Diese zwei Kapitel, Mt 24-25, behandeln drei große Themen. Als Christus sie besprach, lagen alle drei noch in der Zukunft.
1. Die Zerstörung Jerusalems (V3; vgl. V2).
2. Die Wiederkunft des Herrn (V3).
3. Das Ende der Welt (V3).

Ein rascher Blick auf die ersten vier Verse wird die Ereignisse zeigen, die dazu führten, daß sich Jesus mit den in diesen Kapitel behandelten großen Voraussagen beschäftigte.
1. Die Jünger bewunderten die Pracht des Tempels und lenkten Jesu Aufmerksamkeit auf seine Schönheit (V1). Der Tempel war prachtvoll. Er stand ganz oben auf dem Berg Zion. Er war aus weißem Marmor erbaut und mit Gold verkleidet. Der Tempel war ein massives Gebäude, das Tausende Besucher fassen konnte (vgl. Apg 4,4 als fünftausend Menschen aus einer Menge sich bekehrten, die wahrscheinlich noch viele tausend mehr umfaßte). Er hatte verschiedene Tore wie das Tor Salomos und das königliche Tor. Jedes Tor wurde von riesigen Säulen gestützt, die so groß waren, daß drei bis vier Männer sie mit ausgestreckten Armen gerade so umspannen konnten. Der Anblick des Tempels war überwältigend, er war ein bauliches Weltwunder. Anscheinend standen die Jünger an einer Stelle, wo der Tempel in all seiner Pracht und Schönheit ihnen Ehrfurcht einflößte, und sie wollten, daß Christus diesen großartigen Anblick erleben sollte.
2. Jesus nutzte die Gelegenheit, um das Interesse der Jünger an kommenden Ereignissen zu wecken. Er sagte die vollkommene Zerstörung des Tempels voraus (V2).
3. Die Jünger wurden so aufgestört, daß sie dem Herrn zwei Fragen stellten. Wann wird der Tempel zerstört werden und was sind die Zeichen seiner Wiederkunft und des Endes der Welt (V3) (siehe Anmerkung – Lk 21,5-7).
4. Jesus warnte seine Jünger. Sie mußten sich gegen Verführung wappnen (V4). Das kann ein oder zwei Dinge bedeuten. Man kann sehr leicht verführt werden, wenn man sich mit Endzeitprophetien beschäftigt und man kann leicht verführt werden, wenn man die Ereignisse der Endzeit erlebt. Man kann zu dem Denken verführt werden, daß bestimmte katastrophale Ereignisse untrügliche Zeichen dafür sind, daß das Ende bevorsteht (V6, 14). So etwas mündet zu oft...
- in wilden Spekulationen über die Endzeit
- in allgemeinen Voraussagen

Matthäus 24,1-14

- in der Verführung anderer
- in Entmutigung im Glauben, wenn das Ende nicht eintritt

NÄHERE BETRACHTUNG 1

(24,1-31) **Endzeit**: Die Beachtung der genauen Worte Christi hilft beim Verständnis dieses Abschnittes.

1. Christus sagt: "Dies alles ist der Anfang der Wehen" (V8). Die Worte "Anfang der Wehen" deuten an, daß sich Christus mit dem "Anfang" einer Zeit der schrecklichen Prüfungen für den Gläubigen beschäftigt ("ihr" V9). Er bezieht sich nicht nur auf die normalen Prüfungen, die auf der Erde auftreten, oder die Verfolgungen, die über die Jahrhunderte hinweg in regelmäßigen Abständen gegen Gläubige angezettelt wurden (siehe Nähere Betrachtung 2 – Mt 24,1-31). Schwierigkeiten in der Welt und die Verfolgung von Gottes Volk hat es immer gegeben, vom Anfang der Zeit an. Die große Trübsal, von der Christus hier spricht, ist eine derartig furchtbare Zeit, daß sie als "Anfang der Wehen" bezeichnet werden kann, eine Zeit, die sich von allen anderen Schwierigkeiten und Leiden der Gläubigen in der Geschichte unterscheidet.

2. Christus sagt: "Wenn ihr nun den Greuel der Verwüstung...an heiliger Stätte stehen seht...dann fliehe...Denn dann wird eine große Drangsal sein, wie von Anfang der Welt an bis jetzt keine gewesen ist und auch keine mehr kommen wird." (V15-16;21). Über dieses Zeichen gibt es keinen Zweifel. Es leitet die schlimmsten Prüfungen ein, die diese Welt je erlebt hat. Das Zeichen weist auf einen bestimmten Abschnitt der menschlichen Geschichte hin. Bei seiner Benennung hält man sich am besten an die einfachen Worte der Schrift und nennt ihn "die große Drangsal" (V21).

3. Nun beachte man, was Christus in den oben zitierten Versen gesagt hat.

> **"Dies alles ist der Anfang der Wehen." (V8)**
> **"Wenn ihr nun den Greuel der Verwüstung...an heiliger Stätte stehen seht...dann fliehe...Denn dann wird eine große Drangsal sein, wie von Anfang der Welt an bis jetzt keine gewesen ist und auch keine mehr kommen wird." (V15-16, 21)**

Er scheint ein Liste von Zeichen aufzuzählen, von denen eines "der Greuel der Verwüstung" ist. In den Versen 5-14 zählt er neun Zeichen auf, von denen das neunte die Weltevangelisation ist (V14). Er schließt dieses Zeichen mit den Worten ab: "und dann wird das Ende kommen" (V14). Doch man beachte, wie er in V15 die Zeichen scheinbar wieder aufnimmt und das scheinbar deutlichste und schrecklichste Zeichen nennt, worauf es zu achten gilt. Man beachte seine Worte, indem man V14-15 und 21 gemeinsam liest.

> **"...und dann wird das Ende kommen. Wenn ihr nun den Greuel der Verwüstung...an heiliger Stätte stehen seht...dann fliehe...Denn dann wird eine große Drangsal sein, wie von Anfang der Welt an bis jetzt keine gewesen ist und auch keine mehr kommen wird." (V14-15;21)**

Christus sagt, daß es einen Unterschied zwischen den Zeichen, die "dem Greuel" vorangehen und den unvergleichlichen Prüfungen danach gibt. Wenn "der Greuel der Verwüstung" an der heiligen Stätte steht, sind die folgenden Prüfungen viel schrecklicher – mit nichts in der menschlichen Geschichte zu vergleichen.

"Der Greuel der Verwüstung" ist das Zeichen, das am Anfang der schrecklichsten Prüfungen steht, die die Welt je erlebt hat. Christus sagt nicht, wann der Greuel erscheint. Doch sein Erscheinen gehört zu den zehn Zeichen, die Christus aufzählt und sein Erscheinen kündigt die schlimmste Zerstörung an, die die Welt je erlebt hat.

Ein Diagramm mit Christi Worten wird vielleicht beim Verständnis dessen helfen, was er sagte.
1. Seine Worte: "Dies alles ist der Anfang der Wehen" (V8).
2. "Wenn ihr nun den Greuel der Verwüstung...stehen seht...dann wird eine große Drangsal sein" (V5;21).
3. "Bald aber nach der Drangsal jener Tage...werden...alle...den Sohn des Menschen kommen sehen" (V29-31).

DAS ENDE DER WELT

Das Zeichen des Greuels der Verwüstung sehen *In der Mitte der Zeit oder Jahre* (V15)		Den Sohn des Menschen kommen sehen (V29-30)
Zeichen, die "der Anfang der Wehen" sind (V8).	Unvergleichliche Prüfungen "der großen Drangsal" (V21)	"Seine Engel...werden seine Auserwählten versammeln" (V31)

Eine andere Art, auszudrücken, was Christus in diesen Kapiteln sagt, die beim Verständnis seiner Worte hilfreich sein kann, wird im Folgenden benutzt.

1. Christus bekommt von den Jüngern zwei Fragen gestellt: Wann wird der Tempel zerstört und was sind die Zeichen deiner Wiederkunft und des Endes der Welt?
2. Christus antwortet, indem er neun Zeichen aufzählt (V5-14). Nach dem neunten Zeichen, der Weltevangelisation, sagt er: "Und dann wird das Ende kommen" (V14).
3. Christus sagt im Grunde: "Es gibt noch ein zehntes Zeichen, nach dem ihr Ausschau halten müßt." Dieses zehnte Zeichen bespricht er ausführlich. Er sagt: "Wenn ihr nun den Greuel der Verwüstung...seht" (V15-28).
   a. Es leitet die schlimmsten Prüfungen ein, die die Welt je erlebt hat (V15-22).
   b. Es leitet eine fanatische Suche nach dem Messias und falschen Propheten ein, d.h. nach dem großen Erlöser (V23-26).
   c. Doch man muß wissen: Christi Wiederkunft geschieht nicht im Geheimen oder an einem bestimmten Ort (V26). Sie wird wie ein Blitz sein: Schnell, für alle sichtbar, über den ganzen Himmel ausgestreckt (V27-28).
4. Danach sagt Christus: "Bald aber nach der Drangsal jener Tage" wird er wiederkommen (V 29-31).

Viele Theologen weisen auf die großen Ähnlichkeiten der Endzeitrede Christi mit Abschnitten der Offenbarung hin (Mt 24; Mk 13; Lk 21. Siehe Anmerkungen – Offb 6,1-7,1; 7,1; 8,1; 11,15; 16,1-21.)

Matthäus 24,1-14

1. Zwischen der Endzeitrede Christi und den Endzeitvisionen der Offenbarung scheint es Ähnlichkeiten im Aufbau zu geben (siehe Anmerkungen im obigen Abschnitt).

- Der Anfang der Wehen: Vorläufiges Leiden, Drangsal und Böses in Natur und Gesellschaft; Weltevangelisation geht trotzdem weiter (Mt 24,5-14). …entspricht …den sieben Siegeln (Offb 6,1-17)

- "Die große Drangsal": Unvergleichliche Prüfungen (Mt 24,15-28). …entspricht … den sieben Posaunen, den Schalen und dem Tier (Offb 8,1-18,24).

- "Der Sohn des Menschen kommt" …entspricht … dem letztendlichen Triumph Christi (Offb 19,1-22,21).

2. Zwischen "dem Anfang der Wehen" (Mt 24,5-14) und den Siegeln der Offenbarung (Offb 6,1-17) scheint es Ähnlichkeiten zu geben. Das Ende der Welt kommt nicht auf einmal. Die Zukunft wird von Kriegen, Naturkatastrophen Verfolgung und den Ansprüchen falscher Erlöser (Messiasse) erfüllt sein. Und zum unmittelbaren Ende hin werden sich die Zeichen verstärken. Doch das ist nicht alles. Es wird ein schreckliches Zeichen geben: Die Erscheinung des Reiters auf dem weißen Pferd (siehe Anmerkung – Offb 6,2); "der Greuel der Verwüstung" (Schlachter), "das entsetzliche Scheusal" (Gute Nachricht), "der Sohn des Verderbens" (2Thess 2,3); das "kleine Horn" (Dan 7); der Antichrist. Diese Person wird Gottes Volk auf unvorstellbare Weise bedrängen. (Siehe <u>Nähere Betrachtung 1</u> – Offb 11,7.)

3. Zwischen der "großen Drangsal," von der Christus spricht, und den sieben Posaunen, den sieben Schalen des Gerichts und dem Tier der Offenbarung scheint es Ähnlichkeiten zu geben.

4. Andere weisen auf eine große Ähnlichkeit zwischen dem in der Offenbarung immer wieder beschriebenen "Tier" (Antichrist) und dem von Christus genannten "Greuel der Verwüstung" hin (siehe <u>Nähere Betrachtung 2</u> – Mt 24,1-31; <u>Nähere Betrachtung 1</u> – Offb 11,7).

NÄHERE BETRACHTUNG 2

(24,1-31) **Endzeit**: Drei weitere Dinge werden beim Verständnis dessen helfen, was Christus in diesem Abschnitt tut.

1. Es ist hilfreich, sich daran zu erinnern, daß Jesus seine Jünger auf seinen Tod und Verlassen dieser Welt sowie auf die Weiterführung seines Auftrages vorbereitet. Seine unmittelbaren Jünger sollten schlimme Zeiten erleben, von persönlicher Verfolgung wegen ihres Zeugnisses für Christus bis hin zur nationalen Verfolgung, die die völlige Zerschlagung ihres Volkes als Nation beinhaltete. Und es würde noch viele Generationen und Jahrhunderte dauern, bis er wieder zur Erde kommen würde. Zu dieser Zeit wußte das niemand – außer ihm. Also mußte er auch seine künftigen Jünger vorbereiten. Auch sie würden alle Arten von Prüfungen erleben; und es bestand immer die Gefahr, daß sie vom Warten auf ihn müde wurden. Sie sollten so viel Bedrängnis in der Welt erleben, daß ihr Glaube wanken könnte. Zusammen mit vielen anderen in der Welt könnten sie zu fragen beginnen:

"Wo ist die Verheißung seiner Wiederkunft? Denn seitdem die Väter entschlafen sind, bleibt alles so, wie es von Anfang der Schöpfung an gewesen ist!" (2Petr 3,4)

Christus benutzt daher die Gelegenheit, um einige Ereignisse zu offenbaren, die während "der letzten Tage," der Zeit der Kirche, stattfinden würden (Apg 2,16-17; 1Joh 2,18). Das Wissen um einige dieser Ereignisse würde die Jünger besser ausharren lassen und ihre Hoffnung am Leben halten.

⇒ Sie werden wissen, daß Gott nicht überrumpelt wurde. Er sitzt immer noch auf dem Thron und beherrscht die Lage.

⇒ Sie werden selbst nicht überrumpelt werden. Sie werden wissen, was sie in dieser vergänglichen und sündigen Welt erwartet. Wenn die Ereignisse eintreten, werden sie nicht so leicht zu entmutigen sein.

⇒ Sie werden herausgefordert, sich ganz nahe an Gott zu halten, um so stark wie möglich zu sein, wenn sie sich den kommenden Prüfungen stellen müssen.

⇒ Sie werden ermutigt, ihre Hoffnung auf Gott und den neuen Himmel und die neue Erde zu setzen, nicht auf diese vergängliche Welt. Sie werden "warten auf die glückselige Hoffnung und die Erscheinung der Herrlichkeit unseres großen Gottes und Retters Jesus Christus" (Tit 2,13).

2. Sich zu erinnern, daß Jesus sich mit zwei Fragen beschäftigt, wird ebenfalls beim Verständnis dessen helfen, was gesagt wird. Er beantwortet die Fragen nach dem Zeitpunkt der Zerstörung des Tempels und den Zeichen seiner Wiederkunft und des Endes der Welt.

Man beachte etwas. Christus behandelt das Ende des Tempels und der Welt, die Zerstörung des Tempels und der Welt. Er behandelt die Zeichen, die Ereignisse, die sowohl das Gericht herbeiführen als auch während des Gerichtes über Tempel und Welt eintreten. Was ist seine Absicht? Ganz einfach. Die Schrift lehrt, daß dieselben Zeichen und Ereignisse das Gericht über alles herbeiführen. D.h. die Ereignisse (Sünden), die das Gericht über eine Sache herbeiführen, führen auch das Gericht über alles andere herbei. Deshalb sind die Zeichen, die die Zerstörung Jerusalems begleiten, die gleichen, die auch das Ende der Welt begleiten werden. Deshalb hat das, was Christus sagt, eine doppelte Bedeutung und Anwendung (siehe <u>Nähere Betrachtung 3</u> – Mt 24,1-14; 24,15-28. Beide Anmerkungen helfen dabei, die doppelte Anwendung zu erkennen.)

Die Worte des Herrn treffen sowohl auf die Jünger seiner Zeit als auch auf alle Jünger, die in kommenden Generationen folgen sollten, zu. Solange die Erde steht, werden die Jünger der "letzten Tage" (oder Zeitalter) vielen derselben Zeichen begegnen, denen auch die begegneten, die die Zerstörung Jerusalems erlebten. Doch es wird einen Unterschied geben. Am Ende der Welt werden sich die Zeichen verstärken. Es kommt ein derart schrecklicher Tag, daß er "der Anfang der Wehen" (Mt 24,8) und "die große Drangsal" (Mt 24,21) genannt werden kann. (Siehe <u>Nähere Betrachtung 1,2</u> – Mt 24,1-28; Anmerkung – 24,15-28.)

3. Ein schneller Überblick über die Abschnitte, die sich mit den Zeichen befasse, wird ebenfalls beim Verständnis der Kapitel helfen.

Matthäus 24,1-14

a. Die neun Zeichen der letzten Tage (d.h. der letzten Tage vor sowohl der Zerstörung Jerusalems als auch dem Ende der Welt) (Mt 24,1-14).
b. Das zehnte und schrecklichste Zeichen: "Der Greuel der Verwüstung" und die große Drangsal (Mt 24,15-28).
c. Das Kommen des Sohnes des Menschen (Mt 24,29-31).

Der Rest dessen, was Christus bespricht, handelt von der genauen Zeit der Wiederkunft des Herrn (Mt 24,32-41) und der Pflicht der Gläubigen, zu wachen und vorbereitet zu sein (Mt 24,42-25,46).

NÄHERE BETRACHTUNG 3

(24,1-14) **Endzeit**: In Mt 24,1-29 zählt Christus wenigstens zehn Zeichen der letzten Tage auf. Bei der Betrachtung dieses Abschnittes müssen einige Dinge beachtet werden.

1. Christus beantwortet zwei oder drei spezielle Fragen. Wann wird der Tempel zerstört? Und was sind die Zeichen der Wiederkunft Christi und des Endes der Welt?

2. Die von Christus aufgezählten Zeichen finden sich in gewissem Ausmaß in jeder Generation. Dies beweist ein kurzer Überblick über die Weltgeschichte. Im Lichte dieser Tatsache muß eine Frage gestellt werden: Warum bezeichnet Christus dann alltägliche Geschehnisse als Zeichen der Endzeit? Punkt drei enthält die Antwort.

3. Direkt vor der Zerstörung Jerusalems und direkt vor dem Ende der Welt werden sich diese Zeichen verstärken. Diese Verstärkung zeigt sich deutlich im Folgenden.

   a. Die Betonung der Möglichkeit der Verführung.

   > "Habt acht, daß euch niemand verführt!" (V4)
   > "Und sie werden viele verführen." (V5)
   > "Falsche Propheten...werden viele verführen." (V11)

   b. Christus verwendet sowohl das Wort als auch den Gedanken von "viele" immer wieder, wodurch er eine Zunahme über das hinaus, was bereits war, andeutet (Das Wort wird in V5;10;11;12 verwendet und der Gedanke in V6;7;9).

   c. Christus macht drei wichtige Aussagen, die entschieden auf eine Verstärkung der Zeichen hindeuten.

   > "Dies alles ist der Anfang der Wehen" (V8)
   > "Wer aber ausharrt bis ans Ende, der wird gerettet werden." (V13)
   > "Und dieses Evangelium vom Reich wird in der ganzen Welt verkündigt werden, zum Zeugnis für alle Heiden, und dann wird das Ende kommen." (V14)

   d. Andere Schriftstellen besagen, daß sich das Böse in den letzten Tagen verstärken wird.

   > "Das aber sollst du wissen, daß in den letzten Tagen schlimme Zeiten eintreten werden." (2Tim 3,1)
   > "Dabei sollt ihr vor allem das erkennen, daß am Ende der Tage Spötter kommen werden, die nach ihren eigenen Begierden wandeln." (2Petr 3,3)
   > "Als sie euch sagten: In der letzten Zeit werden Spötter auftreten, die nach ihren eigenen gottlosen Begierden wandeln." (Jud 18)

4. Das gegenwärtige Zeitalter wird von Gott als "das Zeitalter der letzten Tage" oder "sie letzte Zeit" betrachtet. Nach Gottes Zeitplan läuft die Geschichte der Kirche, ihre Gegenwart auf der Erde, in "den letzten Tagen" oder während "der letzten Zeit" ab.

   > "Sondern dies ist es, was durch den Propheten Joel gesagt worden ist: Und es wird geschehen in den letzten Tagen, spricht Gott, da werde ich ausgießen von meinem Geist auf alles Fleisch; und eure Söhne und eure Töchter werden weissagen, und eure Jünglinge werden Gesichte sehen, und eure Ältesten werden Träume haben." (Apg 2,16-17)
   > "Hat er in diesen letzten Tagen zu uns geredet durch den Sohn. Ihn hat er eingesetzt zum Erben über alles, durch ihn hat er auch die Weltzeiten geschaffen." (Hebr 1,2)
   > "Kinder, es ist die letzte Stunde!" (1Joh 2,18)

5. Christus zählt diese Zeichen aus einem ganz bestimmten Grund auf. Er bereitet seine Jünger darauf vor, auszuharren und ihre Hoffnung auf seine Rückkehr nicht sterben zu lassen. Er stärkt ihren Glauben an Gott und die kommende Welt, den neuen Himmel und die neue Erde (siehe Anmerkung, Punkt 1 – Mt 24,1-31, die drei Dinge, die beim Verständnis des Abschnittes helfen).

(24,1-14) **Einführung**: Beim Verständnis dieses Abschnittes müssen wir sehr aufpassen, um weder mehr hineinzulesen, als Christus sagte, noch etwas von dem zu verpassen, was er sagte. Beide Fehler wurden von den Frommen hinsichtlich des ersten Kommens Christi gemacht (Mt 2,4-6).

Eine wichtige Tatsache muß man im Blick behalten. Die Jünger dachten, daß alle drei Ereignisse (die Zerstörung Jerusalems, die Wiederkunft des Herrn und das Ende der Welt) ungefähr zur gleichen Zeit ablaufen. Sie dachten in den Begriffen des messianischen Königreiches Gottes (Apg 1,6 im Vergleich mit der jüdischen Vorstellung vom Messias beweist das. Siehe Anmerkungen – Mt 1,1; Nähere Betrachtung 2 – 1,18; Nähere Betrachtung 3 – 3,11; Anmerkungen – 11,1-6; 11,2-3; Nähere Betrachtung 1 – 11,5; Nähere Betrachtung 2 – 11,6; Nähere Betrachtung 1 – 12,16; Anmerkungen – 22,42; Lk 7,21-23). Als Christus sagte, daß der Tempel zerstört werden würde, nahmen sie an, daß dies bei seiner Wiederkunft geschehen würde, wenn er die Welt zum Ende brachte und Israel als Königreich wieder aufrichtete.

Christus gab jedoch keinen Zeitplan vor. Er sagte nicht, wann die drei Ereignisse eintreten würden. Er zählte nur die Zeichen auf, die den Ereignissen vorausgehen, Zeichen, die auf seine Wiederkunft, das Ende Jerusalems und das Ende der Welt hinweisen.

Es ist wichtig, daran zu denken, daß die meisten Zeichen in der ganzen Geschichte auftreten. Doch es gibt diesen Unter-

Matthäus 24,1-14

schied: Direkt vor dem Ende von Jerusalem und dem Ende der Welt werden sich die Zeichen verstärken. Es wird eine Zeit kommen, die als "Anfang der Wehen" (V8) bekannt ist, und ein von dem "Greuel der Verwüstung" eingeleiteter Zeitabschnitt, der als "große Drangsal, wie von Anfang der Welt an bis jetzt keine gewesen ist" (V21) bekannt ist.

1. Was zu den großen Vorhersagen führte (V1-4).
2. Zeichen 1: Falsche Messiasse (V5).
3. Zeichen 2: Weltweite Gewalt (V6).
4. Zeichen 3: Naturkatastrophen (V7).
5. Zeichen 4: Schwere religiöse Verfolgung (V9).
6. Zeichen 5: Schlimmer Abfall – Verrat und Spaltung (V10).
7. Zeichen 6: Viele falsche Propheten kommen – bieten falsche Hoffnung (V11).
8. Zeichen 7: Großer Abfall – Sünde nimmt zu und Liebe erkaltet (V12).
9. Zeichen 8: Manche harren aus und werden gerettet (V13).
10. Zeichen 9: Weltevangelisation (V14).

(24,1-14) <u>Weiterer Abriß</u>: Christus zählte in diesen vierzehn Versen wenigstens neun Zeichen der Endzeit auf. Doch er unterteilt sie in drei Teile.

1. Die Zeichen des Beginns: Der Anfang der Wehen (V5-8). In Vers 8 wird der Trennstrich gezogen: "Dies alles (die Zeichen aus V5-7) ist der Anfang der Wehen."
2. Die folgenden Zeichen: Persönliche Bedrohung und Leiden (V9-12). Man beachte das Wort "dann" in V9. Nach dem Anfang der Wehen werden diese Wehen "dann" Wirklichkeit. An dieser Stelle sagt Lukas: "Vor diesem allem (den oben genannten Zeichen) aber werden sie…euch verfolgen…" (Lk 21,12). Das Wort "vor" (pro) muß wahrscheinlich eher im Sinne von "mehr" verstanden werden als im zeitlichen Sinn. D.h. Lukas sagt: "Vor (mehr als) diesem allem…" (siehe Anmerkung – Lk 21,12).
3. Die Zeichen der Verheißung: Das Ergebnis von Glaubenstreue (V13-14). Das Wort "aber" in V13 weist auf zwei Zeichen hin, die alles an Hoffnung und Verheißung enthalten, was sich der Gläubige je wünschen kann. Tatsächlich lebt er für seine Erlösung und sein Zeugnis. Die Erfüllung beider wird für die Endzeit verheißen.

1 (24,1-4) <u>Prophezeiung</u>: Was zu den großen Vorhersagen führte (siehe Anmerkung oben – Mt 24,1-25,46 zur Diskussion).

<u>Gedanke 1</u> Nicht die äußere Erscheinung macht etwas annehmbar, sondern das Innere. Der Tempel bewies, daß dies sogar für Gebäude gilt. Die Pracht eines Gebäudes kann durch die Vorgänge im Innern besudelt werden. So wurde die Pracht des Tempels durch die Verdorbenheit der Priester darin in großem Ausmaß befleckt.

<u>Gedanke 2</u> Der Mensch muß den richtigen Blickwinkel behalten. Es ist äußerst hilfreich, ehrlich zu sein und zwei Dinge im Gedächtnis zu behalten
1) In nicht allzuferner Zukunft wird all die Pracht und Großartigkeit von Gebäuden zu Staub zerfallen. Wenn sie nicht durch Krieg oder Katastrophen zerstört werden, verfallen sie und verkommen zu Ruinen.
2) Innerhalb sehr kurzer Zeit wird sogar der schönste menschliche Körper verfallen und zu nichts mehr als Staub werden.

<u>Gedanke 3</u> Man beachte die Worte Christi: "Ich sage euch" (V2). Was Christus sagt, geschieht (siehe <u>Nähere Betrachtung 3</u> – Mt 24,2). Daher werden alle neun Zeichen auftreten müssen. Doch man beachte einen entscheidenden Punkt. Die Zeichen treten nicht auf, weil Gott es so bestimmt, sondern weil der Mensch sündigt. Sie treten wegen der Leidenschaft und Begierde des Menschen auf.

<u>Gedanke 4</u> Jetzt sollten die ganze Welt und jeder einzelne Mensch wissen, was Jesus wußte. Die Weise Gottes ist die einzige Weise. Jedes Volk, das seinen eigenen Weg ohne Gott geht, ist verurteilt (Ps 9,17; Spr 14,34). Und jeder Politiker und jeder Mensch, der seinen Weg ohne Gott geht, ist auch verurteilt (Röm 6,23; Hebr 9,27).

<u>Gedanke 5</u> Wir müssen äußerst vorsichtig sein, wenn wir die Geheimnisse Gottes, die Endzeitprophezeiungen, betrachten. Christus warnt uns besonders: "Habt acht, daß euch niemand verführt!" (V4). Man beachte 2Thess 2,3: "Laßt euch von niemand in irgendeiner Weise verführen!" (vgl. Mt 24,11).

NÄHERE BETRACHTUNG 4
(24,2) <u>Tempel</u>: Jesu Prophezeiung wurde buchstabengetreu erfüllt. Nur einige wenige Jahre nach Jesu Worten hatte Rom den harten, rebellischen Sinn der Juden satt, die sich der römischen Herrschaft nicht unterwerfen wollten. Im Jahre 70 n.Chr. marschierte Titus nach Jerusalem. Stadt und Tempel wurden vollkommen zerstört, so daß der große zeitgenössische jüdische Historiker Josephus sagte, daß ein Vorbeigehender nicht gewußt hätte, daß dieser Ort jemals bewohnt gewesen war. Kein Stein blieb auf dem anderen.

---

2 (24,5) <u>Falscher Messias</u>: Das erste Zeichen der Endzeit sind die falschen Messiasse. Man beachte, was Christus sagte.
1. " Denn viele werden kommen." Es wird nicht nur wenige, sondern viele falsche Messiasse geben.
2. Die falschen Messiasse behaupten: "Ich bin der Christus," der Messias. Sie sind nicht die falschen Propheten und Lehrer, von denen später gesprochen wird. Sie behaupten, der Messias zu sein, der Bote Gottes an die Welt. Sie sind "Pseudo-Christusse" oder "Anti-Christusse."
3. Die falschen Messiasse "werden viele verführen." Nicht nur wenige, sondern viele werden den falschen Messiassen glauben und ihnen folgen, glauben, daß sie der Weg, die Wahrheit und das Leben Gottes sind (vgl. Joh 14,6).

Gleich nach Jesu Tod standen mehrere Männer auf und behaupteten, der Messias zu sein. Der jüdische Historiker Josephus berichtet, daß sich viele von ihnen verführen ließen. Die Schrift erwähnt ebenfalls zwei, die anscheinend behaupteten, der Messias oder wenigstens der jüdische Erlöser zu sein: Theudas und Judas der Galiläer (Apg 5,36-37). Der Zauberer Simon beanspruchte "die große Kraft Gottes" (Apg 8,9-10). Jede Generation hat ihre falschen Messiasse, von denen jeder behauptet, der besondere Bote Gottes und Erlöser der menschlichen Rasse zu sein. Jede falsche Religion und Sekte in jeder Generation hat ihre falschen Messiasse, doch es werden viele sein, wenn die Endzeit kommt.

Matthäus 24,1-14

Gedanke 1 Die Menschen streben nach Utopia, innerem Frieden und äußerer Sicherheit. Unglücklicherweise beweisen zu viele Kirchen und Gläubige genug Vertrauen auf Christus, um zu zeigen, daß Frieden und Sicherheit nur bei ihm zu finden sind. Deshalb wenden sie sich anderen Messiassen zu.

3 (24,6-7) **Weltweite Gewalt – Krieg:** Das zweite Zeichen der Endzeit ist weltweite Gewalt. Man beachte mehrere Dinge.

1. Die Gläubigen "hören" von so viel Gewalt, daß es für sie klingt, als würde die Welt auseinanderfallen. Sie können von diesen Nachrichten bis aufs äußerste verstört werden.
2. Christus sagte: "Erschreckt nicht" (me throeithe), seid nicht verängstigt, verstört, verwirrt. Laßt euch nicht in Verwirrung und Aufregung stürzen. Weltweite Gewalt kann verstören und verängstigen. Sie kann uns in Verwirrung und Aufruhr stürzen. Doch Christus sagte, daß dies bei seinen Jüngern nicht der Fall sein soll. Unsre Herzen sollen auf Gott ausgerichtet sein und seiner Gegenwart, Fürsorge und Sicherheit auf ewig vertrauen (Mt 10,28; Lk 12,4).
3. Weltweite Gewalt "muß geschehen." Gewalt gibt es nicht, weil Gott es will oder so bestimmt, sondern wegen der Leidenschaft und Bosheit des menschlichen Herzens (Mt 18,7; vgl. Jak 4,1-3).
4. Weltweite Gewalt kann die Nachrichten so beherrschen, daß man zu dem Glauben kommt, das Ende würde unmittelbar bevorstehen. Doch Christus warnte: "Es ist noch nicht das Ende." Er hatte gerade gesagt: "Habt acht, daß euch niemand verführt" (V4).

An dieser Stelle muß man etwas beachten. Alle bisher erwähnte Gewalt ist Gewalt, von der die Menschen hören. Die Tatsache der Gewalt findet sich in V7: "Denn ein Volk wird sich gegen das andere erheben und ein Königreich gegen das andere."

Eine bildhafte Beschreibung der Gewalt, die die Welt in den Jahren gleich nach dem Leben unseres Herrn überschwemmte, findet sich bei Tacitus, dem römischen Historiker (55? - nach 117). Am Anfang seiner Geschichte des Römischen Reiches schreibt er:

"Ein Werk nehme ich in Angriff, reich an Wechselfällen, blutig durch Schlachten, zerrissen von Aufständen, selbst noch im Frieden grausam; vier Kaiser durch das Scwert beseitigt, drei Kriege unter Bürgern, noch mehr auswärtige und häufig miteinander vermengte; günstige Lage im Osten, widrige im Westen; in Aufruhr Illyrien, die gallischen Provinzen schwankend; bezwungen Britannien und sogleich aufgegeben; aufständisch gegen uns die Stämme der Sarmaten und Sueben; weithin bekannt durch Niederlagen und Siege die Daker; beinahe im Aufbruch auch die Waffen der Parther durch das Gaukelspiel des falschen Nero. Aber auch Italien durch neue oder nach langer Reihe von Jahrhunderten wieder hereingebrochene Katastrophen betroffen: verschlungen oder verschüttet die Städte im fruchtbarsten Landstrich Kampaniens; auch die Haupstadt durch Brände verwüstet, von Flammen verzehrt uralte Heiligtümer, selbst das Kapitol durch Bürgerhand in Brand gesteckt." (Historien I, 2,1-2)

Man denke jedoch daran, daß sich die Worte unseres Herrn trotz der trostlosen Ereignisse in der Welt in einer bestimmten Generation über die Jahrhunderte erstrecken, die gesamte Geschichte umfassen und auf eine Verstärkung der Gewalt zum Ende der Welt hin hinweisen.

"Und es schlug sich ein Volk mit dem andern und eine Stadt mit der andern; denn Gott erschreckte sie durch allerlei Not. Ihr aber, ermannet euch und laßt eure Hände nicht sinken; denn euer Werk hat seinen Lohn!" (2Chr 15,6-7)

"Gehet fort aus ihrem Bereiche, mein Volk, und rettet ein jeder seine Seele vor dem grimmigen Zorn des HERRN! Daß nur euer Herz nicht verzage und ihr euch nicht fürchtet vor dem Gerücht, das man im Lande hören wird, wenn in *einem* Jahre dieses und im *andern* Jahre jenes Gerücht *kommt* und Gewalttätigkeit verübt wird und ein Herrscher sich wider den andern erhebt!" (Jer 51,45-46)

"Habt aber acht auf euch selbst, daß eure Herzen nicht beschwert werden durch Rausch und Trunkenheit und Sorgen des Lebens, und jener Tag unversehens über euch kommt!" (Lk 21,34)

"Sorgt euch um nichts; sondern in allem laßt durch Gebet und Flehen mit Danksagung eure Anliegen vor Gott kundwerden." (Phil 4,6)

"Alle eure Sorge werft auf ihn; denn er sorgt für euch." (1Petr 5,7)

Gedanke 1 Ein entscheidender Punkt. Gott verursacht keine Gewalt. Sie wird durch die Leidenschaft und Bosheit der Menschen verursacht.

Gedanke 2 Die Hoffnung des Gläubigen ist nicht in dieser Welt, seine wahre Bürgerschaft auch nicht. Seine Hoffnung und sein Leben sind in Gott und im Himmel (Phil 3,21). Deshalb sollen wir Menschen und Ereignisse in der Welt nicht fürchten. Menschen und Ereignisse in der Welt können uns nur das Leben, nicht aber die Seele nehmen. Unser Leben steht in Gottes Hand, auch am Ende der Welt (Mt 28,20; Hebr 13,5).

4 (24,7) **Natur – Hungersnot – Erdbeben – Seuche:** Das dritte Zeichen der Endzeit enthält Naturkatastrophen. Drei Katastrophen werden besonders aufgezählt.

1. Hungersnöte. Die Schrift spricht von einer weltweiten "großen Hungersnot…diese trat dann auch ein unter dem Kaiser Claudius" (Apg 11,28-30). Josephus beschrieb die Hungersnot als so schrecklich, daß, wenn Mehl "geopfert wurde, trotz der Hungersnot kein Priester es wagte, auch nur ein Krümchen davon zu essen" (Josephus, Altertümer III 15,3). An anderer Stelle schrieb er: "Denn Hungersnot bedrückte ihre Stadt (Jerusalem), und da viele Bürger aus Mangel an Lebensmitteln umkamen…" (Ebenda XX 2,5).

In den allerletzten Tagen vor dem Fall Jerusalems erwähnt Josephus eine weitere schreckliche Hungersnot:

"Mitleiderregend war die Nahrung, und beweinenswert der Anblick: die Stärkeren hatten Überfluß, den Schwachen blieb nur die Wehklage." (Josephus, Jüd. Krieg V 10,3)

"Und die Hungersnot, die immer schrecklicher wurde, raffte das Volk häuser- und familienweise dahin. Die Dächer lagen voll entkräfteter Weiber und Kinder, die Gassen voll toter Greise. Knaben und Jünglinge, krankhaft angeschwollen, wankten wie Gespenster über die öffentlichen Plätze und sanken zu Boden, wo einen die Hungerseuche ergriff." (Ebenda V 12,3).

Zweifellos wird es in den letzten Tagen eine schreckliche Hungersnot geben. Das schwarze Pferd der apokalyptischen Rei-

Matthäus 24,1-14

ter deutet darauf hin (siehe Anmerkung – Offb 6,5-6). Die unerträgliche Pein und das entsetzliche Böse, das der Hunger hervorruft, wird in der Schrift sehr anschaulich beschrieben.

> **"Glücklicher waren die, welche das Schwert erschlug, als die, welche der Hunger tötete, welche [vom Hunger] durchbohrt dahinschmachteten, aus Mangel an Früchten des Feldes. Die Hände barmherziger Frauen haben ihre eigenen Kinder gekocht; sie dienten ihnen zur Nahrung, beim Zusammenbruch der Tochter meines Volks." (Klgl 4,9-10)**

2. Seuchen. Da die Reichen einer Hungersnot bisweilen entkommen können, indem sie Nahrung zu Wucherpreisen kaufen, sind sie hilflos gegen Seuchen und Epidemien. Der Tod durch Krankheit oder andere natürliche Ursachen ist unparteiisch. Das wird durch den Bericht des Josephus von einer großen Seuche bewiesen, die zur Zeit des Herodes wütete.

> *"Um diese Zeit brach eine Seuche aus, die nicht nur viele Leute aus den niederen Ständen, sondern auch den größten Teil der Freunde des Königs und dazu noch solche, deen er besonders zugetan war, dahinraffte."* (Josephus, <u>Altertümer</u> XV 7,7).

Seuchen gehören auch zu den schrecklichen Leiden der Endzeit. Ein Teil der Leiden, die durch das fahle Pferd der apokalyptischen Reiter angedeutet werden, schließt Seuchen mit ein.

> **"Ihnen (Tod und Hölle) wurde Vollmacht gegeben über den vierten Teil der Erde, zu töten mit dem Schwert (Krieg) und mit Hunger (Hungersnot) und mit Pest (Folge von Krieg und Hungersnot)." (Siehe Anmerkung – Offb 6,8)**

3. Erdbeben. Erdbeben verursachen manchmal unvorstellbare Zerstörung und Tod. Wieder berichtet Josephus von der Erfüllung der Vorhersagen Jesu. Er deutete sogar an, daß die gerade geschehenden Naturkatastrophen ein Zeichen kommender Zerstörung wären.

> *"In der Nacht nämlich brach ein schreckliches Unwetter los: heftiger Sturm, gewaltige Regengüsse, unablässiges Blitzen mit furchtbaren Donnerschlägen und unheimliches Gebrüll der erschütterten Erde. Augenscheinlich war die Weltordnung zum Verderben der Menschen in Verwirrung geraten, und man mußte darin die Vorzeichen eines schweren Unglücks erkennen."* (Josephus, Jüd. Krieg IV 4,5).

In den letzten Tagen der Erde wird es an vielen Orten zu Erdbeben kommen (Offb 6,12; 11,12-13;19; 16,17-19).

> **"Und ich sah, als es das sechste Siegel öffnete, und siehe, ein großes Erdbeben entstand, und die Sonne wurde schwarz wie ein härener Sack, und der Mond wurde wie Blut." (Offb 6,12)**
>
> **"Und sie hörten eine laute Stimme aus dem Himmel, die zu ihnen sprach: Steigt hier herauf! Da stiegen sie in der Wolke in den Himmel hinauf, und ihre Feinde sahen sie. Und zur selben Stunde entstand ein großes Erdbeben, und der zehnte Teil der Stadt fiel; und es wurden in dem Erdbeben siebentausend Menschen getötet. Und die übrigen wurden voll Furcht und gaben dem Gott des Himmels die Ehre." (Offb 11,12-13)**
>
> **"Und der Tempel Gottes im Himmel wurde geöffnet, und die Lade seines Bundes wurde sichtbar in seinem Tempel. Und es geschahen Blitze und Stimmen und Donner und Erdbeben und ein großer Hagel." (Offb 11,19)**
>
> **"Und der siebte Engel goß seine Schale aus in die Luft; und es ging eine laute Stimme aus vom Tempel des Himmels, vom Thron her, die sprach: Es ist geschehen! Und es geschahen Stimmen und Donner und Blitze, und ein großes Erdbeben geschah, wie dergleichen noch nie gewesen ist, seit es Menschen gab auf Erden, ein *solch* gewaltiges und großes Erdbeben. Und die große Stadt wurde in drei Teile [zerrissen], und die Städte der Heiden fielen, und Babylon, der Großen, wurde vor Gott gedacht, damit er ihr den Becher des Glutweines seines Zornes gebe." (Offb 16,17-19)**

NÄHERE BETRACHTUNG 5
(24,8) <u>Wehen</u> (odinon): Geburtsschmerzen; Arbeitsmühe; Seelenqual; unerträgliche Pein. Schneller, scharfer, grausam quälender Schmerz.

---

5 (24,9) <u>Verfolgung:</u> Das vierte Zeichen der Endzeit ist schwere religiöse Verfolgung. Christus sagte zweierlei.
1. Woraus die Verfolgung bestehen wird:
   a. Betrübnis (Apg 4,3; 8,1; 12,4; 13,50; 14,19; 2Kor 11,23-25).
   b. Mord (Apg 7,59; 12,2).
   c. Haß der Völker.

> **"Denn von dieser Sekte ist uns bekannt, daß ihr überall widersprochen wird." (Apg 28,22)**
> **(Siehe Abriß und Anmerkungen – Mt 10,16-23. Vgl. Joh 15,20; 16,2.)**

2. Warum Gläubige verfolgt werden: "Um meines Namens willen" (vgl. Mt 10,22). "Um meines Namens willen" meint wenigstens drei Dinge. Oder anders gesagt, es gibt wenigstens drei Gründe, warum die Welt die Gläubigen oft zum Schweigen zu bringen oder auszumerzen versucht.
   a. Die Welt wehrt sich gegen den Standard der Gläubigen in wahrer Gottgefälligkeit. Der Gläubige zeigt der Welt einen anderen Maßstab. Weder die Welt noch ihre Norm sind gottgefällig. Deshalb stellt sich jeder gegen die Gläubigen, der für die Welt lebt und sein Verhalten nicht ändern will. Es liegt in seiner Natur, dies zu tun (1Joh 2,14-15).
   b. Die Welt wehrt sich gegen das reine und gerechte Leben der Gläubigen. Der wahre Gläubige führt ein solches Leben. Er beherrscht sich, zieht sich anständig an, spricht mir Respekt und verhält sich gerecht. Die Welt lebt für die Stillung fleischlicher Begierden und daß jeder bekommt, was er will. Deshalb erfährt der Gläubige Wider-

Matthäus 24,1-14

stand von jedem, der kein reines und gerechtes Leben führen möchte (Gal 5,19-21).

c. Die Welt wehrt sich gegen die Botschaft der Gläubigen von Buße und Selbstverleugnung. Der wahre Gläubige verkündet die Botschaft Christi, die aus Buße und Selbstverleugnung besteht. Nur wenige sind bereit, sich bis zur völligen Selbstverleugnung zu ändern (Buße zu tun). Die meisten, sogar die Frommen, wehren sich gegen den Gedanken, alles zu geben, was man ist und hat, auch wenn das hieße, eine verhungernde und sterbende Welt zu retten. (Siehe Abriß und Anmerkungen – Mt 19,21-22; 19,23-26.)

Man beachte die Worte "gehaßt sein von allen Völkern." Das weist eindeutig auf eine weltweite Verfolgung hin. Christus schaut wiederum weit über die letzten Tage vor dem Fall Jerusalems voraus. Er sieht die Verfolgung, der seine Nachfolger durch die Jahrhunderte hinweg ausgesetzt sein werden und die sich in der Endzeit noch verstärkt. Er hatte schon vorher solche Verfolgungen vorausgesagt.

> "Hütet euch aber vor den Menschen! Denn sie werden euch den Gerichten ausliefern, und in ihren Synagogen werden sie euch geißeln; auch vor Fürsten und Könige wird man euch führen um meinetwillen, ihnen und den Heiden zum Zeugnis." (Mt 10,17-18)

> "Dann wird man euch der Drangsal preisgeben und euch töten; und ihr werdet gehaßt sein von allen Völkern um meines Namens willen." (Mt 24,9; vgl. Lk 21,12-13)

> "Gedenkt an das Wort, das ich zu euch gesagt habe: Der Knecht ist nicht größer als sein Herr. Haben sie mich verfolgt, so werden sie auch euch verfolgen; haben sie mein Wort befolgt, so werden sie auch das eure befolgen." (Joh 15,20)

> "Dies habe ich zu euch geredet, damit ihr keinen Anstoß nehmt. Sie werden euch aus der Synagoge ausschließen; es kommt sogar die Stunde, wo jeder, der euch tötet, meinen wird, Gott einen Dienst zu erweisen. Und dies werden sie euch tun, weil sie weder den Vater noch mich kennen." (Joh 16,1-3)

> "Und alle, die gottselig leben wollen in Christus Jesus, werden Verfolgung erleiden." (2Tim 3,12)

> "Fürchte nichts von dem, was du erleiden wirst! Siehe, der Teufel wird *etliche* von euch ins Gefängnis werfen, damit ihr geprüft werdet, und ihr werdet Drangsal haben zehn Tage lang. Sei getreu bis in den Tod, so werde ich dir die Krone des Lebens geben!" (Offb 2,10)

> "HERR mein Gott, bei dir suche ich Zuflucht; hilf mir von allen meinen Verfolgern und errette mich!" (Ps 7,1)

> "In deiner Hand *sind* meine Zeiten; rette mich aus der Hand meiner Feinde und von meinen Verfolgern!" (Ps 31,15)

> "Alle deine Gebote *sind* Wahrheit; sie aber verfolgen mich mit Lügen; hilf mir!" (Ps 119,86)

> "Denn der Feind verfolgt meine Seele; er hat mein Leben zu Boden getreten und zwingt mich, im Dunkeln zu sitzen wie die längst Verstorbenen." (Ps 143,3)

6 (24,10) **Abfall:** Das fünfte Zeichen der Endzeit ist schlimmer Abfall – Verrat und Spaltung. Christus sagt darüber dreierlei.

1. "Und dann werden viele Anstoß nehmen (abfallen)." Die Verfolgung wird Scharen dazu bringen, vom Bekenntnis Christi abzufallen. Sie kennen ihn nicht: Nicht wirklich, persönlich und innerlich. Sie haben ihn nur mit den Lippen bekannt. Sie haben ihm weder aus ganzem Herzen vertraut, noch haben sie ihr Selbst verleugnet, opferbereit gelebt, gegeben und gearbeitet, um den Nöte einer bedürftigen und sterbenden Welt zu begegnen. Sie kennen nur die Vorteile und den Trost, der aus der Kirchenmitgliedschaft und der Gemeinschaft mit echten Gläubigen entspringt. Sie wissen nichts über den Ruf Gottes, am Leiden Christi teilzuhaben (Phil 1,29; 2Kor 4,11).

Wenn also eine schwere Prüfung kommt, haben sie keine Ahnung, worum es bei Selbstverleugnung und täglichem Sterben für Christus überhaupt geht. Sie haben weder den inneren Wunsch, noch die Kraft, eigentlich keinen echten Grund, durchzuhalten. Sie nehmen Anstoß, deshalb fallen sie ab (vgl. Mt 13,21).

Man beachte etwas. In jeder Generation gibt es Abfall. Einige, die Christus bekannt haben, wenden sich ab (2Tim 4,10; 1Joh 2,18-19). Christus sagt hier, daß der Abfall sich zum Ende hin verstärken wird. Viele werden in der kommenden Verfolgung Anstoß nehmen und abfallen.

2. "(Viele werden) einander verraten." Auch der Verrat an anderen, das Informieren über sie, wird sich zum Ende hin verstärken. Nachbarn werden sich gegen Nachbarn wenden, Freunde gegen Freunde, Familien gegen Familien.

Wenn man den "Jüdischen Krieg" von Josephus liest, bekommt man ein deutliches Bild dafür, wie unmenschlich der Mensch werden kann, wenn sein Überleben bedroht ist. Und natürlich zeigt uns das Evangelium deutlich, wie Gier, Macht und Selbstsucht die Menschen zu Mißhandlung, Beschimpfung, Bedrohung, Intrigen und Mord an anderen treiben können (siehe Anmerkungen – Mt 12,1-8; Anmerkung und Nähere Betrachtung 1 – 12,10).

Sowohl Überlebenswille als auch Selbstsucht zeigen sich in den letzten Tagen Jerusalems bei der Belagerung durch Titus: Die Reichen sahen auf ihre Bedürfnisse und vernachlässigten die Armen, und die Mächtigen nahmen sich, was sie wollten. Bei fortschreitender Belagerung breiteten sich Hungersnöte und Seuchen aus. Die Starken nahmen von den Schwachen und die Schwachen verrieten die geheimen Vorräte ihrer Nachbarn, wie klein diese auch waren, um von den Starken etwas abzubekommen. Innerhalb der Stadtmauern gingen Mord und Verrat zum Überleben um. Andere liefen offen zu den Römern über und verrieten ihr Volk, um ihr Leben zu retten.

> *"Unter dem Volk dagegen entstand eine Bewegung zu gunsten der Übergabe...Hierdurch ward die Lust, zum Feinde überzulaufen, nur noch größer, weil man so dem Jammer in der Stadt entging...sie drangen daher in die Häuser ein und durchsuchten sie. Fand sich etwas, so mißhandelten sie die Bewohner, weil sie den Besitz abgeleugnet, fand sich nichts, so folterten sie dieselben, weil sie das Getreide mit so großer Sorgfalt versteckt hätten. Ob Lebensmittel vorhanden seinen oder nicht, schloß man aus dem körperlichen Zustand der Unglücklichen. Wer noch wohlgenährt aussah, von dem nahm man an, daß er Speisen vorrätig habe; die Ausgemergelten dagegen ließ man laufen...So rissen hier die Weiber den Männern, Kinder den Vätern und, was das jammervollste war, Mütter ihren Säuglingen die Speisen aus dem Munde; während die Lieblinge in ihren Armen verschmachteten, scheuten sie sich nicht, ihnen den letzten Tropfen Milch wegzunehmen. Aber selbst bei dieser Asrt, den Hunger zu stillen, entghingen sie dem Späherauge der Empörer nicht, die überall lauerten, um auch das noch ihnen zu rauben. Sowie sei ein Haus verschlossen sahen, galt ihnen das als Zeichen, daß die Bewohner etwas verzehrten; plötzlich zertrümmerten sie dann die Türen, stürzten hinein und rissen ihnen die Speisen beinahe aus der Kehle. Greise, welche ihr Stück Brot mit den Zähnen festhielten, wurden geschlagen, Weiher an den Haaren herumgezerrt, wenn sie etwas, das sie in den Händen hatten, zu verbergen trachteten. Weder Alt noch Jung konnte auf Mitleid rechnen: selbst ganz kleine Kinder, welche an ihren Bissen hingen, wurden ergriffen und zu Boden geschleuder. Verschlang aber jemand, um den Räubern zuvorzukommen, das,*

Matthäus 24,1-14

was ihm genommen werden sollte, so verfuhren sie mit ihm noch grausamer, gleich als wären sie ihres Rechtes verlustig gegangen. Foltern schrecklicher Art ersannen sie, um Nahrungsmittel aufzuspüren." (Josephus, Jüd. Krieg V 10,1-3).

Tacitus, der große römische Historiker, faßt den Verrat einiger in der Urkirche zusammen.

"Und so wurden zuerst die Personen verhaftet, die sich als Christen bekannten, dann aufgrund von deren Aussagen ein weiterer großer Personenkreis." (Tacitus, Annalen 15,44).

Christus hatte seine Nachfolger bereits vor schrecklicher Verfolgung und Verrat sogar durch die eigene Familie gewarnt (siehe Abriß und Nähere Betrachtung 2 – Mt 10,21). Der Unterschied zu dem, was er hier sagt, liegt in der Betonung der Endzeit. Verfolgung und Verrat werden in der Endzeit zunehmen.

> **"Das aber sollst du wissen, daß in den letzten Tagen schlimme Zeiten eintreten werden. Denn die Menschen werden selbstsüchtig sein…Verräter" (1Tim 3,1-43)**

Ein Mensch wird durch verschiedene Dinge dazu gebracht, andere zu verraten. Alle werden sicher in der Endzeit auftreten, so wie sie in den letzten Tagen Jerusalems aufgetreten sind.

- ⇒ der Verfolgung entgehen
- ⇒ das Leben retten
- ⇒ sich Vorteile sichern
- ⇒ bekommen, was man will
- ⇒ sich an jemandem rächen
- ⇒ der Beschämung entgehen
- ⇒ der Furcht entfliehen
- ⇒ selbstsüchtige Ehre bewahren

3. "(Viele werden) einander hassen." Nur wenige werden freundlich, sanft und liebevoll sein. In den letzten Tagen werden Spaltungen und Streitgespräche vorherrschen. Die meisten werden anderen wegen dem grollen, was sie getan haben oder tun oder nicht tun. Das ist über Jahrhunderte hinweg der Fall gewesen. Viel zu oft hat es die Kirche erlebt, daß einer den anderen nicht leiden konnte und ihm Widerstand leistete. Neid, Gier, Sorge um Sicherheit und Anerkennung – alle Sünden der Selbstsucht – haben dazu geführt, daß zu viele gegen die Stellung, den Glauben, die Fähigkeiten, den Führungsstil und so weiter von anderen ankämpfen. Unglücklicherweise sind Kritik, Beurteilungen, Meinungsverschiedenheiten und Spaltungen unter den Gläubigen schon immer ein deutlicher Zug der Kirche gewesen, sowohl auf Gemeindeebene als auch weltweit. Christus sagt, daß sich dieser Haß in der Endzeit noch verstärken wird.

Gedanke 1 Warum nehmen bekennende Christen manchmal "Anstoß" an Christus? Einige Gründe dafür sind…
- ⇒Angst vor Spott
- ⇒Angst vor Beschimpfung
- ⇒Angst davor, ignoriert zu werden
- ⇒Angst davor, nicht dazuzupassen
- ⇒Angst vor Verfolgung
- ⇒Angst davor, nichts zu haben
- ⇒Angst vor Verlust von Stellung, Sicherheit, Reichtum und Macht

Alle diese und viele andere Gründe werden in der Endzeit ihren Tribut fordern.

Gedanke 2 Gott und Christus wünschen sich von den Gläubigen vor allem anderen Liebe und Einigkeit.
1) Liebe ist grundlegend.

> **"Und das ist sein Gebot, daß wir glauben an den Namen seines Sohnes Jesus Christus und einander lieben, nach dem Gebot, das er uns gegeben hat." (1Joh 3,23)**
> **"Ein neues Gebot gebe ich euch, daß ihr einander lieben sollt, damit, wie ich euch geliebt habe, auch ihr einander liebt. Daran wird jedermann erkennen, daß ihr meine Jünger seid, wenn ihr Liebe untereinander habt." (Joh 13,34-35)**
> **"Das ist mein Gebot, daß ihr einander liebt, gleichwie ich euch geliebt habe." (Joh 15,12)**
> **"Das gebiete ich euch, daß ihr einander liebt." (Joh 15,17).**

2) Einigkeit ist grundlegend.

> **"Und ich bin nicht mehr in der Welt; diese aber sind in der Welt, und ich komme zu dir. Heiliger Vater, bewahre sie in deinem Namen, die du mir gegeben hast, damit sie eins seien, gleichwie wir!" (Joh 17,11)**
> **"Ich bitte aber nicht für diese allein, sondern auch für die, welche durch ihr Wort an mich glauben werden, auf daß sie alle eins seien, gleichwie du, Vater, in mir und ich in dir; auf daß auch sie in uns eins seien, damit die Welt glaube, daß du mich gesandt hast. Und ich habe die Herrlichkeit, die du mir gegeben hast, ihnen gegeben, auf daß sie eins seien, gleichwie wir eins sind, ich in ihnen und du in mir, damit sie zu vollendeter Einheit gelangen, und damit die Welt erkenne, daß du mich gesandt hast und sie liebst, gleichwie du mich liebst." (Joh 17,20-23)**

[7] (24,11) **Falsche Führer – Falsche Lehrer:** Das sechste Zeichen der Endzeit ist das Auftreten von falschen Führern, die falsche Hoffnung anbieten. Christus macht zwei Aussagen.

1. "Es werden viele falsche Propheten auftreten." Es werden Propheten sein, d.h. sie werden behaupten, Gottes Botschaft zu lehren und zu predigen. Während der Krisen der letzten Tage von Jerusalem traten viele falsche Propheten auf, von denen jeder seine eigene Botschaft hatte, wie das Volk gerettet werden könnte.

"Die Tyrannen hatten nämlich damals eine Anzahl solcher [falscher] Propheten unter das Volk gesteckt, um demselben zu verkünden, es solle der Hilfe Gottes gewärtig sein - einmal damit die Leute weniger daran dächten, zu den Römern überzugehen, und dann auch damit die, welche sich über die Furcht vor den Wachen hinwegsetzten, doch wenigstens durh Hoffnung zum Bleiben bewogen würden. Im Unglück lkäßt sich ja der Mensch so leicht bereden, und wenn gar ein Betrüger kommt und ihm Befreiung von dem drückenden Elend vorspiegelt, geht der Leidende ganz in Hoffnung auf." (Josephus, Jüd. Krieg, VI 5,2).

Matthäus 24,1-14

Ein falscher Lehrer entwickelt seinen eigenen Weg, Wahrheit und Leben, dem die Menschen eher folgen sollen als Jesus als dem Weg, der Wahrheit und dem Leben. In der Kirche hat es immer falsche Lehrer gegeben, die vorstellten, was sie selbst wollten, statt dem, was Christus gesagt hatte, die ihre eigenen Gedanken statt der Wahrheit Christi verbreiteten und die Menschen statt an Christus an sich selbst banden.

2. "[Sie] werden viele verführen." Ein Mensch wird aus verschiedenen Gründen verführt.
   ⇒ Die fanatische Hoffnung auf Erlösung läßt ihn nach einem Retter suchen und sich an fast jeden klammern, der auftaucht.
   ⇒ Der humanistische Wunsch, sich selbst zu verbessern und zu stärken, um das eigene Schicksal zu kontrollieren und selbst zu bestimmen, läßt ihn auf Führer schauen, die Hoffnung und eine bessere Welt anbieten.
   ⇒ Die Beweiskraft von Zeichen, Wundern, Macht, Vernünftigkeit, Logik, Wissen und Hilfe läßt ihn Führern folgen, die außergewöhnliche Fähigkeiten haben.

Falsche Lehrer finden sich sowohl innerhalb als auch außerhalb der Kirche und sie werden zunehmen, wenn sich das Ende der Welt nähert (vgl. 2Kor 11,13; 2Thess 2,1f; 1Tim 6,3).

> "Kinder, es ist die letzte Stunde! Und wie ihr gehört habt, daß der Antichrist kommt, so sind nun viele Antichristen aufgetreten; daran erkennen wir, daß es die letzte Stunde ist. Sie sind von uns ausgegangen, aber sie waren nicht von uns; denn wenn sie von uns gewesen wären, so wären sie bei uns geblieben. Aber es sollte offenbar werden, daß sie alle nicht von uns sind."
> (1Joh 2,18-19)

> "Geliebte, glaubt nicht jedem Geist, sondern prüft die Geister, ob sie aus Gott sind! Denn es sind viele falsche Propheten hinausgegangen in die Welt. Daran erkennt ihr den Geist Gottes: Jeder Geist, der bekennt, daß Jesus Christus im Fleisch gekommen ist, der ist aus Gott; und jeder Geist, der nicht bekennt, daß Jesus Christus im Fleisch gekommen ist, der ist nicht aus Gott. Und das ist der [Geist] des Antichristen, von dem ihr gehört habt, daß er kommt; und jetzt schon ist er in der Welt." (1Joh 4,1-3)

Gedanke 1 Der wahre Gläubige weiß, wie er zu Gott beten und mit ihm reden soll. Er weiß, wie er Kraft von Gott bekommt, die schwierigsten Umstände zu überwinden und zu überleben (Phil 4,4;6-7;11-14;19. Vgl. 1Kor 10,13; Apg 16,25f.)

Gedanke 2 Entmutigung ist schrecklich. Sie besiegt das Leben. Es gibt jedoch einen sichere Weg, die Entmutigung zu besiegen: Lernen, täglich in ununterbrochener Verbindung mit Gott zu leben. Sein Wort lernen und ohne Unterlaß beten, seine Verheißungen lernen und beanspruchen (Jes 26,3; Phil 4,6-9).

[8] (24,12) **Abfall**: Das siebte Zeichen ist der große Abfall. Die Sünde nimmt zu und die Liebe erkaltet.

1. "Gesetzlosigkeit nimmt überhand." Gesetzlosigkeit [Sünde und Bosheit] gibt es immer, doch zu manchen Zeiten scheint sie sich zu vervielfachen und alles zu überschwemmen (siehe Anmerkung – Gesetzlosigkeit – Mt 24,12). Wie die Zitate von Josephus belegen, war sie in den letzten Tagen Jerusalems weit verbreitet. Sie wird auch in den letzten Tagen der Weltgeschichte überhand nehmen (2Tim 3,1-5; 2Thess 2,1-12).
2. "Die Liebe [wird] in vielen erkalten." Wenigstens vier Dinge können die Liebe zu Gott dämpfen. Jedes davon wird sich zum Ende der Welt hin besonders verstärken.
   a. Selbstsucht und Weltlichkeit. Die Menschen streben, wonach sie wollen und was die Welt ihnen bietet, statt nach Dienst und Opferbereitschaft. Sie wollen ihre eigenen Wünsche und Forderungen der Welt befriedigen, statt Gott gewissenhaft zu suchen.
   b. Meinungsverschiedenheiten und Spaltungen. Beides entmutigt, bedrückt und sorgt für Verwirrung und den Wunsch, zu fliehen. Viele kühlen ab und ziehen sich zurück, wollen keinen Teil an Spaltungen haben. Sogar, wenn die Wahrheit unter Beschuß kommt, werden sich einige eher zurückziehen, als für die Wahrheit einzustehen.
   c. Verfolgung. Wenn man nicht wirklich an Christus glaubt und ihm vertraut, wird alle wie auch immer geartete Zuneigung abkühlen, wenn man auf Widerstand und Fragen stößt. Nur wirklicher Glaube und Überzeugung bleiben auch unter Spott und Todesandrohung bestehen.
   d. Ignoranz und schwacher Glaube. Manche erleben, daß Geist und Liebe gedämpft werden, weil sie einfach nicht verstehen können, warum Gott solche Prüfungen zuläßt. Es fehlt das rechte Verständnis für Sünde und Tod des Menschen, die Verdorbenheit der Welt und ihr festgesetztes Ende sowie Gottes Gerechtigkeit und Verheißung des Lebens. Deshalb gibt es nur wenig, was eine brennende Liebe zu Gott am Leben halten kann, wenn alles schiefgeht und die Welt auseinanderzufallen scheint.
   e. Gesetzlosigkeit und Unmoral. Unter Menschen zu leben, die gesetzlos und unmoralisch leben, läßt viele ihre Liebe zu Christus verlieren un sich abwenden.

Christus warnt den Gläubigen, der seine Liebe erkalten läßt.

> "Der Geist aber sagt ausdrücklich, daß in späteren Zeiten etliche vom Glauben abfallen und sich verführerischen Geistern und Lehren der Dämonen zuwenden werden durch die Verstellungskunst von Leuten, die Betrug lehren, die in ihrem eigenen Gewissen gebrandmarkt sind." (1Tim 4,1-2)
> " So aber, weil du lau bist und weder kalt noch heiß, werde ich dich ausspeien aus meinem Mund." (Offb 3,16)

NÄHERE BETRACHTUNG 6
(24,12) **Gesetzlosigkeit** (anomia): Schlechtigkeit, Ungesetzlichkeit, Ungerechtigkeit, Gesetzesübertretung. Sich Freiheit von Gesetz und Gerechtigkeit, Moral und Disziplin nehmen.

Matthäus 24,1-14

> **NÄHERE BETRACHTUNG 7**
> (24,12) <u>Überhand</u> (plethunthenai): Sich verstärken, sich vervielfachen, im Überfluß vorhanden sein.

9 (24,13) **Ausdauer – Erlösung**: Das achte Zeichen ist, daß einige aushalten und gerettet werden. Man muß sich daran erinnern, daß Christus zu seinen Jüngern spricht. Sein Versprechen, "gerettet [zu] werden," muß sich auf die Erlösung der Seele in der Endzeit beziehen. Die Sicherheit menschlichen Lebens konnte es nicht bedeuten. Er hatte bereits gesagt, daß einige getötet werden würden (V9). Daher wird der Gläubige gerettet werden, der in Verfolgung, Haß, Verrat, Spaltung, falscher Lehre, Verführung, Gesetzlosigkeit und Unmoral fest bleibt und seine Liebe am Brennen hält.

> "Fürchte nichts von dem, was du erleiden wirst! Siehe, der Teufel wird etliche von euch ins Gefängnis werfen, damit ihr geprüft werdet, und ihr werdet Drangsal haben zehn Tage lang. Sei getreu bis in den Tod, so werde ich dir die Krone des Lebens geben!" (Offb 2,10)
> "Denen nämlich, die mit Ausdauer im Wirken des Guten Herrlichkeit, Ehre und Unsterblichkeit erstreben, ewiges Leben; denen aber, die selbstsüchtig und der Wahrheit ungehorsam sind, dagegen der Ungerechtigkeit gehorchen, Grimm und Zorn!" (Röm 2,7-8)

<u>Gedanke 1</u> In Schriftstellen wie den folgenden kann der Gläubige viel Ermutigung zum Durchhalten finden. (Einige Bücher überfliegen, die sich intensiv mit Leiden beschäftigen, wie 1Petr. Siehe Hauptthemenindex, verwandte Themen.)

> "Denn euch wurde, was Christus betrifft, die Gnade verliehen, nicht nur an ihn zu glauben, sondern auch um seinetwillen zu leiden." (Phil 1,29)
> "Achtet doch auf ihn, der solchen Widerspruch von den Sündern gegen sich erduldet hat, damit ihr nicht müde werdet und den Mut verliert!" (Hebr 12,3)
> "Wenn jemand redet, so rede er es als Aussprüche Gottes; wenn jemand dient, so tue er es aus der Kraft, die Gott darreicht, damit in allem Gott verherrlicht wird durch Jesus Christus. Ihm sei die Herrlichkeit und die Macht von Ewigkeit zu Ewigkeit! Amen. Geliebte, laßt euch durch die unter euch entstandene Feuersglut, die zur Prüfung über euch gekommen ist, nicht befremden, so als widerführe euch etwas Fremdartiges." (1Petr 4,11-12)

10 (24,14) <u>Evangelisation – Zeugnis</u>: Das neunte Zeichen ist die Weltevangelisation. Christus sagt fünf sehr wichtige Dinge.

1. Sein Evangelium handelt vom Reich. Welches Reich? Das geistliche und ewige Reich Gottes (siehe <u>Nähere Betrachtung 3</u> – Mt 19,23-24; Anmerkung – Eph 1,3. Vgl. 2Kor 5,19.)
2. Sein Evangelium ist unaufhaltsam: "Und dieses Evangelium vom Reich wird…verkündigt werden." Keine wie auch immer gearteten Probleme, kein Versagen kann seine Verkündigung aufhalten: Weder schwere Verfolgung (V9) noch schrecklicher Abfall (V10) noch viele falsche Lehrer (V11) noch überbordende Gesetzlosigkeit (V12) noch das Erkalten der Liebe vieler (V12). Gottes herrliches Wort der Gnade, wird sich seinen Weg über Land und Meer erzwingen, wie stark die Stürme und Organisationen sind, die sich ihm entgegenstellen.
3. Sein Evangelium ist siegreich: "Und dieses Evangelium…wird in der ganzen Welt verkündigt werden." Verblüffenderweise wurde das Evangelium innerhalb einer sehr kurzen Zeit im ersten Jahrhundert in praktisch die gesamte bekannte Welt getragen.

> "Aber ich frage: Haben sie etwa nicht gehört? Doch, ja! Ihre Stimme ist ausgegangen über die ganze Erde, und ihre Worte bis ans Ende des Erdkreises." (Röm 10,18)
> "[Das Evangelium,] das zu euch gekommen ist, wie es auch in der ganzen Welt [ist]." (Kol 1,6)
> "[Das Evangelium,] das ihr gehört habt, das verkündigt worden ist in der ganzen Schöpfung, die unter dem Himmel ist." (Kol 1,23)

Der Ton der Worte Christi weist auf dasselbe Zeichen der Weltevangelisation zum Ende der Welt hin. Der größte Teil der Erde soll den Vorzug haben, vor dem schließlichen Erscheinen Christi das Evangelium zu hören (Apg 1,8; vgl. Mt 28,19-20. Vgl. Mt 24,3;14 mit Mt 28,19 und beachte das Wort "Zeit." Siehe dann Apg 8,12; 28,23;28;30-31 für Beispiele der Predigt des Reiches.)

4. Sein Evangelium ist Zeugnis: "Und dieses Evangelium…wird…verkündigt werden, zum Zeugnis für alle Heiden." Das Evangelium als Zeugnis bedeutet wenigstens zweierlei.
   a. Das Evangelium gibt von der Wahrheit und Gottes Willen für den Menschen Zeugnis. Es offenbart die Wahrheit über den Menschen und seine Welt. Es sagt dem Menschen, woher er kommt, warum er hier ist und wohin er gehen wird. Es sagt dem Menschen, was er getan hat, was er tut und was er tun soll. Es sagt dem Menschen, warum er so ist, wie er ist, warum er tut, was er tut und warum er tun sollte, was Gott sagt.
   b. Das Evangelium legt entweder für oder gegen den Menschen Zeugnis ab.
      ⇒ Das Evangelium wird "Zeugnis" genannt.

> "Und darin besteht das Zeugnis, daß Gott uns ewiges Leben gegeben hat, und dieses Leben ist in seinem Sohn. Wer den Sohn hat, der hat das Leben; wer den Sohn Gottes nicht hat, der hat das Leben nicht." (1Joh 5,11-12)

⇒ Das Evangelium bezeugt einem Menschen, daß er glaubt und gerettet ist, oder daß er nicht glaubt und verurteilt ist.

> "Wer glaubt und getauft wird, der wird gerettet werden; wer aber nicht glaubt, der wird verdammt werden." (Mk 16,16)

5. Sein Evangelium wird in der ganzen Welt gepredigt werden, bevor das Ende kommt. Der Ausdruck "das Ende" bezieht sich sowohl auf das Ende Jerusalems als auch auf das Ende der Welt. Wie die Schrift feststellt, wurde das Evangelium bis

Matthäus 24,1-14

zum Fall Jerusalems in der ganzen bekannten Welt gepredigt (Röm 10,18; Kol 1,6;23) und wird vor der Endzeit auch in den entlegensten Gebieten der Erde gepredigt werden (Apg 1,8; vgl. Mt 28,19-20).

Man muß jedoch etwas beachten, das manchmal übersehen wird. Christus sagt nicht, daß das Evangelium die Welt bekehren wird, sondern daß es vor dem Ende der Welt der Welt gepredigt wird. Alle Welt soll das Evangelium hören, auch wenn nicht alle Welt darauf reagieren wird. Christus gibt uns jedoch einige Hinweise auf das Ergebnis, das von der Evangeliumspredigt zu erwarten ist.

"Denn viele sind berufen, aber wenige auserwählt. " (Mt 20,16; 22,14)

"Ringt danach, durch die enge Pforte einzugehen! Denn viele, sage ich euch, werden einzugehen suchen und es nicht können." (Lk 13,24)

"Ich sage euch: Er wird ihnen schnell Recht schaffen! Doch wenn der Sohn des Menschen kommt, wird er auch den Glauben finden auf Erden?" (Lk 18,8)

Matthäus 24,15-28

	B. Das schrecklichste Zeichen: Der Greuel der Verwüstung und die große Drangsal, 24,15-28 (Mk 13,14-27; Lk 21,20-28)	keine mehr kommen wird. 22 Und wenn jene Tage nicht verkürzt würden, so würde kein Fleisch gerettet werden; aber um der Auserwählten willen sollen jene Tage verkürzt werden.	**4 Die Verheißung: Die Tage werden wegen der Auserwählten verkürzt**
1 Der Greuel der Verwüstung erscheint a. Wird gesehen b. Prophezeit von Daniel c. Steht an heiliger Stätte d. Lesen und beachten	15 Wenn ihr nun den Greuel der Verwüstung, von dem durch den Propheten Daniel geredet wurde, an heiliger Stätte stehen seht (wer es liest, der achte darauf!),	23 Wenn dann jemand zu euch sagen wird: Siehe, hier ist der Christus, oder dort, so glaubt es nicht! 24 Denn es werden falsche Christusse und falsche Propheten auftreten und werden	**5 Die fanatische Suche nach einem Erlöser, einem irdischen Messias (der falsch ist)** a. Sie werden auftreten
2 Die Warnung, sofort zu fliehen a. Allen Komfort des Heims vergessen	16 dann fliehe auf die Berge, wer in Judäa ist; 17 wer auf dem Dach ist, der steige nicht hinab, um etwas aus seinem Haus zu holen,	große Zeichen und Wunder tun, um, wenn möglich, auch die Auserwählten zu verführen.	b. Sie werden große Zeichen und Wunder tun c. Sie werden sogar drohen, die Auserwählten zu verführen
b. Allen persönlichen Besitz vergessen	18 und wer auf dem Feld ist, der kehre nicht zurück, um seine Kleider zu holen.	25 Siehe, ich habe es euch vorhergesagt. 26 Wenn sie nun zu euch sagen werden: Siehe, er ist in	**6 Die Wahrheit über die Erlösung, das Kommen des Messias**
c. Um die trauern, die nicht schnell fliehen können	19 Wehe aber den Schwangeren und den Stillenden in jenen Tagen!	der Wüste!, so geht nicht hinaus; Siehe, er ist in den Kammern!, so glaubt es nicht.	a. Kommt nicht aus der Wüste: Unbekannter oder ferner Ort
d. Um gute Fluchtbedingungen beten	20 Bittet aber, daß eure Flucht nicht im Winter noch am Sabbat geschieht.	27 Denn wie der Blitz vom Osten ausfährt und bis zum Westen scheint, so wird auch die Wiederkunft des Menschensohnes sein.	b. Kommt nicht heimlich: Ungesehen, Still c. Kommt wie der Blitz 1) Vom Himmel 2) Plötzlich – überraschend
3 Die große Drangsal: Unvergleichlich in der Geschichte	21 Denn dann wird eine große Drangsal sein, wie von Anfang der Welt an bis jetzt keine gewesen ist und auch	28 Denn wo das Aas ist, da sammeln sich die Geier.	3) Sichtbar – in Ost und West d. Kommt zum Gericht

ABSCHNITT XV

DIE VORHERSAGE VON DER WIEDERKUNFT DES MESSIAS UND DEM ENDE DER WELT: DIE ENDZEITREDE AUF DEM ÖLBERG, 24,1-25,46

B.   Das schrecklichste Zeichen: Der Greuel der Verwüstung und die große Drangsal, 24,15-28

(24,15-28) **Einführung – Endzeit – die große Drangsal**: Die Jünger hatten zwei Fragen gestellt. Erstens, wann Jerusalem zerstört werden würde und zweitens, was die Zeichen seiner Wiederkunft und des Endes der Welt wären (Mt 24,3). Dieser Abschnitt hat offensichtlich eine doppelte Bedeutung. Er bezieht sich sowohl auf die Zerstörung Jerusalems durch Titus 70 n. Chr. und auf die Endzeit, wenn Christus wiederkommt. Man muß den Abschnitt schon sehr zurechtbiegen, damit er nur auf eines der beiden Ereignisse paßt. Man muß im Blick behalten, daß Christus in diesen Tagen starken Emotionen ausgesetzt war. Der Tod war nur noch Stunden entfernt und er war der einzige, der es wußte. Er hatte gerade den triumphalen Einzug in Jerusalem (Mt 21), die Tempelreinigung (Mt 21), die schweren Angriffe der Frommen (Mt 21-22), seine schwere Anklage gegen die Frommen (Mt 23) und seine Klage über Jerusalem (Mt 23) erlebt. Kein gewöhnlicher Mensch könnte je in so kurzer Zeit so unterschiedliche Emotionen und so großen Druck ertragen. Jesus liebte Jerusalem; er hatte gerade bitterlich über die Stadt geweint. Sie war von einem sündigen Volk bewohnt, was die schlimmste Sünde der menschlichen Geschichte begehen würde – den Messias, den Sohn Gottes selbst zu töten. Sie würden für ihre sündige Ablehnung ein zweifaches Gericht erfahren. Sie würden sofort im Jahre 70 n.Chr. gerichtet werden. Und sie würden zusammen mit dem Rest der Welt am Ende der Welt gerichtet werden.

Einfach gesagt bot sich folgende Situation: Jesus begann erfüllt von so breit gefächerten Emotionen, die beiden Fragen der Jünger zu beantworten. Er zählte die Zeichen der kommenden Zerstörung Jerusalems und des Endes der Welt auf. Er sagte im Grunde genommen, daß der Fall Jerusalems ein Gericht für Sünde war und daß der Fall der Welt das auch sein wird. Die gestellten Fragen beziehen sich auf ähnliche Zustände, die das Gericht herbeiführen. Daher gleichen sich die Zeichen des Falls von Jerusalem und des Endes der Welt. (Siehe Anmerkungen und Nähere Betrachtung 3 – Mt 24,1-14; Anmerkung und Nähere Betrachtung 1 – Mk 13,14; Anmerkung – Lk 21,5-38.)

Bei der Betrachtung dieses Abschnittes muß man zwei Dinge im Blick behalten.
1.   Der gesamte Abriß der *Antwort Christi*, seine genauen Worte (siehe Nähere Betrachtung 1,2 – Mt 24,1-31).
2.   Die Tatsache, daß Christ zwei Fragen *beantwortete*, die sich mit dem Ende Jerusalems und der Welt beschäftigten und daß das Ende beider als Gericht für die Sünde kommt. Daher müssen die Zeichen für das Ende Jerusalems und der Welt einander ähnlich sein, denn beide sind *Ende* und Gericht für Sünde. Der einzige Unterschied ist, daß sich beim Ende der Welt die Zeichen noch verstärken werden. (Siehe Nähere Betrachtung 1,2 – Mt 24,1-31.)

Ein rascher Blick auf den gesamten Abriß von Matthäus 24-25 wird Folgendes zeigen:
1.   Die neun Zeichen der Endzeit, Mt 24,1-14.
2.   Das zehnte und schrecklichste Zeichen: Der Greuel der Verwüstung und die große Drangsal, Mt 24,15-28.
3.   Das Kommen des Messias, des Menschensohnes, Mt 24,29-31.
4.   Die Zeit der Wiederkunft des Herrn, Mt 24,32-41.
5.   Die Wiederkunft des Herrn und die Pflicht des Gläubigen: Wachen – bereit sein – treu sein, Mt 24,42-51.
6.   Die Warnung, zu wachen und weise zu sein, nicht närrisch, Mt 25,1-13.

Matthäus 24,15-28

7. Die Pflicht des Gläubigen, in Erwartung der Wiederkunft des Herrn zu arbeiten, Mt 25,14-30.
8. Das letzte Gericht über die Völker, Mt 25,31-46.

Man beachte die Worte des Herrn: "Der Greuel der Verwüstung" und "eine große Drangsal, wie von Anfang der Welt an bis jetzt keine gewesen ist." Aus diesem Grund hat das zehnte Zeichen den Titel bekommen: "Das schrecklichste Zeichen: Der Greuel der Verwüstung und die große Drangsal."

1. Der Greuel der Verwüstung erscheint (V15).
2. Die Warnung, sofort zu fliehen (V16-20).
3. Die große Drangsal: Unvergleichlich in der Geschichte (V21).
4. Die Verheißung: Die Tage werden wegen der Auserwählten verkürzt (V22).
5. Die fanatische Suche nach einem Erlöser, einem irdischen Messias (V23-24).
6. Die Wahrheit über die Erlösung, das Kommen des Messias (V25-28).

[1] (24,15) **Greuel der Verwüstung – Antichrist – Endzeit**: Der Greuel der Verwüstung erscheint. Zu diesem Zeichen sagte Christus viererlei.

1. Es (er) wird gesehen werden. Die Gläubigen können sehen, wie es kommt und sich auf die schrecklichen Prüfungen, die folgen werden, vorbereiten (siehe Nähere Betrachtung 2 – Mt 24,1-31).
2. Es (er) war von Daniel vorhergesagt worden (siehe Nähere Betrachtung 1 – Mt 24,15).
3. Es (er) wird an heiliger Stätte stehen. Das Zeichen wird im Tempel erscheinen und gesehen werden. Manche sind der Meinung, daß sich das Zeichen in der Endzeit wiederholen und wortwörtlich im Tempel erfüllt werden wird, wie es bereits in der Vergangenheit zweimal wörtlich erfüllt wurde, als Antiochus und Titus im Tempel standen. Andere meinen, daß die Worte "der Tempel" stellvertretend für alle Religionen stehen. Sie glauben, daß der Greuel die Zerstörung aller Religionen, insbesondere des wahren Christentums sein wird.
4. Wer von dem Zeichen liest, wie es von Christus offenbart wurde, soll es verstehen. Daniel hatte gesagt: "So wisse und verstehe." (Dan 9,25; vgl Dan 12,10). Der Gläubige soll sich mit dem Zeichen beschäftigen und es verstehen, damit er besser darauf vorbereitet ist, daß er "ausharrt bis ans Ende…[und] gerettet werden [wird]." (Mt 24,13). Das ist der Gedanke, daß man die *Zeiten* kennt und versteht, die Geschehnisse der Zeit, in der Man lebt, beobachtet.

Gedanke 1 Die schreckliche Zerstörung, die über Jerusalem kam und auch am Ende der Welt stattfinden wird, ist auf die Sünde zurückzuführen. Jerusalem *schnitt den Messias ab*, d.h. tötete ihn. Sie begingen die allerschlimmste Sünde: Sie lehnten Gott jahrhundertelang ab und töteten schließlich seinen eigenen Sohn. Deshalb wurde Jerusalem verwüstet. Für die Gläubigen findet sich hier eine ernste Warnung: Sünde führt zu Zerstörung.

Gedanke 2 Man beachte zwei wichtige Dinge.
1) Christus sagte die schreckliche Verwüstung Jerusalems voraus. Er sprach irgendwann um 30 n.Chr. Die Verwüstung fand nur vierzig Jahre später statt, im Jahre 70 n.Chr.
2) Christus hatte den "Greuel der Verwüstung" für das Ende der Welt vorhergesagt (vgl. die Fragen der Jünger, V3 und V15). Das Zeichen wird zur festgesetzten Zeit *erscheinen*.

Gedanke 3 Etwas ist von entscheidender Bedeutung.
1) Wenn wir "den Greuel der Verwüstung" nur historisch verstehen und Christus ihn sowohl als historisch und zukünftig betrachtete, werden wir das Zeichen wohl verpassen.
2) Wenn wir das Zeichen nur zukünftig verstehen und Christus es sowohl als historisch und zukünftig betrachtete, dann haben wir bereits einen wichtigen Teil des Zeichens verpaßt und schauen nicht in die Vergangenheit, damit sie uns hilft, die Zukunft zu verstehen.

Es ist wichtig, daß wir sicher sind, das Zeichen richtig zu verstehen. Das beinhaltet die Worte des Herrn und das Volk des Herrn und sein Zeugnis. Es mag unterschiedliche Auslegungen geben, doch jeder muß sich die Bestätigung demütig im Gebet vor dem Herrn erbitten.

Gedanke 4 Gottes Wort ist kein Geheimnis, es ist eine Offenbarung. Es soll ausgeforscht und verstanden werden.

NÄHERE BETRACHTUNG 1
(24,15) **Endzeit – Antichrist – Greuel der Verwüstung** (To Bdelugma Tes eremoseos): Der Greuel, der verwüstet. Man beachte die Worte Christi: "Der Greuel der Verwüstung, von dem durch den Propheten Daniel geredet wurde." Drei Abschnitte in Daniel sprechen vom "Greuel der Verwüstung."

> "Siebzig Wochen sind über dein Volk und über deine heilige Stadt verordnet, um der Übertretung ein Ende und das Maß der Sünde voll zu machen, um die Missetat zu sühnen und die ewige Gerechtigkeit zu bringen, um Gesicht und Prophezeiung zu versiegeln und das Hochheilige zu salben. So wisse und verstehe: Vom Erlaß des Befehls zum Wiederaufbau Jerusalems bis auf den Gesalbten, einen Fürsten, vergehen sieben Wochen; und innert zweiundsechzig Wochen werden die Straßen und Gräben wieder gebaut, und zwar in bedrängter Zeit. Und nach den zweiundsechzig Wochen wird der Gesalbte ausgerottet werden, so daß keiner mehr sein wird; die Stadt aber samt dem Heiligtum wird das Volk eines zukünftigen Fürsten verderben, und sie geht unter in der Überschwemmung, und der Krieg, der bestimmt ist zu ihrer Zerstörung, dauert bis ans Ende. Und man wird vielen den Bund schwer machen eine Woche lang und mitten in der Woche Schlacht und Speisopfer aufhören lassen, und auf der Zinne werden Greuel des Verwüsters aufgestellt, bis daß sich die bestimmte Vertilgung über die Verwüstung ergossen hat." (Dan 9,24-27)

> "Es werden auch von seinen Truppen zurückbleiben und das Heiligtum, die Festung, entweihen und das beständige [Opfer] abtun und den Greuel der Verwüstung aufstellen." (Dan 11,31)

> "Und von der Zeit an, da das beständige [Opfer] beseitigt und der Greuel der Verwüstung aufgestellt wird, sind 1290 Tage." (Dan 12,11)

In Daniel 9,27 heißt der Ausdruck *Bdelugma ton eremoseon*. Das Hebräische sagt: "Auf der Schwinge [oder dem Höhepunkt] der Greuel [wird] der Verwüster [kommen]" oder "auf Schwingen wie ein Verwüster [wird] Greuel [kommen]."

Matthäus 24,15-28

In Daniel 9,27 heißt der Ausdruck *Bdelugma ton eremoseon*. Das Hebräische sagt: "Auf der Schwinge [oder dem Höhepunkt] der Greuel [wird] der Verwüster [kommen]" oder "auf Schwingen wie ein Verwüster [wird] Greuel [kommen]."

In Daniel 11,31 sagt das Hebräische: "Sie werden den Greuel, der verwüstet, aufstellen."

In Daniel 12,11 sagt das Hebräische: "Und von der Zeit, von der an das tägliche [Opfer] weggenommen werden und der Greuel, der verwüstet, aufgestellt wird, [werden]…"

Zu dem "Greuel der Verwüstung," von dem Christus und Daniel sprechen, müssen mehrere Dinge besprochen werden.
1. Wann wurde die Vorhersage Daniels erfüllt?
   a. Es gab eine vergangene Erfüllung, d.h. eine Erfüllung vor der Zeit Christi um etwas 170 v.Chr. Das ist deutlich. Antiochus Epiphanes, der König von Syrien, eroberte Jerusalem und versucht, den Juden die griechische Gesellschaft aufzuzwingen. Er wollte, daß die Juden in Sitte und Religion waschechte Griechen würden. Er wußte, daß er den jüdischen Glauben zerstören mußte, um Erfolg zu haben. Er tat daher drei der schrecklichsten Dinge, die für einen Juden vorstellbar waren. Er entweihte den Tempel, (1) indem er den großen Brandopferalter zu einem Altar des griechischen Gottes Zeus machte, (2) indem er Schweinefleisch darauf opferte und (3) indem er in den Tempelgemächern kultische Prostitution ansiedelte (vgl. 1Makk 1,20-62; vgl. Auch Josephus, Altertümer 12 5,3-4; Kriege 1 1,2).
   b. Christus sagte, daß es eine zukünftige Erfüllung gibt: "Wenn ihr nun den Greuel der Verwüstung, von dem durch den Propheten Daniel geredet wurde…seht…" Es gibt hauptsächlich vier Ansichten über die zukünftige Erfüllung der Vorhersage Daniels.
      ⇒ Eine Ansicht besagt, daß es keine zukünftige Erfüllung gibt; alle Zeichen wurden bei der Zerstörung Jerusalems 70 n.Chr. durch Titus erfüllt.
      ⇒ Andere sagen, daß sie Christus auf die Zeit der Kirche und die Prüfungen bezieht, die sie vor seiner Wiederkunft bestehen muß.
      ⇒ Wieder andere sagen, daß sich die Vorhersage ausschließlich auf die Endzeit bezieht und nichts mit der Zerstörung Jerusalems 70 n.Chr. zu tun hat.
      ⇒ Noch andere glauben, daß Christus die Fragen der Jünger beantwortet. Er sagt sowohl die Zerstörung Jerusalems als auch das Ende der Welt voraus.

Bei der Betrachtung dessen, was Christus sagte, ist es am besten, ihn ohne *Hinzufügen* oder *Wegnehmen* von seinem Wort für sich selbst sprechen zu lassen. Dieser Versuch ist bereits in den obigen Anmerkungen gemacht worden (siehe alle Anmerkungen – Mt 24,1-25,46; Nähere Betrachtung 1,2 – 24,1-31; 24,1-14; 24,15-28). Der Schluß der Anmerkungen ist, daß die Vorhersage sowohl in der Zerstörung Jerusalems als auch beim Ende der Welt *erfüllt* wird. Der Herr beantwortet die Fragen der Jünger.

Christus sagte Folgendes: Was unter Antiochus Epiphanes geschehen ist, wird wieder mit der heiligen Stätte geschehen. Tatsächlich sagte Christus, daß der Tempel so zerstört werden würde, daß kein Stein mehr auf dem anderen bleibt. Diese Zerstörung fand statt: Was Christus gesagt hatte, wurde unter Titus im Jahre 70 n.Chr. wortwörtlich erfüllt. (Siehe Abriß und Anmerkungen – Mt 24,1-14, besonders die Anmerkungen mit den Zitaten des jüdischen Historikers Josephus. Die Lektüre von Josephus' Bericht von der Zerstörung Jerusalems enthüllt, wie schrecklich Tempel, Stadt und Volk verwüstet wurden.)

Wie jedoch in den obigen Anmerkungen bereits besprochen, beantwortete Christus nicht nur die Frage der Jünger, wann Jerusalem zerstört werden würde. Er beantwortete *auch* ihre Frage nach seiner Wiederkunft und dem Ende der Welt. Die Vorhersage Daniels und die Ausführungen des Herrn darüber müssen eine doppelte Erfüllung haben. Die Zeichen, die auf einen hinweisen, der so schrecklich gesündigt hat (Jerusalem) sind dieselben, die auf einen anderen hinweisen, der schreckliche Sünden begangen hat (die Welt in der Endzeit). Die Sünde Jerusalems ist die furchtbarste Sünde, die je begangen werden kann: Der Mord an Gottes eigenem Sohn. Und die Sünde der Welt in der Endzeit wird genauso schrecklich sein durch die Nachfolge des "Greuels der Verwüstung." Daher wird die Welt eine Verstärkung, eine Zunahme der Zeichen in der Endzeit erleben. Als Ergebnis wird es *große Prüfungen* geben, wie die Welt sie noch nie gesehen hat (V21). (Siehe wieder Abriß und Anmerkungen – Mt 24,1f.)

2. Eine zweite Sache, die im Zusammenhang mit dem "Greuel der Verwüstung" besprochen werden muß, ist die Unterteilung der Zeit, die sowohl Christus als auch Daniel aufzuführen scheinen. Christus sagt, daß der Greuel der Verwüstung die schlimmste Drangsal einläutet, die die Welt je erlebt hat (Mt 24,15. 21). Nach seinen eigenen Worten werden die Zeichen, die vor dem Greuel der Verwüstung auftreten, "der Anfang der Wehen" genannt (Mt 24,8) und die Prüfungen danach die "große Drangsal," eine so große Drangsal, wie sie in der Geschichte noch nicht aufgetreten ist (Mt 24,21). Daniel führt auch eine Unterteilung der Zeit an, wie Christus.

"Und man wird vielen den Bund schwer machen eine Woche lang und mitten in der Woche…[hat]sich die bestimmte Vertilgung über die Verwüstung ergossen." (Dan 9,27)

"Mitten in der Woche" (Daniels siebzigste Woche) weist eindeutig auf einen Zeitabschnitt hin (eine Woche), der in zwei Teile unterteilt ist. Nun beachte man diese Faktoren.
   a. Daniel befaßte sich mit der "siebzigsten Woche," dem *Ende* seiner Vorhersage. Zwei Tatsachen verraten uns, daß sich Daniel ebenso wie Christus auch mit der *Endzeit* befaßte: (1) Die Tatsachen, daß es Christus um das Ende Jerusalems und das Ende der Welt ging und (2) die Tatsache, daß Christus sagte, daß er aus Daniels Prophe-zeiung schöpfte.
   b. Daniel sagte, daß das, was am Anfang der zweiten Hälfte seiner siebzigsten Woche steht, "der Greuel der Verwüstung" oder der Fürst, der "Greuelbilder" aufstellt, ist (H.C. Leupold. *Exposition of Daniel*. Grand Rapids, MI: Baker, 1969, S.434).

Die Worte Christi sollten sorgfältig beachtet werden: "Wenn ihr nun den Greuel der Verwüstung, von dem durch den Propheten Daniel geredet wurde…seht…" (Mt 24,15). Christus war dabei, detaillierter zu erklären, was Daniel vorhergesagt hatte. So erklärte er, daß in der ersten Hälfte der Woche Daniels die Zeichen auftreten würden, die "der Anfang der Wehen" waren (Mt 24,8; vgl. Mt 24,5-14) und daß die zweite Hälfte die unvergleichlichen Prüfungen der "großen Drangsal" enthalten würde. Die zweite Hälfte der Woche wurde durch "den Greuel der Verwüstung an heiliger Stätte" eingeleitet (Mt 24,15;21).

Matthäus 24,15-28

3. Als drittes muß der Zeitrahmen der Endzeit (die siebzigste Woche) betrachtet werden, wie er von Daniel und Christus vorhergesagt wurde.
Die Schrift bezieht sich mit folgenden Worten auf die Länge (siehe Anmerkungen – Offb 11,2; 12,6).
> **"Eine Zeit, zwei Zeiten und eine halbe Zeit." (Dan 7,25; 12,7)**
> **"Tausendzweihundertsechzig Tage." (Offb 12,6)**
> **"zweiundvierzig Monate." (Offb 11,2; 13,5-6).**

Wenn man sich auf die in der Offenbarung genannten Tage und Monate stützt und Daniels Zeit ein Jahr ist, dann bedeuten seine Worte "eine Zeit [1 Jahr], zwei Zeiten [2 Jahre] und eine halbe Zeit [ein halbes Jahr]" dreieinhalb Jahre. Daniel stellte fest, daß der Greuel der Verwüstung "mitten in der Woche" aufgerichtet wird, d.h. nach dreieinhalb Jahren. Man nimmt an, daß Christi Worte "der Anfang der Wehen" (d.h. die erste Hälfte der Woche) auch dreieinhalb Jahre bedeuten. Wenn man also die beiden Zeitabschnitte (je dreieinhalb Jahre) zusammenfügt, ergeben sich als Länge für die Endzeit oder die letzten Tage genau sieben Jahre. Aufbauend auf den Worten der Offenbarung kann die Vorhersage Christi folgendermaßen dargestellt werden.

DAS ENDE DER WELT

Das Zeichen des Greuels der Verwüstung erscheint in der Mitte der Zeit oder Jahre (V15)		Der Sohn des Menschen wird kommen gesehen (V29-30)
dreieinhalb Jahre Zeichen, die der "Anfang der Wehen" sind (V8)	dreieinhalb Jahre unvergleichliche Prüfungen "die große Drangsal" (V21)	"seine Engel...werden seine Auserwählten versammeln" (V31)

Man sollte jedoch beachten, daß viele Theologen meinen, daß die Worte "Zeiten" bei Daniel und "Tage" und "Monate" in der Offenbarung (eigentlich in der ganzen Schrift) oft in Bezug auf Zeitabschnitte benutzt werden, d.h. längere oder nicht definierte Zeitabschnitte.

4. Als viertes muß betrachtet werden, wer oder was mit dem "Greuel der Verwüstung" gemeint ist. Wie bereits gesagt sind viele ausgezeichnete Kommentatoren der Meinung, daß sich die Prophezeiung auf die Zerstörung Jerusalems sowohl unter Antiochus Epiphanes (170 v.Chr.) als auch unter Titus (70 n.Chr.) bezieht. Es gibt schlagkräftige geschichtliche Beweise sowie die Tatsache, daß Christus eine spezielle Frage der Jünger beantwortete (Mt 24,3), die eine vergangene Erfüllung der Prophezeiung stützen. Doch was ist mit einer zukünftigen Erfüllung? Wer oder was ist am Ende der Welt mit "der Greuel der Zerstörung" gemeint? (Siehe Nähere Betrachtung 1 – Offb 11,7; vgl. 2Thess 2,3-4; Offb 13,1; 13,3 13,5-6. Siehe Hauptthemenindex.)

a. Einige Hinweise kommen aus dem Ausdruck selbst. Im Alten Testament steht das Wort *Greuel* im Zusammenhang mit Götzendienst oder Frevel. *Der Verwüstung* heißt das gleiche wie *verursacht Verwüstung*. In diesem Fall ist es der *Greuel*, der die *Verwüstung* verursacht, d.h. der Greuel handelt an heiliger Stätte und verursacht persönlich die Verwüstung. Das deutet natürlich auf eine Person als zukünftige Erfüllung der Vorhersage hin, so wie es zwei Personen gab, die sie in der Vergangenheit erfüllten, Antiochus und Titus.
b. In Mk 13,14 wird sogar das *männliche* Partizip verwendet, was sehr stark darauf hinweist, daß der Greuel der Zerstörung eine Person ist.
c. Dan 9,27 spricht von einem Fürsten, der die Zerstörung verursacht. Der große lutherische Theologe Leupold übersetzt den Fürsten mit *der Zerstörer*. (Leupold. *Exposition of Daniel*, S.433. Wegen seiner außerordentlichen Gelehrsamkeit und Einfachheit im Schreiben sollte man Leupold beim Studium von Daniel hinzuziehen.)
d. 2Thess und die Offenbarung nennen einen *Antichrist*, der in den letzten Tagen auftreten und unvergleichliche Zerstörung über die Welt und Gottes Volk bringen wird.

> **"[Es muß]...der Mensch der Sünde geoffenbart werden, der Sohn des Verderbens, der sich widersetzt und sich über alles erhebt, was Gott oder Gegenstand der Verehrung heißt, so daß er sich in den Tempel Gottes setzt als ein Gott und sich selbst für Gott ausgibt. Denkt ihr nicht mehr daran, daß ich euch dies sagte, als ich noch bei euch war?" (2Thess 2,3-5)**
> (Siehe Anmerkungen und Nähere Betrachtung 1 – Mk 13,14; Anmerkungen – 2Thess 2,4-9; Offb 6,2-7; Nähere Betrachtung 1 – 11,7; Anmerkungen – 13,1-10; 13,11-18; 17,7-14. Vgl. Dan 9,20-27; 11,31; 12,11.)

2 (24,16-20) **Antichrist – Greuel der Verwüstung**: Die Warnung, vor dem "Greuel der Verwüstung" zu fliehen – sofort. Keiner der Gläubigen kann gegen den Greuel bestehen, nicht einmal der stärkste. Die nahe bevorstehende Gefahr und Dringlichkeit wird von Christus in vier Aussagen betont.

1. Man soll allen Komfort eines Heims vergessen: Versinnbildlicht durch das Aufstehen vom Dach und sofortige Flucht (siehe Nähere Betrachtung 2 – Mt 24,17).
2. Man soll alle persönlichen Besitztümer vergessen: Dadurch versinnbildlicht, daß man nicht nach Hause zurückkehrt um die Kleider (oder Besitztümer) zu holen.
3. Man soll um die trauern, die nicht schnell fliehen können: Versinnbildlicht durch schwangere Frauen, die sich um kleine Kinder kümmern müssen.
4. Man soll für gute Fluchtbedingungen beten: Versinnbildlicht durch den Winter und den Sabbat. Am Sabbat verbieten bestimmte religiöse Vorschriften den Strenggläubigen die Flucht (Reise).

> **"Als er aber viele von den Pharisäern und Sadduzäern zu seiner Taufe kommen sah, sprach er zu ihnen: Schlangenbrut! Wer hat euch unterwiesen, dem zukünftigen Zorn zu entfliehen? So bringt nun Früchte, die der Buße würdig sind!" (Mt 3,7-8)**

Gedanke 1 Die Gefahr ist so nahe, daß Christus sagte: "Gedenkt an Lots Frau!" (Lk 17,32).

Matthäus 24,15-28

Gedanke 2 Das wird besonders betont: Wenn das Leben bedroht ist, müssen sich unsere Gedanken darauf konzentrieren, was wir tun können, um unser Leben zu retten. In unserem tägliche Leben sollten wir für unser Leben dankbar sein, nicht für Dinge.

Gedanke 3 Man beachte, mit wem Christus spricht, wer die weltlichen Besitztümer und den Komfort des Heims vergessen soll: Seine Jünger, seine Nachfolger. Dachte er an den materialistischen Komfort, der so viele seiner Nachfolger kennzeichnet?

NÄHERE BETRACHTUNG 2
(24,17) **Haus – Dach**: In der Antike waren die Hausdächer flach; man benutzte sie zum Ausruhen, zur Meditation und für nachbarschaftliche Besuche. Die meisten Häuser hatten innen und außen Stufen, die auf das Dach führten. Wenn der Greuel der Verwüstung erscheint, ist die Gefahr so nahe, daß man sofort über die äußere Treppe vom Dach fliehen soll.

---

3 (24,21) **Große Drangsal**: Die große Drangsal, die in der Geschichte keinen Vergleich hat.

1. In den Jahren 66-70 n.Chr. erlebte Jerusalem eine der schrecklichsten Belagerungen in der ganzen Geschichte. Im Jahre 66 n.Chr. erhoben sich die Juden und die römische Armee schlug schnell zurück. Die Stadt war jedoch hauptsächlich aus zwei Gründen schwer einzunehmen. Sie lag vom Gelände gut geschützt auf einem Hügel und die Anführer des Aufstands waren religiöse Fanatiker. Mehr als eine Million Menschen hatten sich in die schützenden Mauern der Stadt geflüchtet.

Als die Belagerung fortschritt erfüllten sich die Vorhersagen Christi wortwörtlich. Außerhalb der Mauern befand sich die römische Armee mit all dem Töten und Metzeln des Krieges. Innerhalb der Mauern warteten auf einen nach dem anderen Hunger, Seuchen, falsche Erlöser (Messiasse), Verrat, Mord, Aufstand, Rebellion und Haß. Und alle forderten ihre Opfer. Josephus schreibt, daß über 1,000,000 Menschen starben und 97,000 gefangengenommen wurden. Die Schrecken der Belagerung werden von ihm gut beschrieben (siehe Anmerkungen – Mt 24,7; 24,10; 24,11. Siehe Josephus, Wars. 5. 12,3; 6. 3,4; 6. 8,5.)

"Ja, kein Mißgeschick aller Zeiten scheint mir mit dem der Juden den Vergleich aushalten zu können." (Josephus, Jüd. Krieg Vorwort 4)

2. In der Endzeit wird die Welt eine große Drangsal erleben, die in der Geschichte nicht ihresgleichen hat. Man beachte, daß Christus die Drangsal nicht näher beschreibt, als was er bereits in V5-12 gesagt hat. Ein rascher Blick auf die große Drangsal, die in der Offenbarung beschrieben wird, gibt uns eine Ahnung von den Prüfungen (siehe Abrisse und Anmerkungen – alles Folgende. Vgl. Dan 12,1-2.)
⇒ Donner, Blitz und Erdbeben (Offb 8,5; vgl. Offb 8,1-5).
⇒ Naturkatastrophen (Offb 8,6-12).
⇒ Dämonische Heuschrecken oder Plagen (Offb 8,13-9,11).
⇒ Dämonische Armee (Offb 9,12-21).
⇒ Zornige Völker, die die Erde zerstören (Offb 11,18; vgl. Offb 11,14-19).
⇒ Ein böser politischer Führer (Offb 13,1-10).
⇒ Ein falscher und böser religiöser Führer (Offb 13,11-18).
⇒ Schreckliche Zerstörung und Leiden von Mensch und Natur (Offb 16,1-21).
⇒ Eine böse, verführerische Weltmacht (Offb 17,1-18,24).

4 (24,22) **Endzeit – Große Drangsal**: Die Verheißung, daß die Tage um der Auserwählten willen verkürzt werden. Man beachte, daß Christus zweierlei sagte.
1. Die Tage der "großen Drangsal" werden verkürzt. Was bedeutet das?
⇒ Kürzer, als Gott ursprünglich für solche große Sünde geplant hatte.
⇒ Kürzer, als der Feind es erwartet.
⇒ Kürzer, als andere es von einer Regierung für aufständische Fanatiker erwarten würden.

Im Umgang mit Jerusalem benutzte Gott in seiner Voraussicht seine Macht, um die Tage um Israels willen abzukürzen. Mitten im Gericht war er gnädig – Israel wurde nicht vollständig ausgelöscht. Die Belagerung war kürzer als erwartet. Viele haben die *natürlichen Ursachen* für die verkürzte Belagerung aufgezählt.
⇒ Spaltung und Fraktionen. Die jüdische Führung war von Anfang an gespalten. Sie konnten keine einheitliche Politik machen. Ein katastrophaler Brand. Er zerstörte zu viele Waffen und Vorräte als daß die Stadt den Kampf hätte fortführen können.
⇒ Randalierende Banden. Sie waren auf Selbsterhaltung mit allen Mitteln aus: Diebstahl, Überfälle und Mord. Sie sind bei Josephus gut belegt.
⇒ Verrat. Manche gaben ihre Stellungen kampflos auf.
⇒ Der schnelle Angriff der Römer. Rom schickte die Armee unter Titus schneller als erwartet.
⇒ Schwache Befestigungen. Herodes Agrippa hatte die Mauern Jerusalems verstärken wollen, doch es kam nie dazu.

Der Gläubige sieht natürlich in diesen natürlichen Ursachen die Hand Gottes. Gott *wandte alle Dinge zum Guten*, um die Tage zu verkürzen und sein Wort zu erfüllen. Trotz der *schrecklichen Drangsal* wurden einige Leben gerettet – weil Gott Mitleid hatte (2Petr 3,9).

In der Endzeit wird die Drangsal für die Erde und ihre Bewohner auch verkürzt werden.

> **"Wehe denen, die auf der Erde wohnen und auf dem Meer! Denn der Teufel ist zu euch hinabgekommen und hat einen großen Zorn, da er weiß, daß er nur wenig Zeit hat." (Offb 12,12)**
> **"Und wenn er [der Antichrist] kommt, muß er für eine kurze Zeit bleiben." (Offb 17,10)**
> **"Und dann wird der Gesetzlose geoffenbart werden, den der Herr verzehren wird durch den Hauch seines Mundes, und den er durch die Erscheinung seiner Wiederkunft beseitigen wird." (2Thess 2,8)**

2. Gott wird die Tage der Drangsal wegen der Auserwählten verkürzen. Aus historischer Sicht erinnerten sich einige Christen an die Warnung des Herrn und flohen vor dem Angriff aus Jerusalem, irgendwann um 66 n.Chr. Sie gingen in eine

Matthäus 24,15-28

kleine Stadt namens Pella im Zehn-Städte-Gebiet. Diese Gläubigen beteten für ihre Nächsten und ihre geliebte Stadt und Gott erhörte ihre Fürbitte. Er verkürzte die Tage der schrecklichen Prüfung – wegen des Gebets der Auserwählten.

Gottes Barmherzigkeit für die Verlorenen – sogar für Gesellschaften und Städte – und seine Bereitschaft, auf die Fürbitte der Gläubigen hin die Verlorenen zu retten, werden in der Schrift deutlich beschrieben. Ein Beispiel dafür ist Abrahams Gebet für Sodom und Gomorra. Wenn sich nur zehn Gerechte gefunden hätten, wären beide Städte trotz ihrer schrecklichen Sünden verschont worden (1Mo 18,23f). Lots Gebet für Zoar ist ein weiteres Beispiel (1Mo 19,20-22).

> "Bekennt einander die Übertretungen und betet füreinander, damit ihr geheilt werdet! Das Gebet eines Gerechten vermag viel, wenn es ernstlich ist." (Jak 5,16)
>
> "Streifet durch die Gassen Jerusalems und sehet doch nach und erkundigt euch und forschet nach auf ihren Plätzen, ob ihr einen Mann findet, ob einer da sei, der Recht übt und sich der Wahrhaftigkeit befleißigt; so will ich ihr vergeben!" (Jer 5,1)
>
> "In dieser Nacht trat zu mir nämlich ein Engel des Gottes, dem ich angehöre und dem ich auch diene, und sprach: Fürchte dich nicht, Paulus! Du mußt vor den Kaiser treten; und siehe, Gott hat dir alle geschenkt, die mit dir im Schiff sind! ...Wir waren aber auf dem Schiff insgesamt 276 Seelen...Doch der Hauptmann, der den Paulus retten wollte, verhinderte ihr Vorhaben und befahl, wer schwimmen könne, solle sich zuerst ins Meer werfen, um ans Land zu kommen, und die übrigen teils auf Brettern, teils auf Schiffstrümmern. Und so geschah es, daß alle ans Land gerettet wurden." (Apg 27,23-24;37;43-44)

<u>Gedanke 1</u> Gott wird das Gebet seiner *wahren Nachfolger* belohnen, bis zu dem Punkt der Überwindung von Naturkatastrophen. Wie sehr könnte sich das Böse in der Welt, in Mensch und Natur, verändern, wenn Gottes Volk wirklich an die Macht der Fürbitte glauben und für diese vergängliche Welt beten würde?

<u>Gedanke 2</u> Zu viele von uns führen Beschwerde und halten keine Fürbitte. Zu viele von uns beklagen sich über ihre Bedrängnis oder die Länge der Bedrängnis. Es ist uns zu hoch, warum Gott solches Leid zuläßt. Drei Dinge sind notwendig.
1) Wir müssen erkennen, daß Gott Leid und Böses nicht verursacht. Gott bedrängt nicht, er erlöst.
2) Wir müssen erkennen, daß wir nie so sehr leiden, wie wir es verdient hätten. Wir sind so sündig und haben die Erde so mit dem Bösen beschmutzt, daß wir das Schlimmste verdienen.
3) Wir müssen erkennen, daß Gott barmherzig ist. Es braucht keine Beschwerde, sondern Gebet – Fürbitte. Wir müssen beten und Gott danken, daß das Übel nicht schlimmer ist. Und im beständigen Gebet müssen wir ihn bitten, daß er das Übel verkürzt und berichtigt.

[5] (24,23-24) **Falsche Messiasse – Endzeit**: Die fanatische Suche nach einem Erlöser, einem irdischen Messias. Christus sagt dreierlei.
1. Es werden falsche Messiasse und Propheten auftreten. Wenn die Menschen unter größtem Druck stehen und einen Tod nach dem anderen durch Hunger, Seuchen, Mord und Krieg miterleben müssen, dann schreien sie nach Erlösung. Sie sind einem *Erlöser* gegenüber offen und es gibt immer einige, die bereit sind, die Macht und Führungsrolle anzunehmen, nach der die Menschen rufen. Während der Belagerung Jerusalems traten solche Menschen (Erlöser) auf, die sowohl Befreiung von den Römern als auch Beendigung der Naturkatastrophen versprachen. Anscheinend hatte sich der Glaube und das Gerücht gehalten, daß der Messias gekommen war und sich entweder in der Wüste oder an einem verborgenen Ort in der Stadt befand. Er wartete nur auf den besten Zeitpunkt zum Losschlagen. Das Bild in Jerusalem ähnelte dem zur Zeit Jeremias.

> "Da antwortete ich: Ach, Herr, HERR! Siehe, die Propheten sagen ihnen: Ihr werdet kein Schwert sehen und keinen Hunger leiden, sondern der HERR wird euch an diesem Ort beständigen Frieden geben! Da sprach der HERR zu mir: Lügen prophezeien diese Propheten in meinem Namen; ich habe sie nicht gesandt, ihnen nichts befohlen und nichts zu ihnen geredet; Lügengesichte und Wahrsagerei, Hirngespinste und Einbildungen ihres eigenen Herzens predigen sie euch." (Jer 14,13-14)

Dieselbe Szene wird sich in der Endzeit wiederholen. Der Antichrist, der falsche Erlöser der Erde, wird auftreten, um die ganze Welt zu verführen (siehe Abrisse und Anmerkungen – Offb 13,1-18 und verwandte Abschnitte). Man beachte, daß Christus einfach sagt: "Glaubt es nicht!" – glaubt weder den Gerüchten noch den falschen Erlösern.

2. Falsche Erlöser werden große Zeichen und Wunder tun. Sowohl lokale als auch nationale Erlöser behaupten immer, vorherbestimmt zu sein. Sie verweisen auf Zeichen und Wunder. Dies ist immer wahr gewesen – und wird immer wahr sein – durch alle Zeiten hindurch. In der Endzeit wird eine Zunahme und Verstärkung der Zeichen und Wunder zu erleben sein, die sich auf die ganze Welt erstreckt.

> "Und dann wird der Gesetzlose geoffenbart werden, den der Herr verzehren wird durch den Hauch seines Mundes, und den er durch die Erscheinung seiner Wiederkunft beseitigen wird, ihn... und alle Verführung... " (2Thess 2,8-10)
>
> "Und es tut große Zeichen, so daß es sogar Feuer vom Himmel auf die Erde herabfallen läßt vor den Menschen. Und es verführt die, welche auf der Erde wohnen, durch die Zeichen, die vor dem Tier zu tun ihm gegeben sind, und es sagt denen, die auf der Erde wohnen, daß sie dem Tier, das die Wunde von dem Schwert hat und am Leben geblieben ist, ein Bild machen sollen." (Offb 13,13-14)

3. Die falschen Erlöser werden so überzeugend auftreten, daß sie sogar die Auserwählten bedrohen. Die Auserwählten sind natürlich die wahren Gläubigen, die sich trotz Versuchungen, Prüfungen, Bedrohungen und Gefahren fest an Christus halten. Eine ausgezeichnete Schriftstelle zu diesem Bild findet sich in 2Thess 2,1-17. Es wird deutlich gesagt, wie die Auserwählten es schaffen, standhaft zu bleiben.

> "So steht denn nun fest, ihr Brüder, und haltet fest an den Überlieferungen, die ihr gelehrt worden seid, sei es durch ein Wort oder durch einen Brief von uns. Er selbst aber, unser Herr Jesus Christus, und unser Gott und Vater, der uns geliebt hat und uns einen ewigen Trost und eine gute Hoffnung gegeben hat durch Gnade, er tröste eure Herzen und stärke euch in jedem guten Wort und Werk!" (2Thess 2,15-17)

Matthäus 24,15-28

6 (24,25-28) **Wiederkunft Jesu Christi**: Die Wahrheit über die Erlösung und das Kommen des Messias. Christus sagte viererlei zu seiner Wiederkunft.

1. Er wird nicht aus der Wüste kommen, d.h. von einem fernen und unbekannten Ort. Wenn Menschen verkünden, daß der große Erlöser an einem bestimmten Ort aufgetaucht wäre, soll der Botschaft oder dem Gerücht nicht geglaubt werden: "Geht nicht hinaus."

2. Er wird nicht aus einem geheimen Kämmerlein kommen, d.h. heimlich, still, ungesehen. Wieder heißt es, wenn solche Botschaften oder Gerüchte umgehen: "Glaubt es nicht."

3. Er wird "wie der Blitz" kommen.
    a. Er wird aus dem Himmel kommen (der geistlichen Welt und Daseinsform) – wie der Blitz.
    b. Er wird plötzlich und überraschend kommen – wie der Blitz.
    c. Sein Kommen wird für alle sichtbar sein, von Osten nach Westen – wie der Blitz (vgl. Offb 1,7).

> "Und dann wird das Zeichen des Menschensohnes am Himmel erscheinen, und dann werden sich *alle Geschlechter* der Erde an die Brust schlagen, und sie werden den Sohn des Menschen kommen sehen auf den Wolken des Himmels mit großer Kraft und Herrlichkeit." (Mt 24,30)

> "Und als er dies gesagt hatte, wurde er vor ihren Augen emporgehoben, und eine Wolke nahm ihn auf vor ihren Augen weg. Und als sie unverwandt zum Himmel blickten, während er dahinfuhr, siehe, da standen zwei Männer in weißer Kleidung bei ihnen, die sprachen: Ihr Männer von Galiläa, was steht ihr hier und seht zum Himmel? Dieser Jesus, der von euch weg in den Himmel aufgenommen worden ist, wird in derselben Weise wiederkommen, wie ihr ihn habt in den Himmel auffahren sehen." (Apg 1,9-11)

> "Denn der Herr selbst wird, wenn der Befehl ergeht und die Stimme des Erzengels und die Posaune Gottes erschallt, vom Himmel herabkommen, und die Toten in Christus werden zuerst auferstehen. Danach werden wir, die wir leben und übrigbleiben, zugleich mit ihnen entrückt werden in Wolken, zur Begegnung mit dem Herrn, in die Luft, und so werden wir bei dem Herrn sein allezeit. So tröstet nun einander mit diesen Worten!" (1Thess 4,16-18)

> "Siehe, er kommt mit den Wolken, und jedes Auge wird ihn sehen, auch die, welche ihn durchstochen haben, und es werden sich seinetwegen an die Brust schlagen alle Geschlechter der Erde! Ja, Amen." (Offb 1,7; vgl. Offb 19,11-19)

4. Er wird kommen, um Gericht zu halten (V28. Vgl. Jes 30,30; Offb 19,20-21.) Die Geier, Raubvögel, sammeln sich immer dort, wo ein Aas ist. Dieser Vers hat mindestens zwei Bedeutungen.
    a. Das Aas ist das jüdische Volk und die Geier sind die Römer unter Titus, die sich um Jerusalem versammelten, um die Beute zu verzehren.
    b. Das Aas ist die Welt, die geistlich Toten und die Geier sind Christus und seine Engel und Heiligen. Sie sammeln sich um die tote Welt, um Gericht zu halten.

Der Kernpunkt in diesem Abschnitt ist, daß Christus kommt, um ein weltweites Gericht zu halten. Er wird zum Aas kommen, allen geistlich Tote, um sie zu richten. Christus wird über die ganze Welt Gericht halten.

> "Und ich sah einen Engel in der Sonne stehen, der rief mit lauter Stimme und sprach zu allen Vögeln, die inmitten des Himmels fliegen: Kommt und versammelt euch zu dem Mahl des großen Gottes, um zu verzehren das Fleisch der Könige und das Fleisch der Heerführer und das Fleisch der Starken und das Fleisch der Pferde und derer, die darauf sitzen, und das Fleisch aller Freien und Knechte, sowohl der Kleinen als auch der Großen!" (Offb 19,17-18)

> "Wenn aber der Sohn des Menschen in seiner Herrlichkeit kommen wird und alle heiligen Engel mit ihm, dann wird er auf dem Thron seiner Herrlichkeit sitzen, und vor ihm werden alle Heiden versammelt werden. Und er wird sie voneinander scheiden, wie ein Hirte die Schafe von den Böcken scheidet." (Mt 25,31-32)

> "Und so gewiß es den Menschen bestimmt ist, einmal zu sterben, danach aber das Gericht." (Hebr 9,27)

> "So weiß der Herr die Gottesfürchtigen aus der Versuchung zu erretten, die Ungerechten aber zur Bestrafung aufzubewahren für den Tag des Gerichts." (2Petr 2,9)

> "Die jetzigen Himmel aber und die Erde werden durch sein Wort aufgespart und für das Feuer bewahrt bis zum Tag des Gerichts und des Verderbens der gottlosen Menschen." (2Petr 3,7)

> "Von diesen hat aber auch Henoch, der siebte nach Adam, geweissagt, indem er sprach: Siehe, der Herr ist gekommen mit seinen heiligen Zehntausenden, um Gericht zu halten über alle und alle Gottlosen unter ihnen zu strafen wegen all ihrer gottlosen Taten, womit sie sich vergangen haben, und wegen all der harten Dinge, die gottlose Sünder gegen ihn geredet haben." (Jud 14-15)

Matthäus 24,29-31

	C. Das Kommen des Menschensohns: Fünf Ereignisse, 24,29-31		4 Ereignis 3: Alle Geschlechter sehen Christus in den Wolken kommen
1 Sofort nach der Drangsal	29 Bald aber nach der Drangsal jener Tage wird die Sonne verfinstert werden, und der Mond wird seinen Schein nicht geben, und die Sterne werden vom Himmel fallen und die Kräfte des Himmels erschüttert werden.	Himmel erscheinen, und dann werden sich alle Geschlechter der Erde an die Brust schlagen, und sie werden den Sohn des Menschen kommen sehen auf den Wolken des Himmels mit großer Kraft und Herrlichkeit.	
2 Ereignis 1: Astronomische Geschehnisse			5 Ereignis 4: Alle Geschlechter der Erde werden trauern
3 Ereignis 2: Das Zeichen Christi erscheint	30 Und dann wird das Zeichen des Menschensohnes am	31 Und er wird seine Engel aussenden mit starkem Posaunenschall, und sie werden seine Auserwählten versammeln von den vier Winden her, von einem Ende des Himmels bis zum anderen.	6 Ereignis 5: Die Engel werden ausgesandt, um die Auserwählten zu versammeln

ABSCHNITT XV

DIE VORHERSAGE VON DER WIEDERKUNFT DES MESSIAS UND DEM ENDE DER WELT: DIE ENDZEITREDE AUF DEM ÖLBERG, 24,1-25,46

C. Das Kommen des Menschensohns: Fünf Ereignisse, 24,29-31

(24,29-31) **Wiederkunft Jesu Christi – Drangsal – Israel**: Christus offenbarte genau, wann er wiederkommen würde – "bald aber nach der Drangsal jener Tage." Die große Drangsal tritt ein, dann kommt unser Herr wieder – "bald." (Siehe Abriß und Anmerkungen – Mt 24,1-28 zum Hintergrund dieses Abschnittes.)

    1. Man beachte nun: Christus kam nicht sofort nach dem Fall Jerusalems wieder. Was hat er also gemeint? Lukas erklärt:

> **"Wehe aber den Schwangeren und den Stillenden in jenen Tagen, denn es wird große Not im Land sein und Zorn über dieses Volk! Und sie werden fallen durch die Schärfe des Schwerts und gefangen weggeführt werden unter alle Heiden. Und Jerusalem wird zertreten werden von den Heiden, bis die Zeiten der Heiden erfüllt sind." (Lk 21,23-24)**

Christus sagte sehr einfach, daß der Fall Jerusalems nur der Anfang der Drangsal für die Juden ist. Ihre Drangsal dauert, bis "die Zeiten der Heiden erfüllt sind." Die Genauigkeit der Worte Christi zeigt sich deutlich, wenn man die Verse des Lukas auseinandernimmt und sich die Weltgeschichte seit Christus anschaut.

    ⇒ Es ist immer noch "große Not im Land" Israel.
    ⇒ Es ist immer noch "Zorn über dieses Volk."
    ⇒ Viele Juden "fallen durch die Schärfe des Schwerts" - immer noch.
    ⇒ Viele sind noch "gefangen weggeführt [zerstreut]…unter alle Heiden."
    ⇒ Jerusalem wird immer noch "zertreten…von den Heiden."

Kein Volk hat so viel Drangsal erlebt wie die Juden. Sie leiden immer noch unter den Heiden (z.B. der Zweite Weltkrieg, al mehr als 5,000,000 in weniger als acht Jahren umgebracht wurden) und sie werden weiter drangsaliert, "bis die Zeiten der Heiden erfüllt sind." Es ist *bald nach der großen Drangsal der Juden* und nach der *großen Drangsal* am Ende der Welt, daß Christus kommen wird.

Man beachte eine sehr bedeutsame Tatsache: Die Prophezeiung bei Lukas weist entschieden auf eine doppelte Bedeutung der Worte Christi hin. Seit der *großen Drangsal* der Juden 70 n.Chr. (vgl. V20) haben sie bis in diese Zeit *große Drangsal* gelitten und werden weiter leiden bis in die große Drangsal hinein, die am Ende der Welt kommt.

    2. Man beachte auch, daß es gleich nach der "großen Drangsal" der Welt ist (V21), daß Christus wiederkommt (siehe Nähere Betrachtung 1,2 – Mt 24,1-31; Anmerkungen – 24,1-14; 24,15-28).

    1. Sofort nach der Drangsal (V29).
    2. Ereignis 1: AstronomischeGeschehnisse (V29).
    3. Ereignis 2: Das Zeichen Christi erscheint (V30).
    4. Ereignis 3: Alle Geschlechter sehen Christus in den Wolken kommen (V30).
    5. Ereignis 4: Alle Geschlechter der Erde werden trauern (V30).
    6. Ereignis 5: Die Engel werden ausgesandt, um die Auserwählten zu versammeln (V31).

[1] (24,29) **Wiederkunft Jesu Christi – Drangsal**: Die Szene findet sofort nach der Drangsal statt (siehe Anmerkung – Mt 24,29-31 zur Diskussion).

    Gedanke 1 In den Worten "nach der Drangsal" finden sich mehrere Lehren – sowohl für uns als auch für die, die Christus in der Drangsal folgen werden.
    1) Gott sitzt am Hebel. Er kann, will und wird die Prüfungen beenden. Man beachte die Worte "nach der Drangsal." Es *wird* für alle Prüfungen der Drangsal ein Ende geben.
    2) Gottes Volk soll zu ihm aufblicken und auf ihn hoffen. Das Ende aller Prüfungen kommt.
    3) Gottes Volk soll immer wachsam sein und auf das Kommen des Herrn warten.

[2] (24,29) **Wiederkunft Jesu Christi – Endzeit – Himmelskörper – Weltraum**: Das erste Ereignis der Wiederkunft Christi in Herrlichkeit werden astronomische Geschehnisse sein. Sie werden die Himmelskörper – Sonne, Mond, Sterne und "Kräfte des Himmels" – betreffen.

Man beachte die genauen Worte der astronomischen Geschehnisse.
    ⇒ "Die Sonne [wird] verfinstert werden."
    ⇒ "Der Mond wird seinen Schein nicht geben."
    ⇒ "Die Sterne werden vom Himmel fallen."
    ⇒ "Die Kräfte des Himmels [werden] erschüttert werden."

Matthäus 24,29-31

Praktisch gesehen kommen solche Ereignisse schon heute vor. Die Erde wird bisweilen vom Staub irdischer Katastrophen verdunkelt: Vulkanausbrüche, Stürme und Rauch von gewaltigen Bränden. Alles, was die Sonne verdunkelt, verbirgt natürlich auch das Mondlicht. Oft fallen Stern oder Meteoriten der verschiedensten Größen vom Himmel. "Die Kräfte des Himmels," die erschüttert werden, können die Himmelskörper außerhalb unseres Sonnensystems sein, die die Bibel "das ganze Heer des Himmels" nennt (5Mo 4,19)

Meint Christus das? Man kann es nicht sicher wissen, es ist jedoch wahrscheinlich, daß dies die Bedeutung ist. *Doch man beachte*: Sein Kommen wird weltweit und allgemein zu astronomischen Ereignissen führen. Das ganze Weltall wird betroffen sein, oder um es bedeutungsvoller auszudrücken, das ganze Weltall wird sich öffnen und ihn empfangen, die Himmelskörper eingeschlossen, und jeder Mensch wird ohne jeden Zweifel wissen, daß er mit der Macht und Herrlichkeit Gottes selbst kommt. Christus sagt, daß er "mit großer Kraft und Herrlichkeit" kommt. Er kommt, damit "sich alle Knie derer beugen, die im Himmel und auf Erden und unter der Erde sind, und alle Zungen bekennen, daß Jesus Christus der Herr ist, zur Ehre Gottes, des Vaters" (Phil 2,10-11).

Er kommt und "alle Geschlechter der Erde [werden es wissen und sich] an die Brust schlagen, und sie werden den Sohn des Menschen kommen sehen auf den Wolken des Himmels mit großer Kraft und Herrlichkeit." Die Worte "große Kraft und Herrlichkeit" verraten den Gedanken, daß er kommt, um alle Menschen zu unterwerfen, um über alle Geschlechter oder Völker der Erde zu herrschen.

Die Schrift offenbart deutlich, daß astronomische Ereignisse dem Kommen des Herrn vorausgehen und es begleiten werden.

> "Ja, die Sterne des Himmels und seine Sternbilder werden nicht mehr glänzen; die Sonne wird sich bei ihrem Aufgang verfinstern und der Mond sein Licht nicht leuchten lassen. Und ich werde heimsuchen an der Welt ihre Bosheit und an den Gottlosen ihr Unrecht und will die Prahlerei der Übermütigen zum Schweigen bringen und den Hochmut der Gefürchteten erniedrigen. Einen Mann will ich seltener machen als Gold und einen Menschen teurer als Schätze vom Ophir. Darum will ich den Himmel erschüttern, und die Erde soll von ihrer Stelle rücken vor dem Zorn des HERRN der Heerscharen und am Tage der Glut seines Zorns." (Jes 13,10-13)

> "Grauen, Grube und Garn kommen über dich, Bewohner der Erde! Und es wird geschehen, wer vor der grauenerregenden Stimme flieht, der wird in die Grube fallen, wer aber aus der Grube heraufsteigt, wird im Garn gefangen werden; denn die Schleusen der Höhe werden sich öffnen und die Grundfesten der Erde erbeben. Die Erde wird laut krachen, die Erde wird reißen und bersten, die Erde wird bedenklich wanken. Die Erde wird schwanken wie ein Betrunkener und schaukeln wie eine Hängematte; ihre Missetat liegt schwer auf ihr; sie fällt und steht nicht wieder auf! An dem Tage wird der HERR bestrafen das Heer der Höhe in der Höhe und die Könige der Erde auf Erden; die werden gesammelt und wie Gefangene zusammen in die Grube gesteckt und im Kerker verschlossen und mit vielen Jahren bestraft werden." (Jes 24,17-22)

> "Und ich werde Zeichen geben am Himmel und auf Erden: Blut und Feuer und Rauchsäulen; die Sonne soll verwandelt werden in Finsternis und der Mond in Blut, ehe denn da kommt der große und schreckliche Tag des HERRN." (Joel 2,30-31)

> "Sonne und Mond trauern, und die Sterne verlieren ihren Schein, und der HERR wird aus Zion brüllen und von Jerusalem her seine Stimme hören lassen, daß Himmel und Erde zittern; aber der HERR ist seines Volkes Schutz und die Zuflucht der Kinder Israel." (Joel 3,15-16)

> "Aber in jenen Tagen, nach jener Drangsal, wird die Sonne verfinstert werden, und der Mond wird seinen Schein nicht geben, und die Sterne des Himmels werden herabfallen und die Kräfte im Himmel erschüttert werden." (Mk 13,24-25)

> "An dem Tag aber, als Lot aus Sodom wegging, regnete es Feuer und Schwefel vom Himmel und vertilgte alle. Gerade so wird es sein an dem Tag, da der Sohn des Menschen geoffenbart wird." (Lk 17,29-30)

> "Und es werden Zeichen geschehen an Sonne und Mond und Sternen, und auf Erden Angst der Völker vor Ratlosigkeit bei dem Tosen des Meeres und der Wogen, da die Menschen in Ohnmacht sinken werden vor Furcht und Erwartung dessen, was über den Erdkreis kommen soll; denn die Kräfte des Himmels werden erschüttert werden." (Lk 21,25-26)

> "Und ich will Wunder tun oben am Himmel und Zeichen unten auf Erden, Blut und Feuer und Rauchdampf; die Sonne wird sich in Finsternis verwandeln und der Mond in Blut, ehe der große und herrliche Tag des Herrn kommt." (Apg 2,19-20)

> "Und ich sah, als es das sechste Siegel öffnete, und siehe, ein großes Erdbeben entstand, und die Sonne wurde schwarz wie ein härener Sack, und der Mond wurde wie Blut. Und die Sterne des Himmels fielen auf die Erde, wie ein Feigenbaum seine unreifen Früchte abwirft, wenn er von einem starken Wind geschüttelt wird. Und der Himmel entwich wie eine Buchrolle, die zusammengerollt wird, und alle Berge und Inseln wurden von ihrem Ort wegbewegt. Und die Könige der Erde und die Großen und die Reichen und die Heerführer und die Mächtigen und alle Knechte und alle Freien verbargen sich in den Klüften und in den Felsen der Berge, und sie sprachen zu den Bergen und zu den Felsen: Fallt auf uns und verbergt uns vor dem Angesicht dessen, der auf dem Thron sitzt, und vor dem Zorn des Lammes! Denn der große Tag seines Zorns ist gekommen, und wer kann bestehen?" (Offb 6,12-17) (Siehe Abriß und Anmerkungen – Offb 6,12-17.)

Man beachte die genaue Wortwahl der obigen Verse aus der Offenbarung, denn sie beziehen sich auf das gleiche Ereignis wie Christus (V30; vgl. Offb 6,17). Christus löst ein großes Erdbeben auf der Erde und astronomische Ereignisse im Himmel aus (V12-14). Große und kleine Menschen werden entsetzt sein und sich verbergen (V15) und um den sofortigen Tod bitten, damit sie Christus nicht begegnen müssen (V16). Warum? Weil sie etwas wissen: "Der große Tag seines Zorns ist gekommen, und wer kann bestehen?" (V17).

Die Jünger hatten gefragt: "Was wird das Zeichen deiner Wiederkunft und des Endes der Weltzeit sein?" Christus antwortet ihnen. Schreckliche astronomische Ereignisse werden ein Zeichen sein.

Gedanke 1 Ereignisse in der Natur sollten unsere Aufmerksamkeit auf Gott lenken. Sie erinnern uns an die *aufreibenden* Ereignisse in der Endzeit. Wie Christus sagte: "Richtet euch auf und erhebt eure Häupter, weil eure Erlösung naht" (Lk 21,28). Wenn wir aufschauen und ihm *jetzt* vertrauen, können wir Katastrophen und Umstände viel besser

Matthäus 24,29-31

ertragen. Seine Gegenwart versichert uns Stärke, Ausdauer und den Sieg (Hebr 12,3; vgl. 1Kor 10,13; Mt 28,20; vgl. Hebr 13,5-6).

3 (24,30) **Wiederkunft Jesu Christi – Endzeit**: Bei Christi Wiederkunft wird ein zweites Ereignis eintreten – *das* Zeichen Christi wird am Himmel erscheinen. Was ist das Zeichen? Christus sagt nichts Genaues. Es gibt vier verschiedenen Vorstellungen.

⇒ Manche sagen, daß das Zeichen ein Stern sein wird, wie der Stern, der seine Geburt ankündigte.
⇒ Andere sagen, daß es die Shekina-Herrlichkeit sein wird, die mit der ganzen Großartigkeit und Helligkeit Gottes erstrahlen wird. Natürlich wird seine Herrlichkeit wie beschrieben leuchten, doch wieder sagt Christus nicht eindeutig, daß dies das Zeichen sein wird.
⇒ Einige, die frühen Kirchenväter eingeschlossen, glauben, daß das Zeichen das Kreuz Christi sein wird. Es steht außer Frage, daß die Erscheinung des Kreuzes am Himmel allgemeine Aufmerksamkeit erregen und anzeigen würde, daß etwas im Gange ist. Das Kreuz ist das Symbol der Christenheit und weist deutlicher als alles andere auf Gottes Absicht in der Welt hin.
⇒ Viele glauben, daß es einfach die Erscheinung des Menschensohns selbst sein wird (Mt 26,64; Dan 7,13-14).

Man beachte vier Punkte.
1. Wenn das Zeichen erscheint, "werden sich alle Geschlechter der Erde an die Brust schlagen." Sie wissen genau, was das Zeichen ist und was es bedeutet: Das Gericht und die Herrschaft Christi. Die Geschlechter (Völker) müssen nicht raten und auslegen, was es bedeutet.
2. Wenn das Zeichen erscheint, "werden sich alle Geschlechter der Erde an die Brust schlagen, und sie werden den Sohn des Menschen kommen sehen."
3. Der Herr sagt, daß er wie der Blitz kommen wird, schnell und plötzlich (V27). Wird es Zeit für ein anderes Zeichen als seine persönliche Erscheinung geben?
4. Die Jünger hatten nach dem *Zeichen* gefragt: "Was wird das Zeichen deiner Wiederkunft…sein?" (V3). Christus zählt ihnen einige Zeichen auf. Vielleicht sagt er einfach: "Und dann wird das Zeichen des Menschensohnes [selbst]…erscheinen." Das wäre natürlich eine Erfüllung von Daniels wohlbekanntem Zeichen des Menschensohns und seines Kommens (Dan 7,13-14).

Was das Zeichen auch ist, man muß eine wichtige Sache beachten. Gottes Sohn kommt, um die Erde zu richten und zu regieren.

> **"Wenn aber der Sohn des Menschen in seiner Herrlichkeit kommen wird und alle heiligen Engel mit ihm, dann wird er auf dem Thron seiner Herrlichkeit sitzen, und vor ihm werden alle Heiden versammelt werden. Und er wird sie voneinander scheiden, wie ein Hirte die Schafe von den Böcken scheidet." (Mt 25,31-32)**

> **"So weiß der Herr die Gottesfürchtigen aus der Versuchung zu erretten, die Ungerechten aber zur Bestrafung aufzubewahren für den Tag des Gerichts." (2Petr 2,9)**

> **"Die jetzigen Himmel aber und die Erde werden durch sein Wort aufgespart und für das Feuer bewahrt bis zum Tag des Gerichts und des Verderbens der gottlosen Menschen." (2Petr 3,7)**

> **"Von diesen hat aber auch Henoch, der siebte nach Adam, geweissagt, indem er sprach: Siehe, der Herr ist gekommen mit seinen heiligen Zehntausenden, um Gericht zu halten über alle und alle Gottlosen unter ihnen zu strafen wegen all ihrer gottlosen Taten, womit sie sich vergangen haben, und wegen all der harten Dinge, die gottlose Sünder gegen ihn geredet haben." (Jud 14-15)**

> **"Und ich sah einen großen weißen Thron und den, der darauf saß; vor seinem Angesicht flohen die Erde und der Himmel, und es wurde kein Platz für sie gefunden. Und ich sah die Toten, Kleine und Große, vor Gott stehen, und es wurden Bücher geöffnet, und ein anderes Buch wurde geöffnet, das ist das Buch des Lebens; und die Toten wurden gerichtet gemäß ihren Werken, entsprechend dem, was in den Büchern geschrieben stand. Und das Meer gab die Toten heraus, die in ihm waren, und der Tod und das Totenreich gaben die Toten heraus, die in ihnen waren; und sie wurden gerichtet, ein jeder nach seinen Werken. Und der Tod und das Totenreich wurden in den Feuersee geworfen. Das ist der zweite Tod. Und wenn jemand nicht im Buch des Lebens eingeschrieben gefunden wurde, so wurde er in den Feuersee geworfen." (Offb 20,11-15)**

Gedanke 1 Es wird ein Zeichen geben, das das Kommen des Menschensohns einleitet. Was dieses Zeichen auch ist, vier Dinge sind sicher.
1) *Jetzt* weisen die Sterne in einer wunderbaren Schöpfung auf die ewige Macht, Liebe und Gottheit Gottes hin. *Dann* werden die Sterne auf den Zorn Gottes hinweisen.
2) *Jetzt* leuchtet die Shekina-Herrlichkeit, Gottes Herrlichkeit, vor den Menschen, um sie zur Gerechtigkeit zu rufen. *Dann* wird die Shekina-Herrlichkeit mit ihrem Leuchten die Menschen wegen ihrer Ungerechtigkeit verzehren.
3) *Jetzt* steht das Kreuz vor der Welt, um sie zu Gott hinzuziehen. *Dann* wird das Kreuz vor der Welt stehen und sie verurteilen.
4) *Jetzt* steht Christus als Erlöser vor der Welt. *Dann* wird Christus als Richter vor der Welt stehen.

Gedanke 2 Es gibt *jetzt* Zeichen der Gegenwart Christi. Es gibt auch Zeichen, daß seine Rückkehr unmittelbar bevorsteht. Wieviel besser ist es, jetzt zu *trauern* und Buße zu tun, als dann nichts weiter als *Trauer* zu haben. Es kommt der Tag, an dem es zu spät ist, sich zu Christus zu bekehren.

Gedanke 3 Heute hat keiner eine Entschuldigung. Es gibt Zeichen und Beweise, daß er der Retter der Welt ist, Gottes eigener Sohn. Es ist viel besser, wenn der Menschensohn jetzt durch den Glauben im Herzen und Leben eines Menschen erscheint, als daß er für diesen Menschen als Richter am Himmel erscheint (Hebr 9,27; vgl. Joh 3,18).

4 (24,30) **Wiederkunft Jesu Christi**: Das dritte Ereignis bei der Wiederkunft des Herrn ist, daß sie für alle sichtbar ist – alle Geschlechter der Erde werden Christus mit großer Kraft und Herrlichkeit auf den Wolken kommen sehen. In dieser kurzen Prophezeiung werden vier Dinge ausgesagt.
1. Der Menschensohn wird kommen. Christus beansprucht, der Menschensohn zu sein, Gottes eigener Sohn, der ideale Mensch, der vollkommene Mensch, der Sohn Gottes, der im menschlichen Fleisch erschienen ist (siehe Nähere Betrachtung 3

Matthäus 24,29-31

– Mt 8,20). An diesem Tag wird es keinen Zweifel geben, wer er ist (vgl. Mk 14,61-62). Jetzt erkennen ihn nur die Gläubigen, doch dann werden ihn alle Menschen erkennen. Es wird unmißverständlich sein: Er ist der Menschensohn.

2. Alle Geschlechter der Erde werden ihn kommen sehen – sichtbar. Wie können ihn alle auf der Welt, einem runden Planeten, gleichzeitig sehen? Es ist müßig, darüber zu spekulieren, wie Gottes Macht Wunder *wirkt*. Der Kernpunkt Christi ist, daß seine Rückkehr sichtbar erfolgt und daß jeder auf der Erde ihn sehen und als Menschensohn anerkennen wird (vgl. Offb 1,7). (Man beachte: Das Licht – der große Glanz, die Helligkeit – der Herrlichkeit des Herrn kann sich sehr leicht durch das Weltall verbreiten und die Erde umgeben, wenn er wiederkommt.)

3. Christus wird auf den Wolken des Himmels kommen. In der Schrift werden Wolken oft mit Gott verbunden.

> **"Er fuhr auf dem Cherub und flog daher, er schwebte auf den Fittichen des Windes. Er machte Finsternis zu seinem Gezelt, dunkle Wasser, dichte Wolken zur Hütte um sich her. Aus dem Glanze vor ihm gingen seine Wolken über von Hagel und Feuerglut." (Ps 18,10-12)**
>
> **"Der…Wolken zu seinem Wagen macht." (Ps 104,3)**
>
> **"Siehe, der HERR fährt auf einer schnellen Wolke." (Jes 19,1)**
>
> **"Ich sah in den Nachtgesichten und siehe, es kam einer mit den Wolken des Himmels, gleich einem Menschensohn; der gelangte bis zu dem Hochbetagten und wurde vor ihn gebracht." (Dan 7,13)**

Als Jesus nach seiner Auferstehung diese Erde verließ, ging er in einer Wolke, und es wurde vorhergesagt, daß er in einer Wolke zurückkehren würde (Apg 1,9-11). Christus sagt deutlich, daß er in einer Wolke zurückkehren wird und daß ihn jeder auf den Wolken des Himmels kommen sehen wird. Das ist ein starker Anspruch, der Anspruch, der Gott der Wolken zu sein.

4. Christus wird mit großer Kraft und Herrlichkeit kommen. Bei dieser Tatsache werden mindestens zwei Punkte betont.
   a. Christus wird in seiner ganzen Würde kommen. Er wird nicht als Baby in der Krippe kommen, das ein ganzes Leben leben muß, um die Menschen zu erlösen. Er wird mit großer Kraft und Herrlichkeit kommen. Er wird in der Allmacht und Herrlichkeit Gottes kommen und offenbaren, wer er ist.
   b. Christus wird als Richter kommen, um auf der Erde Gerechtigkeit zu üben. Er wird kommen, um in seiner rechtmäßigen Stellung als souveräner Herr über die Erde zu regieren.

Gedanke 1 Jeder wird Christus als den Menschensohn anerkennen. Es wird keine Ausnahme geben.
⇒ Jetzt ist die Anerkennung *freiwillig*, dann wird sie *unfreiwillig* sein.
⇒ Jetzt ist das Bekenntnis *bereitwillig*, dann wird das Bekenntnis *erzwungen* sein.
⇒ Jetzt gibt es eine *liebevolle* Bitte, dann wird es ein *verurteilendes* Gericht geben.

> **"Weil er einen Tag festgesetzt hat, an dem er den Erdkreis in Gerechtigkeit richten wird durch einen Mann, den er dazu bestimmt hat und den er für alle beglaubigte, indem er ihn aus den Toten auferweckt hat." (Apg 17,31)**
>
> **"An dem Tag, da Gott das Verborgene der Menschen richten wird, laut meinem Evangelium, durch Jesus Christus." (Röm 2,16)**
>
> **"Darum hat ihn Gott auch über alle Maßen erhöht und ihm einen Namen verliehen, der über allen Namen ist, damit in dem Namen Jesu sich alle Knie derer beugen, die im Himmel und auf Erden und unter der Erde sind, und alle Zungen bekennen, daß Jesus Christus der Herr ist, zur Ehre Gottes, des Vaters." (Phil 2,9-11)**
>
> **"Und wenn ihr den als Vater anruft, der ohne Ansehen der Person richtet nach dem Werk jedes einzelnen, so führt euren Wandel in Furcht, solange ihr hier als Fremdlinge weilt." (1Petr 1,17)**

[5] (24,30) **Wiederkunft Jesu Christi**: Das vierte Ereignis ist, daß alle Geschlechter der Erde trauern werden, wenn Christus in großer Kraft und Herrlichkeit wiederkommt. Warum? Weil sie ohne jeden Zweifel sehen werden, daß Christus der Menschensohn ist. Sie werden erkennen, daß sie ihn ignoriert, vernachlässigt, abgelehnt, beschimpft und verflucht haben. Sie werden wissen, daß sie seine Erlösung verfehlt haben und daß sie jetzt gerichtet werden. Ein Bild dieser großen Trauer findet sich in der Offenbarung, wo "sich seinetwegen an die Brust schlagen alle Geschlechter der Erde" (Offb 1,7). Sie klagen und trauern wegen des schrecklichen Gerichts, das über sie kommen wird.

Sehr einfach gesagt wird Christus wiederkommen und jeder wird ihn sehen und ohne jeden Zweifel erkennen, daß er der Menschensohn ist. Die Weltlichen werden trauern, weil er als Richter kommt und die Auserwählten werden jubeln, weil sie bei ihm versammelt werden.

Gedanke 1 Jeder hat die Wahl. Entweder er trauert jetzt oder er wird trauern, wenn Christus wiederkommt. Entweder er erfährt *jetzt* gottgewollte Trauer, die zur Buße führt oder er wird weltliche Trauer erfahren, die zur ewigen Trauer führt, wenn Christus wiederkommt (siehe Nähere Betrachtung 1 – 2Kor 7,10).

> **"Da sprach Petrus zu ihnen: Tut Buße, und jeder von euch lasse sich taufen auf den Namen Jesu Christi zur Vergebung der Sünden; so werdet ihr die Gabe des Heiligen Geistes empfangen." (Apg 2,38)**
>
> **"So tut nun Buße und bekehrt euch, daß eure Sünden ausgetilgt werden, damit Zeiten der Erquickung vom Angesicht des Herrn kommen." (Apg 3,19)**
>
> **"So tue nun Buße über diese deine Bosheit und bitte Gott, ob dir die Tücke deines Herzens vielleicht vergeben werden mag." (Apg 8,22)**
>
> **"Denn die gottgewollte Betrübnis bewirkt eine Buße zum Heil, die man nicht bereuen muß; die Betrübnis der Welt aber bewirkt den Tod." (2Kor 7,10)**
>
> **"Werfet alle eure Übertretungen, mit denen ihr übertreten habt, von euch ab und schaffet euch ein neues Herz und einen neuen Geist! Denn warum wollt ihr sterben, ihr vom Hause Israel?" (Hes 18,31)**

[6] (24,31) **Wiederkunft Jesu Christi**: Das fünfte Ereignis bei der Wiederkunft des Herrn ist, daß die Engel ausgesandt werden, um die Auserwählten zu versammeln. In diesem Vers werden vier Dinge ausgesagt.

1. Christus wird *seine* Engel aussenden. Er ist Gott, der Herr der Engel. Sie gehören ihm. Er steht über ihnen. Sie führen auf seinen Wink und Ruf hin seinen Herrscherwillen aus. Dies ist wieder ein Anspruch auf Gottheit.

Matthäus 24,29-31

2. Christus wird seine Engel mit "starkem Posaunenschall" aussenden. Die Posaune wurde geblasen, um das Volk zu versammeln. Das ist wahrscheinlich auch hier die Bedeutung. (Vgl. 1Kor 15,52; 1Thess 4,16.)

3. Die Engel werden die Auserwählten des Herrn versammeln. An dieser Stelle werden nur die Auserwählten versammelt. Verglichen mit der gesamten Menschheit mögen es wenige sein. Doch es wird einen Rest wahrer Gläubiger geben, der über die ganze Welt zerstreut ist, einen Rest, der bis zum Ende ausgehalten hat. Sie werden gerettet (V13. Vgl. Mt 20,16; 22,14.)

Wie Christus gesagt hat:

> "Ich sage euch: In dieser Nacht werden zwei in einem Bett sein; der eine wird genommen und der andere zurückgelassen werden. Zwei werden miteinander mahlen; eine wird genommen, und die andere wird zurückgelassen werden. Zwei werden auf dem Feld sein; der eine wird genommen und der andere zurückgelassen werden." (Lk 17,34-36; vgl. Mt 24,40-41)

4. Die Auserwählten werden von den vier Winden her versammelt werden, aus allen Himmelsrichtungen. Das bedeutet, daß sie über die ganze Welt verstreut sind, sie werden überall sein, in allen Völkern der Erde (vgl. 5Mo 4,32; Offb 7,9). Wie Christus gerade gesagt hatte:

> "Und dieses Evangelium vom Reich wird in der ganzen Welt verkündigt werden, zum Zeugnis für alle Heiden, und dann wird das Ende kommen." (Mt 24,14)

Gedanke 1 Es gibt für jeden Gläubigen eine herrliche Hoffnung, aus welcher Generation er auch kommt und welche Prüfungen er auch durchstehen muß:

> "Während wir warten auf die glückselige Hoffnung und die Erscheinung der Herrlichkeit unseres großen Gottes und Retters Jesus Christus, der sich selbst für uns dahingegeben hat, um uns von aller Gesetzlosigkeit zu erlösen und für sich selbst ein auserwähltes Volk zum Eigentum zu reinigen, das eifrig ist im Tun von guten Werken." (Tit 2,13-14)

Gedanke 2 Die Engel sind Christus unterworfen und auch wir sollten uns ihm unterwerfen. Die Engel führen seinen Herrscherwillen aus und auch wir sollten seinen Herrscherwillen ausführen. Wenn wir jetzt seinen Willen tun, werden wir an diesem herrlichen Tag zu den Auserwählten gehören.

Gedanke 3 Kein einziger Gläubiger wird fehlen, wenn Jesus wiederkommt. Wo wir auch sind und wie isoliert, einsam oder vergessen wir uns fühlen mögen, er kommt für uns.

Matthäus 24,32-41

	D. Die Zeit der Rückkehr des Herrn, 24,32-41 (Mk 13,28-34; Lk 21,29-35)	nicht, sondern allein mein Vater.
		37 Wie es aber in den Tagen Noahs war, so wird es auch bei der Wiederkunft des Menschensohnes sein.
		38 Denn wie sie in den Tagen vor der Sintflut aßen und tranken, heirateten und verheirateten bis zu dem Tag, als Noah in die Arche ging,
		39 und nichts merkten, bis die Sintflut kam und sie alle dahinraffte, so wird auch die Wiederkunft des Menschensohnes sein.
		40 Dann werden zwei auf dem Feld sein; der eine wird genommen, und der andere wird zurückgelassen.
		41 Zwei werden auf der Mühle mahlen; eine wird genommen, und die andere wird zurückgelassen.
			3 Der Tag kommt plötzlich – unerwartet – zerstörend für die Welt der Ungläubigen
			  a. Verglichen mit der Zeit Noahs: Sinnlichkeit und Ablehnung der Botschaft vom kommenden Gericht
			  b. Ihr Schock: "Merkten nichts" – waren ungläubig verschlossen, ignorant
			  c. Ihre Sicherheit: "So wird… sein"
			4 Der Tag wird ein Tag von Trennung und Gericht sein

1 Die Zeit kann allgemein festgestellt werden	Von dem Feigenbaum aber lernt das Gleichnis: Wenn sein Zweig schon saftig wird und Blätter treibt, so erkennt ihr, daß der Sommer nahe ist. 33 Also auch ihr, wenn ihr dies alles seht, so erkennt, daß er nahe vor der Türe ist. 34 Wahrlich, ich sage euch: Dieses Geschlecht wird nicht vergehen, bis dies alles geschehen ist. 35 Himmel und Erde werden vergehen, aber meine Worte werden nicht vergehen. 36 Um jenen Tag aber und die Stunde weiß niemand, auch die Engel im Himmel		
a. Ihre Ereignisse werden mit dem Feigenbaum verglichen			
b. Eine Generation wird ihre Ereignisse erleben			
c. Ihre Ereignisse sind sicher			
2 Den genauen Tag und Stunde kennt nur Gott			

ABSCHNITT XV

DIE VORHERSAGE VON DER WIEDERKUNFT DES MESSIAS UND DEM ENDE DER WELT: DIE ENDZEITREDE AUF DEM ÖLBERG, 24,1-25,46

D. Die Zeit der Rückkehr des Herrn, 24,32-41

(24,32-41) **Einführung – Endzeit**: Die Jünger hatten gefragt: "Wann werden diese Dinge geschehen?" An dieser Stelle der Diskussion sagte Christus: "Von dem Feigenbaum aber lernt das Gleichnis: Wenn…" Man beachte das Wort *wenn*. Er fing an, die Endzeit und seine Wiederkunft zu besprechen. Man sollte beachten, daß sich der erste Teil des Gesprächs sowohl auf den Fall Jerusalems 70 n.Chr. als auch auf die Endzeit beziehen kann (V32-35). Christus sagt jedoch ausdrücklich, daß dieser Abschnitt nur mit der Endzeit zu tun hat, mit dem Kommen des Menschensohns (V37, 39). Wann wird Christus wiederkommen? Er offenbarte vier wichtige Punkte.
1. Die Zeit kann allgemein festgestellt werden (V32-35).
2. Den genauen Tag und Stunde kennt nur Gott (V36).
3. Der Tag kommt plötzlich – unerwartet – zerstörend für die Welt der Ungläubigen (V37-39).
4. Der Tag wird ein Tag von Trennung und Gericht sein (V40-41).

1 (24,32-35) **Wiederkunft Jesu Christi**: Christus sagte, daß die Zeit seiner Rückkehr allgemein festgestellt werden kann.

    1. Die Ereignisse (Zeichen), die auf seine Rückkehr hinweisen, werden mit einem Feigenbaum verglichen. Wenn der Feigenbaum Blätter zu treiben beginnt, weiß man, daß der Sommer kommt. Wenn wir also "dies alles" sehen, die Zeichen, die er uns mitgeteilt hat, "erkennt, daß er [der Tag der Rückkehr] nahe vor der Türe ist." Sein Kommen steht unmittelbar bevor, er ist dabei, die Welt wieder zu betreten (vgl. Jak 5,9).
Man beachte, was Christus sagte:
    a. Wenn sich Blätter am Feigenbaum zeigen, ist der Sommer noch nicht da. Doch wir *wissen*, daß er bevorsteht.
    b. " Also auch ihr, wenn ihr dies alles seht, so erkennt, daß er [der Tag seines Kommens, des Reiches] nahe vor der Türe ist." Er sagt eindeutig, daß wir wissen können "daß er nahe…ist."
    2. Eine Generation wird die Ereignisse (Zeichen) erleben. Die Jünger hatten zwei Fragen gestellt – eine zur Zerstörung Jerusalems und eine zum Ende der Welt. Bei der Beantwortung ihrer Fragen zog Christus keine bestimmte Trennlinie zwischen beiden. Die Ereignisse und Zeichen, die dem einen vorausgehen, werden auch dem anderen vorausgehen. Der Schluß ist deutlich: So wie die Zeichen und die Zerstörung Jerusalems in einer Generation stattfanden, werden die Zeichen und die Zerstörung der Welt auch in einer Generation stattfinden. (Siehe <u>Nähere Betrachtung 2</u>, Pkt. 2 – Mt 24,1-31.)
    3. Die Ereignisse (Zeichen) sind sicher. Christus war bestimmt bei dem, was er sagte. "Himmel und Erde werden vergehen, aber meine Worte werden nicht vergehen."
Man beachte zweierlei.
    a. Himmel und Erde werden vergehen. Christus sagte, daß sie tatsächlich beseitigt würden (2Petr 3,10-11).
    b. Alles, was er über die große Drangsal und seine Rückkehr gesagt hat, wird geschehen. Die große Drangsal und seine Rückkehr sind sicherer als Himmel und Erde.

Gedanke 1 *Erwartung* ist ein Schlüsselwort, wenn wir uns mit der Rückkehr des Herrn beschäftigen. Wenn wir einen Feigenbaum austreiben sehen, *erwarten* wir, daß der Sommer kommt. "Also" sollten wir zwei Dinge erwarten.
1) Wir sollten die Zeichen erwarten, "dies alles," was Christus erwähnt hat (V33a).
2) Wir sollten erwarten und "erkennen, daß er [der Tag seiner Rückkehr] nahe…ist" (V33b).

Gedanke 2 Aus Sicht der Menschen ist sehr viel Zeit vergangen, seit Christus dies gesagt hat und es sind unzählige Ereignisse eingetreten. Deshalb nehmen die Menschen an, daß die Rückkehr eine Legende ist, das Produkt einer hoffnungsvollen Phantasie. Gott wußte, daß dies geschehen würde.

> "Dabei sollt ihr vor allem das erkennen, daß am Ende der Tage Spötter kommen werden, die nach ihren eigenen Begierden wandeln und sagen: Wo ist die Verheißung seiner Wieder-

Matthäus 24,32-41

kunft? Denn seitdem die Väter entschlafen sind, bleibt alles so, wie es von Anfang der Schöpfung an gewesen ist…Dieses eine aber sollt ihr nicht übersehen, Geliebte, daß ein Tag vor dem Herrn ist wie tausend Jahre, und tausend Jahre wie ein Tag! Der Herr zögert nicht die Verheißung hinaus, wie etliche es für ein Hinauszögern halten, sondern er ist langmütig gegen uns, weil er nicht will, daß jemand verloren gehe, sondern daß jedermann Raum zur Buße habe. Es wird aber der Tag des Herrn kommen wie ein Dieb in der Nacht; dann werden die Himmel mit Krachen vergehen, die Elemente aber vor Hitze sich auflösen und die Erde und die Werke darauf verbrennen. Da nun dies alles derart aufgelöst wird, wie sehr solltet ihr euch auszeichnen durch heiligen Wandel und Gottseligkeit, indem ihr das Kommen des Tages Gottes erwartet und ihm entgegeneilt, an welchem die Himmel in Glut sich auflösen und die Elemente vor Hitze zerschmelzen werden! Wir erwarten aber nach seiner Verheißung neue Himmel und eine neue Erde, in denen Gerechtigkeit wohnt." (2Petr 3,3-4;8-13)

Gedanke 3 Drei Dinge werden in der menschlichen Geschichte ganz sicher geschehen: "Der Anfang der Wehen" (V8), "die große Drangsal, wie von Anfang der Welt an bis jetzt keine gewesen ist" (V21) und das Kommen "des Sohnes des Menschen…auf den Wolken des Himmels mit großer Kraft und Herrlichkeit" (V30). Himmel und Erde werden vergehen, aber seine Worte nicht, nicht, was er sagte, daß geschehen würde. Was er sagte, daß geschehen wird, wird geschehen. Diese drei Ereignisse sind sicher.

NÄHERE BETRACHTUNG 1
(24,33-34) <u>Wiederkunft Jesu Christi</u>: Man beachte die in den beiden Versen angegebenen Zeiten – sie stimmen überein. "Wenn ihr dies alles seht…daß er nahe…ist" (V33). Alles wird in "diesem Geschlecht" geschehen (V34).

---

2 (24,36) <u>Endzeit</u>: Den genauen Tag und die Stunde der Rückkehr Christi kennt nur Gott. Man beachte zweierlei.
1. Die Rückkehr Christi ist ein wirkliches Ereignis, das noch bevorsteht. Es gibt "jenen Tag und die Stunde." Es gibt *einen bestimmten Tag und eine bestimmte Stunde*, zu der Christus wiederkommen wird. Es ist ein wirkliches Ereignis.
2. Die Rückkehr Christi ist geheim. "…weiß niemand…sondern allein mein Vater." Manche dachten, sie wüßten es, doch Christus ist sehr deutlich: "Um jenen Tag aber und die Stunde weiß niemand, auch die Engel im Himmel nicht, sondern allein mein Vater." (Siehe Anmerkung – 2Thess 2,1-2.)

"Und niemand, weder im Himmel noch auf der Erde noch unter der Erde, vermochte das Buch zu öffnen noch hineinzublicken." (Offb 5,3)
"Die Geheimnisse sind des HERRN, unseres Gottes, die geoffenbarten Dinge aber sind für uns und unsere Kinder bestimmt ewiglich, damit wir alle Worte dieses Gesetzes tun." (5Mo 29,29)

Gedanke 1 Manche Dinge sollen völlig in Gottes Hand gelassen werden. Der genaue Tag und die Stunde der Rückkehr des Herrn gehören dazu. *Wachsame* Gläubige werden für die Zeit empfänglich sein (Feigenbaum, V32-33) und das Geschlecht kennen (V34), doch die genaue Stunde und der genaue Tag sind den Menschen verborgen, sogar den Weisesten und Geistlichsten. *Allein* Gott selbst weiß, wan Christus zurückkehren wird. Wenn ein Mensch behauptet, Tag und Stunde zu wissen, sollten wir ihn meiden. Das Wort dieses Menschen steht in Widerspruch zum Wort des Herrn.

3 (24,37-39) <u>Wiederkunft Jesu Christi</u>: Der Herr kommt plötzlich – unerwartet – zerstörend für die Welt der Ungläubigen. Christus sagt dreierlei.
1. Wann wird Christus wiederkommen? Bei seinem Kommen wird es sein, wie es zur Zeit Noahs war. Er wird kommen, wenn die Welt genau so lebt, wie sie zur Zeit Noahs gelebt hat:
   ⇒ Sinnliche Lebensführung, Essen, Trinken, Heirat, Scheidung und Wiederheirat, immer wieder (siehe <u>Nähere Betrachtung</u> 3,4 – Mt 24,38; vgl. Lk 17,26-30).
   ⇒ Ablehnung der Botschaft Noahs von Gerechtigkeit und dem kommenden Gericht (2Petr 2,5).
   a. Man beachte, daß Essen, Trinken (Wasser) und Heiraten zur Erhaltung des Lebens notwendig sind. Die Ausschweifung, die Gier nach immer mehr, die Extravaganz ist Sünde. Das ist die Konzentration des Denkens auf das Vergnügen des Fleisches und der Welt und die Gier nach immer mehr. (Siehe Anmerkung – Jak 4,1; <u>Nähere Betrachtung 1</u> – 4,1-3; Anmerkung – 4,2. Vgl. Röm 1,24.)
   b. Man beachte noch etwas: Was kennzeichnet nach Christi Worten die Zeit? Nicht Diebstahl, Mord und Unmoral, sondern Essen, Trinken und immer wieder Heiraten. Als die Erde zum ersten Mal zerstört wurde, geschah es, weil "die Erde…verderbt…und mit Frevel erfüllt" war (1Mo 6,11). Jedoch die Sünden, die zur zweiten Zerstörung der Erde führen werden, scheinen Essen, Trinken und immer wieder Heiraten zu sein. Diese Sünden werden von Christus betont.
   c. Man beachte die Worte "bis zu dem Tag, als Noah in die Arche ging." Während Noah die Arche baute, predigte er Gottes Gerechtigkeit und das kommende Gericht. Die Menschen hatten das Zeugnis von Noahs Leben und seinem Glauben an Gottes Wort als Warnung, daß der Mensch die Verantwortung hätte, gerecht zu leben und daß das Gericht käme. Sie sahen Noah die Arche bauen. Sie sahen die Arche daliegen, doch sie lehnten Noahs Botschaft und Zeugnis ab. Sie lebten weiter in Weltlichkeit, aßen tranken und verfolgten ihre begehrlichen Ziele und das taten sie bis zu dem Tag, "als Noah in die Arche ging." Dann wurde plötzlich und unerwartet ihre Welt zerstört.
2. Wann wird Christus kommen? Er wird kommen, wie er zur Zeit Noahs kam: Zu einer schockierenden Zeit. So, wie sie "nicht merkten," daß das Ende kam, wird er wieder kommen, wenn die Welt es *nicht merkt*.
   a. Daß sie "nichts merkten," bedeutet, daß sie das kommende Gericht nicht erwarteten. Sie *glaubten nicht* an die Tatsache, das Wort, die Botschaft. Sie waren *verschlossen*, sie kümmerten sich nicht allzusehr darum, von dieser Sache zu hören und zu lernen. Deshalb waren sie für die Wahrheit *unwissend*. Sie kannten das Wort Gottes nicht.
   b. "Sie merkten nichts" bedeutet: Sie fühlten sich in sich selbst und ihrer Welt sicher. Wie die Schrift an anderer Stelle sagt:

Matthäus 24,32-41

> "Wenn sie nämlich sagen werden: Friede und Sicherheit, dann wird sie das Verderben plötzlich überfallen wie die Wehen eine schwangere Frau, und sie werden nicht entfliehen." (1Thess 5,3)

    c. Sie "merkten nichts" bedeutet: Sei lebten weltlich und materialistisch, aßen und tranken, als sie hätten feinfühlig und bei klarem Verstand sein, auf Gott hören und sich ihm zuwenden sollen.

    d. Sie "merkten nichts" bedeutet: Ihre Einstellung war "Lasset uns essen und trinken, denn morgen sind wir tot" (Jes 22,13), obwohl sie sich hätten um die *Gerechtigkeit* kümmern sollen (2Kor 5,21).

3. Wann wird Christus kommen? Er wird kommen, wenn die Menschen wie zur Zeit Noahs leben: "Wie es aber in den Tagen Noahs war, so wird es auch bei der Wiederkunft des Menschensohnes sein." (V37;39). Sein Kommen ist sicher und steht fest.

> "Denn wie sie in den Tagen vor der Sintflut aßen und tranken, heirateten und verheirateten bis zu dem Tag, als Noah in die Arche ging, und nichts merkten, bis die Sintflut kam und sie alle dahinraffte, so wird auch die Wiederkunft des Menschensohnes sein." (Mt 24,38-39)

> "Habt aber acht auf euch selbst, daß eure Herzen nicht beschwert werden durch Rausch und Trunkenheit und Sorgen des Lebens, und jener Tag unversehens über euch kommt!" (Lk 21,34)

> "Sie nimmt uns in Zucht, damit wir die Gottlosigkeit und die weltlichen Begierden verleugnen und besonnen und gerecht und gottselig leben in der jetzigen Weltzeit, während wir warten auf die glückselige Hoffnung und die Erscheinung der Herrlichkeit unseres großen Gottes und Retters Jesus Christus." (Tit 2,12-13)

> "Ihr Ehebrecher und Ehebrecherinnen, wißt ihr nicht, daß die Freundschaft mit der Welt Feindschaft gegen Gott ist? Wer ein Freund der Welt sein will, der macht sich zum Feind Gottes!" (Jak 4,4)

> "Habt nicht lieb die Welt, noch was in der Welt ist! Wenn jemand die Welt lieb hat, so ist die Liebe des Vaters nicht in ihm. Denn alles, was in der Welt ist, die Fleischeslust, die Augenlust und der Hochmut des Lebens, ist nicht aus dem Vater, sondern aus der Welt." (1Joh 2,15-16)

<u>Gedanke 1</u> Man beachte die Worte "merkten nichts." Sie *merkten nichts*, weil sie sich dem sinnlichen Leben ergaben. Man kann essen, trinken und unmoralisch sein, bis man völlig besessen und versklavt ist (siehe Anmerkungen – Röm 1,24; Jak 4,1-6).

⇒ *Das Gewissen* wird stumpf, hart und für das Rechte unempfänglich.
⇒ *Der Wille* wird begehrlich.
⇒ *Der Geist* wird selbstsüchtig.
⇒ *Das Leben* wird weltlich.
⇒ *Die Hoffnung* wird materialistisch.
⇒ *Der Tod* wird zum Schlußpunkt.

<u>Gedanke 2</u> Christi Wiederkunft wird die Welt dessen zerstören, der…
- immer mehr ißt
- immer mehr trinkt
- immer wieder heiratet
- "nichts merkt"
- nicht glaubt
- verschlossen ist
- ignorant ist

<u>Gedanke 3</u> Es gibt viele wahre Gläubige auf der Welt. Das Zeugnis der Gerechtigkeit sollte den Menschen vor Augen gestellt werden, wie es ihnen zur Zeit Noahs vor Augen gestellt wurde. Wir haben keine Entschuldigung. Wir sollten auf sein Kommen vorbereitet sein. Sein *plötzliches* Kommen sollte uns nicht überraschen, es sollte uns nicht schockieren und unsere Welt nicht zerstören.

<u>Gedanke 4</u> Man darf nicht zulassen, so in Weltlichkeit verstrickt zu werden, daß man die Ewigkeit vergißt (1Joh 2,15-16; Röm 12,1-2; 2Kor 6,17-18).

NÄHERE BETRACHTUNG 2
(24,37) **Wiederkunft Jesu Christi**: Man muß sich daran erinnern, daß die Gerechten, d.h. die einzigen Gläubigen zur Zeit Noahs Noah selbst und seine Familie waren. Sie wurden nicht überrascht. Für die ungläubige Welt kam der Tag unerwartet und mit zerstörerischer Plötzlichkeit. Das ist verständlich: Der wahre Gläubige erwartet immer "die glückselige Hoffnung und die Erscheinung der Herrlichkeit unseres großen Gottes und Retters Jesus Christus" (Tit 2,13). Wenn sich dieser Tag zu nähern beginnt, werden es die Gläubigen durch die Kraft des heiligen Geistes erkennen. Der heilige Geist wird ihr Herz darauf vorbereiten. Doch die ungläubige Welt wird das verspotten, was sie für närrischen Glauben hält. Sie wird fröhlich und mutwillig weitermachen wie bisher und den Ereignissen keine weitere Aufmerksamkeit widmen, die sie für närrisch hält. (Vgl. Dan 12,10.)

NÄHERE BETRACHTUNG 3
(24,38) **Essen** (trogontes): Nagen, Kauen. Dahinter steht der Gedanke des Zupackens und gierig Schnappens wie ein hungriger Hund. Hier bedeutet es die Gewohnheit, überreichlich und mit unmäßigem Appetit zu essen.

NÄHERE BETRACHTUNG 4
(24,38) **Trinken** (pinontes): Trinken, feiernd trinken, saufen. Dahinter steht der Gedanke des gewohnheitsmäßigen Trinkens im Übermaß (vgl. Gal 5,21; vgl. Eph 5,18).

> "Habt aber acht auf euch selbst, daß eure Herzen nicht beschwert werden durch Rausch und Trunkenheit und Sorgen des Lebens, und jener Tag unversehens über euch kommt!" (Lk 21,34)

Matthäus 24,32-41

> "Weder Diebe noch Habsüchtige, noch Trunkenbolde, noch Lästerer, noch Räuber werden das Reich Gottes erben." (1Kor 6,10)
>
> "Wehe dem, der seinem Nächsten zu trinken gibt aus dem Becher seines Grimms und ihn sogar trunken macht, damit er seine Blöße sehe!" (Hab 2,15)

4 (24,40-41) **Wiederkunft Jesu Christi**: Die Wiederkunft des Herrn wird eine Zeit der Trennung und des Gerichts sein. In diesen beiden Versen lassen sich mehrer Dinge erkennen.

1. An dem Tag, an dem Jesus kommt, weiß niemand, daß er kommt, nicht einmal die Gläubigen. Alle gehen ihren üblichen Beschäftigungen nach.

2. Während sie an dem Tag, an dem Jesus kommt, ihren üblichen Beschäftigungen nachgehen, wird ganz plötzlich einer weggenommen und der andere zurückgelassen.

3. An dem Tag, an dem Jesus kommt, werden wir von denen getrennt, denen wir am nächsten sind – von denen direkt neben uns. Der Gläubige wird weggenommen werden, um bei dem Herrn zu sein, und der Ungläubige wird zurückgelassen werden, um ins Gericht zu kommen (V30-31;50-51; vgl. 2Thess 1,7-10).

> "Laßt beides miteinander wachsen bis zur Ernte, und zur Zeit der Ernte will ich den Schnittern sagen: Lest zuerst das Unkraut zusammen und bindet es in Bündel, daß man es verbrenne; den Weizen aber sammelt in meine Scheune!" (Mt 13,30)
>
> "So wird es am Ende der Weltzeit sein: Die Engel werden ausgehen und die Bösen von den Gerechten scheiden." (Mt 13,49)
>
> "Und vor ihm werden alle Heiden versammelt werden. Und er wird sie voneinander scheiden, wie ein Hirte die Schafe von den Böcken scheidet." (Mt 25,32)
>
> "Und sie werden in die ewige Strafe gehen, die Gerechten aber in das ewige Leben." (Mt 25,46)
>
> "Und zu alledem ist zwischen uns und euch eine große Kluft befestigt, so daß die, welche von hier zu euch hinübersteigen wollen, es nicht können, noch die von dort zu uns herüberkommen können." (Lk 16,26)
>
> "Ich sage euch: In dieser Nacht werden zwei in einem Bett sein; der eine wird genommen und der andere zurückgelassen werden." (Lk 17,34)

Gedanke 1 Die Grundlage von Trennung und Gericht ist der Glaube. Zur Zeit Noahs glaubte niemand der Botschaft der Gerechtigkeit. Nur wer die Botschaft der Gerechtigkeit glaubt und sich daran hält, wird genommen werden (2Kor 5,21 vgl. Joh 3,16; Mt 24,13).

Matthäus 24,42-51

	E. Die Rückkehr des Herrn und die Pflicht des Gläubigen: Wachen – bereit sein – treu und klug sein, 24,42-51 (Mk 13,35-37; Lk 21,36)	46 Glückselig ist jener Knecht, den sein Herr, wenn er kommt, bei solchem Tun finden wird. 47 Wahrlich, ich sage euch: Er wird ihn über alle seine Güter setzen. 48 Wenn aber jener böse Knecht in seinem Herzen spricht: Mein Herr säumt zu kommen! 49 und anfängt, die Mitknechte zu schlagen und mit den Schlemmern zu essen und zu trinken, 50 so wird der Herr jenes Knechtes an einem Tag kommen, da er es nicht erwartet, und zu einer Stunde, die er nicht kennt, 51 und wird ihn entzweihauen und ihm seinen Teil mit den Heuchlern geben. Da wird das Heulen und Zähneknirschen sein.	b. Seine Verantwortlichkeit: Ist treu c. Sein Lohn: Wird Verwalter werden 4 **Gleichnis 3: Der böse Knecht** a. Seine Haltung: Reichlich Zeit b. Sein Verhalten: Ungerecht und weltlich c. Sein Gericht: Wird verurteilt 1) Der Herr überrascht ihn 2) Der Herr verurteilt ihn zum Tod – mit den Heuchlern
1 **Die Pflicht des Gläubigen: Wachen** a. Der Herr kommt wieder b. Genaue Zeit unbekannt 2 **Gleichnis 1: Der Hausherr (vorgeblicher Gläubiger)** a. Muß ein Haus versorgen b. War nicht wachsam c. Erlitt Schaden d. Punkt: Bereitschaft ist grundlegend, denn Christus kommt unerwartet 3 **Gleichnis 2: Der treue und kluge Knecht (wahrer Gläubiger)** a. Seine Pflicht: Beaufsichtigen und speisen	42 So wachet nun, da ihr nicht wißt, in welcher Stunde euer Herr kommt! 43 Das aber erkennt: Wenn der Hausherr wüßte, in welcher Nachtstunde der Dieb käme, so würde er wohl wachen und nicht in sein Haus einbrechen lassen. 44 Darum seid auch ihr bereit! Denn der Sohn des Menschen kommt zu einer Stunde, da ihr es nicht meint. 45 Wer ist nun der treue und kluge Knecht, den sein Herr über seine Dienerschaft gesetzt hat, damit er ihnen die Speise gibt zur rechten Zeit?		

ABSCHNITT XV

DIE VORHERSAGE VON DER WIEDERKUNFT DES MESSIAS UND DEM ENDE DER WELT: DIE ENDZEITREDE AUF DEM ÖLBERG, 24,1-25,46

E. Die Rückkehr des Herrn und die Pflicht des Gläubigen: Wachen – bereit sein – treu und weise sein, 24,42-51

(24,42-51) **Einführung**: Es ist äußerst wichtig, sich daran zu erinnern, daß dies die letzte Woche Christi auf der Erde war. Es war seine letzte Gelegenheit, die Jünger etwas zu lehren. Alles, was er sagte, war von entscheidender Bedeutung und mußte aus reiner Notwendigkeit klar und zielgerichtet sein. Er hatte die Jünger dazu gebracht, zwei spannende Fragen zu stellen: "Wann wird dies geschehen [die Zerstörung des Tempels oder Jerusalems], und was wird das Zeichen deiner Wiederkunft und des Endes der Weltzeit sein?" (V3). (Siehe Anmerkung – Mt 24,1-25,46.)

Christus hatte die Fragen der Jünger gerade beantwortet. Jetzt kam er zum grundlegend wichtigen Punkt der Anwendung. Da er zur Erde zurückkehren würde und Gott den genauen Zeitpunkt geheimhalten wollte, was sollte der Gläubige tun? Wie sollte er leben? Was war seine Pflicht? Christus beantwortete diese Fragen mit einem kräftigen Wort: "Wachet!" Dann benutzte er drei Gleichnisse, um zu erklären, was er mit diesem starken Ausspruch meinte: "Wachet!"

1. Die Pflicht des Gläubigen: Wachen (V42).
2. Gleichnis 1: Der Hausherr (ein vorgeblicher Gläubiger) (V43-44).
3. Gleichnis 2: Ein treuer und kluger Knecht (ein wahrer Gläubiger) (V45-47).
4. Gleichnis 3: Ein böser Knecht (V48-51).

[1] (24,42) **Wachen** (gregoreo): Sich wachhalten, aufmerksam bleiben, wachsam und munter sein, umsichtig sein. Es umfaßt auch die Vorstellung von Motivation, der Konzentration der Aufmerksamkeit (Gedanken) auf eine bestimmte Sache. Wachen enthält auch die Vorstellung, *zur rechten Zeit* aufmerksam zu sein. In der Nacht muß man wegen des Diebes auf der Wacht sein (vgl. 1Thess 5,4-9).

Der Herr sagte: "Wachet!" Was heißt es für den Gläubigen, zu *wachen*? (Mt 26,41; Mk 13,33;34;36; 14,38; vgl. 1Kor 16,13; 1Thess 5,6; 2Tim 4,5; 1Petr 4,7).

1. Der Gläubige *wacht* und ist *bereit*, wenn der Herr wiederkommt. Er kennt die genaue Stunde der Wiederkunft nicht, deshalb muß er die ganze Zeit über wachen und bereit sein (V42-44). Er sollte so bereit sein, daß er die Augen offenhält und nach den Zeichen der Rückkehr Christi ausschaut.
2. Der Gläubige *wacht* in seinem Dienst und seiner Pflicht gegenüber Gott. Er sieht darauf, daß er treu und klug dient (V45).
3. Der Gläubige *wacht* über seine *Haltung und sein Verhalten* (V48-49). Er richtet seinen Sinn auf die Rückkehr des Herrn und lebt nüchtern und gottgefällig unter den anderen.

> "Denn obgleich wir im Fleisch wandeln, so kämpfen wir doch nicht nach Art des Fleisches; denn die Waffen unseres Kampfes sind nicht fleischlich, sondern mächtig durch Gott zur Zerstörung von Festungen, so daß wir Vernunftschlüsse zerstören und jede Höhe, die sich gegen die Erkenntnis Gottes erhebt, und jeden Gedanken gefangennehmen zum Gehorsam gegen Christus." (2Kor 10,3-5)
>
> "Sie nimmt uns in Zucht, damit wir die Gottlosigkeit und die weltlichen Begierden verleugnen und besonnen und gerecht und gottselig leben in der jetzigen Weltzeit, während wir warten auf die glückselige Hoffnung und die Erscheinung der Herrlichkeit unseres großen Gottes und Retters Jesus Christus." (Tit 2,12-13)

4. Der Gläubige *wacht*, indem er bereit ist, zu sterben und dem Herrn durch den Tod zu begegnen (Hebr 9,27). Christus erwähnt diesen Punkt nicht, aber seine Wahrheit ist jedem reifenden Gläubigen klar.

Matthäus 24,42-51

2 (24,43-44) **Wiederkunft Jesu Christi**: Das erste Gleichnis beschäftigt sich mit einem Hausherrn. Er steht für den vorgeb-lichen Gläubigen. Christus teilte vier Dinge mit.

1. Der Hausherr mußte sich um ein Haus kümmern. Er war gesegnet, weil er ein Haus voller Besitztümer besaß. Seine Habseligkeiten waren wertvoll genug, um einen Dieb anzulocken.
2. Der Hausherr war nicht wachsam.
   a. Er wußte, daß der Dieb kam und daß er in dieser Nacht kam. Er wußte nur nicht, in welcher Nachtwache er kommen würde. (Jede Wache wurde in drei Stunden unterteilt, z.B. 12-3 Uhr, 3-6 Uhr.)
   b. Der Hausherr begann zu wachen. Er hatte versucht, sein Haus zu schützen; die Tür war verriegelt und die Fenster geschlossen. Er blieb auf und horchte auf jedes Geräusch, bereit für den Versuch, sein Haus zu schützen.
   c. Der Hausherr versagte darin, sein Haus zu schützen, und zwar an der unerwartetsten Stelle. Er wachte einfach nicht *lang genug*. Als die Zeit weiter fortschritt, wurde er immer müder und nickte schließlich ein. Der Hausherr versagte darin...
     - lang genug wach zu bleiben.
     - lang genug aufmerksam zu bleiben.
     - lang genug auf die Geräusche (Zeichen) zu achten.
     - lang genug aktiv zu bleiben.
     - lang genug Wache zu stehen.
3. Der Hausherr erlitt Schaden. Der Dieb kam, während er schlief. Der Hausherr ließ das Wachen sein und der Dieb stieg in sein Haus ein und nahm die wertvollsten Dinge mit.
4. Christi Botschaft ist deutlich: Bereitschaft ist grundlegend. Mit *Bereitschaft* meinte Christus Gewissenhaftigkeit. Wir sollen gewissenhaft ein gerechtes Leben führen und auf seine Rückkehr warten.

> "Da nun dies alles derart aufgelöst wird, wie sehr solltet ihr euch auszeichnen durch heiligen Wandel und Gottseligkeit...Wir erwarten aber nach seiner Verheißung neue Himmel und eine neue Erde, in denen Gerechtigkeit wohnt." (2Petr 3,11;13)

Christus nannte uns zwei Gründe, warum wir bereit sein sollen: (a) Er kommt ganz bestimmt und (b) er kommt zu einem Zeitpunkt, zu dem die Unvorbereiteten ihn nicht erwarten werden (V44, 50).

> "Das aber erkennt: Wenn der Hausherr wüßte, zu welcher Stunde der Dieb käme, so würde er wachen und nicht in sein Haus einbrechen lassen." (Lk 12,39)
>
> "Im Haus meines Vaters sind viele Wohnungen; wenn nicht, so hätte ich es euch gesagt. Ich gehe hin, um euch eine Stätte zu bereiten. Und wenn ich hingehe und euch eine Stätte bereite, so komme ich wieder und werde euch zu mir nehmen, damit auch ihr seid, wo ich bin." (Joh 14,2-3)
>
> "Denn ihr wißt ja genau, daß der Tag des Herrn so kommen wird wie ein Dieb in der Nacht...Ihr aber, Brüder, seid nicht in der Finsternis, daß euch der Tag wie ein Dieb überfallen könnte." (1Thess 5,2;4)
>
> "Es wird aber der Tag des Herrn kommen wie ein Dieb in der Nacht; dann werden die Himmel mit Krachen vergehen, die Elemente aber vor Hitze sich auflösen und die Erde und die Werke darauf verbrennen." (2Petr 3,10)
>
> "So denke nun daran, wie du empfangen und gehört hast, und bewahre es und tue Buße! Wenn du nun nicht wachst, so werde ich über dich kommen wie ein Dieb, und du wirst nicht erkennen, zu welcher Stunde ich über dich kommen werde." (Offb 3,3)
>
> "Und ich hörte den Engel der Gewässer sagen: Gerecht bist du, o Herr, der du bist und der du warst, und heilig, daß du so gerichtet hast!" (Offb 16,5)

<u>Gedanke 1</u> Die Rückkehr des Herrn ist nahe. Das ist eine Tatsache. Wir müssen aufmerksam bleiben und sorgfältig nach seiner Rückkehr Ausschau halten – heute!

<u>Gedanke 2</u> Das Haus kann für ein Menschenleben stehen. Jeder ist dafür verantwortlich, auf sein Leben zu achten. Christus sagt, daß wir unser Haus (Leben) durch "Wachen" und Bereitschaft für seine Wiederkunft bewahren, denn er könnte jeden Augenblick zurückkehren.

3 (24,45-47) **Wiederkunft Jesu Christi**: Das zweite Gleichnis betraf einen treuen und klugen Knecht. Er steht für den wahren Gläubigen, der Christus nicht nur bekennt, sondern auch für ihn lebt. Der wahre Gläubige kann Geistlicher, Lehrer oder ein Anfänger im Glauben sein. Doch man beachte: Nicht die Stellung des Gläubigen wird angesprochen, sondern seine Treue und Klugheit. Der einfachste Gläubige soll klug und treu sein, wer er auch ist und welche Berufung er auch hat.

Christ kleidet dieses Gleichnis in eine Frage: "Wer ist nun der treue und kluge Knecht?" Er tut dies, um zum weiteren Nachdenken über das Thema anzuregen und die persönliche Anwendung zu fördern. Christus behandelt drei Punkte zu dem klugen und treuen Knecht.

1. Er hat eine zweifache Pflicht. Er soll den Haushalt des Herrn *beaufsichtigen* und die Familie des Herrn *speisen*.
   a. Er soll den Haushalt des Herrn beaufsichtigen. Man beachte: Der Herr setzt ihn über seinen Haushalt. Der Knecht wählt sich nicht selbst und wird auch von den anderen Knechten (oder Kirchen) des Haushalts nicht gewählt. Allein der Herr setzt ihn über seine Familie.
   Er bekommt die Verantwortung, zu herrschen, zu beaufsichtigen und sich um Haushalt und Familie des Herrn zu kümmern. Doch er steht unter seinem Herrn und soll hauptsächlich durch sein Beispiel beaufsichtigen.

> "Hütet die Herde Gottes bei euch, indem ihr nicht gezwungen, sondern freiwillig Aufsicht übt, nicht nach schändlichem Gewinn strebend, sondern mit Hingabe, nicht als solche, die über das ihnen Zugewiesene herrschen, sondern indem ihr Vorbilder der Herde seid!" (1Petr 5,2-3)
>
> "Gehorcht euren Führern und fügt euch ihnen; denn sie wachen über eure Seelen als solche, die einmal Rechenschaft ablegen werden, damit sie das mit Freuden tun und nicht mit Seufzen; denn das wäre euch zum Schaden!" (Hebr 13,17)

   b. Er soll die Familie des Herrn zur rechten Zeit mit Nahrung versorgen. Die Familie braucht Nahrung. Es ist die

Matthäus 24,42-51

Pflicht des Knechtes, ihnen zu essen zu geben. Man beachte, daß er gibt; Geben ist seine Pflicht, nicht Nehmen (vgl. Hes 34,8; Apg 20,35). Er ernährt sie und er tut es "zur rechten Zeit," zum richtigen Zeitpunkt.

"Hütet die Herde Gottes bei euch." (1Petr 5,2)
"Weide meine Lämmer…Weide meine Schafe!" (Joh 21,15-17)

2. Seine Verantwortlichkeit wird deutlich gesagt. Der Herr kommt, und wenn er kommt, wird er beurteilen, was der treue Knecht tut. Der Knecht wird betrachtet und beobachtet werden, ob er *klug und treu* den Haushalt verwaltet und die Familie versorgt.

"Glückselig ist jener Knecht…bei solchem Tun." (Mt 24,46)
"Im übrigen wird von einem Verwalter nur verlangt, daß er treu erfunden wird." (1Kor 4,2)
"Dient einander, ein jeder mit der Gnadengabe, die er empfangen hat, als gute Haushalter der mannigfachen Gnade Gottes." (1Petr 4,10)
"Darum, meine geliebten Brüder, seid fest, unerschütterlich, nehmt immer zu in dem Werk des Herrn, weil ihr wißt, daß eure Arbeit nicht vergeblich ist im Herrn!" (1Kor 15,58)
"Habe acht auf dich selbst und auf die Lehre; bleibe beständig in diesen Dingen! Denn wenn du dies tust, wirst du sowohl dich selbst retten als auch die, welche auf dich hören." (1Tim 4,16)

3. Sein Lohn wird unglaublich sein. Der Herr wird den treuen Knecht zum Verwalter seines ganzen Besitzes machen. Der Gedanke dabei ist, daß er an die erste Stelle gesetzt wird: Zuerst betrachtet, geliebt und berücksichtigt, als ob er der Einzige wäre. Er hatte für den Herrn nur einen kleinen Teil verwaltet und betreut. Nun bekommt er eine viel größere Verantwortung, die er für seinen Herrn tragen soll.

"Wer im Geringsten treu ist, der ist auch im Großen treu; und wer im Geringsten ungerecht ist, der ist auch im Großen ungerecht." (Lk 16,10)
"Er, der sogar seinen eigenen Sohn nicht verschont hat, sondern ihn für uns alle dahingegeben hat, wie sollte er uns mit ihm nicht auch alles schenken?" (Röm 8,32)
"Sondern, wie geschrieben steht: Was kein Auge gesehen und kein Ohr gehört und keinem Menschen ins Herz gekommen ist, was Gott denen bereitet hat, die ihn lieben." (1Kor 2,9; vgl. Offb 2,26; 3,21)

Gedanke 1 Wer ist treu und klug? Der Gläubige, der "bei solchem Tun" angetroffen wird. Das bedeutet, daß er ausharrt (V13) und bei der Aufgabe wacht, die ihm der Herr gegeben hat (V42). (Siehe Anmerkung – Mt 24,42.)

Gedanke 2 Das ist ein herrlicher Gedanke: Sich vorzustellen, wie Christus den Himmel zerreißt und wiederkommt und zu wissen, daß er uns dann sofort bei der Arbeit für ihn sehen wird. Möge uns der Herr das schenken: Daß der erste Blick, den er bei seiner Rückkehr auf uns wirft, uns bei der Arbeit für ihn zeigt. Der Knecht ist gesegnet, "den sein Herr…bei solchem Tun finden wird." Man beachte, daß das Wort "Tun" eine fortgesetzte Handlung anzeigt.
Das ist ein schrecklicher Gedanke: Sich Christi Rückkehr vorzustellen und der erste Blick, den er auf uns wirft, zeigt uns…
- als Langschläfer
- halbherzig bei der Arbeit
- bei der Mißhandlung anderer
- im Streit
- bei einer unmoralischen Handlung
- beim übermäßigen Essen

4 (24,48-51) **Untreuer, böser und unvertrauenswürdiger Knecht**: Das dritte Gleichnis bezieht sich auf den bösen Knecht. Er steht für den vorgeblichen Gläubigen. Manche sagen, daß es sogar ein vorgeblicher Geistlicher sein kann. Wenn dem so ist, ist er trotz seines Bekenntnisses und seiner Stellung kein wahrer Gläubiger. Er ist *untreu* und *unvertrauenswürdig* (1Tim 1,12). Sein Leben ist eine Tragödie. Christus behandelt seine Haltung, sein Verhalten und sein Ende oder Gericht.

1. Seine Haltung. Man beachte das Wort *Herz*. Die Haltung seines Herzens ist: "Mein Herr säumt zu kommen! Ich habe noch viel Zeit." Eine solche Haltung kann durch verschiedene Dinge verursacht werden.
    ⇒ Zweifel an Gottes Wort, daß er jemals kommt.
    ⇒ Falschauslegung des Kommens des Herrn als nur symbolisch statt wirklich; es als Bild für eine geistliche Wahrheit betrachten, z.B. daß man nach dem Tod dem Herrn gegenübersteht.
    ⇒ Das Kommen des Herrn ignorieren, um so leben zu können, wie man will.
    ⇒ Das Kommen des Herrn als so weit weg denken, daß es wenig Bedeutung für heute hat.
2. Sein Verhalten. Man beachte: Nachdem der böse Knecht festgestellt hat, daß er noch viel Zeit hat, beginnt er zu leben, wie er will. *Seine Haltung* (sein Herz) *bestimmt sein Verhalten*.
    a. Er handelt ungerecht. Er beginnt, "die Mitknechte zu schlagen." Er strebt nach immer mehr Materiellem, Macht und Besitz. Er schlägt und mißhandelt jeden, der ihm im Weg steht. Er strebt nach "schändlichem Gewinn" (Ansehen, Wertschätzung, Gewinn, Besitz, Geld) und danach, *andere zu beherrschen* (1Petr 5,2-3).
    b. Er lebt fleischlich. Er beginnt, "mit den Schlemmern zu essen und zu trinken." Er geht mit ihnen, sitzt mit ihnen zusammen, schläft bei ihnen. Er ist ihr Gefährte in der Sünde. Er ist nachlässig und lebt zum Vergnügen des Fleisches.
3. Sein Ende und Gericht sind gewiß. Es gibt kein Entrinnen.
    a. Der Herr wird den bösen Knecht überraschen. Manche leugnen, daß der Herr kommt, um sie zu richten, andere ignorieren sein Kommen und wieder andere verbannen den Gedanken aus ihrem Kopf. Doch nichts wird das Kommen des Herrn verhindern: "So wird der Herr jenes [bösen] Knechtes…kommen." Und er wird kommen, wenn der böse Mensch ihn nicht erwartet. Für den bösen Knecht wird das Kommen des Herrn die schlimmste Erfahrung der menschlichen Geschichte werden (vgl. V21-22; Offb 6,15-17).
    Wenn wir darüber sprechen, dem Herrn zu begegnen, müssen wir uns daran erinnern, daß jeder dem Herrn bei seinem Tod begegnet: "Und so gewiß es den Menschen bestimmt ist, einmal zu sterben, danach aber das Gericht"

Matthäus 24,42-51

(Hebr 9,27). Christus sagt hier aus, daß der böse Mensch am Ende der Welt ein ewiges Urteil empfängt. Wie andere Schriftstellen belegen, wird am Ende der Welt der große weiße Thron des Gerichts aufgestellt.

   b. Der Herr wird den bösen Knecht zum Tode verurteilen – mit den Heuchlern. Er wird "entzweigehauen," vom Leben unter den Lebenden und den Gläubigen abgeschnitten, und was am tragischsten ist, er wird "entzweigehauen" von Gottes Gegenwart. Er bekommt seinen Platz bei den Heuchlern. Wo sind die Heuchler? Christus sagt: "Da wird das Heulen und Zähneknirschen sein" (siehe Anmerkung – Mt 8,12).

Die Sünde des bösen Knechtes, des falschen Bekenners, bewirkt einige schreckliche Dinge.

1. Er verführt sich selbst und andere. Er verführt andere, zu denken, daß sie das Gericht bei der Rückkehr des Herrn nicht erleben werden müssen, und wenn doch, daß es sehr milde ausfallen wird.
2. Er macht die Wahrheit der Ewigkeit, des Himmels, des Lebens mit Gott und des Gerichtes, durch das jeder gehen muß, gering.
3. Er nimmt von der Botschaft und Wirksamkeit des Evangeliums weg.
4. Er hält die Menschen von der Wahrheit ab. Er hält sie davon ab, zu wachen und sich vorzubereiten, zu schützen und zu bewachen und im Hinblick auf das Kommen des Herrn zu leben.

> **"Wenn aber dies anfängt zu geschehen, so richtet euch auf und erhebt eure Häupter, weil eure Erlösung naht." (Lk 21,28)**

> **"Im Haus meines Vaters sind viele Wohnungen; wenn nicht, so hätte ich es euch gesagt. Ich gehe hin, um euch eine Stätte zu bereiten. Und wenn ich hingehe und euch eine Stätte bereite, so komme ich wieder und werde euch zu mir nehmen, damit auch ihr seid, wo ich bin." (Joh 14,2-3)**

<u>**Gedanke 1**</u> Man beachte, daß Christus immer noch von einem Knecht spricht. Es gibt nur einen Unterschied: Dieser Knecht ist böse. Er kann ein Geistlicher, Lehrer oder Laie sein. Christus sagt, daß er ein böser Knecht ist und erklärt, was ihn böse macht.

<u>**Gedanke 2**</u> Der schlimmste aller Menschen ist der, der bekennt und gleichzeitig in Sünde lebt. Wie Christus sagt: "sein Teil [ist] mit den Heuchlern" (V51). Seine einzige Hoffnung ist, daß er seine Bosheit bekennt, Buße tut und sich zurück zu Gott wendet, voll Vertrauen auf seine wunderbare Gnade und Barmherzigkeit.

> **"Wenn wir aber unsere Sünden bekennen, so ist er treu und gerecht, daß er uns die Sünden vergibt und uns reinigt von aller Ungerechtigkeit." (1Joh 1,9)**

<u>**Gedanke 3**</u> Wer das Kommen des Herrn ignoriert, verdreht, falsch auslegt oder leugnet, lebt nach seinen *Sinnen* – was er über das physikalische Universum. Er lebt so, wie er die Dinge mit seinen Sinnen *erlebt*, nicht, wie Gott sie offenbart hat.

Matthäus 25,1-13

	KAPITEL 25	7 Da erwachten alle jene Jungfrauen und rüsteten ihre Lampen.	c. Alle erwachen: Bereiten die Lampen vor
	F. Das Gleichnis von den zehn Jungfrauen: Die Warnung, zu wachen, 25,1-13 (vgl. Lk 12,35-37)	8 Die törichten aber sprachen zu den klugen: Gebt uns von eurem Öl, denn unsere Lampen erlöschen!	d. Die Törichten sehen, daß ihre Lampen aus sind: Panisch – bitten um Öl
1 Beschreibt das Reich der Himmel	Dann wird das Reich der Himmel zehn Jungfrauen gleichen, die ihre Lampen nahmen und dem Bräutigam entgegengingen.	9 Aber die klugen antworteten und sprachen: Nein, es würde nicht reichen für uns und für euch. Geht doch vielmehr hin zu den Händlern und kauft für euch selbst!	e. Die Klugen haben kaum genug für sich selbst
2 Kluge und törichte Jungfrauen (Gläubige) besuchen eine Hochzeit			
a. Fünf sind klug, fünf sind töricht	2 Fünf von ihnen aber waren klug und fünf töricht.		
b. Die Törichten nehmen kein Lampenöl mit: Vorrat und Versorgung	3 Die törichten nahmen zwar ihre Lampen, aber sie nahmen kein Öl mit sich.	10 Während sie aber hingingen, um zu kaufen, kam der Bräutigam; und die bereit waren, gingen mit ihm hinein zur Hochzeit; und die Tür wurde verschlossen.	5 Der Bräutigam kommt und die Klugen versammeln sich
c. Die Klugen nehmen Lampenöl mit: Vorrat und Versorgung	4 Die klugen aber nahmen Öl in ihren Gefäßen mitsamt ihren Lampen.	11 Danach kommen auch die übrigen Jungfrauen und sagen: Herr, Herr, tue uns auf!	6 Den Törichten wird die Tür verschlossen
3 Der Bräutigam läßt lange auf sich warten: Alle schlafen ein	5 Als nun der Bräutigam auf sich warten ließ, wurden sie alle schläfrig und schliefen ein.		a. Die Tür war verschlossen
			b. Die Törichten bitten um Einlaß
4 Der große Aufruf, wenn er kommt		12 Er aber antwortete und sprach: Wahrlich, ich sage euch: Ich kenne euch nicht!	c. Die Törichten werden abgewiesen
a. Überraschung: Mitternacht	6 Um Mitternacht aber entstand ein Geschrei: Siehe, der Bräutigam kommt! Geht aus, ihm entgegen!	13 Darum wachet! Denn ihr wißt weder den Tag noch die Stunde, in welcher der Sohn des Menschen kommen wird.	7 Der Schluß: Wir müssen wachen und die Rückkehr des Herrn jeden Moment erwarten
b. Der Ruf: "Geht – ihm entgegen"			

ABSCHNITT XV

DIE VORHERSAGE VON DER WIEDERKUNFT DES MESSIAS UND DEM ENDE DER WELT: DIE ENDZEITREDE AUF DEM ÖLBERG, 24,1-25,46

F. Das Gleichnis von den zehn Jungfrauen: Die Warnung, zu wachen, 25,1-13

(25,1-13) **Einführung**: Der Gläubige muß für die Rückkehr des Herrn *wachen* und er muß dabei klug sein, nicht töricht (siehe Anmerkung – Mt 24,42). Das ist der Kern des Gleichnisses Jesu in diesem Abschnitt (V13): Das Gleichnis von den zehn Jungfrauen, fünf klugen und fünf törichten.
⇒ Der *Bräutigam* ist natürlich Christus selbst.
⇒ Die *Jungfrauen* sind die Gläubigen, alle, die sich zum Glauben bekennen. Die *fünf klugen Jungfrauen* sind wahre Gläubige, die *fünf törichten Jungfrauen* sind falsche Gläubige, die ein falsches Bekenntnis haben.
⇒ Die *Lampen* stehen für das Leben, d.h. das Zeugnis, das Herz und das Bekenntnis der Jungfrauen (bekennenden Gläubigen).
⇒ Das *Öl* ist die Gerechtigkeit, der heilige Geist, der die Lampen (Leben) der bekennenden Gläubigen erfüllen soll.

Das Gleichnis ist ein dramatisches Bild dessen, was mit allen bekennenden Gläubigen, klugen und törichten, geschehen wird, wenn der Herr wiederkommt.
1. Beschreibt das Reich der Himmel (V1).
2. Kluge und törichte Jungfrauen (Gläubige) besuchen eine Hochzeit (V1-4).
3. Der Bräutigam läßt lange auf sich warten: Alle schlafen ein (V5).
4. Der große Aufruf, wenn er kommt (V6-9).
5. Der Bräutigam kommt und die Klugen versammeln sich (V10).
6. Den Törichten wird die Tür verschlossen (V10-12).
7. Der Schluß: Wir müssen wachen und die Rückkehr des Herrn jeden Moment erwarten (V13).

NÄHERE BETRACHTUNG 1
(25,1-13) **Jüdische Hochzeit:** Dieses Ereignis war bei den Juden im Gegensatz zu den meisten Ländern ein weit verbreiteter Brauch. Die Hochzeitsfestlichkeiten, die eine ganze Woche dauerten, fanden in dem Haus statt, in dem das Paar leben würde. Der Bräutigam durfte auftauchen und das Haus betreten, wann es ihm gefiel, doch wenn er kommen wollte, schickte er immer einen Mann voraus, der rief: "Der Bräutigam kommt!" Das ermöglichte es jedem, sich auf seine Ankunft vorzubereiten. Die Braut hatte zehn Mädchen (Jungfrauen) bei sich, die immer bereit waren, loszulaufen und den Bräutigam zu empfangen. Falls er nachts kam, mußten sie Lampen bereit haben, damit sie seinen Weg beleuchten konnten. Dieses Bild zeichnete Christus von seiner Wiederkunft.

NÄHERE BETRACHTUNG 2
(25,1-13) **Bräutigam Jesus Christus – großes Hochzeitsfest**: In der ganzen Schrift beinhaltet der Symbolismus hinter diesem Gleichnis drei Bilder.
1. Christus wird als Bräutigam dargestellt.

Matthäus 25,1-13

> "Denn wie ein Jüngling sich mit einer Jungfrau vermählt, so werden sich deine Kinder dir vermählen; und wie sich ein Bräutigam seiner Braut freut, so wird sich dein Gott über dich freuen." (Jes 62,5)
>
> "Und Jesus sprach zu ihnen: Können die Hochzeitsgäste trauern, solange der Bräutigam bei ihnen ist? Es werden aber Tage kommen, da der Bräutigam von ihnen genommen sein wird, und dann werden sie fasten." (Mt 9,15)
>
> "Wer die Braut hat, der ist der Bräutigam; der Freund des Bräutigams aber, der dasteht und ihn hört, ist hoch erfreut über die Stimme des Bräutigams. Diese meine Freude ist nun erfüllt." (Joh 3,29)
>
> "Sondern in den Tagen der Stimme des siebten Engels, wenn er in die Posaune stoßen wird, soll das Geheimnis Gottes vollendet werden, wie er seinen Knechten, den Propheten, als Heilsbotschaft verkündet hat...Und ich ging zu dem Engel und sprach zu ihm: Gib mir das Büchlein! Und er sprach zu mir: Nimm es und iß es auf; und es wird dir Bitterkeit im Bauch verursachen, in deinem Mund aber wird es süß sein wie Honig." (Offb 10,7;9)
>
> "Und ich, Johannes, sah die heilige Stadt, das neue Jerusalem, von Gott aus dem Himmel herabsteigen, zubereitet wie eine für ihren Mann geschmückte Braut." (Offb 21,2)

2. Die Gläubigen und die Kirche werden als Braut Christi dargestellt.

> "Denn wie ein Jüngling sich mit einer Jungfrau vermählt, so werden sich deine Kinder dir vermählen; und wie sich ein Bräutigam seiner Braut freut, so wird sich dein Gott über dich freuen." (Jes 62,5)
>
> "Und ich will dich mir verloben auf ewig und will dich mir verloben in Recht und Gerechtigkeit, in Gnade und Erbarmen." (Hos 2,19)
>
> "Also seid auch ihr, meine Brüder, dem Gesetz getötet worden durch den Leib des Christus, damit ihr einem anderen angehört, nämlich dem, der aus den Toten auferweckt worden ist, damit wir Gott Frucht bringen." (Röm 7,4)
>
> "Denn wir sind Glieder seines Leibes, von seinem Fleisch und von seinem Gebein." (Eph 5,30)
>
> "Denn ich eifere um euch mit göttlichem Eifer; denn ich habe euch einem Mann verlobt, um euch als eine reine Jungfrau dem Christus zuzuführen." (2Kor 11,2)
>
> "Laßt uns fröhlich sein und jubeln und ihm die Ehre geben! Denn die Hochzeit des Lammes ist gekommen, und seine Frau hat sich bereit gemacht." (Offb 19,7)
>
> "Und ich, Johannes, sah die heilige Stadt, das neue Jerusalem, von Gott aus dem Himmel herabsteigen, zubereitet wie eine für ihren Mann geschmückte Braut." (Offb 21,2)
>
> "Und der Geist und die Braut sprechen: Komm! Und wer es hört, der spreche: Komm! Und wen dürstet, der komme; und wer will, der nehme das Wasser des Lebens umsonst!" (Offb 22,17)

3. Die Rückkehr des Herrn wird als großes Hochzeitsfest dargestellt.

> "Laßt uns fröhlich sein und jubeln und ihm die Ehre geben! Denn die Hochzeit des Lammes ist gekommen, und seine Frau hat sich bereit gemacht...Und er sprach zu mir: Schreibe: Glückselig sind die, welche zum Hochzeitsmahl des Lammes berufen sind! Und er sprach zu mir: Dies sind die wahrhaftigen Worte Gottes!" (Offb 19,7;9)
>
> "Und es kam zu mir einer von den sieben Engeln, welche die sieben Schalen hatten, die mit den sieben letzten Plagen gefüllt waren, und redete mit mir und sprach: Komm, ich will dir die Frau, die Braut des Lammes zeigen!" (Offb 21,9; siehe Abriß und Anmerkungen – Mt 22,1-14)

1 (25,1) **Reich der Himmel – Wiederkunft Jesu Christi**: Das Wort *dann* verweist auf die Wiederkunft des Herrn zurück, die in Kapitel 24 besprochen wurde. Er sagte: "Dann [wenn der Herr wiederkommt] wird das Reich der Himmel zehn Jungfrauen [Gläubigen] gleichen." Fünf sind klug und fünf sind töricht, und die Klugen werden von den Törichten getrennt werden. Man beachte, daß *das Reich der Himmel* sich nicht nur auf den zukünftigen vollkommenen Daseinszustand bezieht, sondern auch auf den gegenwärtigen unvollkommenen Zustand der Kirche (siehe Nähere Betrachtung 3 – Mt 19,23-24; vgl. Mt 13,1-58).

Wenn Christus zurückkommt, wird eins deutlich werden – die Törichten im Reich, die ein falsches Bekenntnis in der Kirche und im Glauben haben, werden von den Klugen getrennt werden, "darum wachet!" (V13).

2 (25,1-4) **Gleichnis**: Kluge und törichte Jungfrauen (Gläubige) besuchen eine Hochzeit. Christus sagt drei Dinge über sie aus.

1. Die zehn Jungfrauen (alles bekennende Gläubige) nehmen ihre Lampen (Leben oder Zeugnis) und gehen los, um den Bräutigam zu empfangen. Alle Gläubigen nehmen ihr Leben und gehen los, um zu bezeugen, daß sie für Christus leben und auf ihn schauen. Alle bekennenden Gläubigen (ob nun wahre oder nur fromme und Kirchenmitglieder) gehen los, um den Herrn zu empfangen. Doch bei diesem "Entgegengehen" sind einige (fünf) klug und einige (fünf) töricht.

2. Die *törichten* Jungfrauen (Gläubige) nehmen kein Öl mit *außer dem, was bereits in ihren Lampen (Leben) ist*. Sie haben keinen *Vorrat an Gerechtigkeit* außer sich selbst, ihrer eigenen Gerechtigkeit. Sie haben keine Versorgung durch den heiligen Geist.

> "Er aber antwortete und sprach zu ihnen: Trefflich hat Jesaja von euch Heuchlern geweissagt, wie geschrieben steht: Dieses Volk ehrt mich mit den Lippen, doch ihr Herz ist fern von mir." (Mk 7,6)
>
> "Denn von innen, aus dem Herzen des Menschen, kommen die bösen Gedanken hervor, Ehebruch, Unzucht, Mord, Diebstahl." (Mk 7,21)
>
> "Wie geschrieben steht: Es ist keiner gerecht, auch nicht einer." (Röm 3,10)

3. Die *klugen* Jungfrauen (Gläubige) nehmen Öl mit; sie wollen nicht von dem abhängig sein, was in ihren Lampen (Leben) ist. Während sie durch das Leben gehen, um den Bräutigam (Christus) zu empfangen, verschaffen sie sich zusätzliches Öl, den Vorrat an Gerechtigkeit, die Versorgung durch den heiligen Geist.

Matthäus 25,1-13

"Denn er hat den, der von keiner Sünde wußte, für uns zur Sünde gemacht, damit wir in ihm Gerechtigkeit Gottes würden." (2Kor 5,21).

"Denn ich eifere um euch mit göttlichem Eifer; denn ich habe euch einem Mann verlobt, um euch als eine reine Jungfrau dem Christus zuzuführen." (2Kor 11,2)

"Diese sind es, die sich mit Frauen nicht befleckt haben; denn sie sind jungfräulich [rein]. Diese sind es, die dem Lamm nachfolgen, wohin es auch geht. Diese sind aus den Menschen erkauft worden als Erstlinge für Gott und das Lamm." (Offb 14,4)

<u>Gedanke 1</u> Die Hauptaufgabe der Jungfrauen (Gläubigen) ist, den Bräutigam zu empfangen und ihm den Weg zu beleuchten.

<u>Gedanke 2</u> Man beachte: Zwischen den Jungfrauen gab es keinen sichtbaren Unterschied. Sie hatten alle Lampen und sie waren alle zur Hochzeit eingeladen. Der Mangel an Vorrat bei den Törichten wurde erst entdeckt, als der Bräutigam wirklich kam.

<u>Gedanke 3</u> Wie töricht, sich nur auf das Öl zu verlassen, was man in seiner Lampe oder Leben hat! Niemand hat genug Öl, genug Gerechtigkeit, um sich selbst vollkommen zu machen, d.h. um sich für Gott annehmbar zu machen.

<u>Gedanke 4</u> Wenn Christus kommt, muß er Gerechtigkeit bei einem Menschen finden, damit dieser zu Gottes Gegenwart zugelassen wird. Man muß durch den Glauben "göttlicher Natur teilhaftig" werden (2Petr 1,4). (Siehe <u>Nähere Betrachtung 2</u>, <u>Rechtfertigung</u> – Röm 4,22; 5,1.)

[3] (25,5) **Wiederkunft Jesu Christi**: Christus sagte etwas Interessantes. Der Bräutigam ließ lange auf sich warten und *alle* Jungfrauen schliefen ein – nicht nur die törichten, sondern *alle* Jungfrauen schliefen.

1. Der Gedanke ist, daß der Bräutigam länger wartete, als angenommen wurde. Die Jungfrauen hatten ihre Lampen angezündet, da sie ihn jeden Moment erwarteten, doch er kam nicht. Während sie warteten, rückte die Nacht immer weiter vor.

Aus der Sicht vieler *hat* sich die Rückkehr des Herrn immer weiter verzögert, weit über das hinaus, was viele angenommen und gelehrt haben (vgl. 2Petr 3,3-4;9-10).

2. Alle Jungfrauen schliefen ein. Nicht nur die Törichten schliefen ein, sondern auch die Klugen (siehe <u>Nähere Betrachtung 3,4</u> – Mt 25,5). Das ist im ganzen Leben wahr. Sogar die Klugen werden müde und müssen sich immer mehr mühen, wach und aufmerksam zu bleiben, die ganze Zeit auf Hochtouren zu laufen. Kein Gläubiger, wer er auch ist, lebt auch nur annähernd so, wie er sollte. Die Welt ist zu dunkel und die Dunkelheit zu dicht, als daß der Gläubige genug Licht sehen könnte, um immer den Zug der schweren Augenlider zu überwinden.

⇒ Sein Körper ist zu schwach, um *immer zu arbeiten*.
⇒ Sein Verstand ist zu unterentwickelt, um sich *immer zu konzentrieren*.
⇒ Seine Energie ist zu begrenzt, um *immer in Schwung zu sein*.
⇒ Sein Geist ist zu jung, um *immer opferbereit zu sein*.
⇒ Seine Motive drehen sich zu sehr um sich selbst, um *immer selbstlos zu leben*.

"So wachet nun! Denn ihr wißt nicht, wann der Herr des Hauses kommt, am Abend oder zur Mitternacht oder um den Hahnenschrei oder am Morgen; damit er nicht, wenn er unversehens kommt, euch schlafend findet. Was ich aber euch sage, das sage ich allen: Wachet!" (Mk 13,35-37)

"Sagt ihr nicht: Es sind noch vier Monate, dann kommt die Ernte? Siehe, ich sage euch: Hebt eure Augen auf und seht die Felder an; sie sind schon weiß zur Ernte." (Joh 4,35)

"Und dieses [sollen wir tun] als solche, die die Zeit verstehen, daß nämlich die Stunde schon da ist, daß wir vom Schlaf aufwachen sollten; denn jetzt ist unsere Errettung näher, als da wir gläubig wurden." (Röm 13,11)

"Darum, meine geliebten Brüder, seid fest, unerschütterlich, nehmt immer zu in dem Werk des Herrn, weil ihr wißt, daß eure Arbeit nicht vergeblich ist im Herrn!" (1Kor 15,58)

"Und alles, was ihr tut, das tut von Herzen, als für den Herrn und nicht für Menschen." (Kol 3,23)

"So laßt uns auch nicht schlafen wie die anderen, sondern laßt uns wachen und nüchtern sein!" (1Thess 5,6)

"Aus diesem Grund erinnere ich dich daran, die Gnadengabe Gottes wieder anzufachen, die durch Auflegung meiner Hände in dir ist." (2Tim 1,6)

"Alles, was deine Hand zu tun vorfindet, das tue mit deiner ganzen Kraft; denn im Totenreich, dahin du gehst, ist kein Wirken mehr und kein Planen, keine Wissenschaft und keine Weisheit!" (Pred 9,10)

<u>Gedanke 1</u> Christus hat sein Kommen länger hinausgezögert, als mancher erwartet hat. Warum? Nur Gott weiß es, doch die Schrift gibt einige Hinweise.
1) Gottes Absichten müssen sich vollständig erfüllen.
2) "Die Zeiten der Heiden" müssen sich vollständig erfüllen.
3) Gottes Liebe muß vollständig erwiesen werden, anscheinend einer bestimmten Anzahl Menschen. Eine bestimmte Anzahl Menschen muß scheinbar gerettet sein, bevor Christus wiederkommt.
4) Das Evangelium muß zuerst "in der ganzen Welt verkündigt werden, zum Zeugnis für alle Heiden" (Mt 24,14).
5) Die Ernte muß *reifen* und dann *eingebracht werden*.
6) Die Leiden Christi müssen vollständig erfüllt sein (siehe Anmerkung – Kol 1,24).
7) Gott ist langmütig und will nicht, daß auch nur einer verloren geht (2Petr 3,9).

<u>Gedanke 2</u> Eine zielgerichtete Frage muß beantwortet werden. Erinnern wird uns an den Eifer, den wir hatten, als wir uns gerade bekehrt hatten? Warum verschwindet er mit fortschreitender Zeit?
⇒ Wir haben nicht alle Liebe zu Christus verloren, doch wir haben unsere erste Liebe verlassen (Offb 2,4).
⇒ Wir haben nicht alle Anbetung Gottes beendet, aber wir haben unsere erste Pflicht zur Anbetung verloren.

Matthäus 25,1-13

⇒ Wir haben nicht alles Zeugnis für Christus aufgegeben, doch unsere erste Leidenschaft ist abgekühlt.
⇒ Wir haben uns nicht von aller Gerechtigkeit abgewandt, aber wir haben uns von unserer ersten Aufmerksamkeit ablenken lassen.

Gedanke 3 Man beachte, daß die Jungfrauen sich gestatteten, schläfrig zu werden und dann führte die Schläfrigkeit zum Schlaf. Wir müssen uns gegen die Schläfrigkeit wappnen, gegen das Abkühlen. Etwas Schläfrigkeit und etwas für eine kleine Weile abgekühlter Eifer mögen nicht allzuschlimm erscheinen, doch der erste schritt, wie klein er auch ist, führt zu schweren Augenlidern.

NÄHERE BETRACHTUNG 3
(25,5) **Schläfrig werden** (enustazan): Einnicken; ein Nickerchen halten.

NÄHERE BETRACHTUNG 4
(25,5) **Schlafen – Schlaf** (katheudo): Sich schlafen legen. Das ist der natürliche Nachtschlaf eines Menschen.

---

4 (25,6-9) **Wiederkunft Jesu Christi**: Der große Aufruf. Christus sagte mehrere Dinge.

1. Der Aufruf wird eine große Überraschung und völlig unerwartet sein. Er wird zu einer überraschenden Zeit kommen: Mitternacht, die überraschendste Stunde, wo man am tiefsten schläft und kaum gestört wird. In dieser Stunde schlafen alle. Christus kommt wie ein Dieb in der Nacht.

2. Der Aufruf wird ein Ruf sein: "Geht aus, ihm entgegen!" (vgl. Mt 24,31; 1Thess 4,16). Das Wort "kommt" fehlt in den besten und ältesten griechischen Handschriften. Dort heißt der Ruf einfach: "Siehe, der Bräutigam," was ihn noch viel kräftiger macht. Man beachte zweierlei.
   a. Was der Ruf ist: "Geht aus, ihm entgegen!"
   b. Was der Ruf bewirkt: Er weckt, schockiert, stört. Er ist vollkommen unerwartet. Der Ruf weckt die Schläfer auf und fordert: "Geht aus, ihm entgegen!"

3. Alle stehen auf und bereiten ihre Lampen vor. Alle Jungfrauen (bekennende Gläubig) stehen auf, denn der Ruf zerreißt die Stille, erschreckt die Jungfrauen und fordert sofortiges Aufstehen. *Keine schläft weiter.* Jede springt auf. Die Stimme fordert Gehorsam, denn der Bräutigam kommt. Und alle fangen sofort an, ihre Lampen vorzubereiten (siehe Nähere Betrachtung 5 – Mt 25,7).

4. Alle Törichten entdecken etwas Erschreckendes: Ihre Lampen sind ausgebrannt. Der Bräutigam war nicht gekommen, als die Lampen noch brannten und jetzt war das ganze Öl darin aufgebraucht. Sie wurden panisch, denn sie sahen, daß ihre Lampen nicht vorbereitet waren. Sie hatten nicht das nötige Öl (Gerechtigkeit), um ihre Lampen (Leben) beim Kommen des Bräutigams leuchten zu lassen.

> "Habt aber acht auf euch selbst, daß eure Herzen nicht beschwert werden durch Rausch und Trunkenheit und Sorgen des Lebens, und jener Tag unversehens über euch kommt! Denn wie ein Fallstrick wird er über alle kommen, die auf dem ganzen Erdboden wohnen." (Lk 21,34-35)
>
> "Denn weil sie die Gerechtigkeit Gottes nicht erkennen und ihre eigene Gerechtigkeit aufzurichten trachten, haben sie sich der Gerechtigkeit Gottes nicht unterworfen." (Röm 10,3)
>
> "Deren Verstand verfinstert ist und die entfremdet sind dem Leben Gottes, wegen der Unwissenheit, die in ihnen ist, wegen der Verhärtung ihres Herzens." (Eph 4,18)
>
> "Sie wissen aber nicht, was der HERR im Sinne hat, und merken seinen Ratschluß nicht, daß er sie zusammengebracht hat wie Garben auf der Tenne." (Mi 4,12)

5. Die Klugen hatten kaum genug für sich selbst. Man beachte zweierlei.
   ⇒ Sie hatten sich vorbereitet. Sie hatten das nötige Öl (Gerechtigkeit), um die Lampen (Leben) beim Kommen des Bräutigams leuchten zu lassen.
   ⇒ Sie hatten gerade so genug für ihre eigenen Lampen. Sie konnten von ihrem Öl denen nichts abgeben, die nichts hatten.

> "Eure Lenden sollen umgürtet sein und eure Lichter brennend; und seid Menschen gleich, die ihren Herrn erwarten, wenn er von der Hochzeit aufbrechen wird, damit, wenn er kommt und anklopft, sie ihm sogleich auftun." (Lk 12,35-36)
>
> "Werdet doch wirklich nüchtern und sündigt nicht! Denn etliche haben keine Erkenntnis Gottes; das sage ich euch zur Beschämung." (1Kor 15,34)
>
> "Darum heißt es: Wache auf, der du schläfst, und stehe auf aus den Toten, so wird der Christus dich erleuchten!" (Eph 5,14)
>
> "Ihr alle seid Kinder des Lichts und Kinder des Tages. Wir gehören nicht der Nacht an noch der Finsternis. So laßt uns auch nicht schlafen wie die anderen, sondern laßt uns wachen und nüchtern sein!" (1Thess 5,5-6)
>
> "Siehe, ich komme wie ein Dieb! Glückselig ist, wer wacht und seine Kleider bewahrt, damit er nicht entblößt einhergeht und man seine Schande sieht!" (Offb 16,15)
>
> "Laßt uns fröhlich sein und jubeln und ihm die Ehre geben! Denn die Hochzeit des Lammes ist gekommen, und seine Frau hat sich bereit gemacht." (Offb 19,7)

Gedanke 1 Der Tod ist üblicherweise eine Überraschung, doch er kommt zu uns allen. Das gleiche gilt für die Rückkehr des Herrn. Seine Rückkehr ist so sicher wie der Tod und sie wird so überraschend sein wie die meisten Tode.

Gedanke 2 Wenn der Aufruf kommt, werden alle aufstehen. Keiner – ob im Grab, im Meer oder über die Welt verstreut – wird übrigbleiben. Überraschend und schockierend werden alle aufstehen, wenn der Ruf ertönt. Lebende und Tote gleichermaßen werden aufstehen, um dem Herrn in der Luft zu begegnen (1Thess 4,14f).

Matthäus 25,1-13

<u>Gedanke 3</u> Als Christus zum ersten Mal auf die Erde kam, wurde es der Welt nicht groß angekündigt. Nur einige wenige wußten es, als er als Baby in Bethlehem zur Welt kam. Doch wenn er wiederkommt, wird die Welt – alle Menschen – es wissen. Ein allgemeiner Ruf, die Stimme des Erzengels, wird alle auffordern, aufzustehen und sich auf das Kommen des Bräutigams vorzubereiten.

<u>Gedanke 4</u> *Die Gerechtigkeit Christi* ist das einzige Öl, mit dem die Lampe des Lebens brennt. *Die Gerechtigkeit Christi* ist das einzige Öl, das für Gott annehmbar ist. Wer sich nur auf das Öl in seiner Lampe oder Leben verläßt, wer sich kein zusätzliches Öl besorgt, ist töricht – so töricht wie die törichten Jungfrauen – denn der Bräutigam kommt ganz sicher. Es wird Mitternacht sein, ja, doch Mitternacht kommt. Tatsächlich verraten uns unsere Uhren, daß es jetzt schon fast Mitternacht ist.

<u>Gedanke 5</u> *Klug* ist das richtige Wort für einen Menschen, der sich zusätzliches Öl (Gerechtigkeit) besorgt, denn er bereitet sich auf das Unausweichliche vor.

<u>Gedanke 6</u> Manche Dinge kann man nicht borgen. Gerechtigkeit gehört dazu (2Kor 5,21; Eph 4,24).

NÄHERE BETRACHTUNG 5
(25,7) **Lampen**: Eine Lampe vorzubereiten heißt nichts anderes, als das obere, verbrannte Ende des Dochtes abgeschnitten oder gereinigt wird. Natürlich mußte die Lampe auch mit Öl aus dem Vorrat aufgefüllt werden.

---

5 (25,10) **Wiederkunft Jesu Christi**: Der Herr wird zurückkehren und die Klugen versammeln. Christus teilte uns zwei Hauptpunkte mit.

1. "Der Bräutigam kam": Drei einfache und doch starke Worte. So wird Christus kommen. Der Tag wird kommen, an dem gesagt wird: "Der Bräutigam, Christus selbst, kam."

> "Wenn aber der Sohn des Menschen in seiner Herrlichkeit kommen wird und alle heiligen Engel mit ihm, dann wird er auf dem Thron seiner Herrlichkeit sitzen." (Mt 25,31)
> "Denn der Herr selbst wird, wenn der Befehl ergeht und die Stimme des Erzengels und die Posaune Gottes erschallt, vom Himmel herabkommen, und die Toten in Christus werden zuerst auferstehen." (1Thess 4,16)

2. Nur die, die *bereit* waren, gingen mit dem Bräutigam zur Hochzeitsfeier hinein. Das war ihre Absicht, der Grund, aus dem sie bereit waren. Sie hatten auf sein Kommen gewartet, deshalb waren sie bereit. Als der Aufruf kam, konnten sie sich dem Zug des Bräutigams anschließen und zum Hochzeitsfest hineingehen. Die Hochzeitsfreude gehörte ihnen (Joh 17,24. Siehe <u>Nähere Betrachtung 2, Großes Hochzeitsfest</u> – Mt 25,1-13.)

> "Und er wird seine Engel aussenden mit starkem Posaunenschall, und sie werden seine Auserwählten versammeln von den vier Winden her, von einem Ende des Himmels bis zum anderen." (Mt 24,31)

<u>Gedanke 1</u> "Die Fülle der Zeit" wird wiederkommen: Die Zeit für das Hochzeitsfest des Lammes und seiner Kirche.

<u>Gedanke 2</u> Wer "bereit" ist, wird zur Hochzeit eingelassen. Nur wer *bereit* ist, darf hineinkommen. Es ist Gott, der uns bereitmacht (2Kor 5,5).

6 (25,10-12) **Wiederkunft Jesu Christi**: Den Törichten wird die Tür verschlossen.

1. Die Tür wurde verschlossen. Das war im Osten so üblich. Wenn alle Gäste angekommen waren, wurde die Tür verschlossen. Das geschah, um die Hochzeitsgesellschaft zu *sichern* und Eindringlinge *auszuschließen*. Nur die Gäste gehörten dazu, andere mußten draußen bleiben. Wenn Christus kommt, wird die Himmelstür verschlossen werden. Nur die *Bereiten*, die wahren Gäste, werden in der großen Hochzeitsfreude *sicher* sein. Die Unvorbereiteten werden die Tür verschlossen finden, *um sie auszuschließen*.
2. Die Törichten bitten um Einlaß. Einfach gesagt kamen die Törichten *zu spät*. Sie kamen zu spät, um sich dem Hochzeitszug anzuschließen und zu spät, um mit hineinzugehen. Man beachte, wie der Herr ihre Verzweiflung betont: Sie rufen: "Herr, Herr." Sie wissen nun etwas, dem sie zuvor keine große Aufmerksamkeit geschenkt hatten: *Vorbereitung ist unerläßlich*. Nun war die Tür verschlossen und sie waren ausgesperrt. Sie sind vom großen Hochzeitsfest des Bräutigams ausgeschlossen. Für sie ist es zu spät.
3. Die Törichten werden abgewiesen. Der Grund ist einfach: Der Bräutigam kennt sie nicht. Sie waren nicht bereit, als er kam, sie gehörten auch nicht zum Hochzeitszug; deshalb erkennt er sie nicht. Er muß sagen: "Ich kenne euch nicht." Er kann nichts anderes sagen, denn...
- sie hatten sich nicht *vorbereitet*: Sie waren nicht bereit, als er kam.
- sie hatten an seinem Weg zur Hochzeit nicht *teilgenommen*: Er erkannte sie nicht wieder, er kannte sie nicht.

Christus lehrte immer wieder, daß der Tag kommt, an dem die Tür verschlossen wird (vgl. Joh 10,9).

> "Nicht jeder, der zu mir sagt: Herr, Herr! wird in das Reich der Himmel eingehen, sondern wer den Willen meines Vaters im Himmel tut. Viele werden an jenem Tag zu mir sagen: Herr, Herr, haben wir nicht in deinem Namen geweissagt und in deinem Namen Dämonen ausgetrieben und in deinem Namen viele Wundertaten vollbracht? Und dann werde ich ihnen bezeugen: Ich habe euch nie gekannt; weicht von mir, ihr Gesetzlosen!" (Mt 7,21-23)
> "Wenn einmal der Hausherr aufgestanden ist und die Türe verschlossen hat, dann werdet ihr anfangen, draußen zu stehen und an die Tür zu klopfen und zu sagen: Herr, Herr, tue uns auf! Dann wird er antworten und zu euch sagen: Ich weiß nicht, woher ihr seid! Dann werdet ihr anfangen zu sagen: Wir haben vor dir gegessen und getrunken, und auf unseren Gassen hast du gelehrt! Und er wird

Matthäus 25,1-13

antworten: Ich sage euch: Ich weiß nicht, woher ihr seid; weicht alle von mir, ihr Übeltäter!" (Lk 13,25-27)

Man beachte die Worte "Ich kenne euch nicht." Es ist so wichtig, daß Christus uns *kennt*, daß es in der Schrift immer wieder betont wird. Natürlich lernt uns Christus kennen, wenn wir Tag für Tag mit ihm leben und an seinem Weg teilnehmen.

"Ich habe euch nie gekannt; weicht von mir." (Mt 7,23)
"Ich bin der gute Hirte und kenne die Meinen." (Joh 10,14)
"Nun aber, da ihr Gott erkannt habt, ja vielmehr von Gott erkannt seid." (Gal 4,9)
"Denn ich habe ihn dafür erkoren." (1Mo 18,19. Dies sagt Gott von Abraham.)
"Ich kenne dich mit Namen." (2Mo 33,12. Dies sagt Gott von Moses.)
"Ich habe dich erlöst. Ich habe dich bei deinem Namen gerufen; du bist mein!" (Jes 43,1)

<u>Gedanke 1</u> Der Gedanke hinter der verschlossenen Tür ist zweifach.
1) Um die Klugen (Gläubigen) zu *sichern*. Der Kluge ist beim Hochzeitsfest des Herrn empfangen und bewillkommnet worden und teilt alle Freude dieses festlichen Anlasses. Er soll sich an allem erfreuen, was in der großen Festhalle geschieht. Andere Schriftstellen besagen, daß er ungebrochene und vollkommene Liebe, Freude und Friede erfahren wird. Er muß nie wieder in eine freudlose, unglückliche, vergängliche oder schmerzerfüllte Welt hinausgehen.

"Wer überwindet, den will ich zu einer Säule...meines Gottes machen, und er wird nie mehr hinausgehen." (Offb 3,12)

2) Um die Törichten (die nur bekennen) *auszuschließen*. Es war reichlich Zeit gewesen, es hatte reichlich Zeichen und Warnungen gegeben, sich vorzubereiten, doch die Törichten hatten es abgelehnt, sich für die Rückkehr des Herrn bereitzumachen (siehe Abriß – Röm 1,18-23; 2,11-15).

<u>Gedanke 2</u> Der törichte Mensch versagt an zwei Stellen.
1) Vorbereitung: Er versorgt sich nicht mit Öl (Gerechtigkeit) für seine Lampe *außer* dem, was er bereits an Öl darin hat. Er sieht keine Notwendigkeit für zusätzliches Öl oder Gerechtigkeit. Deshalb bereitet er sich nicht vor.
2) Teilnahme: Er kann den Bräutigam nicht auf seinem Weg zum großen Hochzeitsfest begleiten. Er hat kein zusätzliches Öl (Gerechtigkeit), also ist seine Lampe (Leben) nicht gut für den Bräutigam. Seine Lampe (Leben) kann dem Bräutigam nicht leuchten.

[7] (25,13) **Wachen – Wiederkunft Jesu Christi**: Der Schluß daraus ist, daß wir *wachen* und die Rückkehr des Herrn jeden Augenblick erwarten müssen.

1. Die Mahnung ist streng: "Darum wachet!" Der Gläubige muß sich vorbereiten und am Zug zum großen Hochzeitsfest teilnehmen. Er muß mit dem Herrn, dem Bräutigam, gehen. (Siehe Anmerkung, <u>Wachen</u> – Mt 24,42.)
2. Der Grund für das Wachen ist stark: "Ihr wißt weder den Tag noch die Stunde, in welcher der Sohn des Menschen kommen wird." Ungebrochene Vorbereitung ist entscheidend, denn er kann jeden Moment kommen.

"Darum wachet! Denn ihr wißt weder den Tag noch die Stunde, in welcher der Sohn des Menschen kommen wird." (Mt 25,13)
"Glückselig sind jene Knechte, welche der Herr, wenn er kommt, wachend finden wird! Wahrlich, ich sage euch: Er wird sich schürzen und sie zu Tisch führen und hinzutreten und sie bedienen." (Lk 12,37)
"Ihr alle seid Kinder des Lichts und Kinder des Tages. Wir gehören nicht der Nacht an noch der Finsternis. So laßt uns auch nicht schlafen wie die anderen, sondern laßt uns wachen und nüchtern sein!" (1Thess 5,5-6)
"Siehe, ich komme bald; halte fest, was du hast, damit [dir] niemand deine Krone nehme!" (Offb 3,11)
"Siehe, ich komme wie ein Dieb! Glückselig ist, wer wacht und seine Kleider bewahrt, damit er nicht entblößt einhergehe und man seine Schande sieht!" (Offb 16,15)

Matthäus 25,14-30

	G. Das Gleichnis von den Talenten: Die Pflicht des Gläubigen, zu arbeiten, 25,14-30	fangen hatte, und sprach: Herr, du hast mir zwei Talente übergeben; siehe, ich habe mit ihnen zwei andere Talente gewonnen.	und Gnade an 2) Arbeitete 100% für den Herrn
1 Der Herr reiste außer Landes	14 Denn es ist wie bei einem Menschen, der außer Landes reisen wollte, seine Knechte rief und ihnen seine Güter übergab.	23 Sein Herr sagte zu ihm: Recht so, du guter und treuer Knecht! Du bist über wenigem treu gewesen, ich will dich über vieles setzen; gehe ein zu deines Herrn Freude!	3) Bekam Lob und großen Lohn: Herrschaft und Freude
2 Der Herr übergab seine Güter seinen Knechten a. Rief seine Knechte b. Gab jedem ein anderes Stück c. Gab jedem nach seinen Fähigkeiten	15 Dem einen gab er fünf Talente, dem andern zwei, dem dritten eins, einem jeden nach seiner Kraft, und reiste sogleich ab.	24 Da trat auch der hinzu, der das eine Talent empfangen hatte, und sprach: Herr, ich kannte dich, daß du ein harter Mann bist. Du erntest, wo du nicht gesät, und sammelst, wo du nicht ausgestreut hast;	**6 Die Strafe für nicht getane Arbeit: Trennung und Beraubung** a. Die Gründe des Knechtes, nicht zu arbeiten 1) Er mißverstand Gott: Dachte, Gott wäre zu fordernd
3 Die Knechte behandelten die Güter unterschiedlich a. Zwei waren verantwortungsbewußt: Arbeiteten sofort 1) Waren treu und fleißig 2) Waren erfolgreich b. Einer war verantwortungslos: Versuchte es nicht	16 Da ging der hin, welcher die fünf Talente empfangen hatte, handelte mit ihnen und gewann fünf andere Talente. 17 Und ebenso der, welcher die zwei Talente [empfangen hatte], auch er gewann zwei andere. 18 Aber der, welcher das eine empfangen hatte, ging hin, grub die Erde auf und verbarg das Geld seines Herrn.	25 und ich fürchtete mich, ging hin und verbarg dein Talent in der Erde. Siehe, da hast du das Deine! 26 Aber sein Herr antwortete und sprach zu ihm: Du böser und fauler Knecht! Wußtest du, daß ich ernte, wo ich nicht gesät, und sammle, wo ich nicht ausgestreut habe?	2) Fürchtete Verlust auf der Erde b. Gottes Gründe, den Knecht zu verurteilen 1) Er war böse und faul 2) Er war inkonsequent 3) Er benutzte seine Gabe nicht
4 Der Tag der Abrechnung kam a. Nach langer Zeit b. Der Herr kam wieder	19 Nach langer Zeit aber kommt der Herr dieser Knechte und hält Abrechnung mit ihnen.	27 Dann hättest du mein Geld den Wechslern bringen sollen, so hätte ich bei meinem Kommen das Meine mit Zinsen zurückerhalten.	
5 Der Lohn für gute Arbeit: Noch mehr zu tun a. Der erste Knecht 1) Erkannte Gottes Gaben und Gnade an 2) Arbeitete 100% für den Herrn 3) Bekam Lob und großen Lohn: Herrschaft und Freude b. Der zweite Knechte 1) Erkannte Gottes Gaben	20 Und es trat der hinzu, der die fünf Talente empfangen hatte, brachte noch fünf andere Talente herzu und sprach: Herr, du hast mir fünf Talente übergeben; siehe, ich habe mit ihnen fünf andere Talente gewonnen. 21 Da sagte sein Herr zu ihm: Recht so, du guter und treuer Knecht! Du bist über wenigem treu gewesen, ich will dich über vieles setzen; gehe ein zu deines Herrn Freude! 22 Und es trat auch der hinzu, der die zwei Talente emp-	28 Darum nehmt ihm das Talent weg und gebt es dem, der die zehn Talente hat! 29 Denn wer da hat, dem wird gegeben werden, damit er Überfluß hat; von dem aber, der nicht hat, wird auch das genommen werden, was er hat. 30 Und den unnützen Knecht werft hinaus in die äußerste Finsternis! Dort wird das Heulen und Zähneknirschen sein.	c. Das Gericht 1) Bekam weggenommen, was er hatte 2) Wurde in die äußerste Finsternis geworfen

ABSCHNITT XV

DIE VORHERSAGE VON DER WIEDERKUNFT DES MESSIAS UND DEM ENDE DER WELT: DIE ENDZEITREDE AUF DEM ÖLBERG, 24,1-25,46

G. Das Gleichnis von den Talenten: Die Pflicht des Gläubigen, zu arbeiten, 25,14-30

(25,14-30) **Einführung**: Jesus sagte, daß die Absicht dieses Gleichnissen zweifach ist.
Während Jesus nicht da ist, soll der Gläubige erstens etwas tun: Arbeiten – treu und fleißig arbeiten.
Während Jesus nicht da ist, soll der Gläubige zweitens etwas wissen: Seine Arbeit wird herrlich belohnt oder streng gerichtet werden.

Wieder befaßt sich Christus mit seiner Rückkehr. Er ging "außer Landes" (V14) und "nach langer Zeit aber kommt der Herr" wieder (V19). Christus erteilte eine dringend notwendige Lektion: Wir müssen treu und fleißig sein, denn wenn wir es nicht sind, werden wir bei seiner Rückkehr streng gerichtet. (Siehe Abriß und Anmerkungen – Eph 4,7-16; 1Kor 12,1-14,40.)
1. Der Herr reiste außer Landes (V14).
2. Der Herr übergab seine Güter seinen Knechten (V14-15).
3. Die Knechte behandelten die Güter unterschiedlich (V16-18).
4. Der Tag der Abrechnung kam (V19).
5. Der Lohn für gute Arbeit: Noch mehr zu tun (V20-23).
6. Die Strafe für ungetane Arbeit: Trennung und Beraubung (V24-30).

NÄHERE BETRACHTUNG 1
(25,14-30) **Talente – Gaben**: Das fragliche Talent ist keine Münze, sondern ein Gewicht. Sein Wert änderte sich, je nachdem, ob es sich um Gold, Silber oder Kupfer handelte. Christus benutzt wahrscheinlich Geld, um zu beschreiben, wovon er redet, da Geld eine überall auf der Welt mit am besten verstandene Einrichtung ist.

Matthäus 25,14-30

Christus lehrte seine Nachfolger, mit allem, was er ihnen gibt, treu und fleißig zu sein, sei es eine Gabe, eine Fähigkeit, Verantwortung oder Segen.

1 (25,14) **Himmelfahrt Jesu Christi – Erhöhung**: Christus sagte vorher, daß er wie ein Mann wäre, der außer Landes reist, und was er vorhersagte, trat ein. Er ging von der Erde weg und stieg zu einem bestimmten Zweck in den Himmel auf: Um zur rechten Hand Gottes zu sitzen. Er wird dort sitzen, bis seine Knechte die Arbeit beendet haben, die er ihnen gegeben hat. Wenn er wiederkommt, wird es Zeit für Gericht und Belohnung sein.

"Im Haus meines Vaters sind viele Wohnungen; wenn nicht, so hätte ich es euch gesagt. Ich gehe hin, um euch eine Stätte zu bereiten. Und wenn ich hingehe und euch eine Stätte bereite, so komme ich wieder und werde euch zu mir nehmen, damit auch ihr seid, wo ich bin." (Joh 14,2-3)

"Nachdem er nun zur Rechten Gottes erhöht worden ist…Der Herr sprach zu meinem Herrn: Setze dich zu meiner Rechten, [35] bis ich deine Feinde hinlege als Schemel deiner Füße." (Apg 2,33-35)

"Diesen hat Gott zum Fürsten und Retter zu seiner Rechten erhöht, um Israel Buße und Vergebung der Sünden zu gewähren." (Apg 5,31)

"Darum hat ihn Gott auch über alle Maßen erhöht und ihm einen Namen verliehen, der über allen Namen ist, damit in dem Namen Jesu sich alle Knie derer beugen, die im Himmel und auf Erden und unter der Erde sind, und alle Zungen bekennen, daß Jesus Christus der Herr ist, zur Ehre Gottes, des Vaters." (Phil 2,9-11)

2 (25,14-15) **Gaben**: Der Herr hat seine *Güter* (Gaben, Fähigkeiten, Verantwortung) seinen Knechten übergeben. Ein Vers sagt alles darüber aus: "Darum heißt es: Er ist hinaufgestiegen zur Höhe, hat Gefangene [eine Schar besiegter Feinde] gemacht und den Menschen Gaben gegeben" (Eph 4,8).

An dieser besonderen Stelle sagt Christus drei Dinge.

1. Der Herr rief *seine* Knechte. Das Wort für *Knecht* ist Sklave. Er rief die, die wahrscheinlich ihm gehörten (ein kostbarer Gedanke) und die ihm *wahrscheinlich* treu und verantwortungsbewußt dienten. Er hatte sie gekauft. Sie sollten sein eigen sein und ihm dienen (siehe Anmerkung – Röm 1,1). Man beachte, warum er sie rief: Um ihnen seine *Güter* (Gaben) zu übergeben, während er nicht da war. Sein Besitz mußte versorgt, vermehrt und verbessert werden, während er nicht da war. Der Besitz des Herrn sind die Welt und die Seelen der Menschen. Die Knechte bekommen die gleich Arbeit, den gleichen Auftrag wie Christus: Sich um die Seelen der Menschen und die Verzweifelten in der Welt kümmern.

2. Der Herr gab jedem ein anderes Stück seines Besitzes, um das er sich kümmern sollte. Der Gedanke ist hier, daß jeder ein besonderes Talent (Gabe oder Verantwortung) bekommt. Niemand wurde ausgelassen (Eph 4,7). Deshalb wurde von jedem Knecht erwartet, daß er arbeitet und dient.

3. Der Herr gab jedem Knecht seinen Fähigkeiten entsprechend. Hier sind vier Faktoren wichtig.

   a. Keine zwei Knechte haben dieselben Fähigkeiten: Umwelt, Chancen, Gene, Erbe, Erziehung, Verstand, Herz, Disziplin, Initiative. Jeder ist anders.

   "Dem einen gab er fünf Talente, dem andern zwei, dem dritten eins, einem jeden nach seiner Kraft, und reiste sogleich ab." (Mt 25,15)

   "Denn wer gibt dir den Vorzug? Und was besitzt du, das du nicht empfangen hast? Wenn du es aber empfangen hast, was rühmst du dich, als ob du es nicht empfangen hättest?" (1Kor 4,7)

   b. Gott verteilt seine *Güter* (Gaben), wie er will, da er jeden Knecht vollkommen kennt.

   "Dies alles aber wirkt ein und derselbe Geist, der jedem persönlich zuteilt, wie er will." (1Kor 12,11)

   c. Jeder Knecht bekommt die Gaben, die er braucht und nutzen kann.

   "Denn gleichwie wir an einem Leib viele Glieder besitzen, nicht alle Glieder aber dieselbe Tätigkeit haben, so sind auch wir, die vielen, ein Leib in Christus, und als einzelne untereinander Glieder, wir haben aber verschiedene Gnadengaben gemäß der uns verliehenen Gnade; wenn wir Weissagung haben, [so geschehe sie] in Übereinstimmung mit dem Glauben; wenn wir einen Dienst haben, [so geschehe er] im Dienen; wer lehrt, [diene] in der Lehre; wer ermahnt, [diene] in der Ermahnung; wer gibt, gebe in Einfalt; wer vorsteht, tue es mit Eifer; wer Barmherzigkeit übt, mit Freudigkeit!" (Röm 12,4-8)

   "Es bestehen aber Unterschiede in den Gnadengaben, doch es ist derselbe Geist; auch gibt es unterschiedliche Dienste, doch es ist derselbe Herr; und auch die Kraftwirkungen sind unterschiedlich, doch es ist derselbe Gott, der alles in allen wirkt. Jedem wird aber die Offenbarung des Geistes zum [allgemeinen] Nutzen verliehen." (1Kor 12,4-7)

   d. Jeder Knecht hat die gleiche Gelegenheit, treu zu nutzen, was Gott ihm gegeben hat. Wir werden nach unserer Treue beurteilt, nicht nach der Anzahl unserer Gaben oder der Größe der uns gestellten Aufgabe (vgl. V21 und V23).

   "Denn der Sohn des Menschen wird in der Herrlichkeit seines Vaters mit seinen Engeln kommen, und dann wird er einem jeden vergelten nach seinem Tun." (Mt 16,27)

   "Und wenn ihr den als Vater anruft, der ohne Ansehen der Person richtet nach dem Werk jedes einzelnen, so führt euren Wandel in Furcht, solange ihr hier als Fremdlinge weilt." (1Petr 1,17)

   Gedanke 1 Hierin finden sich drei wunderbare und wertvolle Tatsachen.
   1) Wir sind "sein." Wir gehören Gott, sind sein Besitz (Eph 1,14). Man beachte: Gott sagt auch: "Ich bin ihr Besitztum!"

   "Und darin soll ihr Erbteil bestehen: Ich will ihr Erbteil sein! Kein Besitztum sollt ihr ihnen

Matthäus 25,14-30

unter Israel geben: Ich bin ihr Besitztum!" (Hes 44,28)
"Ich habe dich erlöst. Ich habe dich bei deinem Namen gerufen; du bist mein!" (Jes 43,1)

2) Christus kümmert sich um uns. Jeder bekommt "seine Güter," besondere Gaben, Fähigkeiten und Verantwortungen, um die er sich für Gott kümmern soll. Gott gibt uns genau das, was wir brauchen, um unser Leben zu erfüllen und ihm Sinn, Ziel und Bedeutung zu geben – um uns dem Bild Christi selbst anzupassen.

"Trachtet vielmehr zuerst nach dem Reich Gottes und nach seiner Gerechtigkeit, so wird euch dies alles hinzugefügt werden!" (Mt 6,33)
"Wenn nun ihr, die ihr böse seid, euren Kindern gute Gaben zu geben versteht, wieviel mehr wird der Vater im Himmel den Heiligen Geist denen geben, die ihn bitten!" (Lk 11,13)
"Der Dieb kommt nur, um zu stehlen, zu töten und zu verderben; ich bin gekommen, damit sie Leben haben und es im Überfluß haben." (Joh 10,10)
"Und ich gebe ihnen ewiges Leben, und sie werden in Ewigkeit nicht verlorengehen, und niemand wird sie aus meiner Hand reißen." (Joh 10,28)
"Und ich will ihnen ein Herz geben, daß sie mich erkennen sollen, daß ich der HERR bin, und sie sollen mein Volk sein, und ich will ihr Gott sein; denn sie werden sich von ganzem Herzen zu mir bekehren." (Jer 24,7)

3) Christus kümmert sich um die Kirche. Er hat alles bereitgestellt, was nötig ist, um während seiner Abwesenheit die Kirche zu versorgen und zu fördern.

"Und Er hat etliche als Apostel gegeben, etliche als Propheten, etliche als Evangelisten, etliche als Hirten und Lehrer, zur Zurüstung der Heiligen, zum Werk des Dienstes, zur Erbauung des Leibes des Christus, bis wir alle zur Einheit des Glaubens und der Erkenntnis des Sohnes Gottes gelangen, zur vollkommenen Mannesreife, zum Maß der vollen Größe des Christus." (Eph 4,11-13)

<u>Gedanke 2</u> Man beachte: Jeder Gläubige hat wenigstens eine Gabe.

NÄHERE BETRACHTUNG 2
(25,14-15) **Gaben**: Die *Güter* des Herrn sind die Gaben, Talente und Verantwortungen, die er den Menschen gibt. Der Herr verteilt seine Gaben, wie es ihm gefällt (1Kor 12,11). Jeder Knecht bekommt die Gaben, die er braucht und nutzen kann (Röm 12,4-9; 1Kor 12,4-30). Man beachte, daß die Gaben dem Herrn gehören; sie sind den Knechten nur anvertraut. Verschiedene Menschen haben verschiedene Fähigkeiten für verschiedene Dienste (V15).

---

3 (25,16-18) **Gaben – Treue – Untreue**: Die Knechte behandelten die *Güter* des Herrn unterschiedlich.

1. Zwei Knechte handelten sehr verantwortungsvoll. Sie gingen *sofort* an die Arbeit. Sie *verloren keine Zeit* und begannen, *schnell* zu arbeiten.
   a. Sie waren treu und fleißig. Sie nutzten ihre Fähigkeiten und ihre Kraft sofort. Sie strengten sich an, mühten sich und verwendeten ihre Energie darauf, zu nutzen, was der Herr ihnen gegeben hatte.
   Man beachte: Der weniger begabte Knecht arbeitete genausosehr wie der mehr begabte Knecht. Er hatte nicht so viele Gaben, doch er wendete die gleiche Initiative, Energie und Mühe auf (vgl. Lk 12,48).
   Wieder wird ein Bild aus dem Geschäftsleben genommen, doch der Gedanke dahinter ist, daß die beiden Knechte nutzten, was der Herr ihnen gegeben hatte und daß sie ihre Gaben treu und fleißig nutzten.
   b. Sie waren erfolgreich. Jeder machte Gewinn und verdoppelte, was ihm der Herr gegeben hatte. Die Gaben jedes Knechts trugen *im Verhältnis zu seinen Gaben* Frucht. Der, der mehr bekommen hatte (fünf Talente), trug mehr (zehn Talente). Der, der weniger bekommen hatte (zwei Talente), trug weniger (vier Talente). Doch beide waren *gleich erfolgreich und verdoppelten*, was ihnen der Herr gegeben hatte.

"Im Eifer laßt nicht nach, seid brennend im Geist, dient dem Herrn!" (Röm 12,11)
"Im übrigen wird von einem Verwalter nur verlangt, daß er treu erfunden wird." (1Kor 4,2)
"Darum, meine geliebten Brüder, seid fest, unerschütterlich, nehmt immer zu in dem Werk des Herrn, weil ihr wißt, daß eure Arbeit nicht vergeblich ist im Herrn!" (1Kor 15,58)
"Dient einander, ein jeder mit der Gnadengabe, die er empfangen hat, als gute Haushalter der mannigfachen Gnade Gottes." (1Petr 4,10)
"Darum, Geliebte, weil ihr dies erwartet, so seid eifrig darum bemüht, daß ihr unbefleckt und tadellos vor ihm erfunden werdet in Frieden!" (2Petr 3,14)

2. Ein Knecht war verantwortungslos. Er benutzte die Gabe des Herrn nicht. Doch man beachte: In gewisser weise war er aktiv. Er verwendete Zeit und Energie darauf, hinauszugehen und die Gabe des Herrn zu vergraben – er versteckte sie. Seine Tage, seine Zeit und seine Energie sollten dem Herrn gehören, doch er nahm sein Leben und seine Zeit in die eigenen Hände. Was tat er? Wir erfahren es nicht, doch seine Mühe galt nicht der Sache des Herrn. Er diente nur sich selbst. Er war weltlich und begierig nach dem Fleisch und den Besitztümern dieser Welt. Er war darauf aus, sich selbst statt Gott zu dienen.

"Und jeder, der diese meine Worte hört und sie nicht tut, wird einem törichten Mann gleich sein, der sein Haus auf den Sand baute. Als nun der Platzregen fiel und die Wasserströme kamen und die Winde stürmten und an dieses Haus stießen, da fiel es, und sein Fall war groß." (Mt 7,26-27)
"Was aber unter die Dornen fiel, das sind die, welche es gehört haben; aber sie gehen hin und werden von Sorgen und Reichtum und Vergnügungen des Lebens erstickt und bringen die Frucht nicht zur Reife." (Lk 8,14)
"Und er sagte dieses Gleichnis: Es hatte jemand einen Feigenbaum, der war in seinem Weinberg gepflanzt; und er kam und suchte Frucht darauf und fand keine." (Lk 13,6)

Matthäus 25,14-30

"Habt aber acht auf euch selbst, daß eure Herzen nicht beschwert werden durch Rausch und Trunkenheit und Sorgen des Lebens, und jener Tag unversehens über euch kommt! Denn wie ein Fallstrick wird er über alle kommen, die auf dem ganzen Erdboden wohnen." (Lk 21,34-35)

"Wer nun Gutes zu tun weiß und es nicht tut, für den ist es Sünde." (Jak 4,17)

"Ihr habt euch dem Genuß hingegeben und üppig gelebt auf Erden, ihr habt eure Herzen gemästet wie an einem Schlachttag!" (Jak 5,5)

"Indem sie so den Lohn der Ungerechtigkeit empfangen. Sie halten die Schwelgerei bei Tage für ihr Vergnügen; als Schmutz- und Schandflecken tun sie groß mit ihren Betrügereien, wenn sie mit euch zusammen speisen." (2Petr 2,13)

"Da ihr Gesetzlosigkeit pflügtet, habt ihr Unheil geerntet und Früchte der Falschheit gegessen. Weil du dich auf deine Wagen und die Menge deiner Helden verlassen hast." (Hos 10,13)

Gedanke 1 Man beachte vier Lektionen.
1) Gott erwartet sofortiges Arbeiten – sofortiges Handeln – sofortigen Gebrauch seiner Gaben. Jedes Zögern – jede Stunde – jeder Tag, an dem nicht maximale Energie und Mühe aufgewendet ist, ist eine verlorene Chance. Jede verlorene Chance steht für Untreue und Faulheit. Welch leuchtendes Beispiel die beiden treuen Knechte waren!
2) Die Mühe der Treuen und Fleißigen trägt Zinsen (Früchte). Wer seine Gaben treu und fleißig benutzt, wird eine vielfache Vergrößerung der *Güter* seines Herrn erleben.
3) Ein treffender Punkt: Wer eine Gabe hat, ist genauso verantwortlich, sie zu benutzen, wie der, der viele Gaben hat.
4) Zu oft meint ein Mensch mit wenigen Gaben, daß sein Dienst nicht viel wert ist, daß sich die Zeit und Mühe nicht wirklich lohnen. Bei dieser Einstellung wird etwas vergessen: Die Gabe ist nicht unser, sie gehört dem Herrn. Sie soll mit aller Kraft und Mühe benutzt werden. Der Gebrauch einer einzigen Gabe soll unsere ganze Zeit auf der Erde voll beanspruchen. Wir sollen treu sein, sogar bei einer einzigen Gabe – immer treu sein und benutzen, was wir für den Herrn haben, und wenn es nur eine einzige Gabe ist.

4 (25,19) **Wiederkunft Jesu Christi**: Der Tag der Abrechnung kam, doch erst "nach langer Zeit." Wenn Christus wiederkommt, wird aus Sicht der Menschen eine lange Zeit vergangen sein. Für Christus jedoch wird es nur kurze Zeit gewesen sein: "Siehe, ich komme bald" (Offb 3,11; vgl. 2Petr 3,3-4;8-11).

Man beachte eine zweite Tatsache: Christus sagt, daß der Herr wiederkam, um mit seinen Knechten abzurechnen, nicht mit der Welt. Christus spricht in diesem Abschnitt von seinen Knechten – bekennende Gläubige und Kirchenmitglieder, manche wahre Gläubige und manche Gläubige, die nur Lippenbekenntnisse machen (V30).

"Darum gleicht das Reich der Himmel einem König, der mit seinen Knechten abrechnen wollte." (Mt 18,23)

"Als nun die Zeit der Früchte nahte, sandte er seine Knechte zu den Weingärtnern, um seine Früchte in Empfang zu nehmen." (Mt 21,34)

"Nach langer Zeit aber kommt der Herr dieser Knechte und hält Abrechnung mit ihnen." (Mt 25,19)

"Und es geschah, als er wiederkam, nachdem er die Königswürde empfangen hatte, da ließ er die Knechte, denen er das Geld gegeben hatte, vor sich rufen, um zu erfahren, was jeder erhandelt habe." (Lk 19,15)

"So wird also jeder von uns für sich selbst Gott Rechenschaft geben." (Röm 14,12)

"Und so gewiß es den Menschen bestimmt ist, einmal zu sterben, danach aber das Gericht." (Hebr 9,27)

"Das befremdet sie, daß ihr nicht mitlauft in denselben heillosen Schlamm, und darum lästern sie." (1Petr 4,4)

Gedanke 1 Wir müssen immer daran denken, daß der Herr bezüglich seines Versprechens, wiederzukommen, nicht nachlässig ist. Er ist *bereit*, die Lebenden und die Toten zu richten (1Petr 4,5). Er ist jetzt bereit, doch er ist *langmütig* und möchte, daß noch viel mehr Buße tun (2Petr 3,9).

5 (25,20-23) **Lohn**: Der Lohn für gute Arbeit wird noch mehr zu tun sein. Man beachte, daß der erste und der zweite Knecht dieselbe Erfahrung machten.

1. Beide erkannten Gottes Gnade und Gaben an: "Herr, du hast mir…übergeben." Alles, was der Knecht hatte, wurde ihm von Christus gegeben. Hier wird *Anerkennung*, *Dankbarkeit*, *Privileg* und Verantwortungsgefühl ausgedrückt. Beide Knechte sahen es als Privileg an, dem Herrn zu dienen. Er hatte ihnen Sinn und Ziel für ihr Leben und das größte Privileg der Welt gegeben: Dem Herrn selbst dienen zu dürfen. Sie waren dankbar und voll Anerkennung.

2. Deshalb kamen sie selbstbewußt zum Herrn: "Siehe, ich habe…gewonnen." Ihr Selbstbewußtsein war nicht prahlerisch, sondern kam aus einem Geist, der wußte, daß er treu getan hatte, was der Herr befohlen hatte.

"Darin ist die Liebe bei uns vollkommen geworden, daß wir Freimütigkeit haben am Tag des Gerichts." (1Joh 4,17)

3. Der Herr lobte die beiden Knechte und gab ihnen großen Lohn: Herrschaft und Freude, die Freude des Herrn. Der Herr lobte sie dafür, daß sie *gut* (freundlich, dankbar, ehrbar und diszipliniert) und treu bei dem ihnen von ihm Anvertrauten (Gaben) waren. Sie hatten hart gearbeitet. Sie waren so gewesen, wie er es gewollt hatte und sie hatten die Arbeit getan, die er von ihnen getan haben wollte. Beide waren *gute und treue* Knechte gewesen. Der Punkt dabei ist, daß die ersten beiden Knechte mit voller Kraft gearbeitet und hundert Prozent Kraft und Mühe aufgewendet hatten. Beide hatten die Güter des Herrn um hundert Prozent vermehrt. Man beachte den Lohn: Beide bekamen Verantwortung für viele Dinge im Reich der Himmel.

Der Herr belohnte beide Knechte reichlich. Er gab ihnen zweifachen Lohn.

Erstens bekamen sie Herrschaft: Die Verantwortung und Herrschaft über viele Dinge im Reich der Himmel *nach der Wiederkunft des Herrn* (siehe Anmerkungen und Nähere Betrachtung 1 – Mt 19,28; 19,29; Lk 19,15-23).

Zweitens bekamen sie Zugang zur Freude des Herrn. Die beiden Knechte sollten in das ewige Reich unseres Herrn und Erlösers Jesus Christus kommen, wo es nichts als Freude gibt. Die Freude ist die Freude "des Herrn" selbst – eine Freude, die zu seinem Wesen gehört. Der Daseinszustand des Herrn ist Freude, weil er vollkommen ist, seine Vollkommenheit mündet in

Matthäus 25,14-30

einer *Fülle der Freude*. Die Gläubigen erfahren diese Freude wegen des Himmels, denn der Himmel ist vollkommen und wo Vollkommen heit ist, gibt es weder Tränen, noch Leid, noch Schmerzen. Es gibt nur Freude.

> "Sein Herr sagte zu ihm: Recht so, du guter und treuer Knecht! Du bist über wenigem treu gewesen, ich will dich über vieles setzen; gehe ein zu deines Herrn Freude!" (Mt 25,23)

> "Dann wird der König denen zu seiner Rechten sagen: Kommt her, ihr Gesegneten meines Vaters, und erbt das Reich, das euch bereitet ist seit Grundlegung der Welt!" (Mt 25,34)

> "Vielmehr liebt eure Feinde und tut Gutes und leiht, ohne etwas dafür zu erhoffen; so wird euer Lohn groß sein, und ihr werdet Söhne des Höchsten sein; denn er ist gütig gegen die Undankbaren und Bösen." (Lk 6,35)

> "Ihr aber seid die, welche bei mir ausgeharrt haben in meinen Anfechtungen. Und ich verordne euch, wie mir mein Vater das Reich verordnet hat." (Lk 22,28-29)

> "Denn wenn infolge der Übertretung des Einen der Tod zur Herrschaft kam durch den Einen, wieviel mehr werden die, welche den Überfluß der Gnade und das Geschenk der Gerechtigkeit empfangen, im Leben herrschen durch den Einen, Jesus Christus!" (Röm 5,17)

> "Wißt ihr nicht, daß die Heiligen die Welt richten werden? Wenn nun durch euch die Welt gerichtet werden soll, seid ihr dann unwürdig, über die allergeringsten Dinge zu entscheiden? Wißt ihr nicht, daß wir Engel richten werden? Wieviel mehr die Dinge dieses Lebens?" (1Kor 6,2-3)

> "Wenn wir erdulden, so werden wir mitherrschen; wenn wir verleugnen, so wird er uns auch verleugnen." (2Tim 2,12)

> "Und von Jesus Christus, dem treuen Zeugen, dem Erstgeborenen aus den Toten und dem Fürsten über die Könige der Erde. Ihm, der uns geliebt hat und uns von unseren Sünden gewaschen hat durch sein Blut, und der uns zu Königen und Priestern gemacht hat für seinen Gott und Vater – Ihm sei die Herrlichkeit und die Macht von Ewigkeit zu Ewigkeit! Amen." (Offb 1,5-6)

> "Und wer überwindet und meine Werke bis ans Ende bewahrt, dem werde ich Vollmacht geben über die Heiden." (Offb 2,26)

> "Wer überwindet, dem will ich geben, mit mir auf meinem Thron zu sitzen, so wie auch ich überwunden habe und mich mit meinem Vater auf seinen Thron gesetzt habe." (Offb 3,21)

> "Und es wird dort keine Nacht mehr sein, und sie bedürfen nicht eines Leuchters, noch des Lichtes der Sonne; denn Gott der Herr erleuchtet sie, und sie werden herrschen von Ewigkeit zu Ewigkeit." (Offb 22,5)

Gedanke 1 Zwei Dinge sind bei Dienern Gottes besonders lobenswert:
1) Anerkennung, daß ihre Gaben von Gott sind.
2) So treu und fleißig sein, daß sie am Tag des Gerichts selbstbewußt sein können.

Gedanke 2 Wie *klug* wir sind, zeigt sich darin, wieviel wir für Gott arbeiten und wie gut wir unsere Gaben benutzen.

> "Wer ist weise und verständig unter euch? Der zeige durch einen guten Wandel seine Werke in Sanftmut der Weisheit!" (Jak 3,13)

Unsere *Werke* folgen uns nach.

> "Und ich hörte eine Stimme aus dem Himmel, die zu mir sprach: Schreibe: Glückselig sind die Toten, die im Herrn sterben, von nun an! Ja, spricht der Geist, sie sollen ruhen von ihren Mühen; ihre Werke aber folgen ihnen nach." (Offb 14,13)

Gedanke 3 Eine sehr wertvolle Wahrheit: Gott wird sowohl unsere Person ("du guter…Knecht!") als auch unsere Arbeit ("du…treuer Knecht!") annehmen. Amen!

[6] (25,24-30) **Diener – Knecht**: Die Strafe für ungetane Arbeit ist Trennung und Beraubung. Christus behandelt bei der Betrachtung dieses nutzlosen Knechtes drei Punkte. Man erinnere sich: Christus spricht von einem Menschen, der bekennt und zur Kirche gehört (siehe Anmerkung, Himmelreich – Mt 25,1).

1. Man beachte die Begründung des Knechtes, warum er die Gaben nicht benutzt hat, die der Herr ihm anvertraut hatte.
    a. Er hatte Gott mißverstanden. Der nutzlose Knecht sagte, daß der Herr zu fordernd, streng, anspruchsvoll und mitleidslos wäre. Er war ein Herr, der zu viel forderte und zu streng war. Er nahm dem Menschen das Recht, diese Welt und ihre Freuden richtig zu genießen. Der Knecht meinte, daß er im Leben etwas verpassen würde, wenn er seine Zeit in den Dienst des Herr stellte. Die Ansprüche des Herrn an seine Zeit und seine Angelegenheiten wären zu belastend. Der Knecht war zu sehr mit der Welt und ihren Angelegenheiten beschäftigt, um so viel Zeit und Mühe für die Arbeit für den Herrn aufzuwenden und sich auf seine Forderungen zu konzentrieren.
    b. Er fügte hinzu, daß er sich fürchtete – den Gebrauch und die Arbeit mit der Gabe für den Herrn. Also versteckte er das Talent des Herrn und benutzte es nicht, um das Reich des Herrn zu vermehren.
2. Man beachte Gottes Gründe, warum er den Knecht verurteilt; man beachte den großen Unterschied zwischen dem, was der Herr sagt und dem, was der Knecht zu sagen hatte.
    a. Der nutzlose Knecht war faul und böse. Er war *böse*, weil er tat, was er wollte, weil er seine Zeit und Kraft für sich selbst verwendete. Er übertrat Gottes Gebot und Willen. Er war *faul*, weil er nichts mit Gottes Gabe tat. Er vergrub und versteckte sie.
    b. Der nutzlose Knecht war inkonsequent. Eine bessere Beschreibung wäre vielleicht irreführend, unaufrichtig und in sich selbst widersprüchlich. Wenn er wirklich glaubte, daß der Herr hart und streng wäre, dann hätte er sich die Finger wund gearbeitet. Entweder log der Knecht oder er war schrecklich irregeführt und widersprüchlich alles bei dem Versuch, sein Verhalten zu rechtfertigen.
    c. Der nutzlose Knecht gebrauchte seine Gabe nicht. Christus war direkt: Der Knecht hätte die Gabe benutzen und dienen sollen (V27). Er hatte keine Entschuldigung.
3. Man beachte das Gericht über den unnützen Knecht (V28-30). Christus sprach ein zweifaches Urteil über ihn aus.
    a. Dem unnützen Knecht wurde weggenommen, was er hatte. Alles, was er besaß, wurde ihm genommen. Die Ver-

Matthäus 25,14-30

antwortung des Knechtes – *der herrliche Vorzug*, für den Herrn zu dienen und zu arbeiten – gehörte ihm nicht mehr. *Er sollte nichts mehr mit dem Herrn zu tun haben. Seine Verantwortung* wurde ihm genommen und dem gegeben, der sich als am treuesten erwiesen hatte.

b. Der nutzlose Knecht wurde in die äußerste Finsternis geworfen. Er wurde aus der Gegenwart des Herrn ausgestoßen und für immer verbannt. Und dort gab es keine Freude, nur äußerste Finsternis, Heulen und Zähneknirschen (siehe Anmerkungen – Mt 8,12 und Nähere Betrachtung 4 – 25,30 zur Diskussion und für Schriftstellen).

Gedanke 1 Im Denken der Welt gibt es zwei große Fehler.
1) Viele denken, daß Gott hart, streng, fordernd und mitleidslos ist. Sie wollen einem so harten und schmalen Weg nicht folgen. Also vergraben und verstecken sie ihre von Gott gegebenen Gaben und gehen den breiten, leichten Weg.
2) Andere denken, daß das, was sie haben, ihnen gehört und daß sie es benutzen können, um so zu leben, wie es ihnen gefällt. Sie denken, daß das, was sie tun, niemanden außer ihnen angeht, nicht einmal Gott.

Gedanke 2 Wenige fühlen sich Gott für das verantwortlich, was sie haben und noch weniger fühlen die Notwendigkeit, Gott treu und fleißig zu dienen.

Gedanke 3 Faulheit, nichts für Gott tun, ist eine der großen Sünden bekennender Christen (Röm 12,11; 2Thess 3,11; Hebr 6,12; Spr 18,9; vgl. 1Kor 15,58).

Gedanke 4 Unterlassungssünden sind genauso schlimm wie Tatsünden. Faul und träge zu sein, müßig zu sein und nichts zu tun, lethargisch und selbstzufrieden zu sein – all dies sind Unterlassungssünden: Sünden, die einen Menschen in die äußerste Finsternis bringen, Wo das Heulen und Zähneknirschen sein wird.

Gedanke 5 Die Menschen betrügen sich selbst. Sie erklären ihren Komfort, Bequemlichkeit und Faulheit, indem sie ihre Gabe herabsetzen. Sie denken, daß sie entschuldigt werden, wenn sie ihre Gabe *erniedrigen* oder leugnen.
- ⇒ Passive Gerechtigkeit ist so verdammungswürdig wie aktive Bosheit.
- ⇒ Fauler Dienst ist so verdammungswürdig wie eifrige Sünde.
- ⇒ Müde Besorgnis ist so verdammungswürdig wie Erregung des Fleisches.
- ⇒ Nachlässige Bequemlichkeit ist so verdammungswürdig wie tätlicher Angriff und Raub.
- ⇒ *Nutzlos* zu sein ist so verdammungswürdig wie böse zu sein (vgl. Mt 25,42-46).

NÄHERE BETRACHTUNG 3
(25,28-29) **Gericht**: Siehe Anmerkung – Lk 8,18 zur Diskussion.

NÄHERE BETRACHTUNG 4
(25,30) **Äußerste Finsternis**: Eine Finsternis außerhalb der Sphäre oder des Einflußbereiches des Lichtes. Der Lohn hat etwas mit der Übertragung von Verantwortung zu tun. Deshalb ist es wahrscheinlich richtig zu sagen, daß das Gericht eine Finsternis außerhalb der Freude (Licht) der Gegenwart des Herrn und außerhalb der Freude der Verantwortung ist. Was für eine Finsternis! In die äußerste Finsternis aus der Gegenwart des Herrn ausgestoßen und aller Verantwortung beraubt werden – in alle Ewigkeit für nichts mehr verantwortlich sein.

"Aber die Kinder des Reiches werden in die äußerste Finsternis hinausgeworfen werden; dort wird Heulen und Zähneknirschen sein." (Mt 8,12)

"Und werden sie in den Feuerofen werfen; dort wird das Heulen und das Zähneknirschen sein." (Mt 13,42)

"Da sprach der König zu den Dienern: Bindet ihm Hände und Füße, führt ihn weg und werft ihn hinaus in die äußerste Finsternis! Da wird das Heulen und Zähneknirschen sein." (Mt 22,13)

"Und wird ihn entzweihauen und ihm seinen Teil mit den Heuchlern geben. Da wird das Heulen und Zähneknirschen sein." (Mt 24,51)

"Und den unnützen Knecht werft hinaus in die äußerste Finsternis! Dort wird das Heulen und Zähneknirschen sein." (Mt 25,30)

"Diese Leute sind Brunnen ohne Wasser, Wolken, vom Sturmwind getrieben, und ihnen ist das Dunkel der Finsternis aufbehalten in Ewigkeit." (2Petr 2,17)

"Und daß er die Engel, die ihren Herrschaftsbereich nicht bewahrten, sondern ihre eigene Behausung verließen, für das Gericht des großen Tages mit ewigen Fesseln unter der Finsternis verwahrt hat." (Jud 6)

"Ja, des Gottlosen Licht erlischt, und die Flamme seines Feuers leuchtet nicht." (Hiob 18,5)

"Der Gottlose wird es sehen und sich ärgern; er wird mit den Zähnen knirschen und vergehen; der Gottlosen Wunsch bleibt unerfüllt." (Ps 112,10)

"Wer seinem Vater und seiner Mutter flucht, dessen Leuchte wird erlöschen in der dichtesten Finsternis." (Spr 20,20)

Matthäus 25,31-46

	H. Das Gleichnis von den Schafen und Böcken: Das Gericht über die Heidenvölker, 25,31-46		
1 Der Sohn des Menschen kommt zum Gericht a. Kommt in Herrlichkeit b. Kommt mit Engeln c. Kommt zur Thronbesteigung d. Kommt, um die Heiden zu versammeln e. Kommt, um die Heiden zu scheiden, Schafe und Böcke 1) Schafe – bevorzugter Platz 2) Böcke – nicht bevorzugter Platz **2 Das Urteil der Schafe** a. Richter: Der König b. Einladung: Kommt c. Lohn: Das Königreich d. Grundlage des Urteils: Dienst an Christus e. Dienst wird definiert 1) Demütiger, instinktiver Dienst: Kein Gedanke an Lohn, nur an Hilfe für Bedürftige	31 Wenn aber der Sohn des Menschen in seiner Herrlichkeit kommen wird und alle heiligen Engel mit ihm, dann wird er auf dem Thron seiner Herrlichkeit sitzen, 32 und vor ihm werden alle Heiden versammelt werden. Und er wird sie voneinander scheiden, wie ein Hirte die Schafe von den Böcken scheidet, 33 und er wird die Schafe zu seiner Rechten stellen, die Böcke aber zu seiner Linken. 34 Dann wird der König denen zu seiner Rechten sagen: Kommt her, ihr Gesegneten meines Vaters, und erbt das Reich, das euch bereitet ist seit Grundlegung der Welt! 35 Denn ich bin hungrig gewesen, und ihr habt mich gespeist; ich bin durstig gewesen, und ihr habt mir zu trinken gegeben; ich bin ein Fremdling gewesen, und ihr habt mich beherbergt; 36 ich bin ohne Kleidung gewesen, und ihr habt mich bekleidet; ich bin krank gewesen, und ihr habt mich besucht; ich bin gefangen gewesen, und ihr seid zu mir gekommen. 37 Dann werden ihm die Gerechten antworten und sagen: Herr, wann haben wir dich hungrig gesehen und haben dich gespeist, oder durstig, und haben dir zu trinken gegeben? 38 Wann haben wir dich als	Fremdling gesehen und haben dich beherbergt, oder ohne Kleidung, und haben dich bekleidet? 39 Wann haben wir dich krank gesehen, oder im Gefängnis, und sind zu dir gekommen? 40 Und der König wird ihnen antworten und sagen: Wahrlich, ich sage euch: Was ihr einem dieser meiner geringsten Brüder getan habt, das habt ihr mir getan! 41 Dann wird er auch denen zur Linken sagen: Geht hinweg von mir, ihr Verfluchten, in das ewige Feuer, das dem Teufel und seinen Engeln bereitet ist! 42 Denn ich bin hungrig gewesen, und ihr habt mich nicht gespeist; ich bin durstig gewesen, und ihr habt mir nicht zu trinken gegeben; 43 ich bin ein Fremdling gewesen, und ihr habt mich nicht beherbergt; ohne Kleidung, und ihr habt mich nicht bekleidet; krank und gefangen, und ihr habt mich nicht besucht! 44 Dann werden auch sie ihm antworten und sagen: Herr, wann haben wir dich hungrig oder durstig oder als Fremdling oder ohne Kleidung oder krank oder gefangen gesehen und haben dir nicht gedient? 45 Dann wird er ihnen antworten: Wahrlich, ich sage euch: Was ihr einem dieser Geringsten nicht getan habt, das habt ihr mir auch nicht getan! 46 Und sie werden in die ewige Strafe gehen, die Gerechten aber in das ewige Leben.	 2) Dienst an den "Brüdern" des Herrn **3 Das Urteil der Böcke** a. Das Urteil 1) Von Gott getrennt 2) Ewiges Feuer b. Grundlage des Urteils 1) Kein Dienst 2) Selbstsüchtiges Leben 3) Geistliche Blindheit **4 Das Gericht ist für die Ewigkeit**

ABSCHNITT XV

DIE VORHERSAGE VON DER WIEDERKUNFT DES MESSIAS UND VOM ENDE DER WELT: DIE ENDZEITREDE AUF DEM ÖLBERG, 24,1-25,46

H. Das Gleichnis von den Schafen und Böcken: Das Gericht über die Heidenvölker, 25,31-46

(25,31-46) **Einführung – Jüngstes Gericht**: Man muß sich gegen eine Verwechslung des Gerichtes über die Taten eines Volkes mit dem Gericht über einzelne Menschen (Schafe und Böcke) wappnen. Das Gericht über die Völker ist eigentlich ein Gericht über die Menschen darin. Christus zeichnete ein Bild des Jüngsten Gerichts über alle Menschen. Das Jüngste Gericht umfaßt *alle Völker*; es wird das Gericht über die *ganze Welt* sein.

Es ist wichtig zu begreifen, daß Jesus zwei verschiedene Arten von Wesen richtete, Schafe und Böcke, und nicht eine einzige Art von Wesen, von denen sich einige so und andere anders verhielten. Man beachte, daß die Schafe (wahre, wiedergeborene Gläubige) mit Christi liebevollem Herzen dienen, *weil sie Schafe sind*. Die Dienste, die sie leisteten, kamen von innen. Es war natürlicher Dienst von Schafen. Er kam aus einem selbstlosen, auf Gott ausgerichteten Wesen. Böcke dienen nicht mit Christi liebevollem Herzen, *weil sie Böcke sind*. Die Schafe wurden durch ihre freundlichen Taten als Schafe kenntlich. Die Böcke wurden durch Vernachlässigung als Böcke kenntlich. Die Schafe handelten wie Schafe, d.h. sie dienten, weil sie Schafe waren. Und die Böcke handelten wie Böcke, weil sie Böcke waren. Das ist die Kernaussage des Bildes. Wenn Christus sie an seinen Seiten aufstellt, sind sie bereits Schafe und Böcke. Das Gericht ergeht über die Böcke, weil sie Christus nicht dienten und die Schafe werden gesegnet, weil sie Christus dienten. Die Schrift sagt: "Zeige mir deinen Glauben aus deinen Werken; ich aber will dir aus meinen Werken meinen Glauben zeigen!" (Jak 2,18). Der einzige Glaube, den Gott kennt und annimmt, ist der Glaube, der Christus durch den Dienst an anderen dient. Wer sagt, daß er glaubt und anderen nicht dient, der *gibt nur vor*, an Christus zu glauben. Der wahre Gläubige ist "sein Werk [Schöpfung], erschaffen in Christus Jesus zu [um zu tun] guten Werken" (Eph 2,10). Gott kennt keinen Glauben ohne gute Taten, d.h. Sorge für die Bedürfnisse anderer Menschen.

1. Der Sohn des Menschen kommt zum Gericht (V31-33).
2. Das Urteil der Schafe (V34-40).

Matthäus 25,31-46

3. Das Urteil der Böcke (V41-45).
4. Das Gericht ist für die Ewigkeit (V46).

1 (25,31-33) **Wiederkunft Jesu Christi**: Der Sohn des Menschen kommt zum Gericht. In diesen drei Versen sagt Christus fünf Dinge zu seiner Rückkehr.
1. Wenn er kommt, kommt er in Herrlichkeit. Das bedeutete wenigstens zweierlei. Erstens kommt er in seinem verherrlichten verklärten Körper, d.h. seinem verklärten Körper (Mt 17,2), einem Körper voller Licht und Glanz, der wie die Sonne mit der ganzen Pracht der Herrlichkeit Gottes leuchtet. Zweitens kommt er nicht so demütig, wie er es als Mensch gewesen ist, sondern als Sohn des Menschen und König des Universums.
2. Wenn er kommt, kommt er mit seinen heiligen Engeln. Ungezählte herrliche Wesen werden ihn begleiten und seine Herrlichkeit und Ehre als Gott beweisen. Die heiligen Engel werden Zeugen und Ausführende seiner Gerechtigkeit sein.
3. Wenn er kommt, kommt er, um den Thron zu besteigen. Wenn er auf "dem Thron seiner Herrlichkeit" sitzt, beginnt das Gericht. Er wird zu dem einen, vor dem sich jedes Knie beugen soll (Phil 2,9-11). Er wird zum Richter des Universums, der über alles erhöht ist (Offb 20,11f).
4. Wenn er kommt, kommt er, um die Heiden zu versammeln. Alle Menschen werden von den Engeln versammelt und vor ihn gebracht werden. Das Wort *Heiden* betont, daß jedes einzelne Land, jeder Ort, Nationalität, Rasse, Bekenntnis, Farbe, Sprache – jeder lebende Mensch zum Gericht vor ihn gebracht wird.
5. Wenn er kommt, kommt er, um die Heiden zu scheiden.
    a. In der Geschichte hat es immer eine Mischung von Schafen und Böcken, Gut und Böse gegeben. Unkraut und Weizen sind miteinander gewachsen. Sünder und Gottgefällige haben zusammen gelebt:
        - in der gleichen Welt
        - in den gleichen Völkern
        - in den gleichen Städten
        - in den gleichen Berufen
        - in den gleichen Gemeinden
        - in den gleichen Familien

    Wenn Christus kommt, wird jedoch die Trennung vorgenommen – Gut und Böse, Schafe und Böcke werden voneinander getrennt (vgl. Mt 13,49; Hes 34,17).
    b. Die Schafe werden zu seiner Rechten und die Böcke zu seiner Linken aufgestellt. Die Schafe stehen für die wahren Gläubigen. Sie sind…
        - die, die an Gottes "eingeborenen Sohn" glauben (Joh 3,16).
        - die, die wirklich "von neuem geboren" sind (Joh 3,3;7).
        - die "guten und treuen" Knechte (Mt 25,21;23).
        - die "Gerechten" (Mt 25,37).
        - die, die "mit Ausdauer im Wirken des Guten" bleiben (Röm 2,7).
        - die, die "Herrlichkeit, Ehre und Unsterblichkeit erstreben" (Röm 2,7).
        - die, die "das Gute tun" (Röm 2,10).

Man beachte, daß Gott die Schafe zu seiner Rechten aufstellt, dem Platz der Ehre, Herrlichkeit, Annahme und Bevorzugung.

Die Böcke stehen für *alle* Ungläubigen, die, die Christus nie bekannt haben und die, die Christus zwar bekannt haben, aber keine wahren Gläubigen waren. Sie sind…
- die "unnützen Knechte" (Mt 25,30).
- die "bösen und faulen Knechte" (Mt 25,26).
- die "Verfluchten" (Mt 25,41).
- die, die "selbstsüchtig…sind" (Röm 2,8).
- die, die "der Wahrheit ungehorsam sind" (Röm 2,8).
- die, die "der Ungerechtigkeit gehorchen" (Röm 2,8).
- die, die "das Böse vollbringen" (Röm 2,9).

Gedanke 1 Das Gericht kommt. Es ist unvermeidlich; man kann ihm weder ausweichen noch entfliehen. Niemand kann dem kommenden Gericht Gottes entgehen. Gott wird die Welt durch seinen Sohn, den Herrn Jesus Christus richten.

> "Denn der Vater richtet niemand, sondern alles Gericht hat er dem Sohn übergeben." (Joh 5,22)
>
> "Und er hat uns geboten, dem Volk zu verkündigen und zu bezeugen, daß Er der von Gott bestimmte Richter der Lebendigen und der Toten ist." (Apg 10,42)
>
> "Weil er einen Tag festgesetzt hat, an dem er den Erdkreis in Gerechtigkeit richten wird durch einen Mann, den er dazu bestimmt hat und den er für alle beglaubigte, indem er ihn aus den Toten auferweckt hat." (Apg 17,31)
>
> "An dem Tag, da Gott das Verborgene der Menschen richten wird, laut meinem Evangelium, durch Jesus Christus." (Röm 2,16)
>
> "So wird also jeder von uns für sich selbst Gott Rechenschaft geben." (Röm 14,12)
>
> "Daher ermahne ich dich ernstlich vor dem Angesicht Gottes und des Herrn Jesus Christus, der Lebendige und Tote richten wird zu der Zeit seiner Erscheinung und seines Reiches." (2Tim 4,1)
>
> "Und ich sah die Toten, Kleine und Große, vor Gott stehen, und es wurden Bücher geöffnet, und ein anderes Buch wurde geöffnet, das ist das Buch des Lebens; und die Toten wurden gerichtet gemäß ihren Werken, entsprechend dem, was in den Büchern geschrieben stand." (Offb 20,12)

Gedanke 2 Sehr einfach ausgedrückt kommt der Tag, an dem jeder Mensch jedes Volkes und Stammes auf der Erde vor Christus stehen wird – entweder in seiner *Gunst* oder in seiner *Ungunst*.

Gedanke 3 Man beachte die beiden Ansprüche auf Gottheit, die Christus erhebt.
1) Er nennt sich selbst "Sohn des Menschen"; Er ist der ideale Mensch. Als solcher wird er die Söhne der Menschen richten.
2) Er sagt, "der Sohn des Menschen…wird…auf dem Thron seiner Herrlichkeit sitzen." Das sagte er drei Tage, bevor er getötet wurde.

Matthäus 25,31-46

<u>Gedanke 4</u> Man beachte eine wichtige Tatsache: Christus sitzt *jetzt* auf dem Thron zur Rechten Gottes. Es gibt einen Unterschied zwischen dem Thron der Gnade und dem in diesem Abschnitt beschriebenen Thron des Gerichts. Wir dürfen jetzt zum Thron der Gnade kommen und um Hilfe bitten (Hebr 4,16). Doch wenn Christus in Herrlichkeit wiederkommt, wird es für Hilfe zu spät sein. Sein Thron ist dann der *Thron des Gerichts*, zu dem es keinen Zugang außer im Gericht gibt.

NÄHERE BETRACHTUNG 1
(25,31) <u>Engel – Wiederkunft Jesu Christi</u>: Wenn Christus wiederkommt, wird er von Engeln begleitet werden, die im Gericht als seine Diener auftreten.
- ⇒ Sie werden das Unkraut sammeln, die Kinder des Bösen (Mt 13,38-40).
- ⇒ Sie werden die Auserwählten versammeln (Mt 24,31).
- ⇒ Sie werden Zeugen der Herrlichkeit der Gläubigen (Lk 12,8).
- ⇒ Sie werden die Gläubigen zusammenrufen, um dem Herrn in der Luft zu begegnen (Mt 24,31; 1Thess 4,16).
- ⇒ Sie werden Zeugen der Qual der Bösen (Offb 14,10).

---

2 (25,34-40) <u>Gericht</u>: Das Urteil der Schafe.
1. Der Richter ist der König. Christus sitzt auf dem *Thron seiner Herrlichkeit* und regiert als "König der Könige und Herr der Herren" (Offb 19,16).
2. Die Einladung lautet: "Kommt her, ihr Gesegneten meines Vaters." Die Schafe sind die Gesegneten, die von Gott Geliebten (siehe Anmerkung – Eph 1,3). Das Wort *kommt* enthält das Bild des Eintretens in die Gegenwart Gottes selbst und in das Privileg, dort für immer bleiben zu dürfen.
3. Der Lohn ist ein Erbe – das Erbe des Reiches Gottes.
   a. *Ein Erbe* ist eine Gabe. Sie wird gegeben, weil der Geber genug liebt, um sie zu geben, und sie wird so gut zum eigenen Besitz, wie sie Besitz des früheren Eigentümers war.
   b. Das Erbe ist ein *Reich*. Es ist ein Ort der Verantwortung und Pflicht, der Herrschaft und Regierung, der Ehre und Freude, des Reichtums und der Herrlichkeit.
   c. Das Erbe des Reiches war für die Schafe *vorbereitet* (vgl. Joh 14,2-3). Es wurde nach ihren Bedürfnissen und für ihren Aufenthalt entworfen und errichtet. "Denn es geschieht alles um euretwillen" (2Kor 4,15).
   d. Das Reich ist seit *Grundlegung der Welt* vorbereitet. Es war Gottes ewiger Plan und Wille (Eph 1,4-5;11-12).
4. Die Grundlage des Urteils – der Grund, aus dem die Schafe das Reich erhalten – ist, daß sie Christus gedient haben. Mehrere wichtige Tatsachen müssen beachtet werden.
   a. Die Schafe dienten *Christus*, d.h. was sie taten, taten sie "um Christi willen." Sie dienten "als Gläubige" in ihm.
   b. Die Schafe dienten, weil sie ihre Brüder liebten (siehe <u>Nähere Betrachtung 2</u> – Mt 25,40; vgl. 1Joh 4,7-8;12;20-21).
   c. Christus schätzt den Anteil des Glaubens an der Erlösung nicht gering ein. Wir werden sowohl nach unserem Bekenntnis zum Glauben und unseren Werken gerichtet (Mt 10,32; Lk 12,8; Röm 10,9-10; 2Kor 5,10).
   d. Man beachte, daß die Taten einfach waren, von denen einige jeder tun kann. Sie drücken eine Liebe und Fürsorge aus, die als Grundlage für ein Urteil dienen *kann*, als Grundlage für ein Urteil über jeden.
5. Der Dienst wird von Christus definiert. Er teilt mit, was er unter Dienst versteht. Man beachte, daß es die Gerechten sind, die ihn fragen, was er meint.
   a. Der Dienst ist demütig und instinktiv. Er enthält keinen Gedanken an Belohnung, nur daran, Menschen in Not zu helfen. Der wahre Gläubige dient Christus, weil Christus so viel für ihn getan hat. Die "Liebe Christi" treibt ihn (2Kor 5,14). *Während er dient, weiß der demütige Diener etwas...*
      - Er ist nicht einmal würdig zu dienen.
      - Er hat so wenig getan, tut so wenig und wird so wenig tun.
      - Er verdient nichts.

   Er dient ganz einfach, weil er Jesus und die Menschen auf der Welt liebt. Alles, was er kennt und kennen will, ist Jesus. Jesus zu dienen und allen zu helfen, für die Jesus starb, kommt ihm instinktiv ein.
   b. Der Dienst ist ein Dienst an den Brüdern des Herrn (siehe <u>Nähere Betrachtung 2</u> – Mt 25,40). Dieser Gedanke ist von entscheidender Bedeutung. Er bestimmt das Schicksal eines Menschen.
   Christus hat sich mit leidenden und gequälten Menschen so *identifiziert*, daß er sie als eins mit sich selbst betrachtet. Er sagte deutlich, daß wir ihm persönlich dienen, wenn wir uns um andere kümmern. Er betrachtet sich als eins mit seinem Volk (Mt 8,17; vgl. Jes 53,4). Als Saulus die Christen verfolgte und tötete, klagte Christus ihn an, eigentlich ihn zu verfolgen (Apg 9,4).

> "Und wer einem dieser Geringen auch nur einen Becher mit kaltem Wasser zu trinken gibt, weil er ein Jünger ist, wahrlich, ich sage euch, der wird seinen Lohn nicht verlieren!" (Mt 10,42)
>
> "Unter euch aber soll es nicht so sein, sondern wer unter euch groß werden will, der sei euer Diener, und wer von euch der Erste werden will, der sei aller Knecht." (Mk 10,43-44)
>
> "Welcher von diesen Dreien ist deiner Meinung nach nun der Nächste dessen gewesen, der unter die Räuber gefallen ist? Er sprach: Der, welcher die Barmherzigkeit an ihm getan hat! Da sprach Jesus zu ihm: So geh du hin und handle ebenso!" (Lk 10,36-37)
>
> "Wenn nun ich, der Herr und Meister, euch die Füße gewaschen habe, so sollt auch ihr einander die Füße waschen." (Joh 13,14)
>
> "Wiederum spricht er, zum zweiten Mal: Simon, [Sohn des] Jonas, liebst du mich? Er antwortete ihm: Ja, Herr, du weißt, daß ich dich lieb habe. Er spricht zu ihm: Hüte meine Schafe!" (Joh 21,16)
>
> "Einer trage des anderen Lasten, und so sollt ihr das Gesetz des Christus erfüllen…So laßt uns nun, wo wir Gelegenheit haben, an jedermann Gutes tun, besonders aber an den Hausgenossen des Glaubens." (Gal 6,2;10)
>
> "Dient mit gutem Willen dem Herrn und nicht den Menschen." (Eph 6,7)

<u>Gedanke 1</u> In diesen Versen werden mehrere Punkte deutlich gemacht.
1) Die rechtmäßige Stellung Christi vor der Welt: Er ist der König.

Matthäus 25,31-46

2) Das herrliche Erbe der Gläubigen.
3) Die entscheidende Bedeutung des Dienstes.

Gedanke 2 Man denke darüber nach, wie viele der *Einsamen* in dieser Welt ihm gehören. Wie viele Hungrige, Durstige, Fremde, Nackte, Kranke und Gefangene sind sein (Vgl. Mt 1,26-27.)

Gedanke 3 Kein Dienst und kein Leiden auf dieser Welt sind so niedrig, daß sie die Herrlichkeit nicht wert sind, die in uns offenbart werden soll (Röm 8,18).

Gedanke 4 Es gibt Menschen, die riesige Summen spenden und gewaltige Hilfe leisten, wenn sie dafür Anerkennung bekommen. Doch dieses Verhalten wurzelt in Selbstsucht, es stärkt unser Ego und stachelt unsere Gier nach Anerkennung und Wertschätzung an.

NÄHERE BETRACHTUNG 2
(25,40) **Brüder**: Beim Gebrauch des Wortes Brüder ist Christus ohne Ausnahme konsequent. Seine Brüder sind seine Jünger (vgl. Mt 23,8; 12,46-50; 28,10; Mk 3,31-35; Lk 8,21; Joh 20,17-18). Jesus sagt hier, daß die Völker (Die Führer und die Bürger der Völker) nach ihrem Handeln an seinen Nachfolgern und ihrer Botschaft gerichtet werden. Wenn sie seine Leute und ihre Botschaft mit offenen Armen und brüderlichem Verhalten angenommen haben, zeigen sie, daß sie auch ihn wirklich angenommen haben.

---

3 (25,41-45) **Gericht**: Das Urteil über die Böcke.
1. Das Gericht wird zweifach sein.
   a. Die Böcke werden von Gott getrennt werden. Christus wird sagen: "Geht hinweg von mir" – Worte, die eine Welt des Elends, der äußersten Finsternis, des Heulens und Zähneknirschens, der ewigen Strafe, ohne Gott und Hoffnung bedeuten (vgl. Mt 25,30;46). Die Böcke lehnten Christus auf der Erde ab und wollten nicht mit ihm identifiziert werden. Wenn sie vor ihm stehen, werden sie sich nie mit ihm zusammengetan haben. Deshalb wird ihnen auch verweigert, mit ihm zusammenzusein.
   Man beachte, wie Christus die Böcke nennt: "Ihr Verfluchten." Sie entschieden sich nicht dafür, "Brüder" genannt zu werden (V40) und das Reich zu erben. Deshalb werden sie "Verfluchte" genannt und erben den Fluch (Gal 3,10). Wie die Schrift sagt: "Es ist schrecklich, in die Hände des lebendigen Gottes zu fallen!" (Hebr 10,31).
   b. Die Böcke kommen in das "ewige Feuer" (siehe Nähere Betrachtung 2 – Mt 5,22; Nähere Betrachtung 4 – Lk 16,24; Anmerkung – Offb 9,2. Vgl. Offb 20,2.) Man beachte dreierlei. Es ist ein Ort der Angst, Qual und Strafe (vgl. Mt 25,30;46 mit den oben angeführten Anmerkungen). Es ist ewig, hat kein Ende. Es ist für den Teufel und seine Engel vorbereitet, nicht für den Menschen.
2. Die Grundlage des Gerichts und die Gründe, aus denen die Böcke von Gott getrennt werden, sind aufschlußreich.
   a. Die Böcke dienten nicht. Einfach gesagt sind es Menschen, die den Hungrigen, Durstigen, Fremden, Nackten, Kranken und Gefangenen nicht helfen. Sie *kümmern sich nicht darum,* die Bedürfnisse der Menschen zu erfüllen. Sie widmen sich nicht der Erfüllung der dringendsten Bedürfnisse einer vergänglichen Welt (vgl. Mt 20,28. Vgl. Joh 20,21; Lk 9,23.)
   b. Die Böcke lebten selbstsüchtig. Sie lebten in Komfort und Bequemlichkeit, sorglos und unbekümmert, materialistisch und von Dingen bestimmt, für Vergnügen und Genuß, für Geld und Überfluß. Sie lebten selbstsüchtig, während die Welt um sie herum Hunger, Krankheit und Tod litt.
   c. Die Böcke waren geistlich blind. Sie wollten die Wahrheit über Christus nicht sehen, daß er sich mit der leidenden Menge *identifiziert*, mit dem Leid und den Bedürfnissen der Einzelnen. Die Böcke verschlossen ihre Augen vor den in großer Not herumliegenden: Den Hungrigen, den Durstigen, den Fremden, den Nackten, den Kranken und Gefangenen. Sie wollten das *Zeichen* Gottes nicht sehen, seine herrliche Liebe für jeden Menschen. Sie wollten nicht sehen, daß sie Christus nicht helfen, wenn sie den Bedürftigen nicht helfen.

> "Jesus sprach zu ihm: Willst du vollkommen sein, so geh hin, verkaufe, was du hast, und gib es den Armen, so wirst du einen Schatz im Himmel haben; und komm, folge mir nach!" (Mt 19,21)
>
> "Ich bin ein Fremdling gewesen, und ihr habt mich nicht beherbergt; ohne Kleidung, und ihr habt mich nicht bekleidet; krank und gefangen, und ihr habt mich nicht besucht!" (Mt 25,43)
>
> "Aber die Sorgen dieser Weltzeit und der Betrug des Reichtums und die Begierden nach anderen Dingen dringen ein und ersticken das Wort, und es wird unfruchtbar." (Mk 4,19)
>
> "Es war aber ein Armer namens Lazarus, der lag vor dessen Tür voller Geschwüre und begehrte, sich zu sättigen von den Brosamen, die vom Tisch des Reichen fielen; und es kamen sogar Hunde und leckten seine Geschwüre." (Lk 16,20-21)
>
> "Denn die, welche reich werden wollen, fallen in Versuchung und Fallstricke und viele törichte und schädliche Begierden, welche die Menschen in Untergang und Verderben stürzen." (1Tim 6,9)
>
> "Eine reine und makellose Frömmigkeit vor Gott, dem Vater, ist es, Waisen und Witwen in ihrer Bedrängnis zu besuchen und sich von der Welt unbefleckt zu bewahren." (Jak 1,27)
>
> "Wer nun Gutes zu tun weiß und es nicht tut, für den ist es Sünde." (Jak 4,17)
>
> "Wer aber die Güter dieser Welt hat und seinen Bruder Not leiden sieht und sein Herz vor ihm verschließt – wie bleibt die Liebe Gottes in ihm?" (1Joh 3,17)
>
> "Wenn aber ein Armer bei dir ist, irgend einer deiner Brüder in irgend einer Stadt in dem Land, das der HERR, dein Gott, dir geben wird, so sollst du dein Herz nicht verhärten noch deine Hand vor deinem armen Bruder verschließen." (5Mo 15,7)
>
> "[Wehe euch, die] ihr schlafet auf elfenbeinernen Betten und strecket euch aus auf euren Polstern; ihr verzehret Lämmer von der Herde weg und Kälber frisch aus dem Stall!" (Am 6,4)

Gedanke 1 Christus sagt zu den Böcken: "Geht hinweg von mir." Wohin sollen die Böcke gehen?
⇒ Es ist kein Ort des Komforts und Vergnügens. Es ist der Ort, an dem Heulen und Zähneknirschen ist.

Matthäus 25,31-46

"Und den unnützen Knecht werft hinaus in die äußerste Finsternis! Dort wird das Heulen und Zähneknirschen sein." (Mt 25,30)

⇒ Es ist kein Ort des Lichts und der Gerechtigkeit. Es ist die äußerste Finsternis.

"Da sprach der König zu den Dienern: Bindet ihm Hände und Füße, führt ihn weg und werft ihn hinaus in die äußerste Finsternis! Da wird das Heulen und Zähne- knirschen sein." (Mt 22,13; vgl. Mt 25,30)

⇒ Es ist kein Ort eines kurzen Aufenthalts. Es ist ewig.

"Dann wird er auch denen zur Linken sagen: Geht hinweg von mir, ihr Verfluchten, in das ewige Feuer, das dem Teufel und seinen Engeln bereitet ist!" (Mt 25,41)

⇒ Es ist kein Ort für gute Freunde und Gemeinschaft. Es ist die Gesellschaft des Teufels.

"Und der Teufel, der sie verführt hatte, wurde in den Feuer- und Schwefelsee geworfen, wo das Tier ist und der falsche Prophet, und sie werden gepeinigt werden Tag und Nacht, von Ewigkeit zu Ewigkeit. Und ich sah einen großen weißen Thron und den, der darauf saß; vor seinem Angesicht flohen die Erde und der Himmel, und es wurde kein Platz für sie gefunden. Und ich sah die Toten, Kleine und Große, vor Gott stehen, und es wurden Bücher geöffnet, und ein anderes Buch wurde geöffnet, das ist das Buch des Lebens; und die Toten wurden gerichtet gemäß ihren Werken, entsprechend dem, was in den Büchern geschrieben stand. Und das Meer gab die Toten heraus, die in ihm waren, und der Tod und das Totenreich gaben die Toten heraus, die in ihnen waren; und sie wurden gerichtet, ein jeder nach seinen Werken. Und der Tod und das Totenreich wurden in den Feuersee geworfen. Das ist der zweite Tod. Und wenn jemand nicht im Buch des Lebens eingeschrieben gefunden wurde, so wurde er in den Feuersee geworfen." (Offb 20,10-15; vgl. Mt 25,41)

Gedanke 2 Man beachte den *augenfälligen* Unterschied zwischen den Schafen und den Böcken.
- ⇒ Die Schafe hörten "kommt"; die Böcke hörten "geht hinweg."
- ⇒ Die Schafe werden "Gesegnete" genannt; die Böcke werden "Verfluchte" genannt.
- ⇒ Die Schafe sollen "erben"; die Böcke sind "verflucht."
- ⇒ Die Schafe erhalten ein Reich; die Böcke erhalten "ewiges Feuer."
- ⇒ Die Schafe wohnen an einem für Gottes Volk *vorbereiteten* Ort; die Böcke wohnen an einem für den Teufel und seine Engel vorbereiteten Ort.
- ⇒ Die Schafe verbringen die Ewigkeit mit Gott und ihren christlichen Brüdern; die Böcke verbringen die Ewigkeit mit dem Teufel und seinen Engeln.

Gedanke 3 Man beachte einen entscheidenden Punkt. Die Böcke werden nicht für das verurteilt, was sie getan haben, sondern für das, was sie nicht getan haben. Sie hatten eine Unterlassungssünde begangen, keine Tatsünde. Doch man beachte, wie schrecklich die Sünde ist, wie viele Bedürftige ein ganzes Leben lang Not leiden müssen, weil ein Bock ihnen nicht geholfen hat.

Gedanke 4 Selbstsucht, Genuß, Extravaganz, Geiz – alles, was zur Vernachlässigung anderer führt und darauf hinweist – wird einen Menschen offen verurteilen, wenn er vor Christus steht. (Zur vertieften Betrachtung dieses Punktes siehe Abriß und Anmerkungen – Mt 19,16-22; 19,23-26; 19,27-30.)

Gedanke 5 Man beachte, daß der unnütze Knecht sich der gleichen Sünde wie die Böcke schuldig macht: Der Sünde der Vernachlässigung und Unterlassung. Jeder vernachlässigte, was er hätte tun sollen. (Siehe Abriß und Anmerkungen – Mt 25,14-30.)

NÄHERE BETRACHTUNG 3
(25,41) **Ewiges Feuer** (to pur to aionion): Dies heißt wörtlich: "Feuer, das ewig brennt." Dieses Feuer ist ewig, es brennt immer weiter. Man beachte, daß das Feuer nicht für Menschen gedacht ist, sondern für den Teufel und seine Engel. Gott hat nie gewollt, daß ein Mensch die Ewigkeit im ewigen Feuer verbringt. Menschen, die sich für den Teufel und seine bösen Wege entscheiden, entscheiden sich dafür, bei dem Teufel zu sein, wo er auch ist. (Siehe Nähere Betrachtung 2, Hölle – Mt 5,22 zur weiteren Diskussion.)

---

4 (25,46) **Gericht**: Es ist entscheidend, auf Christi Worte zu achten: "Und sie werden in die ewige Strafe gehen." Die Strafe ist für die Ewigkeit. Es gibt keine zweite Chance; das Urteil ist unveränderlich.

"Die Gerechten aber [gehen] in das ewige Leben." Auch das ewige Leben ist dauerhaft und unveränderlich. Man beachte: Das *Leben* ist ewig, kein träumerischer, unbewußter oder halbbewußter Daseinszustand. Die Schafe werden leben und ihr Leben wird ewig sein, unaufhörlich.

Matthäus 26,1-5

	KAPITEL 26 XVI. VERHAFTUNG, VERHÖR UND KREUZIGUNG DES MESSIAS, 26,1-27,66 A. Der Tod des Messias geplant und erklärt, 26,1-5 (Mk 14,1-2; Lk 22,1-2)		
1 Jesu Tod wurde seinen Jüngern erklärt a. War an das Passafest gebunden	Und es geschah, als Jesus alle diese Worte beendet hatte, sprach er zu seinen Jüngern: 2 Ihr wißt, daß in zwei Tagen das Passah ist; dann wird der Sohn des Menschen ausgeliefert, damit er gekreuzigt werde. 3 Da versammelten sich die Hohenpriester und die Schriftgelehrten und die Ältesten des Volkes im Hof des obersten Priesters, der Kajaphas hieß. 4 Und sie hielten miteinander Rat, wie sie Jesus mit List ergreifen und töten könnten. 5 Sie sprachen aber: Nicht während des Festes, damit kein Aufruhr unter dem Volk entsteht!	b. Der Menschensohn stirbt c. Verursacht durch Verrat d. Durch Kreuzigung 2 Jesu Tod wurde von den Frommen geplant a. Wurde von allen Führern geplant b. Sollte durch List geschehen 1) Unter falscher Anklage verhaften und töten 2) Still verhaften, wenn die Pilger das Fest verlassen haben	

ABSCHNITT XVI

VERHAFTUNG, VERHÖR UND KREUZIGUNG DES MESSIAS, 26,1-27,66

A. Der Tod des Messias geplant und erklärt, 26,1-5

(26,1-5) **Einführung**: Anscheinend war es Mittwoch in der letzten Woche Jesu (siehe Anmerkungen – Mt 21,1-11; 21,12-16; 21,17-22; 21,23-27). Er würde am Freitag sterben, also zwei Tage später. In diesen wenigen Versen gewährt Matthäus einen Einblick in das Drama, das sich rasch entwickelte. Zwei Szenen werden beschrieben: Jesus bereitete seine Jünger intensiv auf seinen Tod vor und die Frommen heckten hinter verschlossenen Türen teuflisch einen Plan aus, wie sie ihn töten könnten.

Jesus erklärte seinen Tod ausführlich: Er würde verraten und gekreuzigt werden. Was die Frommen planten, war deutlich: Sie wollten Jesus töten.
1. Jesu Tod wurde seinen Jüngern erklärt (V1-2).
    a. Sein Tod war an das Passafest gebunden.
    b. Sein Tod war das Sterben des Menschensohns.
    c. Sein Tod wurde durch Verrat verursacht.
    d. Sein Tod geschah durch Kreuzigung.
2. Jesu Tod wurde von den Frommen geplant (V3-5).
    a. Sein Tod wurde von allen Führern geplant.
    b. Sein Tod sollte durch List geschehen
        1) Er sollte unter falscher Anklage verhaftet und getötet werden.
        2) Er sollte still verhaftet werden, wenn die Pilger das Fest verlassen haben.

[1] (26,1-2) **Tod Jesu Christi**: Jesu Tod wurde seinen Jüngern erklärt. In gerade zwei Tagen würde er gekreuzigt werden. Die Jünger mußten für diese Prüfung gestärkt werden, wenn ihre Träume nicht am Felsen der Verzweiflung zerschellen und sie ihren Glauben verlieren sollten. Man erinnere sich daran, daß ihr Denken auf die Wiedererrichtung des Königtums Davids in Israel durch den Messias ausgerichtet war. Sie dachten, daß er, der Messias, Israel aus der römischen Knechtschaft befreien würde. Der Messias würde das Volk befreien und unter der Herrschaft Gottes selbst zum größten Volk der Erde machen (siehe Anmerkungen – Mt 1,1; Nähere Betrachtung 2 – 1,18; Nähere Betrachtung 3 – 3,11; Anmerkung – 11,1-6; 11,2-3; Nähere Betrachtung 1 – 11,5; Nähere Betrachtung 2 – 11,6; Nähere Betrachtung 1 – 12,16; Anmerkungen – 22,42; Lk 7,21-23). Es bestand sehr wohl die Möglichkeit, daß die Apostel ihren Glauben verlieren würden, wenn sie sahen, wie er durch die Hände einfacher Menschen zu Tode kam. Es könnte scheinen, als hätte Gott ihn im Stich gelassen! Christus mußte alles nur mögliche tun, um sie vorzubereiten. Zu seinem Tod gab es vier grundlegende Tatsachen, die außerordentlich hilfreich sein würden.

1. Christi Tod war an das Passafest gebunden (siehe Nähere Betrachtung 1 – Mt 26,2; Nähere Betrachtung 1 – Lk 22,7; Nähere Betrachtung 2 – 22,19-20). Er sagte den Jüngern den genauen Tag voraus, an dem er sterben würde und das mußte der gleiche Tag sein, an dem das Passalamm geopfert wurde. Und man beachte, daß er seinen Tod am Opfer des Lammes festmachte. Wie Johannes der Täufer schon verkündet hatte: "Siehe, das Lamm Gottes, das die Sünde der Welt hinwegnimmt!" (Joh 1,29;36).

> "Wer mein Fleisch ißt und mein Blut trinkt, der hat ewiges Leben, und ich werde ihn auferwecken am letzten Tag. Denn mein Fleisch ist wahrhaftig Speise, und mein Blut ist wahrhaftig Trank. Wer mein Fleisch ißt und mein Blut trinkt, der bleibt in mir und ich in ihm. Wie mich der lebendige Vater gesandt hat und ich um des Vaters willen lebe, so wird auch der, welcher mich ißt, um meinetwillen leben. Dies ist das Brot, das vom Himmel herabgekommen ist; nicht wie eure Väter das Manna gegessen haben und gestorben sind; wer dieses Brot ißt, der wird leben in Ewigkeit!" (Joh 6,54-58)

> "In ihm haben wir die Erlösung durch sein Blut, die Vergebung der Sünden nach dem Reichtum seiner Gnade." (Eph 1,7)

> "Sondern mit dem kostbaren Blut des Christus, als eines fehlerlosen und unbefleckten Lammes." (1Petr 1,19)

> "Wenn wir aber im Licht wandeln, wie er im Licht ist, so haben wir Gemeinschaft miteinander, und das Blut Jesu Christi, seines Sohnes, reinigt uns von aller Sünde." (1Joh 1,7)

> "Meine Kinder, dies schreibe ich euch, damit ihr nicht sündigt! Und wenn jemand sündigt, so haben wir einen Fürsprecher bei dem Vater, Jesus Christus, den Gerechten; und er ist das Sühnopfer für unsere Sünden, aber nicht nur für die unseren, sondern auch für die der ganzen Welt." (1Joh 2,1-2)

2. Christi Tod war das Sterben des Menschensohnes selbst (siehe Nähere Betrachtung 3 – Mt 8,20). "Sohn des Menschen" bedeutet, daß er sich vollkommen mit dem Menschen im menschlichen Fleisch identifizierte. Doch es bedeutet noch

Matthäus 26,1-5

viel mehr: Es bedeutet, daß er der ideale Mensch ist, der ein vollkommenes und sündloses Leben führte. Durch sündloses Leben wurde er zum idealen und vollkommenen Menschen, zum Muster für alle Menschen. Der Sohn des Menschen kennt unsere Prüfungen, Verletzungen, Schmerzen und Leiden. Der Sohn des Menschen lebte vollkommen und sichert uns die vollkommene Gerechtigkeit – der Sohn des Menschen starb für uns. Und weil er starb, können seine ideale Gerechtigkeit und sein idealer Tod für unsere Gerechtigkeit und unseren Tod stehen.

"Ich bin der gute Hirte; der gute Hirte läßt sein Leben für die Schafe." (Joh 10,11)

"Denn Christus ist, als wir noch kraftlos waren, zur bestimmten Zeit für Gottlose gestorben." (Röm 5,6)

"Denn ich habe euch zu allererst das überliefert, was ich auch empfangen habe, nämlich daß Christus für unsere Sünden gestorben ist, nach den Schriften." (1Kor 15,3)

"Der sich selbst für unsere Sünden gegeben hat, damit er uns herausrette aus der gegenwärtigen bösen Weltzeit, nach dem Willen unseres Gottes und Vaters." (Gal 1,4)

"Und wandelt in der Liebe, gleichwie auch der Christus uns geliebt und sich selbst für uns gegeben hat als Gabe und Opfer für Gott, zu einem lieblichen Geruch." (Eph 5,2)

"Der sich selbst für uns dahingegeben hat, um uns von aller Gesetzlosigkeit zu erlösen und für sich selbst ein auserwähltes Volk zum Eigentum zu reinigen, das eifrig ist im Tun von guten Werken." (Tit 2,14)

"So wird der Christus, nachdem er sich einmal zum Opfer dargebracht hat, um die Sünden vieler auf sich zu nehmen, zum zweitenmal denen erscheinen, die auf ihn warten, nicht wegen der Sünde, sondern zum Heil." (Hebr 9,28)

"Und ihr wißt, daß Er erschienen ist, um unsere Sünden wegzunehmen; und in ihm ist keine Sünde." (1Joh 3,5)

"Daran haben wir die Liebe erkannt, daß Er sein Leben für uns eingesetzt hat; auch wir sind schuldig, für die Brüder das Leben einzusetzen." (1Joh 3,16)

"Und sie sangen ein neues Lied, indem sie sprachen: Du bist würdig, das Buch zu nehmen und seine Siegel zu brechen; denn du bist geschlachtet worden und hast uns für Gott erkauft mit deinem Blut aus allen Stämmen und Sprachen und Völkern und Nationen." (Offb 5,9)

Er ist unsere vollkommene Gerechtigkeit und Leben. Wenn wir nach einem Erlöser suchen, müssen wir nach ihm suchen. Der Menschensohn selbst mußte sterben, der einzige, der als der ideale Mensch sterben konnte, und weil er der ideale Mensch war, kann sein Tod alle Menschen umfassen. Sein Tod ist der ideale Tod, der Mustertod, der alle umfaßt, die ihn anrufen.

"Gott aber beweist seine Liebe zu uns dadurch, daß Christus für uns gestorben ist, als wir noch Sünder waren." (Röm 5,8)

"Er hat unsere Sünden selbst an seinem Leib getragen auf dem Holz, damit wir, den Sünden gestorben, der Gerechtigkeit leben mögen; durch seine Wunden seid ihr heil geworden." (1Petr 2,24)

"Denn auch Christus hat einmal für Sünden gelitten, der Gerechte für die Ungerechten, damit er uns zu Gott führte; und er wurde getötet nach dem Fleisch, aber lebendig gemacht durch den Geist." (1Petr 3,18)

3. Christi Tod wurde durch Verrat verursacht. Einer der Jünger würde ihn verraten (siehe Anmerkungen – Mt 26,20-25; 27,3-5; Mk 14,10-11; Lk 22,4-6; Anmerkung und <u>Nähere Betrachtung 1</u> – Joh 13,18; Anmerkung – 13,21-26). Man beachte, daß Christus im Präsens spricht, "wird ausgeliefert." Der Verrat war sicher, stand unmittelbar bevor, stand direkt vor ihm.

4. Christi Tod geschah durch die Kreuzigung. (Der Kreuzestod wird deutlich beschrieben in Abriß, Anmerkungen und <u>Nähere Betrachtung 1</u> – Mt 27,26-44; Anmerkung – Mk 15,16-41; Lk 23,26-49; Joh 19,16-37.)

"Er hat unsere Sünden selbst an seinem Leib getragen auf dem Holz, damit wir, den Sünden gestorben, der Gerechtigkeit leben mögen; durch seine Wunden seid ihr heil geworden." (1Petr 2,24)

"Christus hat uns losgekauft von dem Fluch des Gesetzes, indem er ein Fluch für uns wurde (denn es steht geschrieben: Verflucht ist jeder, der am Holz hängt)." (Gal 3,13)

"Gott aber beweist seine Liebe zu uns dadurch, daß Christus für uns gestorben ist, als wir noch Sünder waren. Wieviel mehr nun werden wir, nachdem wir jetzt durch sein Blut gerechtfertigt worden sind, durch ihn vor dem Zorn errettet werden! Denn wenn wir mit Gott versöhnt worden sind durch den Tod seines Sohnes, als wir noch Feinde waren, wieviel mehr werden wir als Versöhnte gerettet werden durch sein Leben!" (Röm 5,8-10)

<u>Gedanke 1</u> Das Passafest zeigt deutlich *die herrliche Vorbereitung* Gottes für die Erlösung, für die Wegnahme der Sünden der Welt. Das Passalamm wurde von Gott als Bild dafür eingesetzt, daß er seinen Sohn für die Sünden der Welt gibt.

<u>Gedanke 2</u> Jesus starb für uns. Er hat die Sünden der Welt weggenommen.

"Er hat unsere Sünden selbst an seinem Leib getragen auf dem Holz, damit wir, den Sünden gestorben, der Gerechtigkeit leben mögen; durch seine Wunden seid ihr heil geworden." (1Petr 2,24)

"Denn auch Christus hat einmal für Sünden gelitten, der Gerechte für die Ungerechten, damit er uns zu Gott führte; und er wurde getötet nach dem Fleisch, aber lebendig gemacht durch den Geist." (1Petr 3,18. Siehe Anmerkung – Mt 17,22-23; Anmerkung und Nähere Betrachtung 1 – 20,18.)

<u>Gedanke 3</u> Jesus tat alles nur mögliche, um seine Jünger auf die große Prüfung vorzubereiten, Zeuge seines Todes zu werden. Er tut alles nur mögliche, um uns auf alles vorzubereiten, was kommen mag. Man denke nur an die Dinge, von denen er gesagt hatte, daß sie in der Zukunft kommen würden. Wie gut hat er uns vorbereitet – damit wir nicht überrumpelt würden (siehe Abrisse und Anmerkungen – Mt 24,1-25,46).

Matthäus 26,1-5

<u>Gedanke 4</u> Jesu Tod rettet uns nicht nur, er ermutigt uns auch, die Prüfungen des Lebens zu ertragen.

"Achtet doch auf ihn, der solchen Widerspruch [Feindseligkeit] von den Sündern gegen sich erduldet hat, damit ihr nicht müde werdet und den Mut verliert!" (Hebr 12,3)

NÄHERE BETRACHTUNG 1
(26,2) **Passa – Tod Jesu Christi**: Man beachte die Worte Jesu: "Ihr wißt." Die Jünger kannten beide Tatsachen. Das Passafest war nur zwei Tage entfernt und Jesus hatte ihnen seit Monaten erklärt, daß er getötet werden würde. Warum weist er die Jünger also auf Tatsachen hin, die sie bereits kannten? Jesus *offenbarte* den Jüngern, daß sein Tod an das Passa gebunden war (siehe Abriß und Anmerkungen – Mt 26,17-19). In der Geschichte hatte das Passa seinen Tod dargestellt. Christus erfüllte das Passa, indem er am Kreuz sein Blut vergoß.
1. Historisch gesehen, verweist das Passa zurück auf die Zeit, als Gott Israel aus der ägyptischen Sklaverei errettete (2Mo 11,1f). Gott hatte über die Ägypter wegen ihrer Ungerechtigkeit ein Urteil gesprochen, den Tod ihrer Erstgeborenen. Als Gott sich bereitmachte, das Urteil auszuführen, wurden die, die an Gott glaubten, angewiesen, ein fehlerloses Lamm zu schlachten und sein Blut an die Türpfosten ihres Hauses zu streichen. Das Blut des unschuldigen Lammes würde dann als Zeichen dienen, daß das kommende Gericht bereits ausgeführt worden war. Beim Anblick des Blutes würde Gott an dem betreffenden Haus *vorbeigehen*.
2. Symbolisch gesehen versinnbildlicht das Passa das Kommen Jesu Christi als Erlöser. Das "fehlerlose Lamm" stand für sein sündloses Leben (vgl. Joh 1,29), und das "auf die Türpfosten gestrichene Blut" stand für sein für die Gläubigen vergossenes Blut. Es war ein Zeichen dafür, daß Leben und Blut des unschuldigen Lammes gegen den Erstgeborenen ausgetauscht worden waren. Das "Essen des Lammes" versinnbildlichte das Bedürfnis nach geistlicher Nahrung, die man durch das Essen von Christus, dem Brot des Lebens, erhält. Das ungesäuerte Brot (Brot ohne Sauerteig) stand für das Bedürfnis, das Böse aus seinem Leben und Haushalt zu entfernen (siehe Nähere Betrachtung 1, Fest der ungesäuerten Brote – Mt 26,17).

---

2 (26,3-5) **Plan der Frommen, Jesu Tod**: Jesu Tod wurde von den Frommen geplant. Matthäus zeichnete ein dramatisches Bild. Während Christus am einen Ende der Stadt seine Jünger auf seinen Tod vorbereitete, trafen sich die Frommen auf der anderen Seite, um diesen Tod zu planen. Und man beachte: Sie waren hinter verschlossenen Türen im Haus des Hohenpriesters.
1. Christi Tod wurde von allen Führern geplant: Von den Hohenpriestern, den Schriftgelehrten und den Ältesten (siehe Nähere Betrachtung 1 – Mt 16,21; Nähere Betrachtung 2 – 26,3).
    a. Man beachte, wo sie sich trafen, wie irreführend das war. Sie trafen sich im Haus (Palast) des Hohenpriesters, nicht am offiziellen Hof. Es war ein geheimer Plan, über den bis zum richtigen Moment für Festnahme und Mord geschwiegen werden sollte.
    b. Men beachte, wer dabei die Führung übernahm: Kajaphas, der Hohepriester selbst, der der geistliche Führer des Volkes sein sollte.
2. Christi Tod sollte durch Irreführung und Lügen herbeigeführt werden.
    a. Er sollte unter falscher Anklage verhaftet und getötet werden (siehe Abriß und Anmerkungen – Mt 26,60-66).
    b. Er sollte in aller Stille verhaftet werden, nachdem die Pilger das Fest verlassen hatte, um nach Hause zurückzukehren. *Das Fest* bezieht sich auf alle acht Tage des Festes. Die Gefahr eines Aufstandes war erst vorüber, wenn alle die Stadt verlassen hatten. Natürlich wurde die Gefahr eines Aufstandes dadurch gebannt, daß Judas bereit war, Christus zu verraten. Unter den zwei Millionen Menschen, die sich in der Stadt drängten, konnte ihnen Judas zeigen, wo Christus war und ihn still kenntlich machen. Er konnte ihnen zeigen, wie Christus still im Dunkel der Nacht gefangengenommen werden konnte (vgl. Mt 26,47-50).

> "Ihre Kehle ist ein offenes Grab, mit ihren Zungen betrügen sie; Otterngift ist unter ihren Lippen." (Röm 3,13)
> "Wißt ihr denn nicht, daß Ungerechte das Reich Gottes nicht erben werden? Irrt euch nicht." (1Kor 6,9)
> "Irrt euch nicht; Gott läßt sich nicht spotten! Denn was der Mensch sät, das wird er auch ernten." (Gal 6,7)
> "Laßt euch von niemand mit leeren Worten verführen! Denn um dieser Dinge willen kommt der Zorn Gottes über die Söhne des Ungehorsams." (Eph 5,6)
> "Kinder, laßt euch von niemand verführen! Wer die Gerechtigkeit übt, der ist gerecht, gleichwie Er gerecht ist. Wer die Sünde tut, der ist aus dem Teufel; denn der Teufel sündigt von Anfang an. Dazu ist der Sohn Gottes erschienen, daß er die Werke des Teufels zerstöre." (1Joh 3,7-8)
> "Seid aber Täter des Wortes und nicht bloß Hörer, die sich selbst betrügen." (Jak 1,22)
> "Sondern er hat sich das gewählt zu seinem Teil, daß er seinem Laster frönen, daß er hassen kann." (Ps 36,2)
> "Ein Geschlecht, das rein ist in seinen eigenen Augen und doch von seinem Kot nicht gewaschen ist." (Spr 30,12)
> "Viele Menschen werden gnädige Herren genannt; wer findet aber einen treuen Mann?" (Spr 20,6)
> "Einer betrügt den andern, und die Wahrheit reden sie nicht; sie haben ihre Zungen ans Lügen gewöhnt; sie ermüden sich mit Unrechttun." (Jer 9,5)
> "Überaus trügerisch ist das Herz und bösartig; wer kann es ergründen?" (Jer 17,9)

<u>Gedanke 1</u> Man beachte, wie sogar die Frömmsten von Furcht vor dem Verlust von Stellung, Macht, Anerkennung, Wertschätzung und Sicherheit ergriffen werden können (siehe Anmerkungen – Mt 12,1-8; Anmerkung und Nähere Betrachtung 1 – 12,10; Anmerkung – 15,1-20; Nähere Betrachtung 2 – 15,6-9; Nähere Betrachtung 3 – 16,12). Wie weltlich, den Dingen der Welt zugewandt sogar die Frömmsten werden können!

Matthäus 26,1-5

NÄHERE BETRACHTUNG 2
(26,3) <u>Hohepriester – oberste Priester – Kajaphas</u>: Das Amt des Hohenpriesters begann mit Aaron und seinen Söhnen (2Mo 28,1). Das Amt war erblich und auf Lebenszeit, doch als die Römer Palästina eroberten, machten sie ein politisches Amt daraus. Sie wählten ihren eigenen Mann, der mit ihnen zusammenarbeiten würde. Einen solchen Mann zu finden, war oft schwierig. In der Zeit von 37 v.Chr. und 67 n.Chr. hatte es zum Beispiel wenigstens achtundzwanzig Hohepriester gegeben. Diese Männer wurden in ihrem ganzen Leben sehr respektiert und hoch geachtet, und auch wenn sie von den Römern aus dem Amt entfernt wurden, fragten andere jüdische Führer sie oft um Rat. Das beste Beispiel hierfür ist Hannas, der Ex-Hohepriester. Er verfügte immer noch über ungewöhnliche Macht (vgl. Joh 18,13; Apg 4,6). Er und die anderen, die Hohepriester gewesen waren oder andere Führungspositionen innegehabt hatten, wurden auch *oberste Priester* genannt.

Die Amtszeit eines Hohenpriesters wurde allein von den Römern bestimmt. Sie ließen den Hohepriester so lange regieren, wie er ihnen gefiel. Die Amtszeit der achtundzwanzig betrug im Durchschnitt nur drei Jahre, außer Kajaphas. Kajaphas war etwa achtzehn Jahre lang Hoherpriester (18 n.Chr. bis 36 n.Chr.). Anscheinend war er ein Meister der Intrige und des Kompromisses. Das wirft ein deutliches Licht auf seine Furcht vor einem Aufstand und den Wunsch, mit der Verhaftung Jesu bis nach dem Fest zu warten (Mt 26,5). Es bestand die Gefahr, daß sich die Menschen zusammenrotteten, um Jesus zu helfen, wenn sie sahen, daß er verhaftet worden war; so viele glaubten, daß er ein großer Prophet war, daß ein Aufstand im Bereich des Möglichen lag. Kajaphas wußte, daß die Römer ihn verantwortlich machen und aus dem Amt entfernen würden. Er würde alles verlieren, was er hatte. Die Schläue dieses Mannes zeigte sich in der Strategie, die er ausarbeitete. Sie wollten Jesus in aller Stille verhaften, nachdem die Massen das Fest verlassen hatten.

NÄHERE BETRACHTUNG 3
(26,5) <u>Passa</u>: Zum Passafest war die Atmosphäre in Jerusalem immer geladen. Die Stadt war mit Pilgern überfüllt. Der bekannte jüdische Historiker Josephus sagte, daß nach dem Gesetz jedes Opfer für wenigstens zehn Menschen stehen müsse. Er berichtete, daß mehr als eine Viertelmillion Opferlämmer geschlachtet wurden; deshalb schätzte er, daß bei diesem Fest zwei Millionen oder mehr Pilger anwesend waren (Josephus, Jüd. Krieg 6 9,3). (Siehe Anmerkungen – Mt 26,3-5.)

Matthäus 26,6-13

	B. Der Messias wird für den Tod gesalbt: Ein Bild opferbereiter Liebe und Glaubens, 26,6-13 (Mk 14,3-9; Joh 12,1-8)	Armen geben können! 10 Als es aber Jesus bemerkte, sprach er zu ihnen: Warum bekümmert ihr die Frau? Sie hat doch ein gutes Werk an mir getan!	4 Die Salbung war das Ergreifen einer Gelegenheit
1 In Bethanien, im Haus Simons des Aussätzigen, wurde Jesus von einer Frau gesalbt	6 Als nun Jesus in Bethanien im Hause Simons des Aussätzigen war, 7 da trat eine Frau zu ihm mit einer alabasternen Flasche voll kostbaren Salböls und goß es auf sein Haupt, während er zu Tisch saß.	11 Denn die Armen habt ihr allezeit bei euch, mich aber habt ihr nicht allezeit. 12 Damit, daß sie dieses Salböl auf meinen Leib goß, hat sie mich zum Begräbnis bereitet.	5 Die Salbung wies auf Jesu Begräbnis hin, auf seinen Tod
2 Die Salbung war eine Tat der Liebe und des Glaubens an den Herrn Jesus			
3 Die Salbung war eine Opfergabe, Hingabe über die Vernunft hinaus	8 Als das seine Jünger sahen, wurden sie unwillig und sprachen: Wozu diese Verschwendung? 9 Man hätte dieses Salböl doch teuer verkaufen und den	13 Wahrlich, ich sage euch: Wo immer dieses Evangelium verkündigt wird in der ganzen Welt, da wird man auch von dem sprechen, was diese getan hat, zu ihrem Gedenken!	6 Die Salbung war zur ewigen Erinnerung

ABSCHNITT XVI

VERHAFTUNG, VERHÖR UND KREUZIGUNG DES MESSIAS, 26,1-27,66

B. Der Messias wird für den Tod gesalbt: Ein Bild opferbereiter Liebe und Glaubens, 26,6-13

(26,6-13) **Einführung – Salbung Jesu Christi – Tod Jesu Christi – Liebe – Verehrung**: Auch Markus und Johannes berichten von dieser Salbung Jesu. Johannes sagt, daß sie sechs Tage vor dem Passah stattfand (Joh 12,1). Wi bereits zuvor gesagt, ordnete Matthäus die Ereignisse nach ihren Themen. Er behandelt den Tod Christi, also stellt er es an diese Stelle. Johannes identifiziert die Frau mit Maria, der Schwester von Martha und Lazarus. Matthäus berichtet, daß sie sich im Haus von Simon dem Aussätzigen befanden und Johannes berichtet, daß Martha sie bediente (Joh 12,2). Anscheinend war Simon der Aussätzige Marthas Ehemann (obwohl andere meinen, daß er ihr Vater oder Schwiegervater gewesen sei) (Mt 26,6; vgl. Joh 12,2).
Es geschah Folgendes: Die Menschen strömten zum Passahfest in die Stadt und die Atmosphäre war von Aufregung erfüllt. Es herrschte das Gefühl, daß irgend etwas Bedeutsames geschehen würde. Natürlich hatte Maria keine Ahnung von dem, was in der letzten Woche des Lebens Jesu geschehen würde und was bereits am nächsten Tag mit dem triumphalen Einzug in Jerusalem beginnen würde. Doch Maria fühlte wie alle anderen, daß die Zeit zur Errichtung des Reiches gekommen war. Maria, die Jesus immer zu Füßen saß, saß auch jetzt wieder dort und schaute ihm in die Augen. Und während sie schaute, fühlte sie zweierlei. Sie fühlte, daß sie Buße für ihre kürzlich erfolgte Kritik an Jesus tun mußte (vgl. Joh 12,3; siehe Anmerkung – Joh 12,3) und sie fühlte, daß der drohende Schatten von Problemen über ihm hing. Sie sah eine so schwere Last in seinen Augen, daß sie sich *gedrängt* fühlte, größtmögliche Wertschätzung und Glauben an ihn auszudrücken. Sie nahm das Kostbarste, was sie hatte, eine unermeßlich wertvolle Flasche Salböl und salbte ihn als den Messias, den Gesalbten ihres Lebens.
Marias Tat war eine der liebevollsten und kostbarsten Handlungen, die Jesus jemals erwiesen wurden, wenn nicht gar *die* liebevollste und kostbarste Handlung. Es war eine Tat höchster Liebe und Verehrung. Das wird dadurch bewiesen, was Jesus darüber sagte (V10-13). Wie liebevoll diese Tat war, kann daran ermessen werden, was zur gleichen Zeit in der Stadt geschah und noch geschehen würde: Pläne, Intrigen, Feindseligkeit, Angriffe, die Menschen, die zu Tausenden in die Stadt strömten – Mengen, die eine weltliche Volksfestatmosphäre verbreiteten. Sogar Simons eigenes Haus beherbergte mit den Jüngern eine große Menge. Man stelle sich allein den Geräuschpegel der Unterhaltung vor. Trotzdem saß Maria da zu Jesu Füßen und saugte wieder einmal alles auf, was er sagte, liebte und verehrte ihn. Er hatte so viel für ihre Familie getan. Simon der Aussätzige war anscheinend ihr Schwager (Marthas Mann). Er war wahrscheinlich von ihrem Herrn geheilt worden. Ihr Bruder Lazarus war von den Toten auferweckt worden. Sie alle waren durch ihn gerettet. Wie sehr sie ihn liebte! Wie sehr sie ihre Liebe und ihren Glauben an ihn ausdrücken wollte! Er sah so müde, erschöpft und voller böser Vorahnungen aus; als sie in seine Augen schaute, fand sie darin etwas, das seine Sorge und Gedanken ausdrückte. Sie wollte ihm helfen und ihn ermutigen, ihm zeigen, daß sie ihn liebte und sich um ihn sorgte, also ging sie das Kostbarste holen, was sie hatte, um es ihm zu geben. Und sie gab es ihm auf die beste Weise, die sie sich ausdenken konnte. Sie salbte ihren Herrn, wie David und die anderen Könige Israels in der Vergangenheit gesalbt worden waren. Sie salbte ihn nicht aus einer offiziellen Stellung heraus, sondern aus ihrem Herzen. Aus diesem Grund lebt sie auch in der Erinnerung aller weiter. Stellvertretend für alle salbte sie den Herrn als den, der stellvertretend für alle sterben sollte. Stellvertretend für alle salbte sie ihn als den Herrn und Erlöser, den wahren Messias aller Herzen und Leben, die ihm als dem Gesalbten Gottes dienen und ihn verehren.

1. In Bethanien, im Haus Simons des Aussätzigen, wurde Jesus von einer Frau gesalbt (V6).
2. Die Salbung war eine Tat der Liebe und des Glaubens an den Herrn Jesus (V7).
3. Die Salbung war eine Opfergabe, Hingabe über die Vernunft hinaus (V8-9).
4. Die Salbung war das Ergreifen einer Gelegenheit (V10-11).
5. Die Salbung wies auf Jesu Begräbnis hin, auf seinen Tod (V12).
6. Die Salbung war zur ewigen Erinnerung (V13).

1 (26,6) **Bethanien**: Siehe Anmerkung – Mt 21,17.

NÄHERE BETRACHTUNG 1
(26,6) **Simon der Aussätzige**: Jesus war im Haus Simons des Aussätzigen. Über ihn ist wenig bekannt. Wahrscheinlich war er ein Aussätziger, der von Jesus geheilt worden war. Nach der Tradition war er der Ehemann Marthas. Das scheint auch die Schrift anzudeuten. Matthäus berichtet, daß Jesus im Haus Simons des Aussätzigen aß und Johannes sagt, daß

Matthäus 26,6-13

> Martha sie bediente. Das würde eine enge Beziehung andeuten. Martha war wahrscheinlich seine Frau oder älteste Tochter. Wenn sie Simons Frau war, schienen ihre Geschwister Maria und Lazarus bei ihr und Simon zu leben. Man beachte, daß das Haus Simons groß genug war, um Jesus und alle seine Jünger zu beherbergen. Bei solchen Gelegenheiten hatte er wahrscheinlich Diener, die unter der Anleitung seiner Frau arbeiteten und nicht unter einer ältesten Tochter. Wenn Martha jedoch Simons älteste Tochter war, dann war er auch der Vater von Maria und Lazarus. Während Jesus im Haus Simons des Aussätzigen war, kam Maria zu ihm und salbte ihn.

Gedanke 1 Man beachte einen augenfälligen Punkt: Wer den Herrn in sein Haus aufnimmt, wird viel über ihn lernen. Man stelle sich die Erfahrung vor, die Simon der Aussätzige machte, indem er Jesus zum Essen einlud! Das Wichtigste, was man über Simon den Aussätzigen wissen muß, ist, daß er Jesus in sein Haus einlud.

Gedanke 2 Man beachte den Zusammenhalt der Familie. In der ganzen Schrift werden sie zusammen erwähnt, besonders Maria, Martha und Lazarus. Wenn Christus oft bei einer Familie zu Gast ist, gibt es oft eine enge Bindung, die anderweitig nicht existiert.

Gedanke 3 Marias Liebe zu Jesus war höchst ungewöhnlich. Ihre Tiefe zeigt sich deutlich in dieser wunderbaren Handlung (siehe Anmerkung – Mt 26,6-13).

[2] (26,7) **Glaube – Liebe**: Die Salbung war eine Tat der Liebe und des Glaubens an den Herrn Jesus. Sehr einfach gesagt salbte Maria Jesus, um ihm zu zeigen, wie sehr sie ihn liebte und daran glaubte, daß er der wahre Messias war, "der Gesalbte Gottes" (siehe Anmerkungen – Mt 26,6-13; vgl. Mt 1,18). Er war ihr Erlöser, Herr und König. Er hatte so viel für sie und ihre Familie getan. Sie wollte, daß er wußte, wie sehr sie ihn schätzte, liebte und an ihn glaubte.

Es muß auch noch etwas anderes beachtet werden. Maria spürte etwas bei Jesus: Eine Vorahnung, eine Sorge in seinen Gedanken, ein schweres Herz, ein Gewicht von unglaublichem Druck. Ihr Herz flog ihm zu und sie wollte ihn ermutigen und ihm helfen. Als junge Frau unter so vielen Männern war es ihr nicht erlaubt, dies mit Worten auszudrücken. Zu dieser Zeit hatten Frauen diesen Vorzug nicht. Also tat sie, was sie konnte: Sie handelte. Sie stand auf, um das kostbarste Geschenk zu holen, an das sie denken konnte – eine äußerst teure Flasche Salböl. Und sie gab es ihm in einer Weise, daß er wissen mußte, daß wenigstens ein Mensch ihn wirklich liebte und glaubte, daß er der Messias war. Sie hoffte, daß dieser Glaube und diese Liebe seinen Geist aufrichten würden.

Gedanke 1 Wie zeigen wir unseren Glauben und unsere Liebe zu Christus? Man stelle sich vor, wie schwer es Maria fiel, in Anwesenheit so vieler zu tun, was sie tat. Sie überwand Stolz und Schüchternheit, um ihre Liebe und ihren Glauben zu zeigen. Wie weit würden wir gehen, um unsere Liebe und Glauben an Christus zu zeigen?

Gedanke 2 Man beachte, wie Maria ihre Liebe und ihren Glauben bewies.
1) Maria gab dem Herrn das Wertvollste, was sie hatte.

> "Sammelt euch vielmehr Schätze im Himmel, wo weder die Motten noch der Rost sie fressen und wo die Diebe nicht nachgraben und stehlen!" (Mt 6,20)
> "Verkauft eure Habe und gebt Almosen! Macht euch Beutel, die nicht veralten, einen Schatz, der nicht vergeht, im Himmel, wo kein Dieb hinkommt und keine Motte ihr Zerstörungswerk treibt." (Lk 12,33)
> "So kann auch keiner von euch mein Jünger sein, der nicht allem entsagt, was er hat." (Lk 14,33)
> "Ja, wahrlich, ich achte alles für Schaden gegenüber der alles übertreffenden Erkenntnis des Christus Jesus, meines Herrn, um dessentwillen ich alles eingebüßt habe, und ich achte es für Dreck, damit ich Christus gewinne." (Phil 3,8)
> "Damit sie das ewige Leben ergreifen und so für sich selbst eine gute Grundlage für die Zukunft sammeln." (1Tim 6,19)

2) Maria bezeugte ihre Liebe und Glauben an Christus öffentlich. Alle konnten Zeugen ihrer Liebe und ihres Glaubens an Christus werden.

NÄHERE BETRACHTUNG 2
(26,7) **Salbung**: Siehe Nähere Betrachtung 1 – Apg 10,38.

[3] (26,8-9) **Hingabe – Opfer**: Die Salbung war eine Opfergabe, Hingabe über die Vernunft hinaus.

1. Die Salbung war ein Opfer. Das Öl kostete 300 Denare. Ein Denar war eine kleine Silbermünze und entsprach dem Tagelohn eines Arbeiters (Mt 20,2), also war das Salböl etwa einen Jahresverdienst wert (ausgehend von einer Sechs-Tage-Arbeitswoche).

Noch etwas muß zu der Opfergabe beachtet werden. Salböl war für Frauen im Osten besonders wertvoll. Maria gab ihrem Herrn ein außerordentlich wertvolles Besitztum.

2. Die Salbung war Hingabe über die Vernunft hinaus. Man stelle sich die Szene vor: Eine Flasche mit Salböl, die einen Jahresverdienst wert war, wurde zerbrochen und über Christi Haupt ausgegossen. Die Vernunft würde dem wahren Christen sagen: "Verkaufe es und benutze den Erlös für die Armen, Hungrigen und Obdachlosen." Genau das taten die Jünger, sie waren sogar ärgerlich und verwirrt. Sie stellten die Tat in Frage; sie betrachteten sie als Verschwendung. Jedenfalls hätte sie auch ein weniger teures Salböl nehmen können, wenn sie Christus schon salben wollte. Doch die Jünger sahen zwei wichtige Punkte nicht.
   a. Maria fühlte sich gedrängt, ihren Glauben an den Herrn und ihre Liebe zu ihm *persönlich* auszudrücken. Sie konnte das auf die bedeutungsvollste Weise tun, indem sie ihn als ihren Herrn mit dem teuersten Salböl salbte, das sie hatte.
   b. Der wichtigste Mensch in Marias Leben war der Herr. Er war der Messias, der Erlöser und Herr ihres Lebens und ihrer Familie. Sie wollte ihm zeigen, daß er alles verdiente, was sie war und hatte.

Matthäus 26,6-13

Der Punkt ist, daß die Jünger wie die meisten Menschen in Frage stellten, was sie tat. In den Augen der Welt hätten sie recht. Es hätte ein billigeres Öl verwendet werden können und mit so viel Geld hätte einer Menge Armer geholfen werden können, nicht nur einigen. Doch was sie und die Welt nicht sahen, ist, daß sich wahre Liebe auf persönliche Weise ausdrücken muß. Die Liebe ist so lange unbekannt, bis sie von dem Gläubigen erfahren und geteilt wird.

> "Was siehst du aber den Splitter im Auge deines Bruders, und den Balken in deinem Auge bemerkst du nicht?" (Mt 7,3; vgl. V1-5)
>
> "Wer bist du, daß du den Hausknecht eines anderen richtest? Er steht oder fällt seinem Herrn. Er wird aber aufgerichtet werden; denn Gott vermag ihn aufzurichten." (Röm 14,4)
>
> "Darum laßt uns nicht mehr einander richten, sondern das richtet vielmehr, daß dem Bruder weder ein Anstoß noch ein Ärgernis in den Weg gestellt wird!" (Röm 14,13)
>
> "Darum richtet nichts vor der Zeit, bis der Herr kommt, der auch das im Finstern Verborgene ans Licht bringen und die Absichten der Herzen offenbar machen wird; und dann wird jedem das Lob von Gott zuteil werden." (1Kor 4,5)
>
> "Ihr seid begehrlich und habt es nicht, ihr mordet und neidet und könnt es doch nicht erlangen; ihr streitet und kämpft, doch ihr habt es nicht, weil ihr nicht bittet." (Jak 4,2)

<u>Gedanke 1</u> Wahre Liebe opfert das Selbst, gibt von sich selbst – alles, was man ist und hat. Liebe wird nicht wirklich bewiesen, wenn wir nur geben, was wir uns leisten können. Wenn wir opfern, tief in unserem Leben und Geldbeutel graben, alles geben, was wir haben und sind, beweisen wir wirklich Liebe. Je mehr wir opfern, desto mehr zeigen wir unsere Liebe.

<u>Gedanke 2</u> Marias Tat enthält eine starke Botschaft – Eine Botschaft zum reichlichen und opferbereiten Geben. Doch man beachte: Gabe und Opfer kamen aus einem Herzen voll wahrer Liebe und Glauben an Christus. Das ist das Wichtigste, woran man bei Marias Gabe denken muß: Ihr Herz und Leben waren ganz auf Christus ausgerichtet.

<u>Gedanke 3</u> Opfer ist manchmal wichtiger als Vernunft. Manchmal sollte das Opfer über die Vernunft gestellt werden. Manchmal muß die Vernunft zum Opfer hin ausgedehnt werden. Opfer erweitert den Horizont, bringt Wachstum, Entwicklung, Fortschritt, immer mehr von dem, was immer wir tun. Je mehr wir tatsächlich unter Gottes Fürsorge opfern, desto mehr Wachstum, Entwicklung und Fortschritt erleben wir. In jedem Bereich, bei jeder Arbeit, auf jedem Gebiet – das Prinzip funktioniert. Je mehr wir (oder die Gesellschaft) unter Gottes Fürsorge opfern, desto mehr Fortschritt werden wir erleben. Vernunft hat ihren Stellenwert, doch der Stellenwert des Opfers ist größer.

Es gibt jedoch ein Gebiet, das wir meiden und ignorieren, wo wir das Prinzip nicht wirken lassen wollen: Das Gebiet des Geldes oder Zehnten. Wir wollen nicht, daß unser *leichtes Leben* und Wohlstand angetastet wird. Aus einem bösen Herzen heraus machen die Menschen Geld und Kaufkraft zum Ziel und Urteil des Lebens. Zu oft werden Ruf, Wertschätzung, Macht, Einfluß und Rechte eines Menschen davon bestimmt, wieviel er hat.

4 (26,10-11) <u>Liebe – Werke – Dienst</u>: Die Salbung war das Ergreifen einer Gelegenheit. Die Jünger kritisierten Maria und verurteilten ihre Tat, doch Christus verteidigte sie. Er nannte zwei Gründe, aus denen Marias Tat gerechtfertigt war.

1. Marias Salbung war ein *gutes Werk*, das für ihn *persönlich* getan wurde, d.h. es war eine *persönliche* Gabe. Ja, es war eine extravagante Gabe, doch es war eine Gabe an Christus selbst. Es war keine Gabe für eine Idee oder ein Programm von ihm. Daß es für ihn persönlich getan wurde, machte den Unterschied aus.
2. Maria würde nicht immer die Gelegenheit haben, ihre Liebe zu Christus zu zeigen. Christus würde bald weggehen und zum Vater aufsteigen. Er würde körperlich nicht mehr dasein, damit Maria ihm ihre Liebe beweisen könnte. Die Armen, denen Maria helfen konnte, würden immer da sein, doch Jesus nicht. Er würde weggegangen sein. Wenn sie je ihre Liebe und ihren Glauben beweisen wollte, mußte sie es jetzt tun. Die Chance mußte jetzt ergriffen werden, sie würde bald vorbei sein.

> "Jesus spricht zu ihnen: Meine Speise ist die, daß ich den Willen dessen tue, der mich gesandt hat, und sein Werk vollbringe." (Joh 4,34)
>
> "Ich muß die Werke dessen wirken, der mich gesandt hat, solange es Tag ist; es kommt die Nacht, da niemand wirken kann." (Joh 9,4)
>
> "Und kauft die Zeit aus, denn die Tage sind böse." (Eph 5,16)
>
> "Brüder, ich halte mich selbst nicht dafür, daß ich es ergriffen habe; eines aber [tue ich]: Ich vergesse, was dahinten ist, und strecke mich aus nach dem, was vor mir liegt, und jage auf das Ziel zu, den Kampfpreis der himmlischen Berufung Gottes in Christus Jesus." (Phil 3,13-14)
>
> "Wandelt in Weisheit denen gegenüber, die außerhalb [der Gemeinde] sind, und kauft die Zeit aus!" (Kol 4,5)

<u>Gedanke 1</u> Man beachte vier Lehren.
1) Chancen gehen vorüber. Sie gehen sogar sehr schnell vorbei. Wenn wir nicht sofort handeln, verpassen wir di Chance für immer. Der Vorzug von Zeugnisgeben, Hilfe, Wachstum, Fortschritt, Verbesserung und Entdeckung – es gibt immer neue Chancen. Wenn wir nicht handeln, gehen sie vorbei und kommen nicht wieder und wir verpassen die Gelegenheit, zu helfen, zu verbessern und zu erreichen.
2) Die große Tragödie der meisten Leben kann in zwei Worten zusammengefaßt werden: Verpaßte Chance.
3) Was andere denken, auch Kritik und Verurteilung, sollte uns nicht davon abhalten, unsere Liebe und unseren Glauben an den Herrn Jesus zu zeigen. Wir sollten immer so kräftig wie Maria für Christus Zeugnis ablegen: Stark in Dankbarkeit und Freundlichkeit, mutig und ohne Scham.
4) Unsere Werke und Gaben sollten zuallererst Christus persönlich gegeben werden. Wenn wir dienen und geben, sollten unsere Gedanken ganz bei ihm sein und nicht abschweifen. Es sollte gewirkt und gegeben werden, als würden wir ihm alles zu Füßen legen.

5 (26,12) <u>Tod Jesu Christi</u>: Die Salbung wies auf das Begräbnis Jesu hin, d.h. auf seinen Tod. Genau das sagte Christus: "Sie hat mich zum Begräbnis bereitet." Manche Kommentatoren glauben, daß Maria wußte, was sie tat, daß sie Christi Vorhersagen verstanden hatte, daß er bald sterben würde. Sie meinen, daß Maria das begriffen hatte, was den anderen abging,

Matthäus 26,6-13

doch das ist eher unwahrscheinlich. Die Stimmung unter den Nachfolgern des Herrn war, daß das Reich bald errichtet werden würde. Ob sie jedoch wußte oder nicht, was sie tat, Christus *bezog ihre Tat* auf seinen Tod. Er sagte, daß ihr Glauben und ihre Liebe und ihre Salbung seines Körpers auf seinen Tod hinwiesen. Einfach gesagt waren Marias Liebe, Glaube, Gabe und Salbung *ein Zeugnis der Erwartung*. Sie war Zeuge des Todes des Herrn, indem nach vorn zu ihm sah.

Heute sind Glaube, Liebe, Gabe und Salbung des Gläubigen *Zeugnis der Tatsachen*. Der Gläubige ist Zeuge des Todes des Herrn, indem er auf ihn zurückschaut. Es ist eine Tatsache: Er starb für die Sünden der Welt (vgl. 1Joh 2,1-2).

"Gott aber beweist seine Liebe zu uns dadurch, daß Christus für uns gestorben ist, als wir noch Sünder waren." (Röm 5,8)

"Denn ich habe euch zu allererst das überliefert, was ich auch empfangen habe, nämlich daß Christus für unsere Sünden gestorben ist, nach den Schriften, und daß er begraben worden ist und daß er auferstanden ist am dritten Tag, nach den Schriften." (1Kor 15,3-4)

"Er hat unsere Sünden selbst an seinem Leib getragen auf dem Holz, damit wir, den Sünden gestorben, der Gerechtigkeit leben mögen; durch seine Wunden seid ihr heil geworden." (1Petr 2,24)

"Denn auch Christus hat einmal für Sünden gelitten, der Gerechte für die Ungerechten, damit er uns zu Gott führte; und er wurde getötet nach dem Fleisch, aber lebendig gemacht durch den Geist." (1Petr 3,18)

"Meine Kinder, dies schreibe ich euch, damit ihr nicht sündigt! Und wenn jemand sündigt, so haben wir einen Fürsprecher bei dem Vater, Jesus Christus, den Gerechten; und er ist das Sühnopfer für unsere Sünden, aber nicht nur für die unseren, sondern auch für die der ganzen Welt." (1Joh 2,1-2)

<u>Gedanke 1</u> Jede Tat der Liebe und des Glaubens an Christus ist ein Zeugnis seines Todes und je mehr wir an Geld und Mühe opfern, desto stärker bezeugen wir seinen Tod. Die Tiefe und Stärke unseres Glaubens an seinen Tod kann an der Größe und Stärke unseres Opfers gemessen werden. Christi Tod würde viel deutlicher, wenn wir stärkere Liebe und Glauben an ihn bewiesen oder anders gesagt, wenn wir mehr für ihn opfern würden.

<u>Gedanke 2</u> Maria bezeugte den Tod des Herrn und wies darauf hin, indem sie seinen Körper öffentlich ehrte und salbte. Wir bezeugen den Tod des Herrn und weisen darauf hin, indem wir die Tatsache seines Todes öffentlich ehren und salben (verkündigen).

6 (26,13) <u>Hingabe</u>: Die Salbung war zur ewigen Erinnerung. Christus ehrte Maria, weil sie ihn so sehr geehrt hatte.

Verschiedene Charakterzüge Marias stehen als Vorbild für uns alle: Ihre tiefe Liebe und Glauben an Christus, ihre Opfergabe, ihr Mut, ihre starke Liebe und Glauben zu beweisen, indem sie Jesus in einem Raum voller Menschen salbte. Solche Hingabe und Liebe durfte von der Geschichte nicht vergessen werden. Christus erinnerte daran. Er wird an den Glauben und die Liebe jedes Gläubigen erinnern, der so für ihn opfert – bis in alle Ewigkeit.

"Wahrlich, ich sage euch: Wo immer dieses Evangelium verkündigt wird in der ganzen Welt, da wird man auch von dem sprechen, was diese getan hat, zu ihrem Gedenken!" (Mt 26,13)

"Dabei halte ich die Erinnerung an deinen ungeheuchelten Glauben fest, der zuvor in deiner Großmutter Lois und deiner Mutter Eunike gewohnt hat, ich bin aber überzeugt, auch in dir." (2Tim 1,5)

"Denn er wird ewiglich nicht wanken; des Gerechten wird ewiglich gedacht." (Ps 112,6)

"Das Gedächtnis des Gerechten bleibt im Segen; aber der Gottlosen Name wird verwesen." (Spr 10,7)

<u>Gedanke 1</u> Maria verkündigte das Evangelium, den Tod Christi, aus einem Herzen voll Liebe und Glauben heraus. Das will Christus: Herzen, die ihn lieben und an ihn glauben und seinen Tod verkündigen. Daher hat er dafür gesorgt, daß Marias Tat ewig weiterlebt.

Matthäus 26,14-16

		C. Judas verrät den Messias: Das Bild eines zerstörten Lebens, 26,14-16 (Mk 14,10-11; Lk 22,3-6)
1	Bild 1: Ablehnung einer großen Berufung	14 Da ging einer der Zwölf namens Judas Ischariot hin zu den Hohenpriestern
2	Bild 2: Die nagende Sünde der Gier und Liebe zum Geld	15 und sprach: Was wollt ihr mir geben, wenn ich ihn euch verrate? Und sie setzten ihm dreißig Silberlinge fest.
3	Bild 3: Betrug und Intrige	16 Und von da an suchte er eine gute Gelegenheit, ihn zu verraten.

ABSCHNITT XVI

VERHAFTUNG, VERHÖR UND KREUZIGUNG DES MESSIAS, 26,1-27,66

C. Judas verrät den Messias: Das Bild eines zerstörten Lebens, 26,14-16

(26,14-16) **Einführung**: Judas steht als warnendes Beispiel vor jedem Menschen, den stärksten Gläubigen eingeschlossen. Judas war einer der ursprünglichen zwölf Apostel, die von Christus ausgewählt worden waren. Er hatte ein so großes Potential, daß er ausgewählt wurde, mit Gottes eigenem Sohn während dessen Leben auf der Erde zu wirken, doch er versagte kläglich. Warum er versagte, müssen alle intensiv betrachten und beachten.
1. Bild 1: Ablehnung einer großen Berufung (V14).
2. Bild 2: Die nagende Sünde der Gier und Liebe zum Geld (V15).
3. Bild 3: Betrug und Intrige (V16).

1 (26,14) **Judas**: Das erste Bild ist das von der großen Berufung des Judas. Seine große Tragödie war sein Versagen als einer der zwölf Apostel. Man denke über die Tatsachen nach. Judas war von Christus persönlich ausgewählt worden. Er hatte ein großes Potential, einige einzigartige Charakterzüge, die den Herrn anzogen. Deshalb verschaffte der Herr Judas die am meisten geehrte Möglichkeit, seine Fähigkeiten zu entwickeln – den Vorzug, mit ihm persönlich herumziehen zu dürfen.

⇒ Judas kannte Christus von Angesicht zu Angesicht.
⇒ Judas lebte Tag für Tag mit Christus.
⇒ Judas hörte das meiste, wenn nicht gar alles, was Christus lehrte.
⇒ Judas sah das meiste, wenn nicht gar alles, was Christus tat.
⇒ Judas wurde von Christus selbst zum Apostel ausgebildet.
⇒ Judas diente als Apostel unter Christi persönlichem Befehl, auch auf Reisen zum Zeugnisgeben (Mk 6,7f).
⇒ Judas wurde von Christus selbst vor den Folgen der Sünde gewarnt.

Trotz all dieser Gelegenheiten war das Leben des Judas nichtsdestoweniger eine schreckliche Tragödie. Er war so begabt und hatte so viele Möglichkeiten, doch er verlor alles. Warum? Ganz einfach: Weil er dem Herrn Jesus Christus den Rücken kehrte. Er ging zu "den Hohenpriestern" dieser Welt und legte sein Schicksal in ihre Hände, statt sein Leben in Christi Hand zu geben. Er hatte seinem Streben nach immer mehr gestattet, ihn für die Wahrheit über Christus blind zu machen – daß er wirklich der Sohn Gottes war, der Treue forderte, auch wenn der Mensch die Ereignisse und Umstände um ihn herum nicht verstehen konnte (siehe Anmerkung – Mt 26,15. Diese Anmerkung erklärt, was hinter dieser Aussage steht.) Judas glaubte einfach nicht, daß Christus wirklich Gottes Sohn war. Deshalb übergab er Christus sein Herz und Leben nicht – nicht wirklich. Er folgte Christus nach; er war sogar einer der ersten zwölf Apostel, doch er war kein wahrer Gläubiger, der Christus sein Leben anvertraute.

> "Unter euch aber soll es nicht so sein; sondern wer unter euch groß werden will, der sei euer Diener, und wer unter euch der Erste sein will, der sei euer Knecht, gleichwie der Sohn des Menschen nicht gekommen ist, um sich dienen zu lassen, sondern um zu dienen und sein Leben zu geben als Lösegeld für viele." (Mt 20,26-28)

> "Wer sich aber selbst erhöht, der wird erniedrigt werden; und wer sich selbst erniedrigt, der wird erhöht werden." (Mt 23,12)

> "Er sprach aber zu allen: Wenn jemand mir nachkommen will, so verleugne er sich selbst und nehme sein Kreuz auf sich täglich und folge mir nach." (Lk 9,23)

> "Wie könnt ihr glauben, die ihr Ehre voneinander nehmt und die Ehre von dem alleinigen Gott nicht sucht?" (Joh 5,44)

Gedanke 1 Das große Potential und die schreckliche Tragödie von Judas lehren uns sehr viel.
1) Nicht Fähigkeit, sondern Verfügbarkeit zählt.
2) Gaben garantieren keinen dauerhaften Erfolg; allein Christus garantiert dauerhaften (ewigen) Erfolg.
3) Umgang mit gottgefälligen Menschen garantiert keine Erlösung; die einzige Garantie für Erlösung ist es, Christus in sein Herz und Leben kommen zu lassen.
4) Christus sieht die Potentiale in der Begabung jedes Menschen. Was fehlt, ist die Einsicht des Menschen, daß Christus beim Gebrauch der Gaben notwendig ist.

Gedanke 2 Man denke an die Menschen, die die Wahrheit über Christus immer wieder gehört haben und ihm trotzdem nicht als dem Sohn Gottes vertrauten. Sie sind Verräter, haben Gott den Rücken gekehrt, deshalb sind sie des Hochverrats gegen Gott schuldig.

Matthäus 26,14-16

2 (26,15) **Judas Ischariot**: Das zweite Bild ist die nagende Sünde der Gier und der Liebe zum Geld des Judas. Bei verschiedenen Kommentatoren finden sich verschiedene Gründe, warum Judas Christus verriet, doch die Schrift sagt deutlich, daß Gier der Grund war: "Was wollt ihr mir geben, wenn ich ihn euch verrate?"

Judas' nagende Gier war eine *wachsende* Sünde. Das zeigt sich bei der Betrachtung dessen, was die Schrift von ihm sagt.

1. Judas wurde von Christus als Apostel ausgewählt (Mt 10,4), daher wissen wir, wie ernst es ihm zu Anfang war. Judas hatte etwas – Fähigkeiten, die Christus anzogen, von denen Christus wußte, daß sie viel für das Reich Gottes bedeuten konnten.

2. Judas war in finanziellen Dingen begabt, anscheinend sogar noch mehr als Matthäus, der wohlhabende Zolleinnehmer und die Geschäftsleute unter den Apostel, wie Petrus, Jakobus und Johannes (siehe Hauptthemenindex unter jedem Namen zur Diskussion ihres geschäftlichen Hintergrundes). Von all diesen bekam Judas die Verantwortung für die Verwaltung der Geldmittel des Herrn und den Einkauf dessen, was gebraucht wurde (Joh 12,6; 13,29; vgl. Lk 8,2-3 zu einigen, die Jesu Wirken unterstützten). Seine Auswahl aus so vielen mußte ungewöhnlichen geistlichen Fähigkeiten und ungewöhnlichen Fähigkeiten im Umgang mit Finanzen geschuldet sein.

3. Von einem unbekannten Zeitpunkt an begann Judas, Geldmittel des Herrn zu veruntreuen. Johannes sagt unmißverständlich, daß Judas ein Dieb war (Joh 12,6). Johannes teilte dies mit, als er berichtete, wie sich Judas über Maria, die Schwester Marthas ärgerte. Maria salbte Christus mit einem sehr teuren Parfüm, anstatt es zu verkaufen und das Geld in die Kasse des Herrn zu geben. Johannes nennt als Grund für den Ärger des Judas, daß er ein Dieb war und möglicherweise etwas von dem Geld veruntreut haben könnte (Joh 12,5-6).

4. Judas wollte nicht bereuen und verhärtete sein Herz immer weiter in seiner Sünde. Christus wußte über die Veruntreuungen des Judas Bescheid und wies darauf hin, womit er Judas immer wieder Gelegenheit gab, zu bereuen.

> "Aber es sind etliche unter euch, die nicht glauben. Denn Jesus wußte von Anfang an, wer die waren, die nicht glaubten, und wer ihn verraten würde…Jesus antwortete ihnen: Habe ich nicht euch Zwölf erwählt? Und doch ist einer von euch ein Teufel! Er redete aber von Judas, Simons Sohn, dem Ischariot, denn dieser sollte ihn verraten, er, der einer von den Zwölfen war." (Joh 6,64;70-71)

Judas mußte bei diesen Gelegenheiten Gewissensbisse haben, doch er redete sich weiterhin ein, daß Christus nichts Genaues wußte und keinen Beweis hatte. Judas nahm weiterhin, wovon er meinte, er könnte es ungestraft veruntreuen und verhärtete sein Herz immer weiter.

5. Judas folgte Christus anscheinend aus Gier und weltlichem Ehrgeiz heraus, nicht aus Liebe und Glauben an ihn als den Sohn Gottes. Darauf scheinen zwei Tatsachen hinzuweisen.

   a. Er meinte, er würde Reichtum, Macht und Stellung erlangen, wenn Christus sein Reich aufrichtet. Auch die anderen Apostel dachten dies, doch es gab einen großen Unterschied. Sie mißverstanden nicht die Person des Messias, sondern seine Methode zur Erlösung der Welt, während Judas sowohl die Methode als auch die Person des Herrn mißverstand. Er glaubte und vertraute dem Herrn nicht als dem Sohn Gottes. Die anderen taten das.

   b. Er war anscheinend nach dem triumphalen Einzug von Christus enttäuscht. Christus errichtete nicht sofort sein Reich und als die Zeit verging, wurde immer deutlicher, daß er es auch nicht errichten würde. Die Behörden unternahmen Schritte gegen Christus, um ihn zu töten, und es schien, als würden sie erfolgreich sein. Jesus hatte sogar gelehrt, daß sie Erfolg haben würden. Er sollte von ihren Händen getötet werden (vgl. Mt 26,1-2).
   Judas kam zu der Überzeugung, daß er sich in Christus geirrt hatte. Christus war nicht der wahre Messias. Er war nur ein weiterer selbsternannter Messias. Er war verurteilt und es gab keinen Ausweg. Judas erlebte, daß seine Träume von Reichtum, Macht und Stellung bei Christus zerplatzten. Daher versuchte er, aus der Lage herauszuholen, was er konnte. Er wollte sich mit denen gut stellen, die seiner Meinung nach die Oberhand behielten.

6. Judas ließ sein Herz von der Gier nach mehr anstatt von Christus erfüllt werden. Er lebte zu lange, ohne zu bereuen und Christus in sein Leben zu lassen, so daß der Teufel sein Wesen erfüllen konnte. Der Teufel verblendete ihn und kontrollierte sein Denken (Lk 22,3). So konnte Judas seinen Verrat vor sich selbst rechtfertigen. Schließlich half er den religiösen Führern seiner Zeit ebenso wie sich selbst. Also verriet er Jesus von Nazareth, der anscheinend in den Augen des Judas nur ein weiterer irreführender, selbsternannter Messias war.

Bei der Betrachtung des Handels, den Judas mit dem Verrat Christi einging, scheinen dreißig Silberstücke ein geringer Preis für jemanden vom Format des Herrn zu sein. Die Summe betrug nur etwa vier oder fünf Monatslöhne. Man muß jedoch zweierlei im Gedächtnis behalten.

1. Judas erwartete wahrscheinlich, viel mehr zu bekommen. Doch er konnte die Bestimmungen nicht diktieren, das taten die Hohenpriester. Sie wollten Christus sowieso einige Tage später festnehmen, sobald die Pilger die Stadt verlassen hatten (Mt 26,5). Judas beschleunigte ihren Plan nur um ein paar Tage.

2. Judas meinte, daß Christus ohne Hoffnung auf einen Ausweg verurteilt wäre. Wieder war er davon überzeugt, daß Christus nicht der wahre Messias, sondern nur ein weiterer betrügerischer selbsternannter Messias war. Es besteht die Möglichkeit, daß Judas Christus aus Zorn darüber verriet, weil er daß er betrogen und enttäuscht worden war. Er nahm sich, was er bekommen konnte, wie gering die Summe auch war.

> "Er sagte aber zu ihnen: Habt acht und hütet euch vor der Habsucht! Denn niemandes Leben hängt von dem Überfluß ab, den er an Gütern hat." (Lk 12,15)
> "Denn die Geldgier ist eine Wurzel alles Bösen; etliche, die sich ihr hingegeben haben, sind vom Glauben abgeirrt und haben sich selbst viel Schmerzen verursacht." (1Tim 6,10)
> "Euer Gold und Silber ist verrostet, und ihr Rost wird gegen euch Zeugnis ablegen und euer Fleisch fressen wie Feuer. Ihr habt Schätze gesammelt in den letzten Tagen!" (Jak 5,3)
> "Wer unrecht Gut begehrt, verstört sein Haus; wer aber Geschenke haßt, der wird leben." (Spr 15,27)
> "Doch sind sie gierige Hunde, die nicht wissen, wann sie genug haben; und sie, die Hirten, verstehen nicht aufzupassen; sie suchen alle das Ihre, ein jeder sieht auf seinen Gewinn, ohne Ausnahme." (Jes 56,11)

Gedanke 1 Gier ist eine wachsende Sünde. Um zu wachsen, muß sie genährt werden. Der Wunsch nach Dingen ist natürlich und normal. Doch wenn wir den Wunsch immer weiter nähren, schwelgen und aufhäufen, dann wird er zur Sünde und wächst immer weiter (siehe Anmerkungen – Jak 4,1-6. Diese Anmerkungen regen zum weiteren Nachdenken über den Umgang mit Wünschen und Begehren an.)

Matthäus 26,14-16

Gedanke 2 Gier ist sehr gefährlich. Sie ist eine der gefährlichsten Sünden.
⇒ Gier versklavt schnell.
⇒ Gier kann zu allen anderen Sünden führen.
⇒ Gier kann einen Menschen dazu bringen, sein Land, seinen Körper oder seine Freunde zu verkaufen – alles und jeden – alles aus Gier.

Gedanke 3 Habsucht, die Gier nach immer mehr, frißt an uns wie ein Krebsgeschwür. Judas hatte, was er brauchte: Essen, Kleidung, Obdach, Sinn, Ziel und Bedeutung. Er ging nicht leer aus. Worauf war er aus? Die Sünde des Begehrens – des Strebens nach immer mehr – fraß an ihm und brachte ihn dazu, in die Kasse zu greifen.

Gedanke 4 Geld an sich ist nicht sündig. Das ist die Liebe zum Geld (1Tim 6,10). Geld ist ein *Ding*; es ist unbelebt, leblos. Es hat keine Gefühle, Wünsche und Willen zum Handeln. Der Mensch ist der Schuldige. Der Mensch giert nach immer mehr, deshalb sündigt der Mensch und nicht ein Stück Papier oder Metall.

Gedanke 5 Viele folgen Christus nicht aus tiefer Überzeugung und glauben heraus, sondern aus dem Wunsch, aus ihm herauszuholen, was sie können. Sie sind fromm, um in eine sogenannte christliche Gesellschaft *hineinzupassen*. Sie wollen sich selbst oder ihr Geschäft in der Gemeinschaft voranbringen. Christus zu bekennen und zu einer Kirche zugehören ist das Mittel der Wahl. Doch ihr Bekenntnis zu Christus behindert ihre menschlichen Gelüste keineswegs. Sie leben genau wie andere Menschen und schenken wahrer Ethik und gerechten Beziehungen, reinem Verhalten und ehrlichem Umgang, sauberem Leben und fairer Behandlung nur wenig Aufmerksamkeit, wenn überhaupt.

Gedanke 6 Judas ließ zu, daß seine Stärke seine Schwäche wurde. Dies trifft auch oft auf uns zu.
⇒ Verwaltungsgaben können zu Arroganz führen. ⇒ Gaben der Schönheit können zu Sinnlichkeit führen.
⇒ Redegaben können zu Supergeistlichkeit führen. ⇒ Gaben der Demut können zum Nichtdienen führen.
⇒ Führungsgaben können zu Selbstsucht führen.

3 (26,16) **Judas**: Das dritte Bild zeigt Judas, der eine betrügerische Intrige gegen Christus spinnt. Man beachte die Worte "Und von da an suchte er eine gute Gelegenheit, ihn zu verraten." Das Bild dahinter ist das des Lauerns, Suchens und Wartens auf den richtigen Moment. Das Herz des Judas war voller Intrigen, böser Pläne und Strategien. Er glaubte nicht, daß Jesus der Sohn Gottes war, doch es blieb nicht beim Unglauben. Er wollte Christus Böses tun, ihn verletzen und zerstören und er suchte nach einer Gelegenheit dafür. Wie betrügerisch Judas war, zeigt sich daran, daß er kurz nach seinem Handel mit den Behörden mit Jesus aß. Er saß mit am Tisch, als das Abendmahl des Herrn eingesetzt wurde.

Gedanke 1 Judas lehnte Jesus nicht nur ab, er wollte ihn zerstören. Viele lehnen Christus ab, doch nicht alle vollen ihn verletzen und zerstören. Einige schon, aber nicht alle.
⇒ Manche verfluchen ihn und entehren wissentlich oder unwissentlich seinen Namen.
⇒ Manche reden und lehren gegen sein göttliches Wesen, daß er der Sohn Gottes ist.
⇒ Manche reden und lehren gegen die schriftliche Offenbarung Christi und der Wahrheit, d.h. sein Wort.
⇒ Manche reden und lehren gegen seine aktive Gegenwart im Leben des wahren Gläubigen.

> "Hütet euch aber vor den falschen Propheten, die in Schafskleidern zu euch kommen, inwendig aber reißende Wölfe sind!" (Mt 7,15)
> "Der Geist aber sagt ausdrücklich, daß in späteren Zeiten etliche vom Glauben abfallen und sich verführerischen Geistern und Lehren der Dämonen zuwenden werden durch die Verstellungskunst von Leuten, die Betrug lehren, die in ihrem eigenen Gewissen gebrandmarkt sind." (1Tim 4,1-2)
> "Das aber sollst du wissen, daß in den letzten Tagen schlimme Zeiten eintreten werden. Denn die Menschen werden selbstsüchtig sein, geldgierig, prahlerisch, überheblich, Lästerer, den Eltern ungehorsam, undankbar, unheilig, lieblos, unversöhnlich, verleumderisch, unbeherrscht, gewalttätig, dem Guten feind, Verräter, leichtsinnig, aufgeblasen; sie lieben das Vergnügen mehr als Gott; dabei haben sie eine äußere Form von Gottseligkeit, deren Kraft aber verleugnen sie. Von solchen wende dich ab!" (2Tim 3,1-5)

Gedanke 2 Man beachte etwas: Sogar nach seinem Handel zum Verrat Christi gab dieser Judas die Chance zur Umkehr.

Matthäus 26,17-30

	D. Das letzte Abendessen des Messias: Die Einsetzung des Abendmahls des Herrn, 26,17-30 (Mk 14,12-26; Lk 22,7-23; vgl. Joh 13,1-30)	wird mich verraten. 24 Der Sohn des Menschen geht zwar dahin, wie von ihm geschrieben steht; aber wehe jenem Menschen, durch den der Sohn des Menschen verraten wird! Es wäre für jenen Menschen besser, wenn er nicht geboren wäre.	b. Er warnte den Sünder vor einem schrecklichen Gericht
1 Das Abendmahl basierte auf dem Passahmahl a. Christus band das Abendmahl an das Fest der ungesäuerten Brote b. Christus band das Abendmahl an seinen Tod: Seine "Zeit war nahe" c. Christus band das Abendmahl an religiösen Gehorsam: "Ich will das Passah halten"	17 Am ersten Tag der ungesäuerten Brote traten die Jünger nun zu Jesus und sprachen zu ihm: Wo willst du, daß wir dir das Passahmahl zu essen bereiten? 18 Und er sprach: Geht hin in die Stadt zu dem und dem und sprecht zu ihm: Der Meister läßt dir sagen: Meine Zeit ist nahe; bei dir will ich mit meinen Jüngern das Passah halten! 19 Und die Jünger taten, wie Jesus ihnen befohlen hatte, und bereiteten das Passah.	25 Da antwortete Judas, der ihn verriet, und sprach: Rabbi, doch nicht ich? Er spricht zu ihm: Du hast es gesagt! 26 Als sie nun aßen, nahm Jesus das Brot und sprach den Segen, brach es, gab es den Jüngern und sprach: Nehmt, eßt! Das ist mein Leib. 27 Und er nahm den Kelch und dankte, gab ihnen denselben und sprach: Trinkt alle daraus!	c. Er identifizierte den Sünder 3 Das Abendmahl wurde als ständiger Brauch gegeben a. Christus nahm das Brot, dankte, brach es und gab es: Sein Leib b. Christus nahm den Kelch, dankte und gab ihn: Sein Blut
2 Das Abendmahl war eine Bitte an einen Sünder a. Er offenbarte den Verrat 1) Der Sünder war ein Jünger 2) Die Offenbarung sorgte für Aufregung 3) Der Sünder beging einen furchtbaren Betrug	20 Als es nun Abend geworden war, setzte er sich mit den zwölf Jüngern zu Tisch. 21 Und während sie aßen, sprach er: Wahrlich, ich sage euch: Einer von euch wird mich verraten! 22 Da wurden sie sehr betrübt, und jeder von ihnen fing an, ihn zu fragen: Herr, doch nicht ich? 23 Er antwortete aber und sprach: Der mit mir die Hand in die Schüssel taucht, der	28 Denn das ist mein Blut, das des neuen Bundes, das für viele vergossen wird zur Vergebung der Sünden. 29 Ich sage euch aber: Ich werde von jetzt an von diesem Gewächs des Weinstocks nicht mehr trinken bis zu jenem Tag, da ich es neu mit euch trinken werde im Reich meines Vaters! 30 Und nachdem sie den Lobgesang gesungen hatten, gingen sie hinaus an den Ölberg.	c. Christus stellte einen neuen Bund auf: Vergebung d. Christus versprach, das Abendmahl in der Zukunft mit seinen Nachfolgern zu feiern e. Christus und seine Jünger sangen einen Lobgesang und gingen hinaus

ABSCHNITT XVI

VERHAFTUNG, VERHÖR UND KREUZIGUNG DES MESSIAS, 26,1-27,66

D. Das letzte Abendessen des Messias: Die Einsetzung des Abendmahls des Herrn, 26,17-30

(26,17-30) **Einführung – Abendmahl – Passah**: In diesem Abschnitt setzt Christus das Abendmahl ein, einen der Bräuche, deren regelmäßige Befolgung er seinen Jüngern ans Herz legte (Mt 26,2). Er setzte das Abendmahl in V26-30 ein. Man beachte, daß die Vorbereitungen aus V17-25 die Vorbereitungen für das Passah sind. Die Jünger wußten nichts von der Absicht des Herrn, in seinem Namen einen neuen Brauch einzusetzen. Sie dachten, daß sich Christus auf die Feier des jüdischen Passahfestes vorbereitete. Das ist bedeutsam, denn es zeigt, daß Christus sowohl seinen Tod als auch das Abendmahl an das Passahfest band. Dadurch sagte Christus zweierlei aus.

1. Die jüdische Tradition besagte, daß der Messias Israel während des Passah erlösen würde. Tatsächlich glaubten sie, daß er sie an demselben Tag erlösen würde, an dem Gott Israel aus der ägyptischen Knechtschaft befreit hatte. Indem er das Abendmahl an das Passah band, erklärte Christus, daß er der Messias war, den Israel erwartete.
2. Das Opferlamm des Passah war ein Bild für Christus, das Lamm Gottes, der sich für den Menschen opferte. Durch die Einsetzung des Abendmahls an diesem Tag band Christus nicht nur seinen Tod an das Passah. Er verkündigte zwei neue Dinge:
   a. Er erklärte sich selbst zum Lamm Gottes, das für die Sünden der Menschen geschlachtet wird.
   b. Er erklärte das Abendmahl zur neuen Feier, die von seinen Nachfolgern begangen werden sollte. Das Abendmahl des Herrn sollte das Passah ersetzen, eine menschliche Feier von Gottes Erlösung aus der Sklaverei.

1. Das Abendmahl basierte auf dem Passahmahl (V17-19).
2. Das Abendmahl war eine Bitte an einen Sünder (V20-25).
3. Das Abendmahl wurde als ständiger Brauch gegeben (V26-30).

[1] (26,17-19) **Abendmahl – Passah**: Das Abendmahl basiert auf dem Passah und ist daran festgemacht.

1. Das Abendmahl ist an das Fest der ungesäuerten Brote gebunden, dem ersten Tag des Festes, dem Tag der Vorbereitung und Opferung des Lammes (siehe Nähere Betrachtung 1 – Mt 26,17).
   a. Die Jünger kamen am ersten Tag des Festes zu Christus. Noch einmal: Sie wußten nicht, daß Christus plante, eine neue Feier einzusetzen. Sie nahmen an, er würde wie immer das Passah feiern. Durch die Einsetzung des Abendmahls an diesem Tag machte Christus es eindeutig am Passah fest (siehe Nähere Betrachtung 1 – Mt 26, 17).
   b. Die Jünger kamen zu Christus. Er mußte nicht zu ihnen gehen. Sie wußten, daß es seine Gewohnheit war, das Fest zu feiern.
   c. Christ sah sich bei der Feier *großen Schwierigkeiten* gegenüber. Er hatte kein Heim, keinen Ort für die Feier. Doch bei diesem Fest gab es noch ein viel größeres Hindernis: Feinde in der Stadt wollten ihn töten. Man beachte seine Treue bei der Befolgung des Brauches trotz dieser Tatsache.
2. Das Abendmahl ist an *Christi Tod* gebunden. Christus sagte: "Meine Zeit ist nahe." "Meine Zeit" oder "meine Stun-

Matthäus 26,17-30

de" ist ein Ausdruck, den Christus immer in Bezug auf seinen Tod verwendete (siehe Anmerkung, Pkt.2 – Joh 2,3-5). Er machte seinen Tod mit den Worten am Passah fest: "Meine Zeit [Tod] ist nahe; bei dir will ich mit meinen Jüngern das Passah halten!" Und natürlich ist sein Tod das, was im Abendmahl gefeiert wird (V26-28).

3. Das Abendmal ist an *religiösen Gehorsam* gebunden. Christus sagte: "Ich will das Passah halten." Nach der jüdischen Tradition sollte der Messias Israel während des Passah erlösen. Tatsächlich glaubten die Juden, daß der Messias sie am selben Tag erlösen würde, an dem Gott Israel aus der ägyptischen Sklaverei befreit hatte. Indem er diesen religiösen Brauch, das Passah, befolgte, tat Christus drei wichtige Dinge.
   a. Er erklärte sich zu dem Messias, den Israel immer erwartet hatte.
   b. Er machte das Abendmahl noch einmal ganz bestimmt am Passah fest.
   c. Er betonte die Bedeutung *religiösen Gehorsams*, d.h. Gewissenhaftigkeit bei der Feier des Abendmahls.

Gedanke 1 Christus hielt das Passah. *Religiöser Gehorsam* ist für Gott wichtig, deshalb sollen wir religiöse Bräuche treu und gehorsam befolgen. Man beachte, daß auch Christus die Bräuche treu befolgte, sogar im Angesicht des Todes. Welch ein Tadel für uns – die wir zulassen, daß uns die Bequemlichkeit unseres Hauses, die Freude unserer Erholung, das Vergnügen unseres Fleisches vom Abendmahl und anderen religiösen Bräuchen abhalten!

"Wer meine Gebote festhält und sie befolgt, der ist es, der mich liebt; wer aber mich liebt, der wird von meinem Vater geliebt werden, und ich werde ihn lieben und mich ihm offenbaren." (Joh 14,21)

"Jesus antwortete und sprach zu ihm: Wenn jemand mich liebt, so wird er mein Wort befolgen, und mein Vater wird ihn lieben, und wir werden zu ihm kommen und Wohnung bei ihm machen." (Joh 14,23)

"Wenn ihr meine Gebote haltet, so bleibt ihr in meiner Liebe, gleichwie ich die Gebote meines Vaters gehalten habe und in seiner Liebe geblieben bin." (Joh 15,10)

"Ihr seid meine Freunde, wenn ihr alles tut, was ich euch gebiete." (Joh 15,14)

"Denn so oft ihr dieses Brot eßt und diesen Kelch trinkt, verkündigt ihr den Tod des Herrn, bis er kommt." (1Kor 11,26)

"Und obwohl er Sohn war, hat er doch an dem, was er litt, den Gehorsam gelernt." (Hebr 5,8)

Gedanke 2 Des Herrn "Zeit war nahe." Er mußte die Gelegenheit ergreifen, solange sie da war. Das müssen auch wir. Es kommt der Tag, an dem es zu spät sein wird, das Abendmahl zu feiern. Wir müssen es feiern, solange wir können.

NÄHERE BETRACHTUNG 1
(26,17) Fest der ungesäuerten Brote: Dies ist ein anderer Name für das Passahfest (siehe 3Mo .23,5-8; Lk 22,1). Am ersten Tag der Passahwoche hatte das Fest der ungesäuerten Brote jedoch besondere Bedeutung. An diesem Tag wurden alle Vorbereitungen für die Passahfeier getroffen. (Siehe Nähere Betrachtung 1 – Mt 26,2; vgl. 2Mo 12,1-51, bes. 11-28 zum Hintergrund des Passah.) Die Vorbereitungen schlossen ein, sich ein Lamm zu besorgen und es zum Tempel zu bringen, damit es geopfert wurde. Sie schlossen auch ein, die nötigen Speisen und Getränke für das Fest zu besorgen und den Festraum herzurichten. Von zwei Vorbereitungen bekam das Fest der ungesäuerten Brote seinen Namen.
1. Das Backen der ungesäuerten Brote. In der Passahnacht hatte Gott Israel angewiesen, die letzten Vorbereitungen zur Befreiung aus der ägyptischen Knechtschaft zu treffen. Die Israeliten hatten keine Zeit mehr, gesäuerte Brote zu backen. Sie mußten die Brote ohne Sauerteig backen, denn gesäuertes Brot braucht eine gewisse Zeit zum Aufgehen. Das Fest der ungesäuerten Brote war einfach eine der Passahzeremonien, durch die Israel an die herrliche Errettung ihrer Vorfahren durch Gott aus der ägyptischen Sklaverei erinnerte. (Siehe Nähere Betrachtung 1 – Mt 26,2.)
2. Eine Zeremonie, bei der aller Sauerteig aus dem Haus entfernt wurde. Man darf nicht vergessen, daß der Sauerteig für die Juden ein Sinnbild des Bösen war. Bei der Entfernung des Sauerteigs verdeutlichten sie das Bedürfnis, das Böse aus ihrem Leben und Haushalt zu entfernen. Die Räume wurden regelrecht durchkämmt, ob nicht irgendwo ein Krümchen Sauer-teig auf den Boden oder zwischen zwei Möbelstücke gefallen war. Was an Sauerteig gefunden wurde, wurde aus dem Haus entfernt, wie klein das Krümchen auch sein mochte. Durch die Entfernung des Sauerteigs aus ihren Häusern wollten die Juden (wie sie sagten) unter die Gerechten ihrer Vorfahren gerechnet werden, die ihr Leben und ihren Haushalt für den Weg der Befreiung aus der Sklaverei gereinigt hatten.

---

2 **(26,20-25) Judas – Abendmahl**: Das Abendmahl wurde als Bitte an einen Sünder benutzt. Christus wandte sich mit dem Abendmahl an Judas. Er gab ihm eine letzte Chance, seine Sünde zu bereuen. Christus ging mit Judas drei Schritte.
1. Christus offenbarte die Sünde und den Verrat des Judas. Es war ein Schock, denn der Herr sagte, daß der Verräter ein Jünger war: "Einer von euch wird mich verraten!" (V21). Es war Verrat und Betrug. Judas hatte versucht, seine Sünde zu verbergen und er hatte es gut gemacht. Niemand kannte seinen Plan, nicht einmal die Jünger, seine engsten Gefährten. Doch Jesus wußte Bescheid.

Die Apostel waren natürlich verstört: "Sehr betrübt" (V22). Die Neuigkeit belastete sie so sehr, daß sie anfingen, ihre eigene Treue in Frage zu stellen. "Doch nicht ich?" fing jeder zu fragen an.

Der Sünder beging einen furchtbaren Betrug (V23). Es war derjenige, der "mit mir die Hand in die Schüssel taucht." Man stelle sich den Betrug vor: Der Sünder saß bei Christus, nahm am Abendmahl teil und plante und beging doch die furchtbarste Sünde.

"Auch mein Freund, dem ich vertraute, der mein Brot aß, hat die Ferse wider mich erhoben." (Ps 41,9)

2. Christus warnte den Sünder vor dem schrecklichen Gericht (V24). Jesus kannte die Bestimmung des Sünders, das schreckliche Schicksal, das ihn erwartete. Es wäre besser gewesen, der Sünder wäre nie geboren worden.

3. Christus identifizierte den Sünder (V25). Er antwortete Judas und ließ ihn wissen, daß seine Sünde nicht verborgen war. Christus kannte sie. Man beachte, wie Judas Christus nannte: "Rabbi," Lehrer. Die anderen Jünger hatten ihn "Herr" genannt (V22).

"Nein, sage ich euch; sondern wenn ihr nicht Buße tut, werdet ihr alle auch so umkommen!" (Lk 13,3;5)

"So tut nun Buße und bekehrt euch, daß eure Sünden ausgetilgt werden, damit Zeiten der Erquickung vom Angesicht des Herrn kommen." (Apg 3,19)

Matthäus 26,17-30

"So tue nun Buße über diese deine Bosheit und bitte Gott, ob dir die Tücke deines Herzens vielleicht vergeben werden mag." (Apg 8,22)

Gedanke 1 Das Abendmahl ist eine Gelegenheit, die sich an Sünder wendet. Damit kann auf Sünden hingewiesen werden, für die Christus starb, und vor den Folgen der Sünde gewarnt werden, wenn derjenige nicht bereut.

Gedanke 2 Judas nahm an Jesu letztem Abendessen teil und er nahm betrügerisch mit Sünde in seinem Leben daran teil. Zu viele Gläubige tun das gleiche. Ihre Gefährten und Mitgläubigen mögen getäuscht werden, doch nicht Gott. Er weiß alles von der Sünde.

Gedanke 3 Judas täuschte die Apostel. Man kann andere täuschen, sogar Familie und Freunde, und nie entdeckt werden, doch Gott kennt das Herz und die Sünde.

Gedanke 4 Die Jünger prüften sich selbst. Sie betrachteten sich selbst, um zu sehen, ob sie der Sünder waren. Gläubige sind dazu aufgefordert, sich zu prüfen, bevor sie am Abendmahl teilnehmen (1Kor 11,27-28). Selbstprüfung ist notwendig. Kein Gläubiger ist sündlos oder steht über der Sünde. Die Aufforderung ist deutlich: "Sei nicht hochmütig, sondern fürchte dich!" (Röm 11,20).

Gedanke 5 Christus offenbarte, daß er verraten werden würde, um den Glauben der Jünger zu stärken (Joh 13,19). Er offenbarte seine Allwissenheit, daß er wirklich Gott war (vgl. Joh 14,29).

Gedanke 6 Man beachte, wie Judas seine Täuschung aufrechterhalten wollte. Sogar nachdem der Herr offenbart hatte, daß ein Sünder unter ihnen war, wandte sich Judas dem Herrn zu und fragte: "Doch nicht ich?" Wie so viele! Sie täuschen immer weiter und versuchen immer, das Begehren ihrer Sünde zu befriedigen.

Gedanke 7 Judas machte einen wichtigen Punkt deutlich: Den Grund für fortgesetzte Sünde. Der Grund war Unglaube an Jesus. Für Judas war Jesus nicht *Herr*. Für Judas war Jesus nur ein Mensch, ein irregeführter selbsternannter Messias (siehe Abriß und Anmerkungen – Mt 26,14-16).

[3] (26,26-30) **Abendmahl**: Das Abendmahl wurde als ständiger Brauch gegeben.

1. Christus setzte das Abendmahl ein, "als sie nun [das Passahmahl] aßen." Er ersetzte das Passahmahl durch das Abendmahl. Das Abendmahl ist Gottes neuer Brauch, um die Erlösung der Menschen aus Knechtschaft und Sklaverei zu feiern (siehe Nähere Betrachtung 1 – Mt 26,2).
2. In Gottes ewigem Plan war das Opferlamm des Passah immer ein Bild für Christus gewesen, das wahre Lamm Gottes, das für den Menschen geopfert werden würde. Indem er das Abendmahl während des Passahmahls einsetzte, machte Christus sein Abendmahl nicht nur am Passah fest, er erklärte sich auch zum Lamm Gottes, das für die Sünden der Menschen geschlachtet werden würde (V27-28; vgl. 1Kor 5,7; Offb 13,8).
3. Christus setzte das Abendmahl ein, bevor er starb, nicht nach seiner Auferstehung. Das ist sehr wichtig. Es bedeutet, daß sein Tod freiwillig war. Er war noch nicht gestorben; er mußte nicht sterben. Er hätte aus der Stadt fliehen und entkommen können, doch er gab sein Leben bereitwillig für die Sünden der Menschen hin. Deshalb ist das Abendmahl die große Feier des *freiwilligen* Opfers des Sohnes Gottes für die Menschen. Das gebrochene Brot und der ausgegossene Wein versinnbildlichen die *Bereitschaft* des Sohnes Gottes, sein Leben für die Sünden der Menschen zu lassen.

Christus setzte das Abendmahl ein, indem er fünf Dinge tat.
1. Christus nahm das Brot, seinen Leib, dankte, brach es und gab es den Jüngern (V26).
   a. Indem er das Brot in seine Hände nahm, deutete Christus an, daß sein Tod freiwillig war. Sein Schicksal lag in seinen eigenen Händen.

   > "Gleichwie der Vater mich kennt und ich den Vater kenne. Und ich lasse mein Leben für die Schafe." (Joh 10,15)
   > "Darum liebt mich der Vater, weil ich mein Leben lasse, damit ich es wieder nehme. Niemand nimmt es von mir, sondern ich lasse es von mir aus. Ich habe Macht, es zu lassen, und habe Macht, es wieder zu nehmen. Diesen Auftrag habe ich von meinem Vater empfangen." (Joh 10,17-18)

   b. Indem er dankte, lobte Christus Gott für die Erlösung und ein Leben voll Versorgung, eine Versorgung, die von Gott selbst kam.
   c. Indem er das Brot brach, sagte Christus, daß sein Leib gebrochen und als Opfer für die Erlösung des Menschen dargebracht werden würde (Jes 53,5). Diese Handlung war so wichtig, daß die Urkirche das Abendmahl manchmal einfach "das Brotbrechen" nannte (Apg 2,42;46; 1Kor 10,16). Im alten Bund stand das gebrochene Brot für das Leiden der Israeliten. Jetzt, im neuen Bund, soll das Brot den gebrochenen Leib Christi versinnbildlichen (1Kor 11,24).

   > "Aber er wurde durchbohrt um unserer Übertretung willen, zerschlagen wegen unserer Missetat; die Strafe, uns zum Frieden, lag auf ihm, und durch seine Wunden sind wir geheilt." (Jes 53,5)

   d. Indem er das Brot gab und sagte: "Nehmt, eßt! Das ist mein Leib," sagte Christus, daß er in das Leben eines Menschen aufgenommen werden muß. An diesen Moment der Erlösung wird bei diesem Brauch gedacht (siehe Anmerkung – Mt 26,26).

   > "Dies ist das Brot, das vom Himmel herabkommt, damit, wer davon ißt, nicht stirbt. Ich bin das lebendige Brot, das vom Himmel herabgekommen ist. Wenn jemand von diesem Brot ißt, so wird er leben in Ewigkeit. Das Brot aber, das ich geben werde, ist mein Fleisch, das ich geben werde für das Leben der Welt." (Joh 6,50-51)

Matthäus 26,17-30

2. Christus nahm den Kelch, dankte und gab ihn den Jüngern (V27).
   a. Indem er den Kelch in seine Hände nahm, lehrte Christus wieder, daß sein Tod freiwillig war (vgl. Joh 10,11;17-18).
   b. Indem er dankte, drückte Christus wieder Lob und Anerkennung für die verheißene Erlösung durch das Opfer aus.
   c. Indem er ihnen den Kelch gab und sagte: "Trinkt alle daraus," sagte Christus wieder, daß er ein Teil des Wesens eines Menschen werden muß, wenn dieser Mensch erlöst werden will. Man beachte: Das Wort "gab" (edoken) ist ein griechischer Aorist, was bedeutet, daß Christus den Kelch *ein für allemal* gab. Er starb einmal und nur einmal und der Mensch hat einmal und nur einmal an seinem Tod teil.

   > "Wir wissen ja, daß unser alter Mensch mitgekreuzigt worden ist, damit der Leib der Sünde außer Wirksamkeit gesetzt sei, so daß wir der Sünde nicht mehr dienen." (Röm 6,6)
   > "Denn was er gestorben ist, das ist er der Sünde gestorben, ein für allemal; was er aber lebt, das lebt er für Gott." (Röm 6,10)

3. Christus richtete einen neuen Bund auf: Vergebung (V28). Man beachte die genauen Worte des Herrn.
   a. "Denn das ist mein Blut." Sein Blut sollte Zeichen und Symbol des neuen Bundes werden. Sein Blut sollte die Stelle des Opferlamms des Passah einnehmen.
   b. "Das des neuen Bundes." Sein Blut, das Opfer seines Lebens, richtete ein neues Testament, einen neuen Bund zwischen Gott und den Menschen auf (vgl. Hebr 9,11-15). Durch Glauben an sein Blut und Opfer soll man zu Gott kommen. Im alten Bund mußte der, der eine richtige Beziehung zu Gott haben wollte, sich ihm durch das Opferblut eines Tieres nähern. Der alttestamentliche Gläubige glaubte, daß Gott ihn wegen eines Tieropfers annahm. Jetzt, im neuen Bund, glaubt der Gläubige, daß Gott ihn wegen des Opfers Christi annimmt. Das sagte Christus: "Denn das ist mein Blut, das des neuen Bundes, das für viele vergossen wird zur Vergebung der Sünden" (siehe Nähere Betrachtung 4 – Mt 26,28; vgl. Eph 1,7; 1Joh 2,1-2; Hebr 9,22) Durch den Glauben, daß Christi Blut für ihn vergossen wurde, werden die Sünden eines Menschen vergeben und er wird für Gott annehmbar (1Joh 1,7. Siehe Nähere Betrachtung 2, Rechtfertigung – Röm 4,22; 5,1.)

   > "In ihm haben wir die Erlösung durch sein Blut, die Vergebung der Sünden nach dem Reichtum seiner Gnade." (Eph 1,7)
   > "Wenn wir aber im Licht wandeln, wie er im Licht ist, so haben wir Gemeinschaft miteinander, und das Blut Jesu Christi, seines Sohnes, reinigt uns von aller Sünde." (1Joh 1,7)
   > "Meine Kinder, dies schreibe ich euch, damit ihr nicht sündigt! Und wenn jemand sündigt, so haben wir einen Fürsprecher bei dem Vater, Jesus Christus, den Gerechten; und er ist das Sühnopfer für unsere Sünden, aber nicht nur für die unseren, sondern auch für die der ganzen Welt." (1Joh 2,1-2)
   > "Wer mein Fleisch ißt und mein Blut trinkt, der hat ewiges Leben, und ich werde ihn auferwecken am letzten Tag. Denn mein Fleisch ist wahrhaftig Speise, und mein Blut ist wahrhaftig Trank. Wer mein Fleisch ißt und mein Blut trinkt, der bleibt in mir und ich in ihm. Wie mich der lebendige Vater gesandt hat und ich um des Vaters willen lebe, so wird auch der, welcher mich ißt, um meinetwillen leben. Dies ist das Brot, das vom Himmel herabgekommen ist; nicht wie eure Väter das Manna gegessen haben und gestorben sind; wer dieses Brot ißt, der wird leben in Ewigkeit!" (Joh 6,54-58)

   c. Nun beachte man die Worte: "Trinkt alle daraus." Der Mensch muß annehmen, was Christus für ihn getan hat. Man muß Christi Blut trinken, aufsaugen, daran teilhaben und es in sein Leben aufnehmen. Das heißt, daß man dem Tod Christi zur Vergebung der Sünden glauben und vertrauen muß. Man muß Christi Tod zur Nahrung, dem Kern, der Energie und dem Fluß des eigenen Lebens machen (siehe Nähere Betrachtung 3 – Mt 26,27-28).

4. Christus versprach, in der Zukunft mit seinen Nachfolgern das Abendmahl zu feiern (V29). Das ist die herrliche Verheißung an alle Gläubigen: Sie werden mit Christus am großen Hochzeitsfest des Lammes teilnehmen (siehe Abriß und Anmerkungen – Mt 22,1-14). Es ist die Verheißung der Vervollkommnung, daß man Teil des neuen Himmels und der neuen Erde wird, daß man mit Christus im Reich Gottes zusammen ist, das in der Zukunft aufgerichtet wird (siehe Nähere Betrachtung 3 – Mt 19,23-24). Man beachte, daß Christus wieder seinen Tod voraussagte.

   > "Der Geist selbst gibt Zeugnis unserem Geist, daß wir Gottes Kinder sind. Wenn wir aber Kinder sind, so sind wir auch Erben, nämlich Erben Gottes und Miterben des Christus; wenn wir wirklich mit ihm leiden, damit wir auch mit ihm verherrlicht werden." (Röm 8,16-17)
   > "Wenn der Christus, unser Leben, offenbar werden wird, dann werdet auch ihr mit ihm offenbar werden in Herrlichkeit." (Kol 3,4)
   > "Denn unsere Drangsal, die schnell vorübergehend und leicht ist, verschafft uns eine ewige und über alle Maßen gewichtige Herrlichkeit." (2Kor 4,17)
   > "Die Ältesten, die unter euch sind, ermahne ich als Mitältester und Zeuge der Leiden des Christus, aber auch als Teilhaber der Herrlichkeit, die geoffenbart werden soll." (1Petr 5,1)
   > "Denn auf diese Weise wird euch der Eingang in das ewige Reich unseres Herrn und Retters Jesus Christus reichlich gewährt werden." (2Petr 1,11)

5. Christus und seine Jünger sangen einen Lobgesang und gingen. Christus schloß das Abendmahl mit einem Lobgesang ab. Mitten in großem Leid und Bestürzung, einer schweren und belastenden Atmosphäre, führte Christus seine Jünger in einen Lobgesang. Es war wahrscheinlich das Hallel (Ps 115-118).

   > "Dies habe ich zu euch geredet, damit meine Freude in euch bleibe und eure Freude völlig werde." (Joh 15,11)
   > "Als Betrübte, aber immer fröhlich, als Arme, die doch viele reich machen, als solche, die nichts haben und doch alles besitzen." (2Kor 6,10)
   > "Freut euch im Herrn allezeit; abermals sage ich: Freut euch!" (Phil 4,4)
   > "Laßt das Wort des Christus reichlich in euch wohnen in aller Weisheit; lehrt und ermahnt einander und singt mit Psalmen und Lobgesängen dem Herrn lieblich in euren Herzen." (Kol 3,16)

Matthäus 26,17-30

Gedanke 1 Wie werden wir Kinder Gottes und bekommen das ewige Leben? Christus sagte, (1) indem wir ihn annehmen (Joh 1,12) und (2) indem wir uns von ihm nähren (Joh 6,53-54;57-58).

Gedanke 2 Im alten Bund wurde das Blut Christi durch Tierblut versinnbildlicht. Im neuen Bund wird das Blut Christi durch den Abendmahlswein symbolisiert.

Gedanke 3 Man beachte das herrliche Vertrauen und die Sicherheit Christi. Angesichts seiner Ermordung versprach er seinen Nachfolgern, sich im kommenden Reich mit ihnen hinzusetzen. Der Tod Christi war nicht das Ende, er war der Beginn des ewigen Lebens für den, der wirklich an den Tod Christi glaubt.

NÄHERE BETRACHTUNG 2
(26,26) **Abendmahl**: Die Worte "Nehmt, eßt! Das ist mein Leib" sind kein Kannibalismus (siehe Abriß und Anmerkungen – Joh 6,52-58). Sie bedeuten einfach, daß man Christus in sein Leben aufnehmen soll. Die Erlösung aus Sünde und Tod erfolgt dadurch, daß man Christi Leib *aufnimmt oder ißt*. Das heißt, daß man Christus in sein Leben aufnehmen, aufsaugen, einbinden, einarbeiten und einverleiben muß. Man muß Christus zur Nahrung, Kern und Energie, zu seinem eigentlichen Wesen werden lassen.

NÄHERE BETRACHTUNG 3
(26,27-28) **Abendmahl**: Die Worte "Trinkt alle daraus" (das Blut Christi) bedeuten, daß man den Tod Christi an Stelle des eigenen Todes annimmt. Die Erlösung von Sünde und Tod geschieht dadurch, daß man Christi Tod al seinen eigenen annimmt. Man muß sich mit Christi Tod identifizieren. Man muß ihn trinken, aufnehmen, sich einverleiben und daran teilhaben. Christi Tod muß zur Nahrung, dem Kern, der Energie und dem Fluß des Lebens werden. (Vgl. 1Kor 2,2.)

NÄHERE BETRACHTUNG 4
(26,28) **Vergebung** (aphesin): Wegschicken, fortschicken. Das Falsche wird abgeschnitten, weggeschickt und fortgebracht von dem, der es getan hat. Die Sünde wird vom Sünder getrennt.

Im biblischen Konzept von Vergebung finden sich vier Hauptgedanken.
1. Der Gedanke, warum Vergebung gebraucht wird. Vergebung wird wegen Fehlverhalten und Schuld und der Strafe, die aus beidem entsteht, gebraucht (vgl. Röm 3,23; 6,23; 8,1).
2. Der Gedanke der *Ein-für-allemal*-Vergebung, der totalen Vergebung. Wenn ein Mensch Jesus Christus al Retter annimmt, wird ihm *ein für allemal* vergeben. Glaube an Jesus Christus ist die einzige Bedingung, um *ein für allemal* Vergebung zu bekommen (Eph 1,7; Röm 4,5-8).
3. Der Gedanke der Vergebung, die Gemeinschaft aufrechterhält. Die Gemeinschaft besteht zwischen Gott als Vater und dem Gläubigen als sein Kind. Wenn das Kind sich falsch verhält, wird die Gemeinschaft gestört und zerbrochen. Die Bedingung zur Wiederherstellung der Gemeinschaft ist Bekenntnis und Ablassen von der Sünde (Ps 66,18; Spr 28,13; 1Joh 1,7).
4. Der Gedanke der *Befreiung von Schuld*. Dies ist einer der Unterschiede zwischen der Vergebung von Mensch zu Mensch und der Vergebung Gottes an den Menschen. Ein Mensch kann einem anderen vergeben, der ihn gekränkt hat, doch er kann die Schuld nicht wegnehmen, die sein Freund empfindet. Und oft kann er die Verstimmung aus seinem eigenen Herzen nicht entfernen. Nur Gott kann die Schuld wegnehmen und die Entfernung von Verstimmungen versichern und er tut beides. Gott vergibt und er tilgt die Schuld und die Verstimmung (Ps 51,2;7-12; 103,12; 1Joh 1,9).

Matthäus 26,31-35

	E. Der Messias sagt das Versagen der Jünger vorher: Anstoß und Abfall im Leben, 26,31-35 (Mk 14,27-31; Lk 22,31-34; Joh 13,36-38)	nach Galiläa vorangehen. 33 Da antwortete Petrus und sprach zu ihm: Wenn auch alle an dir Anstoß nehmen, so werde doch ich niemals Anstoß nehmen! 34 Jesus spricht zu ihm: Wahrlich, ich sage dir: In dieser Nacht, ehe der Hahn kräht, wirst du mich dreimal verleugnen! 35 Petrus spricht zu ihm: Und wenn ich auch mit dir sterben müßte, werde ich dich nicht verleugnen! Ebenso sprachen auch alle Jünger.	2 Der Anspruch übermäßigen Selbstvertrauens a. Verursacht durch den Vergleich mit anderen b. Verursacht durch Blindheit für das Kreuz c. Verursacht durch Unkenntnis des eigenen Fleisches d. Verursacht durch Widerspruch gegen Christus
1 Die Vorhersage: Alle werden abfallen a. Anstoß an Christus b. Anstoß, weil Christus abgelehnt wird c. Abhilfe: Die Auferstehung des Herrn	31 Da spricht Jesus zu ihnen: Ihr werdet in dieser Nacht alle an mir Anstoß nehmen; denn es steht geschrieben: Ich werde den Hirten schlagen, und die Schafe der Herde werden sich zerstreuen. 32 Aber nachdem ich auferstanden bin, will ich euch		

ABSCHNITT XVI

VERHAFTUNG, VERHÖR UND KREUZIGUNG DES MESSIAS, 26,1-27,66

E. Der Messias sagt das Versagen der Jünger vorher: Anstoß und Abfall im Leben, 26,31-35

(26,31-35) **Einführung**: Es ist eine der großen Überzeugungen der Gläubigen, daß sie die Welt vor der Sünde und ihren Folgen warnen müssen. Doch inmitten dieser Warnung und ihrem Nachdruck wird eines oft vergessen: Auch Gläubige müssen vor der Sünde und ihren Folgen gewarnt werden. Sie stehen nicht über der Sünde; sie haben immer noch menschliches Fleisch. Eines jedoch macht sie anders: Sie haben ein geistliches Wesen bekommen. Sie leben jetzt sowohl *im Geist* als auch *im Fleisch*. Das Fleisch ist bei jedem Gläubigen immer noch vorhanden. Deshalb muß jeder Gläubige gewarnt werden: Hier und da wird er Anstoß nehmen und fallen. Doch Christus wartet immer darauf, ihn anzunehmen und ihm zu vergeben, wenn er nur eine Sache tut: Wirklich bekennen und bereuen. Dies ist die Warnung Christi an die Jünger in diesem so bedeutungsvollen Abschnitt.

    1. Die Vorhersage: Alle werden abfallen (V31-32).
    2. Der Anspruch übermäßigen Selbstvertrauens (V33-35).

(26,31-35) **Weiterer Abriß**: Die Warnung vor dem Abfall (Mt 26,31-35).
    1. Manche fallen, weil sie Anstoß "an" Christus nehmen (V31).
    2. Manche fallen, weil die Menge Christus ablehnt (V31).
    3. Manche fallen, weil sie die Auferstehung Christi nicht sehen und glauben können (V32).
    4. Manche fallen wegen ihres übermäßigen Selbstvertrauens (v.33).
    5. Manche fallen, weil sie für das Kreuz blind sind (V34).
    6. Manche fallen, weil sie das Selbst, d.h. das Fleisch nicht kennen (V35).

1 (26,31-32) **Rückfall**: Die Vorhersage – *alle* werden abfallen. "Ihr alle" wird betont; kein einziger wird standfest bleiben. Alle Jünger werden abfallen.

Christus nennt zwei Gründe, warum die Jünger abfallen werden, zwei Gründe, die auf jeden Menschen zutreffen.
    1. "Ihr werdet in dieser Nacht alle an mir Anstoß nehmen" (en emoi, *an mir*). Die Menschen fragen, wer Christus ist, wundern sich über ihn und werden manchmal von ihm abgestoßen. Das Wort Anstoß bedeutet Stolpern, Fallen (siehe Nähere Betrachtung 1 – Mt 26,31). Menschen stolpern über dreierlei, wenn sie Christus begegnen. (Zur gründlichen Diskussion siehe Nähere Betrachtung 9,10 – Mt 21,44; vgl. Anmerkung – Lk 20,17-18.)
        a. Menschen stolpern über die Identität Christi (Joh 6,54-58;60;66).
        b. Menschen stolpern über das Kreuz Christi (1Kor 1,21-23, bes. 23).
        c. Menschen stolpern über das Kreuz, das zu tragen Gott sie ruft (siehe Anmerkung und Nähere Betrachtung 1 – Lk 9,23).

Einfach gesagt reagieren viele, wenn sie Jesus Christus und sein Kreuz betrachten. Sie…
- zweifeln
- leugnen
- ignorieren
- lehnen ab
- verschließen ihr Herz
- vergeistigen
- sehen ihn und sein Kreuz in einer modernen, wissenschaftlichen Welt als irrational an

Als Christus verhaftet wurde, fragten sich die Apostel, ob Christus wirklich der Messias war. Er widersetzte sich der Verhaftung nicht und er setzte seine große Macht nicht ein. Er führte die Menschen nicht in einen Aufstand gegen die Römer. Ebenso befreite er Israel nicht und machte es nicht zum Mittelpunkt des Reiches Gottes. Die Apostel waren desillusioniert und überrascht, sie konnten es einfach nicht verstehen. Ihre Hoffnungen hingen am Kreuz der Verzweiflung. In diesem Abschnitt sagt Christus ihnen ihren Abfall voraus. Er wußte, daß sie sich nach seiner Auferstehung an seine Worte erinnern würden und so leichter zurückkehren und besser verstehen konnten. Sich zu erinnern, daß er es vorhergesagt hatte, würde ihnen helfen, zurückzukehren und stärker zu werden (vgl. Joh 14,29; 13,19).

    2. Die Jünger würden Anstoß nehmen, weil Christus abgelehnt wurde. Äußerlich wurde er von der Menge abgelehnt. Doch hinter den Kulissen, in der unsichtbaren Welt, war es Gott, der den Hirten schlug, d.h. Gott tötete Christus (vgl. Sach 13,7). Es war nach "nach Gottes festgesetztem Ratschluß und Vorsehung," daß Christus sterben mußte (Apg 2,23). Christus mußte sein Leben für den Menschen geben, wenn der Mensch gerettet werden sollte.

> **"David nämlich sagt von ihm: Ich sah den Herrn allezeit vor mir, denn er ist zu meiner Rechten, daß ich nicht wanke." (Apg 2,25)**

Matthäus 26,31-35

"Gott aber beweist seine Liebe zu uns dadurch, daß Christus für uns gestorben ist, als wir noch Sünder waren." (Röm 5,8)

"Er hat unsere Sünden selbst an seinem Leib getragen auf dem Holz, damit wir, den Sünden gestorben, der Gerechtigkeit leben mögen; durch seine Wunden seid ihr heil geworden." (1Petr 2,24)

"Denn auch Christus hat einmal für Sünden gelitten, der Gerechte für die Ungerechten, damit er uns zu Gott führte; und er wurde getötet nach dem Fleisch, aber lebendig gemacht durch den Geist." (1Petr 3,18)

Als die Menge Christus ablehnte, fühlten sich die Jünger bedroht. Sie fürchteten die Menge. Es fehlte ihnen der Mut, zu ihm zu halten. Sie wandten sich ab, flohen und ließen ihn im Stich. Petrus verleugnete ihn sogar ausdrücklich (Mt 26,69-75).

Es gibt ein Mittel gegen den *Abfall*: Die Auferstehung. Man beachte die Worte des Herrn: "Ich will euch...vorangehen." Christus sagte den Aposteln zweierlei:

1. Nach seiner Auferstehung sollten sie ihm nachkommen (siehe Nähere Betrachtung 2 – Mt 26,32). Trotz ihres Abfalls würde er sie immer noch annehmen. Tatsächlich würde er sogar auf sie warten.
2. Es wird ihnen *vergeben*, daß sie ihn verleugnet haben.

"So tue nun Buße über diese deine Bosheit und bitte Gott, ob dir die Tücke deines Herzens vielleicht vergeben werden mag." (Apg 8,22)

"Wenn wir aber unsere Sünden bekennen, so ist er treu und gerecht, daß er uns die Sünden vergibt und uns reinigt von aller Ungerechtigkeit." (1Joh 1,9)

"Wer seine Missetaten verheimlicht, dem wird es nicht gelingen; wer sie aber bekennt und läßt, der wird Barmherzigkeit erlangen." (Spr 28,13)

Gedanke 1 Wie schnell kann es zum *Abfall* kommen. Man stelle sich die Jünger vor, wie sie mit Christus im Obergemach saßen und sprachen. In genau dieser Nacht würden sie abfallen – nicht nächste Woche, nicht nächsten Monat, sondern diese Nacht – in genau dieser Nacht, indem sie so viel und so enge Gemeinschaft mit ihm hatten (V34). (Vgl. Joh 14-16 für ein Bild, wieviel Jesus ihnen mitteilte und wie wertvoll und persönlich die Gelegenheit war.)

Gedanke 2 Christus wußte, daß seine Jünger Anstoß nehmen und abfallen würden. Er wußte, daß sie zutiefst entmutigt sein würden. In diesem Wissen beachte man, was er tat.
1) Er tadelte, verurteilte, rügte und schalt sie nicht.
2) Er plante, ihnen zu begegnen, ihnen zu vergeben und sie anzunehmen – in der Macht seiner Liebe und Auferstehung.

Gedanke 3 Christus hat nichts als Liebe für den Gläubigen, der Anstoß nimmt und fällt, selbst wenn er die schrecklichste Sünde begeht, nämlich Christus mit seinem Mund zu verleugnen. Eines ist jedoch für Vergebung unerläßlich: Reue.

NÄHERE BETRACHTUNG 1
(26,31) **Anstoß nehmen** (skandalizo): Stolpern, zum Stolpern bringen, fallen.

NÄHERE BETRACHTUNG 2
(26,32) **Auferstehung – Galiläa**: Galiläa sollte nicht der erste Ort sein, an dem Christus nach seiner Auferstehung erschien. Er erschien einige Male verschiedenen Gruppen von Jüngern über einige Tage hinweg. Galiläa sollte der offizielle Treffpunkt sein, an dem sich alle Jünger einfinden sollten, um eine Erneuerung ihrer Berufung zu erhalten (Mt 28,16-20).

---

[2] (26,33-35) **Selbstvertrauen – Schwachheit des Fleisches**: Der Anspruch übermäßigen Selbstvertrauens durch Petrus. Das übermäßige Selbstvertrauen des Petrus wurde durch vier Dinge verursacht.

1. Indem er sich selbst mit anderen verglich. Petrus konnte nicht glauben, was er da hörte. Christus sagte: "Alle werden Anstoß an mir nehmen," er eingeschlossen. Andere vielleicht, dachte Petrus, aber nicht er. Dafür gab es keine Gelegenheit und er wollte, daß Christus das erfuhr. Man beachte, daß sich Petrus mit anderen verglich, sogar mit "allen": "Wenn auch alle an dir Anstoß nehmen, so werde doch ich niemals Anstoß nehmen!" Petrus sah die Schwächen und Fehler der anderen. Sie konnten vielleicht versagen, aber er doch nicht; er konnte nie von Christus abfallen. Andere können schwach sein, aber er doch nicht. Petrus beging die schlimme Sünde der Menschheit: Stolz (1Kor 10,12). Er meinte, er wäre stärker als die anderen, ihnen geistlich über.
2. Das übermäßige Selbstvertrauen des Petrus wurde dadurch verursacht, daß er blind für das Kreuz war (V34). Er sah das Kreuz einfach nicht. Christi Hängen am Kreuz würde ihn dazu bringen, Christus zu verleugnen. Christus hatte ihm alles über das Kreuz gesagt, doch er hatte es nicht glauben wollen (siehe Anmerkungen – Mt 17,22; 18,1-2). Die Tatsache, daß das menschliche Fleisch so sündig und so verdorben war, daß Gott es kreuzigen mußte, überstieg sein Begriffsvermögen (siehe Abriß, Anmerkungen und Nähere Betrachtung 1 – Lk 9,23; Röm 6,1-10; 6,10-13; Gal 2,19-21; 5,24; 6,14-17. Vgl. Röm 6,2; Kol 3,3.)
3. Das übermäßige Selbstvertrauen des Petrus wurde dadurch verursacht, daß er sich selbst, seine persönlichen Schwächen, die Schwächen seines menschlichen Fleisches nicht kannte. Er hatte ein starkes Selbstbild. Er sah sich über *schwerer* Sünde und Versagen. Er versicherte mit allem Vertrauen der Welt, daß er eher für Christus sterben als ihn verleugnen würde.

Man beachte mehrere Dinge.
   a. Petrus war stark im Glauben, einer der Stärksten.
   b. Petrus verstand sich und sein Fleisch wirklich nicht. Die eine Sünde, die der Gläubige nicht begehen sollte, ist, Christus zu verleugnen. Eher für Christus zu sterben als ihn zu verleugnen ist das, was von einem wahren Gläubigen erwartet wird.
   c. Petrus glaubte fest, daß er, sein Fleisch, über der schweren Sünde stehen würde (vgl. Röm 3,9f; 7,8;14-18; Gal 19f).
   d. Petrus versagt nicht nur ein- sondern dreimal und alle drei Male waren in der gleichen Nacht, als Christus von seiner Seite weggebracht und zum Prozeß um sein Leben gebracht wurde (Lk 22,61).

Matthäus 26,31-35

4. Das übermäßige Selbstvertrauen des Petrus wurde dadurch verursacht, daß er Christus widersprach, statt auf ihn zu hören. Christus warnte die Jünger vor der Schwäche und Falschheit des menschlichen Herzens. Petrus und die anderen wollten diese Tatsache einfach nicht zugeben. Sie leugneten persönliche Schwächen.

Gedanke 1 Die Tatsache, daß andere versagen, ist kein Grund zum Vertrauen in sich selbst, sondern ein Grund, sich um so mehr vorzusehen.

Gedanke 2 Alle Menschen versagen, stolpern und fallen. Fallen und Anstoß nehmen sind die Art des menschlichen Fleisches. Der eine fällt in einem besonderen Gebiet, der andere in einem anderen. Der Unterschied zwischen den Menschen ist, daß der eine von Herzen bereut und bekennt und der andere nicht. Tatsächlich geben viele nicht einmal die Notwendigkeit der Buße zu.

Gedanke 3 Übermäßiges Selbstvertrauen ist eine gefährliche Sünde.

> "Vor dem Zusammenbruch wird man stolz, und Hochmut kommt vor dem Fall." (Spr 16,18)
>
> "Ein anderer soll dich rühmen, nicht dein eigener Mund; ein Fremder und nicht deine eigenen Lippen!" (Spr 27,2)
>
> "Wer sich auf sein Herz verläßt, ist ein Narr; wer aber in der Weisheit wandelt, der wird entrinnen." (Spr 28,26)
>
> "Wehe denen, die in ihren eigenen Augen weise sind und sich selbst verständig dünken!" (Jes 5,21)
>
> "Nun aber höre, du Üppige, die da sorglos sitzt, die in ihrem Herzen also spricht: Ich bin's und sonst niemand! Ich werde nicht als Witwe dasitzen, noch die Beraubung meiner Kinder erfahren! Dennoch wird dir beides begegnen auf einen Tag, unversehens, daß du deiner Kinder beraubt und Witwe werden wirst." (Jes 47,8-9)
>
> "Er sagte aber auch zu etlichen, die auf sich selbst vertrauten, daß sie gerecht seien, und die übrigen verachteten, dieses Gleichnis." (Lk 18,9)
>
> "Wenn aber jemand meint, etwas zu wissen, der hat noch nichts so erkannt, wie man erkennen soll." (1Kor 8,2)
>
> "Darum, wer meint, er stehe, der sehe zu, daß er nicht falle!" (1Kor 10,12)
>
> "Denn wenn jemand meint, etwas zu sein, da er doch nichts ist, so betrügt er sich selbst." (Gal 6,3)

Gedanke 4 Wir sollen uns nicht mit anderen vergleichen. Wir sollen "einer die Last des anderen tragen" (Gal 6,2).

> "Seid gleichgesinnt gegeneinander; trachtet nicht nach hohen Dingen, sondern haltet euch herunter zu den Niedrigen; haltet euch nicht selbst für klug!" (Röm 12,16)
>
> "Brüder, wenn auch ein Mensch von einem Fehltritt übereilt würde, so helft ihr, die ihr geistlich seid, einem solchen im Geist der Sanftmut wieder zurecht; und sieh dabei auf dich selbst, daß du nicht auch versucht wirst! Einer trage des anderen Lasten, und so sollt ihr das Gesetz des Christus erfüllen! Denn wenn jemand meint, etwas zu sein, da er doch nichts ist, so betrügt er sich selbst." (Gal 6,1-3)

Gedanke 5 Petrus dachte wirklich, er würde über der schweren Sünde stehen. Wie menschlich! Wie selbst gerecht und uns allen eigen!

Gedanke 6 Kein Gläubiger steht über der schweren Sünde und jede Sünde ist schwer. Besonders der Gedanke, daß man über der schweren Sünde steht, *ist* schwere Sünde.

Matthäus 26,36-46

	F. Das Leiden des Messias in Gethsemane: Im Angesicht des Todes und der schrecklichen Prüfungen des Lebens, 26,36-46 (Mk 14,32-42; Lk 22,39-46; Joh 18,1; vgl. Hebr 5, 7-8; 12,3-4)	und spricht zu Petrus: Könnt ihr also nicht eine Stunde mit mir wachen? 41 Wachet und betet, damit ihr nicht in Anfechtung geratet! Der Geist ist willig, aber das Fleisch ist schwach. 42 Wiederum ging er zum zweitenmal hin, betete und sprach: Mein Vater, wenn dieser Kelch nicht an mir vorübergehen kann, ohne daß ich ihn trinke, so geschehe dein Wille! 43 Und er kommt und findet sie wieder schlafend; denn die Augen waren ihnen schwer geworden. 44 Und er ließ sie, ging wieder hin, betete zum drittenmal und sprach dieselben Worte. 45 Dann kommt er zu seinen Jüngern und spricht zu ihnen: Schlaft ihr noch immer und ruht? Siehe, die Stunde ist nahe, und der Sohn des Menschen wird in die Hände der Sünder ausgeliefert. 46 Steht auf, laßt uns gehen! Siehe, der mich verrät, ist nahe.	gelassen a. Fand sie schlafend b. Warnte vor Versuchung c. Warnte vor dem Fleisch und seiner Schwäche, V43,45 5 **Er betete weiter – flehte um Erlösung** a. Bat seinen Vater wieder, den Kelch wegzunehmen b. Fand die Jünger wieder schlafend c. Betete zum dritten Mal – die gleichen Worte 6 **Er erhielt Erleichterung – tiefen Frieden und Mut** a. Die Worte der großen Erleichterung b. Die Worte des großen Mutes
1 **Christus kam zum Garten Gethsemane** a. Mit allen Jüngern b. Zum Gebet c. Allein mit nur drei Jüngern 2 **Er litt – quälende Trauer und Schmerz** a. Betrübt bis zum Tod b. Bat um Gemeinschaft c. Warnte: Wacht und betet auch für euch 3 **Er wandte sich an Gott – weinend** a. Warf sich nieder b. Betete: "Mein Vater" c. Bat Gott, den Kelch wegzunehmen 4 **Er war allein – von seinen engsten Freunden im Stich**	36 Da kommt Jesus mit ihnen in ein Gut, genannt Gethsemane. Und er spricht zu den Jüngern: Setzt euch hier hin, während ich weggehe und dort bete! 37 Und er nahm Petrus und die zwei Söhne des Zebedäus mit sich; und er fing an, betrübt zu werden, und ihm graute sehr. 38 Da spricht er zu ihnen: Meine Seele ist tief betrübt bis zum Tod. Bleibt hier und wacht mit mir! 39 Und er ging ein wenig weiter, warf sich auf sein Angesicht, betete und sprach: Mein Vater! Ist es möglich, so gehe dieser Kelch an mir vorüber; doch nicht wie ich will, sondern wie du willst! 40 Und er kommt zu den Jüngern und findet sie schlafend		

ABSCHNITT XVI

VERHAFTUNG, VERHÖR UND KREUZIGUNG DES MESSIAS, 26,1-27,66

F. **Das Leiden des Messias in Gethsemane: Im Angesicht des Todes und der schrecklichen Prüfungen des Lebens, 26,36-46**

(26,36-46) **Einführung – Tod – Opfer und Tod Jesu Christi**: Für Jesus Christus war der Tod anders als für alle anderen Menschen. Im Tod nahm Jesus alle Sünden der Welt auf sich, stand vor Gott dem Richter und...
- akzeptierte den *Schuldspruch* für jeden Menschen.
- akzeptierte das Urteil und die Todesstrafe für jeden Menschen.

Der Unterschied befindet sich in dem Wort *Tod*. Der *Tod* ist nicht, was einige Menschen denken, daß er ist: Ein träumerischer Zustand oder ein seliges Leben in einer anderen Welt oder das Ende (Ende der Funktion) des Körpers und Fortleben des eigenen Lebens und Wirkens nur in der Erinnerung anderer oder einfach die Vernichtung. Tod bedeutet Trennung von Gott (siehe Nähere Betrachtung 1 – Hebr 9,27) und das unterscheidet den Tod Christi vom Tod anderer Menschen. Er starb nicht für *die Sünden eines Menschen*; er starb für *die Sünden aller Menschen*. Angesichts des Todes erlebte er unglaublichen Schmerz und Leid, weil er von seinem Vater getrennt werden würde und das einzige, was Christus nicht erleben wollte, war, von seinem Vater getrennt sein zu müssen. Wenn es einen anderen Weg gab, die Menschen zu retten, dann wollte er ihn (seine menschliche Natur).

Diesen schrecklichen Kampf focht Christus im Garten Gethsemane aus – einen so schrecklichen Kampf, daß er ihn umgebracht hätte, wenn Gott ihm nicht einen Engel geschickt hätte, der ihn stärkte (Lk 22,43). Mit seinem großen Kampf und beständigem Gebet zeigte uns Christus, wie wir dem Tod und den schrecklichen Prüfungen des Lebens entgegentreten sollen.
1. Hintergrund: Christus kam zum Garten Gethsemane (V36-37).
2. Er litt – quälenden Schmerz und Trauer (V37-38).
3. Er wandte sich an Gott – weinend (V39).
4. Er war allein – von seinen engsten Freunden im Stich gelassen (V40-41).
5. Er betete weiter – flehte um Erlösung (V42-44).
6. Er erhielt Erleichterung – tiefen Frieden und Mut (V45-46).

[1] (26,36-37) **Gebetsleben Jesu Christi – Gebet**: Christus kam zum Garten Gethsemane.

1. Er kam mit allen seinen Jüngern außer Judas dorthin, der bereits seinen schrecklichen Verrat begonnen hatte. Die Jünger waren alle noch bei ihm. Im Bewußtsein der dunklen Stunde und der furchtbaren Tragödie, die auf ihn zukam, tat er alles, um sie bei sich zu halten. Er wollte, daß sie sich daran erinnerten, wie sehr er sich auf Gott verlassen hatte. Mit der Erfahrung von Gethsemane frisch im Gedächtnis wäre es ihnen besser möglich, sich ihrer Enttäuschung, Blindheit, Unglauben und Flucht zu stellen. Sie würden ihre Schwächen besser überwinden können, wenn er ihnen nach der Auferstehung gegenübertrat. Deshalb hielt er sie so lange er konnte so nahe wie möglich bei sich.

2. Christus kam zum Gebet in den Garten. Seine Worte deuteten an, daß auch sie anfangen sollten, Gott im Gebet zu suchen: "Setzt euch hier hin, während ich weggehe und dort bete!" Lukas berichtet sogar, daß er sie alle anwies, zu beten: "Betet, daß ihr nicht in Anfechtung geratet!" (Lk 22,39-40).

3. Christus ging ein Stück weiter in den Garten hinein, wobei er Petrus, Johannes und Jakobus mitnahm. Warum diese

Matthäus 26,36-46

drei? Der Grund schien deutlich. Christus hatte ein doppeltes Bedürfnis: Das Bedürfnis, mit Gott allein zu sein und das Bedürfnis nach enger Gemeinschaft und Gebet mit denen, die ihm am nächsten standen. Das wird in der Betrachtung von V38 noch deutlicher.

> "Fraget nach dem HERRN und nach seiner Macht, suchet sein Angesicht allezeit." (1Chr 16,11)
> "Bittet, so wird euch gegeben; sucht, so werdet ihr finden; klopft an, so wird euch aufgetan!" (Mt 7,7)
> "Er sagte ihnen aber auch ein Gleichnis dafür, daß man allezeit beten und nicht nachlässig werden solle." (Lk 18,1)
> "Leidet jemand von euch Unrecht? Er soll beten! Ist jemand guten Mutes? Er soll Psalmen singen!" (Jak 5,13)

Gedanke 1 Man braucht einen Garten, einen abgeschiedenen Ort, an dem man sich in Zeiten schwerer Prüfungen zu Gott zurückziehen kann.

Gedanke 2 Zwei Dinge sind entscheidend, wenn wir eine Stunde tiefster Not erleben.
1) Zurückziehen, an einem abgeschiedenen Ort allein sein.
2) Beten und unser Bedürfnis Gott mitteilen.

Gedanke 3 Man beachte etwas von immenser Bedeutung: Wie wirkt unsere Not auf unsere Lieben? Christus dachte genausosehr an seine Jünger wie an sein eigenes Bedürfnis. Er hielt sie zusammen und ermutigte sie, sowohl für sich selbst als auch für ihn zu beten.

NÄHERE BETRACHTUNG 1
(26,36) **Gethsemane**: Das Wort "Gethsemane" bedeutet *Ölpresse* oder *Olivenpresse*. Gethsemane war ein Garten am Ölberg. Es war wahrscheinlich ein Garten voller Ölbäume, wunderschön am Hang des Berges gelegen, von wo aus man einen schönen Blick auf die Umgebung und die Stadt Jerusalem hatte. Öffentliche und private Gärten auf den umliegenden Bergen waren keine Seltenheit, da die Berge sehr schön waren und in der Stadt der Platz fehlte. In einen solchen Garten zog sich Christus in der Stunde seiner großen Not zurück.

---

2 (26,37-38) **Tod Jesu Christi**: Angesichts des Todes litt Christus quälenden Schmerz und Trauer (siehe Nähere Betrachtung 3 – Mt 26,37). Man beachte dreierlei.

1. Christus fühlte so viel Leid und Bedrückung, so viel inneren Schmerz, daß es ihn beinahe umbrachte. Man beachte seine Worte: "Meine Seele ist tief betrübt bis zum Tod." Schmerz und Qual waren so groß, daß er buchstäblich Blut schwitzte.

Gott der Vater mußte einen Engel schicken, um ihn zu stärken (Lk 22,43-44. Vgl. den Bezug auf dieses Ereignis in Hebr 12,3-4, bes. 4.) Anscheinen entfaltete sich alles vor Christus, was er bereits erlitten hatte und was er noch erleiden mußte. Sein ganzes Wesen konzentrierte sich nun auf das Leid, das er beim Tragen der Sünde der Welt erfahren würde. Das geistige Bild belastete buchstäblich seinen Körper, bis fast zum Zusammenbruch. (Siehe Nähere Betrachtung 2 – Mt 26,37-38.)

2. Christus erlitt derart quälenden Schmerz und Trauer, daß er um die Gegenwart enger Freunde bat. Er brauchte sie, damit sie für ihn *beteten* und ihn *trösteten*. Das zeigt sich in seinen Worten: "Wacht m*it mir*." Christus mußte mit Gott allein sein, doch er brauchte auch die Gegenwart von Freunden, die für ihn beten. Zu wissen, daß sie in der Nähe waren, für ihn beteten und mit ihm fühlten, wäre eine starke Ermutigung.

3. Christus warnte: Wacht und betet auch für euch selbst. Die größte Prüfung, die die Jünger je erleben würden, stand bevor und sie wußten es nicht. In einigen wenigen Stunden würden sie abfallen. Sie mußten dringend beten, daß sie "nicht in Anfechtung geraten" (V41); daß die Schwere der Sünde sie nicht so weit entmutigen würde, daß sie sich zur Buße unwürdig fühlen würden.

Gedanke 1 Wahrscheinlich ist dies die größte Lehre, die wir aus Gethsemane ziehen können: Wir müssen um jeden Preis gegen die Sünde ankämpfen. Die Schrift verkündet diese Lehre deutlich:

> "Achtet doch auf ihn, der solchen Widerspruch von den Sündern gegen sich erduldet hat, damit ihr nicht müde werdet und den Mut verliert! Ihr habt noch nicht bis aufs Blut widerstanden im Kampf gegen die Sünde." (Hebr 12,3-4)

Christus kämpfte gegen die Sünde, gegen die Versuchung, die Welt auf andere Weise als durch das Kreuz (Trennung von Gott dem Vater) zu erlösen. Er kämpfte so sehr gegen die Versuchung an und erlebte so viel Druck, daß sein Schweiß "wie Blutstropfen" wurde (Lk 22,44). Man stelle sich einen solchen Kampf gegen die Sünde vor! (Siehe Anmerkung – Mt 27,26-44.)

Gedanke 2 Über eine Sache muß immer wieder nachgedacht werden: Die große Qual, die Christus für uns trug. Nichts verdeutlicht seine große Qual so sehr wie der Garten Gethsemane.

Gedanke 3 Man denke über die enorme Liebe des Herrn zu uns nach. Er sah alles voraus, was er für uns ertragen mußte. Es entfaltete sich alles vor seinem Geist und trotzdem erklärte er sich dazu bereit, es zu ertragen (für einen schnellen Überblick über alles, was er ertragen mußte, siehe Anmerkung Pkt. 1 – Mt 26,37-38).

Gedanke 4 Anwesenheit, Gebet und Trost enger Freunde können eine gewaltige Hilfe sein, wenn wir uns dringenden Bedürfnissen stellen müssen.

NÄHERE BETRACHTUNG 2
(26,37-38) **Leiden Jesu Christi – Tod**: Man kann nicht in Worte fassen, was Christus erlebte. Worte sind dafür vollkommen unzulänglich. Alle beschreibenden Worte der Welt sind für die Beschreibung der Leiden Christi so nutzlos wie eine Pipette, wenn man einen Ozean ausschöpfen will.

Matthäus 26,36-46

1. *Geistige und emotionale Qual*: Last, Druck, Angst, Leid und höchste Anspannung, wie sie nie ein Mensch erlebt hat. Er war Gottes Sohn, Schöpfer des Himmels und der Erde, doch die Bilder und Gedanke lasteten schwer auf seinem Geist: Die Bilder und Gedanken an...

   den *Unglauben* der Menschen überall

   die *Ablehnung* durch sein eigenes Volk, die Juden

   die *Bosheit* der Weltführer, Juden und Heiden, fromm und weltlich

   den *Verrat* eines seiner Freunde, Judas

   die *Flucht* aller seiner Leute.

   die *Verleugnung* durch den Führer der Seinen, Petrus.

   die *Ungerechtigkeit und Verdammung* seines Verhörs.

   den *Spott und das Leid*, verhöhnt, angespuckt, geschlagen, verflucht, verspottet, mit Dornen gekrönt, ans Kreuz geschlagen und getötet zu werden.

2. Das *körperliche Erlebnis des Todes*, während er Gottes Sohn war. Wie ist es für den Sohn Gottes, wie alle anderen Menschen zu sterben? Wenn man nur den körperlichen Aspekt des Todes Christi betrachtet, unterscheidet er sich immer noch von allen anderen Menschen
   a. Christus besaß als Sohn Gottes Samen, Energie, Qualität und Inhalt des Lebens in seinem Wesen (siehe Nähere Betrachtung 1 – Joh 17,2-3).
   b. Christus besaß als Sohn Gottes nicht Samen, Qualität und Inhalt des Todes (Joh 14,6; 1Tim 6,16; 1Joh 1,1-2; vgl. Joh 1,4), doch der Mensch tut es. Der Mensch besitzt den Samen von Tod und Vergänglichkeit. Das sündige Wesen des Menschen kennt und erwartet nur den Tod, doch das sündlose Wesen Christi weiß nichts von Sünde. und Tod. Sein sündloses Wesen und Qual und Schmerz des Todes mußten vom menschlichen Tod so verschieden sein wie Schwarz von Weiß

   Man muß noch einen weiteren Punkt beachten. Der Mensch erleidet im Tod Erniedrigung. Wie sehr er auch um sein Leben kämpft, er vergeht immer mehr, bis er zu Grabe getragen wird und zu Staub zerfällt. Doch nicht Christus; er war sogar in seinem menschlichen Wesen sündlos und vollkommen. Sein sündloses Wesen wußte nichts vom Tod. Man stelle sich die Erniedrigung vor: Gottes Sohn – der vollkommene Mensch, der vollkommene Gott – muß auf dieser Erde sterben! Kein Wunder, daß er anfing, "betrübt zu werden, und ihm graute sehr." Kein Wunder, daß er sagen konnte: "Meine Seele ist tief betrübt bis zum Tod." Auf geheimnisvolle Weise machte Gott Christus für uns zur Sünde (2Kor 5,21).

3. Die *geistliche Erfahrung des Todes*, während er der Menschensohn war (siehe Anmerkung – Mt 5,17-18; Nähere Betrachtung 3 – 8,20; Anmerkung – Röm 8,2-4). Hierin liegt sehr viel, doch nur wenig kann je erfahren werden.
   a. Erstens, wie ist es, ohne Sünde zu sein? Christus, wahrer Mensch und nach dem Bild des Menschen gemacht, war sündlos. Er erlebte wie alle Menschen Versuchungen und Prüfungen im Leben, doch er sündigte nicht. Er war ohne Sünde. Er wurde der vollkommene und ideale Mensch – wie Gott möchte, daß der Mensch ist. Er wurde zum Vorbild für alle Menschen.

      "Denn wir haben nicht einen Hohenpriester, der kein Mitleid haben könnte mit unseren Schwachheiten, sondern einen, der in allem versucht worden ist in ähnlicher Weise [wie wir], doch ohne Sünde." (Hebr 4,15; vgl. 2Kor 5,21; 1Petr 2,22; 1Joh 3,5)

      "Und obwohl er Sohn war, hat er doch an dem, was er litt, den Gehorsam gelernt; und nachdem er zur Vollendung gelangt ist, ist er allen, die ihm gehorchen, der Urheber ewigen Heils geworden." (Hebr 5,8-9)

   b. Zweitens, wie ist es, die Sünde der Welt zu tragen? Wie ist es, vollkommen und sündlos zu sein und plötzlich alle Sünden der Welt aufgebürdet zu bekommen? Auf geheimnisvolle Weise nahm Gott die Sünden der Welt und er-legte Christus die *Gesamtheit der Sünde* auf. Auf geheimnisvolle Weise machte Gott Christus für uns zur Sünde (2Kor 5,21). Christus wurde als vollkommener Mensch zum vollkommenen Träger der Sünde. Er trug alle Sünde und alles, was die Sünde verursacht – alle...

• Dunkelheit	• Last	• Sorge	• Kampf	• Gift
• Befleckung	• Druck	• Schuld	• Krieg	• Vergänglichkeit
• Beschmutzung	• Furcht	• Grausamkeit	• Folter	• Verzehrung
• Dreck	• Aufruhr	• Konflikt	• Feindschaft	• Verstörung

      "Wir gingen alle in der Irre wie Schafe, ein jeder wandte sich auf seinen Weg; aber der HERR warf unser aller Schuld auf ihn." (Jes 53,6)

      "Denn Christus ist...zur bestimmten Zeit für Gottlose gestorben." (Röm 5,6)

      "Christus [ist] für unsere Sünden gestorben, nach den Schriften." (1Kor 15,3)

      "Denn er hat den, der von keiner Sünde wußte, für uns zur Sünde gemacht, damit wir in ihm Gerechtigkeit Gottes würden." (2Kor 5,21)

      "So wird der Christus, nachdem er sich einmal zum Opfer dargebracht hat, um die Sünden vieler auf sich zu nehmen, zum zweitenmal denen erscheinen, die auf ihn warten, nicht wegen der Sünde, sondern zum Heil." (Hebr 9,28)

      "Er hat unsere Sünden selbst an seinem Leib getragen auf dem Holz, damit wir, den Sünden gestorben, der Gerechtigkeit leben mögen; durch seine Wunden seid ihr heil geworden." (1Petr 2,24)

   c. Drittens, wie ist es, alles Gericht und Urteil für die Sünde aller Menschen zu tragen? Christus litt für die Sünden der ganzen Welt, erlitt *Trennung* von Gott. Das schreckliche Geheimnis dieser höllischen Erfahrung zeigt sich in seinem Ruf am Kreuz: "Mein Gott, mein Gott, warum hast du mich verlassen?" (siehe Anmerkung und Nähere Betrachtung 1 – Mt 27,26-44; Anmerkung – 27,46-49; Anmerkung und Nähere Betrachtung 1 – 1Petr 2,21-25).

Matthäus 26,36-46

> "Aber er wurde durchbohrt um unserer Übertretung willen, zerschlagen wegen unserer Missetat; die Strafe, uns zum Frieden, lag auf ihm, und durch seine Wunden sind wir geheilt." (Jes 53,5)
>
> "Christus hat uns losgekauft von dem Fluch des Gesetzes, indem er ein Fluch für uns wurde (denn es steht geschrieben: Verflucht ist jeder, der am Holz hängt)." (Gal 3,13)
>
> "Wir sehen aber Jesus, der für kurze Zeit niedriger gewesen ist als die Engel wegen des Todesleidens, mit Herrlichkeit und Ehre gekrönt; er sollte ja durch Gottes Gnade für alle den Tod schmecken." (Hebr 2,9)
>
> "Denn auch Christus hat einmal für Sünden gelitten, der Gerechte für die Ungerechten, damit er uns zu Gott führte; und er wurde getötet nach dem Fleisch, aber lebendig gemacht durch den Geist." (1Petr 3,18)

NÄHERE BETRACHTUNG 3
(26,37) **Betrübt (lupeisthai) – sehr grauen (ademonein)**: *Betrübt* bedeutet, bedrückt, gequält, traurig zu sein. Es bedeutet, von großem Herzeleid *verzehrt* zu werden. *Sehr grauen* bedeutet, verstört, bestürzt, unruhig zu sein. Es bedeutet, von einer schweren Last auf der Seele *ergriffen* zu sein. *Sehr grauen* verdeutlicht die Bestürzung und Verstörung durch ein *unerwartetes Unheil*. Es bedeutet Bestürzung, eine Last, die einen Menschen in die Einsamkeit treibt, weil er keine Gesellschaft ertragen kann. Er braucht dringend Ruhe und einige wenige Kameraden, die ihn verstehen und ihm helfen, das Problem zu tragen.

3 (26,39) **Tod Jesu Christi**: Angesichts des Todes wandte sich Christus an Gott mit lautem Rufen und Tränen (vgl. Hebr 5,7). In diesem Vers zeigen sich vier Dinge:

1. Christus zog sich ganz zurück und warf sich vor Gott nieder. Lukas sagt, daß er sich "einen Steinwurf weit" von den drei Aposteln entfernte. Man beachte zwei wichtige Punkte: (a) Er mußte mit Gott allein sein – er war verzweifelt. (b) Er warf sich nieder – Druck und Last waren unerträglich.

2. Christus betete: "Mein Vater [pater mou]." Man beachte, daß Christus Gott "Mein Vater" nennt. So nennt ein kleines Kind seinen Vater jeden Tag. Es ist die Anrede der Liebe, Abhängigkeit und des Vertrauens eines Kindes. Das Kind weiß, daß sein Vater hören und sich ihm zuwenden wird, wenn es *Vater* ruft. Man beachte aber auch die Worte "Mein Vater." Christus war gebrochen, niedergedrückt, gefallen, auf den Boden hingeworfen. Verzweifelt rief er: "Mein Vater." Wie ein Kind rief er in kindlicher Gebrochenheit und Abhängigkeit zu seinem Vater; er wußte, daß sein Vater hören und sich ihm zuwenden würde.

3. Christus bat Gott, den Kelch von ihm wegzunehmen. (Siehe Nähere Betrachtung 4, Kelch – Mt 26,39. Siehe auch Nähere Betrachtung 1 – Mt 27,26-44; vgl. Mt 20,19.) Hier zeigen sich deutlich Christi menschliches Wesen und Wille. Er war so sehr Mensch wie jeder andere auch. Deshalb flehte er Gott an, einen anderen Weg als den Kelch (das Kreuz) zu wählen, wenn das möglich war. Die Erfahrung, am Kreuz von Gott getrennt zu werden, war zu schwer zu ertragen.

4. Auch Christi göttliche Natur und Wille zeigen sich deutlich. Man beachte die Worte des Herrn: "Ist es möglich, so gehe dieser Kelch an mir vorüber; doch nicht…" Die erste Handlung und Bewegung, der erste Kampf und Impuls seines Willens kam von seinem Fleisch: Dem Kelch der Trennung von Gott zu entgehen. Doch die zweite Handlung und Bewegung, der zweite Kampf und Impuls seines Willens kam aus seinem göttlichen Wesen: Nicht zu tun, wie er wollte, sondern wie Gott wollte.

Christi Unterwerfung, Gottes vollkommenen Willen zu tun, war entscheidend.

⇒ Durch diese Unterwerfung wurde er vollkommen und stand als idealer und vollkommener Mensch vor Gott.
⇒ Durch diese Unterwerfung, durch die er der ideale und vollkommene Mensch wurde, kann seine Gerechtigkeit immer noch für jeden Menschen stehen.
⇒ Durch diese Unterwerfung, durch die er der ideale und vollkommene Mensch wurde, konnte er den Kelch des Zornes Gottes über die Sünde *für jeden Menschen* ertragen.
⇒ Durch diese Unterwerfung, durch die er zum idealen und vollkommenen Menschen wurde, können sein Opfer und Leiden immer noch für jeden Menschen stehen.

> "Wir sehen aber Jesus, der für kurze Zeit niedriger gewesen ist als die Engel wegen des Todesleidens, mit Herrlichkeit und Ehre gekrönt; er sollte ja durch Gottes Gnade für alle den Tod schmecken. Denn es war dem angemessen, um dessentwillen alle Dinge sind und durch den alle Dinge sind, da er viele Söhne zur Herrlichkeit führte, den Urheber ihres Heils durch Leiden zu vollenden." (Hebr 2,9-10)
>
> "Und obwohl er Sohn war, hat er doch an dem, was er litt, den Gehorsam gelernt; und nachdem er zur Vollendung gelangt ist, ist er allen, die ihm gehorchen, der Urheber ewigen Heils geworden." (Hebr 5,8-9)
>
> "Denn er hat den, der von keiner Sünde wußte, für uns zur Sünde gemacht, damit wir in ihm Gerechtigkeit Gottes würden." (2Kor 5,21)

Gedanke 1 In diese Punkt finden sich drei lebhafte Bilder, die wir uns zu Herzen nehmen sollten.
1) Das Bild von Christi kindlicher Abhängigkeit und Vertrauen auf seinen Vater.
2) Das Bild Christi, der den schrecklichen Kelch des Zornes Gottes *für uns* trägt.
3) Das Bild unserer gewaltigen Verpflichtung Christus gegenüber: Der Verpflichtung, dankbar zu sein und unseren Dank durch Liebe, Anbetung, Verehrung und Dienst auszudrücken.

Gedanke 2 Man beachte sowohl den menschlichen als auch den göttlichen Willen Christi. Der erste Impuls des menschlichen Willens ist, zu nehmen und zu besitzen, was man will, doch der zweite Impuls des göttlichen Willens ist, zu tun, was Gott will. Wahre Gläubige sind "göttlicher Natur teilhaftig" (2Petr 1,4). Deshalb besitzen auch sie beiderlei Wille. Man beachte, daß dies eine gute Art ist, Versuchung zu beschreiben. Der erste Impuls, zu tun, was man will, kommt aus dem menschlichen Willen, doch der zweite Impuls, zu tun, was Gott will, kommt aus dem göttlichen Willen. Wir müssen lernen, uns wie Christus dem göttlichen Willen und Impuls zu unterwerfen.

> "Wir sehen aber Jesus, der für kurze Zeit niedriger gewesen ist als die Engel wegen des Todesleidens, mit Herrlichkeit und Ehre gekrönt; er sollte ja durch Gottes Gnade für alle den Tod

Matthäus 26,36-46

schmecken. Denn es war dem angemessen, um dessentwillen alle Dinge sind und durch den alle Dinge sind, da er viele Söhne zur Herrlichkeit führte, den Urheber ihres Heils durch Leiden zu vollenden." (Hebr 2,9-10)

"Und obwohl er Sohn war, hat er doch an dem, was er litt, den Gehorsam gelernt; und nachdem er zur Vollendung gelangt ist, ist er allen, die ihm gehorchen, der Urheber ewigen Heils geworden." (Hebr 5,8-9)

"Denn er hat den, der von keiner Sünde wußte, für uns zur Sünde gemacht, damit wir in ihm Gerechtigkeit Gottes würden." (2Kor 5,21)

NÄHERE BETRACHTUNG 4
(26,39) Kelch: Jesus Christus fürchtete sich und schauderte nicht vor dem Tod an sich. Das zeigt sich deutlich in Joh 10,17-18. Der Tod für eine Sache ist kein so teurer Preis. Viele Menschen sind so gestorben – furchtlos und bereitwillig, manche sogar noch grausamer als Christus. Schaudern vor Verrat, Schlägen, Erniedrigung und Tod, alles durch Vorherwissen verstärkt, machte Christus nicht zu schaffen. Wie bereits gesagt, haben manche Menschen sich mutig solcher Verfolgung gestellt und sogar das Martyrium für ihre Sache gesucht. Der Herr wußte von Anfang an, daß er sterben mußte, und er hatte seine Jünger auf seinen Tod vorbereitet (vgl. Mt 26,1-2). Christus fürchtete sich nicht vor menschlichem oder körperlichem Leiden. Diese Erklärung trifft auf Gethsemane überhaupt nicht zu. Der große Kelch, die große Prüfung, der sich Jesus gegenübersah, war die Trennung von Gott (siehe Nähere Betrachtung 2 – Mt 26,37-38). Er sollte das zu opfernde "Lamm Gottes" sein, das die Sünde der Welt trägt (Joh 1,29). Er sollte das Gericht und den Zorn Gottes über die Sünde der Welt tragen (siehe Anmerkung – Mt 27,46-49; vgl. Jes 53,10). Jesus selbst hatte bereits vom *Kelch* gesprochen, wenn er sich auf seinen Opfertod bezog (siehe Nähere Betrachtung 2 – Mt 20,22-23; Anmerkung – Mk 14,35-36; Nähere Betrachtung 2 – Joh 18,11).

Die Schrift spricht auf verschiedene Weise vom Kelch.

1. Der Kelch wird "der Becher des Zornes des Herrn" genannt.

   "Erwache! erwache! stehe auf, Jerusalem, die du von der Hand des HERRN den Becher seines Zorns getrunken hast, die du den Taumelkelch getrunken und ausgeschlürft hast!" (Jes 51,17)

2. Der Kelch wird mit Leiden und Gottes Zorn verbunden

   "Er läßt regnen über die Gottlosen; Schlingen, Feuer, Schwefel und Glutwind teilt er ihnen zu." (Ps 11,6)
   "Und sprach: Vater, wenn du willst, so nimm diesen Kelch von mir! Doch nicht mein, sondern dein Wille geschehe!" (Lk 22,42)

3. Der Kelch wird auch mit Erlösung verbunden. Weil Jesus den Kelch des Leidens und des Zorns für uns getrunken hat, können wir "den Kelch des Heils…nehmen und den Namen des HERRN anrufen" (Ps 116,13). Er trägt das Gericht Gottes über die Sünden der Welt.

   "Aber dem HERRN gefiel es, ihn zu zerschlagen, er ließ ihn leiden. Wenn er seine Seele zum Schuldopfer gegeben hat, so wird er Nachkommen sehen und lange leben; und des HERRN Vorhaben wird in seiner Hand gelingen." (Jes 53,10)

---

4 (26,40-41) **Tod Jesu Christi**: Angesichts des Todes war Christus allein, von seinen engsten Freunden im Stich gelassen.

1. Er stand vom Gebt auf und ging zu den dreien, die mit ihm hätten beten sollen. Sie schliefen. Die Gemeinschaft, der Geist des Gebets und des Trostes, den er suchte, war nicht da. Alle schliefen. Er war alleingelassen worden, um auf sich selbst gestellt mit Gott zu ringen.

2. Christus warnte vor Versuchung. Die Jünger hatten darin versagt, für ihn zu beten, doch sie durften nicht darin versagen, für sich selbst zu beten. Christus sagte: "Wachet und betet." Beides war wichtig. *Wachsamkeit* sieht und *Gebet* bereitet vor. Sie sollten wachen, um die Versuchung kommen zu sehen und beten, um vorbereitet zu sein, wenn die Versuchung zuschlug.

3. Christ warnte vor dem Fleisch und seiner Schwäche. Sie schliefen wegen der emotionalen Anspannung und Verwirrung des Abends. Wie Lukas berichtet, schliefen sie aus *Traurigkeit* (Lk 22,45). Der Abend hatte sie geschockt und strapaziert. Sie waren müde, erschöpft und besorgt. Die Konzentration auf das Gebet fiel schwer. Wahrscheinlich hatten sie gekämpft, um wachzubleiben und für ihren Herrn zu beten. Doch sie hatten noch nicht die Bedeutung des Gebets und die geistliche Abhängigkeit von Gott angesichts von Prüfungen gelernt. Sie machten zwei unter Gläubigen verbreitete Fehler.

   a. Die Jünger verließen sich auf ihre eigene Weisheit und Stärke statt auf Gottes Geist, um alle Kämpfe durchzustehen, die kommen mochten.

   b. Die Jünger nahmen Gottes Erlösung für selbstverständlich, statt sie durch das Zeugnis des Gebets abzusichern. Sie glaubten, daß Christus der Messias war, deshalb glaubten sie, daß Gott sie von den Römern erlösen würde, wie auch immer. Wie es fleischliche Menschen zu tun pflegen, dachten die Jünger zweifellos, daß das Gebet nicht viel ausmachen würde. Sie nutzten Gott aus, indem sie seine Erlösung für selbstverständlich ansahen. Christus sagte Folgendes: "Wacht und betet, denn nur Wachen und beten kann euch davor bewahren, zu fallen, wenn die Prüfung kommt." Wachsamkeit und Gebet legen vor Gott *Zeugnis* ab.

Dieser Punkt muß beachtet werden: Wachsamkeit und Gebet legen vor Gott *Zeugnis* ab. Wenn Menschen wachen und beten, zeigen sie, daß ihr Vetrauen und ihre Abhängigkeit von Gott gut begründet sind. Wenn Gott die Gebete von Menschen beantwortet, beweist er, daß er die, die wirklich auf ihn schauen, liebt, versorgt und erlöst. Ohne Wachen und Beten läßt Gott die Menschen fallen, damit sie lernen, daß Abhängigkeit und Vertrauen auf ihn absolut entscheidend sind.

4. Sie versagten darin, wach zu bleiben, um zu beten, zu wachen und ihm Gebet wachsam zu sein. Ihr Geist war nicht lebendig und aufmerksam genug, um das Fleisch zu überwinden. Müdigkeit und Schlaf des Fleisches waren stärker als der Geist (siehe Anmerkung 5, Pkt. 2 – Mt 26,42-44; vgl. Eph 6,18).

   "Glückselig sind jene Knechte, welche der Herr, wenn er kommt, wachend finden wird! Wahrlich, ich sage euch: Er wird sich schürzen und sie zu Tisch führen und hinzutreten und sie bedienen." (Lk 12,37)

Matthäus 26,36-46

"Ihr alle seid Kinder des Lichts und Kinder des Tages. Wir gehören nicht der Nacht an noch der Finsternis. So laßt uns auch nicht schlafen wie die anderen, sondern laßt uns wachen und nüchtern sein!" (1Thess 5,5-6)

"Seid nüchtern und wachet! Denn euer Widersacher, der Teufel, geht umher wie ein brüllender Löwe und sucht, wen er verschlingen kann." (1Petr 5,8)

"Ich weiß, HERR, daß des Menschen Weg nicht in seiner Macht steht und daß der Mann, der da wandelt, seine Schritte nicht zu lenken vermag." (Jer 10,23)

Gedanke 1 Kein Gläubiger ist jemals allein. Auch wenn die engsten Freund den Geist des Gebetes und Trostes vermissen lassen, ist Gott bei ihm.

Gedanke 2 Viele Prüfungen kommen plötzlich und unerwartet. Sie schießen direkt vor unserer Nase aus dem Boden. Nur beständiges Gebet im Wachen kann uns auf solche Krisen vorbereiten (vgl. Eph 6,18).

Gedanke 3 Das Fleisch kämpft gegen den Geist (Gal 5,17).

5 (26,42-44) **Tod Jesu Christi**: Angesichts des Todes betete Christus weiter – flehte um Erlösung.

1. Er bat seinen Vater ein zweites Mal, den Kelch von ihm wegzunehmen. Matthäus gibt als einziger die Worte Christi in diesem zweiten Gebet wieder. Markus sagt einfach, er "sprach dieselben Worte" (Mk 14,39). Es gibt zwei Ansichten über das, was Jesus sagte.
    a. Manche Kommentatoren meinen, daß er den Kelch annahm und der Tatsache zustimmte, daß er ihn trinken mußte: "Wenn [da] dieser Kelch nicht an mir vorübergehen kann, ohne daß ich ihn trinke, so geschehe dein Wille!" Wenn man den Vers so liest, scheint der Kampf bereits gewonnen. Christus scheint die Tatsache bereits angenommen zu haben, daß es keinen anderen Weg gab, als den Kelch zu trinken. Seine menschliche Natur scheint bereits von der göttlichen Natur besiegt.
    b. Andere Kommentatoren verstehen den Vers so, wie Markus es zu sagen scheint: "Und er ging wiederum hin, betete und sprach dieselben Worte" (Mk 14,39). Christus betete weiter um eine Erlösung von dem Kelch. Natürlich war er bereit, ihn zu ertragen, doch seine Seele flehte "unter Tränen" um einen anderen Weg. Zwei Tatsachen müssen immer in Gedächtnis behalten werden.
    Erstens, Christus fürchtete sich nicht vor dem Tod, er fürchtete sich davor, den Kelch der Trennung von Gott zu trinken.
    Zweitens, der Druck, als Menschensohn alle Leiden der Welt zu tragen, war nicht auszuhalten. Er fühlte sich, als ob er sterben müßte und die Schrift scheint dies anzudeuten, indem sie erwähnt, daß er von einem Engelgegen den Druck gestärkt werden mußte.
2. Christus fand die Jünger wieder schlafend. Man beachte: "Die Augen waren ihnen schwer geworden." Das weist darauf hin, daß sie gegen die Müdigkeit angekämpft, aber verloren hatten. Sie konnten nicht ihre...
    • körperliche Müdigkeit abschütteln.
    • geistliche Blindheit (Christi früheren Vorhersagen seines Todes nicht zu glauben) nicht abschütteln.
    • fleischliche Sicherheit (Gott für selbstverständlich nehmen) nicht abschütteln.
3. Christus betete ein drittes Mal mit denselben Worten (V44). Der Druck war unerträglich. Er brauchte Erleichterung. Man beachte: Christus betete zum dritten Mal und man beachte die Aussage "dieselben Worte" (ton auton logon). Dies scheint zu sagen, daß er in dem *gleichen gequälten Geist* rang, um *Befreiung* von dem lebensbedrohenden Druck rang. *Dreimal* kam er zu Gott und schüttete "unter Tränen" sein Herz aus, bat um *Befreiung*. Indem er dies tat, hat er für alle Zeit bewiesen, daß beständiges Gebet zur Befreiung von qualvollem Druck notwendig ist. Gott beantwortet beständiges Gebet.

"Bittet, so wird euch gegeben; sucht, so werdet ihr finden; klopft an, so wird euch aufgetan!" (Mt 7,7)

"Seid ausdauernd im Gebet und wacht darin mit Danksagung." (Kol 4,2)

"So unterwerft euch nun Gott! Widersteht dem Teufel, so flieht er von euch; naht euch zu Gott, so naht er sich zu euch." (Jak 4,7-8)

Gedanke 1 Beständiges Gebet ist die große Lehre von Gethsemane und unser Herr gibt uns selbst das beste Beispiel dafür. Wenn wir im Leben Druck und großen Prüfungen begegnen, lehrt uns Christus durch sein Beispiel, dadurch Erleichterung zu suchen, daß wir im Gebet zu Gott kommen. Und er lehrt uns, vor Gott zu bleiben – immer weiter zu bitten und immer weiter zu beten – beständig und anhaltend im Gebet zu sein, bis Gott antwortet. (Siehe Abrisse uns Anmerkungen – Mt 7,7-11. Vgl. Eph 6,18; Lk 18,1-8.)

Gedanke 2 Drei Feinde kämpfen ständig gegen das beständige Gebet. Sie müssen immer wieder bekämpft werden (siehe Anmerkung, Pkt. 2 – Mt 26,42-44).
1) Körperliche Müdigkeit.
2) Geistliche Blindheit: Den Worten des Herrn nicht glauben, sie nach unserem eigenen Gutdünken verstehen und auslegen wollen, statt ihn für sich selbst sprechen zu lassen.
3) Fleischliche Sicherheit: Gott ausnutzen und für selbstverständlich nehmen.

6 (26,45-46) **Tod Jesu Christi**: Angesichts des Todes erfuhr Christus große Erleichterung, tiefen Frieden und Mut.

1. Seine Worte, der Beweis der großen Erleichterung: "Schlaft ihr noch immer und ruht?" Christi Pein, sein Bedürfnis nach Freunden, die mit ihm "wachen," war vorbei. Gott hatte seiner Seele große Erleichterung verschafft. Im Ton seiner Worte an die Jünger waren geistige Ruhe, geistiger Frieden und Erleichterung der körperlichen und emotionalen Anspannung zu hören, die ihn fast umgebracht hätte. Gott hatte seine Bedürfnisse wunderbar erfüllt.

"Am Tage, da ich rief, antwortetest du mir; du hast mich gestärkt und meine Seele ermutigt." (Ps 138,3)

"Da erschien ihm ein Engel vom Himmel und stärkte ihn." (Lk 22,43)

"Und er hat in den Tagen seines Fleisches sowohl Bitten als auch Flehen mit lautem Rufen und

Matthäus 26,36-46

Tränen dem dargebracht, der ihn aus dem Tod erretten konnte, und ist auch erhört worden um seiner Gottesfurcht willen." (Hebr 5,7; vgl. 5,7-9)

    2.   Seine Worte, der Beweis großen Mutes: "Siehe, die Stunde ist nahe, und der Sohn des Menschen wird in die Hände der Sünder ausgeliefert."
Man beachte zweierlei:
- a. Es gab jetzt kein Grauen mehr, keine Qual, keine Verzweiflung. Christus war erleichtert und gestärkt, bereit, den zur Erlösung der Menschen nötigen Leiden entgegenzutreten.
- b. Christus sagte, daß er "in die Hände der Sünder ausgeliefert" wird. Alle, die an seinem Tod mitarbeiteten, waren *Sünder*. Sein Tod war das furchtbarste Verbrechen der Geschichte. Er, der Menschensohn, der ideale und vollkommene Mensch, wurde von Menschen getötet. Doch hierin liegt noch mehr: Er starb für die Sünden der Welt. Die Sünde jedes Menschen kreuzigte ihn. Jede Sünde ist Rebellion, zu Gott einfach "Nein!" sagen (Röm 3,23).Deshalb hat jeder Mensch Schuld am Tod Christi. Es gibt eine Weise, in der alle Sünden und Auflehnung "den Sohn Gottes wiederum kreuzigen und zum Gespött machen" (Hebr 6,6).

<u>Gedanke 1</u> Man beachte einen entscheidenden Punkt: Gott gab Christus nicht, worum er gebeten hatte; d.h. Gott nahm den Kelch nicht weg. Christus mußte den Kelch trinken, doch Gott beantwortete sein Gebet. Gott erleichterte die Anspannung und stärkte ihn, damit er den Kelch ertragen konnte. Gott hielt ihn davon ab, zu versagen. Die Lehre ist deutlich: Manchmal beantwortet Gott unsere Gebete mit "Nein." Doch er stärkt uns und gibt uns etwas viel Besseres.

>"Deinen Willen zu tun, mein Gott, begehre ich, und dein Gesetz ist in meinem Herzen." (Ps 40,8)
>
>"Ich kann nichts von mir selbst aus tun. Wie ich höre, so richte ich; und mein Gericht ist gerecht, denn ich suche nicht meinen Willen, sondern den Willen des Vaters, der mich gesandt hat." (Joh 5,30)
>
>"Der sich selbst für unsere Sünden gegeben hat, damit er uns herausrette aus der gegenwärtigen bösen Weltzeit, nach dem Willen unseres Gottes und Vaters." (Gal 1,4)
>
>"Und wandelt in der Liebe, gleichwie auch der Christus uns geliebt und sich selbst für uns gegeben hat als Gabe und Opfer für Gott, zu einem lieblichen Geruch." (Eph 5,2)
>
>"Da sprach ich: Siehe, ich komme – in der Buchrolle steht von mir geschrieben –, um deinen Willen, o Gott, zu tun! Oben sagt er: Opfer und Gaben, Brandopfer und Sündopfer hast du nicht gewollt, du hast auch keinen Gefallen an ihnen gefunden – die ja nach dem Gesetz dargebracht werden –, dann fährt er fort: Siehe, ich komme, um deinen Willen, o Gott, zu tun. Somit hebt er das erste auf, um das zweite einzusetzen. Aufgrund dieses Willens sind wir ein für allemal geheiligt durch die Opferung des Leibes Jesu Christi…Er aber hat sich, nachdem er ein einziges Opfer für die Sünden dargebracht hat, das ewiglich gilt, zur Rechten Gottes gesetzt." (Hebr 10,7-10;12)

Matthäus 26,47-56

	G. Der Messias wird verraten, verhaftet und verlassen: Vier Bilder der Hingabe, 26,47-56 (Mk 14,43-52; Lk 22,47-53; Joh 18,3-11)	Knecht des Hohenpriesters und hieb ihm ein Ohr ab. 52 Da sprach Jesus zu ihm: Stecke dein Schwert an seinen Ort! Denn alle, die zum Schwert greifen, werden durch das Schwert umkommen!	a. Mißverstand Jesu Reich und "kämpfte im Fleisch" b. Jesus tadelte fleischliche Hingabe: Tadelte "Kämpfen im Fleisch"
1 Judas verriet Jesus a. War einer der Apostel b. Führte eine große Schar c. Hatte sie bewaffnet d. Von den Frommen gesandt	47 Und während er noch redete, siehe, da kam Judas, einer der Zwölf, und mit ihm eine große Schar mit Schwertern und Stöcken, [gesandt] von den Hohenpriestern und Ältesten des Volkes.	53 Oder meinst du, ich könnte nicht jetzt meinen Vater bitten, und er würde mir mehr als zwölf Legionen Engel schicken? 54 Wie würden dann aber die Schriften erfüllt, daß es so kommen muß?	4 Bild 3: Absichtliche Hingabe – Jesu Bereitschaft, für den Menschen zu sterben a. Konnte sich selbst retten b. Wollte die Schrift erfüllen und sterben (vgl. V56)
2 Bild 1: Betrügerische Hingabe – Verrat des Judas a. Der Betrüger plante b. Der Betrüger setzte seinen Plan um c. Der Betrüger bekam eine Gewissensfrage gestellt: Warum kam er?	48 Der ihn aber verriet, hatte ihnen ein Zeichen gegeben und gesagt: Der, den ich küssen werde, der ist's, den ergreift! 49 Und sogleich trat er zu Jesus und sprach: Sei gegrüßt, Rabbi! und küßte ihn. 50 Jesus aber sprach zu ihm: Freund, wozu bist du hier? Da traten sie hinzu, legten Hand an Jesus und nahmen ihn fest.	55 In jener Stunde sprach Jesus zu der Volksmenge: Wie gegen einen Räuber seid ihr ausgezogen mit Schwertern und Stöcken, um mich zu fangen! Täglich bin ich bei euch im Tempel gesessen und habe gelehrt, und ihr habt mich nicht ergriffen. 56 Das alles aber ist geschehen, damit die Schriften der Propheten erfüllt würden. – Da verließen ihn alle Jünger und flohen.	5 Bild 4: Zweimal tragische Bereitschaft a. Bereitschaft, die Jesus widersteht: Die Behandlung der Welt b. Bereitschaft, die Jesus verläßt: Die Flucht der Jünger
3 Bild 2: Fleischliche Hingabe – fleischlicher Kampfgeist des Petrus	51 Und siehe, einer von denen, die bei Jesus waren, streckte die Hand aus, zog sein Schwert, schlug den		

ABSCHNITT XVI

VERHAFTUNG, VERHÖR UND KREUZIGUNG DES MESSIAS, 26,1-27,66

G.   Der Messias wird verraten, verhaftet und verlassen: Vier Bilder der Hingabe, 26,47-56

(26,47-56) **Einführung**: Menschlich gesprochen ist dies eine tragische Szene. Jesus wurde innerhalb weniger Minuten verraten, verhaftet und verlassen. Man stelle sich die drei Ereignisse innerhalb dieser kurzen Zeit vor: Der Verrat durch einen seiner Jünger, Verhaftung durch eine Meute, die auf seinen Tod aus war und die Flucht seiner engsten Freunde, der Apostel. Jesus war allein. Er *mußte* es nicht sein; er *mußte* diese Behandlung, Schimpfworte und Entwürdigung nicht ertragen. Doch er entschied sich dafür, dort zu stehen. Er erlitt willig Beschimpfungen und Entwürdigungen, um die Welt retten zu können.

Von den Ereignissen in diesem Abschnitt kann viel gelernt werden. Es zeigen sich vier einzelne Ereignisse oder Bilder.
1. Judas verriet Jesus (V47).
2. Bild 1: Betrügerische Hingabe – Verrat des Judas (V48-50).
3. Bild 2: Fleischliche Hingabe – fleischlicher Kampfgeist des Petrus (V51-52).
4. Bild 3: Absichtliche Hingabe – Jesu Bereitschaft, für den Menschen zu sterben (V53-54).
5. Bild 4: Zweimal tragische Hingabe (V55-56).
    a.   Hingabe, die Jesus widersteht: Die Behandlung der Welt.
    b.   Hingabe, die Jesus verläßt: Die Flucht der Jünger.

1 (26,47) **Judas – Verrat an Jesus Christus**: Judas verriet Jesus. Judas wird als Anführer einer großen Menschenmenge gesehen, die Jesus verhaften soll. Man beachte vier Tatsachen.

1.   Judas war einer der zwölf Apostel, ein Jünger, ein bekennender Nachfolger des Herrn. Nur einige wenige Stunden zuvor am selben Abend hatte er mit dem Herrn am Tisch gesessen und gegessen. Nun hatte er sich so schnell abgewandt und beim Verrat am Herrn sogar die Führung übernommen (vgl. Apg 1,16).

Gedanke 1 In der Kirche gibt es zu viele wie Judas. Sie bekennen Christus, doch sie wenden sich ganz schnell ab. Manche führen sogar andere beim Widerstand gegen Christus (oder die Gerechtigkeit) an.

2.   Judas führte eine große Schar, um Jesus zu verhaften (siehe Anmerkung – Lk 22,47-48).
3.   Judas stellte sicher, daß sie bewaffnet waren. Er fürchtete (in V48 sagte er: "Den ergreift"). Judas war Zeuge der Macht Jesu und seinem Entkommen aus der Menge bei früheren Gelegenheiten gewesen (vgl. Lk 4,30; Joh 8,59).
4.   Judas war offiziell von den Frommen geschickt: Den Hohenpriestern und Ältesten (Mt 26,3-5;14-16). Genau die Menschen, die ihn hätten annehmen sollen, lehnten ihn ab. Seine ärgsten Feinde waren die, die behaupteten, an Gott zu glauben, und andere in religiösen Dingen leiteten.

Gedanke 1 Wenn Jesus heute wieder auf die Welt käme, wie viele Fromme würden ihn ablehnen und sich gegen ihn stellen? Wie viele Fromme lehnen ihn tatsächlich jetzt schon ab? Wie viele lehnen ihn ab, wenn er durch seine Nachfolger offenbart wird? Wie viele biegen sich ein Bild von Christus zurecht, wie es ihnen gefällt, nach ihren eigenen Wünschen?

2 (26,48-50) **Hingabe – Betrug – Judas**: Das erste Bild der Hingabe ist das von betrügerischer Hingabe – der Verrat des Judas.

Matthäus 26,47-56

1. Der Betrüger Judas machte Pläne. Es würde dunkel sein. Wie konnte die Tempelwache Jesus in der Dunkelheit erkennen und am Entkommen hindern? Judas dachte nach und entwarf schließlich einen Plan. Er würde Jesus für sie kenntlich machen, indem er zu ihm ging und ihn mit einem Kuß begrüßte. Im Osten war der Kuß ein Zeichen der Freundschaft und Hingabe zwischen Menschen, besonders zwischen Freunden. Judas meinte, er könnte die Jünger betrügen. Sie würden ihn nie der Sünde verdächtigen.

   Gedanke 1 Der Punkt hier ist das Planen der Sünde, während man Christus bekennt. Wie viele bekennen Christus und planen trotzdem Diebstähle, Lügen, Betrug und Sünde? Wie viele bekennen Treue zu Christus und planen doch, sich einem anderen anzuschließen? Wie viele von uns bekennen Christus und planen doch wie Judas, unsere eigenen Interessen zu verfolgen?

   Gedanke 2 Wenn wir Sünde planen, werden wir zu Betrügern.

2. Der Betrüger Judas führte seinen Plan aus. Er tat, was er plante: "Und sogleich trat er zu Jesus und sprach: Sei gegrüßt, Rabbi! und küßte ihn." Das Wort für "küßte ihn" (katephilesen) ist stark. Es bedeutet, heftig, gewaltsam, leidenschaftlich, intensiv, wiederholt zu küssen. Entweder hatte Judas geplant, mit etwas Theater seine Sünde zu verbergen oder seine Nervosität ließ ihn so leidenschaftlich handeln. Die Sünde war schon schlimm genug, doch der Betrug war schlimmer.

   Gedanke 1 Wir tun oft, was wir planen, Gutes und Böses gleichermaßen.

   Gedanke 2 Christus zu bekennen und in Sünde zu leben macht uns zu zweierlei: Verräter und Betrüger. Wir verraten Christus und betrügen andere.

3. Jesus stellt eine Gewissensfrage: "Freund, wozu bist du hier?" Man beachte, daß Jesus Judas nicht tadelte oder ihm Vorwürfe machte. Er stellte Judas eine Frage, die ihn dazu zwang, sein betrügerisches Herz zu prüfen. Christus wollte Judas immer noch erreichen, wenn dies möglich war. Er fragte: "Wozu bist du hier, Judas? Du hast mich als treuer Begleiter begrüßt. Bist du treu und voller Hingabe zu mir gekommen?" Die Frage mußte wehtun und eine Prüfung in dem betrügerischen Herz verursachen. Betrug und Sünde wurde vollendet. Christus wurde festgenommen (V50).

   > "Einer betrügt den andern, und die Wahrheit reden sie nicht; sie haben ihre Zungen ans Lügen gewöhnt; sie ermüden sich mit Unrechttun." (Jer 9,5)
   > "Überaus trügerisch ist das Herz und bösartig; wer kann es ergründen?" (Jer 17,9)
   > "Damit wir nicht mehr Unmündige seien, hin- und hergeworfen und umhergetrieben von jedem Wind der Lehre durch das betrügerische Spiel der Menschen, durch die Schlauheit, mit der sie zum Irrtum verführen." (Eph 4,14)
   > "Böse Menschen aber und Betrüger werden es immer schlimmer treiben, indem sie verführen und sich verführen lassen." (2Tim 3,13)
   > "Denn es gibt viele widerspenstige und nichtige Schwätzer und Verführer." (Tit 1,10)
   > "Habt acht, ihr Brüder, daß nicht in einem von euch ein böses, ungläubiges Herz sei, das im Begriff ist, von dem lebendigen Gott abzufallen!" (Hebr 3,12)
   > "Indem sie so den Lohn der Ungerechtigkeit empfangen. Sie halten die Schwelgerei bei Tage für ihr Vergnügen; als Schmutz- und Schandflecken tun sie groß mit ihren Betrügereien, wenn sie mit euch [der Kirche] zusammen speisen. Dabei haben sie Augen voller Ehebruch; sie hören nie auf zu sündigen und locken die unbefestigten Seelen an sich; sie haben ein Herz, das geübt ist in Habsucht, und sind Kinder des Fluchs." (2Petr 2,13-14)
   > "Denn viele Verführer sind in die Welt hineingekommen, die nicht bekennen, daß Jesus Christus im Fleisch gekommen ist – das ist der Verführer und der Antichrist." (2Joh 7)

   Gedanke 1 Man beachte, daß sich Gottes herrliche Langmut uns gegenüber in Christus beweist (vgl. 2Petr 3,9).
   1) Christus gab dem heuchlerischen Bekenntnis des Judas und der Mißhandlung durch die grausame Menge nach.
   2) Christus versuchte noch einmal, Judas zu erreichen, wie er es bereits immer wieder getan hatte.

   Gedanke 2 Christus fragt jeden von uns: "Freund, wozu bist du hier? Warum bist du zu mir gekommen? Zur Kirche?"
   1) Weil du wirklich hingegeben und treu bist?
   2) Weil du etwas erreichen willst: Soziale Stellung, Geschäft, Lebensunterhalt, Sicherheit, Einfluß, Macht, religiöse Anerkennung?
   3) Weil du für die Gesellschaft annehmbar sein willst?
   4) Weil du dein Gewissen beruhigen willst: Religiös genug sein, um dich nicht schuldig zu fühlen?
   5) Weil du Familie oder Freunden gefallen willst?
   6) Weil man dich gelehrt hat zu kommen?
   7) Weil alle deine Freunde auch kommen?

   Gedanke 3 Die Frage Christi sollte jedem von uns ins Herz schneiden und uns zur Selbstprüfung veranlassen.

3 (26,51-52) **Fleischlich – Petrus**: Das zweite Bild der Hingabe ist fleischliche Hingabe – fleischlicher Kampfgeist des Petrus.

1. Petrus mißverstand Jesu Reich und "kämpfte im Fleisch." Der Jünger war Petrus und der Knecht, dessen Ohr abgehauen wurde, hieß Malchus (Joh 18,10). Jesus gab das Ohr zurück; er heilte es wunderbar (Lk 22,51).
   Petrus dachte, daß die Zeit des Messias gekommen wäre. Christus war nun bereit, Israel zu befreien und den Thron Davids als führendes Volk in der Welt aufzurichten (siehe Anmerkungen – Mt 1,1; Nähere Betrachtung 2 – 1,18; Nähere Betrachtung 3 – 3,11; Anmerkungen – 11,1-6; 11,2-3; Nähere Betrachtung 1 – 11,5; Nähere Betrachtung 2 – 11,6; Nähere Betrachtung 1 – 12,16; Anmerkungen – 22,42; Lk 7,21-23). Petrus zog sein Schwert (man beachte, daß er eines hatte) und schlug zu, wobei er dem Malchus ein Ohr abhieb.
2. Christus tadelte Petrus und seine fleischliche Hingabe, sein Kämpfen im Fleisch.
   a. Er sagte Petrus, er solle sein Schwert in die Scheide zurückstecken, wo es hingehört.

Matthäus 26,47-56

    b. Er heilte das Ohr des Malchus (Lk 22,51).
    c. Er erklärte Petrus, "alle, die zum Schwert greifen, werden durch das Schwert umkommen."

Das Bild, das vom Verhalten des Petrus gezeichnet wird, ist das von fleischlicher Hingabe, fleischlichem Handeln und Kämpfen. Petrus trat für Christus *im Fleisch* ein; deshalb versagte er. Schließlich verließ er Christus. Handeln im Fleisch führt immer zu Versagen und Verlassen Christi. Die fleischliche Hingabe des Petrus zeigt sich in vier Fehlern. Jeder dieser Fehler kann zu oft im Leben der Gläubigen beobachtet werden.

1. Petrus mißverstand die Worte des Herrn. Erstens dachte er, daß Christus ein irdisches Reich aufrichten würde. Er dachte in irdischen, körperlichen, materiellen Begriffen. Daher konnte er das geistliche und ewige Reich (die geistliche Welt, die geistliche Daseinsform), das Christus verkündigte, nicht begreifen. Zweitens nahm Petrus die Worte des Herrn nicht an. Christus hatte seinen Tod vorhergesagt und die Apostel gewarnt, sie seit Monaten intensiv geschult (siehe Anmerkungen – Mt 16,13-20; 16,21-28; 17,1-13; 17,22; 17,24-27). Trotzdem wollte Petrus seine vorgefaßte Meinung nicht aufgeben und die Worte Christi annehmen. Deshalb sah er weder die ewige Welt des Geistes noch die ewige Erlösung, die Christus sicherstellte.

2. Petrus wartete nicht auf Anweisung von Christus. Er handelte selbständig, nahm die Dinge selbst in die Hand. Die Jünger hatten gefragt: "Herr, sollen wir mit dem Schwert dreinschlagen?" Doch Jesus hatte noch nicht geantwortet. Das hielt Petrus jedoch nicht zurück. Er handelte auf eigene Faust. Wie so viele von uns! Zu oft handeln wir, ohne auf den Herrn zu warten.

3. Petrus fragte Christus nicht, was zu tun wäre, nicht immer wieder. Er beharrte nicht, bis Christus antwortete.

"Wachet und betet, damit ihr nicht in Anfechtung geratet! Der Geist ist willig, aber das Fleisch ist schwach." (Mt 26,41)

"Darum wachet jederzeit und bittet, daß ihr gewürdigt werdet, diesem allem zu entfliehen, was geschehen soll, und zu stehen vor dem Sohn des Menschen!" (Lk 21,36)

"Fraget nach dem HERRN und nach seiner Macht, suchet sein Angesicht allezeit." (1Chr 16,11)

4. Petrus dachte nicht klar und handelte weder taktvoll noch klug. Seine Tat hätte den Willen Gottes umstürzen können. Sie hätte vielen den Tod bringen können. Das sagte Christus: "Gewalt zieht Gewalt nach sich. Wenn du das Schwert ziehst, werden dich die Soldaten niederhauen." Im Volk Gottes gehört das Schwert in die Scheide, es soll nicht gezogen werden und auf Menschen einschlagen. Gottes Volk soll Liebe und Frieden verkünden, nicht Krieg und Gewalt und fleischliches Verhalten.

"Nicht durch Heer und nicht durch Kraft, sondern durch meinen Geist! spricht der HERR der Heerscharen." (Sach 4,6)

"Alle, die ich liebhabe, die überführe und züchtige ich. So sei nun eifrig und tue Buße!" (Offb 3,19)

"Sondern heiligt vielmehr Gott, den Herrn, in euren Herzen! Seid auch allezeit bereit zur Verantwortung gegenüber jedermann, der Rechenschaft fordert über die Hoffnung, die in euch ist, [und zwar] mit Sanftmut und Ehrerbietung." (1Petr 3,15)

<u>Gedanke 1</u> Die Waffen im Kampf des Gläubigen sind geistlich, nicht körperlich oder fleischlich (vgl. 2Kor 10,3-5; vgl. Röm 8,5-8; Gal 5,17).

4 (26,53-54) <u>**Liebe Jesu Christi – Gehorsam**</u>: Das dritte Bild der Hingabe ist absichtliche Hingabe – Jesu Bereitschaft, für den Menschen zu sterben.

1. Jesus hätte sich selbst retten können. Er hätte zu seinem Vater beten können und zweiundsiebzigtausend Engel wären zu seiner Verteidigung herbeigeeilt und hätten seine Feinde vernichtet. Er braucht die schwachen Bemühungen der Menschen nicht zu seiner Verteidigung. Er ist Gottes Sohn, Gottes einziger Sohn und Gott wird seinen Sohn verteidigen, wie er will.

2. Jesus war jedoch entschlossen, die Schrift zu erfüllen: Er mußte sterben und er war bereit, für den Menschen zu sterben. Sein Leben wurde ihm nicht von Menschen genommen. Er gab es bereitwillig auf, wie Gott es beabsichtigt hatte.

"Aber er wurde durchbohrt um unserer Übertretung willen, zerschlagen wegen unserer Missetat; die Strafe, uns zum Frieden, lag auf ihm, und durch seine Wunden sind wir geheilt. Wir gingen alle in der Irre wie Schafe, ein jeder wandte sich auf seinen Weg; aber der HERR warf unser aller Schuld auf ihn. Da er mißhandelt ward, beugte er sich und tat seinen Mund nicht auf, wie ein Lamm, das zur Schlachtbank geführt wird, und wie ein Schaf, das vor seinem Scherer verstummt und seinen Mund nicht auftut." (Jes 53,5-7)

"Darum liebt mich der Vater, weil ich mein Leben lasse, damit ich es wieder nehme. Niemand nimmt es von mir, sondern ich lasse es von mir aus. Ich habe Macht, es zu lassen, und habe Macht, es wieder zu nehmen. Diesen Auftrag habe ich von meinem Vater empfangen." (Joh 10,17-18)

"Diesen, der nach Gottes festgesetztem Ratschluß und Vorsehung dahingegeben worden war, habt ihr genommen und durch die Hände der Gesetzlosen ans Kreuz geheftet und getötet." (Apg 2,23)

<u>Gedanke 1</u> Christus ist das vollkommene Beispiel absichtlicher Hingabe. Die Hingabe, die Gott von uns will, ist absichtliche Hingabe: Die Bereitschaft, täglich für Christus und seine Sache zu sterben (siehe Anmerkung und <u>Nähere Betrachtung 1</u> – Lk 9,23).

<u>Gedanke 2</u> Jeder Mensch braucht und will Sinn, Ziel und Bedeutung. Dies findet sich allein in Christus. Nur er und seine Sache erfüllen das Herz des Menschen mit Sinn, Ziel und Bedeutung.

5 (26,55-56) <u>Hingabe</u>: Das vierte Bild der Hingabe ist das von zweimal tragischer Bereitschaft.

1. Die Bereitschaft, die Jesus widerstand: Die Behandlung Jesu durch die Welt.
    a. Man beachte, wie die Welt Jesus behandelte: Sie behandelten ihn (1) wie einen Dieb, als ob er sich von ihnen wegstehlen würde, (2) wie einen gefährlichen Menschen, dem man bewaffnet gegenübertreten muß und (3) wie einen Menschen, dem man im Dunkeln und im Geheimen entgegentreten muß.
    b. Man beachte, wie die Welt Jesus entgegentrat und sein Herz brach. Die Worte Jesu klingen nach Gefühl, Verletzung und tiefer Traurigkeit.

Matthäus 26,47-56

> "Wie gegen einen Räuber seid ihr ausgezogen mit Schwertern und Stöcken, um mich zu fangen! Täglich bin ich bei euch im Tempel gesessen und habe gelehrt, und ihr habt mich nicht ergriffen." (V55).

Jesus ließ Entwürdigung und schandbares Verhalten zu, doch es brach ihm das Herz und verletzte ihn. Er war schließlich der Sohn Gottes.

> "Er war in der Welt, und die Welt ist durch ihn geworden, aber die Welt erkannte ihn nicht. Er kam in sein Eigentum, und die Seinen nahmen ihn nicht auf." (Joh 1,10-11)
>
> "Vater, verherrliche deinen Namen! Da kam eine Stimme vom Himmel: Ich habe ihn verherrlicht und will ihn wiederum verherrlichen!" (Joh 12,28)
>
> "Denn die, welche in Jerusalem wohnen, und ihre Obersten haben diesen nicht erkannt und haben die Stimmen der Propheten, die an jedem Sabbat gelesen werden, durch ihren Urteilsspruch erfüllt." (Apg 13,27)

2. Die Bereitschaft, die Jesus verläßt: Die Flucht der Jünger. Sie flohen aus wenigstens zwei Gründen.
    a. Sie fürchteten für ihr eigenes Leben. Jesus benutzte seine Macht nicht, um sich zu befreien. Das konnten sie nicht verstehen. Sie flohen, um sich zu retten.
    b. Sie waren enttäuscht; sie konnten Jesu Verhalten nicht verstehen und warum er seine Feinde nicht vernichtete, um sich zu befreien. Zu ihrer Enttäuschung muß ein Punkt beachtet werden: Es war ihre eigene Schuld.
    Erstens waren sie verschlossen; deshalb waren sie schwach im Glauben. Sie hatten ihren Verstand vor seinem vollen Zweck und Auftrag verschlossen. Sie *weigerten* sich, seine Worte von Tod und Auferstehung wörtlich anzunehmen. Sie begriffen das geistliche und ewige Wesen seines Reiches nicht. Sie verstanden symbolisch, was er sagte. Als es nun geschah, waren sie nicht vorbereitet. Ihr Glaube war zu schwach.
    Zweitens waren sie weltlich und materialistisch gesinnt. Sie hatten ihre irdische Vorstellung vom Messias festgehalten: Der kommende Messias sollte dieser materiellen und körperlichen Welt das Utopia bringen. Deshalb waren sie nicht darauf vorbereitet, daß ihr irdischer Messias sich von irdischen Menschen binden und gefangen nehmen ließ. Ihr Glaube war nicht stark genug, dies Prüfung zu überstehen.

> "Ihr aber, Geliebte, da ihr dies im voraus wißt, so hütet euch, daß ihr nicht durch die Verführung der Frevler mit fortgerissen werdet und euren eigenen festen Stand verliert! Wachset dagegen in der Gnade und in der Erkenntnis unseres Herrn und Retters Jesus Christus! Ihm sei die Ehre, sowohl jetzt als auch bis zum Tag der Ewigkeit!" (2Petr 3,17-18)
>
> "Jesus aber sprach zu ihm: Niemand, der seine Hand an den Pflug legt und zurückblickt, ist tauglich für das Reich Gottes!" (Lk 9,62)
>
> "Ein Mann mit geteiltem Herzen, unbeständig in allen seinen Wegen." (Jak 1,8)
>
> "Glückselig ist der Mann, der die Anfechtung erduldet; denn nachdem er sich bewährt hat, wird er die Krone des Lebens empfangen, welche der Herr denen verheißen hat, die ihn lieben." (Jak 1,12)
>
> "Naht euch zu Gott, so naht er sich zu euch! Reinigt die Hände, ihr Sünder, und heiligt eure Herzen, die ihr geteilten Herzens seid!" (Jak 4,8)

<u>Gedanke 1</u> Die Welt stellt sich gegen Christus.
1) Viele behandeln ihn wie einen Dieb. Sie glauben, daß er den Menschen Vergnügen vorenthält und sie um das wahre Leben bringt (betrügt). Sie glauben, daß man durch seine Gebote etwas im Leben verpaßt.
2) Andere stellen sich gegen ihn, als ob er gefährlich wäre. Sie verfluchen ihn tatsächlich und versuchen, seinen Namen und seine Kirche auszurotten. Sie bekämpfen ihn und seine Kirche mit allen nur erdenklichen Waffen.
3) Wieder andere stellen sich gegen ihn, indem sie im Dunkeln und im Geheimen planen und sündigen.

<u>Gedanke 2</u> Aller Widerstand und schandbares Verhalten – jede Sünde schneidet Jesus ins Herz. Er starb wegen der Sünde (2Petr 2,24).

<u>Gedanke 3</u> Zu viele Jünger verlassen Jesus aus dem gleichen Grund: Enttäuschung. Und zu oft wird unsere Enttäuschung von den gleichen zwei Dingen verursacht: Verschlossenheit oder Weltlichkeit und Materialismus.

Matthäus 26,57-68

1 Jesus wurde zum Verhör gebracht	**H. Das Verhör des Messias vor Kajaphas und dem Sanhedrin: Lehren in der Prüfung, 26,57-68** (Mk 14,53-65; Lk 22,54; 63-71; vgl. Joh 18,12-14, 19-24) 57 Die aber Jesus festgenommen hatten, führten ihn ab zu dem Hohenpriester Kajaphas, wo die Schriftgelehrten und die Ältesten versammelt waren.	62 Und der Hohepriester stand auf und sprach zu ihm: Antwortest du nichts auf das, was diese gegen dich bezeugen?	**5 Jesu ruhige Sicherheit**
2 Der verwirrte Glaube und die Treue von Petrus a. Konnte nicht verstehen b. Liebte aber: Kam, um den Ausgang zu sehen	58 Petrus aber folgte ihnen von ferne bis zum Hof des Hohenpriesters. Und er ging hinein und setzte sich zu den Dienern, um den Ausgang [der Sache] zu sehen.	63 Jesus aber schwieg. Und der Hohepriester begann und sprach zu ihm: Ich beschwöre dich bei dem lebendigen Gott, daß du uns sagst, ob du der Christus bist, der Sohn Gottes! 64 Jesus spricht zu ihm: Du hast es gesagt! Überdies sage ich euch: Künftig werdet ihr	**6 Jesu Anspruch: Er ist der Messias, der Sohn Gottes** a. Er wurde befragt: Zur Antwort unter Eid gestellt b. Beanspruchte, der Messias zu sein c. Lieferte zwei Beweise 1) Seine Auferstehung und Erhöhung 2) Seine Wiederkunft
3 Der ganze Hohe Rat: Auf Ablehnung und Widerstand festgelegt	59 Aber die Hohenpriester und die Ältesten und der ganze Hohe Rat suchten ein falsches Zeugnis gegen Jesus, um ihn zu töten.	den Sohn des Menschen sitzen sehen zur Rechten der Macht und kommen auf den Wolken des Himmels! 65 Da zerriß der Hohepriester seine Kleider und sprach: Er hat gelästert! Was brauchen wir weitere Zeugen? Siehe, nun habt ihr seine Lästerung gehört.	**7 Das tragische Urteil** a. Das Verbrechen: Gotteslästerung b. Der Beweis: Sein Anspruch
4 Die falsche Anklage: Ein Umstürzler a. Viele falsche Zeugen: Keine überzeugenden Anklagen b. Zwei falsche Zeugen: Überzeugende Anklage – ein Umstürzler	60 Aber sie fanden keines; und obgleich viele falsche Zeugen herzukamen, fanden sie doch keines. 61 Zuletzt aber kamen zwei falsche Zeugen und sprachen: Dieser hat gesagt: Ich kann den Tempel Gottes zerstören und ihn in drei Tagen aufbauen!	66 Was meint ihr? Sie antworteten und sprachen: Er ist des Todes schuldig! 67 Da spuckten sie ihm ins Angesicht und schlugen ihn mit Fäusten; andere gaben ihm Backenstreiche 68 und sprachen: Christus, weissage uns! Wer ist's, der dich geschlagen hat?	c. Das Urteil: Tod **8 Körperliche Mißhandlung** a. Bitterer Haß und Verhalten b. Spott über seinen Anspruch, der Messias zu sein

ABSCHNITT XVI

VERHAFTUNG, VERHÖR UND KREUZIGUNG DES MESSIAS, 26,1-27,66

H. Das Verhör des Messias vor Kajaphas und dem Sanhedrin: Lehren in der Prüfung, 26,57-68

(26,57-68) **Einführung**: Christus war während seines ganzen Wirkens abgelehnt und widerstanden worden. Nun wurde er offiziell vom Hohen Rat der Juden, dem Sanhedrin, zum Tode verurteilt. Christus stand vor dem Rat und alle negativen Gefühle der Menschheit gegen Gott begannen, ans Licht zu kommen: Verwirrung, Untreue, Unglaube, Ablehnung, Geringschätzung, Widerstand, Bitterkeit, Feindschaft, Haß.

Ein Überblick über die Hauptpunkte des Abschnittes gewährt Einblick in das, was sich wirklich im Herzen des Menschen in Bezug auf Gott befindet. Weil Christus sich vor dem Gericht so wunderbar hielt, kann der Gläubige hinschauen und eine Lehre nach der anderen ziehen, die ihm helfen werden, sich in den großen Prüfungen seines Lebens gut zu halten.

1. Jesus wurde zum Verhör gebracht (V57).
2. Der verwirrte Glaube und die Treue von Petrus (V58).
3. Der ganze Hohe Rat: Auf Ablehnung und Widerstand festgelegt (V59).
4. Die falsche Anklage: Ein Umstürzler (V60-61).
5. Jesu ruhige Sicherheit (V62).
6. Jesu Anspruch: Er ist der Messias, der Sohn Gottes (V63-64).
7. Das tragische Urteil (V65-66).
8. Körperliche Mißhandlung (V67-68).

1 (26,57) **Verhör Jesu Christi**: Jesus wurde zum Verhör gebracht. Er war verhaftet worden und wurde nun zum Verhör über sein Leben gebracht. Innerhalb weniger Stunden sollte er nicht weniger als sechsmal verhört werden (siehe Nähere Betrachtung 1 – Lk 22,66-71). Das erste Verhör war ein inoffizielles Verhör vor Hannas, dem zurückgetretenen Hohenpriester, der bei der jüdischen Führung hohes Ansehen genoß (Joh 18,13;19-24). Das Verhör vor Kajaphas in diesem Abschnitt war das zweite Verhör. Der Rat (Sanhedrin) hatte sich bereits versammelt. Es waren die Männer, die Jesus gefangengenommen hatten (Mt 26,3-5). Sie waren Hohepriester, Schriftgelehrte und Älteste, d.h. der Sanhedrin, der die Juden im Namen der Römer regierte (V59). In einer eilig einberufenen Versammlung saß der Rat nun da und wartete auf die Wachen, die Jesus vorführen sollten. Verschiedene Tatsachen offenbaren ihr böses Herz (siehe Anmerkung und Nähere Betrachtung 1 – Mt 12,10; Anmerkung – 15,1-20; Nähere Betrachtung 2 – 15,6-9; Anmerkung – 16,1-12; Nähere Betrachtung 3 – 16,12).

1. Der Rat hatte sich eilig *in der Nacht* versammelt. Gerichtsverfahren in der Nacht waren illegal. Alle Verbrecher mußten bei Tag verhört werden.
2. Sie trafen sich im Palast (Heim) des Kajaphas, nicht im offiziellen Gericht. Auch das war ungesetzlich. Alle Fälle mußten im Gericht verhandelt werden.
3. Jesus wurde während der Passahwoche gerichtet. Während der Passahwoche durfte keine Verhandlung stattfinden.
4. Sie hatten sich nicht getroffen, um über Jesus zu verhandeln, sondern um heimlich Anklagen zu erfinden, die ihn zum Tode verurteilen würden.

Matthäus 26,57-68

Gedanke 1 Ein Herz, das Böses tun will, verdreht die Regeln. Diese Frommen mußten das Gesetz verdrehen, um Christus verurteilen zu können.

Gedanke 2 Man findet es oft einfacher, Christus mit anderen zu widerstehen statt allein. Nicht alle dieser Frommen waren Christus gegenüber feindlich gesinnt, doch die meisten schlossen sich denen an, die es waren. Sie stellten sich nicht gegen die bösartige und ungerechte Behandlung unseres Herrn. (Es ist zweifelhaft, ob Nikodemus und Joseph von Arimathia zu diesem hastig einberufenen illegalen Treffen bestellt worden waren. Ihre freundlichen Gefühle Christus gegenüber waren dem Rat möglicherweise gut bekannt. Es kann jedoch darüber diskutiert werden, vgl. Mt 27,57; Joh 3,1f.)

Gedanke 3 Das Haus von Kajaphas, dem religiösen Führer, hätte ein vorbildliches Heim sein sollen, das ein starkes Zeugnis für Gott ablegte. Hier entpuppt es sich jedoch als Treffpunkt des Bösen.

Gedanke 4 Zwei Dinge müssen in unserem Leben beobachtet und geprüft werden.
1) Wie weit institutionelle Frömmigkeit den Verstand dieser Menschen verdreht hat. Hat sie unseren Verstand verdreht?
2) Wie sehr diese Menschen um persönliche Sicherheit, Stellung und Einfluß (Macht) besorgt waren. Sie waren soweit weg von Gott und sie waren fromm (siehe Anmerkung und Nähere Betrachtung 1 – Mt 12,10; Anmerkung – 15,1-20; Nähere Betrachtung 2 – 15,6-9). Wie sehr haben wir uns durch Sicherheit, Stellung und Einfluß von Gott wegbringen lassen?

2 (26,58) **Petrus**: Der verwirrte Glaube und die Treue von Petrus. Petrus war verwirrt. Er konnte einfach nicht verstehen, warum Jesus seine Feinde nicht vernichtete und sein irdisches Reich aufrichtete (siehe Anmerkung – Mt 26,51-52). Als klar wurde, daß Jesus nicht handeln würde, lief Petrus um sein Leben, doch er lief nicht sehr weit. Seine Liebe zu Christus hielt ihn zurück und brachte ihn auf die Spur Christi zum Palast des Kajaphas. Er wollte den Ausgang sehen, was mit seinem Herrn geschehen würde.

"Aus diesem Grund erinnere ich dich daran, die Gnadengabe Gottes wieder anzufachen, die durch Auflegung meiner Hände in dir ist; denn Gott hat uns nicht einen Geist der Furchtsamkeit gegeben, sondern der Kraft und der Liebe und der Besonnenheit." (2Tim 1,6-7)

"Furcht ist nicht in der Liebe, sondern die vollkommene Liebe treibt die Furcht aus, denn die Furcht hat mit Strafe zu tun; wer sich nun fürchtet, ist nicht vollkommen geworden in der Liebe." (1Joh 4,18)

Gedanke 1 Petrus saß zwischen zwei Stühlen: Treue zu Christus und Angst um sich selbst. Auch wir sitzen oft zwischen denselben Stühlen. Wenn wir für Christus eintreten, werden wir oft verspottet, beschimpft, bei der Besetzung bestimmter Stellen übergangen oder erleben viele andere mögliche Arten von Verfolgung.

Gedanke 2 Das Versagen des Petrus war auf sein Mißverständnis der Wahrheit über Christus zurückzuführen (siehe Anmerkung – Mt 26,51-52). Christus nicht zu verstehen führt zu Versagen und verurteilt zu ewigem Versagen.

3 (26,59) **Fromme**: Der ganze Hohe Rat gegen Christus – auf Ablehnung und Widerstand festgelegt. Der Rat traf sich nicht, um herauszufinden, ob Jesus schuldig war. Er traf sich, um falsche Zeugen gegen Christus zu finden (vgl. Ps 35,11). Sie wollten ihn zum Tod verurteilen. Sie hatten in ihren Herzen schon beschlossen, ihn abzulehnen und sich gegen ihn zu stellen. Er war sowohl für ihr Volk als auch für ihre persönliche Stellung und Sicherheit eine Bedrohung. Sie fürchteten, beides zu verlieren, also waren sie darauf aus, ihn zu töten. (Zur Diskussion der Gründe ihres Widerstands siehe Anmerkung – Mt 12,1-8; Anmerkung und Nähere Betrachtung 1 – 12,10; Anmerkung – 15,1-20; Nähere Betrachtung 2 – 15,6-9; Nähere Betrachtung 3 – 16,12.)

Gedanke 1 Die Frommen lehnten Christus aus zwei Hauptgründen ab, denselben zwei Gründen, aus denen ihn auch heute Menschen ablehnen und sich ihm entgegenstellen.
1) Sie waren nicht bereit, sich selbst zu verleugnen, alles, was sie hatten und waren, Christus zu unterwerfen. Sie fürchteten den Verlust von Geld, Sicherheit, Stellung und Vergnügen. Sie liebten die Welt und das Selbst mehr als Gott.

"Darum geht aus von ihnen und sondert euch ab, spricht der Herr, und rührt nichts Unreines an; und ich will euch aufnehmen, und ich will euch ein Vater sein, und ihr sollt mir Söhne und Töchter sein, spricht der Herr, der Allmächtige." (2Kor 6,17-18)

2) Sie waren nicht bereit, ihre institutionelle Religion zu verleugnen, ihre Rituale, Zeremonien und religiöse Praktiken, die *von Menschen zur Ehre von Menschen gemacht und ausgedacht* waren.

"Wer nun Gutes zu tun weiß und es nicht tut, für den ist es Sünde." (Jak 4,17)
"Mein Lieber, ahme nicht das Böse nach, sondern das Gute! Wer Gutes tut, der ist aus Gott; wer aber Böses tut, der hat Gott nicht gesehen." (3Joh 11)

NÄHERE BETRACHTUNG 1
(26,59) **Sanhedrin**: Die Regierung des Volkes Israel, sowohl die Regierung als auch das oberste Gericht der Juden. Er hatte einundsiebzig Mitglieder, den Vorsitz hatte der Hohepriester. Seine Mitglieder waren Pharisäer, Sadduzäer, Schriftgelehrte oder Gesetzeslehrer und Älteste als Führer aus dem Volk. Die Mindestteilnehmerzahl betrug dreiundzwanzig. Die gesetzliche Macht des Sanhedrin zur Verhängung des Todesurteils wurde etwa zwanzig Jahre vor dem Verfahren Jesu aufgehoben. Er hatte jedoch noch das Recht der Exkommunikation (vgl. Joh 9,22). Um Jesu Tod sicherzustellen, war der Sanhedrin gesetzlich gezwungen, sich wegen eines Todesurteils an die Römer zu wenden.

Matthäus 26,57-68

4 (26,60-61) **Anklagen gegen Jesus Christus**: Die falsche Anklage – ein Umstürzler. Man beachte, daß die Worte "fanden keines" wiederholt werden. Die Frommen suchten falsche Zeugen, fanden aber keine, deren Anklagen schwer genug waren. Das Gesetz forderte zwei Zeugen, die keinen Kontakt zueinander hatten und in der gleichen Sache übereinstimmten. Das Gericht sollte jeden einzeln prüfen. Anscheinend hatten die Frommen mehrere Probleme…

- Die Beweiskraft der falschen Anklagen war zu schwach, um die römischen Behörden von der Schuld Jesu zu überzeugen.
- Aus den erhobenen Anklagen konnte kein überzeugender Fall gemacht werden.
- Es fanden sich keine zwei Zeugen, die in derselben Sache übereinstimmten.

Schließlich tauchten zwei Zeugen mit einer Anklage auf, die stark genug zu sein schien. Man beachte das Wort "zuletzt." Der Fall war schon fast verloren. Man stelle sich das vor! Sogar wenn falsche Anklagen herangezogen wurden, konnte gegen unseren Herrn kein Fall aufgebaut werden.

Man beachte die folgenden Tatsachen.
1. Die zwei Zeugen mit den passenden Beweisen waren falsche Zeugen.
2. Die beiden waren niedrig und schlecht. Das zeigt sich in ihrer geringschätzigen Haltung und unverhohlenen Feindschaft: "Dieser" (autos) – eine respektlose, verächtliche Anrede.
3. Die zwei verdrehten die Worte Jesu. Jesus hatte gesagt: "Brecht diesen Tempel ab, und in drei Tagen will ich ihn aufrichten!" (Joh 2,19). Jesus hatte eigentlich gesagt, daß die Juden die Zerstörer sein sollten. Doch die falschen Zeugen sagten: "Dieser hat gesagt: Ich kann den Tempel Gottes zerstören." Sie verdrehten seine Worte und machten ihn zum Zerstörer.

Die falschen Zeugen hatten Jesu Worte auch mißverstanden. Jesus bezog sich auf seinen Leib, den Tempel und die Auferstehung seines Leibes. Die Juden dachten anscheinend, er meinte, er würde den Jerusalemer Tempel zerstören und in drei Tagen wieder aufbauen. Die Frommen glaubten, daß sie diese Anklage, ein Umstürzler zu sein, benutzen könnten, um die Römer zu überzeugen, Jesus hinzurichten.

> "Seine Bürger aber haßten ihn und schickten ihm eine Gesandtschaft nach und ließen sagen: Wir wollen nicht, daß dieser über uns herrsche!" (Lk 19,14)
>
> "Die Welt kann euch nicht hassen, mich aber haßt sie; denn ich bezeuge von ihr, daß ihre Werke böse sind." (Joh 7,7)
>
> "Wenn euch die Welt haßt, so wißt, daß sie mich vor euch gehaßt hat…doch [dies geschieht,] damit das Wort erfüllt wird, das in ihrem Gesetz geschrieben steht: Sie hassen mich ohne Ursache." (Joh 15,18;25)

Gedanke 1 Wenn sich Menschen fest vorgenommen haben, etwas zu tun, dann tun sie es auch oft – ungeachtet der Methode.
1) Wenn jemand sich fest vorgenommen hat, Christus abzulehnen, rechtfertigt er sich und erklärt und lehnt Christus ab.
2) Wenn sich jemand fest vorgenommen hat, Unrecht zu tun, dann rechtfertigt er sich und erklärt und tut es.

Gedanke 2 Einer der größten Fehler, die wir begehen, ist, Christi Wort zu verdrehen. Die zwei falschen Zeugen verdrehten sein Wort. Wenn wir verdrehen, was er gesagt hat, verurteilen wir uns selbst zur Vernichtung.

> "Und seht die Langmut unseres Herrn als Rettung an, wie auch unser geliebter Bruder Paulus euch geschrieben hat nach der ihm gegebenen Weisheit, so wie auch in allen Briefen, wo er von diesen Dingen spricht. In ihnen ist manches schwer zu verstehen, was die Ungelehrten und Ungefestigten verdrehen, wie auch die übrigen Schriften, zu ihrem eigenen Verderben." (2Petr 3,15-16)

5 (26,62) **Verhör Jesu Christi**: Die ruhige Sicherheit Jesu. Man beachte diese Tatsachen.
1. Die zwei Zeugen, die Jesus als Umstürzler anklagten, konnten sich nicht einigen (Mk 14,59).
2. Jesus "aber schwieg." Er war still; er sagte nichts zu seiner Verteidigung gegen die falschen Anklagen.
3. Der Hohepriester und der Rat wurden durch Jesu Schweigen verstört und vielleicht auch verwirrt. Sie mußten ihn zum Sprechen bringen, in der Hoffnung, daß er der Anklage Beweise hinzufügen und sich selbst belasten würde. Der Hohepriester wandte sich an Jesus und versuchte, ihn unter Druck zu setzen und einzuschüchtern: "Antwortest du nichts…?"

"Jesus aber schwieg" (V63). Er war mitten im Aufruhr ruhig, sicher, friedlich und vertrauensvoll. Warum sagte er nichts?
1. Er stand unter dem Willen Gottes. Er war Gott gehorsam. "Nach Gottes festgesetztem Ratschluß" war es Gottes Wille, daß er starb (Apg 2,23; vgl. Jes 53,7; Ps 38,13-14). Deshalb würde er sich der falschen Anklage und den mörderischen Absichten des Rates unterwerfen.
2. Er sagte nichts, weil er sich nicht in nutzlose Streitereien verstricken wollte. Ein Antwort wäre sinnlos, denn er müßte sich gegen eine falsche Anklage und eine Gruppe von Menschen verteidigen, die darauf aus waren, ihn zu zerstören und sich gegen ihn zu stellen.
3. Er würde nur antworten, wenn sich eine Gelegenheit ergab, die Wahrheit des Evangelium zu verkündigen: Daß er der Messias ist und daß Gott die Welt liebt (Mt 26,63-64; vgl. Joh 3,16).

> "Denn wem das Leben lieb ist und wer gute Tage sehen will, der bewahre seine Zunge vor Bösem und seine Lippen, daß sie nicht Trug reden." (1Petr 3,10)
>
> "Wer auf seinen Mund achtgibt, behütet seine Seele; wer aber immer das Maul aufsperrt, tut's zu seinem Unglück." (Spr 13,3)
>
> "Wer seinen Mund hütet und seine Zunge bewahrt, der erspart seiner Seele manche Not." (Spr 21,23)

Gedanke 1 Christus lehrte, daß in manchen Zeiten Schweigen das Beste ist.
1) Wenn Worte uns in *nutzlose Streitereien* verwickeln.
2) Wenn Menschen fest entschlossen sind, *uns zu widerstehen und zu zerstören*.
3) Wenn Menschen uns *verfolgen* (siehe Anmerkung – Mt 10,23).
4) Wenn Menschen unsere Botschaft *ablehnen* (Mt 10,12-14).

Matthäus 26,57-68

<u>Gedanke 2</u> Gott wird uns in schweren Prüfungen inneren Frieden und ruhige Sicherheit geben (vgl. Joh 14,27; 16,33).

"Es hat euch bisher nur menschliche Versuchung betroffen. Gott aber ist treu; er wird nicht zulassen, daß ihr über euer Vermögen versucht werdet, sondern er wird zugleich mit der Versuchung auch den Ausgang schaffen, so daß ihr sie ertragen könnt." (1Kor 10,13)

"Die wir in der Kraft Gottes bewahrt werden durch den Glauben zu dem Heil, das bereit ist, geoffenbart zu werden in der letzten Zeit. Dann werdet ihr frohlocken, die ihr jetzt eine kurze Zeit, wenn es sein muß, traurig seid in mancherlei Anfechtungen, damit die Bewährung eures Glaubens (der viel kostbarer ist als das vergängliche Gold, das doch durchs Feuer erprobt wird) Lob, Ehre und Herrlichkeit zur Folge habe bei der Offenbarung Jesu Christi." (1Petr 1,5-7)

"Geliebte, laßt euch durch die unter euch entstandene Feuersglut, die zur Prüfung über euch gekommen ist, nicht befremden, so als widerführe euch etwas Fremdartiges; sondern in dem Maß, wie ihr Anteil habt an den Leiden des Christus, freut euch, damit ihr euch auch bei der Offenbarung seiner Herrlichkeit jubelnd freuen könnt." (1Petr 4,12-13)

<u>Gedanke 3</u> Jesus Christus gab willig solchen falschen Anklagen nach, damit niemand "gegen die Auserwählten Gottes Anklage erheben" kann (Röm 8,33). Jesus Christus wurde fälschlich angeklagt, damit wir nicht verurteilt würden (Röm 8,34).

6 (26,63-64) <u>Gottheit Jesu Christi</u>: Der Anspruch Jesu: Er ist der Messias, der Sohn Gottes. Vier Dinge geschahen hier.
1. Der Hohepriester befragte Jesus und stellte ihn unter Eid, zu antworten. Die Worte "ich beschwöre dich bei dem lebendigen Gott" sind ein offizieller Eid, der eine Antwort fordert. Der Hohepriester benutzte sein Amt als Vertreter Gottes, um eine Antwort zu fordern: "<u>Bei dem lebendigen Gott</u>, antworte. Behauptest du, der Messias zu sein, der Sohn Gottes?" fragte er Jesus.
2. Jesus erhob den Anspruch, der Messias zu sein, der Sohn Gottes (siehe Anmerkung – Mt 1,18). Jesus antwortete: "Du hast es gesagt!" Es war eine starke Versicherung. Alles, was Kajaphas gesagt hatte, entsprach der Wahrheit. Markus setzte die Worte der Gottheit hinzu: "Ich bin's" (ego eimi) (Mk 14,62; siehe <u>Nähere Betrachtung 1</u> – Joh 6,20; Anmerkung – 18,6).
Man beachte, daß Christus sich auch "Sohn des Menschen" nannte (siehe <u>Nähere Betrachtung 3</u> – Mt 26,64).

<u>Gedanke 1</u> Jesus beanspruchte über alle Fragen hinaus, der verheißene Messias, der Sohn Gottes zu sein. Er beanspruchte, der Gott der Götter, der Herr der Herren zu sein, mit dem Vater in jeder Hinsicht eins (siehe <u>Nähere Betrachtung 1</u> – Joh 6,20; Anmerkung – 18,4-6. Siehe Abriß und Anmerkungen – Phil 2,5-11.)

<u>Gedanke 2</u> Was wären, wenn Jesus gesagt hätte: "Nein, ich bin nicht der Messias. Ich bin nicht Gottes Sohn." Wo wären wir dann heute? Ehrlich und objektiv betrachtet, wo wäre die Welt heute? Man stelle sich eine Welt ohne das Kreuz Christi vor!

3. Jesus lieferte zwei Beweise für seinen Anspruch. Seine Auferstehung und Erhöhung und seine Wiederkunft beweisen sowohl seine Person als auch seine Vollmacht.

<u>Gedanke 1</u> Der Gläubige hofft auf die Auferstehung und Erhöhung sowie die Wiederkunft Christi, doch für diese Ungläubigen bedeutet Christi Betonung das Gericht.
⇒ Seine Auferstehung erwies ihn als Sohn Gottes (Röm 1,4).

"Und erwiesen ist als Sohn Gottes in Kraft nach dem Geist der Heiligkeit durch die Auferstehung aus den Toten." (Röm 1,4).

⇒ Seine Erhöhung erweist seine Stellung und Vollmacht, über alle Menschen zu herrschen (Phil 2,9-11).

"Darum hat ihn Gott auch über alle Maßen erhöht und ihm einen Namen verliehen, der über allen Namen ist, damit in dem Namen Jesu sich alle Knie derer beugen, die im Himmel und auf Erden und unter der Erde sind, und alle Zungen bekennen, daß Jesus Christus der Herr ist, zur Ehre Gottes, des Vaters." (Phil 2,9-11)

⇒ Seine Wiederkunft wird seine Ausübung von Recht und Gerechtigkeit erweisen (Mt 24,30; Joh 5,28).

"Und dann wird das Zeichen des Menschensohnes am Himmel erscheinen, und dann werden sich alle Geschlechter der Erde an die Brust schlagen, und sie werden den Sohn des Menschen kommen sehen auf den Wolken des Himmels mit großer Kraft und Herrlichkeit." (Mt 24,30)

"Verwundert euch nicht darüber! Denn es kommt die Stunde, in der alle, die in den Gräbern sind, seine Stimme hören werden." (Joh 5,28)

NÄHERE BETRACHTUNG 2
(26,64) **Christus**: Siehe Nähere Betrachtung 2 – Mt 1,18.

NÄHERE BETRACHTUNG 3
(26,64) <u>Sohn des Menschen</u>: Siehe <u>Nähere Betrachtung 3</u> – Mt 8,20.

---

7 (26,65-66) <u>Verurteilung Jesu Christi</u>: Das tragische Urteil. Man beachte, daß Kajaphas seine Kleider zerriß. Markus sagt, daß er sogar sein Untergewand (Tunika) zerriß. Das war Brauch bei den Juden, wenn sie hörten oder sahen, daß der Name Gottes entehrt oder beschmutzt wurde (2Kön 18,37; 19,1 vgl. Jes 36,22; 27,1; Apg 14,14). Kajaphas hatte bekommen,

Matthäus 26,57-68

was er wollte. Christus hatte sich der Gotteslästerung schuldig gemacht, die bei den Juden mit dem Tod bestraft wurde (3Mo 24,16; vgl. Apg 7,58). Es brauchte keine anderen Zeugen. Schnell wurde ein *Urteil durch Akklamation* gefordert: "Was meint ihr? Sie antworteten und sprachen: Er ist des Todes schuldig!"

8 (26,67-68) **Tod Jesu Christi**: Körperliche Mißhandlung. Die bittere Feindschaft und der Haß der Juden brachen durch. Regeln und Erwartungen der Justiz waren völlig vergessen. Die Mißhandlung nahm zwei Formen an.
1. Bitterer Haß und Verhalten. Ins Gesicht zu speien war ein Zeichen abscheulicher Verachtung. Schlagen mit Fäusten und Handflächen (erra pisan, Stöcke) war ein Ausbruch der inneren Bitterkeit gegen Christus im Herzen der Frommen.

> "Meinen Rücken bot ich denen dar, die mich schlugen, und meine Wangen denen, die mich rauften; mein Angesicht verbarg ich nicht vor Schmach und Speichel." (Jes 50,6; vgl. Jes 52,14)
> "Mit der Rute wollen sie den Richter Israels auf den Backen schlagen." (Mi 5,1)

2. Verspottung seines Anspruchs und seiner übernatürlichen Macht, sarkastische Anrede "Christus."

Gedanke 1 Ablehnung und Widerstand können bitter machen. Zu viele hegen eine innere Bitterkeit gegen Gott und Christus. Zu viele haben es ihrer Ablehnung, ihrem Widerstand und ihren Erlebnissen gestattet, zu Bitterkeit zu werden. Wenn sich daher die Gelegenheit ergibt, machen sie ihren Gefühlen und ihrer Feindseligkeit Luft. Zu viele Gläubige lassen Bitterkeit in ihr Herz einsickern, während sie Christus ablehnen oder sich gegen ihn stellen. Zu viele machen ihren Gefühlen und ihrer Bitterkeit Luft, wenn sie die Gelegenheit haben, eine Tat Gottes anzugreifen oder einen wahren Gläubigen, der Christus treu jeden Tag folgt.

Matthäus 26,69-75

	I. Petrus verleugnet den Messias: Blick auf das Verleugnen Christi, 26,69-75 (Mk 14,66-72; Lk 22,54-62; Joh 18,15-18;25-27)	mit einem Schwur: Ich kenne den Menschen nicht! 73 Bald darauf aber traten die Umstehenden herzu und sagten zu Petrus: Wahrhaftig, du bist auch einer von ihnen; denn auch deine Sprache verrät dich. 74 Da fing er an, [sich] zu verfluchen und zu schwören: Ich kenne den Menschen nicht! Und sogleich krähte der Hahn. 75 Und Petrus erinnerte sich an das Wort Jesu, der zu ihm gesagt hatte: Ehe der Hahn kräht, wirst du mich dreimal verleugnen. Und er ging hinaus und weinte bitterlich.	b. Verleugnung durch Schwur: Nannte Jesus "den Menschen" – setzte ihn herab 4 **Verleugnung durch Fluch und Schwur** a. Anklage: Petrus war ein Jünger 1) Eine Menge kam 2) Sprache verriet ihn b. Verleugnung durch Fluch und Schwur 5 **Die Antwort auf Verleugnung: Buße** a. Erinnerte sich an die Worte des Herrn b. Zog sich zurück c. Gottgefällige Trauer: Buße
1 **Ursache der Verleugnung: Sitzen bei der Menge** 2 **Verleugnung durch Täuschung** a. Anklage: Petrus war bei Jesus b. Verleugnung durch Täuschung: Kennt Jesus nicht 3 **Verleugnung durch Schwur** a. Anklage: Petrus war bei Jesus 1) Durch eine Magd 2) Vor der Menge	69 Petrus aber saß draußen im Hof. Und eine Magd trat zu ihm und sprach: Auch du warst mit Jesus, dem Galiläer! 70 Er aber leugnete vor allen und sprach: Ich weiß nicht, was du sagst! 71 Als er dann in den Vorhof hinausging, sah ihn eine andere und sprach zu denen, die dort waren: Auch dieser war mit Jesus, dem Nazarener! 72 Und er leugnete nochmals		

ABSCHNITT XVI

VERHAFTUNG, VERHÖR UND KREUZIGUNG DES MESSIAS, 26,1-27,66

I. Petrus verleugnet den Messias: Blick auf das Verleugnen Christi, 26,69-75

(26,69-75) **Einführung – Abfall – Verleugnung Jesu Christi**: Christus zu verleugnen ist eine sehr, sehr ernste Sache. Es ist eine schreckliche und tragische Sünde, trotzdem vergibt Christus sogar einem Menschen, der ihn verleugnet hat. Er vergab Petrus und bewies dadurch ein für allemal Gottes unglaubliche Liebe für den Menschen, wie schrecklich dessen Sünden auch sind. Man denke einen Moment nach. Christus vergab einem Menschen, der ihm unwandelbare Treue geschworen hatte und ihn doch dreimal verleugnete, als er sich von einer Menschenmenge unter Druck gesetzt und bedroht fühlte. Es gibt kein besseres Bild für Gottes große Liebe und wunderbare Gnade.

Man beachte einen weiteren Punkt: Petrus wollte, daß die Welt von der großen Liebe des Herrn erfuhr. Die Geschichte seiner Verleugnung Christi kommt von ihm selbst. Kein anderer Jünger war als Zeuge dabei. Er teilte die schreckliche Erfahrung und Gottes wunderbare Gnade in der Vergebung mit. Markus war Schüler von Petrus und im Markusevangelium finden sich die meisten Details über die Verleugnung des Petrus.

Die tragische Erfahrung des Petrus bei der Verleugnung Christi hat für Gläubige aller Generationen viel zu sagen.
1. Ursache der Verleugnung: Sitzen bei der Menge (V69).
2. Verleugnung durch Täuschung (V69-70).
3. Verleugnung durch Schwur (V71-72).
4. Verleugnung durch Fluch und Schwur (V73-74).
5. Die Antwort auf Verleugnung: Buße (V75).

1 (26,69) **Abfall – Verleugnung**: Der Grund der Verleugnung des Petrus war, daß er "draußen im Hof" saß. Er saß bei der Menge, die die Welt der Ablehnenden vertrat. Offen gesagt ließ Petrus Christus jämmerlich im Stich. In der Menschenmenge war der letzte Platz, an dem er sein sollte. Natürlich hätte er Christus nie verlassen sollen. Doch nachdem er geflohen war, hätte er mit Gott allein im Gebet sein und von ihm Antworten und Verständnis erbitten sollen (siehe Anmerkungen – Mt 26,51-52; 26,55-56). Oder er hätte bei den anderen Aposteln sein und sie dazu anleiten sollen Gott um Weisung und Verständnis zu bitten.

Es gibt wenigstens drei Gründe für die Verleugnung – drei Dinge, die einen Menschen dazu bringen können, Christus zu verleugnen. Alle drei Gründe finden sich in der Erfahrung des Petrus (siehe auch Anmerkungen – Joh 18,12-27).
1. Christus verlassen: Sich von ihm abwenden und fliehen (Vgl. Mt 26,56).
2. Christus "von ferne" folgen: Nicht nahe bei ihm gehen, nicht zu ihm stehen und sich mit ihm identifizieren (vgl. Mt 26,58).

> **"Denn Gott hat uns nicht einen Geist der Furchtsamkeit gegeben, sondern der Kraft und der Liebe und der Besonnenheit. So schäme dich nun nicht des Zeugnisses unseres Herrn, auch nicht meiner, der ich sein Gefangener bin; sondern leide mit [uns] für das Evangelium in der Kraft Gottes." (2Tim 1,7-8)**

3. "Draußen im Hof" oder bei der Menge sitzen: Nicht sein, wo man sein sollte, bei den Jüngern des Herrn.

> **"Darum geht aus von ihnen und sondert euch ab, spricht der Herr, und rührt nichts Unreines an; und ich will euch aufnehmen, und ich will euch ein Vater sein, und ihr sollt mir Söhne und Töchter sein, spricht der Herr, der Allmächtige." (2Kor 6,17-18)**

> **"Wir gebieten euch aber, Brüder, im Namen unseres Herrn Jesus Christus, daß ihr euch von jedem Bruder zurückzieht, der unordentlich wandelt und nicht nach der Überlieferung, die er von uns empfangen hat." (2Thess 3,6)**

NÄHERE BETRACHTUNG 1
(26,69) **Palast**: Petrus war nicht im eigentlichen Palast. Er war im Hof. Die erste Verleugnung fand im Hof statt, die zweite in der Vorhalle des Palastes.

Matthäus 26,69-75

2 (26,69-70) **Abfall – Verleugnung**: Die Verleugnung durch Täuschung. Bei dieser Verleugnung wird immer vorgegeben, nichts mit Christus zu tun zu haben.

Die Wache am Tor (eine Frau) kannte Johannes und ließ ihn herein (Joh 8,15). Anscheinend bat Johannes sie, auch Petrus einzulassen. Man beachte die Worte: "Auch du warst mit Jesus." Sie schien eine einfache Aussage Petrus gegenüber zu machen, vielleicht, um ihn zu identifizieren. Petrus schien weder gefährdet noch bedroht zu sein, trotzdem gab er vor, nichts von Jesus zu wissen. Man beachte seinen genauen Worte: "Ich weiß nicht, was du sagst," d.h. er gab vor nichts von dem zu wissen, was sie sagte oder nichts von diesem Jesus von Nazareth zu wissen. In jedem Fall leugnete Petrus und gab vor, nichts mit Jesus zu tun zu haben.

"Denn wer sich meiner und meiner Worte schämt unter diesem ehebrecherischen und sündigen Geschlecht, dessen wird sich auch der Sohn des Menschen schämen, wenn er kommen wird in der Herrlichkeit seines Vaters mit den heiligen Engeln." (Mk 8,38)

"Menschenfurcht ist ein Fallstrick; wer aber auf den HERRN vertraut, hat nichts zu fürchten." (Spr 29,25)

"Sondern heiligt vielmehr Gott, den Herrn, in euren Herzen! Seid auch allezeit bereit zur Verantwortung gegenüber jedermann, der Rechenschaft fordert über die Hoffnung, die in euch ist, [und zwar] mit Sanftmut und Ehrerbietung." (1Petr 3,15)

Gedanke 1 Täuschung ist eine der ständigen Sünden der Menschheit.
⇒ Wir werden gefragt, ob wir etwas Bestimmtes denken. Das tun wir, aber wir leugnen es ab.
⇒ Wir werden gefragt, ob wir etwas bestimmtes fühlen. Das tun wir, aber wir leugnen es ab.
⇒ Wir werden gefragt, ob wir etwas Bestimmtes fürchten. Das tun wir, aber wir leugnen es ab.
⇒ Wir werden gefragt, ob wir etwas Bestimmtes getan haben. Das tun wir, aber wir leugnen es ab.

Gedanke 2 Zu viele Gläubige verleugnen Christus durch Täuschung. Einfach gesagt geben sie vor, Christus nicht zu kennen, wenn sie draußen in der Welt sind…
- auf Arbeit
- in der Schule
- bei sozialen Engagements
- vor ihren Nachbarn
- vor ihren Freunden
- vor Fremden

Gedanke 3 Täuschung ist zweierlei.
1) Täuschung ist Heuchelei. Wir geben vor, etwas zu sein, was wir nicht sind.
2) Täuschung ist Verleugnung Christi. Wir lügen oder drücken uns vor einem Bekenntnis zu Christus.

3 (26,71-72) **Abfall – Verleugnung**: Die Verleugnung durch Schwur. Das ist eine starke und betonte Verleugnung: "Ich schwöre bei Gott, ich kennen diesen Menschen nicht. Ich weiß nichts von ihm."

1. Diese Aussage wurde von einer anderen Magd oder Dienerin gemacht, und zwar vor einer Menschenmenge. Dadurch fühlte sich Petrus noch mehr bedroht. Die Aussage war die gleiche: "Auch dieser war mit Jesus." Man beachte, daß sie stimmte.
⇒ Petrus war mit Jesus gewesen. Er war ein Apostel, er wurde sogar als Führer der Apostel angesehen.
⇒ Petrus war der Jünger, der bekannt hatte, daß Jesus der Christus, der Sohn Gottes war (Mt 16,16).
⇒ Petrus war der Jünger, der Christus die Treue geschworen hatte, auch wenn das den Tod bedeutete (Mt 26,33-35).

2. Die Verleugnung mit einem Schwur erniedrigt Christus. Man beachte, wie Petrus Christus nannte: "Den Menschen." Natürlich war er der Mensch, doch Petrus meinte es nicht in diesem Sinne. Petrus ignorierte, wer Jesus wirklich war und verbannte seine Verantwortung, Christus zu bekennen, aus seinen Gedanken. Beschämung, Spott, Beschimpfung, Verfolgung und die Drohung von Gefängnis und Tod schüchterten ihn ein, deshalb leugnete er jede Kenntnis von Christus mit einem betonten Schwur: "Ich schwöre bei Gott, ich kenne den Menschen nicht."

"Wer mich aber verleugnet vor den Menschen, den will auch ich verleugnen vor meinem Vater im Himmel." (Mt 10,33)

"So schäme dich nun nicht des Zeugnisses unseres Herrn, auch nicht meiner, der ich sein Gefangener bin; sondern leide mit [uns] für das Evangelium in der Kraft Gottes." (2Tim 1,8)

"Seid tapfer und stark, fürchtet euch nicht und lasset euch nicht vor ihnen grauen; denn der HERR, dein Gott, geht selbst mit dir; er wird die Hände nicht von dir abtun, noch dich verlassen!" (5Mo 31,6)

Gedanke 1 Man beachte etwas Wichtiges. Bei der ersten Verleugnung wurde Petrus nur von einer Person angesprochen. Seine Verleugnung war eine einfache Verleugnung durch Täuschung, ein einfaches Abtun der Angelegenheit: "Ich weiß nicht, was du sagst." Doch bei dieser zweiten Verleugnung wurde er vor einer Menge angesprochen. Er fühlte sich mehr bedroht, deshalb war seine Verleugnung auch stärker und betonter: Er benutzte einen Schwur. Die Lehre für uns ist deutlich. Je mehr wir uns unter den Menschenmengen der Welt bewegen, desto mehr sind wir von Spott, Beschämung, Beschimpfung und Verfolgung wegen unseres Bekenntnisses zu Christus bedroht. Und je mehr wir bedroht sind, desto größer ist die Gefahr, daß wir Christus verleugnen (vgl. Röm 12,1-2; 2Kor 6,17-18; 1Joh 2,15-16).

Gedanke 2 In der Verleugnung des Petrus findet sich eine ernste Warnung für uns alle.
⇒ Petrus war ein starker Jünger.
⇒ Petrus kannte und vertraute Christus als dem Messias, dem Sohn Gottes.
⇒ Petrus hatte Christus fest die Treue versprochen.
⇒ Petrus hatte gerade am Abendmahl teilgenommen. Er hatte sogar den Vorzug, am allerersten Abendmahl teilgenommen zu haben.
⇒ Petrus hatte alles verlassen, um Christus zu folgen.
⇒ Petrus hatte von Christus selbst von Gott erfahren.
⇒ Petrus war sogar gewarnt worden, daß das Fleisch schwach ist und er versagen würde.

Gedanke 3 Jede Verleugnung (sogar jede Vernachlässigung) Christi setzt den Herrn herab. Verleugnung (und Ver-

Matthäus 26,69-75

nachlässigung) ignoriert, wer Christus ist, nämlich der Sohn Gottes, der alle Macht, Herrschaft und Herrlichkeit hat. Verleugnung zeigt, daß wir Menschen mehr fürchten, als wir Gott fürchten und verehren. Vernachlässigung Christi zeigt, wie wenig wir ihn fürchten und verehren. Man muß immer die biblische Mahnung im Gedächtnis behalten: "Der Herr wird sein Volk richten. Es ist schrecklich, in die Hände des lebendigen Gottes zu fallen!" (Hebr 10,30-31)

Gedanke 4 Petrus hatte Christi Ermahnung vergessen: "Ich aber sage euch, daß ihr überhaupt nicht schwören sollt..." (Mt 5,34-37).

Gedanke 5 Zu viele Gläubige fürchten sich und weil sie sich fürchten, verlieren sie ihr Zeugnis für Christus und die Gelegenheit, Zeugnis abzulegen und andere für Christus zu gewinnen. Zu viele fürchten...

- Beschämung
- Spott
- Beschimpfung
- Verlust der Stellung
- weltliche Freunde
- weltliche Nachbarn
- Geschäftsmanagement
- Verlust des Weiterkommens

4 (26,73-74) **Abfall – Verleugnung**: Die heftigste und schrecklichste Verleugnung von allen, die Verleugnung durch Fluch und Schwur.
1. Diesmal wurde er von der Menge angesprochen, die auf ihn zukam, um ihn anzusprechen. Lukas berichtet, daß dies ungefähr eine Stunde nach der zweiten Verleugnung geschah (Lk 22,59). Und Johannes berichtet, daß einer in der Menge ein Verwandter des Malchus war, dem Petrus im Garten Gethsemane ein Ohr abgehauen hatte (Joh 18,26). Man beachte, daß die dritte Aussage sich von den anderen beiden unterschied: Petrus wurde nicht länger darauf angesprochen, bei Jesus gewesen zu sein; nun nannte man ihn "einen von ihnen," einen von den Jüngern. Man beachte auch, daß es seine Sprache, sein Akzent war, der ihn verriet. Petrus stammte aus dem Norden, aus Galiläa, und sein nördlicher Akzent unterschied sich deutlich von der Aussprache in Judäa und Jerusalem.
2. Verleugnung durch Fluch und Schwur ist eine schreckliche Sünde. Wer unter Druck gesetzt wird, um sich selbst zu beweisen, flüchtet sich oft in Flüche und Schwüre. Man beachte dreierlei.
   a. Petrus *fing an*, zu fluchen. Sein Fluchen war andauernd.
   b. Das Versagen des Petrus verschlimmerte sich. Die erste Verleugnung war einfach das Vorgeben, Christus nicht zu kennen, ein einfaches Abtun der Sache. Die zweite Verleugnung war schon stärker, unter Verwendung eines gesellschaftlich akzeptierten Schwures (obwohl er falsch und Sünde war). Die dritte Verleugnung steigt auf das Niveau verkommener Flüche ab, was für gerechte Herzen, reine Gedanken und saubere Lippen völlig unannehmbar ist.
   c. Sowie Petrus eine Weile geflucht und geschworen hatte, krähte "sogleich...der Hahn."

Gedanke 1 Eine Menge Ungläubiger kann jeden von uns unter Druck setzen. Petrus war dort, wo er nicht hingehörte. Er befand sich inmitten einer weltlichen Menge. Dabei hätte er an einen von drei Orten gehört: An die Seite Christi, in die Einsamkeit mit Gott zum Gebet um Antworten und Verständnis oder zu den anderen Aposteln, um sie zum Gebet um Verständnis und Weisung zu führen.

> "Und habt keine Gemeinschaft mit den unfruchtbaren Werken der Finsternis, deckt sie vielmehr auf." (Eph 5,11)
>
> "Sie geben vor, Gott zu kennen, aber mit den Werken verleugnen sie ihn. Sie sind verabscheuungswürdig und ungehorsam und zu jedem guten Werk untüchtig." (Tit 1,16)
>
> "Ihr aber, Geliebte, da ihr dies im voraus wißt, so hütet euch, daß ihr nicht durch die Verführung der Frevler mit fortgerissen werdet und euren eigenen festen Stand verliert!" (2Petr 3,17)
>
> "Begib dich nicht auf den Pfad der Gottlosen und tue keinen Schritt auf dem Wege der Bösen!" (Spr 4,14)

Gedanke 2 Unsere Sprache sollte uns immer verraten. Unsere Sprache sollte sanft, freundlich und trotzdem stark sein – stark für den Herrn. Man sollte an unserer Sprache erkennen können, ob wir Gläubige sind. Man beachte, daß Petrus seine Sprache, sein Fluchen benutzte, um die Menge zu überzeugen, daß er alles, nur kein Jünger war. Die Jünger des Herrn sollen nicht fluchen und schwören. In den Augen des Herrn sind Fluchen und Schwören schreckliche Sünden (siehe Abriß und Anmerkungen – Mt 5,33-37).

Gedanke 3 Durch die Sünde verschlechtert sich der Mensch: Er verschlechtert sich immer weiter, es wird immer schlimmer mit ihm. Man beachte, was mit Petrus geschah.
1) Die erste Verleugnung des Petrus: Er gab Unwissenheit vor, sündigte einfach.
2) Die zweite Verleugnung des Petrus: Er fiel ab, wurde untreu.
3) Die dritte Verleugnung des Petrus: Er leistete einen Meineid, beging Gotteslästerung.

5 (26,75) **Verleugnung**: Es gab eine Antwort auf die Verleugnung – Buße. Zur Buße des Petrus gehörten drei Schritte.
1. Sich an die Worte des Herrn erinnerte: Anscheinend wandte sich der Herr im Zimmer des Palastes um und sah Petrus an, als der Hahn krähte (Lk 22,61). Und Petrus erinnerte sich an die Worte des Herrn, als er seinen Blick auffing:

> "Es sprach aber der Herr: Simon, Simon, siehe, der Satan hat euch begehrt, um euch zu sichten wie den Weizen; ich aber habe für dich gebetet, daß dein Glaube nicht aufhöre; und wenn du dich dereinst bekehrst, so stärke deine Brüder!" (Lk 22,31-32)

Inmitten seines eigenen Leidens nahm der Herr sich die Zeit, Petrus anzuschauen. Sein Blick sagte Petrus, daß sein Herr ihn nicht vergessen hatte. Der Herr liebte ihn immer noch, sorgte sich um ihn und wünschte sich seine Treue und seinen Dienst. Christus hatte für Petrus gebetet und die Macht dieses Gebetes rührte sich jetzt in Herz und Leben des Petrus. Er erinnerte sich an die Worte seines Herrn und sie begannen zu wirken.
2. Sich zurückziehen: Petrus verließ die Vorhalle oder den Hof so schnell, wie er es ungefährdet tun konnte. Er rannte durch das Tor in die Nacht, um mit Gott allein zu sein. Er war gebrochen, voller Furcht und Schmerz, weil er seinen Herrn im Stich gelassen hatte: Er "weinte bitterlich."

Matthäus 26,69-75

3. Reue und Erfahrung gottgefälliger Trauer. Petrus bereute und drückte gottgefällige Trauer aus (siehe <u>Nähere Betrachtung 1</u> – 2Kor 7,10).

"Wenn wir aber unsere Sünden bekennen, so ist er treu und gerecht, daß er uns die Sünden vergibt und uns reinigt von aller Ungerechtigkeit." (1Joh 1,9)

"So tue nun Buße über diese deine Bosheit und bitte Gott, ob dir die Tücke deines Herzens vielleicht vergeben werden mag." (Apg 8,22)

"So leget nun dem HERRn, dem Gott eurer Väter, ein Bekenntnis ab und tut, was ihm wohlgefällig ist, und scheidet euch von den Völkern des Landes!" (Esra 10,11)

"Wer seine Missetaten verheimlicht, dem wird es nicht gelingen; wer sie aber bekennt und läßt, der wird Barmherzigkeit erlangen." (Spr 28,13)

"Nur erkenne deine Missetat, daß du dem HERRN, deinem Gott, die Treue gebrochen und hierhin und dorthin zu den Fremden gelaufen bist unter alle grünen Bäume; aber auf meine Stimme habt ihr nicht gehört, spricht der HERR." (Jer 3,13)

<u>Gedanke 1</u> Wenn wir unsere Sünden bereuen, müssen wir die gleichen Schritte wie Petrus gehen.

NÄHERE BETRACHTUNG 2
(27,75) **Buße**: Siehe Anmerkung und <u>Nähere Betrachtung 1</u> – Apg 17,29-30.

Matthäus 27,1-10

	KAPITEL 27 **J. Der Verräter des Messias, Judas, und sein Ende: Ein Bild für falsche Reue und menschliche Religion, 27,1-10** (vgl. Apg 1,16-19)		
1 Jesus wurde vom Sanhedrin verurteilt a. Trafen sich, um die Anklage für die Römer überzeugend zu machen b. Banden Jesus c. Führten Jesus ab – zu Pilatus **2 Die falsche Reue des Judas** a. Sah seine Sünde: Jesus wurde verurteilt b. Bereute, doch vor den Priestern, nicht vor Gott c. Leistete Wiedergutmachung, aber zu spät d. Beichtete, doch vor den Priestern, nicht vor Gott e. Bekam keine Hilfe, wurde	Als es aber Morgen geworden war, hielten alle Hohenpriester und die Ältesten des Volkes einen Rat gegen Jesus, um ihn zu töten. 2 Und sie banden ihn, führten ihn ab und lieferten ihn dem Statthalter Pontius Pilatus aus. 3 Als nun Judas, der ihn verraten hatte, sah, daß er verurteilt war, reute es ihn; und er brachte die dreißig Silberlinge den Hohenpriestern und den Ältesten zurück 4 und sprach: Ich habe gesündigt, daß ich unschuldiges Blut verraten habe! Sie aber sprachen: Was geht das uns	an? Da sieh du zu! 5 Da warf er die Silberlinge im Tempel hin und machte sich davon, ging hin und erhängte sich. 6 Die Hohenpriester aber nahmen die Silberlinge und sprachen: Wir dürfen sie nicht in den Opferkasten legen, weil es Blutgeld ist. 7 Nachdem sie aber Rat gehalten hatten, kauften sie dafür den Acker des Töpfers als Begräbnisstätte für die Fremdlinge. 8 Daher wird jener Acker Blutacker genannt bis auf den heutigen Tag. 9 Da wurde erfüllt, was durch den Propheten Jeremia gesagt ist, der spricht: Und sie nahmen die dreißig Silberlinge, den Wert des Geschätzten, den die Kinder Israels geschätzt hatten, 10 und gaben sie für den Acker des Töpfers, wie der Herr mir befohlen hatte.	sich selbst überlassen f. Warf das Geld vor den Priestern hin g. Verzweifelte völlig und erhängte sich **3 Die menschliche Religion der Frommen** a. Waren inkonsequent: In Verhalten und religiösen Vorschriften b. Waren betrügerisch: Wollten ihre Sünde durch Dienst am Volk verbergen – kauften einen Friedhof 1) Wurde als "Blutacker" bekannt 2) Schrift wurde erfüllt*DS1*

ABSCHNITT XVI

VERHAFTUNG, VERHÖR UND KREUZIGUNG DES MESSIAS, 26,1-27,66

J. Der Verräter des Messias, Judas, und sein Ende: Ein Bild falscher Reue und menschlicher Religion, 27,1-10

(27,1-10) **Einführung – Judas**: Am Tod Christi hatten zwei Irregeleitete schuld – Judas Ischariot und der Sanhedrin, die Regierung der Juden. Judas war schuldig durch den Verrat an Christus, der Sanhedrin war schuldig durch die Verurteilung Christi in einem ungerechten und falschen Prozeß.

In diesem Abschnitt wird etwas berichtet, das oft übersehen wird: Judas bereute (V3). Er wandte sich von seiner schrecklichen Sünde ab und versuchte, Wiedergutmachung zu leisten. Seine Reue war jedoch falsch. Was er tat, ging weit an dem vorbei, was er hätte tun müssen. Trotzdem versuchte er, sein Unrecht wieder gutzumachen. Dieses Bild der falschen Reue wird im ersten Teil dieses Abschnittes besprochen.

Der zweite Teil des Abschnittes beschäftigt sich mit der menschlichen Religion der Priester. Er betrachtet, wie sie mit der Reue des Judas und dem Blutgeld umgingen, d.h. dem Geld, das sie selbst ihm für seinen Verrat an Christus bezahlt hatten. Die Episode zeigt, wie sehr der Mensch die Religion benutzt und verdreht, um sie seinen eigenen Wünschen und Begierden anzupassen.

1. Jesus wurde vom Sanhedrin verurteilt (V1-2).
2. Die falsche Reue des Judas (V3-5).
   a. Er sah seine Sünde: Jesus wurde verurteilt.
   b. Er bereute, doch vor den Priestern, nicht vor Gott.
   c. Er leistete Wiedergutmachung, doch zu spät.
   d. Er beichtete, doch vor den Priestern, nicht vor Gott.
   e. Er bekam keine Hilfe, er wurde sich selbst überlassen.
   f. Er warf das Geld vor den Priestern hin.
   g. Er verzweifelte völlig und erhängte sich.
3. Die menschliche Religion der Frommen (V6-10).
   a. Sie waren inkonsequent: In Verhalten und religiösen Vorschriften.
   b. Sie waren betrügerisch: Sie wollten ihre Sünde durch Dienst am Volk verbergen – kauften einen Friedhof.

1 (27,1-2) **Verhör Jesu Christi – Sanhedrin**: Jesus wurde vom Sanhedrin verurteilt (siehe Anmerkungen – Mt 26,57-68).

Sie hatten sich am Abend zuvor in einer eilig einberufenen Versammlung getroffen, um Christus um sein Leben den Prozeß zu machen. Sie hatten die falschen Zeugen und Anklagen gefunden, die sie brauchten. In diesen Versen nun werden sie gezeigt, wie sie die Anklage so formulieren, daß die Römer gezwungen wären, Christus als Umstürzler zu verurteilen. Sobald die Anklage formuliert war, banden sie Christus und führten ihn im Triumphzug ab.

Es ist beachtenswert, daß Judas anscheinend Zeuge des ungerechten Vorgehens gegen Christus war. Judas "sah, daß er verurteilt war" (V3) und dieses Erlebnis der ungerechten Verurteilung Christi führte zu den beiden in diesem Abschnitt behandelten Ereignissen.

2 (27,3-5) **Judas – Reue**: Die falsche Reue des Judas. Judas bereute, doch es war weltliche Reue, nicht gottgefällige Reue. Sieben Dinge werden über Judas ausgesagt.

1. Judas sah seine Sünde; er sah, daß Jesus verurteilt wurde. Man beachte die Worte: "Als nun Judas, der ihn verraten hatte, sah, daß er [Christus] verurteilt war." Jesus ungerecht verurteilt zu sehen brachte Judas dazu, zu tun, was er nun tat. Er kannte Christus, wußte, wie gut er war. Er glaubte nicht, daß Jesus der Messias war, doch er wußte, daß Jesus ein außerordentlich guter Mensch war und er wußte, daß Jesus wegen seiner Sünde auf diese ungerechte und barbarische Weise zum Tode

Matthäus 27,1-10

verurteilt worden war (siehe Anmerkungen – Mt 26,57-68). Diese Tatsache – zuzüglich der Tatsache, daß Jesus tatsächlich Gottes Sohn war und daß Gott in Judas peinigende Schuldgefühle wachrief – trieb Judas dazu, Erleichterung zu suchen. Er fühlte intensive Reue und Trauer in sich hochsteigen, das Gefühl, ganz allein zu sein, wirklich gottverlassen und ohne Ahnung, was er tun könnte. Das war mehr, als ein Mensch ertragen konnte. Er fühlte, daß er platzen würde, wenn er seine Seele nicht erleichtern und wenigstens etwas Befreiung finden könnte.

Man beachte: Judas wußte, daß die Frommen Jesus töten wollten. Anscheinend wußten viele von dem Plan (Joh 5,18; 7,1;19-20). Aus diesem Grund war Judas auch zu den Behörden gegangen und hatte ihnen Christus ausgeliefert. Manche meinen, es wäre möglich, daß er dachte, daß niemand gegen Christus eine ausreichende Anklage vorbringen konnte. Das ist jedoch nicht sehr wahrscheinlich und auch in der Schrift findet sich kein Hinweis auf diese Möglichkeit. Jesus war ein Umstürzler. Die Frommen fürchteten um ihre Religion (Judentum), Stellung und Sicherheit (siehe Anmerkungen – Mt 12,1-8; Anmerkung und Nähere Betrachtung 1 – 12,10; Anmerkung – 15,1-20; Nähere Betrachtung 2 – 15,6-9). Judas wußte, daß Christus Veränderungen auslöste und als die Behörden am Zug waren, versuchte er, aus der schlechten Situation das Bestmögliche herauszuholen. Er wollte sich seine eigene Sicherheit aufbauen (siehe Abriß und Anmerkungen – Mt 26,14-16). Die aufsteigenden Schuld- und Reuegefühle scheinen der Grund für seine tiefe Überzeugung von Sünde und Buße zu sein.

> "Als sie aber das hörten, drang es ihnen durchs Herz, und sie sprachen zu Petrus und den übrigen Aposteln: Was sollen wir tun, ihr Männer und Brüder?" (Apg 2,37)
>
> "Als er aber von Gerechtigkeit und Enthaltsamkeit und dem zukünftigen Gericht redete, wurde Felix voll Furcht, und er antwortete: Für diesmal kannst du gehen; wenn ich aber gelegene Zeit finde, will ich dich wieder rufen lassen!" (Apg 24,25)
>
> "Denn meine Schulden gehen über mein Haupt; wie eine schwere Last sind sie mir zu schwer geworden." (Ps 38,4)
>
> "denn ich erkenne meine Übertretungen, und meine Sünde ist immerdar vor mir." (Ps 51,3)

Gedanke 1 Praktisch jeden Tag sehen Gläubige, daß Christus verurteilt wird, d.h. von Umstehenden verflucht, verspottet und beschimpft. Diese Verurteilung sollte uns überführen. Unser Schweigen sollte unsere Herzen in Aufruhr versetzen. Wir müssen uns an die Seite unseres Herrn stellen und für ihn sprechen. Zu viele verraten den Herrn in solchen Momenten. Jesus ist Gottes Sohn und verdient den allerhöchsten Respekt jedes Menschen.

2. Judas bereute. Er bereute jedoch vor den Priestern und nicht vor Gott. Man beachte die Worte "Judas…reute es ihn…den Hohenpriestern und den Ältesten." Gott wird überhaupt nicht erwähnt. Das war sein Fehler. Reue bedeutet Veränderung und Abwendung von der Sünde hin zu Gott (siehe Anmerkung und Nähere Betrachtung 1 – Apg 17,29-30). Judas brauchte eine Veränderung, die Abwendung von seiner schrecklichen Sünde. Doch er mußte sich Gott zuwenden, nicht anderen Menschen.

> "So tue nun Buße über diese deine Bosheit und bitte Gott, ob dir die Tücke deines Herzens vielleicht vergeben werden mag." (Apg 8,22)
>
> "Der Gottlose verlasse seinen Weg und der Übeltäter seine Gedanken und kehre um zum HERRN, so wird er sich seiner erbarmen, und zu unserm Gott; denn er vergibt viel." (Jes 55,7)
>
> "Wenn aber der Gottlose abläßt von allen seinen Sünden, die er begangen hat, und alle meine Satzungen beobachtet und tut, was recht und billig ist, so soll er gewiß leben." (Hes 18,21)
>
> "Doch auch jetzt noch, spricht der HERR, kehret euch zu mir von ganzem Herzen mit Fasten, mit Weinen, mit Klagen!" (Joel 2,12)

Gedanke 1 Sünde sollte uns zur Buße führen. Wenn wir *Schuld* für eine echte Sünde fühlen, sollten wir bereuen und uns von der Sünde abwenden. Doch es ist entscheidend, *wem wir uns zuwenden*: Wir sollen uns Gott zuwenden. Abwendung von der Sünde reicht nicht. Sich verändern, der Sünde den Rücken kehren und von ihr weggehen ist nicht genug. Wir müssen uns Gott zuwenden und mit ihm gehen.

3. Judas leistete Wiedergutmachung. Judas tat, was Gott von jedem Menschen will: Wiedergutmachung für seine Sünde leisten. Doch es war zu spät. Er hätte Wiedergutmachung leisten sollen, als der Fluß der Ereignisse noch geändert werden konnte. Er hätte vor Gott bereuen und das Geld zurückgeben sollen, *bevor Christus verurteilt wurde*. Jetzt war es zu spät. Christus war bereits verurteilt und sein Leben verwirkt.

Man beachte, daß dies der zweite Fehler war, den Judas machte. Er bereute vor den Priestern, nicht vor Gott und er leistete Wiedergutmachung, aber zu spät.

Gedanke 1 Wir sollen für unsere Sünden Wiedergutmachung leisten, doch wir müssen schnell genug handeln, um Schadensersatz zu leisten und den Lauf der Ereignisse zu verändern. Wir müssen schnell genug handeln, um die Situation zu retten. Der erste Schritt ist natürlich die Buße vor Gott, dann können wir Wiedergutmachung leisten. Doch man beachte, daß es für beides einen richtigen und einen falschen Weg gibt. Judas bereute, doch auf die falsche Art. Er wandte sich mit seiner Reue an Menschen, nicht an Gott. Er leistete Wiedergutmachung, doch zu spät. Wir müssen uns *Gott zuwenden und Wiedergutmachung leisten* und die Situation rechtzeitig bereinigen.

Gedanke 2 Auf unrechte Weise erworbenes Gold und andere Dinge nagen an Herz und Verstand eines Menschen.

> "Euer Gold und Silber ist verrostet, und ihr Rost wird gegen euch Zeugnis ablegen und euer Fleisch fressen wie Feuer. Ihr habt Schätze gesammelt in den letzten Tagen!" (Jak 5,3)

4. Judas beichtete, doch er beichtete den Priestern statt Gott. Man beachte die Worte des Judas: "Ich habe gesündigt." Doch er sprach zu den Hohenpriestern und Ältesten, nicht zu Gott. Man beachte etwas Wichtiges: Judas akzeptierte persönliche Verantwortung für seine Sünde, er schob die Schuld auf niemanden anders. Er sagte: "Ich habe gesündigt." Sein Problem war, daß er damit zu Menschen ging und nicht zu Gott. Er hätte Gott seine Sünde bekennen sollen, statt dessen ging er mit seiner Belastung zu Menschen. Er hätte zu Gott gehen sollen, um zu bekennen und Erleichterung zu finden, denn nur Gott hätte ihn retten und entlasten können.

Man beachte: Judas war von weltlicher Trauer ergriffen, nicht von gottgefälliger Trauer (siehe Nähere Betrachtung 1 – 2Kor 7,10).

Matthäus 27,1-10

"Wenn wir aber unsere Sünden bekennen, so ist er treu und gerecht, daß er uns die Sünden vergibt und uns reinigt von aller Ungerechtigkeit." (1Joh 1,9)

"So leget nun dem HERRN, dem Gott eurer Väter, ein Bekenntnis ab und tut, was ihm wohlgefällig ist, und scheidet euch von den Völkern des Landes und von den fremden Frauen!" (Esra 10,11)

"Nur erkenne deine Missetat, daß du dem HERRN, deinem Gott, die Treue gebrochen und hierhin und dorthin zu den Fremden gelaufen bist unter alle grünen Bäume; aber auf meine Stimme habt ihr nicht gehört, spricht der HERR." (Jer 3,13)

<u>Gedanke 1</u> Ein Bekenntnis ist unerläßlich, wenn wir vergebung wollen, doch wir müssen vor Gott bekennen, nicht vor Menschen.

<u>Gedanke 2</u> Wir sündigen und sind für unsere Sünde persönlich verantwortlich. Niemand anderes hat an unserer Sünde schuld. Wir können niemandem die Schuld in die Schuhe schieben.

<u>Gedanke 3</u> Es gibt sowohl eine falsche Beichte, eine weltliche Reue, als auch eine richtige Beichte, eine gottgefällige Reue (siehe <u>Nähere Betrachtung 1</u> – 2Kor 7,10).

5. Judas bekam keine Hilfe und wurde sich selbst überlassen. Judas fühlte sich schuldig, weil er Christus verraten hatte. Die Frommen fühlten sich nicht schuldig, denn sie betrachteten Christus als Bedrohung ihrer Religion und ihres Volkes (Mt 12,1-8; 12,10; 15,1-20; 15,6-9). Deshalb dienten sie ihrer Meinung nach ihrer Religion (Gott) und ihrem Volk (Gottes auserwähltem Volk). Wenn sich Judas mit einem schlechten Gewissen herumschlug, war er ein Narr. Sie hatten keine Zeit, besonders jetzt nicht, in diesem *hektischen* Augenblick. Sie hatten keine Zeit, sich mit einem schuldgeplagten Narren abzugeben, der das *Gute* nicht sehen konnte, das er für sein Volk und seinen Glauben getan hatte. Man beachte die Worte der Frommen und erinnere sich daran, daß Judas verzweifelt um Hilfe bat: "Was geht das uns an? Da sieh du zu [das ist deine Sache]!"

Vier schreckliche Dinge zeigen sich im Handeln und Reden der Frommen.
 a. Härte des Herzens: Eine Härte, die einen Menschen davon abhält, Bedürftigen zu helfen, besonders denen, die dringend Hilfe brauchen.
 b. Mißverständnis des Dienstes: Den wahren Dienst und die Berufung Gottes nicht verstehen, Menschen um jeden Preis zu helfen. (Die Frommen waren Gottes Priester, doch anstatt ihm zu helfen, überließen sie Judas sich selbst.)
 c. Äußerste Blindheit: Eine Blindheit des Verstandes, die durch das Verdrehen und Rationalisieren der Wahrheit entsteht. Sie konnten ihr Verhalten vor sich selbst rechtfertigen, deshalb konnten sie sich von Judas abwenden und in ihrer Sünde beharren, Christus zu töten.
 d. Hartnäckiger Unglaube: Unglaube, der bestehen bleibt, der weiter nach seinem eigenen Willen und Weg handelt und die Wahrheit weiterhin ablehnt (siehe <u>Nähere Betrachtung 4</u> – Mt 12,24; Anmerkung – 12,31-32).

"Aber aufgrund deines verstockten und unbußfertigen Herzens häufst du dir selbst Zorn auf für den Tag des Zorns und der Offenbarung des gerechten Gerichtes Gottes." (Röm 2,5)

"Ermahnt einander vielmehr jeden Tag, solange es heute heißt, damit nicht jemand unter euch verstockt wird durch den Betrug der Sünde!" (Hebr 3,13)

"Wohl dem Menschen, der sich immer fürchtet; wer aber trotzigen Herzens ist, wird in Sünde fallen." (Spr 28,14)

"Ein Mann, der allen Warnungen trotzt, geht plötzlich unheilbar zugrunde." (Spr 29,1)

<u>Gedanke 1</u> Der Verstand kann die Wahrheit leicht verdrehen und rationalisieren. Er kann falsches Verhalten leicht rechtfertigen. Wenn wir etwas tun wollen, wird der Verstand auch einen Weg finden, es zu tun, einen Weg, mit dem wir uns rechtfertigen können. Doch so wie die Priester einer schrecklichen Sünde schuldig waren, sind wir es auch. Wie sehr wir auch unser Verhalten rechtfertigen und erklären, die Wahrheit überführt uns. Die Wahrheit der Gerechtigkeit kann nicht verändert werden.

<u>Gedanke 2</u> Bis zu einem gewissen Grad hielt *Geschäftigkeit* die Frommen davon ab, Judas zu helfen. Es wird zu oft der Anspruch erhoben, daß wir zu beschäftigt sind, um zu helfen. Die Hauptaufgabe unseres Dienstes ist es, den Bedürftigen zu helfen.

<u>Gedanke 3</u> Man beachte die vier schrecklichen Dinge, die sich im Handeln der Frommen zeigen. Sie treffen auf viele zu.

<u>Gedanke 4</u> Was wäre gewesen, wenn Judas zu Christus gegangen wäre, um Vergebung zu erbitten? Was wäre, wenn er die Jünger um Hilfe gebeten hätte?

6. Judas warf den Priestern das Geld vor die Füße. Das war eine Handlung aus Frust und Ärger, Hoffnungs- und Hilflosigkeit. Was konnte er tun? Die Frommen änderten ihren Richterspruch über Christus nicht. Ebensowenig wollten sie ihm in seiner Not helfen. In seinen Augen gab es niemanden, der ihm helfen konnte. Er fühlte sich schuldig und war ganz allein, keiner kam ihm zu Hilfe. Er war hoffnungs- und hilflos. Voll Zorn über die Priester warf er ihnen das Blutgeld im Gericht vor die Füße und rannte aus dem Tempel in die Stadt hinaus. Er lief aus dem Tor hinaus auf das Land und suchte einen Fluchtweg vor seinem nagenden Gewissen, den starrenden Augen der Menschen und dem Gesicht dessen, den er verraten hatte.

"Meine Seele ist betrübt…" (Ps 42,6)

"Ich aber hätte schier gestrauchelt mit meinen Füßen, wie leicht hätte ich einen Mißtritt getan!" (Ps 73,2)

"Halte doch deinen Fuß zurück, daß er nicht bloß wird, und deine Kehle, damit sie nicht dürstet! Aber du sprichst: Nein, da wird nichts daraus! Denn ich liebe die Fremden, und ihnen will ich nachlaufen!" (Jer 2,25)

<u>Gedanke 1</u> Eine Tatsache sollte man immer im Gedächtnis behalten. Wenn wir ein geistliches Bedürfnis haben, müssen wir uns an Gott wenden, nicht an Menschen. Menschliche Hilfe zur geistlichen Erlösung ist nutzlos. Menschliche Erlösung endet immer in Frustration, Hilflosigkeit und Hoffnungslosigkeit. Kein Mensch kann Schuld auslöschen und die gequälte Seele eines anderen befreien.

Matthäus 27,1-10

7. Judas verzweifelte völlig und erhängte sich. Er war von Schuld, Trauer, Verzweiflung und Hilflosigkeit gepackt. Er wurde heimgesucht und sah keine Hoffnung. Allein mit seinen Gedanken meinte er, daß seine Sünde zu schrecklich wäre, als daß sie vergeben werden könnte. Er meinte, daß Gott ihm nie eine so große Sünde vergeben würde. Also nahm er seinen Gürtel, wie Petrus anzudeuten scheint, schlang ihn um ein über einen Abgrund hängendes Stück Felsen und erhängte sich. Der Gürtel riß und Judas stürzte ab, wobei sein Körper zerschmettert wurde (Apg 1,18).

Man beachte eine wichtige Tatsache: Die Sünde des Judas war nicht unvergebbar. Ihm hätte vergeben werden können. Vielen Mördern ist in der Geschichte vergeben worden, doch Judas beging einen verbreiteten Fehler, der deutlicher wird, wenn man ihn auf verschiedene Weise betrachtet.

⇒ Er meinte, seine Sünde wäre zu groß, um vergeben werden zu können.
⇒ Er dachte, daß Gottes Gnade beschränkt wäre, zu klein, um seine Sünde zu vergeben.
⇒ Er dachte, daß seine Sünde größer als die Barmherzigkeit Gottes wäre.
⇒ Er ließ zu, daß sich seine Sünde über Gottes Barmherzigkeit legte und sie auslöschte.

"Meiner Seele ekelt vor dem Leben; ich will mich meiner Klage überlassen, will reden in der Betrübnis meiner Seele." (Hiob 10,1)

"Ich versinke in tiefem Schlamm und habe keinen Stand, ich bin in tiefes Wasser geraten, und die Flut will mich überströmen." (Ps 69,2)

"So sann ich denn nach, um dies zu verstehen; aber es schien mir vergebliche Mühe zu sein." (Ps 73,16)

"Zion sprach: Der HERR hat mich verlassen, und der Herr hat meiner vergessen." (Jes 49,14)

"…Christus…[hatte] keine Hoffnung und [war] ohne Gott in der Welt." (Eph 2,12)

Gedanke 1 Wir sollten uns nie der Verzweiflung überlassen oder uns von Trauer verzehren lassen. Wir sollten uns nie von Hilf- und Hoffnungslosigkeit heimsuchen lassen. Christus Jesus erlöst uns und hilft un vollkommen, unser Bedürfnis zu erfüllen.

Gedanke 2 Gottes Barmherzigkeit ist so groß und umfassend, daß sie jede Sünde einschließt. Wir müssen nur zu ihm kommen, bekennen und bereuen, dann wird er uns vergeben und uns zum ewigen Leben retten.

Gedanke 3 Man beachte den Unterschied zwischen Judas und Petrus. Beide sündigten gegen den Herrn und bereuten ihre Sünde, doch nur Petrus tat wirklich Buße. Er tat Buße und wurde von dem Herrn wieder angenommen und für den Dienst beauftragt (Joh 21,15-17). Doch Judas gab in tiefster Verzweiflung auf und zerstörte sich. Reue kann zu Buße oder zu Gewissensbissen und Zerstörung führen.

3 (27,6-10) **Fromme**: Die menschliche Religion der Frommen. Diese Verse zeigen auch, wie die Hohenpriester ihren Glauben verdrehte, um ihn ihren Wünschen anzupassen. Die Verdorbenheit ihres Lebens und Glaubens zeigt sich deutlich.

1. Ihre Verdorbenheit zeigt sich in ihrer Inkonsequenz. Sie waren sowohl in ihrem Leben als auch in ihrem Glauben inkonsequent. Sie standen im Dienst Gottes und doch suchten sie falsche Zeugen gegen einen Unschuldigen und verurteilten ihn zum Tode (Mt 26,57-68). Sie behaupteten, Gottes Diener zu sein, doch sie wandten sich vom Dienst an einem Menschen (Judas) mit einem dringenden Bedürfnis ab. Weder ihr Verhalten noch ihr Glaube paßten zu ihren Behauptungen.

Sie waren auch bei ihren religiösen Vorschriften inkonsequent. Sie nahmen Geld aus dem Tempelschatz, um einen Menschen zu bestechen, doch sie wollten das gleiche Geld nicht wieder zurück in den Schatz legen. Sie hielten sich sorgfältig an die religiösen Regeln, die ihnen paßten, doch mit wahrer Gerechtigkeit und Barmherzigkeit gingen sie sehr locker um.

Das Gesetz sagte, daß auf unrechte Weise erworbenes oder benutztes Geld für Gottes Dienst nicht benutzt werden durfte (5Mo 23,18). Sie brüteten über dieser Vorschrift, die bewies, wie inkonsequent sie in ihrem Verhalten und Glauben geworden waren. Sie hatten den von Gott gegebenen Glauben verdreht, damit er zu ihrem Willen und ihren Wünschen paßte. Sie hatten eine menschliche Religion gebildet, die ihnen erlaubte, zu tun, was ihnen gefiel.

2. Ihre Verdorbenheit zeigt sich auch in ihrem Betrug. Sie versuchten, ihr Unrecht durch einen Dienst an der Öffentlichkeit zu verbergen. Sie nahmen das Blutgeld von Judas und kauften damit Land für einen öffentlichen Friedhof. Die Absicht der Frommen scheint deutlich zu sein. Sie hatten gehofft, daß dieser Dienst an der Öffentlichkeit dazu beitragen würde, den Groll über den Tod Christi zum Schweigen zu bringen. Doch man beachte: Ihr Plan ging nicht auf. Der Friedhof wurde "Blutacker" genannt, nachdem die Öffentlichkeit gerüchteweise erfahren hatte, daß das Feld mit dem Blutgeld des Verräters Jesu gekauft worden war.

"So erscheint auch ihr äußerlich vor den Menschen als gerecht, inwendig aber seid ihr voller Heuchelei und Gesetzlosigkeit." (Mt 23,28)

"Und Gott sah die Erde, und siehe, sie war verderbt; denn alles Fleisch hatte seinen Weg auf Erden verderbt." (1Mo 6,12)

"Aber auch diese taumeln vom Wein und schwanken von starkem Getränk; Priester und Prophet sind von starkem Getränk berauscht, vom Wein benebelt, verleitet durch berauschende Getränke; sie sehen nicht mehr klar, urteilen unsicher. Ja, alle Tische sind besudelt mit unflätigem Gespei, so daß kein Platz mehr ist." (Jes 28,7-8)

"Sie glänzen vor Fett; auch fließen sie über von bösen Reden. Für das Recht sorgen sie nicht, für das Recht der Waisen, um ihnen zum Siege zu verhelfen, und die Rechtssache der Armen führen sie nicht." (Jer 5,28)

NÄHERE BETRACHTUNG 1

(27,9-10) **Alttestamentliches Zitat**: Dieses Zitat stammt aus Sach 11,12-13, nicht von Jeremia. Es gibt mehrere Gründe, warum diese Aussage Jeremia zugeschrieben wird. Zwei der glaubhafteren Erklärungen folgen.

1. Einige spätere Schreiber fügten beim Abschreiben das Wort "Jeremia" in den Text ein. In der syrischen, persischen und anderen lateinischen Handschriften fehlt es.

2. Viele hebräische Handschriften führen Jeremia als erstes prophetisches Buch auf. Matthäus, der sich nicht genau erinnern konnte, wo die Prophezeiung stand, benutzte das erste Prophetenbuch, Jeremia, als Vertreter für die gesamten prophetischen Schriften. Jeremia vertrat als erster Prophet alle anderen Propheten.

Matthäus 27,11-25

	K. Das tragische Verhör des Messias vor Pilatus: DieTragödie eines Unentschlossenen, 27,11-25 (Mk 15,1-15; Lk 23,1-25; Joh 18,28-40)	19 Als er aber auf dem Richterstuhl saß, sandte seine Frau zu ihm und ließ ihm sagen: Habe du nichts zu schaffen mit diesem Gerechten; denn ich habe heute im Traum seinetwegen viel gelitten.	3	**Er hörte nicht auf eine ernste Warnung**
1 Er lehnte das klare Bekenntnis des Herrn ab a. Jesu starker und freimütiger Anspruch: Er ist König b. Jesu starkes und beherrschtes Verhalten: Blieb trotz schwerer Anklagen still und entschlossen c. Jesu starke und geduldige Entschlossenheit: Hielt wiederholte Befragung aus d. Jesu Wirkung: Pilatus war beeindruckt, aber immer noch unentschlossen	11 Jesus aber stand vor dem Statthalter; und der Statthalter fragte ihn und sprach: Bist du der König der Juden? Jesus sprach zu ihm: Du sagst es! 12 Und als er von den Hohenpriestern und den Ältesten verklagt wurde, antwortete er nichts. 13 Da sprach Pilatus zu ihm: Hörst du nicht, wie viele Dinge sie gegen dich bezeugen? 14 Und er antwortete ihm auch nicht auf ein einziges Wort, so daß der Statthalter sich sehr verwunderte.	20 Aber die Hohenpriester und die Ältesten überredeten die Volksmenge, den Barabbas zu erbitten, Jesus aber umbringen zu lassen. 21 Der Statthalter aber antwortete und sprach zu ihnen: Welchen von diesen beiden wollt ihr, daß ich euch freilasse? Sie sprachen: Den Barabbas! 22 Pilatus spricht zu ihnen: Was soll ich denn mit Jesus tun, den man Christus nennt? Sie sprachen alle zu ihm: Kreuzige ihn! 23 Da sagte der Statthalter: Was hat er denn Böses getan? Sie aber schrieen noch viel mehr und sprachen: Kreuzige ihn!	4 5	**Er ignorierte den Einfluß böser Menschen auf andere** **Er gab weltlichem Druck nach**
2 Er machte trotz klarer Beweise Kompromisse a. Ein Brauch der Römer zur Beschwichtigung der Juden b. Ein berüchtigter Verbrecher: Barabbas c. Der geplante Kompromiß des Pilatus: Barabbas für Jesus opfern d. Grund des Pilatus: Wußte von Jesu Unschuld	15 Aber anläßlich des Festes pflegte der Statthalter der Volksmenge einen Gefangenen freizugeben, welchen sie wollten. 16 Sie hatten aber damals einen berüchtigten Gefangenen namens Barabbas. 17 Als sie nun versammelt waren, sprach Pilatus zu ihnen: Welchen wollt ihr, daß ich euch freilasse, Barabbas oder Jesus, den man Christus nennt? 18 Denn er wußte, daß sie ihn aus Neid ausgeliefert hatten.	24 Als nun Pilatus sah, daß er nichts ausrichtete, sondern daß vielmehr ein Aufruhr entstand, nahm er Wasser und wusch sich vor der Volksmenge die Hände und sprach: Ich bin unschuldig an dem Blut dieses Gerechten; seht ihr zu! 25 Und das ganze Volk antwortete und sprach: Sein Blut komme über uns und über unsere Kinder!	6 7	**Er versuchte, der Verantwortung für Böses zu entgehen** **Schluß: Die Juden übernahmen die Verantwortung für Jesu Blut**

ABSCHNITT XVI

VERHAFTUNG, VERHÖR UND KREUZIGUNG DES MESSIAS, 26;1-27;66

K. Das tragische Verhör des Messias vor Pilatus: Die Tragödie eines Unentschlossenen, 27,11-25

(27,11-25) **Einführung**: Die Behandlung Jesu durch Pilatus wird durch Anmerkung drei besser verständlich, die Pilatus selbst behandelt (siehe Nähere Betrachtung 1 – Mt 27,11-25). Trotz seiner großen und erprobten Führungsqualitäten war er in Bezug auf Christus unentschlossen. Er wußte, daß Christus unschuldig war, denn er fand nichts Böses an ihm (vgl. Lk 23,22). Trotzdem mußte er die jüdischen Behörden vorsichtig behandeln, damit er sich nicht ihr Mißfallen zuzog. Wenn sie über ihn nach Rom berichteten, konnte es ihn Stellung und Vermögen kosten.

Im Verhalten des Pilatus zeigt sich die Tragödie eines Unentschlossenen. (Siehe auch Abriß, Anmerkungen und Nähere Betrachtung 1 – Mk 15,1-15; Abriß und Anmerkungen Lk 23,1-25; Joh 18,28-19,15.)
1. Er lehnte das klare Bekenntnis des Herrn ab (V11-14).
2. Er machte trotz klarer Beweise Kompromisse (V15-18).
3. Er hörte nicht auf eine ernste Warnung (V19).
4. Er ignorierte den Einfluß böser Menschen auf andere (V20).
5. Er gab weltlichem Druck nach (V21-23).
6. Er versuchte, der Verantwortung für Böses zu entgehen (V24).
7. Schluß: Die Juden übernahmen die Verantwortung für Jesu Blut (V25).

(27,11-25) **Weiterer Abriß**.
1. Pilatus verwunderte sich, war von Jesus beeindruckt (V11-14).
2. Pilatus suchte einen Ausweg für Jesus (V15-18).
3. Pilatus wurde von seiner beunruhigten Frau gewarnt (V19-21).
4. Pilatus suchte den Rat einer aufgebrachten Menge (V20-23).
5. Pilatus versuchte, die Verantwortung von sich abzuwälzen (V24-25).

Matthäus 27,11-25

> **NÄHERE BETRACHTUNG 1**
> (27,11-25) **Pilatus**: Der Prokurator von Judäa. Er war dem Kaiser direkt verantwortlich für die finanzielle und politische Verwaltung des Landes. Um Prokurator zu werden, mußte man sich durch politische und militärische Ränge emporarbeiten. Pilatus war deshalb ein fähiger und sowohl in politischen und administrativen Angelegenheiten als auch in militärischen Dingen erfahrener Mann. Er hatte sein Amt zehn Jahre inne, was beweist, daß ihm die römische Führung fest vertraute. Die Juden und Pilatus verachteten sich jedoch gegenseitig; besonders verachtete er ihre strenge Glaubensausübung. Als Pilatus Prokurator von Judäa wurde, zog er durch zwei Handlungen den bittern und unversöhnlichen Haß des Volkes auf sich. Erstens ritt er bei seinen Staatsbesuchen in Jerusalem mit der römischen Standarte in der Stadt ein, einem Adler auf einem Stab. Alle seine Vorgänger hatten wegen des Widerstands der Juden gegen Götzenbilder auf die Standarte verzichtet. Zweitens begann Pilatus, eine neue Wasserleitung für Jerusalem zu bauen. Das Geld dafür nahm er aus dem Tempelschatz. Die Juden konnten diese Handlung weder vergeben noch vergessen. Während seiner Herrschaft leisteten sie Pilatus erbitterten Widerstand und wurden von ihm mit gleicher Verachtung behandelt (siehe Anmerkung – Mk 15,9). Bei mehreren Gelegenheiten drohte die jüdische Führung, von ihrem Recht Gebrauch zu machen und über ihn nach Rom zu berichten. Das beunruhigte Pilatus natürlich und ließ ihn den Juden gegenüber noch bitterer und geringschätziger werden.

1 (27,11-14) **Verhöre Jesu Christi**: Pilatus (der Unentschlossene) lehnte das klare Bekenntnis des Herrn ab. Paulus bezieht sich auf dieses Bekenntnis vor Pilatus: "Christus Jesus, der vor Pontius Pilatus das gute Bekenntnis bezeugt hat" (1Tim 6,13). Man beachte die Stärke dieses Bekenntnisses.

1. Jesu starker und freimütiger Anspruch: Er ist König. Es wurde als eine Anklage gegen Christus vorgebracht, daß er beanspruchte, ein König zu sein (Lk 23,2). Pilatus war einigermaßen überrascht und fragte Christus spöttisch: "Bist du der König der Juden?" Christus behauptete fest, König zu sein: "Du sagst es" (vgl. Mt 26,25;64. Siehe bes. Joh 18,36-37.)

2. Jesu starkes und beherrschtes Verhalten: Er blieb trotz schwerer Anklagen still und entschlossen (vgl. Jes 53,7). Die aufgebrachten Frommen klagten ihn immer weiter an, doch er blieb still. Man beachte seine Beherrschung und edle Haltung. (a) Er wußte, daß es nutzlos war, mit einem verschlossenen Menschen zu diskutieren. Er wollte ihr Verhalten nicht dadurch würdigen, daß er sich auf einen Wortwechsel mit ihnen einließ. (b) Er war entschlossen, Gottes Willen zu tun und für die Sünden der Welt zu sterben. Seine Todesstunde war gekommen. Er mußte nicht mehr diskutieren und versuchen, dem Tod durch Argumente zu entgehen. Der Abgrund der Verdorbenheit des Menschen sollte offenbar werden. Er würde edel sein: Still und in seinem Verhalten entschlossen.

3. Jesu starke und geduldige Entschlossenheit: Er hielt wiederholte Befragung aus. Anscheinend wollte Pilatus Jesus freilassen (vgl. V18). Er wußte, daß Jesus unschuldig war, und ihn freizulassen wäre eine Möglichkeit, es diesen verachtenswerten Frommen heimzuzahlen. Deshalb versuchte Pilatus, Jesus zur Antwort auf die Anklagen zu bewegen. Er verstand nicht, warum Jesus nicht antworten wollte, was Jesus tat. Jesus stand nur da und schwieg und bot ein Bild der Stärke und der geduldigen Entschlossenheit. Pilatus konnte jedoch seine Bedeutung nicht erfassen.

4. Jesu Wirkung: Pilatus war beeindruckt, aber immer noch unentschlossen. Er bewunderte Jesu Anspruch, König zu sein, und über sein Schweigen. Trotzdem fehlte ihm noch der Mut, die richtige Entscheidung zu treffen. Er wankte noch unter dem Druck der Ankläger und ließ Jesus nicht frei.

> "Niemand kann zwei Herren dienen, denn entweder wird er den einen hassen und den anderen lieben, oder er wird dem einen anhangen und den anderen verachten. Ihr könnt nicht Gott dienen und dem Mammon!" (Mt 6,24)
>
> "Ihr könnt nicht den Kelch des Herrn trinken und den Kelch der Dämonen; ihr könnt nicht am Tisch des Herrn teilhaben und am Tisch der Dämonen!" (1Kor 10,21)
>
> "Ein Mann mit geteiltem Herzen, unbeständig in allen seinen Wegen." (Jak 1,8)
>
> "Wie lange hinket ihr nach beiden Seiten? Ist der HERR Gott, so folget ihm nach." (1Kön 18,21)

Gedanke 1 Christus hat dem Menschen ein klares Bekenntnis gegeben.
1) Einen starken Anspruch: Er ist König (Joh 18,36-37).
2) Starkes, beherrschtes Verhalten: Vollkommenheit (Hebr 5,8-9; vgl. 2Kor 5,21).
3) Starke, geduldige Entschlossenheit: Für die Sünden der Welt zu sterben (1Petr 2,24; 3,18).

Gedanke 2 Ein unentschlossener Mensch ist wie Pilatus: Er lehnt das klare Bekenntnis unseres Herrn ab.

Gedanke 3 Christus erteilt uns hier eine Lektion über das Streiten. Es bringt nichts, mit einem verschlossenen oder aufgebrachten Menschen zu streiten. Mit ihnen zu streiten, würdigt nur ihr Verhalten.

Gedanke 4 Christus war für seinen großen Zweck geduldig, sogar bis zum Tod. Wir müssen genauso geduldig sein.

2 (27,15-18) **Unentschlossenheit – Kompromiß – Pilatus – Verhör Jesu Christi**: Pilatus (der Unentschlossene) machte trotz klarer Beweise Kompromisse. Pilatus sah die Beweise. Jesus war unschuldig, die Frommen waren auf Christus und seine Bedrohung ihrer Sicherheit neidisch (V18). Er wollte Christus freisprechen, doch er meinte, daß er diese weltlichen Frömmler auch zufriedenstellen mußte. Deshalb dachte er sich einen Kompromiß aus. Es war ein alter Brauch Roms, den Juden zum Passahfest einen Gefangenen freizugeben. Dadurch versuchte Rom, die Juden zu beschwichtigen und zur weiteren Zusammenarbeit zu bewegen. Im Gefängnis lag ein berüchtigter Verbrecher, Barabbas. Pilatus stellte ihn zusammen mit Christus vor das Volk und rief sie dazu auf, zu wählen, welchen er freilassen sollte. An dieser Stelle ging Pilatus zurück in den Gerichtssaal, um dem Volk Zeit zur Entscheidung zu geben (V19).

Man beachte zweierlei.
1. Pilatus suchte nach einem Kompromiß. Er wollte Christus freisprechen und doch die weltlichen Menschen zufriedenstellen, die ihn anklagten. Trotz der eindeutigen Beweise der Unschuld Christi fehlten ihm der Mut und die Entschlußkraft, für Christus einzutreten.
2. Pilatus erwartete selbstverständlich, daß die Menschen die Freilassung Christi wählen würden. Er dachte, daß sein Kompromiß funktionieren würde, denn wer würde nicht einen großen Lehrer einem berüchtigten Kriminellen vorziehen?

> "Wer nicht mit mir ist, der ist gegen mich; und wer nicht mit mir sammelt, der zerstreut!" (Lk 11,23)
>
> "Damit alle den Sohn ehren, wie sie den Vater ehren. Wer den Sohn nicht ehrt, der ehrt den Vater nicht, der ihn gesandt hat. Wahrlich, wahrlich, ich sage euch: Wer mein Wort hört und dem glaubt,

Matthäus 27,11-25

der mich gesandt hat, der hat ewiges Leben und kommt nicht ins Gericht, sondern er ist vom Tod zum Leben hindurchgedrungen." (Joh 5,23-24)

"Und darin besteht das Zeugnis, daß Gott uns ewiges Leben gegeben hat, und dieses Leben ist in seinem Sohn. Wer den Sohn hat, der hat das Leben; wer den Sohn Gottes nicht hat, der hat das Leben nicht." (1Joh 5,11-12)

"So unterwerft euch nun Gott! Widersteht dem Teufel, so flieht er von euch; naht euch zu Gott, so naht er sich zu euch! Reinigt die Hände, ihr Sünder, und heiligt eure Herzen, die ihr geteilten Herzens seid! Fühlt euer Elend, trauert und heult! Euer Lachen verwandle sich in Trauer und eure Freude in Niedergeschlagenheit! Demütigt euch vor dem Herrn, so wird er euch erhöhen." (Jak 4,7-10)

<u>Gedanke 1</u> Man muß zweierlei zur Natur des Menschen beachten.
1) Kompromisse mit einem Menschen, der auf Böses aus ist, funktionieren nicht. Er wird weiter Böses tun, was der Kompromiß auch ist. Es liegt ihm in der Natur.
2) Kompromisse bei klaren Beweisen funktionieren nicht. Sie schwächen nur Charakter, Prinzipien und Position.

<u>Gedanke 2</u> Wir müssen Christus laut und deutlich freisprechen und erklären, daß er der Sohn Gottes ist. Es ist nicht an der Zeit, unentschlossen zu sein und mit der Wahrheit Kompromisse zu machen. Christus ist König und vollkommen unschuldig von Sünden und Bösem. Wir müssen uns entscheiden und für Christus eintreten.

3 (27,19) **Warnung – Pilatus**: Pilatus (der Unentschlossene) hörte nicht auf eine ernste Warnung. Während Pilatus auf dem Richterstuhl saß und auf die Entscheidung des Volkes wartete, kam seine Frau zu ihm. Sie hatte von Christus geträumt. Man beachte drei Dinge.

1. Sie erklärte Christus zum Gerechten. Sie erklärte nicht nur, daß Christus unschuldig war, sondern auch, daß er gut und gerecht war.
2. Sie warnte, daß ihn etwas Ungewöhnliches umgab, das Leid und Trauer hervorrufen konnte. Sie warnte Pilatus, daß er Christus freisprechen oder es bereuen müßte.
3. Pilatus hörte die Warnung, doch ihm fehlte weiterhin der Mut zum Freispruch. Er verließ sich lieber auf seinen Kompromiß.

<u>Gedanke 1</u> Der Unentschlossene wird gewarnt: Leid und Trauer warten auf ihn. Über jeden, der nicht für Christus eintritt, ergeht das Gericht (Mt 10,32; Lk 12,8).

<u>Gedanke 2</u> Gott versucht auf vielerlei Weise, den Menschen zu erreichen. Er benutzte den Traum der Frau, um Pilatus zu warnen. Er warnt auch uns: Wir müssen Mut haben und nicht unentschlossen sein. Heute ist der Tag der Erlösung.

"Denn es heißt: Ich habe dich zur angenehmen Zeit erhört und dir am Tag des Heils geholfen. Seht, jetzt ist die angenehme Zeit, jetzt ist der Tag des Heils!" (2Kor 6,2)

"Ermahnt einander vielmehr jeden Tag, solange es heute heißt, damit nicht jemand unter euch verstockt wird durch den Betrug der Sünde!" (Hebr 3,13)

"Wohlan nun, die ihr sagt: Heute oder morgen wollen wir in die und die Stadt reisen und dort ein Jahr zubringen, Handel treiben und Gewinn machen." (Jak 4,13)

4 (27,20) **Böses ignorieren – Pilatus**: Pilatus (der Unentschlossene) ignorierte den Einfluß böser Menschen auf andere. Das Bild ist traurig. Die religiösen Führer mischten sich entweder selbst unter das Volk oder sandten ihre Boten, um die Menschen zu dieser bösen Tat zu bewegen – Christus zu ermorden. Währenddessen saß Pilatus unentschlossen auf seinem Thron und verkannte die Situation vollkommen.

"Denn der Name Gottes wird um euretwillen gelästert unter den Heiden, wie geschrieben steht." (Röm 2,24)

"Böse Menschen aber und Betrüger werden es immer schlimmer treiben, indem sie verführen und sich verführen lassen." (2Tim 3,13)

"Wer ist der Lügner, wenn nicht der, welcher leugnet, daß Jesus der Christus ist? Das ist der Antichrist, der den Vater und den Sohn leugnet. Wer den Sohn leugnet, der hat auch den Vater nicht...Dies habe ich euch geschrieben von denen, die euch verführen." (1Joh 2,22-23;26).

<u>Gedanke 1</u> Böse Menschen versuchen, andere zu beeinflussen, um ihren Willen durchzusetzen. Diese Tatsache zu ignorieren heißt, wie der Vogel Strauß seinen Kopf in den Sand zu stecken.

<u>Gedanke 2</u> Unentschlossenheit und Kompromisse sind nicht die richtigen Mittel, um den Einfluß böser Menschen zu unterbinden. Solange wir unentschlossen und kompromißbereit sind, werden böse Menschen weiter andere beeinflussen.

<u>Gedanke 3</u> Die vollkommene Unschuld und Gerechtigkeit Christi muß verkündigt werden. Seine Gerechtigkeit zu verkündigen ist die einzige Möglichkeit, den Einfluß böser Menschen in der Welt zu unterbinden. Wir müssen der Tatsache ins Auge blicken.

5 (27,21-23) **Pilatus**: Pilatus (der Unentschlossene) gab weltlichem Druck nach. Wieder ist die Szene traurig. Pilatus ging wieder zu dem Volk hinaus, um ihre Entscheidung zu hören. Sie schockten ihn, denn sie riefen nach der Freilassung von Barabbas und der Kreuzigung Jesu.

Pilatus war in seine eigene Falle getappt und hatte sich in die schlimmste vorstellbare Zwickmühle gebracht. Einigermaßen schockiert und vor den Kopf geschlagen rief er dem Volk zu: "Was hat er denn Böses getan?" Doch es war zu spät. Die von den weltlichen Frommen aufgepeitschte Menge schrie nur noch aufgeregter: "Kreuzige ihn!" Man beachte mehrere Dinge.

1. Die Menschen zogen einen bösen Menschen einem Heiligen vor, sie zogen einen, der Leben *nahm*, dem Fürsten vor, der Leben *gab* (vgl. Apg 3,14-15).
2. Pilatus war in dieser ganzen Episode schwach, unentschlossen und mutlos. Er wollte nicht entschlossen handeln und Christus nicht als das beurteilen, was er wußte, daß er war: Unschuldig.

Matthäus 27,11-25

3. Die Menschen forderten die schlimmste und qualvollste Todesart für Jesus – die Kreuzigung. Genau so hatte Christus es vorhergesagt (Mt 20,19).

"Habt nicht lieb die Welt, noch was in der Welt ist! Wenn jemand die Welt lieb hat, so ist die Liebe des Vaters nicht in ihm. Denn alles, was in der Welt ist, die Fleischeslust, die Augenlust und der Hochmut des Lebens, ist nicht aus dem Vater, sondern aus der Welt." (1Joh 2,15-16)

"Und paßt euch nicht diesem Weltlauf an, sondern laßt euch in eurem Wesen verändern durch die Erneuerung eures Sinnes, damit ihr prüfen könnt, was der gute und wohlgefällige und vollkommene Wille Gottes ist." (Röm 12,2)

"Durch Glauben weigerte sich Mose, als er groß geworden war, ein Sohn der Tochter des Pharao zu heißen. Er zog es vor, mit dem Volk Gottes Drangsal zu erleiden, als den vergänglichen Genuß der Sünde zu haben." (Hebr 11,24-25)

<u>Gedanke 1</u> Der Druck der Welt, Böses zu tun, ist groß. Unentschlossenheit und Kompromißbereitschaft sind nicht die Weise, der Welt entgegenzutreten: Das sind Entschlossenheit und Absonderung (Röm 12,1-2; 2Kor 6,17-18; 1Joh 2,15-16).

<u>Gedanke 2</u> Die meisten ziehen die Gesellschaft böser, sündiger Menschen dem Fürsten des Lebens vor. Man beachte: Sogar die weltlichen Frommen stellten das Weltliche über den Fürsten des Lebens.

<u>Gedanke 3</u> Man beachte einen entscheidenden Punkt. Wenn wir unentschlossen oder kompromißbereit sind, geraten wir unter den Druck der Welt, Böses zu tun. Zögern und Unentschlossenheit lassen uns dem Druck nachgeben und sündigen. Üblicherweise wählen wir die Sünde, wenn wir unentschlossen sind.

6 (27,24) **Menschliche Schwäche – Pilatus**: Pilatus (der Unentschlossene) versuchte, die Verantwortung für das Böse von sich abzuwälzen. Das Bild ist dramatisch. Pilatus wurde durch die Wahl des Volkes überstimmt. Seine eigene Meinung zählte nicht, hatte keinen wie auch immer gearteten Einfluß auf Jesu Tod. Deshalb nahm er ein Wasserbecken und hob es hoch, er wusch seine Hände und trocknete sie ab. Dadurch stellte Pilatus zweierlei dar.
1. Er erklärte die Unschuld Jesu.
2. Er wusch sich die Verantwortung für die ganze Angelegenheit ab und erklärte das Volk als schuldig am Tod Jesu.

Doch Pilatus war nicht frei von Schuld. Er war der Statthalter und er wußte, daß Christus unschuldig war. Er war dafür verantwortlich, Jesus freizusprechen, auch wenn er sich über die Ankläger hinwegsetzen mußte. Pilatus hatte die Vollmacht und Verantwortung, recht zu tun, darauf zu sehen, daß Gerechtigkeit geübt wurde.

"Ich nehme heute Himmel und Erde wider euch zu Zeugen: Ich habe euch Leben und Tod, Segen und Fluch vorgelegt; so erwähle nun das Leben, auf daß du lebest, du und dein Same." (5Mo 30,19)

"Da trat Elia zu allem Volk und sprach: Wie lange hinket ihr nach beiden Seiten? Ist der HERR Gott, so folget ihm nach, ist es aber Baal, so folget ihm! Und das Volk antwortete ihm nichts." (1Kön 18,21)

<u>Gedanke 1</u> Wir können unsere Hände nicht in Unschuld waschen. Wenn wir unverantwortlich handeln, sind wir schuldig. Wir sind schuldig...
- das klare Bekenntnis des Herrn abgelehnt zu haben.
- Kompromisse eingegangen zu sein.
- nicht auf eine ernste Warnung gehört zu haben.
- den Einfluß böser Mensch ignoriert zu haben.
- weltlichem Druck nachgegeben zu haben.
- versucht zu haben, die Verantwortung von uns abzuwälzen.

<u>Gedanke 2</u> Jeder ist für seine Taten verantwortlich. Gott will entschiedenes Handeln haben, das Christus für gerecht und unschuldig erklärt (2Kor 5,21).

7 (27,25) **Juden – Israel**: Die Menge akzeptierte, daß Jesu Blut ihnen zur Last gelegt wurde. Dies ist eine unglaubliche und traurige Szene. Der Mob schrie, daß Gott sie für den Tod Christi verantwortlich machen solle. Die Menschen wußten nicht, was sie da sagten, doch sie töteten Christus und handelten in einem ungerechten, sündigen und wilden Geist. Wegen dieses bösen Geistes gegen Gottes Sohn deuten alle Ereignisse in der Geschichte darauf hin, daß ihre Bitte erfüllt wurde.
⇒ Ihre Nation und ihre Hauptstadt, Jerusalem, wurden zerstört und ihnen weggenommen.
⇒ Ihr Volk wurde über Jahrhunderte hinweg vertrieben und zerstreut.
⇒ Ihr Name allein ist oft schon Anlaß für Haß und Vorurteile.
⇒ Immer wieder wurde versucht, ihre Rasse auszulöschen.

Überraschenderweise hielt sich das jüdische Volk als Volk, auch wenn die heraufbeschworenen Rache jahrhundertelang über sie hereinbrach. Trotz ihrer schrecklichen Sünde haben die Juden einen ganz besonderen Platz in Gottes Herzen und Plan. Er wird sie weiter als Rasse zusammenhalten, bis die Fülle der Heiden erreicht ist (vgl. Röm 11,25f).

"Darum sage ich euch: Das Reich Gottes wird von euch genommen und einem Volk gegeben werden, das dessen Früchte bringt." (Mt 21,43)

"Denn ich sage euch, daß keiner jener Männer, die eingeladen waren, mein Mahl schmecken wird!" (Lk 14,24)

"Er wird kommen und diese Weingärtner umbringen und den Weinberg anderen geben. Als sie das hörten, sprachen sie: Das sei ferne!" (Lk 20,16)

"Wenn aber etliche der Zweige ausgebrochen wurden und du als ein wilder Ölzweig unter sie eingepfropft bist und mit Anteil bekommen hast an der Wurzel und der Fettigkeit des Ölbaums." (Röm 11,17)

"Mein Gott wird sie verwerfen; denn sie haben ihm nicht gehorcht; darum müssen sie umherirren unter den Heiden." (Hos 9,17)

Matthäus 27,26-44

	L. Leiden und Kreuzigung des Messias: Ein Bild für die Behandlung des Sohnes Gottes durch die Welt, 27,26-44 (Mk 15,16-32; Lk 23,43; Joh 19,16-24)	wollte er nicht trinken. 35 Nachdem sie ihn nun gekreuzigt hatten, teilten sie seine Kleider unter sich und warfen das Los, damit erfüllt würde, was gesagt ist durch den Propheten: Sie haben meine Kleider unter sich geteilt, und über mein Gewand haben sie das Los geworfen. 36 Und sie saßen dort und bewachten ihn. 37 Und sie befestigten über seinem Haupt die Inschrift seiner Schuld: Dies ist Jesus, der König der Juden. 38 Dann wurden mit ihm zwei Räuber gekreuzigt, einer zur Rechten, der andere zur Linken. 39 Aber die Vorübergehenden lästerten ihn, schüttelten den Kopf 40 und sprachen: Der du den Tempel zerstörst und in drei Tagen aufbaust, rette dich selbst! Wenn du Gottes Sohn bist, so steige vom Kreuz herab! 41 Gleicherweise spotteten aber auch die Hohenpriester samt den Schriftgelehrten und Ältesten und sprachen: 42 Andere hat er gerettet, sich selbst kann er nicht retten! Ist er der König Israels, so steige er nun vom Kreuz herab, und wir wollen ihm glauben! 43 Er hat auf Gott vertraut; der befreie ihn jetzt, wenn er Lust an ihm hat; denn er hat ja gesagt: Ich bin Gottes Sohn! 44 Ebenso schmähten ihn auch die Räuber, die mit ihm gekreuzigt waren.	m. Sie kreuzigten ihn n. Sie würfelten um seine Kleider o. Sie saßen und starrten ihn an p. Sie verspotteten seinen Anspruch erneut q. Sie kreuzigten ihn zwischen zwei Dieben **3 Die vorbeigehenden Normalbürger, verspotteten und beschimpften Christus** a. Verspotteten seine Macht, den Tempel zu zerstören und wieder aufzubauen b. Verspotteten seinen Anspruch, Gottes Sohn zu sein **4 Die Frommen und Regierenden des Volkes verspotteten und schmähten Christus** a. Verspotteten seinen Anspruch, der Erlöser zu sein und andere zu retten b. Verspotteten seinen Anspruch, Israels König zu sein c. Verspotteten sein vollkommenes Gottvertrauen d. Verspotteten seinen Anspruch, Gottes Sohn zu sein **5 Die Verbrecher verspotteten Christus**
1 Die Führung verurteilte Christus **2 Die Soldaten verspotteten und quälten Christus** a. Sie geißelten ihn b. Sie demütigten ihn vor hundert oder mehr Soldaten c. Sie zogen ihn aus und zogen ihm ein Purpurgewand an d. Sie setzten ihm eine Dornenkrone auf und gaben ihm ein Rohr e. Sie verbeugten sich und verspotteten seinen Anspruch, König zu sein f. Sie spuckten ihn an g. Sie schlugen ihn mit einem Rohr auf den Kopf h. Sie verspotteten ihn und verschlimmerten die Wunden i. Sie zwangen ihn, das Kreuz bis zur Erschöpfung zu tragen j. Sie zwangen einen Heiden, ihm das Kreuz tragen zu helfen k. Sie brachten ihn zu dem schrecklichen Hinrichtungsplatz l. Sie gaben ihm Essig mit Galle vermischt	26 Da gab er ihnen den Barabbas frei; Jesus aber ließ er geißeln und übergab ihn zur Kreuzigung. 27 Da nahmen die Kriegsknechte des Statthalters Jesus in das Prätorium und versammelten die ganze Schar um ihn. 28 Und sie zogen ihn aus und legten ihm einen Purpurmantel um 29 und flochten eine Krone aus Dornen, setzten sie auf sein Haupt, gaben ihm ein Rohr in die rechte Hand und beugten vor ihm die Knie, verspotteten ihn und sprachen: Sei gegrüßt, König der Juden! 30 Dann spuckten sie ihn an und nahmen das Rohr und schlugen ihn auf das Haupt. 31 Und nachdem sie ihn verspottet hatten, zogen sie ihm den Mantel aus und legten ihm seine Kleider an. Und sie führten ihn hin, um ihn zu kreuzigen. 32 Als sie aber hinauszogen, fanden sie einen Mann von Kyrene namens Simon; den zwangen sie, ihm das Kreuz zu tragen. 33 Und als sie an den Platz kamen, den man Golgatha nennt, das heißt Schädelstätte, 34 gaben sie ihm Essig mit Galle vermischt zu trinken; und als er es gekostet hatte,		

ABSCHNITT XVI

VERHAFTUNG, VERHÖR UND KREUZIGUNG DES MESSIAS, 26,1-27,66

L. Leiden und Kreuzigung des Messias: Ein Bild für die Behandlung des Sohnes Gottes durch die Welt, 27,26-44

(27,26-44) **Einführung – Tod Jesu Christi**: In diesem Schriftabschnitt werden Leiden und Kreuzigung unseres Herrn beschrieben. Matthäus präsentiert uns in seiner methodischen Weise ein Bild davon, wie die Welt Gottes Sohn behandelt. Er sah verschiedene Klassen von Menschen, die die Welt symbolisieren, vor Christus stehen. Sie behandelten ihn fürchterlich und unglaublich. Die Menschen in *Gottes Welt* lehnten Gottes Sohn nicht nur ab, sie quälten und zerstörten ihn auch.
1. Die Führung: Sie verurteilten Christus – er war eine Bedrohung und mußte zerstört werden (V26).
2. Die Soldaten: Sie verspotteten und quälten Christus (V26-38).
3. Die vorbeigehenden Normalbürger: Sie verspotteten und beschimpften Christus (V39-40).
4. Die Frommen und Regierenden des Volkes: Sie verspotteten und schmähten Christus (V41-43).
5. Die Verbrecher: Sie verspotteten Christus (V44).

(27,26-44) **Weiterer Abriß**: Die Kreuzigung.
1. Die Geißelung Jesu (V26).
2. Demütigung und Qual durch die Soldaten (V27-31).
3. Der Weg nach Golgatha – Simon von Kyrene (V32-33).
4. Die Betäubung (V34).
5. Die Kreuzigung (V35).
6. Das Spiel um seine Kleider (V35).

Matthäus 27,26-44

7. Die Inschrift seiner Schuld am Kreuz (V36-37).
8. Die zwei Räuber (V38).
9. Die spottenden und schmähenden Vorbeigehenden (V39-43).
10. Die spottenden und schmähenden Diebe (V44).

NÄHERE BETRACHTUNG 1
(27,26-44) **Tod Jesu Christi**: Die Leiden und Qualen des Herrn wurden durch göttlichen Schmerz und menschliche Grausamkeit gekennzeichnet.

1. Der göttliche Schmerz des Herrn kam daher, daß er sich des Gerichts voll bewußt war, das er für den Menschen tragen sollte – Trennung von Gott (siehe Anmerkung – Mt 27,46-49). Der Druck dieser höllischen Erfahrung zeigt sich in Gethsemane. Anscheinend platzten durch den gewaltigen emotionalen Streß die feinen Kapillaren, die die Schweißdrüsen in seiner Haut versorgten. Jesus schwitzte buchstäblich Blut. Solch ein Erlebnis verursacht ausgeprägte Schwäche und bisweilen einen Schockzustand. Das schreckliche Geheimnis dieser höllischen Erfahrung zeigt sich in seinen Worten am Kreuz: "Mein Gott, mein Gott, warum hast du mich verlassen?" An diesem Punkt begann die große Trennung von Gott (siehe Anmerkungen – Mt 27,46-49; Eph 4,8-10; Nähere Betrachtung 1 – 1Petr 3,19-20).

2. Die körperliche Qual, die er unter den Händen der Menschen erdulden mußte, war gräßlich. Vor dem Hohenpriester schlug ein Offizier Jesus ins Gesicht (Joh 18,22). Die Palastwache verband ihm die Augen, verspottete ihn, spuckte ihn an und schlug ihn ins Gesicht; und sie ließen ihn die ganze Nacht nicht schlafen (Lk 22,63-66).

Vor Pilatus, das römische Verhör: Seine Hände wurden über seinen Kopf an einen Pfahl gebunden und er wurde gegeißelt (Joh 19,1). Der Gefangene wurde vor dem kommandierenden Zenturio fast bis zu Tode gepeitscht (die jüdische Prozeßordnung erlaubte nur vierzig Schläge).

Immer noch vor Pilatus: Die Wachen riefen alle Soldaten zusammen und begannen über seinen Anspruch zu spotten, König der Juden zu sein (Mk 15,16). Sie warfen ihm einen Mantel um und schlugen ihn immer weiter ins Gesicht. Sie nahmen ihm das Zepter aus der Hand und schlugen ihn damit, wodurch die Dornen noch tiefer eindrangen. Schließlich hörten sie mit dieser sadistischen Behandlung auf und rissen ihm den Mantel vom Rücken. Dadurch wurden die Geißelwunden wieder aufgerissen, deren Blut am Stoff festgeklebt war. Stechende Schmerzen waren die Folge (vgl. Mt 27,28-31; Mk 15,16-20; Joh 10,1-5).

Das Kreuz selbst tragen: Es war sehr, sehr schwer. Er mußte es kreuz und quer durch die Straßen der Stadt tragen. Die Römer benutzten dies als Warnung an alle, daß Verbrechen sich nicht auszahlen. Christus brach unter der Last zusammen und Simon von Kyrene wurde gezwungen, das Kreuz für ihn zu tragen (Mt 27,32; Mk 15,21; Lk 23,26).

---

1 (27,26) **Sanhedrin – Pilatus**: Die Führung verurteilte Christus. Er war eine Bedrohung und mußte zerstört werden. Der Sanhedrin, sowohl seine religiösen als auch seine politischen (Ältesten) Führer, und Pilatus verurteilten Christus. In ihren Augen war Christus eine Bedrohung für sie. Sogar Pilatus gab trotz seiner Zweifel nach und ließ Christus hinrichten, um den Frieden unter seiner Herrschaft und die Sicherheit seines Postens zu gewährleisten (siehe Abriß, Anmerkungen und Nähere Betrachtung 1 – Mt 27,11-25).

Gedanke 1 Stellung, Macht, Reichtum, Sicherheit, Neid und vieles mehr – all dies veranlaßt die Mächtigen dieser Erde, zu versuchen, Christus und seinen Einfluß zu zerstören.

2 (27,26-38) **Leiden Jesu Christi**: Die Soldaten verspotteten und quälten Christus. Ihre Behandlung umfaßte mindestens siebzehn Arten der Mißhandlung.

1. Sie *geißelten* Christus (V26). Er wurde ausgezogen und mit der Peitsche geschlagen. Das war eine grausame, peinigende Strafe. Die Peitsche (phagellow) bestand aus Lederriemen, an deren Ende sich je zwei Kugeln befanden. Die Kugeln wurden aus rauhem Blei, scharfen Knochensplittern oder Dornen gemacht, damit sie tief ins Fleisch eindrangen. Seine Hände wurden über seinen Kopf an einen Pfahl gebunden und er wurde gegeißelt (Joh 19,1). Es war üblich, daß der Gefangene so lange geschlagen wurde, bis der kommandierende Zenturio ihn für fast tot hielt (die jüdische Prozeßordnung erlaubte nur vierzig Schläge.) Der Rücken des Verbrechers bestand danach nur noch aus einer formlosen Masse zerrissenen Fleisches (vgl. Jes 50,6).

Gedanke 1 Zwei wichtige Tatsachen.
1) Christus wurde für unsere Sunden bestraft und gezüchtigt:

"Die Strafe, uns zum Frieden, lag auf ihm, und durch seine Wunden sind wir geheilt." (Jes 53,5)

2) Christus erlitt die Strafe für unsere Sünden *bereitwillig*:

"Meinen Rücken bot ich denen dar, die mich schlugen." (Jes 50,6)

2. Sie demütigten Christus vor hundert oder mehr Soldaten (V27). Man beachte die Worte "die ganze Schar" (speiran). Eine *Schar* Soldaten bedeutete üblicherweise eine *Kohorte*, die aus sechshundert Soldaten bestand. Manchmal bezeichnete "Schar" (speiran) jedoch auch ein Manipel. Jede Kohorte umfaßte drei Manipel, etwa zweihundert Soldaten. Es ist nicht bekannt, was hier gemeint ist. Die meisten sind der Meinung, daß die Zahl der Soldaten sehr groß war und sich ganz sicher um die zweihundert herum bewegte, die in einem Manipel dienten.

Gedanke 1 Christus wurde gedemütigt und zum Schauspiel gemacht, um uns zu retten. Wir sollen Schauspiele für Christus werden, um einige für ihn zu gewinnen.

> **"Es scheint mir nämlich, daß Gott uns Apostel als die Letzten hingestellt hat, gleichsam zum Tod bestimmt; denn wir sind der Welt ein Schauspiel geworden, sowohl Engeln als auch Menschen." (1Kor 4,9)**

> **"Erinnert euch aber an die früheren Tage, in denen ihr, nachdem ihr erleuchtet wurdet, viel Kampf erduldet habt, der mit Leiden verbunden war, da ihr teils selbst Schmähungen und Bedrängnissen öffentlich preisgegeben wart, teils mit denen Gemeinschaft hattet, die so behandelt wurden." (Hebr 10,32-33)**

Matthäus 27,26-44

3. Sie zogen Christus aus und warfen ihm einen purpurroten Mantel über (V28). Christus wurde *nackt und bloß* ausgezogen und durch das Anlegen des königlichen Mantels *lächerlich* gemacht.

Gedanke 1 Sünde machte den Menschen nackt und beschämte ihn (1Mo 3,7). Wir sind nackt vor dem, der die Welt richten wird. Christus wurde nackt ausgezogen und beschämt, damit er für uns reine und weiße Kleider (d.h. Gerechtigkeit) erwerben konnte.

> "Ich rate dir, von mir Gold zu kaufen, das im Feuer geläutert ist, damit du reich wirst, und weiße Kleider, damit du dich bekleidest und die Schande deiner Blöße nicht offenbar wird; und salbe deine Augen mit Augensalbe, damit du sehen kannst!" (Offb 3,18; vgl. Eph 4,23-24)

Gedanke 2 Christus *trug* den Purpurmantel für uns. Der Purpurmantel versinnbildlichte, daß er unsere Sünden tragen sollte.

1) Weil er den Purpurmantel unserer Sünden trug, können sie weiß wie Schnee werden.

> "Kommt doch, wir wollen miteinander rechten, spricht der HERR: Wenn eure Sünden wie Scharlach sind, sollen sie weiß werden wie der Schnee; wenn sie rot sind wie Purpur, sollen sie wie Wolle werden." (Jes 1,18)

2) Weil er den Purpurmantel unserer Sünden trug, können wir unsere Kleider im Blut des Lammes waschen.

> "Das sind die, welche aus der großen Drangsal kommen; und sie haben ihre Kleider gewaschen, und sie haben ihre Kleider weiß gemacht in dem Blut des Lammes." (Offb 7,14)

4. Sie setzten Christus eine Dornenkrone auf und gaben ihm ein Rohr in die Hand (V29). Eine Spottkrone wurde aus den Zweigen eines Dornbuschs geflochten und ihm auf den Kopf gedrückt. Die Dornen stachen durch seine Kopfhaut. Blut lief ihm über den Kopf und das Gesicht. Aus einem schwachen Rohr wurde ein Spottzepter gefertigt und ihm in die Hand gedrückt.

Gedanke 1 Dornen sind ein Zeichen für Gottes *Fluch* über die Erde, ein Ergebnis der Sünde (1Mo 3,18). Christus trug die Sünden, die den Fluch herbeigeführt hatten. Er wurde für uns zum Fluch gemacht.

> "Christus hat uns losgekauft von dem Fluch des Gesetzes, indem er ein Fluch für uns wurde (denn es steht geschrieben: Verflucht ist jeder, der am Holz hängt)." (Gal 3,13)

Gedanke 2 Christus hielt das schwache, schwankende Rohr in der Hand, das so leicht vom Wind bewegt wird (Mt 11,7), das schwankt und welkt und vergeht. Er hielt das Rohr, das die schwachen irdischen Reiche symbolisiert, die so schnell durchgeschüttelt werden und vergehen. Er hielt es als Teil seiner Leiden, damit er ein ewiges Zepter, einen ewigen Thron und ein ewiges Reich erwerben konnte.

> "Aber von dem Sohn: Dein Thron, o Gott, währt von Ewigkeit zu Ewigkeit. Das Zepter deines Reiches ist ein Zepter des Rechts." (Hebr 1,8)

5. Sie verbeugten sich und verspotteten den Anspruch Christi, König zu sein (V29). Sie verspotteten seinen Anspruch dadurch, daß sie sich *im Scherz* vor ihm verbeugten und spotteten: "Sei gegrüßt, König der Juden!" Sie verhöhnten ihn als Scheinkönig.

Gedanke 1 Es kommt der Tag, an dem es kein Witz mehr ist, vor Christus die Knie zu beugen und ihn als Herrn zu bekennen. An diesem Tag wird es weder Spott noch Hohn geben.

> "Darum hat ihn Gott auch über alle Maßen erhöht und ihm einen Namen verliehen, der über allen Namen ist, damit in dem Namen Jesu sich alle Knie derer beugen, die im Himmel und auf Erden und unter der Erde sind, und alle Zungen bekennen, daß Jesus Christus der Herr ist, zur Ehre Gottes, des Vaters." (Phil 2,9-11)

6. Sie spuckten Christus an (V30). (Vgl. Jes 50,6.) Es war für Untertanen üblich, ihre Herrscher zum Zeichen der Verehrung und Gefolgschaft zu küssen. Die Soldaten schworen dem Herrn zum Spott Gefolgschaft, indem sie ihm boshaft ins Gesicht spuckten.

Gedanke 1 Christus ertrug Bosheit, Angespucktwerden und spöttische Verehrung, um die Menschen vor dem Vergehen zu retten. Doch der Tag ist gekommen, an dem der Herr nicht angespuckt, sondern geküßt wird. Er soll die Gefolgschaft nicht zum Spott, sondern wahrhaftig bekommen.

> "Küsset den Sohn, daß er nicht zürne und ihr nicht umkommet auf dem Wege; denn wie leicht kann sein Zorn entbrennen! Wohl allen, die sich bergen bei ihm!" (Ps 2,12)

7. Sie schlugen Christus mit dem Rohr auf den Kopf (V30). Das griechische Wort für "schlugen ihn" (etupton, Imperfekt) bedeutet, daß sie *ihn wiederholt schlugen*. Sie nahmen das Rohr, das Spottzepter und benutzten es als Waffe, indem sie ihm immer wieder auf den Kopf schlugen. Scheinbar ging das Rohr von Hand zu Hand, damit viele die Gelegenheit hatten, ihr Mütchen zu kühlen. Geschlagen und blutend, wie er war, bot er einen schauderhaften Anblick.

Gedanke 1 Zwei wichtige Tatsachen.

> "Aber er wurde durchbohrt um unserer Übertretung willen, zerschlagen wegen unserer Missetat." (Jes 53,5)
> "Aber dem HERRN gefiel es, ihn zu zerschlagen." (Jes 53,10)

Matthäus 27,26-44

8. Sie zogen Christus den Königsmantel wieder aus und seine eigenen Kleider an, wodurch sich die Wunden verschlimmerten. Jetzt waren sie bereit, zur Sache zu kommen, seiner Kreuzigung. Als sie den Königsmantel wegnahmen, geschah zweierlei.
   a. Das am Stoff klebende trockene Blut wurde von den Wunden abgerissen. Sie begannen wieder zu bluten und Christus erlitt grausame Schmerzen.
   b. Durch das Ausziehen des Königsmantels nahmen die Soldaten Christus die Vollmacht wieder, die sie ihm gegeben hatten. Es war zwar nur eine Scheinvollmacht, doch sie hatte für die Haltung der Welt gegenüber der Verehrung des Sohnes Gottes gestanden.

   Gedanke 1 Kein Mensch bestimmt die Vollmacht des Sohnes Gottes. Er hat Vollmacht, weil er Gottes Sohn ist, nicht, weil ein Mensch sie ihm gegeben hat. Gott hat ihm alle Macht und Herrschaft gegeben, weil er für den Menschen gelitten und den Kreuzestod ertragen hat.

   "Und Jesus trat herzu, redete mit ihnen und sprach: Mir ist gegeben alle Macht im Himmel und auf Erden." (Mt 28,18)

   "Denn der Vater richtet niemand, sondern alles Gericht hat er dem Sohn übergeben, damit alle den Sohn ehren, wie sie den Vater ehren. Wer den Sohn nicht ehrt, der ehrt den Vater nicht, der ihn gesandt hat." (Joh 5,22-23)

   Gedanke 2 "Das Blut Jesu Christi, seines [Gottes] Sohnes, reinigt uns von aller Sünde." (1Joh 1,7)

9. Sie zwangen Christus, das Kreuz zu tragen, bis er erschöpft war (V32). Es war das übliche Vorgehen, einen verurteilten Verbrecher sein Kreuz tragen zu lassen. Vorne ritt ein Zenturio. Danach folgte ein Herold, der die Anklage gegen den Verurteilten verkündete. Gleich hinter dem Herold kam der Verurteilte, der sein Kreuz trug, und eine kleine Abteilung Soldaten. Der Verbrecher mußte sein Kreuz kreuz und quer durch die Straßen der Stadt tragen. Damit wollten die Römer den Bewohnern einer Stadt eindrücklich vor Augen führen, daß Verbrechen sich nicht auszahlen.

   Gedanke 1 Man beachte zwei wichtige Tatsachen.
   1) Die Menschen zwangen Christus, das Kreuz nach Golgatha zu tragen. Dies ist ein geistliches Bild. Geistlich gesehen ist es die Sünde des Menschen, die Christus dazu zwang, für den Menschen das Kreuz zu tragen.

   "Er hat unsere Sünden selbst an seinem Leib getragen auf dem Holz, damit wir, den Sünden gestorben, der Gerechtigkeit leben mögen; durch seine Wunden seid ihr heil geworden." (1Petr 2,24)

   2) Gott zwang Christus, das Kreuz für den Menschen zu tragen.

   "Diesen, der nach Gottes festgesetztem Ratschluß und Vorsehung dahingegeben worden war, habt ihr genommen und durch die Hände der Gesetzlosen ans Kreuz geheftet und getötet." (Apg 2,23)

10. Sie zwangen einen Heiden, Christus mit dem Kreuz zu helfen (V32). Christus war unter dem Gewicht des Kreuzes zusammengebrochen. Das überrascht nicht, denn er hatte so viel gelitten…
    - die Qual im Garten.
    - die Spannung und Aufregung der Verhöre.
    - Den Spott und die Pein durch die Soldaten.

    Er hatte durch die grausame Folter viel Blut verloren und viele Stunden ohne Essen und Schlaf aushalten müssen. Die Soldaten hatten das Recht, einem der Zuschauer auf die Schulter zu klopfen und ihn zur Hilfe heranzuziehen, welche Last auch getragen werden mußte. In diesem Falle brauchten sie eben jemanden, der Christus das Kreuz trug. Sie nahmen Simon von Kyrene und er trug Christus das Kreuz. Gott benutzte dieses Ereignis, um Simons Leben für immer zu verändern (siehe Anmerkung – Mk 15,21).

    Gedanke 1 Christus trug das Kreuz für uns, damit er uns für den Dienst Gottes heranziehen kann. So wie er das Kreuz trug, sollen wir das Kreuz jetzt für ihn tragen. Simon trug das Kreuz im wahrsten Sinne des Wortes und versinnbildlichte damit, daß wir auf geistliche Weise für Christus das Kreuz tragen sollen (siehe Anmerkung – Lk 9,23).

    "Er sprach aber zu allen: Wenn jemand mir nachkommen will, so verleugne er sich selbst und nehme sein Kreuz auf sich täglich und folge mir nach." (Lk 9,23)

11. Sie brachten Christus zu dem schrecklichen Hinrichtungsplatz (V33). Der Platz wurde Golgatha genannt, die Schädelstätte. Es ist nicht bekannt, warum der Ort diesen Namen hat. Doch man beachte, daß er als Ort des Todes und der Totengebeine bekannt war. Es war ein rauhes Gelände, das Gedanken an den Tod, an vergängliches und vergehendes Fleisch weckte. Es war ein schrecklicher Ort zum Sterben.

    Gedanke 1 Sogar der Ort, an dem Christus gekreuzigt wurde, stand für den Tod selbst. Jede Handlung schien auf seinen Tod zur Erlösung der Menschen hinzuweisen. Hier auf Golgatha fand sich das Bild oder der Gedanke des Todes und hier auf Golgatha sollte er sterben, um alle Menschen aus den Klauen des Todes zu erlösen.

    "Da nun die Kinder an Fleisch und Blut Anteil haben, ist er in ähnlicher Weise dessen teilhaftig geworden, damit er durch den Tod den außer Wirksamkeit setzte, der die Macht des Todes hatte, nämlich den Teufel, und alle diejenigen befreite, die durch Todesfurcht ihr ganzes Leben hindurch in Knechtschaft gehalten wurden." (Hebr 2,14-15).

    Gedanke 2 Christus wurde als unwürdig angesehen, unter den Menschen der Welt zu leben, also wurde er aus der Stadt geführt und mittels Hinrichtung aus der Welt befördert. Er wurde aus dem Weinberg geworfen (Mt 21,39). Im Alten Testament fanden Tieropfer außerhalb des Lagers statt und das Blut wurde in die Gemeinde gebracht. Das Lamm Gottes wurde aus dem Tor geführt wie ein Schaf, das geschlachtet werden soll.

Matthäus 27,26-44

"Denn die Leiber der Tiere, deren Blut für die Sünde durch den Hohenpriester in das Heiligtum getragen wird, werden außerhalb des Lagers verbrannt. Darum hat auch Jesus, um das Volk durch sein eigenes Blut zu heiligen, außerhalb des Tores gelitten." (Hebr 13,11-12)

<u>Gedanke 3</u> Er trug für uns den Vorwurf der Sünde. Deshalb sollten wir für ihn den Vorwurf der Gerechtigkeit tragen.

"So laßt uns nun zu ihm hinausgehen, außerhalb des Lagers, und seine Schmach tragen!" (Hebr 13,13)

12. Sie gaben Christus mit Galle vermischten Essig (V34). Es war üblich, dem Verurteilten gewürzten Wein zu geben, bevor er ans Kreuz geschlagen wurde. Der gewürzte Wein war ein starkes, betäubendes Gebräu. Er sollte den Verurteilten narkotisieren. Die Schrift sagte dieses Ereignis voraus (Ps 69,21).

<u>Gedanke 1</u> Christus war gekommen, um Gottes Willen zu tun und als Opfer für die Menschen zu sterben. Er wollte dies bei vollem Bewußtsein tun, nicht mit betäubten Sinnen und halb bewußtlos. Er hatte ein Werk zu vollbringen, indem er sein Leben für den Menschen opferte: Er sollte den Tod für alle Menschen schmecken und er wollte ihn bei vollem Bewußtsein und geistig so wach wie möglich schmecken.

"Wir sehen aber Jesus, der für kurze Zeit niedriger gewesen ist als die Engel wegen des Todesleidens, mit Herrlichkeit und Ehre gekrönt; er sollte ja durch Gottes Gnade für alle den Tod schmecken." (Hebr 2,9)

"An Brandopfern und Sündopfern hast du keinen Gefallen gefunden. Da sprach ich: Siehe, ich komme – in der Buchrolle steht von mir geschrieben –, um deinen Willen, o Gott, zu tun…Aufgrund dieses Willens sind wir ein für allemal geheiligt durch die Opferung des Leibes Jesu Christi." (Hebr 10,6-7, 10)

13. Sie kreuzigten Christus (V35). Die Kreuzigung selbst war der schrecklichste aller Tode. Der antike Schriftsteller Tacitus nannte sie "einen verächtlichen Tod." Cicero nannte sie "den grausamsten und entsetzlichsten Tod." Er sagte schlicht, er sei "unmöglich zu beschreiben." Da war der Schmerz, den die Nägel verursachten, die durch Jesu Hände und Füße oder Fußgelenke getrieben wurden. Da war das Gewicht seines Körpers, das an den Nägeln zerrte, als das Kreuz aufgerichtet und an seinen Platz gebracht wurde. Da waren die brennende Sonne und der unstillbare Durst, der seinen trockenen Mund und seine Kehle zerriß. Da war das Blut, das aus seinem zerschlagenen Rücken, seinem von Dornen verletzten Gesicht, seinen Füßen und seinem zerschlagenen Kopf sickerte. Man stelle sich zusätzlich noch die Plage der Fliegen, Mücken und anderen Insekten vor. Außerdem war da der Speer, der in seine Seite gestoßen wurde. Man könnte in der Beschreibung der Qualen fortfahren. Es hat nie eine grausamere Hinrichtungsform gegeben als die Kreuzigung.

<u>Gedanke 1</u> In den allereinfachsten Worten wurde Christus für unsere Sünde gekreuzigt, um uns zu Gott zu bringen.

"Er hat unsere Sünden selbst an seinem Leib getragen auf dem Holz, damit wir, den Sünden gestorben, der Gerechtigkeit leben mögen; durch seine Wunden seid ihr heil geworden." (1Petr 2,24)

"Denn auch Christus hat einmal für Sünden gelitten, der Gerechte für die Ungerechten, damit er uns zu Gott führte; und er wurde getötet nach dem Fleisch, aber lebendig gemacht durch den Geist." (1Petr 3,18)

14. Sie spielten um die Kleider Christi (V35). Anscheinend war es bei den Soldaten eines Hinrichtungskommandos üblich, von den Kleidern des gekreuzigten Verbrechers zu nehmen, was ihnen gefiel. Die Soldaten zogen Christus aus und teilten seine Kleider unter sich auf. Sein Obergewand war wertvoll. Es war nahtlos, aus einem Stück, von oben bis unten gewebt, wie der Mantel des Hohenpriesters. Die Soldaten entschlossen sich also, durch Auslosen darum zu spielen (Joh 19,23-24). Dieses Ereignis wurde in Ps 22,18 vorausgesagt.

<u>Gedanke 1</u> Man beachte zweierlei.
1) Christus wurde von den Soldaten ausgezogen. Doch er hatte selbst seine Herrlichkeit ausgezogen, um Mensch zu werden und für uns zu sterben.

"Da nun die Kinder an Fleisch und Blut Anteil haben, ist er in ähnlicher Weise dessen teilhaftig geworden, damit er durch den Tod den außer Wirksamkeit setzte, der die Macht des Todes hatte, nämlich den Teufel, und alle diejenigen befreite, die durch Todesfurcht ihr ganzes Leben hindurch in Knechtschaft gehalten wurden." (Hebr 2,14-15)

2) Das Obergewand war ein Symbol für Christus, *den Mittler*, den Pontifex, was auf Latein *Brückenbauer* heißt, zwischen Gott und dem Menschen.

"Denn es ist ein Gott und ein Mittler zwischen Gott und den Menschen, der Mensch Christus Jesus, der sich selbst als Lösegeld für alle gegeben hat. [Das ist] das Zeugnis zur rechten Zeit." (1Tim 2,5-6)

15. Sie setzten sich und starrten Christus an (V36). Bei der Kreuzigung trat der Tod üblicherweise nur sehr langsam ein. Manchmal dauerte es Tage, bis der Hingerichtete an seinem Leiden gestorben war. Deshalb wurde Soldaten aufgestellt, die den Hingerichteten bewachen sollten, damit seine Freunde nicht versuchten, ihn vom Tod zu retten. Bei Christus hatten die Soldaten nun ihre Arbeit mit seiner Kreuzigung und ihre Scherze beendet. Sie mußten nun noch warten. Sie setzten sich und beobachteten ihn, wie er da hing. Wir können uns vorstellen, was sie sahen, wenn wir uns vorstellen, wie er nach der ganzen Folter aussah und wenn wir uns die sieben Worte am Kreuz ins Gedächtnis rufen. Jesus hing nackt dort und wurde angestarrt, ein beschämender Anblick. Die Beschämung und Peinlichkeit mußte Christus tief ins Herz geschnitten haben. Das Starren der Soldaten war vorhergesagt worden (Ps 22,17).

Matthäus 27,26-44

Gedanke 1 Sünde ist die Nacktheit, die Schande des Menschen. Sünde zieht einen Menschen aus und macht ihn vor Gott nackt. Das Kreuz ist die Schande Christi, doch er trug die Schande des Kreuzes für uns.

> "Ich rate dir, von mir...zu kaufen...weiße Kleider, damit du dich bekleidest und die Schande deiner Blöße nicht offenbar wird." (Offb 3,18)
>
> "Im Aufblick auf Jesus, den Anfänger und Vollender des Glaubens, der um der vor ihm liegenden Freude willen das Kreuz erduldete und dabei die Schande für nichts achtete, und der sich zur Rechten des Thrones Gottes gesetzt hat." (Hebr 12,2)

Gedanke 2 Gott sah in weiser Voraussicht, daß Wachen um das Kreuz aufgestellt wurden. Warum? So konnten nie berechtigte Zweifel am tatsächlichen Tod seines Sohnes auftauchen.

Gedanke 3 Der ehrliche und denkende Soldat sah, wie ein gerechter und edler Mensch ungerechtfertigt getötet wurde.

> "Als aber der Hauptmann, der ihm gegenüberstand, sah, daß er so schrie und verschied, sprach er: Wahrhaftig, dieser Mensch war Gottes Sohn!" (Mk 15,39)

16. Sie beschämten Christus und verspotteten seinen Anspruch erneut (V37). Es war üblich, daß die Anklage gegen einen gekreuzigten Verbrecher auf ein Brett geschrieben und über seinem Kopf am Kreuz befestigt wurde. Dies diente sowohl zur Information als auch zur Warnung an die Öffentlichkeit. Natürlich erhöhte es die Schande und den Spott über den Gekreuzigten noch. Im Fall Christi wurde die Anklage in drei verschiedenen Sprachen geschrieben (Joh 19,20). Man beachte die genauen Worte: "Dies ist Jesus, der König der Juden." Diese Inschrift verärgerte die religiösen Führer. Sie gingen zu Pilatus und sagten: "Schreibe nicht: Der König der Juden, sondern daß jener gesagt hat: Ich bin König der Juden." Pilatus antwortete einfach: "Was ich geschrieben habe, das habe ich geschrieben!" (Joh 19,21-22).

Gedanke 1 Gott setzte sich über die Schande und Verachtung unseres Herrn hinweg. Gott sah darauf, daß die Anklagen gegen ihn seine Gottheit und Ehre verkündeten. Er wurde in drei Sprachen zum König ausgerufen, Sprachen, die für die Welt stehen: Aramäisch (die Juden), Latein (die Heiden) und Griechisch (die gebildeten Juden und Heiden).

> "Und in seiner äußeren Erscheinung als ein Mensch erfunden, erniedrigte er sich selbst und wurde gehorsam bis zum Tod, ja bis zum Tod am Kreuz. Darum hat ihn Gott auch über alle Maßen erhöht und ihm einen Namen verliehen, der über allen Namen ist, damit in dem Namen Jesu sich alle Knie derer beugen, die im Himmel und auf Erden und unter der Erde sind, und alle Zungen bekennen, daß Jesus Christus der Herr ist, zur Ehre Gottes, des Vaters." (Phil 2,8-11)
>
> "Daß du das Gebot unbefleckt und untadelig bewahrst bis zur Erscheinung unseres Herrn Jesus Christus, welche zu seiner Zeit zeigen wird der Hochgelobte und allein Gewaltige, der König der Könige und der Herr der Herrschenden, der allein Unsterblichkeit hat, der in einem unzugänglichen Licht wohnt, den kein Mensch gesehen hat noch sehen kann; ihm sei Ehre und ewige Macht! Amen." (1Tim 6,14-16)

17. Sie erhöhte die Schande und den Spott noch, indem sie Christus zwischen zwei Dieben kreuzigten (V38). Vielleicht war dieser Tag als Hinrichtungstag festgesetzt worden. Oder vielleicht hatten die jüdischen Führer Pilatus bedrängt, Jesus mit anderen Verbrechern hinzurichten. Das würde ihrem Standpunkt Gewicht verleihen, daß er nicht mehr als ein gewöhnlicher Mensch war, ein Hochstapler, der den Tod genau wie andere Verbrecher verdiente. Was der Grund auch war, die Tatsache, daß Gottes Sohn mit anderen Verbrechern hingerichtet wurde, erhöhte die Schande und den Spott noch, den er zu ertragen hatte. Auch dieses Ereignis war vorhergesagt worden (Jes 53,12).

Gedanke 1 Christus wurde als Sünder betrachtet, damit er die Sünde vieler tragen könnte.

> "Dafür, daß er...sich unter die Übeltäter zählen ließ und die Sünden vieler getragen und für die Übeltäter gebetet hat!" (Jes 53,12)
>
> "Glaubwürdig ist das Wort und aller Annahme wert, daß Christus Jesus in die Welt gekommen ist, um Sünder zu retten, von denen ich der größte bin." (1Tim 1,15)

[3] (27,39-40) **Verspottung Jesu Christi**: Die vorbeigehenden Normalbürger verspotteten und beschimpften Christus. Von ihnen gab es viele (Joh 19,20). Golgatha lag nahe bei der Stadt auf einem Hügel, so daß es sich vermutlich in der Nähe einer Hauptstraße und eines großen Stadttores befand.

Zuerst wurde nur Christus beschimpft und verspottet, die beiden Verbrecher nicht. Auf sie fiel kein Schimpf. Die Mörder des Herrn waren mit seinem Tod nicht zufrieden; sie waren voller Feindseligkeit und Bitterkeit, die nach Rache und Demütigung strebte. Deshalb streuten sie Spott und Feindseligkeit unter den Vorbeigehenden aus und diese ließen sich von der Aufregung der Sünde und Schande des bösartigen Haufens anstecken.

Zweitens sahen die Vorbeigehenden Christus dort hängen und glaubten, daß er behauptet hatte, König zu sein. Von seinen Anklägern angestachelt, schmähten sie ihn. Das Wort für schmähen (blasphemoun) ist stark und bedeutet lästern, fluchen, herziehen über. Sie schüttelten auch ihre Köpfe über ihn. Zu dieser Zeit bedeutete diese Geste Beleidigung, Verachtung und Spott.

Die Vorbeigehenden verspotteten Christus aus zwei Gründen: Seinen Anspruch, die Macht zu haben, den Tempel zu zerstören und wieder aufzubauen (siehe Anmerkung – Mt 26,60-61) und seinen Anspruch, Gottes Sohn zu sein (Mt 26,64). Man beachte, daß die Menge die gleichen Worte wie der Teufel benutzte, der Jesus zum Beginn seiner Wirksamkeit versucht hatte: "Wenn du Gottes Sohn bist" (Mt 4,6).

Gedanke 1 Zu viele verfluchen und lästern Christus, wenn sie hören, daß er als der Messias, der Sohn Gottes, Anspruch auf ihr Leben erhebt. Die Reaktion der meisten Menschen wurde schon vor Generationen vorhergesagt.

> "Alle, die mich sehen, spotten meiner; sie sperren das Maul auf und schütteln den Kopf." (Ps 22,7)
>
> "Und ich bin ihnen zum Gespött geworden; wer mich sieht, schüttelt den Kopf." (Ps 109,25)

Matthäus 27,26-44

<u>Gedanke 2</u> Christus hatte die Gottheit und alle Würde, Macht und Reichtum Gottes. Trotzdem wurde er für uns schwach und arm. Er ließ den Spott und die Beschimpfung der Menschen über sich ergehen, um zu sterben.

> "Denn wenn er auch aus Schwachheit gekreuzigt wurde, so lebt er doch aus der Kraft Gottes; so sind auch wir zwar schwach in ihm, doch werden wir mit ihm leben aus der Kraft Gottes für euch." (2Kor 13,4)
>
> "Denn ihr erkennt die Gnade unseres Herrn Jesus Christus, daß er, obwohl er reich war, um euretwillen arm wurde, damit ihr durch seine Armut reich würdet." (2Kor 8,9)

<u>Gedanke 3</u> Der vorbeigehende Durchschnittsmensch verspottet und beschimpft Christus oft. Wie?
- ⇒ In dem er Christi Anspruch, Gottes Sohn zu sein, verlacht.
- ⇒ Indem er den Namen Christi verflucht und entheiligt.
- ⇒ Indem er Christus herausfordert, seine Macht zu beweisen und seine Bedürfnisse zu erfüllen, wenn er nicht für Christus gelebt hat.
- ⇒ Indem er an Christus und seinen Nachfolgern schlechter handelt als an dem Rest der Gesellschaft, Verbrecher eingeschlossen.

4 (27,41-43) <u>Verspottung Jesu Christi</u>: Die Frommen und Regierenden des Volkes (Älteste) verspotteten und schmähten Christus. Menschen aus Religion und Politik sollten über dieser Verhaltensweise stehen. In einer ungläubigen und sündige Menge werden Menschen voll Bitterkeit und Feindschaft jedoch dazu verführt, schändliche Dinge zu tun. Diese Führer verspotteten die vier Hauptansprüche Christi:
- ⇒ Daß er der Erlöser war
- ⇒ Daß er der König war
- ⇒ Daß er der war, der Gott vollkommen vertraute
- ⇒ Daß er der Sohn Gottes war

Ihre Absicht war, ihre Feindseligkeit an Christus auszulassen und ihn zu demütigen, und zwar in der Hoffnung, die Menge noch sicherer davon überzeugen zu können, daß er ein Hochstapler und Betrüger war. Die Frommen mißverstanden Gottes Messias, eben den Herrn Jesus Christus, völlig.

> "Glaubwürdig ist das Wort und aller Annahme wert, daß Christus Jesus in die Welt gekommen ist, um Sünder zu retten, von denen ich der größte bin." (1Tim 1,15)
>
> "Denn es ist ein Gott und ein Mittler zwischen Gott und den Menschen, der Mensch Christus Jesus, der sich selbst als Lösegeld für alle gegeben hat. [Das ist] das Zeugnis zur rechten Zeit." (1Tim 2,5-6)

<u>Gedanke 1</u> Christus war alles, was er beanspruchte zu sein.
1) Der Erlöser.

> "Denn der Sohn des Menschen ist gekommen, um zu suchen und zu retten, was verloren ist." (Lk 19,10. Siehe Anmerkung – Mt 8,20.)

2) Der König.

> "Jesus aber stand vor dem Statthalter; und der Statthalter fragte ihn und sprach: Bist du der König der Juden? Jesus sprach zu ihm: Du sagst es!" (Mt 27,11)
>
> "Da sprach Pilatus zu ihm: So bist du also ein König? Jesus antwortete: Du sagst es; ich bin ein König. Ich bin dazu geboren und dazu in die Welt gekommen, daß ich der Wahrheit Zeugnis gebe; jeder, der aus der Wahrheit ist, hört meine Stimme." (Joh 18,37)

3) Der Menschensohn, der Gott vollkommen vertraute.

> "Jesus spricht zu ihnen: Meine Speise ist die, daß ich den Willen dessen tue, der mich gesandt hat, und sein Werk vollbringe." (Joh 4,34)
>
> "Ich kann nichts von mir selbst aus tun. Wie ich höre, so richte ich; und mein Gericht ist gerecht, denn ich suche nicht meinen Willen, sondern den Willen des Vaters, der mich gesandt hat." (Joh 5,30)
>
> "Wenn euch nun der Sohn frei machen wird, so seid ihr wirklich frei." (Joh 8,36)

4) Der Sohn Gottes.

> "Denn so sehr hat Gott die Welt geliebt, daß er seinen eingeborenen Sohn gab, damit jeder, der an ihn glaubt, nicht verloren geht, sondern ewiges Leben hat. Denn Gott hat seinen Sohn nicht in die Welt gesandt, damit er die Welt richte, sondern damit die Welt durch ihn gerettet werde. Wer an ihn glaubt, wird nicht gerichtet; wer aber nicht glaubt, der ist schon gerichtet, weil er nicht an den Namen des eingeborenen Sohnes Gottes geglaubt hat." (Joh 3,16-18)
>
> "Wieso sagt ihr dann zu dem, den der Vater geheiligt und in die Welt gesandt hat: Du lästerst!, weil ich gesagt habe: Ich bin Gottes Sohn?" (Joh 10,36)

<u>Gedanke 2</u> Religiöse und weltliche Führer sind immer noch Menschen. Nicht Stand oder Bekenntnis machen einen Menschen aus, sondern das Herz. Ein ungläubiges und feindseliges Herz, das bereit ist, sich einer sündigen Menge anzuschließen, wird sich für schandbare Dinge hergeben, gleich welchen Stand oder welches Bekenntnis es hat.

<u>Gedanke 3</u> Wenn Christus seine Macht benutzt hätte, um sich selbst zu retten, was wäre dann aus unserer Erlösung geworden?

5 (27,44) <u>Verspottung Jesu Christi</u>: Die Verbrecher verspotteten Christus. Das Bild der Diebe, die in die Verspottung Christi einstimmen, zeigt…

Matthäus 27,26-44

- die Intensität des Spotts und der Beschimpfung.
- die Bitterkeit und Feindschaft gegen Christus in den Herzen.
- das verdorbene Herz eines Menschen, der sich in der Menge gehen läßt, auch wenn er Bestrafung erwartet der erhält.
- die Größe der Schande, zu der sich Menschen hergeben.

"Als er geschmäht wurde, schmähte er nicht wieder, als er litt, drohte er nicht, sondern übergab es dem, der gerecht richtet. Er hat unsere Sünden selbst an seinem Leib getragen auf dem Holz, damit wir, den Sünden gestorben, der Gerechtigkeit leben mögen; durch seine Wunden seid ihr heil geworden." (1Petr 2,23-24)

Matthäus 27,45-56

	M. Der große Triumph des Messias: Die wunderbaren Ereignisse um das Kreuz, 27,45-56 (Mk 15,33-41; Lk 23,44-49; Joh 19,30-37)	51 Und siehe, der Vorhang im Tempel riß von oben bis unten entzwei, und die Erde erbebte, und die Felsen spalteten sich. 52 Und die Gräber öffneten sich, und viele Leiber der entschlafenen Heiligen wurden auferweckt 53 und gingen aus den Gräbern hervor nach seiner Auferstehung und kamen in die heilige Stadt und erschienen vielen. 54 Als aber der Hauptmann und die, welche mit ihm Jesus bewachten, das Erdbeben sahen und was da geschah, fürchteten sie sich sehr und sprachen: Wahrhaftig, dieser war Gottes Sohn! 55 Es waren aber dort viele Frauen, die von ferne zusahen, welche Jesus von Galiläa her gefolgt waren und ihm gedient hatten; 56 unter ihnen waren Maria Magdalena und Maria, die Mutter des Jakobus und Joses, und die Mutter der Söhne des Zebedäus.	4 Der große Vorhang im Tempel zerriß: Von oben nach unten 5 Das schreckliche Erdbeben 6 Die Auferstehung vieler Heiliger 7 Das Bekenntnis des Zenturio und anderer 8 Mut und Liebe der Frauen a. Viele Frauen b. Einige namentlich genannt
1 Die schreckliche Finsternis a. Drei Stunden b. Im ganzen Land 2 Der geheimnisvolle laute Ruf a. Die große Trennung – Gott verließ ihn b. Der Ruf mißverstanden 1) Einer zeigte Mitleid 2) Andere spotteten abergläubisch 3 Der große Triumphschrei und die Aufgabe des Geistes Jesu	45 Aber von der sechsten Stunde an kam eine Finsternis über das ganze Land bis zur neunten Stunde. 46 Und um die neunte Stunde rief Jesus mit lauter Stimme: Eli, Eli, lama sabachthani, das heißt: Mein Gott, mein Gott, warum hast du mich verlassen? 47 Etliche der Anwesenden sprachen, als sie es hörten: Der ruft den Elia! 48 Und sogleich lief einer von ihnen, nahm einen Schwamm, füllte ihn mit Essig, steckte ihn auf ein Rohr und gab ihm zu trinken. 49 Die übrigen aber sprachen: Halt, laßt uns sehen, ob Elia kommt, um ihn zu retten! 50 Jesus aber schrie nochmals mit lauter Stimme und gab den Geist auf.		

ABSCHNITT XVI

VERHAFTUNG, VERHÖR UND KREUZIGUNG DES MESSIAS, 26,1-27,66

M. Der große Triumph des Messias: Die wunderbaren Ereignisse um das Kreuz, 27,45-56

(27,45-56) **Einführung**: Während Christus am Kreuz hing, geschahen einige wunderbare Dinge – Dinge, die eindeutig bewiesen, daß das Kreuz ein Triumph war und keine Tragödie. Das Kreuz war der Triumph des Messias. Dies wird durch acht Ereignisse eindeutig bewiesen.

1. Die schreckliche Finsternis (V45).
2. Der geheimnisvolle laute Ruf (V46-49).
3. Der große Triumphschrei und die Aufgabe des Geistes Jesu (V50).
4. Der große Vorhang im Tempel zerriß: Von oben nach unten (V51).
5. Das schreckliche Erdbeben (V51).
6. Die Auferstehung vieler Heiliger (V52-53).
7. Das Bekenntnis des Zenturio und anderer (V54).
8. Mut und Liebe der Frauen (V55-56).

1 (27,45) **Tod Jesu Christi – Finsternis auf der Erde**: Die schreckliche Finsternis. Von der sechsten bis zur neunten Stunde, nach unserer Zeit von Mittag bis drei Uhr, lag eine übernatürliche Finsternis über dem Land.
Man denke einen Moment nach und stelle sich vor…
    Wer da am Kreuz hing…
- Gottes einziger Sohn, der souveräne Herrscher über alles Leben, sichtbar und unsichtbar (vgl. Kol 1,16).
- Der große Schöpfer und Baumeister des ganzen Universums, der ganzen Welt.

Was er da am Kreuz tat…
- Die Sünden aller Menschen tragen.
- Das Gericht und den Zorn Gottes über die Sünde *für alle Menschen* tragen.
- Den Tod des Menschen für alle Menschen sterben.
- Alles Nötige tun, um die Menschen von Sünde, Tod und Gericht zu befreien, damit sie ewig leben können.

Was die Tiefe von Gottes Plan ist…

> **"O welch eine Tiefe des Reichtums sowohl der Weisheit als auch der Erkenntnis Gottes! Wie unergründlich sind seine Gerichte, und wie unausforschlich seine Wege! Denn wer hat den Sinn des Herrn erkannt, oder wer ist sein Ratgeber gewesen? Oder wer hat ihm etwas zuvor gegeben, daß es ihm wieder vergolten werde? Denn von ihm und durch ihn und zu ihm sind alle Dinge; ihm sei die Ehre in Ewigkeit! Amen." (Röm 11,33-36)**

Wenn man wirklich über die Tatsachen nachdenkt, ist es dann ein Wunder, daß alles, sogar die Natur, vom Tod des Sohnes Gottes schwer betroffen wurde? Die Finsternis beweist und symbolisiert verschiedene Dinge.

Matthäus 27,45-56

1. Die Finsternis bewies, daß Christus tatsächlich Gottes Sohn war. Vor ihm verschließt sich jeder Mund und Furcht und Verehrung. Zweifelsohne wurde der Spott der Menge um das Kreuz durch Furcht und Verwunderung beendet. Während dieser Zeit wird nichts von irgendwelchem Spott berichtet. Die Menge war von Schrecken ergriffen und fragte sich, was da geschah (V54).

> "Und er nahm Petrus und Jakobus und Johannes mit sich; und er fing an, zu erschrecken, und ihm graute sehr." (Mk 14,33)

> "Denn so sehr hat Gott die Welt geliebt, daß er seinen eingeborenen Sohn gab, damit jeder, der an ihn glaubt, nicht verloren geht, sondern ewiges Leben hat. Denn Gott hat seinen Sohn nicht in die Welt gesandt, damit er die Welt richte, sondern damit die Welt durch ihn gerettet werde. Wer an ihn glaubt, wird nicht gerichtet; wer aber nicht glaubt, der ist schon gerichtet, weil er nicht an den Namen des eingeborenen Sohnes Gottes geglaubt hat." (Joh 3,16-18)

> "Und in seiner äußeren Erscheinung als ein Mensch erfunden, erniedrigte er sich selbst und wurde gehorsam bis zum Tod, ja bis zum Tod am Kreuz. Darum hat ihn Gott auch über alle Maßen erhöht und ihm einen Namen verliehen, der über allen Namen ist, damit in dem Namen Jesu sich alle Knie derer beugen, die im Himmel und auf Erden und unter der Erde sind, und alle Zungen bekennen, daß Jesus Christus der Herr ist, zur Ehre Gottes, des Vaters." (Phil 2,8-11)

2. Die Finsternis steht für den finstersten Tag der menschlichen Geschichte. Dies war der Tag, an dem der Sohn Gottes selbst für die Sünden der Menschen getötet wurde.

> "Er hat unsere Sünden selbst an seinem Leib getragen auf dem Holz, damit wir, den Sünden gestorben, der Gerechtigkeit leben mögen; durch seine Wunden seid ihr heil geworden." (1Petr 2,24)

> "Denn auch Christus hat einmal für Sünden gelitten, der Gerechte für die Ungerechten, damit er uns zu Gott führte; und er wurde getötet nach dem Fleisch, aber lebendig gemacht durch den Geist." (1Petr 3,18)

3. Die Finsternis stand für die Finsternis der Sünde:
⇒ Sünde, die für ihre Taten Finsternis verlangt.

> "Darin aber besteht das Gericht, daß das Licht in die Welt gekommen ist, und die Menschen liebten die Finsternis mehr als das Licht; denn ihre Werke waren böse. Denn wer Böses tut, haßt das Licht und kommt nicht zum Licht, damit seine Werke nicht aufgedeckt werden. Wer aber die Wahrheit tut, der kommt zum Licht, damit seine Werke offenbar werden, daß sie in Gott getan sind." (Joh 3,19-21)

⇒ Sünde, die in die allerschrecklichste Finsternis führt – den Tod.

> "Denn der Lohn der Sünde ist der Tod; aber die Gnadengabe Gottes ist das ewige Leben in Christus Jesus, unserem Herrn." (Röm 6,23)

4. Die Finsternis stand für die Finsternis der menschlichen Seele und ihrer Taten. Die Finsternis der menschlichen Seele wurde nun vom Sohn Gottes getragen – alles für den Menschen.

> "So wird der Christus, nachdem er sich einmal zum Opfer dargebracht hat, um die Sünden vieler auf sich zu nehmen, zum zweitenmal denen erscheinen, die auf ihn warten, nicht wegen der Sünde, sondern zum Heil." (Hebr 9,28)

> "Auch euch, die ihr tot wart durch Übertretungen und Sünden, in denen ihr einst gelebt habt nach dem Lauf dieser Welt, gemäß dem Fürsten, der in der Luft herrscht, dem Geist, der jetzt in den Söhnen des Ungehorsams wirkt, unter denen auch wir alle einst unser Leben führten in den Begierden unseres Fleisches, indem wir den Willen des Fleisches und der Gedanken taten; und wir waren von Natur Kinder des Zorns, gleichwie die anderen. Gott aber, der reich ist an Erbarmen, hat um seiner großen Liebe willen, mit der er uns geliebt hat, auch uns, die wir tot waren durch die Sünden, mit dem Christus lebendig gemacht – aus Gnade seid ihr gerettet…Nun aber, in Christus Jesus, seid ihr, die ihr einst fern wart, nahe gebracht worden durch das Blut des Christus." (Eph 2,1-5;13)

> "Ich aber bin ein Wurm und kein Mensch, ein Spott der Leute und verachtet vom Volk." (Ps 22,6)

5. Die Finsternis stand dafür, daß sich das Licht der Gegenwart Gottes von dem Sünder zurückzog. Christus hing als Sünder am Kreuz – alles für uns – als Sünder, der für uns zur Sünde wurde.

> "Und um die neunte Stunde rief Jesus mit lauter Stimme: Eli, Eli, lama sabachthani, das heißt: Mein Gott, mein Gott, warum hast du mich verlassen?" (Mt 27,46)

> "Denn er hat den, der von keiner Sünde wußte, für uns zur Sünde gemacht, damit wir in ihm Gerechtigkeit Gottes würden." (2Kor 5,21)

6. Die Finsternis stand für den Zorn Gottes über die Sünde. Sünde und Sünder verdienen nichts als das Gericht der Finsternis. Die Sünde verdient das Licht der Gegenwart Gottes nicht, in keiner Weise.

> "Christus hat uns losgekauft von dem Fluch des Gesetzes, indem er ein Fluch für uns wurde (denn es steht geschrieben: Verflucht ist jeder, der am Holz hängt)." (Gal 3,13)

> "Meine Kinder, dies schreibe ich euch, damit ihr nicht sündigt! Und wenn jemand sündigt, so haben wir einen Fürsprecher bei dem Vater, Jesus Christus, den Gerechten; und er ist das Sühnopfer für unsere Sünden, aber nicht nur für die unseren, sondern auch für die der ganzen Welt." (1Joh 2,1-2)

> "Doch wahrlich, unsere Krankheit trug er, und unsere Schmerzen lud er auf sich; wir aber hielten ihn für bestraft, von Gott geschlagen und geplagt; aber er wurde durchbohrt um unserer Übertretung willen, zerschlagen wegen unserer Missetat; die Strafe, uns zum Frieden, lag auf ihm, und durch seine

Matthäus 27,45-56

Wunden sind wir geheilt. Wir gingen alle in der Irre wie Schafe, ein jeder wandte sich auf seinen Weg; aber der HERR warf unser aller Schuld auf ihn." (Jes 53,4-6)

2 (27,46-49) **Trennung Jesu Christi von Gott**: Der geheimnisvolle laute Ruf: "Mein Gott, mein Gott, warum hast du mich verlassen?" Das war die große Trennung, der Augenblick, in dem Gott Christus, seinen einzigen Sohn, verließ. Was bedeutet diese schockierende Aussage? Der menschliche Verstand sträubt sich schon gegen den Gedanken, daß Gott seinen einzigen Sohn "verlassen" könnte und wollte. Trotzdem rief Christus: "Mein Gott, mein Gott, warum hast du mich verlassen?" Man kann die Bedeutung dessen nicht leichten Herzens erforschen. Sie erfordert Ehrfurcht und viel Überlegung im Gebet. Doch sogar dann, nach einer Ewigkeit in Gebet und Nachdenken, bleibt die Tiefe der Bedeutung für den Menschen unauslotbar und unerreichbar. (Siehe Anmerkung – Mt 20,19.)

Die Schrift deutet wenigstens die folgenden Bedeutungen an.

1. "Warum hast du mich verlassen?" Jesus fühlte, daß Gott ihm seine Gegenwart entzogen hatte. Er fühlte, daß Gott nicht mehr mit ihm war.

2. "Warum hast du mich verlassen?" Jesus fühlte, daß Gott seine Erlösung zurückgezogen hatte. Wenn Jesus in der Vergangenheit Schwierigkeiten hatte, hatte Gott immer sein Bedürfnis erfüllt. Er hatte z.B. eine Stimme vom Himmel geschickt um ihn sicher zu machen (Joh 12,27-28) und als er sich in Gethsemane dem Kelch gegenüber sah, hatte Gott ihm sogar einen Engel geschickt, um ihn zu stärken. Doch jetzt, als er am Kreuz hing, hatte Gott ihn verlassen. Es gab keine Rettung von Gott. Er war vollkommen allein.

3. "Warum hast du mich verlassen?" Jesus fühlte, daß er den *Fluch* Gottes trug, den Fluch der Trennung von Gott, den Fluch des Gerichts und des Urteils Gottes über die Sünde (vgl. Gal 3,13. Siehe Nähere Betrachtung 1 – Hebr 9,27.)

4. "Warum hast du mich verlassen?" Jesus fühlte, daß Gottes Leben und Heiligkeit ihn verlassen hatten, daß er den Feinden des Lebens und der Heiligkeit, d.h. der Sünde und dem Tod, ausgeliefert war. Er wurde zur Sünde gemacht und mußte sterben. Und sowohl Sünde als auch Tod waren Gott fremd, seinem Wesen fremd, das aus Leben und Heiligkeit besteht. Sünde und Tod sind beide Feinde Gottes und Feinde all dessen, was zu Gott gehört.

⇒ Indem er zur Sünde wurde und starb, erlebte Christus alles, was Gottes Wesen entgegengesetzt war – alles, was dazu beitrug, daß Gott sich von Sünde und Tod absonderte. (Siehe Nähere Betrachtung 1 – Joh 10,10; Nähere Betrachtung 1 – 17,2-3. Vgl. 2Kor 5,21; Hebr 2,14-15. Vgl. Kol 2,15 mit Eph 6,12 und Anmerkung – Eph 4,8-10; Nähere Betrachtung 1 – 1Petr 3,19-20.)

Jesu Ruf war in Ps 22,1 vorhergesagt worden. Der Grund, aus dem Gott Jesus verlassen mußte, findet sich in Ps 22,3: "Du, der Heilige." Jesus war für viele "zur Sünde gemacht" worden (2Kor 5,21).

⇒ Christus trug die Sünde für den Menschen, deshalb mußte er auch die dem Menschen bestimmte Strafe tragen – die Strafe der Trennung von einem vollkommen heiligen Gott (siehe Anmerkung und Nähere Betrachtung 2 – Mt 26,37-38; Nähere Betrachtung 4 – 26,39). Die Schrift verkündigt das ganze Geheimnis seines Todes: "[Jesus] hat unsere Sünden selbst an seinem Leib getragen auf dem Holz…" (1Petr 2,24).

Man beachte, daß einige aus der Menge die Worte Jesu mißverstanden. Einer hatte Mitleid und wollte ihm etwas zu trinken geben, um ihn zu helfen. Doch andere hielten ihn auf und spotteten abergläubisch, indem sie forderten, man möge ihn in Ruhe lassen, um zu sehen, ob Elia kommen und ihn retten würde.

> "Denn er hat den, der von keiner Sünde wußte, für uns zur Sünde gemacht, damit wir in ihm Gerechtigkeit Gottes würden." (2Kor 5,21)
>
> "Christus hat uns losgekauft von dem Fluch des Gesetzes, indem er ein Fluch für uns wurde (denn es steht geschrieben: Verflucht ist jeder, der am Holz hängt)." (Gal 3,13)
>
> "Wir sehen aber Jesus, der für kurze Zeit niedriger gewesen ist als die Engel wegen des Todesleidens, mit Herrlichkeit und Ehre gekrönt; er sollte ja durch Gottes Gnade für alle den Tod schmecken." (Hebr 2,9)
>
> "So wird der Christus, nachdem er sich einmal zum Opfer dargebracht hat, um die Sünden vieler auf sich zu nehmen, zum zweitenmal denen erscheinen, die auf ihn warten, nicht wegen der Sünde, sondern zum Heil." (Hebr 9,28)
>
> "Die Schmähungen derer, die dich schmähen, sind auf mich gefallen." (Ps 69,9)
>
> "Aber er wurde durchbohrt um unserer Übertretung willen, zerschlagen wegen unserer Missetat; die Strafe, uns zum Frieden, lag auf ihm, und durch seine Wunden sind wir geheilt." (Jes 53,5)
>
> "Darum will ich ihm unter den Großen seinen Anteil geben, und er soll Starke zum Raube erhalten, dafür, daß er seine Seele dem Tode preisgegeben hat und sich unter die Übeltäter zählen ließ und die Sünden vieler getragen und für die Übeltäter gebetet hat!" (Jes 53,12)

3 (27,50) "**Es ist vollbracht**": Der große Triumphschrei und die Aufgabe des Geistes Jesu. Hierin finden sich drei wichtige Punkte.

1. Jesus schrie: "Es ist vollbracht" (Joh 19,30). Das griechische Wort *tetelestai* ist ein Schrei sieghafter Entschlossenheit. Christus hatte sein Werk, seinen Auftrag, seine Aufgabe vollendet. Er schrie nicht wie ein besiegter Märtyrer, sondern wie ein siegreicher Eroberer.

2. "Gab den Geist auf" (apheken to pneuma) bedeutet, daß er bereitwillig nachgab und seinen Geist gehen ließ. Man muß sich immer daran erinnern, daß Jesus *bereitwillig* starb. Er kam bereitwillig zu diesem Punkt der Aufgabe und Übergabe seines Geistes an den Tod. Sowohl Petrus als auch Paulus behandeln das Tun Christi während der drei Tage gleich nach seinem Tod bis zur Auferstehung.

   a. Am Kreuz:

   > "Als er so die Herrschaften und Gewalten entwaffnet hatte, stellte er sie öffentlich an den Pranger und triumphierte über sie an demselben [dem Kreuz]." (Kol 2,15. Vgl. Eph 6,12.)

   b. Am Kreuz und nach dem Tod:

   > "Denn auch Christus hat einmal für Sünden gelitten, der Gerechte für die Ungerechten, damit er uns zu Gott führte; und er wurde getötet nach dem Fleisch, aber lebendig gemacht durch den Geist, in welchem er auch hinging und den Geistern im Gefängnis verkündigte, [20] die einst nicht glaubten, als Gottes Langmut einmal zuwartete in den Tagen Noahs." (1Petr 3,18-20. Siehe Anmerkung – 1Petr 3,19-20.)

Matthäus 27,45-56

    c.   Nach dem Tod:

> "Darum heißt es: Er ist hinaufgestiegen zur Höhe, hat Gefangene gemacht und den Menschen Gaben gegeben. Das [Wort] aber: Er ist hinaufgestiegen, was bedeutet es anderes, als daß er auch zuvor hinabgestiegen ist zu den Niederungen der Erde? Der hinabgestiegen ist, ist derselbe, der auch hinaufgestiegen ist über alle Himmel, damit er alles erfülle." (Eph 4,8-10. Siehe Anmerkung – Eph 4,8-10.)

    3.   Christus starb zur neunten Stunde, d.h. drei Uhr nachmittags (V45, 50). Das war die Stunde, in der die Priester mit dem Abendopfer des Passahlammes begannen. Während die Priester dabei waren, das symbolische Lamm für das Volk zu opfern, wurde außerhalb der Stadtmauern das wahre Lamm Gottes für die Sünden der Menschen geopfert (1Kor 5,7; Hebr 13,12).

[4] (27,51) **Zerrissener Vorhang**: Der große Vorhang im Tempel zerriß von oben nach unten. Nach Ansicht der Juden war dieser Vorhang eines der wichtigsten Dinge im Tempel. Warum? Weil er die Bundeslade umgab, die für die Gegenwart Gottes selbst stand. Er war groß, schön und aus den besten Materialien gemacht. Seine Höhe betrug zwanzig oder mehr Meter. Um einen Eindruck seiner Pracht zu bekommen, stelle man sich einen der anderen Tempelvorhänge vor, wie sie Josephus beschreibt:

> *"Vor den letzteren wallte ein gleich langer babylonischer Vorhang herab, bunt gestickt aus Hyacinth, Byssus, Scharlach und Purpur, wunderschön gewoben mit sehenswerter Mischung der Stoffe. Er sollte ein Bild des Weltalls sein; der Scharlach nämlich sollte das Feuer, der Byssus die Erde, der Hyacinth die Luft und der Purpur das Meer andeuten...Die Stickerei zeigte den Anblick des ganzen Himmels mit Ausnahme der Bilder des Tierkreises."* (Josephus, jüd. Krieg V 5,4).

Der Punkt, den es zu beachten gilt, ist hier, daß der Vorhang von oben nach unten zerriß. Dies versinnbildlicht, daß er durch eine Handlung Gottes selbst zerrissen wurde. Das stand für direkten Zugang zu Gott (Hebr 6,19; 9,3-12;24; 10,19-23). Der Vorhang trennte das Allerheiligste vom Heiligen. Bis zu dieser Zeit konnte nur der Hohepriester ins Allerheiligste eintreten und das auch nur einmal im Jahr, am Versöhnungstag (2Mo 26,33). Nun kann jeder Mensch durch den Leib Christi in die Gegenwart Gottes kommen. Er kann zu jeder Zeit und überall in Gottes Gegenwart kommen und beten.

> "Denn er ist unser Friede, der aus beiden eins gemacht und die Scheidewand des Zaunes abgebrochen hat, indem er in seinem Fleisch die Feindschaft, das Gesetz der Gebote in Satzungen, hinwegtat, um so die zwei in sich selbst zu einem neuen Menschen zu schaffen und Frieden zu stiften." (Eph 2,14-15)
>
> "Diese [Hoffnung] halten wir fest als einen sicheren und festen Anker der Seele, der auch hineinreicht ins Innere, hinter den Vorhang, wohin Jesus als Vorläufer für uns eingegangen ist, der Hoherpriester in Ewigkeit geworden ist nach der Ordnung Melchisedeks." (Hebr 6,19-20)
>
> "Denn nicht in ein mit Händen gemachtes Heiligtum, in eine Nachbildung des wahrhaftigen, ist der Christus eingegangen, sondern in den Himmel selbst, um jetzt für uns zu erscheinen vor dem Angesicht Gottes." (Hebr 9,24)
>
> "Aufgrund dieses Willens sind wir ein für allemal geheiligt durch die Opferung des Leibes Jesu Christi." (Hebr 10,10)
>
> "Da wir nun, ihr Brüder, kraft des Blutes Jesu Freimütigkeit haben zum Eingang in das Heiligtum, den er uns eingeweiht hat als neuen und lebendigen Weg durch den Vorhang hindurch, das heißt, durch sein Fleisch, und da wir einen großen Priester über das Haus Gottes haben, so laßt uns hinzutreten mit wahrhaftigem Herzen, in völliger Gewißheit des Glaubens, durch Besprengung der Herzen los vom bösen Gewissen und am Leib gewaschen mit reinem Wasser." (Hebr 10,19-22)

[5] (27,51) **Erdbeben**: Das schreckliche Erdbeben. Dies kann ein dreifaches Symbol sein.

    1.   Die Erde könnte unter der Sündenlast gebebt haben, die ihrem Schöpfer und Gestalter auferlegt wurde.

> "Er hat unsere Sünden selbst an seinem Leib getragen auf dem Holz, damit wir, den Sünden gestorben, der Gerechtigkeit leben mögen; durch seine Wunden seid ihr heil geworden." (1Petr 2,24)
>
> Aber er wurde durchbohrt um unserer Übertretung willen, zerschlagen wegen unserer Missetat; die Strafe, uns zum Frieden, lag auf ihm, und durch seine Wunden sind wir geheilt." (Jes 53,5)

    2.   Die Erde könnte gebebt haben und die Felsen zersprungen sein, um den vernichtenden Schlag gegen das Reich Satans zu verdeutlichen.

> "Jetzt ergeht ein Gericht über diese Welt. Nun wird der Fürst dieser Welt hinausgeworfen werden; und ich, wenn ich von der Erde erhöht bin, werde alle zu mir ziehen." (Joh 12,31-32)
>
> "Als er so die Herrschaften und Gewalten entwaffnet hatte, stellte er sie öffentlich an den Pranger und triumphierte über sie an demselben." (Kol 2,15)
>
> "Da nun die Kinder an Fleisch und Blut Anteil haben, ist er in ähnlicher Weise dessen teilhaftig geworden, damit er durch den Tod den außer Wirksamkeit setzte, der die Macht des Todes hatte, nämlich den Teufel, und alle diejenigen befreite, die durch Todesfurcht ihr ganzes Leben hindurch in Knechtschaft gehalten wurden." (Hebr 2,14-15)

    3.   Die Erde könnte gebebt haben, um zu verdeutlichen, daß auch sie auf den großen Tag der Erlösung wartet.

> "Daß auch die Schöpfung selbst befreit werden soll von der Knechtschaft der Sterblichkeit zur Freiheit der Herrlichkeit der Kinder Gottes." (Röm 8,21)
>
> "Es wird aber der Tag des Herrn kommen wie ein Dieb in der Nacht; dann werden die Himmel mit Krachen vergehen, die Elemente aber vor Hitze sich auflösen und die Erde und die Werke darauf verbrennen. Da nun dies alles derart aufgelöst wird, wie sehr solltet ihr euch auszeichnen durch heiligen Wandel und Gottseligkeit, indem ihr das Kommen des Tages Gottes erwartet und ihm entgegen-

Matthäus 27,45-56

eilt, an welchem die Himmel in Glut sich auflösen und die Elemente vor Hitze zerschmelzen werden! Wir erwarten aber nach seiner Verheißung neue Himmel und eine neue Erde, in denen Gerechtigkeit wohnt." (2Petr 3,10-13)

6 (27,52-53) **Auferstehung der Gläubigen**: Die Auferstehung vieler Heiliger. Wer diese Heiligen waren, ist nicht sicher bekannt. Doch man muß mehrere Tatsachen beachten, die in der Schrift erwähnt werden.

1. Die Gräber öffneten sich bei dem schrecklichen Erdbeben (V51), doch die Körper standen nicht vor den Auferstehung Jesu auf (V52). Christus mußte der erste sein, der von den Toten auferstand – der erste, der nie wieder sterben würde (1Kor 15,20; Kol 1,18; Offb 1,5).

2. Zwischen den beiden Ereignissen von Kreuz und Auferstehung lag erwiesenermaßen die Zeit, in der Jesus die volle Strafe von Tod und Hölle für die Sünden der Menschen trug. Er schmeckte den Tod für jeden Menschen – den körperlichen und den geistlichen Tod (Hebr 2,9;14).

3. Petrus fügt hinzu: "…in welchem er auch hinging und den Geistern im Gefängnis verkündigte" (1Petr 3,19). Das bedeutet wahrscheinlich, daß er zu den Verlorenen in der Hölle ging und ihnen verkündete, daß der Weg der Gerechten nun gerächt wäre. Johannes zitiert Christus in Offb 1,18: "Ich war tot, und siehe, ich lebe von Ewigkeit zu Ewigkeit, Amen! Und ich habe die Schlüssel des Totenreiches und des Todes."

Viele glauben, daß vor der Auferstehung Christi alle Toten an einen Ort kamen, der in der Schrift als Hades bekannt ist (siehe Nähere Betrachtung 2 – Lk 16,23). Hades war in zwei Bereiche aufgeteilt, Paradies und Hölle. Die Geister der Gläubigen kamen ins Paradies und die Geister der Ungläubigen in die Hölle. Manche Kommentatoren glauben, daß Christus bei seiner Auferstehung die Heiligen des Paradieses mit sich nahm, damit sie für immer in der Gegenwart Gottes leben könnten. Seit der Auferstehung Christi kommen die Gläubigen nun direkt in die Gegenwart Gottes.

4. Paulus fügt hinzu: "Er ist hinaufgestiegen zur Höhe, hat Gefangene gemacht…was bedeutet es anderes, als daß er auch zuvor hinabgestiegen ist zu den Niederungen der Erde?" (Eph 4,8-9; vgl. Die Öffnung der Gräber in Mt 27,51 und die Auferstehung der Körper in Mt 27,52). Der Gedanke ist, daß Christus die Gefangenschaft – Sünde, Tod und Hölle – gefangennahm. Er besiegte alle Feinde des Menschen und befreite den Menschen, damit er auferstehen und ewig in der Gegenwart Gottes leben kann.

Die Auferstehung dieser Heiligen steht für wenigstens zwei Dinge.

1. Sie steht für den Sieg Christi über den Tod. Dem Tod ist der Stachel genommen, seine Macht ist nun gebrochen.

> "Denn er muß herrschen, bis er alle Feinde unter seine Füße gelegt hat. Als letzter Feind wird der Tod beseitigt." (1Kor 15,25-26)

> "Siehe, ich sage euch ein Geheimnis: Wir werden nicht alle entschlafen, wir werden aber alle verwandelt werden, plötzlich, in einem Augenblick, zur Zeit der letzten Posaune; denn die Posaune wird erschallen, und die Toten werden auferstehen unverweslich, und wir werden verwandelt werden. Denn dieses Verwesliche muß Unverweslichkeit anziehen, und dieses Sterbliche muß Unsterblichkeit anziehen. Wenn aber dieses Verwesliche Unverweslichkeit anziehen und dieses Sterbliche Unsterblichkeit anziehen wird, dann wird das Wort erfüllt werden, das geschrieben steht: Der Tod ist verschlungen in Sieg! Tod, wo ist dein Stachel? Totenreich, wo ist dein Sieg? Der Stachel des Todes aber ist die Sünde, die Kraft der Sünde aber ist das Gesetz. Gott aber sei Dank, der uns den Sieg gibt durch unseren Herrn Jesus Christus!" (1Kor 15,51-57)

> "Da nun die Kinder an Fleisch und Blut Anteil haben, ist er in ähnlicher Weise dessen teilhaftig geworden, damit er durch den Tod den außer Wirksamkeit setzte, der die Macht des Todes hatte, nämlich den Teufel." (Hebr 2,14)

2. Sie steht für die Auferstehung der Gläubigen. Die Gläubigen werden auferstehen, erkannt werden und einander erkennen (Mt 27,53).

> "Verwundert euch nicht darüber! Denn es kommt die Stunde, in der alle, die in den Gräbern sind, seine Stimme hören werden, und sie werden hervorgehen: die das Gute getan haben, zur Auferstehung des Lebens; die aber das Böse getan haben, zur Auferstehung des Gerichts." (Joh 5,28-29)

> "Das ist aber der Wille dessen, der mich gesandt hat, daß jeder, der den Sohn sieht und an ihn glaubt, ewiges Leben hat; und ich werde ihn auferwecken am letzten Tag." (Joh 6,40)

> "Da wir wissen, daß der, welcher den Herrn Jesus auferweckt hat, auch uns durch Jesus auferwecken und zusammen mit euch vor sich stellen wird." (2Kor 4,14)

> "Denn der Herr selbst wird, wenn der Befehl ergeht und die Stimme des Erzengels und die Posaune Gottes erschallt, vom Himmel herabkommen, und die Toten in Christus werden zuerst auferstehen. Danach werden wir, die wir leben und übrigbleiben, zugleich mit ihnen entrückt werden in Wolken, zur Begegnung mit dem Herrn, in die Luft, und so werden wir bei dem Herrn sein allezeit." (1Thess 4,16-17)

7 (27,54) **Hauptmann**: Das Bekenntnis des Zenturios und anderer. Mit einigen, die am Fuß des Kreuzes standen, geschah etwas Wunderbares. Als die Erde nach der Finsternis bebte, fürchteten sich der Zenturio und seine Soldaten und riefen: "Wahrhaftig, dieser war Gottes Sohn!" Das Bekenntnis war vermutlich echt, viel mehr als das bloße Gefühl, daß Christus unschuldig und für seinen Gott etwas Besonderes war. Natürlich konnten die Soldaten nicht völlig verstehen, was *Sohn Gottes* bedeutete, doch sie wußten, daß Christus beansprucht hatte, Gottes Sohn zu sein. Und da sie Zeugen der Worte Christi und seines absichtsvollen Verhaltens am Kreuz waren, war es viel wahrscheinlicher für sie, zu glauben, daß er den Anspruch zu Recht erhoben hatte.

> "Denn wenn du mit deinem Mund Jesus als den Herrn bekennst und in deinem Herzen glaubst, daß Gott ihn aus den Toten auferweckt hat, so wirst du gerettet. Denn mit dem Herzen glaubt man, um gerecht zu werden, und mit dem Mund bekennt man, um gerettet zu werden." (Röm 10,9-10)

<u>Gedanke 1</u> Die magnetische Kraft des Kreuzes beginnt bei dem Zenturio und seinen Soldaten zu wirken.

> "Und ich, wenn ich von der Erde erhöht bin, werde alle zu mir ziehen." (Joh 12,32)

Matthäus 27,45-56

Gedanke 2 Um erlöst zu werden, muß man wirklich an den Anspruch Christi glauben, Gottes Sohn zu sein.

8 (27,55-56) **Frauen**: Mut und Liebe der Frauen. Man beachte folgende Ausdrücke.
⇒ "Viele Frauen": Viele waren da. Als die Männer flohen, bewiesen viele Frauen Mut.
⇒ "Von ferne": Manche standen weit ab, doch manche standen direkt am Fuß des Kreuzes (Joh 19,25). Ihre Liebe ging tief und ihre Treue und ihr Mut wurden deutlich. Sie siegten über die Angst. Sie fürchteten die Feinde Christi nicht: Sie triumphierten einfach, weil sie liebten (1Joh 4,18).

> "Denn wer seine Seele retten will, der wird sie verlieren; wer aber seine Seele verliert um meinetwillen und um des Evangeliums willen, der wird sie retten." (Mk 8,35)
>
> "Furcht ist nicht in der Liebe, sondern die vollkommene Liebe treibt die Furcht aus, denn die Furcht hat mit Strafe zu tun; wer sich nun fürchtet, ist nicht vollkommen geworden in der Liebe." (1Joh 4,18)

Matthäus 27,57-66

	N. Das Begräbnis des Messias: Reaktionen auf seinen Tod, 27,57-66 (Mk 15,42-47; Lk 23,50-56; Joh 19,38:42)		
1 Ein heimlicher Jünger: Zum Eintreten für Christus gebracht	57 Als es nun Abend geworden war, kam ein reicher Mann von Arimathia namens Joseph, der auch ein Jünger Jesu geworden war.	gegenüber. 62 Am anderen Tag nun, der auf den Rüsttag folgt, versammelten sich die Hohenpriester und die Pharisäer bei Pilatus	**3 Ungläubige und weltliche Fromme: Hatten ein ernstes Problem**
a. Er war Jünger, aber heimlich		63 und sprachen: Herr, wir erinnern uns, daß dieser Verführer sprach, als er noch lebte: Nach drei Tagen werde ich auferstehen.	a. Ihr zweifaches Problem 1) Der Anspruch des Herrn: Er wird auferstehen 2) Die Botschaft eines auferstandenen Messias
b. Er wurde zum Eintreten für Christus gebracht: Er bat um Jesu Körper	58 Dieser ging zu Pilatus und bat um den Leib Jesu. Da befahl Pilatus, daß ihm der Leib gegeben werde.	64 So befiehl nun, daß das Grab sicher bewacht werde bis zum dritten Tag, damit nicht etwa seine Jünger in der Nacht kommen, ihn stehlen und zum Volk sagen: Er ist aus den Toten auferstanden! und der letzte Betrug schlimmer wird als der erste.	b. Ihre Bitte: Das Grab absichern
c. Er balsamierte den Körper ein	59 Und Joseph nahm den Leib, wickelte ihn in reine Leinwand		
d. Er begrub den Körper 1) In seinem eigenen Grab 2) Verschloß den Eingang mit einem großen Stein	60 und legte ihn in sein neues Grab, das er im Felsen hatte aushauen lassen; und er wälzte einen großen Stein vor den Eingang des Grabes und ging davon.	65 Pilatus aber sprach zu ihnen: Ihr sollt eine Wache haben! Geht hin und bewacht es, so gut ihr könnt!	c. Ihr Fehler: Glaubten, Jesu Ansprüche wären falsch d. Ihre umfassende Sicherung des Grabes*DS1*
2 Zwei gläubige Frauen: Bewiesen Treue und Zuneigung	61 Es waren aber dort Maria Magdalena und die andere Maria, die saßen dem Grab	66 Da gingen sie hin, versiegelten den Stein und bewachten das Grab mit der Wache.	1) Versiegelung des Grabes 2) Militärische Wache

ABSCHNITT XVI

VERHAFTUNG, VERHÖR UND KREUZIGUNG DES MESSIAS, 26,1-27,66

N. Das Begräbnis des Messias: Reaktionen auf seinen Tod, 27,57-66

(27,57-66) **Einführung**: Jesus war nun gestorben. In diesem Abschnitt finden sich drei Reaktionen auf seinen Tod, die zeigen, wie wir auf seinen Tod reagieren sollen und wie nicht.
1. Ein heimlicher Jünger: Wurde zum Eintreten für Christus gebracht (V57-60).
2. Zwei gläubige Frauen: Bewiesen Treue und Zuneigung (V61).
3. Ungläubige und weltliche Fromme: Hatten ein ernstes Problem (V62-66).

1 (27,57-60) **Joseph von Arimathia**: Die Reaktion eines heimlichen Jüngers. Er wurde dazu gebracht, für Christus einzutreten. Über Joseph von Arimathia werden mehrere Dinge gesagt, die zeigen, was für ein Mensch er war.
⇒ Er war ein angesehener Ratsherr, d.h. ein Mitglied des Sanhedrin (Mk 15,43).
⇒ Er war ein guter und gerechter Mann (Lk 23,50).
⇒ Er wartete auf das Reich Gottes (Mk 15,43).
⇒ Er war reich (Mt 27,57).
⇒ Er stimmte im Sanhedrin gegen den Tod Jesu (Lk 23,51).
⇒ Er war Jünger, aber heimlich, weil er die Juden fürchtete (Joh 19,38).

Diese letzte Tatsache offenbart eine bedeutende Veränderung bei Joseph. Bis zu Jesu Tod war er ein heimlicher Jünger gewesen. Wahrscheinlich hatte er Christus mehrmals getroffen, wenn dieser in Jerusalem war. Doch nach Jesu Tod machte er kein Geheimnis mehr daraus. Er wurde mutig.

Vier Handlungen zeigen einen besonderen Mut, der die Stärke des Glaubens Josephs offenbart.
1. Joseph wagte es tatsächlich, "ging zu Pilatus hinein" und bat um den Körper Jesu (Mk 15,43). Das war ein äußerst mutiges Vorgehen. Die Römer warfen die Leichen der Gekreuzigten entweder auf den Müll oder ließen sie den Geiern und anderen Tieren zum Fraß am Kreuz hängen. Letzteres diente der Öffentlichkeit als Beispiel für die Bestrafung eines Verbrechers. Joseph wagte es trotz der Reaktion, die von Pilatus drohte, denn diesem hing die *Angelegenheit Jesus* zum Halse heraus. Jesus hatte sich für ihn als äußerst lästig erwiesen. Pilatus hätte heftig auf Joseph reagieren können.
2. Joseph riskierte Mißfallen und Bestrafung des Sanhedrin. Er war das Führungsgremium, das Christus verhetzt und verurteilt hatte und Joseph gehörte dazu. Fraglos würde es zu heftigen Reaktionen seitens einiger anderer Mitglieder des Sanhedrin und einiger seiner besten Freunde kommen.
3. Joseph bewies Fürsorge und sogar Zuneigung für Jesus, indem er ihm sein eigenes Grab zum Begräbnis zur Verfügung stellte. Allein diese Handlung ließ keine Fragen über sein Verhältnis zu Christus offen.
4. Joseph schloß sich auch von der Teilnahme am großen Passahfest aus. Das wurde nie getan, nicht einmal aus den wichtigsten Gründen. Da Joseph sich mit dem Leichnam Jesu zu schaffen machte, wurde er für sieben Tage als unrein angesehen, weil er Kontakt zu einem Toten hatte. Wer unrein war, konnte nach jüdischem Gesetz nicht an jüdischen Zeremonien teilnehmen.

Was Joseph von einem heimlichen zu einem mutigen Jünger machte, sind scheinbar die wunderbaren Ereignisse um das Kreuz gewesen (Worte und Verhalten Christi, die Finsternis, das Erdbeben und der zerrissene Vorhang). Als Joseph dies alles erlebte, stellte er in Gedanken die Verbindung zwischen Christi Anspruch und den alttestamentlichen Prophezeiungen vom Messias her. Joseph sah, daß sich die Vorhersagen in Jesus erfüllten. Er trat vor und stellte sich mutig allen Risiken: Er stellte sich zu Christus. Ein bemerkenswerter Mut! Mut, der durch Christi Tod angeregt wurde.

Man beachte, daß Joseph den Leichnam einbalsamierte, in *sein eigenes Grab* legte und den Eingang mit einem großen Stein verschloß (siehe Nähere Betrachtung 1 – Mt 27,65-66). (Vgl. Jes 53,9.)

Matthäus 27,57-66

Gedanke 1 Auch der heimliche Gläubige muß das Kreuz Christi betrachten. Wer das Kreuz wirklich betrachtet, verwandelt sich von einem heimlichen Gläubigen in einen mutigen Zeugen Christi.

"Denn so sehr hat Gott die Welt geliebt, daß er seinen eingeborenen Sohn gab, damit jeder, der an ihn glaubt, nicht verloren geht, sondern ewiges Leben hat." (Joh 3,16)

"Gott aber beweist seine Liebe zu uns dadurch, daß Christus für uns gestorben ist, als wir noch Sünder waren." (Röm 5,8)

"Er hat unsere Sünden selbst an seinem Leib getragen auf dem Holz, damit wir, den Sünden gestorben, der Gerechtigkeit leben mögen; durch seine Wunden seid ihr heil geworden." (1Petr 2,24)

"Denn auch Christus hat einmal für Sünden gelitten, der Gerechte für die Ungerechten, damit er uns zu Gott führte; und er wurde getötet nach dem Fleisch, aber lebendig gemacht durch den Geist." (1Petr 3,18)

Gedanke 2 Stellung, Macht, Reichtum, Ruhm – nichts davon macht uns mutig für Christus. Nur wahre Zuneigung zu Christus macht uns mutig und sie entsteht nur, wenn wir das Kreuz Christi betrachten.

Gedanke 3 Christus identifizierte sich vollkommen mit den Menschen.
- ⇒ Er lebte als Mensch, doch vollkommen.
- ⇒ Er starb als Mensch, doch vollkommen (als idealer Mensch).
- ⇒ Er wurde als Mensch begraben, doch vollkommen.

"Und man gab ihm bei Gottlosen sein Grab und bei einem Reichen seine Gruft, obwohl er kein Unrecht getan hatte und kein Betrug in seinem Munde gewesen war." (Jes 53,9)

"Daher mußte er in jeder Hinsicht den Brüdern ähnlich werden, damit er ein barmherziger und treuer Hoherpriester im Dienst vor Gott würde, um die Sünden des Volkes zu sühnen." (Hebr 2,17)

Gedanke 4 Gottes eigener Sohn besaß nichts, als er auf der Erde war. Dies bedeutet zweierlei.
- ⇒ Christus ist der Erlöser der Ärmsten. Er wurde in einem Stall geboren. Er hatte keinen Ort, wo er seinen Kopf hinlegen konnte (Mt 8,20; Lk 9,58). Sein Grab war geliehen.
- ⇒ Doch die Reichen können ihm so wie Joseph von Arimathia dienen.

2 (27,61) **Gläubige Frauen**: Die Reaktion der gläubigen Frauen. Sie bewiesen Treue und Zuneigung. Drei Tatsachen müssen zu diesen Frauen beachtet werden.

1. Die Frauen waren trotz aller Gefahr Christus treu. Die Männer verließen Christus, die Frauen nicht (Mt 26,56;69-75; vgl. 27,55-56;61).
2. Die Frauen besaßen eine tiefe Zuneigung zu Christus. Sie nahmen, was sie an Geld hatten, um Salben und Kräuter zu kaufen, und benutzten sie für Christus. Das taten sie, weil sie ihn liebten (Mt 27,61; vgl. Mk 16,1; Lk 23,56).
3. Die Frauen hatten die Auferstehung Christi noch nicht verstanden. Sie bereiteten seinen Körper darauf vor, im Grab zu liegen und zu vergehen. Sie hatten die wahre Bedeutung des ewigen Lebens noch nicht begriffen, daß der menschliche Körper neu geschaffen und unvergänglich gemacht wird (Joh 5,24-29; vgl. 1Kor 15,42f. Vgl. 1Kor 15,1-58.)

Gedanke 1 Die zwei Frauen sind ein leuchtendes Beispiel für alle Menschen. Alle Gläubigen…
- sollte treu zu Christus stehen, wie groß die Gefahr auch ist.
- sollten Christus so lieben, daß sie alles für ihn geben, was sie haben und sind.
- sollten versuchen, die wahre Bedeutung der Auferstehung Christi zu begreifen und zu verstehen.

"Denn ich schäme mich des Evangeliums von Christus nicht; denn es ist Gottes Kraft zur Rettung für jeden, der glaubt, zuerst für den Juden, dann auch für den Griechen." (Röm 1,16)

"So schäme dich nun nicht des Zeugnisses unseres Herrn, auch nicht meiner, der ich sein Gefangener bin; sondern leide mit [uns] für das Evangelium in der Kraft Gottes." (2Tim 1,8)

3 (27,62-66) **Reaktion auf Jesus Christ**: Die Reaktion der Ungläubigen und weltlichen Frommen. Sie hatten ein ernstes Problem. Sie waren so besorgt und ängstlich, daß sie zu Pilatus gingen, damit die Jünger davon abgehalten wurden den Leichnam zu stehlen.

1. Die Ungläubigen hatten ein zweifaches Problem.
    a. Sie hatten das Problem des Anspruchs des Herrn. Er hatte gesagt, er würde von den Toten auferstehen. Diese weltlichen Frommen glaubten nicht, daß er es könnte, doch sie wußten, daß er eine Auferstehung vorhergesagt hatte (Mt 12,40; Joh 2,19; 10,17-18). Manche hatten ihn persönlich über die Auferstehung von den Toten sprechen hören. Die Jünger hatten ihren Familien und Freunden die Worte Christi zu seinem Tod und seiner Auferstehung mitgeteilt, und diese hatten wieder mit ihren Freunden darüber gesprochen, wie es mit allem ist, was man anderen mitteilt. So hatte sich die Vorhersage verbreitet. Dazu hatte Christus in den letzten Monaten seine Vorhersage intensiviert, um den Jüngern die Wahrheit einzuschärfen, damit sie auf das Kommende vorbereitet waren (siehe Anmerkungen – Mt 15,21-22; 15,29; 16,21-28; 17,22).
    Man sollte sich daran erinnern, daß die Jünger Jesu Worte nicht wörtlich nahmen. Sie vergeistlichten die Vorhersage von Tod, Auferstehung und Wiederkunft. Wahrscheinlich dachten sie, daß Jesus über Ereignisse im Zusammenhang mit dem bevorstehenden Kampf um die Befreiung Israels von den Römern und der Errichtung des herrlichen Reiches des Messias sprach.

"Wieso sagt ihr dann zu dem, den der Vater geheiligt und in die Welt gesandt hat: Du lästerst!, weil ich gesagt habe: Ich bin Gottes Sohn?" (Joh 10,36)

"Sie spricht zu ihm: Ja, Herr! Ich glaube, daß du der Christus bist, der Sohn Gottes, der in die Welt kommen soll." (Joh 11,27)

"Wer nun bekennt, daß Jesus der Sohn Gottes ist, in dem bleibt Gott und er in Gott." (1Joh 4,15)

Matthäus 27,57-66

<u>Gedanke 1</u> In allen Generationen haben Ungläubige mit dem Problem des Anspruchs des Herrn zu tun, der Messias, der Sohn Gottes, zu sein.

<u>Gedanke 2</u> Viele vergeistlichen Jesu Worte auch heute noch.

b. Die Ungläubigen hatten das Problem der Botschaft vom auferstandenen Messias. Sie fürchteten, daß die Jünger in der Nacht kommen, den Körper stehlen und danach zu predigen anfangen würden, daß Jesus von den Toten auferstanden wäre. Man beachte: Dafür gab es keine Gelegenheit.
   ⇒ Die Jünger waren *emotional am Ende*, völlig hoffnungslos und deprimiert. Zusätzlich hatten sie *schreckliche Angst*, weil sie meinten, daß man sie wie ein Rudel Wölfe jagen würde.
   ⇒ Wenn die Jünger bezüglich der Auferstehung lügen würden, würden sie sich selbst betrügen und hätten von allen Menschen am meisten verloren. Sie hatten alles für Christus verlassen: Familie, Heim und Geschäft. Sie hatten für ihren Glauben an Christus und ihre Hoffnung auf die nächste Welt alles verlassen. Wenn es keine nächste Welt gab, wären sie die elendsten unter allen Menschen. Und man erinnere sich: Zu diesem Zeitpunkt waren sie am beklagenswertesten.
   ⇒ Wenn die Jünger bezüglich der Auferstehung lügen würden, würden sie andere betrügen. Sie würden andere Menschen belogen und betrogen haben und das ist genau das Gegenteil all dessen, was Christus sie gelehrt hatte. Es gab keine Chance, daß die Jünger der Welt ein so gigantisches Lügengespinst auftischen konnten.

<u>Gedanke 1</u> Der Ungläubige muß sich mit der Botschaft von dem auferstandenen Herrn befassen. Er ist tatsächlich auferstanden.

> "Sondern auch um unsertwillen, denen es angerechnet werden soll, wenn wir an den glauben, der unseren Herrn Jesus aus den Toten auferweckt hat." (Röm 4,24)
>
> "Denn wenn du mit deinem Mund Jesus als den Herrn bekennst und in deinem Herzen glaubst, daß Gott ihn aus den Toten auferweckt hat, so wirst du gerettet." (Röm 10,9)
>
> "Denn ich habe euch zu allererst das überliefert, was ich auch empfangen habe, nämlich daß Christus für unsere Sünden gestorben ist, nach den Schriften, und daß er begraben worden ist und daß er auferstanden ist am dritten Tag, nach den Schriften." (1Kor 15,3-4)
>
> "Gelobt sei der Gott und Vater unseres Herrn Jesus Christus, der uns aufgrund seiner großen Barmherzigkeit wiedergeboren hat zu einer lebendigen Hoffnung durch die Auferstehung Jesu Christi aus den Toten." (1Petr 1,3)

2. Die Ungläubigen baten Pilatus, das Grab zu sichern, es so sicher zu machen, wie es Menschen möglich ist (siehe <u>Nähere Betrachtung 1</u> – Mt 27,65-66).

3. Die Ungläubigen begingen einen schweren Fehler: Sie glaubten, daß Jesu Ansprüche falsch waren (V64). Man beachte den Wortlaut dessen, was sie sagten. Sie fürchteten den letzten Irrtum (Jesu Anspruch, der Messias, der Sohn Gottes zu sein) und sie fürchteten die Möglichkeit eines neuen Irrtums, die Botschaft von einem auferstandenen Messias. Man beachte: Sie meinten, daß die Botschaft eines auferstandenen Herrn stärker wirken könnte als der Anspruch auf Göttlichkeit – und das tut sie.

4. Die Ungläubigen planten die ausführliche Sicherung des Grabes. Pilatus erlaubte ihnen, eine Wache aufzustellen und das Grab zu versiegeln. Beide Maßnahmen wurden ergriffen (siehe <u>Nähere Betrachtung 1</u> – Mt 27,65-66).

NÄHERE BETRACHTUNG 1
(27,65-66) <u>Jesu Grab</u>: Höhlengräber wurden durch einen großen radförmigen Rollstein vor dem Eingang verschlossen. Dieser Stein konnte praktisch nicht entfernt werden. An der Schwelle des Eingangs wurde eine rillenförmige Vertiefung in den Stein gehauen, in der der Rollstein ruhte. Er wog normalerweise mehrere Tonnen. Diese Vorsichtsmaßnahmen mußten getroffen werden, da in diesen Zeiten der Armut oft Gräber geplündert wurden.

Zusätzlich wurde das Grab durch ein Siegel gesichert. Wenn es nötig war, ein Grab zu versiegeln, wurde entweder der Rollstein mit den Wänden des Eingangs vermauert oder ein Seil wurde darum gewickelt und an beiden Seiten des Grabes befestigt. Dann wurde das Seil mit hart austrocknendem Lehm oder einer wachsartigen Substanz festgeklebt. In manchen Fällen, besonders bei Politikergräbern wurden die Eingangswände mit dem Siegel des Kaisers versehen. Dies sollte Eindringlingen Furcht vor der Rache Roms einjagen.

Bei Jesu Grab wurde durch das Aufstellen einer wache gegen jeglichen Betrug noch eine weitere Vorsichtsmaßnahme ge-troffen. Die Wache bestand üblicherweise aus einer großen Anzahl Männer (Mt 28,4;11f).

Matthäus 28:1-15

KAPITEL 28

XVII. DIE TRIUMPHALE AUFERSTEHUNG DES MESSIAS, 28,1-20

A. Die Auferstehung des Messias: Umgebende Ereignisse, 28,1-15
(Mk 16,1-13; Lk 24,1-49; Joh 20,1-23)

1 Die Zeit der Auferstehung
2 Die ersten Zeugen der Auferstehung
   a. Maria Magdalena
   b. Die andere Maria
3 Die wunderbaren Ereignisse der Auferstehung
   a. Das große Erdbeben
   b. Der große Stein rollte weg
   c. Die strahlende Gestalt
     1) Aussehen: Wie der Blitz
     2) Kleidung: Wie Schnee
   d. Die Wachen erschraken
     1) Bebten
     2) Wurden wie tot
4 Die Aufrufe der Auferstehung
   a. Fürchtet euch nicht
     1) Suche nach dem Messias ist bekannt
     2) Er wurde gekreuzigt
     3) Er ist auferstanden
   b. Kommt, seht: Glaubt und lebt
   c. Geht schnell und erzählt: Die herrliche Nachricht
     1) Er begegnet euch
     2) Ihr werdet ihn sehen
	Nach dem Sabbat aber, als der erste Tag der Woche anbrach, kamen Maria Magdalena und die andere Maria, um das Grab zu besehen. 2 Und siehe, es geschah ein großes Erdbeben, denn ein Engel des Herrn stieg vom Himmel herab, trat herzu, wälzte den Stein von dem Eingang hinweg und setzte sich darauf. 3 Sein Aussehen war wie der Blitz und sein Gewand weiß wie der Schnee. 4 Vor seinem furchtbaren Anblick aber erbebten die Wächter und wurden wie tot. 5 Der Engel aber wandte sich zu den Frauen und sprach: Fürchtet ihr euch nicht! Ich weiß wohl, daß ihr Jesus, den Gekreuzigten, sucht. 6 Er ist nicht hier, denn er ist auferstanden, wie er gesagt hat. Kommt her, seht den Ort, wo der Herr gelegen hat! 7 Und geht schnell hin und sagt seinen Jüngern, daß er aus den Toten auferstanden ist. Und siehe, er geht euch voran nach Galiläa; dort werdet ihr ihn sehen. Siehe, ich habe es euch gesagt! 8 Und sie gingen schnell zum Grab hinaus mit Furcht und großer Freude und liefen, um es seinen Jüngern zu verkünden. 9 Und als sie gingen, um es seinen Jüngern zu verkünden, siehe, da begegnete ihnen Jesus und sprach: Seid gegrüßt! Sie aber traten herzu und umfaßten seine Füße und beteten ihn an. 10 Da sprach Jesus zu ihnen: Fürchtet euch nicht! Geht hin, verkündet meinen Brüdern, daß sie nach Galiläa gehen sollen; dort werden sie mich sehen! 11 Während sie aber hingingen, siehe, da kamen etliche von der Wache in die Stadt und verkündeten den Hohenpriestern alles, was geschehen war. 12 Diese versammelten sich samt den Ältesten, und nachdem sie Rat gehalten hatten, gaben sie den Kriegsknechten Geld genug 13 und sprachen: Sagt, seine Jünger sind bei Nacht gekommen und haben ihn gestohlen, während wir schliefen. 14 Und wenn dies vor den Statthalter kommt, so wollen wir ihn besänftigen und machen, daß ihr ohne Sorge sein könnt. 15 Sie aber nahmen das Geld und taten, wie sie belehrt worden waren. Und so wurde dieses Wort unter den Juden verbreitet bis zum heutigen Tag.	3) Die Frauen gehorchten: Mit Furcht und großer Freude
		
		d. Seid gegrüßt:DS2 Die herrliche Begegnung mit Jesus selbst
		
		5 Der Versuch, die Auferstehung zu diskreditierenDS3
		   a. Die Wachen berichteten von der Auferstehung
		   b. Die Behörden waren verblüfft: Berieten sich
		   c. Die Behörden bestachen und versicherten den Soldaten den Schutz von Pilatus
		
		d. Die Lüge kam heraus: Die Wahrheit verbreitete sich

ABSCHNITT XVII

DIE TRIUMPHALE AUFERSTEHUNG DES MESSIAS, 28,1-20

A. Die Auferstehung des Messias: Umgebende Ereignisse, 28,1-15

(28,1-15) **Einführung**: Matthäus berichtet von fünf wichtigen Ereignissen um die Auferstehung herum – Ereignissen, die Interesse wecken und Taten fordern.
1. Die Zeit der Auferstehung (V1).
2. Die ersten Zeugen der Auferstehung (V1).
3. Die wunderbaren Ereignisse der Auferstehung (V2-4).
4. Die Aufrufe der Auferstehung (V5-10).
5. Der Versuch, die Auferstehung zu diskreditieren (V11-15).

1 (28,1) **Auferstehung Jesu Christi**: Die Zeit der Auferstehung. Jesus auferstand, als der Sabbat vorbei war, d.h. am ersten Tag der Woche, Sonntag. Dazu sind vier Tatsachen zu beachten.
1. Matthäus sagte: "Nach dem Sabbat," was spät am Sabbat bedeutet. Matthäus sprach nicht von der genauen jüdischen Zeit. Das hätte bedeutet, daß der Sabbat um 6 Uhr abends am vorhergehenden Tag, Samstag, geendet hätte (siehe Nähere Betrachtung 1 – Mk 6,48). Er benutzte den allgemeinen Zeitbegriff von Tag zu Tag. Er fügte einfach die Nacht dem vorangegangenen Tag hinzu (vgl. Mk 16,1).
2. Jesus auferstand vor dem Morgengrauen, bevor die Sonne am Sonntag aufging. Dies war für die Urchristen von solch großer Bedeutung, daß sie mit dem üblichen Brauch brachen, den Sabbat oder Samstag zu feiern. Sie begannen, den Sonntag zu feiern, den Tag der Auferstehung ihres Herrn.

> "Am ersten Tag der Woche aber, als die Jünger versammelt waren, um das Brot zu brechen, unterredete sich Paulus mit ihnen, da er am folgenden Tag abreisen wollte, und er dehnte die Rede bis Mitternacht aus." (Apg 20,7)
> "An jedem ersten Wochentag lege jeder unter euch etwas beiseite und sammle, je nachdem er Gedei-

Matthäus 28:1-15

hen hat, damit nicht erst dann die Sammlungen durchgeführt werden müssen, wenn ich komme." (1Kor 16,2)

3. Jesus auferstand am ersten Tag der Woche, am Sonntagmorgen. Das bedeutet, daß er am dritten Tag auferstand, wie er gesagt hatte (Mt 12,40; 16,21; 17,23; 20,19; Mk 9,1; 10,34; Lk 9,22; 18,33; 24,7;46). Seine Auferstehung von den Toten ist ein Triumph, ein Sieg über den Tod. Der Tod regiert nicht mehr. Seine Herrschaft ist beendet. (Siehe Anmerkung – Röm 8,2-4.)

> "Ja, wir hatten in uns selbst schon das Todesurteil, damit wir nicht auf uns selbst vertrauten, sondern auf Gott, der die Toten auferweckt. Er hat uns denn auch aus solch großer Todesgefahr gerettet und rettet uns noch, und wir hoffen auf ihn, daß er uns auch ferner retten wird." (2Kor 1,9-10)
>
> "Die jetzt aber geoffenbart worden ist durch die Erscheinung unseres Retters Jesus Christus, der dem Tod die Macht genommen hat und Leben und Unvergänglichkeit ans Licht gebracht hat durch das Evangelium." (2Tim 1,10)
>
> "Wir sehen aber Jesus, der für kurze Zeit niedriger gewesen ist als die Engel wegen des Todesleidens, mit Herrlichkeit und Ehre gekrönt; er sollte ja durch Gottes Gnade für alle den Tod schmecken...Da nun die Kinder an Fleisch und Blut Anteil haben, ist er in ähnlicher Weise dessen teilhaftig geworden, damit er durch den Tod den außer Wirksamkeit setzte, der die Macht des Todes hatte, nämlich den Teufel, und alle diejenigen befreite, die durch Todesfurcht ihr ganzes Leben hindurch in Knechtschaft gehalten wurden." (Hebr 2,9;14-15)

4. Jesus auferstand am ersten Tag der Woche, am Sonntagmorgen. Er war am Sabbat im Grab und konnte die Vorschriften des Sabbats und des großen Passahfestes nicht einhalten. Er war tot, deshalb hatten das Gesetz und seine Vorschriften keine Macht über ihn. Dies steht für die Identifikation, die der Gläubige in Christus bekommt. Wenn man an Christus glaubt, wird man von Gott mit ihm identifiziert, besonders mit dem Tod Christi. Gott betrachtet den Betreffenden als mit Christus gestorben. Deshalb stirbt der Gläubige durch Christi Tod für das Gesetz (siehe Anmerkung – Röm 7,4; Nähere Betrachtung 2 – 8,3; Anmerkung – Mt 5,17-18 zur weiteren Diskussion).

> "Wir wissen ja, daß unser alter Mensch mitgekreuzigt worden ist, damit der Leib der Sünde außer Wirksamkeit gesetzt sei, so daß wir der Sünde nicht mehr dienen." (Röm 6,6)
>
> "Ich bin mit Christus gekreuzigt, und doch lebe ich; aber nicht mehr ich, sondern Christus lebt in mir. Was ich aber jetzt im Fleisch lebe, das lebe ich im Glauben an den Sohn Gottes, der mich geliebt und sich selbst für mich hingegeben hat." (Gal 2,20)
>
> "Wenn ihr nun mit dem Christus den Grundsätzen der Welt gestorben seid, weshalb laßt ihr euch Satzungen auferlegen, als ob ihr noch in der Welt lebtet?" (Kol 2,20)

2 (28,1) **Auferstehung Jesu Christi**: Die ersten Zeugen der Auferstehung. Man beachte mehrere Dinge.

1. Die ersten Zeugen der Auferstehung waren Frauen, keine Männer, nicht einmal seine eigenen Jünger. In Liebe und Fürsorge für den Herrn Jesus übernahmen Frauen die Führung.
2. Zwei Gründe werden genannt, aus denen die Frauen zum Grab kamen.
    a. Matthäus berichtet, daß die Frauen "kamen...um das Grab zu besehen." Das griechische Wort "besehen" (theoresai) bedeutet betrachten, anschauen, beobachten, um es zu begreifen. Sie kamen, um nahe bei ihrem Herrn zu sein, bei dem, der ihnen so viel bedeutete, um ihn zu betrauern und über alles nachzudenken, was geschehen war. Dies ist ein wichtiger Punkt, denn er erklärt vielleicht, warum die Frauen besser darauf vorbereitet waren, das Wunder der Auferstehung zu glauben.

> "Als er aber früh am ersten Tag der Woche auferstanden war, erschien er zuerst der Maria Magdalena, von der er sieben Dämonen ausgetrieben hatte. Diese ging hin und verkündete es denen, die mit ihm gewesen waren, die trauerten und weinten. Und als diese hörten, daß er lebte und von ihr gesehen worden war, glaubten sie es nicht." (Mk 16,9-11)
>
> "Es waren aber Maria Magdalena und Johanna und Maria, die Mutter des Jakobus, die dies den Aposteln sagten, sie und die übrigen mit ihnen. Und ihre Worte kamen ihnen vor wie ein Märchen, und sie glaubten ihnen nicht." (Lk 24,10-11)

<u>Gedanke 1</u> Über den Herrn nachzudenken wird uns helfen, ihn zu verstehen und uns darauf vorbereiten, die große Wahrheit seiner Auferstehung anzunehmen.

> "Kommt doch, wir wollen miteinander rechten, spricht der HERR: Wenn eure Sünden wie Scharlach sind, sollen sie weiß werden wie der Schnee; wenn sie rot sind wie Purpur, sollen sie wie Wolle werden." (Jes 1,18)

   b. Markus sagt, daß die Frauen kamen, um "ihn zu salben" (Mk 16,1). Sie liebten ihn, also wollten sie sich um seinen Körper kümmern, wie man es bei lieben Menschen tut.

<u>Gedanke 1</u> Die Frauen sind ein Vorbild für uns in der Sorge für die Körper unserer Lieben.

3. Maria Magdalena sticht als bekannteste der Frauen heraus, die Zeuge der Auferstehung des Herrn waren. Ihre Liebe und Hingabe müssen sehr groß gewesen sein. Maria besaß einen besonderen Charakterzug, eine größere Liebe und Hingabe als die meisten (vgl. Mk 16,1;9; Lk 24,10; Joh 20,11-18).
4. Die andere Maria war die Mutter von Jakobus und Joses. Sie konnte sich nicht vom Körper Jesu losreißen, was auf eine besondere Liebe und Hingabe an ihn hinweist (Mt 27,56;61; 28,1; Mk 15,40; Lk 24,10). Wahrscheinlich war sie auch die Mutter des Klopas (vgl. Joh 19,25).

3 (28,2-4) **Auferstehung Jesu Christi**: Die wunderbaren Ereignisse der Auferstehung.

1. Es gab ein "großes Erdbeben." Es wird nichts weiter gesagt, nur daß es *groß* war. Das Erdbeben zeigte an, daß eine *historische Umwälzung* stattfand, ein Ereignis, wie es nie zuvor gewesen war: Ein Mensch erstand von den Toten auf, der

Matthäus 28:1-15

Mensch Christus Jesus, der Sohn Gottes selbst. Tragischerweise war er durch Menschenhand zu Tode gekommen, doch durch die Macht Gottes erstand er herrlich von den Toten auf (Röm 1,4; Eph 1,19-20). Das historische Ereignis war ein Abbild der unglaublichen Erschütterung, die Gott für die Endzeit plante: Die Auferstehung aller Toten. Die Auferstehung des Sohnes Gottes bereitete den Weg und diente als Vorbild für die Auferstehung aller Menschen. Die Geschichte erlebte das erschütterndste Ereignis aller Zeiten; da konnte die Erde nicht anders als beben.

2. Der große Stein wurde weggerollt (siehe Nähere Betrachtung 1 – Mt 27,65-66). Er wurde nicht für Christus weggerollt, sondern für die Zeugen der Auferstehung. Als Christus auferstand, bekam er seinen Auferstehungskörper, den Körper der geistlichen Daseinsform, der keine körperlichen Grenzen kennt. Doch die Zeugen mußten in das Grab hineingehen können, um die Wahrheit zu sehen (siehe Abriß und Anmerkungen – Joh 20,1-10).

3. Die strahlende Gestalt, der Engel des Herrn. Zu ihm müssen zwei Tatsachen beachtet werden.
   a. Er rollte den Stein für die Zeugen weg. Er war ein dienstbarer Geist Gottes, der diente, indem er Gottes Leuten half (siehe Nähere Betrachtung 1 – Hebr 1,4-14).
   b. Sein Aussehen war leuchtend:
      ⇒ wie der Blitz – sichtbar, schnell, erschreckend, furchteinflößend, grell.
      ⇒ wie Schnee – weiß, rein, glänzend.

4. Die Wachen und ihre Furcht. Matthäus scheint anzudeuten, daß die Wachen das blitzartige Erscheinen des Engels und das Zurückrollen des Steines miterlebten. Die Plötzlichkeit des Ereignisses, die strahlende Erscheinung und gewaltige Kraft des Engels wirkten auf sie wie ein Vulkanausbruch. Sie zitterten, bebten und fielen wie tot um. Entweder wurden sie bewußtlos oder sie fürchteten sich so sehr, daß sie sich bewußtlos stellten.

Gedanke 1 Die Macht Gottes ist schrecklich und ehrfurchtgebietend. Den Wachen war gesagt worden, daß sie eine Leiche gegen Diebe schützen müßten. Sie waren vollkommen unvorbereitet und konnten Gottes Macht und seinem Boten (Engel) nichts entgegensetzen. Hierin liegt eine Lektion für jeden Ungläubigen.

"Denn bei Gott ist kein Ding unmöglich." (Lk 1,37)

"Und Jesus trat herzu, redete mit ihnen und sprach: Mir ist gegeben alle Macht im Himmel und auf Erden." (Mt 28,18)

"Niemand nimmt es von mir, sondern ich lasse es von mir aus. Ich habe Macht, es zu lassen, und habe Macht, es wieder zu nehmen. Diesen Auftrag habe ich von meinem Vater empfangen." (Joh 10,18)

"Und erwiesen ist als Sohn Gottes in Kraft nach dem Geist der Heiligkeit durch die Auferstehung aus den Toten, Jesus Christus, unseren Herrn." (Röm 1,4)

"Die [Gottes Macht] hat er wirksam gemacht in Christus, als er ihn aus den Toten auferweckte und ihn zu seiner Rechten setzte in den himmlischen [Bereichen]." (Eph 1,20)

"Durch seine Kraft erregt er das Meer, und mit seinem Verstand zerschlägt er das Ungeheuer." (Hiob 26,12)

"Der die Berge gründet in seiner Kraft, der mit Macht umgürtet ist." (Ps 65,6)

"Aber unser Gott ist ja im Himmel; er tut alles, was er will." (Ps 115,3)

"Auch fernerhin bin ich derselbe, und niemand kann aus meiner Hand erretten. Ich wirke, wer will es abwenden?" (Jes 43,13)

4 (28,5-10) <u>Auferstehung Jesu Christi</u>: Die Aufrufe der Auferstehung. Als die Frauen am Grab ankamen, sahen sie den strahlenden Engel auf dem Stein sitzen. Markus sagt, sie "sahen einen Jüngling zur Rechten sitzen, bekleidet mit einem langen, weißen Gewand" (Mk 16,5). Lukas sagt, es "standen zwei Männer in strahlenden Gewändern bei ihnen" (Lk 24,4). Anscheinend befanden sich viele Engel am Grab und in seiner Umgebung, die Christus dienten und sich darüber freuten, was Gott getan hatte. Zur rechten Zeit erschien erst ein Engel den Frauen, dann zwei. Man beachte, daß sie als Männer erschienen, d.h. als Boten Gottes.

Die Aufrufe der Auferstehung sind eine Botschaft für sich.

1. Fürchtet euch nicht. Aus drei Gründen sollte sich der nicht fürchten, der Christus sucht.
   a. Gott kennt den, der den Messias sucht. Er kennt die Bewegungen jedes Herzens. Wer eifrig sucht, wird auch finden (Mt 7,7).

"Bittet, so wird euch gegeben; sucht, so werdet ihr finden; klopft an, so wird euch aufgetan! Denn jeder, der bittet, empfängt; und wer sucht, der findet; und wer anklopft, dem wird aufgetan." (Mt 7,7-8)

"Wenn du aber daselbst den HERRN, deinen Gott, suchen wirst, so wirst du ihn finden, ja wenn du ihn von ganzem Herzen und von ganzer Seele suchen wirst." (5Mo 4,29)

"Denn ich weiß, was für Gedanken ich über euch habe, spricht der HERR, Gedanken des Friedens und nicht des Leides, euch eine Zukunft und eine Hoffnung zu geben. Und ihr werdet mich anrufen und hingehen und zu mir flehen, und ich will euch erhören; ihr werdet mich suchen und finden, wenn ihr mich von ganzem Herzen suchen werdet." (Jer 29,11-13)

   b. Christus wurde gekreuzigt, um jeden Menschen zu retten.

"Jesus antwortete ihnen: Viele gute Werke habe ich euch gezeigt von meinem Vater; um welches dieser Werke willen wollt ihr mich steinigen? Die Juden antworteten ihm und sprachen: Nicht wegen eines guten Werkes wollen wir dich steinigen, sondern wegen Gotteslästerung, und zwar weil du, der du ein Mensch bist, dich selbst zu Gott machst!" (Joh 10,32-33)

"Denn Christus ist, als wir noch kraftlos waren, zur bestimmten Zeit für Gottlose gestorben." (Röm 5,6)

"Und er ist deshalb für alle gestorben, damit die, welche leben, nicht mehr sich selbst leben, sondern dem, der für sie gestorben und auferstanden ist." (2Kor 5,15)

"Er hat unsere Sünden selbst an seinem Leib getragen auf dem Holz, damit wir, den Sünden gestorben, der Gerechtigkeit leben mögen." (1Petr 2,24)

"Und sie sangen ein neues Lied, indem sie sprachen: Du bist würdig, das Buch zu nehmen

Matthäus 28:1-15

und seine Siegel zu brechen; denn du bist geschlachtet worden und hast uns für Gott erkauft mit deinem Blut aus allen Stämmen und Sprachen und Völkern und Nationen." (Offb 5,9)

c. Christus ist nun vom Tod auferstanden und hat ihn besiegt.

"Sondern auch um unsertwillen, denen es [Gerechtigkeit] angerechnet werden soll, wenn wir an den glauben, der unseren Herrn Jesus aus den Toten auferweckt hat, ihn, der um unserer Übertretungen willen dahingegeben und zu unserer Rechtfertigung auferweckt worden ist." (Röm 4,24-25)

"[Gottes] Macht seiner Stärke. Die hat er wirksam gemacht in Christus, als er ihn aus den Toten auferweckte und ihn zu seiner Rechten setzte in den himmlischen [Bereichen]." (Eph 1,19-20)

2. Kommt, seht: Glaubt. Man beachte, daß der Engel die Frauen an die Worte des Herrn erinnerte: "Er ist auferstanden, wie er gesagt hat" (vgl. Mt 16,21; 17,23; 20,19; 26,32). Man beachte auch, daß die Frauen aufgefordert wurden: "Kommt her, seht den Ort." Sie waren Augenzeugen seiner Auferstehung.

Gedanke 1 Gläubige können Zeugen von Tod und Auferstehung des Herrn werden – glaubwürdige Zeugen. Sie können sehen, als wären sie Augenzeugen – durch Gottes Geist.

"O ihr unverständigen Galater, wer hat euch verzaubert, daß ihr der Wahrheit nicht gehorcht, euch, denen Jesus Christus als unter euch gekreuzigt vor die Augen gemalt worden ist?" (Gal 3,1)

"Der Tröster aber, der Heilige Geist, den der Vater senden wird in meinem Namen, der wird euch alles lehren und euch an alles erinnern, was ich euch gesagt habe." (Joh 14,26)

"Der Geist selbst gibt Zeugnis unserem Geist, daß wir Gottes Kinder sind." (Röm 8,16)

3. Geht schnell und überbringt die herrliche Nachricht. Die herrliche Nachricht mitzuteilen ist entscheidend. Sie ist die größte Neuigkeit der Geschichte: Christus ist auferstanden. Er wird euch begegnen und ihr werdet ihn sehen.
Man beachte mehrere Dinge.
   a. Die Frauen gehorchten. Sie wurden die allerersten Zeugen des auferstandenen Herrn.
   b. Die entmutigten Gläubigen (Jünger) waren die ersten, denen es die Frauen sagen sollten. Die Entmutigten sollten ermutigt werden, damit sie sich der großen Schar der Zeugen anschließen können.
   c. Das Zeugnis sollte schnell weitergegeben werden.
4. Seid gegrüßt: Die herrliche Begegnung mit Jesus selbst. Man beachte, was geschah, als Christus persönlich in Erscheinung trat.
   a. Er sagte: "Seid gegrüßt," d.h. freut euch.

"Wahrlich, wahrlich, ich sage euch: Ihr werdet weinen und wehklagen, aber die Welt wird sich freuen; und ihr werdet trauern, doch eure Traurigkeit soll in Freude verwandelt werden." (Joh 16,20)

"Freut euch im Herrn allezeit; abermals sage ich: Freut euch!" (Phil 4,4)

   b. Seine Verehrung: Verwunderung, Überraschung, Anbetung und Ehrfurcht.
   c. Er sagte: "Fürchtet euch nicht!"

"Denn Gott hat uns nicht einen Geist der Furchtsamkeit gegeben, sondern der Kraft und der Liebe und der Besonnenheit." (2Tim 1,7)

   d. Geht und sagt es meinen Brüdern: Die Berufung wurde wiederholt, weil die Weitergabe der herrlichen Nachricht äußerst wichtig war.

"So geht nun hin und macht zu Jüngern alle Völker, und tauft sie auf den Namen des Vaters und des Sohnes und des Heiligen Geistes und lehrt sie alles halten, was ich euch befohlen habe. Und siehe, ich bin bei euch alle Tage bis an das Ende der Weltzeit!" (Mt 28,19-20)

"Geht hin in alle Welt und verkündigt das Evangelium der ganzen Schöpfung!" (Mk 16,15)

"Und was du von mir gehört hast vor vielen Zeugen, das vertraue treuen Menschen an, die fähig sein werden, auch andere zu lehren." (2Tim 2,2)

"…Christus in euch, die Hoffnung der Herrlichkeit. Ihn verkündigen wir, indem wir jeden Menschen ermahnen und jeden Menschen lehren in aller Weisheit, um jeden Menschen vollkommen in Christus Jesus darzustellen, wofür ich auch arbeite und ringe gemäß seiner wirksamen Kraft, die in mir wirkt mit Macht." (Kol 1,27-29)

NÄHERE BETRACHTUNG 1
(28,6-7) **Vorhersage der Auferstehung**: Christus hatte seine Auferstehung immer wieder vorhergesagt.

"Von da an begann Jesus seinen Jüngern zu zeigen, daß er nach Jerusalem gehen und viel leiden müsse von den Ältesten, Hohenpriestern und Schriftgelehrten, und getötet werden und am dritten Tag auferstehen müsse." (Mt 16,21)

"Und sie werden ihn töten, und am dritten Tag wird er auferstehen. Und sie wurden sehr betrübt." (Mt 17,23)

"Und werden ihn den Heiden ausliefern, damit diese ihn verspotten und geißeln und kreuzigen; und am dritten Tag wird er auferstehen." (Mt 20,19)

"Aber nachdem ich auferstanden bin, will ich euch nach Galiläa vorangehen." (Mt 26,32)

Matthäus 28:1-15

"Als sie aber vom Berg herabgingen, gebot er ihnen, niemand zu erzählen, was sie gesehen hatten, bis der Sohn des Menschen aus den Toten auferstanden sei." (Mk 9,9)

"Aber nachdem ich auferstanden bin, will ich euch nach Galiläa vorangehen." (Mk 14,28)

"Jesus antwortete und sprach zu ihnen: Brecht diesen Tempel ab, und in drei Tagen will ich ihn aufrichten!" (Joh 2,19)

"Aber da mir Hilfe von Gott zuteil wurde, so stehe ich fest bis auf diesen Tag und lege Zeugnis ab vor Kleinen und Großen und lehre nichts anderes, als was die Propheten und Mose gesagt haben, daß es geschehen werde: nämlich, daß der Christus leiden müsse und daß er als der Erstling aus der Auferstehung der Toten Licht verkündigen werde dem Volk und auch den Heiden." (Apg 26,22-23)

NÄHERE BETRACHTUNG 2
(28,9) **Seid gegrüßt** (chairete): Freut euch.

5 (28,11-15) **Auferstehung Jesu Christi**: Der Versuch, die Auferstehung zu diskreditieren. Im obigen Abriß wird das Ereignis beschrieben.
1. Die Wachen berichteten über die Auferstehung.
2. Die Behörden waren verblüfft und berieten, was zu tun wäre.
3. Die Behörden bestachen die Soldaten und versicherten sie des Schutzes von Pilatus.
4. Die Lüge kam heraus und die Wahrheit verbreitete sich.

Gedanke 1 Wenn die Wachen geschlafen hatten, wie konnten sie dann wissen, was passiert war? Betrug und Lüge wird immer von der Wahrheit widersprochen.

Gedanke 2 Die Wahrheit wird sich immer durchsetzen (V15). Es mag eine Weile dauern, doch der Sieg ist garantiert.

"Und ihr werdet die Wahrheit erkennen, und die Wahrheit wird euch frei machen!" (Joh 8,32)

"So steht nun fest, eure Lenden umgürtet mit Wahrheit, und angetan mit dem Brustpanzer der Gerechtigkeit." (Eph 6,14)

"Der Mund der Wahrheit besteht ewiglich, die Lügenzunge nur einen Augenblick." (Spr 12,19)

NÄHERE BETRACHTUNG 3
(28,11-15) **Pläne gegen Jesus**: Man beachte die Pläne gegen Jesus. Die Behörden hatten ihn durch Verrat festgenommen, ihn vor einem illegalen Gericht verhört (Mt 26,59), falsche Anschuldigungen benutzt, um ihn vor Pilatus zu verklagen (Mt 27,1;2; 11f) und nun benutzen sie Bestechung, um seine Auferstehung unglaubwürdig zu machen.

Matthäus 28:16-20

	B. Der letzte Auftrag des Messias an seine Jünger, 28,16-20 (Mk 16,15-18; Lk 24,46-49; Joh 20,21; vgl. Joh 17,18; Apg 1,8)	18 Und Jesus trat herzu, redete mit ihnen und sprach: Mir ist gegeben alle Macht im Himmel und auf Erden. 19 So geht nun hin und macht zu Jüngern alle Völker, und tauft sie auf den Namen des Vaters und des Sohnes und des Heiligen Geistes 20 und lehrt sie alles halten, was ich euch befohlen habe. Und siehe, ich bin bei euch alle Tage bis an das Ende der Weltzeit! Amen.	**2 Er versicherte seine Nachfolger seiner Macht** a. Ist eine gegebene Macht b. Im Himmel und auf Erden **3 Er beauftragte seine Nachfolger** a. Alle Völker zu Jüngern machen b. Taufen c. Alle seine Gebote lehren **4 Er versprach, bei seinen Nachfolgern zu sein**
1 Die Jünger begegneten Jesus in Galiläa a. Trafen ihn auf einem vorherbestimmten Berg b. Beteten ihn an c. Manche zweifelten	16 Die elf Jünger aber gingen nach Galiläa auf den Berg, wohin Jesus sie bestellt hatte. 17 Und als sie ihn sahen, warfen sie sich anbetend vor ihm nieder; etliche aber zweifelten.		

ABSCHNITT XVII

DIE TRIUMPHALE AUFERSTEHUNG DES MESSIAS, 28,1-20

B. Der letzte Auftrag des Messias an seine Jünger, 28,16-20

(28,16-20) **Einführung**: Matthäus begann sein Evangelium, indem er verkündigte, daß das Baby Jesus der Sohn Davids, der verheißene König Israels war (Mt 1,1-2). Er schließt nun sein Evangelium, indem er verkündigt, daß der Herr Jesus alle Macht im Himmel und auf Erden hat. Der Herr Jesus war von den Toten auferstanden und in der Macht seiner Auferstehung sollen seine Nachfolger losziehen und sein herrliches Reich verkündigen.

In diesem großartigen Abschnitt behandelt Matthäus den großen Auftrag des auferstandenen Herrn, des Königs, der alle Macht besitzt.

1. Die Jünger begegneten Jesus in Galiläa (V16-17).
2. Er versicherte seine Nachfolger seiner Macht (V18).
3. Er beauftragte seine Nachfolger (V19-20).
4. Er versprach, bei seinen Nachfolgern zu sein – immer (V20).

1 (28,16-17) **Jünger**: Die Jünger begegneten Jesus in Galiläa. Man beachte mehrere Tatsachen zum Hintergrund.

1. Matthäus sagt, daß die elf Jünger Christus begegneten. Die Elf waren die bekanntesten, doch anscheinend waren über fünfhundert Gläubige anwesend, die ihn alle auf einmal sahen (1Kor 15,6). Der Bezug auf "sie" und "etliche aber zweifelten" (V17) scheint anzudeuten, daß dies die große Erscheinung vor den vielen Gläubigen war, die Paulus erwähnt. Christus war den Elf bereits bei verschiedenen Gelegenheiten erschienen. Sie wußten bereits, daß die Auferstehung wirklich war. Es ist unwahrscheinlich, daß sie bei dieser Gelegenheit zweifelten (Mk 16,12-14; Lk 24,13-48; Joh 20,19-25; 20,26-31; 21,1-25).

2. Die Jünger begegneten dem Herrn in Galiläa auf einem vorherbestimmten Berg (vgl. Mt 26,32; 28,7;10). Anscheinend hatte der Herr die Apostel angewiesen, die Nachricht weiterzusagen und alle seine Jünger zu einem großen Treffen in Galiläa zu versammeln. Als Treffpunkt wurde ein bestimmter Berg festgesetzt. Man beachte, daß der Herr in Galiläa am meisten gewirkt hatte und daß die meisten seiner Jünger dort lebten. Es lag auch in einiger Entfernung zu Jerusalem und war damit einigermaßen sicher vor Christi unmittelbaren Feinden.

> **Gedanke 1** Es gibt vorherbestimmte Orte, an denen wir dem Herrn begegnen sollen: In Gebet, Hingabe, Verehrung und Bibelstudium. Wenn wir den Herrn so treffen, wie er es sagt, dann wird er uns begegnen. Wir müssen dem Herrn so begegnen, wie er uns anweist, wenn wir die Wahrheit der Auferstehung wissen wollen.

3. Das ist sehr bedeutsam. Sie verehrten ihn, aber einige zweifelten. Sie waren nicht sicher. Man beachte, was Jesus tat: Er "trat herzu, redete mit ihnen" (V18). Anscheinend nahm sein *Kommen und Reden mit ihnen* ihre Zweifel und Fragen weg.

> **Gedanke 1** Wenn wir Christus so treffen, wie er uns anweist, begegnet er uns. Wenn er uns begegnet, weichen alle Ängste und Zweifel. Wer Christus wirklich sucht, wer ihm wirklich begegnen will, dessen Zweifel werden weggenommen. Christus wird *kommen und mit ihm sprechen*.

2 (28,18) **Macht**: Jesus versicherte seine Nachfolger seiner Macht.

1. Jesu Macht ist eine gegebene Macht. Sie wird von Gott gegeben und zwar aus einem Grund: Um Christus über alle und alles zu erhöhen.

> "Und in seiner äußeren Erscheinung als ein Mensch erfunden, erniedrigte er sich selbst und wurde gehorsam bis zum Tod, ja bis zum Tod am Kreuz. Darum hat ihn Gott auch über alle Maßen erhöht und ihm einen Namen verliehen, der über allen Namen ist." (Phil 2,8-9)

2. Jesu Macht ist über alles, was im Himmel und auf Erden ist. Seine Vollmacht erstreckt sich über das ganze Universum. Seine Macht schließt mindestens drei Gebiete ein.
   a. Die Macht des Herrn schließt die Macht zu herrschen und zu regieren ein...
   - Die Verehrung und Unterwerfung aller Menschen zu erhalten, die sich freiwillig unter seine Herrschaft stellen.

> "Ich ermahne euch nun, ihr Brüder, angesichts der Barmherzigkeit Gottes, daß ihr eure Leiber darbringt als ein lebendiges, heiliges, Gott wohlgefälliges Opfer: das sei euer vernünftiger Gottesdienst! Und paßt euch nicht diesem Weltlauf an, sondern laßt euch in eurem Wesen verändern durch die Erneuerung eures Sinnes, damit ihr prüfen könnt, was der gute und wohlgefällige und vollkommene Wille Gottes ist." (Röm 12,1-2)

Matthäus 28:16-20

> "Denn ihr seid teuer erkauft; darum verherrlicht Gott in eurem Leib und in eurem Geist, die Gott gehören!" (1Kor 6,20)

> "Denn wenn du mit deinem Mund Jesus als den Herrn bekennst und in deinem Herzen glaubst, daß Gott ihn aus den Toten auferweckt hat, so wirst du gerettet. Denn mit dem Herzen glaubt man, um gerecht zu werden, und mit dem Mund bekennt man, um gerettet zu werden." (Röm 10,9-10)

> "Die sprachen mit lauter Stimme: Würdig ist das Lamm, das geschlachtet worden ist, zu empfangen Macht und Reichtum und Weisheit und Stärke und Ehre und Herrlichkeit und Lob!" (Offb 5,12)

- Die Knie aller Menschen zu beugen und ihre Anerkennung seiner Herrscherwürde zu erhalten.

> "Darum hat ihn Gott auch über alle Maßen erhöht und ihm einen Namen verliehen, der über allen Namen ist, damit in dem Namen Jesu sich alle Knie derer beugen, die im Himmel und auf Erden und unter der Erde sind, und alle Zungen bekennen, daß Jesus Christus der Herr ist, zur Ehre Gottes, des Vaters." (Phil 2,9-11)

b. Die Macht des Herrn schließt die Macht ein, Wegweisung zu geben...
- In den Angelegenheiten der Menschen, ohne die Freiheit der Menschen zu verletzen.

> "Der Herr nun, nachdem er mit ihnen geredet hatte, wurde aufgenommen in den Himmel und setzte sich zur Rechten Gottes." (Mk 16,19)

> "Von nun an wird der Sohn des Menschen sitzen zur Rechten der Macht Gottes." (Lk 22,69)

> "Jedermann ordne sich den Obrigkeiten unter, die über ihn gesetzt sind; denn es gibt keine Obrigkeit, die nicht von Gott wäre; die bestehenden Obrigkeiten aber sind von Gott eingesetzt." (Röm 13,1)

> "Welcher seit seiner Himmelfahrt zur Rechten Gottes ist; und Engel und Gewalten und Mächte sind ihm unterworfen." (1Petr 3,22)

- In den Angelegenheiten der Natur, ohne die Naturgesetze zu verletzen.

> "Die Menschen aber verwunderten sich und sprachen: Wer ist dieser, daß ihm selbst die Winde und der See gehorsam sind?" (Mt 8,27)

> "Und er hat alles unter seine Füße getan und ihn als Haupt über alles der Gemeinde gegeben." (Eph 1,22)

c. Die Macht des Herrn schließt die Macht ein, Sünden zu vergeben, Menschen zu richten, anzunehmen und abzulehnen und die Menschen in Leben und Tod zu retten und zu erlösen. (Siehe Abriß und Anmerkungen – Röm 8,28-39.)

> "Damit ihr aber wißt, daß der Sohn des Menschen Vollmacht hat, auf Erden Sünden zu vergeben – sprach er zu dem Gelähmten: Steh auf, nimm dein Bett und geh heim!" (Mt 9,6)

> "Und als er ihren Glauben sah, sprach er zu ihm: Mensch, deine Sünden sind dir vergeben! Und die Schriftgelehrten und Pharisäer fingen an, sich Gedanken zu machen, und sprachen: Wer ist dieser, der solche Lästerungen ausspricht? Wer kann Sünden vergeben als nur Gott allein?" (Lk 5,20-21)

> "Denn der Vater richtet niemand, sondern alles Gericht hat er dem Sohn übergeben." (Joh 5,22)

> "Und er hat ihm Vollmacht gegeben, auch Gericht zu halten, weil er der Sohn des Menschen ist." (Joh 5,27)

3. Jesu Macht sichert dem Gläubigen die Erlösung zu. Man beachte, *wann* Jesus "herzutrat und redete" von seiner Macht: Gleich nachdem einige gezweifelt hatten und kurz vor seinem Auftrag an die Jünger, in eine feindliche Welt zu gehen. Er verkündigte seine Macht, um Zweifel auszuräumen und seine Jünger zu stärken. Seine Macht sicherte den Jüngern den Sieg zu.

Wenn wir uns mit der übergeordneten Macht Jesu Christi beschäftigen, dürfen wir zwei Punkte nicht vergessen.

1. Die übergeordnete Herrschaft des Herrn ist noch nicht völlig zu sehen. Gott hat die Oberhoheit seines Sohnes im absoluten Sinne noch nicht offenbart. Es gibt jedoch einen überzeugenden Grund für Gottes Zögern bei der sichtbaren Thronbesteigung seines Sohnes. Gott möchte, daß sein Sohn noch als der Retter der Welt zu sehen ist. Er möchte, daß noch mehr Menschen gerettet werden, bevor er diese Welt beendet und die souveräne Herrschaft seines Sohnes auf der Erde beginnt.

> "Dabei sollt ihr vor allem das erkennen, daß am Ende der Tage Spötter kommen werden, die nach ihren eigenen Begierden wandeln und sagen: Wo ist die Verheißung seiner Wiederkunft? Denn seitdem die Väter entschlafen sind, bleibt alles so, wie es von Anfang der Schöpfung an gewesen ist…Dieses eine aber sollt ihr nicht übersehen, Geliebte, daß ein Tag vor dem Herrn ist wie tausend Jahre, und tausend Jahre wie ein Tag! Der Herr zögert nicht die Verheißung hinaus, wie etliche es für ein Hinauszögern halten, sondern er ist langmütig gegen uns, weil er nicht will, daß jemand verloren gehe, sondern daß jedermann Raum zur Buße habe." (2Petr 3,3-4;8-9)

2. Die übergeordnete Herrschaft des Herrn über das Universum ist sicher.

> "Es wird aber der Tag des Herrn kommen wie ein Dieb in der Nacht; dann werden die Himmel mit Krachen vergehen, die Elemente aber vor Hitze sich auflösen und die Erde und die Werke darauf verbrennen. Da nun dies alles derart aufgelöst wird, wie sehr solltet ihr euch auszeichnen durch heili-

Matthäus 28:16-20

gen Wandel und Gottseligkeit, indem ihr das Kommen des Tages Gottes erwartet und ihm entgegeneilt, an welchem die Himmel in Glut sich auflösen und die Elemente vor Hitze zerschmelzen werden! Wir erwarten aber nach seiner Verheißung neue Himmel und eine neue Erde, in denen Gerechtigkeit wohnt." (2Petr 3,10-13)

"Alles hast du unter seine Füße unterworfen. Indem er ihm aber alles unterworfen hat, hat er nichts übriggelassen, das ihm nicht unterworfen wäre. Jetzt aber sehen wir noch nicht, daß ihm alles unterworfen ist; wir sehen aber Jesus, der für kurze Zeit niedriger gewesen ist als die Engel wegen des Todesleidens, mit Herrlichkeit und Ehre gekrönt; er sollte ja durch Gottes Gnade für alle den Tod schmecken. Denn es war dem angemessen, um dessentwillen alle Dinge sind und durch den alle Dinge sind, da er viele Söhne zur Herrlichkeit führte, den Urheber ihres Heils durch Leiden zu vollenden." (Hebr 2,8-10)

"Danach das Ende, wenn er das Reich Gott, dem Vater, übergeben wird, wenn er jede Herrschaft, Gewalt und Macht beseitigt hat. Denn er muß herrschen, bis er alle Feinde unter seine Füße gelegt hat. Als letzter Feind wird der Tod beseitigt. Denn alles hat er unterworfen unter seine Füße. Wenn es aber heißt, daß ihm alles unterworfen ist, so ist offenbar, daß derjenige ausgenommen ist, der ihm alles unterworfen hat. Wenn ihm aber alles unterworfen sein wird, dann wird auch der Sohn selbst sich dem unterwerfen, der ihm alles unterworfen hat, damit Gott alles in allen sei." (1Kor 15,24-28)

3 (28,19-20) **Großer Auftrag – zu Jüngern machen**: Jesus beauftragte seine Nachfolger. Er beauftragte nicht nur die elf Apostel, sondern alle Anwesenden, mehr als fünfhundert Jünger. Man beachte jedoch etwas von entscheidender Bedeutung: Es war dieser Generation unmöglich, während ihres Lebens die ganze Welt zu erreichen. Deshalb erstreckt sich dieser Auftrag an die erste Generation über alle Generationen von Gläubigen. Wir haben den gleichen Auftrag, den sie hatten. Unser Herr beauftragt uns mit den gleichen Worten: "So geht nun hin und macht zu Jüngern alle Völker..."

Der Auftrag des Herrn war dreifach.

1. Er beauftragte uns: "So geht nun hin und macht zu Jüngern alle Völker." Dies ist einer der entscheidenden Verse der Bibel. Kein Vers ist wichtiger für den wahren Gläubigen.

Lehre und Taufe sind nicht genug, um die Welt für Christus zu gewinnen. Beides ist wichtig und Christus verlangt beides, doch er sagt auch, daß beidem eines vorausgehen muß: Jüngerschaft. "So geht nun hin und 'metheteusate' alle Völker" (Mt 28,19). "Metheusate" bedeutet zu Jüngern machen. Der Vers muß daher richtig gelesen werden: "So geht nun hin und macht Jünger aus allen Völkern." Die meisten Predigten zu diesem Abschnitt betonen das Ziel unseres Herrn, das Gewinnen der Völker, als ob es das wäre, was unserem Herrn vorschwebte. Es steht außer Frage, daß der große Auftrag ist, was Christus im Blick hatte. Er hat uns angewiesen, zu allen Völkern zu gehen und ihnen das Evangelium zu bringen. Doch es gibt die feste Überzeugung, daß er noch mehr als dies im Sinn hatte, mehr als nur dieses eine Ziel – viel mehr.

Unser Herr sagt uns nicht nur, daß wir "hingehen und evangelisieren" sollen. Er sagt uns, *wie* wir gehen und *wie* wir evangelisieren sollen. Er gab uns nicht nur sein schlußendliches *Ziel* und übergeordnete Absicht, er gab uns auch die *Methode*, mit der wir die Welt evangelisieren sollen.

Man denke über das Wort "*metheteusate*" (zu Jüngern machen) nach. Was meint unser Herr mit "zu Jüngern machen"? Heißt das nicht, daß wir tun sollen, was er tat: Jünger sammeln und Dinge mit ihnen unternehmen, wie er es tat. Sagt er uns nicht, daß wir genau das tun sollen, was er tat?

Was *tat* er? Christus "ist gekommen, um zu suchen und zu retten, was verloren ist" (Lk 19,10). Er suchte die Verlorenen, die bereit waren, ihm ihr Leben zu übergeben. Und wenn er solch einen Menschen fand, rettete er ihn. Wenn Christus einen Menschen fand, der ihm sein Leben übergeben wollte, band er sich an diesen Menschen. Christus begann, ihn nach seinem Bild zu formen. Das Wort *binden* ist der Schlüssel. Es beschreibt wahrscheinlich am besten, was Jüngerschaft ist. Christus machte die Menschen zu Jüngern, indem er sich an sie band und durch diese persönliche Bindung konnten sie sein Leben und Verhalten verfolgen; durch Sehen und Hören begannen sie, seinen Charakter und sein Verhalten anzunehmen und sich zu eigen zu machen. Sie begannen, ihm nachzufolgen und ihm noch intensiver zu dienen. Dies ist einfach ausgedrückt das, was unser Herr tat. So machte er Jünger. Das war sein Auftrag und seine Methode, sein einziges Trachten: Sich an bereitwillige Gläubige zu binden.

Was Christus tat, kann auch auf andere Weise beschrieben werden. Christus blickte auf etwas über ihn und seine Zeit hinaus. Er blickte auf eine *Erweiterung* seiner selbst, eine *Erweiterung* seines Wesens und eine *Erweiterung* seines Auftrags und seiner Methode. Um sich selbst zu erweitern, wählte er die Jüngerschaft, seine Bindung an hingegebene Menschen und durch diese Bindung nahmen diese Menschen seinen Charakter und Auftrag an. Sie banden sich wiederum an andere und machten sie zu Jüngern. Und auch sie erwarteten von ihren Jüngern, daß sie andere zu Jüngern machten, die bereit waren, ihr Leben Christus zu übergeben. Das war die herrliche Botschaft Christi, die sich durch die Jahrhunderte fortsetzen sollte (2Tim 2,2).

Der Auftrag unseres Herrn steht außer Frage: Wir sollen hingehen, doch wir sollen noch mehr tun: Wir sollen Jünger machen, uns an Menschen binden, die unserem Herrn folgen wollen, bis sie so weit sind, selbst Jünger machen zu können (2Tim 2,2).

"Geht aber hin, verkündigt und sprecht: Das Reich der Himmel ist nahe herbeigekommen!" (Mt 10,7)

"So geht nun hin und macht zu Jüngern alle Völker, und tauft sie auf den Namen des Vaters und des Sohnes und des Heiligen Geistes und lehrt sie alles halten, was ich euch befohlen habe. Und siehe, ich bin bei euch alle Tage bis an das Ende der Weltzeit!" (Mt 28,19-20)

"Und er sprach zu ihnen: Geht hin in alle Welt und verkündigt das Evangelium der ganzen Schöpfung!" (Mk 16,15)

"Diese aber sind geschrieben, damit ihr glaubt, daß Jesus der Christus, der Sohn Gottes ist, und damit ihr durch den Glauben Leben habt in seinem Namen." (Joh 20,31)

"Sondern ihr werdet Kraft empfangen, wenn der Heilige Geist auf euch gekommen ist, und werdet meine Zeugen sein in Jerusalem und in ganz Judäa und Samaria und bis an das Ende der Erde!" (Apg 1,8)

"Geht hin, tretet auf und redet im Tempel zum Volk alle Worte dieses Lebens!" (Apg 5,20)

"Verkündige das Wort, tritt dafür ein, es sei gelegen oder ungelegen; überführe, tadle, ermahne mit aller Langmut und Belehrung!" (2Tim 4,2)

"Sondern heiligt vielmehr Gott, den Herrn, in euren Herzen! Seid auch allezeit bereit zur Verantwortung gegenüber jedermann, der Rechenschaft fordert über die Hoffnung, die in euch ist, [und zwar] mit Sanftmut und Ehrerbietung." (1Petr 3,15)

Matthäus 28:16-20

2. Er beauftragte uns, alle Völker zu taufen (siehe <u>Nähere Betrachtung 1</u> – Mk 16,16; Anmerkung – Lk 3,21; <u>Nähere Betrachtung 1</u> – Apg 2,38). Zwei Dinge müssen hier beachtet werden.
   a. Die Taufe ist von entscheidender Bedeutung. Christus sagt, daß sie so wichtig wie die Lehre ist, ungeachtet der Tatsache, daß sie einmalig ist. Sie ist so sehr Teil des Auftrags Christi wie Lehre und Jüngerschaft. Christus lehrt eindeutig, daß die Taufe das unmittelbare Zeichen ist, daß ein Mensch aus den Reihen der Heiden (Ungläubigen) zur Seite Christi übergeht.
   b. Taufen "auf den Namen des Vaters und des Sohnes und des heiligen Geistes" ist mehr als eine Formel aufzusagen, wenn ein Mensch getauft wird, viel mehr. Es bedeutet…
      - ein Glaubensbekenntnis: Glaube an Gott als den wahren Vater Jesu Christi, Glaube an Christus als den wahren Sohn Gottes und Glaube an den heiligen Geist als Tröster des Gläubigen.
      - die Verpflichtung, Gott zu folgen: Ihm zu folgen, wie er in Vater, Sohn und heiligem Geist offenbart ist (vgl. Christi ständiger Bezug auf Gott als seinen Vater, sich selbst als den Sohn und den heiligen Geist im Johannesevangelium. Vgl. auch Mt 11,27; 24,36. Siehe auch Abrisse und Anmerkungen, heiliger Geist – Joh 14,15-26; 16,7-15; Röm 8,1-17.)

> "Wer glaubt und getauft wird, der wird gerettet werden; wer aber nicht glaubt, der wird verdammt werden." (Mk 16,16)
> "Tut Buße, und jeder von euch lasse sich taufen auf den Namen Jesu Christi zur Vergebung der Sünden; so werdet ihr die Gabe des Heiligen Geistes empfangen." (Apg 2,38)
> "Und er befahl, daß sie getauft würden im Namen des Herrn. Da baten sie ihn, etliche Tage zu bleiben." (Apg 10,48)
> "Und nun, was zögerst du? Steh auf, laß dich taufen und laß deine Sünden abwaschen, indem du den Namen des Herrn anrufst!" (Apg 22,16)

3. Er beauftrage uns, alles zu lehren, was Christus befohlen hat. Lehre ist so grundlegend wichtig wie Jüngerschaft und Taufe. Keines darf überbetont werden. Alles ist Teil des Auftrags unseres Herrn. Man beachte, was gelehrt werden soll: "Alles…was ich euch befohlen habe."

> "So geht nun hin und macht zu Jüngern alle Völker, und tauft sie auf den Namen des Vaters und des Sohnes und des Heiligen Geistes und lehrt sie alles halten, was ich euch befohlen habe. Und siehe, ich bin bei euch alle Tage bis an das Ende der Weltzeit!" (Mt 28,19-20)
> "Es steht geschrieben in den Propheten: Und sie werden alle von Gott gelehrt sein. Jeder nun, der vom Vater gehört und gelernt hat, kommt zu mir." (Joh 6,45)
> "Laßt das Wort des Christus reichlich in euch wohnen in aller Weisheit; lehrt und ermahnt einander und singt mit Psalmen und Lobgesängen dem Herrn lieblich in euren Herzen." (Kol 3,16)
> "Wenn du dies den Brüdern vor Augen stellst, wirst du ein guter Diener Jesu Christi sein, der sich nährt mit den Worten des Glaubens und der guten Lehre, der du nachgefolgt bist." (1Tim 4,6)
> "Dies sollst du gebieten und lehren!" (1Tim 4,11)
> "Ein Knecht des Herrn aber soll nicht streiten, sondern milde sein gegen jedermann, fähig zu lehren, standhaft im Ertragen von Bosheiten" (2Tim 2,24)
> "Und diese Worte, die ich dir heute gebiete, sollst du auf dem Herzen tragen, und du sollst sie deinen Kindern fleißig einschärfen und davon reden, wenn du in deinem Hause sitzest oder auf dem Wege gehest, wenn du dich niederlegst und wenn du aufstehst." (5Mo 6,6-7)
> "Sie sollen mein Volk unterscheiden lehren zwischen Heiligem und Gemeinem und ihm den Unterschied erklären zwischen Unreinem und Reinem." (Hes 44,23)

<u>Gedanke 1</u> Was Christus lehrte und gebot, muß bis zum Punkt des Lernens, Wissens und Anwendens studiert werden. Die Gebote Christi sollen als erstes gelehrt werden. Sie sollten in der Gesellschaft die Regel sein.

<u>Gedanke 2</u> Wenn eine Gesellschaft die Lehren und Gebote Christi vernachlässigt, wird sie von Niedergang und Zerfall ergriffen.

4 (28,20) <u>Gegenwart Jesu Christi</u>: Jesus versprach, bei seinen Nachfolgern zu sein – immer.
   1. Man beachte das Wort "siehe." Christus benutzt dieses treffende Wort, um die Aufmerksamkeit seiner Nachfolger zu bekommen, um sie aufzurütteln und zum Zuhören zu bewegen. Er wollte sie für die große Aufgabe ermutigen, die er ihnen soeben übergeben hatte.
   2. Man beachte die große Verheißung: "Ich bin bei euch." Er gab eine betonte Versicherung: Nicht "ich werde bei euch sein," sondern "ich bin bei euch." Christus ist bei dem Gläubigen, wenn dieser losgeht, um aus allen Völkern Jünger zu machen. Christus ist bei uns…

- bei jedem Schritt
- in jeder Entscheidung
- in jeder Prüfung
- in aller Freude
- jeden Tag
- jede Stunde
- in aller Sorge
- im Mangel
- in der Armut
- wenn wir nichts haben
- im Überfluß
- in Beschimpfungen
- in Krankheit
- angesichts des Todes

3. Man beachte das grenzenlose Versprechen: "Alle Tage bis an das Ende der Weltzeit." Es gibt keinen Augenblick, in dem Christus nicht bei dem Gläubigen ist, um ihm in seinem Zeugnis beizustehen, auch wenn das Beschimpfung, Verfolgung und Martyrium bedeutet.

> "Denn wo zwei oder drei in meinem Namen versammelt sind, da bin ich in ihrer Mitte." (Mt 18,20)
> "Und lehrt sie alles halten, was ich euch befohlen habe. Und siehe, ich bin bei euch alle Tage bis an das Ende der Weltzeit!" (Mt 28,20)
> "Euer Lebenswandel sei frei von Geldliebe! Begnügt euch mit dem, was vorhanden ist; denn er selbst hat gesagt: Ich will dich nicht verlassen noch versäumen! So können wir nun zuversichtlich sagen: Der Herr ist mein Helfer, und deshalb fürchte ich mich nicht! Was kann ein Mensch mir antun?" (Hebr 13,5-6)

Matthäus 28:16-20

"Und siehe: Ich bin mit dir, und ich will dich behüten allenthalben, wo du hinziehst, und dich wieder in dieses Land bringen. Denn ich will dich nicht verlassen, bis ich getan, was ich dir gesagt habe." (1Mo 28,15)

"Fürchte dich nicht; denn ich bin mit dir; sei nicht ängstlich, denn ich bin dein Gott; ich stärke dich, ich helfe dir auch, ich erhalte dich durch die rechte Hand meiner Gerechtigkeit." (Jes 41,10)

"Wenn du durchs Wasser gehst, so will ich bei dir sein, und wenn durch Ströme, so sollen sie dich nicht ersäufen. Wenn du durchs Feuer wandelst, sollst du nicht verbrennen, und die Flamme soll dich nicht anzünden." (Jes 43,2)